ABOUT GMEC

ACADEMIC FAIR

글로벌 관점

소통의 장

참여형 페어

COACHING PROGRAM

자기 자신과의 소통 및 성장을 지원

대상: 어린이~시니어

인재개발원

학원 운영 교육

부모교육

시니어 교육

gmec@snptime.com   문의 : 02.589.5144

Tottenham Hotspur v AFC Bournemouth – Premier League
AFC 본머스와의 경기에서 토트넘의 손흥민이
팀의 두번째 골을 넣고 있다.
〈2023/12/31, Tottenham Hotspur Stadium〉

The Champion

유럽축구 가이드북 ★

유럽 축구 팬들을 위한 최고의 가이드, 21년의 신뢰와 전통!

《The Champion》을 보면 유럽 축구가 한 눈에 보입니다

《The Champion》의 역사는 곧 유럽 축구의 역사입니다

유럽 축구팀들의 21년에 걸친 기록과 화보는
'유럽 축구의 바이블'로 평가받아
소장 가치가 높은 시리즈입니다.

● 교보문고, 영풍문고 등 전국 서점과 인터넷 서점 (교보문고, Yes24, 알라딘)에서 구매 가능합니다.

|감수·추천의 글| **한준희** (쿠팡플레이 축구해설위원 · 대한축구협회 부회장)

새로운 시대를 맞이한 유럽축구,
「The Champion 2024-2025」와 함께 즐기자

2024년 여름을 수놓았던 축구 제전들에서 스페인과 아르헨티나가 각각 챔피언에 등극했다. 2008년 유로, 2010년 월드컵, 2012년 유로를 연속 제패하며 '무적함대'로 군림했던 스페인이 이후 시작됐던 하락세로부터 다시 일어나 왕좌에 오른 것이다. 스페인의 우승은 라민 야말, 로드리, 다니 올모, 니코 윌리엄스를 비롯하여 거의 모든 선수의 뛰어난 퍼포먼스에 힘입은 것이어서 더욱 의미가 컸다. 내친김에 스페인은 '19세 이하 유로'와 '파리 올림픽'에서도 모두 프랑스를 누르고 우승을 거머쥠으로써 새로운 황금세대이 구축을 알렸다. 한편, 남미와 북중미를 아우르는 확장된 형태의 코파 아메리카에서는 카타르 월드컵 챔피언 아르헨티나가 정상에 오르며 아르헨티나 축구 역사상 최고의 황금기를 이어갔다. 2021 코파 아메리카, 2022 월드컵에 이은 세 번째 메이저 타이틀로 아르헨티나는 유럽에서 스페인이 세웠던 3연속 우승 기록과 어깨를 나란히 했다. 더불어, 긴 세월 동안 국가대표 트로피 기근에 시달렸던 리오넬 메시는 이제 국가대표 커리어 면에서도 지극히 화려한 족적을 남기게 됐음에 틀림없다.

스페인과 아르헨티나의 성공으로 마무리된 올여름을 기점으로 세계 축구사는 본격적인 새로운 시대로 접어드는 인상이 역력하다. 이전 세대의 영웅과 전설들이 쇠퇴기에 접어들거나 비중이 줄어드는 현상이 두드러지면서 새 시대를 이끌어 갈 현재진행형, 미래형 스타들의 전장이 활짝 열린 것이다. 다가오는 시즌부터는 이른바 '잘하는 선수들'의 리스트가 한결 신선해질 공산이 크다. 이러한 변혁기에 발맞춰 유럽에서 활약하는 대한민국 선수들의 수효도 날이 갈수록 증가하고 있는 양상이다.

변화의 바람은 클럽들에게도 불고 있다. 유럽 전역에 걸쳐 지난 시즌만큼 신선한 세력이 대거 떠오른 시즌을 찾아보기란 쉽지 않다. 레버쿠젠(독일), 지로나(스페인), 브레스트(프랑스)가 창단 이래 가장 경이로운 시즌을 보냈으며 애스턴 빌라(잉글랜드), 슈투트가르트(독일), 볼로냐(이탈리아)도 과거 좋았던 시절을 떠올리게 할 만큼 큰 걸음을 내디뎠다. 아탈란타(이탈리아)와 올림피아코스(그리스)도 최조의 유럽 대항전 우승 감격을 맛봤다. 날이 갈수록 진행되는 전술적 다각화와 디테일의 발전 속에서 이제 그 누구도 '당연한 강호'로 군림하기란 어렵게 됐다는 생각이다.

이렇게 점점 더 흥미로워지는 세계 축구의 기상도와 트렌드를 가장 일목요연하고도 심도 있게 정리한 대한민국 대표 가이드북이 있다면 역시 「The Champion 2024-2025」이다. 바야흐로 출간 20년을 넘긴 역사와 전통의 유럽축구 가이드 「The Champion」 시리즈는 초심자와 마니아를 가리지 않고 광범위한 축구팬들의 니즈를 끊임없이 만족시켜 왔다. 특히 이번 「The Champion 2024-2025」는 잘 알려진 클럽들에만 머무르지 않고 스완지, 셀틱, 미트윌란, 츠르베나 등 대한민국 선수들이 존재하는 유럽 곳곳의 클럽들에 대한 정보에 이르기까지 세심한 정성을 기울였다. 긴 세월에 걸쳐 높은 완성도와 신뢰도를 담보하는 차별화된 안내서로 기능해온 「The Champion 2024-2025」의 발간을 진심으로 축하하며, 다시 한번 이 땅의 축구 팬들께 이 책을 추천드리는 바이다.

이적시장 및 한국 선수 가이드 **송영주**

현) 유튜브 또영주 tv 운영, 유튜브 이스타 tv와 팟캐스트 히든풋볼 패널
전) SKY SPORTS, JTBC, TBS, Xports, SPOTV 축구 해설위원
전) 사커라인 편집팀장, 풋볼위클리 취재부장, 베스트일레븐,
　　아레나, GQ, 네이트, 오늘의 축구 등 다수 기고

ENGLAND PREMIER LEAGUE **이건**

현) 스포츠조선 유럽 주재 기자 유튜브 채널 '이건의 발품스토리 TV',
　　The Best FIFA Awards 한국 미디어 대표 투표권
전) 스포탈코리아, OSEN, 스포츠 2.0, 스포츠칸 기자
전) KBSN Sprts 사커플러스, KBS 라디오 스포츠스포츠 패널
《손흥민의 성공비결-네버 다우트》 저자

SPAIN LA LIGA **김영훈**

현) MK스포츠 기자, 또영주TV 출연
전) 스포츠투데이 취재부 기자
전) 스포츠경향 해외축구담당기자

GERMANY BUNDESLIGA **김민곤**

현) 와이즈토토 축구 분석위원
전) 사커라인 필진
전) 축구커뮤니티 푸투 운영진
전) 풋볼위클리 객원기자
전) 벳인사이드 분석위원

ITALY SERIE A **김정용**

현) 풋볼리스트 기자
전) 베스트일레븐, 일간스포츠 기자
《스쿼드 : 유럽축구 인명사전 2014/2015》,
《2016/2017 EPL BOOK》, 《은골로 캉테》 공저
《프란체스코 토티 : 로마인 이야기》 저자

FRANCE LIGUE 1 ·
NEDERLANDS EREDIVISIE ·
SERBIA SUPER LIGA SRBIJE 외 **김현민**

현) 달수네 라이브 출연
현) 원투펀치 패널
《골닷컴 칼럼니스트》, 《풋볼위클리 칼럼니스트》,
《우리를 행복하게 하는 축구스타 28인》 저자

감수 **한준희**

현) 대한축구협회 부회장
현) 쿠팡플레이 축구해설위원
현) 재단법인 한수원(한국수력원자력) 축구단 이사
현) 베스트일레븐 고문
전) KBS 축구해설위원
전) 대한축구협회 국가대표전력강화위원회 정보전략소위 위원

ENGLAND PREMIER LEAGUE

SPAIN LA LIGA

글	김현민 김민곤 김영훈 김정용 송영주 이건
감수	한준희
초판 2쇄	2024년 10월 14일

펴낸이	신난향
편집위원	박영배
펴낸곳	(주)맥스교육(맥스미디어)
출판등록	2011년 8월 17일(제2022-000038호)
주소	경기도 성남시 분당구 운중로 142, 903호 (운중동, 판교메디칼타워)
대표전화	02-589-5133 팩스 02-589-5088
홈페이지	www.maxedu.co.kr

기획 · 편집	김소연	디자인	박지영 홍은정
경영지원	박윤정	마케팅	배정아
사진	©Getty Images		
ISBN	979-11-5571-995-4(03690)		

* 이 책은 2024년 9월 5일까지의 정보를 기준으로 제작되었습니다.

2024 여름 이적 시장
TOP 10

2024년 여름 이적시장은 과거에 비해 2% 부족하다는 평을 들었다. 선수들의 이적설은 무성했지만, 과거와 달리 선수 한 명의 최고 이적료가 1억 유로를 넘지 못했고, 소위 말하는 슈퍼스타들의 이적이 적었다. 이는 유럽의 큰손들이 UEFA Financial Fair Play(재정적 페어플레이)를 비롯해 각 리그의 재정적 안정성을 강조한 규칙을 의식하면서 과거만큼 선수 한 명에 거금을 투자하지 않았기 때문이다. 물론 잉글랜드 프리미어리그는 선수 영입에 순 지출 약 23억 5,831만 유로(약 3조 4,902억 원)를 기록하며 여전히 이적시장의 주인공임을 입증했다. 역시 투자가 이뤄지는 잉글랜드 프리미어리그 클럽들이 2024년 여름에도 이적시장을 주도한 것이다.

1
훌리안 알바레스
Julián Álvarez
이적료   7,500만 유로 (약 1,110억 원)
소속팀   맨체스터 시티 ▶ 아틀레티코 마드리드
국 적   아르헨티나

2
도미닉 솔란케
Dominic Solanke
이적료   6,430만 유로 (약 951억 원)
소속팀   본머스 ▶ 토트넘
국 적   잉글랜드

3
레니 요로
Leny Yoro
이적료   6,200만 유로 (약 917억 원)
소속팀   릴 ▶ 맨체스터 유나이티드
국 적   프랑스

4
페드루 네투
Pedro Neto
이적료   6,000만 유로 (약 888억 원)
소속팀   울버햄튼 ▶ 첼시
국 적   포르투갈

이적료 순지출 구단 순위

순위	팀명	이적료 순지출(이적-수입)	국가
1	첼시	2억 6,100만 유로(약 3,862억 원)	잉글랜드
2	브라이턴 호브 알비온	2억 3,120만 유로(약 3,421억 원)	잉글랜드
3	맨체스터 유나이티드	2억 1,450만 유로(약 3,174억 원)	잉글랜드
4	아틀레티코 마드리드	1억 8,500만 유로(약 2,738억 원)	스페인
5	애스턴 빌라	1억 7,620만 유로(약 2,607억 원)	잉글랜드
6	파리 생제르맹	1억 6,992만 유로(약 2,514억 원)	프랑스
7	유벤투스	1억 6,280만 유로(약 2,409억 원)	이탈리아
8	나폴리	1억 4,950만 유로(약 2,212억 원)	이탈리아
9	토트넘 홋스퍼	1억 4,885만 유로(약 2,202억 원)	잉글랜드
10	웨스트햄	1억 4,440만 유로(약 2,137억 원)	잉글랜드

프리미어리그, 다시 이적시장을 지배하다

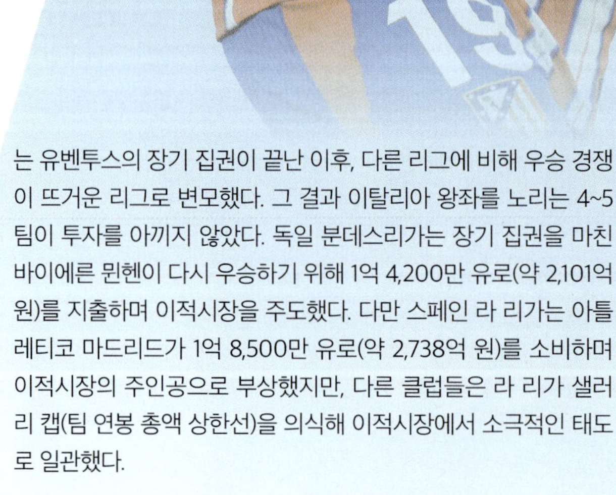

이적시장의 주인공은 프리미어리그

2024년 여름 이적시장의 주인공은 당연히 잉글랜드 프리미어리 그였다. 프리미어리그는 2000년대 들어 미국, 중동, 중국, 러시아, 태국 등의 자본을 적극적으로 받아들였고, 투자를 통해 경기력 향 상을 꾀했다. 이에 따라 여름마다 선수 영입에 돈을 아끼지 않으며 리그의 위상을 높이고 있다. 프리미어리그 클럽들은 지난여름에 도 선수 영입에 순 지출 약 23억 5,831만 유로(약 3조 4,902억 원) 를 기록하면서 이적시장을 주도했다. 이탈리아 세리에A의 순 지출 약 9억 9,880만 유로(약 1조 4,782억 원), 프랑스 리그1의 순 지출 7억 2,301만 유로(약 1조 700억 원), 독일 분데스리가의 순 지출 약 6억 647만 유로(약 8,975억 원), 스페인 라 리가의 순 지출 약 5억 5,558만 유로(약 8,222억 원) 등과 비교하면 프리미어리그가 선수 영입에 월등히 많은 금액을 썼다는 사실을 쉽게 알 수 있다.

프리미어리그의 11개 클럽이 이적시장에서 무려 1억 유로 이상을 소비하며 전력을 보강했다는 사실도 놀라움을 선사한다. 우승 후 보인 아스널부터 승격팀 사우샘프턴과 입스위치 타운까지 모두가 전력 보강을 위해 힘쓴 결과다. 이 중에서 첼시, 브라이턴 앤 호브 알비온, 맨체스터 유나이티드 등 3팀은 2억 유로 이상을 투자하며 뜨거운 여름을 보냈다. 참고로 첼시는 2억 6,100만 유로(약 3,862 억 원), 브라이턴은 2억 3,120만 유로(약 3,421억 원), 맨유는 2억 1,450만 유로(약 3,174억 원) 등을 지출하면서 지난여름 이적시장 최다 지출 1, 2, 3위를 차례로 기록했다. 다만 일부 프리미어리그 클 럽들은 '프리미어리그의 수익성 및 지속가능성 규정(PSR)'을 의식 해 과거만큼 이적시장에서 적극적인 모습을 보여주지는 않았다. 특히 맨체스터 시티는 사비우 영입에 2,500만 유로(약 370억 원) 만 소비했고, 리버풀도 기오르기 마마르다슈빌리와 페데리코 키에 사를 영입하는데 4,200만 유로(약 621억 원)만을 투자했다.

프리미어리그 다음으로 가장 많은 돈을 쓴 리그는 프랑스 리그1 이다. 파리 생제르맹은 프랑스를 넘어 유럽을 정복하기 위해 1억 6,992만 유로(약 2,514억 원)를 투자했다. 그리고 올림피크 리옹 이 1억 4,379만 유로(약 2,128억 원), 마르세유가 8,500만 유로(약 1,258억 원)를 투자해 전력을 보강했다.

물론 이탈리아 세리에A도 많은 금액을 지출한 리그이다. 세리에A 는 유벤투스의 장기 집권이 끝난 이후, 다른 리그에 비해 우승 경쟁 이 뜨거운 리그로 변모했다. 그 결과 이탈리아 왕좌를 노리는 4~5 팀이 투자를 아끼지 않았다. 독일 분데스리가는 장기 집권을 마친 바이에른 뮌헨이 다시 우승하기 위해 1억 4,200만 유로(약 2,101억 원)를 지출하며 이적시장을 주도했다. 다만 스페인 라 리가는 아틀 레티코 마드리드가 1억 8,500만 유로(약 2,738억 원)를 소비하며 이적시장의 주인공으로 부상했지만, 다른 클럽들은 라 리가 샐러 리 캡(팀 연봉 총액 상한선)을 의식해 이적시장에서 소극적인 태도 로 일관했다.

맨시티와 리버풀의 소극적 영입 행보

잉글랜드 프리미어리그의 클럽들은 2024년 여름에도 선수 영입 에 돈을 아끼지 않았다. 총 309명의 선수를 영입하는데 약 23억 5,831만 유로(약 3조 4,902억 원)를 투자했다. 이는 프리미어리그 의 한 클럽이 1억 1,791만 유로(약 1,752억 원)를 소비했다는 것으로 놀라운 금액이 아닐 수 없다. 프리미어리그는 2000년대 들어 외 국 자본을 적극적으로 받아들이며 성장했다. 미국, 중동, 중국, 러 시아 등 다양한 곳에서 프리미어리그 클럽들에 투자했고, 프리미 어리그는 이러한 투자를 바탕으로 경기력 상승과 함께 흥행을 이 어가고 있다. 이에 따라 프리미어리그는 매년 여름 이적시장의 주인공이 되고 있다. 프리미어리그의 11개 클럽이 2024년 여름 이적시장에서 1억 유로 이상을 소비하며 전력을 보강했고, 첼시, 브라이턴, 맨유 등 3팀은 2억 유로 이상을 지출하며 선수들을 영입했다.

흥미로운 사실은 여름마다 놀라운 영입을 발표했던 맨시티가 2024년 여름 이적시장에서 소극적인 태도로 일관했다는 점이다. 맨시티는 지난 시즌 프리미어리그 우승을 차지하며 리그 4연패에 성공했다. 최근 14년 동안 프리미어리그 우승을 무려 8차례나 차지했고, 2022/23 시즌에는 트레블을 달성하기도 했다. 따라서 2024년 여름 선수 영입을 통해 잉글랜드 왕좌를 지키면서 유럽 정상에 다시 도전할 것이라는 예상이 지배적이었다. 하지만 사비우를 영입하는데 2,500만 유로(약 370억 원)만을 소비했을 뿐이다. 하물며 일카이 귄도안은 FA로 영입했다. 오히려 훌리안 알바레스와 칼빈 필립스 등 8명을 임대 또는 이적시키며 1억 4,100만 유로(약 2,086억 원)의 소득을 올렸다. 리버풀의 행보도 맨시티와 유사하다. 위르겐 클롭 감독이 떠나고 아르네 슬롯 감독을 영입했음에도, 2024년 여름 페데리코 키에사 외엔 확실한 보강을 하지 않았다.

반면에 아스널은 지난 2시즌 동안 맨시티와 우승 경쟁을 했음에도 마지막 순간 맨시티를 넘지 못해 연속으로 2위를 차지했다. 따라서 아스널은 우승을 위해 2024년 여름 이적시장에서 분주히 움직이며 전력을 보강했다. 그 결과, 무려 1억 890만 유로(약 1,611억 원)를 투자해 리카르도 칼라피오리, 미켈 메리노, 다비드 라야, 라힘 스털링, 네투 등을 영입했다. 최전방 스트라이커에 대한 아쉬움은 남지만, 아스널은 우승에 도전할 전력을 갖추게 됐다.

또한 다음 시즌 UEFA 챔피언스리그에 진출하기를 원하는 팀들인 맨유, 토트넘, 애스턴 빌라, 첼시 등도 1억 유로 이상을 투자하며 전력을 강화했다. 특히 맨유는 2억 1,450만 유로(약 3,174억 원)를, 첼시는 2억 6,100만 유로(약 3,862억 원)를 지출하며 전력 보강에 힘을 쏟았다. 이에 더해 브라이턴은 2억 3,120만 유로(약 3,421억 원)를 지출했고, 웨스트햄은 1억 4,440만 유로(약 2,137억 원)를 투자해 전력 상승을 꾀함에 따라 다크호스로 부상했다. 마지막으로 승격팀인 입스위치 타운은 1억 2,649만 유로(약 1,872억 원)를, 사우샘프턴은 1억 1,715만 유로(약 1,733억 원)를, 그리고 레스터 시티는 8,680만 유로(약 1,284억 원)를 선수 영입에 투자하면서 잔류를 위한 준비를 마쳤다.

아틀레티코 마드리드의 과감한 투자

스페인의 라 리가는 2024년 여름에도 이적시장에서 소극적인 태도로 일관했다. 라 리가 20개 구단이 총 298명의 선수를 영입하는 데 지출한 금액은 약 5억 5,558만 유로(약 8,222억 원)이다. 이는 프리

미어리그, 리그1, 세리에A, 분데스리가에 이어 5번째 지출 기록이다. 팬데믹 이후, 라 리가 구단들이 이적시장에서 소극적인 태도를 보여주는 이유는 라 리가 샐러리 캡 때문이다.

라 리가는 2013년부터 '축구와 관련된 모든 지출'이 샐러리 캡을 넘지 말아야 한다는 규정을 두고 있다. 대다수 클럽이 팬데믹으로 재정적인 타격을 받음에 따라 각 구단의 샐러리 캡 기준이 계속 낮아졌고, 이를 맞추기 위해 스타 선수들의 이적과 소극적인 영입이 계속 이어지고 있다. 이로 인해 2024년 여름 1,000만 유로 이상의 금액을 선수 영입에 지출한 라 리가 클럽은 9개 클럽에 불과했다. 이에 따라 라 리가의 중하위권 클럽들의 경쟁력은 계속 떨어지고 있다고 봐도 무방하다.

라 리가의 우승 후보들은 각자의 방식으로 선수 영입에 힘썼고, 나름대로 전력을 상승시키는 데 성공했다. 특히 아틀레티코 마드리드는 스페인 왕좌 탈환을 위해 이번 이적시장에서 1억 8,500만 유로(약 2,738억 원)를 지출하며 전력을 강화했다. 훌리안 알바레스와 코너 갤러거, 로뱅 르노르망, 알렉산더 쇠를로트, 후안 무소, 클레망 렁글레 등을 영입하며 공수에 걸쳐 전력을 보강했다. 특히 알바로 모라타, 멤피스 데파이, 사무 오모로디온, 주앙 펠릭스 등을 정리하고 훌리안 알바레스와 쇠를로트를 영입해 공격력을 상승시키는 데 성공했다는 평을 듣고 있다. 그러나 르노르망과 랑글레가 가세한 수비가 견고함을 보여줄지는 미지수인 상황이다.

반면에 '디펜딩 챔피언' 레알 마드리드는 4,900만 유로(약 725억 원)의 이적료에 엔드릭을, FA로 킬리안 음바페를 영입한 후 이적시장의 문을 일찌감치 닫았다. 현존하는 최고의 스트라이커 중 한 명인 음바페의 가세만으로도 공격력은 더욱 강해질 것이 분명하다. 하지만 토니 크로스가 은퇴함에 따라 그의 빈자리를 어떻게 메울지가 숙제로 남았다. 바르셀로나는 라 리가 샐러리 캡에서 자유롭지 못한 상황이다. 5,770만 유로(약 853억 원)의 이적료에 다니 올모와 파우 빅토르를 영입하며 공격을 강화했지만, 선수 등록에 어려움을 겪었다. 원래 목표였던 왼쪽 윙과 피보테 영입에는 실패했다. 전체적인 면을 고려할 때, 라 리가의 우승 경쟁은 어느 때보다 뜨거울 것으로 예상된다.

비야레알과 지로나 등의 여름 행보도 주목할 필요가 있다. 이 두 팀은 적지 않은 주축 선수들을 이적시키며 이적 자금을 모았고, 이를 바탕으로 5,000만 유로 이상의 이적료를 투자해 전력을 강화했다 비야레알은 여름 동안 쇠를로트를 포함한 19명을 이적 또는 임대시키며 7,450만 유로(약 1,102억 원)의 소득을 올렸고, 6,200만 유로를 지출하며 로강 코스타와 티에르노 바리, 아요세 페레스 등 10명을 영입했다. 지난 시즌 돌풍을 일으키며 라 리가 3위를 차지했던 지로나도 여름 동안 아르템 도우비크와 알레익스 가르시아를 비롯해 17명을 임대 또는 이적시키며 5,660만 유로(약 837억 원)의 소득을 올렸고, 4,390만 유로(약 649억 원)를 지출하며 야

세르 아스프리야와 아벨 루이스를 비롯해 11명을 영입해 전력을 보강했다. 다만 비야레알과 지로나 모두 UEFA 챔피언스리그 진출권 획득을 목표로 하지만 선수단 변화가 커 원하는 목적을 이룰 수 있을지 미지수다.

세리에A, 투자가 과연 우승으로 이어질까?

이탈리아 세리에A는 그 누구도 우승을 장담할 수 없는 리그이다. 한때 유벤투스가 세리에A의 절대강자로 군림했다. 유벤투스는 2011/12 시즌부터 2019/20 시즌까지 무려 10시즌 연속으로 스쿠데토를 독식했었다. 하지만 최근 4시즌을 돌아보면 매 시즌 우승팀이 달라지고 있다. 2020/21 시즌 인테르가, 2021/22 시즌 AC밀란이, 2022/23 시즌 나폴리가, 그리고 2023/24 시즌 인테르가 다시 우승을 차지했다. 따라서 그 누구도 2024/25 시즌 세리에A 우승을 장담할 수 없다. 달리 말하면 우승 후보들 누구에게나 스쿠데토를 차지할 기회가 충분히 있다는 사실을 의미한다. 이에 따라 우승 후보들은 2024년 여름 이적시장에서 전력을 보강하면서 이적시장을 주도했다. 그 결과 세리에A는 2024년 여름 총 244명을 영입하는데 약 9억 9,880만 유로(약 1조 4,782억 원)를 지출했다. 이는 프리미어리그 다음으로 최다 지출 기록이다. 무려 8개 클럽이 이적시장에서 5,000만 유로 이상을 지출했고, 유벤투스와 나폴리는 1억 유로 이상을 쓰며 전력을 보강했다.

'디펜딩 챔피언' 인테르는 우승에 가장 근접한 팀이란 평을 듣는다. 지난 시즌 세리에A에서 29승 7무 2패를 기록하며 압도적인 성적을 거뒀고, 2위 AC밀란과 승점 19점 차로 우승을 확정했다. 시모네 인자기 감독의 전술은 위력적이었고, 라우타로 마르티네스는 24골을 기록하며 득점왕을 차지했다. 스리백의 견고함도 과시했다. 하지만 2024년 5월 인테르의 소유권이 쑤닝 그룹에서 오크트리 캐피탈로 넘어갔고, 오크트리 캐피탈은 기대만큼 투자하지 않았다. 그 결과,

인테르는 7,000만 유로(약 1,036억 원)를 지출하며 다비데 프라테시, 호셉 마르티네스, 카를루스 아우구스투, 메흐디 타레미, 피오트르 지엘린스키 등 7명을 영입해 공수 전력을 강화시켰다.

하지만 경쟁자들은 여름 이적시장에서 공격적인 투자를 단행했다. 유벤투스는 2024년 여름 티아고 모타 감독이 부임하면서 팀 개편에 들어갔다. 이에 따라 페데리코 키에사와 마티아스 소울레를 비롯해 19명을 이적 또는 임대로 정리하면서 1억 350만 유로(약 1,531억 원)의 소득을 올렸다. 그리고 1억 6,280만 유로(약 2,409억 원)를 투자해 퇸 코프메이너르스와 더글라스 루이스, 케프렌 튀랑, 후안 카발 등 8명을 영입해 전력을 강화했다. 나폴리도 여름 이적시장에서 1억 4,950만 유로(약 2,212억 원)를 투자해 전력을 보강했다. 나폴리는 지난 시즌 세리에A 10위를 기록했지만, 여름에 안토니오 콘테 감독이 부임하면서 이적시장에 공격적인 태도로 임했다. 그 결과, 로멜루 루카쿠와 알레산드로 부온조르노, 스콧 맥토미니, 다비드 네레스, 빌리 길모어, 라파 마린, 레오나르도 스피나촐라 등 총 7명을 영입해 공수 전력을 강화했다. 이 외에도 AC밀란은 알바로 모라타와 태미 에이브러햄을 포함 총 6명을 영입하는데 7,100만 유로(약 1,050억 원)를 지출했고 아탈란타는 마테오 레테기와 라울 벨라노바를 비롯한 11명을 영입하는데 9,690만 유로(약 1,434억 원)를 소비했다. 그리고 AS로마도 아르템 도우비크와 마티아스 소울레를 포함한 9명을 영입하는데 9,110만 유로(약 1,348억 원)를 투자했다.

'절대강자' 바이에른 뮌헨, 분노의 영입

독일 분데스리가의 여름 이적시장은 매우 뜨거웠다. 분데스리가의 클럽들은 이적시장에서 총 250명의 선수를 영입하는데 약 6억 647만 유로(약 8,975억 원)를 지출했고, 6개 클럽이 선수 영입에 5,000만 유로 이상을 투자했다. 그리고 그 중심엔 바이에른 뮌

헨이 있었다. 바이에른 뮌헨은 선수 영입에 1억 4,200만 유로(약 2,101억 원)를 소비하며 지난여름 독일 클럽 중 최다 지출을 기록했다. 이유는 간단하다. 바로 독일 왕좌 탈환이다. 바이에른 뮌헨은 2012/13 시즌부터 2022/23 시즌까지 11시즌 연속으로 독일 분데스리가 우승을 차지했다. 하지만 지난 시즌 분데스리가에서 레버쿠젠과 슈투트가르트에 밀려 3위에 만족할 수밖에 없었다. 말 그대로 바이에른 뮌헨의 천하가 막을 내린 것이다. 이에 따라 바이에른 뮌헨은 2024/25 시즌 마이스터 샬레를 차지하기 위해 전력 보강에 집중했다. 여름 동안 뱅상 콤파니 감독을 임명했고, 마이클 올리스, 주앙 팔리냐, 이토 히로키 등을 영입하며 공수 전력을 향상하는 데 성공했다.

그러나 바이에른 뮌헨은 이번 시즌에도 우승을 장담할 수 없다. 무엇보다 '디펜딩 챔피언' 레버쿠젠이 건재한다. 레버쿠젠은 지난 시즌 분데스리가에서 28승 6무로 무패를 기록하며 역사상 처음으로 분데스리가 우승을 차지했다. 사비 알론소 감독이 건재한 가운데 지난여름 이적시장에서 5,300만 유로(약 784억 원)를 투자해 마틴 테리어, 알레이스 가르시아, 주누엘 벨로시앙, 노르디 무키엘레 등을 영입해 전력을 보강했다. 슈투트가르트도 비록 지난 시즌 득점 2위를 기록한 세루 기라시(28골)가 도르트문트로 떠났지만, 7,550만 유로(약 1,117억 원)를 지출하며 무려 15명을 영입했다. 데니스 운다프를 완전히 영입했을 뿐 아니라 에르메딘 데미로비치, 엘 비앙 투레, 제이미 르웰링 등을 영입하면서 공수 전력을 상승시켰다.

이외에도 도르트문트가 8,000만 유로(약 1,184억 원)를 지출해 막시밀리안 바이어와 세루 기라시, 발데마르 안톤, 파스칼 그로스, 얀 쿠토 등 총 5명을 영입하며 전체적인 전력을 향상했다. 그리고 라이프치히도 6,400만 유로(약 947억 원)를 지출하며 안토니오 누사, 뤼츠하럴 헤이르트라위다, 아산 우웨드하우구, 마르텐 반데부르트, 아르투르 베르미렌 등 총 5명을 영입해 전력을 보강했다. 따라서 2024/25 시즌 분데스리가도 우승 경쟁이 매우 치열할 것이 분명하다.

PSG, 음바페의 빈자리를 메우기 위한 노력

프랑스 리그앙의 여름도 매우 뜨거웠다. 프랑스 리그앙의 클럽들은 여름 이적시장에서 총 272명의 선수를 영입하는데 7억 2,301만 유로(약 1조 700억 원)를 지출했다. 파리 생제르맹이 이적시장을 주도한 것은 당연지사. PSG는 킬리안 음바페가 레알 마드리드로 떠남에 따라 1억 6,992만 유로(약 2,514억 원)를 지출하며 전력 보강에 집중했다. 그 결과, 주앙 네베스, 데지에 두에, 윌리안 파초, 마트베이 사포노프 등을 영입하며 공수의 전력을 다졌다. 루이스 엔리케 감독은 지난 시즌 리그1 3연패에 성공함에 따라 이번 시즌 리그 4연패와 함께 UEFA 챔피언스리그 우승에 도전할 생각이다.

하지만 경쟁자들의 추격도 만만치 않다. 지난 시즌 기대 이하의 성적을 거둔 올림피크 리옹과 마르세유가 여름 이적시장을 통해 전력을 보강했기 때문이다. 리옹은 1억 4,379만 유로(약 2,128억 원)를 지출하며 무사 니아카테와 어니스트 누아마를 비롯한 12명의 선수를 영입해 탄탄한 전력을 구축하게 됐다. 마르세유도 8,500만 유로(약 1,258억 원)를 투자하며 메이슨 그린우드와 엘리예 와히를 포함한 12명을 영입해 전력 상승을 꾀했다. 결국 PSG는 리옹과 마르세유, 모나코 등의 도전을 피할 수 없으며 제대로 대처하지 못한다면 리그1 우승에 실패할 수도 있다.

2024/25 시즌 코리안리거의 전성시대

한국 선수들의 유럽 진출이 그 어느 때보다 활발하다. 과거와 달리 유럽 곳곳에서 한국 선수들을 찾는 것이 어렵지 않다. 이는 무엇보다 차범근, 박지성에 이어 손흥민이 성공 가도를 달리면서 다른 선수들에게 롤 모델이 되어 선수들의 유럽 진출이 계속 이어졌기 때문이다. 과거와 달리 선수들의 유럽 진출 루트가 다양해졌다는 점을 간과할 수 없다. 김민재의 경우, 경주한수원에서 시작해 전북, 베이징궈안, 페네르바체, 나폴리를 거쳐 바이에른 뮌헨으로 이적하면서 차근차근 단계를 밟아 유럽 빅 리그의 명문 구단으로 갈 수 있다는 사실을 입증했다. 이제 한국 선수들은 유럽 진출을 두려워하지 않는다. 빅 리그가 아닌 유럽 축구의 변방 리그라도 과감히 이적하며 도전하고 있다.

SCOTLAND

양현준 *Yang Hyun-Jun*
생년월일	2002.05.25
소 속 팀	셀틱 FC
포 지 선	공격수

권혁규 *Kwon Hyeok-Kyu*
생년월일	2001.03.13
소 속 팀	히버니언 FC
포 지 선	미드필더

ENGLAND

손흥민 *Son Heung-Min*
생년월일	1992.07.08
소 속 팀	토트넘 홋스퍼 FC
포 지 선	공격수

황희찬 *Hwang Hee-Chan*
생년월일	1996.01.26.
소 속 팀	울버햄튼 원더러스 FC
포 지 선	공격수

김지수 *Kim Ji-Soo*
생년월일	2004.12.24
소 속 팀	브렌트포드 FC
포 지 선	수비수

배준호 *Bae Jun-Ho*
생년월일	2003.08.21
소 속 팀	스토크 시티 FC
포 지 선	미드필더

엄지성 *Eom Ji-sung*
생년월일	2002.05.09
소 속 팀	스완지 시티 AFC
포 지 선	공격수

BELGIUM

오현규 *Oh Hyeon-Gyu*
생년월일	2001.04.12
소 속 팀	KRC 헹크
포 지 선	공격수

SPAIN

김민수 *Kim Min-Su*
생년월일	2006.01.19
소 속 팀	지로나 FC
포 지 선	공격수

PORTUGAL

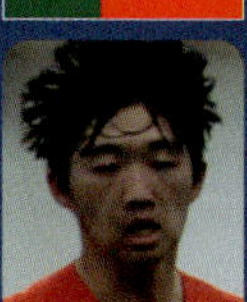

김용학 *Kim Yong-hak*
생년월일	2003.05.20
소 속 팀	포르티모넨스 SC
포 지 선	미드필더

이예찬 *Lee Ye-Chan*
생년월일	2005.05.23
소 속 팀	포르티모넨스 SC
포 지 선	수비수

SERBIA

고영준 *Goh Young-Jun*
생년월일	2001.07.09
소 속 팀	FK 파르티잔
포 지 선	공격수

설영우 *Seol Young-Woo*
생년월일	1998.12.05
소 속 팀	FK 츠르베나 즈베즈다
포 지 선	수비수

조진호 *Jo Jin-ho*
생년월일	2003.07.10
소 속 팀	FK 라드니치키 니시
포 지 선	미드필더

DANMARK

조규성 *Cho Gue-sung*
생년월일	1998.01.25
소 속 팀	FC 미트윌란
포 지 선	공격수

이한범 *Lee Han-Beom*
생년월일	2002.06.17
소 속 팀	FC 미트윌란
포 지 선	수비수

FRANCE

이강인
Lee Kangin

생년월일	2001.02.19
소 속 팀	파리 생제르맹 FC
포 지 션	미드필더

NETHERLANDS

황인범
Hwang In-Beom

생년월일	1996.09.20
소 속 팀	페예노르트 로테르담
포 지 션	미드필더

SWITZERLAND

이영준
Lee Young-joon

생년월일	2003.05.23
소 속 팀	그라스호퍼 클럽 취리히
포 지 션	공격수

GERMANY

이재성
Lee Jae-Sung

생년월일	1992.08.10
소 속 팀	FSV 마인츠
포 지 션	미드필더

홍현석
Hong Hyun-Seok

생년월일	1999.06.16
소 속 팀	FSV 마인츠
포 지 션	미드필더

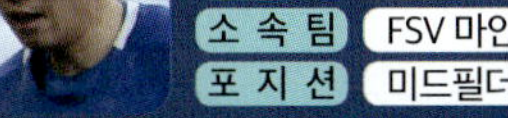
정우영
Jeong Woo-Young

생년월일	1999.09.20
소 속 팀	우니온 베를린
포 지 션	공격수

김민재
Kim Min-Jae

생년월일	1996.11.15
소 속 팀	FC 바이에른 뮌헨
포 지 션	수비수

2024년 7월, 양민혁의 이적설이 한국 축구를 강타했다. 물론 양민혁이란 선수 자체가 끊임없이 놀라움을 선사하고 있다. 양민혁은 2006년생으로 2024시즌 준프로 계약 선수로 K리그에 데뷔했고, 데뷔하자마자 공격 포인트를 기록하며 센세이션을 일으켰다. 그는 17세 10개월의 나이에 K리그에서 데뷔골을 넣으며 2013년 승강제 도입 후 K리그 최연소 득점자가 되었다. 그리고 지난 7월 프리미어리그 구단들과의 이적설로 뜨겁더니 2025년 1월 토트넘에 합류한다. 18세의 고등학생이 K리그1에 데뷔한 것도 놀랍지만 K리그1에서 반 시즌 활약만으로 토트넘 이적에 성공했다는 사실은 더 충격적이다. 이는 양민혁이란 선수의 실력과 잠재력이 대단하다는 사실을 의미하는 동시에 프리미어리그의 구단들이 K리그1의 젊은 선수들을 주시하고 있다는 사실을 잘 대변한다.

최근 몇 년간 젊은 선수들의 유럽 무대 진출이 급증하고 있다. 조규성과 이한범은 덴마크의 미트윌란으로, 이영준은 스위스의 그라스호퍼로, 고영준, 황인범, 설영우, 조진호는 세르비아 리그의 클럽들로, 배준호와 엄지성은 잉글랜드 챔피언십 클럽들로 이적을 단행했다. 이제 유럽 빅 리그뿐 아니라 하부 리그나 변방 리그라고 불리는 곳에서도 쉽게 한국 선수를 찾을 수 있다. 젊은 선수들의 목표는 유럽 진출이 아니라 유럽 리그에서 성공하는 것이다. 따라서 이적을 단행할 때, 얼마나 많은 경기에 출전할 수 있는지와 감독의 전술이 자신에게 부합한지 등 다양한 면을 고려한다.

현재 유럽 리그에서 활약하는 모든 선수들은 빅 리그의 빅 클럽에서 활약을 궁극적인 목표로 삼고 있다. 대다수 선수들은 박지성과 손흥민의 활약을 보며 성장했고, 그들의 길을 따라가길 원하고 있다. 따라서 하부 리그나 변방 리그에 진출한 젊은 선수들은 자신의 클럽이 종착지가 아닌 정거장이라 생각한다. 마치 황희찬과 이재성, 홍현석 등이 하부 리그나 변방 리그를 경험했지만 결국 빅 리그에서 활약하고 있는 것처럼 빅 리그에 진출할 기회를 만들고자 고군분투하는 것이다. 이미 스토크 시티로 이적하마자마 에이스 역할을 했던 배준호나 츠르베나 즈베즈다로 이적하자마자 팀의 중심 역할을 톡톡히 한 황인범의 경우는 2024년 여름 동안 빅 리그 클럽과 염문설을 뿌렸다.

물론 팬들의 관심은 빅 리그의 빅 클럽에서 활약하는 손흥민와 황희찬, 김민재 그리고 이강인에 집중되고 있다. 손흥민은 토트넘에서 10번째 시즌을 앞두고 있다. 2015년 8월 토트넘으로 이적 후, 무려 9시즌 동안 공식 408경기에 출전해 162골 84도움을 기록했다. 손흥민은 이제 토트넘의 상징이자 주장이며, 해결사로 자리매김했다. 당연히 2024/25시즌에도 토트넘의 공격을 책임질 것이 분명하다. 황희찬도 2023/24시즌을 기점으로 환골탈태했다. 저돌적인 드리블을 앞세운 높은 공격 기여도에 비해 득점력이 부족하다는 평을 들었지만 2023/24시즌 프리미어리그 29경기에서 12골 3도움을 기록하며 득점력을 과시했다. 황희찬의 이번 시즌 목표는 부상 없이 한 시즌을 소화하면서 2시즌 연속 두 자릿수 골을 넣는 것이다.

이강인과 김민재는 모두 주전경쟁을 피할 수 없는 처지이다. 이강인은 지난 시즌 파리 생제르맹에서 공식 36경기에 출전해 5골 5도움을 기록, 가능성을 입증했다. 그리고 파리 생제르맹은 2024년 여름 킬리안 음바페가 떠나며 공격진 개편에 들어갔고, 이강인은 이 기회를 놓치지 않을 것으로 보인다. 반면에 김민재는 2023/24시즌 바이에른 뮌헨에서 공식 36경기에 출전해 1골 2도움을 기록했다. 하지만 후반기 잦은 실수가 패배의 원인으로 지적되며 출전시간이 급격히 줄어들었다. 그럼에도 뱅상 콤파니 감독이 부임함에 따라 시즌 초반 충분한 출전 기회를 잡을 가능성이 농후하다. 이 외에도 마인츠의 이재성과 홍현석, 슈투트가르트의 정우영, 스토크 시티의 배준호, 스완지 시티의 엄지성, 헹크의 오현규, 그라스호퍼의 이영준 등도 이번 시즌 팬들의 기대감을 높이고 있다.

토트넘 홋스퍼의 주장이자 공격의 선봉장인 손흥민이 10번째 프리미어리그 시즌에 돌입했다. 2015년 8월 3,000만 유로의 이적료에 레버쿠젠에서 토트넘으로 이적한 후, 손흥민은 토트넘에서 공식 408경기에 출전해 162골 84도움을 기록했다. 손흥민의 득점 기록은 토트넘 클럽 역사상 최다 득점 5위 기록이다. 토트넘 역대 선수 중 손흥민보다 더 많은 골은 넣은 선수는 해리 케인, 지미 그리브스, 보비 스미스, 마틴 치버스 등 단 4명에 불과하다. 이는 손흥민이 토트넘 데뷔 시즌인 2015/16 리그에서 4골을 넣으며 고전했지만, 2016/17 시즌부터 8시즌 연속 리그 두 자릿수 득점에 성공했기 때문에 가능했던 것이다. 특히 2021/22 시즌에는 프리미어리그에서 23골을 넣으며 아시아 선수로는 최초로 프리미어리그 득점왕에 등극하기도 했다.

그러나 손흥민은 우승과 연을 맺지 못했다. 토트넘은 손흥민의 활약을 앞세워 2018/19 시즌 UEFA 챔피언스리그 결승전과 2020/21 시즌 EFL컵 결승전에 진출했지만, 준우승에 만족할 수밖에 없었다. 따라서 손흥민은 누구보다 우승 트로피를 원하고 있다. 사실 32세의 손흥민에게는 이제 매 순간이 중요하다. 현재 토트넘과 2025년 6월까지 계약이 되어 있고, 토트넘은 1년 계약 연장을 할 수 있는 옵션을 보유하고 있어 손흥민과의 계약을 1년 연장할 것으로 알려졌다. 그럼에도 손흥민이 토트넘에서 뛸 수 있는 시간은 제한적이다. 토트넘에서 우승 트로피를 들 수 있는 기회가 많지 않다는 사실을 의미한다. 따라서 손흥민의 이번 시즌 목표는 UEFA 챔피언스리그 진출권 획득과 함께 우승 트로피를 들어 올리는 것이다. 그 무대가 FA컵이든, EFL컵이든, 유로파리그든 손흥민은 우승을 간절히 원하고 있다. 분명한 사실은 우승을 향한 손흥민의 질주는 계속 이어질 것이란 점이다.

완성된 세계 톱 공격수

손흥민은 약점을 찾기 어려운 공격수다. 18세에, 함부르크에서 데뷔할 시기만 하더라도 장점보단 약점이 더 많았다. 하지만 손흥민은 매 시즌 자신의 약점을 보완하면서 진화를 거듭했고, 현재 완성형 공격수로 상대 수비수를 압도하곤 한다. 특히 2015년 8월 토트넘으로 이적한 후, 첫 터치의 정확도와 오프 더 볼에서의 움직임 등에 대한 비판이 많았지만 노력을 통해 이를 해결했다. 그 결과 기존의 장점인 최대 순간 속력은 36.08km/h에 달하는 스피드와 드리블, 양발을 활용한 강력한 슈팅, 정확한 패스와 크로스를 통한 득점 기회 창출 등도 더 빛나기 시작했다. 손흥민은 스피드와 드리블, 오프 더 볼 상황에서의 움직임을 통해 상대 수비라인을 깨고 침투하면서 득점력을 과시하고 있다. 무엇보다 역습 상황에서 손흥민의 장점이 빛나는 경우가 많다. 또한 손흥민은 전술 이해력과 소화력이 뛰어나 최전방 스트라이커, 좌·우 윙어, 중앙 공격형 미드필더 등 공격의 모든 포지션을 소화할 수 있다. 물론 주로 왼쪽 윙어로 활약하며 왼쪽에서 중앙으로 움직이며 날카로운 패스와 크로스로 득점 기회를 만들고, 정확한 슈팅으로 득점포를 가동한다. 하지만 팀 사정에 따라 다양한 포지션을 소화한다. 2023/24 시즌만 하더라도 해리 케인의 이적과 포스테코글루 감독의 요청으로 최전방 스트라이커를 소화했다. 일부는 손흥민의 헤더 능력에 의문을 던지기도 한다. 하지만 손흥민이 공중볼 경합을 피하는 스타일은 아니다. 함부르크, 레버쿠젠, 토트넘, 한국 대표팀 등에서 공중볼을 피하기보단 적극성을 띠다가 부상을 당하곤 했다. 특히 2022/23 시즌 챔피언스리그 마르세유전에서 공중볼 경합 도중에 안와 골절 부상을 당했다.

자타공인 '월드 클래스'

손흥민은 상대 팀의 팬들조차도 실력을 인정하는 공격수다. 한때 '월드 클래스 논란'이 있었고, 손흥민의 부친인 손웅정도 손흥민은 월드 클래스가 아니라고 겸손해했지만, 지금 이 순간 손흥민이 월드 클래스 공격수라는 사실을 부인할 사람은 거의 없다. 아시아축구연맹은 '현재 아시아에서 가장 유명한 선수이자 아시아 대륙이 배출한 역대 최고의 선수'라고 손흥민을 평가했으며, 영국 언론 BBC는 "지칠 줄 모르고 이타적이면서도 골 결정력과 책임감을 가진, 현대축구가 생각하는 이상적인 공격수다"라고 그에 대해 극찬했다. 한국 선수를 보는 시선 자체가 곱지 않은 중국과 일본 언론들도 손흥민이란 이름 앞에 화려한 수식어구와 칭찬을 덧붙이며 그에 대한 존경심을 숨기지 않을 정도다. 특히 2024년 7월 토트넘이 프리시즌 친선 경기를 치르러 일본 도쿄에 방문하자, 일본 매체들이 손흥민의 일거수일투족을 앞다투어 보도했을 정도로 손흥민의 인기는 대단했다.

또한 손흥민은 감독과 선수들이 인정하는 공격수이기도 하다. 그를 지도했던 감독들은 손흥민의 성실한 태도와 꾸준한 활약에 만족감과 함께 칭찬을 아끼지 않는다. 레버쿠젠 시절 감독인 로저 슈미트는 "그는 월드 클래스다."라고 단언했고, 토트넘 시절 은사인 명장 주제 무리뉴는 손흥민에 대해 "나는 손흥민을 한국 선수로 보지 않는다. 세계 최고의 선수 중 한 명으로 볼 뿐이다."라고 말하기도 했다. 이는 국내에서도 마찬가지. 한때 '손차박 논쟁'이 있었다. '한국 축구의 전설들인 차범근, 박지성, 손흥민 중 최고의 선수는 누구인가?'란 의문 앞에서 설전이 오고 갔다. 정답이 없는 논쟁이지만 당사자들 중 차범근은 손흥민을 지목했고, 박지성은 차범근을 지목하면서도 손흥민이 남은 선수 생활을 어떻게 보내느냐에 따라 1위가 될 수 있다고 말했다. 소위 한국 레전드들도 손흥민을 인정한 것이다. 영국 언론 '기브미스포트'는 역대 최고 아시아 선수 10인을 선정한 적이 있는데 1위에 손흥민, 2위에 차범근, 4위에 박지성을 뽑으며 손흥민을 가장 높게 평가했다.

토트넘의 절대적 존재

손흥민은 토트넘에서 절대적인 존재이다. 그는 팀의 주장이자 상징이며, 돌격대장이면서도 해결사다. 따라서 손흥민은 매 경기 선발 출전할 가능성이 농후하다. 엔지 포스테코글루 감독은 2023년 7월 토트넘 감독으로 부임했고, 그 후 4-2-3-1 또는 4-3-3 포메이션으로 전방부터 압박하면서 빠른 공격 전환으로 공격적인 전술을 구사했다. 하지만 그는 2023/24 시즌 해리 케인 이적과 히샬리송의 부진으로 최전방 해결사 부재에 직면했다. 결국 손흥민을 최전방 스트라이커로 활용하며 문제를 해결했다. 그 결과, 손흥민은 팀의 상황에 따라 왼쪽 윙어와 최전방 스트라이커를 소화하며 토트넘의 공격을 이끌었다. 그리고 손흥민은 최전방 스트라이커로 공식 23경기에 출전해 14골 5도움을, 왼쪽 윙어로 공식 13경기 출전해 3골 5도움을 기록하며 기대에 부응했다.

그럼에도 손흥민은 2024/25 시즌 원래 포지션인 왼쪽 윙어로 활약할 것으로 예상된다. 토트넘은 2024년 8월 본머스에서 스트라이커 도미닉 솔란케를 6,500만 파운드의 이적료에 영입했다. 솔란케는 2023/24 시즌 본머스 소속으로 리그 38경기에 출전해 19골 3도움을 기록했다. 그는 마무리 능력뿐 아니라 연계 플레이에 능하고, 공중볼에도 강한 모습을 보여준다. 따라서 포스테코글루 감독은 최전방에 솔란케를, 왼쪽에 손흥민을 기용할 것으로 보인다. 물론 손흥민도 왼쪽 윙어 자리를 놓고 티모 베르너, 마노르 솔로몬, 윌슨 오도베르 등과 경쟁을 해야 한다. 하지만 티모 베르너의 결정력 부족, 솔로몬의 잦은 부상, 오도베르의 경험 부족 등을 고려할 때, 손흥민의 입지는 흔들리지 않을 것이 분명하다.

우승 트로피를 향한 질주 AMBITION

손흥민은 야망을 숨기지 않고 있다. 손흥민의 목표는 토트넘에게 우승 트로피를 선사하는 것이다. 사실 2010년 18세의 나이에 함부르크에서 데뷔한 이후, 성장과 진화를 멈추지 않았다. 그러나 손흥민은 선수 경력에서 유일한 우승이 2018 아시안게임 금메달을 획득한 것이라고 할 정도로 우승과 인연을 맺지 못했다. 오히려 준우승과 더 친근하다. 2008 AFC U-16 챔피언십 준우승, 2015 아시안컵 준우승, 2018/19 시즌 UEFA 챔피언스리그 준우승, 2020/21 시즌 EFL컵 준우승 등 우승의 문턱에서 좌절을 겪은 경우가 적지 않았다. 하물며 강력한 우승 후보로 주목받았던 2023 아시안컵 대회에서는 위르겐 클린스만 감독의 무전술 논란 속에서 4강 진출에 만족할 수밖에 없었다.

토트넘도 2007/08 시즌 EFL컵에서 우승을 차지한 후, 지난 17년 동안 우승을 하지 못하고 있다. 이번 시즌 토트넘의 우승 가능성도 객관적으로 논한다면 희박하다고 볼 수 있다. 사실 토트넘이 현재의 전력으로 2024/25 시즌 잉글랜드 프리미어리그에서 우승하는 것은 불가능에 가깝다. 그만큼 우승 후보들인 맨체스터 시티, 아스널, 리버풀 등과 전력을 비교했을 때 현저히 열세이다. 그리고 토트넘이 잉글랜드 1부리그에서 우승한 것은 2회에 불과하며, 마지막 우승도 1960/61 시즌이었다. 이것은 FA컵과 EFL컵, 유로파리그에도 적용된다. 토트넘이 FA컵에서 마지막으로 우승한 것은 1990/91 시즌이고, EFL컵에서 마지막으로 우승한 것은 2007/08 시즌이며, 유로파리그에서 마지막으로 우승한 것은 1983/84 시즌이다. 하지만 손흥민과 토트넘은 도전을 멈출 생각이 없다. 무대가 어디든 상대가 누구든 우승을 원하고 있다. 과연 토트넘은 손흥민과 함께 우승 트로피를 획득할 수 있을까? 불가능하다고 단언할 순 없다.

리그 득점왕을 노린다! KEY STATS

손흥민은 2023/24 시즌 해리 케인이 떠난 자리를 메우기 위해 고군분투했다. 지난 시즌 프리미어리그 35경기에 출전해 17골 10도움을 기록하며 팀 내 득점 1위, 리그 득점 8위를 기록했다. 2022/23 시즌 리그 10골 6도움으로 잠시 주춤했지만 지난 시즌 해결사의 면모를 되찾은 것이다. 세부 기록을 보면 손흥민이 토트넘에서 얼마나 중요한 선수인지 쉽게 알 수 있다. 지난 시즌 총 2948분을 소화하며 경기당 패스 성공률 85.1%, 슈팅 2.4회, 키패스 1.9회, 드리블 1.1회 등을 기록하며 최전방과 좌측 측면에서 공격을 주도했다. 또한 토트넘의 리그 총득점 74골 중 27골에 직접적으로 관여하면서 높은 공격 기여도를 과시했다. 역시 손흥민의 최대 장점은 일관된 파괴력이다. 2015년 8월 토트넘에 합류한 후, 공식 408 경기에 출전해 162골 84도움을 기록했다. 데뷔 시즌인 2015/16 시즌 공식 경기 8골(리그 4골)을 기록하며 프리미어리그에 적응하는데 어려움을 겪었지만, 2016/17 시즌부터 8시즌 연속으로 리그 두 자릿수 득점에 성공했고, 공식 경기 기록으로 한 시즌 20골 이상 넣은 시즌이 무려 4시즌이나 된다. 특히 2021/22 시즌 프리미어리그에서 23골을 넣으며 아시아 선수로는 최초로 프리미어리그 득점왕에 등극했고, 공식 경기에서 24골을 넣으며 본인의 한 시즌 최다골 기록을 새로 썼다. 이뿐 아니라 손흥민하면 떠오르는 아름다운 골도 많다. 속도를 동반한 상황에서 양발을 자유자재로 활용해 슈팅을 시도해 다른 선수에 비해 예술 작품 같은 골을 많이 기록했다. 손흥민은 2019년 12월 프리미어리그 16R 번리전에서 혼자 70m를 단독 질주해 상대 선수 6명을 제치고 골을 넣으면서 푸스카스상을 받기도 했다.

이강인은 자타공인 대한민국 최고의 테크니션으로 '한국 축구의 현재이자 미래'라는 평가를 듣고 있다. 물론 이강인은 뛰어난 실력과 별개로 지난 5년 동안 2차례나 이적을 했을 정도로 큰 변화를 겪으며 성장했다. 2019년 1월 스페인 라 리가의 발렌시아에서 데뷔했지만, 기대만큼의 출전 기회를 잡지 못해 2021년 8월 마요르카로 이적했다. 마요르카 2021/22 시즌, 적지 않은 출전 기회에도 수비 집중력과 적극성에 문제를 노출하며 기대에 부응하지 못했다. 하지만 2022/23 시즌, 약점을 보완하면서 라 리가에서 6골 6도움을 기록, 마요르카 에이스로 부상했다. 그 결과 이강인은 2023년 7월 이적료 2,200만 유로에 프랑스의 파리 생제르맹으로 이적했다.

이강인은 2023/24 시즌 파리 생제르맹에서 공식 36경기에 출전해 5골 5도움을 기록했다. 특히 이강인은 트로페 데 샹피옹(프랑스 슈퍼컵)에서 결승골을, 리그1 우승을 확정했던 31라운드 르아브르전에서 도움을 기록하며 중요한 순간마다 결정적인 공격 포인트를 기록했다. 이에 따라 이강인은 파리 생제르맹에서 1시즌을 뛰면서 리그1, 쿠프 드 프랑스(프랑스 FA컵), 트로페 데 샹피옹 등에서 우승 트로피를 들어 올리는 데 성공했다. 하지만 자신의 활약에 만족감보다는 아쉬움을 느낄 것이 분명하다. 이강인은 루이스 엔리케 감독의 요구에 따라 좌·우 윙어와 공격형 미드필더 등 다양한 포지션을 소화했지만, 확실한 주전으로 도약하기엔 2% 부족한 모습을 노출했다. 따라서 주로 로테이션 멤버로 출전할 수밖에 없었다.

하지만 2024/25 시즌은 상황이 다르다. 파리 생제르맹은 2024년 8월 공격의 상징이었던 킬리안 음바페가 레알 마드리드로 떠남에 따라 공격진 개편을 피할 수 없다. 이런 상황은 이강인에게 기회가 될 것이 분명하다. 그렇다면 이강인이 이런 기회를 놓치겠는가.

한국 최고의 테크니션

이강인은 '천재'라는 표현이 어울릴 정도로 축구선수로서 많은 장점을 보유하고 있다. 현란한 테크닉과 낮은 무게중심의 드리블을 통해 상대 수비를 농락하고 넓은 시야와 경기에 대한 높은 이해력을 바탕으로 정확한 롱 패스와 전진 패스, 효과적인 연계 플레이 등으로 공격을 주도한다. 특히 양발을 활용한 팬텀 드리블이나 마르세유 턴을 통해 공격을 전개하고, 예상치 못한 창의적인 패스를 보여주며 플레이메이커 역할을 소화한다. 그리고 왼발 킥이 정확해 중거리 슈팅이나 오른쪽에서 감아 차는 슈팅, 프리킥, 코너킥으로 공격 포인트를 생산한다. 여기에 공격의 모든 포지션을 소화할 뿐 아니라 중앙 미드필더, 레프트백까지 소화하는 모습을 보여줘 전술적 활용 가치도 매우 높다.

이강인이 2018/19 시즌 발렌시아에서 라 리가에 데뷔할 당시만 하더라도 뛰어난 공격력과 재능에도 수비력 부족이라는 비판을 들었다. 약한 피지컬과 경험 부족 등으로 수비에서 소극적인 태도를 보였고, 과도한 드리블로 공격 템포를 상실하는 모습을 노출했다. 이로 인해 일부 스페인 언론들은 이강인에 대해 '클래식한 플레이메이커'라 비하하며 현대축구에 어울리지 않는다고 보도하기도 했다. 하지만 이강인은 2022/23 시즌부터 완전히 다른 모습을 보여주기 시작했다. 피지컬적으로 강해지면서 몸싸움에 능해졌고, 팀 압박과 수비에도 적극적으로 가담했다. 또한 오프 더 볼 상황에서의 날카로운 움직임과 빠른 템포의 패스를 보여주며 약점을 극복했다. 이제 이강인은 약점을 찾기 어려운 신수로 번모했다.

모두가 인정하는 '축구 천재'

이강인의 천재성에 대한 의문은 이제 존재하지 않는다. 그는 이미 스페인 무대에서 자신의 능력을 충분히 입증했고, 프랑스 무대에서도 제 실력을 발휘하고 있다. 스페인 언론 '마르카'는 "이강인은 곡선적인 움직임이 좋고 유려한 탈압박과 공 소유력, 롱 패스가 강점이다."라고 보도했고, '유로스포츠'는 "이강인은 2010년대 초반의 다비드 실바와 비슷한 플레이 스타일을 가진 우아한 왼발의 공격형 미드필더이다."라고 설명했다. 하물며 라 리가는 공식 SNS를 통해 이강인에 대해 '승리의 설계자'라 평했다. 이는 프랑스 무대에서도 마찬가지. 2023/24 시즌 몇몇 프랑스 언론들은 이강인의 능력에 의구심을 표했지만, 프랑스 언론 '르퀴프'는 "이강인은 상대 수비와 미드필드 사이 공간에서 활발하게 움직이며 창의성을 보여준다. 그는 상대에게 맹독 같은 존재이다."라고 표현했다.

이강인을 지도했던 감독들도 그를 설명할 때, 그의 능력에 대한 칭찬을 아끼지 않는다. 발렌시아 시절, 이강인을 지도했던 하비 그라시아 감독은 유망주 시절의 이강인에 대해 "이미 훌륭한 선수이지만, 또한 커다란 성장 가능성을 갖고 있으며 동 나이대에서 최고의 선수다."라고 말했고, 마요르카에서 이강인 효과를 톡톡히 봤던 하비에르 아기레 감독은 "이강인은 우리 팀이 가진 최고의 재능이다. 내가 훈련시킨 최고의 선수 중 한 명이다."라며 이강인을 극찬했다. 그리고 현재 파리 생제르맹을 이끄는 루이스 엔리케 감독은 "이강인은 우리 팀에 정말 중요한 선수다. 그는 정말 뛰어난 테크닉을 보유했고, 강한 수비력도 갖추고 있다. 무엇보다 팀을 위해 희생할 줄 아는 선수다."라며 이강인의 활약에 민폭감을 표했다.

피할 수 없는 주전 경쟁

루이스 엔리케 감독은 2023년 7월 파리 생제르맹 감독으로 부임한 후, 2023/24 시즌 4-3-3과 4-2-3-1, 3-4-3 등 다양한 포메이션을 활용하면서 파리 생제르맹에 맞는 옷을 찾고자 노력했다. 비록 UEFA 챔피언스리그 4강에서 도르트문트에게 패했지만 리그1, 쿠프 드 프랑스, 트로페 데 샹피옹 등에서 우승하며 성공적인 시즌을 보냈다. 그러나 2024년 8월, 공격의 상징이었던 킬리안 음바페가 레알 마드리드로 떠남에 따라 공격진을 다시 구성해야 하는 상황에 직면했다. 음바페는 2023/24 시즌 우여곡절이 있었지만, 공식 48경기에 출전해 44골 10도움을 기록하며 해결사 역할을 톡톡히 했다. 따라서 루이스 엔리케 감독도 음바페가 떠난 자리를 메우는 것은 쉬운 일이 아니다.

그러나 파리 생제르맹의 현 상황은 지난 시즌 로테이션 멤버로 활약했던 이강인에게 선발로 올라설 수 있는 좋은 기회가 될 가능성이 크다. 이강인은 2023/24 시즌 공식 36경기에 출전해 총 2.083분을 소화하며 5골 5도움을 기록했다. 좌·우 윙어, 공격형 미드필더, 중앙 미드필더 등 감독의 요구에 따라 다양한 임무를 소화했다. 따라서 이강인은 이번 시즌에도 팀의 사정에 따라 다양한 임무를 부여받을 가능성이 크다. 이강인은 왼쪽 측면에서 브래들리 바르콜라, 이브라힘 음바예, 오른쪽 측면에서 우스망 뎀벨레, 마르코 아센시오, 공격형 미드필더 자리에서는 자이르 에메리, 카를로스 솔레르, 파비앙 루이스 등과 경쟁을 피할 수 없다. 따라서 이강인에게 주전 경쟁은 쉽지 않다. 그러나 이강인이 기회를 제대로 활용한다면 선발 멤버로 도약하는 것도 불가능하진 않다.

생제르맹의 레전드 야망 AMBITION

파리 생제르맹과 루이스 엔리케 감독의 목표는 UEFA 챔피언스리그 우승이다. 파리 생제르맹은 2011년 타밈 빈 하마드 알사니 당시 카타르 황태자에게 인수된 후, 여름마다 투자를 아끼지 않는다. 이에 따라 강력한 전력을 구축한 파리 생제르맹은 자국 무대를 평정했지만 UEFA 챔피언스리그 우승과는 연을 맺지 못하고 있다. 2019/20 시즌 UEFA 챔피언스리그 결승전까지 진출했지만, 바이에른 뮌헨에 0-1로 패하고 말았다. 2023년 7월 파리 생제르맹 지휘봉을 잡은 루이스 엔리케 감독도 2023/24 시즌 UEFA 챔피언스리그 4강에서 도르트문트 문턱을 넘지 못해 전진을 멈추고 말았다. 그러므로 파리 생제르맹과 루이스 엔리케 감독이 UEFA 챔피언스리그 우승을 간절히 원하는 것은 이상한 일이 아니다.

이는 이강인에게도 적용된다. 이강인의 1차 목표는 파리 생제르맹의 선발 명단에 꾸준히 이름을 올리는 것이다. 하지만 이강인도 UEFA 챔피언스리그 우승에 대한 갈증을 느끼고 있다. 이강인은 2023년 7월 파리 생제르맹으로 이적한 후, 1시즌 만에 리그1, 쿠프 드 프랑스, 트로페 데 샹피옹 등에서 우승을 경험했다. 따라서 이강인이 파리 생제르맹에서 들어 올리지 못한 우승 트로피는 '빅 이어'가 유일하다.

이강인은 2023/24 시즌 UEFA 챔피언스리그에서 9경기 출전해 1골 1도움을 기록했으므로, 이제 UEFA 챔피언스리그 경험은 충분하다. 이강인은 2024/25 시즌 UEFA 챔피언스리그에서 사건을 크게 치기를 원하고 있다. 만약 파리 생제르맹의 주축으로 UEFA 챔피언스리그에서 우승한다면, 이강인이란 이름은 파리 생제르맹의 역사에 레전드로 기억될 것이다.

비상의 준비는 끝났다! KEY STATs

이강인은 2023/24 시즌 파리 생제르맹에서 공식 36경기에 출전해 총 2,083분을 소화했고, 5골 5도움을 기록했다. 리그1에서 23경기 3골 4도움을, 쿠프 드 프랑스에서 3경기, 트로페 데 샹피옹에서 1경기 1골을 기록, 다양한 무대에서 나름대로 실력을 발휘했다.

2023/24 시즌 리그 기록을 보면 2022/23 시즌 마요르카 시절의 기록보다 떨어진 것은 사실이다. 그러나 경기당 패스 성공률 89.4%, 슈팅 1회, 키패스 1.2회, 드리블 1.1회, 크로스 0.9회, 태클 1.2회, 인터셉트 0.3회, 클리어링 0.1회 등 전체적으로 나쁜 수치가 아니다. 또한 이강인에게 2023/24 시즌은 악재의 연속이었다는 사실도 간과할 수 없다. 프랑스 무대 데뷔 시즌임에도 시즌 초반 부상으로 결장했다는 것과 아시안게임과 아시안컵 참가로 컨디션 조절에 어려움을 겪었다는 사실, 그리고 대표팀에서 손흥민과 불화설로 정신적으로나 심리적으로 흔들렸다는 점 등을 고려하면 이강인의 활약은 성공이라고 할 순 없지만 실패라고 단정 지을 순 없다. 오히려 가능성을 보여준 시즌이라고 봐야 할 것이다.

하지만 2024/25 시즌은 변명의 여지가 없다. 이강인이 이유를 떠나 2시즌 연속 제자리 걸음이라면 파리 생제르맹과 팬들이 인내심에 한계를 느낄 것이 분명하다. 따라서 이강인에게도 2024/25 시즌은 매우 중요하다. 분위기는 나쁘지 않다. 이강인은 2023년 여름, 햄스트링 부상을 당해 프리시즌에 참여하지 못했지만, 2024년 여름 마요르카에서 개인 훈련 후 프리시즌에 참가하며 2024/25 시즌을 준비했다. 프리시즌 평가전에도 좌·우 윙어, 중앙 미드필더 등 다양한 임무를 소화하면서 루이스 엔리케 감독의 요구에 부응하며 강한 인상을 남겼다. 과연 이강인은 마요르카의 두 번째 시즌처럼 파리 생제르맹에서도 2번째 시즌을 맞아 비상할 수 있을까? 이강인은 자신감 넘치는 모습을 보여주고 있다.

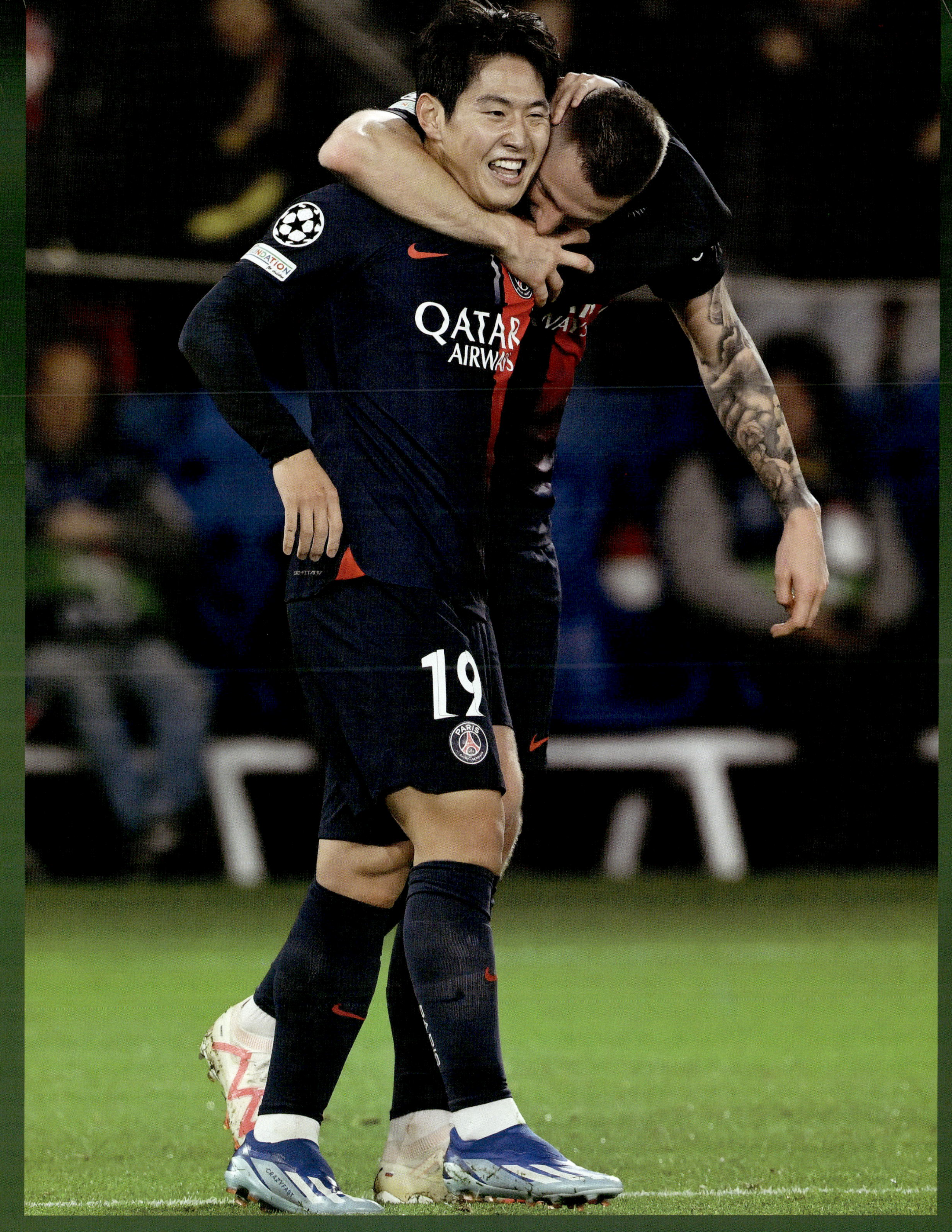

'괴물 센터백' 김민재에게 실패란 단어는 어울리지 않는다. 김민재는 수원공업고등학교 시절부터 성공 가도를 달렸다. 2016년 한국 내셔널리그의 경주 한국수력원자력부터 2022/23 시즌 나폴리까지 그는 항상 팀의 주축 수비수였고 수비의 상징이었다. 전북에서 2017/2018년 K리그1을 정복했고, 베이징 궈안에서 2019년부터 2년 6개월 동안 중국 슈퍼리그를 대표하는 수비수로 활약했다. 2021년 여름 튀르키예의 페네르바체로 이적하면서 유럽 무대에 도전장을 던졌고, 2021/22 시즌 공식 40경기에 출전해 1골을 넣으며 유럽에서의 경쟁력과 가능성을 입증했다. 이어서 2022년 여름 이탈리아의 나폴리로 이적하더니 2022/23 시즌 리그 35경기에 출전해 2골 2도움으로 만점 활약을 펼쳤다. 그 결과, 나폴리는 33년 만에 스쿠데토를 차지했고, 김민재는 세리에A 최우수 수비상을 수상했다. 그리고 2023년 7월 무려 5,000만 유로의 이적료에 독일의 명문 바이에른 뮌헨으로 이적했다.

그러나 김민재는 2023/24 시즌 독일 분데스리가에서 고전을 면치 못했다. 공식 36경기에 출전해 1골 2도움을 기록했지만, 시즌 후반기 출전 시간이 급격히 줄어들 정도로 입지가 흔들렸다. 전반기 분데스리가 데뷔 시즌임에도 공식 20경기에 연속으로 출전하며 나름대로 준수한 활약을 펼쳤으나, 후반기에 뒷공간을 내주거나 위험 지역에서 볼 경합에 실패하는 바람에 실점의 빌미를 제공했다. 특히 UEFA 챔피언스리그 레알 마드리드전에서 결정적인 실수를 범해 패배의 원성을 듣기도 했다. 설상가상 토마스 투헬 감독이 2024년 1월에 영입한 에릭 다이어를 중용함에 따라 김민재는 벤치에서 대기하는 시간이 늘어났다.

하지만 2024/25 시즌은 다르다. 수비수 출신의 뱅상 콤파니 감독이 부임하면서 김민재는 다시 선발로 뛰기 시작했고, 실력 발휘를 제대로 하고 있다. 김민재의 독일 정복은 이제부터 시작이다.

모든 능력을 가진 완성형 센터백 PLAYING STYLE

김민재는 모두가 인정하는 완성형 센터백이다. 현대축구가 센터백에게 요구하는 모든 능력을 보유하고 있다고 해도 과언이 아니다. 190cm의 피지컬을 이용해 고공 장악력과 대인 마크 능력, 몸싸움 능력을 과시할 뿐 아니라 큰 신장에도 순간 최고 35km/h의 빠른 스피드를 과시하며 뒷공간을 커버한다. 워낙 빠른 스피드로 공간을 커버해 종종 상대의 발 빠른 측면 공격수와 스피드 경쟁을 하며 수비하는 모습을 경기 중 자주 보여준다. 경기를 읽는 시야도 뛰어나 상대 공격수를 사전에 압박하거나, 예측력을 바탕으로 상대 패스 루트를 사전에 차단하기도 한다. 또한 주발이 오른발이지만 왼발도 수준급으로 활용할 수 있어서 센터백으로 좌우를 가리지 않고 활약할 수 있다.

김민재의 공격력도 무시할 수 없다. 김민재는 2022/23 시즌 세리에A에서 2골을 넣더니 2023/24 시즌 분데스리가에서도 1골을 넣었다. 세트피스 상황에서 적극적으로 헤더 슈팅을 시도하고 세컨드 볼에 대한 집중력도 뛰어나 흐르는 볼을 슈팅으로 연결하며 한 시즌 1~2골을 적립하고 있다. 그리고 종종 직접 드리블을 통해 탈압박하고 상대 진영까지 넘어가 크로스와 패스를 시도하곤 한다. 워낙 패스 능력도 탁월해 적확한 롱 패스를 통해 1차 빌드업에 관여하면서도 공격에 가담했을 때는 문전으로 양질의 패스를 보내면서 득점 기회를 만든다.

하지만 김민재는 지난 시즌, 위치를 지키지 않고 앞으로 나가며 뒷공간을 허용하곤 했다. 주전 경쟁으로 인해 심리적으로 쫓기면서 과거의 나쁜 습관이 다시 나온 것. 이런 악습에 대해서는 김민재 본인이 누구보다 잘 알고 있으므로 수정, 보완하지 않을까 싶다.

감독들이 극찬하는 선수 REPUTATION

김민재의 위대함은 그를 지도한 감독들의 발언에서 쉽게 알 수 있다. 페네르바체의 전 감독 비토르 페레이라는 "김민재는 굉장한 수비수이고 내 감독 경력을 통틀어 지도해 본 선수 중 최고다."라고 말했고, 나폴리의 전 감독 루치아노 스팔레티는 "나는 내 인생과 커리어에서 김민재의 기술과 퀄리티를 가진 선수들을 거의 본 적이 없다. 그는 믿을 수 있고, 항상 공격적이며, 그는 모든 경기에 선발 출전할 자격이 있다."라고 극찬했다. 또한 바이에른 뮌헨의 전 감독 토마스 투헬은 "김민재는 훌륭한 피지컬, 점프 능력 및 강력한 태클 능력을 가진 뛰어난 수비수다. 바이에른의 김민재 영입은 최고의 선수를 영입한 것이다."라며 그의 능력을 인정했다. 하물며 대한민국 대표팀의 전 감독 위르겐 클린스만도 "감독으로서 김민재와 함께할 수 있어 영광스럽게 생각한다. 지난 몇 년간 걸어왔던 길을 보면 엄청나다고 생각한다."라고 김민재를 설명했다.

이러한 발언은 당연한 결과일 지도 모른다. 비록 김민재가 지난 시즌 분데스리가에서 다소 고전했다고 할지라도 2022/23 시즌 '수비의 본고장' 이탈리아에서 이미 능력을 입증했다. 김민재는 나폴리에서 한 시즌 활약으로 세리에A 최우수 수비수로 선정됐고, 리그 베스트11에 이름을 올렸다.

그리고 프랑스풋볼은 2023년 9월 발롱도르 후보 30인 명단에 김민재의 이름을 올렸다. 프랑스풋볼이 김민재를 발롱도르 후보에 선정한 이유에 대해 "김민재는 그라운드와 공중을 넘나드는 운동 능력과 퍼스트 터치 능력을 보여줬다. 지난 시즌 세리에A에서 그보다 많은 패스를 시도하고, 또 많은 패스를 성공시킨 선수는 없었다. 바이에른 뮌헨으로 이적하기 전까지 나폴리에서 뛰며 칼리두 쿨리발리를 잊게 만들었다."라고 설명했다.

주전을 위한 행보 COMPETITION

바이에른 뮌헨은 2023/24 시즌을 마무리하면서 토마스 투헬과 작별했고, 2024년 7월 뱅상 콤파니 감독을 임명했다. 콤파니 감독은 선수 시절, 뛰어난 수비수로 명성을 얻었고, 감독으로 안더레흐트와 번리를 이끌며 지도력을 입증했다. 그는 4-2-3-1 포메이션을 선호하면서도 포백 형태를 유지한 상황에서 다양한 포메이션을 가동한다. 하지만 경기를 전개하는 방식에는 큰 변화를 주지 않는다. 수비 라인을 올려서 공격과 수비 사이의 간격을 줄여 상대에게 공간을 주지 않는 가운데 강한 전방 압박과 빠른 전환을 통한 공격적일 전술을 구사한다. 다만 번리 시절, 공격적인 축구로 프리미어리그 승격에 성공했지만, 미드필드와 수비 라인의 간격이 벌어지면서 수비에서 문제를 노출하기도 했다.

이런 측면에서 뛰어난 스피드를 보유했고, 대인 마크에 강한 면모를 보이는 김민재는 콤파니 감독에게 매력적인 카드가 아닐 수 없다. 물론 김민재는 마티아스 더 리흐트가 맨체스터 유나이티드로 이적했음에도 다요 우파메카노, 이토 히로 키, 에릭 다이어, 타레크 부흐만 등과 센터백 두 자리를 놓고 경쟁해야 한다. 2024년 6월 슈투트가르트에서 영입한 왼발 센터백이자 레프트백 이토 히로키와의 경쟁이 뜨거울 것으로 보이지만, 이토 히로키가 시즌 초반 부상을 당해 김민재가 주전 경쟁에서 유리한 고지를 선점했다고 해도 과언은 아니다. 또한 스피드가 느린 다이어, 경험이 부족한 부흐만, 실수 가 잦은 우파메카노 등과의 경쟁에서도 우위에 있다. 따라서 김민재는 시즌 초반부터 선발 기회를 잡을 가능성이 농후하 다. 명예 회복을 원하는 김민재는 시즌 초반의 기회를 제대로 살려서 수비의 중심으로 자리매김해야 한다.

트레블의 주축이 되길 원한다 AMBITION

김민재의 2024/25 시즌 목표는 간단하다. 바로 바이에른 뮌헨의 트레블이다. 바이에른 뮌헨은 독일 명문 구단으로 분데 스리가 우승 32회(최다), DFB-포칼 우승 20회(최다), UEFA 챔피언스리그 우승 6회 등 출전하는 무대마다 우승 후보로 거론되는 클럽이다. 하물며 2012/13 시즌부터 분데스리가 11연패에 성공했고, 유럽 클럽 역사상 바르셀로나와 함께 트 레블을 2회나 달성한 유일한 클럽이기도 하다. 그러나 바이에른 뮌헨은 2023/24 시즌 레버쿠젠 돌풍을 막지 못해 분데 스리가 3위에 만족할 수밖에 없었다. 또한 UEFA 챔피언스리그 4강에서 레알 마드리드에게, 포칼 2R에서 사르브뤼켄에 게, 독일 슈퍼컵에선 라이프치히에 패했다. 다시 말해 바이에른 뮌헨은 2023/24 시즌 무관을 기록했다. 바이에른 뮌헨 으로선 자존심이 상하는 결과가 아닐 수 없다.

이는 김민재에게도 적용되는 이야기다. 김민재는 전북 소속으로 2017/2018시즌 K리그1 우승을 차지했고, 나폴리 소속 으로 2022/23 시즌 세리에A 우승을 이끌었다. 태극마크를 달고서도 2018 아시안게임 금메달 획득과 2019 EAFF 챔피 언십 우승을 기록하기도 했다. 김민재는 우승과 친근한 편이다. 하지만 김민재는 2023/24 시즌이 분데스리가 데뷔 시즌 이란 점을 감안하더라도 기대에 못 미치는 활약을 펼쳤다. 명예 회복을 원하는 것은 당연지사.

김민재가 2023년 여름, 유럽의 빅클럽들의 구애 속에서도 바이에른 뮌헨을 선택한 것은 바로 UEFA 챔피언스리그 우승 을 포함한 트레블을 달성하기 위해서다. 따라서 지난 시즌의 실패를 반면교사 삼아 이번 시즌 확실한 주전으로 도약해 바이에른 뮌헨의 트레블에 앞장선다는 포부를 갖고 있다.

세리에A의 영광을 재현한다! KEY STATs

김민재는 2023/24 시즌 분데스리가 25경기에서 1골 2도움을 기록했다. 바이에른 뮌헨의 공식 49경기 중 36경기에 출 전했고, 총 2765분을 소화했다. 따라서 확실한 주전이라고 보기는 어렵다. 전반기 공식 20경기 연속으로 출전했지만, 1 월을 기점으로 상황이 바뀌었다. 김민재가 1월 아시안컵에 참가하는 동안 바이에른 뮌헨이 에릭 다이어를 영입했다. 그 리고 토마스 투헬 감독은 후반기에 김민재가 아닌 에릭 다이어를 선택했다. 물론 김민재의 활약을 부진하다고 평가 절 하할 순 없다. 분데스리가 기록을 보면 김민재는 경기당 패스 성공률 93%, 슈팅 0.4회, 태클 1.5회, 인터셉트 1.8회, 반칙 0.8회, 클리어링 2.7회, 키패스 0.3회, 드리블 0.1회 등이다.

김민재로선 100% 만족할 수준의 활약은 아니다. 2022/23 시즌 나폴리 소속으로 공식 45경기에 출전해 2골 2도움을 기록했다. 세리에A 35경기에서 총 3,054분을 소화하면서 경기당 패스 성공률 91%, 슈팅 0.2회, 태클 1.6회, 인터셉트 1.2회, 클리어링 3.5회 등을 기록하며, 수비 관련 모든 수치에서 리그 상위권에 이름을 올렸다. 그렇기에 세리에A 사무국 이 김민재를 2022/23 시즌 세리에A 최우수 수비수로 선정한 것.

김민재는 세리에A를 정복했던 활약을 2024/25 시즌 분데스리가에서 재현할 계획이다. 김민재는 분데스리가를 정복하 기 위해 스스로를 담금질하고 있다.

'성난 황소' 황희찬이 드디어 해결사 본색을 드러냈다. 뛰어난 능력에도 2% 아쉽다는 이야기를 많이 들었다. 황희찬은 최전방과 측면에서 저돌적인 돌파와 효과적인 문전 침투, 동료와의 연계 플레이, 적극적인 수비 가담, 영양가 높은 득점 등을 바탕으로 프리미어리그에서 3시즌 동안 활약하며 울버햄튼 팬들의 사랑을 받았다. 그러나 부상이 잦은 편이고, 파괴력이 부족하다는 사실도 부인할 수 없다. 사실 황희찬은 잘츠부르크에서 활약했던 시기인 2016년부터 지난 8년 동안 코로나를 포함해 총 18차례나 크고 작은 부상으로 고생했다. 또한 울버햄튼에서 지난 3시즌 동안 매 시즌 햄스트링 부상을 당하고 있다. 물론 부상을 선수의 잘못이라고 말할 순 없다. 일부에선 황희찬의 플레이 스타일이 부상을 야기한다고 말하지만 황희찬의 부상은 오히려 불운에 가깝다. 황희찬은 누구보다 식단 조절을 비롯한 다양한 관리를 통해 부상을 예방하고자 노력하기 때문이다.

다행스러운 점은 황희찬이 2023/24 시즌 프리미어리그에서 29경기에 출전해 12골 3도움을 기록하며 득점에 눈을 떴다는 사실이다. 황희찬은 2019/20 시즌 잘츠부르크에서 리그 11골을 넣은 이후 두 자릿수 골을 넣지 못하고 있었다. 울버햄튼에서도 2021/22 시즌 5골, 2022/23 시즌 3골을 넣었을 뿐이다. 하지만 2023/24 시즌 프리미어리그에서 12골을 넣으며 득점력을 과시했다. 이는 마테우스 쿠냐와 함께 팀 내 최다골 기록이고, 프리미어리그에서도 득점 15위 기록이다. 따라서 황희찬은 2024/25 시즌에도 득점력을 유지하며 파괴력을 보여주는 것이 중요하다. 울버햄튼은 공수의 핵심인 페드루 네투와 맥스 킬먼의 이적으로 공수에서 타격을 입었다. 특히 에이스였던 페드루 네투의 이적은 황희찬이 공격을 주도해야 한다는 사실을 의미한다. 과연 황희찬은 지난 시즌의 파괴력을 재현하며 울버햄튼의 공격을 제대로 이끌 수 있을까? 분명한 것은 황희찬의 활약에 따라 울버햄튼의 미래가 결정될 것이라는 사실이다.

성난 황소 돌격대장

황희찬은 말 그대로 '성난 황소'를 연상시키는 저돌적인 돌파를 통해 상대 수비를 파괴하고, 양발을 활용한 정확한 패스와 빠른 타이밍의 슈팅을 앞세워 공격을 주도한다. 동료와의 뛰어난 연계 플레이와 영리한 오프 더 볼 움직임을 통해 문전으로 침투하며 득점 기회를 잡는다. 위치 선정 능력도 뛰어나 세컨드 볼 상황에서 슈팅으로 골을 넣곤 한다. 또한 탄탄한 피지컬과 왕성한 활동량, 뛰어난 몸싸움 능력을 기반으로 전방부터 효과적인 압박을 보여주며 적극적으로 수비에 가담한다. 이에 더해 황희찬은 주로 측면에서 활약하지만, 전술 이해력이 뛰어나 좌·우 윙어, 최전방 스트라이커, 그리고 세컨드 스트라이커 등 다양한 포지션을 소화할 수 있다.

그렇지만 황희찬은 문전 마무리 능력이 다소 부족하다는 평가를 듣는다. 문전 침투 후에 이어지는 슈팅 타이밍이 빠르고, 주발이 오른발이지만 왼발 슈팅도 자주 시도하는데, 전체적인 슈팅의 정확도와 위력이 떨어지는 편이었다. 이제는 문전에서 침착함을 유지하면서 전체적인 득점력도 향상됐다. 그 결과, 2023/24 시즌 공식 경기에서 13골, 프리미어리그에서 12골을 넣으며 골에 눈을 뜬 모습을 보여줬다. 또한 비교적 투박했던 볼 터치가 좋아지면서 볼을 간수하는 능력과 함께 시야가 넓어졌고, 슈팅뿐 아니라 패스를 통한 플레이 메이킹 능력도 함께 향상됐다.

이제 황희찬은 부상만 빼면 뚜렷한 약점이 없다고 봐도 무방하다. 따라서 황희찬은 2024/25 시즌 울버햄튼의 돌격대장이자 해결사로 활약할 것으로 기대를 모으고 있다.

울버햄튼의 확실한 득점원

2023/24 시즌 황희찬의 활약은 놀라움의 연속이었다. 황희찬은 시즌 개막 이후 15R 번리전까지 리그에서 8골 2도움을 기록하더니 리그 12골 3도움으로 시즌을 마감했다. 햄스트링 부상과 아시안컵 차출이 없었다면 시즌 초반의 기세를 이어가 더 많은 골을 넣었을 가능성이 높다. 맨체스터 시티의 펩 과르디올라 감독은 2023/24 시즌 프리미어리그 7R 울버햄튼과의 경기를 앞두고 황희찬에 대해 "그 한국 선수(The Korean Guy)"라고 표현했다. 그러자 황희찬은 맨체스터 시티를 상대로 골을 넣으며 자신의 이름을 펩 감독의 머리 속에 각인시켰다. 잉글랜드 언론 '데일리 메일'은 "황희찬이 울버햄튼의 새로운 영웅이 되었다."라고 보도했고, '버밍엄 메일'은 "황희찬은 훌륭한 피니셔다."라고 그의 마무리 능력을 극찬했다. 뿐만아니라 'BBC'는 "황희찬은 뒤늦게 받은 크리스마스 선물이라 할 수 있다. 그는 부활한 늑대의 상승세를 이끌었다. 그는 문전 앞에서의 확실성을 보유한, 울버햄튼의 엄청난 자산이다."라고 그의 활약을 극찬했다.

어쩌면 황희찬의 이름은 이제 울버햄튼을 넘어 아시아를 대표하는 단어가 되고 있는지도 모른다. 울버햄튼의 개리 오닐 감독은 "황희찬은 이해 능력이 뛰어나고 영리한 사람이며 페널티 에어리어에 들어가야 하는 타이밍을 잘 알고 있다."라고 그의 존재감을 설명했다. 그리고 스포츠 매체 'bnn'은 "황희찬과 손흥민은 아시아 선수들이 세계 무대에서 두각을 나타내지 못한다는 고정관념을 깨버렸다. 그들이 놀라운 경기력은 세계 최고의 선수들과 경쟁할 수 있다는 것을 증명했으며, 유럽 최고의 리그에서 자신의 이름을 알리고자 하는 젊은 아시아 선수들에게 자신감을 주었다."라고 보도하며 황희찬 활약의 의미가 매우 크다는 사실을 강조했다.

흔들리지 않는 입지

개리 오닐 감독은 지난 시즌 4-2-3-1, 4-4-2, 3-4-3, 3-5-2 등 다양한 포메이션을 가동했고, 프리미어리그 14위로 잔류에 성공했다. 막판 리그 10경기에서 1승 2무 7패로 부진하지 않았다면 유로파 컨퍼런스 리그 경쟁을 했을지도 모른다. 하지만 2024/25 시즌 전망은 밝지는 않다. 비록 호드리구 고메스, 페드루 리마, 토미 도일, 스트란드 라르센 등을 영입해 전력을 보강했지만, 공수의 핵심인 페드루 네투와 맥스 킬먼이 팀을 떠났기 때문이다. 특히 공격의 에이스이자 돌격대장인 페드루 네투가 이적함에 따라 게리 오닐 감독은 공격진 개편이 불가피해졌다. 물론 게리 오닐 감독은 프리시즌에 기대 이상의 활약을 펼친 호드리구 고메스를 기용해 페드루 네투가 떠난 자리를 메울 계획이다. 그러나 예상만큼의 효과가 나올지는 미지수인 상황이다.

당연히 황희찬의 어깨가 무겁다. 황희찬은 2024/25 시즌에도 게리 오닐 감독의 요구에 따라 최전방과 측면에서 다양한 포지션을 소화할 가능성이 크다. 황희찬은 2023/24 시즌 최전방 스트라이커로 16경기에 출전해 6골 1도움을, 왼쪽 윙어로 8경기에 출전해 3골 1도움을, 오른쪽 윙어로 4경기에 출전해 2골 1도움을 기록했다(참고로 1골은 PK로 넣었다). 물론 황희찬은 최전방 스트라이커 자리를 놓고 스트란드 라르센과 마테우스 쿠냐, 왼쪽 윙어 자리를 놓고 다니엘 포덴세, 호드리구 고메스, 치키뉴, 그리고 오른쪽 윙어 자리를 놓고 파블로 사라비아, 호드리구 고메스 등과 경쟁해야 한다.

그런데 지난 시즌 리그 12골로 팀 내 최다골을 기록했다는 사실과 다양한 포지션을 소화하는 능력을 고려할 때, 황희찬은 개리 오닐 감독의 공격 1옵션이 될 것이 분명하다. 역시 중요한 것은 황희찬이 지난 시즌의 득점력을 유지하며 파괴력을 보여주는 것이다.

유럽대항전 진출 야망

황희찬의 목표는 크게 2가지라고 할 수 있다. 하나는 2023/24 시즌에 이어 2024/25 시즌에도 두 자릿수 골을 넣으며 울버햄튼의 해결사로 자리매김하는 것이다. 황희찬이 2024/25 시즌에 두 자릿수 골을 넣지 못한다면 황희찬의 파괴력은 잠깐 빛나고 사라졌다는 평을 들을 수도 있다. 물론 프리미어리그에서 두 자릿수 골을 기록하는 것은 쉬운 일이 아니다. 황희찬이 2023/24 시즌 리그 12골을 넣으며 파괴력을 과시했던 것은 마무리 능력 상승과 함께 조력자인 페드루 네투의 도움이 있었기에 가능했다. 하지만 페드루 네투가 첼시로 이적함에 따라 황희찬은 지난 시즌과 다른 방식의 득점 루트를 찾아야 한다. 호드리구 고메스가 기대한 만큼의 활약을 한다면 금상첨화겠지만, 아니라면 황희찬은 스스로 해결하는 능력과 기회 대비 득점 비율을 높여야 하는 부담을 안게 됐다.

다른 하나는 울버햄튼이 잔류를 넘어 유럽대항전 진출권을 획득하는 것이다. 울버햄튼의 1차 목표는 역시 잔류다. 공수의 핵인 페드루 네투와 맥스 킬먼이 이적한 자리를 메우기가 쉽지 않으므로 잔류에 신경을 써야 한다. 하지만 2022/23 시즌처럼 초반 상승세를 탄다면 유럽대항전 진출권에 대한 욕심을 낼 만하다. 울버햄튼은 프리미어리그로 승격한 2018/19 시즌 프리미어리그 7위를 기록하며 2019/20 시즌 유로파리그에 진출한 경험이 있으나, 이후 유럽대항전과 연을 맺지 못하고 있다. 황희찬도 잘츠부르크와 라이프치히에선 유럽대항전에 자주 모습을 드러냈지만, 울버햄튼에선 유럽대항전에 출전하지 못하고 있다. 따라서 황희찬은 울버햄튼과 함께 유럽대항전 진출이라는 야망을 갖고 2024/25 시즌을 맞이할 것으로 보인다.

2시즌 연속 두 자릿수 득점에 도전한다!

황희찬은 2023/24 시즌 울버햄튼 소속으로 공식 31경기에 출전해 13골 3도움을 기록했다. 비록 햄스트링 부상과 아시안컵 참가로 총 출전 시간이 2249분에 불과했지만, 파괴력이 상승하여 울버햄튼의 해결사로 다시 태어났다. 황희찬의 프리미어리그 기록을 볼 때, 29경기 총 2124분 출전해 12골 3도움을 기록했으므로 확실한 득점포를 장착했다고 봐도 무방하다. 이는 마테우스 쿠냐와 함께 팀 내 최다 득점이자 프리미어리그 득점 15위 기록이다. 그리고 황희찬 선수 커리어에서도 리그 한 시즌 최다골과 타이기록이다. 황희찬은 2016/17 시즌 잘츠부르크 소속으로 오스트리아 분데스리가에서 12골을 넣은 경험이 있다. 또한 황희찬은 2019/20 시즌 잘츠부르크에서 리그 11골을 넣은 후, 5시즌 만에 리그에서 두 자릿수 골을 넣었다.

황희찬이 많은 골을 넣을 수 있었던 이유는 그만큼 슈팅 숫자가 늘어났기 때문이다. 2023/24 시즌 총 44회 슈팅을 시도해 유효 슈팅 17회를 기록하며 12골을 넣었는데, 2022/23 시즌에 비해 슈팅 숫자가 무려 26회나 늘었다. 황희찬의 볼 터치가 좋아지고 오프 더 볼 움직임이 발전했으며 동료와의 연계 플레이가 향상되면서 슈팅 숫자도 늘어났던 것이다.

물론 황희찬의 2023/24 시즌 활약을 골로만 평가할 순 없다. 2023/24 시즌 프리미어리그에서 경기당 패스 성공률 77.7%, 슈팅 1.6회, 패스 18.3회, 키패스 0.6회, 드리블 0.8회, 오프사이드 0.5회, 태클 0.7회, 인터셉트 0.3회, 클리어링 0.5 등을 기록했다. 이는 황희찬이 공수에서 영향력이 높은 플레이를 펼쳤다는 사실을 잘 대변한다.

누구보다 승격을 원한다

배준호는 2023년 8월, 잉글랜드 챔피언십의 스토크 시티로 이적하자마자 영웅으로 부상했다. 스토크 시티는 2023/24 시즌 강등 위기에 직면했지만 배준호의 활약 덕분에 잔류에 성공했다. 배준호가 '스토크 시티 올해의 선수'로 선정되었을 정도. 이에 따라 2024년 여름, 풀럼을 비롯한 적지 않은 프리미어리그 클럽들이 배준호에 관심을 드러냈다. 하지만 배준호는 잔류를 선택했다. 이제 배준호는 스토크 시티와 함께 챔피언십을 정복해 프리미어리그에 진출하기를 바라고 있다.

PLAYING STYLE

배준호는 드리블, 패스, 슈팅 등 3박자를 갖춘 미드필더다. 주로 공격형 미드필더로 뛰지만 2선의 모든 포지션을 소화해 전술적 가치가 높다. 스피드를 동반한 드리블, 오프 더 볼 상황에서의 효과적인 움직임, 위력적인 공간 침투, 정확한 전진 패스, 양발을 활용한 강력한 슈팅 등으로 공격을 주도한다. 또한 워낙 우수한 신체 밸런스, 탄탄한 기본기, 간결한 플레이를 보여줌에 따라 상대 수비수들이 대응하는 데 어려움을 겪는다. 피지컬이 약하다는 평이 있었지만 스토크 시티로 이적 후, 피지컬도 향상됐다.

COMPETITION

스티븐 슈마허 감독은 4-2-3-1 포메이션 아래 롱 패스와 측면 공격을 통한 공격 전개를 선호한다. 배준호는 2023/24 시즌 중반부터 주전으로 도약하며 공격형 미드필더, 좌·우 윙어 등 2선의 모든 포지션을 소화했다. '스토크 시티 올해의 선수'로 선정될 만큼 스토크 시티 내에서의 입지는 탄탄하다. 밀리언 마누프, 부터 버거, 다니엘 존슨, 루이스 베이커 등 적지 않은 선수들과 주전 경쟁을 펼치지만, 2024/25 시즌에서도 스토크 시티의 중심으로 활약할 가능성은 아주 높다.

KEY STATS

2023/24 시즌 배준호의 활약은 말 그대로 눈부셨다. 챔피언십 38경기에 출전해 2골 5도움을 기록한 것. 이보다 중요한 것은 배준호가 공격 포인트 이상의 영향력을 보여줬다는 사실이다. 워낙 단조로운 공격으로 고생하던 스토크 시티에 창의성과 의외성을 부여했고, 중요한 순간마다 공격 포인트를 기록했다. 경기당 패스 성공률 83.1%, 슈팅 0.7회, 키패스 1.3회, 드리블 0.9회, 태클 1.2회, 인터셉트 0.4회 등을 보여주며 스토크 시티의 중심으로 자리매김했다.

ROAD TO EUROPE

배준호는 2022년 대전에서 데뷔해 2022년 K리그2에서 8경기 1골을 기록하며 대전의 승격에 기여하더니, 2023년 K리그1에서 17경기에 출전해 2골을 넣으며 실력을 입증했다. 또한 2023년 FIFA U-20 월드컵에서 한국 대표팀을 4강으로 견인하며 두각을 나타냈다. 그 결과, 2023년 8월 1일 옵션 포함한 이적료 200만 유로에 잉글랜드 챔피언십의 스토크 시티로 이적했다. 스토크 시티에 데뷔하자마자 환상적인 활약을 펼치면서 스토크 시티의 챔피언십 잔류의 일등 공신이 되었다.

엄지성은 2024년 7월 잉글랜드 챔피언십의 스완지 시티로 이적했다. 이로써 엄지성은 기성용에 이어 스완지 시티에서 뛰는 역대 두 번째 한국 선수가 됐다. 스완지는 2023/24 시즌 챔피언십에서 14위를 기록해 전력 보강이 불가피했다. 그래서 팀에 부족한 속도와 창의성을 보유하고자 엄지성을 영입했다고 공언했고, 그에게 등번호 No 10을 부여하며 기대감을 숨기지 않고 있다. 따라서 엄지성은 충분한 기회를 잡을 것이 분명하다. 그리고 그는 기회를 성공으로 바꿀 능력이 충분하다.

PLAYING STYLE

엄지성은 빠른 스피드와 왕성한 활동량, 위력적인 드리블, 양발을 활용한 슈팅, 효과적인 롱 스로인, 정확한 패스, 효율적인 동료와의 연계 플레이 등 장점이 많은 공격수다. 또한 전술 이해력이 뛰어나 좌·우 윙어, 공격형 미드필더, 세컨드 스트라이커 등 공격의 다양한 포지션을 소화할 수 있다. 하지만 약점도 존재한다. 공격에 미치는 영향력이 매우 큼에도 그에 비해 공격 포인트는 부족하다. 부상도 잦은 편이다. 잉글랜드 무대에서 생존하기 위해선 약점을 보완해야 한다.

COMPETITION

루크 윌리엄스 감독은 4-2-3-1을 선호하고, 엄지성의 스피드와 드리블, 크로스를 최대한 이용하고자 그를 좌·우 윙어로 기용할 것으로 보인다. 물론 엄지성도 호날드, 조쉬 기넬리, 아짐 압둘라이, 조쉬 토마스 등과 주전 경쟁을 피할 순 없다. 하지만 윌리엄스 감독이 "엄지성은 우리에게 속도와 창의성을 가져다 줄 선수"라고 말하며, 엄지성에게 등번호 No 10을 줬다는 사실에서 그에 대한 높은 기대감을 알 수 있다. 이를 고려할 때, 엄지성은 2024/25 시즌 주전으로 활약할 가능성이 높다.

KEY STATS

엄지성은 매 시즌 발전하고 있다. 2021년 광주에서 데뷔, 시즌 공식 37경기 4골 1도움을, 2022시즌 공식 28경기 9골 1도움을, 2023시즌 공식 28경기 5골 4도움을, 그리고 2024시즌 전반기 리그 15경기 2골 3도움 등을 기록했다. K리그2에서 활약했던 2022시즌을 제외하고 K리그1에서 활약한 시즌만을 비교하면 매 시즌 성장한다는 사실을 쉽게 알 수 있다. 다만 공격에 미치는 영향력에 비해 공격 포인트가 2% 부족하다는 사실도 부인할 수 없다. 세밀한 플레이를 향상시켜 더 많은 공격 포인트를 기록해야 하는 부담을 안고 있다.

ROAD TO EUROPE

엄지성은 광주 금호고 출신으로 2021년 광주FC에서 데뷔했다. 이후, 광주에서 3시즌 반 동안 활약하며 108경기에 출전해 20골 9도움을 기록했다. 2022시즌 K리그2에서 광주의 승격을 도우면서, K리그2 베스트 일레븐에 선정되었을 뿐 아니라 영플레이어상을 수상했다. 2023시즌 K리그1에서 돌격대장으로 광주의 돌풍을 이끌었고, 그 결과 광주는 K리그1 3위를 차지하면서 AFC 챔피언스리그 진출권을 획득했다. 이로 인해 유럽 클럽들은 그에게 관심을 갖기 시작했다. 마침내 2024년 7월 120만 달러의 이적료에 스완지 시티로 이적했다.

마인츠의 중심으로 자리매김하다

이재성은 자타공인 마인츠의 중심이다. 특히 지난 시즌에는 마인츠의 구세주였다고 해도 과언이 아니다. 2023/24 시즌 강등 위기에 직면했던 마인츠가 이재성의 활약 덕분에 잔류에 성공했기 때문. 마인츠는 25라운드까지 17위로 강등권에 있었지만, 이후 이재성이 4골 3도움을 기록하며 리그 13위로 시즌을 마감했다. 독일 매체 '키커'가 이재성을 지난 시즌 분데스리가 공격형 미드필더 12위로 선정했을 정도였다. 이재성은 이번 시즌 마인츠의 잔류와 함께 두 자릿수 골에 도전한다.

PLAYING STYLE

이재성을 설명할 땐 '다재다능'이란 표현을 사용하지 않을 수 없다. 주 포지션은 공격형 미드필더지만 팀의 요구에 따라 중앙 미드필더, 좌·우 윙어, 제로톱 등 다양한 포지션을 소화하기 때문. 이는 축구 센스와 전술적 이해력이 높고 기본기가 탄탄하기에 가능한 것이다. 넓은 시야를 바탕으로 정확한 패스를 구사하고, 재치 있는 드리블을 통해 볼을 전방으로 운반하며, 영양가 높은 슈팅으로 공격을 주도한다. 또한 왕성한 활동량과 효과적인 압박으로 수비 기여도도 높다. 즉 약점이 없는 미드필더다.

COMPETITION

마인츠는 지난 시즌 도중에 부진에서 벗어나고자 감독 교체를 단행했다. 마인츠는 보 스벤손 감독으로 시즌을 시작해 얀 지베르트 임시 감독을 거쳐 보 헨릭센 감독 밑에서 시즌을 마감했다. 헨릭센 감독 밑에서 이재성은 4골 4도움으로 제 실력을 발휘했고, 마인츠는 리그 11경기에서 6승 5무 2패를 기록했다. 헨릭센 감독은 3-4-1-2 또는 3-4-2-1 포메이션을 가동했고, 이재성은 스트라이커 밑에 공격형 미드필더로 기용되며 득점 기회 창출과 득점 지원을 훌륭히 해냈다. 부상만 피한다면 확실한 주전 멤버가 될 것으로 기대를 모으고 있다.

KEY STATS

이재성은 2021년 7월 마인츠에 합류한 이후, 매 시즌 발전하고 있다. 공격 포인트를 보면 2021/22 시즌 리그 4골 3도움, 2022/23 시즌 리그 7골 5도움, 그리고 2023/24 시즌 리그 6골 3도움을 기록했다. 비록 2022/23 시즌보다 지난 시즌 공격 포인트가 줄었지만, 세부적인 기록을 보면 이재성의 플레이가 더 향상됐다는 사실을 알 수 있다. 지난 시즌, 2113분을 소화하며 마인츠에서 한 시즌 최다 시간을 출전했고, 38회로 가장 많은 슈팅을 시도했다. 이외에도 패스 성공률 79.5%, 경기당 슈팅 1.3회, 경기당 키패스 1.1회 등 모든 기록에서 발전된 모습을 보여줬다.

ROAD TO EUROPE

이재성은 2014년 전북에 입단한 후 K리그를 대표하는 미드필더로 성장했다. 그는 전북의 중심으로 성장해 K리그1 우승 3회, AFC 챔피언스리그 우승 1회를 기록했다. 그리고 2018년 여름, 독일 2부 리가의 홀슈타인 킬로 이적하며 유럽 무대에 도전장을 던졌다. 3시즌 동안 공식 104경기에 23골을 넣으며 홀슈타인 킬의 승격을 위해 노력했지만 결국 실패했다. 이재성은 2021년 7월 독일 분데스리가의 마인츠로 이적했고, 마인츠의 중심축으로 활약하고 있다.

과연 기회를
성공으로 이어갈까?

정우영은 도전을 멈추지 않는다. 대건고에서 바이에른 뮌헨으로, 프라이부르크로, 슈투트가르트로, 그리고 우니온 베를린으로 이적하면서 새로운 도전을 멈추지 않았다. 이적할 때마다 새로운 팀에서 새로운 포지션과 임무에 적응하며 자신의 무기를 하나씩 늘려갔다. 물론, 정우영은 2023년 7월 슈투트가르트로 이적했음에도 주전 경쟁에 어려움을 겪었다. 그 결과, 2024년 8월 우니온 베를린으로 1시즌 임대 이적했다. 정우영은 이제 우니온 베를린에서 자신의 가치를 입증해야 한다.

PLAYING STYLE

정우영은 빠른 스피드와 효과적인 드리블, 날카로운 크로스, 오프 더 볼 상황에서의 박스 안 침투, 양발을 활용한 슈팅 등을 바탕으로 공격 기여도가 높은 플레이를 펼친다. 또한, 강한 체력과 풍부한 활동량을 바탕으로 전방부터 압박하며 수비가담도 적극적으로 한다. 이에 더해 정우영은 공격의 모든 포지션을 소화해 전술적 가치도 높다. 대건고 시절 중앙 미드필더로, 바이에른 뮌헨에서 윙어로 활약했고, 프라이부르크에서 최전방 스트라이커와 공격형 미드필더까지 소화했다.

COMPETITION

우니온 베를린은 2023/24시즌 분데스리가 15위를 기록하며 간신히 잔류에 성공했다. 2024/25시즌의 목표도 잔류다. 이에 따라 여름 동안 변화를 추구했다. 마인츠에서 이재성을 지도한 경험이 있는 보 스벤손 감독이 임명했고, 정우영을 비롯해 톰 로테, 라즐로 베네스 등 총 10명을 영입해 전력을 보강했다. 보 스벤손 감독은 정우영을 다양한 위치에 기용해 그의 능력을 최대한 활용할 계획이다. 정우영은 조르당 시바체우, 요르버 페르테센, 베네딕트 홀러바흐 등 다양한 선수들과 주전 경쟁을 피할 수 없지만 충분한 출전 시간을 받을 것으로 예상된다.

KEY STATS

정우영은 2023/24시즌 리그 26경기에서 2골 3도움을 기록했다. 단 5경기만을 선발 출전하면서 시즌 총 619분만을 출전했음에도 출전할 때마다 나름 제 실력을 발휘했다. 특히 시즌 막판 3경기에서 2골 1도움을 기록하며 강한 인상을 남겼다. 이는 출전 시간이 적었음에도 프라이부르크 시절보다 공격에 미치는 영향력이 높아졌기 때문. 지난 시즌 경기당 패스 성공률85.4%, 슈팅 0.7회, 키패스 0.3회, 드리블 0.2회, 크로스 0.2 등을 기록했을 정도. 만약 2024/25시즌 출전 시간이 늘어난다면 그는 더 많은 공격 포인트를 생산할 것이 분명하다.

ROAD TO EUROPE

정우영은 인천 유나이티드 산하 팀 대건고등학교에서 활약하다가 2017년 여름 독일에서 입단 테스트를 통해 바이에른 뮌헨에 입단했다. 이후, 바이에른 뮌헨 U-19팀과 2군팀에서 가능성을 입증하면서 2019년 6월 약 450만 유로의 이적료에 프라이부르크로 둥지를 옮겼다. 프라이부르크에서 4시즌 동안 100경기에 출전해 11골 5도움을 기록하며 두각을 나타냈고, 2023년 7월 300만 유로의 이적료에 슈투트가르트로 이적했다. 그리고 더 많은 출전 시간을 위해 2024년 8월 우니온 베를린으로 1시즌 임대 이적했다.

조규성은 이제 ‘미트윌란의 해결사’라 불린다. 조규성은 2023년 7월 전북에서 이적료 260만 파운드에 덴마크의 미트윌란으로 이적했다. 그의 이적에 대해 많은 잡음과 비판이 있었지만, 조규성은 2023/24 시즌 덴마크 수페르리가에서 12골을 넣으며 미트윌란을 4년 만에 리그 우승으로 이끌었다. 그러나 조규성은 2024년 6월 무릎 수술을 받았고, 이후 합병증이 발생해 이번 시즌 초반 결장이 불가피하다. 미트윌란에서의 입지가 탄탄한 조규성의 가장 큰 문제는 부상이다.

PLAYING STYLE

조규성은 강한 피지컬과 왕성한 활동량, 효과적인 오프 더 볼 움직임을 통해 끊임없이 득점 기회를 포착한다. 또한 189cm의 신장과 뛰어난 점프력, 탁월한 위치 선정 등을 바탕으로 고공 장악력을 보여주고, 전방에서 몸싸움과 연계를 통해 동료를 도와주기도 한다. 대학교 1학년 때까지 센터백, 수비형 미드필더 포지션을 소화하다가, 스트라이커로 전향함에 따라 수비 가담과 패스 플레이에도 뛰어난 능력을 보여준다. 다만 득점 기복이 있다는 비판을 들었는데, 2023/24 시즌 미트윌란에서 리그 12골을 넣으며 파괴력이 향상되었음을 입증했다.

COMPETITION

미트윌란의 토마스 토마스베르 감독은 상대와 상황에 따라 4-2-3-1, 3-4-3, 4-4-2 등 다양한 포메이션을 활용하고 있다. 이런 변화 속에도 2023/24 시즌 조규성은 부동의 스트라이커였다. 지난 시즌 리그 32경기 중 30경기에 출전했고, 무려 29경기나 선발 출전했다. 하지만 2024/25 시즌은 상황이 다르다. 수술 후유증 때문이다. 이에 따라 미트윌란은 2024년 7월 랑스에서 191cm의 장신 스트라이커 아담 북사를 영입했다. 따라서 조규성은 부상에서 회복하면 북사와의 주전 경쟁을 피할 수 없게 됐다.

KEY STATS

조규성은 2023/24 시즌 미트윌란에서 공식 37경기에 출전해 13골 4도움을 기록했다. 특히 덴마크 수페르리가에서 12골 5도움을 기록해 미트윌란의 우승을 견인했다. 이는 팀 내 득점 1위이자 리그 득점 5위. 물론 PK로 5골이나 넣었고, 경기마다 기복이 있었다. 그럼에도 최전방에서 슈팅 66회, 유효 슈팅 32회, 경기당 슈팅 2.43회 등을 기록하며 득점에 집중했고, 중요한 순간마다 해결사 역할을 톡톡히 했다. 다만 이번 시즌 공격에서의 영향력을 조금 더 높이며 기복을 줄일 필요가 있다.

ROAD TO EUROPE

조규성은 안양과 전북, 김천 등에서 활약하며 K리그에서 득점력을 입증했고, 2022 카타르 월드컵 가나전에서 2골을 넣으며 스타로 부상했다. 이후 유럽 클럽들이 그에게 관심을 표한 것은 당연지사. 2023년 1월 마인츠와 셀틱, 미네소타 등이 그의 영입을 추진했지만, 그는 전북과 합의를 통해 겨울이 아닌 여름에 이적하기로 결정했다. 그리고 2023년 6월 왓포드, 블랙번, 레스터 등이 그의 영입에 관심이 있다는 보도가 나왔지만 실질적인 오퍼는 없었고, 결국 그는 2023년 7월 미트윌란으로 이적했다.

네덜란드 무대에 도전하다

가는 곳마다 중심으로 자리매김하며 만점 활약을 펼쳐온 황인범! 2023년 9월 550만 유로의 이적료에 올림피아코스에서 츠르베나 즈베즈다로 이적한 후, 2023/24 시즌 리그 27경기에 출전해 5골 5도움을 기록하며 기대 이상의 활약을 펼쳤다. 수페르리가 올해의 선수와 올해의 팀에 선정됐을 정도. 그의 활약 덕분에 즈베즈다는 수페르리가 우승을 차지하며 리그 8연패에 성공, 세르비아 컵에서도 우승했다. 황인범은 2024년 9월 네덜란드 페예노르트로 이적했다. 다시 새로운 무대에 도전한다!

PLAYING STYLE

황인범은 공수 능력을 겸비한 미드필더다. 뛰어난 테크닉과 넓은 시야, 왕성한 활동량, 정확한 패스 등을 통해 중원을 지배하며 패스 공급원 역할을 한다. 드리블을 활용한 효과적인 탈압박과 창의적인 전진 패스, 과감한 중거리 슈팅 등으로 공격 포인트를 기록하면서 적극적인 압박과 수비 가담으로 수비력도 과시한다. 중앙 미드필더로 주로 기용되지만 공격형 미드필더와 수비형 미드필더도 소화할 수 있다. 다만, 수비형 미드필더로 뛰기엔 피지컬과 수비력이 다소 부족하다는 평이다.

COMPETITION

페예노르트는 아약스와 PSV 에인트호번과 함께 네덜란드 에레디비시를 대표하는 명문 구단이다. 리그 우승을 16회나 기록했을 정도. 하지만 2024년 여름 변화를 맞이했다. 아르네 슬롯 감독이 리버풀로 떠나면서 브리안 프리스케 감독이 지휘봉을 잡았다. 프리스케 감독은 4-3-3 포메이션을 선호한다. 하지만 페예노르트 중앙에서 공수 조율하고 패스 공급을 하는 선수가 부족한 것이 문제. 이에 따라 황인범을 영입한 것. 따라서 황인범은 제루키, 마뒤로, 그제키엘, 밀람보 등과 주전 경쟁을 해야 하지만 시즌 조반부터 선발로 기용될 가능싱이 크다.

KEY STATS

황인범은 2023년 여름 내내 전 소속팀 올림피아코스와의 갈등으로 고생하다가 9월이 돼서야 500만 유로의 이적료에 츠르베나 즈베즈다로 이적했다. 500만 유로는 즈베즈다의 역대 최고 이적료. 시즌 초반 출전 기회를 제대로 잡지 못했지만, 점차 출전 시간이 늘더니 시즌 중반부터는 팀의 핵심으로 활약했다. 리그 27경기에 출전해 5골 5도움을 기록하며 즈베즈다의 리그 우승과 컵 우승에 공헌했다. 그 결과, 세르비아 수페르리가 올해의 선수와 올해의 팀에 선정됐다.

ROAD TO EUROPE

황인범의 유럽 진출 과정은 매우 독특하다. 2015년 대전에 입단하여 K리그1과 K리그2에서 뛰었다. 2018 자카르타 팔렘방 아시안 게임에서 금메달을 획득하면서 조기 전역한 후, 2019년 1월 MLS의 밴쿠버 화이트캡스로, 2020년 8월 러시아의 루빈 카잔으로 이적했다. 러시아와 우크라이나 전쟁으로 2022년 4월 서울로 임대됐다가 2022년 7월 그리스 올림피아코스로, 2023년 9월 세르비아의 츠르베나 즈베즈다로 이적했다. 그리고 2024년 9월 네덜란드의 페예노르트로 다시 둥지를 옮겼다. 27세의 황인범이 8개 팀에서 뛰었지만 가는 곳마다 중심으로 활약해 왔다.

ENGLAND PREMIER LEAGUE
잉글랜드 프리미어리그

Manchester City FC v Ipswich Town FC - Premier League
맨체스터 시티의 엘링 홀란이 입스위치 타운 선수들의
수비를 뚫고 공을 향해 몸을 날리고 있다.
<2024/08/24, Etihad Stadium>

ENGLAND
PREMIER LEAGUE

MANCHESTER UNITED
팀 명　맨체스터 유나이티드
창 단　1878년
홈구장　올드 트래포드
주 소　www.manutd.com

MANCHESTER CITY
팀 명　맨체스터 시티
창 단　1880년
홈구장　에티하드 스타디움
주 소　www.mcfc.co.uk

LIVERPOOL FC
팀 명　리버풀
창 단　1892년
홈구장　안필드
주 소　www.liverpoolfc.com

EVERTON FC
팀 명　에버턴
창 단　1878년
홈구장　구디슨 파크
주 소　www.evertonfc.com

ASTON VILLA
팀 명　애스턴 빌라
창 단　1874년
홈구장　빌라 파크
주 소　www.avfc.co.uk

WOLVERHAMPTON WANDERERS
팀 명　울버햄프턴 원더러스
창 단　1877년
홈구장　몰리뉴 스타디움
주 소　www.wolves.co.uk

SOUTHAMPTON FC
팀 명　사우샘프턴 FC
창 단　1885년
홈구장　세인트 메리즈 스타디움
주 소　www.southamptonfc.com

AFC BOURNEMOUTH
팀 명　AFC 본머스
창 단　1899년
홈구장　바이탈리티 스타디움
주 소　www.watfordfc.com

NEWCASTLE UNITED FC
팀 명　뉴캐슬 유나이티드
창 단　1892년
홈구장　세인트 제임스 파크
주 소　www.nufc.co.uk

BRIGHTON & HOVE ALBION FC
팀 명　브라이턴 앤 호브 알비온
창 단　1901년
홈구장　팰머 스타디움
주 소　www.brightonandhovealbion.com

NOTTINGHAM FOREST
팀 명　노팅엄 포레스트
창 단　1865년
홈구장　더 시티 그라운드
주 소　www.nottinghamforest.co.uk

LEICESTER CITY FC
팀 명　레스터 시티 FC
창 단　1884년
홈구장　킹 파워 스타디움
주 소　www.lcfc.com

FULHAM FC
팀 명　풀럼 FC
창 단　1879년
홈구장　크레이븐 코티지
주 소　www.fulhamfc.com

ARSENAL FC
팀 명　아스널
창 단　1886년
홈구장　에미레이츠 스타디움
주 소　www.arsenal.com

CHELSEA FC
팀 명　첼시
창 단　1905년
홈구장　스탬포드 브릿지
주 소　www.chelseafc.com

CRYSTAL PALACE FC
팀 명　크리스탈 팰리스
창 단　1905년
홈구장　셀허스트 파크
주 소　www.cpfc.co.uk

WEST HAM UNITED
팀 명　웨스트햄 유나이티드
창 단　1895년
홈구장　런던 올림픽 스타디움
주 소　www.whufc.com

TOTTENHAM HOTSPUR
팀 명　토트넘 홋스퍼
창 단　1882년
홈구장　토트넘 홋스퍼 스타디움
주 소　www.tottenhamhotspur.com

BRENTFORD FC
팀 명　브렌트포드
창 단　1889년
홈구장　브렌트포드 스타디움
주 소　www.brentfordfc.com

IPSWICH TOWN FC
팀 명　입스위치 타운
창 단　1878년
홈구장　포트먼 로드
주 소　www.itfc.co.uk

역대급 경쟁 시즌이 펼쳐진다!

2024/25 시즌은 역대급 경쟁이 펼쳐질 전망이다. 우선 우승팀 경쟁부터 그 어느 때보다 치열해질 것이다.

맨시티가 프리미어리그 4연패를 이룩했다. 그 누구도 일궈내지 못한 엄청난 위업이었다. 새 역사를 썼다. 맨시티는 리그 5연패에 도전한다. 5연패에 도전하기에는 너무나도 불안한 요소들이 많다. 우선 주전 선수들이 나이를 먹고 있는 상황이다. 여기에 새로운 선수들을 영입하기가 쉽지 않다. 다들 맨시티로 간다면 주전으로 뛰지 못할 것을 우려하고 있다. 여기에 시즌 중간에 불거져 나올 수도 있는 FFP(재정적 페어플레이) 위반에 따른 징계 결정의 위험도 있다. 전체적으로 맨시티의 5연패는 쉽지 않은 상황이다.

이를 저지할 가장 유력한 팀은 아스널이다. 아스널은 지난 시즌 아쉽게 우승을 놓쳤지만, 기존 선수들의 경기력이 좋아졌다. 선수들 모두 경험을 쌓았다. 꼭 필요한 자리에 좋은 선수를 영입했다. 또한 맨시티와의 맞대결도 열세에서 서서히 우세 쪽으로 바뀌고 있다. 이번만큼은 맨시티에게 한 번 도전해 볼 만하다.

챔피언스리그 출전권 경쟁도 치열하다. 올 시즌은 리버풀, 애스턴 빌라가 챔피언스리그 출전권을 따냈다. 그러나 리버풀은 위르겐 클롭 감독이 떠나고 없다.

아르네 슬롯 감독이 왔다. 과연 프리미어리그 경험이 없는 슬롯 감독이 어떤 역량을 보일 수 있을지가 미지수이다. 애스턴 빌라는 유럽챔피언스리그가 처음이다. 빡빡한 경기 일정 속에서 여러 가지 어려움에 빠질 수 있다. 특히 선수들의 부상이나 체력 관리 등에서 예상 밖 어려움을 겪을 수 있다. 이러한 틈을 토트넘이나 맨유, 첼시 등이 노릴 것이다. 특히 토트넘의 경우 솔랑케를 데리고 오면서 전력을 업그레이드했다. 맨유도 더 리흐트와 마즈라위, 지르크지를 영입하면서 전력을 끌어올렸다. 또한 최근 몇 년 사이에 뉴캐슬, 브라이턴 등 중위권 팀들이 많이 치고 올라왔다. 이들 역시 상위권 팀들과의 전력 차를 좁힌 만큼 매 경기가 비등비등한 경기가 될 것으로 보인다. 크리스탈 팰리스, 웨스트햄, 브라이턴 등도 좋은 지도자들을 데리고 오면서 전력이 만만치 않을 것으로 보인다. 특히 젊은 지도자들이 리그 전체에 불어넣을 신선한 바람도 상당히 기대된다. 이들의 발전은 곧 리그 전체의 발전으로 이어질 전망이다.

강등권 탈출 경쟁도 치열하다. 레스터 시티, 입스위치 타운, 사우샘프턴은 만만치 않다. 기존에 잔류권에 있는 팀들이 이들과의 경쟁에서 우위에 있다고 말하기 힘들어 보인다. 전체적으로 재미있는 시즌이 될 것이다.

TOP SCORER

맨시티의 스트라이커 엘링 홀란은 이번 시즌에도 대부분이 인정하는 득점왕 후보 1순위라고 할 수 있다. 홀란 본인의 골 결정력은 여전히 대단하다. 여기에 팀 동료들도 건재하다. 페널티킥까지 도맡아 차고 있기 때문에 홀란의 득점왕 등극 가능성이 가장 커 보인다.

가장 큰 변수는 홀란의 부상이다. 홀란은 종종 부상을 당하면서 득점 레이스가 끊어질 때가 많았다. 부상만 잘 극복한다면 득점왕에 오를 수 있다. 홀란을 견제할 선수는 마땅치 않아 보인다. 그나마 토트넘으로 이적한 도미니크 솔랑케와 애스턴 빌라의 전방에서 좋은 모습을 보이고 있는 올리 왓킨스가 유력한 후보라고 할 수 있다.

그러나 이들 모두 홀란과 비교했을 때 개인적으로나 팀에서나 다소 버거워 보이는 것이 사실이다. 만약 홀란이 장기 부상을 당한 상태라면 솔랑케나 왓킨스가 조금 더 득점왕에 가까워질 수는 있다. 그러나 그렇지 않다면 이들이 홀란을 넘어서기란 쉽지 않아 보인다. 그 외에는 득점왕 타이틀에 도전할 만한 선수는 눈에 보이지 않는다. 다만 홀란의 약점을 든다면 큰 경기에서 득점이 많지 않다는 것이다.

TITLE RACE

맨시티와 아스널 2파전 양상이다. 우선 맨시티는 리그 5연패에 도전한다. 성공한다면 맨시티 왕조를 일구어낼 수 있다. 그러나 만만치가 않다. 우선 맨시티가 4연패를 이루는 동안 선수들이 나이를 먹어 체력적으로 쉽지 않아졌다. 여기에 맨시티는 불안 요소가 있다. 바로 FFP 위반 사항들이다. 프리미어리그는 맨시티의 FFP 위반에 대해 계속 조사를 해왔다. 100여 개가 넘는 사항들이 나왔다고 한다. 올 시즌 내 결과를 발표할 수 있다. 그럴 경우 승점 삭감이 우려된다. 맨시티로서는 선두 경쟁에 있어서 큰 타격을 입을 수밖에 없다. 아스널은 분위기가 좋다. 지난 시즌의 경우, 맨시티와의 두 번의 리그 맞대결에서 1승 1무를 기록했다. 외데고르를 비롯해 기존 자원들이 부쩍 성장했다. 여기에 칼라 피오리 등 부족한 포지션에 선수를 보강했다. 이번만큼은 해볼 만하다.

DARK HORSE

우선 선두권을 위협할 다크호스로 토트넘을 꼽을 수 있다. 지난 시즌 5위를 차지하며 유럽 대항전에 복귀했다. 미키 판 더 벤을 데려왔고, 엔지 포스테코글루 감독의 전술도 녹아들었다. 손흥민을 중심으로 선수들이 좋은 모습을 보인다. 올 시즌 도미니크 솔랑케도 데려왔다. 손흥민과 솔랑케 라인이 제대로 가동된다면 그 어느 때보다 무서운 팀이 될 수 있다.

또 하나의 다크호스는 맨유다. 지난 시즌까지 맨유는 쉽지 않았다. 어려운 시즌을 보냈다. 그러나 레드클리프가 공동 구단주가 되면서 팀이 달라졌다. 이적시장에서도 확실히 필요한 선수들을 데려왔다.

데 리흐트, 지르크지, 마즈라위 등을 데려오면서 취약 포지션들을 모두 채웠다. 텐 하흐 감독이 자리를 지키고 있는 가운데 그의 철학을 제대로 펼칠 수 있는 상황이 됐다. 제대로 한번 해보자는 분위기가 달아오르고 있다. 중위권 이하에서는 크리스탈 팰리스를 눈여겨볼 만하다. 올리버 글라스너 감독이 지난 시즌 중반 부임한 후 팀이 달라지고 있다. 승격팀 가운데서는 입스위치 타운이 요주의 팀이다.

VIEW POINT

프리미어리그에는 돈이 몰리고 좋은 선수들도 몰린다. 동시에 좋은 감독들도 일자리를 찾아 프리미어리그로 오고 있다. 맨시티의 펩 과르디올라 감독을 필두로 과르디올라 파가 있다. 아스널의 미켈 아르테타 감독. 첼시의 엔초 마레스카 감독은 모두 한솥밥을 먹었다. 아르테타 감독과 마레스카 감독 모두 과르디올라 감독 아래에서 맨시티의 코칭 스태프로 있었다. 이들 간의 대결도 볼 만하다. 새로운 외국인 감독들도 여전히 쟁쟁하다. 에릭 텐 하흐 맨유 감독과 아르네 슬롯 리버풀 감독은 대권을 꿈꾼다. 유로파리그의 제왕인 우나이 에메리 애스턴 빌라 감독은 더 큰 트로피를 노린다. 안도니 이라올라 본머스 감독과 훌렌 로페테기 웨스트햄 감독도 있다. 토트넘의 엔지 포스테코글루 감독도 만만치 않다. 이런 외국인 감독들 틈바구니에서 션 다이치 에버턴 감독, 에디 하우 뉴캐슬 감독, 개리 오닐 울버햄턴 감독 등이 잉글랜드 출신으로 버티고 있다. 브라이턴을 이끌게 된 파비안 휘첼러 감독은 1993년생이다. 프리미어리그 역사상 최연소 감독이다. 입스위치타운의 키어란 맥케나 감독 역시 1986년생으로 상대적으로 젊다. 그는 3부 리그 2위, 2부 리그 2위를 거두며 팀을 프리미어리그까지 올려놓았다. 이러한 감독들의 전쟁 또한 올 시즌 프리미어리그를 보는 또 하나의 관전포인트라 하겠다.

이적료: **951억원**
본머스 ➡ 토트넘 홋스퍼

Dominic Solanke
도미닉 솔란케 / 국적: 잉글랜드

이적료: **917억원**
LOSC 릴 ➡ 맨체스터 유나이티드

Leny Yoro
레니 요로 / 국적: 프랑스

이적료: **888억원**
울버햄프턴 ➡ 첼시

Pedro Neto
페드로 네투 / 국적: 포르투갈

이적료: **878억원**
에버턴 ➡ 애스턴빌라

Amadou Onana
아마두 오나나 / 국적: 벨기에

이적료: **769억원**
아틀레티코 마드리드 ➡ 첼시

João Félix
주앙 펠릭스 / 국적: 프랑스

이적료: **740억원**
파리 생제르맹 ➡ 맨체스터 유나이티드

Manuel Ugarte
마누엘 우가르테 / 국적: 우루과이

이적료: **703억원**
울버햄프턴 ➡ 웨스트햄

Max Kilman
맥스 킬먼 / 국적: 잉글랜드

이적료: **691억원**
리즈 유나이티드 ➡ 브라이턴

Georginio Rutter
조르지뇨 뤼터 / 국적: 프랑스

이적료: **666억원**
바이에른 뮌헨 ➡ 맨체스터 유나이티드

Matthijs de Ligt
마타이스 더 리흐트 / 국적: 네덜란드

이적료: **666억원**
볼로냐 ➡ 아스널

Riccardo Calafiori
히카르도 칼라피오리 / 국적: 이탈리아

TRANSFER

여름 이적시장 초반은 신중했다. 프리미어리그가 자체적으로 시행하고 있는 기준 시점이 6월 30일이었다. 회계 연도 때문이었다. 이때를 대비해 각 구단은 회계상 수치 맞추기에 초점을 모았다. 유로 2024가 끝나자, 프리미어리그 팀들이 지갑을 열었다. 우선 현 상황에서 가장 눈에 띄는 선수는 본머스에서 토트넘으로 이적한 도미닉 솔랑케이다. 6,500만 파운드의 이적료로 이동했다. 지난 시즌 19골을 넣은 솔랑케를 토트넘이 품으면서 공격력이 업그레이드 됐다. 더욱이 손흥민을 왼쪽 날개로 돌릴 수 있게 되면서 더욱 좋아졌다. 애스턴 빌라는 에버턴의 미드필더 아마두 오나나를 5,000만 파운드에 데려왔다. 첼시는 마레스카 감독과 환상의 호흡을 보였던 레스터 시티 미드필더 키어난 듀스베리홀을 데려왔다. 3,000만 파운드라는 거액을 지급했다. 이렇게 선수들을 데리고 들어오면서 프리미어리그는 그 어느 때보다 더 치열한 경쟁에 직면하게 됐다.

한국 선수들의 이적 상황도 눈여겨볼 만하다. 토트넘은 강원FC에서 양민혁을 데려왔다. 2025년 1월 합류 예정이다. 2부 리그지만 스완지시티는 광주FC의 에이스 엄지성을 품었다. 어린 선수들의 도전을 지켜보자.

REGULATION

지난 시즌부터 계속 시행되어온 주심 보호 기조가 이어진다. 판정 불만 등 여러 가지 상황에서도 선수들이 주심을 둘러싸지 못한다. 주장이 아닌 선수가 항의를 하면 즉각 옐로카드를 제시할 수 있다. 테크니컬 에어리어에서 과도한 항의가 나오면 즉각 옐로카드를 꺼낼 수 있다. 만약 누가 항의했는지 찾기 어려울 경우, 감독이 옐로카드를 받게 된다. 그래도 가장 크게 바뀌는 부분 중 하나는 반자동 오프사이드 판독 시스템 도입이다. 도입된다면 상당히 좋아질 수 있다. 2024년 연내 도입을 목표로 하고 있다. 시간에 대해서도 엄격해졌다. 올 시즌부터 시간 지연 행위는 단호하게 대처하기로 했다. 경기 중단 시간을 엄격히 적용해 추가시간에 보탠다. 골 셀러브레이션 시간도 추가시간에 넣기로 했다. 골키퍼의 시간 지연 행위에 대해서는 경기 시작부터 단호하게 적용한다. 전체적으로 규정 변경의 초점은 실제 경기 시간 확대에 두고 있다.

TITLE

잉글랜드 1부 리그는 1892년 출범했다. 132년이라는 짧지 않은 역사다. 풋볼 리그 디비전 1으로 쭉 내려왔다. 1992년 리그를 재편할 필요성이 있었다. 잉글랜드 축구의 부활을 꿈꿨다. 1992년 프리미어리그로 틀을 바꾸었다. 역사를 통틀어 최상위 리그 최다 우승팀은 맨유이다. 20번 우승을 차지했다. 리버풀이 19번, 아스널이 13회 우승했다. 그러나 현재로서 최강팀은 맨시티이다. 맨시티는 10회 우승했다. 이 중 8회가 2011년 이후 우승이다. 프리미어리그에서 맨시티 왕조가 문을 열었다. 더욱이 최근 4시즌 연속 리그 우승이라는 대업을 완성했다. 그 외 첼시가 6회, 토트넘은 2회 우승을 차지한 바 있다.

STRUCTURE

프리미어리그는 총 20개 팀이 홈&어웨이로 경기를 치른다. 팀당 리그는 38경기이다. 승리 시 승점 3점, 무승부 시 승점 1점을 매긴다. 승점-골득실-다득점 순으로 순위를 가린다. 최하위 3팀(18, 19, 20위)은 2부 리그인 챔피언십으로 강등된다. 1위부터 4위까지는 유럽 챔피언스리그로 향한다. FA컵 우승팀과 5위는 유로파리그 본선 티켓이 주어진다. 다만 FA컵 우승팀이 리그 순위로 챔피언스리그나 유로파리그로 향하면, 그들에게 주어지는 유로파리그 진출 티켓은 리그 6위에게 준다. 리그컵 우승팀은 유로파 컨퍼런스리그로 향한다. 역시 리그컵 우승팀이 리그 순위로 챔피언스리그나 유로파리그로 갈 경우, 그들의 유로파 컨퍼런스리그 진출권은 리그 차순위에게 주어진다. 프리미어리그 팀은 FA컵에 3라운드(64강)부터 합류한다. 리그컵의 경우는 2라운드에 유럽 대항전에 안 나가는 12개 팀, 3라운드에 나머지 8개 팀이 참가한다.

LEAGUE CHAMPION

시즌	팀명	시즌	팀명	시즌	팀명
1894-1895	선덜랜드	1937-1938	아스널	1982-1983	리버풀
1895-1896	애스턴 빌라	1938-1939	에버턴	1983-1984	리버풀
1896-1897	애스턴 빌라	1946-1947	리버풀	1984-1985	에버턴
1897-1898	셰필드 유나이티드	1947-1948	아스널	1985-1986	리버풀
1898-1899	애스턴 빌라	1948-1949	포츠머스	1986-1987	에버턴
1899-1900	애스턴 빌라	1949-1950	포츠머스	1987-1988	리버풀
1900-1901	리버풀	1950-1951	토트넘 홋스퍼	1988-1989	아스널
1901-1902	선덜랜드	1951-1952	맨체스터 유나이티드	1989-1990	리버풀
1902-1903	더 웬즈데이	1952-1953	아스널	1990-1991	아스널
1903-1904	더 웬즈데이	1953-1954	울버햄프턴	1991-1992	리즈 유나이티드
1904-1905	뉴캐슬	1954-1955	첼시	1992-1993	맨체스터 유나이티드
1905-1906	리버풀	1955-1956	맨체스터 유나이티드	1993-1994	맨체스터 유나이티드
1906-1907	뉴캐슬	1956-1957	맨체스터 유나이티드	1994-1995	블랙번 로버스
1907-1908	맨체스터 유나이티드	1957-1958	울버햄프턴	1995-1996	맨체스터 유나이티드
1908-1909	뉴캐슬	1958-1959	울버햄프턴	1996-1997	맨체스터 유나이티드
1909-1910	애스턴 빌라	1959-1960	번리	1997-1998	아스널
1910-1911	맨체스터 유나이티드	1960-1961	토트넘 홋스퍼	1998-2001	맨체스터 유나이티드
1911-1912	블랙번 로버스	1961-1962	입스위치 타운	2001-2002	아스널
1912-1913	선덜랜드	1962-1963	에버턴	2002-2003	맨체스터 유나이티드
1913-1914	블랙번 로버스	1963-1964	리버풀	2003-2004	아스널
1914-1915	에버턴	1964-1965	맨체스터 유나이티드	2004-2005	첼시
1919-1920	웨스트 브로미치	1965-1966	리버풀	2005-2006	첼시
1921-1922	리버풀	1966-1967	맨체스터 유나이티드	2006-2009	맨체스터 유나이티드
1922-1923	리버풀	1967-1968	맨체스터 시티	2009-2010	첼시
1923-1924	허더스 필드 타운	1968-1969	리즈 유나이티드	2010-2011	맨체스터 유나이티드
1924-1925	허더스 필드 타운	1969-1970	에버턴	2011-2012	맨체스터 시티
1925-1926	허더스 필드 타운	1970-1971	아스널	2012-2013	맨체스터 유나이티드
1926-1927	뉴캐슬	1971-1972	더비 카운티	2013-2014	맨체스터 시티
1927-1928	에버턴	1972-1973	리버풀	2014-2015	첼시
1928-1929	셰필드 웬즈데이	1973-1974	리즈 유나이티드	2015-2016	레스터 시티
1929-1930	셰필드 웬즈데이	1974-1975	더비 카운티	2016-2017	첼시
1930-1931	아스널	1975-1976	리버풀	2017-2018	맨체스터 시티
1931-1932	에버턴	1976-1977	리버풀	2018-2019	맨체스터 시티
1932-1933	아스널	1977-1978	노팅엄 포레스트	2019-2020	리버풀
1933-1934	아스널	1978-1979	리버풀	2020-2021	맨체스터 시티
1934-1935	아스널	1979-1980	리버풀	2021-2022	맨체스터 시티
1935-1936	선덜랜드	1980-1981	애스턴 빌라	2022-2023	맨체스터 시티
1936-1937	맨체스터 시티	1981-1982	리버풀	2023-2024	맨체스터 시티

TITLE

	LEAGUE
MANCHESTER UNITED	20
LIVERPOOL	18
ARSENAL	13
EVERTON	10
MENCHESTER CITY	10

(축: 0 5 10 15 20 25 30 35)

TOP SCORER

시즌	득점	선수명
2023-2024	27	엘링 홀란
2022-2023	36	엘링 홀란
2021-2022	23	손흥민, 모하메드 살라
2020-2021	23	해리 케인
2019-2020	23	제이미 바디
2018-2019	22	모하메드 살라, 사디오 마네, 피에르-에메릭 오바메양
2017-2018	32	모하메드 살라
2016-2017	29	해리 케인
2015-2016	25	해리 케인
2014-2015	26	세르히오 아구에로
2013-2014	31	루이스 수아레스
2012-2013	26	로빈 판 페르시
2011-2012	30	로빈 판 페르시
2010-2011	20	카를로스 테베스, 디미타르 베르바토프
2009-2010	29	디디에 드로그바
2008-2009	19	니콜라스 아넬카
2007-2008	31	크리스티아누 호날두
2006-2007	20	디디에 드록바
2005-2006	27	티에리 앙리
2004-2005	25	티에리 앙리

2023-2024 시즌 프리미어리그 최종 순위

순위	팀	승점	경기	승	무	패	득	실	득실차	비고
1	맨체스터 시티	91	38	28	7	3	96	34	62	챔피언스리그 진출
2	아스널	89	38	28	5	5	91	29	62	챔피언스리그 진출
3	리버풀	82	38	24	10	4	86	41	45	챔피언스리그 진출
4	애스턴 빌라	68	38	20	8	10	76	61	15	챔피언스리그 진출
5	토트넘 홋스퍼	66	38	20	6	12	74	61	13	유로파리그 진출
6	첼시	63	38	18	9	11	77	63	14	유로파컨퍼런스리그진출
7	뉴캐슬	60	38	18	6	14	85	62	23	
8	맨체스터 유나이티드	60	38	18	6	14	57	58	-1	유로파리그 진출
9	웨스트햄	52	38	14	10	14	60	74	-14	
10	크리스탈 팰리스	49	38	13	10	15	57	58	-1	
11	브라이턴	48	38	12	12	14	55	62	-7	
12	본머스	48	38	13	9	16	54	67	-13	
13	풀럼	47	38	13	8	17	55	61	-6	
14	울버햄프턴	46	38	13	7	18	50	65	-15	
15	에버턴	40	38	13	9	16	40	51	-11	
16	브렌트포드	39	38	10	9	19	56	65	-9	
17	노팅엄 포레스트	32	38	9	9	20	49	67	-18	
18	루턴 타운	26	38	6	8	24	52	85	-33	챔피언십으로 강등
19	번리	24	38	5	9	24	41	78	-37	챔피언십으로 강등
20	셰필드 유나이티드	16	38	3	7	28	35	104	-69	챔피언십으로 강등

2023-2024 시즌 프리미어리그 득점 순위

순위	득점	이름	국적	당시 소속팀
1	27	엘링 홀란	노르웨이	맨체스터 시티
2	22	콜 파머	잉글랜드	첼시
3	21	알렉산데르 이사크	스웨덴	뉴캐슬
4	19	필 포든	잉글랜드	맨체스터 시티
4	19	도미닉 솔란케	잉글랜드	본머스
4	19	올리 왓킨스	잉글랜드	애스턴 빌라
7	18	모하메드 살라	이집트	리버풀
8	17	손흥민	대한민국	토트넘 홋스퍼
9	16	재러드 보언	잉글랜드	웨스트햄 유나이티드
9	16	장필리프 마테타	프랑스	크리스탈 팰리스
9	16	부카요 사카	잉글랜드	아스널

2023-2024 시즌 프리미어리그 도움 순위

순위	도움	이름	국적	당시 소속팀
1	13	올리 왓킨스	잉글랜드	애스턴 빌라
2	11	콜 파머	잉글랜드	첼시
3	10	케빈 더 브라위너	벨기에	맨체스터 시티
3	10	모건 깁스화이트	잉글랜드	노팅엄 포레스트
3	10	앤서니 고든	잉글랜드	뉴캐슬
3	10	파스칼 그로스	독일	브라이턴
3	10	브레넌 존슨	웨일스	토트넘 홋스퍼
3	10	모하메드 살라	이집트	리버풀
3	10	손흥민	대한민국	토트넘 홋스퍼
3	10	키런 트리피어	잉글랜드	뉴캐슬
3	10	마르틴 외데고르	노르웨이	아스널

2023-2024 시즌 챔피언십 최종 순위

순위	팀	승점	경기	승	무	패	득	실	득실차	비고
1	레스터 시티	97	46	31	4	11	89	41	48	승격
2	입스위치 타운	96	46	28	12	6	92	57	35	승격
3	리즈 유나이티드	90	46	27	9	10	81	43	38	
4	사우샘프턴	87	46	26	9	11	87	63	24	승격
5	웨스트 브롬위치 알비온	75	46	21	12	13	70	47	23	
6	노리치 시티	73	46	21	10	15	79	64	15	
7	헐 시티	70	46	19	13	14	68	60	8	
8	미들즈브러	69	46	20	9	17	71	62	9	
9	코번트리 시티	64	46	17	13	16	70	59	11	
10	프레스턴 노스 엔드	63	46	18	9	19	56	67	-11	
11	브리스톨 시티	62	46	17	11	18	53	51	2	
12	카디프 시티	62	46	19	5	22	53	70	-17	
13	밀월	59	46	16	11	19	45	55	-10	
14	스완지 시티	57	46	15	12	19	59	65	-6	
15	왓포드	56	46	13	17	16	60	60	0	
16	선덜랜드	56	46	16	8	22	52	54	-2	
17	스토크 시티	56	46	15	11	20	49	60	-11	
18	퀸즈 파크 레인저스	56	46	15	11	20	47	58	-11	
19	블랙번 로버스	53	46	14	11	21	61	74	-13	
20	셰필드 웬즈데이	53	46	15	8	23	44	68	-24	
21	플리머스 아가일	51	46	13	12	21	60	70	-11	
22	버밍엄 시티	50	46	13	11	22	50	65	-15	강등
23	허더즈필드 타운	45	46	9	18	19	48	77	-29	강등
24	로더럼 유나이티드	27	46	5	12	29	37	89	-52	강등

CHAMPION

챔피언은 맨시티였다. 아스널과 막판까지 경쟁했지만, 승점 91을 기록하며 맨시티가 우승컵을 들어 올렸다. 리그 4연패에 성공했다. FA컵에서는 맨유가 우승컵을 들어 올렸다. 리그컵에서는 리버풀이 우승했다.

LEAGUE CHAMPION

MANCHESTER CITY

이제껏 전혀 없었던 리그 4연패에 성공했다. 막판까지 아스널과 치열한 경쟁을 펼쳤다. 아스널과의 맞대결에서는 1무 1패로 열세였다. 그럼에도 불구하고 승점 관리에 성공했다. 아스널보다 승점 2점이 앞서며 우승컵을 들어 올렸다. 에이스인 케빈 더 브라이너가 부상에 허덕이는 가운데 로드리와 필 포든이 좋은 모습을 보여주며 맨시티를 리그 우승으로 이끌었다. 맨시티 입장에서는 유럽챔피언스리그 4강에서 레알 마드리드에게 패배한 것이 오히려 프리미어리그에 집중하게 된 반석을 제공했다. 프리미어리그마저 놓친다면 실패였기 때문이었다. 결국 승리했고 우승했다.

EUROPEAN CUP

CHAMPIONS LEAGUE(전신포함)		EUROPA LEAGUE(전신포함)	
LIVERPOOL	6회	LIVERPOOL	3회
MANCHESTER UNITED	3회	TOTTENHAM, CHELSEA	2회
NOTTINGHAM FOREST, CHELSEA	2회	IPSWICH TOWN, MANCHESTER UNITED	1회
ASTON VILLA, MANCHESTER CITY	1회		

CUP CHAMPION

FA CUP

MANCHESTER UNITED

FINAL

MANCHESTER UNITED
2-1 MANCHESTER CITY

맨유는 FA컵밖에 없었다. 프리미어리그에서는 일찌감치 우승 레이스에서 멀어져 유럽 대항전 티켓도 쉽지 않았다. FA컵 우승으로 유럽 대항전에 나가야 했다. 8강에서 리버풀을 4-3으로 눌렀다. 코벤트리 시티와의 4강전은 승부차기까지 가는 접전이었다. 결승에서 맨시티에 2-1로 우승했다. 그전 시즌 FA컵 결승전 패배의 설욕이었다.

EFL CUP

LIVERPOOL

FINAL

LIVERPOOL 1-0
CHELSEA

리그컵에서 리버풀은 승승장구했다. 신구 조화를 이루며 좋은 모습을 보였다. 레스터 시티와의 3라운드에서 3-1로 승리했다. 이후 대진운도 좋았다. 본머스, 웨스트햄, 풀럼 등 비교적 쉬운 팀과 만났다. 결국 결승에서 첼시를 맞이했다. 연장전 접전을 펼쳤다. 연장전이 끝나기 직전 주장 버질 판 다이크의 골로 결국 우승컵을 들어 올렸다.

맨체스터 시티

Manchester City

TEAM PROFILE	
창 립	1880년
구 단 주	만수르 빈 자이드 알 나얀(UAE)
감 독	펩 과르디올라(스페인)
연 고 지	맨체스터
홈 구 장	에티하드 스타디움(5만 3,400명)
라 이 벌	맨체스터 유나이티드
홈페이지	kr.mancity.com

최근 5시즌 성적

시즌	순위	승점
2019-2020	2위	81점(26승3무9패, 102득점 35실점)
2020-2021	1위	86점(27승5무6패, 83득점 32실점)
2021-2022	1위	93점(29승6무3패, 99득점 26실점)
2022-2023	1위	89점(28승5무5패, 94득점 33실점)
2023-2024	1위	91점(28승7무3패, 96득점 34실점)

PREMIER LEAGUE (전신 포함)

통 산	우승 10회
23-24 시즌	1위(28승7무3패, 승점 91점)

FA CUP

통 산	우승 7회
23-24 시즌	준우승

LEAGUE CUP

통 산	우승 8회
23-24 시즌	32강

UEFA

통 산	챔피언스리그 우승 1회
23-24 시즌	챔피언스리그 8강

경기 일정

라운드	날짜	장소	상대팀
1	2024.08.19	원정	첼시
2	2024.08.24	홈	입스위치 타운
3	2024.09.01	원정	웨스트햄 유나이티드
4	2024.09.14	홈	브렌트포드
5	2024.09.23	홈	아스널
6	2024.09.28	원정	뉴캐슬 유나이티드
7	2024.10.05	홈	플럼
8	2024.10.20	원정	울버햄튼 원더러스
9	2024.10.26	홈	사우스햄튼
10	2024.11.03	원정	AFC 본머스
11	2024.11.10	원정	브라이턴 앤 호브 앨비언
12	2024.11.24	홈	토트넘 홋스퍼
13	2024.12.01	원정	리버풀
14	2024.12.05	홈	노팅엄 포레스트
15	2024.12.08	원정	크리스탈 팰리스
16	2024.12.15	홈	맨체스터 유나이티드
17	2024.12.22	원정	애스턴 빌라
18	2024.12.27	홈	에버턴
19	2024.12.30	원정	레스터 시티
20	2025.01.05	홈	웨스트햄 유나이티드
21	2025.01.15	원정	브렌트포드
22	2025.01.19	원정	입스위치 타운
23	2025.01.26	홈	첼시
24	2025.02.02	원정	아스널
25	2025.02.16	홈	뉴캐슬 유나이티드
26	2025.02.23	홈	리버풀
27	2025.02.26	원정	토트넘 홋스퍼
28	2025.03.09	원정	노팅엄 포레스트
29	2025.03.16	홈	브라이턴 앤 호브 앨비언
30	2025.04.02	홈	레스터시티
31	2025.04.05	원정	맨체스터 유나이티드
32	2025.04.12	홈	크리스탈 팰리스
33	2025.04.19	원정	애버턴
34	2025.04.26	홈	애스턴 빌라
35	2025.05.03	홈	울버햄튼 원더러스
36	2025.05.10	원정	사우스햄튼
37	2025.05.18	홈	AFC 본머스
38	2025.05.26	원정	플럼

전력분석 | 자신들에 대한 의구심을 지워라

4연패. 잉글랜드 프리미어리그 역사상 단 한 번도 없었던 새 역사였다. 펩 과르디올라 감독과 그의 선수들은 새로운 역사의 지평을 열었다. 어려움 끝 우승이었다. 다들 리그 4연패는 쉽지 않을 것이라고 우려했지만 맨시티는 해냈다. 또다시 화두는 '모티베이션'이다. 이미 2022/23 시즌 프리미어리그와 FA컵, 유럽챔피언스리그까지 석권하는 트레블을 달성했다. 리그 4연패를 일궈낸 현시점에서 맨시티의 목표는 리그 5연패와 동시에 유럽 챔피언스리그 우승 재탈환이다. 그러나 쉽지는 않아 보인다. 전술적으로는 기존 체제를 유지하면서 어린 선수들의 성장을 기다리고 있다. 우선 중원의 핵심인 로드리가 한 단계 성장했다. 유일한 흠으로 지적되었던 기복도 지난 시즌을 지나며 해소됐다. 부상 관리가 관건이다. 케빈 더 브라이너는 지난 시즌도 중요한 순간에 다치면서 팀에 힘을 보태지 못했다. 포든이 극상승세를 타고 있는 가운데, 이번 시즌 어떻게 활용될지가 관전 포인트다. 여기에 주전으로 뛰지 못하는 선수들의 멘탈 관리도 변수이다. 벤치에 있더라도 이 선수들은 대부분 스타 선수들이다. 이들이 이적을 요청하거나 여러 가지로 팀에 마이너스가 될 수도 있다. 감독은 더욱 큰 틀에서 팀을 지켜보고 운용 방안을 강구해야 한다.

전술분석 | 홀란, 그의 뒤에는 누가 있을까.

스타 선수들이 즐비하고 맨시티가 오퍼를 하면 대부분의 선수들이 큰 폭의 연봉 인상을 이야기하곤 한다. 때문에 유망주 위주로 선수들을 수급하려 한다. 올 시즌에도 유의미한 영입은 사비뉴 하나 정도에 그친 것도 이 때문이라고 볼 수 있다. 결국 기존 자원들 중심으로 다시 팀을 꾸려나가야 한다는 의미이다. 역시 최종 목적지는 홀란이다. 홀란에게 볼을 투입하면, 그는 이를 골로 연결한다. 홀란이 있기에 여전히 맨시티는 강해질 수 있었다. 다만 불안 요소가 있다. 홀란이 다치면 대안이 마땅치 않다. 게다가 홀란도 이제 많이 간파당했다. 홀란에게 가는 볼을 차단하기 위해 모든 수단을 동원한다. 홀란을 대신해 줄 선수가 필요한 상황인데, 알바레스가 팀을 떠났다. 지난 시즌, 알바레스의 역할이 컸기에 그의 이탈은 큰 아쉬움이 될 수밖에 없다. 이번 시즌, 홀란이 없거나 홀란이 부진했을 때는 결국 제로톱을 들고나올 수밖에 없다. 2선 공격수들의 비중이 높아졌다. 필 포든과 제레미 도쿠, 잭 그릴리시를 축으로 하는 전술이 쓰일 것으로 보인다. 여기에 오스카 보브나 새로 영입한 사비뉴의 활약이 이번 시즌 전술의 핵심이 될 것이다.

Manchester City v Wolverhampton Wanderers - Premier League
울버햄튼 원더러스와의 경기에서 맨체스터 시티의
엘링 홀란이 팀의 두번째 골을 넣고 있다.
<2024/05/04, Etihad Stadium>

시즌 프리뷰 선택과 집중으로 암초 제거

맨시티는 시간이 지날수록 불리해지고 있다. 케빈 더 브라이너와 슈테판 오르테가 등 주요 선수들은 서른 줄에 들어섰다. 어린 선수들을 대거 육성하고 있으나 어린 선수들의 성장에는 시간이 걸린다. 분명 외부 수혈이 필요하다. 외부에서 좋은 선수들을 영입해 팀 전체에 새로운 활기를 불어넣어야 한다. 문제는 FFP(재정적 페어플레이)다. 현재 맨시티는 FFP 룰을 많이 위반했다는 의심을 받고 있다. 조사가 진행 중이다. 이런 상황에서 거액을 들여 선수를 영입한다면 FFP 위반에 대한 의구심이 커질 수밖에 없다. 조심해야 할 대목이다.

선택과 집중 전략을 펼칠 것으로 보인다. 맨시티로서는 프리미어리그에 올인할 수밖에 없다. 리그 5연패라는 금자탑에 도전한다. 팀의 중심을 프리미어리그에 놓아야 하는 상황이다. 리그컵은 계륵과 같은 존재가 될 수 있다. 리그컵에 비중을 두게 되면 선수단 전체의 체력 안배에 부담을 줄 수 있다. 때문에 대부분의 상위권 팀들은 리그컵에 큰 비중을 두지 않는다. 맨시티 역시 리그컵에는 벤치 멤버와 유망주들을 주로 배치했다. 경기 경험을 통해 그들의 경기력 향상을 꾀해 왔다. FA컵의 경우에는 대진운이 중요하다. 초반부터 프리미어리그 팀을 만나게 된다면 시즌 운영에 어려움을 겪을 수 있다.

유럽챔피언스리그가 부담이다. 올 시즌부터 전체적으로 틀이 바뀐다. 조별리그가 6경기에서 8경기로 늘어났다. 선수들의 체력 부담과 선수단 운영의 묘가 필요한 시점이다. 우선은 대진 추첨 결과가 중요하다. 토너먼트에서의 상대가 중요하다. 맨시티로서는 역시나 챔피언스리그 우승을 목표로 하겠지만, 여러 가지 변수들의 영향을 더 많이 받을 수밖에 없다. 분명 선택을 해야 할 시기가 올 것이다. 그 시기를 최대한 늦추는 것이 이번 시즌 맨시티의 과제이다. 프리미어리그와 챔피언스리그. 과연 어디에 더욱 힘을 줄 것인가.

IN & OUT

주요 영입	주요 방출
사비뉴	훌리안 알바레스, 세르지오 고메스

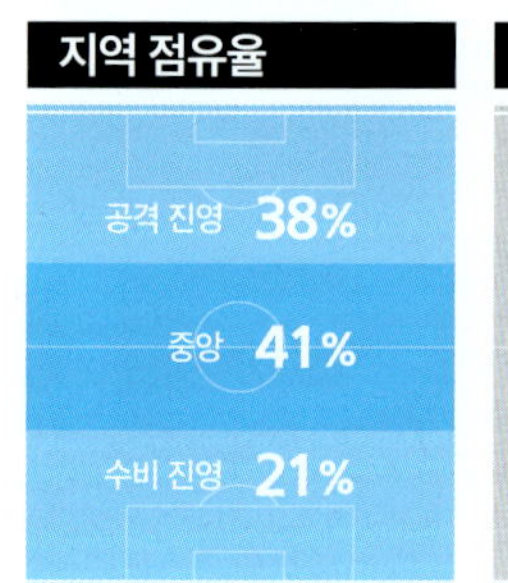

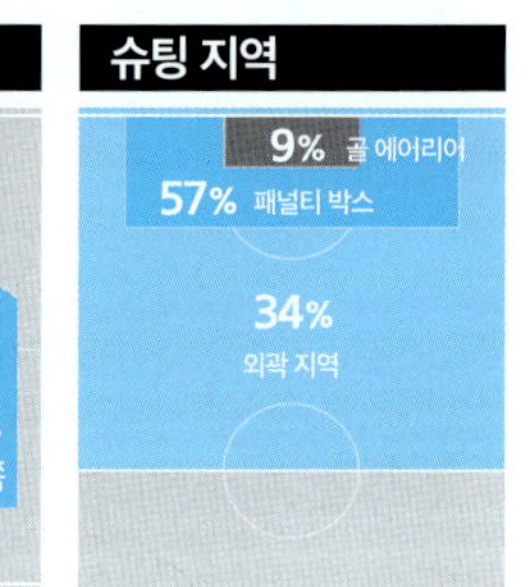

TEAM RATINGS

52

슈팅 9	패스 10
조직력 9	수비력 8
감독 9	선수층 7

2023/24 프로필

팀 득점	96
평균 볼 점유율	65.40%
패스 정확도	90.50%
평균 슈팅 수	18.2
경고	52
퇴장	2

골 타입

오픈 플레이	70
세트 피스	17
카운터 어택	2
패널티 킥	9
자책골	2

단위 (%)

패스 타입

쇼트 패스	91
롱 패스	6
크로스 패스	3
스루 패스	0

단위 (%)

SQUAD

포지션	등번호	이름		생년월일	키(cm)	체중(kg)	국적
GK	18	슈테판 오르테가	Stefan Ortega	1992.11.06	185	88	독일
	31	에데르송	Ederson	1993.08.17	188	86	브라질
	33	스콧 카슨	Scott Carson	1985.09.03	188	76	잉글랜드
DF	2	카일 워커	Kyle Walker	1990.05.28	178	70	잉글랜드
	3	후벵 디아스	Rúben Dias	1997.05.14	187	70	포르투갈
	5	존 스톤스	John Stones	1994.05.28	188	70	잉글랜드
	6	네이선 아케	Nathan Aké	1995.02.18	180	75	네덜란드
	24	요스코 그바르디올	Josko Gvardiol	2002.01.23	185	80	크로아티아
	25	마누엘 아칸지	Manuel Akanji	1995.07.19	188	91	스위스
	97	조슈아 윌슨에스브랜드	Josh Wilson-Esbrand	2002.12.26	176	65	잉글랜드
MF	4	칼빈 필립스	Kalvin Phillips	1995.12.02	178	72	잉들랜드
	8	마테오 코바치치	Mateo Kovacic	1994.05.06	177	82	크로아티아
	10	잭 그릴리시	Jack Grealish	1995.09.10	180	68	잉글랜드
	11	세레미 도쿠	Jérémy Doku	2002.05.27	173	77	벨기에
	16	로드리	Rodri	1996.06.22	191	82	스페인
	17	케빈 더 브라이너	Kevin De Bruyne	1991.06.28	181	76	벨기에
	19	일카이 귄도안	İlkay Gündoğan	1990.10.24	180	80	독일
	20	베르나르두 실바	Bernardo Silva	1994.08.10	173	64	포르투갈
	26	사비뉴	Savinho	2004.04.10	176	66	브라질
	27	마테우스 누녜스	Matheus Nunes	1998.08.27	183	76	포르투갈
	47	필 포든	Phil Foden	2000.05.28	171	70	잉글랜드
	52	오스카 봅	Oscar Bobb	2003.07.12	175	73	노르웨이
	82	리코 루이스	Rico Lewis	2004.11.21	169	70	잉글랜드
FW	9	엘링 홀란	Erling Haaland	2000.07.21	194	88	노르웨이

COACH

펩 과르디올라 *Pep Guardiola*
1971년 1월 18일생 스페인

과르디올라 감독이 추구하는 축구의 2대 원칙은 '점유율과 빌드업'이다. 촘촘한 공수 간격과 정확하면서도 적절한 타이밍의 패스 워크를 통해 점유율을 올리고 빌드업을 전개한다. 이번 시즌, 전무후무한 리그 5연패를 일구어내면서 세계 축구 역사상 최고의 제국을 완성하려 한다. 여러 가지 고민이 많은데, 가장 중요한 것은 모티베이션을 불어넣는 일이다. 이미 4연패를 이룬 선수들에게 모티베이션을 요구하는 것은 쉽지 않아 보인다. 때문에 오스카 봅, 리코 루이스 등 어린 선수들을 데리고 새로운 모티베이션 체제를 구축하려 한다.

상대팀 최근 6경기 전적

구분	승	무	패
맨체스터 시티			
아스널	3	1	2
리버풀	2	2	2
애스턴 빌라	4	1	1
토트넘 홋스퍼	3	1	2
첼시	4	2	
뉴캐슬 유나이티드	4	1	1
맨체스터 유나이티드	4		2
웨스트 햄 유나이티드	5	1	
크리스탈 팰리스	3	2	1
브라이턴 앤 호브 알비온	5	1	
본머스	6		
풀럼	6		
울버햄튼 원더러스	5		1
에버턴	5	1	
브렌트포드	4		2
노팅엄 포레스트	4	1	1
레스터 시티	5		1
입스위치 타운	2		4
사우샘프턴	3	2	1

KEY PLAYER

MF 16 로드리 *Rodri*

출전경기	경기시간(분)	골	어시스트	경고	퇴장
34	2,938	8	9	8	–

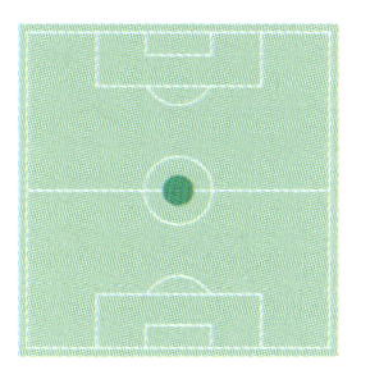

국적: 스페인

2023/24 시즌을 통해 한 단계 더 성장한 월드클래스 수비형 미드필더. 191cm의 뛰어난 피지컬로 허리를 지배한다. 발기술도 뛰어나고 빌드업, 탈압박 능력도 좋다. 빌드업의 출발점으로서 역할도 맡았다. 이에 맞춰 경기력도 크게 끌어올렸다. 팀의 구심점으로서 최고의 활약을 보여주었다. 과르디올라 감독도 로드리로부터 시작하는 중장거리 패스를 많이 선호한다. 무엇보다도 가장 큰 장점 중 하나는 스마트하다는 것이다. 경기 흐름을 읽고 그에 맞는 빌드업이나 공격 방법을 제시하곤 한다. 패스 선택 등을 통해 팀을 이끌어가고 있다.

DARK HORSE

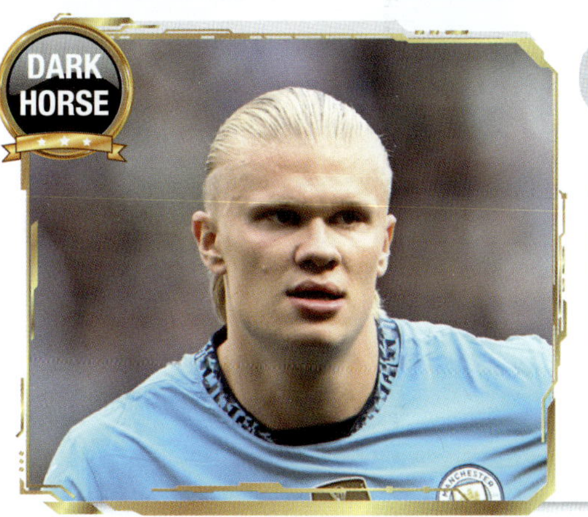

FW 9 엘링 홀란 *Erling Haaland*

출전경기	경기시간(분)	골	어시스트	경고	퇴장
31	2,558	27	5	1	–

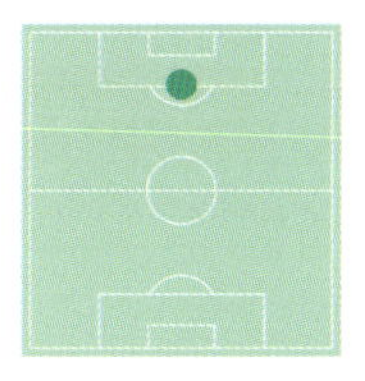

국적: 노르웨이

득점력 최고의 스트라이커. 첫 시즌에 36골을, 다음 시즌에 27골을 넣어, 두 시즌 연속 득점왕을 차지. 그러나 27골은 성에 차지 않는다. 30골을 넘기겠다는 각오다. 194cm의 장신으로 보통 선수라면 굼떴을 것이나 그는 빠르고 민첩하다. 큰 키를 이용한 제공권도 좋고, 발밑도 좋다. 어떠한 상황에서도 슈팅과 골을 만들어낼 수 있는 킬러 본능도 있다. 녹일에서는 은근히 부싱이 잦은 유리몸이었다. 잉글랜드에서도 세 번째 시즌에 들어서면서 조금씩 내구성 의심을 한다. 맨시티도 이를 의식하여 항상 홀란의 몸 상태를 살핀다.

NEW ADDITION

MF 26 사비뉴 *Savinho*

출전경기	경기시간(분)	골	어시스트	경고	퇴장
37	2,993	9	10	5	–

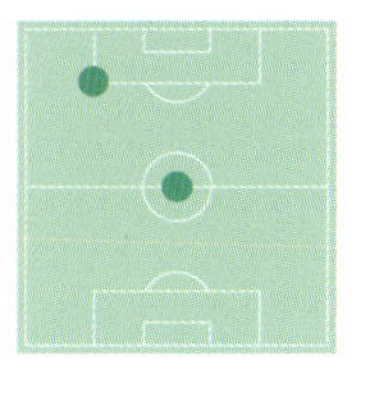

국적: 브라질

2004년생인 사비뉴는 어린 나이부터 주목받았다. 브라질 플루미넨세 유스팀에서 축구를 시작했다. 빠른 스피드와 뛰어난 드리블 능력으로 상대를 압도하는 스타일이다. 넓은 시야와 패싱 능력도 갖추었다. 왼쪽 윙어가 주 포지션이지만, 오른쪽도 소화 가능하다. 중앙 공격형 미드필더로도 뛸 수 있다. 다양한 포지션에서 플레이가 가능하기에 팀의 전술적인 유연성을 높이는 데 기여한다. 그러나 아직 경험이 부족하고 피지컬도 완성되지 않았다. 세계적인 무대인 프리미어리그의 템포를 어느 정도 따라갈 수 있을지 미지수다.

GK 18 슈테판 오르테가
Stefan Ortega

국적: 독일

맨시티의 백업 골키퍼로서 주로 컵 대회를 담당하고 있다. 오르테가의 가장 큰 장점은 반사신경이다. 근거리 슈팅을 막아내는 것에 강점을 가지고 있다. 이 때문에 토너먼트 혹은 단기전으로 펼쳐지는 컵대회에서 상당히 많은 선방을 보여주곤 한다. 발밑 기술도 좋다. 에데르송만큼은 아니지만 골키퍼의 패스 능력을 잘 수행하고 있다. 다만 피지컬에서 다소 약점이 있고, 롱패스의 정확도가 떨어지는 단점이 있다.

출전경기	경기시간(분)	실점	무실점(경기)	경고	퇴장
9	632	7	4	-	-

GK 31 에데르송
Ederson

국적: 브라질

과르디올라 감독이 좋아하는 스타일의 골키퍼로 공격적이다. 전방으로 내주는 패스 능력과 발기술을 갖추고 있다. 최후방에서 전방으로 한 번에 보내는 킥의 정확성은 상당히 높다. 이 덕분에 맨시티는 수비 진영에서 공격을 시작하는 빌드업 플레이를 효과적으로 할 수 있다. 반사신경과 적극적인 포지셔닝에 능하다. 다만 공중볼 처리 능력에 있어서 한 번씩 실수를 하는 경향이 있다. 보완해야 할 점이다.

출전경기	경기시간(분)	실점	무실점(경기)	경고	퇴장
33	2,788	27	13	5	-

GK 33 스콧 카슨
Scott Carson

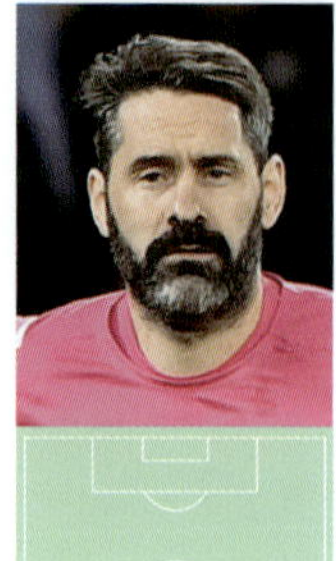

국적: 잉글랜드

베테랑 골키퍼로 잉글랜드 프리미어리그와 챔피언스리그, 국가대표팀에서 오랜 경력을 쌓았다. 특히 팀 뒤에서 선수단 전체를 아우르는 큰 형의 역할을 톡톡히 하고 있다. 선수들을 독려하고 기를 불어넣어 준다. 다만 경기 출전이 거의 없어서 경기력에는 큰 의문 부호가 붙는다. 나이도 많기 때문에 신체적인 능력이 떨어질 수도 있다. 즉시 전력감이라기보다는 팀 내 분위기를 주도하는 선수라고 할 수 있다.

출전경기	경기시간(분)	실점	무실점(경기)	경고	퇴장
-	-	-	-	-	-

DF 2 카일 워커
Kyle Walker

국적: 잉글랜드

나이를 먹어도 지치지 않고 여전히 빠른 탁월한 풀백이다. 스피드를 바탕으로 한 수비력은 월드 클래스 급이다. 상대 역습을 끊어낸 후 바로 내주는 패스도 좋다. 활동량도 왕성하다. 상대 윙어를 항상 괴롭힌다. 탄탄한 피지컬로 활동반경도 넓다. 여기에 스리백으로 나설 때는 스토퍼로 팀에 안정감을 가져다준다. 다만 크로스의 정확성은 스피드에 비해 아쉬움으로 남고 있다. 순간적인 집중력 저하도 해결 과제다.

출전경기	경기시간(분)	골	어시스트	경고	퇴장
32	2,768	-	4	2	-

DF 3 후벵 디아스
Rúben Dias

국적: 포르투갈

현대축구에서 센터백에게 원하는 모든 것을 필드 위에서 구현하고 있는 완성형 센터백이다. 피지컬이 좋다. 이를 바탕으로 몸싸움에 능하고 제공권도 장악한다. 양발을 다 쓸 수 있으며 볼 키핑이 안정적이다. 빌드업 역할도 잘 수행한다. 팀에 긍정적인 영향을 끼치는 강한 리더십의 소유자이다. 경험을 쌓으면서 세계 최고의 센터백 반열에 올랐다. 그러나 스피드가 다소 부족하고 너무 피지컬에 의존한다는 단점이 있다.

출전경기	경기시간(분)	골	어시스트	경고	퇴장
30	2,557	-	-	-	-

DF 5 존 스톤스
John Stones

국적: 잉글랜드

안정적인 수비수이다. 센터백으로서 위치 선정이 탁월하다. 항상 상대 공격수를 견제할 수 있는 간격에 서 있다. 동료 수비수와의 간격 유지도 좋다. 센터백뿐만 아니라 풀백도 소화하는 멀티 플레이어 능력도 있다. 과르디올라 감독의 명에 따라 수비형 미드필더로서도 좋은 플레이를 보여준다. 그가 수비형 미드필더로 올라가면 앞선에 있는 2선 공격수들이 수비 부담 없이 공격할 수 있다. 다만 잦은 부상이 최대 약점이다.

출전경기	경기시간(분)	골	어시스트	경고	퇴장
1	-	-	2	2	-

DF 6 네이선 아케
Nathan Aké

국적: 네덜란드

중앙 수비수이지만 측면 수비수도 가능하다. 수비형 미드필더 자리도 볼 수 있다. 감독들이 좋아할 수밖에 없는 멀티 플레이어이다. 지능적인 수비를 하며 팀의 흐름을 깨지 않는다. 위치 선정 능력과 상대 공격수의 움직임도 잘 예측한다. 그러나 상대적으로 피지컬이 아쉬우며 부상이 잦다. 풀백으로 뛰었을 때는 공격 기여도에서 다소 떨어지는 모습을 보여주기도 한다. 간혹 큰 실수를 하는 경향이 있어 불안함을 감출 수 없다.

출전경기	경기시간(분)	골	어시스트	경고	퇴장
29	2,044	2	2	-	-

DF 24 요스코 그바르디올
Joško Gvardiol

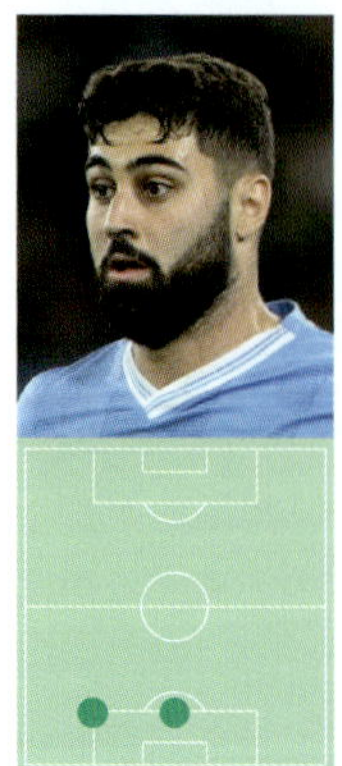

국적: 크로아티아

피지컬과 기술을 모두 겸비했다. 왼발잡이 수비수로서 가치도 높다. 센터백치고 큰 키는 아니지만 몸싸움 능력이 좋고 반응 속도가 빠르다. 점프력도 갖추고 있어 제공권 다툼에도 능하다. 최대 강점은 기술이다. 적절한 태클과 전진 수비로 볼을 따내는 경우가 많다. 수비 센스가 좋아 뒷공간도 잘 허용하지 않는다. 드리블과 전진 패스를 통한 공격 가담 능력도 탁월하다. 덕분에 맨시티는 수비 라인에서 숨통을 트게 됐다.

출전경기	경기시간(분)	골	어시스트	경고	퇴장
28	2,329	4	2	3	-

DF 25 마누엘 아칸지
Manuel Akanji

국적: 스위스

수비진의 만능열쇠. 센터백과 풀백 어디에 놓더라도 제 몫을 해준다. 동료들의 부상으로 수비진에 구멍이 생길 때마다 그곳을 메우는 역할을 잘 수행했다. 빠른 주력을 바탕으로 뒷공간 커버에 큰 역할을 했다. 수비 파트너에 구애받지 않고 센터백과 풀백으로 출전하며 팀에 큰 공헌을 했다. 스리백과 포백에서 모두 존재감을 보여주었다. 빠른 주력과 수비 집중력과 센스로 무장하고 있지만 제공권이 다소 약한 것이 아쉽다.

출전경기	경기시간(분)	골	어시스트	경고	퇴장
30	2,514	2	-	2	-

MF 8 마테오 코바치치
Mateo Kovačić

국적: 크로아티아

볼을 안정적으로 소유한다. 드리블도 상당히 좋다. 드리블로 상대 허리 진영을 파괴하는 데 능한 모습이다. 스피드보다는 템포에 변화를 주면서 상대를 공략한다. 전술적인 혜안도 가지고 있다. 그러나 마무리 능력과 슈팅은 아쉽다. 슈팅 자체의 파워도 떨어지고 타이밍도 늦다. 자신이 직접 경기를 해결하는 능력은 갖추고 있지 않다. 2선과 3선 사이에서 경기를 풀어주는 지원 참모로서 역할을 맡고 있다.

출전경기	경기시간(분)	골	어시스트	경고	퇴장
30	1,548	1	-	4	-

MF 10 잭 그릴리시
Jack Grealish

국적: 잉글랜드

개인기가 좋으며 패스와 슈팅, 돌파 모두 준수하다. 미드필더 어느 자리에 놓아도 자신의 몫은 충분히 하는 모습이다. 전술적인 이해력도 갖추었으나, 슈팅을 난사하는 경향이 강하고 골이 생각보다 많지는 않다. 패스보다는 드리블을 하는 경향을 보인다. 때문에 팀의 공격 템포를 떨어뜨리기도 한다. 특히 빠른 역습 상황에서의 역할이 제한적이다. 드리블을 먼저 하다 보니 의사 결정에 있어서 머뭇거리는 모습을 보이기도 한다.

출전경기	경기시간(분)	골	어시스트	경고	퇴장
20	1,001	3	1	7	-

MF 11 제레미 도쿠
Jérémy Doku

국적: 벨기에

폭발적인 드리블러. 매우 빠르고 폭발적이다. 스피드와 저돌성으로 측면에서 상대 수비수를 쉽게 제압할 수 있다. 1대1 상황에서 발재간을 이용해 유연하게 움직이곤 한다. 창의성도 넘치는 데다가 공격적인 성향을 보여주고 있다. 패스와 움직임을 통해 상대 수비진을 무너뜨린다. 슈팅이나 마지막 패스에 정확성이 떨어지며 골 결정력이 아쉽다. 과르디올라 감독으로서는 도쿠를 선발보다는 조커로 활용하려 하기도 한다.

출전경기	경기시간(분)	골	어시스트	경고	퇴장
29	1,594	3	9	3	-

MF 17 케빈 더 브라이너
Kevin De Bruyne

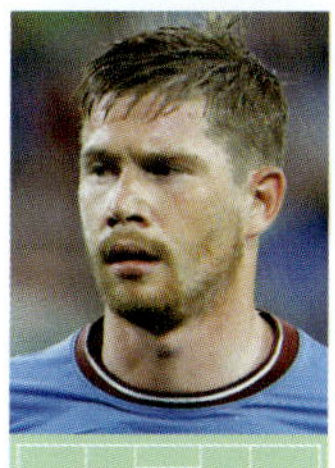

국적: 벨기에

분명 정점에 올랐다. 그러나 조금씩 정점에서 떨어지는 모습을 보여주고 있다. 원인은 나이와 부상이다. 맨시티와 벨기에 대표팀의 핵심 선수로 너무 많은 경기에 나섰고, 최근에는 부상 빈도가 늘었다. 부상 관리가 그 어느 때보다도 중요하다. 부상만 없다면 세계 최고 미드필더라고 할 수 있다. 폭넓은 시야, 날카로운 패스, 볼 키핑, 중거리 슈팅, 창의력, 안정감, 수비력 등 미드필더에게 요구되는 모든 능력에서 탁월하다.

출전경기	경기시간(분)	골	어시스트	경고	퇴장
18	1,228	4	10	2	-

MF 19 일카이 귄도안
İlkay Gündoğan

국적: 독일

귄도안이 돌아왔다. 지난 시즌 맨시티를 떠나 바르셀로나에서 좋은 모습을 보였지만, 재정 상황으로 인해 떠나야 했다. 바르셀로나는 다니 올모를 데려오기 위해 귄도안을 밀어냈다. 그는 FA로 맨시티로 돌아왔다. 허리의 어떤 포지션에 놓아도 제 몫 이상을 하는 선수다. 후방 빌드업은 물론 자신이 직접 치고 들어가 골로 연결하는 능력도 상당히 갖추었다. 섀도 스트라이커로서도 탁월한 능력을 보인다.

출전경기	경기시간(분)	골	어시스트	경고	퇴장
36	2998	5	9	5	-

MF 20 베르나르두 실바
Bernardo Silva

국적: 포르투갈

맨시티 공격의 핵심 선수로 포지션에 따라 그날 맨시티의 공격 방향과 패턴이 결정된다. 그만큼 팀 공격 전술에 있어서 차지하는 비중이 높다. 밸런스와 유연성, 민첩함으로 상대 팀 수비수들을 무력화시킨다. 패스 능력도 탁월하다. 넓은 시야와 정확한 킥으로 상대 뒷공간으로 볼을 보낸다. 공격 전 포지션을 뛸 수 있다. 측면, 최전방, 공격형 미드필더, 섀도 스트라이커까지 모두 소화할 수 있다. 가장 아쉬운 것은 피지컬이다.

출전경기	경기시간(분)	골	어시스트	경고	퇴장
33	2,582	6	9	8	-

MF 27 마테우스 누녜스
Matheus Nunes

국적: 포르투갈

지난 시즌 울버햄턴에서 맨시티로 이적했다. 맨시티의 허리 라인에는 누녜스가 대적해야 할 선수들이 많아 기량을 보일 기회가 별로 없었다. 볼 키핑 능력이 좋아 상대의 압박을 피해 볼을 전진시킨다. 활동량도 넓다. 전술적인 유연성도 보여주고 있다. 그러나 수비에서의 위치 선정에 아쉬움이 많다. 체력적인 한계를 종종 드러내기도 하며, 리스크가 높은 드리블이나 패스로 팀에 위기를 초래할 때도 있다.

출전경기	경기시간(분)	골	어시스트	경고	퇴장
19	834	-	2	-	1

MF 47 필 포든
Phil Foden

국적: 잉글랜드

지난 시즌, 맨시티의 에이스 역할을 해줬던 선수 중 한 명이다. 상당히 경기력이 올라왔다. 전진 드리블이 날카롭고 속도뿐만 아니라 기술도 갖추고 있다. 드리블의 타이밍이 다채롭다. 상대 수비수늘을 나향하게 공략한다. 활동반경도 상대적으로 넓다. 다만 수비 기여도가 상대적으로 낮다. 공격수이기에 수비할 상황이 많지는 않지만 그래도 불안 요소로 꼽힌다. 또한 의사 결정 속도가 느릴 때가 있다.

출전경기	경기시간(분)	골	어시스트	경고	퇴장
35	2,871	19	8	2	-

MF 82 리코 루이스
Rico Lewis

국적: 잉글랜드

가장 큰 장점은 포텐이다. 나이에 비해 전술적인 이해력이 높다. 풀백뿐만 아니라 중원으로 들어와서 경기를 풀어주는 인버티드 풀백으로서의 역할도 잘 수행한다. 감독의 전술이 정교함에도 불구하고, 루이스는 어떤 역할도 잘해 낸다. 발밑 기술과 볼을 다루는 능력도 탁월하다. 그러나 169cm 키여서 공중볼 싸움에서 아쉬움을 드러낸다. 몸싸움도 아쉽다. 상대가 이 같은 부분을 파고든다면 팀 전체의 약점으로 작용할 수도 있다.

출전경기	경기시간(분)	골	어시스트	경고	퇴장
16	807	2	-	1	-

아스널 FC

Arsenal FC

TEAM PROFILE

창 립	1886년
구 단 주	스탠 크랑키(미국)
감 독	미켈 아르테타(스페인)
연 고 지	런던 이즐링턴
홈 구 장	에미레이트 스타디움(6만 704명)
라 이 벌	토트넘 훗스퍼
홈페이지	www.arsenal.com

최근 5시즌 성적

시즌	순위	승점
2019-2020	8위	56점(14승 14무 10패 56득점 48실점)
2020-2021	8위	61점(18승 7무 13패 55득점 39실점)
2021-2022	5위	69점(22승 3무 13패 61득점 48실점)
2022-2023	2위	84점(26승 6무 6패 88득점 43실점)
2023-2024	2위	89점(28승 5무 5패 91득점 29실점)

PREMIER LEAGUE (전신 포함)

통 산	우승 13회
23-24 시즌	2위(28승5무5패, 승점 89점)

FA CUP

통 산	우승 14회
23-24 시즌	없음

LEAGUE CUP

통 산	우승 2회
23-24 시즌	16강

UEFA

통 산	없음
23-24 시즌	챔피언스리그 8강

경기 일정

라운드	날짜	장소	상대팀
1	2024.08.17	홈	울버햄튼 원더러스
2	2024.08.25	원정	애스턴 빌라
3	2024.08.31	홈	브라이턴 앤 호브 앨비언
4	2024.09.15	원정	토트넘 훗스퍼
5	2024.09.23	원정	맨체스터 시티
6	2024.09.28	홈	레스터 시티
7	2024.10.05	홈	사우샘프턴
8	2024.10.20	원정	AFC 본머스
9	2024.10.28	홈	리버풀
10	2024.11.03	원정	뉴캐슬 유나이티드
11	2024.11.10	원정	첼시
12	2024.11.24	홈	노팅엄 포레스트
13	2024.12.01	원정	웨스트햄 유나이티드
14	2024.12.04	홈	맨체스터 유나이티드
15	2024.12.08	원정	풀럼
16	2024.12.15	홈	에버턴
17	2024.12.22	원정	크리스탈 팰리스
18	2024.12.27	홈	입스위치 타운
19	2024.12.30	원정	브렌트포드
20	2025.01.05	원정	브라이턴 앤 호브 앨비언
21	2025.01.15	홈	토트넘 훗스퍼
22	2025.01.19	홈	애스턴 빌라
23	2025.01.26	원정	울버햄튼 원더러스
24	2025.02.02	홈	맨체스터 시티
25	2025.02.16	원정	레스터 시티
26	2025.02.23	홈	웨스트햄 유나이티드
27	2025.02.26	원정	노팅엄 포레스트
28	2025.03.09	원정	맨체스터 유나이티드
29	2025.03.16	홈	첼시
30	2025.04.01	홈	풀럼
31	2025.04.05	원정	에버턴
32	2025.04.12	홈	브렌트포드
33	2025.04.19	원정	입스위치 타운
34	2025.04.26	홈	크리스탈 팰리스
35	2025.05.03	홈	AFC 본머스
36	2025.05.10	원정	리버풀
37	2025.05.18	홈	뉴캐슬 유나이티드
38	2025.05.26	원정	사우샘프턴

전력분석 이제는 우승할 때가 됐다

아스널은 최근 2시즌 동안 맨시티의 강력한 대항마였다. 2022/23 시즌 승점 84로 2위, 2023/24 시즌에는 승점 89로 2위를 차지했다. 맨시티에 각각 승점 5점 차, 승점 2점 차로 우승컵을 내주고 말았다. 이번에야말로 우승을 차지하겠다는 의지로 2024/25 시즌을 준비해 왔다. 우선 스쿼드의 깊이를 강화했다. 수비진에서 히카르도 칼라피오리를 데리고 오면서 아쉬움을 메웠다. 그동안 왼쪽 자리에 적임자가 없었다. 칼라피오리는 왼쪽 풀백으로서 중요한 역할을 하며 수비에서 힘을 보탤 수 있을 것으로 보인다. 다비드 라야를 임대에서 완전이적으로 데려왔다. 큰 변화는 아닐 수 있지만, 선수 개인에게는 안정감을 부여하고, 골문의 높이를 더욱 높일 수 있는 계기가 될 것으로 보인다. 또 아론 램즈데일과의 주전 경쟁을 통해 긍정적인 경기력 상승을 노려볼 수도 있다. 전력에서 가장 큰 플러스 요인은 기존 선수들의 성장이다. 부카요 사카, 마르틴 외데고르, 가브리엘 마르티넬리 등 젊은 선수들이 성숙한 모습을 보일 것이다. 여기에 데클란 라이스가 유로 2024를 거치면서 성장했다. 중원에서의 안정성뿐만이 아니라 공격적인 역할도 담당하고 있다. 탄탄한 미드필더를 바탕으로 올 시즌 우승컵을 노리고 있다.

전술분석 다양한 전술이 최대 강점

다양한 전술로 올 시즌을 돌파할 것으로 보인다. 특히 팀의 중추를 맡은 선수들이 전술적인 유연성을 보여주며 큰 역할을 할 것으로 보인다. 기본적인 4-3-3 포메이션으로 경기를 운영할 전망이다. 강력한 미드필드진과 다재다능한 공격진을 최대한 활용하면서 빠른 전환과 넓은 측면 활용을 포인트로 삼을 것 같다. 특히 풀백들의 역할을 눈여겨보자. 칼라피오리가 풀백으로서 공격에 가담하면서 상대 수비를 끌어내고, 그 뒷공간을 노리는 모습을 상당히 많이 볼 수 있을 것이다. 중원에서는 외데고르가 경기의 리듬을 조율하고 창의적인 패스를 통해 공격 기회를 만들 것이다. 이 뒤를 라이스가 받친다. 라이스 역시 수비의 보호자 역할뿐만이 아니라 중장거리 패스와 기습적인 슈팅을 통해 팀의 공격력에 힘을 보탤 전망이다. 아스널은 압박과 패스를 통해 공간을 점유하는 스타일로 공격진의 무게감은 다소 떨어질 수 있다. 부카요 사카, 가브리엘 마르티넬리, 가브리엘 제수스를 중심으로 한 공격 2선 라인 그리고 카이 하베르츠가 원톱으로 나서면서도 경기 내내 포지션을 달리할 것이다. 상대의 압박을 피하고 공간을 활용하며 빠르고 역동적인 공격력을 보여줄 것이다.

Tottenham Hotspur v Arsenal FC - Premier League
아스널의 마르틴 외데고르와 토트넘의 피에르-에밀 호이비에르가
공을 차지하기 위해 경합을 벌이고 있다.
<2024/04/28, Tottenham Hotspur Stadium>

시즌 프리뷰 — 맨시티 극복이 당면 과제

아스널의 우승 가능성은 무르익었다. 주축 선수들의 성장과 경험 축적, 취약 포지션의 보강, 여기에 미켈 아르테타 감독의 원숙미까지 더해졌다. 상대적으로 다른 팀에 비해 훨씬 더 전력이 상승했다고 볼 수 있다. 그 어느 때보다도 아스널의 우승 가능성이 상당히 높은 시즌이 될 전망이다.

문제는 결국 맨시티와의 맞대결이다. 아스널은 맨시티와 만나면 항상 좋지 않은 모습을 보였다. 최근 두 시즌, 프리미어리그에서 아스널은 맨시티를 상대로 4번 맞대결을 펼쳤다. 아스널은 1승 1무 2패를 기록했다. 그러나 희망은 있다. 2023/24 시즌 아스널은 맨시티를 상대로 1승 1무를 기록했다. 패배하지 않았다. 무게 중심이 묘하게 아스널 쪽으로 옮겨지고 있다는 의미로 해석할 수 있다. 이번 시즌에도 이 같은 우위를 점유한다면 아스널로서는 맨시티와의 경쟁에 있어서 비교 우위를 점할 수 있게 된다. 2승을 거두게 된다면 우승 경쟁에 큰 힘을 얻을 수 있다.

여기에 또 하나는 어이없는 패배를 방지하는 것이다. 지난 시즌의 경우 애스턴 빌라와의 홈과 원정 경기에서 모두 지고 말았다. 큰 충격이었다. 특히 33라운드 홈에서 열린 애스턴 빌라와의 경기에서 0-2로 완패하면서 맨시티에게 역전의 빌미를 제공하고 말았다. 중요한 순간에 승점 3점을 챙기지 못한 것은 큰 아픔일 수밖에 없다. 애스턴 빌라전 외에도 후반기를 시작하던 풀럼과의 원정 경기에서도 1-2로 지면서 승점을 챙기지 못했다. 당연히 이 승점 차이가 부정적인 결과로 이어졌다.

꼭 승리해야 하는 상황에서 승점을 챙기기 위해서는 부상 관리가 필수이다. 지난 시즌에도 부상으로 인해 아쉬움을 삼켰다. 로테이션 관리의 아쉬움도 있었다. 아르테타 감독은 주전 선수들에 대한 의존도가 높다. 결국 피로 누적과 부상이라는 악순환으로 이어지게 되었다. 이 부분을 풀어내야만 한다.

IN & OUT

주요 영입	주요 방출
다비드 라야, 히카르도 칼라피오리	에밀 스미스 로우, 누노 타바레스

TEAM FORMATION

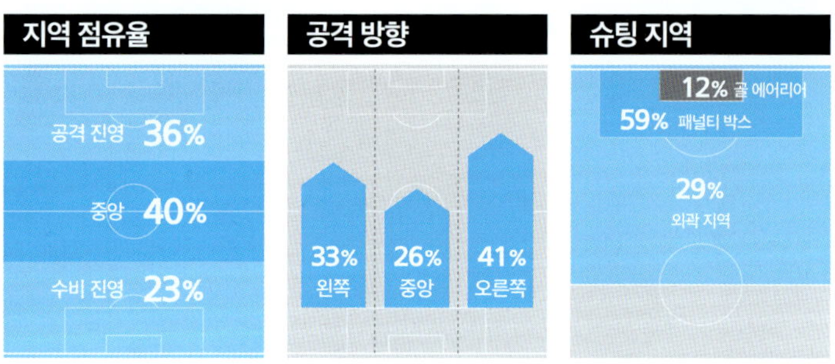

지역 점유율

공격 진영	36%
중앙	40%
수비 진영	23%

공격 방향

왼쪽	중앙	오른쪽
33%	26%	41%

슈팅 지역

골 에어리어	12%
패널티 박스	59%
외각 지역	29%

TEAM RATINGS

2023/24 프로필

팀 득점	91
평균 볼 점유율	58.40%
패스 정확도	86.80%
평균 슈팅 수	17.3
경고	62
퇴장	2

골 타입 (단위 %)

오픈 플레이	54
세트 피스	22
카운터 어택	8
패널티 킥	11
자책골	5

패스 타입 (단위 %)

쇼트 패스	89
롱 패스	7
크로스 패스	3
스루 패스	0

SQUAD

포지션	등번호	이름		생년월일	키(cm)	체중(kg)	국적
GK	22	다비드 라야	David Raya	1995.09.15	183	80	스페인
GK	32	네토	Norberto Neto	1989.07.19	190	84	브라질
DF	2	윌리엄 살리바	William Saliba	2001.03.24	193	83	프랑스
DF	3	키어런 티어니	Kieran Tierney	1997.06.05	180	73	스코틀랜드
DF	4	벤 화이트	Ben White	1997.10.08	186	76	잉글랜드
DF	6	가브리엘 마갈량이스	Gabriel Magalhães	1997.12.19	190	87	브라질
DF	12	주리엔 팀버	Jurrien Timber	2001.06.17	179	77	네덜란드
DF	15	야쿠프 키비오르	Jakub Kiwior	2000.02.15	189	75	폴란드
DF	17	올렉사드르 진첸코	Oleksandr Zinchenko	1996.12.15	175	64	우크라이나
DF	18	토미야스 다케히로	Takehiro Tomiyasu	1998.11.05	188	78	일본
DF	33	히카르도 칼라피오리	Riccardo Calafiori	2002.05.19	188	86	이탈리아
MF	5	토마스 파티	Thomas Partey	1993.06.13	185	75	가나
MF	8	마르틴 외데고르	Martin Ødegaard	1998.12.17	178	68	노르웨이
MF	20	조르지뉴	Jorginho	1991.12.20	178	68	이탈리아
MF	23	미켈 메리노	Mikel Merino	1996.06.22	189	83	스페인
MF	29	카이 하베르츠	Kai Havertz	1999.06.11	193	83	독일
MF	41	데클란 라이스	Declan Rice	1999.06.14	188	80	잉글랜드
FW	7	부카요 사카	Bukayo Saka	2001.09.05	178	72	잉글랜드
FW	9	가브리엘 제수스	Gabriel Jesus	1997.04.03	175	73	브라질
FW	11	가브리엘 마르티넬리	Gabriel Martinelli	2001.06.18	178	75	브라질
FW	19	레안드로 트로사르	Leandro Trossard	1994.12.04	172	61	벨기에
FW	30	라힘 스털링	Raheem Sterling	1994.12.08	170	69	잉글랜드

COACH

미켈 아르테타 *Mikel Arteta*

1982년 3월 26일생 스페인

맨시티 수석 코치 시절, 과르디올라를 보고 배웠다. 아스널에 가서 과르디올라 스타일을 확실히 정착시켰다. 선수 시절 스승인 아르센 벵거 감독의 장점도 흡수했다. 후방 빌드업과 점유율을 강조하면서 동시에 전방 압박과 스위칭 플레이를 소홀히 하지 않는다. 선수 개개인의 특성에 맞는 전술을 준비하는 디테일도 보여준다. 라이스를 정착시키면서 허리의 파워를 강화했다.위기 상황에 대응하는 전략도 보완하고 있다. 주요 선수들의 부상 이후 대응에서도 선수들의 로테이션에 유연성을 보이며 팀을 끌어올리고 있다.

상대팀 최근 6경기 전적			
구분	승	무	패
맨체스터 시티	2	1	3
아스널			
리버풀	2	2	2
애스턴 빌라	4		2
토트넘 홋스퍼	4	1	1
첼시	4	1	1
뉴캐슬 유나이티드	3	1	2
맨체스터 유나이티드	4		2
웨스트 햄 유나이티드	3	1	2
크리스탈 팰리스	4	1	1
브라이턴 앤 호브 알비온	3		3
본머스	5	1	
풀럼	3	2	1
울버햄튼 원더러스	6		
에버턴	4		2
브렌트포드	5	1	
노팅엄 포레스트	4		2
레스터 시티	5		1
입스위치 타운	4		2
사우샘프턴	2	2	2

KEY PLAYER

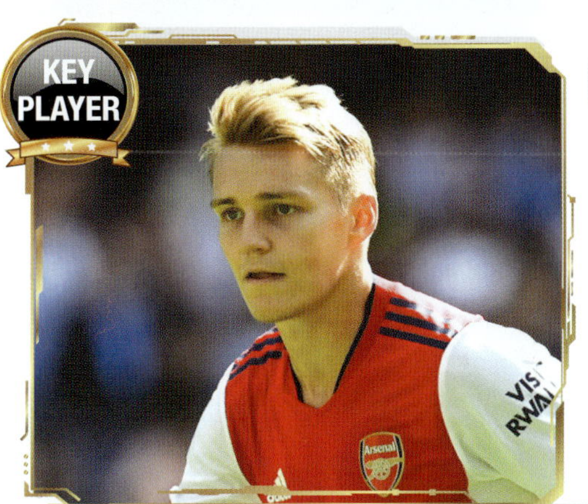

MF 8 마르틴 외데고르
Martin Ødegaard

출전경기	경기시간(분)	골	어시스트	경고	퇴장
35	3,104	8	10	2	–

국적: 노르웨이

레알의 유망주가 아닌 아스널 최고의 사령관이 됐다. 동시에 프리미어리그를 호령하는 중원 사령관으로 자리매김했다. 최대 강점은 간결한 볼 처리와 확실한 마무리 능력이다. 좋은 공간을 선점하고 패스를 찔러주며 팀을 이끈다. 여기에 날카로운 슈팅과 공간 침투 능력으로 골을 뽑아낸다. 창의적인 패스와 간결함도 상당히 좋다. 패스 길에 군더더기가 없어 동료들이 슈팅하기가 좋다. 리더십도 뛰어나며 전술적인 이해력도 좋다. 피지컬은 다소 약점이지만 그래도 많이 보완한 상태이다. 수비 기여도가 부족하지만 다른 선수들이 잘 메워주고 있다.

DARK HORSE

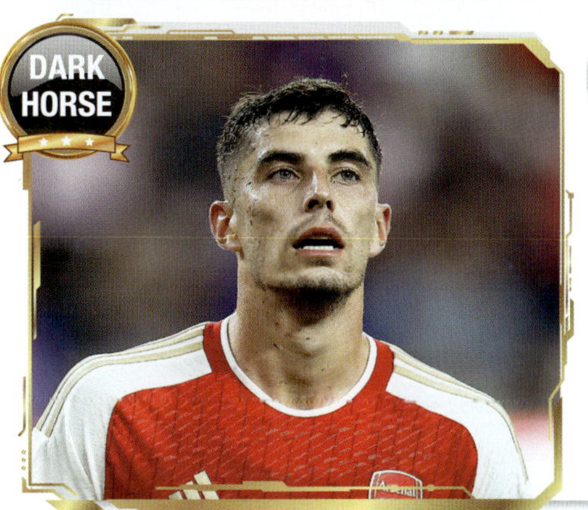

MF 29 카이 하베르츠
Kai Havertz

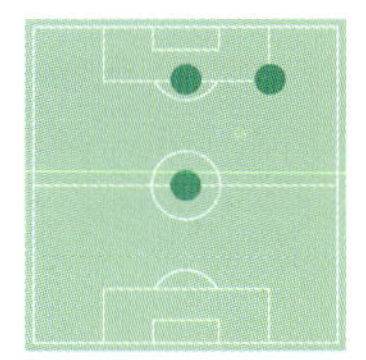

출전경기	경기시간(분)	골	어시스트	경고	퇴장
37	2,640	13	7	11	–

국적: 독일

사실 어정쩡했던 모습이었다. 어떤 자리에 배치해도 평균 이상은 했다. 여러 포지션에서 뛸 수 있는 다재다능함이 강점이다. 그러나 상대를 압도할 정도는 아니었다. 그래도 지난 시즌을 통해 많이 발전했다. 아르테타 감독은 이런 하베르츠를 미끼 역할로 쓰면서 팀 전체의 공격력을 높였다. 큰 키에 비해 스피드가 좋고, 축구 지능도 좋다. 볼 터치도 간결한 편이다. 미드필더이자 최전방도 소화 가능한 멀티 플레이어이다. 다만 파워는 여전히 끌어올려야 한다. 특히 최전방에서 파워가 필요할 때 자신의 역할을 해야 하는 것이 과제이다.

NEW ADDITION

DF 33 히카르도 칼라피오리
Riccardo Calafiori

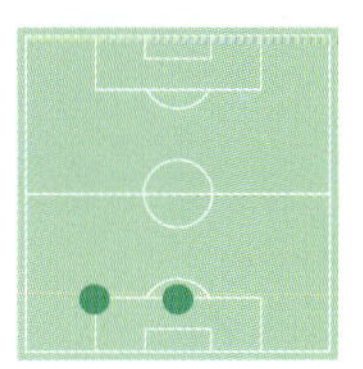

출전경기	경기시간(분)	골	어시스트	경고	퇴장
30	2,338	2	5	4	–

국적: 이탈리아

공격적인 왼쪽 풀백이다. 경기를 전개할 때 측면에서의 오버래핑이 상당히 뛰어나다. 속도가 좋고 체력도 강력하다. 이를 바탕으로 공격에 적극적으로 가담한다. 크로스나 컷백을 통해 득점 기회를 창출하곤 한다. 크로스가 정확한 것이 가장 큰 강점 중 하나이다. 최전방에 있는 선수에게 정확성 있는 크로스로 기회를 창출한다. 왼쪽 풀백이 주 포지션이지만, 중앙 수비수로도 나설 수 있다. 문제는 리그 적응 여부이다. 세리에A에서 많이 활동했지만 프리미어리그는 템포가 또 다르다. 문제를 극복하고 아스널의 주전이 될 수 있을지 지켜봐야 한다.

PLATERS

GK 22 다비드 라야
David Raya

국적: 스페인

잉글랜드 하부 리그에서부터 커리어를 쌓았다. 그만큼 밑바닥부터의 경험이 풍부하다. 엘리트 코스를 밟지 않았기에 땀의 가치를 누구보다도 잘 알고 있다. 2019년 브렌트포드로 이적한 후 팀과 함께 프리미어 리그까지 올라왔다. 이후 아스널로 임대된 후 올 시즌 완전이적에 성공했다. 정확한 킥을 바탕으로 한 빌드업 역량이 좋다. 선방 능력도 수준급이다. 다만 상대적으로 단신이라 공중볼 처리 능력이 조금 아쉽다.

출전경기	경기시간(분)	실점	무실점(경기)	경고	퇴장
32	2,880	24	16	2	-

DF 2 윌리엄 살리바
William Saliba

국적: 프랑스

2019년에 입단한 후 생테티엔과 니스, 올랭피크 마르세유 등 프랑스에서의 임대 생활을 통해 경기력을 끌어올렸다. 2022/23 시즌 아스널로 돌아왔다. 2023/24 시즌부터 탄탄한 모습을 보여주고 있다. 192cm의 장신으로 피지컬이 좋고 발도 빠르다. 침착성도 갖추고 있다. 발밑도 부드럽다. 지난 시즌 아르테타호에서 경험까지 축적했다. 그러나 큰 키에 비해 헤더 능력과 순발력, 폭발력이 부족한 것이 단점이다.

출전경기	경기시간(분)	골	어시스트	경고	퇴장
38	3,420	2	1	4	-

DF 3 키어런 티어니
Kieran Tierney

국적: 스코틀랜드

셀틱에서 뛰다 2019년 아스널로 이적했다. 왼발을 주로 쓰는 레프트백이다. 스리백에서는 센터백으로 뛰기도 한다. 국가대표팀에서 주로 센터백 포지션으로 나선다. 공수에서 모두 균형감을 갖추고 있는 풀백이다. 공격을 할 때, 스피드를 바탕으로 직선적인 오버래핑을 시도한다. 드리블 돌파 능력과 크로스도 준수하다. 전술 수행 능력도 갖추고 있다. 리그 수준급 풀백이다. 다만 가장 큰 약점은 유리몸이라는 점이다.

출전경기	경기시간(분)	골	어시스트	경고	퇴장
20	1,246	-	2	1	-

DF 4 벤 화이트
Ben White

국적: 잉글랜드

수비진 전 포지션을 모두 소화할 수 있다. 수비에 대한 이해도가 높다. 대인마크, 지역 수비, 협력 수비에 모두 능하다. 빌드업도 능숙하게 해낸다. 여러가지 수비적인 부분에서 팀 내 공헌도가 상당히 높다. 다만 풀백으로 섰을 때 공격력이 떨어진다. 폭발적인 스피드와 크로스를 올리면서 공격에 힘을 실어주는 스타일은 아니다. 안정적인 수비형 풀백으로 활동한다. 공중볼에도 약한 모습을 보이고 있다.

출전경기	경기시간(분)	골	어시스트	경고	퇴장
37	2,995	4	4	8	-

DF 6 가브리엘 마갈량이스
Gabriel Magalhães

국적: 브라질

왼발 센터백이라는 장점이 가장 크다. 공중볼 처리 능력과 일대일 방어 능력이 좋다. 특히 헤더 능력이 좋아 세트피스에서 강력한 모습을 보여준다. 피지컬이 좋고 기본기에 충실한 센터백 자원이다. 수비력에 무게 중심이 있는 파이터 형 수비수이다. 출중한 수비 능력에 비해 빌드업이나 공격 전개 능력은 아쉽다. 빌드업 패스를 뿌려주는 것에 있어 종종 실수를 범해서 아쉬움을 남긴다.

출전경기	경기시간(분)	골	어시스트	경고	퇴장
36	3,044	4	-	4	-

DF 15 야쿠프 키비오르
Jakub Kiwior

국적: 폴란드

센터백과 왼쪽 풀백을 오간다. 주된 포지션은 센터백이다. 아르테타 감독의 부름에 따라 다양한 포지션을 소화할 수는 있다. 그러나 최근 대세인 인버티드 풀백 역할은 하지 못한다. 공중볼 장악력이 좋고, 패스 능력도 갖추고 있다. 포지션 경쟁자인 마갈량이스와 비교되는 부분이다. 그러나 수비 위치 선정에 있어서 실수를 보일 때가 많다. 실점으로 이어지기 때문에 많은 훈련과 수비수들 간의 소통이 필요하다.

출전경기	경기시간(분)	골	어시스트	경고	퇴장
20	945	1	3	-	-

DF 17 올렉산드르 진첸코
Oleksandr Zinchenko

국적: 우크라이나

우크라이나 전쟁의 상징 같은 선수가 됐다. 러시아 리그에서 뛰면서 공격적인 재능을 보여주었다. 맨시티 이적 후에는 레프트백으로 포지션을 변경했다. 미드필더 출신답게 중앙으로 치고 들어오는 인버티드 풀백으로서 역량이 탁월하다. 아스널로 오면서도 이런 모습을 계속 보여주고 있다. 다만 수비력은 아쉽다. 아스널에서 많이 발전했지만, 여전히 만족할 수준은 아니다. 부상이 잦은 것도 아쉬움 가운데 하나이다.

출전경기	경기시간(분)	골	어시스트	경고	퇴장
27	1,725	1	2	2	-

DF 18 토미야스 다케히로
Tomiyasu Takehiro

국적: 일본

일본 J리그를 거쳐 벨기에 신트 트라이던과 볼로냐를 거쳤다. 아스널에 입성하여 준수한 경기력을 보여주고 있다. 측면 풀백과 센터백, 수비형 미드필더까지 소화할 수 있다. 아스널에서는 주로 풀백을 맡는다. 풀백으로 나설 때는 스토퍼 역할을 한다. 양발을 모두 사용할 수 있다. 수비 기본기가 좋으며 발밑도 준수하다. 빌드업의 한 축을 담당하고 있다. 다만 아스널 이적 후에는 부상이 잦아 아쉽다.

출전경기	경기시간(분)	골	어시스트	경고	퇴장
22	1,143	2	1	-	1

MF 5 토마스 파티
Thomas Partey

국적: 가나

아틀레티코 마드리드 유스 출신이다. 오랫동안 아틀레티코 마드리드에서 뛰었다. 탄력 넘치는 피지컬과 운동능력을 보유하고 있다. 수비 스킬도 갖추고 있다. 멀티 플레이어로 나설 수 있다. 수비형 미드필더와 풀백을 오간다. 풀백으로 나설 때는 전형적인 인버티드 풀백으로 활동한다. 후방에서 패스를 찔러주면서 팀의 공격을 이끌어주기도 한다. 중거리 슈팅 능력이 좋아 적절한 지점에서 골을 뽑아내곤 한다.

출전경기	경기시간(분)	골	어시스트	경고	퇴장
14	789	-	-	3	-

MF 20 조르지뉴
Jorginho

국적: 이탈리아

후방 플레이메이커로서의 능력이 좋은 미드필더이다. 포백 앞에 위치하며 전방으로 뿌려주는 패스가 일품이다. 판단이 빠르고 축구 지능이 좋아서, 의외의 플레이를 통해 상대의 허를 찌르곤 한다. 활동량도 많다. 그러나 느린 것이 가장 큰 문제이다. 수비를 할 때는 포백 보호가 되지 않는 경우가 많다. 탈압박에서도 문제를 드러내고 있다. 부상도 많이 있어 현재는 하향 곡선을 그리고 있다.

출전경기	경기시간(분)	골	어시스트	경고	퇴장
24	920	–	2	1	–

MF 21 파비우 비에이라
Fábio Vieira

국적: 포르투갈

전형적인 포르투갈형 플레이메이커. 2선과 중앙을 오가면서 팀에 큰 도움을 주는 스타일이다. 왼발잡이라는 것도 큰 이점 중 하나이다. 발밑이 부드럽고 패스라인이 깔끔해 팀에 큰 도움이 된다. 탈압박도 좋다. 우선은 외데고르의 백업으로서 역할을 할 것으로 보인다. 다만 아직 경기 조율 능력에는 아쉬움을 보이고 있다. 왜소한 피지컬 때문에 압박을 받으면 경기력이 저하된다는 단점도 있다. 수비 가담도 아쉽다.

출전경기	경기시간(분)	골	어시스트	경고	퇴장
11	292	1	2	–	1

MF 23 미켈 메리노
Mikel Merino

국적: 스페인

오사수나와 도르트문트, 뉴캐슬, 레알 소시에다드를 거쳤다. 결국 아스널로 왔다. 스페인 대표팀의 차세대 미드필더로 각광받고 있다. 중원에서는 다양한 역할을 소화할 수 있는 다재다능한 미드필더이다. 피지컬이 좋기 때문에 중원에서의 볼 경합 능력이 상당히 좋다. 위치 선정과 체력이 좋아 수비적으로도 상당히 큰 도움을 준다. 반면 속도가 빠르지 않기 때문에 속공에서는 아쉬움이 있다.

출전경기	경기시간(분)	골	어시스트	경고	퇴장
32	2,485	5	3	10	–

MF 41 데클란 라이스
Declan Rice

국적: 잉글랜드

지난 시즌 아스널 최고의 영입이다. 1억 파운드가 넘는 이적료를 웨스트햄에 지불하고 데려왔다. 제대로 돈값을 했다. 에이스 외데고르와 함께 합을 맞추면서 팀의 허리를 탄탄하게 구축했다. 라이스는 센터백 출신의 수비형 미드필더로 수비 능력과 제공권 장악 능력이 좋다. 상황 판단력이 좋아 잔 실수가 없는 편이다. 패스 능력도 수준급이다. 2선과 3선 사이에서 공격 방향을 정해주는 참모장 역할을 톡톡히 하고 있다.

출전경기	경기시간(분)	골	어시스트	경고	퇴장
38	3,231	7	9	5	–

FW 7 부카요 사카
Bukayo Saka

국적: 잉글랜드

크랙으로 더욱 성장했다. 아스널 오른쪽 측면 라인의 파괴자이자 실질적인 해결사. 어떤 경우에도 상대를 무너뜨릴 수 있는 역량을 갖추고 있다. 기술을 바탕으로 한 1대1 돌파 능력이 뛰어나다. 양발을 자유자재로 쓰기 때문에 크로스나 슈팅에 있어서도 템포가 빠른 것이 장점이다. 측면에서의 전술적인 이해도 또한 높아 상대를 공략하는 지점을 잘 알고 있다. 지난 시즌에 오프 더 볼 움직임도 상당히 높았다.

출전경기	경기시간(분)	골	어시스트	경고	퇴장
35	2,936	16	9	4	–

FW 9 가브리엘 제수스
Gabriel Jesus

국적: 브라질

드리블을 통한 개인기가 좋다. 스피드도 갖추고 있다. 방대한 활동량과 넓은 활동 반경, 여기에 부지런한 라인 브레이킹, 오프 더 볼 움직임 등 '모바일' 스트라이커로서의 장점을 모두 갖추었다. 팀 동료들과의 호흡에서도 상당히 좋은 모습을 보이고 있다. 볼을 주고 빠지는 움직임으로 상대 수비수에게 혼란을 주곤 한다. 다만 파워가 부족하고 유리몸의 기질이 다분해 항상 관리를 해줘야 한다는 약점을 가지고 있다.

출전경기	경기시간(분)	골	어시스트	경고	퇴장
27	1,483	4	5	6	–

FW 11 가브리엘 마르티넬리
Gabriel Martinelli

국적: 브라질

2019년 18살 나이로 아스널에 합류, 윙어와 최전방 공격수를 모두 소화할 수 있는 멀티 플레이어 자원이다. 볼을 끌지 않고 간결하게 처리하는 스타일이기도 하다. 폭발적인 드리블과 순간속도를 자랑한다. 그러나 수선으로 출전 기회가 많지 않았던 탓에 경기 감각과 좋은 리듬을 이어가는 것에 다소 아쉬움을 보여주고 있다. 기복도 심하다. 패스 선택에 있어서 시야가 다소 좁다는 부정적인 평가를 듣기도 한다.

출전경기	경기시간(분)	골	어시스트	경고	퇴장
35	2,029	6	4	1	–

FW 19 레안드로 트로사르
Leandro Trossard

국적: 벨기에

아스널 공격진에서 알토란같은 활약을 하고 있다. 2023년 1월 아스널로 이적했다. 윙어가 주 포지션이지만 공격형 미드필더와 섀도 스트라이커로도 설 수 있다. 드물지만 윙백도 가능하다. 스피드가 빠르고 볼키핑력과 킥 능력도 좋다. 다만 피지컬에 한계가 있다. 또한 다재다능하다 보니 한 포지션의 스페셜리스트로서의 모습이 부족하다. 조금씩 아르테타 감독의 전술에 녹아들면서 가능성을 보이고 있다.

출전경기	경기시간(분)	골	어시스트	경고	퇴장
34	1,646	12	1	2	–

FW 30 라힘 스털링
Raheem Sterling

국적: 잉글랜드

첼시에서 감독에게 항명, 결국 설 자리가 없었다. 괘씸죄로 인해 전력 외가 됐다. 탈출구를 모색하던 중 많은 팀의 관심을 받았다. 애스턴 빌라, 맨유 등이 관심을 보였다. 결국 아스널을 선택, 임대로 왔다. 빠르고 탄력이 넘친다. 드리블 능력도 좋고 기술이 좋다. 공격의 모든 포지션에서 활약할 수 있는 능력을 갖추었다. 큰 부상도 없다. 다만 킥 능력이 좋지 않아 골 결정력이 낮은 문제를 보인다.

출전경기	경기시간(분)	골	어시스트	경고	퇴장
31	1,983	8	4	7	–

리버풀 FC

Liverpool FC

TEAM PROFILE	
창 립	1892년
구 단 주	펀웨이 스포츠 그룹
감 독	아르네 슬롯(네덜란드)
연 고 지	리버풀
홈 구 장	안필드 스타디움(6만 1,276명)
라 이 벌	에버턴, 맨체스터 유나이티드
홈페이지	www.liverpoolfc.com

최근 5시즌 성적

시즌	순위	승점
2019-2020	1위	99점(32승 3무 3패 85득점 33실점)
2020-2021	3위	69점(20승 9무 9패 68득점 42실점)
2021-2022	2위	92점(28승 8무 2패 94득점 26실점)
2022-2023	5위	67점(19승10무9패, 75득점 47실점)
2023-2024	3위	82점(24승10무4패 86득점 41실점)

PREMIER LEAGUE (전신 포함)

통 산	우승 19회
23-24 시즌	3위(24승 10무 4패, 승점 82점)

FA CUP

통 산	우승 8회
23-24 시즌	8강

LEAGUE CUP

통 산	우승 10회
23-24 시즌	우승

UEFA

통 산	챔피언스리그 우승 6회 유로파리그 우승 3회
23-24 시즌	유로파리그 8강

경기 일정

라운드	날짜	장소	상대팀
1	2024.08.17	원정	입스위치 타운
2	2024.08.26	홈	브렌트포드
3	2024.09.02	원정	맨체스터 유나이티드
4	2024.09.14	홈	노팅엄 포레스트
5	2024.09.21	홈	AFC 본머스
6	2024.09.29	원정	울버햄튼 원더러스
7	2024.10.05	원정	크리스탈 팰리스
8	2024.10.21	홈	첼시
9	2024.10.28	원정	아스널
10	2024.11.03	홈	브라이턴 앤 호브 앨비언
11	2024.11.10	홈	애스턴 빌라
12	2024.11.24	원정	사우샘프턴
13	2024.12.01	홈	맨체스터 시티
14	2024.12.05	원정	뉴캐슬 유나이티드
15	2024.12.08	원정	에버턴
16	2024.12.15	홈	풀럼
17	2024.12.22	원정	토트넘 홋스퍼
18	2024.12.27	홈	레스터 시티
19	2024.12.30	원정	웨스트햄 유나이티드
20	2025.01.05	홈	맨체스터 유나이티드
21	2025.01.15	원정	노팅엄 포레스트
22	2025.01.19	원정	브렌트포드
23	2025.01.26	홈	입스위치 타운
24	2025.02.02	원정	AFC 본머스
25	2025.02.16	홈	울버햄튼 원더러스
26	2025.02.23	원정	맨체스터 시티
27	2025.02.27	홈	뉴캐슬 유나이티드
28	2025.03.09	홈	사우샘프턴
29	2025.03.16	원정	애스턴 빌라
30	2025.04.03	홈	에버턴
31	2025.04.05	원정	풀럼
32	2025.04.12	홈	웨스트햄 유나이티드
33	2025.04.19	원정	레스터 시티
34	2025.04.26	홈	토트넘 홋스퍼
35	2025.05.03	원정	첼시
36	2025.05.10	홈	아스널
37	2025.05.18	원정	브라이턴 앤 호브 앨비언
38	2025.05.26	홈	크리스탈 팰리스

전력분석 위르겐 클롭 감독의 공백, 메울 수 있을까?

리버풀은 위기에 봉착했다. 9시즌 동안 리버풀을 이끌면서 14년 만의 챔피언스리그 우승, 30년 만의 프리미어리그 우승 등을 포함해 팀의 전성기를 이끌었던 위르겐 클롭 감독이 이제 없다. 클롭 감독은 2024년 1월 26일 시즌 후 사임을 발표했다. 그렇게 감독은 모든 이들의 환대 속에 팀을 떠났다. 그리고 4월 말 클롭 감독의 후임으로 아르네 슬롯 감독을 선임했다. 대다수의 팀이 그렇듯이, 팀에 큰 족적을 남긴 감독이 떠나면 후유증이 상당히 크게 남는다. 더욱이 클롭 감독은 '패배주의'에 빠져 있던 리버풀을 '승리에 대한 자신감'으로 바꾼 장본인이다. 이런 클롭 감독의 공백을 슬롯 감독이 얼마나 잘 메워줄 수 있을지는 미지수이다.

우선 스쿼드는 나쁘지 않다. 시즌이 끝나고 난 후, 선수들 정리에 나섰다. 티아고 알칸타라는 은퇴했고, 수비수 조엘 마팁과는 결별했다. 전체적으로 팀 정리에 들어간 모양새다. 확실한 영입은 없지만 팀 리빌딩을 통해 선수단을 재편하려 한다. 지난 시즌, 4월 들어 성적이 떨어지면서 리그 우승 경쟁에서 멀어졌지만 그래도 이후 팀은 다시 우승권에 근접하는 경기력을 보여주었다. 결국 리그 3위와 함께 챔피언스리그 복귀도 달성했다. 안정적으로 팀을 운영하면서 3위 이상의 성적을 노린다.

전술분석 비슷하지만 또 다른 슬롯과 클롭

슬롯은 클롭과 결이 같다. 페예노르트를 이끌면서 아르네 슬롯 감독이 추구하는 전술은 공격적인 축구이다. 강한 압박과 선수들의 왕성한 움직임을 통해 상대를 공략한다. 풀백과 미드필더진의 포지셔닝 변화에 방점을 두고 있다. 4-3-3 혹은 4-2-3-1이 기본 포메이션이다. 여기에 경우에 따라서 4-4-2를 쓰면서 두 줄 수비에도 능하다. 강한 허리 압박을 통해 상대를 공략하고, 동시에 빠른 공수 전환으로 다이렉트 플레이를 노리는 것도 슬롯 감독의 장기 중 하나이다. 이를 위해 트렌트 알렉산더 아놀드나 앤디 로버트슨 같은 풀백 자원들이 더욱 중용될 것으로 보인다. 수비에서는 판 더 바이크와 함께 코나테를 얼마나 더 활용할 수 있을지가 관건이다. 또 모하메드 살라의 득점력을 활용할 것으로 보인다. 측면 풀백들을 끌어올리면서 살라의 수비 부담을 메워 공격에 집중토록 할 전망이다. 특히 최전방에 있는 다윈 누녜스의 공격력 극대화 방안을 마련할 수 있느냐가 과제이다. 누녜스는 좋은 모습을 보이고 있지만 결정력 부분에서 안타깝다. 살라 뿐만 아니라 다른 선수들의 골도 터져 나와야 한다. 디오고 조타의 중용 가능성도 배제할 수는 없다.

포트먼 로드에서 열린 입스위치 타운과의 경기에서
리버풀의 모하메드 살라가 공을 향해 점프하고 있다.
<2024/08/17, Portman Road>

시즌 프리뷰 — 시험대에 오르는 '뉴(New) 리버풀'

새로운 리버풀이 시험대에 오른다. 클롭 감독의 그림자를 얼마나 지워낼 수 있을까가 관건이다. 여기에 따라 리버풀의 올 시즌 성적이 달려있다고 볼 수 있다. 사실 올 시즌, 리버풀의 우승 가능성은 높지 않다. 클롭 감독이 없는 리버풀을 낙관하기가 쉽지 않기 때문이다. 슬롯 감독은 네덜란드 무대에서 센세이션을 일으켰다. 페예노르트의 리그 우승을 이끌었다. 그러나 이는 네덜란드에서의 성적일 뿐이다. 프리미어리그는 전혀 다른 무대이다. 특히 프리미어리그는 만만한 팀들이 없다. 하위권에 있는 팀들도 상위권 팀들을 잡아낼 수 있는 능력을 갖추고 있다. 하위권 팀에게 발목이 잡힌다면 큰 어려움을 겪을 수도 있다.

슬롯 감독의 팀 장악력도 변수이다. 리버풀 선수들은 클롭 감독 아래에서 스타로 발돋움했다. 슬롯 감독을 존중하겠지만, 경기 결과에 따라서는 흔들릴 수도 있다. 자칫 선수들에 대한 장악력이 떨어질 경우에는, 팀 전체가 약화될 가능성도 있다. 이런 변수에 발목들이 잡힌다면 리버풀은 출항과 동시에 좌초될 수도 있다.

우선 초반 5경기가 리버풀에게는 가장 중요한데 첫 경기부터 2연승을 달리며 쾌조를 보여주고 있다. 입스위치 타운과 브랜트포드에 2-0으로 연이어 승리한 것이다. 물론 리버풀이 입스위치 타운보다는 경기력 측면에서 앞선다. 그러나 승격팀의 기세도 만만치 않다. 9월 2일 열리는 맨유 원정 경기에서 리버풀이 3-0 압승을 거두었다. 이 경기가 어떻게 보면 올 시즌 리버풀 성적의 분수령이 될 수 있어 전반기 동력에도 큰 영향을 끼칠 것이다.

유럽챔피언스리그 병행도 하나의 변수가 될 수 있다. 이번 시즌 유럽챔피언스리그는 경기 수가 늘어났다. 프리미어리그 팀들에게는 큰 부담이 아닐 수 없다. 슬롯 감독의 리버풀로서는 프리미어리그와 챔피언스리그를 어떻게 병행하고, 로테이션을 어떻게 돌리느냐에 따라서 최종 성적이 크게 좌우될 것이다.

TEAM FORMATION

FW — A
MF — B+
DF — A
GK — A

| 20 조타 (누녜스) |
7 디아스 (엘리엇)	8 소보슬러이 (학포)	11 살라 (조타)
10 맥 알리스터 (엔도)	38 흐라벤베르흐 (엔도)
26 로버트슨 (치미카스)	4 판 다이크 (콴사)	5 코나테 (고메스)	66 알렉산더 아놀드 (브래들리)
1 알리송 (켈러허)

PLAN 4-2-3-1

지역 점유율

- 공격 진영 33%
- 중앙 43%
- 수비 진영 24%

공격 방향

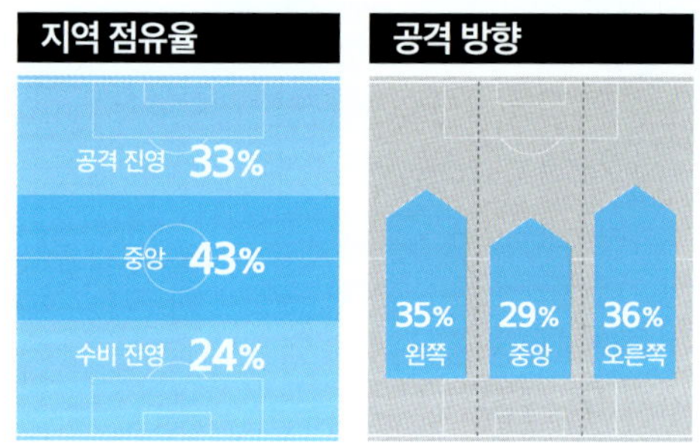

슈팅 지역

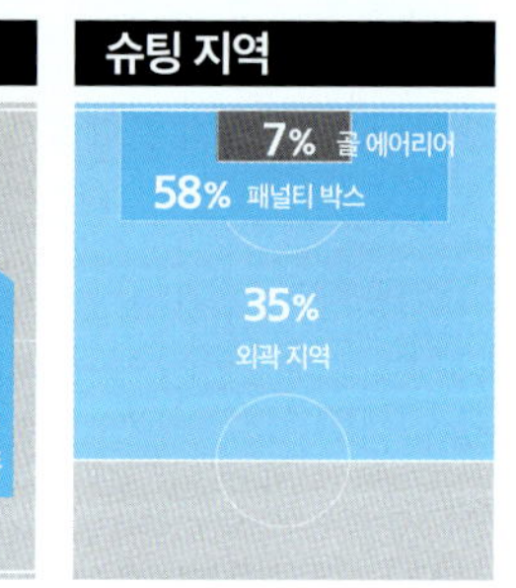

IN & OUT

주요 영입	주요 방출
페데리코 키에사	티아고 알칸타라, 아드리안, 조엘 마팁, 파비오 카르발류

TEAM RATINGS

슈팅 8 · 패스 8 · 조직력 8 · 수비력 9 · 감독 7 · 선수층 8

48

2023/24 프로필

팀 득점	86
평균 볼 점유율	61.30%
패스 정확도	85.80%
평균 슈팅 수	20.8
경고	65
퇴장	5

골 타입 (단위 %):
- 오픈 플레이 62
- 세트 피스 17
- 카운터 어택 7
- 패널티 킥 7
- 자책골 7

패스 타입 (단위 %):
- 쇼트 패스 88
- 롱 패스 8
- 크로스 패스 3
- 스루 패스 0

SQUAD

포지션	등번호	이름		생년월일	키(cm)	체중(kg)	국적
GK	1	알리송 베케르	Alisson Becker	1992.10.02	193	91	브라질
	62	퀴민 켈러허	Caoimhin Kelleher	1998.11.23	188	72	아일랜드
DF	2	조 고메즈	Joe Gomez	1997.05.23	188	77	잉글랜드
	4	버질 판 다이크	Virgil van Dijk	1991.07.08	195	92	네덜란드
	5	이브라히마 코나테	Ibrahima Konate	1999.05.25	194	95	프랑스
	21	코스타스 치미카스	Kostas Tsimikas	1996.05.12	179	70	그리스
	26	앤디 로버트슨	Andy Robertson	1996.03.11	178	64	스코틀랜드
	66	트렌트 알렉산더-아놀드	Trent Alexander-Arnold	1998.10.07	180	69	잉글랜드
	78	제럴 콴사	Jarell Quansah	2003.01.29	190	80	잉글랜드
	84	코너 브래들리	Conor Bradley	2003.07.09	181	64	북아일랜드
MF	3	엔도 와타루	Wataru Endo	1993.02.09	178	76	일본
	8	도미니크 소보슬러이	Dominik Szoboszlai	2000.10.25	187	74	헝가리
	10	알렉시스 맥 알리스터	Alexis Mac Allister	1998.01.30	176	69	아르헨티나
	17	커티스 존스	Curtis Jones	2001.01.30	185	75	아일랜드
	19	하비 엘리엇	Harvey Elliott	2003.04.04	170	63	잉글랜드
	38	라이언 흐라벤베르흐	Ryan Gravenberch	2002.05.16	190	77	네덜란드
FW	7	루이스 디아스	Luis Díaz	1997.01.13	180	73	콜롬비아
	9	다르윈 누녜스	Darwin Núñez	1999.01.24	187	81	우루과이
	11	모하메드 살라	Mohamed Salah	1992.01.15	175	71	이집트
	14	페데리코 키에사	Federico Chiesa	1997.10.25	175	70	이탈리아
	18	코디 각포	Cody Gakpo	1999.05.07	193	76	네덜란드
	20	디오구 조타	Diogo Jota	1996.12.04	178	73	포르투갈

COACH

아르네 슬롯 *Arne Slot*

1978년 9월 17일생 네덜란드

선수와 코치, 감독 생활을 모두 네덜란드 무대에서 했다. AZ알크마르를 시작으로 2019/20 시즌에는 2위를 기록했다. 2021/22 시즌 페예노르트에 부임하여, 유로파 컨퍼런스리그 결승전까지 팀을 진출시켰다. AS로마에게 졌지만, 첫 시즌 리그 3위, 컨퍼런스리그 준우승이라는 결과를 냈다. 2022/23 시즌, 리그 우승을 이끌며 전 유럽이 주목하는 감독이 됐다. 2023/24 시즌을 끝내고 리버풀에 왔다. 클롭 감독과 비슷한 전술적인 결을 보여주는 것이 가장 큰 특징이다. 리버풀이 클롭 체제를 떠나 과연 연착륙할 수 있을까.

상대팀 최근 6경기 전적

구분	승	무	패
맨체스터 시티	2	2	2
아스널	2	2	2
리버풀			
애스턴 빌라	4	2	
토트넘 홋스퍼	3	2	1
첼시	3	3	
뉴캐슬 유나이티드	6		
맨체스터 유나이티드	2	2	2
웨스트 햄 유나이티드	5	1	
크리스탈 팰리스	3	2	1
브라이턴 앤 호브 알비온	2	2	2
본머스	5		1
풀럼	4	2	
울버햄튼 원더러스	4	1	1
에버턴	4	1	1
브렌트포드	4	1	1
노팅엄 포레스트	4	1	1
레스터 시티	5		1
입스위치 타운	3	1	2
사우샘프턴	5	1	

KEY PLAYER

FW 11 모하메드 살라 *Mohamed Salah*

출전경기	경기시간(분)	골	어시스트	경고	퇴장
32	2,536	18	10	2	-

국적: 이집트

리버풀의 에이스. 프리미어리그를 대표하는 월드클래스 윙어. 올 시즌, 머리까지 자르면서 새로운 모습을 다짐하고 있다. 잔발을 활용한 속도와 방향 변환으로 수비수들을 제쳐낸다. 감아 차기, 찍어 차기 등 슈팅 기술도 뛰어나다. 상체 힘과 밸런스가 좋아 포스트플레이에도 능하다. 시야도 넓어 어시스트 능력도 갖췄다. 동료 선수들과의 패스 워크로 찬스를 만든다. 연차와 경험을 바탕으로 동료를 적극 활용하는 수완을 발휘하면서 팀 전력을 끌어올리고 있다. 다만 왼발에 편향돼 있고, 상대 수비에게 한 번씩 읽히는 모습이 아쉽다.

DARK HORSE

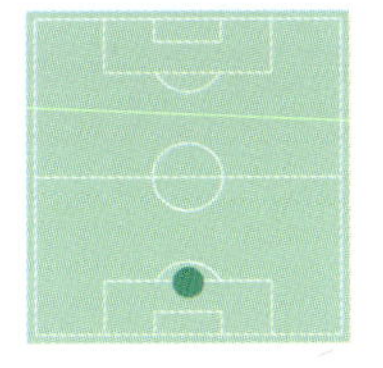

DF 5 이브라히마 코나테 *Ibrahima Konaté*

출전경기	경기시간(분)	골	어시스트	경고	퇴장
22	1,573	-	-	3	1

국적: 프랑스

2021년 리버풀 안필드에 발을 들였을 당시만 하더라도 판 다이크의 파트너로서 눈도장을 확실히 찍었다. 분데스리가 라이프치히에서부터 주목받으며 월클 수비수로 각광받았다. 뛰어난 피지컬로 자신의 장점을 극대화하는 방법도 알고 있다. 상대의 밸런스를 무너뜨린 후, 볼을 빼내는 수비를 자주 한다. 그러나 잦은 부상으로 경기에 뛸 만하면 다치곤 했다. 그사이 자렐 콴사가 급성장했디. 판 다이크의 센터백 파트너로서의 자리도 불안해졌다. 주전 자리를 되찾아야 한다. 자신감을 충전한 후 경기력을 끌어올려야 리버풀의 경기력도 좋아질 전망이다.

NEW ADDITION

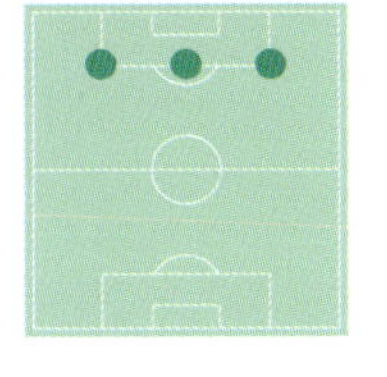

FW 14 페데리코 키에사 *Federico Chiesa*

출전경기	경기시간(분)	골	어시스트	경고	퇴장
33	2206	9	3	1	-

국적: 이탈리아

올 시즌 극적으로 영입한 공격 자원이다. 자칫하면 영입 0명을 기록할 뻔했다. 피오렌티나 유스 출신으로 팀에서 맹활약을 했다. 2020년 유벤투스가 임대로 데려갔다. 지난 시즌 말미, 알레그리 감독과 사이가 좋지는 않았다. 올 시즌을 앞두고 유벤투스는 키에사 매각을 시도했다. 바르셀로나행이 유력했지만, 최종 행선지는 리버풀이었다. 저돌적인 돌파와 개인기를 바탕으로 상대 진영을 휘젓는 크랙 스타일이다. 체력도 좋아 활동량이 많다. 수비에도 성실하게 가담한다. 공격 전 포지션을 소화할 수 있다. 다만 부상이 많다.

PLAYERS

GK 1 — 알리송 베케르
Alisson Becker

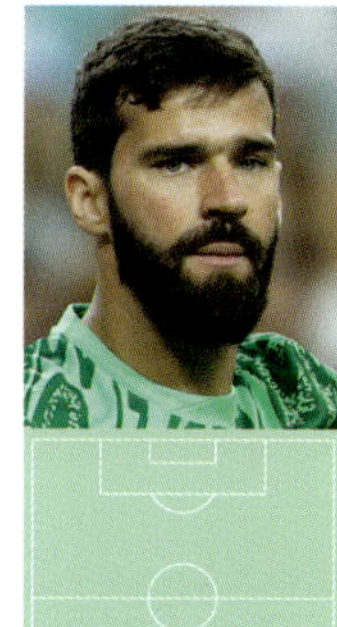

국적: 브라질

2018년부터 리버풀에 정착하여 주전 수문장으로서 활약했다. 골키퍼로서 필요한 모든 면을 갖춘 선수이다. 193cm로 피지컬이 좋다. 공중볼 처리 능력에 있어서 안정감이 있다. 반사신경도 뛰어나 선방 능력도 갖추고 있다. 위치 선정은 물론이고 패싱, 빌드업 능력 역시 갖추었다. 빠른 판단으로 스위퍼 형 골키퍼로도 활약하고 있다. 여기에 골까지 넣기도 한다. 그러나 최근 들어 부상이 잦아지는 것이 흠이다.

출전경기	경기시간(분)	실점	무실점(경기)	경고	퇴장
28	2,520	30	8	1	-

GK 62 — 퀴민 켈러허
Caoimhín Kelleher

국적: 아일랜드

알리송의 백업 골키퍼로 활약하고 있다. 컵대회를 중심으로 조금씩 알리송과 자리를 나누어 가지기도 한다. 침착함과 안정감이 최대 강점이다. 발밑도 좋기 때문에 빌드업의 출발점 역할을 하기도 한다. 페널티킥 방어 능력도 상당히 좋다. 컵대회에서 주로 나서는 이유 중 하나이다. 다만 알리송과 비교했을 때 공중볼 처리 능력이 부족하고 출전 기회 부족으로 인한 기복이 심하다는 점이 가장 아쉽다.

출전경기	경기시간(분)	실점	무실점(경기)	경고	퇴장
10	900	12	1	-	-

DF 2 — 조 고메즈
Joe Gomez

국적: 잉글랜드

2015년 많은 이들의 관심 속에, 찰턴에서 리버풀로 이적했다. 센터백으로서 발이 빠르고 기본기가 좋으며 풀백까지 소화할 수 있는 멀티플레이어 능력을 갖추고 있었다. 공격보다는 수비에 중점을 둔 자원이다. 그러나 근래 들어 성장세가 둔화됐다. 여러 차례 심각한 부상으로 인해 경기력이 정체됐다. 부상 등으로 인한 경기 출전 부족으로 리더십이나 경험에서도 아쉬운 모습을 보여주고 있다.

출전경기	경기시간(분)	골	어시스트	경고	퇴장
32	1,776	-	1	5	-

DF 4 — 버질 판 다이크
Virgil van Dijk

국적: 네덜란드

월드클래스 센터백. 리버풀의 캡틴이자 팀의 중심축이다. 2018년 리버풀에 입단했다. 이적료는 7,500만 파운드. 당시 수비수 세계 최고 이적료를 받고 리버풀로 왔다. 피지컬이 좋고 민첩성과 주력을 갖추고 있다. 침착함과 집중력, 수비 센스도 좋다. 상황 판단 능력이 뛰어나 역습에 몰린 상황에서도 발 빠른 공격수들을 무력화시키곤 한다. 손흥민의 역습을 막는 모습으로 화제가 됐다. 세트피스 공격력도 갖추고 있다.

출전경기	경기시간(분)	골	어시스트	경고	퇴장
36	3,178	2	2	3	1

DF 21 — 코스타스 치미카스
Kostas Tsimikas

국적: 그리스

올림피아코스를 거쳐 리버풀까지 온 레프트백이다. 왼발잡이로 공격적인 능력이 돋보인다. 간결하게 올리는 크로스 능력이 좋다. 오버래핑과 언더래핑 능력도 갖추고 있다. 킥이 정확하기 때문에 세트피스 키커로도 자주 나선다. 왼발잡이지만 오른발도 쓸 수 있다. 오른발의 킥력도 상당히 좋다. 다만 피지컬이 평균이라 상대의 거친 압박에 제대로 대응하지 못하는 모습을 보이기도 한다.

출전경기	경기시간(분)	골	어시스트	경고	퇴장
13	1465		3	-	-

DF 26 — 앤디 로버트슨
Andrew Robertson

국적: 스코틀랜드

빠른 발과 정확한 왼발 크로스를 자랑하는 레프트백이다. 특히 크로스의 패턴과 궤적이 다양해 팀에 큰 도움이 되고 있다. 활동량이 많고 체력도 좋다. 부상도 많지 않은 철각왕이다. 꾸준한 경기력을 보여주면서 팀의 왼쪽 측면을 담당하고 있다. 다만 활동 반경과는 다르게 둔탁하고 슈팅 능력이 없는 것이 아쉬운 점이다. 드리블도 약하다. 개인기로 상대 수비수를 제치는 일이 그리 많지는 않다.

출전경기	경기시간(분)	골	어시스트	경고	퇴장
23	1,692	3	2	2	-

DF 66 — 트렌트 알렉산더-아놀드
Trent Alexander-Arnold

국적: 잉글랜드

마이클 오언, 제이미 캐러거, 스티븐 제라드의 뒤를 잇는 리버풀 로컬 스타. 중앙 미드필더 출신의 오른쪽 풀백이다. 오른쪽 풀백을 맡았을 때 더욱 좋은 모습을 보여준다. 유로 2024에서 중앙 미드필더로 섰다가 좋지 않은 경기력을 보였다. 가장 큰 강점은 킥이다. 다양한 형태의 크로스를 정확하게 처리한다. 전술 이해 능력도 뛰어나다. 단순히 크로스만 올리는 것이 아니라 빌드업과 플레이 메이킹에도 힘을 보탠다.

출전경기	경기시간(분)	골	어시스트	경고	퇴장
28	2,163	3	4	6	-

DF 78 — 제럴 콴사
Jarell Quansah

국적: 잉글랜드

2003년에 태어난 어린 중앙 수비수이다. 리버풀 유스 출신으로 팀이 키우고 있는 유망주이다. 지난 시즌 버질 판 다이크의 센터백 파트너로서 맹활약했다. 신체 조건이 좋은데다 수비 지능과 빌드업 능력을 갖추고 있다. 특히 볼키핑력이 좋아 팀에 도움이 되고 있다. 아직 어린 선수이기 때문에 경험과 상황 대처 능력에서 아쉬움은 있다. 그러나 계속 경기를 뛰다 보면 자연스럽게 보강될 것으로 내다본다.

출전경기	경기시간(분)	골	어시스트	경고	퇴장
17	1,190	2	-	1	-

MF 3 — 엔도 와타루
Endō Wataru

국적: 일본

2023/24 시즌, 독일 분데스리가 슈투트가르트에서 넘어온 미드필더이다. 분데스리가 무대에서도 안정적인 모습을 보여주며 각광을 받았다. 다행히도 리버풀에 잘 연착륙했다. 많은 이들이 의구심을 보였지만, 뛰어난 위치 선정과 전술적인 이해도를 선보이며 팀에 무난히 녹아들었다. 공격적인 면에서 다소 아쉽다는 평이다. 그래도 압박 능력과 그라운드를 누비는 활동량이 커 팀에 큰 도움이 되고 있다.

출전경기	경기시간(분)	골	어시스트	경고	퇴장
29	1,720	1		10	-

MF 8 도미니크 소보슬러이
Dominik Szoboszlai

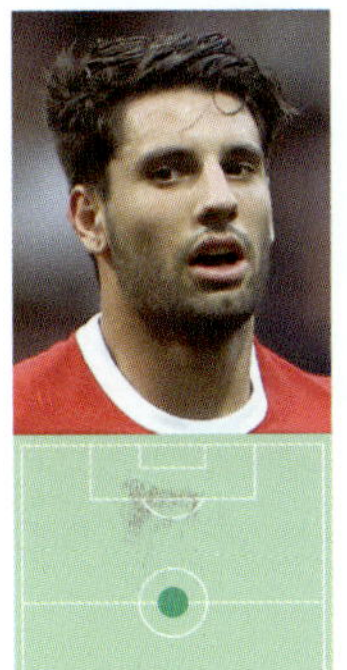

국적: 헝가리

오스트리아와 독일에서 좋은 경기력을 보여주었던 미드필더. 2022/23 시즌이 끝나고 7,000만 유로의 이적료에 리버풀에 왔다. 피지컬과 빠른 스피드를 바탕으로 전진성이 좋은 선수이다. 킥 능력도 괜찮다. 패스와 어시스트 능력 또한 갖췄다. 직접 침투하는 모습도 많이 보여주고 있다. 공격의 유틸리티 플레이어다. 다만 체력이 상대적으로 약해 아쉽다. 집중력도 떨어지는 경우가 꽤 있다.

출전경기	경기시간(분)	골	어시스트	경고	퇴장
33	2,111	3	2	1	-

MF 10 알렉시스 맥 알리스터
Alexis Mac Allister

국적: 아르헨티나

브라이턴에서 좋은 기량을 선보이며 많은 관심을 끌었다. 2023/24 시즌을 앞두고 리버풀이 재빨리 데리고 왔다. 기량에 비해 상대적으로 적은 이적료인 3,500만 파운드를 지불했다. 리버풀 최대의 영입 중 하나였다. 중앙 미드필더로서 날카로운 패스와 볼배급을 보여줬다. 지난 시즌, 부상이 많은 티아고 알칸타라를 충분히 대체할 수 있었다. 올 시즌에는 중원의 핵심으로 더욱 자리매김할 것으로 보인다.

출전경기	경기시간(분)	골	어시스트	경고	퇴장
33	2,612	5	5	8	1

MF 17 커티스 존스
Curtis Jones

국적: 잉글랜드

창의성이 넘치는 플레이메이커인 중앙 미드필더. 드리블 능력이 뛰어나 상대 수비진들을 잘 제친다. 경기의 흐름에 따른 패스 선택을 보여주면서 팀에 도움이 되고 있다. 중앙 미드필더가 주 포지션이지만, 때에 따라서는 측면 미드필더로도 뛴다. 중거리 슈팅 능력이 있어서 예상치 못한 곳에서 득점을 만들어낸다. 그러나 아직은 일관된 경기력을 보여주고 있지는 못하다. 집중력이 떨어지기도 한다.

출전경기	경기시간(분)	골	어시스트	경고	퇴장
23	1,166	1	1	3	1

MF 19 하비 엘리엇
Harvey Elliott

국적: 잉글랜드

왼발잡이 미드필더로 볼을 다루는 솜씨가 뛰어나다. 오른쪽 측면에서 박스 안쪽으로 들어가는 윙어로 활약했다. 시간이 지나면서 오른쪽 중앙 미드필더로서 역할을 수행했다. 볼 터치가 간결한 것이 최대 강점이다. 연계 플레이에서도 좋은 역량을 보여주고 있다. 다만 스피드가 떨어지기 때문에 윙어보다는 계속 중앙에서 활약할 것으로 보인다. 경기에 계속 나서면서 성장하는 모습을 보여주고 있다.

출전경기	경기시간(분)	골	어시스트	경고	퇴장
34	1,335	3	6	2	-

MF 38 라이언 흐라벤베르흐
Ryan Gravenberch

국적: 네덜란드

아약스를 통해 자신을 알렸다. 바이에른 뮌헨에서 한 시즌을 뛰었다. 그러나 주전에서 밀리면서 아쉬움을 남겼다. 결국 지난 시즌을 앞두고 리버풀로 이적했다. 아직은 팀과 리그에 적응하는 중이다. 미드필더 전 지역을 커버할 수 있다. 190cm 큰 키를 바탕으로 피지컬도 좋다. 패싱과 포지셔닝도 좋다. 다만 여전히 보완되지 않은 수비력이 문제다. 대인 방어나 역습 저지에 있어서 약점을 드러낸다.

출전경기	경기시간(분)	골	어시스트	경고	퇴장
26	1,121	1	-	-	-

FW 7 루이스 디아스
Luis Díaz

국적: 콜롬비아

콜롬비아 국가대표 출신으로 콜롬비아 2부 리그에서 시작해 1부 리그를 거쳐 2019/20 시즌 FC포르투로 이적했다. 그리고 2021/22 시즌의 겨울 이적시장에서 리버풀로 왔다. 스피드와 유연한 신체 능력, 민첩함을 앞세워 측면 공간을 휘젓는 스타일이다. 와이드 플레이보다는 컷인 플레이를 즐긴다. 다만 공격 포인트를 만들어 내는 마무리 능력에 아쉬움이 있다. 여기에 오른발이 막히면 답이 없는 스타일이다.

출전경기	경기시간(분)	골	어시스트	경고	퇴장
37	2,646	8	5	3	-

FW 9 다르윈 누녜스
Darwin Núñez

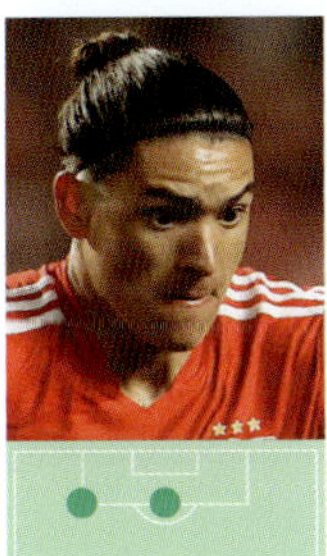

국적: 우루과이

신체 조건이 좋고 운동능력도 폭발적이다. 무엇보다도 빠르다. 피지컬이 좋은데 스피드까지 좋아 상대 수비수들에게는 위협적이다. 우월한 점프력으로 공중볼도 잘 따낸다. 왕성한 활동량과 오프 더 볼 움직임도 좋다. 문제는 골 결정력이다. 부지런한 움직임으로 찬스는 많이 잡는다. 그러나 꼭 슈팅이나 퍼스트 터치가 이상해 찬스를 날려버리는 경우가 많다. 조금 개선됐지만 아직은 부족하다.

출전경기	경기시간(분)	골	어시스트	경고	퇴장
36	2,045	11	8	8	-

FW 18 쿠디 학포
Cody Gakpo

국적: 네덜란드

윙어는 물론이고 중앙 공격수, 공격형 미드필더까지 소화할 수 있는 멀티 플레이어 자원이다. PSV 에인트호번에서 이적한 선수로, 화려한 스타일은 아니다. 스피드를 바탕으로 간결하면서도 거침없는 직선적 움직임을 보인다. 그리고 팀 동료들 간의 연계를 통한 찬스 메이킹이 돋보인다. 폴스 나인으로 뛰면서 리버풀 내에 자신의 자리를 마련했다. 다만 볼 처리에서 조금 끈다는 단점이 있다.

출전경기	경기시간(분)	골	어시스트	경고	퇴장
35	8	5	1	-	-

FW 20 디오구 조타
Diogo Jota

국적: 포르투갈

최전방 공격수부터 윙어, 섀도 스트라이커까지 공격 포지션 어디든 소화할 수 있는 멀티 플레이어로서 전술적인 활용 가치가 높은 선수이다. 오프 더 볼 움직임에 강점이 있다. 공간 이해 능력이 뛰어나고 볼을 받기 좋은 위치에 선다. 패싱 능력이 좋고, 팀 동료를 활용해 효율적으로 공간 침투를 한다. 볼을 잡았을 때는 저돌적으로 맞부딪힌다. 흠이라면 피지컬이 떨어지고, 경기력에서 기복이 심하다는 점이다.

출전경기	경기시간(분)	골	어시스트	경고	퇴장
21	1,151	10	3	1	1

애스턴 빌라

Aston Villa

TEAM PROFILE	
창 립	1874년
구 단 주	나세프 사위리스(이집트)
감 독	우나이 에메리(스페인)
연 고 지	버밍엄
홈 구 장	빌라 파크 스타디움(4만 2,682명)
라 이 벌	버밍엄 시티
홈페이지	www.avfc.co.uk

최근 5시즌 성적

시즌	순위	승점
2019-2020	17위	35점(9승 8무 21패 41득점 67실점)
2020-2021	11위	55점(16승 7무 15패 55득점 46실점)
2021-2022	14위	45점(13승 6무 19패 52득점 54실점)
2022-2023	7위	61점(18승 7무 13패, 51득점 46실점)
2023-2024	4위	68점(20승 8무 10패 76득점 61실점)

PREMIER LEAGUE (전신 포함)

통 산	우승 7회
23-24 시즌	4위(20승 8무 10패,승점 68점)

FA CUP

통 산	우승 7회
23-24 시즌	32강

LEAGUE CUP

통 산	우승 5회
23-24 시즌	32강

UEFA

통 산	챔피언스리그 우승 1회
23-24 시즌	없음

경기 일정

라운드	날짜	장소	상대팀
1	2024.08.18	원정	웨스트햄 유나이티드
2	2024.08.25	홈	아스널
3	2024.08.31	원정	레스터 시티
4	2024.09.15	홈	에버턴
5	2024.09.21	홈	울버햄튼 원더러스
6	2024.09.29	원정	입스위치 타운
7	2024.10.06	홈	맨체스터 유나이티드
8	2024.10.19	원정	풀럼
9	2024.10.26	홈	AFC 본머스
10	2024.11.03	원정	토트넘 홋스퍼
11	2024.11.10	원정	리버풀
12	2024.11.24	홈	크리스탈 팰리스
13	2024.12.01	원정	첼시
14	2024.12.04	홈	브렌트포드
15	2024.12.08	홈	사우샘프턴
16	2024.12.15	원정	노팅엄 포레스트
17	2024.12.22	홈	맨체스터 시티
18	2024.12.27	원정	뉴캐슬 유나이티드
19	2024.12.30	홈	브라이턴 앤 호브 앨비언
20	2025.01.05	홈	레스터 시티
21	2025.01.15	원정	에버턴
22	2025.01.19	원정	아스널
23	2025.01.26	홈	웨스트햄 유나이티드
24	2025.02.02	원정	울버햄튼 원더러스
25	2025.02.16	홈	입스위치 타운
26	2025.02.23	홈	첼시
27	2025.02.26	원정	크리스탈 팰리스
28	2025.03.09	원정	브렌트포드
29	2025.03.16	홈	리버풀
30	2025.04.01	원정	브라이턴 앤 호브 앨비언
31	2025.04.05	홈	노팅엄 포레스트
32	2025.04.12	원정	사우샘프턴
33	2025.04.19	홈	뉴캐슬 유나이티드
34	2025.04.26	원정	맨체스터 시티
35	2025.05.03	홈	풀럼
36	2025.05.10	원정	AFC 본머스
37	2025.05.18	홈	토트넘 홋스퍼
38	2025.05.26	원정	맨체스터 유나이티드

전력분석 | 상시 유럽 도전 체제를 구축하라

애스턴 빌라에게 2024/25 시즌은 너무나도 중요하다. 국내 무대와 유럽 무대에 모두 도전한다. 우선 국내 무대에서는 유럽챔피언스리그 상시 진출권 확보에 나선다. 4위 안에 들어야 별들의 전쟁에 나설 수 있다. 다른 경쟁팀들과의 전쟁에서 승리하기 위한 경기력과 팀 스피리트를 만드는 것이 이번 시즌 가장 큰 목표 중 하나이다. 여기에 유럽 무대는 도전 그 자체이다. 어디까지 올라갈 수 있는지도 올 시즌 애스턴 빌라를 지켜보는 또 하나의 묘미가 될 것이다. 전체적으로는 3선에 안정감을 갖추고 있다. 지난 시즌 4위까지 올라갔던 저력을 그대로 유지하고 있다. 올리 왓킨스나 아마두 오나나, 부바카르 카마라, 존 맥긴 같은 선수들이 건재하다. 여기에 하우 토레스, 에즈리 콘사, 이데고 카를로스 등 수비진들도 기량을 발전시켰다. 전력 보강도 알차다. 이안 마트센을 비롯해 루이스 도빈, 오마르 케드르, 사무엘 일링-주니어, 엔초 바레네차, 로스 바클리 등 많은 선수들을 영입했다. 이들을 통해 전력 업그레이드 및 성과를 기대하고 있다.

무엇보다도 우나이 에메리 감독이 건재한 것이 큰 자산이다. 올 시즌 자신의 역량을 펼칠 수 있도록 많은 선수들과 전권을 받았다. 자신이 원하는 전술 및 노림수로 팀을 발전시킬 것으로 보인다.

전술분석 | 에메리표 전술 변화! 이제 시작

우나이 에메리 감독은 전술적인 유연성이 강점이다. 상황과 상대에 따라 전술을 바꾼다. 이러한 강점이 팀에 큰 도움을 줄 수 있다. 기본적으로는 4-3-3 포메이션을 쓴다. 여기에서 조금씩 변화를 가미한다. 공수 전환 속도를 높이는 것에 큰 비중을 두고 있다. 특히 미드필더와 수비수들의 간격을 변화함으로 4-4-2 혹은 4-5-1로 대응하기도 한다. 수비수들은 라인을 끌어올린다. 파우 토레스와 에즈리 콘사가 높은 곳에서 대응하는 가운데 마트센과 캐시가 공격에 가담하면서 허리 라인에 숫자를 늘린다. 공격의 출발점은 존 맥긴이다. 맥긴은 공격 방향을 전개하면서 팀을 이끈다. 최전방에는 올리 왓킨스라는 최고의 스트라이커가 배치되어 있다. 그를 향해 레온 베일리나 모건 로저스 등의 윙어들이 볼을 공급하며 골을 노린다. 세트피스에서의 강점도 존재한다. 특히 킥력이 좋은 선수들이 많기 때문에 세트피스에서 적절한 시점에 골을 만들어 내곤 한다. 이러한 강점들을 더한다면 애스턴 빌라는 리그 내에서 무시할 수 없는 강팀으로 거듭날 수 있다. 다만 유럽챔피언스리그와 병행하는 점이 부담이다. 주전 선수들의 체력 관리와 적절한 로테이션 운영이 필요하다.

시즌 프리뷰 유럽챔피언스리그 출전이 목표

애스턴 빌라는 올 시즌을 앞두고 전력 보강에 성공했다. 2022/23 시즌 중반, 에메리 감독이 애스턴 빌라를 맡았다. 팀 전력을 끌어올렸다. 그 결과 유로파 컨퍼런스리그 진출권 획득이 큰 자극제가 됐다. 2023/24 시즌 우나이 에메리 감독은 팀을 4위까지 올려놓았다. 유럽챔피언스리그 진출권을 확보했다. 애스턴 빌라로서는 이번 시즌 큰 꿈을 꾸고 있다. 또다시 유럽챔피언스리그 출전권 확보 그리고 유럽 무대에서 자신들의 역량을 시험해보는 것이다.

에메리 감독 개인으로서도 유럽챔피언스리그에 도전할 수 있는 좋은 시기이다. 그는 유로파리그의 제왕이다. 우승 4회, 준우승 1회를 기록했다. 그러나 유럽챔피언스리그에서는 아쉬운 모습을 보였다. 이번 시즌을 통해 자신의 징크스를 떨쳐 내야만 한다. 개인적으로도 하나의 지평을 새로 열어야 하는 상황이다.

관건은 2024년 12월부터다. 유럽챔피언스리그 조별리그가 계속 이어진다. 예년에 비해 2경기가 더 늘었다. 복싱데이에 이어 연초에는 FA컵까지 열리게 된다. 계속 이어지는 경기 속에서 주전 선수들의 체력 그리고 부상 관리가 중요하다. 올 시즌 애스턴 빌라의 성패는 여기에 달려있다고 볼 수 있다.

IN & OUT

주요 영입	주요 방출
카메룬 아처, 루이스 도빈, 이안 마트센, 오마르 케드르, 엔조 바레네체, 로스 바클리, 제이든 필로엔, 아마두 오나나, 레온 루스, 메이슨 코처	모건 상송, 오마르 켈리먼, 도글라스 루이스, 세바스티안 레반, 무사 디아비, 벤 크리센

TEAM FORMATION

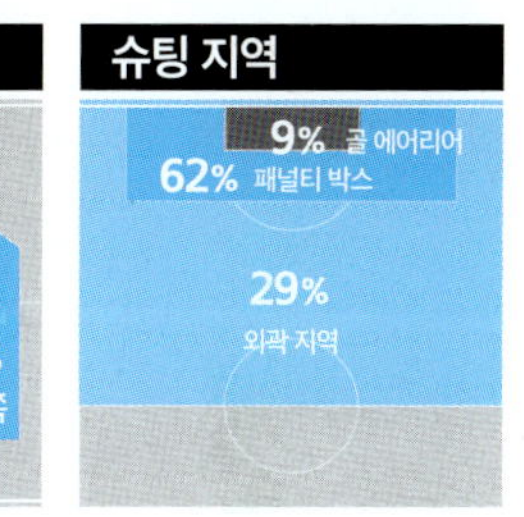

FW **B**
- 11 왓킨스 (두란)
- 27 로저스 (제이든)

MF **B+**
- 7 맥긴
- 8 틸레망스 (부엔디아)
- 24 오나나 (카마라)
- 31 베일리 (램지)

DF **B+**
- 12 디뉴 (마트센)
- 14 토레스 (밍스)
- 4 콘사 (카를루스)
- 2 캐시 (네델코비치)

GK **A**
- 1 마르티네스 (올센)

PLAN 4-4-2

TEAM RATINGS

- 슈팅 7
- 패스 8
- 조직력 7
- 수비력 8
- 감독 8
- 선수층 7

45

2023/24 프로필

팀 득점	76
평균 볼 점유율	52.80%
패스 정확도	85.60%
평균 슈팅 수	13.6
경고	94
퇴장	2

골 타입 (단위 %)

오픈 플레이	62
세트 피스	18
카운터 어택	9
패널티 킥	5
자책골	5

패스 타입 (단위 %)

쇼트 패스	87
롱 패스	9
크로스 패스	3
스루 패스	0

지역 점유율

- 공격 진영 28%
- 중앙 42%
- 수비 진영 30%

공격 방향

- 35% 왼쪽
- 30% 중앙
- 35% 오른쪽

슈팅 지역

- 9% 골 에어리어
- 62% 패널티 박스
- 29% 외곽 지역

상대팀 최근 6경기 전적

구분	승	무	패
맨체스터 시티	1	1	4
아스널	2		4
리버풀		2	4
애스턴 빌라			
토트넘 홋스퍼	3		3
첼시	2	2	2
뉴캐슬 유나이티드	2		4
맨체스터 유나이티드	1	1	4
웨스트 햄 유나이티드	1	2	3
크리스탈 팰리스	3	1	2
브라이턴 앤 호브 알비온	5		1
본머스	2	1	3
풀럼	5		1
울버햄튼 원더러스	1	2	3
에버턴	4	1	1
브렌트포드	2	3	1
노팅엄 포레스트	3	2	1
레스터 시티	3	1	2
입스위치 타운	3	2	1
사우샘프턴	4		2

SQUAD

포지션	등번호	이름		생년월일	키(cm)	체중(kg)	국적
GK	18	조 가우치	Joe Gauci	2000.07.04	194	81	호주
	23	에밀리아노 마르티네스	Emiliano Martínez	1992.09.02	195	88	아르헨티나
	25	로빈 올센	Robin Olsen	1990.01.08	196	89	스웨덴
DF	2	매튜 캐시	Matty Cash	1997.08.07	185	74	폴란드
	3	니에구 카를루스	Diego Carlos	1993.03.15	185	79	브라질
	4	에즈리 콘사	Ezri Konsa	1997.10.23	183	77	잉글랜드
	5	타이론 밍스	Tyrone Mings	1993.03.15	185	77	브라질
	12	뤼카 디뉴	Lucas Digne	1993.07.20	178	74	프랑스
	14	파우 토레스	Pau Torres	1997.01.16	192	80	스페인
	20	코스타 네델코비치	Kosta Nedeljkovic	2005.12.16	184	72	세르비아
	22	이안 마트센	Ian Maatsen	2002.03.10	178	65	네덜란드
	26	라마어 보하르더	Lamare Bogarde	2004.01.05	185	–	네덜란드
	30	코트니 하우스	Kortney Hause	1995.07.15	191	77	잉글랜드
MF	6	로스 바클리	Ross Barkley	1993.12.05	189	87	잉글랜드
	7	존 맥긴	John McGinn	1994.10.18	178	68	스코틀랜드
	8	유리 틸레망스	Youri Tielemans	1997.05.07	177	72	벨기에
	19	제이든 필로진	Jaden Philogene	2002.02.08	181	64	잉글랜드
	24	아마두 오나나	Amadou Onana	2001.08.16	195	76	벨기에
	27	모건 로저스	Morgan Rogers	2002.07.26	187	80	잉글랜드
	41	제이콥 램지	Jacob Ramsey	2001.05.28	180	72	잉글랜드
	44	부바카르 카마라	Boubacar Kamara	1999.11.23	184	68	프랑스
FW	9	존 두란	Jhon Durán	2003.12.13	185	73	콜롬비아
	10	에밀리아노 부엔디아	Emiliano Buendía	1996.12.25	172	72	아르헨티나
	11	올리 왓킨스	Ollie Watkins	1995.12.30	180	70	잉글랜드
	31	레온 베일리	Leon Bailey	1997.08.09	178	77	자메이카

COACH

우나이 에메리 *Unai Emery*
1971년 11월 3일생 스페인

전술가로서 이름이 높다. 특히 유로파리그에서 좋은 모습을 보인다. 유로파리그 4회 우승, 1회 준우승의 업적을 달성했다. 유럽챔피언스리그에서는 비야레알을 4강까지 진출시킨 전적이 있다. 스페인 알메리아와 발렌시아, 세비야, 비야레알에서 좋은 모습으로 명성을 얻었다. 스파르타크 모스크바와 파리 생제르맹, 아스널도 지도했다. 해외에서의 성적은 좋지 않았다. 그러나 애스턴 빌라에서는 징크스를 깨부수며, 리그 4위로 이끌었다. 계속 발전하는 감독 가운데 한 명이다.

PLAYERS

FW 11 올리 왓킨스 *Ollie Watkins*
KEY PLAYER

국적: 잉글랜드

지난 시즌 급성장하며 최고의 모습을 보여주었다. 리그에서 19골을 넣는 등 모든 대회에서 27골을 몰아쳤다. 잉글랜드 대표팀에도 승선했다. 유로 2024에서는 오히려 해리 케인보다도 나은 모습을 드러냈다. 유로 2024를 통해 국제무대에서도 성장한 모습을 보였다. 경험까지 쌓았다. 2020년 애스턴 빌라로 왔다. 이적 당시 이적료는 2,800만 파운드로 클럽 레코드였다. 순간 폭발력과 스피드가 좋은 스트라이커 자원이다. 윙어까지 소화할 수 있다. 슈팅이 좋은 것도 큰 장점이다. 그러나 원톱으로 세우기보다는 연계를 통한 플레이에 능하다. 골 결정력을 크게 끌어올릴 만큼 올 시즌에는 다른 팀들 수비수에게 가장 골치가 될 선수 중 한 명일 것이다.

출전경기	경기시간(분)	골	어시스트	경고	퇴장
37	3,226	19	13	4	–

GK 1 에밀리아노 마르티네스 *Emiliano Martínez*

국적: 아르헨티나

아스널에서 자리를 잡지 못하고, 임대 생활을 전전했다. 아스널로 돌아왔지만 서드 골키퍼로 밀렸다. 결국 2020년 애스턴 빌라로 이적했고 주전 자리를 차지했다. 아르헨티나 국가대표팀 주전 골키퍼로 2022년 카타르 월드컵 우승과 골든글러브상을 수상했다. 195cm로 피지컬이 좋아 공중볼 처리에 능숙하다. 페널티킥 선방도 꽤 많이 하는 편이다. 롱킥이 정확해 빌드업에 도움을 준다.

출전경기	경기시간(분)	실점	무실점 (경기)	경고	퇴장
34	3,015	48	9	4	–

DF 2 매튜 캐시 *Matty Cash*

국적: 폴란드

잉글랜드-폴란드 복수 국적이나 폴란드 대표팀에서 뛰고 있다. 노팅엄 포레스트 유스 출신. 2020년 애스턴 빌라에 입단했다. 공수 밸런스가 좋은 오른쪽 풀백이다. 어린 시절에는 윙어로 뛰었지만, 경험이 더해지면서 측면 풀백으로 전환하게 됐다. 공격력보다 수비력이 좋다. 활동량이 많고 성실한 플레이로 팀에 도움을 준다. 다만 공격 시 폭발력과 파워, 정확성이 떨어지고, 요즘 대세인 인버티드 역량이 부족하다.

출전경기	경기시간(분)	골	어시스트	경고	퇴장
29	2,143	2	2	8	–

DF 3 디에구 카를루스 *Diego Carlos*

국적: 브라질

브라질과 포르투갈 무대를 거쳐 2016년부터 2019년까지 FC 낭트에서 뛰었다. 2019년 세비야로 이적하여 2022년까지 활약한 후 애스턴 빌라로 이적했다. 그러나 애스턴 빌라로 온 이후 큰 부상을 당했다. 오랜 시간 재활 후 복귀했다. 주전 경쟁이 쉽지만은 않은 상황이다. 단단한 피지컬을 앞세운 탄탄한 수비력을 보여준다. 발이 빠르고 빌드업도 준수하다. 너무 터프해 카드를 받기도 한다.

출전경기	경기시간(분)	골	어시스트	경고	퇴장
27	1,811	–	–	4	–

DF 4 에즈리 콘사 *Ezri Konsa*

국적: 잉글랜드

찰턴 애슬레틱과 브렌트포드를 거쳐 2019년부터 애스턴 빌라에서 뛰고 있다. 현재 애스턴 빌라의 주전 센터백으로 발돋움했다. 반응 속도가 빠르고 기동력이 좋다. 수비 커버 범위가 상당히 넓고, 전술 이해 능력도 좋다. 백스리와 백포 모두 뛸 수 있다. 덕분에 전체적인 수비력 업그레이드가 가능하다. 빌드업은 다소 부족하다. 전진 패스의 비중이 적다. 압박을 받으면 불안해지는 아쉬움을 보인다.

출전경기	경기시간(분)	골	어시스트	경고	퇴장
35	3,074	1	–	5	–

DF 5 타이론 밍스 *Tyrone Mings*

국적: 잉글랜드

생계를 위해 다양한 일을 하는 등 불우한 어린 시절을 견뎌내고 입스위치 타운, 본머스를 거치며 축구 선수로 성장했다. 그러나 부상에 발목이 잡혔다. 2019년 애스턴 빌라로 왔다. 피지컬이 상당히 좋아, 몸싸움이 좋고 공중볼 처리 능력도 좋다. 왼발 센터백이라 전술상 희소성도 있다. 그러나 자주 집중력을 잃어 사고를 치는 경우가 흔하다. 유리몸이라 부상으로 뛰지 못할 때도 많다. 지난 시즌에도 부상에 허덕였다.

출전경기	경기시간(분)	골	어시스트	경고	퇴장
1	31	–	–	–	–

DF 12 뤼카 디뉴 *Lucas Digne*

국적: 프랑스

파리 생제르맹에서 주전을 차지하지 못했다. AS로마 임대를 다녀온 후 바르셀로나로 이적했다. 조르디 알바의 백업이었다가 뛸 곳을 찾아 잉글랜드로 왔다. 2018년 에버턴으로 온 후 주전으로 발돋움했다. 2022년 1월 베니테즈 감독과의 불화로 인해 애스턴 빌라로 이적했다. 공수 밸런스가 좋은 풀백이다. 왼발 킥이 상당히 날카롭다. 코너킥 프리킥에서 강점을 드러낸다. 수비력도 좋다. 잔 실수가 있는 것이 흠이다.

출전경기	경기시간(분)	골	어시스트	경고	퇴장
33	2,413	1	3	7	–

PLAYERS

DF 14 파우 토레스
Pau Torres

국적: 스페인

비야레알 유스 출신. 6살부터 축구를 시작했다. 2018/2019 임대로 말라가에 다녀온 것을 제외하고는 2023년까지 비야레알의 주전 수비수로 활약했다. 에메리 감독과 비야레알에서 함께했다. 따라서 에메리 감독 스타일을 너무나도 잘 알고 있다. 후방 빌드업에 능한 센터백이다. 볼 컨트롤이 좋고 패스도 정확하다. 왼발잡이 센터백이라는 이점도 있다. 그러나 느리기 때문에 뒷공간은 불안하다.

출전경기	경기시간(분)	골	어시스트	경고	퇴장
29	2,463	2	-	1	-

DF 22 이안 마트센
Ian Maatsen

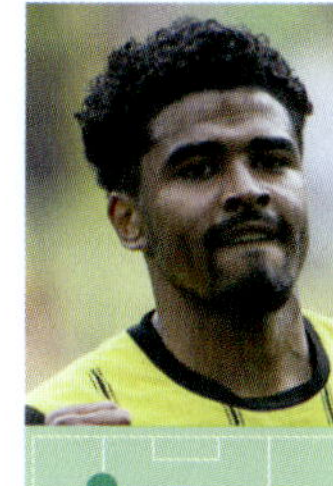

국적: 네덜란드

페예노르트와 PSV, 에인트호번 유스 팀을 거쳤다. 첼시 유스 팀으로 입단했다. 첼시가 키워나가던 왼쪽 풀백이었다. 임대를 통해 주목받았다. 2022/23 시즌 번리에서 맹활약했다. 2024년 도르트문트 임대로 뛰면서 유럽챔피언스리그 준우승을 경험했다. 결국 첼시를 떠나 애스턴 빌라로 왔다. 공격적인 풀백으로 크로스와 스피드, 활동량이 뛰어나다. 수비력은 공격력에 비해 다소 아쉽다.

출전경기	경기시간(분)	골	어시스트	경고	퇴장
28	1,470	2	2	5	-

MF 6 로스 바클리
Ross Barkley

국적: 잉글랜드

중앙 미드필더로서 예전부터 각광받아 왔다. 에버턴 유스 출신이며 에버턴과 첼시에서 뛰었다. 2020/21 시즌에는 애스턴 빌라에서 임대로 뛰기도 했다. 니스를 다녀온 후 루턴 타운을 거쳐 다시 애스턴 빌라로 돌아왔다. 강하고 탄탄한 스타일로 경기를 펼친다. 피지컬을 바탕으로 볼키핑 능력도 좋다. 볼테크닉도 준수하다. 다만 템포 조절이나 상황 판단 등에서는 아쉬운 모습을 보이고 있다.

출전경기	경기시간(분)	골	어시스트	경고	퇴장
32	2,622	5	4	6	-

MF 7 존 맥긴
John McGinn

국적: 스코틀랜드

2018년부터 애스턴 빌라에서 뛰고 있다. 소속팀과 스코틀랜드 대표팀 부동의 미드필더이기도 하다. 중앙 미드필더가 주 포지션이다. 경우에 따라서는 측면도 소화 가능하다. 그래도 박스 투 박스 미드필더로 나설 때 가장 좋은 경기력을 보여준다. 왕성한 활동량과 저돌적이면서도 날카로운 드리블로 상대를 공략한다. 왼발 킥도 좋다. 수비력이 단점이다. 플레이 스타일이 거칠어 카드를 많이 수집한다.

출전경기	경기시간(분)	골	어시스트	경고	퇴장
35	3,010	6	4	9	1

MF 8 유리 틸레망스
Youri Tielemans

국적: 벨기에

벨기에 명문 안더레흐트에서 오랜 기간 뛰었다. 모나코를 거쳐 2019년 레스터 시티로 이적했다. 레스터 시티는 중원 사령관 역할을 해왔다. 레스터 시티 강등 후 애스턴 빌라로 이적했다. 온 더 볼 움직임과 패싱, 킥력이 좋은 미드필더다. 박스 투 박스 미드필더로서 활동량도 상당히 많다. 볼키핑 능력이 좋아 볼점유율을 높이는 데 유리하다. 그러나 스피드가 부족해 아쉬움을 남기고 있다.

출전경기	경기시간(분)	골	어시스트	경고	퇴장
32	1,621	2	6	3	-

MF 24 아마두 오나나
Amadou Onana

국적: 벨기에

세네갈에서 태어났고 벨기에 국적을 가진 세네갈계 벨기에인이다. 국가대표는 벨기에에서 하고 있다. 195cm의 큰 키를 자랑하는 미드필더이다. 호펜하임 유스 출신이다. 함부르크, 릴, 에버턴을 거쳤다. 피지컬을 이용해 볼을 잘 관리하고 상대의 볼을 탈취하는 데 능하다. 오른발뿐만이 아니라 왼발도 잘 써서 양발잡이로 발전하고 있다. 센터백으로도 나설 수 있다. 다만 패스 능력은 조금 아쉽다.

출전경기	경기시간(분)	골	어시스트	경고	퇴장
30	2,090	2	-	5	-

FW 9 존 두란
Jhon Durán

국적: 콜롬비아

콜롬비아 출신의 장래가 밝은 젊은 스트라이커. 엔비가도를 거쳐 미국 MLS 시카고 파이어에서 활약, 가능성을 인정받았다. 2023년 19세의 나이로 애스턴 빌라로 왔다. 웨스트햄으로 가고 싶어 했으나 이적하지 못했다. 이내 마음을 추스르고 애스턴 빌라로 왔다. 왼발을 잘 쓰는 스트라이커로, 왼발 슈팅 능력이 상당히 좋다. 피지컬도 좋으며 측면 윙어로도 설 수 있다. 그러나 터치가 둔탁해 찬스를 놓치는 경우가 꽤 있다.

출전경기	경기시간(분)	골	어시스트	경고	퇴장
23	462	5	-	5	-

FW 10 에밀리아노 부엔디아
Emiliano Buendıa

국적: 아르헨티나

신장은 작지만, 밸런스가 탄탄하고 파워도 갖추고 있다. 무게 중심을 이용한 저돌적인 움직임으로 상대를 돌파한다. 활동량이 상당히 많고 성실한 선수이며 수비 가담이 많다. 중앙 미드필더로 내려가서 패스를 찔러넣는 모습도 보여준다. 다만 스피드가 떨어진다는 단점이 있다. 볼을 만지작거리다가 템포를 놓치는 모습도 종종 보여준다. 부상도 많이 당하는 편이라서 세심한 관리가 필요하다.

출전경기	경기시간(분)	골	어시스트	경고	퇴장
38	2,422	5	2	-	-

FW 31 레온 베일리
Leon Baıley

국적: 자메이카

자메이카 출신으로 유럽으로 넘어와 리퍼링, 트렌친 등에서 유스 시절을 보냈다. 벨기에 헹크에서 프로로 데뷔했다. 레버쿠젠에서 4년 동안 활약하다가 2021년 애스턴 빌라로 왔다. 측면 윙어로 좌우 어디에서나 뛸 수 있는 것이 가장 큰 강점이다. 운동능력도 좋다. 순간 스피드도 뛰어나다. 왼발 킥이 좋으며 수비 가담 능력도 갖추고 있다. 다만 연계 플레이 등에 있어서 아쉬움을 보이고 있다.

출전경기	경기시간(분)	골	어시스트	경고	퇴장
35	2,076	10	9	5	-

토트넘 홋스퍼
Tottenham Hotspur

TEAM PROFILE	
창 립	1882년
구 단 주	다니엘 레비(잉글랜드)
감 독	엔지 포스테코글루(호주)
연 고 지	런던, 토트넘
홈 구 장	토트넘 홋스퍼 스타디움(6만 2,850명)
라 이 벌	아스널
홈페이지	www.tottenhamhotspur.com

최근 5시즌 성적

시즌	순위	승점
2019-2020	6위	59점(16승 11무 11패 61득점 47실점)
2020-2021	7위	62점(18승 8무 12패 68득점 45실점)
2021-2022	4위	71점(22승 5무 11패 69득점 40실점)
2022-2023	8위	60점(18승 6무 14패, 70득점 63실점)
2023-2024	5위	66점(20승 6무 12패 74득점 61실점)

PREMIER LEAGUE (전신 포함)

통 산	우승 2회
23-24 시즌	5위(20승 6무 12패, 승점 66점)

FA CUP

통 산	우승 8회
23-24 시즌	32강

LEAGUE CUP

통 산	우승 4회
23-24 시즌	48강

UEFA

통 산	유로파리그 우승 2회
23-24 시즌	없음

경기 일정

라운드	날짜	장소	상대팀
1	2024.08.20	원정	레스터 시티
2	2024.08.24	홈	에버턴
3	2024.09.01	원정	뉴캐슬 유나이티드
4	2024.09.15	홈	아스널
5	2024.09.21	홈	브렌트포드
6	2024.09.30	원정	맨체스터 유나이티드
7	2024.10.07	원정	브라이턴 앤 호브 앨비언
8	2024.10.19	홈	웨스트햄 유나이티드
9	2024.10.27	원정	크리스탈 팰리스
10	2024.11.03	홈	애스턴 빌라
11	2024.11.10	홈	입스위치 타운
12	2024.11.24	원정	맨체스터 시티
13	2024.12.01	홈	풀럼
14	2024.12.04	원정	AFC 본머스
15	2024.12.08	홈	첼시
16	2024.12.15	원정	사우샘프턴
17	2024.12.22	홈	리버풀
18	2024.12.27	원정	노팅엄 포레스트
19	2024.12.30	홈	울버햄튼 원더러스
20	2025.01.05	홈	뉴캐슬 유나이티드
21	2025.01.15	원정	아스널
22	2025.01.19	원정	애버턴
23	2025.01.26	홈	레스터 시티
24	2025.02.02	원정	브렌트포드
25	2025.02.16	홈	맨체스터 유나이티드
26	2025.02.23	원정	입스위치 타운
27	2025.02.26	홈	맨체스터 시티
28	2025.03.09	홈	AFC 본머스
29	2025.03.16	원정	풀럼
30	2025.04.02	원정	첼시
31	2025.04.05	홈	사우샘프턴
32	2025.04.12	원정	울버햄튼 원더러스
33	2025.04.19	홈	노팅엄 포레스트
34	2025.04.26	원정	리버풀
35	2025.05.03	원정	웨스트햄 유나이티드
36	2025.05.10	홈	크리스탈 팰리스
37	2025.05.19	원정	애스턴 빌라
38	2025.05.26	홈	브라이턴 앤 호브 앨비언

전력분석 손흥민을 중심으로!

지난 시즌 토트넘은 해리 케인 없이 해냈다. 케인의 이적 후 공격력에 의문 부호가 붙었는데, 손흥민을 극대화시키며 경기를 펼쳐나갔다. 손흥민은 최전방으로, 측면으로 계속 포지션을 바꾸었다. 토트넘은 결국 5위를 달성했고, 유럽 대항전인 유로파리그를 통해 유럽 무대에 복귀했다. 지난 시즌을 통해 토트넘의 체질은 바뀌었다. 조제 무리뉴, 안토니오 콘테 감독 아래에서 주로 썼던 선수비 후역습 전술을 탈피했다. 공격 중심의 재미있는 축구로 복귀했다. 엔지 포스테코글루 감독은 점유율을 극대화하고 계속 공격을 펼치는 축구를 하고 있다. 분명 매력적이다. 올 시즌을 앞두고 토트넘은 공격을 보강했다. 손흥민 원톱으로는 한계가 보였다. 제임스 매디슨도 지난 시즌 후반기 들어 아쉬운 모습을 보였다. 때문에 좀 더 최전방에서 무게감이 있는 선수가 필요했다. 도미니크 솔랑케를 데려왔다. 파워와 골 결정력을 갖춘 선수이다. 솔랑케가 있음으로써 손흥민도 자유를 얻게 됐다. 왼쪽 날개로 다시 돌아갈 수 있게 됐다. 문제는 역시 수비. 미키 판 벤과 드라구신을 영입했다. 그럼에도 불구하고 아직은 수비가 탄탄하지 못하다. 허리의 파워가 떨어진다. 결국 유럽 대항전과 프리미어리그를 병행하기 위해서는 허리가 더욱 탄탄해져야 한다.

전술분석 인버티드 풀백 그리고 플랜 B는?

토트넘 감독의 대표적인 전술은 '인버티드 풀백'이다. 좌우 풀백들을 극단적으로 중앙으로 배치시켜, 허리에 숫자를 늘리면서 상대를 공략하는 전술이다. 선수단 구성도 거기에 맞게 조정하고 있다. 페드로 포로와 데스티니 우도기를 중용하는 이유이기도 하다. 그만큼 좋은 모습을 보이고 있다. 4-2-3-1 포메이션을 기본으로 쓰지만 4-4-2와 4-5-1을 오가며 경기를 펼치곤 한다. 그러나 문제도 있다. 포스테코글루 감독의 전술적인 유연성 부족이다. 그는 플랜 A만 고집하는 경향이 크다. 자신이 설정한 전술을 놓고 선수들을 끼워 맞추려고 한다. 물론 많은 감독들이 그런 성향을 갖고 있다. 여기서 문제가 되는 것은 포스테코글루 감독의 이상이 너무 높은 곳에 있다는 점이다. 펩 과르디올라 감독 스타일의 축구를 하고 싶어 한다. 어떠한 팀과 맞붙어도 포스테코글루 감독은 자신의 고집을 꺾지 않는다. 맨시티와 맞붙어도, 리버풀과 맞붙어도 언제나 맞불을 놓는다. 현실이 따라주지 않는다면 성적을 내기 힘들다. 이 경우 플랜 B가 필요하다. 수비 전형을 바꾼다거나 여러 가지 사정에 따라 전술을 바꿔야 한다. 그러나 이것이 뜻대로 되지 않는다.

Tottenham Hotspur v Nottingham Forest - Premier League
토트넘 훗스퍼 스타디움에서 열린 노팅엄과의 경기에서
토트넘의 손흥민이 대쉬하고 있다.
<2024/04/07, Tottenham Hotspur Stadium>

시즌 프리뷰 다시 날아오를 것이냐, 무너질 것이냐

지난 시즌 토트넘은 위기를 넘겼다. 해리 케인의 이적 이후에도 잘 버텼다. 손흥민을 중심으로 팀이 하나가 됐다. 그전 시즌 참담했던 토트넘에서 반전을 일궈냈다. 안토니오 콘테 감독이 망가뜨린 팀을 엔지 포스테코글루 감독이 일으켜 세웠다. 리그 성적을 끌어올렸다. 2022/23 시즌 8위였던 팀을 2023/24 시즌 5위로 견인했다. 유럽 대항전에도 복귀했다. 포스테코글루 감독은 확실히 자신의 역량을 보여주었다. 영입도 괜찮았다. 제임스 매디슨, 굴리에모 비카리오, 미키 판 더 벤을 데려왔다. 매디슨은 전반기 동안 좋은 모습을 보였다. 비카리오 골키퍼도 선방 쇼를 펼쳤다. 무엇보다도 판 더 벤의 영입이 컸다. 판 더 벤의 합류로 토트넘은 수비에 더욱 큰 힘을 쏟을 수 있게 됐다.

올 시즌 토트넘은 좀 더 실용적인 영입에 힘쓰고 있다. 우선 도미니크 솔랑케를 데려왔다. 공격에 힘을 실었다. 유로파리그를 병행해야 하기에 손흥민과 히샬리송으로는 부족한 상황이다. 손흥민은 원톱으로도 훌륭하지만, 왼쪽 윙어로 나섰을 때도 좋은 모습을 보인다. 솔랑케 영입으로 공격진 운용에 숨통을 텄다.

미래를 위한 영입에도 힘을 쏟았다. 우선 루카스 베리발과 아치 그레이, 조지 이니, 양민혁을 데려왔다. 양민혁은 2025년 1월부터 토트넘에서 뛴다. 모두가 다음 10년을 위한 준비 과정이다. 당장 이들이 주전으로 뛰지는 못하더라도 계속 육성하면서 토트넘의 미래를 위한 투자를 할 계획이다. 이들의 발전이 곧 팀의 발전으로 귀결된다. 영입을 하기는 했지만, 아직 유럽 대항전을 병행하기에는 버거워 보인다. 선택과 집중을 해야 할 시기가 다가올 것이다. 프리미어리그에 집중할지 아니면 컵대회나 유로파리그에 승부를 걸어야 할 지를 선택해야 한다. 이 선택에 따라 올 시즌 성적이 좌우될 것이다. 과연 토트넘이 이번 시즌에는 우승컵을 들어 올릴 수 있을까.

TEAM FORMATION

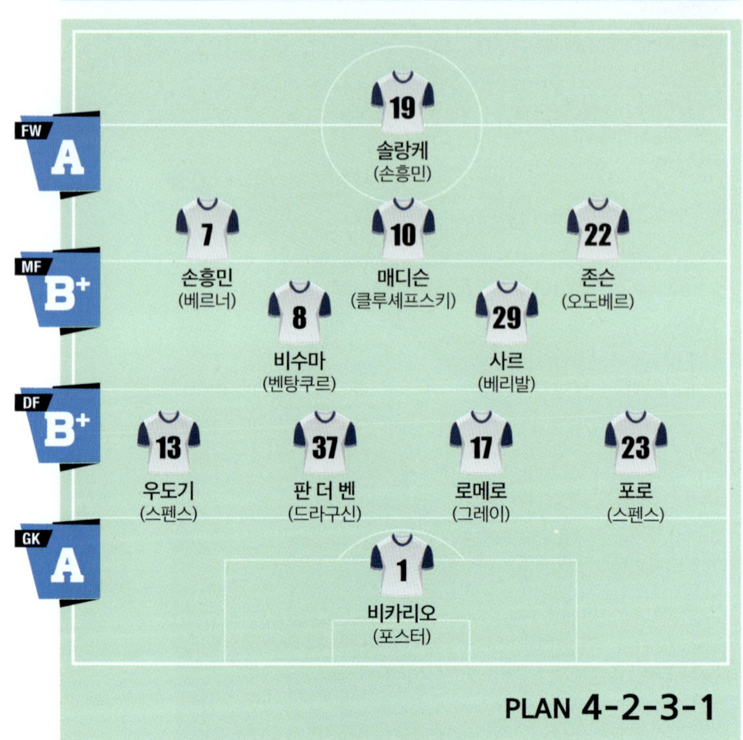

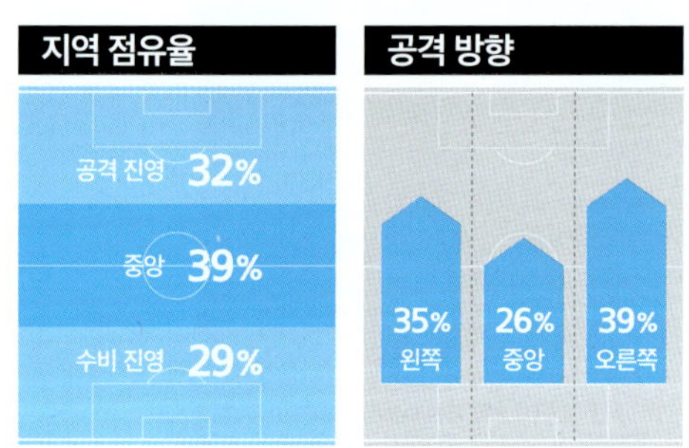

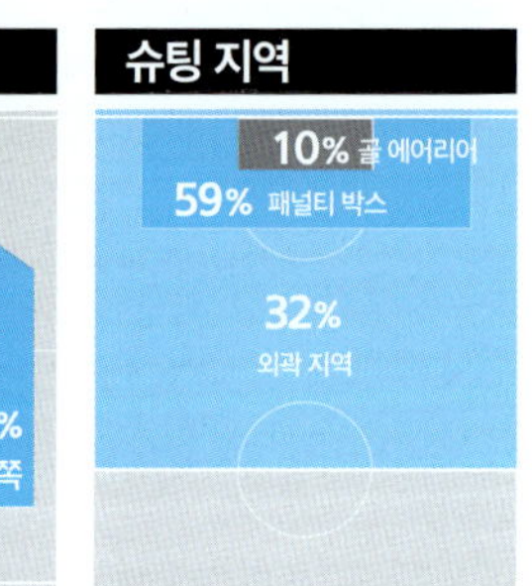

IN & OUT

주요 영입	주요 방출
루카스 베리발, 아치 그레이, 도미니크 솔랑케, 양민혁, 윌슨 오도베르	에릭 다이어, 이반 페리시치, 라이언 세세뇽, 자펫 탕강가, 탕귀 은돔벨레, 조 로돈, 트로이 패럿, 에메르송 로얄, 피에르 에밀 호이비에르, 올리버 스킵

TEAM RATINGS

슈팅 8
패스 8
조직력 8
수비력 8
감독 7
선수층 7

46

2023/24 프로필

팀 득점	74
평균 볼 점유율	62.00%
패스 정확도	87.40%
평균 슈팅 수	15.4
경고	89
퇴장	4

골 타입 (단위 %)

오픈 플레이	72
세트 피스	15
카운터 어택	4
패널티 킥	3
자책골	7

패스 타입 (단위 %)

쇼트 패스	91
롱 패스	5
크로스 패스	3
스루 패스	0

SQUAD

포지션	등번호	이름		생년월일	키(cm)	체중(kg)	국적
GK	1	굴리엘모 비카리오	Guglielmo Vicario	1996.10.07	194	83	이탈리아
	20	프레이저 포스터	Fraser Forster	1988.03.17	201	93	잉글랜드
DF	3	세르히오 레길론	Sergio Reguilón	1996.12.16	178	68	스페인
	6	라두 드라구신	Radu Drăguşin	2002.02.03	191	80	루마니아
	13	데스티니 우도기	Destiny Udogie	2002.11.28	188	67	이탈리아
	17	크리스티안 로메로	Cristian Romero	1998.04.27	185	79	아르헨티나
	23	페드로 포로	Pedro Porro	1999.09.13	173	69	스페인
	24	제드 스펜스	Djed Spence	2000.08.09	184	71	잉글랜드
	33	벤 데이비스	Ben Davies	1993.04.24	181	76	웨일즈
	37	미키 판 더 벤	Micky van de Ven	2001.04.19	193	81	네덜란드
MF	8	이브 비수마	Yves Bissouma	1996.08.30	182	80	말리
	10	제임스 매디슨	James Maddison	1996.11.23	175	73	잉글랜드
	14	아치 그레이	Archie Gray	2006.03.12	187	70	잉글랜드
	15	루카스 베리발	Lucas Bergvall	2006.02.02	187	74	스웨덴
	19	도미니크 솔랑케	Dominic Solanke	1997.09.14	186	80	잉글랜드
	21	데얀 클루셉스키	Dejan Kulusevski	2000.04.25	186	79	스웨덴
	22	브레난 존슨	Brennan Johnson	2001.05.23	186	73	웨일즈
	29	파페 사르	Pape Matar Sarr	2002.09.14	184	70	세네갈
	30	로드리고 벤탕쿠르	Rodrigo Bentancur	1997.06.25	187	72	우루과이
	45	알피 디바인	Alfie Devine	2004.08.01	182	75	잉글랜드
FW	7	손흥민	Heung-min Son	1992.07.08	184	77	대한민국
	9	히샬리송	Richarlison	1997.05.10	184	75	브라질
	16	티모 베르너	Timo Werner	1996.05.06	180	75	독일
	28	윌슨 오도베르	Wilson Odobert	2004.11.28	182	75	프랑스
	-	양민혁	Yang Min-Hyeok	2006.04.16	172	62	대한민국

COACH

엔지 포스테코글루 *Ange Postecoglou*
1965년 8월 27일생 호주

호주 국내 리그에서 선수 시절을 보낸 후 은퇴했다. 비교적 이른 나이에 지도자를 시작했다. 바닥부터 시작해 토트넘까지 왔다. 호주 리그 팀과 호주 국가대표팀을 이끌었다. 호주 대표팀 시절에는 손흥민이 있는 한국을 상대로 아시안컵 결승전에서 승리, 우승을 차지하기도 했다. 일본 요코하마 마리노스에서도 성공 가도를 달렸다. 셀틱으로 이적, 트레블 등 전성시대를 열었다. 공격 축구를 표방하고, 공간 침투를 강조한다. 풀백들의 공격 가담을 중요하게 생각한다. 특히 중앙으로 들어오는 인버티드 풀백 전술을 선호한다.

상대팀 최근 6경기 전적

구분	승	무	패
맨체스터 시티	2	1	3
아스널	1	1	4
리버풀	1	2	3
애스턴 빌라	3		3
토트넘 홋스퍼			
첼시	1	1	4
뉴캐슬 유나이티드	3		3
맨체스터 유나이티드	1	2	3
웨스트 햄 유나이티드	3	2	1
크리스탈 팰리스	5		1
브라이턴 앤 호브 알비온	4		2
본머스	4	1	1
풀럼	4		2
울버햄튼 원더러스	2		4
에버턴	3	3	
브렌트포드	2	3	1
노팅엄 포레스트	5		1
레스터 시티	4		2
입스위치 타운	3		3
사우샘프턴	3	2	1

FW 7 손흥민
Son Heung-min

출전경기	경기시간(분)	골	어시스트	경고	퇴장
32	2,536	18	10	2	–

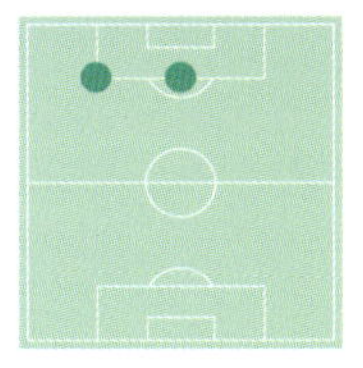

국적: 대한민국

대한민국이 낳은 최고 공격수이다. 감독이 요구하는 공격진 어느 자리에 놓아도 모두 찰떡같이 소화할 수 있다. 윙어와 최전방, 섀도 스트라이커는 물론이고, 윙백으로 나선 적도 있다. 지난 시즌의 경우 왼쪽 윙어와 최전방 원톱을 오가면서 맹활약했다. 가장 큰 강점은 스피드와 슈팅 능력. 상대 수비 뒷공간을 깨부수는 라인 브레이커 스타일이다. 올 시즌 솔랑케의 영입으로 자신에게 집중되는 상대 수비수들 견제도 다소 덜었다. 더욱 공격적으로 나설 것이다. 캡틴으로서 팀을 이끌고 있다. 선수들을 아우르는 리더십도 갖추고 있다.

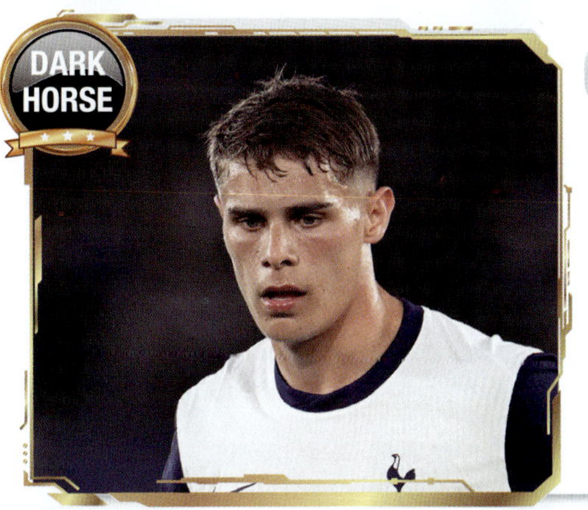

DF 37 미키 판 더 벤
Micky van de Ven

출전경기	경기시간(분)	골	어시스트	경고	퇴장
27	2,343	3	–	5	–

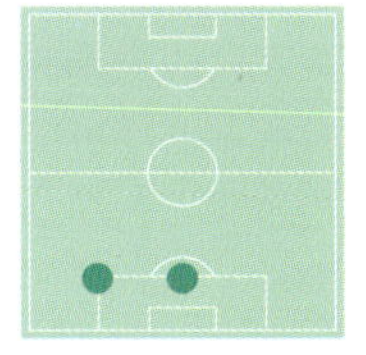

국적: 네덜란드

지난 시즌 토트넘 최고의 영입이었다. 센터백과 풀백을 볼 수 있다. 주로 센터백으로 나선다. 그러나 팀의 필요에 따라서는 왼쪽 풀백으로도 나와 경기에 힘을 보태곤 했다. 빠르고 수비 센스가 좋다. 특히 빠른 스피드는 상대 공격수들을 곤혹스럽게 한다. 공격력도 갖추고 있다. 코너킥이나 프리킥 등 세트 피스 상황에서 위치 선정이 좋다. 2선에 흘러나온 볼을 그대로 슈팅해서 골을 넣는 경우도 있다. 수비와 공격 모든 면에서 팀에 큰 도움이 되는 수비수라고 볼 수 있다. 다만 발목 부상을 당하는 경우가 있어 주의가 요구된다.

MF 19 도미니크 솔랑케
Dominic Solanke

출전경기	경기시간(분)	골	어시스트	경고	퇴장
42	3,553	19	3	3	–

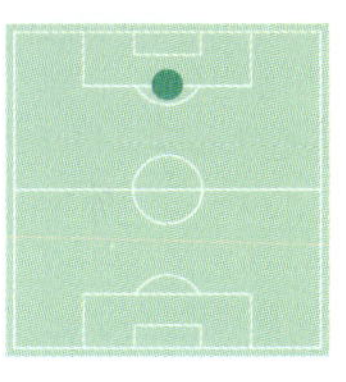

잉글랜드

2017년 한국에서 열린 FIFA 20세 이하 월드컵에서 잉글랜드의 에이스 역할을 했다. 총 4골을 넣으며 팀의 우승을 이끌었고 골든볼까지 수상했다. 첼시 유스 출신이다. 네덜란드 피테서에서 임대 생활을 했다. 첼시에서 주전 경쟁에 실패했고, 자유 계약으로 리버풀로 향했다. 리버풀에서도 실패하자, 2018년 본머스로 이적했다. 챔피언십에서 맹활약하며 본머스의 주포로 자리매김했다. 전체적으로 준수한 능력을 보인다. 지난 시즌도 좋은 모습을 보였다. 토트넘의 원톱으로 충분히 경쟁력을 보여줄 수 있을 것이다.

GK 1 굴리에모 비카리오
Guglielmo Vicario

국적: 이탈리아

이탈리아 무대에서 좋은 모습을 보임으로써 많은 팀들이 관심을 끌었다. 2023년 토트넘에 왔다. 휴고 요리스의 대체였다. 반사신경과 운동능력 등 선방 능력을 갖추고 있다. 특히 중요한 순간에 집중력을 발휘하며 슈퍼세이브를 많이 한다. 안정감도 갖추고 있다. 그러나 상대적으로 빌드업에 불안한 모습을 보이고 있다. 압박을 받고 있을 때 처리하는 방식이나 방향, 속도 등이 다소 불안정하다.

출전경기	경기시간(분)	실점	무실점(경기)	경고	퇴장
38	3,420	61	7	2	-

GK 20 프레이저 포스터
Fraser Forster

국적: 잉글랜드

베테랑 중 베테랑 골키퍼이다. 뉴캐슬, 스톡포트, 브리스톨, 노리치, 셀틱으로 임대를 다녔다. 셀틱에 정착해 주목받았다. 2014년부터 2022년까지는 사우샘프턴에 있었다. 2022년, 토트넘으로 와서, 서브 골키퍼로서 자리하고 있다. 201cm라는 큰 키를 바탕으로 공중볼 처리 능력이 좋다. 안정감도 갖추고 있다. 팔다리가 길어 선방을 많이 한다. 그러나 민첩성이 떨어지고 빌드업에 있어서도 아쉬움이 크다.

출전경기	경기시간(분)	실점	무실점(경기)	경고	퇴장
-	-	-	-	-	-

DF 6 라두 드라구신
Radu Drăguşin

국적: 루마니아

이탈리아에서 각광을 받은 센터백 자원이다. 어떤 팀에 가더라도 자신의 몫 이상을 할 수 있는 센터백이다. 강력한 인상과 카리스마 그리고 터프한 수비가 일품이다. 공중볼 처리 능력도 좋다. 끝까지 따라와서 태클을 시도, 공격수들의 볼만 뽑아내는 능력도 있다. 그러나 경기력에 기복이 있어 좋을 때와 좋지 않을 때의 차이가 상당히 크다. 토트넘에 온 이후 주전 경쟁에서 다소 밀린 상황이다. 경기 감각이 올라오지 않아 아쉽다.

출전경기	경기시간(분)	골	어시스트	경고	퇴장
28	2,134	2	1	2	-

DF 13 데스티니 우도기
Destiny Udogie

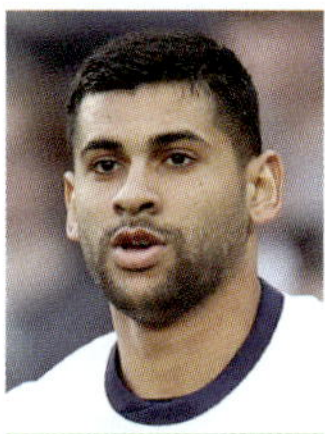

국적: 이탈리아

엘라스 베로나 유스 출신으로 베로나, 우디네세 등에서 뛰었다. 우디네세에서 많은 관심을 받았다. 2022년 토트넘과 계약한 후 한 시즌은 우디네세에서 보냈다. 2023년 토트넘에 정식으로 들어왔다. 피지컬이 좋고 운동능력이 뛰어나다. 중앙으로 들어오는 인버티드 능력을 갖추고 있다. 다만 크로스가 부정확하고 패스도 조금은 아쉽다. 거친 수비로 인해, 경고를 받는 경우도 많이 있다.

출전경기	경기시간(분)	골	어시스트	경고	퇴장
28	2,398	2	3	5	1

DF 17 크리스티안 로메로
Cristian Romero

국적: 아르헨티나

이탈리아 제노아, 유벤투스, 아탈란타 등에서 주목받았다. 2021년 코파 아메리카 베스트11에 선정되었다. 2022년 토트넘으로 이적해 왔다. 현재 토트넘 부동의 중심 수비수이다. 전진 수비 능력이 좋다. 발이 빠르고 발밑도 좋은 편이기에 중장거리 패스에 능하다. 기본적인 수비 능력도 갖추고 있다. 세트 피스 상황에서 헤더도 위협적이다. 그러나 플레이의 결은 다소 거칠다. 부상이 잦은 것도 단점 중 하나이다.

출전경기	경기시간(분)	골	어시스트	경고	퇴장
33	2,792	5	-	7	1

DF 23 페드로 포로
Pedro Porro

국적: 스페인

2019년 맨시티의 영입으로 들어갔지만 주전에서 밀렸다. 레알 바야돌리드와 스포르팅에서 임대 생활을 했다. 스포르팅 시절 토트넘과의 유럽 챔피언스리그에서 활약하며 토트넘으로 왔다. 포스테코글루 감독 아래에서 자신의 전성기를 열었다. 확고한 주전을 차지했다. 빠른 발과 저돌적인 돌파, 강력한 중거리 슈팅이 위협적이다. 세트피스 키커로 자주 나선다. 공격력에 비해 수비력은 약하다.

출선경기	경기시간(분)	골	어시스트	경고	퇴장
35	3,093	3	7	3	-

DF 33 벤 데이비스
Ben Davies

국적: 웨일스

웨일스 대표팀 주전으로 스완지시티에서도 뛰었다. 레프트백과 센터백을 모두 소화할 수 있는 수비 자원이다. 센터백을 서면 팀 전체가 하이브리드 포백을 사용할 수도 있다. 이른바 3.5백이라고 하는 전술이다. 데이비스의 위치에 따라 팀이 스리백이나 포백을 할 수 있다. 패싱력이 좋고 기본기가 탄탄하다. 전술 이해 능력도 상당히 좋은 편에 속한다. 공격수들과의 연계 능력도 좋다. 주력과 민첩함은 다소 떨어진다.

출전경기	경기시간(분)	골	어시스트	경고	퇴장
17	1,086	-	2	-	-

MF 8 이브 비수마
Yves Bissouma

국적: 말리

브라이턴 시절 탄탄한 중앙 미드필더로서 맹활약했다. 피지컬과 수비력이 좋고 탈압박 능력도 보였다. 이 같은 모습에 토트넘도 비수마를 영입했다. 안토니오 콘테 감독 시절에는 주전에서 밀렸다. 그러나 포스테코글루 감독은 비수마를 중용했다. 플레이 자체가 도전적이고 공격적이기 때문이었다. 스피드와 리듬감이 좋다. 다만 경기력에 안정감이 없다. 무게 중심이 높아 경기 중 실수를 하는 경우가 꽤 많다. 멘탈도 불안하다.

출전경기	경기시간(분)	골	어시스트	경고	퇴장
28	2,083	-	-	8	1

MF 10 제임스 매디슨
James Maddison

국적: 잉글랜드

잉글랜드 스타일의 10번 유형 선수이다. 중앙 공격형 미드필더로 볼을 뿌리고 자신이 직접 슈팅을 노리는 유형이다. 2018년 레스터 시티로 이적하며 이름을 알리기 시작했다. 패스와 데드볼 킥 처리 능력이 뛰어난 플레이메이커이다. 볼키핑 능력과 활동량도 갖췄다. 손흥민 등 공격수들과 볼을 주고 빠지면서 상대 수비수들을 무너뜨리는 것에 능하다. 지난 시즌 전반기에 당한 발목 부상으로 후반기의 경기력이 달랐다.

출전경기	경기시간(분)	골	어시스트	경고	퇴장
28	2,154	4	9	5	-

MF 15 루카스 베리발
Lucas Bergvall

국적: 스웨덴

일단 잘생겼다. 그만큼 인기도 많다. 경기력 외 다른 모습으로 매출을 끌어올릴 수 있는 선수 중 한 명이다. 주 포지션은 공격형 미드필더. 기술을 갖추고 있으며 찔러주는 패스도 좋다. 중앙 미드필더나 박스 투 박스 미드필더로도 경기를 조율하는 능력을 보여주고는 있다. 그러나 아직 어린 만큼 조금씩 아쉽다. 패스나 슈팅의 타이밍도 애매하고, 스피드도 다소 떨어진다. 프리미어리그 적응 시간이 필요하다.

출전경기	경기시간(분)	골	어시스트	경고	퇴장
14	1,214	24	3	1	-

MF 21 데얀 클루셉스키
Dejan Kulusevski

국적: 스웨덴

아탈란타와 파르마를 거쳐 유벤투스에 입단했으나 주전 경쟁에서 밀렸다. 토트넘으로 임대온 후 이적했다. 윙어지만 터치 라인 플레이보다는 중앙으로 파고드는 인버티드 유형이다. 최근에는 최전방 스트라이커로 나서는가 하면, 중앙 미드필더로서 가치를 보여주기도 한다. 스피드는 다소 느리다. 대신 상대 수비수의 템포를 혼란스럽게 만드는 드리블로 돌파를 시도한다. 왼발 의존도가 심하다.

출전경기	경기시간(분)	골	어시스트	경고	퇴장
36	2,766	8	3	7	-

MF 22 브레난 존슨
Brennan Johnson

국적: 웨일스

지난 시즌 노팅엄에서 데려온 젊은 공격수. 최전방과 오른쪽 윙어를 모두 소화할 수 있다. 노팅엄에서 최전방으로 많이 나섰다. 몸이 가볍고 빠르며 쇄도 타이밍도 좋다. 예전 델리 알리를 떠올리게 하는 스타일. 축구 센스가 있고, 통통 튀는 플레이를 많이 한다. 다만 상대 수비수가 강한 몸싸움을 걸면 다소 고전한다. 크로스의 정확도가 아쉬워 가장 좋지 않은 선택도 하고, 경기 경험 부족으로 저조한 경기력을 보여줄 때도 있다.

출전경기	경기시간(분)	골	어시스트	경고	퇴장
35	2,333	5	10	3	-

MF 29 파페 사르
Pape Matar Sarr

국적: 세네갈

카타르 월드컵 세네갈 대표팀에 소집되었고, 2022 시즌부터 토트넘에 합류했다. 중앙 미드필더로서 수비형, 박스 투 박스, 중앙 등 많은 포지션에서 활용할 수 있다. 운동능력과 피지컬이 좋다. 센스와 테크닉도 수준급이다. 수비 기술과 양발 사용도 가능하다. 킥 능력이 좋은 것도 장점이다. 컷백으로 나온 볼을 그대로 슈팅으로 연결해서 골을 넣는 경우가 꽤 많다. 어린 선수이기에 실수하면 멘탈이 무너지는 경향이 보인다.

출전경기	경기시간(분)	골	어시스트	경고	퇴장
34	2,085	3	3	9	-

MF 30 로드리고 벤탄쿠르
Rodrigo Bentancur

국적: 우루과이

플레이가 간결하고 활동량이 많다. 허리에서 다양한 역할을 소화할 수 있는 미드필더이다. 플레이메이커로 나설 때는 다소 투박하지만 그래도 그 역할을 소화한다. 키가 커서 중원에서의 헤딩 경쟁에 유리하다. 볼키핑이 좋고 경합 상황에서도 볼을 많이 차지한다. 땅볼로 찔러주는 스루패스가 강점이다. 그러나 플레이가 터프해서 카드를 많이 받는다. 시야가 좁고 집중력이 떨어지는 모습도 자주 보인다.

출전경기	경기시간(분)	골	어시스트	경고	퇴장
23	1,007	1	1	7	-

FW 9 히샬리송
Richarlison

국적: 브라질

브라질 출신인 만큼 개인기는 갖추고 있다. 왓포드로 이적하며 유럽 생활을 시작했다. 왓포드에서 주목받아, 에버턴으로 이적했다. 에버턴에서도 좋은 활약으로 2022년 토트넘에 입단. 최전방 스트라이커와 윙어를 모두 볼 수 있다. 피지컬이 좋고 운동능력도 뛰어나다. 점프력이 좋아 헤더 골도 꽤 많이 넣는다. 양발을 잘 쓴다. 공격의 많은 자리를 소화하지만 그만큼 애매한 경우도 많다. 기복이 심하여 멘탈 관리가 필요하다.

출전경기	경기시간(분)	골	어시스트	경고	퇴장
28	1,492	11	4	3	-

FW 16 티모 베르너
Timo Werner

국적: 독일

분데스리가에서 좋은 모습이었고, 첼시에서도 뛰며 전성기를 보냈다. 라이프치히에서는 골잡이였다. 빠른 발을 바탕으로 한 침투와 돌파가 상당히 좋다. 크로스와 패스 능력도 뛰어나다. 여기까지만 본다면 리그 최상위급의 윙어이다. 다만 가장 큰 문제가 있다. 바로 골 결정력이다. 이상하게 골 찬스에서 골을 넣지 못하는 경우가 많다. 수비 가담 능력도 다소 아쉽다. 조금은 더욱 뛰어줘야 하는 상황이다.

출전경기	경기시간(분)	골	어시스트	경고	퇴장
21	1,018	4	3	1	-

FW 28 윌슨 오도베르
Wilcon Odobort

국적: 프랑스

파리 생제르맹 유스 출신으로 프로 데뷔는 트루아에서 했다. 2022/23 시즌을 트루아에서 뛰며 성인 무대를 경험했다. 2023년 여름 프리미어리그로 승격한 번리로 이적했다. 2023년 10월 7일 첼시와의 홈경기에서 18세의 나이에 프리미어리그 데뷔골을 넣었다. 지난 시즌 33경기에서 4골-2도움을 기록했다. 3,000만 파운드에 토트넘으로 왔다. 드리블이 좋으며 양쪽 윙을 다 볼 수 있다. 수비 공헌도도 괜찮다.

출전경기	경기시간(분)	골	어시스트	경고	퇴장
29	2,108	3	3	3	-

FW - 양민혁
Min-hyeok Yang

국적: 대한민국

2006년생 아주 어린 윙어이다. 이번 여름 토트넘과 계약했다. 올 시즌까지만 강원에서 뛴다. 2025년 1월 1일부터 토트넘으로 넘어오게 된다. 왼쪽 오른쪽 모두 소화 가능한 윙어이다. 주발은 오른발이지만 한국 선수들이 그렇듯 왼발도 자유자재로 쓴다. 스피드가 좋고 거침없는 플레이를 잘한다. 기본기가 좋으며 창의적인 플레이를 할 수 있다. 아직 나이가 어려 경험이 부족하고 시야가 좁다.

출전경기	경기시간(분)	골	어시스트	경고	퇴장
28	2,234	8	5	-	-

첼시 FC

Chelsea FC

TEAM PROFILE

창 립	1905년
구 단 주	토드 볼엘리(미국)
감 독	엔초 마레스카(이탈리아)
연 고 지	런던, 풀럼
홈 구 장	스탬퍼드 브리지 스타디움(4만 853명)
라 이 벌	아스널, 토트넘 홋스퍼
홈페이지	www.chelseafc.com

최근 5시즌 성적

시즌	순위	승점
2019-2020	4위	66점(20승 6무 12패 69득점 54실점)
2020-2021	4위	67점(19승 10무 9패 58득점 36실점)
2021-2022	3위	74점(21승 11무 6패 76득점 33실점)
2022-2023	12위	44점(11승 11무 16패, 38득점 47실점)
2023-2024	6위	63점(18승 9무 11패 77득점 63실점)

PREMIER LEAGUE (전신 포함)

통 산	우승 6회
23-24 시즌	6위(18승 9무 11패, 승점 63점)

FA CUP

통 산	우승 8회
23-24 시즌	4강

LEAGUE CUP

통 산	우승 5회
23-24 시즌	준우승

UEFA

통 산	챔피언스리그 우승 2회 유로파리그 우승 2회
23-24 시즌	없음

경기 일정

라운드	날짜	장소	상대팀
1	2024.08.19	홈	맨체스터 시티
2	2024.08.25	원정	울버햄튼 원더러스
3	2024.09.01	홈	크리스탈 팰리스
4	2024.09.15	원정	AFC 본머스
5	2024.09.21	원정	웨스트햄 유나이티드
6	2024.09.28	홈	브라이턴 앤 호브 앨비언
7	2024.10.06	홈	노팅엄 포레스트
8	2024.10.21	원정	리버풀
9	2024.10.27	홈	뉴캐슬 유나이티드
10	2024.11.03	원정	맨체스터 유나이티드
11	2024.11.10	홈	아스널
12	2024.11.24	원정	레스터 시티
13	2024.12.01	홈	애스턴 빌라
14	2024.12.05	원정	사우샘프턴
15	2024.12.08	원정	토트넘 홋스퍼
16	2024.12.15	홈	브렌트포드
17	2024.12.22	원정	에버턴
18	2024.12.27	홈	풀럼
19	2024.12.30	원정	입스위치 타운
20	2025.01.05	원정	크리스탈 팰리스
21	2025.01.16	홈	AFC 본머스
22	2025.01.19	홈	울버햄튼 원더러스
23	2025.01.26	원정	맨체스터 시티
24	2025.02.02	홈	웨스트햄 유나이티드
25	2025.02.16	원정	브라이턴 앤 호브 앨비언
26	2025.02.23	원정	애스턴 빌라
27	2025.02.27	홈	사우샘프턴
28	2025.03.09	홈	레스터 시티
29	2025.03.16	원정	아스널
30	2025.04.02	홈	토트넘 홋스퍼
31	2025.04.05	원정	브렌트포드
32	2025.04.12	홈	입스위치 타운
33	2025.04.19	원정	풀럼
34	2025.04.26	홈	에버턴
35	2025.05.03	홈	리버풀
36	2025.05.10	원정	뉴캐슬 유나이티드
37	2025.05.18	홈	맨체스터 유나이티드
38	2025.05.26	원정	노팅엄 포레스트

전력분석 여전히 넘쳐나는 애매한 선수들

선수들이 넘쳐난다. 계속 정리는 하고 있지만 그래도 많이 쌓여 있다. 토드 보흘리 구단주는 첼시를 인수한 후 축구단을 미식축구단으로 생각하는 모양이다. 부임 후 많이 데려온 선수들을 여전히 정리하지 못하고 있다. 게다가 감독도 갈아치웠다. 마우리시오 포체티노 감독을 경질했다. 이유가 석연치 않다. 포체티노 감독이 구단주에게 항명했다는 이야기가 나돈다. 사실일 가능성이 크다. 결국 보흘리 구단주는 그냥 자신의 마음대로 구단을 운영하겠다는 뜻을 내비쳤다. 그럼에도 불구하고 첼시는 6위를 차지했다. 유럽 대항전에 나서고, 유로파 컨퍼런스리그로 향한다. 포체티노 감독이 떠나면서 남겨놓은 선물이었다. 포체티노 감독을 대신해 엔조 마레스카 감독을 데려왔다. 과연 그가 첼시를 잘 움직일 수 있을지는 미지수이다. 누가 봐도 보흘리 구단주의 입김이 크게 작용하고 있다는 것이 느껴진다. 일단 첼시로서는 기존 선수들과의 재계약에 집중하고 있다. 에이스로 떠오른 콜 팔머와는 2033년까지 계약을 연장했다. 이를 두고 '첼시 교도소'에 수감됐다는 우스갯소리가 나돈다. 레스터 시티를 이끈 마레스카 감독은 중앙 미드필더로 키워난 듀스베리-홀을 데려왔다. 이어 울버햄튼에서 페드로 네투를 영입했다. 다만 극적인 전력 증강 요인은 없어 보인다.

전술분석 기존 자원에 신입 선수를 투입, 시너지 극대화

엔조 마레스카 감독은 펩 과르디올라 감독의 스타일을 상당히 많이 흡수했다. 결국 점유율을 기반으로 한 후방 빌드업 축구를 추구한다. 이를 위해 허리에 많은 선수들을 배치할 전망이다. 4-2-3-1 포메이션이 기본이다. 특히 측면 날개들의 경우에는 중앙으로 들어와 허리에 힘을 실어줄 수 있는 선수들이 주를 이룰 전망이다. 레스터 시티에서 데려온 키어난 듀스베리-홀이 중심이 될 가능성이 크다. 마레스카 감독이 좋아하는 스타일이다. 중원에서 패스를 받아 뿌리고 자신이 직접 해결하는 역할을 보여줄 것으로 보인다. 페드로 네투 영입도 이 같은 전술의 일환이다. 네투는 미드필드 플레이가 좋은 윙어이다. 이를 토대로 마레스카 감독은 네투를 적극 활용할 전망이다. 라힘 스털링이나 콜 팔머 등 기존 자원 아래에서 새로운 선수를 집어넣어 전력 극대화를 꾀하는 것이 올 시즌 첼시가 노리는 전술이다. 다만 이번 시즌에도 역시 최전방에 대한 고민은 여전하다. 확실한 최전방 자원을 데려오지 못했다. 미드필더와 윙어만 데려왔다. 지난 시즌처럼 최전방 자원들이 여전히 극악의 골 결정력에 머무른다면, 전체적으로 팀이 상위권으로 치고 올라가기 힘들 것이다.

첼시, 내리막에서 반전할 수 있을까.

첼시는 최악을 겪었다. 2022/23 시즌 리그 12위에 그쳤다. 1993/94 시즌 14위에 그친 이후 20년 만의 최악의 결과였다. 러시아의 우크라이나 침공으로 인해, 로만 아브라모비치 체제에 종언을 고했다. 토드 보흘리 구단주가 들어왔지만 구단주는 축구를 이해하지 못했다. 선수단만 늘리고, 제대로 된 지원이 되지 않았다. 토마스 투헬 감독을 자르고 그레이엄 포터 감독을 데려왔다. 포터 감독 역시 시즌을 채우지 못했다. 마우리시오 포체티노 감독을 데려왔지만 역시 1시즌 만에 경질했다. 결국 보흘리 구단주가 생각을 바꾸어야 한다. 그나마 6위로 순위를 끌어올리기는 했다. 그러나 여전히 올 시즌도 암울하다. 포체티노 감독 대신 마레스카 감독을 데려왔다. 구단주의 입김이 크게 작용할 수밖에 없는 구조다. 또 다시 많은 선수들을 데려오려고 하지만 정작 가장 중요한 최전방에 대한 자원이 부족하다. 검증된 확실한 스트라이커를 데려오지 못했다. 이런 상황에서 결국 2선 자원만 크게 늘렸다. 넘쳐나는 2선 자원에 대한 정리도 필요하다. 더 높은 곳으로 가기 위해서는 시간을 전환해야 한다. 첼시는, 아니 정확하게 보흘리 구단주는 이런 시간 전환이 전혀 안 되어 있다.

IN & OUT

주요 영입	주요 방출
페드로 네투, 토신 아다라비오요, 마르크 구이, 헤나투 베이가, 케일럽 와일리, 필립 요르겐센, 아론 안셀미노, 키어난 듀스베리-홀	이안 마트헨, 하킴 지예흐, 오마리 허친슨, 루이스 홀, 티아고 실파, 말랑 사르

TEAM FORMATION

TEAM RATINGS

슈팅	7
패스	8
조직력	7
수비력	7
감독	7
선수층	8

종합: 44

2023/24 프로필

팀 득점	77
평균 볼 점유율	59.00%
패스 정확도	87.50%
평균 슈팅 수	14.4
경고	105
퇴장	4

골 타입

오픈 플레이	65
세트 피스	16
카운터 어택	4
패널티 킥	14
자책골	1

단위 (%)

패스 타입

쇼트 패스	90
롱 패스	8
크로스 패스	2
스루 패스	1

단위 (%)

지역 점유율

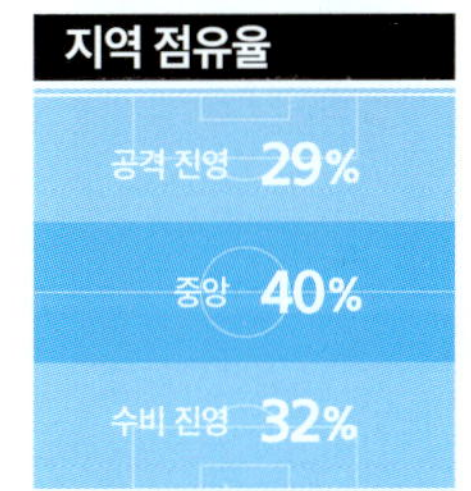

공격 방향

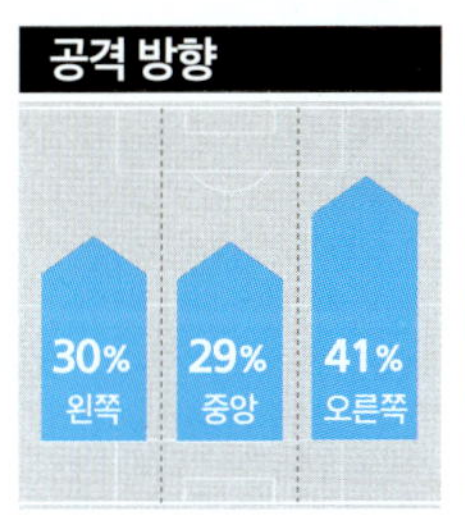

슈팅 지역

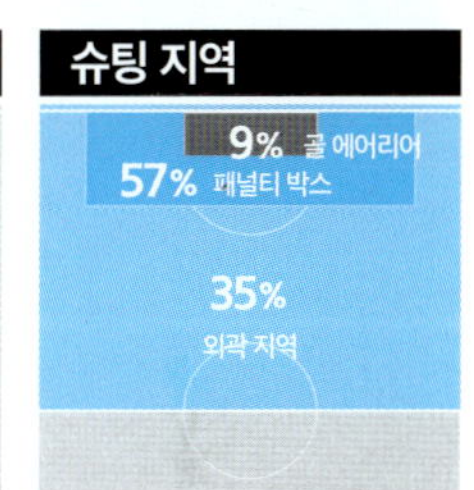

상대팀 최근 6경기 전적

구분	승	무	패
맨체스터 시티		2	4
아스널	1	1	4
리버풀		3	3
애스턴 빌라	2	2	2
토트넘 홋스퍼	4	1	1
첼시			
뉴캐슬 유나이티드	3	1	2
맨체스터 유나이티드	1	3	2
웨스트 햄 유나이티드	3	1	2
크리스탈 팰리스	6		
브라이턴 앤 호브 알비온	3	1	2
본머스	3	2	1
풀럼	4	1	1
울버햄튼 원더러스	1	2	3
에버턴	2	2	2
브렌트포드	1	2	3
노팅엄 포레스트	3	2	1
레스터 시티	5	1	
입스위치 타운	4	2	
사우샘프턴	3	1	2

SQUAD

포지션	등번호	이름		생년월일	키(cm)	체중(kg)	국적
GK	1	로베르트 산체스	Robert Sánchez	1997.11.18	197	90	스페인
	12	필립 요르겐센	Filip Jørgensen	2002.04.16	190	82	덴마크
	13	마커스 베티넬리	Marcus Bettinelli	1992.05.24	193	91.7	잉글랜드
DF	2	악셀 디사시	Axel Disasi	1998.05.11	190	86	프랑스
	3	마크 쿠쿠레야	Marc Cucurella	1998.07.22	173	66	스페인
	4	토신 아다라비오요	Tosin Adarabioyo	1997.09.24	196	80	잉글랜드
	5	브누아 바디아실	Benoît Badiashile	2001.03.26	194	75	프랑스
	6	리바이 콜윌	Levi Colwill	2003.02.26	187	83	잉글랜드
	21	벤 칠웰	Ben Chilwell	1996.12.21	180	78	잉글랜드
	24	리스 제임스	Reece James	1999.12.08	179	91	잉글랜드
	27	말로 구스토	Malo Gusto	2003.05.19	179	70	프랑스
MF	8	엔소 페르난데스	Enzo Fernández	2001.01.17	178	77	아르헨티나
	10	미하일로 무드리크	Mykhaylo Mudryk	2001.01.05	175	61	우크라이나
	17	카니 추쿠에메카	Carney Chukwuemeka	2003.10.20	187	77	잉글랜드
	18	크리스토퍼 은쿤쿠	Christopher Nkunku	1997.11.14	177	73	프랑스
	22	키어런 듀스베리-홀	Kiernan Dewsbury-Hall	1998.09.06	178	70	잉글랜드
	25	모이세스 카이세도	Moisés Caicedo	2001.11.02	178	73	에콰도르
	31	체사레 카사데이	Cesare Casadei	2003.01.10	175	77	이탈리아
	45	로메오 라비아	Roméo Lavia	2004.01.06	181	75	벨기에
FW	7	페드로 네투	Pedro Neto	2000.03.09	173	62	포르투갈
	11	노니 마두에케	Noni Madueke	2002.03.10	182	75	잉글랜드
	14	주앙 펠릭스	João Félix	1999.11.10	181	70	포르투갈
	15	니콜라 잭슨	Nicolas Jackson	2001.06.20	188	78	세네갈
	20	콜 팔머	Cole Palmer	2002.05.06	189	76	잉글랜드
	38	마르크 기우	Marc Guiu	2006.01.04	187	77	스페인

COACH

엔초 마레스카 *Enzo Maresca*
1980년 2월 10일생 이탈리아

선수 출신으로 잉글랜드, 이탈리아, 그리스, 스페인 등지에서 뛰었다. 지도자가 된 후에는 아스콜리, 세비야, 웨스트햄 등에서 수석코치를 지냈다. 맨시티 U-23 팀에서 감독을 지내며 과르디올라 감독 스타일을 많이 받아들였다. 맨시티 코치로도 활약했다. 레스터 시티를 통해 감독 생활을 제대로 경험했다. 2부 리그에 있던 팀을 프리미어리그로 승격, 그 지도력을 인정받았다. 다만 첼시라는 이름값이 높은 팀을 얼마나 이끌 수 있을지는 미지수이다. 지켜봐야 할 상황이다.

PLAYERS

| FW | 20 | 콜 팔머 *Cole Palmer* |

국적: 잉글랜드

맨시티 유스 출신이다. 공격형 미드필더와 윙어로 뛸 수 있는 자원이다. 맨시티에서 결국 밀리면서 첼시로 이적해 왔다. 드리블 능력이 좋고 기술도 좋다. 슈팅 능력이 좋은데 특히 공격 2선에서 때리는 슈팅은 상당히 날카롭다. 다양한 포지션에서 뛸 수 있다는 장점도 있다. 공격 2선 어느 자리라도 제 몫을 한다. 특히 마레스카 감독과는 맨시티 유스 시절부터 접점이 있다. 자신을 잘 아는 감독인 만큼 팀의 중심적인 역할을 할 것으로 보인다. 다만 파워가 다소 부족하다. 몸싸움을 펼칠 때는 밀려 넘어질 수 있다. 이는 중원이나 전방에서 약점으로 작용할 수 있다. 또한 경험 부족으로 인해 경기력의 일관성이 다소 떨어진다는 단점도 보이고 있다.

출전경기	경기시간(분)	골	어시스트	경고	퇴장
34	2,628	22	11	7	–

| GK | 1 | 로베르트 산체스 *Robert Sánchez* |

국적: 스페인

스페인 출신으로 피지컬이 좋은 골키퍼이다. 레반테 유스 팀과 브라이턴 유스 팀에서 성장했다. 브라이턴 주전 골키퍼로 활약하다가 2023년 여름 첼시로 왔다. 피지컬을 활용한 공중볼 처리, 선방 능력을 갖추고 있다. 방어 범위가 상당히 넓다. 패싱력도 준수하다. 다만 빌드업을 하면서 그 정확도가 떨어지는 것이 아쉬운 점이라고 할 수 있다. 또한 순간적으로 집중력이 떨어지면서 사고를 치른 경우가 종종 있다.

출전경기	경기시간(분)	실점	무실점(경기)	경고	퇴장
16	1,434	25	3	1	–

| GK | 12 | 필립 요르겐센 *Filip Jörgensen* |

국적: 덴마크

스웨덴과 스페인 유스 팀을 거쳐 비야레알에서 데뷔했다. 데뷔전은 2021년이었다. 그러나 오랜 시간 세컨드 골키퍼로 머물렀다. 지난 시즌부터 비야레알의 주전 골키퍼로 활약했다. 선방 능력이 뛰어나다. 라리가 36경기에 나와 143회 선방했다. 라리가 리그 선방 횟수 1위에 올랐다. 그만큼 반사신경이 좋다. 과감한 킥을 자주 하는 편이다. 팀의 빌드업에는 도움이 된다. 다만 정확성은 다소 떨어진다.

출전경기	경기시간(분)	실점	무실점(경기)	경고	퇴장
36	3,240	63	6	4	–

| DF | 2 | 악셀 디사시 *Axel Disasi* |

국적: 프랑스

강력한 피지컬을 갖춘 센터백이다. 발기술이 좋고 빌드업도 능하다. 최후방에서 수비라인을 조율하면서 팀에 힘을 보탠다. 부상 관리도 좋아 큰 부상이 없다. 언제나 뛸 준비가 되어 있는 선수이다. 다만 스피드가 느린 것이 가장 큰 문제이다. 발 빠른 공격수가 스프린트를 하면 따라가는 것에 꽤 애를 먹곤 한다. 수비 집중력과 마지막 판단 문제도 아쉽다. 위기의 순간 잘못된 판단을 하면서 아쉬운 모습을 보이곤 한다.

출전경기	경기시간(분)	골	어시스트	경고	퇴장
31	2,581	2	–	6	–

| DF | 3 | 마크 쿠쿠레야 *Marc Cucurella* |

국적: 스페인

FC 바르셀로나 유스 출신이다. 바르셀로나에서 데뷔했지만 주전 자리를 차지하지 못했다. 에이바르와 헤타페 등에서 뛰다 2021년 브라이턴으로 향했다. 브라이턴에서 좋은 모습을 보였고 2022년 첼시로 이적했다. 라 마시아 출신답게 기본기가 좋고 움직임과 패싱력을 갖추고 있다. 수비력도 크게 향상됐다. 특히 브라이턴에서 빠른 발을 바탕으로 하는 넓은 커버 범위와 태클이 장점으로 떠올랐다.

출전경기	경기시간(분)	골	어시스트	경고	퇴장
21	1,785	–	2	10	–

| DF | 4 | 토신 아다라비오요 *Tosin Adarabioyo* |

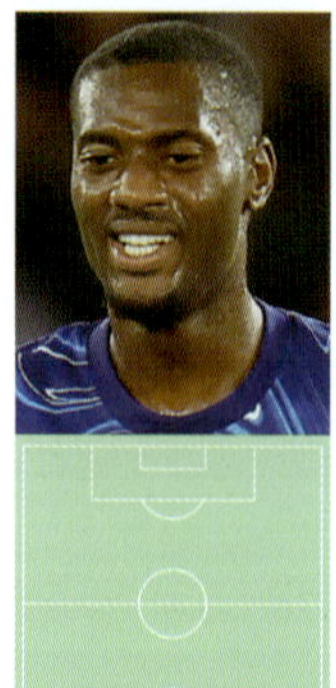

국적: 잉글랜드

풀럼의 최후방을 든든히 지켰던 센터백이다. 피지컬이 워낙 출중하다. 공중볼 처리 능력과 대인 마킹 능력이 좋다. 큰 피지컬에도 불구하고 스피드도 상당히 빠르다. 자신의 뒷공간을 어느 정도 잘 커버한다. 그 때문인지 위로 올라와 공격적으로 수비를 펼치는 스타일이다. 예측 능력도 좋다. 볼 배급 능력도 준수하다. 센터백치고는 좋은 축에 속한다. 그러나 압박을 당하거나 역습 상황에서는 아쉬움을 드러내곤 한다.

출전경기	경기시간(분)	골	어시스트	경고	퇴장
20	1,617	2	–	2	–

| DF | 24 | 리스 제임스 *Reece James* |

국적: 잉글랜드

첼시의 성골 풀백이다. 밸런스와 피지컬이 좋다. 몸싸움에서 밀리지 않는다. 주력도 좋아서, 상대 공격수들과의 스피드 경쟁에서도 밀리지 않는다. 수비적인 측면도 좋은 역량을 갖추고 있다. 공격수들에게 공간을 쉽게 내어주지 않는다. 공격력 특히 킥이 좋다. 넓은 시야를 갖추고 날카로운 패스와 크로스를 올리며 팀의 공격을 이끌고 있다. 문제는 은근 유리몸. 중요한 순간에 많이 다쳐 팬들의 아쉬움을 자아낸다.

출전경기	경기시간(분)	골	어시스트	경고	퇴장
10	421	–	2	–	2

PLAYERS

DF 27 말로 구스토
Malo Gusto

국적: 프랑스

올림피크 리옹에서 오랫동안 뛴 오른쪽 풀백이다. 2022년 첼시로 왔지만, 다시 리옹으로 재임대됐다. 2023/24 시즌 첼시로 왔다. 주력과 체력, 수비력과 공격력을 골고루 갖춘 표준적인 풀백이다. 1대1 수비가 좋다. 리그 최고의 공격수들을 잘 막아낸다. 기복과 부상이 적고 꾸준한 경기력을 선보인다. 그러나 공격에서 세밀한 플레이를 할 경우에는 어려움을 겪는다. 여기에 크로스 퀄리티가 아쉽다. 피지컬이 작은 것도 한계점이다.

출전경기	경기시간(분)	골	어시스트	경고	퇴장
27	1,756	–	6	7	1

MF 8 엔조 페르난데스
Enzo Fernández

국적: 아르헨티나

아르헨티나 무대에서 주목을 받았다. 벤피카에서 뛰다가 2023년 겨울 첼시에 합류했다. 이적료는 1억 2,100만 유로로 프리미어리그 최고 이적료 기록을 갈아치웠다. 빌드업 능력이 탁월하다. 패스, 볼키핑에 능하고 탈압박도 잘한다. 그러나 지난 시즌에 기대만큼의 경기력을 선보이지 못했다. 특히 수비력에 있어서 문제를 드러냈다. 전체적인 멘탈에 있어서도 아쉬운 모습을 보여주고 있는 상황이다.

출전경기	경기시간(분)	골	어시스트	경고	퇴장
28	2,215	3	2	7	–

MF 10 미하일로 무드리크
Mykhailo Mudryk

국적: 우크라이나

샤흐타르 도네츠크가 키워낸 윙어로 오랜 시간을 뛰며 각광을 받았다. 2023년 겨울 이적시장을 통해 첼시로 왔다. 빠른 스피드를 바탕으로 한 스프린트와 드리블 돌파가 강점이다. 체력도 좋다. 계속된 스프린트에도 잘 지치지 않는다. 직선적이면서도 변칙을 섞은 드리블로 상대를 공략하곤 한다. 그러나 신체적인 스피드만큼 정신적인 스피드는 아쉽다. 판단의 속도가 느리다. 이 부분은 좀 더 보완돼야 한다.

출전경기	경기시간(분)	골	어시스트	경고	퇴장
31	1,579	5	2	5	–

MF 18 크리스토퍼 은쿤쿠
Christopher Nkunku

국적: 프랑스

파리 생제르맹 유스 출신이다. 2019년 라이프치히로 이적했다. 라이프치히에서 좋은 모습을 보였고 2023년 첼시로 왔다. 그러나 리그 초반 큰 부상을 당하면서 아쉬움을 남겼다. 복귀했지만 좋은 몸 상태는 아니었다. 세컨드 스트라이커와 최전방 그리고 공격형 미드필더까지 모두 소화할 수 있다. 드리블 돌파가 좋은 데다 공간 침투 능력도 갖추고 있다. 슈팅도 좋다. 다만 피지컬과 부상이 걱정이다.

출전경기	경기시간(분)	골	어시스트	경고	퇴장
11	439	3	–	–	–

MF 22 키어넌 듀스베리-홀
Kiernan Dewsbury-Hall

국적: 잉글랜드

레스터 시티 유스 출신으로 레스터 시티에서 데뷔했다. 그 사이 블랙풀, 루턴 타운 등에서 임대 생활을 했다. 2021년 레스터 시티로 돌아왔다. 2023/24 시즌 레스터 시티의 중원 사령관으로서 팀의 챔피언십 우승과 승격을 이끌었다. 마레스카 감독을 따라 첼시로 왔다. 수비형 미드필더 출신으로 활동량이 많고 공격력이 뛰어나다. 패스도 좋다. 그러나 시야가 좁고 공격 상황에서 다소 아쉬운 모습을 보여준다.

출전경기	경기시간(분)	골	어시스트	경고	퇴장
44	3,643	12	14	6	–

MF 25 모이세스 카이세도
Moisés Caicedo

국적: 에콰도르

1억 1,500만 파운드라는 당시 프리미어리그 역대 최고 이적료를 기록하며 첼시로 왔다. 그러나 첼시에서 카이세도는 실망스러웠다. 뭔가 제대로 맞지 않는 모습이었다. 장점이었던 풍부한 활동량과 강인한 체력, 우수한 기동력도 사라졌다. 전체적으로 첼시에 맞지 않는 모습을 보였다. 때문에 올 시즌이 중요하다. 새로운 감독 아래에서 다시 한번 브라이턴 당시의 모습을 보여주기 위해 절치부심을 하고 있다.

출전경기	경기시간(분)	골	어시스트	경고	퇴장
35	2,874	1	3	12	–

FW 7 페드로 네투
Pedro Neto

국적: 포르투갈

포르투갈 브라가에서 유스와 프로 생활을 시작했다. 2017년 라치오를 거쳐 2019년 울버햄턴에 입단했다. 그리고 이번 시즌을 앞두고 첼시로 이적했다. 빠르고 직선적인 돌파 능력이 뛰어나다. 좌우 모두 뛸 수 있으며 중앙에서도 여러 포지션으로 활약할 수 있다. 왼발이 좋고 특히 패스 능력이 뛰어나다. 어시스트가 상당히 많은 편이다. 잔 부상이 많고 피지컬도 떨어지는 것이 단점으로 지적된다.

출전경기	경기시간(분)	골	어시스트	경고	퇴장
20	1,519	2	9	4	–

FW 14 주앙 펠릭스
João Félix

국적: 포르투갈

벤피카에서 맹활약하며 일찌감치 아틀레티코 마드리드로 향했다. 그곳에서 차세대 공격수로 찬란한 날개를 펼치는 듯했다. 그러나 경기력이 떨어졌다. 첼시 임대, FC 바르셀로나 임대를 다녀왔다. 모두 인상적인 활약을 보여주지는 못했다. 2% 아쉬운 모습을 보였다. 결국 2023/24 시즌 첼시로 이적했다. 첼시의 코너 갤러거와 자리를 바꿨다. 섀도 스트라이커나 공격형 미드필더로 나선다. 공간을 파고드는 움직임이 좋다.

출전경기	경기시간(분)	골	어시스트	경고	퇴장
30	2,143	7	3	3	–

FW 15 니콜라 잭슨
Nicolas Jackson

국적: 세네갈

비야레알에서 프로로 데뷔했다. 많은 구단들이 그를 주시했다. 결국 첼시가 잭슨을 낚아챘다. 스트라이커로 뛰지만, 윙어도 볼 수 있다. 드리블 돌파력이 좋고 상대 뒷공간 움직임도 좋다. 탄력이 있어 앞으로 잘 치고 들어간다. 문제는 어이없는 골 결정력이다. 슈팅 테크닉이 좋지 않고, 마지막 순간의 판단도 아쉬울 때가 많다. 주발인 오른발에 너무 치중하는 데다 오른발마저도 좋지 않을 때가 많다.

출전경기	경기시간(분)	골	어시스트	경고	퇴장
35	2,810	14	5	10	–

뉴캐슬 유나이티드 FC

Newcastle United FC

TEAM PROFILE	
창 립	1892년
구 단 주	사우디 국부펀드
감 독	에디 하우(잉글랜드)
연 고 지	뉴캐슬 어폰타인
홈 구 장	세인트 제임스 파크 스타디움(5만 2,354명)
라 이 벌	선덜랜드, 미들즈브러
홈페이지	www.nufc.co.uk

최근 5시즌 성적

시즌	순위	승점
2019-2020	13위	44점(11승 11무 16패 38득점 58실점)
2020-2021	12위	45점(12승 9무 17패 46득점 62실점)
2021-2022	11위	49점(13승 10무 15패 44득점 62실점)
2022-2023	4위	71점(19승14무5패, 68득점 33실점)
2023-2024	7위	60점(18승 6무 14패 85득점 62실점)

PREMIER LEAGUE (전신 포함)

통 산	우승 4회
23-24 시즌	7위(18승 6무 14패, 승점 60점)

FA CUP

통 산	우승 6회
23-24 시즌	8강

LEAGUE CUP

통 산	없음
23-24 시즌	8강

UEFA

통 산	없음
23-24 시즌	없음

경기 일정

라운드	날짜	장소	상대팀
1	2024.08.17	홈	사우샘프턴
2	2024.08.25	원정	AFC 본머스
3	2024.09.01	홈	토트넘 홋스퍼
4	2024.09.16	원정	울버햄튼 원더러스
5	2024.09.21	원정	풀럼
6	2024.09.28	홈	맨체스터 시티
7	2024.10.06	원정	에버턴
8	2024.10.19	홈	브라이턴 앤 호브 앨비언
9	2024.10.27	원정	첼시
10	2024.11.03	홈	아스널
11	2024.11.10	원정	노팅엄 포레스트
12	2024.11.24	홈	웨스트햄 유나이티드
13	2024.12.01	원정	크리스탈 팰리스
14	2024.12.05	홈	리버풀
15	2024.12.08	원정	브렌트포드
16	2024.12.15	홈	레스터 시티
17	2024.12.22	원정	입스위치 타운
18	2024.12.27	홈	애스턴 빌라
19	2024.12.30	원정	맨체스터 유나이티드
20	2025.01.05	원정	토트넘 홋스퍼
21	2025.01.16	홈	울버햄튼 원더러스
22	2025.01.19	홈	AFC 본머스
23	2025.01.26	원정	사우샘프턴
24	2025.02.02	홈	풀럼
25	2025.02.16	원정	맨체스터 시티
26	2025.02.23	홈	노팅엄 포레스트
27	2025.02.27	원정	리버풀
28	2025.03.09	원정	웨스트햄 유나이티드
29	2025.03.16	홈	크리스탈 팰리스
30	2025.04.02	홈	브렌트포드
31	2025.04.05	원정	레스터 시티
32	2025.04.12	홈	맨체스터 유나이티드
33	2025.04.19	원정	애스턴 빌라
34	2025.04.26	홈	입스위치 타운
35	2025.05.03	원정	브라이턴 앤 호브 앨비언
36	2025.05.10	홈	첼시
37	2025.05.18	원정	아스널
38	2025.05.26	홈	에버턴

 **전력분석** ## 재정비의 시간

지난 시즌 뉴캐슬에 대한 기대는 컸다. 유럽챔피언스리그에도 복귀했다. 그러나 모든 것이 맞지 않았다. 유럽 챔피언스리그에서 조별리그를 통과하지 못했다. 유럽 최정상급에 있는 팀들과는 확실히 차이가 있었다. 에디 하우 감독을 축으로 팀을 꾸렸지만, 더 큰 전력 상승이 있어야만 했다. 영입을 많이 했어도, 여전히 부족했다. 리그에서도 7위에 그쳤다. 맨유가 FA컵에서 우승하면서 유럽 대항전 출전 티켓도 손에 넣지 못했다. 여러 모로 많은 것을 놓친 시즌이었다. 올 시즌, 재정비의 시간을 가질 수 있다. 유럽 대항전에 나가지 않고 온전히 국내 경기만 치르면서 팀에 힘을 집중할 수 있다. 일단 에디 하우 감독이 지난 시즌을 통해 많이 배웠다. 무작정 욕심을 내면 안 된다는 것을 체득했다. 이번 시즌에는 여유를 보이면서 시즌 전체를 진행해 나갈 것으로 보인다. 포기할 것은 포기하고 집중할 전망이다. 허리의 브루노 기마랑이스, 최전방에 알렉산드르 이사크, 칼럼 윌슨 등이 건재하다. 이들을 중심으로 한 공격 역량은 리그 상위권에 있다고 봐도 무방하다. 수비도 나름 탄탄하다. 선수들이 모두 팀에 녹아들어 있다. 다만 허리가 아쉽다. 특히 기마랑이스 뒤를 받쳐주는 미드필더 자원들을 더욱 육성해야만 한다. 이 지점이 이번 시즌 뉴캐슬의 성패를 좌우할 것으로 보인다.

전술분석 ## 빠른 전환과 공격 침투

뉴캐슬 유나이티드의 에디 하우 감독은 공수 밸런스를 유지하면서 빠른 전환을 통한 공격 침투를 즐겨 한다. 4-3-3 혹은 4-2-3-1 전형을 주로 쓴다. 미드필드에서의 숫자 우위 싸움에도 중점을 두곤 한다. 빠른 측면 공격으로 상대를 흔든 후 최전방에 있는 자원을 활용해 골을 넣는 것에 포인트를 둔다. 일단 측면 공격이 중요하다. 트리피어나 윌록 등을 쓰면서 흔들어 놓고, 크로스나 컷백을 통해 최전방 자원에게 슈팅 찬스를 만든다. 중원에서는 볼을 잡는 것보다 뺏는 것에 집중한다. 특히 허리의 2선 자원이 상대 공격을 저지하고, 볼이 뜨는 상황을 만들어 낚아채는 것에 비중을 둔다. 볼을 잡으면 빠른 전환을 통해 상대의 수비가 갖추어지기 전에 골을 넣는 것을 목표로 한다. 공격의 출발점은 역시 브루노 기마랑이스이다. 기마랑이스가 볼을 배급하면 이사크와 윌슨의 공격을 극대화한다. 수비수들은 압박을 펼치면서 세트피스 상황에서 헤더나 여러 가지 준비된 전술로 골을 넣으려고 한다. 특히 세트피스에서 강점이 있다. 트리피어의 정확한 킥에 이은 셰어나 번의 헤더가 상당히 강력한 무기가 될 수 있다.

 짧았던 유럽의 추억, 다시 소환한다

지난 시즌 유럽 무대의 추억은 강렬했다. 그리고 또다시 유럽 무대를 노렸다. 그러나 결국 실패했다. 리그 7위. 유럽행 티켓을 아쉽게 놓쳤다. 이번 시즌 뉴캐슬은 안정감을 택했다. 지난 시즌 영입한 많은 선수들을 팀에 녹여야 한다. 유럽 무대에 나서지 못하는 편이 오히려 나을 수 있다. 이 정도 전력의 팀이라면 차라리 국내 무대에 집중해서 성적을 끌어올리는 편이 낫기 때문이다. 에디 하우 감독 역시 팀의 안정화 쪽으로 모든 역량을 집중할 생각이다.

일단 뉴캐슬로서는 허리 2선 라인의 재정비가 시급하다. 조 엘링턴과 숀 롱스태프, 브루노 기마랑이스의 삼각 편대가 더욱 공고해지는 것이 중요하다. 기마랑이스의 공격적인 지원 능력을 극대화시켜야 한다. 여기에 모든 방점을 찍을 전망이다. 상위권 팀들과의 맞대결에서 성과를 내야하는데, 지난 시즌의 경우 상위권 팀들과의 맞대결이 만족스럽지 못했다. 그들에게서 승점을 가져와야 전체적인 리그의 순위를 끌어올릴 수 있다. 리그 4위권 이내 진입이 가장 큰 목표이다. 리그 상위권 팀들이 유럽 대항전으로 인해 전력을 소비했을 때 뉴캐슬에게 찬스가 온다. 이때 상대 팀들을 대상으로 승점 3점을 따내면서 순위를 끌어올릴 수 있다.

IN & OUT

주요 영입	주요 방출
오디세아스 블라초미도스, 로이드 켈리, 루이스 홀, 존 루디, 미오드라그 피바스, 윌리엄 오술라	엘리엇 앤더슨, 얀쿠바 민테

TEAM FORMATION

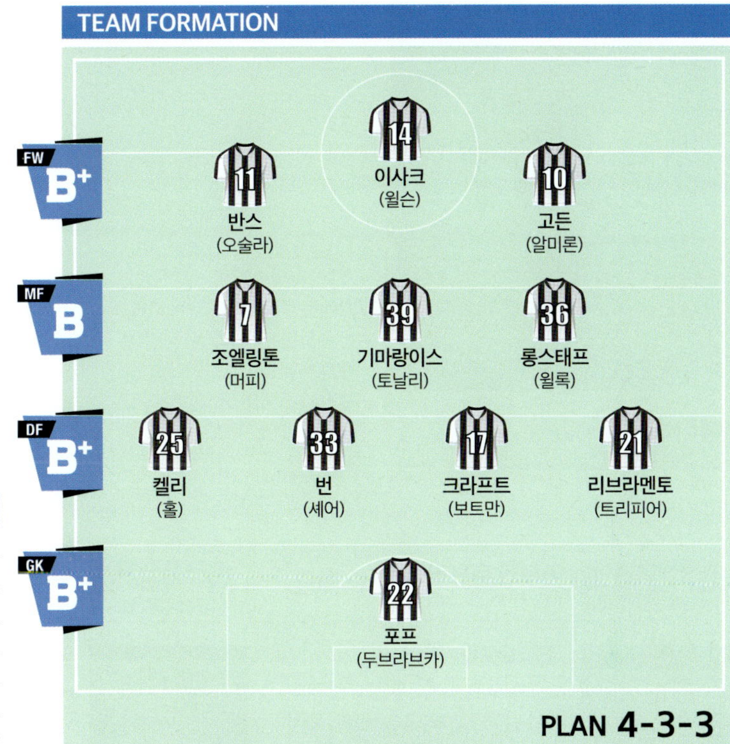

TEAM RATINGS

슈팅	7
패스	7
조직력	7
수비력	8
감독	8
선수층	7

44

2023/24 프로필

팀 득점	85
평균 볼 점유율	52.20%
패스 정확도	82.70%
평균 슈팅 수	14.5
경고	77
퇴장	1

골 타입		
오픈 플레이	61	
세트 피스	18	
카운터 어택	9	
패널티 킥	9	
자책골	2	단위 (%)

패스 타입		
쇼트 패스	87	
롱 패스	9	
크로스 패스	3	
스루 패스	0	단위 (%)

지역 점유율

구분	점유율
공격 진영	28%
중앙	41%
수비 진영	30%

공격 방향

왼쪽	중앙	오른쪽
33%	28%	38%

슈팅 지역

구분	비율
골 에어리어	12%
패널티 박스	60%
외곽 지역	28%

상대팀 최근 6경기 전적

구분	승	무	패
맨체스터 시티	1	1	4
아스널	2	1	3
리버풀			6
애스턴 빌라	4		2
토트넘 홋스퍼	3		3
첼시	2	1	3
뉴캐슬 유나이티드			
맨체스터 유나이티드	3	1	2
웨스트 햄 유나이티드	2	3	1
크리스탈 팰리스	3	2	1
브라이턴 앤 호브 알비온	2	3	1
본머스	2	3	1
풀럼	6		
울버햄튼 원더러스	3	2	1
에버턴	3	1	2
브렌트포드	5	1	
노팅엄 포레스트	3		3
레스터 시티	4	1	1
입스위치 타운	3	2	1
사우샘프턴	5	1	

SQUAD

포지션	등번호	이름		생년월일	키(cm)	체중(kg)	국적
GK	1	마르틴 두브라프카	Martin Dúbravka	1989.01.15	190	83	슬로바키아
	22	닉 포프	Nick Pope	1992.04.19	198	76	잉글랜드
DF	2	키어런 트리피어	Kieran Trippier	1990.09.91	173	71	잉글랜드
	4	스벤 보트만	Sven Botman	2000.01.12	195	81	네덜란드
	5	파비안 셰어	Fabian Schär	1991.12.20	186	84	스위스
	6	자말 라셀스	Jamaal Lascelles	1993.11.11	188	89	잉글랜드
	13	맷 타겟	Matt Targett	1995.09.18	183	70	잉글랜드
	17	에밀 크라프	Emil Krafth	1994.08.02	184	83	스웨덴
	20	루이스 홀	Lewis Hall	2004.09.08	179	71	잉글랜드
	21	티노 리브라멘토	Tino Livramento	2002.11.12	182	80	잉글랜드
	25	로이드 켈리	Lloyd Kelly	1998.10.06	190	78	잉글랜드
	33	댄 번	Dan Burn	1992.05.09	201	86.8	잉글랜드
MF	7	조엘링톤	Joelinton	1996.08.14	186	86	브라질
	8	산드로 토날리	Sandro Tonali	2000.05.08	181	80	이탈리아
	10	앤서니 고든	Anthony Gordon	2001.02.24	182	70	잉글랜드
	23	제이콥 머피	Jacob Murphy	1995.02.24	173	74	잉글랜드
	24	미겔 알미론	Miguel Almirón	1994.02.10	174	70	파라과이
	28	조 윌록	Joe Willock	1999.08.20	186	71	잉글랜드
	36	션 롱스태프	Sean Longstaff	1997.10.30	187	65	잉글랜드
	39	브루노 기마랑이스	Bruno Guimarães	1997.11.16	182	74	브라질
	67	루이스 마일리	Lewis Miley	2006.05.01	189	69	잉글랜드
FW	9	칼럼 윌슨	Callum Wilson	1992.02.27	180	66	잉글랜드
	11	하비 반스	Harvey Barnes	1997.12.09	174	66	잉글랜드
	14	알렉산데르 이사크	Alexander Isak	1999.09.21	192	77	스웨덴
	18	윌리엄 오술라	William Osula	2003.08.04	186	81	덴마크

COACH

에디 하우 *Eddie Howe*
1977년 11월 29일생 잉글랜드

부상으로 만 29세에 지도자 생활을 시작, 본머스에서 지도자로 안착했다. 2014/15 시즌 챔피언십에서 우승하며 프리미어리그로 올라왔다. 2019/20 시즌 본머스가 강등되면서 팀을 떠났다. 뉴캐슬로 온 후 팀을 고공 비행시키고 있다. 첫 시즌 잔류에 성공, 2022/23 시즌에는 4위까지 끌어올렸다. 그러나 지난 시즌 순위는 7위로 떨어졌다. 전체적으로 많이 뛰는 것을 선호하고 동시에 안정감에 중점을 두고 있다. 하나의 전술만 고집하는 것이 아니라 상황에 맞게 여러 전술을 구사한다.

PLAYERS

MF	39	브루노 기마랑이스	KEY PLAYER

Bruno Guimarães

국적: 브라질

뉴캐슬의 중심이자 동시에 공수의 출발점과 종착점이다. 에디 하우 감독이 추구하는 전술에 있어서 가장 핵심적인 역할을 맡고 있다. 빌드업의 출발점으로 공격 방향을 모두 정해준다. 팀의 정신적인 지주가 되고 있다. 일단은 박스 투 박스 성향의 미드필더로서 중장거리 패스에 능하다. 오프 더 볼 상황에서 공간을 찾아 들어간 후 패스를 찔러주거나 박스에 침투한다. 중거리 슛 능력도 좋다. 페널티 박스 바깥에서 컷백 패스를 다이렉트 슈팅으로 연결해 골을 뽑아내곤 한다. 브라질 출신답게 피지컬과 개인기를 바탕으로 볼키핑 능력도 갖추고 있다. 다만 스피드가 떨어지는 것이 약점이다. 그러나 한 박자 빠른 위치 선정으로 기동력이 떨어진다는 단점을 커버하는 영리함이 돋보인다.

출전경기	경기시간(분)	골	어시스트	경고	퇴장
37	3,269	7	8	9	-

GK	1	마르틴 두브라프카

Martin Dúbravka

국적: 슬로바키아

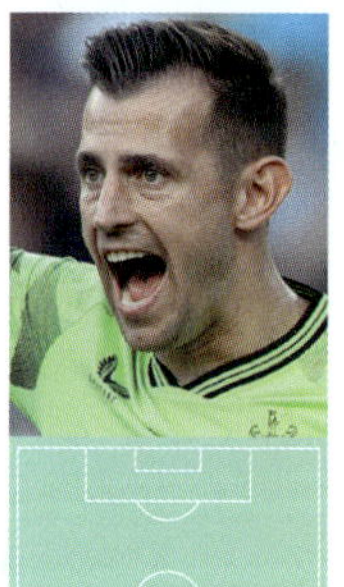

체코와 슬로바키아 등 동유럽 무대에서 뛰다가 2018년 뉴캐슬에 와서 골문을 든든히 지키고 있다. 선방 능력이 좋다. 빌드업 전개 능력도 갖추고 있다. 특히 롱킥이 정확하다. 다만 나이가 들어가면서 안정감이 계속 떨어지고 있다. 특히 공중볼이나 세컨드 볼 처리에서 실수를 하기도 한다. 과한 예측성 플레이로 어처구니없는 실수를 하면서 팀 사기에 악영향을 끼칠 때가 있다. 아버지와 할아버지 모두 골키퍼였다.

출전경기	경기시간(분)	실점	무실점(경기)	경고	퇴장
23	1,984	42	5	1	-

GK	22	닉 포프

Nick Pope

국적: 잉글랜드

8부 리그 팀부터 시작해 다양한 팀에서 임대로 뛰었다. 그 과정에서 기량을 많이 발전시켰다. 번리 시절 손흥민에게 푸스카스상을 안긴 70m 드리블 골의 실점 골키퍼이기도 하다. 잉글랜드 대표팀으로 카타르 월드컵에 출전했다. 선방 능력이 뛰어나다. 위치 선정과 반사신경이 좋다. 안정감과 기본기에 충실한 골키퍼이기는 하지만 킥력이 좋지 않아 빌드업 능력이 부족하다는 평가를 받는다.

출전경기	경기시간(분)	실점	무실점(경기)	경고	퇴장
15	1,346	16	6	1	-

DF	2	키어런 트리피어

Kieran Trippier

국적: 잉글랜드

맨시티 유스 출신으로 번리와 토트넘, 아틀레티코를 거쳐 뉴캐슬로 왔다. 토트넘 시절에는 손흥민과 호흡을 맞추며 한국 팬들에게도 강렬한 인상을 남겼다. 오른쪽과 측면이 모두 가능한 풀백이다. 주 포지션은 오른쪽 풀백이다. 정확한 킥력이 최대 강점이다. 페널티 지역 근처에서 때리는 직접 프리킥은 정확하고 파워도 갖추고 있다. 다만 공격적인 성향이 강하다 보니 수비력은 상대적으로 떨어진다.

출전경기	경기시간(분)	골	어시스트	경고	퇴장
28	2,240	1	10	5	-

DF	4	스벤 보트만

Sven Botman

국적: 네덜란드

탄탄하고 강력한 피지컬을 보유한 센터백이다. 대인 수비력이 좋고 몸싸움에서도 강력한 모습을 보인다. 큰 체격에도 발밑도 좋다. 191cm에 달하는 키를 이용해 제공권 장악 능력에 강점을 보여주고 있다. 패스의 방향과 정확도 또한 좋다. 빌드업 능력도 갖추고 있다. 침착하지만 공격수에게 간격을 내주는 실수를 하기도 한다. 때문에 결정적인 슈팅이나 패스를 허용한다는 비판도 듣고 있다.

출전경기	경기시간(분)	골	어시스트	경고	퇴장
17	1,378	2	2	2	-

DF	5	파비앙 셰어

Fabian Schär

국적: 스위스

스위스 대표팀의 든든한 센터백이다. FC빌과 FC바젤을 거쳐 분데스리가 호펜하임에서 경력을 쌓았다. 2018년 뉴캐슬에 입단했다. 에디 하우 감독이 오고 난 후 셰어의 수비력은 좋아졌다. 하우 감독의 전술적인 노림수를 잘 현실화시킨다. 큰 키와 위치 선정이 좋아 헤더 골을 꽤 많이 넣고 있다. 스피드가 느린 것이 가장 큰 단점이다. 예측 수비를 자주 하다가 실수를 저지르기도 한다.

출전경기	경기시간(분)	골	어시스트	경고	퇴장
36	3,056	4	1	5	-

DF	6	자말 라셀스

Jamaal Lascelles

국적: 잉글랜드

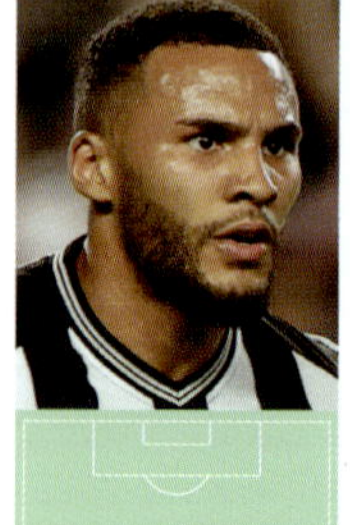

당당한 체격 조건과 파워를 갖춘 센터백이다. 리더십과 팀 내 장악력이 좋다. 백스리로 나섰을 때 최고의 모습을 보여준다. 최근 스피드와 패싱력이 떨어지면서 주전 경쟁에서 밀린 모습이다. 그럼에도 주전보다는 백업으로서 자신의 가치를 증명하기도 했다. 전체적으로는 탄탄한 모습을 보여주지만 조금씩 아쉬운 센터백이다. 세트피스 상황에서 헤더 능력을 갖추고 있다. 최근 들어 부상을 자주 당하는 경향이다.

출전경기	경기시간(분)	골	어시스트	경고	퇴장
16	1,081	1	-	4	-

DF | 33 | 댄 번
Dan Burn

국적: 잉글랜드

198cm의 장신으로 피지컬을 갖춘 수비수이다. 포백의 왼쪽과 스리백의 스토퍼로 동시에 활용할 수 있는 자원이다. 풀백이 주 포지션이지만, 센터백으로도 준수한 모습을 보인다. 축구 센스가 좋고 전술 이해도도 높다. 키가 크기 때문에 헤더 능력이 좋아 중요한 순간에 세트피스에서 골을 만들어 내곤 한다. 키에 비해 스피드가 좋은 편이다. 수비진 어떤 자리에 놓더라도 제 몫을 다하는 선수다.

출전경기	경기시간(분)	골	어시스트	경고	퇴장
33	2,732	2	2	4	-

MF | 10 | 앤서니 고든
Anthony Gordon

국적: 잉글랜드

에버턴에서 선수 경력을 시작, 2023년 1월 뉴캐슬로 이적했다. 그러나 기대만큼 보여 주지 못하고 있다. 2월 맨시티와의 경기 이후 발목을 다쳤다. 이후 뉴캐슬에서도 아쉬운 모습을 남기자, 선수 스스로 올 시즌 맹활약을 다짐했다. 속도가 빠르고 기술이 좋은 선수다. 윙어와 공격형 미드필더, 폴스 나인 등으로 다양하게 쓸 수 있다. 그러나 피지컬이 밀린다. 오프 더 볼 움직임에서도 아쉬움을 자아낸다.

출전경기	경기시간(분)	골	어시스트	경고	퇴장
35	2,906	11	10	10	-

MF | 24 | 미겔 알미론
Miguel Almirón

국적: 파라과이

파라과이 리그, 아르헨티나를 거쳐 미국으로 향했다. 미국에서 돌풍을 일으키면서 뉴캐슬이 빠르게 영입했다. 공격형 미드필더지만 오른쪽 윙어나 메짤라도 소화가 가능하다. 활동량이 많아 팀에 큰 도움이 되고 있다. 발이 빠르고 드리블 능력이 좋다. 단 골 결정력이 아쉽다. 슈팅이나 마무리 패스에 있어서 선택 장애 같은 모습을 보여주곤 했다. 극단적인 왼발잡이인 것도 선택의 폭을 좁히는 이유 가운데 하나이다.

출전경기	경기시간(분)	골	어시스트	경고	퇴장
33	1,947	3	1	2	-

MF | 28 | 조 윌록
Joe Willock

국적: 잉글랜드

오랜 기간 아스널에서 뛰었다. 그러나 주전 경쟁에서 밀리며 출전 시간을 확보하지 못했다. 2020년 겨울 뉴캐슬로 임대됐고 이후 완전히 이적해 지금까지 뛰고 있다. 축구 센스가 좋고 활동량이 많다. 피지컬과 기동력을 갖추고 있다. 그러나 다소 투박하고 시야가 좋지 않은 것이 가장 큰 단점이다. 미드필더로서 시야가 좁은 것은 빌드업에 있어서 치명적인 약점이 된다. 수비력도 좋지 않다는 평가다.

출전경기	경기시간(분)	골	어시스트	경고	퇴장
9	419	1	-	-	-

MF | 36 | 션 롱스태프
Sean Longstaff

국적: 잉글랜드

뉴캐슬 로컬 보이 출신으로 성골 기대주이다. 뉴캐슬 유스에서 성장했다. 존조 셸비, 기성용 등을 보고 경쟁하면서 경력을 쌓아 올렸다. 박스 투 박스 형 미드필더로서 체력이 좋고 활동량이 많다. 패싱력도 준수하다. 성실한 플레이로 팀에 도움을 주고 있다. 조엘링톤과 기마랑이스의 뒷공간을 메우면서 수비 부담도 덜어준다. 아직은 시야가 좁고 발밑이 투박해 빌드업을 전개하는 데에는 한계가 있다.

출전경기	경기시간(분)	골	어시스트	경고	퇴장
35	2,747	6	2	7	-

FW | 7 | 조엘링톤
Joelinton

국적: 브라질

브라질을 거쳐 독일에서 뛰었다. 2016년 오스트리아 라피트 빈에서 임대 생활을 하며 경기력을 끌어올렸다. 2019년 뉴캐슬로 이적했다. 스트라이커 등 공격 포지션에서 뛰다가 에디 하우 감독의 조언을 받아들여 중앙 미드필더로 내려왔다. 자신의 최적합 포지션을 찾아낸 것이다. 피지컬을 잘 활용하는 데다가 빠른 발과 개인기로 중원의 파괴자로 등장했다. 활동량도 많아 팀에 활기를 불어넣고 있다.

출전경기	경기시간(분)	골	어시스트	경고	퇴장
20	1,282	2	1	6	-

FW | 9 | 칼럼 윌슨
Callum Wilson

국적: 잉글랜드

빠른 스피드와 몸싸움을 바탕으로 뒷공간 침투 능력이 좋은 공격수이다. 라인 브레이킹에 능하다. 공간을 찾아 들어가는 오프 더 볼 움직임에서도 좋은 모습을 보이다. 골 냄새를 맡는 킬러 본능도 갖추고 있다. 키는 180cm로 크지 않지만, 단단한 체구로 점프력을 바탕으로 한 헤더에도 능하다. 그러나 부상이 잦다. 시즌 내내 잔 부상에 시달리고 있다. 여기에 볼을 다룰 때 세밀함은 떨어진다.

출전경기	경기시간(분)	골	어시스트	경고	퇴장
20	985	9	1	3	-

FW | 11 | 하비 반스
Harvey Barnes

국적: 잉글랜드

레스터 시티에서 축구를 시작했다. 레스터 시티 유스를 거쳐 프로에 데뷔했다. MK돈스, 반즐리, 웨스트브로미치에서 임대 선수 생활을 했다. 레스터 시티에서는 윙어로서 활약했다. 레스터 시티가 강등되자 심을 싸서 2023년에 뉴캐슬로 왔다. 킥 앤 러시에 최적화된 윙어이다. 빠른 발로 볼을 받아 크로스를 올리는 것에 최적화되어 있다. 그러나 발밑이 둔탁하다. 볼키핑이 약점으로 지적되고 있다.

출전경기	경기시간(분)	골	어시스트	경고	퇴장
21	794	5	3	3	-

FW | 14 | 알렉산데르 이사크
Alexander Isak

국적: 스웨덴

뉴캐슬 최전방 스트라이커이다. 레알 소시에다드에서 이적하여, 2022/23 시즌 부상으로 고생했지만, 2023/24 시즌에는 나름 제 몫을 해주었다. 기동력이 좋고 유연하면서 발밑도 좋다. 박스 안에서 직접 드리블을 통해 골 찬스까지 만들어낼 수 있다. 양발을 모두 사용할 수 있다는 장점도 있다. 문제는 골 결정력의 기복이 심한 편이다. 잘 넣을 때는 몰아친다. 그러나 한번 골이 안 들어가기 시작하면 오랜 침묵에 빠진다.

출전경기	경기시간(분)	골	어시스트	경고	퇴장
30	2,266	21	2	1	-

맨체스터 유나이티드
Manchester United

TEAM PROFILE

창 립	1878년
구 단 주	글레이저 가문(미국)
감 독	에릭 텐하흐(네덜란드)
연 고 지	맨체스터
홈 구 장	올드 트래포드 스타디움(7만 4,310명)
라 이 벌	맨체스터 시티, 리버풀
홈페이지	www.manutd.com

최근 5시즌 성적

시즌	순위	승점
2019-2020	3위	66점(18승 12무 8패 66득점 36실점)
2020-2021	2위	74점(21승 11무 6패 73득점 44실점)
2021-2022	6위	58점(16승 10무 12패 57득점 57실점)
2022-2023	3위	75점(23승 6무 9패 58득점 43실점)
2023-2024	8위	60점(18승6무14패 57득점 58실점)

PREMIER LEAGUE (전신 포함)

통 산	우승 20회
23-24 시즌	8위(18승6무14패, 승점 60점)

FA CUP

통 산	우승 13회
23-24 시즌	우승

LEAGUE CUP

통 산	우승 6회
23-24 시즌	16강

UEFA

통 산	챔피언스리그 우승 3회 유로파리그 우승 1회
23-24 시즌	없음

경기 일정

라운드	날짜	장소	상대팀
1	2024.08.17	홈	풀럼
2	2024.08.24	원정	브라이턴 앤 호브 앨비언
3	2024.09.02	홈	리버풀
4	2024.09.14	원정	사우샘프턴
5	2024.09.22	원정	크리스탈 팰리스
6	2024.09.30	홈	토트넘 홋스퍼
7	2024.10.06	원정	애스턴 빌라
8	2024.10.19	홈	브렌트포드
9	2024.10.27	원정	웨스트햄 유나이티드
10	2024.11.03	홈	첼시
11	2024.11.10	홈	레스터 시티
12	2024.11.24	원정	입스위치 타운
13	2024.12.01	홈	에버턴
14	2024.12.04	원정	아스널
15	2024.12.08	홈	노팅엄 포레스트
16	2024.12.15	원정	맨체스터 시티
17	2024.12.22	홈	AFC 본머스
18	2024.12.27	원정	울버햄튼 원더러스
19	2024.12.30	홈	뉴캐슬 유나이티드
20	2025.01.05	원정	리버풀
21	2025.01.16	홈	사우샘프턴
22	2025.01.19	홈	브라이턴 앤 호브 앨비언
23	2025.01.26	원정	풀럼
24	2025.02.02	홈	크리스탈 팰리스
25	2025.02.16	원정	토트넘 홋스퍼
26	2025.02.23	원정	에버턴
27	2025.02.27	홈	입스위치 타운
28	2025.03.09	홈	아스널
29	2025.03.16	원정	레스터 시티
30	2025.04.01	원정	노팅엄 포레스트
31	2025.04.05	홈	맨체스터 시티
32	2025.04.12	원정	뉴캐슬 유나이티드
33	2025.04.19	홈	울버햄튼 원더러스
34	2025.04.26	원정	AFC 본머스
35	2025.05.03	원정	브렌트포드
36	2025.05.10	홈	웨스트햄 유나이티드
37	2025.05.18	원정	첼시
38	2025.05.26	홈	애스턴 빌라

전력분석 미워도 다시 한 번!

역시나 다사다난했다. 바로 옆에 있는 맨시티가 승승장구하는 동안 맨유는 이러지도 저러지도 못하는 신세가 됐다. 유럽 무대 복귀를 노렸지만 쉽지 않았다. 리그에서 계속 미끄러졌다. 결국 리그 최종 순위 8위. 에릭 텐 하흐 감독 경질론이 불거졌다. 그러나 FA컵에서 우승을 차지하면서 자리를 보전할 수 있었다. 올 시즌 반전을 노리고 있다. 일단 큰 선수 영입에는 성공했다. 마티아스 더 리흐트와 누사이르 마즈라위를 데리고 오는 데 성공했다. 수비에서 큰 힘을 얻을 수 있게 됐다. 짐 레드클리프가 공동 구단주가 된 후 첫 이적시장에서의 성공적인 행보였다. 적폐 같았던 선수들을 살 내보냈다. 앙토니 마르시알을 내보내고 조슈아 지르크지를 데려왔다. 전체적으로 팀이 틀을 갖추게 됐다. 특히 부상이 심했던 수비라인에 큰 보강이 이루어졌다. 더 리흐트는 세계 최고 수준의 센터백이다. 라파엘 바란이 떠난 공백을 잘 메울 수 있게 됐다. 마즈라위는 좌우 풀백이 모두 가능하다. 루크 쇼와 타이럴 말라시아가 부상이 잦다. 상황에 따라 마즈라위가 잘 커버할 수 있을 것으로 보인다. 지르크지 역시 공격의 어느 자리에 놓아도 충분히 제 몫을 할 수 있는 선수다. 그동안 맨유는 팬들에게 많은 실망을 안겼다. 그러나 이번 시즌에는 한번 기대를 걸어볼 만하다.

전술분석 에릭 텐 하흐의 마지막 기회

아약스에서 텐 하흐 감독은 큰 족적을 남겼다. 에레디비지에 우승, 유럽챔피언스리그 4강을 향하면서 전술적으로 좋은 모습을 보였다. 포지션 극대화, 빠른 공수 변환, 폴스 나인으로 상대 수비진을 끌어낸 후 2선 미드필더 침투까지. 그러나 맨유에서는 이런 모습이 제대로 나오지 않았다. 프리미어리그는 네덜란드 무대와는 달랐다. 템포는 빨랐고 맨유 선수들은 텐 하흐 감독의 뜻대로 따라오지 못했다. 그래도 맨유에서의 첫 시즌이었던 2022/23 시즌은 나쁘지 않았다. 텐 하흐 감독은 절반의 성공을 거뒀다. 그러나 2023/24 시즌 텐 하흐 감독의 맨유는 나락으로 떨어졌다. 부상이 계속 이어졌다. 핵심 선수들이 계속 다쳤다. 선수들이 부족하니 체계적이지 못한 축구를 펼칠 수밖에 없었다. 결국 리그에서 순위가 떨어졌다. 그나마 FA컵에서 우승하며 체면을 세웠다. 일단 더 리흐트가 왔다. 빌드업의 시작점을 다변화시킬 수 있게 됐다. 텐 하흐 감독으로서는 마지막 기회를 받았다. 3선에서 더 리흐트, 2선에서는 브루노 페르난데스를 중심으로 빌드업 축구를 하면서 마지막 도전에 나설 것으로 보인다.

새로운 맨유, 과연 기대에 부응할까

짐 레드클리프가 맨유의 공동 구단주가 된 후, 팀 내에 새로운 바람이 불고 있다. 그동안 맨유는 이적시장에서 에이전트나 선수들에게 끌려다녔다. 한 명의 선수를 찍은 후 그와의 협상에만 주력했다. 결국 그 선수도 놓치고 어정쩡한 선수를 비싼 가격에 사들고 오는 '호구' 행보를 계속해왔다. 그러나 레드클리프가 구단 운영에 관여하면서 확실하게 달라졌다. 더 리흐트 영입도 깔끔했다. 영입 후보를 놓고 가격이 맞지 않자 빨리 더 리흐트로 선회했다. 빠른 협상을 통해 이적을 마무리지었다. 더 리흐트뿐만이 아니라 다른 선수들 영입도 마찬가지였다. 그만큼 맨유는 빨라지고 슬림해졌다. 이런 맨유가 올 시즌 부활을 노린다. 지난 시즌 부상으로 인한 충격파는 충분히 맛보았다. 이제 다시 일어날 일만 남았다.

현실적으로 리그 우승에 도전할 수 있는 전력은 아니다. 특히 스쿼드의 깊이가 아직은 얇다. FA컵 그리고 유로파리그 우승에 도전하는 것이 현실적으로 더욱 좋은 방법이라고 할 수 있다. 수비를 통해 단단함을 구축한 후 역습과 측면을 무너뜨리는 전술을 통해 승점 3점을 노릴 것으로 보인다. 특히 허리에서 기존 선수들의 역량을 최대한 끌어올려서 상대를 압박, 뒷공간을 무너뜨리는 전술이 빈번할 것으로 보인다.

TEAM RATINGS

슈팅	7
패스	8
조직력	7
수비력	8
감독	7
선수층	7

44

2023/24 프로필

팀 득점	57
평균 볼 점유율	50.40%
패스 정확도	82.70%
평균 슈팅 수	14.5
경고	81
퇴장	1

골 타입

오픈 플레이	68
세트 피스	16
카운터 어택	5
패널티 킥	11
자책골	0

단위 (%)

패스 타입

쇼트 패스	86
롱 패스	10
크로스 패스	3
스루 패스	0

단위 (%)

주요 영입	주요 방출
실바 멕세스, 제인스 오베리, 조슈아 지르크지, 레니 요로, 마티아스 더 리흐트, 노우사리 마즈라위	톰 허들스톤, 찰리 맥닐, 라파엘 바란, 앙토니 마르시알, 도니 판 더 벡, 윌리 캄브왈라, 메이슨 그린우드, 아론 완-비사카

TEAM FORMATION

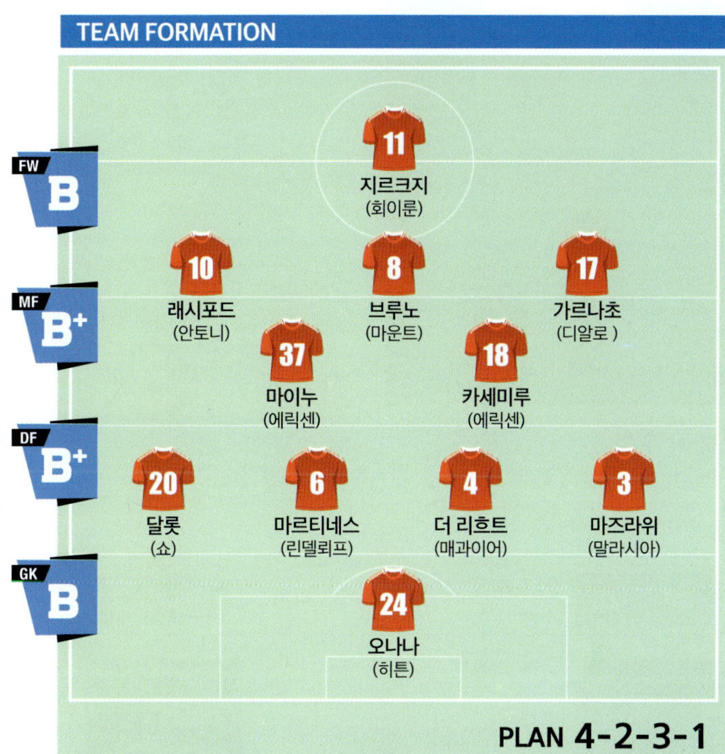

지역 점유율

공격 진영	29%
중앙	39%
수비 진영	31%

공격 방향

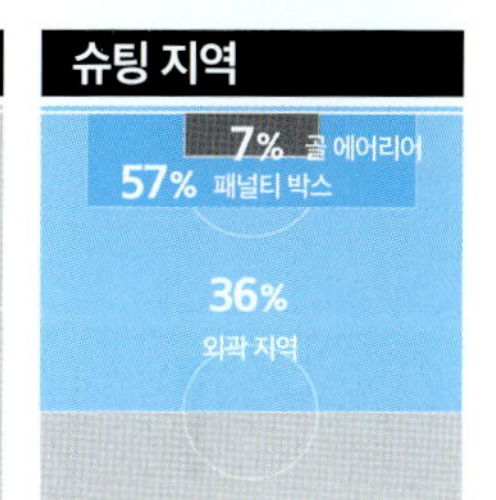

슈팅 지역

골 에어리어	7%
패널티 박스	57%
외곽 지역	36%

상대팀 최근 6경기 전적

구분	승	무	패
맨체스터 시티	2		4
아스널	2		4
리버풀	2	2	2
에스턴 빌리	4	1	1
토트넘 홋스퍼	3	2	1
첼시	2	3	1
뉴캐슬 유나이티드	2	1	3
맨체스터 유나이티드			
웨스트 햄 유나이티드	4		2
크리스탈 팰리스	2	1	3
브라이턴 앤 호브 앤비온	2		4
본머스	3	1	2
풀럼	4	1	1
울버햄튼 원더러스	5		1
에버턴	5		1
브렌트포드	4	1	1
노팅엄 포레스트	5		1
레스터 시티	2	1	3
입스위치 타운	4	1	1
사우샘프턴	3	3	

SQUAD

포지션	등번호	이름		생년월일	키(cm)	체중(kg)	국적
GK	1	알타이 바이은드르	Altay Bayındır	1998.04.14	198	88	튀르키예
	24	안드레 오나나	André Onana	1996.04.02	190	93	카메룬
DF	2	빅토르 린델로프	Victor Lindelöf	1994.07.17	187	80	스웨덴
	3	누사이르 마즈라위	Noussair Mazraoui	1997.11.14	183	65	모로코
	4	마티아스 더 리흐트	Matthijs de Ligt	1999.08.12	189	89	네덜란드
	5	해리 매과이어	Harry Maguire	1993.03.05	194	100	잉글랜드
	6	리산드로 마르티네스	Lisandro Martínez	1998.01.18	175	77	아르헨티나
	12	타이럴 말라시아	Tyrell Malacia	1999.08.17	169	67	네덜란드
	15	레니 요로	Leny Yoro	2005.11.13	190	83	프랑스
	20	디오고 달롯	Diogo Dalot	1999.03.18	183	75	포르투갈
	23	루크 쇼	Luke Shaw	1995.07.12	185	75	잉글랜드
	35	조니 에반스	Jonny Evans	1988.01.03	188	77	잉글랜드
MF	7	메이슨 마운트	Mason Mount	1999.01.10	181	74	잉글랜드
	8	브루노 페르난데스	Bruno Fernandes	1994.09.08	179	69	포르투갈
	14	크리스티안 에릭센	Christian Eriksen	1992.02.14	182	76	덴마크
	18	카세미루	Casemiro	1992.02.23	185	84	브라질
	25	마누엘 우가르테	Manuel Ugarte	2001.04.11	182	77	우루과이
	37	코비 마이누	Kobbie Mainoo	2005.04.19	180	71	잉글랜드
	43	토비 콜리어	Toby Collyer	2004.01.03	180	–	잉글랜드
	44	대니얼 고어	Daniel Gore	2004.09.26	173	–	잉글랜드
FW	9	라스무스 회이룬	Rasmus Højlund	2003.02.04	191	85	덴마크
	10	마커스 래시포드	Marcus Rashford	1997.10.31	185	70	잉글랜드
	11	조슈아 지르크지	Joshua Zirkzee	2001.05.22	193	97	네덜란드
	16	아마드 디알로	Amad Diallo	2002.07.11	173	72	코트디부아르
	17	알레한드로 가르나초	Alejandro Garnacho	2004.07.01	180	70	아르헨티나

COACH

에릭 텐 하흐 *Erik ten Hag*
1970년 2월 2일생 네덜란드

선수 시절은 센터백으로 네덜란드에서만 활약했다. 지도자로 변신한 후 아약스에서 리그 우승 3회, 컵대회 우승 2회를 했다. 유럽챔피언스리그 4강도 이끌었다. 4-3-3 시스템을 기본 전술로 사용한다. 허리에 배치되는 3명의 미드필더들이 팀의 중심을 잡는다. 공격진은 개개인의 기량과 임기 응변을 최대한 활용한다. 유스 육성에 탁월하다. 호날두를 내치면서도 좋은 성적을 거둬 팬들과 선수들의 신뢰를 얻었다. 그러나 지난 시즌 리그 8위로 체면을 구겼다. FA컵 우승으로 겨우 살아남았다.

PLAYERS

| MF | 8 | 브루노 페르난데스
Bruno Fernandes |  KEY PLAYER |

국적: 포르투갈

맨유의 중원 사령관. 공격의 중심으로서 팀 전체의 공격 방향을 조율하는 역할을 한다. 간결한 패스로 팀의 공격을 이끌고 있다. 상대의 타이밍을 뺏는 드리블로 찬스를 만들고, 동시에 과감하고 날카로운 슈팅으로 골을 만들어내기도 한다. 수비 가담 능력도 준수하다. 왕성한 활동량을 바탕으로 수비에도 힘을 보태고 있다. 월드클래스 공격형 미드필더임이 분명하나 플레이에 기복이 있다. 1대1 마킹 수비가 붙으면 경기력이 크게 떨어진다. 흥분을 잘한다. 종종 어처구니없는 플레이로 공격 템포를 끊는 모습도 감지된다. 경기 전체를 바꿀 수 있는 능력이 다른 월드클래스급 선수들에 비해 떨어진다. 선수들을 좋은 방향으로 이끌 수 있는 리더십이 다소 아쉽다.

출전경기	경기시간(분)	골	어시스트	경고	퇴장
35	3,120	10	8	9	–

| GK | 24 | 안드레 오나나
André Onana |

국적: 카메룬

오나나는 바르셀로나와 아약스 유스를 거치며 기본기를 익혔다. 시니어 무대 데뷔 후 아약스와 인테르에서 골문을 지켰다. 무엇보다도 선방 능력이 탁월하다. 슈퍼 세이브를 통해 팀의 수비력을 끌어올린다. 빌드업 전개 능력이 좋다. 후방 빌드업은 물론이고 전방으로 쇄도하는 선수에게 날카로운 패스를 보내주기도 한다. 다만 볼 캐칭 능력이 상대적으로 떨어지며 전체적인 플레이가 불안하다는 인상을 준다.

출전경기	경기시간(분)	실점	무실점 (경기)	경고	퇴장
38	3,420	58	9	5	–

| DF | 2 | 빅토르 린델로프
Victor Lindelöf |

국적: 스웨덴

2017년부터 맨유에서 뛰고 있다. 대인 방어 능력이 좋다. 수비 기술이 좋을 뿐만 아니라 무게 중심도 낮다. 덤비는 수비를 하지 않는다. 피지컬도 탄탄하고 태클 능력도 탁월하다. 전체적으로 안정감을 보여주는 센터백이다. 그러나 공중볼 경합에서 의외로 약한 모습을 보이고 있다. 동시에 플레이의 기복이 심하다. 순간 집중력 저하도 자주 눈에 띈다. 의외로 유리몸이어서 자주 다친다.

출전경기	경기시간(분)	골	어시스트	경고	퇴장
19	1,332	1	1	2	–

| DF | 3 | 누사이르 마즈라위
Noussair Mazraoui |

국적: 모로코

아약스에서 길러지고 자라온 풀백이다. 아약스에서 오래 뛰었다. 바이에른 뮌헨에서도 뛰며 큰 무대 경험을 많이 했다. 오른쪽과 왼쪽을 모두 볼 수 있는 풀백이다. 주 포지션은 오른쪽 풀백이지만 대표팀에서는 왼쪽으로 나서고 있다. 볼 컨트롤과 발재간이 좋다. 풀백으로서 공수밸런스가 잘 잡혀 있다. 다만 양 쪽 모두 무난하게 하는 스타일이다. 왕성한 기동력이나 폭발적인 오버래핑은 아쉽다. 유리몸이라는 것도 아쉽다.

출전경기	경기시간(분)	골	어시스트	경고	퇴장
19	1982		3	3	–

| DF | 4 | 마티아스 더 리흐트
Matthijs de Ligt |

국적: 네덜란드

선수 경력이 화려하다. 아약스 유스 출신이다. 아약스에서 텐 하흐 감독과 함께 했다. 이후 유벤투스와 바이에른 뮌헨에서 뛰었다. 이번 시즌을 앞두고 텐 하흐 감독과 다시 만나 맨유의 유니폼을 입게 됐다. 후방 빌드업 능력이 탁월하다. 발밑이 좋아서 패스와 포지셔닝이 좋다. 중장거리 패스도 잘 뿌려준다. 피지컬과 두뇌를 갖추고 있는 수비수이다. 다만 느린 것이 단점. 절대적인 스피드보다는 순간적인 턴에서 시간이 걸린다.

출전경기	경기시간(분)	골	어시스트	경고	퇴장
22	1924	2	–	5	–

| DF | 5 | 해리 매과이어
Harry Maguire |

국적: 잉글랜드

2019년 맨유에 입단했다. 입단 당시 8,000만 파운드라는 수비수 최고 이적료의 주인공이었다. 입단 초창기에는 탄탄했다. 그러나 시간이 지날수록 계속 경기력이 떨어졌다. 피지컬은 좋지만 느린 발과 떨어지는 빌드업 능력에 맨유 팬들도 이제 그에게 등을 돌리고 있다. 선수들의 줄부상으로 인해 어쩔 수 없이 경기에 나오는 경우가 많을 뿐이다. 현 시점에서는 주전이 쉽지 않다.

출전경기	경기시간(분)	골	어시스트	경고	퇴장
22	1,650	2	2	3	–

| DF | 6 | 리산드로 마르티네스
Lisandro Martínez |

국적: 아르헨티나

텐 하흐 감독이 맨유에 부임하자마자 강력하게 영입을 원했던 선수이다. 센터백으로서뿐만 아니라 축구 선수로서도 단신이라 할 수 있는 175cm에 불과하다. 그럼에도 탁월한 수비력을 보여주고 있다. 넘치는 투지를 바탕으로 빠른 발과 민첩성, 수비 스킬이 좋다. 왼발잡이 센터백으로서 빌드업 전개 능력도 상당히 좋다. 전진 드리블도 자유자재로 구사한다. 단점은 유리몸. 자주 다치기 때문에 늘 불안하다.

출전경기	경기시간(분)	골	어시스트	경고	퇴장
11	648	–	1	3	–

DF 20 디오고 달롯
Diogo Dalot

국적: 포르투갈

왼쪽과 오른쪽을 모두 소화할 수 있는 만능 풀백이다. 빠른 순간 속도를 바탕으로 한 드리블과 침투가 인상적이다. 크로스 능력도 좋다. 주발인 오른발뿐만 아니라 약발인 왼발로도 날카로운 크로스를 올린다. 수비 뒷공간을 메워주는 커버 능력도 좋은 편이다. 다만 빌드업 능력에 있어서는 여전히 의문 부호가 붙는다. 전체적으로는 수준급이지만 확실한 특징이 없는 것이 달롯의 가장 큰 단점이다.

출전경기	경기시간(분)	골	어시스트	경고	퇴장
36	3,174	2	3	4	1

DF 23 루크 쇼
Luke Shaw

국적: 잉글랜드

사우샘프턴 유스 출신이다. 2014년 18세의 나이에 맨유로 이적했다. 입단 초반 부상으로 성장이 더뎠다. 2018/19 시즌 이후 주전 풀백으로 성장했다. 탄탄한 피지컬을 바탕으로 모든 면에서 리그 베스트급 역량을 보여주고 있다. 풀백은 물론이고 센터백도 소화 가능하다. 멀티 플레이어 능력으로 팀에 큰 도움이 되고 있다. 크로스도 수준급이다. 전술 이해도도 상당히 높으나, 부상 빈도가 잦은 게 흠이다.

출전경기	경기시간(분)	골	어시스트	경고	퇴장
12	963	–	–	6	–

DF 35 조니 에반스
Jonny Evans

국적: 북아일랜드

베테랑 수비수다. 맨유가 위급할 때는 언제든지 달려와 맨유의 수비진을 메워주곤 한다. 이번 시즌에도 계약을 연장했다. 발밑이 좋은 양발잡이 센터백이다. 패스를 뿌려주는 역할도 좋다. 위치 선정이 좋아 경기를 쉽게 풀어나가는 편이다. 경험도 많이 쌓아서 경기하기가 더욱 용이하다. 다만 수비 집중력이 흐트러지면서 한 번씩 큰 실수를 하는 경우가 종종 있다. 잔 부상이 많아진 것도 큰 단점이다.

출전경기	경기시간(분)	골	어시스트	경고	퇴장
23	1,396	–	1	2	–

MF 14 크리스티안 에릭센
Christian Eriksen

국적: 덴마크

한때 세계 최고 수준의 공격형 미드필더로 활약했다. 그러나 이제는 정점을 지나 하락하고 있는 추세이다. 창의적이면서도 날카로운 전진 패스. 정확한 중장거리 패스와 얼리 크로스를 앞세운 전형적인 플레이메이커형 선수이다. 축구 지능이 뛰어나다. 그러나 상대 선수들의 집중 견제와 압박을 받으면 경기력이 확연히 줄어든다. 활동량이 떨어지고 있다. 내구성도 약하다. 대표팀 경기에서 심장에 무리가 가서 쓰러지기도 했다.

출전경기	경기시간(분)	골	어시스트	경고	퇴장
22	1,140	1	2	1	–

MF 18 카세미루
Casemiro

국적: 브라질

다소 정점이 지나고 있는 듯한 느낌의 선수이다. 그래도 맨유에서는 허리의 버팀목 역할을 잘해 주었다. 기본적인 경기력은 물론이고 팀을 이끄는 리더십, 여기에 풍부한 경험을 바탕으로 하는 노련함까지 두루 갖추었다. 허리에서의 장악력이 뛰어나다. 패싱 전개 능력이 좋고 활동량도 왕성하다. 공격 가담에도 적극적이다. 다만 상대적으로 실수를 할 때가 종종 있기에 단점으로 지적되고 있다.

출전경기	경기시간(분)	골	어시스트	경고	퇴장
25	1,985	1	2	7	–

FW 9 라스무스 회이룬
Rasmus Højlund

국적: 덴마크

FC 코펜하겐 유스 출신이다. 슈투름 그라츠를 거쳐 아탈란타에서 좋은 모습을 보였다. 지난 시즌 7,000만 파운드의 이적료를 발생시키면서 맨유로 이적했다. 그러나 첫 시즌은 기대만큼의 역량을 보여주지 못했다. 리그에서 10골을 넣었다. 맨유가 기대했던 득점력은 아니었다. 오버 페이라는 지적이 많았다. 발이 빨라 라인브레이킹을 잘 하지만 발밑은 좋지 않다. 골 결정력이 아쉽고 왼발만 쓴다는 평가다.

출전경기	경기시간(분)	골	어시스트	경고	퇴장
30	2,171	10	2	2	–

FW 10 마커스 래시포드
Marcus Rashford

국적: 잉글랜드

맨유 유스가 키워낸 스타 선수 중 한 명이다. 최전방 스트라이커와 측면 윙어 등을 모두 커버할 수 있다. 빠른 주력과 킥력, 기본기를 갖추고 있다. 최근 기량이 들쭉날쭉하다. 2021/22 시즌 죽을 썼다. 2022/23 시즌 30골 11도움을 기록하며 부활에 성공했다. 그러나 다시 2023/24시즌에는 리그 7골 3도움에 그쳤다. 팀에 전혀 도움이 되지 않았다. 전체적으로 멘탈이 무너지면서 경기력에까지 영향을 미치고 있는 상황이다.

출전경기	경기시간(분)	골	어시스트	경고	퇴장
33	2,278	7	2	2	–

FW 11 조슈아 지르크지
Joshua Zirkzee

국적: 네덜란드

네덜란드에서 나고 자랐다. 바이에른 뮌헨 유스로 이적, 프로로 데뷔했다. 그러나 자리가 없었다. 이탈리아와 벨기에 무대에서 임대로 뛰었다. 볼로냐에서 포텐을 터뜨렸다. 결국 맨유로 이적했다. 최전방은 물론이고 공격형 미드필더나 섀도 스트라이커로도 뛸 수 있는 자원이다. 동료 선수들과의 연계성도 갖추고 있다. 다만 아직은 미완성이다. 공중볼이나 골결정력에 있어서 상당히 아쉬운 평가를 받고 있다.

출전경기	경기시간(분)	골	어시스트	경고	퇴장
34	2,774	11	5	8	–

FW 17 알레한드로 가르나초
Alejandro Garnacho

국적: 아르헨티나

맨유 유스에서 뛰다가 2021년에 합류했다. 드리블과 속도가 빠른 윙어이다. 폭발적인 스피드로 상대 진영을 유린한다. 패스와 슈팅도 괜찮은 편이다. 오른발이 주발이지만 왼발 사용 능력도 준수하다. 지난 시즌 슈팅이 크게 발전했다. 역습에 최적화되어 있지만, 지공에서의 전술 이해도는 떨어지는 모습을 보여준다. 아직 유망주이기에 순간적인 판단력이나 경기를 읽는 눈이 다소 부족하다. 조금 더 발전해야 하는 부분이다.

출전경기	경기시간(분)	골	어시스트	경고	퇴장
36	2,576	7	4	4	–

웨스트햄 유나이티드 FC

West Ham United FC

TEAM PROFILE

창 립	1895년
구 단 주	데이비드 설리번(웨일스) & 다니엘 크렌틴스키(체코)
감 독	훌렌 로페테기(스페인)
연 고 지	런던 뉴엄구
홈 구 장	런던 스타디움(6만 2500명)
라 이 벌	밀월 FC
홈페이지	www.whufc.com

최근 5시즌 성적

시즌	순위	승점
2019-2020	16위	39점(10승 9무 19패 49득점 62실점)
2020-2021	6위	65점(19승 8무 11패 62득점 47실점)
2021-2022	7위	56점(16승 8무 14패 60득점 51실점)
2022-2023	14위	40점(11승 7무 20패, 42득점 55실점)
2023-2024	9위	52점(14승 10무 14패 60득점 74실점)

PREMIER LEAGUE (전신 포함)

통 산	없음
23-24 시즌	9위(14승10무14패, 승점 52점)

FA CUP

통 산	우승 3회
23-24 시즌	없음

LEAGUE CUP

통 산	없음
23-24 시즌	8강

UEFA

통 산	없음
23-24 시즌	유로파리그 8강

경기 일정

라운드	날짜	장소	상대팀
1	2024.08.18	홈	애스턴 빌라
2	2024.08.24	원정	크리스탈 팰리스
3	2024.09.01	홈	맨체스터 시티
4	2024.09.14	원정	풀럼
5	2024.09.21	홈	첼시
6	2024.09.28	원정	브렌트포드
7	2024.10.05	홈	입스위치 타운
8	2024.10.19	원정	토트넘 홋스퍼
9	2024.10.27	홈	맨체스터 유나이티드
10	2024.11.03	원정	노팅엄 포레스트
11	2024.11.10	홈	에버턴
12	2024.11.24	원정	뉴캐슬 유나이티드
13	2024.12.01	홈	아스널
14	2024.12.04	원정	레스터 시티
15	2024.12.08	홈	울버햄튼 원더러스
16	2024.12.15	원정	AFC 본머스
17	2024.12.22	홈	브라이턴 앤 호브 앨비언
18	2024.12.27	원정	사우샘프턴
19	2024.12.30	홈	리버풀
20	2025.01.05	원정	맨체스터 시티
21	2025.01.15	홈	풀럼
22	2025.01.19	홈	크리스탈 팰리스
23	2025.01.26	원정	애스턴 빌라
24	2025.02.02	원정	첼시
25	2025.02.16	홈	브렌트포드
26	2025.02.23	원정	아스널
27	2025.02.26	홈	레스터 시티
28	2025.03.09	홈	뉴캐슬 유나이티드
29	2025.03.16	원정	에버턴
30	2025.04.01	원정	울버햄튼 원더러스
31	2025.04.05	홈	AFC 본머스
32	2025.04.12	원정	리버풀
33	2025.04.19	홈	사우샘프턴
34	2025.04.26	원정	브라이턴 앤 호브 앨비언
35	2025.05.03	홈	토트넘 홋스퍼
36	2025.05.10	원정	맨체스터 유나이티드
37	2025.05.18	홈	노팅엄 포레스트
38	2025.05.26	원정	입스위치 타운

시즌 프리뷰 **라이스의 이적 공백을 프라우스로 메울 수 있을까?**

데이비드 모예스 감독의 시대가 끝났다. 이제 훌렌 로페테기 감독이 웨스트햄의 지휘봉을 잡았다. 2022/23 시즌에는 프리미어리그에서 강등 위기를 맞았었다. 오히려 유로파컨퍼런스리그에서 우승하며 트로피를 하나 장식장에 넣었다. 지난 시즌의 경우, 웨스트햄은 중위권을 마크했다. 유로파리그에서는 중도 탈락했다. 모예스 감독으로서는 한계를 느꼈고 결국 로페테기 감독을 데려왔다. 이제 새로운 감독 시대가 열렸다. 울버햄튼에서 맥스 킬만을 영입하면서 수비에 벽을 세웠다. 무엇보다도 도르트문트에서 니클라스 퓔크루크를 데려온 것이 큰 소득이다. 안토니오, 쿠두스 등과 함께 최전방에서 좋은 경기력을 보여줄 것으로 보인다. 여기에 맨유에서 아론 완-비사카를 스카우트하면서 수비의 폭도 넓혔다. 이번 시즌 해볼 만하다.

COACH

훌렌 로페테기 *Julen Lopetegui*
1966년 8월 28일생 스페인

지도자가 되고 난 후에는 스페인과 포르투갈에서 경력을 쌓았다. 스페인 대표팀을 이끌기도 했다. 울버햄튼 원더러스에서 지도하다가 시즌을 앞두고 사퇴하기도 했다. 4-3-3 포메이션과 3-4-3, 4-4-2를 변칙적으로 사용하며 경기에 변화를 많이 주곤 한다. 젊은 선수들의 잠재력을 잘 이끌어 낸다.

TEAM RATINGS

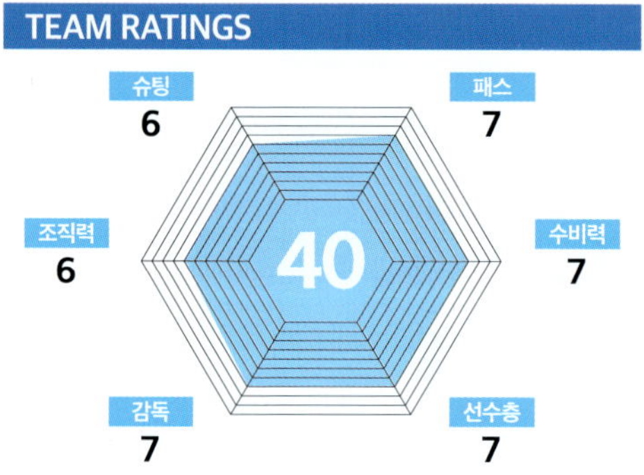

2023/24 프로필

팀 득점	60
평균 볼 점유율	40.50%
패스 정확도	79.10%
평균 슈팅 수	11.8
경고	76
퇴장	3

골타입		패스타입	
오픈 플레이	52	쇼트 패스	82
세트 피스	23	롱 패스	14
카운터 어택	15	크로스 패스	4
패널티 킥	7	스루 패스	0
자책골	3		
	단위 (%)		단위 (%)

SQUAD

포지션	등번호	이름		생년월일	키(cm)	체중(kg)	국적
GK	1	우카시 파비안스키	Łukasz Fabiański	1985.04.18	190	83	폴란드
	21	웨스 포더링험	Wes Foderingham	1991.01.14	185	75	잉글랜드
	23	알퐁스 아레올라	Alphonse Areola	1993.02.27	195	94	프랑스
DF	3	애런 크레스웰	Aaron Cresswell	1989.12.15	170	66	잉글랜드
	5	블라디미르 초우팔	Vladimír Coufal	1992.08.22	174	76	체코
	15	콘스탄티노스 마브로파노스	Konstantinos Mavropanos	1997.12.11	194	89	그리스
	26	막시밀리안 킬만	Maximilian Kilman	1997.05.23	193	89	잉글랜드
	29	아론 완-비사카	Aaron Wan-Bissaka	1997.11.26	183	72	잉글랜드
	33	에메르송 팔미에리	Emerson Palmieri	1994.08.03	176	79	이탈리아
MF	4	카를로스 솔레르	Carlos Soler	1997.01.02	180	76	스페인
	10	루카스 파케타	Lucas Paquetá	1997.08.27	180	72	브라질
	14	모하메드 쿠두스	Mohammed Kudus	2000.08.02	175	70	가나
	19	에드손 알바레즈	Edson Álvarez	1997.10.24	187	73	멕시코
	24	귀도 로드리게스	Guido Rodríguez	1994.04.12	185	80	아르헨티나
	28	토마스 수첵	Tomáš Souček	1995.02.27	192	86	체코
	39	앤디 어빙	Andrew Irving	2000.05.13	177	78	스코틀랜드
FW	7	크리센시오 서머빌	Crysencio Summerville	2001.10.30	174	64	네덜란드
	9	미카일 안토니오	Michail Antonio	1990.03.28	180	82	자메이카
	11	니클라스 퓔크루크	Niclas Füllkrug	1993.02.09	189	83	독일
	17	루이스 길례르미	Luis Guilherme	2006.02.09	175	70	브라질
	18	대니 잉스	Danny Ings	1992.07.23	178	73	잉글랜드
	20	제로드 보웬	Jarrod Bowen	1996.12.20	175	70	잉글랜드

IN & OUT

주요 영입	주요 방출
웨스 포더링엄, 막스 킬먼, 크리센시오 서머빌, 니클라스 퓔크루크, 아론 완-비사카	틸로 케흐러, 나얀 트로트, 사이드 벤라흐마, 플린 다운스, 커트 주마

TEAM FORMATION

FW B

14 쿠두스 (섬머빌)
9 안토니오 (퓔크루크)
20 보웬 (섬머빌)

MF B

10 파케타 (수첵)
19 알바레스 (잉스)
24 로드리게스 (수첵)

DF B

33 에메르송 (완 비사카)
26 킬먼 (토디보)
15 마브로파노스 (토디보)
29 완 비사카 (쿠팔)

GK B

23 아에올라 (파비앙스키)

PLAN 4-3-3

지역 점유율

공격 진영	27%
중앙	42%
수비 진영	31%

공격 방향

41% 왼쪽	22% 중앙	37% 오른쪽

슈팅 지역

- 13% 골 에어리어
- 56% 패널티 박스
- 31% 외곽 지역

PLAYERS

FW 20 제러드 보웬 / *Jarrod Bowen*

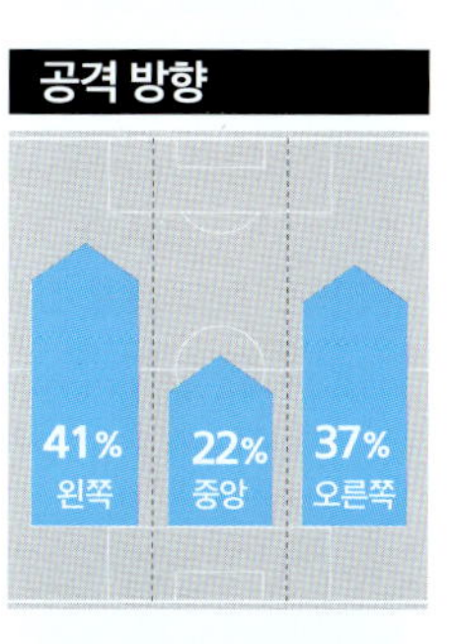

국적: 잉글랜드

하부 리그부터 꾸준히 올라온 선수다. 헐시티로 이적하면서 맹활약했다. 2020년 웨스트햄으로 팀을 옮겼다. 웨스트햄 측면 공격은 물론 섀도 스트라이커까지 담당하고 있다. 공격 시 모든 포지션을 소화할 수 있는 만능 캐릭터이다. 주력도 빠르고 드리블링도 좋다. 오프 더 볼 움직임도 수준급이다. 왼발을 잘 사용하는 오른쪽 윙어로서 왼발 킥이 강하다. 늘 성실하게 제 몫을 해주는 선수이다. 그러나 패스 시야가 좁고 성공률이 높지 않은 편이다.

출전경기	경기시간(분)	골	어시스트	경고	퇴장
34	3,022	16	6	2	–

DF 5 블라디미르 초우팔 / *Vladimír Coufal*

국적: 체코

체코 리그 FC 흘루친과 슬로반 리베레츠 슬라비아 프라하를 거쳤다. 체코 최고 명문 중 하나인 슬라비아 프라하에서 맹활약했다. 2020년 웨스트햄으로 이적해 왔다. 공격력이 다소 아쉽다는 평가를 받는다. 대신 수비력은 상당히 좋다. 전체적인 경기력도 공격보다는 수비 쪽에 조금 더 비중을 두고 있다. 몸싸움도 좋다. 그러나 발 기술은 떨어진다. 시야도 좁은 편이라 패스 성공률 또한 좋지 않다.

출전경기	경기시간(분)	골	어시스트	경고	퇴장
36	3,139	–	7	5	1

상대팀 최근 6경기 전적

구분	승	무	패	구분	승	무	패
맨체스터 시티		1	5	브라이턴 앤 호브 알비온	1	2	3
아스널	2	1	3	본머스	3	3	
리버풀		1	5	풀럼	3	1	2
애스턴 빌라	3	2	1	울버햄튼 원더러스	4		2
토트넘 홋스퍼	1	2	3	에버턴	4		2
첼시	2	1	3	브렌트포드	2		4
뉴캐슬 유나이티드	1	3	2	노팅엄 포레스트	3		3
맨체스터 유나이티드	2		4	레스터 시티	3	1	2
웨스트 햄 유나이티드				입스위치 타운	3	1	2
크리스탈 팰리스	1	2	3	사우샘프턴	2	2	2

MF 10 루카스 파케타 / *Lucas Paquetá*

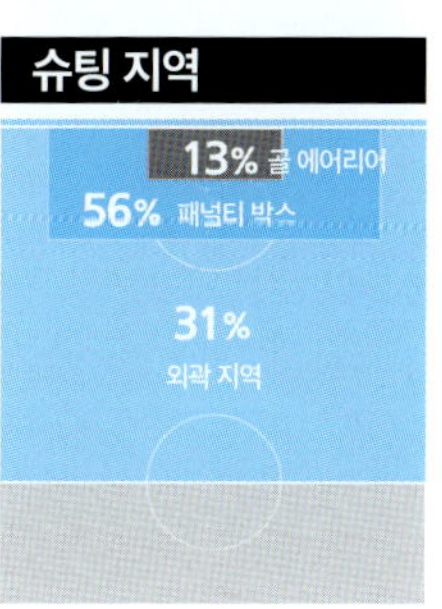

국적: 브라질

플라멩구에서 유스와 프로 데뷔를 했다. AC밀란으로 이적했고 올랭피크 리옹을 거쳐 2022년 웨스트햄으로 왔다. 공격형 미드필더나 섀도 스트라이커와 윙어도 가능하다. 브라질 출신답게 기본적으로 볼컨트롤과 기술이 좋다. 패스 능력도 갖추었고, 활동량이 많아 성실한 플레이를 한다. 경기를 읽는 능력도 좋아 조율을 잘한다. 그러나 볼을 자주 끌고 다혈질이어서 종종 카드를 받기도 해 팀에 해를 끼치기도 한다.

출전경기	경기시간(분)	골	어시스트	경고	퇴장
31	2,639	4	6	10	–

MF 14 모하메드 쿠두스 / *Mohammed Kudus*

국적: 가나

아약스에서 오랜 시간 뛰었다. 아약스에서의 활약을 발판 삼아 웨스트햄으로 이적해 왔다. 주 포지션은 2선 공격형 미드필더이다. 그러나 최전방에서도 좋은 활약을 펼친다. 드리블과 빠른 스피드로 상대 수비진을 파괴한다. 피지컬과 바디 밸런스를 갖추고 있기 때문에 좋은 옵션이다. 다만 패스에는 다소 아쉬움이 있다. 패스 길이나 패스 타이밍을 놓치는 경우가 많다. 골 결정력도 아직은 보완해야 하는 과제이다.

출전경기	경기시간(분)	골	어시스트	경고	퇴장
33	2,489	8	6	6	–

FW 11 니클라스 퓔크루크 / *Niclas Füllkrug*

국적: 독일

대기만성 스트라이커. 독일 베르더 브레멘 유스 출신이다. 뉘른베르크, 하노버, 브레멘 등을 거치면서 빛을 보지 못했다. 2022/23 시즌 베르더 브레멘에서부터 자신의 진가를 드러내기 시작했다. 결국 2023/24 시즌 도르트문트로 이적했다. 최전방에서 맹활약하며 챔피언스리그 준우승을 이끌었다. 올 시즌을 앞두고 웨스트햄으로 왔다. 피지컬이 좋은 최전방 스트라이커 자원이다. 득점력이 좋고 활동량이 크다.

출전경기	경기시간(분)	골	어시스트	경고	퇴장
31	2,407	12	8	1	–

크리스탈 팰리스 FC

Crystal Palace FC

TEAM PROFILE

창 립	1905년
구 단 주	스티브 패리시(잉글랜드) 등
감 독	올리버 글라스너(오스트리아)
연 고 지	런던 크로이던구 사우스 노우드
홈 구 장	셀허스트 파크 스타디움 (2만 5,486명)
라 이 벌	브라이튼 앤 호브 알비온, 밀월
홈페이지	www.cpfc.co.uk

최근 5시즌 성적

시즌	순위	승점
2019-2020	14위	43점(11승 10무 17패 31득점 50실점)
2020-2021	14위	44점(12승 8무 18패 41득점 66실점)
2021-2022	12위	48점(11승 15무 12패 50득점 46실점)
2022-2023	11위	45점(11승 12무 15패, 40득점 49실점)
2023-2024	10위	49점(13승 10무 15패 57득점 58실점)

PREMIER LEAGUE (전신 포함)

통 산	없음
23-24 시즌	10위(13승 10무 15패, 승점 49점)

FA CUP

통 산	없음
23-24 시즌	없음

LEAGUE CUP

통 산	없음
23-24 시즌	32강

UEFA

통 산	없음
23-24 시즌	없음

경기 일정

라운드	날짜	장소	상대팀
1	2024.08.18	원정	브렌트포드
2	2024.08.24	홈	웨스트햄 유나이티드
3	2024.09.01	원정	첼시
4	2024.09.14	홈	레스터 시티
5	2024.09.22	홈	맨체스터 유나이티드
6	2024.09.28	원정	에버턴
7	2024.10.05	홈	리버풀
8	2024.10.19	원정	노팅엄 포레스트
9	2024.10.27	홈	토트넘 홋스퍼
10	2024.11.03	원정	울버햄튼 원더러스
11	2024.11.10	홈	풀럼
12	2024.11.24	원정	애스턴 빌라
13	2024.12.01	홈	뉴캐슬 유나이티드
14	2024.12.04	원정	입스위치 타운
15	2024.12.08	홈	맨체스터 시티
16	2024.12.15	원정	브라이튼 앤 호브 앨비언
17	2024.12.22	홈	아스널
18	2024.12.27	원정	AFC 본머스
19	2024.12.30	홈	사우샘프턴
20	2025.01.05	홈	첼시
21	2025.01.15	원정	레스터 시티
22	2025.01.19	원정	웨스트햄 유나이티드
23	2025.01.26	홈	브렌트포드
24	2025.02.02	원정	맨체스터 유나이티드
25	2025.02.16	홈	에버턴
26	2025.02.23	원정	풀럼
27	2025.02.26	홈	애스턴 빌라
28	2025.03.09	홈	입스위치 타운
29	2025.03.16	원정	뉴캐슬 유나이티드
30	2025.04.02	원정	사우샘프턴
31	2025.04.05	홈	브라이튼 앤 호브 앨비언
32	2025.04.12	원정	맨체스터 시티
33	2025.04.19	홈	AFC 본머스
34	2025.04.26	원정	아스널
35	2025.05.03	홈	노팅엄 포레스트
36	2025.05.10	원정	토트넘 홋스퍼
37	2025.05.18	홈	울버햄튼 원더러스
38	2025.05.26	원정	리버풀

시즌 프리뷰 — 글라스너 감독의 팰리스, 뭔가 달라졌다.

크리스탈 팰리스에 기대가 모인다. 무엇보다 감독이 바뀌었다. 2024년 2월, 건강 문제로 로이 호지슨 감독이 사임했다. 올리버 글라스너 감독이 부임했다. 글라스너 감독은 팀에 새로운 바람을 불러 일으켰다. 부임 이후 다양한 전술을 시도하면서 팀에 맞춘 전술을 보여주었다. 리그 10위를 차지하며 크리스탈 팰리스의 자존심을 세웠다. 올 시즌을 앞두고 적재적소에 선수를 영입했다. 라치오에서 뛰고 있던 카마다 다이치를 영입했다. 샤디 리아드도 데려왔고, 마르세유의 공격수 이스마일라 사르를 영입하면서 공격에 힘을 실었다. 마이클 올리세를 바이에른 뮌헨에 보내기는 했지만, 많은 이적료 수입을 올린 것으로 충분하다. 올 시즌 크리스탈 팰리스로서는 유럽 대항전 진출권에 도전해볼 만하다. 여기에 리그컵이나 FA컵도 노려볼 요량이다.

COACH

올리버 글라스너 *Oliver Glasner*
1974년 8월 28일생 오스트리아

SV리트에서 서정원과 한솥밥을 먹었다. 지도자 생활을 시작하면서, SV리트와 LASK를 맡았고, 독일 볼프스부르크를 거쳐 2021/22 시즌, 프랑크푸르트에 유로파리그 우승컵을 안겼다. 2024시즌에 크리스탈 팰리스로 왔다. 스리백을 기반으로 선수비 후역습 전술에 능하다. 공수의 전환에 집중한다. 수비에서 볼을 낚아채면 미드필더를 거쳐 최전방에서 해결하는 형태를 주로 사용한다.

TEAM RATINGS

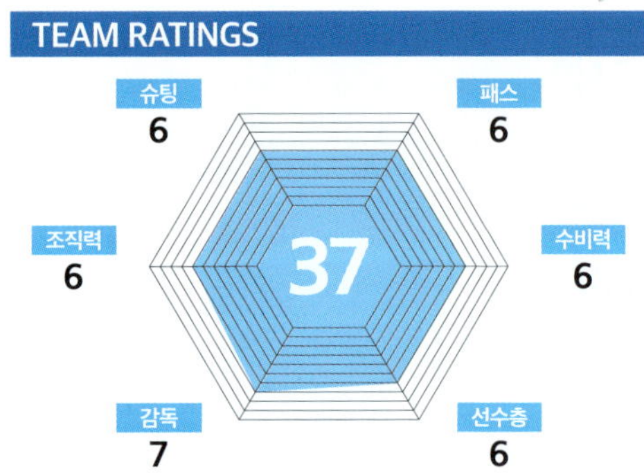

슈팅	6
패스	6
조직력	6
수비력	6
감독	7
선수층	6
종합	**37**

2023/24 프로필

팀 득점	57
평균 볼 점유율	41.60%
패스 정확도	79.20%
평균 슈팅 수	12
경고	69
퇴장	2

골 타입 (단위 %)

오픈 플레이	79
세트 피스	9
카운터 어택	4
패널티 킥	7
자책골	2

패스 타입 (단위 %)

쇼트 패스	83
롱 패스	13
크로스 패스	4
스루 패스	0

SQUAD

포지션	등번호	이름		생년월일	키(cm)	체중(kg)	국적
GK	1	딘 헨더슨	Dean Henderson	1997.03.12	188	85	잉글랜드
	2	조엘 워드	Joel Ward	1989.10.29	186	82.6	잉글랜드
DF	3	타이릭 미첼	Tyrick Mitchell	1999.09.01	181	70	잉글랜드
	4	롭 홀딩	Rob Holding	1995.09.20	189	81	잉글랜드
	5	막상스 라크루아	Maxence Lacroix	2000.04.06	190	88	프랑스
	6	마르크 게히	Marc Guéhi	2000.07.13	182	82	잉글랜드
	12	다니엘 무네스	Daniel Muñoz	1996.05.26	180	73	콜롬비아
	17	나다니엘 클라인	Nathaniel Clyne	1991.04.05	175	73	잉글랜드
	26	크리스 리차즈	Chris Richard	2000.03.28	188	87	미국
	34	샤디 리아드	Chadi Riad	2003.06.17	187	78	모로코
MF	7	이스마일라 사르	Ismaïla Sarr	1998.02.25	185	76	세네갈
	8	제퍼슨 레르마	Jefferson Lerma	1994.10.25	179	70	콜롬비아
	10	에베레치 에제	Eberechi Eze	1998.06.29	178	67	잉글랜드
	15	제프리 슐룹	Jeffrey Schlupp	1992.12.23	178	72	가나
	18	카마다 다이치	Daichi Kamada	1996.08.05	184	72	일본
	19	윌 휴스	Will Hughes	1995.04.17	185	74	잉글랜드
	20	애덤 워튼	Adam Wharton	2004.02.06	182	61	잉글랜드
	28	셰이크 두쿠레	Cheick Doucouré	2000.01.08	180	73	말리
FW	9	에디 은케티아	Eddie Nketiah	1999.05.30	175	73	잉글랜드
	11	마테우스 프랑카	Matheus França	2004.04.01	184	70	브라질
	14	장-필리프 마테타	Jean-Philippe Mateta	1997.01.29	192	88	프랑스

IN & OUT

주요 영입	주요 방출
샤디 리아드, 카마다 다이치, 제미아 우몰루, 이스마일라 사르	마이클 올리세, 말라시 보아텡, 샘 존스턴

TEAM FORMATION

FW B

14 마테타 (사르)

10 에제 (은케티아) **18** 카마다 (워튼)

MF C

3 미첼 (슐럽) **19** 휴즈 (두쿠레) **20** 워튼 (레르마) **12** 뮤네스 (워드)

DF B

26 리차즈 (리아드) **6** 게히 (홀딩) **17** 클라인 (리차즈)

GK B

1 헨더슨 (매튜스)

PLAN 3-4-2-1

지역 점유율

공격 진영	28%
중앙	43%
수비 진영	29%

공격 방향

37% 왼쪽	25% 중앙	38% 오른쪽

슈팅 지역

9% 골 에어리어
56% 패널티 박스
35% 외곽 지역

DF 6 마르크 게히
Marc Guéhi

KEY PLAYER

국적: 잉글랜드

첼시 유스 출신이다. 8살부터 첼시에서 뛰었다. 첼시 내에서 엘리트 코스를 밟다가 2019/20 시즌에 1군에 간간이 올라오기도 했다. 경험 축적을 위해 스완지 시티로 임대되어 좋은 모습을 보여주었다. 2021/22 시즌을 앞두고 크리스탈 팰리스로 이적했다. 신장은 크지 않지만 민첩하고 간결하게 수비한다. 발기술도 좋고 양발을 다 쓰는 것도 장점이다. 다만 센터백으로는 신장이 182cm로 작아 공중볼 경합에 다소 약점을 보인다.

출전경기	경기시간(분)	골	어시스트	경고	퇴장
25	2,023	–	1	2	–

GK 1 딘 헨더슨
Dean Henderson

국적: 잉글랜드

맨유 유스 출신 골키퍼이다. 맨유에서는 많이 뛰지 못하고, 임대 생활을 전전했다. 스톡포트, 그림즈비, 슈루즈버리 등 하부 리그에서 뛰었다. 셰필드 유나이티드를 거쳐 맨유의 문전을 지킬 기회가 있었으나 잠깐이었다. 맨유를 떠나 노팅엄 포레스트를 거쳐 2023년 크리스탈 팰리스로 왔다. 존스톤과 경쟁하다 최근 주전을 차지했다. 순발력이 좋고 선방 능력도 탁월하지만, 골키퍼로서 발밑이 좋지 않고, 빌드업도 아쉽다.

출전경기	경기시간(분)	실점	무실점(경기)	경고	퇴장
18	1,620	30	4	2	–

상대팀 최근 6경기 전적

구분	승	무	패	구분	승	무	패
맨체스터 시티	1	2	3	브라이턴 앤 호브 알비온		4	2
아스널	1	1	4	본머스	3		3
리버풀	1	2	3	풀럼	1	4	1
애스턴 빌라	2	1	3	울버햄튼 원더러스	5		1
토트넘 홋스퍼	1		5	에버턴		3	3
첼시			6	브렌트포드	1	5	
뉴캐슬 유나이티드	1	2	3	노팅엄 포레스트		5	1
맨체스터 유나이티드	3	1	2	레스터 시티	1	3	2
웨스트 햄 유나이티드	3	2	1	입스위치 타운	3	1	2
크리스탈 팰리스				사우샘프턴	3	1	2

DF 12 디니엘 무네스
Daniel Muñoz

국적: 콜롬비아

콜롬비아에서 뛰다가 KRC헹크의 주목을 받았다. 2024년 1월, 크리스탈 팰리스로 이적했다. 글라스너 감독 부임 이후에는 스리백의 오른쪽 윙백으로 활약하고 있다. 기동력이 상당히 빠르고, 체력도 좋다. 왕성한 활동량으로 측면을 누빈다. 수비 능력은 다소 떨어지지만, 활동량으로 단점을 보완하는 편이다. 발밑은 투박하다. 크로스의 정확도도 아쉽다. 정교한 크로스보다는 많은 패스를 통해 기회를 만드는 스타일이다.

출전경기	경기시간(분)	골	어시스트	경고	퇴장
33	2,884	5	5	9	–

MF 10 에베레치 에제
Eberechi Eze

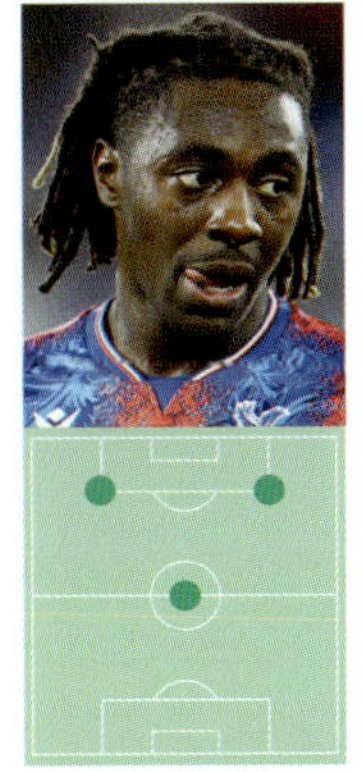

국적: 잉글랜드

유스 시절, 런던의 많은 팀을 거쳤다. 아스널에서 시작해 풀럼, 레딩, 밀월을 거쳤다. 2016년 퀸즈 파크 레인저스에서 프로로 데뷔했다. 2020년, 크리스탈 팰리스로 이적했다. 나이지리아와 영국, 이중 국적을 가지고 있지만 잉글랜드 대표팀을 선택했다. 개인 기술을 활용한 돌파를 즐긴다. 윙어와 공격형 미드필더 모두 뛸 수 있다. 활동량이 많고 상대 수비수들을 끌어오는 움직임도 보여준다. 공중볼 경합이 다소 아쉽다.

출전경기	경기시간(분)	골	어시스트	경고	퇴장
27	2,066	11	4	3	–

MF 18 카마다 다이치
Kamada Daichi

국적: 일본

프랑크푸르트에 뛸 당시 글라스너 감독과 좋은 관계를 유지했다. 공격형 미드필더로 나서며 프랑크푸르트의 공격 중심에 섰다. 2023년 여름 라치오로 이적했다. 그러나 여러 가지 사정들이 생기면서 라치오에서는 실패했다. 스승인 글라스너 감독이 불러 영국으로 왔다. 공격형은 물론이고 최전방과 3선 미드필더로도 설 수 있다. 오프 더 볼 움직임이 좋고 포지션을 잘 잡는다. 패스가 좋아 기회 창출에 능하다.

출전경기	경기시간(분)	골	어시스트	경고	퇴장
29	1,542	2	2	3	1

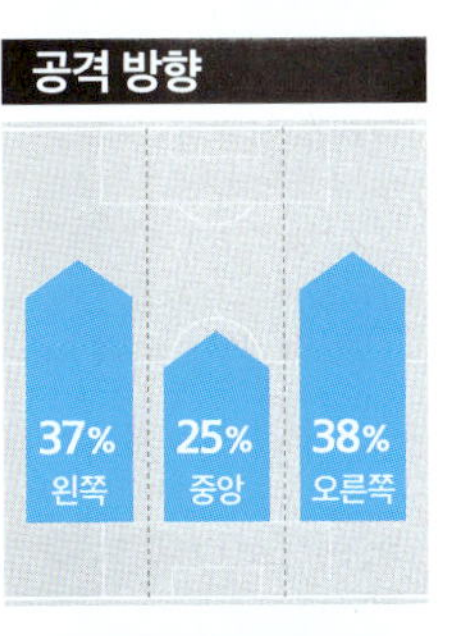

브라이턴 앤 호브 알비온

Brighton & Hove Albion

TEAM PROFILE

창 립	1901년
구 단 주	토니 블룸(잉글랜드)
감 독	파비안 휘르첼러(독일)
연 고 지	브라이턴앤호브
홈 구 장	아메리칸 익스프레스 스타디움 (3만1,876명)
라 이 벌	크리스탈 팰리스
홈페이지	www.brightonandhovealbion.com

최근 5시즌 성적

시즌	순위	승점
2019-2020	15위	41점(9승14무15패, 39득점 54실점)
2020-2021	16위	41점(9승14무15패, 40득점 46실점)
2021-2022	9위	51점(12승15무11패, 42득점 44실점)
2022-2023	6위	62점(18승8무12패, 72득점 53실점)
2023-2024	11위	48점(12승12무14패, 55득점 62실점)

PREMIER LEAGUE (전신 포함)

통 산	없음
23-24 시즌	11위(12승 12무 14패, 승점 48점)

FA CUP

통 산	없음
23-24 시즌	16강

LEAGUE CUP

통 산	없음
23-24 시즌	32강

UEFA

통 산	없음
23-24 시즌	유로파 리그 16강

경기 일정

라운드	날짜	장소	상대팀
1	2024.08.17	원정	에버턴
2	2024.08.24	홈	맨체스터 유나이티드
3	2024.08.31	원정	아스널
4	2024.09.14	홈	입스위치 타운
5	2024.09.22	홈	노팅엄 포레스트
6	2024.09.28	원정	첼시
7	2024.10.07	홈	토트넘 홋스퍼
8	2024.10.19	원정	뉴캐슬 유나이티드
9	2024.10.26	홈	울버햄튼 원더러스
10	2024.11.03	원정	리버풀
11	2024.11.10	홈	맨체스터 시티
12	2024.11.24	원정	AFC 본머스
13	2024.12.01	홈	사우샘프턴
14	2024.12.04	원정	풀럼
15	2024.12.08	원정	레스터 시티
16	2024.12.15	홈	크리스탈 팰리스
17	2024.12.22	원정	웨스트햄 유나이티드
18	2024.12.27	홈	브렌트포드
19	2024.12.30	원정	애스턴 빌라
20	2025.01.05	홈	아스널
21	2025.01.15	원정	입스위치 타운
22	2025.01.19	원정	맨체스터 유나이티드
23	2025.01.26	홈	에버턴
24	2025.02.02	원정	노팅엄 포레스트
25	2025.02.16	홈	첼시
26	2025.02.23	원정	사우샘프턴
27	2025.02.26	홈	AFC 본머스
28	2025.03.09	홈	풀럼
29	2025.03.16	원정	맨체스터 시티
30	2025.04.01	홈	애스턴 빌라
31	2025.04.05	원정	크리스탈 팰리스
32	2025.04.12	홈	레스터 시티
33	2025.04.19	원정	브렌트포드
34	2025.04.26	홈	웨스트햄 유나이티드
35	2025.05.03	홈	뉴캐슬 유나이티드
36	2025.05.10	원정	울버햄튼 원더러스
37	2025.05.18	홈	리버풀
38	2025.05.26	원정	토트넘 홋스퍼

 시즌 프리뷰

젊은 감독에 공격진 강화

브라이턴은 변화가 심했다. 그레이엄 포터 감독의 이적 후 로베르트 데 제르비 감독도 결국 팀을 떠났다. 리더십이 바뀌면서 팀도 부침을 겪었고 결국 리그 11위에 그치고 말았다. 올 시즌을 앞두고 브라이턴은 젊은 감독인 파비알 휘르첼러 감독을 데려왔다. 젊고 새로운 바람을 불러일으킬 것으로 보인다. 얀쿠바 민테나 마츠 비퍼, 브라얀 그루다 등을 데려오면서 공격을 강화했다. 파스칼 그로스나 데니스 운다프 등 독일 선수들의 공백을 잘 메워줄 것으로 보인다. 분위기는 좋다. 프리시즌은 5전 전승으로 끝냈다. 특히 비야레알과의 프리시즌 매치에서 4-0으로 승리한 것이 상당히 큰 힘이 되고 있다. 다만 정규 시즌 초반에 맨유, 아스널, 첼시 등과의 경기가 예정되어 있기에 이 고비를 일단 잘 넘겨야 한다.

COACH

파비안 휘르첼러 *Fabian Hürzeler*
1993년 2월 26일생 독일

FC 장크트파울리를 2부 리그 우승으로 이끌었고 DFB 포칼 8강 진출도 일궈냈다. 이런 지도력을 인정받아 프리미어리그로 왔다. 3-4-3 전형을 주로 쓰지만 특정한 포메이션은 없다. 상황에 따라 수시로 변화시키는 것이 가장 큰 특징이다. 3선 라인을 촘촘히 하는 것에 큰 비중을 두고 있으며, 모두가 공간 침투를 하는 것을 즐긴다.

TEAM RATINGS

슈팅	7
패스	7
수비력	7
선수층	7
감독	7
조직력	7

42

2023/24 프로필

팀 득점	55
평균 볼 점유율	60.20%
패스 정확도	89.00%
평균 슈팅 수	14.8
경고	91
퇴장	3

골 타입

오픈 플레이	65
세트 피스	15
카운터 어택	2
패널티 킥	9
자책골	9

단위 (%)

패스 타입

쇼트 패스	91
롱 패스	6
크로스 패스	3
스루 패스	0

단위 (%)

SQUAD

포지션	등번호	이름		생년월일	키(cm)	체중(kg)	국적
GK	1	바트 베르브로겐	Bart Verbruggen	2002.08.19	194	82	네덜란드
DF	2	타리크 램프티	Tariq Lamptey	2000.09.30	163	60	가나
	3	이고르 줄리우	Igor Julio	1998.02.07	188	85	브라질
	4	아담 웹스터	Adam Webster	1995.01.04	190	80	잉글랜드
	5	루이스 덩크	Lewis Dunk	1991.11.21	192	87.6	잉글랜드
	29	얀 폴 반 헤케	Jan Paul van Hecke	2000.01.08	189	78	네덜란드
	30	페르비스 에스투피냔	Pervis Estupiñán	1998.01.21	175	78	에콰도르
	34	조엘 벨트만	Joël Veltman	1992.01.15	184	73	네덜란드
	47	이마리 사무엘스	Imari Samuels	2003.02.05	187	73	잉글랜드
MF	6	제임스 밀너	James Milner	1986.01.04	175	70	잉글랜드
	7	솔리 마치	Solly March	1994.07.20	180	72	잉글랜드
	8	브라얀 그루다	Brajan Gruda	2004.05.31	178	70	독일
	15	야쿠프 모데르	Jakub Moder	1999.04.17	191	78	폴란드
	20	카를로스 발레바	Carlos Baleba	2004.01.03	179	75	카메룬
	22	미토마 카오루	Kaoru Mitoma	1997.05.20	178	71	일본
	25	맷 오라일리	Matt O'Riley	2000.11.21	189	77	덴마크
	26	야신 아야리	Yasin Ayari	2003.10.06	172	69	스웨덴
	27	마츠 위버	Mats Wieffer	1999.11.16	188	84	네덜란드
	41	잭 하인셀우드	Jack Hinshelwood	2005.04.11	182	76	잉글랜드
FW	9	조앙 페드로	João Pedro	2001.09.28	188	70	브라질
	10	훌리오 엔시소	Julio Enciso	2004.01.23	173	64	파라과이
	14	조르지니오 루터	Georginio Rutter	2002.04.20	182	83	프랑스
	17	얀쿠바 민테	Yankuba Minteh	2004.07.22	180	65	감비아
	18	대니 웰백	Danny Welbeck	1990.11.26	185	73	잉글랜드
	24	시몬 아딩라	Simon Adingra	2002.01.01	175	63	코트디부아르

IN & OUT

주요 영입	주요 방출
이브라힘 오스만, 얀쿠마 민테, 마츠 비퍼, 말릭 알쿠예, 브라얀 그루다	아담 랄라나, 안수 파티, 파스칼 그로스, 데니스 운다프

TEAM FORMATION

FW **B**

MF **B+**

DF **B**

GK **B**

18
웰벡
(엔시소)

22
미토마
(아딩그라)

9
페드로
(아야리)

17
민테
(그루다)

20
발레바
(모데르)

6
밀너
(오라일리)

30
에스투피난
(힌셀우드)

5
덩크
(줄리우)

29
판 헤케
(웹스터)

34
펠트만
(마치)

1
베에부르겐
(스틸)

PLAN **4-2-3-1**

지역 점유율

공격 진영	29%
중앙	42%
수비 진영	29%

공격 방향

40% 왼쪽	31% 중앙	29% 오른쪽

슈팅 지역

8%	골 에어리어
60%	패널티 박스
32%	외곽 지역

PLAYERS

MF 22 미토마 카오루
Mitoma Kaoru

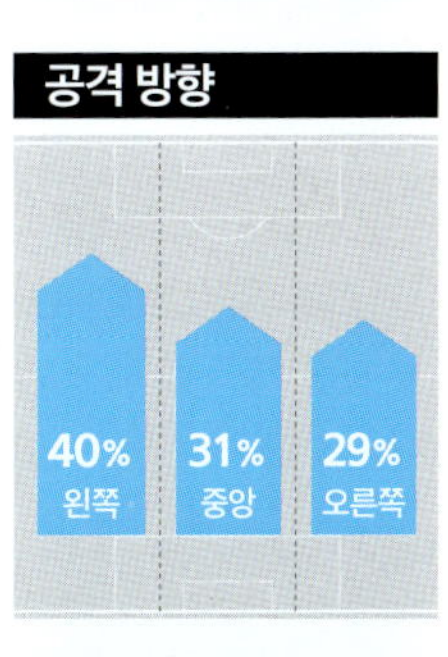

국적: 일본

2021년 여름, 브라이턴으로 이적했으나 워크퍼밋(노동허가서)을 받지 못하여, 벨기에 로얄 위니옹 생질루아즈로 임대 생활을 했다. 2022/23 시즌에 미토마는 팀의 주전으로 발돋움했다. 무엇보다도 공격 2선에서 에이스 역할을 충실히 해주었다. 지난 시즌은 부상으로 인해 아쉬움을 많이 남겼다. 폭발력이 있거나 일정하게 빠른 스타일은 아니다. 드리블을 하면서 순간적으로 템포를 조절하거나 방향을 바꾸면서 상대를 제친다. 오프 더 볼 움직임과 위치 선정도 좋다.

출전경기	경기시간(분)	골	어시스트	경고	퇴장
19	1,488	3	4	4	–

GK 1 바트 베르브로겐
Bart Verbruggen

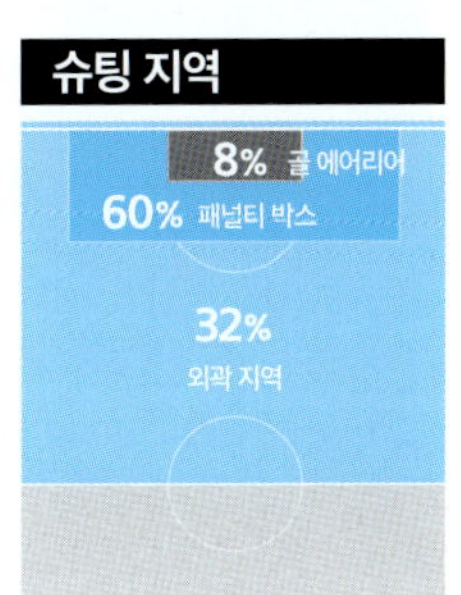

국적: 네덜란드

네덜란드 브레다와 벨기에 안더레흐트에서 좋은 모습을 보여주었다. 특히 안더레흐트에서 주전 골키퍼를 밀어내고 골문을 지켰다. 이와 같은 활약에 브라이턴으로 이적했다. 브라이턴에서도 스틸 골키퍼를 밀어냈다. 피지컬이 좋고 발밑이 좋다. 빌드업 전개도 좋다. 스위핑 능력도 갖추고 있다. 다만 안정감은 다소 덜하다. 후방 빌드업을 할 때, 한 번씩 실수를 하면서 팀 전체를 위기로 빠뜨리기도 한다.

출전경기	경기시간(분)	실점	무실점(경기)	경고	퇴장
21	1,890	28	4	3	–

상대팀 최근 6경기 전적

구분	승	무	패	구분	승	무	패
맨체스터 시티		1	5	브라이턴 앤 호브 알비온			
아스널	3		3	본머스	4		2
리버풀	2	2	2	풀럼		3	3
애스턴 빌라	1		5	울버햄튼 원더러스	4	1	1
토트넘 홋스퍼	2		4	에버턴	2	2	2
첼시	2	1	3	브렌트포드	3	2	1
뉴캐슬 유나이티드	1	3	2	노팅엄 포레스트	3	1	2
맨체스터 유나이티드	4		2	레스터 시티	2	2	2
웨스트 햄 유나이티드	3	2	1	입스위치 타운	2	2	2
크리스탈 팰리스	2	4		사우샘프턴	3	2	1

DF 5 루이스 덩크
Lewis Dunk

국적: 잉글랜드

브라이턴 성골 수비수이다. 브라이턴에서 출생하여 유스를 거쳐 2010년부터 1군에서 뛰었다. 브리스톨 시티 임대를 제외하고는 계속 브라이턴에서 뛰었냐. 개인 수비력과 센스가 좋다. 선수들과의 수비 조합을 통해 수비라인을 지휘한다. 팀 내 주장을 맡으면서 팀을 이끌고 있다. 리더십도 갖추고 있다. 피지컬이 좋아 몸싸움과 공중볼 다툼에서도 유리하다. 그러나 스피드가 느리고 민첩성이 떨어지는 단점이 있다.

출전경기	경기시간(분)	골	어시스트	경고	퇴장
33	2,872	3	1	7	–

DF 30 페르비스 에스티투난
Pervis Estupiñán

국적: 에콰도르

에콰도르에서 뛰다 왓포드로 오며 유럽 생활을 시작했다. 그라나다, 알메리아, 마요르카, 오사수나 등에서 임대 생활을 했다. 비야레알로 이적해 주전으로 발돋움했다. 2022년 여름에 브라이턴으로 이적했다. 첼시로 이적한 쿠쿠레야의 공백을 잘 메웠다. 공수 양면에서 밸런스를 갖춘 풀백이다. 패싱 능력도 좋아 빌드업에도 관여하고 있다. 그러나 피지컬이 필요한 몸싸움, 제공권 등에 약점을 보인다.

출전경기	경기시간(분)	골	어시스트	경고	퇴장
19	1,245	2	3	4	–

FW 9 조앙 페드로
João Pedro

국적: 브라질

플루미네시와 왓포드를 거쳐 2023년 여름 브라이턴으로 이적했다. 중앙 공격수로 주로 뛰면서 윙어도 볼 수 있다. 공격형 미드필더의 경험도 가지고 있다. 브라질 선수답게 드리블 능력이 좋다. 드리블을 통해 상대 진영을 휘저어 줄 것으로 보인다. 시야도 괜찮다. 날카로운 패스로 동료들에게 찬스를 만들어 준다. 수비 가담도 많이 발전했다. 그러나 피지컬에서 아쉬운 모습을 보인다는 단점이 있다.

출전경기	경기시간(분)	골	어시스트	경고	퇴장
31	2,047	9	3	2	–

AFC 본머스

AFC Bournemouth

TEAM PROFILE

창 립	1899년
구 단 주	빌 폴리(미국)
감 독	안도니 이라올라(스페인)
연 고 지	도싯주 본머스
홈 구 장	바이탈리티 스타디움(1만 1,329명)
라 이 벌	사우샘프턴
홈페이지	www.afcb.co.uk

최근 5시즌 성적

시즌	순위	승점
2019-2020	18위	34점(9승 7무 22패, 40득점 65실점)
2020-2021	없음	없음
2021-2022	없음	없음
2022-2023	15위	39점(11승 6무 21패, 37득점 71실점)
2023-2024	12위	48점(13승 9무 16패 54득점 67실점)

PREMIER LEAGUE (전신 포함)

통 산	없음
23-24 시즌	12위(13승 9무 16패, 승점 48점)

FA CUP

통 산	없음
23-24 시즌	16강

LEAGUE CUP

통 산	없음
23-24 시즌	16강

UEFA

통 산	없음
23-24 시즌	없음

경기 일정

라운드	날짜	장소	상대팀
1	2024.08.17	원정	노팅엄 포레스트
2	2024.08.25	홈	뉴캐슬 유나이티드
3	2024.08.31	원정	에버턴
4	2024.09.15	홈	첼시
5	2024.09.21	원정	리버풀
6	2024.10.01	홈	사우샘프턴
7	2024.10.05	원정	레스터 시티
8	2024.10.20	홈	아스널
9	2024.10.26	원정	애스턴 빌라
10	2024.11.03	홈	맨체스터 시티
11	2024.11.10	원정	브렌트포드
12	2024.11.24	홈	브라이튼 앤 호브 앨비언
13	2024.12.01	원정	울버햄튼 원더러스
14	2024.12.04	홈	토트넘 훗스퍼
15	2024.12.08	원정	입스위치 타운
16	2024.12.15	홈	웨스트햄 유나이티드
17	2024.12.22	원정	맨체스터 유나이티드
18	2024.12.27	홈	크리스탈 팰리스
19	2024.12.30	원정	풀럼
20	2025.01.05	홈	에버턴
21	2025.01.16	원정	첼시
22	2025.01.19	원정	뉴캐슬 유나이티드
23	2025.01.26	홈	노팅엄 포레스트
24	2025.02.02	홈	리버풀
25	2025.02.16	원정	사우샘프턴
26	2025.02.23	홈	울버햄튼 원더러스
27	2025.02.26	원정	브라이튼 앤 호브 앨비언
28	2025.03.09	원정	토트넘 훗스퍼
29	2025.03.16	홈	브렌트포드
30	2025.04.01	홈	입스위치 타운
31	2025.04.05	원정	웨스트햄 유나이티드
32	2025.04.12	홈	풀럼
33	2025.04.19	원정	크리스탈 팰리스
34	2025.04.26	홈	맨체스터 유나이티드
35	2025.05.03	원정	아스널
36	2025.05.10	홈	애스턴 빌라
37	2025.05.18	원정	맨체스터 시티
38	2025.05.26	홈	레스터 시티

시즌 프리뷰 — 이번 시즌 살아남을 수 있을까

본머스의 도전이 다시 시작됐다. 프리미어리그 내에서도 가장 작은 팀 중 하나이다. 매 시즌이 어려움의 연속이었다. 그럼에도 본머스는 살아남았다. 그러나 이번에는 버틸 수 있을까. 우선 최대 공격수인 도미니크 솔랑케가 없다. 솔랑케가 토트넘으로 향했다. 지난 시즌, 리그에서 19골을 넣어준 공격수였다. 새로 데려온 선수들 중에서 솔랑케를 대체할 자원은 보이지 않는다. 나머지 선수들 중에서 최대의 조합을 찾아야 하지만 쉽지 않다. 결국 홈에서는 물고 늘어지고, 원정에서는 무승부를 거두는 쪽으로 모든 초점을 맞춰야 한다. 점유율 축구, 빌드업 축구보다는 선수비 후역습이 가장 잘 맞는 옷이다. 그런 축구를 통해 승점을 아껴가며 차곡차곡 쌓아 가야 하는 입장이다. 현재로서는 본머스가 잔류할 수 있을지 예측하기 힘들다.

COACH

안도니 이라올라 *Andoni Iraola*

1982년 6월 22일생 스페인

바예카노를 거쳐 지난 시즌에 본머스의 지휘봉을 잡았다. 지난 시즌 초반까지 참담했다. 강등 후보 1순위였다. 그러나 구단은 이라올라를 믿어주었다. 맨유 원정에서 3-0으로 승리한 것이 컸다. 이후 조금씩 승점을 쌓아 올렸다. 시즌 말미, 울버햄튼, 브라이튼에 승리하며 잔류에 성공했다. 전술적인 역량이 좋다. 상대에 따라 바꾸는 전술이다. 전방 압박을 즐긴다.

TEAM RATINGS

2023/24 프로필

팀 득점	54
평균 볼 점유율	44.00%
패스 정확도	77.10%
평균 슈팅 수	14.3
경고	79
퇴장	3

골 타입 (단위 %)

오픈 플레이	63
세트 피스	20
카운터 어택	9
패널티 킥	4
자책골	4

패스 타입 (단위 %)

쇼트 패스	80
롱 패스	15
크로스 패스	5
스루 패스	0

SQUAD

포지션	등번호	이름		생년월일	키(cm)	체중(kg)	국적
GK	13	케파 아리사발라가	Kepa Arrizabalaga	1994.10.03	188	88	스페인
	40	윌 데니스	Will Dennis	2000.07.10	188	109	잉글랜드
	42	마크 트래버스	Mark Travers	1999.05.18	191	82	아일랜드
DF	2	딘 하이센	Dean Huijsen	2005.04.14	197	84	스페인
	3	밀로시 케르케즈	Milos Kerkez	2003.11.07	180	71	헝가리
	5	마르코스 세네시	Marcos Senesi	1997.05.10	185	80	아르헨티나
	15	아담 스미스	Adam Smith	1991.04.29	174	78	잉글랜드
	22	훌리안 아라우호	Julián Araujo	2001.08.13	176	70	멕시코
	23	제임스 힐	James Hill	2002.01.10	184	73	잉글랜드
	27	일리아 자바르니	Ilya Zabarnyi	2002.09.01	189	81	우크라이나
	37	맥스 아론스	Max Aarons	2000.01.04	171	68	잉글랜드
MF	4	루이스 쿡	Lewis Cook	1997.02.03	175	71	잉글랜드
	7	데이비드 브룩스	David Brooks	1997.07.08	173	69	웨일즈
	8	알렉스 스콧	Alex Scott	2003.08.21	178	73	잉글랜드
	10	라이언 크리스티	Ryan Christie	1995.02.22	178	79	스코틀랜드
	12	타일러 아담스	Tyler Adams	1999.02.14	175	72	미국
	16	마커스 태버니어	Marcus Tavernier	1999.03.22	178	70	잉글랜드
	29	필립 빌링	Philip Billing	1996.06.11	193	80	덴마크
FW	9	이바니우송	Evanilson	1999.10.06	183	78	브라질
	11	당고 와타라	Dango Ouattara	2002.02.11	177	72	부르키나 파소
	17	루이스 시니스테라	Luis Sinisterra	1999.06.17	172	60	콜롬비아
	19	저스틴 클라위베르트	Justin Kluivert	1999.05.05	172	66	네덜란드
	24	앙투안 세메뇨	Antoine Semenyo	2000.01.07	185	70	가나
	26	에네스 위날	Enes Ünal	1997.05.10	187	73	튀르기예

IN & OUT

주요 영입	주요 방출
에네스 위날, 알렉스 파울센, 대니얼 제비손, 코비 모토, 딘 후이센, 줄리안 아라우호, 케파 아리사발라가	잭 워덤, 키퍼 무어, 도미니크 솔랑케, 네투

TEAM FORMATION

FW C+

MF B

DF C

GK C+

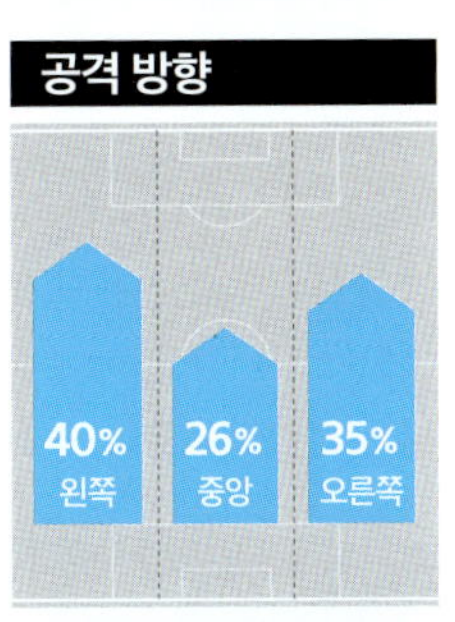

- 9 이바니우송 (클루이베르트)
- 16 타버니어 (시니스테라)
- 19 클루이베르트 (타버니어)
- 24 세메뉴 (와타라)
- 10 크리스티 (쿡)
- 4 쿡 (스콧)
- 3 케르케즈 (스미스)
- 25 세네시 (하위선)
- 27 자바르니 (하위선)
- 22 아라우호 (힐)
- 13 아리사발라가 (트래버스)

PLAN **4-2-3-1**

지역 점유율

공격 진영	**31%**
중앙	**40%**
수비 진영	**29%**

공격 방향

40% 왼쪽	26% 중앙	35% 오른쪽

슈팅 지역

- **11%** 골 에어리어
- **56%** 페널티 박스
- **34%** 외곽 지역

MF 10 라이언 크리스티
Ryan Christie

국적: 스코틀랜드

인버네스 유스 출신으로 스코틀랜드 무대에서 오래 뛰었다. 2021년, 본머스로 이적했다. 중앙과 측면을 모두 소화할 수 있는 미드필더이다. 2선 미드필더 역할을 많이 하고 있다. 많이 뛰면서 넓은 반경을 커버한다. 전형적으로 성실하면서 팀에 큰 도움이 되는 미드필더 자원이다. 축구 센스가 좋고 패싱 능력을 갖추고 있다. 올 시즌 솔랑케가 없기에, 그의 중요성이 더 커졌다. 다만 개인기에서는 아쉬움을 보이고 있다. 시야가 좁다는 단점도 있다.

출전경기	경기시간(분)	골	어시스트	경고	퇴장
37	2,920	–	5	6	–

GK 13 케파 아리사발라가
Kepa Arrizabalaga

국적: 스페인

한때 세계 최고가격을 자랑하는 골키퍼였다. 첼시가 케파를 데려오면서 당시 골키퍼 세계 최고 이적료와 역대 골키퍼 최고 연봉 기록을 세웠다. 당연히 이목이 집중되었다. 그러나 첼시에서는 그리 좋지는 않았다. 레알 마드리드로 임대됐지만, 기대와 달리 실망만 안겼다. 첼시로 왔지만 자리는 없었다. 그래서 본머스로 와서 둥지를 틀었다. 페널티킥 선방률은 좋다. 다만 위치 선정이 문제로 지적되곤 한다.

출전경기	경기시간(분)	골	어시스트	경고	퇴장
14	1,198	9	8	1	–

상대팀 최근 6경기 전적

구분	승	무	패	구분	승	무	패
맨체스터 시티			6	브라이턴 앤 호브 알비온	2		4
아스널		1	5	본머스			
리버풀	1		5	풀럼	2	3	1
애스턴 빌라	3	1	2	울버햄튼 원더러스	2	1	3
토트넘 홋스퍼	1	1	4	에버턴	4		2
첼시	1	2	3	브렌트포드	1	2	3
뉴캐슬 유나이티드	1	3	2	노팅엄 포레스트	4	2	
맨체스터 유나이티드	2	1	3	레스터 시티	3		3
웨스트 햄 유나이티드		3	3	입스위치 타운		4	2
크리스탈 팰리스	3		3	사우샘프턴	2	1	3

DF 15 아담 스미스
Adam Smith

국적: 잉글랜드

토트넘 유스 출신이다. 위컴, 본머스, 리즈 등 7팀을 전전했다. 2014년 1월 본머스가 스미스를 데려왔다. 이후 본머스에 터를 잡았다. 탄탄한 수비력을 자랑한다. 수비 센스가 좋고 대인 마크도 뛰어나다. 끝까지 물고 늘어지는 저돌성도 갖추고 있다. 팀 내 정신적 지주 역할을 하고 있다. 이름처럼 '보이지 않는 손'으로 영향력이 상당하다. 스피드가 떨어지는 것이 단점이다. 발기술도 좋지는 않다.

출전경기	경기시간(분)	골	어시스트	경고	퇴장
28	2,157	2	6	–	

FW 19 저스틴 클라위베르트
Justin Kluivert

국적: 네덜란드

도미닉 솔랑케의 이적으로 이제 골을 책임져야 하는 역할을 맡게 됐다. 윙어지만 최전방도 설 수 있다. 아약스와 AS로마를 거쳐 2023년 본머스로 왔다. 로마에서는 자리를 잡지 못했다. 라이프치히, 니스, 발렌시아에서 임대 생활을 했다. 아버지가 네덜란드의 전설, 패트릭 클라위베르트다. 아버지와 달리 단신이며 빠르고 폭발적인 주력을 자랑한다. 다만 피지컬이 아쉽고 골 결정력도 끌어올려야 한다.

출전경기	경기시간(분)	골	어시스트	경고	퇴장
32	1,935	7	1	5	–

FW 26 에네스 위날
Enes Ünal

국적: 튀르키예

부르사스포르 유스 출신으로 2015년 맨시티로 이적했다. 그러나 바로 벨기에와 네덜란드 등에서 임대 생활을 했다. 트벤테에서 좋은 모습을 보이면서 포텐을 터뜨렸다. 이후에도 원소속팀보다는 임대 생활을 전전했다. 헤타페에서 주전으로 활약했다. 2024년 겨울 본머스로 임대됐다. 이번 시즌에 완전히 이적했다. 타깃 형 스트라이커다. 최전방에서 피지컬로 승부한다. 포스트플레이가 좋지만, 스피드가 느린 것이 약점이다.

출전경기	경기시간(분)	골	어시스트	경고	퇴장
16	319	2	2	1	–

풀럼 FC
Fulham FC

TEAM PROFILE

창 립	1879년
구 단 주	샤히드 칸(미국)
감 독	마르코 실바(포르투갈)
연 고 지	런던 해머스미스 앤 풀럼
홈 구 장	크레이븐 코티지(2만 5700명)
라 이 벌	첼시, 퀸즈 파크 레인저스, 브렌트 포드
홈페이지	https://www.fulhamfc.com

최근 5시즌 성적

시즌	순위	승점
2019-2020	없음	없음
2020-2021	18위	28점(5승 13무 20패 27득점 53실점)
2021-2022	없음	없음
2022-2023	10위	52점(15승 7무 16패 55득점 53실점)
2023-2024	13위	47점(13승 8무 17패 55득점 61실점)

PREMIER LEAGUE (전신 포함)

통 산	없음
23-24 시즌	13위(13승 8무 17패, 승점 47점)

FA CUP

통 산	없음
23-24 시즌	32강

LEAGUE CUP

통 산	없음
23-24 시즌	4강

UEFA

통 산	없음
23-24 시즌	없음

경기 일정

라운드	날짜	장소	상대팀
1	2024.08.17	원정	맨체스터 유나이티드
2	2024.08.24	홈	레스터 시티
3	2024.08.31	원정	입스위치 타운
4	2024.09.14	홈	웨스트햄 유나이티드
5	2024.09.21	홈	뉴캐슬 유나이티드
6	2024.09.28	원정	노팅엄 포레스트
7	2024.10.05	원정	맨체스터 시티
8	2024.10.19	홈	애스턴 빌라
9	2024.10.27	원정	에버턴
10	2024.11.03	홈	브렌트포드
11	2024.11.10	원정	크리스탈 팰리스
12	2024.11.24	홈	울버햄튼 원더러스
13	2024.12.01	원정	토트넘 홋스퍼
14	2024.12.04	홈	브라이턴 앤 호브 앨비언
15	2024.12.08	홈	아스널
16	2024.12.15	원정	리버풀
17	2024.12.22	홈	사우샘프턴
18	2024.12.27	원정	첼시
19	2024.12.30	홈	AFC 본머스
20	2025.01.05	홈	입스위치 타운
21	2025.01.15	원정	웨스트햄 유나이티드
22	2025.01.19	원정	레스터 시티
23	2025.01.26	홈	맨체스터 유나이티드
24	2025.02.02	원정	뉴캐슬 유나이티드
25	2025.02.16	홈	노팅엄 포레스트
26	2025.02.23	홈	크리스탈 팰리스
27	2025.02.26	원정	울버햄튼 원더러스
28	2025.03.09	원정	브라이턴 앤 호브 앨비언
29	2025.03.16	홈	토트넘 홋스퍼
30	2025.04.01	원정	아스널
31	2025.04.05	홈	리버풀
32	2025.04.12	원정	AFC 본머스
33	2025.04.19	홈	첼시
34	2025.04.26	원정	사우샘프턴
35	2025.05.03	원정	애스턴 빌라
36	2025.05.10	홈	에버턴
37	2025.05.18	원정	브렌트포드
38	2025.05.26	홈	맨체스터 시티

시즌 프리뷰 — 중원의 해결사를 잃었다

풀럼은 올 시즌 어려운 도전에 직면했다. 중원의 해결사인 주앙 팔리냐가 떠났다. 여기에 센터백인 팀 림도 이적했다. 중원과 센터백의 척추 라인에 금이 간 셈이다. 센터백의 구멍은 조르지 쿠엔카를 데려오며 어느 정도 메웠다. 그러나 허리 구멍이 크다. 아스널에서 에밀 스미스 로우를 데려왔다. 다만 스미스 로우는 최근 연이은 부상으로 인해 하락세였다. 풀럼에서 어느 정도 부활할 수 있을지는 미지수다. 토트넘으로 보냈던 라이언 세세뇽을 재영입했다. 왼쪽 라인에서의 활발한 공격을 기대해볼 만하다. 그러나 전체적으로는 쉽지 않은 시즌이 될 것으로 보인다. 연쇄 부상이 발생하거나 선수들의 컨디션이 떨어진다면 가시밭길을 걸을 수밖에 없다. 일단 잔류가 최우선 목표이다. 초반에 승점을 확보한 후 다른 컵대회를 노리는 것도 방법이다.

COACH

마르코 실바 *Marco Silva*
1977년 7월 12일생 포르투갈

헐 시티에서 잉글랜드 무대 경력을 시작했다. 왓포드, 에버턴을 거쳐 풀럼으로 왔다. 2021/22 시즌 풀럼을 챔피언십 우승으로 이끌고 프리미어리그로 견인했다. 2022/23 시즌에는 프리미어리그 10위, 지난 시즌에는 13위를 기록했다. 풀럼을 잘 알고 있는 지도자이다. 현실을 직시하고 거기에 맞는 모습을 보여준다.

TEAM RATINGS

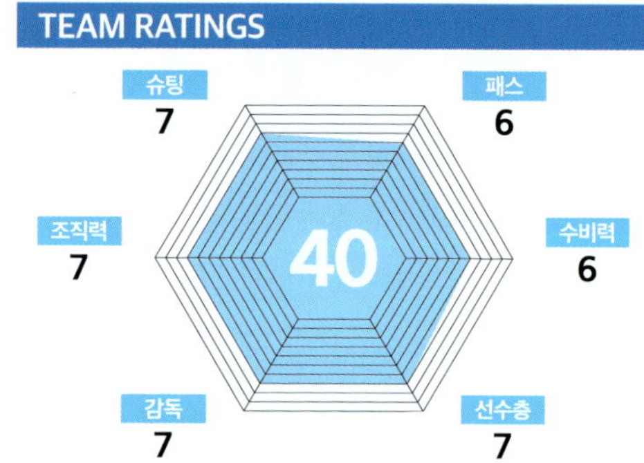

2023/24 프로필

팀 득점	55
평균 볼 점유율	50.30%
패스 정확도	82.50%
평균 슈팅 수	13.2
경고	78
퇴장	4

골 타입

오픈 플레이	69
세트 피스	20
카운터 어택	5
패널티 킥	4
자책골	2

단위 (%)

패스 타입

쇼트 패스	86
롱 패스	10
크로스 패스	4
스루 패스	0

단위 (%)

SQUAD

포지션	등번호	이름		생년월일	키(cm)	체중(kg)	국적
GK	1	베른트 레노	Bernd Leno	1992.04.04	190	73	독일
	23	스티븐 벤다	Steven Benda	1998.10.01	192	83	독일
DF	2	케니 테테	Kenny Tete	1995.10.09	180	71	네덜란드
	3	캘빈 배시	Calvin Bassey	1999.12.31	185	76	나이지리아
	5	요아킴 안데르센	Joachim Andersen	1996.05.31	192	90	덴마크
	15	호르헤 쿠엔카	Jorge Cuenca	1999.11.17	190	75	스페인
	21	티모시 카스타뉴	Timothy Castagne	1995.12.05	185	80	벨기에
	30	라이언 세세뇽	Ryan Sessegnon	2000.05.18	178	70.8	잉글랜드
	31	이사 디오프	Issa Diop	1997.01.09	194	90	프랑스
	33	안토니 로빈슨	Antonee Robinson	1997.08.08	183	70	미국
MF	6	해리슨 리드	Harrison Reed	1995.01.27	181	72	잉글랜드
	10	톰 케어니	Tom Cairney	1991.01.20	185	83.5	스코틀랜드
	16	산데르 베르게	Sander Berge	1998.02.14	195	96	노르웨이
	18	안드레아스 페레이라	Andreas Pereira	1996.01.01	178	70	브라질
	20	사샤 루키치	Saša Lukić	1996.08.13	182	77	세르비아
	32	에밀 스미스 로우	Emile Smith Rowe	2000.04.28	182	79	잉글랜드
FW	7	라울 히메네스	Raúl Jiménez	1991.05.05	187	76	멕시코
	8	해리 윌슨	Harry Wilson	1997.03.22	173	70	웨일즈
	9	로드리고 무니스	Rodrigo Muniz	2001.05.04	186	79	브라질
	11	아다마 트라오레	Adama Traoré	1996.01.25	178	72	스페인
	17	알렉스 이워비	Alex Iwobi	1996.05.03	183	75	나이지리아
	19	리스 넬슨	Reiss Nelson	1999.12.10	175	71	잉글랜드
	-	카를로스 비니시우스	Carlos Vinícius	1995.03.25	190	86	브라질

IN & OUT

주요 영입	주요 방출
에네스 라이언 세세뇽, 에밀 스미스 로우, 조르지 쿠엔카	주앙 팔리냐, 팀 림, 키어런 보위

TEAM FORMATION

FW B

MF B

DF C+

GK C+

9
무니스
(라울)

17
이워비
(트라오레)

32
스미스 로우
(케어니)

11
트라오레
(윌슨)

20
루키치
(리드)

18
안드레아스
(베르게)

33
로빈슨
(세세뇽)

3
바시
(쿠엔카)

31
디오프
(안데르센)

2
테테
(카스타뉴)

1
레노
(벤다)

PLAN **4-2-3-1**

지역 점유율

공격 진영	**27%**
중앙	**43%**
수비 진영	**30%**

공격 방향

38% 왼쪽	25% 중앙	37% 오른쪽

슈팅 지역

10% 골 에어리어
56% 패널티 박스
35% 외곽 지역

PLAYERS

FW 17 — 알렉스 이워비 / Alex Iwobi

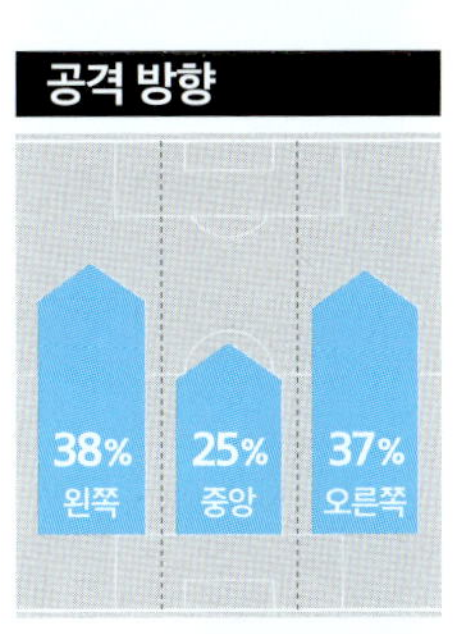

국적: 나이지리아

아스널 유스 출신으로 아스널에서 오래 뛰었다. 2019년 에버턴으로 이적했다. 2023년까지 4시즌을 뛰며 활약했다. 특히 2022/23 시즌에는 에버턴 올해의 선수가 됐다. 그러나 재계약을 거부했다. 2023년 풀럼에서 부르자, 이적했다. 윙어와 공격형 미드필더로 나서는 스타일이다. 드리블과 스피드가 좋다. 활동량도 왕성하다. 활동반경도 넓다. 다만 킥과 슈팅 능력이 아쉽다. 스피드와 별개로 민첩성은 떨어진다. 가속력이 떨어지기에 수비 시 약점을 드러낸다.

출전경기	경기시간(분)	골	어시스트	경고	퇴장
32	2,346	5	2	2	–

GK 1 — 베른트 레노 / Bernd Leno

국적: 독일

슈투트가르트와 바이어 레버쿠젠, 아스널을 거쳐 2022년에 풀럼으로 왔다. 오랜 시간 아스널의 넘버원 골키퍼였다. 그러다가 램즈데일에게 밀려 풀럼으로 이적했다. 이후 팀에서 넘버원 골키퍼로 활약하고 있다. 기본기가 잘 잡혀 있다. 반사신경을 바탕으로 한 선방 능력이 뛰어나다. 페널티킥도 잘 막아낸다. 단 공중볼 처리에 약점이 있다. 어처구니없는 실수를 한 번씩 하는 경우가 있어 주의해야 한다.

출전경기	경기시간(분)	실점	무실점(경기)	경고	퇴장
38	3,420	61	10	3	–

상대팀 최근 6경기 전적

구분	승	무	패	구분	승	무	패
맨체스터 시티			6	브라이턴 앤 호브 알비온	3	3	
아스널	1	2	3	본머스	1	3	2
리버풀		2	4	풀럼			
애스턴 빌라	1		5	울버햄튼 원더러스	1	2	3
토트넘 홋스퍼	2		4	에버턴	4	2	
첼시	1	1	4	브렌트포드	2	1	3
뉴캐슬 유나이티드			6	노팅엄 포레스트	4		2
맨체스터 유나이티드	1	1	4	레스터 시티	3	1	2
웨스트 햄 유나이티드	2	1	3	입스위치 타운	6		
크리스탈 팰리스	1	4	1	사우샘프턴	2	1	3

DF 31 — 이사 디오프 / Issa Diop

국적: 프랑스

툴루즈와 웨스트햄을 거쳐 2022년에 풀럼으로 이적했다. 194cm, 92kg의 장신과 탄탄한 피지컬을 활용한 공중볼 처리 능력이 탁월한 센터백이다. 큰 키와는 다르게 스피드도 빠르다. 피지컬을 바탕으로 하는 몸싸움에도 능하다. 경합 상황에서 볼을 잘 따낸다. 다만 실수가 잦다. 무게 중심이 다소 높아 상대 수비수들 개인기를 허용하기도 한다. 발밑이 좋지 않아 빌드업에도 약점을 드러낸다.

출전경기	경기시간(분)	골	어시스트	경고	퇴장
18	1,425	–	–	2	1

MF 6 — 해리슨 리드 / Harrison Reed

국적: 잉글랜드

사우샘프턴에서는 주전을 차지하지 못하고 노리치시티, 블랙번 로버스에서 임대로 뛰었다. 2019년, 풀럼으로의 임대는 리드에게는 신의 한 수였다. 좋은 기량을 보이며 팀의 프리미어리그 승격을 이끌었다. 풀럼으로 정식 이적했다. 활동량이 많고 킥이 날카롭다. 오프 더 볼 상황에서 많이 움직인다. 중거리 슈팅 능력도 갖추고 있다. 다만 다소 투박하고 거친 측면이 있다. 의외의 카드를 받는 경우가 꽤 있다.

출전경기	경기시간(분)	골	어시스트	경고	퇴장
27	1,326	–	2	6	–

FW 9 — 로드리고 무니스 / Rodrigo Muniz

국적: 브라질

플라멩구 유스 출신이다. 2021년 풀럼으로 이적했다. 2022/23 시즌에는 미들즈브러에서 임대로 뛰었다. 지난 시즌에 원소속팀으로 돌아왔다. 라울 히메네스와 카를로스 비니시우스와의 경쟁에서 승리했다. 중반 이후 이들을 제치고 주전으로 올라섰다. 슈팅력과 헤더 능력이 좋다. 최전방에서 몸싸움을 통해 공간을 확보한다. 브라질 출신인 만큼 원더골을 만들어내는 능력도 갖추고 있다. 경기력의 기복이 있는 것이 아쉽다.

출전경기	경기시간(분)	골	어시스트	경고	퇴장
26	1,599	9	1	1	–

울버햄튼 원더러스

Wolverhampton Wanderers

TEAM PROFILE

창 립	1877년
구 단 주	곽광창(중국)
감 독	게리 오닐(잉글랜드)
연 고 지	웨스트미들랜즈 울버햄튼
홈 구 장	몰리뉴 스타디움(3만 2,050명)
라 이 벌	웨스트브롬위치, 아스톤 빌라
홈페이지	www.wolves.co.uk

최근 5시즌 성적

시즌	순위	승점
2019-2020	7위	59점(15승14무9패, 51득점 40실점)
2020-2021	13위	45점(12승9무17패, 36득점 52실점)
2021-2022	10위	51점(15승6무17패, 38득점 43실점)
2022-2023	13위	41점(11승8무19패, 31득점 58실점)
2023-2024	14위	46점(13승7무18패, 50득점 65실점)

PREMIER LEAGUE (전신 포함)

통 산	우승 3회
23-24 시즌	14위(13승 7무 18패, 승점 46점)

FA CUP

통 산	우승 4회
23-24 시즌	8강

LEAGUE CUP

통 산	우승 2회
23-24 시즌	32강

UEFA

통 산	없음
23-24 시즌	없음

경기 일정

라운드	날짜	장소	상대팀
1	2024.08.17	원정	아스널
2	2024.08.25	홈	첼시
3	2024.08.31	원정	노팅엄 포레스트
4	2024.09.16	홈	뉴캐슬 유나이티드
5	2024.09.21	원정	애스턴 빌라
6	2024.09.29	홈	리버풀
7	2024.10.05	원정	브렌트포드
8	2024.10.20	홈	맨체스터 시티
9	2024.10.26	원정	브라이턴 앤 호브 앨비언
10	2024.11.03	홈	크리스탈 팰리스
11	2024.11.10	홈	사우샘프턴
12	2024.11.24	원정	풀럼
13	2024.12.01	홈	AFC 본머스
14	2024.12.04	원정	에버턴
15	2024.12.08	원정	웨스트햄 유나이티드
16	2024.12.15	홈	입스위치 타운
17	2024.12.22	원정	레스터 시티
18	2024.12.27	홈	맨체스터 유나이티드
19	2024.12.30	원정	토트넘 훗스퍼
20	2025.01.05	홈	노팅엄 포레스트
21	2025.01.16	홈	뉴캐슬 유나이티드
22	2025.01.19	원정	첼시
23	2025.01.26	홈	아스널
24	2025.02.02	홈	애스턴 빌라
25	2025.02.16	원정	리버풀
26	2025.02.23	원정	AFC 본머스
27	2025.02.26	홈	풀럼
28	2025.03.09	홈	에버턴
29	2025.03.16	원정	사우샘프턴
30	2025.04.01	홈	웨스트햄 유나이티드
31	2025.04.05	원정	입스위치 타운
32	2025.04.12	홈	토트넘 훗스퍼
33	2025.04.19	원정	맨체스터 유나이티드
34	2025.04.26	홈	레스터 시티
35	2025.05.03	원정	맨체스터 시티
36	2025.05.10	홈	브라이턴 앤 호브 앨비언
37	2025.05.18	원정	크리스탈 팰리스
38	2025.05.26	홈	브렌트포드

전력분석 상위권 진입으로 유럽대항전 진출

울버햄튼은 2018/19 시즌을 앞두고 프리미어리그로 올라와 6시즌을 보냈다. 7위-7위-13위-10위-13위-14위. 성적은 하향곡선이다. 매 시즌, 강등 걱정에서 자유로울 수 없는 처지이다. 울버햄튼의 목표는 일단 상위권으로 올라갈 수 있는 발판을 마련하는 것이다. 유럽대항전 진출이 궁극적인 목표이다. 일단은 10위 안으로만 들어도 성공한 시즌이라고 볼 수 있다. 전력으로만 보면 10위권 달성은 쉽지 않아 보인다. 시즌을 앞두고 나간 두 선수의 공백이 꽤 크다. 막스 킬먼이 웨스트햄으로, 페드로 네투가 첼시로 향했다. 킬먼은 수비의 핵심축이었다. 그의 이탈은 울버햄튼 수비진에 큰 타격이 아닐 수 없다.

더욱이 울버햄튼은 그렇게 수비가 뛰어난 팀이 아니다. 크레이그 도슨과 토티 고메스 등으로는 한 시즌을 이끌고 나가기 버겁다. 페드로 네투 역시 측면에서 풀어주는 역할을 해왔다. 특히 패스가 날카로웠다. 황희찬과 쿠냐에게 향하는 퀄리티 좋은 패스를 더 이상 볼 수가 없게 됐다. 울버햄튼은 킬먼과 네투를 팔아서 약 9,400만 파운드를 손에 넣었다. 이 돈을 가지고 시장에서 좋은 선수들을 데려오려 한다. 아직까지는 이렇다 할 성과는 없다. 다소 아쉬운 선수들만 데리고 온 상황이다. 전력상 아직 미완성이다.

전술분석 팀의 성패는 공격수 황희찬과 쿠냐에 달렸다

울버햄튼이 믿을만한 선수는 결국 황희찬과 마테우스 쿠냐이다. 지난 시즌 각각 13골을 넣으며 울버햄튼의 공격을 이끌었다. 둘의 콤비 플레이도 상당히 좋았다. 황희찬은 저돌적이면서 직선적인 움직임으로 상대를 공략했다. 이 뒤를 쿠냐가 받치면서 패스를 조율해 주고 자신이 직접 해결하기도 했다. 울버햄튼 전술의 중심은 결국 이 두 선수를 극대화하는 것에 방점을 찍고 있다. 두 선수 뒤에 있는 선수들은 대체로 탄탄한 수비에 나선다. 그러면서도 선수비 후역습을 대놓고 하는 것은 아니다. 허리에 있는 마리오 레미나가 공격 등의 방향을 정한다. 다니엘 포덴스도 다시 돌아왔다. 측면에 배치되는 라얀 아잇-누리와 넬송 세메두 역시 측면에서 공격을 지원한다. 다만 3-4-3 포메이션을 쓰게 되면 스리톱의 한 자리가 애매하다. 파블로 사라비아나 장 리크네르 벨가드르 모두 한 축을 차지하기에는 부족하다. 결국 이 한 자리를 정하는 것이 올 시즌 전술적인 관건이다. 3-5-2 포메이션이나 4-4-2 포메이션을 들고나올 수도 있다. 공격진에 부상으로 인한 누수가 생겼을 때도 대체자가 마땅치 않다. 개리 오닐 감독으로서는 여러 가지 대체 전술 등을 준비해야 한다.

시즌 프리뷰 들쭉날쭉 울버햄튼, 올 시즌은 안정적?

지난 시즌 울버햄튼은 들쭉날쭉했다. 승리와 패배를 계속 오갔다. 연승도 연패도 없이 애매했다. 경기력 자체가 상당히 불안정해서 상위권으로 치고 올라가지 못했다. 그렇다고 강등권으로 내려앉은 것도 아니었다. 전체적으로 애매했던 시즌이었다. 올 시즌도 그렇게 전망이 밝아 보이지는 않는다. 최전방은 괜찮다. 황희찬과 마테우스 쿠냐 모두 리그 수준급 공격 자원들이기 때문이다. 둘의 시너지는 상당히 좋아 보인다. 문제는 그 뒤편이다. 무엇보다도 선수들의 경기력이 불안정하고 기복이 심하다. 잘할 때는 상대를 정신 못 차릴 만큼 몰아친다. 그러나 한번 무너지면 걷잡을 수 없다. 이렇게 경기력이 떨어졌을 때 더 떨어지지 않게 하는 것이 중요하다. 그러나 그럴만한 선수 자원이 있을지는 미지수다. 개리 오닐 감독도 그 정도의 지도력을 보여줄 수 있을지 알 수 없다. 리그에서는 여전히 중위권을 맴돌 것으로 보인다. 올라가지도, 내려가지도 않을 전망이다.

부상 관리가 가장 중요하다. 주요 선수들이 다치게 된다면 성적 하락을 막을 수 없다. 컵대회는 한번 노려볼 만하다. 지난 시즌, 울버햄튼은 FA컵 8강까지 올랐다. 컵대회는 변수도 많고 운도 작용하기 때문에 해볼 만하다.

IN & OUT

주요 영입	주요 방출
토미 도일, 호드리고 고메스, 페드로 리마, 아서 나스타, 요르겐 스트란드 라르센	페드로 네투, 막스 킬만, 올리버 트립톤, 마빈 카레타, 후고 부에노

TEAM FORMATION

TEAM RATINGS

슈팅	7
패스	7
조직력	7
수비력	7
감독	6
선수층	6

40

2023/24 프로필

팀 득점	50
평균 볼 점유율	48.60%
패스 정확도	82.40%
평균 슈팅 수	11.3
경고	100
퇴장	4

골 타입

	단위 (%)
오픈 플레이	52
세트 피스	28
카운터 어택	6
패널티 킥	8
자책골	6

패스 타입

	단위 (%)
쇼트 패스	86
롱 패스	11
크로스 패스	3
스루 패스	0

지역 점유율

공격 진영	25%
중앙	43%
수비 진영	33%

공격 방향

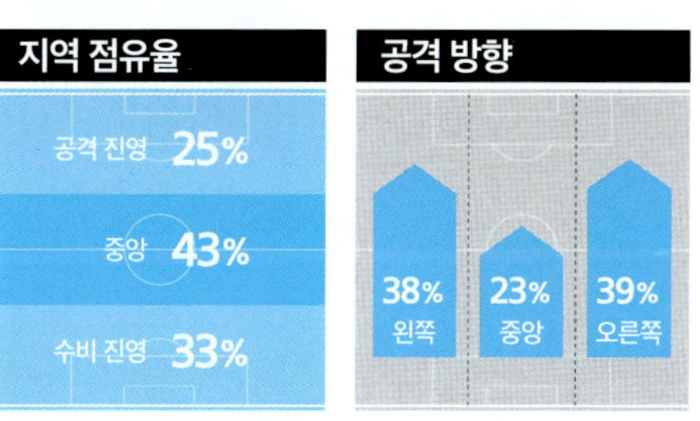

슈팅 지역

상대팀 최근 6경기 전적

구분	승	무	패
맨체스터 시티	1		5
아스널			6
리버풀	1	1	4
애스턴 빌라	3	2	1
토트넘 홋스퍼	4		2
첼시	3	2	1
뉴캐슬 유나이티드	1	2	3
맨체스터 유나이티드	1		5
웨스트 햄 유나이티드	2		4
크리스탈 팰리스	1		5
브라이턴 앤 호브 알비온	1	1	4
본머스	3	1	2
풀럼	3	2	1
울버햄튼 원더러스			
에버턴	5		1
브렌트포드	3	2	1
노팅엄 포레스트	2	3	1
레스터 시티	1	1	4
입스위치 타운	2	3	1
사우샘프턴	5		1

SQUAD

포지션	등번호	이름		생년월일	키(cm)	체중(kg)	국적
GK	1	조세 사	José Sá	1993.01.17	192	84	포르투갈
	25	다니엘 벤틀리	Dan Bentley	1993.07.13	188	73	잉글랜드
DF	2	맷 도허티	Matt Doherty	1992.01.16	185	89.5	아일랜드
	3	라얀 아잇-누리	Rayan Aït-Nouri	2001.06.06	180	70	알제리
	4	산티아고 부에노	Santiago Bueno	1998.11.09	190	76	우루과이
	6	부바카르 트라오레	Boubacar Traoré	2001.08.02	183	67	말리
	14	예르손 모스케라	Yerson Mosquera	2001.05.02	188	84	콜롬비아
	15	크레이트 도슨	Craig Dawson	1990.05.06	188	78	잉글랜드
	22	넬송 세메두	Nélson Semedo	1993.11.16	177	69	포르투갈
	24	토티 고메스	Toti Gomes	1999.01.16	187	72	포르투갈
	33	바스티엥 뫼피유	Bastien Meupiyou	2006.03.19	191	80	프랑스
	37	페드루 리마	Pedro Lima	2006.07.01	178	75	브라질
MF	5	마리오 레미나	Mario Lemina	1993.09.01	184	85	가봉
	7	안드레	André	2001.07.16	177	77	브라질
	8	주앙 고메스	João Gomes	2001.02.12	176	74	브라질
	19	호드리고 고메스	Rodrigo Gomes	2003.07.07	175	67	포르투갈
	20	토미 도일	Tommy Doyle	2001.10.17	172	73	잉글랜드
FW	9	요르겐 스트란드 라르센	Jorgen Strand Larsen	2000.02.06	194	79	노르웨이
	11	황희찬	Hee-chan Hwang	1996.01.26	177	77	대한민국
	12	마테우스 쿠냐	Matheus Cunha	1999.05.27	183	76	브라질
	18	사샤 칼라이지치	Sasa Kalajdzic	1997.07.07	200	90	오스트리아
	21	파블로 사라비아	Pablo Sarabia	1992.05.11	174	70	스페인
	27	장 리크네르 벨가르드	Jean-Ricner Bellegarde	1998.06.27	170	70	프랑스
	29	곤살루 게데스	Gonçalo Guedes	1996.11.29	179	68	포르투갈
	30	엔소 곤살레스	Enso González	2005.01.20	169	69	파라과이

COACH

게리 오닐 *Gary O'Neil*
1983년 5월 18일생 잉글랜드

선수 시절 스타 선수는 아니었다. 2~3부 리그 위주로 뛰어서 그리 빛나지는 않았다. 부상으로 신음한 시간도 많았다. 리버풀 23세 이하 팀, 본머스의 수석 코치로 지도자 생활을 시작했다. 2022년 본머스가 리버풀에 0-9로 대패한 뒤 스콧 파커 감독이 경질되자, 그의 뒤를 이어 지휘봉을 넘겨받았다. 본머스는 1시즌 지도했다. 사임한 후 휴식기를 보내던 그는 2023/24 시즌을 앞두고 급작스럽게 울버햄튼의 지휘봉을 잡았다. 어수선한 시기를 보냈지만, 팀을 잔류시켰다.

PLAYERS

FW 11 황희찬
Hwang Hee-chan

국적: 대한민국

브라질에서 축구를 시작하여 스위스에서 유럽 무대에 들어왔다. 그 뒤에 라이프치히, 헤르타 베를린, 아틀레티코 마드리드를 거쳐 2023년 겨울 울버햄튼에 임대로 왔다. 같은 해 여름에 완전이적을 하였다. 그는 나날이 발전하는 선수이다. 저돌적인 돌파가 압권이다. 다재다능한 공격 자원으로 개인기도 좋아지고 있다. 수비 뒷공간으로 파워와 스피드를 이용해 치고 들어가 상대를 공략한다. 골 결정력도 크게 좋아졌다. 지난 시즌 13골을 넣으면서 팀의 에이스로 자리매김했다. 위치 선정, 집중력도 매우 좋다. 다만 아쉬운 점이라면 아직 경기력에 기복이 있고, 한 번씩 부상을 당한다는 점이다. 이 부분만 잘 넘긴다면 좋은 시즌을 보낼 수 있을 것이다.

출전경기	경기시간(분)	골	어시스트	경고	퇴장
29	2,124	12	3	6	–

GK 1 조세 사
José Sá

국적: 포르투갈

포르투갈 무대에서 주목받았다. 2018년 올림피아코스로 임대한 후 완전히 이적했다. 2021년 울버햄튼으로 이적했다. 포르투갈 국가대표팀의 일원이다. 선방 능력이 탁월하다. 반사신경과 판단력이 좋다. 1대1 상황에서의 선방 확률도 높다. 빠르기 때문에, 수비 커버 범위가 넓다. 골문을 든든하게 지켜 준다. 그러나 볼 핸들링이 불안정하고 공중볼 처리 능력에 있어서는 아쉬움을 감출 수 없다.

출전경기	경기시간(분)	실점	무실점(경기)	경고	퇴장
35	3,038	58	4	1	–

DF 2 맷 도허티
Matt Doherty

국적: 아일랜드

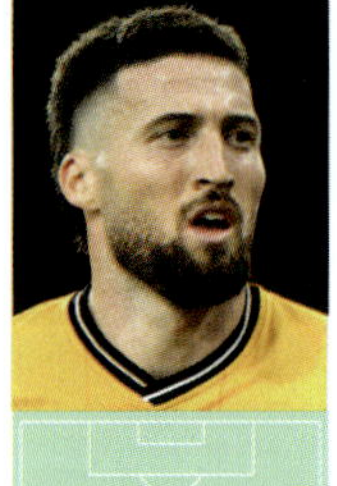

2010년 울버햄튼에서 프로 데뷔했다. 히버니언과 베리에서 임대로 뛰었다. 2020년까지 울버햄튼의 측면 풀백으로 맹활약했다. 2020년 토트넘으로 향했으나, 토트넘에서는 울버햄튼 시절의 활약을 보여주지 못했다. 2023년 겨울, 자유계약 신분을 얻어 아틀레티코로 이적했다. 그러나 아틀레티코에서도 전력 외였다. 결국 친정팀으로 돌아왔다. 전진하는 움직임이 좋고 저돌성이 빛난다. 그러나 수비력이 떨어진다.

출전경기	경기시간(분)	골	어시스트	경고	퇴장
30	1,141	1	–	2	–

DF 3 라얀 아잇-누리
Rayan Aït-Nouri

국적: 알제리

알제리계 프랑스인이다. 프랑스 앙제 유스 출신으로 2020년 울버햄튼으로 임대된 후 이듬해에 완전히 이적했다. 윙과 윙백을 동시에 소화할 수 있는 선수이다. 윙백으로 더 많이 뛴다. 공격력이 좋다. 기술과 돌파력을 바탕으로 팀 공격에 힘을 싣고 있다. 얼리 크로스 역시 날카롭다. 그러나 가장 큰 문제는 수비력이다. 상대를 놓치는 경우가 종종 있다. 시야가 좁은 것도 단점 중 하나이다.

출전경기	경기시간(분)	골	어시스트	경고	퇴장
33	2,343	2	1	7	–

DF 6 부바카르 트라오레
Boubacar Traoré

국적: 말리

2022년 울버햄튼에 임대로 왔고, 2023년 겨울 완전이적에 성공했다. 부바카르의 가장 큰 장점은 활동량이다. 넓은 활동반경으로 팀에 큰 도움을 주고 있다. 압박 능력도 뛰어나다. 중원에서 압박을 통해 볼을 낚아채곤 한다. 드리블도 준수하고 피지컬 능력도 갖추고 있다. 이를 통해 팀의 공격 전개를 유려하게 한다. 다만 볼을 다루는 능력이 완벽하게 매끄럽지는 않아 공격 빌드업에서는 다소 어려움을 겪고 있다.

출전경기	경기시간(분)	골	어시스트	경고	퇴장
24	803	–	–	4	–

DF 15 크레이그 도슨
Craig Dawson

국적: 잉글랜드

188cm의 장신을 자랑하는 정통 센터백이다. 포백과 스리백 모두 설 수 있다. 스리백에서는 스토퍼 역할을 한다. 몸싸움이 좋고 제공력도 뛰어나다. 위치 선정 능력도 좋아 상대 공격수에게 가는 볼을 잘 차단한다. 그러나 수비 안정감이 떨어지고, 발이 느리다. 발밑도 둔탁해 빌드업에서 약점을 보여주고 있다. 웨스트브로미치, 왓포드, 웨스트햄을 거치며 경험을 쌓았다. 2023년 1월, 울버햄튼으로 왔다.

출전경기	경기시간(분)	골	어시스트	경고	퇴장
25	2,211	1	1	7	–

DF 22 넬송 세메두
Nélson Semedo

국적: 포르투갈

포르투갈 출신으로 벤피카에서 주목받았다. 2017년 다니 아우베스의 대체자를 물색하던 바르셀로나의 눈에 띄었다. 바르셀로나로 정식 이적했다. 바르셀로나에서 3시즌을 뛰었다. 그러나 바로셀로나 팬들과 수뇌부의 성에 차지 않았다. 2020년 울버햄튼으로 이적했다. 울버햄튼의 주전 라이트백 자리를 고수하고 있다. 속도가 빠르고 발밑이 좋다. 드리블을 통해 상대를 제치는 능력도 갖추었다.

출전경기	경기시간(분)	골	어시스트	경고	퇴장
36	3,093	–	1	11	1

PLAYERS

DF 24 토티 고메스
Toti Gomes

국적: 포르투갈

이스토릴 프라이어에서 주전으로 뛰었고 2020년 울버햄튼으로 이적했다. 이적 후 바로 위성 구단인 그라스호퍼로 임대됐다. 2022년 겨울, 울버햄튼으로 복귀해 계속 경기장을 누비고 있다. 운동능력이 좋다. 특히 민첩하고 순간 가속도 좋다. 상대 팀의 발 빠른 공격수들 저지에 능하다. 피지컬도 좋은 편이다. 그러나 수비 지능이 떨어진다. 중요한 순간에 아쉬운 판단을 한다. 발밑도 투박해 빌드업은 약하다.

출전경기	경기시간(분)	골	어시스트	경고	퇴장
35	2,776	1	3	7	-

MF 5 마리오 레미나
Mario Lemina

국적: 가봉

프랑스에서 태어난 가봉계 프랑스인이다. 로리앙 유스 출신으로 마르세유, 유벤투스에서 뛰었다. 2017년, 사우샘프턴으로 이적했다. 갈라타사라이와 풀럼에서 임대 생활을 했고 니스에서도 뛰었다. 2023년 겨울에 울버햄튼으로 왔다. 중앙 미드필더로서 전 지역에 설 수 있다. 공격과 수비 모두 능하다. 활동량이 상당히 많다. 빌드업도 가능하다. 그러나 수비가 거칠어 카드를 많이 받는다. 경기력의 기복도 심하다.

출전경기	경기시간(분)	골	어시스트	경고	퇴장
35	2,975	4	1	10	1

MF 8 주앙 고메스
João Gomes

국적: 브라질

플라멩구 유스 출신으로 플라멩구에서 뛰다가 2023년 1월 울버햄튼으로 왔다. 수비형 미드필더 포지션으로 브라질에서는 장래가 촉망받는 선수이다. 플라멩구에서 코파 리베르타도레스 우승에 힘을 보탰다. 리버풀, 레알 마드리드의 관심을 받았지만 결국 울버햄튼으로 왔다. 허리에서 보여주는 수비력이 상당히 인상적이다. 기술적으로도 나쁘지는 않다. 다만 아직 공격력에 있어서는 아쉬운 모습이다.

출전경기	경기시간(분)	골	어시스트	경고	퇴장
34	2,659	2	1	11	-

MF 19 호드리고 고메스
Rodrigo Gomes

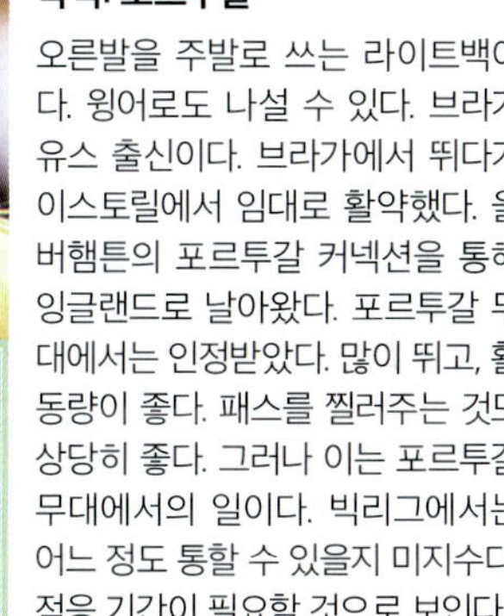

국적: 포르투갈

오른발을 주발로 쓰는 라이트백이다. 윙어로도 나설 수 있다. 브라가 유스 출신이다. 브라가에서 뛰다가 이스토릴에서 임대로 활약했다. 울버햄튼의 포르투갈 커넥션을 통해 잉글랜드로 날아왔다. 포르투갈 무대에서는 인정받았다. 많이 뛰고, 활동량이 좋다. 패스를 찔러주는 것도 상당히 좋다. 그러나 이는 포르투갈 무대에서의 일이다. 빅리그에서는 어느 정도 통할 수 있을지 미지수다. 적응 기간이 필요할 것으로 보인다.

출전경기	경기시간(분)	골	어시스트	경고	퇴장
30	2,448	7	7	5	1

FW 9 요르겐 스트란드 라르센
Jørgen Strand Larsen

국적: 노르웨이

당당한 체격으로 큰 관심을 받고 있는 북유럽산 스트라이커. 흐로닝언과 셀타비고에서 뛰었다. 지난 시즌, 리그에서 13골 3도움을 기록했다. 빅리그 검증을 마쳤다. 임대로 울버햄튼에 입단했다. 완전이적 조항이 포함되어 있다. 키가 크지만 빠르고 민첩하다. 날카로운 슈팅 능력도 좋다. 다만 큰 키가 무색하게 제공권에서 밀리는 모습이다. 세트피스에 많이 가담하기는 하지만 골로 연결하는 비율은 다소 떨어진다.

출전경기	경기시간(분)	골	어시스트	경고	퇴장
37	2,902	13	3	4	-

FW 10 다니엘 포덴스
Daniel Podence

국적: 포르투갈

스포르팅 리스본에서 맹활약하며 많은 팀들의 관심을 받았다. 올림피아코스에서도 활약했다. 2020년 울버햄튼으로 왔다. 그러나 지난 시즌 이후, 몸 상태 등 여러 가지 문제가 겹치면서 출전 명단에 이름을 올리지 못하고 있다. 임대를 다녀왔다. 드리블링을 바탕으로 돌파력이 좋다. 민첩하고 패싱력도 좋은 편이다. 피지컬이 왜소해 한계가 있다. 단 경기력에 기복이 있으며 마무리 능력이 아쉽다.

출전경기	경기시간(분)	골	어시스트	경고	퇴장
22	1,338	7	5	1	-

FW 12 마테우스 쿠냐
Matheus Cunha

국적: 브라질

브라질에서 축구를 시작했다. 스위스 FC 시옹에서 유럽 무대를 밟았다. 라이프치히, 헤르타 베를린, 아틀레티코 마드리드를 거쳐 2023년 겨울 울버햄튼에 임대로 왔다. 2023년 여름, 완전이적에 성공했다. 공격의 모든 포지션에서 다 뛸 수 있는 다재다능한 공격 자원이다. 허리까지 내려와서 경기를 펼칠 수 있다. 발재간도 좋다. 화려함보다는 간결함을 추구한다. 실제 경기에서 활용도가 훨씬 높다. 저돌적인 드리블도 돋보인다.

출전경기	경기시간(분)	골	어시스트	경고	퇴장
32	2,454	12	7	8	-

FW 21 파블로 사라비아
Pablo Sarabia

국적: 스페인

레알 마드리드 유스 출신이지만 경기에 많이 뛰지 못했다. 헤타페, 세비야 등을 거쳤고 2019년 파리 생제르맹으로 이적했다. 여기서도 주전 경쟁이 어려웠다. 벤치에만 앉아 있을 뿐이었다. 스포르팅으로 임대를 간 후 2023년 겨울 울버햄튼으로 이적했다. 공격형 미드필더와 윙어를 모두 커버할 수 있는 자원이다. 드리블과 패싱력이 좋다. 다만 몸싸움이 약하고 위치 선정이 아쉽다는 평가를 받는다.

출전경기	경기시간(분)	골	어시스트	경고	퇴장
30	1,751	4	7	5	-

FW 27 장 리크네르 벨가르드
Jean-Ricner Bellegarde

국적: 프랑스

프랑스에서 오랜 시간 뛰었다. 2016년 랑스에서 뛰었다. 2019년부터 2023년까지는 스트라스부르에서 활약했다. 2023년 울버햄튼으로 왔다. 볼을 다루는 스킬이 뛰어난 미드필더이다. 넓게 움직인다. 여러 포지션에서 활약할 수 있다. 번뜩이는 온 더 볼 플레이를 펼치는 모습도 있다. 그러나 피지컬이 아쉽고 탈압박에 어려움을 보여준다. 볼을 끄는 경향도 가지고 있다. 패스나 슈팅 타이밍이 느려 늘 아쉬운 결과를 보이곤 한다.

출전경기	경기시간(분)	골	어시스트	경고	퇴장
22	957	2	1	-	1

에버턴 FC
Everton FC

TEAM PROFILE

창 립	1878년
구 단 주	파하드 모시리(영국)
감 독	션 다이치(잉글랜드)
연 고 지	머지사이드 리버풀
홈 구 장	구디슨 파크 스타디움(3만 9,571명)
라 이 벌	리버풀
홈페이지	www.evertonfc.com

최근 5시즌 성적

시즌	순위	승점
2019-2020	12위	49점(13승 10무 15패 44득점 56실점)
2020-2021	10위	59점(17승 8무 13패 47득점 48실점)
2021-2022	16위	39점(11승 6무 21패 43득점 66실점)
2022-2023	17위	36점(8승 12무 18패, 34득점 57실점)
2023-2024	15위	40점(13승 9무 16패 40득점 51실점)

PREMIER LEAGUE (전신 포함)

통 산	우승 9회
23-24 시즌	15위(13승9무16패, 승점 40점)

FA CUP

통 산	우승 5회
23-24 시즌	32강

LEAGUE CUP

통 산	없음
23-24 시즌	8강

UEFA

통 산	없음
23-24 시즌	없음

경기 일정

라운드	날짜	장소	상대팀
1	2024.08.17	홈	브라이턴 앤 호브 앨비언
2	2024.08.24	원정	토트넘 홋스퍼
3	2024.08.31	홈	AFC 본머스
4	2024.09.15	원정	애스턴 빌라
5	2024.09.21	원정	레스터 시티
6	2024.09.28	홈	크리스탈 팰리스
7	2024.10.06	홈	뉴캐슬 유나이티드
8	2024.10.19	원정	입스위치 타운
9	2024.10.27	홈	풀럼
10	2024.11.03	원정	사우샘프턴
11	2024.11.10	원정	웨스트햄 유나이티드
12	2024.11.24	홈	브렌트포드
13	2024.12.01	원정	맨체스터 유나이티드
14	2024.12.04	홈	울버햄튼 원더러스
15	2024.12.08	홈	리버풀
16	2024.12.15	원정	아스널
17	2024.12.22	홈	첼시
18	2024.12.27	원정	맨체스터 시티
19	2024.12.30	홈	노팅엄 포레스트
20	2025.01.05	원정	AFC 본머스
21	2025.01.15	홈	애스턴 빌라
22	2025.01.19	홈	토트넘 홋스퍼
23	2025.01.26	원정	브라이턴 앤 호브 앨비언
24	2025.02.02	홈	레스터 시티
25	2025.02.16	원정	크리스탈 팰리스
26	2025.02.23	홈	맨체스터 유나이티드
27	2025.02.26	원정	브렌트포드
28	2025.03.09	원정	울버햄튼 원더러스
29	2025.03.16	홈	웨스트햄 유나이티드
30	2025.04.03	원정	리버풀
31	2025.04.05	홈	아스널
32	2025.04.12	원정	노팅엄 포레스트
33	2025.04.19	홈	맨체스터 시티
34	2025.04.26	원정	첼시
35	2025.05.03	홈	입스위치 타운
36	2025.05.10	원정	풀럼
37	2025.05.18	홈	사우샘프턴
38	2025.05.26	원정	뉴캐슬 유나이티드

시즌 프리뷰 · 저력의 에버턴, 허리 공백이 문제

지난 시즌 에버턴은 큰 변수를 안고 시작했다. 시즌 도중 프리미어리그 재정적 플레이오프 위반으로 인해 승점이 삭감됐다. 처음에는 승점 10점 삭감이었다. 그러나 항소를 통해 승점 6점으로 삭감됐다. 다시 바뀌면서 2점이 추가, 총 승점 8점 삭감으로 시즌을 치러야 했다. 그런 악조건 속에서도, 에버턴은 저력을 발휘했다. 15위를 차지하며 잔류에 성공했다. 승점 삭감이 없었다면 11위에 오를 만한 좋은 성적이었다. 문제는 주전 선수인 아마두 오나나, 안드레 고메스, 루이스 도빈, 벤 고드프리 등이 모두 팀을 빠져나간 것이다. 부랴부랴 일리망 은디아예와 에스페르 린스트룀을 데려왔다. 다만 허리 공백을 메우지 못한 것이 아쉽다. 이 공백을 어떻게 메울 것이냐가 올 시즌 에버턴의 최종 성적에 큰 영향을 끼칠 것이다.

COACH

션 다이치 *Sean Dyche*
1971년 6월 28일생 잉글랜드

카리스마와 전술적 능력을 갖춘 감독이다. 특히 하위팀을 중위권 이상으로 끌어올리는 데 능한 감독이다. 은퇴 후 왓포드의 감독을 거쳐 번리에서 오랜 시간 감독으로 활약했다. 2012년부터 2022년까지 번리를 이끌었다. 에버턴 부임 후 잔류에 성공했다. 탄탄하고 빡빡한 두 줄 수비에 능하다.

TEAM RATINGS

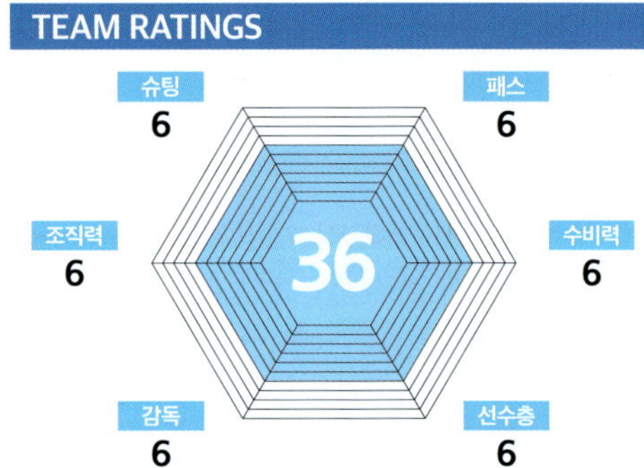

2023/24 프로필

팀 득점	40
평균 볼 점유율	40.10%
패스 정확도	75.60%
평균 슈팅 수	13.3
경고	80
퇴장	1

골 타입

오픈 플레이	45
세트 피스	48
카운터 어택	3
패널티 킥	5
자책골	0	단위 (%)

패스 타입

쇼트 패스	78
롱 패스	17
크로스 패스	5
스루 패스	0	단위 (%)

SQUAD

포지션	등번호	이름		생년월일	키(cm)	체중(kg)	국적
GK	1	조던 픽포드	Jordan Pickford	1994.05.07	185	77	잉글랜드
	12	주앙 버지니아	João Virgínia	1999.10.10	192	82	포르투갈
	31	아스미르 베고비치	Asmir Begovic	1987.06.20	199	101	보스니아
DF	2	네이선 패터슨	Nathan Patterson	2001.10.16	189	79	스코틀랜드
	5	마이클 킨	Michael Keane	1993.01.11	188	82	잉글랜드
	6	제임스 타코우스키	James Tarkowski	1992.11.19	185	81	잉글랜드
	15	제이크 오브라이언	Jake O'Brien	2001.05.15	197	93	아일랜드
	18	애슐리 영	Ashley Young	1985.07.09	175	65	잉글랜드
	19	비탈리 미콜렌코	Vitaliy Mykolenko	1999.05.29	180	73	우크라이나
	23	셰이머스 콜먼	Séamus Coleman	1988.10.11	177	67	아일랜드
	32	재러드 브랜스웨이트	Jarrad Branthwaite	2002.06.27	195	87	잉글랜드
MF	16	압둘라예 두쿠레	Abdoulaye Doucouré	1993.01.01	183	76	말리
	27	이드리사 게예	Idrissa Gueye	1989.09.26	174	66	세네갈
	37	제임스 가너	James Garner	2001.03.13	182	78	잉글랜드
	42	팀 이로에그부남	Tim Iroegbunam	2003.06.30	183	70	잉글랜드
	-	오렐 망갈라	Orel mangala	1998.03.18	178	80	벨기에
FW	7	드와이트 맥닐	Dwight McNeil	1999.11.22	183	72	잉글랜드
	9	도미닉 칼버트 르윈	Dominic Calvert-Lewin	1997.05.16	189	71	잉글랜드
	10	일리만 은디아예	Iliman Ndiaye	2000.05.06	180	70	세네갈
	11	잭 해리슨	Jack Harrison	1996.11.20	175	70	잉글랜드
	14	베투	Beto	1998.01.31	194	88	포르투갈
	17	유세프 세르미티	Chermiti	2004.05.24	192	84	포르투갈
	29	예스페르 린스트룀	Jesper Lindstrøm	2000.02.29	182	66	덴마크
	-	아르만도 브로야	Armando Broja	2001.09.10	191	84	알바니아

IN & OUT

주요 영입	주요 방출
팀 이로에그부남, 일리망 은디아예, 에스페르 린스트룀, 제이크 오브라이언	아마두 오나나, 벤 고드프리, 루이스 도빈, 앤디 로너건, 델리 알리, 안드레 고메스

TEAM FORMATION

지역 점유율

공격 진영	32%
중앙	40%
수비 진영	28%

공격 방향

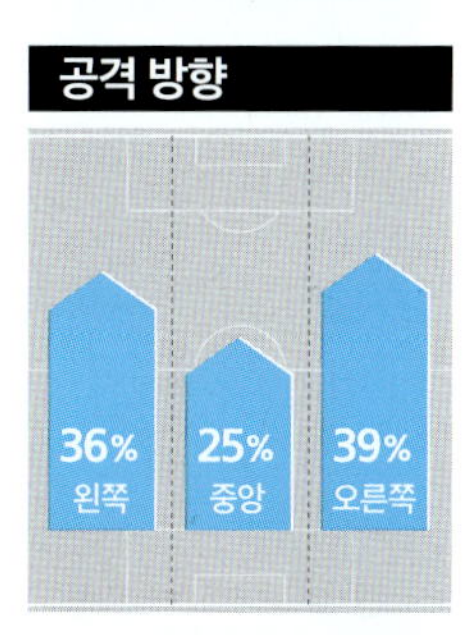

36% 왼쪽	25% 중앙	39% 오른쪽

슈팅 지역

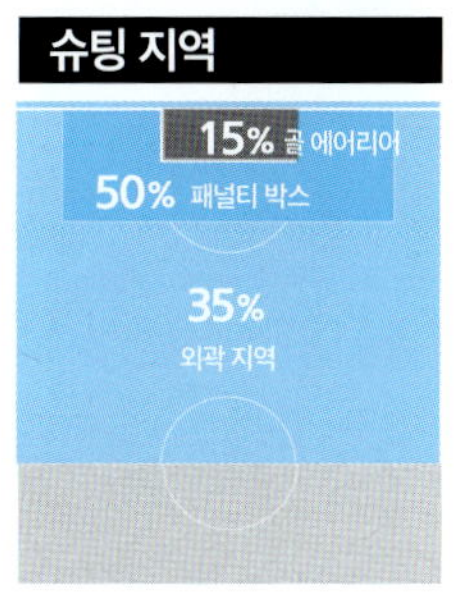

상대팀 최근 6경기 전적

구분	승	무	패	구분	승	무	패
맨체스터 시티		1	5	브라이턴 앤 호브 알비온	2	2	2
아스널	2		4	본머스	2		4
리버풀	1	1	4	풀럼		2	4
애스턴 빌라	1	1	4	울버햄튼 원더러스		1	5
토트넘 홋스퍼		3	3	에버턴			
첼시	2	2	2	브렌트포드	4	1	1
뉴캐슬 유나이티드	2	1	3	노팅엄 포레스트	3	2	1
맨체스터 유나이티드	1		5	레스터 시티	2	3	1
웨스트 햄 유나이티드	2		4	입스위치 타운	2	1	3
크리스탈 팰리스	3	3		사우샘프턴	3		3

PLAYERS

FW 7 드와이트 맥닐 / Dwight McNeil

국적: 잉글랜드

맨유와 번리에서 유스 생활을 했다. 번리에서 프로에 데뷔, 2022년까지 뛰었다. 2022년 번리의 강등으로 팀을 떠나 에버턴으로 오게 됐다. 번리에서도 다이치 감독과 좋은 관계를 유지했다. 감독이 원하는 축구를 잘 이해하며 실현한다. 에버턴에서도 신임을 받고 있다. 드리블 능력과 왼발 킥 능력을 보유한 윙어이다. 측면 공간으로 치고 나간 후 날카로운 크로스와 패스를 주로 올린다. 연계가 안 되면 다소 폼이 떨어지는 경향이 있다.

출전경기	경기시간(분)	골	어시스트	경고	퇴장
35	2,898	3	6	2	–

DF 6 제임스 타코우스키 / James Tarkowski

국적: 잉글랜드

2016년 번리에서 션 다이치 감독과 함께 오랜 시간 호흡을 맞췄다. 번리의 주전 센터백이자 중심으로 활약했다. 브렌트포드를 거쳐 2022년 에버턴으로 이적했다. 에버턴에서 다시 다이치 감독을 만나 팀을 이끌고 있다. 다이치 감독이 원하는 강하고 탄탄한 센터백으로 활약하고 있다. 센터백 한 자리는 고정이 될 것으로 보인다. 수비력이 좋고 집중력과 판단력, 침착함까지 갖추었다. 클래식한 수비수의 전형이다.

출전경기	경기시간(분)	골	어시스트	경고	퇴장
38	3,420	1	1	11	–

MF 16 압둘라예 두쿠레 / Abdoulaye Doucouré

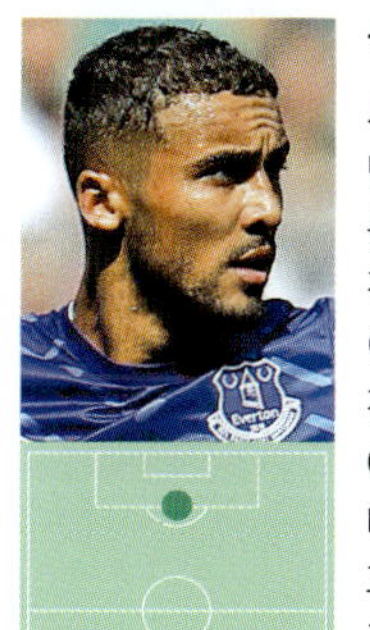

국적: 말리

말리 국가대표. 프랑스와 스페인을 거쳤다. 2016년 왓포드에 왔고 2020년 에버턴으로 이적했다. 3선 미드필더로서 단단한 피지컬을 바탕으로 경기를 펼치는 박스 투 박스 미드필더이다. 기동력이 좋다. 저돌적인 침투 성향도 가지고 있다. 수비력의 디테일이 조금 아쉬우며 판단력도 아쉽다. 상대가 역습을 펼칠 때 먼저 차단하려고 하다가 뒷공간을 내주는 경우가 많이 있다. 최종적인 판단력에서도 아쉬움을 보여주고 있다.

출전경기	경기시간(분)	골	어시스트	경고	퇴장
32	2,642	7	1	7	–

MF 27 이드리사 게예 / Idrissa Gueye

국적: 세네갈

세네갈의 티암바스 유스 출신. 2008년 릴로 오면서 유럽 축구에 첫발을 내디뎠다. 에버턴에서 좋은 모습을 보여주었다. 2019년 파리 생제르맹으로 이적했지만 주전 경쟁에서 밀렸다. 2022년 에버턴으로 돌아왔다. 활동량과 수비력을 통해 중원에서 궂은일을 도맡아 하는 유형의 수비형 미드필더이다. 수비력이 좋은데 반해 공격력은 아쉬움이 많이 든다. 전방으로 볼을 몰고 들어갈 때 패스 선택이 아쉽다.

출전경기	경기시간(분)	골	어시스트	경고	퇴장
25	1,893	4	–	8	–

FW 9 도미닉 칼버트 르윈 / Dominic Calvert-Lewin

국적: 잉글랜드

셰필드 유나이티드 유스 출신이지만, 셰필드에서는 많이 못 뛰고 임대를 다니다가 2016년 에버턴으로 이적했다. 탄탄한 피지컬에 신체 능력이 우수하고 제공권 장악력도 좋은 전형적인 타깃맨이다. 활동량이 많아 오프 더 볼에서도 잘한다. 그러나 공격력에 비해 투박하고, 탈압박과 볼키핑에 능하지 않다. 심각한 유리몸이라는 것도 단점 중 하나. 쓸만하면 다쳐서 부상자 명단에 오르는 경우가 많다.

출전경기	경기시간(분)	골	어시스트	경고	퇴장
32	2,186	7	2	2	–

브렌트포드

BRENTFORD FC

TEAM PROFILE	
창 립	1889년
구 단 주	매튜 벤엄(잉글랜드)
감 독	토마스 프랑크(덴마크)
연 고 지	런던 브렌트포드
홈 구 장	브렌트포드 커뮤니티 스타디움 (1만 7,250명)
라 이 벌	첼시, 퀸즈 파크 레인저스, 풀럼
홈페이지	www.brentfordfc.com

최근 5시즌 성적

시즌	순위	승점
2019-2020	없음	없음
2020-2021	없음	없음
2021-2022	13위	46점(13승 7무 18패 48득점 56실점)
2022-2023	9위	59점(15승 14무 9패 58득점 46실점)
2023-2024	16위	39점(10승 9무 19패 56득점 65실점)

PREMIER LEAGUE (전신 포함)

통 산	없음
23-24 시즌	16위(10승 9무 19패, 승점 39점)

FA CUP

통 산	없음
23-24 시즌	없음

LEAGUE CUP

통 산	없음
23-24 시즌	32강

UEFA

통 산	없음
23-24 시즌	없음

경기 일정

라운드	날짜	장소	상대팀
1	2024.08.18	홈	크리스탈 팰리스
2	2024.08.26	원정	리버풀
3	2024.08.31	홈	사우샘프턴
4	2024.09.14	원정	맨체스터 시티
5	2024.09.21	원정	토트넘 훗스퍼
6	2024.09.28	홈	웨스트햄 유나이티드
7	2024.10.05	홈	울버햄튼 원더러스
8	2024.10.19	원정	맨체스터 유나이티드
9	2024.10.26	홈	입스위치 타운
10	2024.11.03	원정	풀럼
11	2024.11.10	홈	AFC 본머스
12	2024.11.24	원정	에버턴
13	2024.12.01	홈	레스터 시티
14	2024.12.04	원정	애스턴 빌라
15	2024.12.08	홈	뉴캐슬 유나이티드
16	2024.12.15	원정	첼시
17	2024.12.22	홈	노팅엄 포레스트
18	2024.12.27	원정	브라이턴 앤 호브 앨비언
19	2024.12.30	홈	아스널
20	2025.01.05	원정	사우샘프턴
21	2025.01.15	홈	맨체스터 시티
22	2025.01.19	홈	리버풀
23	2025.01.26	원정	크리스탈 팰리스
24	2025.02.02	홈	토트넘 훗스퍼
25	2025.02.16	원정	웨스트햄 유나이티드
26	2025.02.23	원정	레스터 시티
27	2025.02.26	홈	에버턴
28	2025.03.09	홈	애스턴 빌라
29	2025.03.16	원정	AFC 본머스
30	2025.04.02	원정	뉴캐슬 유나이티드
31	2025.04.05	홈	첼시
32	2025.04.12	원정	아스널
33	2025.04.19	홈	브라이턴 앤 호브 앨비언
34	2025.04.26	원정	노팅엄 포레스트
35	2025.05.03	홈	맨체스터 유나이티드
36	2025.05.10	원정	입스위치 타운
37	2025.05.18	홈	풀럼
38	2025.05.26	원정	울버햄튼 원더러스

전력분석 이제는 성적을 내야 한다

그동안 브렌트포드는 프리미어리그에서 적응기를 거쳤다. 프리미어리그에서 버티는 것이 가장 큰 목표였다. 어느 정도 버티기에는 성공했다. 3시즌 동안 프리미어리그에 잔류했다. 다만 지난 시즌은 아슬아슬했다. 이제 이런 상황에서 탈피해야 한다. 강등권 탈출 경쟁이 아니라 잔류를 확실하게 한 다음 조금 더 높은 곳으로 올라가야 한다. 이것이 올 시즌 브렌트포드의 목표이다. 우선 브렌트포드는 주요 전력들을 온전하게 지켰다. 여름 이적시장을 통해 활용도가 떨어지는 자원들 정도만 보냈다. 물론 마티아스 요르겐센이 나간 것은 아쉽지만, 다른 선수들로 내제할 수 있는 상황이다. 다비드 라야 골키퍼는 완전이적으로 나갔다. 이미 지난 시즌부터 아스널로 임대되었던 상황이기에 큰 타격은 아니다. 파비오 카르발류를 데리고 왔다. 팀을 떠난 아이반 토니를 어느 정도 메울 수 있을 것으로 보인다. 물론 카르발류가 온전히 메울 수 있는 것은 아니다. 위사, 음뵈모 등과 함께 조합을 이루어 새로운 공격의 파이프 라인을 건설할 예정이다. 무엇보다도 토마스 프랑크 감독이 계속 팀을 맡고 지휘하고 있다는 것이 다행이다. 자신만의 철학을 가지고 팀을 이끌고 왔고, 프리미어리그 프로젝트를 이어 나가려고 한다. 잔류는 절대과제이다. 그 이후를 노려야 한다.

전술분석 강한 수비, 빠른 역습

강한 수비를 바탕으로 상대를 밀어내고 발 빠른 공격수들을 활용해 역습을 펼치는 스타일을 많이 쓴다. 3-5-2 또는 4-3-3 포메이션을 주로 들고나온다. 미드필드에서는 강하고 탄탄하며 수비력이 좋은 선수들을 대거 배치해 블록을 형성하여 상대를 밀어낸다. 최전방에는 위사, 음뵈모 등이 배치되어 있다. 다들 빠르고 결정력을 갖추고 있는 선수들이다. 이들이 공간으로 침투할 때 중원에서 스루패스가 들어가 골을 노리곤 한다. 세트피스 상황도 브렌트포드가 노리는 좋은 전술 중 하나이다. 키가 큰 센터백들이 들어가 공중볼 싸움을 한다. 상당히 성공률이 높은 경우가 많다. 중하위권 팀이 가질 수밖에 없는 숙명이기는 하다. 선수비 후역습 전술이다. 그래도 홈에서는 조금 더 공격적으로 나선다. 특히 측면을 많이 이용한다. 음뵈모나 위사가 측면으로 들어가 공간을 만들고 슈팅 찬스를 만든다. 이 뒷공간에서 야넬트의 슈팅 등이 나오는 경우가 많이 있다. 공격진들의 부상 회복도 상당히 기대감을 가질 만하다. 케빈 샤데가 지난 시즌 부상으로 신음했으나, 올 시즌을 앞두고 건강한 몸으로 돌아왔다. 이들의 활약도 기대해 볼 만하다.

팀 멘탈리티로 경기력 향상

브렌트포드는 지난 시즌 간신히 강등을 면했다. 아픈 만큼 성숙해졌다. 프랑크 토마스 감독 역시 어려운 시즌을 통해 많은 것을 배웠다. 무엇보다도 상대와 상황에 맞게 유연한 움직임을 보여야 한다는 것을 알게 됐다. 전체적으로는 수비에 더욱 큰 힘을 쏟을 것으로 보인다. 여름 이적시장에서도 수비력이 좋고, 활동량이 많은 선수들을 주로 영입했다. 그만큼 끈적끈적하면서 경쟁력을 갖춘 팀으로 만들겠다는 생각이다. 현실적인 선택이다. 프리미어리그에서 브렌트포드는 약자일 수밖에 없다. 더 높은 곳을 바라보고 있지만 그래도 일단은 강등은 면해야 한다. 팀에는 빠른 공격수들이 있다. 위사와 음뵈모를 잘 활용한다면 자신들의 강점을 극대화할 수 있다. 덴마크 특유의 강인한 팀 멘탈리티를 선수들에게 주입하는 것도 승리의 한 방법이다.

우리 입장에서는 김지수의 활약 여부도 궁금하다. 지난 시즌 1군과 2군을 오가면서 많은 성장을 했다. 올 시즌 프리시즌에서 활약하면서 기대감을 높였다. 분명 기회가 올 것으로 보인다. 차근차근 준비하다 보면 그 기회를 잡을 수 있을 것이다. 조급하지 말고 잘 준비하는 것이 중요하다.

IN & OUT

주요 영입	주요 방출
줄리안 아이스톤, 벤자민 프레드릭, 이고르 티아고, 파비오 카르발류	마티아스 요르겐센, 핀 스티븐스, 다비드 라야, 다니엘 오예고케, 사만 고도스, 아이반 토니

TEAM FORMATION

TEAM RATINGS

슈팅 **6** 패스 **6**
조직력 **6** 수비력 **6**
감독 **7** 선수층 **6**

37

2023/24 프로필

팀 득점	56
평균 볼 점유율	44.90%
패스 정확도	76.60%
평균 슈팅 수	12.4
경고	89
퇴장	2

골 타입

오픈 플레이	68
세트 피스	18
카운터 어택	5
패널티 킥	5
자책골	4

단위 (%)

패스 타입

쇼트 패스	81
롱 패스	14
크로스 패스	4
스루 패스	0

단위 (%)

지역 점유율

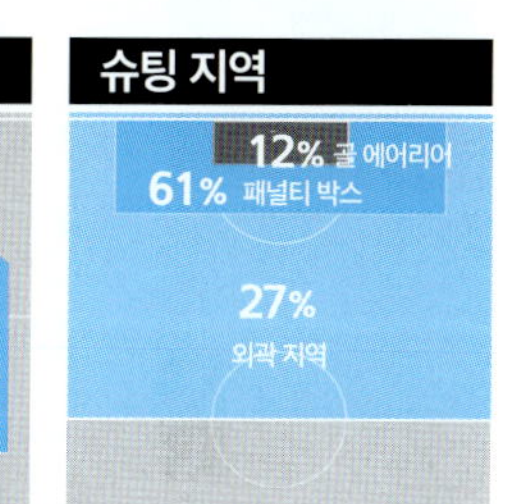

공격 진영	27%
중앙	39%
수비 진영	34%

공격 방향

왼쪽	중앙	오른쪽
37%	26%	38%

슈팅 지역

골 에어리어	12%
패널티 박스	61%
외곽 지역	27%

상대팀 최근 6경기 전적

구분	승	무	패
맨체스터 시티	2		4
아스널		1	5
리버풀	1	1	4
애스턴 빌라	1	3	2
토트넘 홋스퍼	1	3	2
첼시	3	2	1
뉴캐슬 유나이티드		1	5
맨체스터 유나이티드	1	1	4
웨스트 햄 유나이티드	4		2
크리스탈 팰리스		5	1
브라이턴 앤 호브 알비온	1	2	3
본머스	3	2	1
풀럼	3	1	2
울버햄튼 원더러스	1	2	3
에버턴	1	1	4
브렌트포드			
노팅엄 포레스트	3	3	
레스터 시티		2	4
입스위치 타운	3	2	1
사우샘프턴	4		2

SQUAD

포지션	등번호	이름		생년월일	키(cm)	체중(kg)	국적
GK	1	마크 플레켄	Mark Flekken	1993.06.13	195	87	네덜란드
DF	2	애런 히키	Aaron Hickey	2002.06.10	185	72	스코틀랜드
	3	리코 헨리	Rico Henry	1997.07.08	170	70	잉글랜드
	4	세프 판 덴 베르흐	Sepp van den Berg	2001.12.20	192	87	네덜란드
	5	에단 피녹	Ethan Pinnock	1993.05.29	187	81	자메이카
	16	벤 미	Ben Mee	1989.09.21	180	74	잉글랜드
	20	크리스토퍼 아예르	Kristoffer Ajer	1998.04.17	196	84	노르웨이
	22	네이선 콜린스	Nathan Collins	2001.04.30	195	81	아일랜드
	36	김지수	Ji-soo Kim	2004.12.24	192	83	대한민국
MF	6	크리스티안 노르가르드	Christian Nørgaard	1994.03.10	186	76	덴마크
	8	마티아스 옌센	Mathias Jensen	1996.01.01	180	68	덴마크
	10	조쉬 다실바	Josh Dasilva	1998.10.23	184	75	잉글랜드
	14	파비오 카르발류	Fábio Carvalho	2002.08.30	170	62	포르투갈
	15	프랭크 오니에카	Frank Onyeka	1998.01.01	183	75	나이지리아
	18	예고르 야르몰류크	Yehor Yarmoliuk	2004.03.01	180	65	우크라이나
	24	미켈 담스고르	Mikkel Damsgaard	2000.07.03	180	71	덴마크
	25	마일스 퍼트해리스	Myles Peart-Harris	2002.09.18	184	–	잉글랜드
	27	바타리 야넬트	Vitaly Janelt	1998.05.10	184	79	독일
FW	7	케빈 샤데	Kevin Schade	2001.11.27	185	74	독일
	9	이고르 티아고	Igor Thiago	2001.06.26	188	89	브라질
	11	요안 위사	Yoane Wissa	1996.09.03	176	74	콩고
	19	브라이언 음뵈모	Bryan Mbeumo	1999.08.07	171	64	카메룬
	23	킨 루이스-포터	Keane Lewis-Potter	2001.02.22	170	67	잉글랜드
	39	구스타보 누네스	Gustavo Nunes	2005.11.20	173	69	브라질

COACH

토마스 프랑크 *Thomas Frank*
1973년 10월 9일생 덴마크

덴마크 축구 선수 출신 감독. 친정팀인 프레데릭스베르크와 덴마크 연령별 대표팀을 오랜 기간 맡으며 실력을 인정받았다. 이후 덴마크의 명문인 브뢴뷔 감독을 한 후 2018년부터 브렌트포드를 맡고 있다. 딘 스미스 감독이 애스턴 빌라로 이적 후 감독이 됐다. 전술 변화가 유연하다. 상대에 따라 전술을 변화시킨다. 밀집 수비부터 라인을 끌어올려 전방 압박을 가하는 등 다양한 전술로 승점 사냥에 나선다. 선수들의 체력과 활동량을 강조한다. 선수들의 신망이 두터워 팀의 사기가 높다.

PLAYERS

FW	11	**요안 위사**
		Yoane Wissa

KEY PLAYER

국적: 콩고민주공화국

프랑스 샤토루에서 유스 시절을 보냈다. 앙제, 라발루아, 아직시오을 거쳐 로리앙에서 포텐이 터졌다. 2018/19 시즌 로리앙에 와서 15골을 넣어 팀의 1부 리그 승격으로 이끌었다. 2021년에 브렌트포드로 왔다. 성실한 플레이와 넓은 활동반경으로 늘 뛰어다니며 전방 압박을 성실하게 한다. 상대 수비수들과 골키퍼를 경기 내내 못살게 만드는 스타일이다. 신체 능력이 상당히 좋고, 기술도 갖추었다. 활동량이 왕성해 압박과 수비 가담 능력도 좋다. 역습 상황에서 상대 뒷공간을 찾아 들어가는 것에 최적화되어 있다. 직접 드리블로 치고 들어가는 것보다는 동료를 이용해 공간을 확보한다. 아이반 토니의 이적으로 올 시즌 더 많은 기회를 얻을 것으로 보인다.

출전경기	경기시간(분)	골	어시스트	경고	퇴장
34	2,508	12	3	7	–

GK	1	**마크 플레켄**
		Mark Flekken

국적: 네덜란드

독일 무대에서 잔뼈가 굵은 골키퍼이다. 아헨, 퓌르트, 뒤스부르크, 프라이부르크 등을 거쳤다. 2023년 다비드 라야가 임대로 아스널로 떠나자, 브렌트포드는 플레켄을 데려왔다. 이 덕분에 브렌트포드는 뒷문의 안정을 꾀할 수 있게 됐다. 2022년부터는 네덜란드 국가대표에 승선했다. 큰 키를 가지고 있고, 반사신경도 상당히 좋다. 선방 능력이 좋고, 롱킥 능력도 갖추고 있다. 다만 기복이 심하여 안정감이 아쉽다.

출전경기	경기시간(분)	실점	무실점 (경기)	경고	퇴장
37	3,285	63	7	3	–

DF	2	**애런 히키**
		Aaron Hickey

국적: 스코틀랜드

스코틀랜드 하트 오브 미들로시언에서 축구를 시작했다. 어린 시절부터 허트에서 주전으로 활약했다. 나이 어린 양발 풀백이기에 많은 팀들이 그를 노렸다. 볼로냐로 이적하여 좋은 모습을 보였다. 바이에른 뮌헨, 뉴캐슬, 나폴리, 아스널 등의 구애를 뿌리치고 자신이 뛸 수 있는 브렌트포드로 왔다. 지난 시즌, 부상으로 인해 많은 경기를 뛰지 못했다. 경기 감각을 끌어올리고 부상 전 경기력으로 회복할지가 관건이다.

출전경기	경기시간(분)	골	어시스트	경고	퇴장
9	720	–	–	5	–

DF	3	**리코 헨리**
		Rico Henry

국적: 잉글랜드

월솔 FC에서 뛰다가 2016년 브렌트포드로 왔다. 왼발을 잘 쓰는 레프트백이다. 2019/20 시즌에 리그 전 경기를 뛰면서 주전으로 도약했다. 부상에 신음하기는 하지만 꾸준한 활약을 보이고 있다. 빠르기에 공수 전환에 능하다. 가속 능력을 발휘한다. 크로스와 컷백도 좋다. 그러나 피지컬에서 열세를 보인다. 몸싸움을 걸어오는 선수들과의 1대1에 약하다. 한번씩 다치는 것도 고질적인 약점 중 하나이다.

출전경기	경기시간(분)	골	어시스트	경고	퇴장
5	402	–	1	1	–

DF	5	**에단 피녹**
		Ethan Pinnock

국적: 자메이카

밀월 유스 출신으로 덜위치와 반즐리를 거쳐 2019년 브렌트포드로 들어왔다. 피지컬이 좋으면서도 상당히 스피드가 빠르다. 포백과 스리백 모두 소화할 수 있다. 기본적으로 안정감을 지닌 센터백이다. 상대 주요 공격수를 귀찮게 하는 등 1대1 수비력도 뛰어나다. 헤더도 능하기 때문에, 세트피스 상황에서 위력을 발휘하곤 한다. 반면 뒷공간을 많이 노출하는 편이다. 후방 빌드업 능력은 아쉽다.

출전경기	경기시간(분)	골	어시스트	경고	퇴장
29	2,521	2	–	1	–

DF	20	**크리스토퍼 아예르**
		Kristoffer Ajer

국적: 노르웨이

스타르트에서 뛰다 셀틱에서 좋은 모습을 보였다. 2021년 브렌트포드로 왔다. 젊은 나이에 노르웨이 차세대 센터백으로 각광을 받고 있다. 셀틱에서의 활약으로 인해 토트넘과 AC밀란, 레알 마드리드, 뉴캐슬이 눈독을 들였다. 그러나 일단은 계속 브렌트포드에 남아 커리어를 이어가고 있다. 피지컬을 활용한 수비 능력이 좋다. 공중볼 장악 능력, 수비력 모두 수준급이다. 스피드가 느린 것은 옥에 티다.

출전경기	경기시간(분)	골	어시스트	경고	퇴장
28	1,833	2	1	5	–

DF	22	**네이선 콜린스**
		Nathan Collins

국적: 아일랜드

아일랜드 축구 국가대표팀으로 잉글랜드 2부 리그와 프리미어리그에서 잔뼈가 굵은 센터백이다. 번리, 울버햄튼 등에서 좋은 활약을 보였다. 2023년 브렌트포드가 콜린스를 콜했다. 193cm의 큰 키에 탄탄한 피지컬을 자랑한다. 피지컬이 좋아 몸싸움에서 밀리지 않는 모습을 보이고 있다. 아일랜드 대표팀으로도 활약하고 있다. 공중볼 장악 능력이 뛰어나고, 롱패스도 좋다. 스피드가 느리고 잔 실수가 많은 것이 흠이다.

출전경기	경기시간(분)	골	어시스트	경고	퇴장
32	2,650	1	1	3	–

DF 36 김지수
Kim Ji-soo

국적: 대한민국

성남에서 국제적인 선수로 성장했다. 2023년 여름 브렌트포드의 오퍼를 받고 영국으로 날아왔다. 첫 시즌은 아쉬웠다. 그러나 10대인 만큼 조급할 필요는 없었다. 브렌트포드 B팀과 1군 팀을 오가면서 경험을 쌓았다. 올 시즌 많은 기회를 얻을 것으로 보인다. 큰 키에 빠른 발을 가지고 있다. 빌드업 능력도 괜찮다. 아직 피지컬이 완성되지도 않았고, 경험도 부족하다. 무엇보다도 포지션 내 경쟁자들이 상당히 많다.

출전경기	경기시간(분)	골	어시스트	경고	퇴장
-	-	-	-	-	-

MF 6 크리스티안 노르가르드
Christian Nørgaard

국적: 덴마크

함부르크, 브뢴비, 피오렌티나 등에서 뛰었다. 2019년부터 브렌트포드에서 뛰며 팀의 중심을 잡아주고 있다. 덴마크 연령별 대표팀을 모두 거쳤다. 성인 대표도 했다. 탄탄하고 실수가 적은 수비형 미드필더이다. 허리 2선에서 패스를 찔러주는 후반 지휘관의 역할도 한다. 센터백과 중앙 미드필더까지 소화 가능하다. 활동량이 많고, 피지컬이 좋다. 상대 압박을 받았을 때 좋지 않은 모습을 보여주곤 한다.

출전경기	경기시간(분)	골	어시스트	경고	퇴장
31	2,514	2	1	8	-

MF 8 마티아스 옌센
Mathias Jensen

국적: 덴마크

덴마크 노르셀란, 스페인 셀타비고에서 뛰었다. 2019년 브렌트포드로 왔다. 2020/21 시즌 브렌트포드 중원의 주전 자리를 차지했다. 그 시즌 2골 7도움을 기록했다. 이후 부상에 시달리기도 했다. 왕성한 활동량을 바탕으로 중원을 누비는 성실한 스타일이다. 축구 지능이 좋고 많이 뛰면서 링커 역할을 한다. 롱스로인에도 능하다. 패스가 탄탄하고 실수가 적은 것이 강점이다. 그러나 스피드가 다소 아쉽다.

출전경기	경기시간(분)	골	어시스트	경고	퇴장
32	2,221	3	3	5	-

MF 14 파비우 카르발류
Fábio Carvalho

국적: 포르투갈

포르투갈 출신으로 벤피카에서 유스를 시작했다. 발렘을 거쳐 풀럼에서도 유스로 활약했다. 그 후 풀럼에서 프로 데뷔를 했다. 리버풀로 이적했지만, 라이프치히, 헐 시티 등에서 임대 생활을 했다. 이번 시즌에 브렌트포드로 왔다. 축구 지능과 센스가 뛰어나다. 미드필더와 윙어로 다 활약할 수 있다. 활동량도 좋은 편이다. 다만 피지컬이 왜소해 아쉬움을 남기는 선수이다.

출전경기	경기시간(분)	골	어시스트	경고	퇴장
29	1,884	9	2	4	-

MF 27 비타리 야넬트
Vitaly Janelt

국적: 독일

독일 무대에서 뛰면서 내구성과 탄탄함을 많이 보여주었다. 2020년 브렌트포드로 와서 중앙 미드필더 자리를 차지했다. 왼발 킥력이 좋다. 활동량을 바탕으로 후방을 지킨다. 압박 능력과 몸싸움이 좋다. 상대 공격 저지에도 상당히 좋은 모습을 보인다. 볼을 잡은 후 최전방으로 날카로운 패스를 뿌려주곤 한다. 수비가 필요 이상으로 저돌적이라는 단점이 있다. 카드를 꽤 많이 받는 편이다.

출전경기	경기시간(분)	골	어시스트	경고	퇴장
38	3,073	1	3	8	-

FW 7 케빈 샤데
Kevin Schade

국적: 독일

나이지리아계 독일인이다. 프라이부르크 유스 팀을 통해 1군에 데뷔했다. 2021/22 시즌을 소화했다. 당시 상당히 빠른 모습으로 프리미어리그 구단들의 관심을 모았다. 2023년 1월 브렌트포드로 임대되어 왔다. 2023년 여름 완전히 이적했다. 지난 시즌은 부상으로 아쉬움을 남겼다. 빠르고 드리블 돌파가 좋은 자원이다. 측면에서 수비를 파괴한 후 크로스나 슈팅, 패스 등으로 공격을 이어간다. 성장 가능성이 있다.

출전경기	경기시간(분)	골	어시스트	경고	퇴장
11	330	2	1	-	-

FW 9 이고르 티아고
Igor Thiago

국적: 브라질

크루제이루에서 뛰었다. 이후 헝가리 무대로 옮겼다. 루도고레츠에서 좋은 모습을 보였다. 브뤼헤에서도 뛰고, 벨기에 무대에서도 맹활약했다. 최전방 원톱으로서 탄탄한 모습과 득점력을 보여주었다. 브렌트포드가 3,300만 파운드를 지불, 이번 시즌에 합류시켰다. 다만 문제는 부상이다. 프리시즌에 반월판 연골을 다쳤다. 수개월 결장할 것으로 보인다. 정통스트라이커이기에 팀 입장에서는 너무나 안타깝다.

출전경기	경기시간(분)	골	어시스트	경고	퇴장
26	1,847	16	2	5	1

FW 19 브라이언 음뵈모
Bryan Mbeumo

국적: 카메룬

카메룬 출신으로 트루아에서 성인 무대에 데뷔했다. 2019년 브렌트포드에 입단. 오른쪽 윙어가 주포지션이나, 왼발 킥도 빠르다. 민첩하고 드리블링 능력도 갖추었다. 오른쪽 라인을 파고든 후 왼쪽으로 치고 들어와 킥이나 크로스를 올린다. 중거리 슈팅 능력과 미드필더와의 연계 플레이 능력도 있다. 다만 센스가 떨어지는 것이 단점이다. 그리고 욕심이 너무 많다. 결정적인 순간에 자신의 욕심부터 채우려 한다.

출전경기	경기시간(분)	골	어시스트	경고	퇴장
25	1,961	9	6	2	-

FW 23 킨 루이스-포터
Keane Lewis-Potter

국적: 잉글랜드

헐시티에서 뛰면서 좋은 모습을 보였다. 2022년 브렌트포드로 이적, 프리시즌에 골을 넣으면서 기대를 높였다. 그러나 이후에는 침묵했다. 경기에 큰 영향력을 끼치지 못했다. 최전방과 2선을 모두 소화한다. 빠른 발을 활용하는 스타일로 드리블도 안정적이다. 슈팅 능력도 갖추고 있다. 그러나 오른발만 사용한다는 단점이 있다. 피지컬에서도 한계를 보여, 상대가 몸싸움을 걸어오면 제대로 대응하지 못하는 모습을 보이곤 한다.

출전경기	경기시간(분)	골	어시스트	경고	퇴장
30	1,441	3	1	-	-

노팅엄 포레스트 FC

Nottingham Forest FC

TEAM PROFILE	
창 립	1865년
구 단 주	에반겔로스 마라나키스(그리스)
감 독	누누 에스피리투 산투(포르투갈)
연 고 지	노팅엄셔 웨스트 브리지퍼드
홈 구 장	더 시티 그라운드 스타디움(3만 445명)
라 이 벌	레스터 시티, 노츠 카운티 FC
홈페이지	https://www.nottinghamforest.co.uk/

최근 5시즌 성적

시즌	순위	승점
2019-2020	없음	없음
2020-2021	없음	없음
2021-2022	없음	없음
2022-2023	16위	38점(9승 11무 18패, 38득점 68실점)
2023-2024	17위	32점(9승 9무 20패 49득점 67실점)

PREMIER LEAGUE (전신 포함)

통 산	우승 1회
23-24 시즌	17위(9승 9무 20패, 승점 32점)

FA CUP

통 산	우승 2회
23-24 시즌	16강

LEAGUE CUP

통 산	우승 4회
23-24 시즌	없음

UEFA

통 산	챔피언스리그 우승 2회
23-24 시즌	없음

경기 일정

라운드	날짜	장소	상대팀
1	2024.08.17	홈	AFC 본머스
2	2024.08.24	원정	사우샘프턴
3	2024.08.31	홈	울버햄튼 원더러스
4	2024.09.14	원정	리버풀
5	2024.09.22	원정	브라이턴 앤 호브 앨비언
6	2024.09.28	홈	풀럼
7	2024.10.06	원정	첼시
8	2024.10.19	홈	크리스탈 팰리스
9	2024.10.26	원정	레스터 시티
10	2024.11.03	홈	웨스트햄 유나이티드
11	2024.11.10	홈	뉴케슬 유나이티드
12	2024.11.24	원정	아스널
13	2024.12.01	홈	입스위치 타운
14	2024.12.05	원정	맨체스터 시티
15	2024.12.08	원정	맨체스터 유나이티드
16	2024.12.15	홈	애스턴 빌라
17	2024.12.22	원정	브렌트포드
18	2024.12.27	홈	토트넘 훗스퍼
19	2024.12.30	원정	에버턴
20	2025.01.05	원정	울버햄튼 원더러스
21	2025.01.15	홈	리버풀
22	2025.01.19	홈	사우샘프턴
23	2025.01.26	원정	AFC 본머스
24	2025.02.02	홈	브라이턴 앤 호브 앨비언
25	2025.02.16	원정	풀럼
26	2025.02.23	원정	뉴케슬 유나이티드
27	2025.02.26	홈	아스널
28	2025.03.09	홈	맨체스터 시티
29	2025.03.16	원정	입스위치 타운
30	2025.04.01	홈	맨체스터 유나이티드
31	2025.04.05	원정	애스턴 빌라
32	2025.04.12	홈	에버턴
33	2025.04.19	원정	토트넘 훗스퍼
34	2025.04.26	홈	브렌트포드
35	2025.05.03	원정	크리스탈 팰리스
36	2025.05.10	홈	레스터 시티
37	2025.05.18	원정	웨스트햄 유나이티드
38	2025.05.26	홈	첼시

시즌 프리뷰 — 겨우 살아남은 노팅엄, 내부 교통정리가 우선이다

지난 시즌 17위 턱걸이로 잔류에 성공했다. 너무 많은 선수를 영입했고, 거기에 따른 혼란이 팀 내에 존재했다. 노팅엄의 승격을 이끈 스티브 쿠퍼 감독은 결국 경질됐고, 누누 산투 감독 체제로 바뀌었다. 바로 뉴캐슬과 맨유를 잡았지만, 다시 참담한 시즌을 보냈다. 정말 간신히 잔류에 성공했다. 수많은 선수를 영입했고 그에 맞춰 많은 임대를 보내면서, 굉장한 혼란을 겪었다. 이번 시즌 역시 이와 비슷해 보인다. 엘리언 앤더슨을 비롯해 니콜라 밀렌코비치 등을 데려왔다. 보낸 선수도 많았다. 웨인 헤네시, 세쿠 쿠야테, 오렐 망갈라, 무사 니아카테 등을 모두 내쳤다. 선수단의 변화가 많다. 이럴 때일수록 전력의 안정성을 확보하기 위해 노력해야 한다. 내부 교통정리가 선행되어야 경기력 증강을 위한 기본 발판을 마련할 수 있다.

COACH

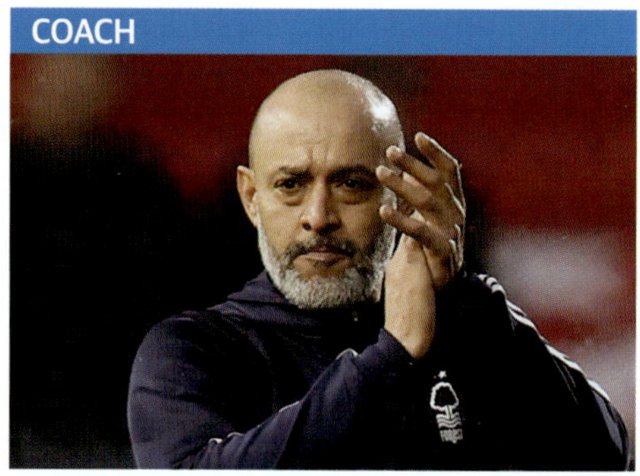

누누 산투 *Nuno Espírito Santo*
1974년 1월 25일생 포르투갈

말라가, 파나티나이코스, 발렌시아, 포르투 등에서 지휘봉을 잡았다. 울버햄튼에서 5년간 활약하며 팀을 프리미어리그로 올려보냈다. 2021년 토트넘에 부임했지만, 5개월 만에 경질됐다. 알 이티하드를 거쳐 지난 시즌 중간, 노팅엄을 맡았다. 수비 안정화 전술에 능하다. 이기는 것보다는 지지 않는 편에 방점을 찍는다. 전술은 단조롭다.

TEAM RATINGS

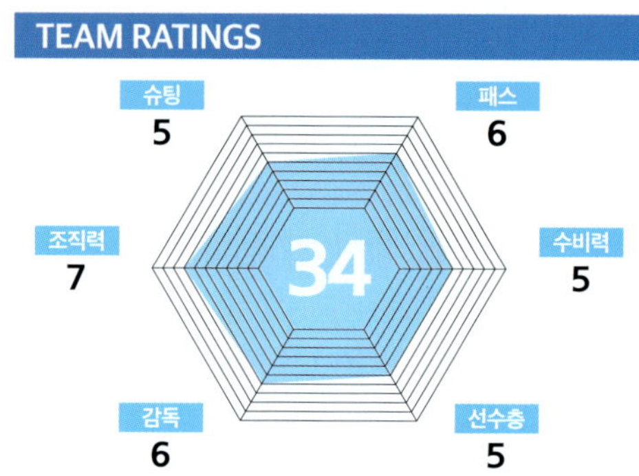

2023/24 프로필

팀 득점	49
평균 볼 점유율	40.10%
패스 정확도	78.70%
평균 슈팅 수	11.9
경고	78
퇴장	3

골 타입		단위 (%)
오픈 플레이	65	
세트 피스	14	
카운터 어택	18	
패널티 킥	2	
자책골	0	

패스 타입		단위 (%)
쇼트 패스	83	
롱 패스	13	
크로스 패스	4	
스루 패스	0	

SQUAD

포지션	등번호	이름		생년월일	키(cm)	체중(kg)	국적
GK	26	마츠 셀스	Matz Sels	1992.02.26	188	75	벨기에
DF	4	모라투	Morato	2001.06.30	192	88	브라질
	5	무릴로	Murillo	2002.07.04	180	75	브라질
	7	네코 윌리엄스	Neco Williams	2001.04.13	183	72	웨일즈
	12	앤드류 오모바미델레	Andrew Omobamidele	2002.06.23	188	82	아일랜드
	15	해리 토폴로	Harry Toffolo	1995.08.19	183	71	잉글랜드
	17	에릭 다 실바 모레이라	Eric da Silva Moreira	2006.05.03	185	80	독일
	19	알렉스 모레노	Álex Moreno	1993.06.08	179	68	스페인
	30	윌리 볼리	Willy Boly	1991.02.03	195	92	코트디부아르
	31	니콜라 밀렌코비치	Nikola Milenković	1997.10.12	195	90	세르비아
	34	올라 아이나	Ola Aina	1996.10.08	184	82	나이지리아
	44	잭 애보트	Zach Abbott	2006.05.13	180	70	잉글랜드
MF	6	이브라임 상가레	Ibrahim Sangaré	1997.12.02	191	77	코트디부아르
	8	엘리엇 앤더슨	Elliot Anderson	2002.11.06	179	76	스코틀랜드
	10	모건 깁스화이트	Morgan Gibbs-White	2000.01.27	171	72	잉글랜드
	16	니콜라스 도밍게스	Nicolás Domínguez	1998.06.28	179	73	아르헨티나
	18	제임스 워드프라우즈	James Ward-Prowse	1994.11.01	173	66	잉글랜드
	22	라이언 예이츠	Ryan Yates	1997.11.21	190	87	잉글랜드
	28	다닐루	Danilo	2001.04.29	176	69	브라질
FW	9	타이워 아워니이	Taiwo Awoniyi	1997.08.12	183	84	나이지리아
	11	크리스 우드	Chris Wood	1991.12.07	191	81	뉴질랜드
	14	칼럼 허드슨-오도이	Callum Hudson-Odoi	2000.11.07	182	76	잉글랜드
	20	조타 실바	Jota Silva	1999.08.01	179	77	포르투갈
	21	안토니 엘랑가	Anthony Elanga	2002.04.27	178	70	스웨덴
	24	라몬 소사	Ramón Sosa	1999.08.31	179	75	파라과이

IN & OUT

주요 영입	주요 방출
마르코 스타메닉, 에릭 다 실바 모레이라, 엘리엇 앤더슨, 카를로스 미겔, 니콜라 밀렌코비치, 조타 실바	해리 아터, 펠리페 몬테이루, 웨인 헤네시, 세쿠 쿠야테, 로이크 음베소, 스콧 매케나, 오디세아스 블라호디모스, 브랜든 아킬레라, 오렐 망갈라, 무사 니아카테

TEAM FORMATION

FW D — 11 우드 (아워이니)

MF D — 14 허드슨 오도이 (소사) / 10 깁스 화이트 (아워이니) / 21 엘랑가 (실바)

8 안데르손 (도밍게스) / 6 상가레 (모레이라)

DF C+ — 34 아이나 (모레노) / 5 무릴로 (오모바미델레) / 31 밀렌코비치 (볼리) / 7 윌리암스 (모레이라)

GK D — 26 셀스 (미구엘)

PLAN **4-2-3-1**

지역 점유율

공격 진영	26%
중앙	42%
수비 진영	32%

공격 방향

왼쪽	중앙	오른쪽
38%	24%	38%

슈팅 지역

- 9% 골 에어리어
- 55% 패널티 박스
- 36% 외곽 지역

상대팀 최근 6경기 전적

구분	승	무	패	구분	승	무	패
맨체스터 시티	1	1	4	브라이턴 앤 호브 알비온	2	1	3
아스널	2		4	본머스		2	4
리버풀	1	1	4	풀럼	2		4
애스턴 빌라	1	2	3	울버햄튼 원더러스	1	3	2
토트넘 홋스퍼	1		5	에버턴	1	2	3
첼시	1	2	3	브렌트포드		3	3
뉴캐슬 유나이티드	3		3	노팅엄 포레스트			
맨체스터 유나이티드	1		5	레스터 시티	3	1	2
웨스트 햄 유나이티드	3		3	입스위치 타운	4	1	1
크리스탈 팰리스	1		5	사우샘프턴	4		2

PLAYERS

MF 10 — 모건 깁스 화이트
Morgan Gibbs-White

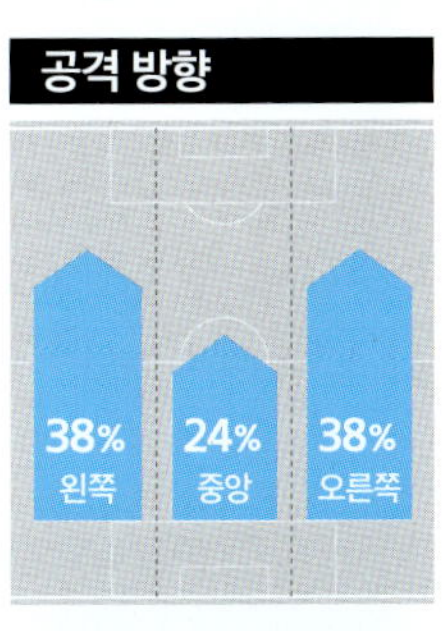

국적: 잉글랜드

울버햄튼에서 축구를 시작해 2020년 스완지시티에 임대를 갔다. 셰필드 유나이티드에서 1년 임대를 하며 실력을 키웠다. 노팅엄에서 그 역량에 주목하여 2022/23시즌을 앞두고 데려왔다. 임대 생활을 통해 쌓은 경험을 바탕으로 좋은 모습을 보였다. 공격형 미드필더로서 저돌적인 움직임이 큰 장점이다. 드리블 구사도 좋다. 팀 공격의 중심으로 많은 팬과 동료들의 신임을 받고 있다. 골 결정력이 좋지 않은 것이 최대 단점이다.

출전경기	경기시간(분)	골	어시스트	경고	퇴장
37	3,162	5	10	9	–

DF 5 — 무릴로
Murillo

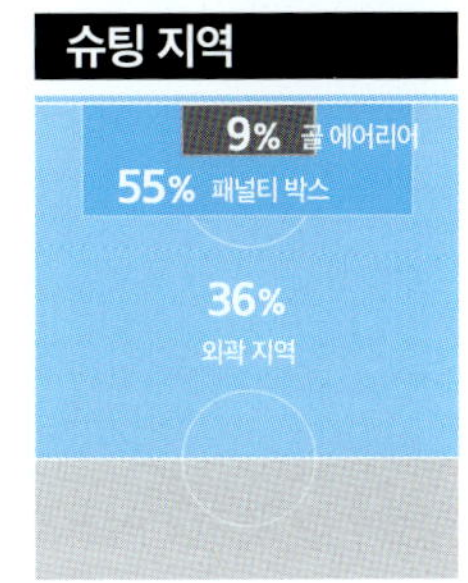

국적: 브라질

브라질 코린치안스에서 유스와 프로 데뷔를 했다. 지난 시즌을 앞두고 노팅엄으로 이적했다. 센터백으로서 왼발을 주로 사용한다. 시즌 내내 좋은 수비력을 보여주면서 노팅엄 올해의 선수가 됐다. 184cm여서 센터백치고는 단신이지만 타고난 수비 감각과 파워를 앞세워 상대 선수를 제압한다. 브라질 출신답게 발 밑도 좋다. 후방 빌드업을 믿고 맡길 만하다. 다만 신장의 한계로 공중볼 싸움에서는 패배하는 경우가 많다.

출전경기	경기시간(분)	골	어시스트	경고	퇴장
32	2,793	–	2	5	–

MF 6 — 이브라힘 상가레
Ibrahim Sangaré

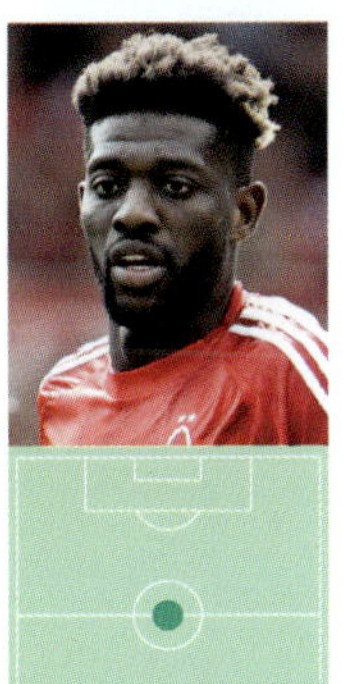

국적: 코트디부아르

당당한 체격 조건을 갖춘 수비형 미드필더이다. 툴루즈와 에인트호벤에서 활약했다. 지난 시즌 노팅엄에 왔다. 파리 생제르맹, 바이에른 뮌헨 등으로의 이적설이 있었지만 결국 최종 선택지는 노팅엄이었다. 오자마자 스티브 쿠퍼 감독의 신임을 받았다. 그러나 누누 산투 감독 아래에서는 다소 입지가 애매하다. 운동 능력이 좋고 활동량이 많다. 몸을 사용하는 전진 드리블도 좋다. 다만 기술은 다소 아쉽다.

출전경기	경기시간(분)	골	어시스트	경고	퇴장
19	1,318	–	1	6	–

MF 28 — 다닐루
Danilo

국적: 브라질

브라질 카자제이라스에서 유스 생활을 했고, 프로 데뷔까지 했다. 파우메이라스로 이적한 후 2022년까지 뛰었다. 브라질 유망주 가운데 한 명이고, 차세대 수비형 미드필더로 주목받고 있다. 2023년 1월 노팅엄에 입단했다. 최후방 수비수를 보호하는 역할에 능하다. 연계 능력도 갖추고 있어 향후 앵커로서도 뛸 수 있을 것이다. 기술이 좋은데도 간결한 플레이를 선호한다. 다만 공격력이 부족한 것이 흠이다.

출전경기	경기시간(분)	골	어시스트	경고	퇴장
29	1,797	2	2	4	–

FW 9 — 타이워 아워니이
Taiwo Awoniyi

국적: 나이지리아

18세 때인 2015년, 리버풀에 입단했다. 그러나 워크 퍼밋 문제로 임대 생활을 다녔다. 독일, 네덜란드, 벨기에 등에서 뛰었다. 6년 후 영국 워크 퍼밋이 나왔지만 더 이상 유망주로서 가치가 없었다. 우니온 베를린으로 이적했다. 베를린에서 맹활약했고 2022/23 시즌 노팅엄으로 이적했다. 발이 빠르고 운동능력이 좋다. 피지컬도 갖추고 있다. 다만 축구 센스가 아쉽고 시야도 좁다. 정교함도 떨어진다.

출전경기	경기시간(분)	골	어시스트	경고	퇴장
20	1,046	6	3	2	–

레스터 시티 FC

Leicester City FC

TEAM PROFILE	
창 립	1884년
구 단 주	아이야왓 스리바다나프라바(태국)
감 독	스티브 쿠퍼(웨일즈)
연 고 지	레스터셔주 레스터
홈 구 장	킹 파워 스타디움 (4만 명)
라 이 벌	노팅엄 포레스트 FC
홈페이지	https://www.lcfc.com/?lang=EN

최근 5시즌 성적

시즌	순위	승점
2019-2020	5위	62점(18승8무12패, 67득점 41실점)
2020-2021	5위	66점(20승6무12패, 68득점 50실점)
2021-2022	8위	52점(14승10무14패, 62득점59실점)
2022-2023	18위	34점(9승7무22패, 51득점 68실점)
2023-2024	없음	없음

PREMIER LEAGUE (전신 포함)

통 산	우승 1회
23-24 시즌	없음

FA CUP

통 산	우승 1회
23-24 시즌	8강

LEAGUE CUP

통 산	우승 3회
23-24 시즌	32강

UEFA

통 산	없음
23-24 시즌	없음

경기 일정

라운드	날짜	장소	상대팀
1	2024.08.20	홈	토트넘 홋스퍼
2	2024.08.24	원정	풀럼
3	2024.08.31	홈	에스턴 빌라
4	2024.09.14	원정	크리스탈 팰리스
5	2024.09.21	홈	에버턴
6	2024.09.28	원정	아스널
7	2024.10.05	홈	AFC 본머스
8	2024.10.19	원정	사우샘프턴
9	2024.10.26	홈	노팅엄 포레스트
10	2024.11.03	원정	입스위치 타운
11	2024.11.10	원정	맨체스터 유나이티드
12	2024.11.24	홈	첼시
13	2024.12.01	원정	브렌트포드
14	2024.12.04	홈	웨스트햄 유나이티드
15	2024.12.08	홈	브라이턴 앤 호브 앨비언
16	2024.12.15	원정	뉴캐슬 유나이티드
17	2024.12.22	홈	울버햄튼 원더러스
18	2024.12.27	원정	리버풀
19	2024.12.30	홈	맨체스터 시티
20	2025.01.05	원정	애스턴 빌라
21	2025.01.15	홈	크리스탈 팰리스
22	2025.01.19	홈	풀럼
23	2025.01.26	원정	토트넘 홋스퍼
24	2025.02.02	원정	에버턴
25	2025.02.16	홈	아스널
26	2025.02.23	홈	브렌트포드
27	2025.02.26	원정	웨스트햄 유나이티드
28	2025.03.09	원정	첼시
29	2025.03.16	홈	맨체스터 유나이티드
30	2025.04.02	원정	맨체스터 시티
31	2025.04.05	홈	뉴캐슬 유나이티드
32	2025.04.12	원정	브라이턴 앤 호브 앨비언
33	2025.04.19	홈	리버풀
34	2025.04.26	원정	울버햄튼 원더러스
35	2025.05.03	홈	사우샘프턴
36	2025.05.10	원정	노팅엄 포레스트
37	2025.05.18	홈	입스위치 타운
38	2025.05.26	원정	AFC 본머스

시즌 프리뷰 — 여우 군단이 돌아왔다

레스터 시티는 2022/23 시즌에 18위로 강등됐다. 2부 리그로 내려가면 언제 다시 올라올 수 있을지 알 수 없어서 많은 선수가 빠져나갔다. 제임스 매디슨, 다니엘 아마티, 조니 에반스, 아요세 페레스, 찰라르 쇠윈지, 유리 틸레망스, 하비 반스 등 주요 선수들이 모두 팀을 떠났다. 다들 레스터 시티가 다시 돌아오기까지 꽤 시간이 걸릴 것으로 봤다. 그러나 레스터 시티는 해리 윙크스, 코너 코디, 칼럼 도일, 체사레 카사데이 등 새로운 선수를 데려오면서 새판을 짰다. 챔피언십 우승으로 프리미어리그 복귀 신고를 했다. 단 이번 시즌에는 마레스카 감독이 없다. 노팅엄에서 아쉬운 모습을 보였던 스티브 쿠퍼 감독이 대신 왔다. 중심이었던 키어넌 듀스버리홀도 첼시로 떠났다. 그렇게 좋은 상황은 아니다. 이번 시즌도 잔류가 목표다.

COACH

스티브 쿠퍼 Steve Cooper
1979년 12월 10일생 웨일스

리버풀 유스 팀에서 라힘 스털링, 트렌트 알렉산더 아놀드를 발굴했다. 2021년부터 노팅엄을 이끌고 챔피언십에서 두각을 나타내는 강팀으로 키웠다. 레스터 시티를 어디까지 이끌 수 있을지 미지수이다. 챔피언십 레벨에는 맞는 감독이지만, 프리미어리그 팀을 이끌기에는 전술적인 역량 등이 떨어진다는 평가를 받고 있다.

TEAM RATINGS

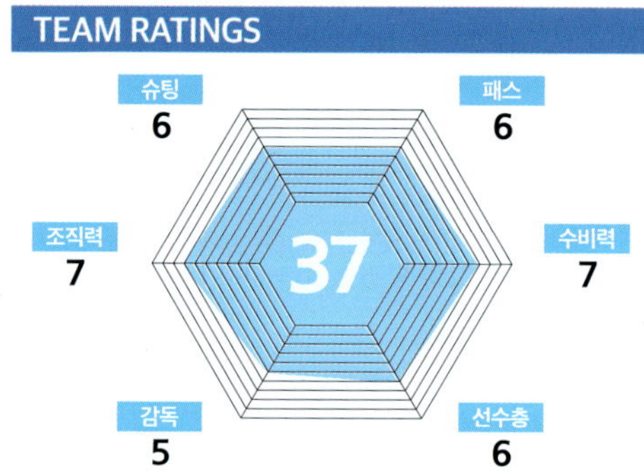

2023/24 프로필

팀 득점	89
평균 볼 점유율	62.20%
패스 정확도	88.10%
평균 슈팅 수	14.3
경고	86
퇴장	1

골 타입		
오픈 플레이	66	
세트 피스	12	
카운터 어택	7	
패널티 킥	14	
자책골	1	단위 (%)

패스 타입		
쇼트 패스	90	
롱 패스	7	
크로스 패스	3	
스루 패스	0	단위 (%)

SQUAD

포지션	등번호	이름		생년월일	키(cm)	체중(kg)	국적
GK	1	데니 워드	Danny Ward	1993.06.22	191	88	웨일즈
	2	제임스 저스틴	James Justin	1998.02.23	183	80	잉글랜드
DF	3	바우트 파스	Wout Faes	1998.04.03	187	84	벨기에
	4	코너 코디	Conor Coady	1993.02.25	185	80	잉글랜드
	5	칼렘 오콜리	Caleb Okoli	2001.07.13	191	91	이탈리아
	16	빅토르 크리스티안센	Victor Kristiansen	2002.12.16	181	73	덴마크
	21	히카르두 페레이라	Ricardo Pereira	1993.10.06	275	70	포르투갈
	23	야니크 베스테르고르	Jannik Vestergaard	1992.08.03	199	94	덴마크
	33	루크 토마스	Luke Thomas	2001.06.10	181	67	잉글랜드
	6	윌프레드 은디디	Wilfred Ndidi	1996.12.16	183	74	나이지리아
	8	해리 윙크스	Harry Winks	1996.02.02	178	65	잉글랜드
	11	빌랄 엘 칸누스	Bilal El Khannouss	2004.05.10	180	70	모로코
	17	함자 초우두리	Hamza Choudhury	1997.10.01	178	64	잉글랜드
MF	22	올리버 스킵	Oliver Skipp	2000.09.16	175	70	잉글랜드
	24	부바카리 수마레	Boubakary Soumaré	1999.02.27	188	70	프랑스
	34	마이클 골딩	Michael Golding	2006.05.23	178	68	잉글랜드
	35	케이시 맥아티어	Kasey McAtee	2001.11.22	177	69	아일랜드
	40	파쿤도 부오나노테	Facundo Buonanotte	2004.12.23	174	66	아르헨티나
	7	압둘 파타우 이사하쿠	Issahaku Fatawu	2004.03.08	177	73	가나
	9	제이미 바디	Jamie Vardy	1987.01.11	179	74	잉글랜드
	10	스테피 마비디디	Stephy Mavididi	1998.05.31	182	71	잉글랜드
FW	14	바비 데코르도바리드	Bobby De Cordova-Reid	1993.02.02	170	68	자메이카
	18	조던 아예우	Jordan Ayew	1991.09.11	182	80	가나
	20	팟손 다카	Patson Daka	1998.10.09	183	71	잠비아
	27	오드손 에두아르	Odsonne Édouard	1998.01.16	187	83	프랑스

IN & OUT

주요 영입	주요 방출
압둘 파타우 이사하쿠, 바비 데코르도바리드, 마이클 골딩, 칼레브 오콜리, 파쿤도 부오나노테	마크 올브라이턴, 켈레치 이헤나초, 데니스 프라트, 키어넌 듀스버리홀

TEAM FORMATION

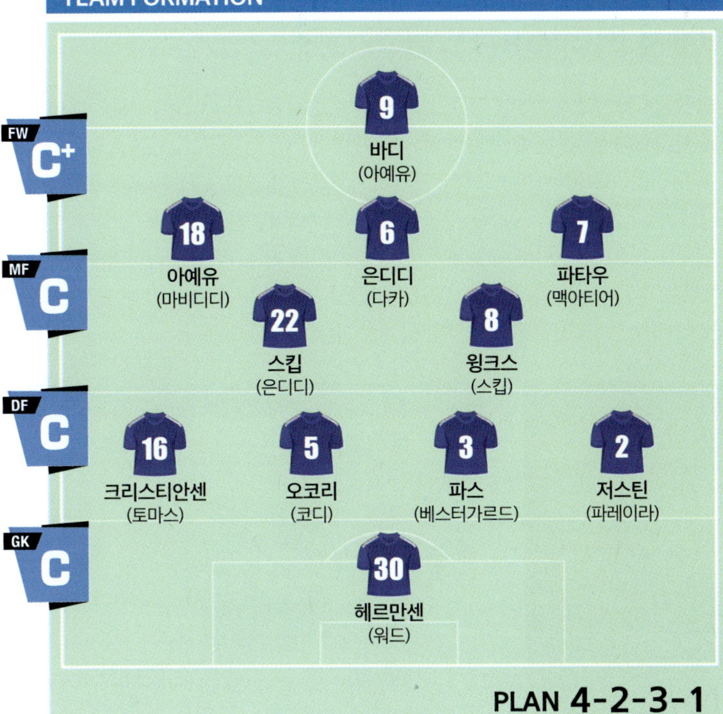

지역 점유율

공격 진영	30%
중앙	43%
수비 진영	27%

공격 방향

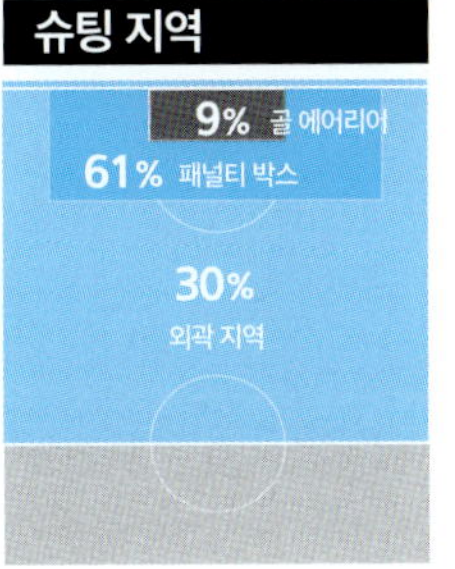

슈팅 지역

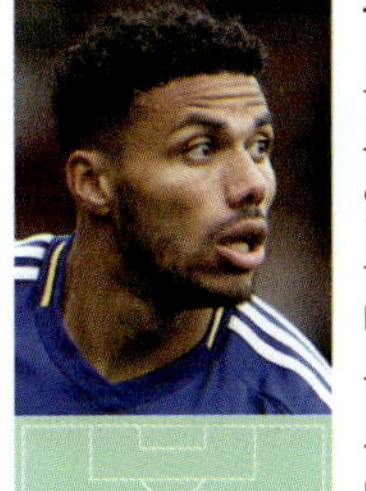

상대팀 최근 6경기 전적

구분	승	무	패	구분	승	무	패
맨체스터 시티	1		5	브라이턴 앤 호브 알비온	2	2	2
아스널	1		5	본머스	3		3
리버풀	1		5	풀럼	2	1	3
애스턴 빌라	2	1	3	울버햄튼 원더러스	4	1	1
토트넘 홋스퍼	2		4	에버턴	1	3	2
첼시		1	5	브렌트포드	4	2	
뉴캐슬 유나이티드	1	1	4	노팅엄 포레스트	2	1	3
맨체스터 유나이티드	3	1	2	레스터 시티			
웨스트 햄 유나이티드	2	1	3	입스위치 타운	3	2	1
크리스탈 팰리스	2	3	1	사우샘프턴	3	1	2

PLAYERS

DF 3 바우트 파스 — *Wout Faes* 

국적: 벨기에

레스터 시티 수비의 핵심이다. 2022/23 시즌을 앞두고 레스터 시티로 이적했고, 센터백으로 줄곧 뛰었다. 팀이 강등된 후에도 구단을 지켰다. 지난 시즌, 탄탄한 경기력으로 팀의 챔피언십 우승을 이끌었다. 저돌적인 파이터형 센터백이다. 1대1 마킹 능력이 상당히 뛰어나다. 스리백과 포백에서 모두 뛸 수 있다. 다만 카드를 많이 받으며, 제공권이 좋지 않다. 스피드가 빠른 선수들에게 뒷공간을 내주면서 좋지 않은 경험을 한 적도 많다.

출전경기	경기시간(분)	골	어시스트	경고	퇴장
43	3,825	2	–	5	–

DF 2 제임스 저스틴 — *James Justin*

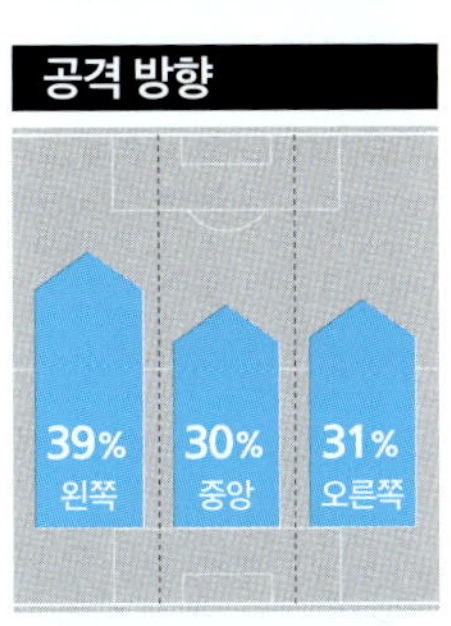

국적: 잉글랜드

루턴타운 유스 출신의 풀백이다. 오른발을 주로 쓰지만, 양발도 쓸 수 있다. 2019년부터 레스터 시티에 합류해 여우 군단의 일원으로 뛰고 있다. 2022/23 시즌 초반에 큰 부상을 당하면서 시즌 아웃됐다. 레스터 시티로서는 가장 아쉬운 장면이었다. 지난 시즌에는 부상 없이 39경기에 출전했다. 주전 풀백으로 활약했다. 공수 밸런스가 잘 잡힌 풀백이다. 다만 공격적인 부분에서 정확성이 떨어진다.

출전경기	경기시간(분)	골	어시스트	경고	퇴장
39	2,612	2	2	4	–

DF 16 빅토르 크리스티안센 — *Victor Kristiansen*

국적: 덴마크

FC 코펜하겐 유스 출신이다. 2021/22 시즌 주전으로 도약해 팀의 리그 우승에 일조했다. 2023년 1월, 레스터 시티와 계약했다. 2022/23 시즌에 반시즌을 뛰었다. 그러나 팀의 강등과 함께 볼로냐로 임대됐다가, 이번 시즌을 앞두고 돌아왔다. 빠른 주력과 가속 능력을 바탕으로 측면을 휘젓는 스타일이다. 공수를 오가는 역동성이 눈에 띈다. 반면에 발재간은 화려하지 않다. 세밀함에 약점을 보인다.

출전경기	경기시간(분)	골	어시스트	경고	퇴장
32	2,312	–	4	–	–

MF 6 윌프레드 은디디 — *Wilfred Ndidi*

국적: 나이지리아

2017년부터 레스터 시티의 허리를 책임진 미드필더다. 노팅엄과 바르셀로나가 접근했지만, 결국 팀에 남아 충성심을 보여주었다. 은골로 캉테의 대체자로 레스터 시티에 합류했다. 다만 캉테와는 다르게 체격 조건이 좋다. 피지컬을 이용한 수비력도 상당한 수준이다. 센터백도 볼 수 있을 정도다. 다만 발밑이 좋지 않다. 둔탁하다 보니 프리미어리그에서는 실수를 범할 때가 많다. 유리몸의 약점도 있다.

출전경기	경기시간(분)	골	어시스트	경고	퇴장
32	2,142	4	5	5	–

FW 20 팟슨 다카 — *Patson Daka*

국적: 잠비아

레드불 잘츠부르크 시절에는 황희찬과 함께 뛰기도 했다. 2021년 레스터 시티로 왔다. 초반에는 제이미 바디에게 밀렸다. 그러나 조금씩 자리를 잡기 시작했다. 팀이 강등된 후 AS로마가 접근했으나, 팀에 남았다. 챔피언십에서 주전 자리를 내줬다. 제대로 뛰지 못하고 있다. 운동능력은 좋다. 이를 활용한 돌파와 마무리가 탁월하다. 전방 압박에도 능하다. 그러나 상대의 압박을 받으면 허둥지둥하는 모습을 자주 보인다.

출전경기	경기시간(분)	골	어시스트	경고	퇴장
20	1,095	7	5	1	–

입스위치 타운 FC

Ipswich Town FC

TEAM PROFILE

창 립	1878년
구 단 주	에드 슈와츠(캐나다)
감 독	키어런 맥케나(북아일랜드)
연 고 지	잉글랜드 서퍽 주 입스위치
홈 구 장	포트먼 로드 스타디움(3만 311명)
라 이 벌	노리치 시티
홈페이지	https://www.itfc.co.uk/

최근 5시즌 성적

시즌	순위	승점
2019-2020	없음	없음
2020-2021	없음	없음
2021-2022	없음	없음
2022-2023	없음	없음
2023-2024	없음	없음

PREMIER LEAGUE (전신 포함)

통 산	우승 1회
23-24 시즌	없음

FA CUP

통 산	우승 1회
23-24 시즌	32강

LEAGUE CUP

통 산	없음
23-24 시즌	없음

UEFA

통 산	유로파 리그 우승 1회
23-24 시즌	없음

경기 일정

라운드	날짜	장소	상대팀
1	2024.08.17	홈	리버풀
2	2024.08.24	원정	맨체스터 시티
3	2024.08.31	홈	풀럼
4	2024.09.14	원정	브라이턴 앤 호브 앨비언
5	2024.09.21	원정	사우샘프턴
6	2024.09.29	홈	애스턴 빌라
7	2024.10.05	원정	웨스트햄 유나이티드
8	2024.10.19	홈	에버턴
9	2024.10.26	원정	브렌트포드
10	2024.11.03	홈	레스터 시티
11	2024.11.10	원정	토트넘 홋스퍼
12	2024.11.24	홈	맨체스터 유나이티드
13	2024.12.01	원정	노팅엄 포레스트
14	2024.12.04	홈	크리스탈 팰리스
15	2024.12.08	홈	AFC 본머스
16	2024.12.15	원정	울버햄튼 원더러스
17	2024.12.22	홈	뉴캐슬 유나이티드
18	2024.12.27	원정	아스널
19	2024.12.30	홈	첼시
20	2025.01.05	원정	풀럼
21	2025.01.15	홈	브라이턴 앤 호브 앨비언
22	2025.01.19	홈	맨체스터 시티
23	2025.01.26	원정	리버풀
24	2025.02.02	홈	사우샘프턴
25	2025.02.16	원정	애스턴 빌라
26	2025.02.23	홈	토트넘 홋스퍼
27	2025.02.27	원정	맨체스터 유나이티드
28	2025.03.09	원정	크리스탈 팰리스
29	2025.03.16	홈	노팅엄 포레스트
30	2025.04.01	원정	AFC 본머스
31	2025.04.05	홈	울버햄튼 원더러스
32	2025.04.12	원정	첼시
33	2025.04.19	홈	아스널
34	2025.04.26	원정	뉴캐슬 유나이티드
35	2025.05.03	원정	에버턴
36	2025.05.10	홈	브렌트포드
37	2025.05.18	원정	레스터 시티
38	2025.05.26	홈	웨스트햄 유나이티드

시즌 프리뷰 — 프리미어리그에서 버텨낼 수 있을까

2002년 프리미어리그에서 강등됐다. 2019년에는 3부 리그인 리그1으로 강등됐다가 2022/23 시즌에 성장 동력을 얻었다. 리그1에서 2위를 차지하며 챔피언십으로 올라왔고 바로 챔피언십 2위를 차지하며 프리미어리그까지 올라왔다. 22년 만에 프리미어리그로 돌아왔다. 그러나 프리미어리그는 만만한 곳이 아니다. 프리미어리그에서 살아남는 것은 어렵다. 특히나 입스위치처럼 최상위 리그를 향해 올라온 팀들은 더욱 그렇다. 선수 영입이 중요하다. 그러나 입스위치는 많은 영입을 하지 못했다. 선수들을 잔뜩 사 왔지만, 프리미어리그에서 경쟁력을 잃어버린 선수들이 대부분이다. 그나마 리암 델랍 정도만 쓸만한 자원이라고 할 수 있다. 쉽지 않다. 프리미어리그는 입스위치 타운이 경쟁했던 리그1 그리고 챔피언십 수준과는 완전히 다르다.

COACH

키어런 맥케나 *Kieran McKenna*

1986년 5월 14일생 잉글랜드

2015년 토트넘 유스팀의 코치로 지도자 생활을 시작했다. 리그1 입스위치 타운을 맡았다. 3부 리그 팀에서 2년 만에 1부 리그까지 오른 최초의 감독이 됐다. 그는 전술을 다채롭게 쓴다. 스리백과 포백을 혼용한다. 허리에 더블 볼란치를 주로 활용하여, 단단하게 한 후에 경기를 펼쳐나간다. 유연한 전술이 상당히 인상적이다.

TEAM RATINGS

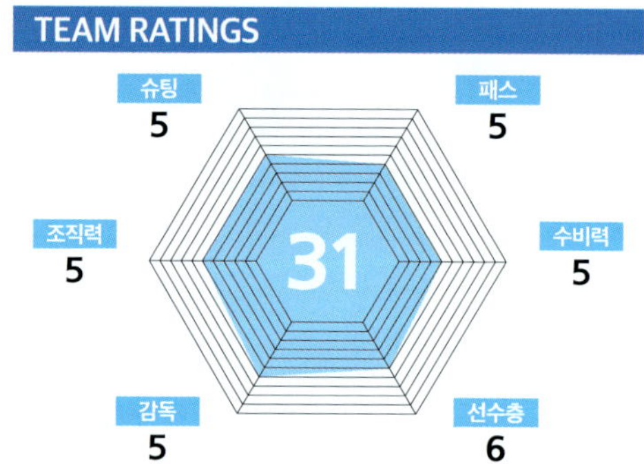

- 슈팅 5
- 패스 5
- 조직력 5
- 수비력 5
- 감독 5
- 선수층 6
- 31

2023/24 프로필

팀 득점	92
평균 볼 점유율	52.90%
패스 정확도	81.70%
평균 슈팅 수	15.6
경고	101
퇴장	0

골 타입

		단위 (%)
오픈 플레이	71	
세트 피스	21	
카운터 어택	2	
패널티 킥	2	
자책골	4	

패스 타입

		단위 (%)
쇼트 패스	86	
롱 패스	10	
크로스 패스	4	
스루 패스	0	

SQUAD

포지션	등번호	이름		생년월일	키(cm)	체중(kg)	국적
GK	1	아라네트 무리치	Arijanet Muric	1998.11.07	198	91	코소보
	13	크리스티안 월튼	Cieran Slicker	2002.09.15	196	75	스코틀랜드
DF	2	해리 클라크	Harry Clarke	2001.03.02	180	71	잉글랜드
	3	리프 데이비스	Leif Davis	1999.12.31	192	67	잉글랜드
	6	루크 울펜든	Luke Woolfenden	1998.10.21	193	70	잉글랜드
	15	카메론 버지스	Cameron Burgess	1995.10.21	194	81	호주
	18	벤 존슨	Ben Johnson	2000.01.24	184	67	잉글랜드
	22	코너 타운센드	Conor Townsend	1993.03.04	163	62	잉글랜드
	24	제이콥 그리브스	Jacob Greaves	2000.09.12	193	87	잉글랜드
	26	다라 오셰이	Dara O'Shea	1999.03.04	189	77	아일랜드
	40	악셀 튀앙제브	Axel Tuanzebe	1997.11.14	185	75	콩고
MF	5	샘 모르시	Sam Morsy	1991.09.10	175	78	이집트
	7	웨스 번스	Wes Burns	1994.11.23	173	68	웨일즈
	8	칼빈 필립스	Kalvin Phillips	1995.12.02	179	72	잉글랜드
	12	옌스 카쥐스트	Jens Cajuste	1999.08.10	188	77	스웨덴
	14	잭 테일러	Jack Taylor	1998.06.23	185	70	아일랜드
	25	마시모 루옹고	Massimo Luongo	1992.09.25	176	80	호주
FW	10	코너 채플린	Conor Chaplin	1997.02.18	168	70	잉글랜드
	16	알리 알 하마디	Ali Al-Hamadi	2002.03.01	187	82	이라크
	19	리암 델랍	Liam Delap	2003.02.08	186	78	잉글랜드
	20	오마리 허친슨	Omari Hutchinson	2003.10.30	174	65	잉글랜드
	23	사미 스모딕스	Sammie Szmodics	1995.09.24	168	67	아일랜드
	27	조지 허스트	George Hirst	1999.02.15	191	75	아일랜드
	33	네이선 브로드헤드	Nathan Broadhead	1998.04.05	178	73	웨일즈
	47	잭 클라크	Jack Clarke	2000.11.23	181	73	아일랜드

IN & OUT

주요 영입	주요 방출
레온 엘리엇, 아부베 오누추크, 오마리 허친슨, 벤 존슨, 제이콥 그리브스, 리암 델랍, 아리야네트 무리치, 코너 타운젠트, 세미 초모딕스, 칼빈 필립스	실바 멕세스, 손 알루코, 잭 만리, 닉 하예스, 도미닉 볼, 마누체 카마라, 케이든 잭슨, 코리 은다바

TEAM FORMATION

지역 점유율

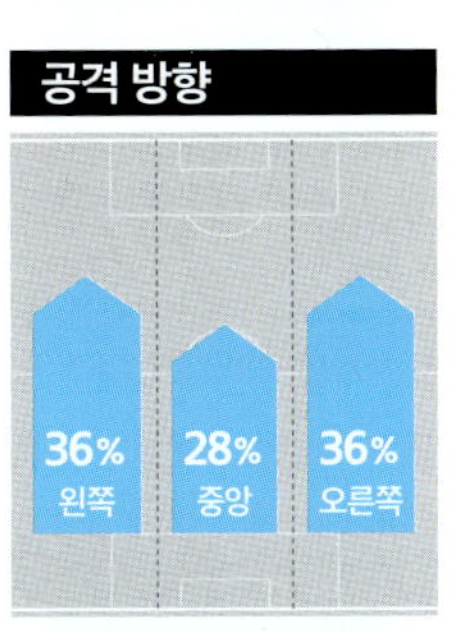

공격 방향

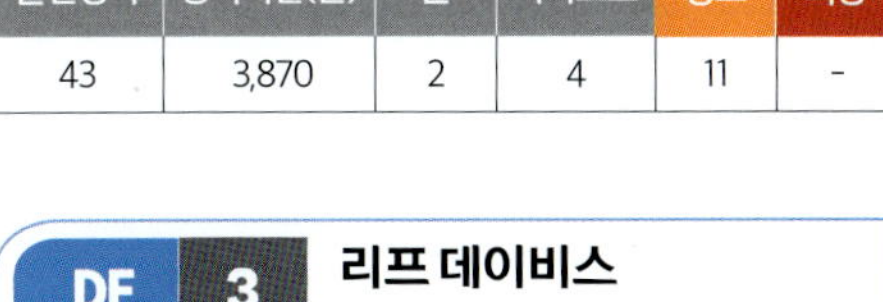

슈팅 지역

PLAYERS

DF 24 제이콥 그리브스 / Jacob Greaves — KEY PLAYER

국적: 잉글랜드

헐 시티 유스 출신으로 데뷔 후 첫 시즌은 첼튼넘에서 임대로 생활하며 경험치를 쌓았다. 2020년, 헐 시티로 돌아온 후 2024년까지 팀의 주전 수비수로 맹활약했다. 어린 나이지만 매 시즌, 거의 모든 경기에 출전하며 뒷문을 든든히 지켰다. 큰 부상이 없는 것이 가장 인상적이다. 센터백치고는 크지 않은 키지만 그만큼 빠르고 발밑이 괜찮다. 몸싸움도 잘하지만, 지능적인 플레이를 하곤 한다. 아직 경험이 부족한 것이 다소 아쉽다.

출전경기	경기시간(분)	골	어시스트	경고	퇴장
43	3,870	2	4	11	-

DF 3 리프 데이비스 / Leif Davis

국적: 잉글랜드

뉴캐슬에서 태어났다. 지역팀에서 유스로 뛰다가 리즈 유나이티드 유스 팀으로 갔다. 2018년 리즈 유나이티드에서 프로로 데뷔했다. 그러나 리즈에서는 자리가 많지 않았다. 2021/22 시즌 본머스로 임대됐다. 그곳에서도 그렇게 좋은 모습을 보이지는 못했다. 2022년 입스위치로 이적한 후 제자리를 찾았다. 왼쪽 풀백과 센터백을 모두 소화할 수 있다. 폭발적이지는 않지만, 안정적인 모습으로 팀에 도움을 준다.

출전경기	경기시간(분)	골	어시스트	경고	퇴장
43	3,788	2	21	5	-

상대팀 최근 6경기 전적

구분	승	무	패	구분	승	무	패
맨체스터 시티	4		2	브라이턴 앤 호브 알비온	2	2	2
아스널	2		4	본머스	2	4	
리버풀	2	1	3	풀럼			6
애스턴 빌라	1	2	3	울버햄튼 원더러스	1	3	2
토트넘 홋스퍼	3		3	에버턴	3	1	2
첼시		2	4	브렌트포드	1	2	3
뉴캐슬 유나이티드	1	2	3	노팅엄 포레스트	1	1	4
맨체스터 유나이티드	1	1	4	레스터 시티	1	2	3
웨스트 햄 유나이티드	2	1	3	입스위치 타운			
크리스탈 팰리스	2	1	3	사우샘프턴	2	2	2

DF 18 벤 존슨 / Ben Johnson

국적: 잉글랜드

웨스트햄 유스 출신으로 웨스트햄에서 오랜 시간 활약했다. 2007년 유스를 시작해 2024년까지 계속 웨스트햄에서만 뛰었다. 2024/25 시즌을 앞두고 뛸 곳을 찾기 위해 입스위치 타운으로 왔다. 양발을 모두 사용할 수 있는 풀백이다. 빠른 스피드와 활동량을 갖추고 있다. 1대1 대인방어 능력도 좋다. 프리미어리그에서 오랜 기간 뛰었기에 경험이 부족한 입스위치 타운에 큰 힘이 될 전망이다.

출전경기	경기시간(분)	골	어시스트	경고	퇴장
14	539	-	-	1	-

FW 10 코너 채플린 / Conor Chaplin

국적: 잉글랜드

포츠머스 유스 출신이다. 포츠머스에서 뛰다 코번트리 시티로 임대 후 이적했다. 이후 반즐리를 거쳐 입스위치 타운으로 왔다. 2021년부터 팀의 세컨드 스트라이커로 활약하고 있다. 기술이 좋고 빠른 스타일이다. 패스 능력도 갖추었다. 체력도 나쁘지는 않다. 다만 프리미어리그에서 뛰어본 적이 없기에 템포에 얼마나 따라갈 수 있느냐가 최대 관건이다. 피지컬이 약해 강한 압박에 취약하다.

출전경기	경기시간(분)	골	어시스트	경고	퇴장
44	3,372	13	9	7	-

FW 19 리암 델랍 / Liam Delap

국적: 잉글랜드

더비카운티와 맨시티에서 유스 생활을 했다. 맨시티 유망주로 1군 데뷔를 했다. 그러나 그곳에는 자리가 없었다. 스토크시티, 프레스턴 노스 엔드, 헐 시티까지 임대를 다녀왔다. 그럼에도 맨시티는 버거웠다. 결국 입스위치 타운으로 이적했다. 186cm로 피지컬이 탄탄하고 득점력을 갖추고 있다. 공간 인식 능력도 좋다. 슈팅도 괜찮다. 그러나 어린 나이여서 아직은 경험이 다소 더 필요한 상황이다.

출전경기	경기시간(분)	골	어시스트	경고	퇴장
31	2,219	8	2	5	-

사우샘프턴 FC

Southampton FC

최근 5시즌 성적

시즌	순위	승점
2019-2020	11위	52점(15승7무16패, 51득점 60실점)
2020-2021	15위	43점(12승7무19패, 47득점 68실점)
2021-2022	15위	40점(9승13무16패, 43득점 67실점)
2022-2023	20위	25점(6승7무25패, 36득점 73실점)
2023-2024	없음	없음

PREMIER LEAGUE (전신 포함)

통 산	없음
23-24 시즌	없음

FA CUP

통 산	우승 1회
23-24 시즌	16강

LEAGUE CUP

통 산	없음
23-24 시즌	없음

UEFA

통 산	없음
23-24 시즌	없음

경기 일정

라운드	날짜	장소	상대팀
1	2024.08.17	원정	뉴캐슬 유나이티드
2	2024.08.24	홈	노팅엄 포레스트
3	2024.08.31	원정	브렌트포드
4	2024.09.14	홈	맨체스터 유나이티드
5	2024.09.21	홈	입스위치 타운
6	2024.10.01	원정	AFC 본머스
7	2024.10.05	원정	아스널
8	2024.10.19	홈	레스터 시티
9	2024.10.26	원정	맨체스터 시티
10	2024.11.03	홈	에버턴
11	2024.11.10	원정	울버햄튼 원더러스
12	2024.11.24	홈	리버풀
13	2024.12.01	원정	브라이턴 앤 호브 앨비언
14	2024.12.05	홈	첼시
15	2024.12.08	원정	애스턴 빌라
16	2024.12.15	홈	토트넘 홋스퍼
17	2024.12.22	원정	풀럼
18	2024.12.27	홈	웨스트햄 유나이티드
19	2024.12.30	원정	크리스탈 팰리스
20	2025.01.05	홈	브렌트포드
21	2025.01.16	원정	맨체스터 유나이티드
22	2025.01.19	원정	노팅엄 포레스트
23	2025.01.26	홈	뉴캐슬 유나이티드
24	2025.02.02	원정	입스위치 타운
25	2025.02.16	홈	AFC 본머스
26	2025.02.23	홈	브라이턴 앤 호브 앨비언
27	2025.02.27	원정	첼시
28	2025.03.09	원정	리버풀
29	2025.03.16	홈	울버햄튼 원더러스
30	2025.04.02	홈	크리스탈 팰리스
31	2025.04.05	원정	토트넘 홋스퍼
32	2025.04.12	홈	애스턴 빌라
33	2025.04.19	원정	웨스트햄 유나이티드
34	2025.04.26	홈	풀럼
35	2025.05.03	원정	레스터 시티
36	2025.05.10	홈	맨체스터 시티
37	2025.05.18	원정	에버턴
38	2025.05.26	홈	아스널

시즌 프리뷰 — 지옥에서 돌아왔다

사우샘프턴은 강등 한 시즌 만에 돌아왔다. 챔피언십에서 다이렉트 승격을 노렸지만 리그 4위를 차지하며 플레이오프로 향했다. 플레이오프에서 웨스트 브로미치와 1승 1무로 이겼다. 플레이오프 결승에서 리즈에게 승리하면서 프리미어리그로 승격했다. 잔류하기 위해 사우샘프턴은 꽤 많은 선수를 영입했다. 아담 랄라나를 데려오면서 팀에 경험을 보탰다. 스가와라 유키나리 등을 데려오며 일본 선수들에게 거는 기대도 꽤 있다. 플린 다운스를 영입하면서 전체적으로 팀을 탄탄하게 만들었다. 그러나 이 정도의 영입으로는 고지로 올라서기에 부족함이 많다. 전체적으로 팀의 전력이 떨어져 있다. 플레이오프를 통해 왔기 때문에 일단은 최하위에서 시작한다고 볼 수 있다. 초반 상승세를 타는 것이 가장 중요하다. 초반에 승점을 벌어놓아야 후반에서 여유가 생긴다.

COACH

러셀 마틴 *Russell Martin*

1986년 1월 4일생 스코틀랜드

스완지 시티 감독을 거쳐 2023년 사우샘프턴으로 부임했다. 1시즌 만에 팀을 승격. 2027년까지 계약을 연장했다. 2선 공격수들을 적극 활용하는 스타일이다. 공격 침투나 중거리 슈팅, 다양한 포지션 변화를 주문한다. 그러나 플랜B가 없다는 평가가 많다. 한 가지 전술이 막히면 더 이상 준비한 전술이 없는 경우가 많다.

TEAM RATINGS

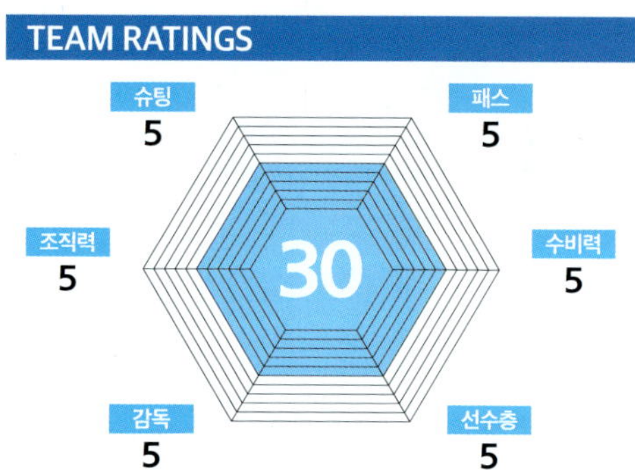

2023/24 프로필

팀 득점	87
평균 볼 점유율	66.10%
패스 정확도	89.70%
평균 슈팅 수	15.5
경고	103
퇴장	3

골 타입

		단위 (%)
오픈 플레이	76	
세트 피스	17	
카운터 어택	0	
패널티 킥	5	
자책골	2	

패스 타입

		단위 (%)
쇼트 패스	91	
롱 패스	6	
크로스 패스	3	
스루 패스	0	

SQUAD

포지션	등번호	이름		생년월일	키(cm)	체중(kg)	국적
GK	13	조 룸레이	Joe Lumley	1995.02.15	190	73	잉글랜드
	31	가빈 바주누	Gavin Bazunu	2002.02.20	188	79	아일랜드
DF	2	카일 워커 피터스	Kyle Walker-Peters	1997.04.13	173	64	잉글랜드
	3	라이언 매닝	Ryan Manning	1996.06.14	173	–	아일랜드
	5	잭 스티븐스	Jack Stephens	1994.01.27	185	75	잉글랜드
	6	테일러 하우드-벨리스	Taylor Harwood-Bellis	2002.01.30	188	82	잉글랜드
	12	로니 에드워즈	Ronnie Edwards	2003.03.28	185	76	잉글랜드
	14	제임스 브리	James Bree	1997.12.11	178	74	잉글랜드
	15	네이선 우드	Nathan Wood	2002.05.31	188	72	잉글랜드
	21	찰리 테일러	Charlie Taylor	1993.09.18	183	70	잉글랜드
	28	후안 라리오스	Juan Larios	2004.01.12	170	70	스페인
MF	4	플린 다운스	Flynn Downes	1999.01.20	178	70	잉글랜드
	7	조 아리보	Joe Aribo	1996.07.21	183	76	나이지리아
	8	윌 스몰본	Will Smallbone	2000.02.21	183	61	아일랜드
	10	아담 랄라나	Adam Lallana	1988.05.10	172	73	잉글랜드
	18	마테우스 페르난데스	Mateus Fernandes	2004.07.10	178	71	포르투갈
	20	카말딘 술레마나	Kamaldeen Sulemana	2002.02.15	175	69	가나
	26	레슬리 우고추쿠	Lesley Ugochukwu	2004.03.26	190	88	프랑스
	27	새뮤얼 아모아메요	Samuel Amo-Ameyaw	2006.07.18	174	68	잉글랜드
	33	타일러 디블링	Tyler Dibling	2006.02.17	178	–	잉글랜드
	-	라이언 프레이저	Ryan Fraser	1994.02.24	163	70	스코틀랜드
FW	9	아담 암스트롱	Adam Armstrong	1997.02.10	173	69	잉글랜드
	11	로스 스튜어트	Ross Stewart	1996.07.11	188	85	스코틀랜드
	17	벤 브레레튼 디아스	Ben Brereton Díaz	1999.04.18	185	75	칠레
	19	카메론 아처	Cameron Archer	2001.12.09	175	71	잉글랜드

IN & OUT

주요 영입	주요 방출
테일러 하우드벨리스, 아담 랄라나, 찰리 테일러, 로니 에드워즈, 네이선 우드, 스가와라 유키나리, 플린 다운스, 벤 브레레톤 디아스, 카메론 아처	스튜어트 암스트롱, 로맹 페라우, 두예 찰레 타차르, 리앙쿠, 체 애덤스

TEAM FORMATION

지역 점유율

공격 진영	32%
중앙	43%
수비 진영	25%

공격 방향

40% 왼쪽	27% 중앙	33% 오른쪽

슈팅 지역

9% 골 에어리어
61% 패널티 박스
30% 외곽 지역

상대팀 최근 6경기 전적

구분	승	무	패	구분	승	무	패
맨체스터 시티	1	2	3	브라이턴 앤 호브 알비온	1	2	3
아스널	2	2	2	본머스	3	1	2
리버풀		1	5	풀럼	3	1	2
애스턴 빌라	2		4	울버햄튼 원더러스	1		5
토트넘 홋스퍼	1	2	3	에버턴	3		3
첼시	2	1	3	브렌트포드	2		4
뉴캐슬 유나이티드		1	5	노팅엄 포레스트	2		4
맨체스터 유나이티드		3	3	레스터 시티	2	1	3
웨스트 햄 유나이티드	2	2	2	입스위치 타운	2	2	2
크리스탈 팰리스	2	1	3	사우샘프턴			

PLAYERS

DF 2 — 카일 워커-피터스
Kyle Walker-Peters  **KEY PLAYER**

국적: 잉글랜드

토트넘 유스 출신이다. 토트넘에서 계속 키워온 선수였다. 양발을 쓸 수 있는 풀백 자원으로 라이트백과 레프트백을 모두 소화할 수 있다. 그러한 강점에도 뛸 자리가 없었다. 2020년 사우샘프턴으로 임대를 갔다. 그곳에서 주전을 차지하면서 완전히 이적했다. 빠른 스피드와 민첩한 움직임을 보여준다. 활동량도 많고 오버래핑도 많이 한다. 양발이 가능해 어떤 상황에서도 크로스를 올릴 수 있다. 반면에 피지컬의 한계가 있어 몸싸움 등이 약하다.

출전경기	경기시간(분)	골	어시스트	경고	퇴장
43	3,860	3	3	4	-

GK 31 — 가빈 바주누
Gavin Bazunu

국적: 아일랜드

나이지리아계 아일랜드 국적 소유자이다. 아일랜드 팀인 샴록 로버스에서 유스를 시작했다. 맨시티 유스 팀에도 있었다. 프로 데뷔는 샴록 로버스에서 했다. 2019년 맨시티로 왔지만 18세 이하 경기를 뛰었다. 이후 임대 생활을 다녔다. 2022년 사우샘프턴으로 이적했다. 2시즌 동안 주전 골키퍼로 활약했다. 그런데 2024년 4월, 아킬레스 파열 부상을 당했다. 전반기는 뛰지 못할 가능성이 크다.

출전경기	경기시간(분)	실점	무실점(경기)	경고	퇴장
41	3,690	54	11	1	-

DF 6 — 테일러 하우드-벨리스
Taylor Harwood-Bellis

국적: 잉글랜드

맨시티 유스에서 성장했다. 맨시티에서 1군 데뷔를 했다. 그러나 이내 블랙번, 안더레흐트, 스토크 시티, 번리 등으로 임대를 다녔다. 맨시티의 센터백 라인을 뚫지 못했다. 2023년 사우샘프턴으로 임대를 갔다. 완전 이적 옵션이 있는 계약이었다. 사우샘프턴이 승격하면서 완전이적에도 성공했다. 피지컬을 바탕으로 몸싸움이 좋고 공중볼 능력이 뛰어난 센터백이다. 발밑도 준수하다. 다만 스피드가 약한 것이 아쉽다.

출전경기	경기시간(분)	골	어시스트	경고	퇴장
40	3,501	2	3	3	-

MF 10 — 아담 랄라나
Adam Lallana

국적: 잉글랜드

낭만이 완성됐다. 사우샘프턴 유스 출신이었던 랄라나. 2006년 사우샘프턴에서 프로로 데뷔헤, 2014년 리버풀로 이적했다. 리버풀에서 좋은 모습을 보여, 2020년 브라이턴으로 이적했다. 그리고 이번 시즌에 승격한 고향 팀으로 돌아왔다. 마지막 불꽃을 태운다. 테크닉이 좋고 양발을 모두 다 사용한다. 다양한 포지션을 소화할 수 있는 멀티 플레이어이다. 반면 주력이 느리고 유리몸이라 언제 다칠지 모른다.

출전경기	경기시간(분)	골	어시스트	경고	퇴장
25	846	-	1	2	-

FW 9 — 아담 암스트롱
Adam Armstrong

국적: 잉글랜드

뉴캐슬에서 유스 생활을 하며 성장했다. 그러나 뉴캐슬에서 빛을 보지 못했다. 코번트리, 반즐리, 볼턴, 블랙번에서 임대 생활을 했다. 2018년 블랙번으로 완전히 이적했다. 2021년, 사우샘프턴의 공격수로 왔다. 그 시즌 프리미어리그에서도 활약했다. 팀의 강등 후에도 충성심을 보였다. 챔피언십에서 46경기 21골 13도움을 기록하면서 팀의 승격을 이끌었다. 빠르고 저돌적인 모습을 보여준다.

출전경기	경기시간(분)	골	어시스트	경고	퇴장
46	21	13	5	-	-

SPAIN LA LIGA
스페인 라리가

FC Barcelona v Valencia CF - LaLiga EA Sports
스페인 바르셀로나 에스타디 올림픽 류이스 콤파니스에서
FC 바르셀로나 로버트 레반도프스키가 팀의 두번째 골을 넣고 있다.
<2024/04/29, Estadi Olimpic Lluis Companys>

ESTADI OLÍMPIC DE MONTJUÏC
LLUÍS COMPANYS
BARCELONA

SPAIN LA LIGA

'웰컴 음바페' 더 치열해진 왕좌 탈환!

슈퍼스타의 유출이 이어졌던 라리가에 이번 시즌에는 슈퍼스타가 유입됐다. 크리스티아누 호날두, 리오넬 메시에 이어 차세대 축구 간판으로 평가받고 있는 킬리안 음바페가 자신의 '드림팀'인 레알 마드리드로 이적을 확정하며 다시 한번 축구계의 많은 시선을 쏠리게 만들었다. 이적 과정부터 수년이 걸렸다. 음바페는 AS모나코에서 자신의 이름을 알린 뒤 숱한 이적설 속 2017년 파리 생제르맹으로 향했다. 그럼에도 레알은 그를 품기 위해 계속해서 노력했다. 2022년에 이어 지난여름 다시 한번 계약이 만료되는 상황에서 레알은 자체 마감 기간을 두며 강경한 입장을 내놓았고, 긴 협상 끝에 영입을 완료했다. 라리가는 음바페 카드를 통해 다시 한번 글로벌 시장을 공략하고자 한다. 음바페의 합류로 레알은 이어왔던 '갈락티코 정책'에 방점을 찍었다. 에두아르도 카마빙가, 오렐리엥 추아메니, 주드 벨링엄에 이어 음바페가 하얀 유니폼을 입었다. 카를로 안첼로티에게는 최고의 조합을 찾아야 하는 미션이 주어졌지만, 유럽 5대 리그에서 우승 경험을 차지한 경험을 고려할 때 오히려 행복한 고민이다. 지난 시즌에 이어 이번 시즌 2연패와 구단 역사상 첫 트레블까지 노릴 계획이다.

이번 시즌 라리가 3강의 우승 경쟁은 한층 더 치열해질 전망이다. 바르셀로나와 아틀레티코 마드리드는 레알로부터 왕좌를 가져오고자 한다. 바르셀로나는 차비 에르난데스 감독과 결별하고 한지 플릭 감독 체제에서 바르셀로나 DNA를 유지하면서 빠르고 직선적인 공격 전개 색채가 입혀졌다. 유로 2024 우승을 이끈 라민 야말을 비롯해 파우 빅토르, 파우 쿠바르시, 마르크 카사도, 페르민 로페스, 마르크 베르날 등 어린 선수들의 활약이 눈에 띈다. 두 시즌 만에 라리가 우승과 함께 다시 한번 유럽 최정상으로 향하겠다는 각오다.

아틀레티코는 디에고 시메오네 감독과 재계약을 체결했다. 7,000만 유로의 추가 채권 발행과 선수 매각 수익을 더해 막대한 투자를 단행했다. 알바로 모라타, 마리오 에르모소, 멤피스 데파이, 주앙 펠릭스 등이 팀을 떠났지만, 알렉산데르 쇠를로트, 훌리안 알바레스, 코너 갤러거, 로빈 르노르망 등을 영입하며 1억 8,300만 유로를 지출했다. 2020/21 시즌 이후 이어진 무관을 끊어내겠다는 의지다. 챔피언스리그 티켓이 걸린 4위 자리에는 수많은 팀이 경쟁할 예정이다. 지난 시즌의 '돌풍' 지로나를 비롯해 아틀레틱 빌바오, 레알 소시에다드, 레알 베티스, 비야레알, 발렌시아 등이 기회를 엿보고 있다.

TOP SCORER

2023/24 시즌 득점왕 경쟁은 예상 밖이었다. 시즌 초반 레알 마드리드의 주드 벨링엄이 엄청난 기세를 보였고, 바르셀로나의 레반도프스키도 득점포 시동을 걸었다. 그러나 시즌을 치르며 '돌풍' 지로나의 최전방 공격수 아르템 도우비크와 다소 부진했던 팀 성적에도 제 역할을 보여준 알렉산데르 쇠를로트가 득점왕 구도를 형성했다. 190㎝의 장신인 두 선수는 공중볼부터 발밑 가리지 않고 마지막까지 경쟁을 펼쳤다. 득점왕은 마지막 라운드에서 결정됐다. 쇠를로트가 37라운드 레알전 4골을 퍼부으며 선두로 치고 오르는 듯했지만, 도우비크가 38라운드 그라나다전에서 해트트릭으로 순위를 다시 뒤집으며 1골 차로 득점왕을 차지했다.

올 시즌 최대 관심사는 스페인으로 무대를 옮긴 킬리안 음바페다. 이미 득점력에 있어서는 설명할 필요가 없는 선수다. 리그앙에서 득점왕만 6차례 수상했을 정도였다. 레알에서도 그 명성을 이어갈 수 있을지 주목된다. 여기에 지난 시즌에 다소 주춤했던 레반도프스키가 현대 축구 간판 골잡이로서 명예를 회복하고자 한다. 더불어 득점 2위의 쇠를로트가 아틀레티코 마드리드 소속으로 다시 한번 득점왕 경쟁에 불을 지필 전망이다.

TITLE RACE

2023-24시즌 레알 마드리드는 본인들이 왜 강팀인지 보여줬다. 시즌 초반 지로나가 돌풍을 일으키며 선두로 올랐다. 23라운드까지 1패만 기록하며 동화를 꿈꿨다. 그러나 레알은 이를 지켜만 보지 않았다. 순위를 뒤엎으며 추격했고, 6라운드 마드리드 더비 패배 후 32경기 무패를 달리며 우승을 확정했다. 일찌감치 선두 경쟁에서 밀린 바르셀로나는 뒷심을 발휘했다. 막판 지로나를 밀어내고 2위로 올라서며 자존심을 지켰다. 반면에 아틀레티코는 3강 체제 자존심을 지키지 못했다. 끝내 지로나를 끌어내리지 못한 채 4위로 마감했다.

2024/25 시즌에는 라리가 3강 체제가 더욱 확고해질 듯하다. 레알은 새로운 갈락티코, 바르셀로나는 한지 플릭 감독 체제에서 어린 재능들을, 아틀레티코는 막대한 투자를 앞세웠다. 지로나와 같은 팀이 또 등장할지 지켜봐야 한다.

DARK HORSE

레알 마드리드, 바르셀로나, 아틀레티코 마드리드가 만족스러운 여름을 보내며 이번 시즌 라리가 3강 체제는 더욱 확고해질 것으로 보인다. 그렇다면 3팀과 함께 어느 팀이 4강 체제를 이루냐가 주목된다.

이번 시즌 아틀레틱 빌바오가 눈에 띈다. 지난 2022년 에르네스토 발베르데 감독 부임 후 더욱더 단단해진 수비와 묵직한 역습을 통해 재미를 보고 있다. 특히 발베르데 감독과는 세 번째 만남인데, 모두 좋은 추억들이 가득하다. 세 번 모두 성과를 만들었다. 빌바오는 다시 유럽대항전 진출권으로 도약했고, 지난 시즌에는 40년 만에 코파 델 레이 트로피를 들어 올렸다.

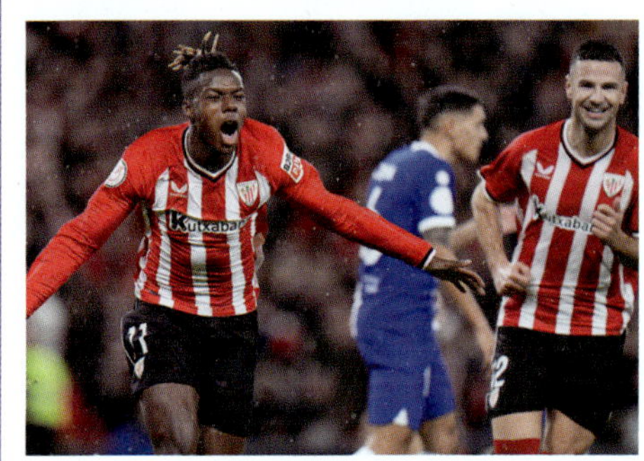

바스크 지방 순수 혈통만 팀에서 뛸 수 있는 독특한 구단 운영에도 꾸준히 걸출한 선수들의 등장과 성과까지 만들며 발베르데 감독과 시너지를 내고 있다. 이번 시즌, 이케르 무니아인, 다니 가르시아, 라울 가르시아 등 아끼는 선수들이 팀을 떠났지만, 핵심 공격수 니코 윌리엄스를 지킨 것이 고무적이다. 니코는 지난여름 유로 2024 스페인 대표팀에서 라민 야말과 '원투펀치'로 활약하며 우승을 이끈 경험까지 더해져 또 한 번의 성장을 이뤘다.

VIEW POINT

이번 시즌 두 가지 눈여겨볼 포인트가 있다. 첫 번째, 라리가 빅3가 강팀다운 모습과 함께 치열한 우승 경쟁을 어떻게 펼쳐나갈지다. 새로운 갈락티코의 레알 마드리드는 카를로 안첼로티 감독 체제에서 2연패와 더불어 구단 첫 트레블에 도전한다. 한지 플릭 감독이 새로 부임한 바르셀로나는 어린 재능들이 실력을 만개해 가고 있고, 이전보다 직선적이고 빠른 전술로 재미를 더하고자 한다. 아틀레티코 마드리드는 대대적인 선수단 개편과 함께 1억 8,000만 유로 이상의 투자로 공격적인 이적시장을 보냈다. 2024/25 시즌부터 챔피언스리그 진출팀이 늘어났고, 스위스 시스템을 채택하며 경기 수가 늘었다. 기존 팀별 10경기에서 이제는 12~13경기를 치러야 한다. 더 빡빡한 일정 속 더 많은 경기를 뛰어야 한다. 선수들의 체력적인 부담과 부상 위험도가 더 높아졌기 때문에 소위 '자이언트 킬링'을 덜 당하는 팀이 리그 선두 경쟁에서 우위를 점할 것으로 예상된다.

두 번째는 지난 시즌 지로나처럼 동화 같은 활약을 펼치는 팀을 눈여겨보는 것이다. 지로나는 시즌 중반까지 우승 경쟁까지 이어가며 프리미어리그의 레스터 시티와 같은 동화적 우승을 꿈꾸기도 했다. 이번 시즌 유럽대항전에 나서는 팀들 외에 하위권 팀들의 반란을 지켜볼 필요가 있다.

1
이적료: **1,110억원**
맨체스터 시티 ◑ 아틀레티코 마드리드

Julián Alvarez
훌리안 알바레스 / 국적: 아르헨티나

2
이적료: **814억원**
RB 라이프치히 ◑ 바르셀로나

Dani Olmo
다니 올모 / 국적: 스페인

3
이적료: **703억원**
팔메이라스 ◑ 레알 마드리드

Endrick
엔드릭 / 국적: 브라질

4
이적료: **621억원**
첼시 ◑ 아틀레티코 마드리드

Conor Gallagher
코너 갤러거 / 국적: 잉글랜드

TRANSFER

지난여름 이적시장에서 라리가는 다시 한번 호재를 맞이했다. 지난 시즌에 스타 선수들이 연이어 이탈했던 반면 이번 시즌에는 킬리안 음바페, 훌리안 알바레스, 다니 올모 등 외부로부터 최정상급 선수들이 합류한 까닭이다.

가장 큰 주목도는 당연히 음바페다. 이제는 축구계 간판스타로 자리한 음바페는 자유계약(FA)으로 레알 마드리드로 이적했다. 그러면서 사이닝 보너스 5,000만 유로와 연봉 1,500만 유로를 보장받으며 슈퍼스타다운 대우도 받았다. 라리가는 음바페의 합류로 새로운 스타 선수를 품게 됐다.

새로운 갈락티코를 출범한 레알이 있다면 막대한 투자로 기대를 만든 팀은 아틀레티코 마드리드다. 기존 선수들을 정리하며 얻은 이적료 수익과 구단주의 7,000만 유로 추가 채권 발행으로 공격적인 투자를 단행했다. 알바레스 영입에 보너스 포함 9,500만 유로, 코너 갤러거에 4,200만 유로, 로빈 르노르망에 3,450만 유로, 알렉산데르 쇠를로트에게 3,200만 유로를 투자하며 총 1억 8,000만 유로 이상을 지출했다. 일카이 귄도안, 아르템 도우비크 등 몇몇 선수들이 외부 무대로 떠났지만, 최고의 선수들이 라리가 무대에 도전장을 내밀어 한껏 기대를 모으고 있다.

5
이적료: **510억원**
레알 소시에다드 ◑ 아틀레티코 마드리드

Robin Le Normand
로빈 르 노르망 / 국적: 프랑스

6
이적료: **473억원**
비야 레알 ◑ 아틀레티코 마드리드

Alexander Sørloth
알렉산더 솔르로스 / 국적: 노르웨이

7
이적료: **296억원**
FC 코펜하겐 ◑ 레알 소시에다드

Orri Óskarsson
오리 오스카르손 / 국적: 아이슬란드

8
이적료: **266억원**
툴루즈 ◑ 비야 레알

Logan Costa
로강 코스타 / 국적: 프랑스

8
이적료: **266억원**
왓포드 ◑ 지로나

Yaser Asprilla
야세르 아스프리야 / 국적: 콜롬비아

10
이적료: **222억원**
S.C. 브라가 ◑ 아틀레틱 빌바오

Álvaro Djaló
알바로 잘로 / 국적: 스페인

REGULATION

라리가는 20개 팀이 홈&어웨이 방식으로 맞대결을 펼친다. 구단별로 38경기를 치러 순위를 정한다. 승리 3점, 무승부 1점, 패배 0점이 기본이다. 가장 높은 승점의 팀이 우승을 차지한다. 만약 승점이 같을 경우 해당 팀끼리 상대 전적을 따진다. 여기서 3팀 이상이 승점이 같다면 해당 팀 간 전적으로 최종 순위를 가린다.

정규 시즌 일정이 모두 끝난 후 최하위 3팀 18~20위 팀은 2부 리그인 라리가2로 강등되고, 라리가2 상위 2팀은 라리가로 승격한다. 그리고 남은 승격 티켓 한 장은 라리가2 3~6위 4팀이 플레이오프를 통해 경쟁한다. 상위권 팀은 유럽대항전에 진출한다. 1~4위 팀은 UEFA 주관 최상위 대회인 챔피언스리그 진출권이 주어진다. 코파 델 레이 우승팀과 5위 팀이 유로파리그, 6위 팀이 컨퍼런스리그로 향한다. 다만 코파 델 레이 우승팀이 챔피언스리그나 유로파리그 출전 자격을 획득했다면 차순위 팀에게 이양된다.

TITLE

2023년부터 라리가는 리브랜딩에 돌입했다. 기존 프리메라리가에서 심플함을 추구하고자 이름, 로고, 선수 마킹 등 다양한 디자인을 변경했다. 그러면서 비디오 게임 제조업체 'EA'와 스폰서십을 맺었다. 1부 리그는 라리가 EA스포츠, 2부 리그는 라리가 하이퍼모션이 공식 명칭이다. 1928년 출범 후 최다 우승팀은 36회의 레알 마드리드다. 그 뒤를 27회 우승의 바르셀로나가 추격 중이다. 양강 구도 밑으로는 아틀레티코 마드리드가 11회, 아틀레틱 빌바오가 8회, 발렌시아가 6회, 레알 소시에다드가 2회, 레알 베티스, 세비야, 데포르티보 라 코루냐가 각 1회씩 우승을 경험했다. 총 9팀이 라리가 챔피언 자리를 경험했다.

STRUCTURE

스페인 프로 축구 리그는 1부 리그의 라리가와 2부 리그인 라리가2가 대표적인 프로 무대다. 라리가는 20개 팀, 라리가2는 22개 팀이 홈&어웨이 방식으로 리그 일정을 소화한다. 1부 리그 최하위 3팀은 강등, 2부 리그 상위 2팀과 승격 플레이오프를 통해 살아남은 3~6팀 중 1팀이 승격한다.

그 밑으로는 세미프로 무대로 통칭한다. 지역별로 진행됐던 3부 리그와 4부 리그는 2021/22 시즌부터 스페인축구협회 1, 2, 3부로 나누어 실질적으로 3부~5부 리그로 재구성됐다. 3부 리그는 40개 팀이 20개 팀씩 2개 그룹으로 나누어 풀리그, 4부 리그는 90개 팀이 18개 팀씩 5개 그룹으로 나누어 풀리그를 치른다. 5부 리그는 총 288개 팀이 16개 팀씩 18개조로 나누어진다. 6부 리그~10부 리그까지는 논프로리그로 지역별 디비전이다. 스페인은 2021년부터 해당 구조를 유지하고 있다.

LEAGUE CHAMPION

시즌	팀명	시즌	팀명	시즌	팀명
1928-1929	바르셀로나	1960-1961	레알 마드리드	1992-1993	바르셀로나
1929-1930	아틀레틱 빌바오	1961-1962	레알 마드리드	1993-1994	바르셀로나
1930-1931	아틀레틱 빌바오	1962-1963	레알 마드리드	1994-1995	레알 마드리드
1931-1932	레알 마드리드	1963-1964	레알 마드리드	1995-1996	아틀레티코 마드리드
1932-1933	레알 마드리드	1964-1965	레알 마드리드	1996-1997	레알 마드리드
1933-1934	아틀레틱 빌바오	1965-1966	아틀레티코 마드리드	1997-1998	바르셀로나
1934-1935	레알 베티스	1966-1967	레알 마드리드	1998-1999	바르셀로나
1935-1936	이틀레틱 빌바오	1967-1968	레알 마드리드	1999-2000	데포르티보
1936-1937	중단(스페인 내전)	1968-1969	레알 마드리드	2000-2001	레알 마드리드
1937-1938	중단(스페인 내전)	1969-1970	아틀레티코 마드리드	2001-2002	발렌시아
1938-1939	중단(스페인 내전)	1970-1971	발렌시아	2002-2003	레알 마드리드
1939-1940	아틀레티코 마드리드	1971-1972	레알 마드리드	2003-2004	발렌시아
1940-1941	아틀레티코 마드리드	1972-1973	아틀레티코 마드리드	2004-2005	바르셀로나
1941-1942	발렌시아	1973-1974	바르셀로나	2005-2006	바르셀로나
1942-1943	아틀레틱 빌바오	1974-1975	레알 마드리드	2006-2007	레알 마드리드
1943-1944	발렌시아	1975-1976	레알 마드리드	2007-2008	레알 마드리드
1944-1945	바르셀로나	1976-1977	아틀레티코 마드리드	2008-2009	바르셀로나
1945-1946	세비야	1977-1978	레알 마드리드	2009-2010	바르셀로나
1946-1947	발렌시아	1978-1979	레알 마드리드	2010-2011	바르셀로나
1947-1948	바르셀로나	1979-1980	레알 마드리드	2011-2012	레알 마드리드
1948-1949	바르셀로나	1980-1981	레알 소시에다드	2012-2013	바르셀로나
1949-1950	아틀레티코 마드리드	1981-1982	레알 소시에다드	2013-2014	아틀레티코 마드리드
1950-1951	아틀레티코 마드리드	1982-1983	아틀레틱 빌바오	2014-2015	바르셀로나
1951-1952	바르셀로나	1983-1984	아틀레틱 빌바오	2015-2016	바르셀로나
1952-1953	바르셀로나	1984-1985	바르셀로나	2016-2017	레알 마드리드
1953-1954	레알 마드리드	1985-1986	레알 마드리드	2017-2018	바르셀로나
1954-1955	레알 마드리드	1986-1987	레알 마드리드	2018-2019	바르셀로나
1955-1956	아틀레틱 빌바오	1987-1988	레알 마드리드	2019-2020	레알 마드리드
1956-1957	레알 마드리드	1988-1989	레알 마드리드	2020-2021	아틀레티코 마드리드
1957-1958	레알 마드리드	1989-1990	레알 마드리드	2021-2022	레알 마드리드
1958-1959	바르셀로나	1990-1991	바르셀로나	2022-2023	바르셀로나
1959-1960	바르셀로나	1991-1992	바르셀로나	2023-2024	레알 마드리드

TITLE

LEAGUE	
REAL MADRID	36
BARCELONA	27
ATLETICO MADRID	11
ATHLETIC BILBAO	8
VALENCIA	6

TOP SCORER

시즌	득점	선수명
2023-2024	24	아르템 도우비크
2022-2023	23	로베르트 레반도프스키
2021-2022	27	카림 벤제마
2020-2021	30	리오넬 메시
2019-2020	25	리오넬 메시
2018-2019	36	리오넬 메시
2017-2018	34	리오넬 메시
2016-2017	39	리오넬 메시
2015-2016	40	루이스 수아레스
2014-2015	48	크리스티아누 호날두
2013-2014	31	크리스티아누 호날두
2012-2013	46	리오넬 메시
2011-2012	50	리오넬 메시
2010-2011	40	크리스티아누 호날두
2009-2010	34	리오넬 메시
2008-2009	32	디에고 포를란
2007-2008	27	다니엘 구이사
2006-2007	25	루드 판 니스텔로이
2005~2006	26	사무엘 에투
2004-2005	25	디에고 포를란
2003~2004	24	호나우드

2023-2024 시즌 라리가 최종 순위

순위	팀	승점	경기	승	무	패	득	실	득실차	비고
1	레알 마드리드	91	38	29	8	1	87	26	61	챔피언스리그 진출
2	바르셀로나	89	38	26	7	5	79	44	35	챔피언스리그 진출
3	지로나	82	38	25	6	7	85	46	39	챔피언스리그 진출
4	아틀레티코 마드리드	68	38	24	4	10	70	43	27	챔피언스리그 진출
5	아틀레틱 빌바오	66	38	19	11	8	61	37	24	유로파리그 진출
6	레알 소시에다드	63	38	16	12	10	51	39	12	유로파리그 진출
7	레알 베티스	60	38	14	15	9	48	45	3	
8	비야레알	60	38	14	11	13	65	65	0	
9	발렌시아	52	38	13	10	15	40	45	-5	
10	알라베스	49	38	12	10	16	36	46	-10	
11	오사수나	48	38	12	9	17	45	56	-11	
12	헤타페	48	38	10	13	15	42	54	-12	
13	셀타 비고	47	38	10	11	17	46	57	-11	
14	세비야	46	38	10	11	17	48	54	-6	
15	마요르카	40	38	8	16	14	33	44	-11	
16	라스팔마스	39	38	10	10	18	33	47	-14	
17	라요 바예카노	32	38	8	14	16	29	48	-19	
18	카디스	26	38	6	15	17	26	55	-29	라리가2로 강등
19	알메리아	24	38	3	6	23	43	75	-32	라리가2로 강등
20	그라나다	16	38	4	9	25	38	79	-41	라리가2로 강등

2023-2024 시즌 라리가 득점 순위

순위	득점	이름	국적	당시 소속팀
1	24	아르템 도우비크	우크라이나	지로나
2	23	알렉산데르 쇨로트	노르웨이	비야레알
3	19	주드 벨링엄	잉글랜드	레알 마드리드
3	19	로베르트 레반도프스키	폴란드	바르셀로나
5	17	안테 부디미르	크로아티아	오사수나
6	16	앙투안 그리즈만	프랑스	아틀레티코 마드리드
7	16	유세프 엔네시리	모로코	세비야
8	15	보르하 마요랄	스페인	헤타페
8	15	알바로 모라타	스페인	아틀레티코 마드리드
8	15	비니시우스 주니오르	브라질	레알 마드리드

2023-2024 시즌 라리가 도움 순위

순위	도움	이름	국적	당시 소속팀
1	14	알렉스 바에나	스페인	비야레알
2	11	니코 윌리암스	스페인	아틀레틱 빌바오
3	10	샤비우	브라질	지로나
3	10	이아고 아스파스	스페인	셀타 비고
5	9	일카이 귄도안	독일	바르셀로나
5	9	하피냐	브라질	바르셀로나
7	8	얀 코투	브라질	지로나
7	8	아르템 도우비크	우크라이나	지로나
7	8	토니 크로스	독일	레알 마드리드
7	8	로베르트 레반도프스키	폴란드	바르셀로나

2023-2024 시즌 라리가2 최종 순위

순위	팀	승점	경기	승	무	패	득	실	득실차	비고
1	레가네스	74	42	20	14	8	14	8	56	승격
2	레알 바야돌리드	72	42	21	9	12	9	12	51	승격
3	에이바르	71	42	21	8	13	8	13	72	
4	에스파뇰	69	42	17	18	7	18	7	59	승격
5	스포츠 드 히혼	65	42	18	11	13	11	13	51	
6	레알 오비에도	64	42	17	13	12	13	12	55	
7	라싱 산탄데르	64	42	18	10	14	10	14	63	
8	레반테 UD	59	42	13	20	9	20	9	49	
9	부르고스	59	42	16	11	15	11	15	52	
10	라싱 더 페럴	59	42	15	14	13	14	13	49	
11	엘체	59	42	16	11	15	11	15	43	
12	테네리페	56	42	15	11	16	11	16	38	
13	알바세테 발로 파이	51	42	12	15	15	15	15	50	
14	카르타헤나	51	42	14	9	19	9	19	37	
15	레알 사라고사	51	42	12	15	15	15	15	42	
16	엘덴세	50	42	12	14	16	14	16	46	
17	SD 우에스카	49	42	11	16	15	16	15	36	
18	미란데스	49	42	12	13	17	13	17	47	
19	SD 아모레비에타	45	42	11	12	19	12	19	37	강등
20	AD 알코르콘	44	42	10	14	18	14	18	32	강등
21	안도라	43	42	11	10	21	10	21	33	강등
22	비야레알 II	43	42	11	10	21	10	21	41	강등

CHAMPION

레알 마드리드의 한 해였다. 리그에서 지로나의 돌풍을 잠재우며 우승을 차지했고, 챔피언스리그에서는 8강 맨체스터 시티, 4강 바이에른 뮌헨, 결승에서 도르트문트를 꺾고 2년 만에 빅이어를 되찾았다.

LEAGUE CHAMPION

REAL MADRID

바르셀로나로 넘어갔던 챔피언 자리를 다시 스페인 수도 마드리드로 가져왔다. 그러면서 통산 우승 36회로 바르셀로나(통산 우승 27회)와의 격차를 다시 벌렸다. 역대급 시즌이었다. 38경기를 치르며 29승 8무 1패(승점 95)를 기록했다. 비록 최다 승점 기록은 아니었지만 동화 우승을 노리던 지로나의 기세를 꺾었다. 6라운드 아틀레티코전 패배 후 32경기 무패를 달렸다. 특히 후반기에 리그 9연승을 질주하며 빠르게 우승을 확정했다. 카림 벤제마의 이탈로 최전방 공격수 자리에 고민이 많았으나, 새로 합류한 주드 벨링엄이 해결사로 떠오르며 2020년대 들어 3번째 우승을 거머쥐었다.

EUROPEAN CUP

CHAMPIONS LEAGUE(전신포함)		EUROPA LEAGUE(전신포함)	
REAL MADRID	15회	SEVILLA FC	7회
FC BARCELONA	5회	ATLETICO MADRID	3회
		REAL MADRID	2회
		VALENCIA CF	1회
		VILLAREAL CF	1회

CUP CHAMPION

COPA DEL REY

ATHLETIC CLUB BILBAO

FINAL

ATHLETIC CLUB BILBAO 1-1(4-2) RCD MALLORCA

아틀레틱 빌바오가 이변을 만들었다. 8강에서 바르셀로나, 4강에서 아틀레티코 마드리드를 꺾고 결승에 올랐다. 지로나, 레알 소시에다를 쓰러뜨리고 올라온 마요르카와는 승부차기 접전 끝에 훌렌 아기레사발라의 선방 쇼를 앞세워 1984년 이후 40년 만에 역사적인 성과를 이뤘다.

SUPER COPA de ESPANA

REAL MADRID

FINAL

REAL MADRID 4-1 BARCELONA

라리가 우승 바르셀로나, 준우승 자격 아틀레티코 마드리드(3위)와 코파 델 레이 우승 레알 마드리드, 준우승 오사수나가 참가했다. 레알이 아틀레티코와 연장 끝에 결승에 올랐고, 바르셀로나가 오사수나를 2-0으로 꺾었다. 엘클라시코로 열린 결승전은 레알이 비니시우스의 해트트릭을 앞세워 4-1 대승을 거두며 13번째 우승을 차지했다.

레알 마드리드
Real Madrid

TEAM PROFILE

창 립	1902년
구 단 주	플로렌티노 페레스(스페인)
감 독	카를로 안첼로티(이탈리아)
연 고 지	마드리드
홈 구 장	산티아고 베르나베우 스타디움 (8만 5,000명)
라 이 벌	FC 바르셀로나, 아틀레티코 마드리드
홈페이지	www.realmadrid.com

최근 5시즌 성적

시즌	순위	승점
2019-2020	1위	87점(26승9무3패, 70득점 25실점)
2020-2021	2위	84점(25승9무4패, 67득점 28실점)
2021-2022	1위	86점(26승8무4패, 80득점 31실점)
2022-2023	2위	78점(24승6무8패, 75득점 36실점)
2023-2024	1위	95점(29승8무1패, 87득점 26실점)

LA LIGA

통 산	우승 36회
23-24 시즌	1위(29승8무1패, 승점 95점)

COPA DEL REY

통 산	우승 20회
23-24 시즌	16강

UEFA

통 산	챔피언스리그 우승 15회 / 유로파리그 우승 2회
23-24 시즌	챔피언스리그 우승

경기 일정

라운드	날짜	장소	상대팀
1	2024.08.18	원정	RCD 마요르카
2	2024.08.26	홈	레알 바야돌리드 CF
3	2024.08.30	원정	UD 라스팔마스
4	2024.09.02	홈	레알 베티스 발롬피에
5	2024.09.16	원정	레알 소시에다드
6	2024.09.23	홈	RCD 에스파뇰
7	2024.09.26	홈	데포르티보 알라베스
8	2024.09.30	원정	아틀레티코 마드리드
9	2024.10.07	홈	비야레알 CF
10	2024.10.21	원정	RC 셀타 데 비고
11	2024.10.28	홈	FC 바르셀로나
12	2024.11.04	원정	발렌시아 CF
13	2024.11.11	홈	CA 오사수나
14	2024.11.25	원정	CD 레가네스
15	2024.12.02	홈	헤타페 CF
16	2024.12.09	원정	지로나
17	2024.12.16	원정	라요 바예카노
18	2024.12.23	홈	세비야
19	2025.01.12	원정	아틀레틱 빌바오
20	2025.01.20	홈	UD 라스팔마스
21	2025.01.27	원정	레알 바야돌리드 CF
22	2025.02.03	원정	RCD 에스파뇰
23	2025.02.10	홈	아틀레티코 마드리드
24	2025.02.17	원정	CA 오사수나
25	2025.02.24	홈	지로나
26	2025.03.03	원정	레알 베티스 발롬피에
27	2025.03.10	홈	라요 바예카노
28	2025.03.17	원정	비야레알 CF
29	2025.03.31	홈	CD 레가네스
30	2025.04.07	홈	발렌시아 CF
31	2025.04.14	원정	데포르티보 알라베스
32	2025.04.21	홈	아틀레틱 빌바오
33	2025.04.24	원정	헤타페 CF
34	2025.05.05	홈	RC 셀타 데 비고
35	2025.05.12	원정	FC 바르셀로나
36	2025.05.15	홈	RCD 마요르카
37	2025.05.19	원정	세비야
38	2025.05.26	홈	레알 소시에다드

전력분석 슈퍼스타 음바페의 합류와 무르익는 젊은 스쿼드

레알 마드리드는 오랜 시간 공을 들였던 킬리안 음바페 영입을 확정했다. 그것도 FA로 이적료 없이 말이다. 이로 인해 레알 마드리드는 지난 2018년 크리스티아노 호날두가 떠난 후 6년 만에 다시 한번 축구계의 간판 스타를 품었다. 음바페의 합류로 레알 마드리드는 비니시우스 주니오르, 호드리구로 이어지는 공격진을 구축하게 됐다. 상대 수비를 무너뜨리는 폭발적인 속도를 가진 세 선수의 공격 조합이 흥미롭다. 여기에 최전방에는 호셀루가 떠났지만 2006년생 엔드릭이 이적을 확정했다. 브라질의 파우메이라스에서 활약했던 어린 재능의 합류로 '제2의 호나우두'를 꿈꾸고자 한다. 중원의 변화도 있다. 토니 크로스가 지난 시즌을 끝으로 은퇴를 선언했다. 등번호 8번은 페데리코 발베르데에게 돌아갔다. 발베르데를 비롯해 오렐리엥 추아메니, 에두아르도 카마빙가, 주드 벨링엄, 아르다 귈레르 등 어린 선수들이 이제 팀의 엔진 역할을 맡는다. 여기에 여전히 루카 모드리치가 자신의 경험을 바탕으로 어린 선수들의 성장을 돕고자 한다. 수비에서는 원맨팀 나초 페르난데스가 이적했다. 23년 동안 레알 맨이었던 나초다. 수비 전 포지션에서 활약하며 궂은일을 마다하지 않았다. 레알 마드리드는 수비 보강을 원했지만 레니 요로는 맨체스터 유나이티드로 향했고 추가 보강은 이뤄지지 않았다. 임대 복귀한 헤수스 바예호의 성장에 기대를 걸고 있다.

전술분석 최적의 선수 배치를 찾아라… 과포화된 왼쪽

카를로 안첼로티 레알 마드리드 감독은 지난 시즌 카림 벤제마의 공백 속 주드 벨링엄에게 많은 자유를 부여함과 동시에 비니시우스와 호드리구로 이어지는 투톱을 기용했다. 정통 공격수 없이 한 시즌을 보내며 라리가, 유럽축구연맹(UEFA) 챔피언스리그 우승을 차지했다. 교체로는 에스파뇰에서 늦은 나이에 자신의 실력을 과시한 호셀루가 조커로 임무를 다했다. 그러나 호셀루는 지난여름 카타르 알 가라파로 이적했다. 정통 공격수로 볼 수 있는 선수는 첫 시즌을 보낼 17세 엔드릭 뿐이다. 그동안 전술적 유연함을 보여준 안첼로티 감독이 음바페가 합류한 공격진을 어떻게 편성할지 주목된다. 음바페의 합류로 비니시우스, 호드리구로 이어지는 최고의 속도를 자랑하는 공격진을 구축했지만, 최적의 자리를 찾아야 한다. 세 선수 모두 좌측면이 편하다. 최전방에 음바페, 우측에 호드리구가 나오고 있지만 시즌을 치르며 바뀔 가능성이 높다. 팀의 밸런스를 찾아가기 위해 우측면에 호드리구를 대신해 페데리코 발베르데, 브라힘 디아스, 아르다 귈레르 등이 나설 수 있다.

Real Madrid CF v Deportivo Alaves - LaLiga EA Sports
레알 마드리드와 데포르티보 알라베스와의 경기에서
레알의 주드 베링엄이 팀 첫번째 공을 넣고 있다.
<2024/05/14, Estadio Santiago Bernabeu>

갈락티코 3기의 서막과 트레블을 위한 항해

플로렌티노 페레스 회장의 부임 기간 동안 레알 마드리드는 최고의 선수를 영입해 스타 군단을 꾸리는 '갈락티코' 정책을 이어가고 있다. 호나우두 라자리우, 루이스 피구, 데이비드 베컴, 지네딘 지단의 1기, 크리스티아누 호날두, 카림 벤제마, 가레스 베일의 2기를 지나 음바페를 필두로 3기의 서막을 알린다.

이미 세계 최정상급 선수들이 포진한 가운데 음바페의 합류가 방점을 찍었다고 해도 과언이 아니다. 이미 유럽축구 최정상에 선 레알 마드리드는 왕좌의 자리를 더욱더 굳히고자 나선다. 지난 2021년 안첼로티 감독의 부임 후 매 시즌 트로피를 들어 올린 레알 마드리드다. 최근 3년 동안 레알 마드리드는 챔피언스리그 2회, 라리가 2회, 수페르코파 2회, 코파 델 레이 1회, 클럽월드컵 1회, 슈퍼컵 1회 등 9번의 우승을 차지한 바 있다.

다만 아직 축구계 최고의 업적이라 평가받는 트레블이 없다. 축구계 트레블을 달성한 팀은 역대 8팀이다. 라이벌 바르셀로나, 바이에른 뮌헨이 2회를 기록했고, 가장 최근에는 2022/23 시즌 맨체스터 시티가 역사를 써 내렸다. 라리가 최다 우승(36회), 챔피언스리그 최다 우승(15회)이라는 엄청난 기록을 보유한 레알 마드리드에게는 여전히 성취하고 싶은 목표다. 지난 시즌 레알 마드리드는 챔피언스리그, 라리가와 함께 슈퍼컵 개념의 수페르코파 에스파냐에서 우승을 차지했다. 3개의 트로피를 들어 올렸지만 FA컵 개념의 코파 델 레이에서는 탈락했다. 아쉬움이 없지 않다. 이에 따라 이번 시즌에는 리그 연패와 함께 트레블에 다시 도전한다. 안첼로티 감독에게는 충분히 힘을 실어주고 있다. 지난해 2026년 여름까지 재계약을 체결했고, 지난여름에는 음바페를 영입해 최정상 중 최정상의 전력을 구축했다. 명단만 지켜봐도 입이 벌어지는 스쿼드를 앞세운 레알 마드리드가 이번 시즌에는 최고의 대업을 달성할 수 있을지 주목된다.

TEAM FORMATION

IN & OUT

주요 영입	주요 방출
엔드릭, 킬리안 음바페, 헤수스 바예호	라파 마린, 후안미 라타사, 나초 페르난데스, 호셀루, 토니 크로스, 케파 아리사발라가, 헤이니에르, 알바로 로드리게스

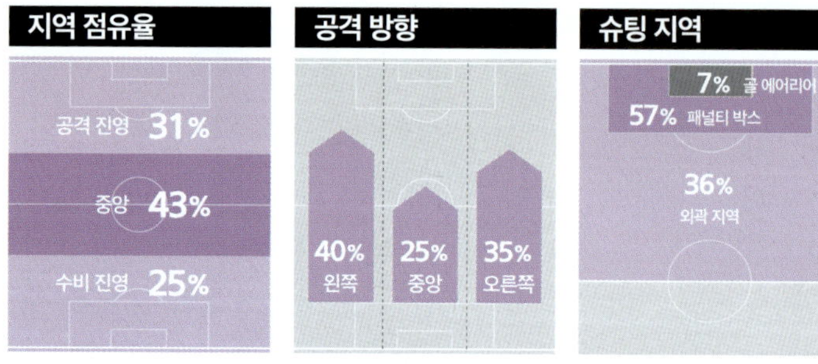

TEAM RATINGS

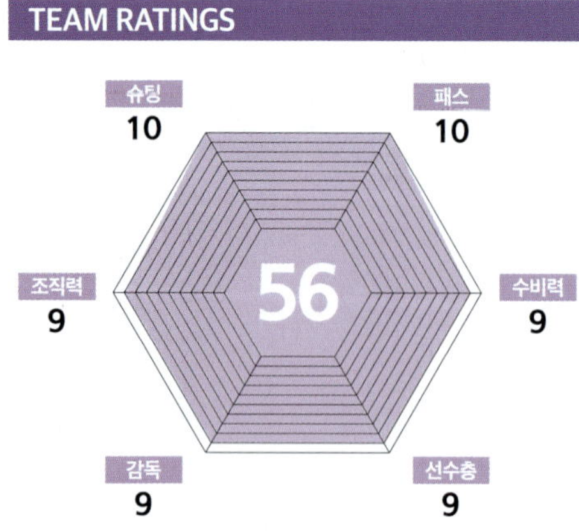

2023/24 프로필	
팀 득점	87
평균 볼 점유율	59.30%
패스 정확도	90.10%
평균 슈팅 수	15.7
경고	67
퇴장	4

골 타입 (단위 (%))

오픈 플레이	75
세트 피스	11
카운터 어택	9
패널티 킥	2
자책골	2

패스 타입 (단위 (%))

쇼트 패스	90
롱 패스	7
크로스 패스	3
스루 패스	0

SQUAD

포지션	등번호	이름		생년월일	키(cm)	체중(kg)	국적
GK	1	티보 쿠르투아	Thibaut Courtois	1992.05.11	200	96	벨기에
	13	안드리 루닌	Andriy Lunin	1999.02.11	191	80	우크라이나
DF	2	다니 카르바할	Daniel Carvajal	1992.01.11	173	73.5	스페인
	3	에데르 밀리탕	Éder Militão	1998.01.18	186	78	브라질
	4	다비드 알라바	David Alaba	1992.06.24	180	78	오스트리아
	17	루카스 바스케스	Lucas Vázquez	1991.07.01	173	70.5	스페인
	18	헤수스 바예호	Jesús Vallejo	1997.01.05	184	79	스페인
	20	프란 가르시아	Fran García	1999.08.14	169	63	스페인
	22	안토니오 뤼디거	Antonio Rüdiger	1993.03.03	190	86	독일
	23	페를랑 멘디	Ferland Mendy	1995.06.08	180	73	프랑스
MF	5	주드 벨링엄	Jude Bellingham	2003.06.29	186	75	잉글랜드
	6	에두아르도 카마빙가	Eduardo Camavinga	2022.11.10	185	77	프랑스
	8	페데리코 발베르데	Federico Valverde	1998.07.22	182	78	우루과이
	10	루카 모드리치	Luck Modric	1985.09.09	172	66.2	크로아티아
	14	오렐리앵 추아메니	Aurélien Tchouaméni	2000.01.27	187	81	프랑스
	19	다니 세바요스	Dani Ceballos	1996.08.07	179	70.5	스페인
	21	브라힘 디아스	Brahim Díaz	1999.08.03	170	68	모로코
FW	7	비니시우스 주니오르	Vinicius Junior	2000.07.12	176	73	브라질
	9	킬리안 음바페	Kylian Mbappé	1998.12.20	178	75	프랑스
	11	호드리구 고에스	Rodrygo	2001.01.09	174	64	브라질
	15	아르다 굴러	Arda Güler	2005.02.25	175	70	튀르키에
	16	엔드릭	Endrick	2006.07.21	173	67	브라질

COACH

카를로 안첼로티 *Carlos Ancelotti*

1959년 6월 10일생 이탈리아

현대축구 최고의 덕장이다. 수많은 지략가가 등장하고 있지만 안첼로티는 유연함을 보여주며 세계 최정상 팀들을 이끌고 있다. 안첼로티는 선수들의 강점을 최대한 이끌어 내는 모습을 보여주는 감독이다. 지난 시즌만 봐도 최전방 공격수의 부재에도 불구하고 비니시우스, 벨링엄, 호드리구로 이어지는 공격진을 꾸려 유럽축구를 제패했다. 빼어난 용인술과 선수 관리 측면에서 최고의 모습을 보여 주는 감독이다. 유럽 역사상 5대 리그(잉글랜드, 스페인, 이탈리아, 독일, 프랑스)에서 모두 우승한 최초의 감독이다.

상대팀 최근 6경기 전적			
구분	승	무	패
레알 마드리드			
바르셀로나	4		2
지로나	3	1	2
아틀레티코 마드리드	2	2	2
아틀레틱 빌바오	4	1	1
레알 소시에다드	4	1	1
레알 베티스	2	4	
비야레알	2	2	2
발렌시아	4	1	1
데포르티보 알라베스	5		1
오사수나	5	1	
헤타페	5		1
셀타 비고	6		
세비야	5	1	
마요르카	5		1
라스 팔마스	4	2	
라요 바예카노	3	2	1
레가네스	3	2	1
레알 바야돌리드	5	1	
에스파놀	5		1

KEY PLAYER

		주드 벨링엄 **Jude Bellingham**	출전경기	경기시간(분)	골	어시스트	경고	퇴장
MF	5		28	2,324	19	6	5	1

국적: 잉글랜드

1억 300만 유로라는 거액의 이적료가 전혀 아깝지 않은 활약이었다. 2003년생인 벨링엄은 지난 시즌 세계적인 선수로 발돋움했다. 자신의 가치를 직접 입증했다. 42경기 23골 13도움을 터뜨리며 레알 마드리드의 에이스로 입지를 굳혔다. 등번호 5번과 경기 흐름을 뒤바꾸는 능력, 빠른 속도와 유연한 드리블 등 과거 지네딘 지단을 충분히 연상케 만들었다. 단점이 없는 육각형 미드필더 벨링엄은 지난 시즌 안첼로티 감독 체제에서 가짜 공격수로 주로 활약했다. 이번 시즌에는 음바페의 합류로 본래 자리인 중앙 미드필더로 나설 예정이다.

DARK HORSE

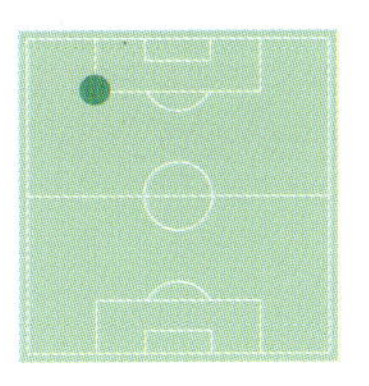

		비니시우스 주니오르 **Vinicius Junior**	출전경기	경기시간(분)	골	어시스트	경고	퇴장
FW	7		26	1,875	15	5	7	–

국적: 브라질

다크호스란 말이 어울리지 않는 선수다. 2018년 레알 마드리드 합류 후 비니시우스에게는 크고 작은 비판이 뒤따랐다. 하지만 안첼로티 감독 체제에서 약점으로 평가받던 결정력을 보완하며 현존 최고의 좌측 윙어로 자리매김했다. 안첼로티 감독 부임 첫 시즌이었던 2021/22 시즌에 22골 20도움, 2022/23 시즌에 23골 21도움, 지난 시즌엔 24골 11도움을 기록 중이다. 하지만 굴러온 돌로 인해 박힌 돌이 빠질 위기에 놓였다. 지난 시즌에는 벨링엄이, 이번 시즌에는 음바페가 기존 에이스 자리를 위협하고 있다.

NEW ADDITION

		킬리안 음바페 **Kylian Mbappe**	출전경기	경기시간(분)	골	어시스트	경고	퇴장
FW	9		29	2,160	27	7	4	–

국적: 프랑스

이적료 없이 레알 마드리드 유니폼을 입었다. 1,500만 유로의 연봉과 1억 5,000만 유로의 계약 보너스는 음바페를 향한 레알 마드리드의 기대치를 반영한다. 개인 커리어에서도 새로운 도전이다. 2018년, 어린 나이에 월드컵 우승 타이틀을 거머쥔 뒤 리그, 리그컵, FA컵 등 모든 트로피를 모두 휩쓸었지만, 아직 챔피언스리그 우승이 없다. 드림 클럽인 레알로 이적한 이유 또한 챔피언스리그 우승에 대한 열망이 커서다. 세계 최정상 팀에서 세계 최정상에 오른 선수가 시너지를 내고자 한다.

SPAIN LA LIGA

REAL MADRID

GK 1 티보 쿠르투아
Thibaut Courtois

국적: 벨기에

지난 시즌 레알 마드리드에서 십자인대 부상 악몽을 겪은 선수 중 한 명이다. 시즌 초반부터 장기 부상으로 지난해 3월이 되어야 그라운드에 복귀할 수 있었다. 매 경기 엄청난 반사신경을 앞세운 수문장인 쿠르투아는 복귀 후 경기력에 대한 걱정이 뒤따랐지만 곧바로 자신의 기량을 보여주었다. 지난 시즌에 안드리 루닌을 밀어내고 챔피언스리그 결승전 선발로 나서며 팀의 우승을 견인했다.

출전경기	경기시간(분)	실점	무실점(경기)	경고	퇴장
4	333	–	4	–	–

GK 13 안드리 루닌
Andriy Lunin

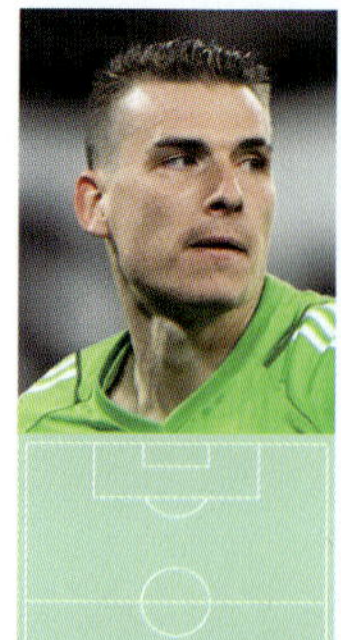

국적: 우크라이나

자국 우크라이나에서 유스 시절을 보냈다. 이후 우크라이나 프로리그에서 성장한 그는 2018년 레알 마드리드 이적 후 임대를 통해 경험을 쌓은 뒤 2020/2021 시즌부터 팀의 백업으로 활약했다. 쿠르투아가 2023/24 시즌 장기 부상으로 인해 케파 아리사발라가 첼시로부터 임대 영입됐지만, 그 자리를 밀어내고 선발 자리를 꿰찼다. 챔피언스리그 4강까지 엄청난 활약을 보여줬고 31경기 중 12 무실점 기록을 세웠다.

출전경기	경기시간(분)	실점	무실점(경기)	경고	퇴장
21	1,890	17	10	2	–

DF 2 다니 카르바할
Dani Carvajal

국적: 스페인

여전히 최고의 우측 수비수다. 잦은 부상으로 커리어의 하향곡선을 그렸지만, 최근에는 베테랑으로서 제 역할 이상의 모습을 보여주고 있다. 안정된 공격과 수비의 밸런스, 빌드업 능력, 날카로운 크로스 등 건재함을 보여주는 선수이다. 2013년 레알 마드리드에 들어온 뒤 챔피언스리그 3연패를 비롯해 25번의 트로피를 들어올렸다. 30대가 넘은 나이에도 여전히 건재함을 보여주며 붙박이 주전으로 나서고 있다.

출전경기	경기시간(분)	골	어시스트	경고	퇴장
28	2,177	4	3	3	1

DF 3 에데르 밀리탕
Eder Militao

국적: 브라질

186㎝의 크지 않은 신장에도 엄청난 공중볼 장악력, 빠른 발과 우측 풀백과 중앙 수비를 오갈 수 있는 멀티 능력까지 가진 손에 꼽는 수비수다. 1998년생으로 아직 전성기를 향해 달려가는 나이다. 2017년 상파울루에서 데뷔한 밀리탕은 FC 포르투를 거쳐 3년 만에 정상급 수비수가 됐다. 다만, 지난 시즌에는 레알 마드리드의 장기 부상 선수 중 한 명이었다. 새 시즌에 다시 경기력을 끌어 올려야 한다.

출전경기	경기시간(분)	골	어시스트	경고	퇴장
10	497	–	–	–	–

DF 4 데이비드 알라바
David Alaba

국적: 오스트리아

최고의 수비수다. 30대가 넘은, 팀의 베테랑이다. 비록 레알 마드리드보다는 바이에른 뮌헨 시절의 활약이 더 주목받지만, 세르히오 라모스가 떠난 2021년에 팀에 합류해 리더로 활약하고 있다. 좌측과 중앙 수비를 오가는 멀티성, 전술 이해도, 정교한 완발 킥 능력 등 수없이 많은 장점을 가진 월드클래스다. 지난 시즌, 알라바 또한 장기 부상이었다. 이번 시즌에 회복한 모습과 함께 제 기량을 보여줘야 한다.

출전경기	경기시간(분)	골	어시스트	경고	퇴장
14	1,841	1	3	3	–

DF 17 루카스 바스케스
Lucas Vazquez

국적: 스페인

이제는 수비수로서 입지를 다지고 있다. 카스티야에서 공격수로 성장했던 바스케스는 본격적인 풀백 전향 후 왕성한 활동량을 보였고, 수비력도 점차 발전했다. 2023/24 시즌 경기당 평균 1.7회 태클 성공과 키패스 1회로, 공격과 수비 모두에서 좋은 활약을 보였다. 바스케스는 주로 백업 멤버로 활약했다. 주전 카르바할이 경기에 나서지 못할 때 빈 자리를 제대로 채우는 모습을 보여줬다.

출전경기	경기시간(분)	골	어시스트	경고	퇴장
29	1,412	3	6	–	–

DF 18 헤수스 바예호
Jesus Vallejo

국적: 스페인

레알 팬들의 기다림이 계속되고 있다. 2015년, 10대 나이로 레알에 입단한 바예호는 크지 않은 신장에도 어린 나이부터 잠재력을 보여줬다. 안정된 빌드업 능력으로 라모스의 후계자가 될 것으로 기대를 받은 선수다. 입단 초반부터 임대를 통해 경험을 쌓아온 바예호는 지난 시즌까지 임대 생활을 했다. 2021년에 그라나다 임대 복귀 후 팀에 자리를 잡는 듯했지만, 2023/24 시즌에도 그라나다로 임대를 떠나야 했다.

출전경기	경기시간(분)	골	어시스트	경고	퇴장
3	106	–	–	–	1

DF 22 안토니오 뤼디거
Antonio Rudiger

국적: 독일

상대를 무시하는 듯한 기행으로 비판을 받기도 하지만 현대축구가 요구하는 모든 능력을 갖춘 중앙 수비수다. 빠른 속도, 넓은 활동량, 안정된 양발 패스, 볼 경합 능력과 더불어 공격 가담 능력까지 갖췄다. 2023/24 시즌 큰 부상 없이 다수의 경기에 나서며 팀의 수비를 책임졌다고 해도 과언이 아니다. 슈투트가르트, AS 로마, 첼시를 거친 뤼디거는 2022년 레알 이적 후 곧바로 팀 수비의 핵심으로 자리 잡았다.

출전경기	경기시간(분)	골	어시스트	경고	퇴장
33	2,708	1	–	7	–

DF 23 페를랑 멘디
Ferlan Mendy

국적: 프랑스

리그앙 최우수 레프트백 출신 멘디는 공수 양면에 걸쳐 좋은 활약을 보여줄 수 있다. 그러나 2019년 레알 입단 후 크고 작은 부상이 발목을 잡으며 입지를 완벽하게 다지지 못했다. 미드필더인 카마빙가가 오히려 좌측 수비 자리에서 인상을 남기기도 했다. 계속해서 몸 관리에 신경을 쓴 멘디는 2023/24 시즌 큰 부상 없이 제 자리를 지켰고, 팀 내 주전 경쟁에 다시 청신호를 켜고 있다.

출전경기	경기시간(분)	골	어시스트	경고	퇴장
23	1,727	–	–	5	–

MF 6 에두아르도 카마빙가
Eduardo Camavinga

국적: 프랑스

카마빙가는 23년 동안 레알 마드리드를 지켰던 나초의 6번을 이어받았다. 2002년생인 카마빙가는 프랑스 무대에서 두각을 보인 후 2021년에 레알에 입단했다. 지난 두 시즌 동안 선발과 백업을 오가는 활약을 보여줬고, 좌측 수비수가 부재 시에는 본래 포지션이 아님에도 팀을 위해 헌신하는 모습을 보여줬다. 어린 나이답지 않은 침착함과 왕성한 활동 범위, 안정된 수비력에 전진성까지 보유하고 있다.

출전경기	경기시간(분)	골	어시스트	경고	퇴장
31	1,826	–	2	9	–

MF 8 페데리코 발베르데
Federico Valverde

국적: 우루과이

이제 레알 마드리드 새로운 8번의 주인공이다. 이미 팀의 핵심 중 핵심인 발베르데는 대체 불가 자원이라고 해도 과언이 아니다. 빠른 발, 정확한 킥, 과감한 전진성 등 육각형 미드필더다. 여기에 큰 경기에서 보여주는 해결사 능력까지도 지난 시즌 맨시티와 챔피언스리그 4강 무대에서 확인할 수 있었다. 이미 세계적 반열에 오른 발베르데는 매 시즌 어떤 활약을 펼칠지 관심이 쏠리는 선수 중 한 명이다.

출전경기	경기시간(분)	골	어시스트	경고	퇴장
37	2,911	2	7	2	–

MF 10 루카 모드리치
Luka Modric

국적: 크로아티아

명실상부한 레알의 레전드다. 함께 챔피언스리그 3연패를 들어 올렸던 카세미루, 크로스가 각자의 이유로 팀을 떠난 가운데 불혹의 나이에도 여전히 최고의 기량을 유지하며 어린 선수들과 주전 경쟁을 펼치고 있다. 나초의 이적으로 이제는 팀의 새로운 '캡틴'이 됐다. 여름까지였던 계약 역시 1년 연장돼 2025년 여름까지다. 최고의 무대에서 경쟁을 하겠다는 의사를 남긴 그에게는 '축구 도사'라는 호칭이 더 잘 어울린다.

출전경기	경기시간(분)	골	어시스트	경고	퇴장
32	1,688	2	6	2	–

MF 14 오렐리엥 추아메니
Aurelien Tchouameni

국적: 프랑스

안정된 빌드업 능력과 탄탄한 수비력, 볼 경합 능력을 자랑하는 수비형 미드필더다. 2년 전 레알이 카세미루를 떠나보낸 이유도 추아메니의 전제 때문이었다. 현재까지 추아메니는 레알에서 다소 기복있는 모습이었다. 하지만 2023/24 시즌 수비수들의 줄부상에 중앙 수비수 자리까지 책임지며 카마빙가 못지않은 헌신을 보여 줬다. 다만 여전히 기복을 줄이고, 꾸준함을 보여야 하는 위치이다.

출전경기	경기시간(분)	골	어시스트	경고	퇴장
27	1,987	3	1	7	–

MF 15 아르다 귈레르
Arda Guler

국적: 튀르키예

레알 마드리드가 가장 기대하고 있는 2005년생 최고 재능이다. 자국에서 유스 생활을 하다가 2021년 튀르키예 명문인 페네르바흐체에서 프로 데뷔 후 단숨에 핵심으로 자리 잡았다. 2023년 레알 마드리드로 이적을 확정했다. 왼발을 주로 사용하며 창의적인 플레이가 가능한 선수다. 유로 2024에서도 튀르키예 대표팀에서 자신의 잠재력을 과시한 바 있다. 지난 시즌, 12경기에 출전해 6골을 터뜨리며 깜짝 활약을 보였다.

출전경기	경기시간(분)	골	어시스트	경고	퇴장
10	373	6	–	1	–

MF 19 다니 세바요스
Dani Ceballos

국적: 스페인

2선 공격형 미드필더 자리에서 활약했을 만큼 공격적인 재능을 갖고 있는 미드필더다. 주로 3선에서 수비적인 역할보다는 공격과 수비의 연결고리를 도맡는다. 2015년, 19세 이하 유럽 챔피언십 우승을 경험한 바가 있을 정도로 촉망받던 선수다. 레알 마드리드에서는 주전으로서 확고한 입지를 다지지는 못했지만, 백업으로서 제 역할을 다하고 있다. 지난 시즌 27경기 1골 2도움을 기록했다.

출전경기	경기시간(분)	골	어시스트	경고	퇴장
20	586	–	2	2	–

MF 21 브라힘 디아스
Brahim Diaz

국적: 모로코

AC밀란에서 2021년부터 2023년까지 3년 동안 임대 선수로 활약하며 경험치를 쌓고 돌아온 디아스다. 중앙부터 측면까지 모두 소화할 수 있는 멀티성으로 저돌적인 드리블 돌파, 날카로운 킥 능력까지 갖추었다. 임대 생활을 통해 크게 성장했다. 레알 복귀 후 2023/24 시즌에는 '슈퍼 조커'로 활약했다. 디아스는 44경기 2,066분 출전(경기당 평균 46분 출전)해 12골 9도움을 기록했다.

출전경기	경기시간(분)	골	어시스트	경고	퇴장
31	1,553	8	6	–	–

FW 11 호드리구
Rodrygo

국적: 브라질

2019년 레알 마드리드에 왔다. 어느덧 5년 차이지만, 2001년생으로 여전히 잠재력을 갖고 있는 선수다. 그러나 이제는 무언가를 보여 줘야 할 타이밍이다. 음바페, 비니시우스, 벨링엄에게 모든 시선이 쏠린 가운데 더 많은 것을 증명해야 하는 위치다. 자칫 전술로 인해 가장 먼저 벤치 신세가 될 수 있다. 지난 2시즌 동안 중요한 길목에서 클러치 능력을 뽐내며 좋은 활약을 보여준 만큼 확고한 위치를 다져야 한다.

출전경기	경기시간(분)	골	어시스트	경고	퇴장
34	2,391	10	5	2	–

FW 16 엔드릭
Endrick

국적: 브라질

2006년생 기대주다. 라이벌인 바르셀로나에 라민 야말이 있다면, 레알은 엔드릭의 성장을 기대하고 있다. 브라질 역대급 재능으로 평가받고 있다. 순간적인 속도로 상대를 제친다. 침착한 왼발 마무리는 과거 호나우두와 아드리아누를 연상케 한다. 1/세 나이에 브라질 성인 대표에 발탁돼 지난여름 2024 코파아메리카에 참가했다. 2022년 레알 마드리드 이적 확정 후 지난여름에 합류했다.

출전경기	경기시간(분)	골	어시스트	경고	퇴장
6	456	–	–	3	–

FC 바르셀로나
FC Barcelona

TEAM PROFILE

창 립	1899년
구 단 주	주안 라포르타(스페인)
감 독	한지 플릭(독일)
연 고 지	카탈루냐바르셀로나
홈 구 장	에스타디 올림픽 류이스 콤파니스 (5만 5,926명)
라 이 벌	레알 마드리드, RCD 에스파뇰
홈페이지	www.fcbarcelona.com

최근 5시즌 성적

시즌	순위	승점
2019-2020	2위	82점(25승7무6패, 86득점 38실점)
2020-2021	3위	79점(24승7무7패, 85득점 38실점)
2021-2022	2위	73점(21승10무7패, 68득점 38실점)
2022-2023	1위	88점(28승4무6패, 70득점 20실점)
2023-2024	2위	85점(26승7무5패, 79득점 44실점)

LA LIGA

통 산	우승 27회
23-24 시즌	2위 (26승 7무 5패, 승점 85점)

COPA DEL REY

통 산	우승 31회
23-24 시즌	8강

UEFA

통 산	챔피언스리그 우승 5회
23-24 시즌	챔피언스리그 8강

경기 일정

라운드	날짜	장소	상대팀
1	2024.08.18	원정	발렌시아 CF
2	2024.08.25	홈	아틀레틱 빌바오
3	2024.08.28	원정	라요 바예카노
4	2024.09.01	홈	레알 바야돌리드 CF
5	2024.09.15	원정	지로나
6	2024.09.23	원정	비야레알 CF
7	2024.09.26	홈	헤타페 CF
8	2024.09.29	원정	CA 오사수나
9	2024.10.07	원정	데포르티보 알라베스
10	2024.10.21	홈	세비야
11	2024.10.28	원정	레알 마드리드
12	2024.11.04	홈	RCD 에스파뇰
13	2024.11.11	원정	레알 소시에다드
14	2024.11.25	원정	RC 셀타 데 비고
15	2024.12.02	홈	UD 라스팔마스
16	2024.12.09	원정	레알 베티스 발롬피에
17	2024.12.16	홈	CD 레가네스
18	2024.12.23	홈	아틀레티코 마드리드
19	2025.01.12	원정	RCD 마요르카
20	2025.01.20	원정	헤타페 CF
21	2025.01.27	홈	발렌시아 CF
22	2025.02.03	원정	데포르티보 알라베스
23	2025.02.10	원정	세비야
24	2025.02.17	홈	라요 바예카노
25	2025.02.24	원정	UD 라스팔마스
26	2025.03.03	홈	레알 소시에다드
27	2025.03.10	홈	CA 오사수나
28	2025.03.17	원정	아틀레티코 마드리드
29	2025.03.31	홈	지로나
30	2025.04.07	홈	레알 베티스 발롬피에
31	2025.04.14	원정	CD 레가네스
32	2025.04.21	홈	RC 셀타 데 비고
33	2025.04.24	홈	RCD 마요르카
34	2025.05.05	원정	레알 바야돌리드 CF
35	2025.05.12	홈	레알 마드리드
36	2025.05.15	원정	RCD 에스파뇰
37	2025.05.19	홈	비야레알 CF
38	2025.05.26	원정	아틀레틱 빌바오

[전력분석] 여전한 메시 공백, 야말의 시대가 도래했다

여전히 메시의 빈자리가 큰 바르셀로나지만 이제는 새로운 시대의 선수들이 팀의 핵심 전력으로 부상하고 있다. 2000년대생 출생 선수들 중 당연 최고는 라민 야말이다. 2022/23 시즌부터 자신의 잠재력을 보여주기 시작한 야말이 이제 팀의 에이스 자리를 꿰찼다. 2007년생인 야말은 모든 최연소 기록을 갈아치우며 모두를 놀라게 만들었다. 라 마시아 출신의 화려한 등장은 반가운 소식이다. 여기에 최전방 공격수 자리에는 로베르토 레반도프스키가 버티고 있다. 2023/24 시즌 그 답지 않은 활약상을 보였지만, 팀의 해결사 역할은 그대로였다. 더불어 빅토르 호키, 파우 빅토르 등 어린 선수들이 대기하고 있다. 미드필드에는 영건 조합이 여전히 유효하다. 더불어 페르민 로페스, 파우 빅토르 등 어린 선수들이 대기하고 있다. 페드리, 가비, 프렝키 더용으로 이어지는 트리오도 있다. 여기에 만능 미드필더 다니 올모가 합류했고, 신예 페르민 로페스, 파블로 토레, 마르크 베르날, 마르크 카사도가 기회를 엿본다. 수비 라인은 쥘 쿤데, 안드레아스 크리스텐센, 로날드 아라우호, 이니고 마르티네스와 함께 2007년생 파우 쿠바르시가 있다. 좌우 측면 모두 소화할 수 있는 주앙 칸셀루가 임대 복귀했지만, 좌측에는 알레한드로 발데가 있다. 우측에 대한 고민은 쥘 쿤데가 있어 걱정이 없다.

[전술분석] 한지 플릭 감독의 첫 시즌! 완벽 조합을 찾아라

어린 선수들의 등장은 반가운 일이나 바르셀로나는 선수단의 교통 정리가 필요하다. 완벽한 조합을 찾아야 하는 입장이다. 새롭게 지휘봉을 잡은 한지 플릭 감독 체제에서도 기존 4-3-3 포메이션의 큰 틀은 변하지 않았다. 4-2-3-1 포메이션으로 경기를 풀어가지만, 3선의 한 명이 수비에 집중한다면 다른 한 명은 공격을 지원하는 역할을 맡아 위치 변화는 없다. 페드로, 가비, 더용으로 이어지는 미드필더 트리오는 부상으로 시즌 초반 볼 수 없다. 세 선수가 재활에 힘을 쓰는 사이 올모, 페르민, 토레 등 다른 선수들의 활약에 기대를 걸어야 한다. 공격에서는 레반도프스키, 야말과 함께 공격을 책임질 수 있는 공격수가 필요하다. 페란 토레스가 있고, 안수 파티가 임대에서 복귀했다. 하피냐 또한 재기를 노린다. 여기에 프리시즌부터 인상적인 활약을 펼친 2001년생 빅토르가 경쟁에 도전한다.

수비 쪽에는 교통 정리가 필요하다. 중앙 수비수 자리는 걱정이 없으나 측면 수비는 주전인 발데, 쿤데를 제외하면 믿을 수 있는 선수가 많지 않다. 선수 보강 또한 수월하지 않아 플릭 감독의 고민이 될 가능성이 크다.

FC Barcelona v Villarreal CF - LaLiga EA Sports
FC 바르셀로나의 라민 야말과 비야레알 CF의
알렉스 바에나가 공을 두고 경쟁하고 있다.
<2024/01/27, Estadi Olimpic Lluis Companys>

시즌 프리뷰 실패 겪은 6관왕 감독, 바르셀로나 명성 되찾아라!

지난 시즌, 바르셀로나는 아이러니한 행보를 보였다. 사임 의사를 밝힌 차비 감독을 설득해 유임할 것이라고 알렸지만, 구단에 대한 불만을 토로했다는 이유로 경질에 가까운 결별 과정을 밟았다. 빠르게 감독 선임에 나선 바르셀로나는 독일 대표팀에서 경질된 한지 플릭 감독 선임을 확정했다. 2019/20 시즌에 플릭 감독은 오랜 수석 코치 생활 끝에 바이에른 뮌헨의 감독대행으로 팀을 이끌었고, 6관왕이라는 역사적인 기록을 세우며 정식 감독으로서 인정을 받았다. 그리고 2021년 뮌헨을 떠나 독일 대표팀의 지휘봉을 잡았지만, 2022 카타르 월드컵 실패 후 부진이 이어지며 123년 독일 축구 역사에서 처음으로 경질된 감독이 됐다. 이제 바르셀로나의 지휘봉을 잡은 플릭 감독은 다시 한 번 지도자로서의 도전에 나선다. 레전드 차비 감독이 떠난 바르셀로나의 현주소를 다시 유럽 최정상에 올려놓겠다는 각오다.

바르셀로나에 가장 필요한 것은 챔피언스리그 우승이다. 2014/15 시즌 이후 10년 동안 무관이다. 예전과 다른 명성에 최근에는 코로나19 팬데믹 후 재정 악화까지 겹치며 흔들림의 연속에 놓여 있다. 라이벌인 레알 마드리드가 계속 유럽 정상에 오르는 모습을 바라만 봐야 했다. 바르셀로나가 부진한 사이, 레알은 2015~18년까지 3연패, 2021/22, 2023/24 시즌 두 차례 우승 등 총 5번의 빅이어를 들어 올렸다.

현실적으로 당장의 결과를 쫓기는 힘들 수 있다. 플릭 감독의 첫 시즌에, 2000년생들의 활약도 더욱 무르익을 필요가 있다. 페드리, 가비의 경우는 이미 최고의 미드필더 반열에 올라서고 있고, 야말은 최고의 공격수로 성장하고 있다. 페르민, 호케, 빅토르, 토레 등도 번뜩이는 신예들이나 여전히 성장하는 단계다. 최우선적으로 마드리드로 넘어간 리그 타이틀을 되찾는 것부터 시작해 점차 별들의 무대 최정상에 오르는 것을 꿈꿔야 한다.

IN & OUT

주요 영입	주요 방출
안수 파티, 파블로 토레, 에리크 가르시아, 클레망 랑글레, 파우 빅토르	마르코스 알론소, 주앙 펠릭스, 주앙 칸셀루, 샤디 리야드, 세르지뇨 데스트, 마르크 귀우, 세르지 로베르토, 오리올 로메우, 훌리안 아라우호, 오리올 로메우, 일카이 귄도안, 알렉스 바예, 빅토르 호케

TEAM FORMATION

지역 점유율

공격 진영	31%
중앙	44%
수비 진영	25%

공격 방향

슈팅 지역

11%	골 에어리어
59%	패널티 박스
31%	외곽 지역

TEAM RATINGS

슈팅	9
패스	10
조직력	9
수비력	8
감독	9
선수층	9

54

2023/24 프로필

팀 득점	79
평균 볼 점유율	64.70%
패스 정확도	88.60%
평균 슈팅 수	15.7
경고	85
퇴장	2

골 타입

오픈 플레이	72
세트 피스	14
카운터 어택	3
패널티 킥	8
자책골	4

단위 (%)

패스 타입

쇼트 패스	90
롱 패스	7
크로스 패스	3
스루 패스	0

단위 (%)

SQUAD

포지션	등번호	이름		생년월일	키(cm)	체중(kg)	국적
GK	1	마르크 안드레 테어슈테겐	Marc-André ter Stegen	1992.04.30	187	85	독일
	13	이냐키 페냐	Iñaki Peña	1999.03.02	184	78	스페인
	26	안데르 아스트랄라가	Ander Astralaga	2004.03.03	190		스페인
DF	2	파우 쿠바르시	Pau Cubarsí	2007.01.09	184	75	스페인
	3	알레한드로 발데	Alehandro Balde	2003.10.18	175	69	스페인
	4	로날드 아라우호	Ronald Araujo	1999.03.07	188	79	우루과이
	5	이니고 마르티네스	Iñigo Martínez	1991.05.17	182	76	스페인
	15	안드레아스 크리스텐센	Andreas Christensen	1996.04.10	187	82	덴마크
	23	쥘 쿤데	Jules Koundé	1998.11.12	180	75	프랑스
	24	에릭 가르시아	Eric García	2001.01.09	182	76	스페인
	32	엑토르 포트	Héctor Fort	2006.08.02	185	79	스페인
MF	6	파블로 가비	Pablo Gavi	2004.08.05	173	70	스페인
	8	페드리	Pedri	2002.11.25	174	60	스페인
	14	파블로 토레	Pablo Torre	2003.04.03	173	63	스페인
	16	페르민 로페스	Fermín López	2003.05.11	174	64	스페인
	17	마르크 카사도	Marc Casadó	2003.09.14	172	66	스페인
	20	다니 올모	Dani Olmo	1988.05.07	179	72	스페인
	21	프렝키 더용	Frenkie de Jong	1997.05.12	181	74	네덜란드
	28	마르크 베르날	Marc Bernal	2007.05.26	191	68	스페인
FW	7	페란 토레스	Ferran Torres	2000.02.29	184	77	스페인
	9	로베르트 레반도프스키	Robert Lewandowski	1988.08.21	185	81	폴란드
	10	안수 파티	Ansu Fati	2002.10.31	178	66	스페인
	11	하피냐	Raphinha	1996.12.14	176	68	브라질
	18	파우 빅토르	Pau Victor	2001.11.26	184	77	스페인
	19	라민 야말	Lamine Yamal	2007.07.13	180	72	스페인

COACH

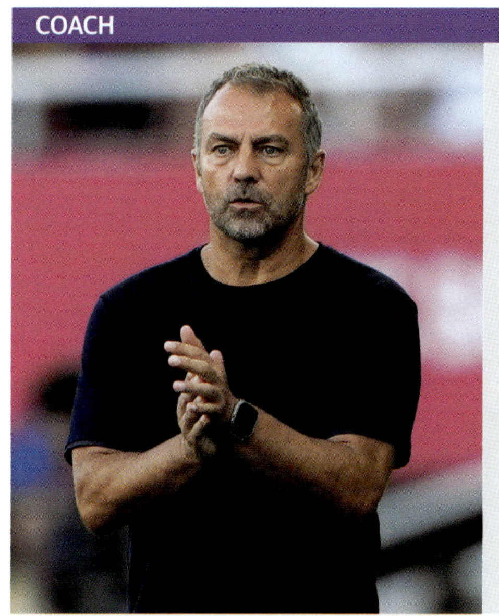

한지 플릭 *Hansi Flick*
1965. 02. 24 독일

2000년 현역 은퇴 후 꾸준히 지도자의 길을 걸었다. 호펜하임의 감독직을 시작으로 잘츠부르크, 독일 대표팀, 바이에른 뮌헨 수석 코치 생활을 거쳤다. 유프 하인케스의 추천으로 2019년에 뮌헨에서 감독 커리어를 다시 시작한 플릭 감독은 그해 챔피언스리그 우승 등 6관왕이라는 대업을 이루며 지도력을 주목받기 시작했다. 2021년에는 독일 대표팀에 부임했지만, 아쉬운 성적 속 독일 축구 역사상 첫 경질 감독이라는 오명을 썼다. 바르셀로나 지휘봉을 잡은 플릭 감독은 다시 한번 지도자로서 평가를 받고자 한다.

상대팀 최근 6경기 전적

구분	승	무	패
레알 마드리드	2		4
바르셀로나			
지로나	2	2	2
아틀레티코 마드리드	5		1
아틀레틱 빌바오	4	1	1
레알 소시에다드	5		1
레알 베티스	6		
비야레알	4		2
발렌시아	5	1	
데포르티보 알라베스	4	2	
오사수나	6		
헤타페	3	3	
셀타 비고	4	1	1
세비야	5	1	
마요르카	5	1	
라스 팔마스	5	1	
라요 바예카노	1	2	3
레가네스	5		1
레알 바야돌리드	5		1
에스파뇰	3	3	

KEY PLAYER

FW 9 로베르트 레반도프스키
Robert Lewandowski

출전경기	경기시간(분)	골	어시스트	경고	퇴장
35	2,759	19	8	5	-

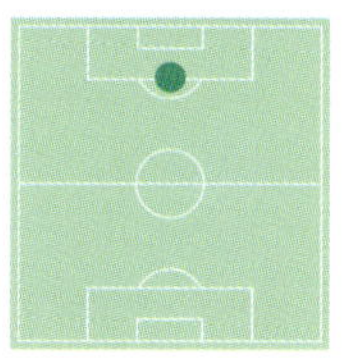

국적: 폴란드

현대축구에서 세계 최고의 공격수라는 점은 부인할 수 없다. 라리가 첫 시즌부터 23골 7도움으로 보여 준 그는 지난 시즌 19골 8도움을 기록했다. 바르셀로나의 아쉬운 성적 속 본인 또한 만족스럽지 못한 시즌을 보냈다. 2022년 바르셀로나 이적 후 제 역할을 보여 주지 못하고 있다는 평가가 이어지고 있다. 특히 큰 경기에서 이전과 달리 무기력한 모습이다. 이런 상황에 함께 6관왕을 이룬 플릭 감독과 바르셀로나에 재회했다. 다시 한번 세계 최강 자리를 꿈꾼다.

DARK HORSE

FW 19 라민 야말
Lamine Yamal

출전경기	경기시간(분)	골	어시스트	경고	퇴장
37	2200	5	5	3	-

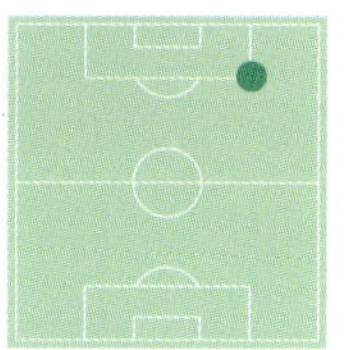

국적: 스페인

2007년생 특급 재능인 라말은 리오넬 메시 이후 역대급 재능으로 평가받고 있다. 벌써부터 많은 관심을 받고 있는 가운데 지난여름에는 고국 스페인을 이끌고 유로 2024 우승을 차지하는 모습을 보여줬다. 바르셀로나에서도 등번호 19번을 달았다. 과거 메시가 달았던 번호로 그를 떠올리게 만들겠다는 각오다. 라말은 상대를 뒤흔들 수 있는 드리블 능력과 날카로운 왼발을 갖고 있다. 매 출전, 매 공격 포인트마다 최연소 타이틀을 따낸 라말은 새 시즌에 바르셀로나의 에이스 자리에 도전한다.

NEW ADDITION

MF 20 다니 올모
Dani Olmo

출전경기	경기시간(분)	골	어시스트	경고	퇴장
21	1,456	4	5	-	-

국적: 스페인

바르셀로나 출신의 복귀. 2007년 라 마시아에서 백승호, 이승우, 장결희와 함께 뛰었다. 16세 나이에 크로아티아 디나모 자그레브로 넘어가 1군 무대를 누볐다. 가파른 성장세를 보이며 2020년 라이프치히로 이적했다. 미드필더이나 전 지역을 소화할 만큼 다재다능하다. 패스, 드리블, 센스 등 부족함이 없는 육각형 미드필더. 전술 이해도까지 뛰어나 어느 포지션이든 제 역할을 다한다. 스페인 대표팀에도 자주 차출되며 유로 2020, 2022 카타르 월드컵, 유로 2024에 참가했다. 지난 시즌에는 무릎과 어깨 부상으로 주춤했다.

SPAIN LA LIGA

FC BARCELONA

GK 1 마크 안드레 테어 슈테겐
Marc-Andre ter Stegen

국적: 독일

2023/24 시즌의 등 부상으로 2022/23 시즌 만큼의 엄청난 활약상을 보여주지는 못했다. 하지만 36경기에 나서서 17번의 클린 시트를 작성했다. 여전히 바르셀로나 축구에 가장 적합한 골키퍼다. 공을 다루는 기술, 패스 능력부터 엄청난 반사신경까지 현대축구에 걸맞은 최고의 골키퍼 중 한 명이다. 2014년 바르셀로나로 이적한 후 10년 동안 골문을 지킨 이유를 충분히 보여주고 있는 선수이다.

출전경기	경기시간(분)	실점	무실점(경기)	경고	퇴장
28	2,520	27	15	3	-

GK 13 이냐키 페냐
Inaki Pena

국적: 스페인

테어 슈테겐의 활약에 가려져 있지만 페냐 또한 우수한 발밑 기술과 선방 능력을 갖고 있다. 테어 슈테겐 못지않은 바르셀로나 축구에 적합한 골키퍼다. 2012년 라 마시아에 입성한 뒤 2022년 1군으로 콜업됐다. 그해 튀르키예의 갈라타사라이에서 임대 생활을 통해 경험을 쌓고 2022/23 시즌부터 팀의 세컨드 골키퍼로 확실하게 자리를 굳혔다. 지난 시즌 17경기 선발로 나서서 3번의 클린 시트를 기록했다.

출전경기	경기시간(분)	실점	무실점(경기)	경고	퇴장
10	900	17	2	-	-

DF 2 파우 쿠바르시
Pau Cubarsi

국적: 스페인

2007년생인 라민 야말과 동갑내기로 바르셀로나 수비의 기대주다. 지난 시즌에 후반기 1군으로 콜업돼 어린 나이답지 않은 침착함과 안정적인 모습을 보여줬다. 주축 선수들의 공백으로 지난 시즌 후반기에 주로 선발 출전해 19경기 1562분을 소화했다. 미드필더 못지않은 발밑 기술을 갖춰 빌드업에도 능하다. 유로 2024 최종 엔트리에는 탈락했지만, 2024 파리 올림픽 대표팀에 차출되는 등 경험을 쌓고 있다.

출전경기	경기시간(분)	골	어시스트	경고	퇴장
19	1,562	-	-	4	-

DF 3 알레한드로 발데
Alejandro Balde

국적: 스페인

조르디 알바의 후계자다. 2021년 10대 나이에 1군 무대를 밟으며 팀의 주축이 됐다. 2022/23 시즌에 바르셀로나의 라리가 최소 실점 우승의 핵심 중 한 명이다. 호세 가야의 부상으로 2022 카타르 월드컵 최종 명단에 대체 발탁돼 일찌감치 큰 무대까지 경험했다. 폭발적인 속도를 앞세운 공격 가담에 강점이 있는 수비수이다. 지난 시즌 후반기에는 장기 부상을 입으며 18경기 1도움에 그쳤다.

출전경기	경기시간(분)	골	어시스트	경고	퇴장
18	1,378		1	1	-

DF 4 로날드 아라우호
Ronaldo Araujo

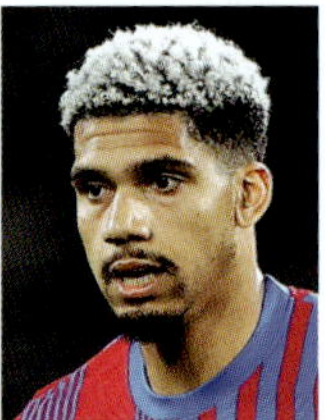

국적: 우루과이

힘, 높이, 속도 모두 갖춘 수비수다. 우월한 피지컬을 앞세운 대인 수비 능력부터 우측 수비까지 소화할 수 있다. 현재 남미 출신 중앙 수비수 중 당연 최고다. 2018년 바르셀로나 2군 합류 후 2019/20 시즌부터 1군에 자리 잡았다. 팀 수비에 보물 같은 존재. 다만, 잦은 부상이 흠이다. 이번 시즌을 앞두고는 2024 코파 아메리카 우루과이 대표팀에서 활약하다 부상을 입으며 초반 장기 결장을 확정했다.

출전경기	경기시간(분)	골	어시스트	경고	퇴장
25	1,996	1	2	6	-

DF 5 이니고 마르티네스
Inigo Martinez

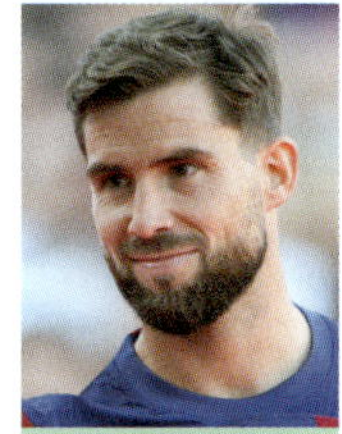

국적: 스페인

귀한 왼발잡이 중앙 수비수다. 바스크 지방을 대표하는 라이벌인 레알 소시에다드, 아틀레틱 빌바오에서 활약한 특이한 경력을 가졌다. 발밑이 좋아 빌드업 능력에 강점을 갖고 있다. 182㎝로 크지 않은 신장에도 공중볼 경합에도 강한 모습을 보여주고 있다. 지난해 여름 바르셀로나에 자유계약(FA)으로 이적했다. 부상 빈도가 잦다는 단점이 있다. 지난 시즌에 20경기 1293분을 소화했다.

출전경기	경기시간(분)	골	어시스트	경고	퇴장
20	1,293	-	-	5	-

DF 15 안드레아스 크리스텐센
Andreas Christensen

국적: 덴마크

빌드업이 훌륭한 중앙 수비수다. 지난 시즌에 90분당 94%의 패스 성공률을 보여줬다. 더불어 평균 3.6회의 볼리커버리까지 하며, 탄탄한 수비력을 과시하고 있다. 첼시 유스팀에서 성장해 2015년 프로 무대에 데뷔했다. 당시에는 수비력이 아쉽다는 지적이 있었지만, 바르셀로나 이적 후 성장한 모습을 보여주고 있다. 지난 시즌 후반기에는 3선의 부재로 수비형 미드필더까지 소화했다.

출전경기	경기시간(분)	골	어시스트	경고	퇴장
30	1,999	2	2	4	-

DF 23 쥘 쿤데
Jules Kounde

국적: 프랑스

중앙 수비와 우측 수비를 모두 겸할 수 있는 점이 최대 강점이다. 전술 선택에 따라 4백, 3백 모두 소화할 수 있다. 빠른 발과 수비수답지 않은 번뜩이는 움직임까지 보여 주고 있다. 180㎝ 단신 수비지만, 높은 점프력으로 약점을 상쇄하고 있다. 2019년, 세비야에서 활약하며 리그 정상급 선수로 성장했다. 2022년 바르셀로나 이적 후에는 벌크업까지 성공해 탄탄한 피지컬을 보유하고 있다.

출전경기	경기시간(분)	골	어시스트	경고	퇴장
35	2,899	1	2	4	-

DF 24 에릭 가르시아
Eric Garcia

국적: 스페인

어린 나이부터 잠재력을 인정받았다. 스페인 연령별 대표팀에서 활약했고, 19세 나이에 A대표팀에 데뷔해 유로 2020, 2022 카타르 월드컵도 경험했다. 바르셀로나 유스팀에서 성장해 2018년 맨체스터 시티에서 뛰며 펩 과르디올라 감독으로부터 칭찬을 받기도 했다. 2021년 바르셀로나로 복귀했지만 확고한 주전 자리를 꿰차지 못했다. 지난 시즌에 지로나로 1시즌 임대되어 돌풍을 일으킨 핵심 중 한 명이었다.

출전경기	경기시간(분)	골	어시스트	경고	퇴장
30	2,641	5	-	4	-

MF 6 파블로 가비
Pablo Gavi

국적: 스페인

페드리와 함께 바르셀로나 중원의 복덩이다. 2004년생으로 프로 4년차다. 본래 포지션인 중앙 미드필더뿐 아니라 공격형 미드필더, 좌우 측면 공격수까지 소화하며 다재다능함을 보여주고 있다. 돌파력, 패싱력, 슈팅력 모두 겸비한 멀티플레이어. 벌써 바르셀로나 소속으로 111경기째 소화 중이다. 과거 차비 에르난데스, 안드레스 이니에스타, 세르히오 부스케츠를 이을 차세대 바르셀로나산 미드필더다.

출전경기	경기시간(분)	골	어시스트	경고	퇴장
12	943	1	1	5	

MF 8 페드리
Pedri

국적: 스페인

바르셀로나에서 성장하지 않았다. 그럼에도 바르셀로나 유스 출신으로 오해받을 만큼 바르셀로나 축구와 가장 잘 맞는 미드필더다. 라스팔마스에서 성장해 2020년에 이적했다. 현재까지 2020년대 바르셀로나 최고의 영입이다. 2002년생으로 어린 나이부터 실력을 꽃피웠다. 바르셀로나 합류 후 143경기 9980분을 소화 중이다. 탈압박, 전진 드리블, 패스 능력을 모두 갖춘 전천후 미드필더다.

출전경기	경기시간(분)	골	어시스트	경고	퇴장
24	1,476	4	2	3	-

MF 14 파블로 토레
Pablo Torre

국적: 스페인

2003년생 미드필더로 공격적인 재능을 두루 갖췄다. 큰 단점이 없을 만큼 기본기가 탄탄하다. 공격형 미드필더부터 좌우 측면까지 소화할 수 있으며, 스페인 출신답게 패스를 통해 경기를 풀어가는 능력이 장점이다. 라싱 산탄데르에서 성장해 2022년 바르셀로나 2군에서 활약하다 1군에도 콜업됐다. 지난 시즌에는 돌풍의 지로나로 임대돼 주로 백업으로 뛰며 경험을 쌓았다.

출전경기	경기시간(분)	골	어시스트	경고	퇴장
26	691	-	2	1	-

MF 16 페르민 로페스
Fermin Lopez

국적: 스페인

공격적인 재능을 두루 갖춘 2003년생 미드필더. 화려한 발기술보다는 날카로운 킥 능력이 더 부각된다. 양발 모두 준수하게 다루며 공격적인 움직임을 통한 득점력 또한 갖췄다. 지난 시즌에 차비 감독 체제에서 중용받기 시작하여 31경기 8골을 뽑아냈다. 21세 이하 스페인 대표팀에서 활약하다 올해 6월 A대표팀에도 차출됐다. 유로 2024 최종 명단에서 탈락했지만, 2024 파리 올림픽 멤버로 활약했다.

출전경기	경기시간(분)	골	어시스트	경고	퇴장
31	1,446	8	-	2	-

MF 21 프렝키 더용
Frenkie de Jong

국적: 네덜란드

2018/19 시즌 아약스의 챔피언스리그 돌풍 주역이다. 현대 축구에서 후방 빌드업을 주도할 수 있는 몇 안 되는 3선 자원. 안정된 경기 조율, 탈압박, 패스 능력과 함께 엄청난 활동량을 앞세운 수비 헌신은 단연 최고다. 지난 시즌에 발목 부상이 덜미를 잡아 20경기 2골에 그쳤지만 경기에 나설 때마다 제 역할을 다했다. 숱한 이적설에도 바르셀로나 잔류를 외치며 최고의 충성심까지 보여주고 있다.

출전경기	경기시간(분)	골	어시스트	경고	퇴장
20	1644	2	-	7	-

FW 7 페란 토레스
Ferran Torres

국적: 스페인

이강인의 절친으로 발렌시아 유소년팀에서 성장해 맨체스터 시티를 거쳐 2022년 바르셀로나로 이적해 라리가로 돌아왔다. 좌우 측면부터 최전방 공격수까지 소화할 수 있는 멀티 플레이어. 빠른 발과 양발 모두 준수한 슈팅력이 강점인 선수다. 하지만 바르셀로나 합류 후 자신의 장점을 제대로 보여주지 못하여 주전 경쟁에서 밀려났다. 지난 시즌, 29경기 1203분 출전해 7골 3도움을 기록했다.

출전경기	경기시간(분)	골	어시스트	경고	퇴장
29	1,203	7	2	2	-

FW 10 안수 파티
Ansu Fati

국적: 스페인

리오넬 메시의 등번호 10번의 후계자. 그러나 여전히 기대 만큼 성장하지 못하고 있다. 라민 야말 이전 최연소 기록을 보유하며 많은 주목을 받았지만 2020년의 반월판 부상 이후 잦은 부상에 시달리고 있다. 지난 시즌에는 프리미어리그 브라이턴으로 임대를 떠나 재기를 노렸지만 19경기(511분 출전) 2골에 그쳤다. 복귀 후 한지 플릭 감독에게 기회를 받을 것으로 보였지만 다시 부상을 안은 채 시즌에 돌입하게 됐다.

출전경기	경기시간(분)	골	어시스트	경고	퇴장
19	514	2	-	2	-

FW 11 하피냐
Raphina

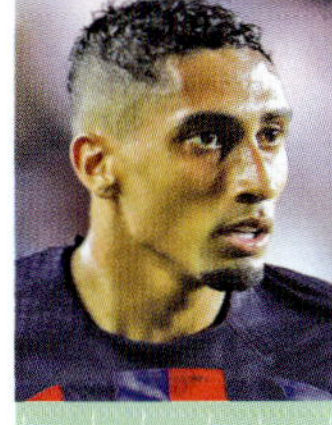

국적: 브라질

브라질 출신 다운 발기술에 날카로운 왼발 킥 능력을 장착하고 있다. 리즈 유나이티드에서 에이스로 활약하다 2022년 자신의 드림팀 바르셀로나로 이적했다. 우측면에 새로운 공격 옵션으로 자리 잡으며 2022/23 시즌 36경기 7골 7도움을 기록했다. 하지만 지난 시즌에 야말의 등장으로 점차 주전 경쟁에서 밀려났고, 28경기(1373분 출전) 6골 9도움으로 스탯 생산력을 유지했으나 만족스러운 모습은 아니었다.

출전경기	경기시간(분)	골	어시스트	경고	퇴장
28	1,373	6	9	4	1

FW 18 파우 빅토르
Pau Victor

국적: 스페인

전 지역을 누빌 수 있는 새로운 공격수다. 지로나에서 성장해 이번 시즌에 바르셀로나가 완전 영입하며 팀의 새로운 공격수로 합류했다. 프리시즌에서 선발로 나서며 맨체스터 시티, 레알 마드리드를 상대로 3골을 디뜨려 깊은 인상을 남겼다. 레반도프스키, 야말과 함께 삼각편대를 이룰 수 있는 다재다능함을 갖추고 있다. 최전방 공격수부터 좌우 측면, 때로는 2선 공격형 미드필더로도 뛸 수 있는 훌륭한 멀티성을 보유했다.

출전경기	경기시간(분)	골	어시스트	경고	퇴장
35	3,131	18	5	7	-

지로나 FC

Girona FC

TEAM PROFILE

창　　립	1930년
구 단 주	델피 겔리(스페인)
감　　독	미첼 산체스(스페인)
연 고 지	카탈루냐 지로나
홈 구 장	몬틸리비 스타디움(1만 3,000명)
라 이 벌	라요 바예카노
홈페이지	https://www.gironafc.cat/

최근 5시즌 성적

시즌	순위	승점
2018-2019	없음	없음
2019-2020	없음	없음
2020-2021	없음	없음
2022-2023	10위	49점(13승10무15패, 58득점 55실점)
2023-2024	3위	81점(25승6무7패, 85득점 46실점)

LA LIGA

통　　산	없음
23-24 시즌	3위(25승6무7패, 승점 81점)

COPA DEL REY

통　　산	없음
23-24 시즌	없음

UEFA

통　　산	없음
23-24 시즌	없음

경기 일정

라운드	날짜	장소	상대팀
1	2024.08.16	원정	레알 베티스 발롬피에
2	2024.08.26	원정	아틀레티코 마드리드
3	2024.08.30	홈	CA 오사수나
4	2024.09.02	원정	세비야
5	2024.09.15	홈	FC 바르셀로나
6	2024.09.23	원정	발렌시아 CF
7	2024.09.26	홈	라요 바예카노
8	2024.09.29	원정	RC 셀타 데 비고
9	2024.10.07	홈	아틀레틱 빌바오
10	2024.10.21	홈	레알 소시에다드
11	2024.10.28	원정	UD 라스팔마스
12	2024.11.04	홈	CD 레가네스
13	2024.11.11	원정	헤타페 CF
14	2024.11.25	홈	RCD 에스파뇰
15	2024.12.02	원정	비야레알 CF
16	2024.12.09	홈	레알 마드리드
17	2024.12.16	원정	RCD 마요르카
18	2024.12.23	홈	레알 바야돌리드 CF
19	2025.01.12	원정	데포르티보 알라베스
20	2025.01.20	홈	세비야
21	2025.01.27	원정	라요 바예카노
22	2025.02.03	홈	UD 라스팔마스
23	2025.02.10	원정	아틀레틱 빌바오
24	2025.02.17	홈	헤타페 CF
25	2025.02.24	원정	레알 마드리드
26	2025.03.03	홈	RC 셀타 데 비고
27	2025.03.10	원정	RCD 에스파뇰
28	2025.03.17	홈	발렌시아 CF
29	2025.03.31	원정	FC 바르셀로나
30	2025.04.07	홈	데포르티보 알라베스
31	2025.04.14	원정	CA 오사수나
32	2025.04.21	홈	레알 베티스 발롬피에
33	2025.04.24	원정	CD 레가네스
34	2025.05.05	홈	RCD 마요르카
35	2025.05.12	홈	비야레알 CF
36	2025.05.15	원정	레알 바야돌리드 CF
37	2025.05.19	원정	레알 소시에다드
38	2025.05.26	홈	아틀레티코 마드리드

 **두 시즌 연속 돌풍 후 또다시 떠난 주역들**

두 시즌 연속으로 돌풍 같은 모습을 보여줬다. 그 결과 또다시 핵심 자원들을 잃었다. 전 포지션에 걸쳐 방출과 영입이 이뤄졌다. 공격에서는 해결사 아르템 도우비크(AS로마), 선봉장 사비뉴(맨체스터 시티), 유망주 파블로 토레(바르셀로나), 중원의 알레시 가르시아(바이어 레버쿠젠), 수비에는 얀 쿠토(보루시아 도르트문트), 에릭 가르시아(바르셀로나) 등 다수의 선수가 떠났다. 주축 선수들이 떠날 것을 염두에 두고 선수단 보강에도 힘썼다. 맨체스터 유나이티드로부터 50만 유로의 이적료로 도니 반더비크를 품었고, 도우비크의 대체자로 포르투갈 리그에서 안정된 활약을 보여준 아벨 루이스, 수비 보강에는 스파르타 프라하의 라디슬라프 크레이치 영입을 확정했다. 이어 아약스 유망주 가브리엘 미세후이를 자유계약(FA)로 데려왔다. 여기에 토트넘의 브라이언 힐, 바르셀로나로 떠났던 오리올 로메우의 임대를 확정했다.

알찬 이적시장을 보냈다. 임대 복귀한 선수를 제외하고 도우비크, 가르시아를 통해 수익을 만들었다. 지난 시즌 임대를 떠난 파우 빅토르 또한 바르셀로나로 이적을 확정했다. 총 5,000만 유로의 수익을 봤고, 선수 영입에 2,100만 유로를 지출했다. 적은 예산 속 실속까지 챙겼다.

여전히 기대감 높은 미첼볼

지난 시즌, 미첼 산체스 감독 체제에서 더욱더 강한 모습을 보여줬다. 4백과 3백을 번갈아 사용했지만 경기 운영은 언제나 일정했다. 공격 시에는 미겔 구티에레스가 자유롭게 움직이며 3-2-5 포메이션 형태로 상대를 공략했다. 속도와 돌파력을 겸비한 측면 공격수가 상대를 흔들었고, 최전방 공격수는 2선 미드필더와의 연계를 통해 공격을 풀어갔다. 수비 시에는 4-4-2 포메이션으로 상대를 막아섰다. 촘촘한 선수 간격을 유지하며 상대 지공에 대비했다. 전방에서 볼을 뺏길 경우 빠르게 압박을 가하며 소유권을 되찾는 모습도 보여줬다. 이번 시즌에도 같은 전술로 리그 돌풍을 이어가고자 한다. 다만 선수단에 변화가 있다. 주축 선수들이 떠난 가운데 새로 온 선수들에게 산체스 감독의 축구를 얼마나 잘 이식하냐가 관건이다. 팀에 잔류한 빅터 치한코우, 이반 마르틴, 미겔 등 기존 선수들과 반더비크, 루이스 등 새로 합류한 선수들 간의 호흡이 중요해졌다. 프리시즌 동안 유로 2024, 2024 파리 올림픽의 여파로 일부 주축 선수들의 경기력을 제대로 점검하지 못한 것은 우려되는 부분이다.

Girona FC v Valencia CF - LaLiga EA Sports
지로나 FC와 발렌시아 CF의 경기에서
지로나 FC의 미겔 구티에레스가 공을 날리고 있다.
<2023/12/02, Montilivi Stadium>

시즌 프리뷰

별들의 전쟁에서도 '돌풍' 보여줄까

2021년 미첼 산체스 감독 부임 후 지로나는 엄청난 성과를 만들며 기대되는 팀으로 변모했다. 미첼 감독은 2021/22 시즌에 2부 리그에 있던 팀을 첫 시즌 만에 1부 리그에 올려놓았다. 3년 만에 돌아온 라리가에서는 첫 시즌부터 기대 이상의 모습으로 10위를 기록했다. 당시 레알 마드리드를 상대로 한차례 승리를 거둔 바 있으며, 바르셀로나를 상대로도 한차례 무승부를 기록하기도 했다.

지로나를 향한 기대는 지난 시즌에도 이어졌다. 그리고 돌풍을 넘어 태풍 같은 모습으로 라리가 판도를 바꿨다. 기존의 레알 마드리드, 바르셀로나, 아틀레티코 마드리드로 이어지는 3강 체제를 깨뜨리는 모습을 선보였다. 리그 23라운드까지 단 1패만 기록했다. 엄청난 저력 속에 계속해서 선두권을 고수했고 레알에게는 2패를 당했지만 바르셀로나에게 2승, 아틀레티코에게 1승 1패를 기록하며 상위권으로서 입지를 굳혀갔다. 시즌 막판으로 향하며 다소 주춤하여 선두권에서 밀려났지만, 최종 리그 3위 자리를 수성하며 구단 역사상 첫 챔피언스리그 진출 티켓을 따내는 대업을 달성했다.

공격적인 축구로 많은 팬들의 시선을 사로잡은 미첼 감독의 지로나는 이제 레알 베티스, 레알 소시에다드, 비야레알, 빌바오 등 오랜 기간 라리가에서 입지를 다진 중상위권 팀을 넘어 매력적인 팀으로 평가받고 있다. 라리가 무대를 넘어 별들의 전쟁인 챔피언스리그에서도 본인들의 축구를 보여주고자 한다. 지난 2018/19 시즌 에릭 텐 하흐 감독의 아약스가 돌풍 같은 모습 속 챔피언스리그 4강까지 진출했던 것처럼 미첼 감독의 지로나 또한 유럽축구 최정상 무대에서 신바람을 일으킬 수 있을지 주목된다. 빡빡한 일정 속에서 얼마큼 선수단 운영을 유연하게 가져가느냐가 관건이다.

TEAM FORMATION

지역 점유율

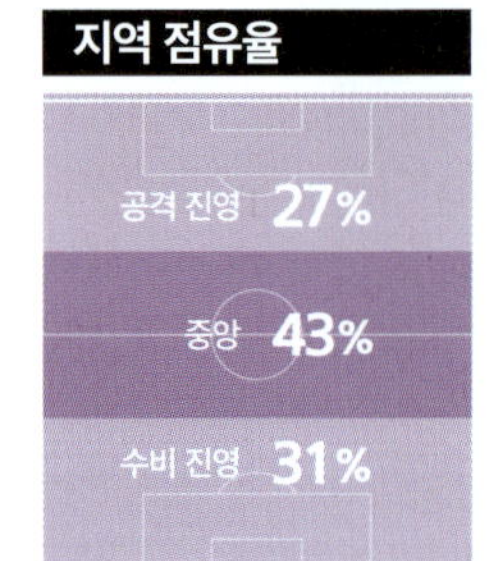

공격 방향

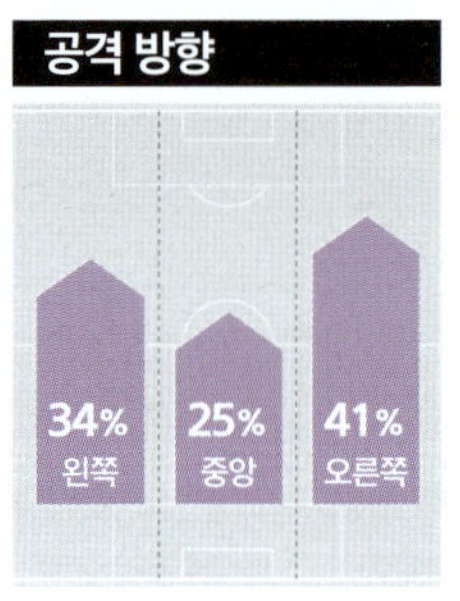

슈팅 지역

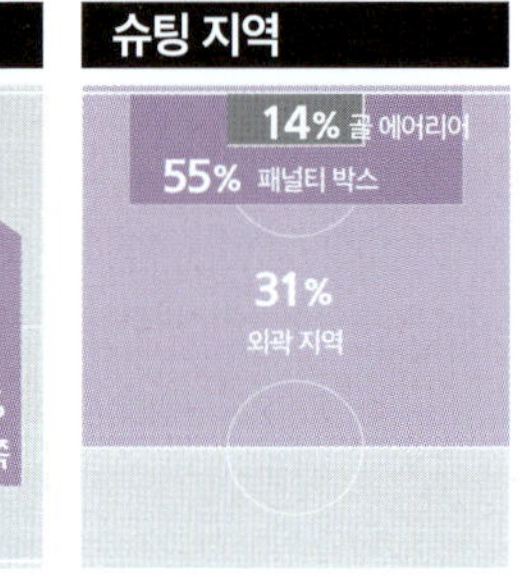

IN & OUT

주요 영입	주요 방출
아벨 루이스, 라디슬라프 클레이치, 알레한드로 프란세스, 도니 반더비크, 가브리엘 미세후이, 브라이언 힐, 오리올 로메우, 야세르 아스프리야, 보얀 미오프스키, 알레한드로 프란시스, 아르나우트 단주마, 파우 로페스	아르템 도우빅, 알레시 가르시아, 파우 빅토르, 알렉산더 갈레스, 사비뉴, 얀 쿠토, 에릭 가르시아, 파블로 토레, 가브리 마르티네스, 토니 비야, 마누 바예호, 알렉스 살라, 아르나우 오리츠, 이케르 알메냐, 가브리 마르티네스, 오스카르 우레냐, 발레리 페르난데스, 이브라히마 케베, 보르하 가르시아

TEAM RATINGS

슈팅 8
패스 9
조직력 8
수비력 7
감독 8
선수총 8

48

2023/24 프로필

팀 득점	85
평균 볼 점유율	57.10%
패스 정확도	87.90%
평균 슈팅 수	12.7
경고	75
퇴장	1

골 타입

오픈 플레이	75
세트 피스	13
카운터 어택	2
패널티 킥	8
자책골	1

단위 (%)

패스 타입

쇼트 패스	88
롱 패스	8
크로스 패스	3
스루 패스	0

단위 (%)

SQUAD

포지션	등번호	이름		생년월일	키(cm)	체중(kg)	국적
GK	1	보얀 미오브스키	Juan Carlos	1988.01.20	187	82	스페인
	13	파울로 가차니가	Paulo Gazzaniga	1992.01.02	195	90	아르헨티나
	25	파우 로페스	Pau López	1994.12.13	189	77	스페인
DF	3	미겔 구티에레스	Miguel Gutiérrez	2001.07.27	180	68	스페인
	4	아르나우 마르티네스	Arnau Martínez	2003.04.25	182	74	스페인
	5	다비드 로페스	David López	1989.10.09	185	81	스페인
	15	후안페	Juanpe	1991.04.30	190	80	스페인
	16	알레한드로 프란시스	Alejandro Francés	2002.08.01	181	72	스페인
	17	달레이 블린트	Daley Blind	1990.03.09	180	72	네덜란드
	18	라디슬라프 클레이치	Ladislav Krejčí	1992.07.05	178	70	체코
MF	6	도니 반더비크	Donny van de Beek	1997.04.18	184	74	네덜란드
	8	빅토르 치한코우	Viktor Tsygankov	1997.11.15	178	69	우크라이나
	14	오리올 로메우	Oriol Romeu	1991.09.24	183	83	스페인
	21	양헬 에레라	Yangel Herrera	1998.01.07	184	77.1	베네수엘라
	22	존 솔리스	Jhon Solís	2004.10.03	186	80	콜롬비아
	23	이반 마르틴	Iván Martín	1999.02.14	178	73	스페인
	27	가브리엘 미세후이	Gabriel Misehouy	2005.07.18	173	68	네덜란드
FW	7	크리스티안 스투아니	Cristhian Stuani	1986.10.12	184	72	우루과이
	9	아벨 루이스	Abel Ruiz	2000.01.28	182	75	스페인
	10	야세르 아스프리야	Yaser Asprilla	2003.11.19	186	75	콜롬비아
	11	아르나우트 단주마	Arnaut Danjuma	1997.01.31	178	74	네덜란드
	19	보얀 미오브스키	Bojan Miovski	1999.06.24	189	83	마케도니아
	20	브라이언 힐	Bryan Gil	2001.02.11	175	69	스페인
	24	포르투	Portu	1992.05.21	167	66	스페인

COACH

미첼 산체스 *Michel Sanchez*

1975년 10월 30일생 스페인

선수 시절 라요 바예카노에서 성장해 많은 시간을 보냈다. 지도자 커리어 또한 라요에서 시작했다. 유스팀 감독부터 1군 팀 지휘봉을 잡았고, 우에스카에서도 인상적인 지도력을 보여줬다. 2021년 지로나 감독으로 부임했다. 앞서 라요, 우에스카의 1부 승격을 일군 경험으로 지로나 또한 승격시키며 '승격 100% 감독'이라는 별명까지 얻었다. 점유율을 앞세운 공격축구로 지략가적인 모습까지 보여주고 있다. 1975년생의 젊은 감독으로 같은 시티 풋볼그룹 내 최상위 팀인 맨체스터 시티 차기 감독 후보로도 거론되고 있다.

상대팀 최근 6경기 전적

구분	승	무	패
레알 마드리드	2	1	3
바르셀로나	2	2	2
지로나			
아틀레티코 마드리드	1	1	4
아틀레틱 빌바오	2	1	3
레알 소시에다드		5	1
레알 베티스	1	1	4
비야레알	1		5
발렌시아	4		2
데포르티보 알라베스	2	3	1
오사수나	3	1	2
헤타페	2	1	3
셀타 비고	3	1	2
세비야	5		1
마요르카	2	1	3
라스 팔마스	4	2	
라요 바예카노	3	2	1
레가네스	3	2	1
레알 바야돌리드	2	2	2
에스파뇰	4	1	1

KEY PLAYER

MF 8 빅터 치한코우
Vicktor Tsyhankov

출전경기	경기시간(분)	골	어시스트	경고	퇴장
30	2,067	8	7	-	-

국적: 우크라이나

중앙과 측면을 오갈 수 있는 2선 자원. 왼발을 통한 저돌적인 돌파와 예리한 킥 능력을 앞세운 공격포인트 생산 능력은 당연 최고 강점이다. 지난 시즌 30경기 8골 7도움으로 커리어 하이(2020/21 시즌 12골 8도움) 못지않은 활약을 펼쳤다. 아르템 도우비크, 사비뉴와 함께한 공격 삼각편대는 두 선수의 이적으로 깨졌지만, 여전히 팀 공격의 핵심이다. 우크라이나 각급 연령별 대표팀에 발탁되며 일찌감치 잠재력을 인정받았고, 10대 나이에 A대표팀에도 발탁됐다. 2018년과 2021년에는 우크라이나 올해의 선수로도 선정됐다.

DARK HORSE

DF 3 미겔 구티에레스
Miguel Gutierrez

출전경기	경기시간(분)	골	어시스트	경고	퇴장
35	3037	2	7	4	-

국적: 스페인

레알 마드리드 유스팀 카스티야에서 성장한 좌측 수비수다. 2021년 19살의 나이에 프로 무대를 밟으며 주목받았다. 스피드가 빠른 편이 아니지만 적극적인 공격 가담과 왼발 킥이 장점이다. 2022년 더 많은 출전 기회를 위해 지로나로 이적했고 미첼 산체스 감독 체제에서 한층 더 성장했다. 자유로운 움직임을 통해 팀 전술의 핵심으로 자리 잡았다. 상황에 따라 하프 스페이스 공략부터 중원에 수를 더해주는 인버티드 풀백 역할까지 도맡고 있다. 지난 시즌 큰 부상 없이 35경기에 나서며 2골 7도움을 올렸다.

NEW ADDITION

FW 20 브라이언 힐
Bryan Gil

출전경기	경기시간(분)	골	어시스트	경고	퇴장
11	201	-	-		

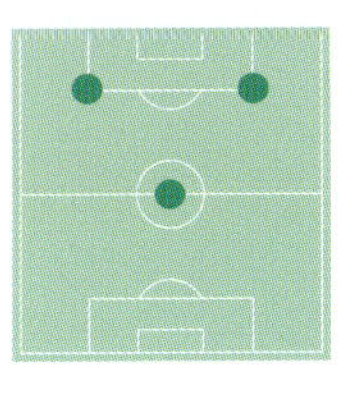

국적: 스페인

세비야에서 성장해 레가네스, 에이바르 임대를 통해 잠재력을 보여줬다. 특유의 드리블로 상대 수비를 무너뜨리는 능력을 갖추고 있으며, 왼발을 통한 패스로 측면과 중앙 모두 소화할 수 있는 2선 공격수다. 다만 현재까지 커리어가 아쉽다. 2021년 토트넘 이적 후 좀처럼 자리를 잡지 못하고 있다. 2022년 발렌시아, 2023년 세비야에 이어 이번 시즌에는 지로나로 임대를 떠났다. 지난 시즌 토트넘으로 임대 복귀했지만 주로 백업으로 활약했다. 11경기 201분 출전에 그쳤다. 지로나에서 돌풍 기운을 받아 다시 일어서고자 한다.

GK 13 파울로 가차니가
Paulo Gazzaniga

국적: 아르헨티나

196cm의 큰 신장과 긴 팔을 앞세운 선방 능력이 뛰어나다. 발렌시아 유스팀에서 성장해 2011년 잉글랜드 하부 리그인 질링엄에서 프로 데뷔했다. 사우샘프턴, 라요 바예카노를 거쳐 2017년 토트넘으로 이적했다. 당시 위고 요리스의 활약에 후보로 활약하다 출전 기회를 위해 2021년 풀럼으로 이적했다. 풀럼에서 주전 자리를 꿰차지 못하여 2022년 지로나로 임대됐고, 지난해 완전이적하며 드디어 주전 골키퍼로 도약했다.

출전경기	경기시간(분)	실점	무실점(경기)	경고	퇴장
38	3,420	46	12	2	–

DF 4 아르나우 마르티네스
Arnau Martinez

국적: 스페인

라리가 베스트급 우측 수비수다. 2003년생으로 어린 나이부터 자신의 잠재력을 터뜨렸다. 2020년 프로 데뷔 후 꾸준한 성장 속 팀의 주축으로 떠올랐다. 공격과 수비 능력의 밸런스가 준수하다. 중앙 수비수로 뛸 수 있을 정도로 탄탄한 피지컬을 보유하고 있다. 스페인 19세 이하 대표팀을 거쳐 21세 이하 대표팀에서 활약 중이다. 차기 A대표팀 콜업 1순위 후보다. 지난 시즌 21경기 2도움을 기록했다.

출전경기	경기시간(분)	골	어시스트	경고	퇴장
21	1,242	–	2	5	–

DF 5 다비드 로페스
David López

국적: 스페인

에스파뇰에서 성장했다. 2014년 나폴리를 거쳐 2016년 다시 에스파뇰로 돌아왔고 지난 2022년 지로나로 이적했다. 지난여름 계약 만료였지만 지난해 12월, 2026년까지 재계약을 맺었다. 본래 수비형 미드필더로 커리어를 시작했다. 30대가 넘어가며 중앙 수비수로 포지션 전환 후 황혼기를 불태우고 있다. 185cm로 중앙 수비수 치고 크지 않은 신장이나 안정된 패스 능력을 통해 빌드업을 이끌고 있다.

출전경기	경기시간(분)	골	어시스트	경고	퇴장
25	1,975	3	–	4	–

DF 15 후안페
Juanpe

국적: 스페인

라스팔마스, 라싱 데 산탄데르, 레알 바야돌리드 등 하부 리그에서 주로 활약하다 2016년 지로나에 합류하여, 오랫동안 팀을 이끌어 왔다. 부주장으로서 리더십도 발휘하고 있다. 지로나의 승격 시즌이었던 2021/22 시즌에 팀의 핵심으로 뛰었으나 1부 리그 승격 후 어린 선수들에게 밀려 주로 백업을 뛰고 있다. 2022/23 시즌 19경기 1도움을 기록했고, 지난 시즌에는 17경기 739분을 소화했다.

출전경기	경기시간(분)	골	어시스트	경고	퇴장
17	739	–	–	4	–

DF 17 데일리 블린트
Daley Blind

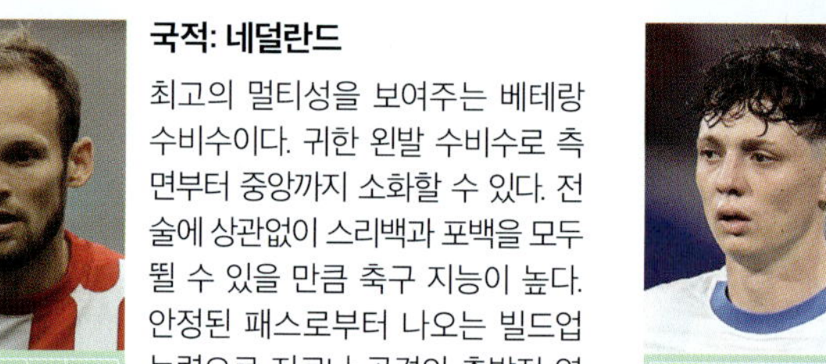

국적: 네덜란드

최고의 멀티성을 보여주는 베테랑 수비수이다. 귀한 왼발 수비수로 측면부터 중앙까지 소화할 수 있다. 전술에 상관없이 스리백과 포백을 모두 뛸 수 있을 만큼 축구 지능이 높다. 안정된 패스로부터 나오는 빌드업 능력으로 지로나 공격의 출발점 역할을 맡고 있다. 아약스에서 성장해 맨체스터 유나이티드를 거쳐 2018년 아약스로 복귀해 제2의 전성기를 맞이해 건재함을 보이고 있다. 2023년부터 지로나에서 활약 중이다.

출전경기	경기시간(분)	골	어시스트	경고	퇴장
34	2,972	1	2	6	–

DF 18 라디슬라프 클레이치
Ladislav Krejci

국적: 체코

에릭 가르시아를 떠나보낸 지로나의 훌륭한 영입으로 평가받고 있다. 1999년생으로 자국 체코에서 성장했다. 즈브로요프카 브르노를 거쳐 2019년 스파르타 프라하에서 활약했다. 191cm의 큰 신장과 왼발을 주로 사용하는 수비수로 안정된 패스 능력을 갖추고 있어 수비형 미드필더로도 뛸 수 있다. 공격력 또한 뛰어나다. 지난 시즌 26경기 8골 7도움을 기록했다. 큰 키에서 나오는 공중볼 장악력이 눈에 띈다.

출전경기	경기시간(분)	골	어시스트	경고	퇴장
26	2,151	8	7	5	3

MF 6 도니 반더비크
Donnt Van de Beek

국적: 네덜란드

기대치에 비해 성장이 아쉬운 선수다. 2018/19 시즌 아약스의 챔피언스리그 돌풍 주역으로 왕성한 활동량과 번뜩이는 움직임, 패스 능력을 발휘, 상대를 압박했다. 중앙 미드필더뿐만 아니라 2선까지 소화할 수 있다. 수많은 이적설 속 2020년 맨체스터 유나이티드로 이적했다. 많은 기대와 달리 계속되는 부진에 에버턴, 아인트라흐트 프랑크푸르트 등 임대를 다니다 지난여름 지로나로 둥지를 옮겼다.

출전경기	경기시간(분)	골	어시스트	경고	퇴장
8	357	–	–	1	–

MF 14 오리올 로메우
Oriol Romeu

국적: 스페인

바르셀로나에서 성장해 2010년 1군에 데뷔했지만 기회를 받지 못하여 2011년 첼시로 떠났다. 첼시에서도 경쟁에 밀려 임대를 다니다 2015년 사우샘프턴으로 이적해 자신의 실력을 만개했다. 탄탄한 피지컬을 통한 수비력을 갖춘 미드필더. 2022년 지로나에서 패스 능력 또한 성장했다. 지난해 바르셀로나로 복귀해 백업 미드필더로 활약했다. 지난여름 파우 빅토르 거래 일환으로 지로나로 다시 돌아왔다.

출전경기	경기시간(분)	골	어시스트	경고	퇴장
28	930	–	1	4	–

MF 21 양헬 에레라
Yangel Herrera

국적: 베네수엘라

2017년, 20세 이하 월드컵에서 베네수엘라의 준우승 돌풍의 주역이었다. 같은 해 맨체스터 시티로 이적한 뒤 뉴욕시티, 우에스카, 그라나다, 에스파뇰 등에서 임대 생활을 전전했다. 2022년에 지로나로 임대된 후 2023년 완전이적을 확정했다. 강한 압박을 통한 대인 수비와 공중볼 경합에 강한 모습을 보여주고 있다. 지난 시즌에 부상으로 10경기가량 결장했다. 29경기 5골을 기록했다.

출전경기	경기시간(분)	골	어시스트	경고	퇴장
29	2,121	5	–	9	–

MF 22 존 솔리스
Jhon Solís

국적: 콜롬비아

2004년생 중앙 미드필더다. 콜롬비아 출신의 어린 재능. 자국 콜롬비아의 아틀레티코 나시오날에서 성장해 2022년 1군 무대에 데뷔했다. 188㎝의 큰 신장의 준족으로 전진력을 갖고 있다. 2023/24 시즌을 앞두고 600만 유로의 이적료로 지로나에 합류했다. 여전히 성장이 필요하지만 기대감이 큰 선수다. 알레시 가르시아가 팀을 떠난 가운데 새로운 중원의 축이 될 수 있을지 주목된다.

출전경기	경기시간(분)	골	어시스트	경고	퇴장
18	369	–	–	–	–

MF 23 이반 마르틴
Ivan Martin

국적: 스페인

비아레알에서 성장해 2019년 1군 무대를 밟았다. 미란데스, 데포르티보 알라베스 임대를 통해 경험을 쌓았다. 2022년 지로나로 다시 임대를 떠나야만 했고, 2023년 완전이적을 확정했다. 지로나의 1부 승격을 비롯한 돌풍의 주역이다. 공격적인 재능을 앞세워 2선에서 활약하는 미드필더다. 킥과 패스 능력을 앞세운 플레이메이킹도 가능하다. 지난 시즌 36경기 5골 4도움을 기록했다.

출전경기	경기시간(분)	골	어시스트	경고	퇴장
36	2,747	5	4	5	–

MF 27 가브리엘 미세후이
Gabriel Misehouy

국적: 네덜란드

아약스에서 성장한 2005년생 미드필더로 가나계 네덜란드인이다. 비록 1군 무대에는 데뷔하지 못했지만, 내부적으로 좋은 평가를 받았다. 지난 시즌, 용아약스에서 13경기 7골 3도움을 기록했다. 지난여름 자유계약(FA) 신분으로 지로나에 합류했다. 중앙 미드필더와 공격형 미드필더로 뛸 수 있으며 때로는 측면 윙어로도 나선 바 있다. 키켈 카르셀 단장은 "특별한 재능을 갖고 있다"라고 극찬한 바 있다.

출전경기	경기시간(분)	골	어시스트	경고	퇴장
13	1,014	7	3	1	–

FW 7 크리스티안 스투아니
Christian Stuani

국적: 우루과이

자국 우루과이에서 커리어를 시작해 2008년 유럽 무대에 진출했다. 이탈리아와 스페인 무대에서 주로 활약했다. 2015년에는 잉글랜드 미들즈브러에서 활약했고, 2017년 지로나에 합류했다. 2018/19 시즌 팀의 2부 강등에도 잔류했다. 무대를 가리지 않고 뛰어난 득점력을 보여주고 있다. 30대가 넘은 나이에도 건재함을 과시하고 있다. 지난 시즌 백업으로 주로 나서며 9골 3도움을 기록했다.

출전경기	경기시간(분)	골	어시스트	경고	퇴장
31	784	9	3	6	–

FW 9 아벨 루이스
Abel Ruiz

국적: 스페인

아르템 도우비크는 빌리그로 떠났다. 그 자리를 대신한다. 바르셀로나 유스인 라 마시아에서 성장해 일찌감치 재능을 주목받았다. 그러나 기회를 받지 못하며 포르투갈 리그 브라가로 이적했다. 라 마시아 출신다운 발 기술을 갖고 있으며 브라가에서는 득점력 또한 보여줬다. 지난 시즌 30경기 6골을 기록. 2선과의 연계 능력과 수비 경합을 요구하는 미첼 산체스 감독의 전술에 적합한 공격수다.

출전경기	경기시간(분)	골	어시스트	경고	퇴장
30	1,898	6	2	6	2

FW 10 야세르 아스프리야
Yaser Asprilla

국적: 콜롬비아

2003년생 윙어다. 자국 리그에서 일찌감치 잠재력을 인정받은 뒤 2022년 왓포드 이적을 확정했다. 남미 출신답게 뛰어난 발재간을 갖고 있다. 속도까지 겸비해 공격형 미드필더뿐만 아니라 측면에서도 제 몫을 다할 수 있다. 왓포드에서 첫 시즌부터 주전으로 활약했으나 많은 공격포인트를 올리지는 못했다. 그러다 지난 시즌 44경기 6골 7도움으로 성장세를 보였다. 팀을 떠난 사비 뉴의 대체자로 지로나에 합류했다.

출전경기	경기시간(분)	골	어시스트	경고	퇴장
44	2,740	6	7	7	–

FW 11 아르나우드 단주마
Arnaut Danjuma

국적: 네덜란드

저돌적인 드리블 돌파와 화려한 발재간을 가진 윙어다. 좌우 측면부터 최전방 위치까지 가리지 않고 자신의 장점을 어김없이 보여줄 수 있는 공격수. 솔로 플레이를 즐기며 2~3명의 수비를 한순간에 제치는 능력이 있다. 에인트호번 유스 출신으로, 본머스를 거쳐 2021년 비야레알 이적 후 주전으로 활약했다. 이후 토트넘, 에버턴 등으로 임대를 떠났으나 큰 수확 없이 돌아왔다. 이번 시즌 막판에 지로나로 임대됐다.

출전경기	경기시간(분)	골	어시스트	경고	퇴장
14	589	1	–	–	–

FW 19 보얀 미오프스키
Bojan Miovski

국적: 북마케도니아

북마케도니아 출신 장신 공격수다. 주로 자국에서 활약하다 2020년 헝가리 무대로 진출했고, 2022년에는 스코틀랜드 프리미어십의 애버딘으로 이적했다. 애버딘에서 두 시즌 연속 두 자릿수 득점포를 터뜨렸다. 지난 시즌 38경기 16골 2도움을 기록했다. 북마케도니아 대표팀에서도 빠르게 자리 잡았다. 22세 나이에 주전 공격수 자리를 꿰찼다. 이번 시즌 아르템 도우비크의 빈자리를 대체할 또 다른 공격수다.

출전경기	경기시간(분)	골	어시스트	경고	퇴장
33	2,873	14	2	3	–

FW 24 포르투
Portu

국적: 스페인

170㎝의 작은 신장에도 탄탄한 피지컬과 빠른 속도를 앞세운 돌파 능력이 장점이다. 오른발 킥 능력 또한 좋아 측면에서 안쪽으로 파고든 뒤 직접 골문까지 노릴 수 있다. 기본적인 움직임이 좋아 종종 최전방 자리에도 나설 수 있다. 발렌시아 유스팀에서 성장해 2014년 1군 무대를 밟았다. 이후 알바세테, 지로나, 레알 소시에다드, 헤타페를 거친 뒤 지난 시즌에 4년 만에 지로나로 복귀했다.

출전경기	경기시간(분)	골	어시스트	경고	퇴장
33	1,180	7	5	3	–

아틀레티코 마드리드

Atlético Madrid

TEAM PROFILE	
창 립	1903년
구 단 주	아틀레티코 홀드코
감 독	디에고 시메오네(아르헨티나)
연 고 지	마드리드
홈 구 장	완다 메트로폴리타노 스타디움 (6만8,000명)
라 이 벌	레알 마드리드
홈페이지	www.atleticodemadrid.com

최근 5시즌 성적

시즌	순위	승점
2019-2020	4위	70점(18승16무4패, 51득점 27실점)
2020-2021	1위	86점(26승8무4패, 67득점 25실점)
2021-2022	3위	71점(21승8무9패, 65득점 43실점)
2022-2023	3위	77점(23승8무7패, 70득점 33실점)
2023-2024	4위	76점(24승4무10패, 70득점 43실점)

LA LIGA

통 산	우승 11회
23-24 시즌	4위(24승4무10패, 승점 76점)

COPA DEL REY

통 산	우승 10회
23-24 시즌	4강

UEFA

통 산	유로파리그 우승 3회
23-24 시즌	챔피언스리그 8강

경기 일정

라운드	날짜	장소	상대팀
1	2024.08.20	원정	비야레알 CF
2	2024.08.26	홈	지로나
3	2024.08.29	홈	RCD 에스파뇰
4	2024.09.01	원정	아틀레틱 빌바오
5	2024.09.16	홈	발렌시아 CF
6	2024.09.23	원정	라요 바예카노
7	2024.09.27	원정	RC 셀타 데 비고
8	2024.09.30	홈	레알 마드리드
9	2024.10.07	원정	레알 소시에다드
10	2024.10.21	홈	CD 레가네스
11	2024.10.28	원정	레알 베티스 발롬피에
12	2024.11.04	홈	UD 라스팔마스
13	2024.11.11	원정	RCD 마요르카
14	2024.11.25	홈	데포르티보 알라베스
15	2024.12.02	원정	레알 바야돌리드 CF
16	2024.12.09	홈	세비야
17	2024.12.16	홈	헤타페 CF
18	2024.12.23	원정	FC 바르셀로나
19	2025.01.12	홈	CA 오사수나
20	2025.01.20	원정	CD 레가네스
21	2025.01.27	홈	비야레알 CF
22	2025.02.03	홈	RCD 마요르카
23	2025.02.10	원정	레알 마드리드
24	2025.02.17	홈	RC 셀타 데 비고
25	2025.02.24	원정	발렌시아 CF
26	2025.03.03	홈	아틀레틱 빌바오
27	2025.03.10	원정	헤타페 CF
28	2025.03.17	홈	FC 바르셀로나
29	2025.03.31	원정	RCD 에스파뇰
30	2025.04.07	원정	세비야
31	2025.04.14	홈	레알 바야돌리드 CF
32	2025.04.21	원정	UD 라스팔마스
33	2025.04.24	홈	라요 바예카노
34	2025.05.05	원정	데포르티보 알라베스
35	2025.05.12	홈	레알 소시에다드
36	2025.05.15	원정	CA 오사수나
37	2025.05.19	홈	레알 베티스 발롬피에
38	2025.05.26	원정	지로나

전력분석 이적시장 주인공은 나야 나!

아무래도 지난여름 이적시장의 주인공은 아틀레티코 마드리드인 것 같다. 다수의 선수들이 떠나며 생긴 공백을 거침없는 투자로 메꾸며 최고의 선수단을 꾸렸다. 그동안 팀의 핵심으로 활약했던 선수들이 대거 이탈했다. 최전방을 책임졌던 알바로 모라타가 AC밀란으로 떠났고, 좌측면과 중앙 수비를 오가며 안정된 활약을 펼친 왼발 수비수 마리오 에르모소가 계약이 만료됐다. 더불어 찰라르 쇠윈쥐는 페네르바체, 스테판 사비치는 트라브존스포르, 가브리엘 파울리스타는 베식타스, 멤피스 데파이와 비톨로는 자유계약으로 결별했다. 계속해서 부진하여 입지를 잃은 사울 니게스는 세이바로 임대됐다.

선수 판매로 2,100만 유로의 수익을 남긴 가운데 투자는 공격적이었다. 최전방 자리에는 지난 시즌 득점 2위 알렉산데르 쇠를로트를 3,200만 유로에, 수비에는 레알 소시에다드 핵심 수비수 로빈 르노르망을 3,400만 유로에 영입했다. 그리고 추가적인 공격 보강엔 엘링 홀란드의 그림자에 가려졌던 맨체스터 시티의 훌리안 알바레스를 옵션 포함 무려 9,500만 유로에 영입했다. 1억 5,000만 유로가 훌쩍 넘는 금액을 투자하며 최정상 스쿼드를 구축했다. 당연히 가장 기대되는 조합은 알바레스-쇠를로트-그리즈만으로 이어지는 3톱이다.

전술분석 시메오네표 변형 3백과 공격 축구

디에고 시메오네 감독의 4-4-2 두 줄 수비는 새로운 전술적 트렌드였다. 약팀이 강팀을 잡을 수 있는 정석과도 같았다. 하지만 시즌을 거듭하며 한계점에 부딪혔고, 그는 오랜 기간 자신을 대표하던 4-4-2 포메이션을 버리고 공격적인 축구를 선택하기 시작했다. 넓게 배치한 측면에 3명의 미드필더로 중원의 우위를 점하며 이전보다 공격적으로 나섰다. 그 결과 2020/21 시즌 라리가 우승을 차지하는 성과를 이뤘다.

지난여름 이적시장에서 활발하게 움직이며 최고의 보강을 이룬 만큼 시메오네 감독은 더욱 공격적으로 전술을 구사할 수 있게 됐다. 기존 4-4-2와 유사한 4-2-3-1 포메이션으로 나선다. 한쪽 측면에 높게 올라가는 대신 반대편 측면이 안쪽으로 좁히는 비대칭 전술로 3백을 만드는 형태다. 좌측 윙어로 나올 훌리안 알바레스, 공격형 미드필더 앙투안 그리즈만이 양측 하프페이스를 공략하고, 좌측 수비수 사무엘 리누, 우측 윙어 마르코스 요렌테가 양 측면에 배치된다. 우측 수비로 나설 로빈 르노르망 혹은 세자르 아스필리쿠에타가 안쪽으로 좁혀 스리백을 형성하는 형태다. 여기에 공격진에 주앙 펠릭스, 앙헬 코레아가 또 다른 옵션으로 나선다.

Atletico de Madrid v Girona FC - LaLiga EA Sports
아틀레티코 마드리드의 훌리안 알바레스가
지로나 FC의 다비드 로페스에게 도전장을 던지고 있다.
<2024/08/25, Estadio Civitas Metropolitano>

폭풍 영입! 이제는 무관 깨트릴 때

디에고 시메오네 감독과의 결별은 없었다. 기존 계약이 지난여름까지였지만 지난해 11월 2027년까지 재계약을 체결하며 동행을 이어갔다. 아틀레티코는 구단 최장수 감독에 대한 예우와 함께 신뢰를 보냈다. 그도 그럴 것이 레알 마드리드, 바르셀로나로 이어졌던 라리가 양강 체제를 2011년 시메오네 감독 부임 후 아틀레티코가 깨뜨렸다. 시메오네 감독은 첫 시즌부터 유로파리그 우승을 시작으로 라리가 2회, 코파 델 레이 1회, 수페르코파 1회 등 총 8번의 트로피를 들어 올렸다. 특히 리그 우승이 뜻깊다. 1995/96 시즌 우승 후 강등의 아픔까지 겪던 중 18년 만에 리그 정상에 올랐기 때문이다. 더불어 챔피언스리그에서도 두 차례의 준우승을 하는 등 최고의 팀으로 발돋움했다.

하지만 지난 시즌에 자존심을 구겼다. 시메오네 감독 체제에서 줄곧 리그 3위 자리를 지켰으나, 지로나의 돌풍에 밀려 4위를 기록했다. 시즌 도중 부임했던 2011/12 시즌을 제외하면 처음으로 3위 밖으로 밀려났다. 더불어 챔피언스리그 8강, 코파 델 레이 4강에서도 탈락하며 2021년부터 3시즌 연속 무관을 기록했다. 이번 시즌에는 이어진 무관을 깨트리고 다시 한번 시메오네 감독 체제에서 정상을 차지하겠다는 각오다. 2025년 열리는 클럽월드컵과 선수단 매각을 통한 수익과 더불어 구단주가 7,000만 유로의 채권을 발행해 적극적인 투자를 감행했다. 이전의 이적시장 행보와 달리 훌리안 알바레스, 알렉산더 쇠를로트, 로빈 르노르망 등 정상급 선수들을 한번에 영입할 수 있었던 배경이다.

최우선적 과제는 우승이나, 시메오네 감독은 챔피언스리그 정상에 서고 싶을 것이다. 아틀레티코 부임 후 모든 대회에서 우승을 차지했지만, 아직 챔피언스리그 우승이 없다. 아쉬웠던 두 차례 준우승뿐이다. 최장수 감독과 함께 역대급 투자를 한 아틀레티코가 새 역사를 이룰 수 있을지 주목된다.

TEAM FORMATION

IN & OUT

주요 영입	주요 방출
훌리안 알바레스, 로빈 르노르망, 알렉산더 쇠를로트, 사무 오모로디온, 주앙 펠릭스, 하비 갈란, 줄리아노 시메오네, 하비 세라노, 산티아고 무리뇨, 아르투르 베르미렌, 클레망 랑글레, 후안 무소	알바로 모라타, 찰라르 쇠윈지, 슈테판 사비치, 가브리엘 파울리스타, 사울 니게스, 마리오 에르모소, 멤피스 데파이, 비톨로, 카를로스 마르틴, 주앙 펠릭스, 사무 오모로디온, 호라티우 몰도반, 아르투르 베르미렌, 산티아고 무리뇨

지역 점유율

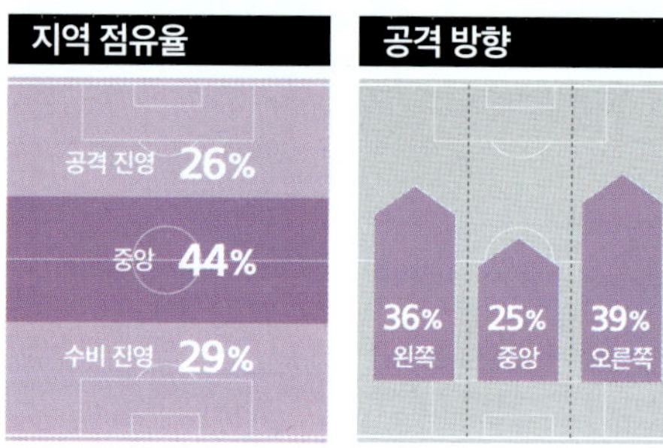

공격 방향

슈팅 지역

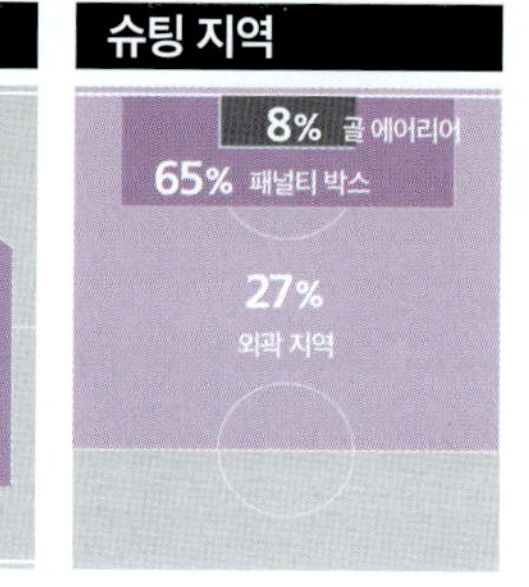

TEAM RATINGS

슈팅	9
패스	8
수비력	10
선수층	9
감독	9
조직력	9

종합: 54

2023/24 프로필

팀 득점	70
평균 볼 점유율	50.80%
패스 정확도	84.60%
평균 슈팅 수	12.7
경고	82
퇴장	5

골 타입 (단위 %)

오픈 플레이	74
세트 피스	7
카운터 어택	9
패널티 킥	7
자책골	3

패스 타입 (단위 %)

쇼트 패스	87
롱 패스	9
크로스 패스	3
스루 패스	0

SQUAD

포지션	등번호	이름		생년월일	키(cm)	체중(kg)	국적
GK	1	후안 무소	Juan Musso	1994.05.06	191	93	아르헨티나
GK	13	얀 오블락	Jan Oblak	1993.01.07	188	87	슬로베니아
DF	2	호세 히메네스	José María Giménez	1995.01.20	185	80	우루과이
DF	3	세자르 아스필리쿠에타	César Azpilicueta	1989.08.28	178	77	스페인
DF	15	클레망 랑글레	Clément Lenglet	1995.06.17	186	81	프랑스
DF	16	나우엘 몰리나	Nahuel Molina	1998.04.06	175	70	아르헨티나
DF	20	악셀 비첼	Axel Witsel	1989.01.12	186	81	벨기에
DF	21	하비 갈란	Javi Galán	1994.11.19	172	70	스페인
DF	23	헤이닐두 만다바	Reinildo Mandava	1994.01.21	180	73	모잠비크
DF	24	로빈 르노르망	Robin le Normand	1996.11.11	187	80	스페인
MF	4	코너 갤러거	Geoffrey Kondogbia	1993.02.15	182	77	잉글랜드
MF	5	로드리고 데 파울	Rodrigo de Paul	1994.05.24	180	70	아르헨티나
MF	6	코케	Koke	1992.01.08	176	74	스페인
MF	8	파블로 바리오스	Pablo Barrios	2003.06.15	181	75	스페인
MF	11	토마 르마	Thomas Lemar	1995.11.12	171	62	프랑스
MF	12	사무엘 리누	Samuel Lino	1999.12.23	170	69	브라질
MF	14	마르코스 요렌테	Marcos Llorente	1995.05.30	184	74	스페인
MF	17	로드리고 리켈메	Rodrigo Riquelme	2000.04.02	174	68	스페인
FW	7	앙투안 그리즈만	Antoine Griezmann	1991.03.21	176	73	프랑스
FW	9	알렉산데르 쇠를로트	Alexander Sørloth	1995.12.05	195	94	노르웨이
FW	10	앙헬 코레아	Ángel Correa	1995.03.09	171	68	아르헨티나
FW	17	로드리고 리켈메	Rodrigo Riquelme	2000.04.02	174	70	스페인
FW	19	훌리안 알바레스	Julián Alvarez	2000.01.31	170	71	아르헨티나
FW	22	줄리아노 시메오네	Giuliano Simeone	2002.12.18	173	75	아르헨티나

상대팀 최근 6경기 전적			
구분	승	무	패
레알 마드리드	2	2	2
바르셀로나	1		5
지로나	4	1	1
아틀레티코 마드리드			
아틀레틱 빌바오	3		3
레알 소시에다드	4	1	1
레알 베티스	5	1	
비야레알	2	3	1
발렌시아	4	1	1
데포르티보 알라베스	4		2
오사수나	5		1
헤타페	4	2	
셀타 비고	6		
세비야	4	1	1
마요르카	3		3
라스 팔마스	4		2
라요 바예카노	5	1	
레가네스	3	3	
레알 바야돌리드	5	1	
에스파뇰	3	3	

디에고 시메오네 *Diego Simeone*

1970년 4월 28일생 아르헨티나

4-4-2 두 줄 수비와 역습을 앞세운 전술로 축구의 새로운 패러다임을 제시했다. 점유율과 전방 압박을 통해 우위를 점하는 펩 과르디올라 감독과 함께 2010년대 축구 전술 트렌드를 이끌었다. 2011년 아틀레티코 마드리드에 부임해 12년 동안 팀을 이끌고 있다. 장기 집권 속의 아틀레티코는 전성기를 맞이했다. 기존의 레알 마드리드와 바르셀로나의 양강 체제를 깨뜨리고 3강 체제의 이미지를 굳혔다. 11년 동안 라리가 우승 2회를 포함해 8번 트로피를 들어 올렸다. 지난 시즌 도중 2027년까지 재계약을 맺었다.

		양투안 그리즈만	출전경기	경기시간(분)	골	어시스트	경고	퇴장
FW	7	Antoine Griezmann	33	2,654	16	6	5	-

국적: 프랑스

루이스 아라고네스를 넘어 아틀레티코 마드리드 최고의 레전드 반열에 올라서고 있다. 2선 모든 지역을 소화할 수 있는 멀티성과 경기를 풀어가는 마에스트로 같은 모습은 당연 세계 최고 중 한 명이다. 2019년 바르셀로나로 이적하며 팬들의 원성을 사기도 했다. 바르셀로나에서 100경기 넘게 뛰었으나 아쉬운 모습을 보인 채 2021년 아틀레티코로 다시 돌아왔다. 떨어진 경기력을 다시 회복하며 부활에 성공했다. 2022/23 시즌 31개의 공격포인트를 기록했고 지난 시즌에는 16골 6도움을 올렸다.

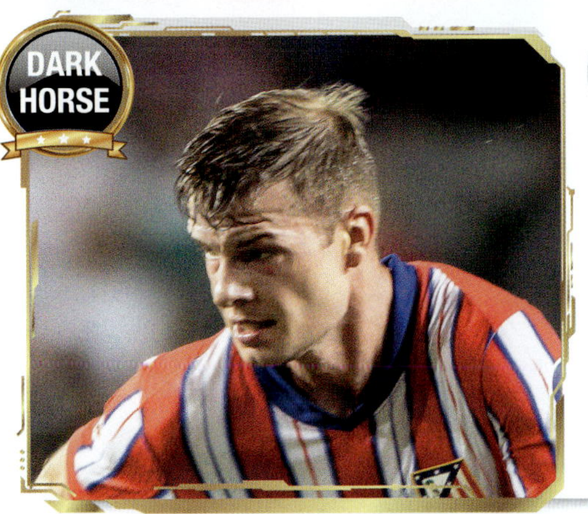

		알렉산데르 쇠를로트	출전경기	경기시간(분)	골	어시스트	경고	퇴장
FW	9	Alexander Sørloth	34	2,493	23	6	3	-

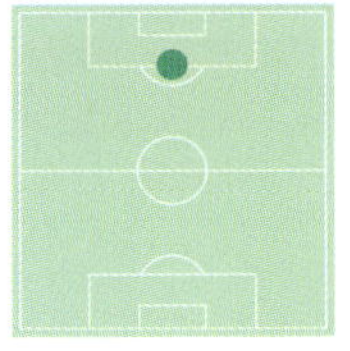

국적: 노르웨이

알바로 모라타는 AC밀란으로 떠났고, 아틀레티코 마드리드의 새로운 최전방 공격수로 낙점받았다. 195㎝의 큰 신장에 비해 빠른 발과 연계 능력 또한 갖추고 있다. 함께 대표팀을 이끌고 있는 엘링 홀란과 자주 비교되기도 한다. 2019/20 시즌 트라브존스포르에서 34경기 24골을 터뜨리는 저력을 보였다. 2020년 라이프치히로 향했으나 기대 이하였다. 2021년 레알 소시에다드로 임대되며 다시 경기력을 끌어올렸고, 2023년 비야레알로 이적해 지난 시즌 34경기 23골로 리그 득점 2위에 올랐다.

		훌리안 알바레스	출전경기	경기시간(분)	골	어시스트	경고	퇴장
FW	19	Julian Alvarez	36	2,659	11	9	2	-

국적: 아르헨티나

지난여름 최고의 이적 중 하나다. 리버 플레이트에서 잠재력을 보여주며 2022년 맨체스터 시티에 합류했다. 엘링 홀란이라는 괴물 공격수의 그림자에 가려 백업 자리를 차지했지만 출전할 때마다 자신의 실력을 증명했다. 2022/23 시즌 맨시티 트레블의 주역으로 활약했고, 지난 시즌에는 홀란 부재 시 해결사로, 케빈 더 브라이너의 부재 시 플레이메이커로서 두각을 나타냈다. 맨시티에서 두 시즌 동안 103경기 36골 18도움을 기록했다. 지난 여름, 옵션 포함 9,500만 유로 이적료로 아틀레티코에 합류했다. 몸값만 6배가 뛰었다.

GK 13 얀 오블락
Jan Oblak

국적: 슬로베니아

선방 능력만큼은 세계 최고라 해도 과언이 아니다. 최소 실점 골키퍼에게 주는 사모라상을 5차례나 수상했다. 슬로베니아 출신으로 올림피야 류블랴나에서 성장해 2010년 벤피카로 이적해 3년간 임대를 통해 경험을 쌓았다. 2014년 아틀레티코 마드리드로 이적해 다비드 데 헤아, 티보 쿠르투아에 이어 시메오네 감독 축구의 최후방을 책임지고 있다. 지난 시즌에 38경기 전 경기에 출전해 13번의 클린 시트를 작성했다.

출전경기	경기시간(분)	실점	무실점(경기)	경고	퇴장
38	3,420	43	13	1	-

DF 2 호세 히메네스
Jose Gimenez

국적: 우루과이

2013년 아틀레티코 마드리드에 합류해 11년 동안 활약 중이다. 시메오네 감독의 수비 축구를 그 누구보다 잘 이해하고 있는 수비수이다. 크지 않은 신장에도 엄청난 점프력을 앞세운 공중볼 경합 능력과 터프한 플레이를 통한 전진 수비가 강점이다. 스리백과 포백 관계없이 시메오네 감독 전술 아래 제 몫을 다 해준다. 그러나 매 시즌 잔 부상에 시달리며 일부 경기에 나서지 못하는 것은 단점이다.

출전경기	경기시간(분)	골	어시스트	경고	퇴장
22	1,325	-		5	-

DF 3 세자르 아스필리쿠에타
Cesar Azpilicueta

국적: 스페인

대인 수비가 뛰어나며 엄청난 활동량을 바탕으로 적극적인 공격 가담에 능하다. 우측 수비뿐만 아니라 중앙 수비까지 소화할 수 있다. 스리백과 포백 모두 뛸 수 있으며 윙백까지 가능하다. 오사수나에서 커리어를 시작해 올랭피크 드 마르세유를 거쳐 2012년 첼시로 이적했다. 11년 동안 뛰며 팀의 주장과 레전드로 인정받은 뒤 지난 시즌에 아틀레티코 마디리드에 합류했다. 30대 중반에도 건재함을 보여주고 있다.

출전경기	경기시간(분)	골	어시스트	경고	퇴장
25	1,423	-	2	4	-

DF 15 클레망 랑글레
Clement Lenglet

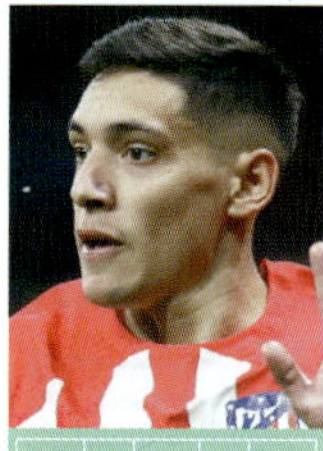

국적: 프랑스

최고의 왼발 중앙 수비수는 한 철이었다. 프랑스 AS낭시에서 1군 무대를 밟은 뒤 2017년 세비야로 이적하며 두각을 나타냈다. 희귀한 왼발을 주로 사용하는 점을 넘어 빌드업 능력이 각광을 받았다. 전진 패스는 물론 롱 패스까지 장착해 2018년 바르셀로나로 둥지를 옮긴 후에도 곧바로 주전 자리를 꿰차기도 했다. 하지만 2021년부터 급격히 기량이 저하됐고, 입지를 잃으며 임대를 떠다니게 됐다.

출전경기	경기시간(분)	골	어시스트	경고	퇴장
14	1,156	-	1	3	-

DF 16 나우엘 몰리나
Nahuel Molina

국적: 아르헨티나

보카 주니어스에서 성장해 우디네세 칼초를 거쳐 2022년 아틀레티코 마드리드로 이적했다. 우수한 기동력과 빠른 속도를 통한 공격은 측면 수비수의 정석과도 같은 모습이다. 킥 능력 또한 준수해 측면에서 양질의 크로스를 보여주고 있다. 2021년부터 꾸준히 아르헨티나 대표팀에 소집됐다. 2021 코파아메리카, 2022 카타르 월드컵, 2024 코파아메리카 3연속 우승 경험을 했다.

출전경기	경기시간(분)	골	어시스트	경고	퇴장
30	1,860	2	3	4	1

DF 20 악셀 비첼
Axel Witsel

국적: 벨기에

지난 시즌, 중앙 수비수들이 번갈아 부상을 당하며 본래 포지션인 수비형 미드필더가 아닌 중앙 수비수로 헌신했다. 90분당 평균 볼 리커버리 4.2회, 클리어링 3.1회를 기록하며 팀 수비의 핵심이 됐다. 중국 톈진 취안젠에서 뛴 특이한 이력이 있다. 2018년 보루시아 도르트문트로 이적해 건재함을 과시했고, 아틀레티코 마드리드에서는 부드러운 발밑을 앞세워 빌드업의 출발점 역할을 맡고 있다.

출전경기	경기시간(분)	골	어시스트	경고	퇴장
35	2,784	2	-	5	-

DF 21 하비 갈란
Javi Galan

국적: 스페인

하부 리그 코르도바에서 성장해 우에스카를 거쳐 2021년 셀타 비고로 이적하며 주목받기 시작했다. 탄탄한 수비력을 앞세워 팀의 좌측면을 지켰다. 팀이 핵심으로 자리매김하며 2023/24 시즌을 앞두고 아틀레티코 마드리드 유니폼을 입었다. 하지만 경쟁에서 밀려났고, 지난 시즌 도중 레알 소시에다드로 임대를 떠나 14경기 1도움을 기록했다. 아틀레티코에 복귀해 스리백의 스토퍼 자리까지 소화할 예정이다.

출전경기	경기시간(분)	골	어시스트	경고	퇴장
14	1,075	-	1	3	

DF 23 헤이닐두 만다바
Reinildo Mandava

국적: 모잠비크

폭발적인 스피드와 탄탄한 피지컬을 앞세운 날카로운 공격력을 보유하고 있다. 수비 상황에서도 대인 수비 능력이 뛰어나다. 중앙 수비수로도 종종 중용받고 있다. 아프리카 모잠비크 출신으로 2019년 프랑스 릴에서 자신의 기량을 보여줬다. 2020/21 시즌 리그 우승 후 2022년 아틀레티코 마드리드로 이적했다. 십자인대 부상으로 장기 이탈 후 지난 시즌 중반부에 복귀해 16경기 762분을 소화했다.

출전경기	경기시간(분)	골	어시스트	경고	퇴장
16	726	2	1	2	

DF 24 로빈 르노르망
Robin Le Normand

국적: 스페인

프랑스 출신이었으나 2023년 스페인 대표팀에 합류하기 위해 국적을 취득했다. 프랑스에서 성장한 뒤 2016년 레알 소시에다드 2군으로 이적했다. 2018년부터 1군 무대에서 6년 동안 소시에다드 수비의 핵심이었다. 안정된 수비를 보여줬으며, 188㎝의 큰 신장을 이용하여 공중볼에 강한 모습을 보여줬다. 부드러운 발밑까지 갖추고 있어 빌드업 능력도 과시하고 있다. 이번 시즌 아틀레티코 마드리드로 합류했다.

출전경기	경기시간(분)	골	어시스트	경고	퇴장
29	2,473	2		13	

MF 4 코너 갤러거
Conor Gallegher

국적: 잉글랜드

첼시 '성골 유스' 출신으로 2019년부터 찰턴, 스완지, WBA 등으로 여러 차례 임대를 통해 경험을 쌓았다. 2021년 크리스탈 팰리스에서 두각을 나타낸 뒤, 첼시 복귀 후 팀의 핵심으로 활약했다. 왕성한 활동량을 바탕으로 강한 압박과 준수한 기본기로 여러 포지션을 소화할 수 있다. 시메오네 감독이 가장 좋아할 유형의 미드필더다. 이적 과정이 순탄치 않았지만 4,200만 유로의 이적료를 기록하며 아틀레티코로 왔다.

출전경기	경기시간(분)	골	어시스트	경고	퇴장
37	3,137	5	7	7	1

MF 5 로드리고 데 파울
Rodrigo De paul

국적: 아르헨티나

아르헨티나의 2022 카타르 월드컵 우승 당시 리오넬 메시의 호위무사로 유명하다. 커리어 초반에는 2선에서 활약하다 중앙 미드필더로 보직 변경 후 왕성한 활동량과 공수 가리지 않은 적극적인 움직임으로 돋보이기 시작했다. 전진 능력 또한 갖춰 공격과 수비의 연결고리 역할을 맡고 있다. 2021년 아틀레티코 마드리드 합류 후 핵심 미드필더로 자리 잡았다. 좌우 측면부터 2선까지 소화하며 궂은일도 맡고 있다.

출전경기	경기시간(분)	골	어시스트	경고	퇴장
34	2,088	3	5	7	-

MF 6 코케
Koke

국적: 스페인

아틀레티코 마드리드의 원클럽맨이자 프랜차이즈 스타다. 2000년부터 무려 24년 동안 몸담고 있다. 이제는 팀의 주장으로서 리더십을 발휘하고 있다. 스페인 미드필더다운 정교한 패스와 경기 조율 능력을 갖고 있다. 30대 나이에도 큰 기량 저하 없이 제 몫을 다하고 있다. 더욱이 부상 없이 꾸준한 몸 관리를 통해 매 시즌 30경기 이상을 뛰고 있다. 지난 시즌에도 35경기 2504분을 출전했다.

출전경기	경기시간(분)	골	어시스트	경고	퇴장
35	2,504	-	4	5	-

MF 8 파블로 바리오스
Pablo Barrios

국적: 스페인

레알 마드리드 유스에서 2017년 아틀레티코 마드리드 유스팀으로 이적해 현재까지 활약 중이다. 2003년생으로 2022년 10대 나이에 1군 무대를 밟았다. 임대 없이 시메오네 감독이 직접 성장시키는 미드필더다. 코케에 이어 팀 중원의 핵심이 될 재목이다. 중앙 미드필더, 수비형 미드필더를 소화할 수 있다. 활동량을 앞세운 성실한 모습으로 꾸준히 기회를 받고 있다. 지난 시즌 24경기 1559분을 소화했다.

출전경기	경기시간(분)	골	어시스트	경고	퇴장
24	1,559	-	1	5	-

MF 11 토마 르마
Thomas Lemar

국적: 프랑스

2015년 AS모나코로 이적하며 알려지기 시작했다. 레오나르두 자르딤 감독 체제에서 창의적인 모습과 측면까지 소화할 수 있는 멀티성을 보여줬다. 수많은 빅 클럽의 관심 속 7,000만 유로의 이적료를 기록하며 2018년 아틀레티코 마드리드로 이적했다. 계속해서 먹튀 논란이 뒤따랐지만 2020/21 시즌부터 제 기량을 보여주기 시작했다. 그러나 지난 시즌 초반 아킬레스건 파열로 수술대에 올라 막판에 복귀했다.

출전경기	경기시간(분)	골	어시스트	경고	퇴장
3	166	-	-	-	-

MF 12 사무엘 리누
Samuel Lino

국적: 브라질

지난해 여름 야닉 카라스코가 떠난 후 완벽한 대체자가 됐다. 작은 체구에도 화려한 발기술과 저돌적인 돌파력을 통해 아틀레티코 마드리드의 한쪽 측면 공격을 담당했다. 2022년 아틀레티코 이적 후 곧바로 발렌시아로 임대를 떠나 경험을 쌓았다. 당시 38경기 6골 1도움을 기록하며 성공적인 임대 생활을 보냈고, 지난 시즌 복귀해 34경기 4골 5도움을 기록했다. 지난 시즌 구단 올해의 선수에 선정됐다.

출전경기	경기시간(분)	골	어시스트	경고	퇴장
34	2,092	4	5	-	-

MF 14 마르코스 요렌테
Marcos Llorente

국적: 스페인

레알 마드리드에서 성장한 뒤 2019년 아틀레티코 마드리드로 이적했다. 이전까지 3선 수비형 미드필더 자리에서 활약하다 시메오네 감독 체제에서 공격적인 역할을 부여받은 뒤 펄펄 날아올랐다. 세컨드 스트라이커, 공격형 미드필더 자리에서 두각을 보였고, 상황에 따라 스리백의 우측 윙백으로도 헌신했다. 지난 시즌에는 부상 없이 대다수의 경기에 나섰다. 37경기 2573분을 소화하며 6골 4도움을 기록했다.

출전경기	경기시간(분)	골	어시스트	경고	퇴장
37	2,573	6	4	5	-

MF 17 로드리고 리켈메
Rodrigo Riquelme

국적: 스페인

아틀레티코 마드리드가 기대하고 있는 공격 유망주다. 유스팀에서 성장해 본머스, 미란데스, 지로나 임대를 거쳐 가파른 성장세를 보였다. 미란데스에서는 2부 리그 도움왕을 경험한 바 있다. 지로나 임대를 마친 뒤 지난 시즌에는 아틀레티코가 이강인 영입을 노리며 그 일환으로 이적할 것으로 예상됐지만 팀에 잔류했다. 빠른 속도와 공격 등 전 지역을 뛸 수 있는 멀티성을 통해 34경기 3골 5도움을 기록했다.

출전경기	경기시간(분)	골	어시스트	경고	퇴장
34	1,527	3	5	1	-

FW 10 앙헬 코레아
Angel Correa

국적: 아르헨티나

2015년 아틀레티코 마드리드로 이적해 어느덧 9년째 뛰고 있다. 최전방 공격수를 비롯해 양 측면과 세컨드 스트라이커 자리까지 소화할 수 있다. 저돌적인 돌파로 안쪽으로 치고 들어와 득점을 만드는 데 강섬이 있다. 아틀레티코에서 확고한 선발이기보다는 슈퍼조커에 가깝다. 시메오네 감독의 공격 옵션 교체 카드 1순위다. 지난 시즌 32경기 1528분을 소화하며 11개 공격 포인트(9골 2도움)를 올렸다.

출전경기	경기시간(분)	골	어시스트	경고	퇴장
32	1,528	9	2	3	-

아틀레틱 빌바오
Athletic Club Bilbao

TEAM PROFILE

창 립	1898년
구 단 주	욘 우리아르테(스페인)
감 독	에르네스토 발베르데(스페인)
연 고 지	바스크 빌바오
홈 구 장	에스타디오 산 마메스(5만 3,331명)
라 이 벌	레알 소시에다드
홈페이지	www.athletic-club.eus

최근 5시즌 성적

시즌	순위	승점
2019-2020	11위	51점(13승12무13패, 41득점 38실점)
2020-2021	10위	43점(11승13무14패, 46득점 42실점)
2021-2022	8위	55점(14승13무11패, 43득점 36실점)
2022-2023	8위	51점(14승9무15패, 47득점 43실점)
2023-2024	5위	68점(19승11무8패, 61득점 37실점)

LA LIGA

통 산	우승 8회
23-24 시즌	5위(19승11무8패, 승점 68점)

COPA DEL REY

통 산	우승 24회
23-24 시즌	우승

UEFA

통 산	없음
23-24 시즌	없음

경기 일정

라운드	날짜	장소	상대팀
1	2024.08.16	홈	헤타페 CF
2	2024.08.25	원정	FC 바르셀로나
3	2024.08.29	홈	발렌시아 CF
4	2024.09.01	홈	아틀레티코 마드리드
5	2024.09.16	원정	UD 라스팔마스
6	2024.09.20	원정	CD 레가네스
7	2024.09.22	홈	RC 셀타 데 비고
8	2024.09.29	홈	세비야
9	2024.10.07	원정	지로나
10	2024.10.21	홈	RCD 에스파뇰
11	2024.10.28	원정	RCD 마요르카
12	2024.11.04	홈	레알 베티스 발롬피에
13	2024.11.11	원정	레알 바야돌리드 CF
14	2024.11.25	홈	레알 소시에다드
15	2024.12.02	원정	라요 바예카노
16	2024.12.09	홈	비야레알 CF
17	2024.12.16	원정	데포르티보 알라베스
18	2024.12.23	원정	CA 오사수나
19	2025.01.12	홈	레알 마드리드
20	2025.01.20	원정	RC 셀타 데 비고
21	2025.01.27	홈	CD 레가네스
22	2025.02.03	원정	레알 베티스 발롬피에
23	2025.02.10	홈	지로나
24	2025.02.17	원정	RCD 에스파뇰
25	2025.02.24	홈	레알 바야돌리드 CF
26	2025.03.03	원정	아틀레티코 마드리드
27	2025.03.10	홈	RCD 마요르카
28	2025.03.17	원정	세비야
29	2025.03.31	홈	CA 오사수나
30	2025.04.07	원정	비야레알 CF
31	2025.04.14	홈	라요 바예카노
32	2025.04.21	원정	레알 마드리드
33	2025.04.24	홈	UD 라스팔마스
34	2025.05.05	원정	레알 소시에다드
35	2025.05.12	홈	데포르티보 알라베스
36	2025.05.15	원정	헤타페 CF
37	2025.05.19	원정	발렌시아 CF
38	2025.05.26	홈	FC 바르셀로나

아쉬운 작별이 많지만, 니코는 지켰다

라리가 명문 구단으로 레알 마드리드, 바르셀로나, 아틀레티코 마드리드 다음으로 라리가 우승(8회)이 많은 구단이다. 천문학적 투자가 이뤄지는 현대축구에서 바스크 순수 혈통만 팀에서 뛸 수 있는 독특한 구단 운영 정책이 특징이다. 선수 영입은 수월하지 않지만, 과거부터 꾸준히 수준급 선수들을 배출하며 경쟁력을 보여주고 있다. 이번 시즌을 앞두고 이적설에 휘말렸던 '에이스' 니코 윌리엄스를 지킨 것은 고무적이다. 스페인 대표팀에서 유로 2024 우승을 이끌며 자신의 주가를 한층 더 높였다. 바르셀로나와 파리 생제르맹과 연결됐지만 잔류를 확정했다. 형제인 이냐키 윌리엄스와 해결사 고르카 구세타와의 삼각편대가 다시 작동할 예정이다. 하지만 사랑받던 선수들이 떠났다. 2005년 유스팀에서 성장해 2009년 구단 최연소 데뷔 기록의 '캡틴' 이케르 무니아인이 떠났다. 주목받던 유망주였던 무니아인은 두 번의 십자인대 부상을 극복하고 2018년부터 팀의 주장 완장을 물려받으며 가장 사랑받던 선수였다. 두 명의 가르시아도 함께 작별을 고했다. 2018년 팀에 합류해 팀의 엔진이었던 다니 가르시아가 올림피아코스로 이적했고, 2015년부터 팀의 최전방을 책임졌던 라울 가르시아가 38세 나이에 은퇴를 선언하며 축구화를 벗었다.

더 단단한 수비, 더 빨라진 공격

에르네스토 발베르데 감독 체제에서 빌바오는 4-2-3-1 포메이션을 중용했다. 최전방에 고르카 구루세타가 나섰고, 측면에는 형제 니코 윌리엄스와 이냐키 윌리엄스가 공격을 이끌었다. 중원에는 새로운 엔진 역할을 하는 마요르카 출신의 이니고 루이스 데갈라레타가 버텼고, 수비에는 다니 비비안, 예라이 알바레스, 아이토르 파레데스, 최후방에는 우나이 시몬 골키퍼가 중심을 잡았다. 이번 시즌에도 큰 틀의 변화는 없을 예정이다. 기존 포메이션을 유지하면서 일부 포지션에 선수 변화만 가져갈 것으로 보인다. 공격에 니코 못지않은 스피드 스타인 알바로 잘로가 합류했다. 포르투갈 SC브라가에서 저돌적인 돌파와 화려한 발기술을 자랑했다. 기존 선수들과 함께 경쟁을 펼치며 자신의 잠재력을 펼치고자 한다. 수비에는 지난 시즌에 가파른 성장을 보인 비비안이 있다. 유로 2024 우승으로 큰 경험을 쌓았다. 더불어 파레데스, 알바레스가 그대로 합을 맞출 예정이다. 여기에 데포르티보 알라베스에서 활약했던 안도니 고로사벨이 합류했다. 단단한 수비력을 바탕으로 30대 중반인 오스카르 데 마르코스와 경쟁한다. 그리고 왼쪽에는 유리 베리치체가 여전히 건재함을 보여주고 있다.

국왕컵 우승, 산 마메스에서의 UEL 결승

에르네스토 발베르데 감독과의 궁합은 최고다. 총 3번의 만남에서 인상적인 모습들이 가득하다. 첫 만남이었던 2002년, 두 번째 만남이었던 2013년 그리고 세 번째 2022년까지 모두 과정이 좋다. 특히 유럽대항전 진출 티켓을 따내는 성과를 이루고 있다. 2022/23 시즌 상위권을 달리다 2022 카타르 월드컵을 기점으로 부진하며 최종 8위를 기록했지만 지난 시즌에 매서운 기세를 몰아 다시 한번 상위권의 문을 두드렸다. 돌풍의 지로나에 가려 많은 주목은 받지 못했지만 꾸준히 5위 자리를 지켰다. 가장 큰 업적은 당연 코파 델 레이 우승이다. 창단 125주년을 맞은 빌바오는 지난 10년 동안 코파 델 레이에서 세 차례 준우승에 그쳤으나, 지난 시즌에는 8강서 바르셀로나, 4강서 아틀레티코 마드리드를 격파하고 결승에서 마요르카를 만나 승부차기 끝에 승리하며 무려 40년 만에 우승컵을 들어 올렸다. 동시에 유로파리그 진출권까지 따내며 8년 만에 유럽대항전에 나서게 됐다. 이제 유로파리그 정상에도 도전하고자 한다. 이번 대회의 가장 큰 동기부여는 결승전이 홈구장 산 마메스에서 열린다는 것이다. 지난 시즌에 이어 또 한 번의 우승을 차지하겠다는 각오다.

IN & OUT

주요 영입	주요 방출
우나이 누녜스, 알바로 잘로, 안도니 고로사벨, 니코 세라노	아시에르 비야리브레, 이마놀 가르시아 데 알베니스, 다니 가르시아, 욘 모르시요, 후안 아르톨라, 이케르 무니아인, 라울 가르시아

TEAM FORMATION

TEAM RATINGS

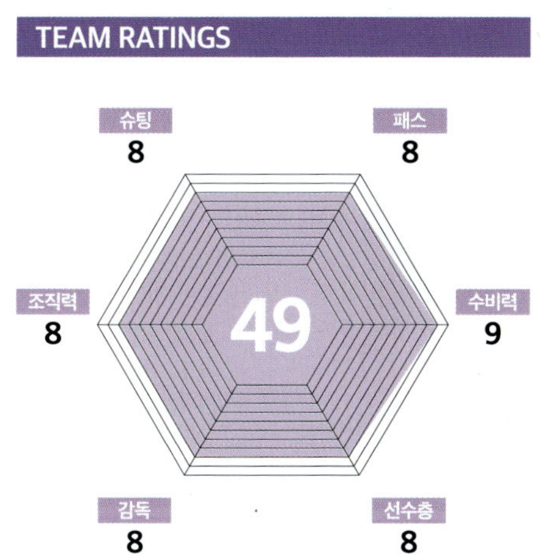

2023/24 프로필

팀 득점	61
평균 볼 점유율	49.40%
패스 정확도	79.60%
평균 슈팅 수	12.2
경고	75
퇴장	5

골 타입

오픈 플레이	72
세트 피스	15
카운터 어택	5
패널티 킥	5
자책골	3

단위 (%)

패스 타입

쇼트 패스	83
롱 패스	12
크로스 패스	5
스루 패스	0

단위 (%)

지역 점유율

공격 진영	33%
중앙	43%
수비 진영	23%

공격 방향

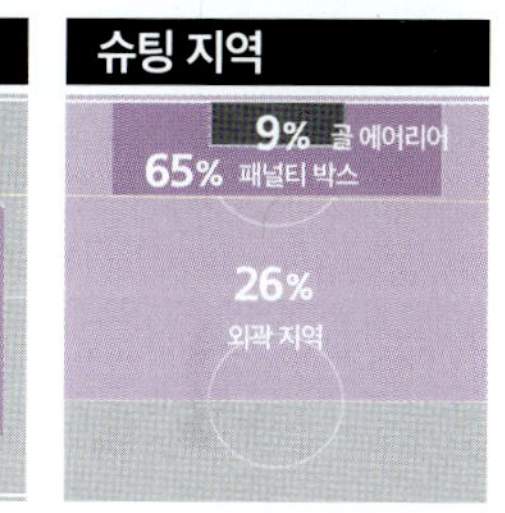

왼쪽	중앙	오른쪽
35%	25%	41%

슈팅 지역

골 에어리어	9%
패널티 박스	65%
외곽 지역	26%

상대팀 최근 6경기 전적

구분	승	무	패
레알 마드리드	1	1	4
바르셀로나	1	1	4
지로나	3	1	2
아틀레티코 마드리드	3		3
아틀레틱 빌바오			
레알 소시에다드	3	1	2
레알 베티스	2	1	3
비야레알	3	2	1
발렌시아	3	2	1
데포르티보 알라베스	4	2	
오사수나	1	3	2
헤타페	1	5	
셀타 비고	3		3
세비야	2	1	3
마요르카	2	3	1
라스 팔마스	3	1	2
라요 바예카노	4	1	1
레가네스	3	1	2
레알 바야돌리드	3	2	1
에스파뇰	3	2	1

SQUAD

포지션	등번호	이름		생년월일	키(cm)	체중(kg)	국적
GK	1	우나이 시몬	Unai Simón	1997.06.11	190	88	스페인
	13	훌렌 아기레사발라	Julen Agirrezabala	2000.12.26	187	80	스페인
DF	2	안도니 고로사벨	Andoni Gorosabel	1996.08.04	174	73	스페인
	3	다니 비비안	Dani Vivian	1999.07.05	184	82	스페인
	4	아이토르 파레네스	Aitor Paredes	2000.04.29	185	76	스페인
	5	예라이 알바레즈	Yeray Álvarez	1995.01.24	182	78	스페인
	14	우나이 누녜스	Unai Núñez	1997.01.30	186	80.6	스페인
	15	이니고 레케	Iñigo Lekue	1993.05.04	180	70	스페인
	17	유리 베르치체	Yuri Berchiche	1990.02.10	181	79	스페인
	18	오스카르 데 마르코스	Óscar de Marcos	1989.04.14	182	77	스페인
	21	안데르 카파	Ander Capa	1992.02.08	175	75	스페인
MF	6	미켈 베스가	Mikel Vesga	1993.04.08	191	83	스페인
	8	오이한 산세트	Oihan Sancet	2000.04.25	188	73	스페인
	16	이니고 루이스 데 살라레타	Iñigo Ruiz de Galarreta	1993.08.06	175	64	스페인
	20	우나이 고메스	Unai Gómez	2003.05.25	183	78	스페인
	21	안데르 에레라	Ander Herrera	1989.08.14	182	71	스페인
	23	미켈 야우레기사르	Mikel Jauregizar	2003.11.13	177	73	스페인
	24	베냐트 프라도스	Beñat Prados	2001.02.08	180	75	스페인
FW	7	알렉스 베렌게르	Álex Berenguer	1995.07.04	175	73	스페인
	9	이냐키 윌리엄스	Inaki Williams	1994.06.15	186	78	스페인
	10	니코 윌리암스	Nico Williams	2002.07.12	180	67	스페인
	11	알바로 잘로	Álvaro Djaló	1999.08.16	175	65	스페인
	12	조르카 구루세타	Gorka Guruzeta	1996.09.12	188	77	스페인
	19	하비에르 마르톤	Javier Martón	1999.05.06	181	75	스페인
	22	니코 세라노	Nico Serrano	2003.03.05	176	72	스페인

COACH

에르네스토 발베르데
Ernesto Valverde
1964년 2월 9일생 스페인

세 번째 빌바오 부임이다. 실리적인 전술을 선택하면서도 팀의 밸런스를 중시한다. 4-2-3-1, 4-4-2 포메이션을 바탕으로 3명의 미드필더를 통해 중원의 균형을 맞춘다. 다수의 팀을 거쳐 2017년 바르셀로나에 부임했다. 두 번의 라리가 우승을 거뒀으나 챔피언스리그에서 아쉬운 성적 속 팀을 떠나야만 했다. 2022년 빌바오 지휘봉을 다시 잡았다. 구단의 신뢰 속 지난 시즌에 40년 만의 코파 델 레이 우승을 이끌었다. 계약 기간 또한 2025년 여름까지 연장되며 또 한 번 미래를 보장받았다.

PLAYERS

FW	10	니코 윌리암스 *Nico Williams*

국적: 스페인

이제는 빌바오를 넘어 스페인 대표팀의 에이스로 발돋움했다. 오사수나 유스에서 빌바오 유스로 이적해 2군을 거쳐 2020/21 시즌 후반기에 1군 데뷔전을 치렀다. 이냐키 윌리엄스의 동생이다. 폭발적인 스피드와 드리블이 강점이다. 준수한 마무리 능력을 갖추고 있으며, 이타적인 모습으로 동료들과의 연계를 통해 상대 수비를 공략하는 모습 또한 보여줬다. 지난 시즌 90분당 평균 1.5개의 키패스와 함께 31경기 5골 11도움으로 팀 내 최다 도움을 기록했다. 고르카 구루제타(19개) 다음으로 팀 내 가장 많은 공격 포인트를 올렸다. 그리고 지난여름에는 유로 2024에서 바르셀로나의 라민 야말과 함께 핵심 공격수로 활약하며 12년 만에 스페인 대표팀의 우승을 이끌었다.

출전경기	경기시간(분)	골	어시스트	경고	퇴장
31	2,283	5	11	4	1

GK	1	우나이 시몬 *Unai Simon*

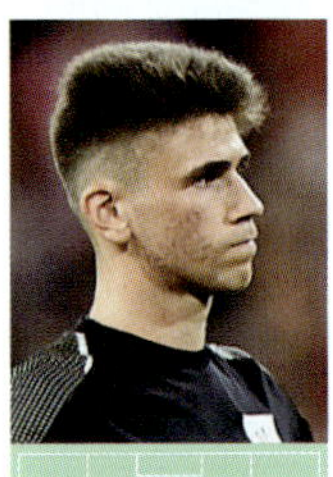

국적: 스페인

빌바오가 키워낸 또 한 명의 골키퍼 스타. 유스팀에서 성장해 2018/19 시즌 부터 1군 에서 활 약 했다. 2019/20 시즌 주전 자리를 꿰차며 라리가 최고의 골키퍼로 평가받았다. 지난 시즌 36경기에 출전해 33실점을 허용했다. 경기당 평균 실점이 0.9다. 18번의 클린 시트와 함께 96번의 세이브를 기록했다. 2021년부터 스페인 대표팀의 수문장으로 활약하고 있으며 지난여름 유로 2024 우승의 주역이다.

출전경기	경기시간(분)	실점	무실점 (경기)	경고	퇴장
36	3,184	33	18	2	-

GK	13	훌렌 아기레사발라 *Julen Agirrezabala*

국적: 스페인

빌바오는 골키퍼 걱정이 없다. 그는 우나이 시몬처럼 빌바오 유스팀에서 성장해 어린 나이부터 잠재력을 인정받은 골키퍼다. 2021/22 시즌부터 1군에 합류해 세컨드 골키퍼 자리를 지키고 있다. 시몬 못지 않은 선방과 발밑 능력을 갖추고 있다. 리그에서는 많은 기회를 받지 못했지만, 코파 델 레이에서의 활약이 눈부셨다. 마요르카와 결승전 승부차기에서 천금 같은 선방으로 40년 만에 팀의 우승을 이끌었다.

출전경기	경기시간(분)	실점	무실점 (경기)	경고	퇴장
4	236	4	2	-	-

DF	2	안도니 고로사벨 *Andoni Gorosabel*

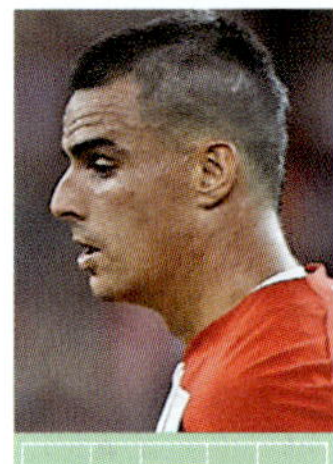

국적: 스페인

바스크 지역의 라이벌인 레알 소시에다드 유스팀 출신이다. 2023년까지 소시에다드에서 활약하다 지난 시즌에 데포르티보 알라베스를 거쳐 빌바오에 합류했다. 안정된 대인 수비와 준수한 공격 가담 능력으로 밸런스를 갖춘 수비수이다. 이니고 레쿠에, 오스카르 데 마르코스 등 30대가 넘은 빌바오 우측 수비에 새로운 옵션으로 떠오르고 있다. 지난 시즌에는 36경기 2968분을 소화했다.

출전경기	경기시간(분)	골	어시스트	경고	퇴장
36	2,869	1	-	7	-

DF	3	다니 비비안 *Dani Vivian*

국적: 스페인

바스크 출신으로 2020년부터 빌바오 1군으로 콜업됐다. 곧바로 2부 리그 임대를 통해 경험을 쌓은 뒤 2021/22 시즌 복귀해 꾸준히 잠재력을 보여주고 있다. 183㎝로 크지 않은 신장에도 탁월한 위치 선정과 탄탄한 피지컬을 보유해 공중볼 경합에 능하다. 발밑 능력 또한 갖추고 있어 주도적인 빌드업도 가능하다. 지난 3월부터 스페인 대표팀에 차출됐고, 유로 2024 최종 명단에도 포함됐다.

출전경기	경기시간(분)	골	어시스트	경고	퇴장
33	2,879	-	-	6	-

DF	4	아이토르 파레데스 *Aitor Paredes*

국적: 스페인

다니 비비안과 함께 오랜 기간 빌바오의 수비를 책임진 선수다. 지난 시즌 71%의 전진 패스 성공률과 46%의 롱패스 성공률을 보여 줬다. 빌드업 상황에서 짧은 패스부터 긴 패스 능력까지 보여주고 있다. 31경기에 선발로 나서며 부상으로 이탈했던 예라이 알바레스의 공백을 완벽하게 메웠다. 2021년 1군 무대 데뷔 후 꾸준한 성장세를 보였고, 지난 3월에는 2029년까지 재계약을 체결했다.

출전경기	경기시간(분)	골	어시스트	경고	퇴장
34	2,708	1	-	7	1

DF	5	예라이 알바레스 *Yeray Alvarez*

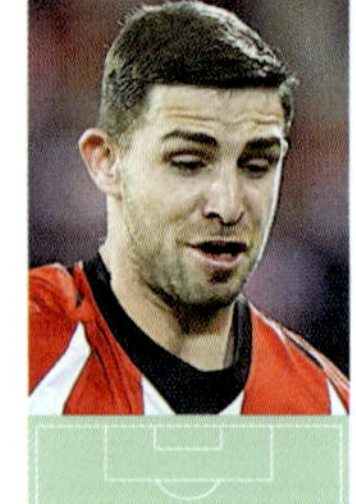

국적: 스페인

어린 나이부터 재능을 인정받았다. 2016년 빌바오 1군 데뷔 후 곧바로 주전으로 발돋움했다. 그러나 같은 해에 고환암 판정을 받아 1년 넘게 투병하다 복귀했다. 이후 꾸준히 팀의 주전으로 활약 중이다. 뛰어난 수비력으로 팀의 후방을 이끌고 있다. 스페인 선수답게 부드러운 발밑을 갖고 있어 빌드업 상황에서도 침착함을 보여주고 있다. 다만 잦은 부상에 시달리고 있다. 지난 시즌 19경기 출전에 그쳤다.

출전경기	경기시간(분)	골	어시스트	경고	퇴장
19	1,156	-	-	1	1

DF 17 유리 베르치체
Yuri Berchiche

국적: 스페인

빌바오, 레알 소시에다드 유스팀을 거쳐 토트넘 유스팀에서 성장했다. 토트넘에서 프로 무대를 밟았지만, 별다른 활약 없이 떠나게 됐다. 2012년 소시에다드로 이적한 뒤 점차 주전 자리를 차지했고, 2017년에는 파리 생제르맹으로 둥지를 옮겼다. 날카로운 왼발 킥 능력에서 나오는 공격력이 수준급인 좌측 수비수. 2018년 빌바오 이적 후 꾸준히 주전으로 활약 중이다. 지난 시즌 27경기 3골 2도움을 기록했다.

출전경기	경기시간(분)	골	어시스트	경고	퇴장
27	1,934	3	1	5	-

DF 18 오스카르 데 마르코스
Oscar de Marcos

국적: 스페인

2009년 빌바오 이적 후 어느덧 15년 동안 활약하고 있다. 미드필더로 커리어를 시작했으나 이제는 빌바오의 든든한 우측 수비수가 됐다. 좌우 측면 모두 뛸 수 있는 멀티플레이어다. 안정된 패스 능력으로 빌드업을 이끌 수 있고 왕성한 활동량을 바탕으로 공격 가담에도 능하다. 30대 중반임에도 여전히 건재함을 뽐내고 있다. 이케르 무니아인이 떠나며 이번 시즌부터 팀의 새로운 주장이 됐다.

출전경기	경기시간(분)	골	어시스트	경고	퇴장
28	2,263	1	5	5	-

MF 8 오이한 산세트
Oihan Sancet

국적: 스페인

처진 공격수와 공격형 미드필더로 활약하며 어린 나이부터 팀의 주전으로 도약했다. 간결한 플레이를 통해 공격과 수비의 연결 고리 역할을 맡으면서도 창의적인 패스로 득점 찬스를 만들 수 있는 선수다. 188cm의 신장과 탄탄한 피지컬에도 압박에 약한 모습이었으나, 지난 시즌에 밸런스를 갖추며 한층 더 성장했다. 2022/23 시즌 10골을 터트렸고, 지난 시즌에는 4골 5도움을 기록했다.

출전경기	경기시간(분)	골	어시스트	경고	퇴장
30	1,993	4	5	3	2

MF 16 이니고 루이스 데 갈라레타
Inigo Ruiz de Galarreta

국적: 스페인

중원에서 양질의 패스를 뿌려줄 수 있는 미드필더다. 빌바오에서 성장해 여러 팀을 거쳤다. 2019년 마요르카로 이적했고 2022/23 시즌 이 강인과 함께 마요르카의 핵심 선수였다. 스페인 출신다운 준수한 발재간과 안정된 패스 능력을 통해 빌드업 기점 역할을 수행하는 데 능하다. 지난 시즌 자유계약으로 친정팀 빌바오에 합류했다. 첫 시즌부터 팀의 주전 자리를 꿰차며 살림꾼으로 활약했다.

출전경기	경기시간(분)	골	어시스트	경고	퇴장
29	2,106	1	1	7	-

MF 21 안데르 에레라
Ander Herrera

국적: 스페인

엄청난 활동량과 함께 6번, 8번 10번 역할을 모두 맡을 수 있는 육각형 미드필더다. 공격에서는 창의적인 패스를 보여주고, 수비에서는 적극적인 압박을 통해 수비 라인을 보호할 수 있다. 2011년 빌바오 이적 후 2012년 유로파리그 및 코파 델 레이 준우승 일등 공신으로 활약했다. 2014년 맨체스터 유나이티드로 이적해 프리미어리그에서 활약하다 파리 생제르맹을 거쳐 2022년 빌바오로 돌아왔다.

출전경기	경기시간(분)	골	어시스트	경고	퇴장
23	1,023		3	4	-

FW 7 알렉스 베렝게르
Alex Berenguer

국적: 스페인

빠른 속도와 드리블 돌파에 능한 공격수. 측면에서 안쪽으로 치고 들어와 동료들과의 연계를 통해 기회를 창출한다. 이타적인 모습 또한 겸비해 문전에서 침착한 패스로 동료들의 득점을 돕기도 한다. 오사수나, 토리노를 거쳐 2020년 빌바오에 입단했다. 좌우 측면 가리지 않고 준수한 모습을 보여줬다. 지난 시즌에는 주로 백업으로 나서며 35경기(1582분 출전) 7골 3도움으로 조커로 활약했다.

출전경기	경기시간(분)	골	어시스트	경고	퇴장
35	1,582	7	3	4	-

FW 9 이냐키 윌리엄스
Inaki Williams

국적: 가나/스페인

동생 니코 윌리엄스에게 뒤처지지 않은 속도와 뛰어난 운동능력을 보유하고 있다. 최전방과 측면을 오가며 팀에 헌신하는 공격수다. 2022 카타르 월드컵을 앞두고 가나 대표팀으로 귀화했다. 부친이 가나 출신이다. 251경기 라리가 최다 연속 출전 기록을 갖고 있을 정도로 자기 관리도 뛰어나다. 2014년부터 빌바오에서 활약한 프랜차이즈 스타다. 지난 시즌 12골로 팀 내 득점 2위를 기록했다.

출전경기	경기시간(분)	골	어시스트	경고	퇴장
34	2,856	12	3	4	-

FW 11 알바로 잘로
Alvaro Djalo

국적: 스페인

빌바오 지역 유스팀에서 성장한 뒤 2017년 포르투갈 브라가로 이적했다. 2022년 1군 무대를 밟았다. 좌우 측면 가리지 않고 활약할 수 있는 공격수다. 빠른 발과 위협적인 돌파로 상대 수비를 물러나게 만든다. 니코 윌리엄스와는 다른 결의 스피드 스타. 지난 시즌에 브라가 주전 자리를 꿰차며 30경기 8골 5도움을 기록했다. 지난여름 1,500만 유로의 이적료를 기록하며 빌바오에 합류했다.

출전경기	경기시간(분)	골	어시스트	경고	퇴장
30	1,803	8	5	5	1

FW 12 조르카 구루세타
Gorka Guruzeta

국적: 스페인

빌바오 유스팀에서 성장해 2018년 1군 무대를 밟았다. 십자인대 부상 후 재활에 성공했지만, 기회를 받지 못했고, 2020년 하부 리그 팀으로 떠났다. 188cm의 장신을 이용한 공중볼 경합과 포스트플레이에 능하다. 활동량 또한 많아 압박을 중시하는 빌바오 전술에 걸맞은 선수. 2022년 빌바오로 돌아와 기량이 만개했다. 지난 시즌 이냐키, 니코 형제와 함께 공격을 이끌며 팀 내 최다골(14골)을 기록했다.

출전경기	경기시간(분)	골	어시스트	경고	퇴장
32	2,241	14	5	2	-

레알 소시에다드
Real Sociedad

TEAM PROFILE	
창 립	1909년
구 단 주	호킨 아페리바이(스페인)
감 독	이마놀 알과실(스페인)
연 고 지	바스크, 산 세바스티안
홈 구 장	레알레 아레나 (3만 9,313명)
라 이 벌	아틀레틱 빌바오
홈페이지	www.realsociedad.eus

최근 5시즌 성적

시즌	순위	승점
2019-2020	7위	56점(16승8무14패, 56득점 48실점)
2020-2021	5위	62점(17승11무10패, 59득점 38실점)
2021-2022	6위	62점(17승11무10패, 40득점 37실점)
2022-2023	4위	71점(21승8무9패, 51득점 35실점)
2023-2024	6위	60점(16승12무10패, 51득점 39실점)

LA LIGA

통 산	우승 2회
23-24 시즌	6위(16승12무10패, 승점 60점)

COPA DEL REY

통 산	우승 3회
23-24 시즌	4강

UEFA

통 산	없음
23-24 시즌	챔피언스리그 16강

경기 일정

라운드	날짜	장소	상대팀
1	2024.08.19	홈	라요 바예카노
2	2024.08.25	원정	RCD 에스파뇰
3	2024.08.29	홈	데포르티보 알라베스
4	2024.09.02	원정	헤타페 CF
5	2024.09.15	홈	레알 마드리드
6	2024.09.18	원정	RCD 마요르카
7	2024.09.21	원정	레알 바야돌리드 CF
8	2024.09.29	홈	발렌시아 CF
9	2024.10.07	홈	아틀레티코 마드리드
10	2024.10.21	원정	지로나
11	2024.10.28	홈	CA 오사수나
12	2024.11.04	원정	세비야
13	2024.11.11	홈	FC 바르셀로나
14	2024.11.25	원정	아틀레틱 빌바오
15	2024.12.02	홈	레알 베티스 발롬피에
16	2024.12.09	원정	CD 레가네스
17	2024.12.16	홈	UD 라스팔마스
18	2024.12.23	원정	RC 셀타 데 비고
19	2025.01.12	홈	비야레알 CF
20	2025.01.20	원정	발렌시아 CF
21	2025.01.27	홈	헤타페 CF
22	2025.02.03	원정	CA 오사수나
23	2025.02.10	홈	RCD 에스파뇰
24	2025.02.17	원정	레알 베티스 발롬피에
25	2025.02.24	홈	CD 레가네스
26	2025.03.03	원정	FC 바르셀로나
27	2025.03.10	홈	세비야
28	2025.03.17	원정	라요 바예카노
29	2025.03.31	홈	레알 바야돌리드 CF
30	2025.04.07	원정	UD 라스팔마스
31	2025.04.14	홈	RCD 마요르카
32	2025.04.21	원정	비야레알 CF
33	2025.04.24	원정	데포르티보 알라베스
34	2025.05.05	홈	아틀레틱 빌바오
35	2025.05.12	원정	아틀레티코 마드리드
36	2025.05.15	홈	RC 셀타 데 비고
37	2025.05.19	홈	지로나
38	2025.05.26	원정	레알 마드리드

전력분석 든 자리보다 난 자리가 크다

이마놀 알과실 감독 체제에서 꾸준한 모습 속 상위권을 두드리는 팀으로 자리 잡아 가고 있다. 지난 시즌, 전반기는 좋은 모습을 유지했다. 리그와 챔피언스리그를 병행하면서도 안정된 모습이었다. 앞서 알과실 감독 체제에서 꾸준히 유럽대항전에 진출했던 경험이 힘을 발휘했다. 리그에서는 중상위권에 안착했고, 챔피언스리그에서는 조별 리그 무패(3승 3무)로, 득실 차로 인터밀란을 꺾고 조별 리그 1위로 16강으로 향하기도 했다. 다만 후반기 들어서며 주춤했다. 챔피언스리그에서 파리 생제르맹에게 패해 16강에서 탈락했고 리그에서는 확실하게 결과를 가져오지 못하는 모습이었다. 그럼에도 꾸준히 승점을 추가했다. 빌바오에게 밀려 6위로 마무리했지만, 5시즌 연속 유럽대항전 진출 티켓을 따낸 성과는 고무적이다. 하지만 새 시즌은 걱정이 앞선다. 핵심 선수들의 이탈로 고민이 크다. 수비의 로빈 르노르망이 아틀레티코 마드리드로 향했고, 중원의 미켈 메리노가 아스널로 떠났다. 두 선수 모두 팀의 상승세를 이끈 주역이었으나 빅클럽으로 이적했다. 루카 수시치(중앙 미드필더), 세르히오 고메스(좌측 수비수), 하비 로페스(좌측 수비수), 나예프 아게르드 등이 새로 합류했지만 확고한 모습을 보여줄지 미지수다. 떠난 선수들의 자리를 얼마나 잘 대체하느냐가 중요해졌다.

전술분석 새로운 중심 축을 찾아라

알과실 감독 체제에서 4-1-4-1 혹은 4-3-3 포메이션으로 중용했다. 두 명의 중앙 수비와 한 명의 수비형 미드필더가 빌드업을 주도했다. 양 측면 공격수들이 빠른 발을 앞세워 상대 뒷공간을 노리는 형태의 공격을 펼쳤다. 로빈 르노르방과 이고르 수벨디아가 팀의 후방을 지켰고, 마르틴 수비멘디가 함께 빌드업을 이끌었다. 미켈 메리노, 브라이스 멘데스가 공격과 수비의 연결 고리 역할을 맡았고 안데르 바레네체아, 구보 타케후사가 함께 팀의 측면 공격을 책임졌다. 하지만 새 시즌 새로운 중심축을 찾아야 한다. 르노르망, 메리노의 공백을 메워야 한다. 더불어 알렉산더 이사크(뉴캐슬 유나이티드) 이후 믿을 수 있는 최전방 공격수가 없는 것도 고민이다. 지난 시즌, 안드레 실바가 임대됐고 우마르 사디크, 세랄두 베커르, 카를로스 페르난데스가 기회를 받았지만, 만족스러운 모습은 아니었다. 에이스 미켈 오야르사발이 가짜 공격수 역할을 맡으며 해결사 역할까지 맡아야 한다. 기존 틀을 유지하면서도 안정된 활약을 보여줄 수 있는 선수들이 필요해졌다. 수비는 욘 파체코, 욘 마르틴, 임대생 나예프 아게르드, 미드진에는 파블로 마르틴, 우루코 곤잘레스 등이 이끌고 있다.

시즌 프리뷰 확고한 라리가 4강 체제를 꿈꾼다

이마놀 알과실 감독 체제의 레알 소시에다드는 꾸준함이 돋보이는 팀이 됐다. 계속해서 상위권의 문을 두드리고 있다. 2010년대 라리가에서 세비야가 레알 마드리드, 바르셀로나, 아틀레티코 마드리드에 이어 4강 체제에 올랐다면, 2020년대에 들어서면서 소시에다드가 그 자리를 차지하고자 고군분투하고 있다. 2018년 알과실 감독 부임 후 2020년 코파 델 레이 우승과 5년 연속 유럽대항전 진출에 성공하며 전성기를 내달리고 있다. 지난 시즌에는 챔피언스리그 무대에서 조별 리그 1위 통과 등 경쟁력 있는 모습을 보여줬다. 리그, 유럽대항전, 코파 델 레이 등 다수의 대회를 병행하며 더블 스쿼드를 구축하는 데에도 많은 공을 들였다. 핵심 선수들이 연속해서 팀을 이탈했지만 구보 타케후사, 브라이스 멘데스, 마르틴 수비멘디, 안데르 바레네체아와 같은 선수들의 영입과 성장이 이뤄지며 단단한 모습을 보여주고 있다.

또다시 핵심 선수들이 이탈했지만 4위 자리와 함께 또 한 번의 챔피언스리그에 진출하고자 하는 각오는 크다. 더불어 2020년 이후 5년 만에 트로피까지 노리겠다는 심산이다.

IN & OUT

주요 영입	주요 방출
루카 수시치, 세르히오 고메스, 하비 로페스, 오리 오스카르손, 나예프 아게르드	로벵 르노르망, 디에고 리코, 알렉스 솔라, 로베르토 로페스, 마르틴 메르켈란즈, 욘 카리카부루, 키어런 티어니, 하비 갈란, 안드레 실바, 미켈 메리노

TEAM FORMATION

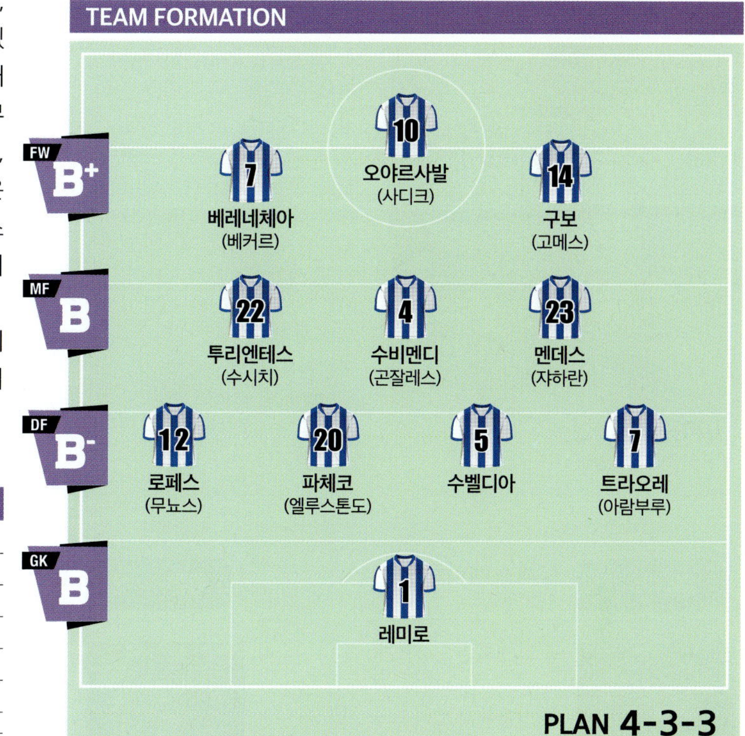

TEAM RATINGS

슈팅 7
패스 8
조직력 8
수비력 7
감독 8
선수층 8

46

2023/24 프로필

팀 득점	51
평균 볼 점유율	55.50%
패스 정확도	82.00%
평균 슈팅 수	12.1
경고	98
퇴장	2

골 타입

오픈 플레이	55	
세트 피스	24	
카운터 어택	8	
패널티 킥	8	
자책골	6	단위 (%)

패스 타입

쇼트 패스	86	
롱 패스	11	
크로스 패스	4	
스루 패스	0	단위 (%)

지역 점유율

공격 진영	30%
중앙	45%
수비 진영	25%

공격 방향

40% 왼쪽	24% 중앙	36% 오른쪽

슈팅 지역

10% 골 에어리어
49% 패널티 박스
41% 외곽 지역

상대팀 최근 6경기 전적

구분	승	무	패
레알 마드리드	1	1	4
바르셀로나	1		5
지로나	1	5	
아틀레티코 마드리드	1	1	4
아틀레틱 빌바오	2	1	3
레알 소시에다드			
레알 베티스	1	3	2
비야레알	3		3
발렌시아	2	3	1
데포르티보 알라베스	3	3	
오사수나	4	1	1
헤타페	2	3	1
셀타 비고	4	2	
세비야	3	2	1
마요르카	3	2	1
라스 팔마스	4	2	
라요 바예카노	3	3	
레가네스	3	2	1
레알 바야돌리드	2	2	2
에스파뇰	5		1

SQUAD

포지션	등번호	이름		생년월일	키(cm)	체중(kg)	국적
GK	1	알렉스 레미로	Álex Remiro	1995.03.24	192	79	스페인
DF	2	알바로 오드리오솔라	Álvaro Odriozola	1995.12.14	175	66	스페인
	3	아이엔 무뇨스	Aihen Muñoz	1997.08.16	175	68	스페인
	5	이고르 수벨디아	Igor Zubeldia	1997.03.30	181	73	스페인
	6	아리츠 엘루스톤도	Aritz Elustondo	1994.03.28	180	71	스페인
	12	하비 로페스	Javi López	2002.03.25	184	80	스페인
	18	하마리 트라오레	Hamari Traoré	1992.01.27	175	64	말리
	20	욘 파체코	Jon Pacheco	2001.01.08	184	77	스페인
	21	나이프 아구에르드	Nayef Aguerd	1996.03.30	190	76	모로코
MF	4	마르틴 수비멘디	Martín Zubimendi	1999.02.02	181	74	스페인
	15	우르코 곤잘레스 데 사라테	Urko González de Zarate	2001.03.20	189	83	스페인
	16	욘 올라사가스티	Jon Ander Olasagasti	2000.08.16	176	74	스페인
	21	아르센 자하랸	Arsen Zakharyan	2003.05.26	182	73	러시아
	22	베나트 투리엔테스	Beñat Turrientes	2002.01.31	181	70	스페인
	23	브라이스 멘데스	Brais Méndez	1997.01.07	187	76	스페인
	24	루카 수시치	Luka Sucic	2002.09.08	185	78	크로아티아
	25	존 마구나젤라이아	Jon Magunazelaia	2001.07.13	181	75	스페인
	27	파블로 마린	Pablo Marín	2003.07.03	178	73	스페인
FW	7	안데르 바레네체아	Ander Barrenetxea	2001.12.27	175	74	스페인
	9	오리 오스카르손	Orri Óskarsson	2004.08.29	186	80	아이슬란드
	10	미켈 오야르사발	Mikel Oyarzabal	1997.04.21	181	79	스페인
	11	셰랄도 베커르	Sheraldo Becker	1995.02.09	180	77	수리남
	14	구보 다케후사	Takefusa Kubo	2001.06.04	173	64	일본
	17	세르히오 고메스	Sergio Gómez	2000.09.04	173	71	스페인
	19	우마르 사디크	Umar Sadiq	1997.02.02	192	85	나이지리아

COACH

라리가 신흥 명장. 현역 시절 레알 소시에다드에서 성장해 1군 무대까지 뛰었다. 현역 은퇴 후 2011년 소시에다드 유스팀을 시작으로 2군 코치, 감독을 거쳐 2018년 감독대행으로 1군 팀을 이끌었다. 당시 강등 위기 속에 팀을 잔류권에 올려놓으며 정식 감독이 됐다. 2019/20 시즌 가파른 상승세 속 코파 델 레이 우승을 차지했다. 2022/23 시즌에는 리그 4위에 올랐다. 지난 시즌에는 안정된 팀 운영 속 챔피언스리그에서도 경쟁력 있는 모습으로 소시에다드의 전성기를 알리고 있다.

이마놀 알과실 *Imanol Alguacil*
1971년 07월 4일생 스페인

PLAYERS

FW 10 미켈 오야르사발 — KEY PLAYER
Mikel Oyarzabal

국적: 스페인

캡틴 소시에다드이다. 레알 소시에다드 유스팀에서 성장해 2015년 1군 무대를 밟았다. 18세 나이에 데뷔전을 치르며 많은 기대와 주목을 받았다. 측면 공격수지만 최전방 공격수로도 뛸 수 있을 정도로 득점력을 갖추고 있다. 날카로운 왼발 킥 능력으로 공격의 활로를 찾으면서 세트피스에서 강력한 한 방을 보여준다. 마무리, 도움, 기회 창출 등 크랙의 기질을 보여줬다. 2022년 십자인대 부상 후 부진한 시기도 있었으나 점차 경기력을 회복했다. 2022/23 시즌부터 주장 완장을 차고 리더십을 발휘하고 있다. 꾸준히 스페인 대표팀 부름을 받고 있다. 지난여름에는 유로 2024 최종 명단에 포함돼 결승전 결승골의 주인공이었다.

출전경기	경기시간(분)	골	어시스트	경고	퇴장
33	2,160	9	3	3	–

GK 1 알렉스 레미로
Alex Remiro

국적: 스페인

레알 소시에다드 유스팀에서 성장해 아틀레틱 빌바오 위성팀 바스코니아에서 프로 무대를 밟았다. 2016년 빌바오 이적 후 임대를 통해 경험을 쌓았다. 2부 리그의 우에스카에서 주전으로 활약하며 1부 승격을 일궜으나 빌바오 복귀 후 기회를 받지 못해 2019년 소시에다드 유니폼을 입었다. 191㎝의 큰 신장을 이용한 선방 능력은 라리가 톱 티어급. 침착한 발밑 능력과 정확한 롱패스를 자랑한다.

출전경기	경기시간(분)	실점	무실점(경기)	경고	퇴장
37	3,276	36	16	2	1

DF 2 알바로 오드리오솔라
Alvaro Odriozola

국적: 스페인

유스팀 출신으로 2017년 1군으로 콜업돼 레알 소시에다드에서 프로 무대 데뷔전을 치렀다. 빠른 속도와 과감한 공격 가담 능력으로 단번에 라리가 최고 풀백으로 평가받았다. 2018년 레알 마드리드로 이적해 다시 한번 주목을 받았지만, 주전 경쟁에서 밀려 기회를 얻지 못했다. 바이에른 뮌헨, 피오렌티나로 임대를 떠났지만 아쉬운 모습만 남겼다. 2023년 여름 친정팀 소시에다드에 다시 돌아왔다.

출전경기	경기시간(분)	골	어시스트	경고	퇴장
9	398	–	–	–	–

DF 5 이고르 수벨디아
Igor Zubeldia

국적: 스페인

거친 몸싸움과 전진 수비를 통해 수비 라인을 보호해 준 미드필더였지만 최근에는 중앙 수비수로 보직을 변경해 주전으로서 입지를 다졌다. 이제는 중앙 수비수로서 노련함까지 갖췄다. 지난 시즌 90분당 가로채기 1.1회, 볼 리커버리 5.2회, 걷어내기 3.1회를 기록했다. 또 미드필더 출신다운 패스 능력을 통해 후방 빌드업을 주도하고 있다. 2008년 유스팀부터 16년 동안 팀에 몸담고 있는 원클럽맨.

출전경기	경기시간(분)	골	어시스트	경고	퇴장
30	2,524	–	2	11	1

DF 6 아리츠 엘루스톤도
Aritz Elustondo

국적: 스페인

측면 수비수로 시작해 중앙 수비수로 자리 잡았다. 탄탄한 수비력을 보여주고 있다. 최후방에서 침착한 모습을 보이며 수비진을 이끄는 모습도 있다. 180㎝로 단신 중앙 수비수지만 볼 경합에 적극적인 편이다. 꾸준한 활약상을 보여줬으나 부상이 잦다. 지난 시즌, 햄스트링 부상으로 결장이 잦았으며 시즌 후반기에는 발 쪽 부상으로 11경기에 나서지 못했다. 지난 시즌에는 15경기 809분 출전에 그쳤다.

출전경기	경기시간(분)	골	어시스트	경고	퇴장
15	809	–	1	2	–

DF 12 하비 로페스
Javi Lopez

국적: 스페인

데포르티보 알라베스에서 성장해 2020년 1군 무대를 밟았다. 2부 리그 강등 후 알라베스의 주전 수비수로 빠르게 성장했다. 2022/23 시즌 1부 리그 승격 주역으로 활약했고 지난 시즌에도 주전 자리를 지키며 32경기(2387분 출전) 1골 3도움을 기록했다. 지난여름 레알 소시에다드로 이적했다. 팀 주축이었던 하비 갈란, 키어런 티어니가 떠난 가운데 세르히오 고메스와 함께 좌측면을 책임질 예정이다.

출전경기	경기시간(분)	골	어시스트	경고	퇴장
32	2,387	1	3	3	–

DF 17 세르히오 고메스
Sergio Gomez

국적: 스페인

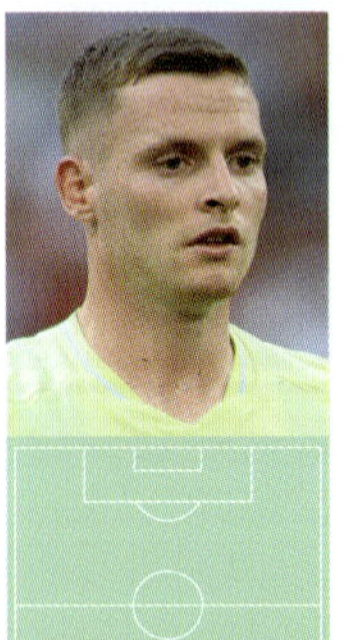

바르셀로나 라 마시아 출신이다. 본격적으로 이름을 알린 것은 2021년 안데를레흐트 시절이다. 날카로운 킥 능력과 빠른 돌파를 앞세운 공격력으로 벨기에 리그 베스트 일레븐에 선정됐다. 2022년 맨시티로 이적했지만 주전 경쟁에서 밀려나며 지난 시즌 6경기 49분 출전에 그쳤다. 이번 시즌 소시에다드에서 부활을 노린다. 지난여름에는 2024 파리 올림픽 스페인 금메달 주역으로 활약했다.

출전경기	경기시간(분)	골	어시스트	경고	퇴장
6	49	–	1	–	–

DF 18 하마리 트라오레
Hamari Traore

국적: 말리

프랑스에서 커리어를 시작했다. 파리FC, 리르서, 스타드 드 랭스, 스타드 렌을 거쳐 2023년 자유계약으로 레알 소시에다드에 이적했다. 리그앙 무대에서 안정된 수비력을 보여줬지만, 폭발적인 스피드와 날카로운 크로스 능력을 앞세운 공격력이 더 돋보였다. 이적 후 우측 수비수 자리를 곧바로 꿰차며 지난 시즌 31경기 2301분을 소화했다. 2015년부터 말리 대표팀으로 활약하며 59경기를 소화했다.

출전경기	경기시간(분)	골	어시스트	경고	퇴장
31	2,301	–	2	7	–

DF 20 욘 파체코
Jon Pacheco

국적: 스페인

2001년생. 왼발잡이 중앙 수비수로 어린 시절부터 레알 소시에다드에서 성장해 2020년부터 1군에서 활약 중이다. 잠재력을 인정받아 꾸준히 기회를 받았다. 지난 시즌, 엘루스토도의 부상으로 주전으로 도약해 23경기 1골 1도움을 기록했다. 지난 시즌의 경기당 평균 볼 리커버리 2.3회, 걷어내기 2.3회, 태클 1.3회로 안정된 수비력을 보여줬고, 97%의 패스 정확도와 98%의 전진 패스 정확도를 자랑했다.

출전경기	경기시간(분)	골	어시스트	경고	퇴장
23	1,521	1	1	8	–

MF 4 마르틴 수비멘디
Martin Zubimendi

국적: 스페인

라리가 최고의 수비형 미드필더로 평가받고 있다. 포백을 보호하는 탄탄한 수비력부터 공격의 출발점이 되는 뛰어난 빌드업 능력을 갖고 있다. 공간 이해도 또한 높아 안전한 곳에서 볼을 받아 공격진에게 간결하게 패스를 찔러 넣는다. 스페인 레전드 사비 알론소, 세르히오 부스케츠의 후계자로 떠오르며 빅클럽들의 숱한 관심을 받고 있다. 이마놀 알과실 감독 체제에서 없어서 안 될 선수다.

출전경기	경기시간(분)	골	어시스트	경고	퇴장
31	2,655	4	1	5	–

MF 21 아르센 자하랸
Arsen Zakharyan

국적: 러시아

러시아 최고 재능으로 주목받았다. 2003년생으로 2020년, 10대 나이에 디나모 모스크바에서 데뷔했다. 측면 공격수로 시작해 중앙 공격형 미드필더까지 소화 중이다. 드리블 돌파가 장점이나 중원에서 창의적인 플레이로 득점 찬스를 만드는 데도 능하다. 러시아의 케빈 더 브라위너로 불렸지만 지난해 소시에다드 합류 후 기대만큼의 활약을 보여주지 못했다. 시즌을 앞두고 발목 부상으로 수술대에 올랐다.

출전경기	경기시간(분)	골	어시스트	경고	퇴장
29	1,231	1	2	1	–

MF 22 베냐트 투리엔테스
Benat Turrientes

국적: 러시아

레알 소시에다드 성골 유스로 기대주 중 한 명이다. 6번과 8번 역할을 소화할 수 있다. 왕성한 활동량과 적극적인 수비 가담이 강점이다. 강력한 킥 능력 또한 겸비해 먼 거리에서도 과감하게 슈팅을 시도하기도 한다. 공격과 수비 밸런스를 갖춘 육각형 미드필더. 아직 육각형의 크기가 크지 않지만 계속해서 성장하고 있다. 지난여름에는 2024 파리 올림픽 스페인 대표팀의 금메달 주역으로 활약했다.

출전경기	경기시간(분)	골	어시스트	경고	퇴장
29	1,690	–	1	4	–

MF 23 브라이스 멘데스
Brais Mendez

국적: 스페인

레알 소시에다드 중원의 사령관이다. 셀타 데 비고에서 성장해 2017년 프로 무대에 데뷔했다. 2선 전 지역부터 3선까지 소화할 수 있는 큰 육각형의 미드필더. 섬세한 발놀림, 민첩한 움직임, 날카로운 킥력과 창의적인 패스까지 약점이 없다. 2022년 소시에다드로 이적해 곧바로 주전 자리를 차지했다. 지난 시즌, 32경기 5골 6도움을 올렸다. 공격 포인트 기록 이상으로 팀에 큰 영향력을 발휘하는 선수다.

출전경기	경기시간(분)	골	어시스트	경고	퇴장
32	2,422	5	6	7	–

MF 24 루카 수시치
Luka Sucic

국적: 크로아티아

레드불 산하 리퍼링, 레드불 잘츠부르크에서 성장한 유망주 미드필더. 185㎝의 신장에 유연한 발놀림과 경기를 조율하는 능력이 탁월하다. 왼발 킥 능력 또한 좋아 좌우로 전환해주는 패스부터 전방으로 찔러주는 패스가 돋보인다. 자국 크로아티아에서는 '제2의 루카 모드리치'라고 평가받는 선수다. 지난 4시즌 동안 잘츠부르크에서 128경기 18골 19도움을 기록했다. 지난여름 소시에다드에 합류했다.

출전경기	경기시간(분)	골	어시스트	경고	퇴장
22	1,519	3	8	–	–

FW 7 안데르 바레네체아
Ander Barrenetxea

국적: 스페인

폭발적인 스피드를 보유하고 있지는 않지만, 민첩한 발기술을 통한 드리블 돌파가 장점이다. 측면에서 안쪽으로 파고들며 득점 기회를 창출한다. 구보 다케후사와 함께 좌우 측면을 책임지며 팀의 공격을 이끌었다. 경기당 드리블 돌파 1.3회로 팀 내 2위. 지난 시즌 29경기 4골 1도움을 기록했다. 스페인 각급 연령별 대표팀에서 주축으로 활약하는 유망주. 현재는 21세 이하 대표팀 주전이다.

출전경기	경기시간(분)	골	어시스트	경고	퇴장
29	1,440	4	1	1	–

FW 14 구보 다케후사
Takefusa Kubo

국적: 일본

일본에서 가장 많은 기대를 받는 선수다. 빠른 속도를 통한 드리블 돌파와 날카로운 왼발을 지녔다. 우측면과 공격형 미드필더를 소화할 수 있을 만큼 경기를 풀어내는 능력도 뛰어나다. 레알 마드리드와 계약했지만 1군 기회를 받기 어려웠다. 임대를 통해 경험을 쌓은 뒤 2022년 소시에다드에 합류했다. 지난 시즌, 30경기 7골 4도움을 기록했지만 2023 카타르 아시안컵 이후 후반기에는 부진했다.

출전경기	경기시간(분)	골	어시스트	경고	퇴장
30	2,155	7	4	2	–

레알 베티스 발롬피에

Real Betis Balompié

TEAM PROFILE

창 립	1907년
구 단 주	앙헬 아로(스페인)
감 독	마누엘 페예그리니(칠레)
연 고 지	안달루시아 세비야
홈 구 장	에스타디오 베니토 비야마린(6만 721명)
라 이 벌	세비야
홈페이지	www.realbetisbalompie.es

최근 5시즌 성적

시즌	순위	승점
2019-2020	15위	41점(10승11무17패, 48득점 60실점)
2020-2021	6위	61점(17승10무11패, 50득점 50실점)
2021-2022	5위	65점(19승8무11패, 62득점 40실점)
2022-2023	6위	60점(17승9무12패, 46득점 41실점)
2023-2024	7위	57점(14승15무9패, 48득점 45실점)

LA LIGA

통 산	우승 1회
23-24 시즌	7위(14승15무9패, 승점 57점)

COPA DEL REY

통 산	우승 3회
23-24 시즌	32강

UEFA

통 산	없음
23-24 시즌	없음

경기 일정

라운드	날짜	장소	상대팀
1	2024.08.16	홈	지로나
2	2024.08.26	원정	데포르티보 알라베스
3	2024.09.02	원정	레알 마드리드
4	2024.09.14	홈	CD 레가네스
5	2024.09.19	홈	헤타페 CF
6	2024.09.24	홈	RCD 마요르카
7	2024.09.27	원정	UD 라스팔마스
8	2024.09.30	홈	RCD 에스파뇰
9	2024.10.07	원정	세비야
10	2024.10.21	원정	CA 오사수나
11	2024.10.28	홈	아틀레티코 마드리드
12	2024.11.04	원정	아틀레틱 빌바오
13	2024.11.11	홈	RC 셀타 데 비고
14	2024.11.25	원정	발렌시아 CF
15	2024.12.02	원정	레알 소시에다드
16	2024.12.09	홈	FC 바르셀로나
17	2024.12.16	원정	비야레알 CF
18	2024.12.23	홈	라요 바예카노
19	2025.01.12	원정	레알 바야돌리드 CF
20	2025.01.20	홈	데포르티보 알라베스
21	2025.01.27	원정	RCD 마요르카
22	2025.02.03	홈	아틀레틱 빌바오
23	2025.02.10	원정	RC 셀타 데 비고
24	2025.02.17	홈	레알 소시에다드
25	2025.02.24	원정	헤타페 CF
26	2025.03.03	홈	레알 마드리드
27	2025.03.10	홈	UD 라스팔마스
28	2025.03.17	원정	CD 레가네스
29	2025.03.31	홈	세비야
30	2025.04.07	원정	FC 바르셀로나
31	2025.04.14	홈	비야레알 CF
32	2025.04.21	원정	지로나
33	2025.04.24	홈	레알 바야돌리드 CF
34	2025.05.05	원정	RCD 에스파뇰
35	2025.05.12	홈	CA 오사수나
36	2025.05.15	원정	라요 바예카노
37	2025.05.19	원정	아틀레티코 마드리드
38	2025.05.26	홈	발렌시아 CF

반가운 이스코의 부활, 활발한 이적시장

레알 베티스가 다시 꿈틀거린다. 2020년 마누엘 페예그리니 감독 부임 후 중상위권으로 도약했다. 하위권에서 탈출해 2020/21 시즌 6위, 2021/22 시즌 5위, 2022/23 시즌 6위에 이어 지난 시즌 7위를 기록했다. 유로파 컨퍼런스리그 진출 티켓을 확보하며 4시즌 연속 유럽대항전에 나선다. 지난 시즌 이스코를 비롯해 마르크 바르트라, 마르크 로카, 아요세 페레스, 치미 아빌라, 압데 에잘줄리, 파블로 포르날스가 새로 합류해 빠르게 팀의 주축으로 자리 잡았다. 특히 이스코의 활약이 반가웠다. 레알 마드리드 시절 막바지부터 부진에 빠진 가운데 세비야에서 부활을 노렸지만 큰 활약을 보여주지 못했다. 우니온 베를린 이적설이 있었으나 막판 협상이 엎어지며 베티스가 품게 됐다. 이후 팀의 에이스로 발돋움하며 팀의 공격을 이끌었다.

펠레그리니 감독 체제에서 선수단 세대교체와 보강은 이번 시즌에도 이어지고 있다. 윌리앙 주제, 제르망 페첼라, 아요세 페레스, 나빌 페키르, 보르하 이글레시아스, 귀도 로드리게스 등 주축 선수들을 포함해 다수가 떠났고 로카의 완전영입을 시작으로 로망 페라우, 디에고 요렌테, 리카르도 로드리게스 등을 영입했다. 이적시장 막판에는 지오바니 로셀소, 나탕, 빅토르 호케 등이 합류하며 팀 전력에 힘을 보탤 예정이다.

페키르는 떠났지만 여전히 2선이 핵심

4-2-3-1 포메이션을 앞세운 마누엘 페예그리니 감독의 축구는 2000년대부터 꾸준히 성장을 거듭하며 성과를 만들고 있다. 레알 베티스에도 빠르게 정착하여 상승세를 맞이하고 있다. 이제는 중상위권을 넘어 상위권 자리를 탐내기 위한 발판을 마련하고 있다. 지로나, 아틀레틱 빌바오, 레알 소시에다드와의 경쟁에서 승리하고자 고군분투하고 있다. 펠레그리니 축구에서 최전방 공격수는 상대 수비와 경합을 통해 2선과의 연계 플레이에 중점을 두고, 좌우 측면 공격수는 안쪽으로 좁혀 중원의 숫자를 더하면서도 직접 득점을 노리는 데 집중한다. 최전방에는 치미 아빌라와 세드릭 바캄부가 경쟁을 펼칠 예정이며, 2선에는 파블로 포르날스, 이스코, 지오바니 로셀소, 아이토르 후이발 등 상황을 고려해 적절한 조합으로 상대를 맞설 예정이다. 3선은 귀도 로드리게스의 이탈이 뼈아프나 마르크 로카, 윌리엄 카르발류가 공격과 수비의 밸런스를 잡으며 적절한 볼 배급을 맡고있다. 수비에는 새로 합류한 로망 페라우, 디에고 요렌테, 나탕, 리카르도 로드리게스가 기존 마르크 바르트라, 유수프 사발리와 함께 호흡을 맞춘다.

우리도 챔피언스리그 티켓!

마누엘 펠레그리니 감독 부임 후 라리가에서 경쟁력을 갖춘 모습을 보여주고 있지만, 경쟁팀들의 활약에 밀려났다. 이전까지 세비야, 레알 소시에다드, 지로나가 라리가 3강과 함께 챔피언스리그 티켓을 따냈다. 베티스는 유로파리그 진출 티켓을 따냈지만, 지난 3시즌 모두 아쉬운 성적 속 대회를 마무리지어야 했다.
이번 시즌의 최대 과제는 다수의 대회를 병행하면서 꾸준함을 보여주는 것이다. 지난 시즌 핵심 선수들의 이탈 공백은 이스코, 아요세 페레스, 마르크 로카 등 빠르게 팀에 녹아들며 해결했다. 하지만 꾸준함이 부족했다. 시즌 후반기 들어 주축들의 부상과 선수들의 체력 문제가 겹쳤다. 특히 3월 들어서며 4연패로 부진했다. 이후 다시 분위기를 끌어올리며 최종 7위로 컨퍼런스리그 티켓을 거머쥐었다.
베티스는 여전히 챔피언스리그 진출을 목표로 삼고 있다. 그러나 경쟁팀들의 활약이 점점 매서워지고 있다. 지로나, 레알 소시에다드 또한 주축이 떠난 가운데 적절한 보강이 이뤄졌고, 아틀레틱 빌바오도 더욱 견고한 모습을 보이고자 한다. 이에 베티스는 이전까지 아쉬웠던 유럽대항전에서 성과를 이루면서도 리그에서 상위권에 도달하고자 한다.

IN & OUT

주요 영입	주요 방출
마르크 로카, 로망 페라우, 디에고 요렌테, 이케르 로사다, 아드리안, 리카르도 로드리게스, 나탕, 지오바니 로셀소, 빅토르 호케	차이드 리아드, 애브너르, 제르망 페첼라, 아요세 페레스, 윌리앙 주제, 주안 크루스, 주안 미란다, 귀도 로드리게스, 야니스 센하지, 리카르도 바이수스 보르하 이글레시아스, 클라우디오 브라보, 소크 느파파스타토폴로스 나빌 페키르

TEAM FORMATION

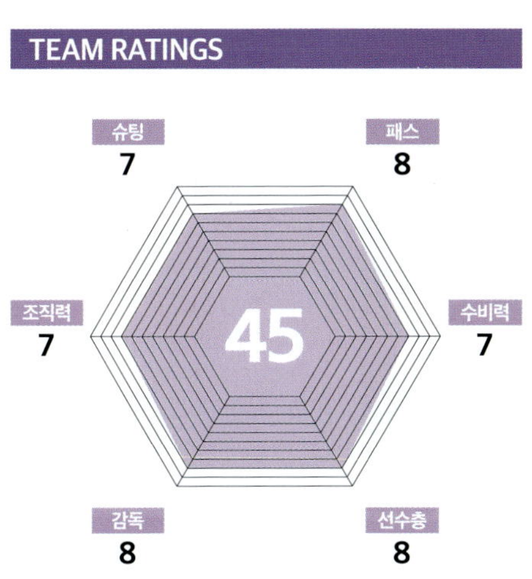

TEAM RATINGS

2023/24 프로필

팀 득점	48
평균 볼 점유율	50.10%
패스 정확도	83.00%
평균 슈팅 수	12.9
경고	85
퇴장	3

골 타입		
오픈 플레이	67	
세트 피스	19	
카운터 어택	6	
패널티 킥	4	
자책골	4	단위 (%)

패스 타입		
쇼트 패스	86	
롱 패스	11	
크로스 패스	3	
스루 패스	0	단위 (%)

FW **B⁻**
MF **B⁺**
DF **B⁻**
GK **B⁻**

지역 점유율 / 공격 방향 / 슈팅 지역

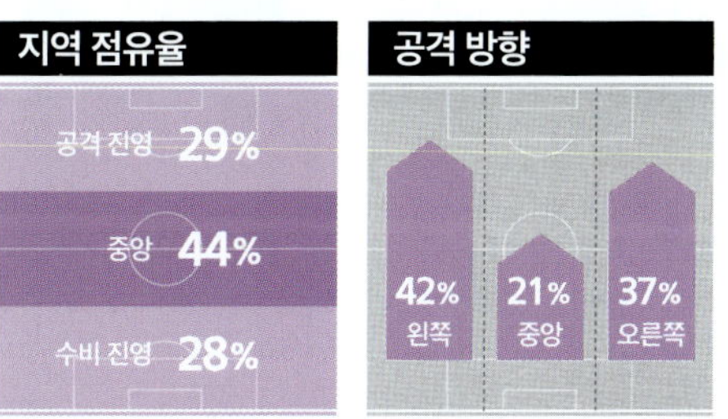

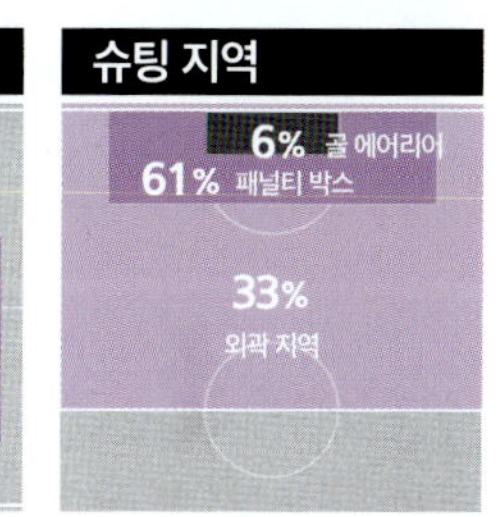

상대팀 최근 6경기 전적

구분	승	무	패
레알 마드리드		4	2
바르셀로나			6
지로나	4	1	1
아틀레티코 마드리드		1	5
아틀레틱 빌바오	3	1	2
레알 소시에다드	2	3	1
레알 베티스			
비야레알	2	1	3
발렌시아	4	1	1
데포르티보 알라베스	3	2	1
오사수나	4		2
헤타페	2	3	1
셀타 비고	1	1	4
세비야	1	4	1
마요르카	5	1	
라스 팔마스	3	1	2
라요 바예카노	4	1	1
레가네스	3	1	2
레알 바야돌리드	3	2	1
에스파뇰	3	2	1

SQUAD

포지션	등번호	이름		생년월일	키(cm)	체중(kg)	국적
GK	1	후이 실바	Rui Silva	1994.02.07	191	91	포르투갈
DF	2	엑토르 베예린	Héctor Bellerín	1995.03.19	178	74	스페인
	3	디에고 요렌테	Diego Llorente	1993.08.16	186	75	스페인
	5	마르크 바르트라	Marc Bartra	1991.01.15	184	73	스페인
	6	나탕	Natan	2001.02.06	188	84	브라질
	12	리카르도 로드리게스	Ricardo Rodríguez	1992.08.25	182	77	스위스
	15	로망 페라우	Romain Perraud	1997.09.22	173	63	프랑스
	23	유수프 사발리	Youssouf Sabaly	1993.03.05	173	68	세네갈
	32	노벨 멘디	Nobel Mendy	2004.08.16	187	–	세네갈
MF	4	조니 카르도주	Johnny Cardoso	2001.09.20	186	78	미국
	14	윌리엄 카르발류	William Carvalho	1992.04.07	187	83	포르투갈
	16	세르지 알티미라	Sergi Altimira	2001.08.25	188	80	스페인
	18	파블로 포르날스	Pablo Fornals	1996.02.22	178	67	스페인
	19	이케르 로사다	Iker Losada	2001.08.01	175	70	스페인
	20	지오바니 로셀소	Giovani Lo Celso	1996.04.09	177	68	아르헨티나
	21	마르크 로카	Marc Roca	1996.11.26	184	74	스페인
	22	이스코	Isco	1992.04.21	176	79	스페인
FW	7	압데 에잘줄리	Juanmi	1993.05.20	172	63	스페인
	8	비토르 호케	Vitor Roque	2005.02.28	174	70	브라질
	9	치미 아빌라	Chimy Ávila	1994.02.06	172	81	아르헨티나
	10	압데 에잘줄리	Abde Ezzalzouli	2001.12.17	177	73	모로코
	11	세드릭 바캄부	Cédric Bakambu	1991.04.11	182	70	콩고
	17	로드리	Rodri Sánchez	2000.05.16	175	62	스페인
	24	아이토르 후이발	Aitor Ruibal	1996.03.22	176	75	스페인
	38	아산 디아오	Assane Diao	2005.09.07	185	72	스페인

COACH

마누엘 펠레그리니
Manuel Pellegrini
1953년 9월 16일생 칠레

26년 동안 감독 커리어를 이어가고 있는 70세 노장이나 여전히 현대축구에 뒤처지지 않은 지략을 보여주고 있다. 2004년 비야레알 감독으로 부임해 지도력을 인정받았다. 2009년, 레알 마드리드에 부임했지만 한 시즌 만에 경질됐다. 이어 말라가에서 챔피언스리그에 진출, 2013년 맨시티 지휘봉을 잡고 비유럽 출신 감독의 첫 프리미어리그 우승을 이루었다. 이후 허베이, 웨스트햄을 거쳐 2020년 레알 베티스에 부임했다. 2021/22 시즌 코파 델 레이 우승으로 10번째 타이틀을 차지했다.

PLAYERS

MF	22	이스코
		Isco

KEY PLAYER

국적: 스페인

유려한 발 기술과 볼 컨트롤, 창의적인 패스를 통해 기회를 창출하는 공격형 미드필더. 발렌시아 유스에서부터 성장해 프로 무대까지 밟았다. 2011년 말라가로 이적했다. 어린 나이부터 두각을 나타내며 2012년 골든 보이를 수상했다. 2013년, 레알 마드리드로 이적하며 세계적인 선수로 발돋움했다. 그의 장점은 기본기가 탄탄한 드리블이다. 스타 선수들 사이에서도 빛나는 활약을 펼쳤지만, 잦은 부상과 부진이 겹치며 2022년 세비야로 떠났다. 하지만 컨디션 난조를 겪으며 시즌 도중 계약을 해지했고, 우니온 베를린과 연결됐지만 계약이 불발되며 반년 동안 무직 선수로 있었다. 이후, 지난 시즌에 베티스로 이적해 8골 5도움으로 부활에 성공했다

출전경기	경기시간(분)	골	어시스트	경고	퇴장
29	2,340	8	5	10	-

GK	1	후이 실바
		Rui Silva

국적: 포르투갈

안정된 선방 능력과 왼발을 통한 빌드업에 강점이 있다. 191cm의 큰 신장과 긴 팔을 이용한 공중볼 경합에도 능하다. 포르투갈 나시오날에서 성장해 프로 무대를 밟았고, 2017년 그라나다로 이적해 라리가에서 톱급 골키퍼로 성장했다. 그라나다 역사상 첫 유로파 리그 및 8강 진출에 크게 기여했다. 2021년 베티스 이적 후 곧바로 주전으로 활약 중이다. 포르투갈 대표팀에도 차출돼 유로 2020에 참가했다.

출전경기	경기시간(분)	실점	무실점(경기)	경고	퇴장
28	2,475	36	9	4	-

DF	2	엑토르 벨레린
		Hector Bellerin

국적: 스페인

바르셀로나 유스팀에서 성장해 2011년 아스널 유스팀으로 이적했다. 빠른 속도의 공격 가담으로 아스널의 주전 자리까지 차지했지만 십자인대 부상 후 부진이 이어지며 경쟁에서 밀려났다. 2021/22 시즌 베티스로 임대돼 기량을 회복하는 모습이었다. 2022년 바르셀로나에서 1년 활약하다 스포르팅 CP를 거쳐 지난해 베티스에 이적했다. 지난 시즌 사발리의 장기 부상으로 주전으로 활약했다.

출전경기	경기시간(분)	골	어시스드	경고	퇴장
23	1,715	-	1	-	1

DF	3	디에고 요렌테
		Diego Llorente

국적: 스페인

경기당 2.4회, 53%의 정확도를 자랑하는 롱킥을 장착한 중앙 수비수다. 후방에서 좌우로 뿌려주는 긴 패스로 빠른 빌드업을 주도한다. 185cm의 신장과 탁월한 위치 선정으로 세트피스에서도 강점이 있다. 레알 마드리드 유스팀에서 성장해 1군 무대까지 밟았지만, 많은 기회를 받지 못했다. 레알 소시에다드, 리즈유나이티드에서 뛰었고, 지난 시즌에는 AS로마로 임대돼 29경기 2156분을 소화했다.

출전경기	경기시간(분)	골	어시스트	경고	퇴장
29	2,156	1	1	5	-

DF	5	마르크 바르트라
		Marc Bartra

국적: 스페인

바르셀로나 출신답게 빌드업이 가능한 중앙 수비수. 무엇보다도 빠른 속도를 앞세운 뒷공간 커버 능력이 강점이다. 바르셀로나에서 주전 경쟁에 밀려 2016년 도르트문트로 떠났다. 여기서도 주전으로 활약했지만 오래가지 못했다. 2018년 베티스로 이적해 전성기를 맞이했고, 2022년 트라브존스포로 떠난 후 지난해 다시 복귀했다. 다만, 장기 부상으로 3경기 출전에 그쳤다. 이번 시즌 재도약을 노린다.

출전경기	경기시간(분)	골	어시스트	경고	퇴장
3	226	-	-	-	1

DF	12	리카르도 로드리게스
		Ricardo Rodriguez

국적: 스위스

왼발을 앞세운 강력한 킥 능력을 통해 득점 기회까지 창출할 수 있는 수비수. 한때 최고의 수비수로 성장할 것으로 평가받았지만, 점차 스피드가 떨어지며 기대 이상의 평가를 받지 못했다. 볼프스부르크, AC밀란에서 활약했으며 2020년 토리노로 이적해 베테랑으로서 팀을 이끌었다. 이제는 측면 수비수보다 중앙 수비수나 스리백의 스토퍼 역할에 더 어울린다. 지난여름 베티스에 합류해 페첼라의 공백을 완벽하게 메우고 있다.

출전경기	경기시간(분)	골	어시스트	경고	퇴장
35	2784	1	2	4	-

DF	15	로망 페라우
		Romain Perraud

국적: 프랑스

공격력이 부각되는 측면 수비수다. 과감한 전진성과 날카로운 왼발 킥을 통한 크로스로 상대를 공략한다. 포백의 풀백, 스리백의 윙백 모두 소화할 수 있다. OGC 니스에서 성장해 스타드 브레스트를 거쳐 2021년 당시 프리미어리그의 사우샘프턴으로 이적했다. 팀의 강등으로 지난 시즌 친정팀 니스로 임대를 떠났다. 이번 시즌을 앞두고 베티스에 합류했다. 후안 미란다가 떠난 빈자리를 대체할 예정이다.

출전경기	경기시간(분)	골	어시스트	경고	퇴장
19	360	-	1	2	-

SPAIN LA LIGA

REAL BETIS BALOMPIÉ

MF 14 윌리엄 카르발류
William Carvalho

국적: 포르투갈

187㎝의 큰 신장과 탄탄한 피지컬을 앞세운 수비를 바탕으로 포백을 보호한다. 여기에 빌드업 능력까지 갖춘 수비형 미드필더. 두 명의 볼란테 역할에서 더 큰 힘을 발휘한다. 앙골라 출신으로 어렸을 때 포르투갈로 이주했다. 스포르팅 CP에서 성장해 2018년부터 베티스에 몸담고 있다. 포르투갈 대표팀에서도 핵심으로 활약한 바 있다. 유로 2016, 2018 러시아 월드컵, 유로 2020, 2022 카타르 월드컵에 참가했다.

출전경기	경기시간(분)	골	어시스트	경고	퇴장
22	673	1	3	2	-

MF 16 세르지 알티미라
Sergi Altimira

국적: 스페인

188㎝의 큰 신장과 탄탄한 피지컬로 포백을 보호하는 수비형 미드필더이다. 적극적인 볼 경합을 통해 상대 공격을 막아서는 역할을 주로 맡는다. 공격 상황에서는 전진 후 먼 거리에서 거침없이 중거리 슈팅을 시도하는 모습도 보여준다. 카탈루냐 출신으로 바르셀로나 유스에서 성장해 사비델을 거쳐 지난 시즌 베티스에 합류했다. 확고한 주전은 아니었지만 백업으로 활약하며 제 역할을 다했다.

출전경기	경기시간(분)	골	어시스트	경고	퇴장
14	556	1	-	1	-

MF 18 파블로 포르날스
Pablo Fornals

국적: 스페인

2선부터 3선, 좌우 측면까지 소화 가능한 유틸리티 자원. 부드러운 발기술을 가진 테크니션으로 드리블, 패스 등에 큰 단점이 없는 선수다. 말라가 출신으로 비야레알을 거쳐 2019년 프리미어리그 웨스트햄으로 이적했다. 초반 적응 문제가 있었지만 점차 적응하며 자신의 장점을 발휘하여 팀의 주축으로 떠올랐다. 그러나 지난 시즌 경쟁에 밀려 15경기 1155분 출전에 그쳤다. 지난여름 베티스에 합류했다.

출전경기	경기시간(분)	골	어시스트	경고	퇴장
15	1,155	3	2	2	-

MF 20 지오바니 로셀소
Giovani Lo Celso

국적: 아르헨티나

전진 능력과 드리블에 능해 측면에서도 활약할 수 있다. 왕성한 활동량으로 하프스페이스 공간을 공략하는 능력이 뛰어나다. 2016년 파리 생제르맹으로 이적했지만, 경쟁에서 밀려났다. 2018년 레알 베티스에서 자신의 실력을 터뜨리며 2020년 토트넘으로 둥지를 옮겼지만 반짝하다가 2022년 비야레알로 임대되어 능력을 발휘했다. 코파 2연패를 한 아르헨티나의 황금세대. 2024년에 레알 베티스로 이적했다.

출전경기	경기시간(분)	골	어시스트	경고	퇴장
22	498	2	2	2	-

MF 21 마르크 로카
Marc Roca

국적: 스페인

에스파뇰에서 두각을 보인 왼발잡이 수비형 미드필더다. 정확한 킥 능력을 통해 빌드업을 주도하면서도 왕성한 활동량을 바탕으로 적극적으로 수비에 가담한다. 일찌감치 빅클럽들의 관심을 받으며 2020년 바이에른 뮌헨으로 이적했지만 경쟁에서 밀려 2022년 리즈 유나이티드로 떠나야 했다. 리즈에서 주전 자리를 차지했지만 팀이 강등됐고, 지난 시즌 베티스 임대 후 지난여름 완전이적을 확정했다.

출전경기	경기시간(분)	골	어시스트	경고	퇴장
26	1,988	2	2	5	-

FW 9 치미 아빌라
Chimy Avila

국적: 아르헨티나

자국 리그에서 성장해 2017년 우에스카로 임대를 떠나며 유럽 무대에 진출했다. 당시 우에스카의 라리가 승격을 이끌며 주목받았고, 2019년 오사수나로 이적했다. 곧바로 팀의 주전 자리를 차지하며 해결사로 등극. 2021/22 시즌 36경기 6골, 2022/23 시즌 29경기 8골을 기록했다. 지난 시즌 겨울 이적시장을 통해 베티스에 합류했다. 뒷공간 침투가 뛰어나며 침착한 마무리 능력이 강점이다.

출전경기	경기시간(분)	골	어시스트	경고	퇴장
23	1,167	2	3	5	3

FW 10 압데 에잘줄리
Abde Ezzalzouli

국적: 모로코

알리칸테 지역 에르쿨레스에서 프로 경력을 시작해 모로코 출신 최초로 바르셀로나 1군 선수가 됐다. 빠른 발을 이용한 돌파 능력으로 상대 수비에 균열을 만들어낸다. 좌우 측면 모두 뛸 수 있으며, 저돌적인 플레이가 부각된다. 더 많은 출전 기회를 위해 지난 시즌 베티스에 합류했다. 바르셀로나 출신으로 많은 기대를 받았지만, 아쉬운 모습을 보여줬다. 지난 시즌 28경기 924분 출전에 그쳤다.

출전경기	경기시간(분)	골	어시스트	경고	퇴장
28	924	1	-	1	-

FW 11 세드릭 바캄부
Cedric Bakambu

국적: 콩고민주공화국

빼어난 운동 능력을 갖고 있다. 침투, 연계, 마무리 등 다재다능한 최전방 공격수다. 프랑스 소쇼몽벨리아르를 시작으로 부르사스포르, 비야레알, 베이징 궈안, 올랭피크 마르세유, 올림피아코스, 알 나사르, 칼라타사라이 등 다수의 팀에서 활약한 저니맨이다. 2024년 1월 베티스에 이적해 백업 공격수로 활약했으나 큰 활약을 펼치지는 못했다. 이번 시즌 아빌라와 함께 주축 공격수 자리를 경쟁할 예정이다.

출전경기	경기시간(분)	골	어시스트	경고	퇴장
4	195	-	-	1	-

FW 24 아이토르 후이발
Aitor Ruibal

국적: 스페인

하부 리그에서 주로 경력을 쌓다가 2017년 베티스에 합류했다. 임대를 다니다가 2021년 복귀해 1군 전력으로 자리 잡았다. 좌우 측면 공격수, 수비수, 중앙 미드필더까지 소화할 수 있는 뉴틸리티 사원이다. 빠른 속도를 앞세운 돌파 능력과 정확한 킥 능력을 통해 경기를 풀어나간다. 지난 시즌 사발리의 장기 부상으로 인해 주로 우측 수비수로 출전했다. 선발보다는 백업 자원으로 팀에 기여했다.

출전경기	경기시간(분)	골	어시스트	경고	퇴장
18	1,016	2	1	5	-

비야레알 CF

Villarreal CF

TEAM PROFILE	
창 립	1923년
구 단 주	페르난도 로이그 알폰소 (스페인)
감 독	마르셀리노 (스페인)
연 고 지	발렌시아 카스테욘 주 비야레알
홈 구 장	라 세라미카 스타디움 (2만 3,500명)
라 이 벌	발렌시아 CF, 레반테 UD
홈페이지	www.villarrealcf.es

최근 5시즌 성적

시즌	순위	승점
2019-2020	5위	60점(18승6무14패, 63득점 49실점)
2020-2021	7위	58점(15승13무10패, 60득점 44실점)
2021-2022	7위	59점(16승11무11패, 63득점 37실점)
2022-2023	5위	64점(19승7무12패, 59득점 40실점)
2023-2024	8위	53점(14승11무13패, 65득점 65실점)

LA LIGA

통 산	없음
23-24 시즌	8위(14승11무13패, 승점 53점)

COPA DEL REY

통 산	없음
23-24 시즌	32강

UEFA

통 산	유로파리그 우승 1회
23-24 시즌	유로파리그 16강

경기 일정

라운드	날짜	장소	상대팀
1	2024.08.20	홈	아틀레티코 마드리드
2	2024.08.24	원정	세비야
3	2024.08.27	홈	RC 셀타 데 비고
4	2024.09.01	원정	발렌시아 CF
5	2024.09.14	원정	RCD 마요르카
6	2024.09.23	홈	FC 바르셀로나
7	2024.09.27	원정	RCD 에스파뇰
8	2024.10.01	홈	UD 라스팔마스
9	2024.10.07	원정	레알 마드리드
10	2024.10.21	홈	헤타페 CF
11	2024.10.28	원정	레알 바야돌리드 CF
12	2024.11.04	홈	라요 바예카노
13	2024.11.11	홈	데포르티보 알라베스
14	2024.11.25	원정	CA 오사수나
15	2024.12.02	홈	지로나
16	2024.12.09	원정	아틀레틱 빌바오
17	2024.12.16	홈	레알 베티스 발롬피에
18	2024.12.23	원정	CD 레가네스
19	2025.01.12	원정	레알 소시에다드
20	2025.01.20	홈	RCD 마요르카
21	2025.01.27	원정	아틀레티코 마드리드
22	2025.02.03	홈	레알 바야돌리드 CF
23	2025.02.10	원정	UD 라스팔마스
24	2025.02.17	홈	발렌시아 CF
25	2025.02.24	원정	라요 바예카노
26	2025.03.03	홈	RCD 에스파뇰
27	2025.03.10	원정	데포르티보 알라베스
28	2025.03.17	홈	레알 마드리드
29	2025.03.31	원정	헤타페 CF
30	2025.04.07	홈	아틀레틱 빌바오
31	2025.04.14	원정	레알 베티스 발롬피에
32	2025.04.21	홈	레알 소시에다드
33	2025.04.24	원정	RC 셀타 데 비고
34	2025.05.05	홈	CA 오사수나
35	2025.05.12	원정	지로나
36	2025.05.15	홈	CD 레가네스
37	2025.05.19	원정	FC 바르셀로나
38	2025.05.26	홈	세비야

전력분석 | 선수단 개편은 화끈하게

지난 시즌에 니콜라 잭슨, 파우 토레스, 사무엘 추쿠에제, 불라예 디아 등 주축 선수들과 결별하며 어려움을 겪었다. 그리고 2024년 여름 또한 주축 선수들이 떠났다. 지난 시즌에 합류해 팀의 해결사로 부상한 알렉산데르 쇠를로트가 3,200만 유로 이적료에 아틀레티코 마드리드로 향했고, 수문장 필리프 요르겐센은 2,450만 유로에 첼시로 향했다. 그리고 핵심 수비수였던 호르헤 쿠엔카는 풀럼으로, 이적 후 경쟁에 밀려난 벤 브레레톤 디아스 또한 사우샘프턴으로 향했다. 그리고 중원을 지켰던 마누 트리게로스, 에티엔 카푸에, 프란시스 코클랭이 모두 계약 만료로 이딜했다. 선수 매각으로 약 7,400만 유로의 수익을 벌었다. 선수단이 대거 이탈한 만큼 투자가 불가피했다. 윌리 캄브왈라, 니콜라 페페, 파페 게예, 세르지 카르도나, 아요세 페레스, 티에리노 베리 등이 합류했다. 일부 선수들을 자유계약(FA)으로 품은 것은 고무적이다. 선수 영입에 총 6,400만 유로를 지출했다. 다만 새로 영입된 선수들이 제 몫을 다해줄 수 있을지 미지수다. 페페는 아스널 최악의 영입으로 뽑힐 만큼 그동안 아쉬움을 보였고, 게예는 마르세유에서 준주전으로 활약했다. 캄브왈라는 아직 유망주에 가깝다. 기대와 걱정이 함께 따른다.

전술분석 | 다시 확고해진 4-4-2, 해결사 찾아라

4-4-2 포메이션을 중용하는 마르셀리노 감독의 전술은 지난 시즌 후반기에 접어들며 자리 잡았다. 키케 세티엔, 파체타 감독 체제에서 부진을 거듭하며 하위권까지 추락했지만 후반기에 접어들면서 1월부터 9경기 무패를 달리며 반등했다. 막판 유럽대항전 진출권의 문을 두드렸지만 최종 8위로 마감했다. 우나이 에메리 감독 체제에서 최고의 성과를 이뤘던 4-4-2 포메이션은 마르셀리노 감독 체제에서 다시 돌아왔다. 에메리 감독이 양 측면 윙어들을 공격형 미드필더와 같이 기용했다면, 마르셀리노 감독은 이보다 수비적이면서도 클래식한 느낌이다. 두 줄 수비를 통해 중원을 단단하게 만든 뒤 측면에서 압박을 가하는 형태다. 그리고 공격에서는 빠른 전개를 통한 역습으로 한 방을 노린다. 이번 시즌 선수단이 개편된 만큼 조직력과 호흡을 가다듬어야 한다. 단단한 모습을 보여줄 최적의 조합을 찾아야 하는 것이다. 동시에 팀의 공격을 이끌 해결사 또한 절실하다. 득점 2위에 올랐던 쇠를로트는 떠났고, 임대 복귀한 단주마는 다시 임대를 떠났다. 새로 합류한 티에리노 베리와 에이스 제라르드 모레노의 활약에 기대를 걸어야 한다.

위기 탈출 노란잠수함, 마르셀리노는 구세주?

정말 위기에 놓여 있다. 우나이 에메리 감독 체제에서 2020/21 시즌 유로파리그 우승, 2021/22 시즌 챔피언스리그 4강 돌풍을 보여주며 경쟁력을 보여줬지만 이후 내리막길을 걷고 있다. 2011/12 시즌 강등, 2018/19 시즌 14위만큼 최악의 부진은 아니지만 현재 팀 상황을 경계해야 한다.

팬들에게 좋은 기억을 선사했던 마르셀리노 감독은 또 한 번 위기의 비야레알을 구하고자 한다. 과거 2012/13 시즌 당시 2부 리그로 강등했던 비야레알은 시즌 도중 마르셀리노 감독을 선임했고, 곧바로 라리가 승격에 성공했다. 그리고 라리가 첫 시즌부터 유로파리그 진출에 성공하는 성과를 비롯해 유럽대항전 티켓을 연달아 따냈다. 계속해서 상승세를 맞이하며 2015/16 시즌에는 4위를 기록하며 챔피언스리그 진출 티켓을 따냈다.

그런데, 2016/17 시즌을 앞두고 보드진과의 마찰로 갑작스레 팀을 떠나게 됐다. 이후 여러 팀을 거쳐 7년 만에 돌아왔다. 보드진과 미래를 보장받았다. 그리고 부진에 빠진 비야레알을 다시 일으켜 세우고자 한다. 지난 시즌 후반기부터 녹아든 전술을 앞세워 이번 시즌에 위기를 극복하고 다시 유럽대항전 진출을 노리고자 한다.

IN & OUT

주요 영입	주요 방출
윌리 캄브왈라, 디에고 콘데, 아요세 페레스, 세르지 카르도나, 니콜라 페페, 파페, 로건 코스타, 티에르노 베리, 루이스 주니오르, 후안 베르나트	알렉산데르 쇠를로트, 필리프 요르겐센, 호르헤 쿠엔카, 하이셈 하산, 요한 모이카, 알베르토 모레노, 마누 트리게로스, 호세 루이스 모랄레스, 페페 레이나, 아이사 만디, 베르트랑 트라오레, 카를로스 로메로, 호르헤 파스칼, 에티엔 카푸에, 프란시스 코클랭, 곤살로 게데스, 예르손 모스케라

TEAM FORMATION

TEAM RATINGS

슈팅	8
패스	8
조직력	7
수비력	7
감독	8
선수층	8

46

2023/24 프로필

팀 득점	65
평균 볼 점유율	49.30%
패스 정확도	84.20%
평균 슈팅 수	12.3
경고	102
퇴장	8

골 타입

오픈 플레이	63
세트 피스	18
카운터 어택	9
패널티 킥	8
자책골	2

단위 (%)

패스 타입

쇼트 패스	86
롱 패스	11
크로스 패스	3
스루 패스	0

단위 (%)

지역 점유율

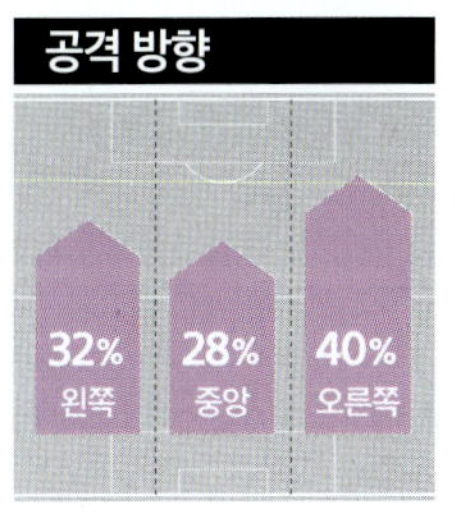

공격 방향

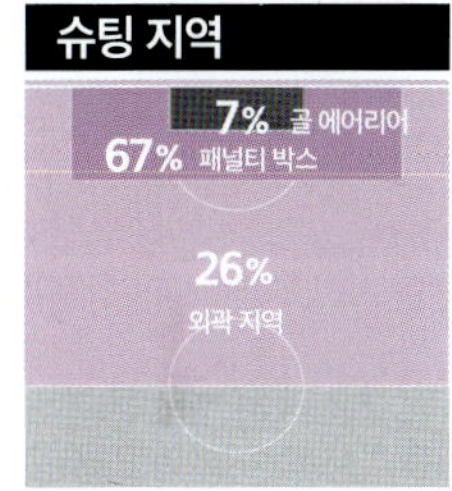

슈팅 지역

상대팀 최근 6경기 전적

구분	승	무	패
레알 마드리드	2	2	2
바르셀로나	2		4
지로나	5		1
아틀레티코 마드리드	1	3	2
아틀레틱 빌바오	1	2	3
레알 소시에다드	3		3
레알 베티스	3	1	2
비야레알			
발렌시아	3	1	2
데포르티보 알라베스	2	2	2
오사수나	3	1	2
헤타페	3	3	
셀타 비고	3	2	1
세비야	1	3	2
마요르카	2	2	2
라스 팔마스	3		3
라요 바예카노	3	1	2
레가네스	5		1
레알 바야돌리드	4	1	1
에스파뇰	4	1	1

SQUAD

포지션	등번호	이름		생년월일	키(cm)	체중(kg)	국적
GK	1	루이스 주니오르	Luiz Júnior	2001.01.14	192	87	브라질
	13	디에고 콘데	Diego Conde	1998.10.28	188	76	스페인
	31	이케르 알바레스	Iker Álvarez	2001.07.25	190	84	안도라
DF	2	로건 코스타	Logan Costa	2001.04.01	190	91	카보베르데
	3	라울 알비올	Raúl Albiol	1995.09.04	190	82	스페인
	4	에릭 바이	Eric Bailly	1994.04.12	187	77	코트디부아르
	5	일리 캄브왈라	Willy Kambwala	2004.08.25	192	86	프랑스
	8	후안 포이스	Juan Foyth	1998.01.12	187	75	아르헨티나
	17	키코 페메니아	Kiko Femenía	1991.02.02	174	61	스페인
	23	세르지 카르도나	Sergi Cardona	1999.07.08	186	80	스페인
	24	알폰소 페드라사	Alfonso Pedraza	1996.04.09	184	73	스페인
MF	6	데니스 수아레즈	Denis Suárez	1994.01.06	176	69	스페인
	10	다니 파레호	Dani Parejo	1989.04.16	182	74	스페인
	14	산티 코메사냐	Santi Comesaña	1996.10.05	188	75	스페인
	16	알렉스 바에나	Álex Baena	2001.07.20	174	70	스페인
	18	파페 게예	Pape Gueye	1999.01.24	189	79	세네갈
	20	라몬 테라츠	Ramón Terrats	2000.10.18	181	70	스페인
FW	7	제라르 모레노	Gerard Moreno	1992.04.07	180	77	스페인
	11	일리아스 아호마시	Ilias Akhomach	2004.04.16	175	71	모로코
	15	티에르모 베리	Thierno Barry	2002.10.21	185	82	프랑스
	19	니콜라 페페	Nicolas Pépé	1995.05.29	183	73	코트디부아르
	21	예레미 피노	Yéremy Pino	2002.10.20	172	65	스페인
	22	아요세 페레스	Ayoze Pérez	1993.07.29	178	72	스페인

마르셀리노 *Marcelino*
1965년 08월 14일생 스페인

하부 리그에서 감독 커리어를 시작해 2005년 레크레아티보 데 우엘바의 승격을 이끌며 지도력을 인정받았다. 위기를 맞이했던 비야레알과 발렌시아에서 분위기 반전을 만들어내며 라리가 내 실력 있는 감독으로 자리매김했다. 2013년, 당시 2부 리그의 비야레알의 승격을 이끌고 유럽대항전 진출권까지 따냈다. 2017년 발렌시아에서는 두 시즌 연속 챔피언스리그 진출과 2018/19 시즌 코파 델 레이 우승을 차지하며 상위 리그 첫 트로피를 차지했다. 지난 시즌 도중, 혼란의 비야레알로 복귀했다.

FW 7 제라르드 모레노 *Gerard Moreno*
KEY PLAYER

국적: 스페인

날카로운 왼발 킥 능력을 앞세워 득점을 노리는 공격수. 빠른 속도와 유려한 발기술도 갖추고 있어 측면에서도 뛸 수 있다. 여기에 동료 선수들과의 연계 능력도 뛰어나 공격에서 다양한 역할을 소화할 수 있다. 다만 오른발 정확도가 현저히 떨어져 플레이에 제약이 따르는 편이다. 어린 시절부터 촉망받았다. 여러 시즌 동안 두 자릿수 득점포를 터뜨리며 라리가 내 손꼽히는 공격수가 됐다. 2019/20 시즌 18골, 2020/21 시즌 23골로 2년 연속 텔모 사라상을 수상했다. 그리고 2020/21 시즌, 팀의 유로파리그 우승 당시 득점왕, 도움왕, 올해의 선수, 베스트11을 석권했다. 지난 시즌에는 30경기 10골 6도움으로 팀 내 득점 2위, 도움 2위를 기록했다.

출전경기	경기시간(분)	골	어시스트	경고	퇴장
30	2,232	10	6	-	-

GK 13 디에고 콘데 *Diego Conde*

국적: 스페인

필리프 요르겐센, 페페 레이나가 모두 팀을 떠난 가운데 레가네스의 라리가 승격을 이끈 수문장이 이젠 비야레알의 골문을 지킨다. 5년 계약을 맺고 이적했다. 아틀레티코 마드리드 유스팀에서 성장해 자유계약으로 헤타페를 거쳐 지난 시즌 레가네스로 이적했다. 패스 능력이 뛰어나지는 않지만, 190㎝에 달하는 큰 신장과 뛰어난 선방 능력이 장점이다. 지난 시즌, 경기당 75%의 선방률을 보여줬다.

출전경기	경기시간(분)	실점	무실점(경기)	경고	퇴장
40	3,519	26	19	-	-

DF 3 라울 알비올 *Raul Albiol*

국적: 스페인

30대 후반의 나이에도 건재함을 과시하고 있다. 경험과 노련미까지 갖춰지며 비야레알 수비의 사령관으로 군림하고 있다. 발렌시아에서 성장해 레알 마드리드, 나폴리를 거쳐 2019년부터 비야레알에서 활약 중이다. 파이터형 수비수로 전성기 시절 190㎝의 큰 신장과 탄탄한 피지컬에 빠른 속도까지 겸비해 최고의 수비수 중 한 명으로 꼽혔다. 2025년까지 재계약을 체결하며 현역 생활을 이어간다.

출전경기	경기시간(분)	골	어시스트	경고	퇴장
26	2,036	-	1	6	-

DF 4 에릭 바이 *Eric Bailly*

국적: 코트디부아르

에스파뇰에서 1군 무대를 밟은 뒤 2015년 비야레알로 이적했다. 빠른 속도와 타고난 운동 신경을 앞세운 적극적인 수비로 주목받는 수비수로 발돋움했다. 2016년 주제 무리뉴 감독 체제의 1호 영입으로 맨유에 입단해 주전 자리를 꿰차며 팬들의 기대를 한 몸에 받았지만, 2017/18 시즌부터 잦은 부상이 계속해서 발목을 잡고 있다. 마르세유, 베식타스를 거쳐 지난겨울 친정팀 비야레알로 복귀했다.

출전경기	경기시간(분)	골	어시스트	경고	퇴장
10	839	-	-	4	

DF 5 윌리 캄브왈라 *Willy Kambwala*

국적: 프랑스

프랑스 17세 이하 대표팀 주장으로 활약하며 기대받았다. 2020년 400만 유로의 이적료로 프랑스 소쇼 유스팀에서 맨유 유스팀에 입단했다. 지난 시즌, 맨유 중앙 수비수들의 줄부상으로 인해 콜업되면서 1군 무대 기회를 받았다. 8경기 중 3차례 선발로 나서며 준수한 활약을 펼쳤다. 이번 시즌을 앞두고 재계약을 거부했고 출전 기회를 위해 비야레알로 이적했다. 이적료는 1,000만 유로.

출전경기	경기시간(분)	골	어시스트	경고	퇴장
8	326	-	-	1	-

DF 8 후안 포이스 *Juan Foyth*

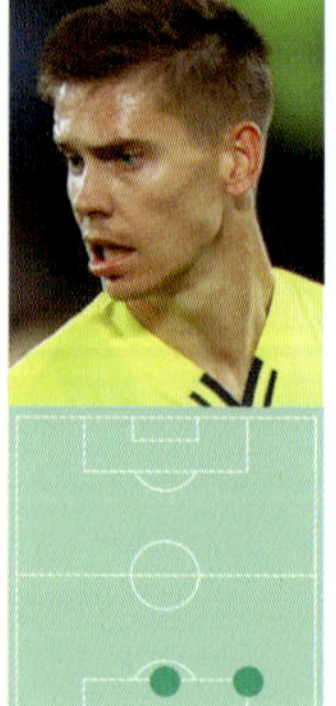

국적: 아르헨티나

토트넘 훗스퍼에서 성장해 비야레알에서 자신의 실력을 만개했다. 토트넘에서 뛰었을 때에는 유망주 중 한 명이었지만 부상과 부진이 겹쳐 경쟁에서 밀렸다. 2020년 비야레알로 임대된 후 2021년 완전이적했다. 우측 수비수로 출전하며 187㎝의 큰 키와 빠른 발을 이용한 수비로 각광받기 시작했다. 볼 컨트롤 또한 좋아 빌드업 상황에서 안정된 모습을 보여주며 인버티드 역할을 소화하고 있다.

출전경기	경기시간(분)	골	어시스트	경고	퇴장
12	1,062	1	1	1	-

DF 23 세르지 카르도나 *Sergi Cardona*

국적: 스페인

카탈루냐 지역 타라고나의 짐나스틱 데 타라고나 유스에서 성장해 2021년 라스 팔마스로 이적했다. 주전으로 활약하며 2022/23 시즌 팀의 라리가 승격을 이끈 주역이었다. 지난 시즌을 끝으로 계약이 종료돼 2024년 7월에 자유계약으로 비야레알에 합류했다. 주로 좌측면 수비수로 나서나 중앙 수비수, 수비형 미드필더로도 활약할 정도로 탄탄한 수비력과 안정된 패스 능력을 갖추고 있다.

출전경기	경기시간(분)	골	어시스트	경고	퇴장
35	2,816	1	2	10	-

SPAIN LA LIGA · VILLARREAL CF

DF 24 알폰소 페드라사
Alfonso Pedraza

국적: 스페인

뛰어난 공격력을 갖춘 측면 수비수. 폭발적인 속도와 날카로운 왼발 킥 능력을 통해 공격에 힘을 실어준다. 비야레알 유스팀에서 성장한 성골 유스로 2015년 1군 무대를 밟았다. 잉글랜드 리즈, 스페인의 알라베스, 레알 베티스에서 임대 생활을 통해 경험을 쌓은 뒤 2020/21 시즌부터 주전으로 활약 중이다. 지난 시즌 후반기에는 발목 부상으로 고생했다. 19경기(1118분 출전) 1골 3도움에 그쳤다.

출전경기	경기시간(분)	골	어시스트	경고	퇴장
19	1,120	1	3	4	1

MF 10 다니 파레호
Dani Parejo

국적: 스페인

스페인 미드필더다운 유려한 발기술과 안정된 볼 소유, 패스를 통해 8번과 6번 역할을 소화할 수 있다. 공격적인 재능 또한 부족함이 없어 10번 역할도 가능하다. 레알 마드리드 유스팀에서 성장해 헤타페를 거쳐 2011년 발렌시아로 이적하며 중원의 사령관으로 군림했다. 주장으로서 리더십까지 발휘했다. 2020년 비야레알 이적 후 더욱 무르익은 모습을 보이며 축구 도사와 같은 활약을 펼치고 있다.

출전경기	경기시간(분)	골	어시스트	경고	퇴장
33	2,588	3	5	4	-

MF 14 산티 코메사냐
Santi Comesana

국적: 스페인

3부 리그 코루소에서 활약하다 2016년 2부 리그 라요 바예카노로 이적했다. 주전으로 활약하며 1부 리그 승격에 기여했다. 다시 2부 리그로 강등된 후에도 팀을 지켰고 또한 번의 승격 후에도 2년 동안 팀의 살림꾼 역할을 톡톡히 해냈다. 지난 여름 자유계약으로 비야레알로 이적했다. 양발을 두루 잘 쓰며 탈압박에도 능하다. 중원에서 안정된 패스를 뿌리며 출중한 피지컬을 보유해 경합에서 우위를 점한다.

출전경기	경기시간(분)	골	어시스트	경고	퇴장
27	1,655	1	-	8	1

MF 16 알렉스 바에나
Alex Baena

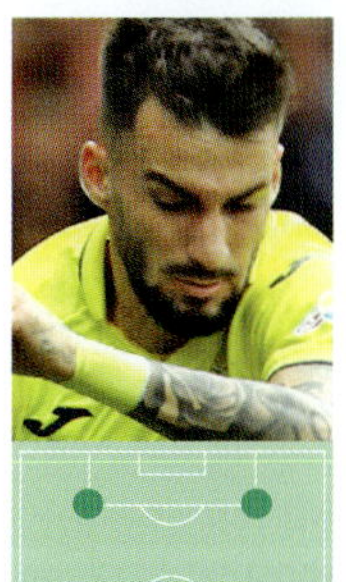

국적: 스페인

비야레알에서 성장해 2020년 1군 무대를 밟았다. 2021년 지로나 임대를 통해 경험을 쌓은 뒤 2022/23 시즌부터 팀의 주축으로 활약 중이다. 빠른 발과 예리한 킥 능력, 결정력까지 보유해 팀의 공격을 이끌고 있다. 비야레알이 아끼는 최고 재능. 지난 시즌, 34경기 2골 14도움으로 라리가 도움왕에 올랐다. 지난여름에는 유로 2024, 2024 파리 올림픽에 모두 출전하며 우승의 기쁨을 누렸다.

출전경기	경기시간(분)	골	어시스트	경고	퇴장
34	2,599	2	14	11	1

MF 18 파페 게예
Pape Gueye

국적: 세네갈

190㎝의 신장과 탄탄한 피지컬을 보유한 3선 미드필더. 뛰어난 운동능력과 활동량을 바탕으로 안정된 수비력을 갖췄다. 왼발에서 나오는 롱 패스 또한 준수하다. 지난 시즌 경기당 2.1회의 롱 패스와 51%의 성공률을 보여줬다. 르아브르에서 성장해 왓포드를 거쳐 2020년 올랭피크 마르세유로 이적했다. 꾸준히 기회를 받으며 성장했다. 2022/23 시즌 도중 세비야로 임대돼 라리가를 경험한 바 있다.

출전경기	경기시간(분)	골	어시스트	경고	퇴장
15	766	-	-	2	-

FW 15 티에르노 베리
Thierno Barry

국적: 프랑스/기니

2002년생의 주목받고 있는 공격수 중 한 명이다. 195㎝의 압도적인 신장을 보유한 장신 공격수. 뛰어난 운동능력과 볼 경합을 통해 최전방에서 강한 모습을 보여 주고 있다. 프랑스 소쇼-몽벨리아르에서 성장해 벨기에를 거쳐 2023년 스위스 명문 FC바젤에서 활약했다. 지난 시즌 팀의 주전으로 도약해 35경기 9골 5도움을 터뜨렸다. 지난 시즌 팀의 해결사 쇠를로트를 연상케 할 것으로 기대받고 있다.

출전경기	경기시간(분)	골	어시스트	경고	퇴장
35	2,389	9	5	7	1

FW 19 니콜라 페페
Nicolas Pepe

국적: 코트디부아르

한때 리그앙 최고의 윙어였다. 화려한 테크닉을 앞세운 드리블과 빠른 속도를 활용한 돌파로 상대 수비를 무너뜨렸다. 2017년 릴로 이적하며 엄청난 활약을 펼쳤다. 2017/18 시즌 13골 5도움, 2018/19 시즌 22골 11도움을 기록했다. 2019년 7,200만 유로의 이적료로 아스널로 이적했지만, 부진을 겪으며 최악의 영입이란 비판을 들었다. 2023년 트라브존스포르를 거쳐 지난여름 비야레알에 합류했다.

출전경기	경기시간(분)	골	어시스트	경고	퇴장
19	1,123	5	3	-	-

FW 21 예레미 피노
Yeremi Pino

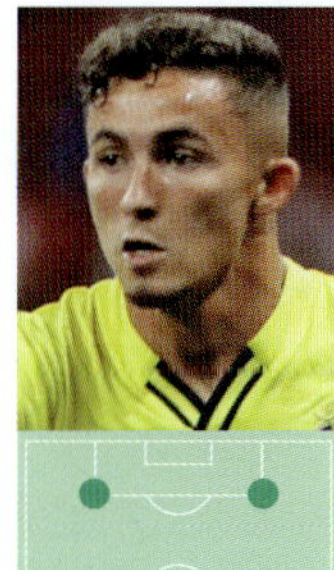

국적: 스페인

2002년생으로 10대 나이부터 두각을 나타냈다. 화려한 테크닉과 저돌적인 돌파를 앞세워 측면부터 최전방까지 아우를 수 있는 공격수다. 신체 밸런스가 좋아 민첩한 움직임을 통해 상대 수비를 무너뜨린 뒤 득점까지 노릴 수 있다. 2017년 라스 팔마스 유스팀에서 비야레알 유스팀으로 이적 후 가파른 성장세를 보이고 있다. 지난 시즌에는 십자인대 부상으로 일찌감치 시즌을 마감해야 했다.

출전경기	경기시간(분)	골	어시스트	경고	퇴장
7	481	-	-	-	-

FW 22 아요세 페레스
Ayoze Perez

국적: 스페인

공격적인 재능이 뛰어나 2선 전 지역을 소화할 수 있다. 돌파와 킥 능력을 통해 경기를 풀어간다. 2014년 뉴캐슬에서 활약하다 2019년 레스터 시티로 이적해 프리미어리그에서 활약을 이어갔다. 주전 경쟁에서 밀려 2023년 1월 베티스에 임대된 뒤 그해 여름 FA로 완전이적했다. 지난 시즌 팀 내 최다골 2위(9골), 기회 창출 2위(7회)를 기록했다. 그리고 지난여름, 비야레알에 합류했다.

출전경기	경기시간(분)	골	어시스트	경고	퇴장
31	2,309	9	1	4	-

발렌시아 CF
Valencia CF

TEAM PROFILE	
창 립	1919년
구 단 주	피터 림(싱가포르)
감 독	루벤 바라하(스페인)
연 고 지	발렌시아
홈 구 장	에스타디오 메스타야(4만 9,419명)
라 이 벌	비야레알 CF, 레반테
홈페이지	www.valenciacf.com

최근 5시즌 성적

시즌	순위	승점
2019-2020	9위	53점(14승11무13패, 46득점 53실점)
2020-2021	13위	43점(10승13무15패, 50득점 53실점)
2021-2022	9위	48점(11승15무12패, 48득점 53실점)
2022-2023	14위	42점(11승9무18패, 42득점 45실점)
2023-2024	9위	49점(13승10무15패, 40득점 45실점)

LA LIGA

통 산	우승 6회
23-24 시즌	9위(13승10무15패, 승점 49점)

COPA DEL REY

통 산	우승 8회
23-24 시즌	16강

UEFA

통 산	유로파리그 우승 1회
23-24 시즌	없음

경기 일정

라운드	날짜	장소	상대팀
1	2024.08.18	홈	FC 바르셀로나
2	2024.08.24	원정	RC 셀타 데 비고
3	2024.08.29	원정	아틀레틱 빌바오
4	2024.09.01	홈	비야레알 CF
5	2024.09.16	원정	아틀레티코 마드리드
6	2024.09.22	홈	지로나
7	2024.09.25	홈	CA 오사수나
8	2024.09.29	원정	레알 소시에다드
9	2024.10.07	원정	CD 레가네스
10	2024.10.21	홈	UD 라스팔마스
11	2024.10.28	원정	헤타페 CF
12	2024.11.04	홈	레알 마드리드
13	2024.11.11	원정	RCD 에스파뇰
14	2024.11.25	홈	레알 베티스 발롬피에
15	2024.12.02	원정	RCD 마요르카
16	2024.12.09	홈	라요 바예카노
17	2024.12.16	원정	레알 바야돌리드 CF
18	2024.12.23	홈	데포르티보 알라베스
19	2025.01.12	원정	세비야
20	2025.01.20	홈	레알 소시에다드
21	2025.01.27	원정	FC 바르셀로나
22	2025.02.03	홈	RC 셀타 데 비고
23	2025.02.10	홈	CD 레가네스
24	2025.02.17	원정	비야레알 CF
25	2025.02.24	홈	아틀레티코 마드리드
26	2025.03.03	원정	CA 오사수나
27	2025.03.10	홈	레알 바야돌리드 CF
28	2025.03.17	원정	지로나
29	2025.03.31	홈	RCD 마요르카
30	2025.04.07	원정	레알 마드리드
31	2025.04.14	홈	세비야
32	2025.04.21	원정	라요 바예카노
33	2025.04.24	홈	RCD 에스파뇰
34	2025.05.05	원정	UD 라스팔마스
35	2025.05.12	홈	헤타페 CF
36	2025.05.15	원정	데포르티보 알라베스
37	2025.05.19	홈	아틀레틱 빌바오
38	2025.05.26	원정	레알 베티스 발롬피에

전력분석 ⚡ 효율적인 이적시장, 공격진에 힘 더하기

지난 시즌, 루벤 바라하 감독 체제에서 이어졌던 부진을 떨쳐내는 모습을 보였다. 심지어 유럽대항전 진출권 경쟁까지 펼쳤지만, 막판 힘을 발휘하지 못하며 9위로 마감했다. 그럼에도 바라하 감독 체제에서 희망을 엿볼 수 있던 시즌이다. 그러나 이적시장은 다시 한번 효율을 중시하며 큰 투자는 이뤄지지 않았다. 계속해서 어린 선수들을 중용하고, 필요 포지션에 선수들을 임대 영입하며 시즌을 치렀다. 이번 시즌 또한 크게 다르지 않다. 지난 시즌 임대왔던 셀림 아말라, 피터 페데리코, 로만 야렘추크 모두 원소속팀으로 돌아갔다. 그리고 그 자리에 세비아로부터 라파 미르를, 레반테로부터 다니 고메스를 임대 영입했다. 여기에 라요 바예카노와 계약이 종료된 골키퍼 스톨 디미트리예프스키를 자유계약(FA)으로 영입했다. 주전 골키퍼 기오르기 마마르다슈빌리는 리버풀 이적을 확정했지만, 이번 시즌 재임대돼 계속해서 골문을 지킬 예정이다. 지난 시즌 팀의 핵심들은 떠나지 않았다. 지난해 합류한 페펠루는 팀의 핵심으로 자리 잡았고, 중원의 파트너 하비 게라도 눈부신 성장을 보였다. 그리고 우고 두로도 드디어 해결사다운 활약을 펼쳤다. 커리어 처음으로 두 자릿수 득점포를 가동하며 다시 기대를 모았다. 여기에 합류한 하파 미르, 루이스 리오하가 함께 공격을 이끈다.

전술분석 ⚡ 측면을 공략하는 4-4-2, 수비에 안정감 더할 때

루벤 바라하 감독의 4-4-2 포메이션은 후방 빌드업을 중시한다. 두 명의 중앙 수비수와 두 명의 중앙 미드필더가 많은 시간을 자신들의 진영에 머물며 상대 압박을 이끌어내는 형태다. 상대의 압박이 들어올 경우 볼을 측면으로 전개해 빠르게 비어 있는 공간을 노린다. 이때 두 명의 최전방 공격수는 상대 수비와 미드필드 진영 사이에 머물며 측면 공격수들과 연계 플레이 후 골문을 공략한다. 양 측면 수비수들은 측면 공격수들이 안쪽으로 좁혀 들어갈 때 공격에 가담해 힘을 보탠다. 지난 시즌에는 유스팀 메스타야 출신들의 등장이 반가웠다. 프란 페레스, 디에고 로페스, 하비 게라, 야레크 가시오로프스키 등이 곧바로 팀의 핵심으로 자리매김했다. 이번 시즌에도 큰 변화는 없을 예정이다. 부상으로 나서지 못하는 무크타르 디아카비를 제외하면 디미트로 폴퀴에, 크리스티안 모스케라, 티에리 코레이라와 함께 임대에서 복귀한 세사르 타레가가 지킨다. 미드필더 중원은 페펠루, 하비 게라가 중심을 잡고, 측면에는 세르지 카노스, 디에고 로페스, 프란 프레스가 버틴다. 최전방에 대한 조합이 바뀐다. 우고 두로와 함께 라파 미르, 다니 고메스가 합을 맞출 수 있다.

 **시즌 프리뷰**

아~ 옛날이여, 그리운 유럽대항전

박쥐군단은 옛날이 그립다. 유럽대항전 단골손님이자 언제나 복병의 팀으로 평가받았던 발렌시아. 꾸준히 유럽대항전의 문턱을 밟으며 유럽 내에서 구단 이름을 알렸다. 중간중간 유럽대항전에 나서지 못했던 시즌도 있었지만 2000년 이후 계속해서 상승세였다.

하지만 2019/20 시즌 이후 급격하게 하락세에 빠지며 최악의 시기를 보내고 있다. 2019/20 시즌 8위, 2020/21 시즌 13위, 2021/22 시즌 9위, 2022/23 시즌 16위를 기록했다. 특히 루벤 바라하 감독이 부임했던 2022/23 시즌 당시에는 강등권 위기까지 내몰리며 부진을 극복하지 못했다. 그러다 바라하 감독 부임 후 빠르게 팀의 재정비를 마치며 극적으로 잔류에 성공했다. 그리고 지난 시즌에는 다시 한 번 유럽대항전 진출에 대한 희망을 잠시나마 갖기도 했다. 컨퍼런스리그 예선 플레이오프로 향해 7위 자리까지 오르는 모습을 보였던 것. 그러나 최종 성적은 9위였다.

지난 시즌 막판에 부진하여 아쉽게 놓친 유럽대항전 진출 티켓을 이번 시즌에는 다시한번 노리고자 한다. 팀 레전드 출신 바라하 감독 체제에서 찾아온 반가운 상승세를 이어가겠다는 각오다.

IN & OUT

주요 영입	주요 방출
다니 고메스, 스톨 디미트리예프스키, 라파 미르, 세자르 타레가, 루이스 리오하	예라이 죄메르트, 크리스티안 리베로, 로만 야렘추쿠, 셀림 아말라, 피터 페데리코, 젱크 외즈카차르, 알메르토 마리, 우고 곤잘레스, 기오르기 마마르디슈빌리

TEAM FORMATION

TEAM RATINGS

슈팅	8
패스	7
조직력	7
수비력	7
감독	7
선수층	8

44

2023/24 프로필

팀 득점	40
평균 볼 점유율	43.60%
패스 정확도	77.00%
평균 슈팅 수	9.9
경고	60
퇴장	5

골 타입

	(%)
오픈 플레이	70
세트 피스	3
카운터 어택	5
패널티 킥	20
자책골	3

단위 (%)

패스 타입

	(%)
쇼트 패스	81
롱 패스	15
크로스 패스	4
스루 패스	0

단위 (%)

지역 점유율

공격 진영	27%
중앙	44%
수비 진영	29%

공격 방향

왼쪽	중앙	오른쪽
36%	22%	42%

슈팅 지역

골 에어리어	6%
패널티 박스	55%
외곽 지역	38%

상대팀 최근 6경기 전적

구분	승	무	패
레알 마드리드	1	1	4
바르셀로나		1	5
지로나	2		4
아틀레티코 마드리드	1	1	4
아틀레틱 빌바오	1	2	3
레알 소시에다드	1	3	2
레알 베티스	1	1	4
비야레알	2	1	3
발렌시아			
데포르티보 알라베스	1	2	3
오사수나	4		2
헤타페	3	1	2
셀타 비고	3	2	1
세비야	1	3	2
마요르카	1	3	2
라스 팔마스	3	1	2
라요 바예카노	1	4	1
레가네스	2	3	1
레알 바야돌리드	4	1	1
에스파뇰	2	3	1

SQUAD

포지션	등번호	이름		생년월일	키(cm)	체중(kg)	국적
GK	1	자우메 도메네크	Jaume Doménech	1990.11.05	185	73	스페인
	13	스톨 디미트리예프스키	Stole Dimitrievski	1993.12.25	188	84	마케도니아
	25	기오르기 마마르다슈빌리	Giorgi Mamardashvili	2000.09.29	197	90	조지아
DF	2	막시밀리아노 코프리에즈	Maximiliano Caufriez	1997.02.16	189	81	벨기에
	3	크리스티안 모스케라	Cristhian Mosquera	2004.06.27	188	78	스페인
	4	무크타르 디아카비	Mouctar Diakhaby	1996.12.19	189	78	기니
	12	티에리 코헤이아	Thierry Correia	1999.03.09	176	69	포르투갈
	14	호세 가야	José Gayà	1995.05.25	172	66	스페인
	15	세사르 타레가	César Tárrega	2002.02.26	194	78	스페인
	20	디미트리 폴퀴에	Dimitri Foulquier	1993.03.23	183	72	과들루프
	21	헤수스 바스케스	Jesús Vázquez	2003.01.02	182	76	스페인
	24	야레크 가시오로프스키	Yarek Gasiorowski	2001.05.22	186	81	스페인
MF	5	엔조 바르레네체아	Enzo Barrenechea	2001.05.22	186	81	아르헨티나
	6	우고 길라몬	Hugo Guillamón	2000.01.30	178	62	스페인
	8	하비 게라	Javi Guerra	2003.05.13	187	81	스페인
	10	안드레 알메이다	André Almeida	2000.05.30	176	76	포르투갈
	18	페펠루	Pepelu	1988.08.11	186	77	스페인
	23	프란 페레스	Fran Pérez	2002.09.09	175	68	스페인
FW	7	세르지 카노스	Sergi Canós	1997.02.02	177	75	스페인
	9	우고 두로	Hugo Duro	1999.11.10	177	70	스페인
	11	라파 미르	Rafa Mir	1997.06.18	191	86	스페인
	16	디에고 로페스	Diego López	2002.05.13	172	62	스페인
	17	다니 고메스	Dani Gómez	1998.07.30	178	69	스페인
	22	루이스 리오하	Luis Rioja	1993.10.16	175	68	스페인
	30	헤르만 발레라	Germán Valera	2002.03.16	170	68	스페인

COACH

2011년 아틀레티코 마드리드 1군 코치를 시작으로, 2013년 발렌시아 유스팀을 이끌었다. 2015년 엘체 감독으로 부임해 프로팀 감독 커리어를 시작했고 라요 바예카노, 스포르팅 히혼, 레알 사라고사를 이끌었다. 감독으로 뚜렷한 성과를 내지 못했지만, 2023년 2월 강등 위기에 놓인 발렌시아에 부임해 잔류에 성공. 지난 시즌에는 리그 9위에 올려놓으며 2026년까지 재계약을 체결했다. 그동안의 감독 커리어 중 가장 오랜 기간 팀을 이끌며 조금씩 지도력을 인정받고 있다.

루벤 바라하 *Ruben Baraja*
1975년 7월 11일생 스페인

PLAYERS

FW	9	우고 두로

Hugo Duro

국적: 스페인

드디어 터졌다. 헤타페에서 성장해 레알 마드리드 유스팀을 거쳐 1군 무대까지 밟았지만, 그동안 뚜렷한 모습을 보여주지 못했다. 분명 번뜩이는 모습이 있었지만 한동안 아쉬운 활약을 이어가다 지난 시즌 37경기 13골 4도움을 터뜨리며 팀의 해결사로 자리매김했다. 준족의 스트라이커로 수비 뒷공간을 파고들며 공간을 만들어가는 데 장점을 갖고 있다. 왼발 슈팅이 위협적이며, 오른발 슈팅 또한 준수해 플레이에 큰 제약은 없다. 과거에는 측면에서도 활약할 정도로 여러 방면에서 잠재력을 보였지만, 프로 무대에 들어서면서 스트라이커 위치에 자리 잡았다. 2021년 발렌시아로 임대된 후 2022년 400만 유로 이적료로 완전히 이적했다.

출전경기	경기시간(분)	골	어시스트	경고	퇴장
37	2,998	13	2	4	–

GK	25	기오르기 마마르다슈빌리

Giorgo Mamardashcilli

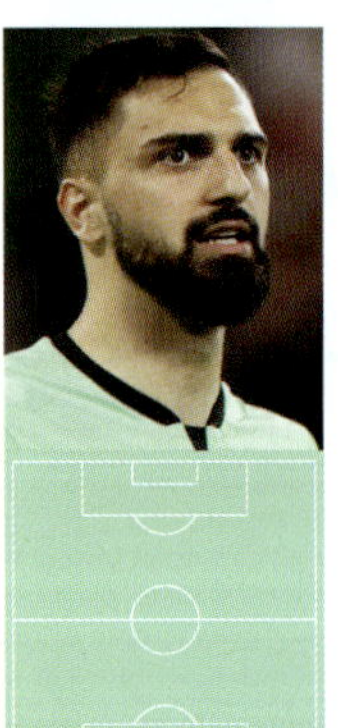

국적: 조지아

조지아 디나모 트빌리시에서 성장했다. 2021년 발렌시아 유스팀에 임대된 후 1군 골키퍼들의 줄부상으로 곧바로 기회를 받았다. 시즌 초반 반짝이는 활약 후 백업으로 기회를 잡았다. 2022년 완전히 이적해 주전 골키퍼 자리를 꿰찼다. 2m에 가까운 큰 신장과 긴 팔다리를 이용한 선방 능력이 뛰어나다. 유로 2024에 참가해 조지아의 16강 진출을 이끌었다. 이번 이적시장에서 리버풀 이적을 확정한 뒤 다시 임대됐다.

출전경기	경기시간(분)	실점	무실점(경기)	경고	퇴장
37	3,285	41	13	3	1

DF	3	크리스티안 모스케라

Cristhian Mosquera

국적: 스페인

2004년생. 2016년 12살의 나이로 발렌시아 유스팀에 입단해 성장했다. 2022년 1군 데뷔전을 치르며 어린 나이부터 잠재력을 보였다. 2022/23 시즌 3경기 출전에 그쳤지만, 지난 시즌 36경기 3075분을 소화하며 단번에 주전 수비수로 도약했다. 191㎝의 큰 신장과 탄탄한 피지컬에 빠른 발까지 보유해 수비 커버 범위가 넓다. 발렌시아에서 촉망받는 중앙 수비수로 성장세가 기대되는 선수이다.

출전경기	경기시간(분)	골	이시스트	경고	퇴장
36	3,075	–	–	2	–

DF	4	무크타르 디아카비

Mouctar Diakhaby

국적: 기니

190cm의 당당한 체구에 왼발을 이용한 패스 전개력을 갖춘 중앙 수비수이다. 지난 시즌, 경기당 0.8회로 팀 내 블로킹 1위를 기록했다. 2017년 여름 바르셀로나 2군 팀으로 이적해 주전 수비수로 활약하다가 1군 출전 기회를 찾아 2020년 9월 비야레알로 이적했다. 알메리아, 헤타페로 임대되어 라리가 무대에서 기량을 인정받았다. 또한 스페인 21세 이하 대표팀에서도 핵심 선수로 활약했다.

출진경기	경기시간(분)	골	어시스트	경고	퇴장
14	1,072	1	–	6	–

DF	12	티에리 코헤이아

Thierry Correia

국적: 포르투갈

티에리 코레이아라는 이름으로 더 알려져 있다. 코레이아라는 성보다는 헨달이라는 성을 더 선호해 등록한 이름을 'Thierry.R'이다. 포르투갈 스포르팅CP에서 성장해 2019년 발렌시아로 이적했다. 폭발적인 스피드와 왕성한 활동량을 바탕으로 기동력이 좋은 수비수다. 적극적인 공격 가담을 통해 측면에서 크로스 플레이를 자주 선보인다. 2020/21 시즌부터 팀의 주전 수비수로 도약했다.

출전경기	경기시간(분)	골	어시스트	경고	퇴장
31	2,162	–	2	4	1

DF	14	호세 가야

Jose Gaya

국적: 스페인

발렌시아의 성골 유스이자 캡틴이다. 2006년 유스팀에 입단해 18년 동안 발렌시아에서만 활약 중이다. 2012년 10대 나이에 1군 무대를 밟았다. 빠른 속도를 앞세운 측면 돌파, 날카로운 왼발 킥 능력, 직접 골문을 노리는 과감함을 갖춘 공격적인 풀백이다. 빅클럽들의 관심에도 발렌시아를 지키고 있다. 스페인 17세 이하 대표팀부터 성인 대표팀까지 꾸준히 발탁됐다. 부상이 잦아 유로 2024 명단에서 탈락했다.

출전경기	경기시간(분)	골	어시스트	경고	퇴장
24	1,799	1	2	2	–

DF	24	야레크 가시오로프스키

Yarek Gasiorowski

국적: 스페인

현재 발렌시아에서 가장 많은 기대를 받고 있는 수비수. 2005년생으로 발렌시아 유스팀에서 일찌감치 잠재력을 인정받아 지난 시즌 1군 무대를 밟았다. 15경기 733분 출전으로 주로 교체로 활약했다. 190㎝의 큰 신장에도 엄청난 스피드를 보유하고 있다. 공중볼 경합에도 강점을 갖고 있어 세트피스에 위협적인 존재다. 여전히 성장이 필요한 선수지만 벌써부터 프로 무대에서 자신의 실력을 입증하고 있다.

출전경기	경기시간(분)	골	어시스트	경고	퇴장
14	733	–	–	1	–

MF 6 우고 길라몬
Hugo Guillamon

국적: 스페인

중앙 수비수로 시작해 수비형 미드필더 자리에서 오히려 더 두각을 보였다. 발렌시아 유스 메스타야 출신으로 2018년부터 6년 동안 팀에 몸담고 있다. 2019/20 시즌 도중 1군 무대를 밟았다. 점차 수비형 미드필더 자리에 적응하며 단번에 넘겨주는 양질의 롱패스로 팀의 공격에 힘을 보탰다. 뛰어난 활동량과 안정된 수비력을 바탕으로 중원을 지킨다. 지난 시즌에는 백업으로 활약하다 후반기에 주전으로 뛰었다.

출전경기	경기시간(분)	골	어시스트	경고	퇴장
26	1,307	1	–	6	–

MF 8 하비 게라
Javi Guerra

국적: 스페인

발렌시아에서 줄곧 활약한 성골 유스이다. 2003년생 박쥐 군단의 보석이다. 2022/23 시즌 10대 나이에 1군 무대를 밟았다. 187㎝의 큰 신장과 탄탄한 피지컬을 보유해 경합에서 쉽게 밀리지 않는 모습이다. 특히 부드러운 발밑과 왕성한 활동량을 통한 전진성까지 보유했다. 득점력까지 갖췄다. 지난 시즌, 길라몬을 밀어내고 주전 자리를 꿰차며 36경기 4골 1도움을 기록했다. 발렌시아와 2027년까지 계약했다.

출전경기	경기시간(분)	골	어시스트	경고	퇴장
36	2,505	4	1	3	1

MF 10 안드레 알메이다
Andre Almeida

국적: 포르투갈

포르투갈의 비토리아 유스에서 성장해 1군 무대까지 밟았다. 왕성한 활동량과 저돌적인 드리블을 앞세운 플레이가 도드라진다. 준수한 볼 컨트롤과 패스 능력 또한 갖춰 공격형 미드필더로도 활약할 수 있다. 지난 시즌, 우고 두로와 함께 투톱으로 경기에 나서며 팀의 공격을 이끌었다. 하지만 시즌 도중 근육 부상이 길어지며 4개월가량 이탈했었다. 지난 시즌에는 18경기 975분 출전에 그쳤다.

출전경기	경기시간(분)	골	어시스트	경고	퇴장
18	975	2	1	–	–

MF 18 페펠루
Pepelu

국적: 스페인

공격과 수비 능력 모두 고루 갖춘 밸런스 잡힌 미드필더. 왕성한 활동량으로 동료들과 패스를 주고받으며 중원에 활기를 불어넣는다. 미드필더 전 포지션을 소화할 수 있을 만큼 뛰어난 전술적 이해도를 갖고 있다. 레반테 유스팀에서 성장해 1군 무대를 밟았다. 에르툴레스, 톤델라, 비토리아에서 임대 생활을 거쳤다. 2022/23 시즌 2부 리그 레반테에서 에이스였다. 지난 시즌 발렌시아 이적 후 팀의 코어였다.

출전경기	경기시간(분)	골	어시스트	경고	퇴장
37	3,305	7	1	4	–

FW 7 세르지 카노스
Sergi Canos

국적: 스페인

엄청난 스피드와 준수한 발놀림을 앞세워 측면에서 안쪽으로 치고 들어가는 유형의 윙어다. 좌측면에서 뛸 때 자신의 진가를 더욱 발휘한다. 활동량이 많아 수비 가담에도 능하다. 리버풀에서 성장했지만, 노리치 시티를 거쳐 2017년 브렌트포드로 이적하며 확고한 주전으로 활약했다. 2020/21 시즌 리그 9골로 프리미어리그 승격에 일조했다. 이후 주전 경쟁에서 밀려 지난 시즌 발렌시아에 합류했다.

출전경기	경기시간(분)	골	어시스트	경고	퇴장
27	1,236	1	2	2	–

FW 11 라파 미르
Rafa Mir

국적: 스페인

191㎝의 큰 신장을 앞세운 공중볼 경합 능력과 더불어 침투 플레이에 능할 만큼 속도를 겸비한 공격수다. 양발을 자유자재로 사용해 박스 안쪽에서 플레이에 제약을 받지 않는다. 발렌시아 유스에서 성장해 2015년 1군 무대를 밟았다. 2018년 울버햄튼으로 이적했지만, 자리를 잡지 못하여 임대를 떠났다. 2021년 세비야 이적 후 잠시 반짝였지만 다시 부진했다. 지난여름, 6년 만에 친정팀으로 돌아왔다.

출전경기	경기시간(분)	골	어시스트	경고	퇴장
15	384	2	–	1	–

FW 16 디에고 로페스
Diego Lopez

국적: 스페인

공격의 모든 포지션을 소화할 수 있는 유틸리티 플레이어. 왕성한 활동량과 동료들과의 연계 플레이를 통해 공격을 풀어나가는 데 강점이 있다. 공간 이해도 높아 기회를 창출하는 것에 능하다. 유스 시절, 레알 마드리드, 바르셀로나 두 팀을 모두 거친 뒤 2021년 발렌시아 유스팀으로 이적했다. 2022/23 시즌 1군 무대를 밟았고, 지난 시즌에는 팀의 주축으로 성장해 36경기 3골 6도움을 기록했다.

출전경기	경기시간(분)	골	어시스트	경고	퇴장
36	2,672	3	6	2	–

FW 17 다니 고메스
Dani Gomez

국적: 스페인

윙어를 소화할 수 있을 만큼 빠른 속도를 겸비한 최전방 공격수다. 순간적인 속도를 앞세워 상대 수비 뒷공간을 파고드는 플레이에 능하다. 2020년 레반테 이적 후 주로 백업 공격수로 활약했다. 2022년 에스파뇰로 임대를 떠났지만 큰 소득은 없었다. 지난 시즌, 2부 리그 레반테에서 주전으로 활약하며 34경기 5골 1도움을 기록했다. 그리고 지난여름 구매 옵션이 포함된 임대로 발렌시아에 합류했다.

출전경기	경기시간(분)	골	어시스트	경고	퇴장
34	2,053	5	1	4	–

FW 22 루이스 리우하
Luis Rioja

국적: 스페인

셀타 데 비고, 마르베야 등에서 활약하다, 2018년 알메리아에서 두각을 보인 뒤 2019년 데포르티보 알라베스로 둥지를 옮겼다. 알라베스의 강등에도 팀에 남았고, 2022/23 시즌 승격의 주역으로 활약했다. 주장이자 에이스 역할을 맡으며 팀에 헌신했다. 빠른 발과 왕성한 활동량을 바탕으로 팀의 공격포인트를 책임졌다. 왼발 킥 능력을 통해 경기를 조율하는 윙어이다. 지난여름 2년 계약으로 발렌시아로 이적했다.

출전경기	경기시간(분)	골	어시스트	경고	퇴장
37	2,515	5	4	4	–

데포르티보 알라베스

Deportivo Alavés

TEAM PROFILE	
창 립	1921년
구 단 주	알폰소 페르난데스(스페인)
감 독	루이스 가르시아 플라사(스페인)
연 고 지	비토리아 가스테이스
홈 구 장	멘디소로사 스타디움(1만 9,840명)
라 이 벌	아틀레틱 빌바오, 레알 소시에다드
홈페이지	https://www.deportivoalaves.com/es/

최근 5시즌 성적

시즌	순위	승점
2019-2020	16위	39점(10승9무19패, 34득점 59실점)
2020-2021	16위	38점(9승11무18패, 36득점 57실점)
2021-2022	20위	31점(8승7무23패, 31득점 65실점)
2022-2023	없음	없음
2023-2024	10위	46점(12승10무16패, 36득점 46실점)

LA LIGA

통 산	없음
23-24 시즌	10위(12승10무16패, 승점46점)

COPA DEL REY

통 산	없음
23-24 시즌	16강

UEFA

통 산	없음
23-24 시즌	없음

경기 일정

라운드	날짜	장소	상대팀
1	2024.08.17	원정	RC 셀타 데 비고
2	2024.08.26	홈	레알 베티스 발롬피에
3	2024.08.29	원정	레알 소시에다드
4	2024.09.02	홈	UD 라스팔마스
5	2024.09.14	원정	RCD 에스파뇰
6	2024.09.21	홈	세비야
7	2024.09.25	원정	레알 마드리드
8	2024.09.28	원정	헤타페 CF
9	2024.10.07	홈	FC 바르셀로나
10	2024.10.21	홈	레알 바야돌리드 CF
11	2024.10.28	원정	라요 바예카노
12	2024.11.04	홈	RCD 마요르카
13	2024.11.11	원정	비야레알 CF
14	2024.11.25	원정	아틀레티코 마드리드
15	2024.12.02	홈	CD 레가네스
16	2024.12.09	원정	CA 오사수나
17	2024.12.16	홈	아틀레틱 빌바오
18	2024.12.23	원정	발렌시아 CF
19	2025.01.12	홈	지로나
20	2025.01.20	원정	레알 베티스 발롬피에
21	2025.01.27	홈	RC 셀타 데 비고
22	2025.02.30	원정	FC 바르셀로나
23	2025.02.10	홈	헤타페
24	2025.02.17	원정	CD 레가네스
25	2025.01.24	홈	RCD 에스파뇰
26	2025.03.03	원정	RCD 마요르카
27	2025.03.10	홈	비야레알 CF
28	2025.03.17	원정	UD 라스팔마스
29	2025.03.31	홈	라요 바예카노
30	2025.04.07	원정	지로나
31	2025.04.14	홈	레알 마드리드
32	2025.04.21	원정	세비야
33	2025.04.24	홈	레알 소시에다드
34	2025.05.05	홈	아틀레티코 마드리드
35	2025.05.12	원정	아틀레틱 빌바오
36	2025.05.15	홈	발렌시아 CF
37	2025.05.19	원정	레알 바야돌리드 CF
38	2025.05.26	홈	CA 오사수나

전력분석 아쉬운 핵심 선수들의 이탈

지난 시즌 1부 리그 승격 후 리그 10위를 달성하는 저력을 과시했다. 라리가 경험이 많은 루이스 가르시아 감독 체제에서 나름의 돌풍을 기록하며 1부 잔류라는 1차 목표를 초과 달성했다고 해도 과언이 아니다. 특히 후반기에 아틀레티코 마드리드, 셀타 비고, 발렌시아를 잡으며 3연승을 달린 것이 컸다. 하지만 기쁨도 잠시였다. 여름 이적시장에서 핵심 선수들이 이탈했다. 해결사 역할을 맡았던 거구의 공격수 사무 오모로디온과 백업 줄리아노 시메오네가 소속팀인 아틀레티코 마드리드로 임대 복귀했다. 주축 수비수 라파 마린도 레알 마드리드로 복귀 후 나폴리로 향했다. 여기에 좌측 수비수 하비 로페스가 레알 소시에다드로, 중앙 수비수 루벤 두아르테가 UNAM 푸마스로 이적했다. 우측 수비수 안도니 고로사벨은 자유계약으로 아틀레틱 빌바오 유니폼을 입었다. 특히 에이스인 루이스 리오하의 이탈이 가장 뼈아프다. 2021/22 시즌 팀의 강등에도 잔류해 1년 만에 팀의 승격을 이끈 주축이다. 지난 시즌에도 팀의 해결사이자 핵심으로 활약했다. 스토이치코프, 루카 로메로 등 새로 합류한 선수들에게 기대를 걸어야 한다.

전술분석 2선 공격진에 기대할 수 밖에!

이번 시즌, 핵심 선수들이 떠난 만큼 보강이 이뤄졌다. 툴루즈 중앙 수비수 무사 디아라, 셀타 데 비고의 좌측 수비수 마누 산체스, 라이프치히의 우고 노보아, 아틀레틱 빌바오의 아시에르 비야리브레를 영입했다. 여기에 아르헨티나 리그에서 잠재력을 보인 토마스 코네츠니, 2부 리그에서 꾸준한 득점력을 자랑한 스토이치코프, AC밀란의 유망주 루카 로메로까지 품었다. 전체 포지션에 걸쳐 적절한 보강은 이뤄졌다. 이제 새로운 수비 조합을 찾아야 한다. 측면에는 산체스, 노보아, 중앙에는 알렉산다르 세들라르, 압델 아브카르가 맡을 수 있다. 여기에 측면과 중앙을 모두 뛸 수 있는 디아라, 테나글리아가 가르시아 감독의 선택 옵션을 늘려줄 예정이다. 가르시아 감독의 또 다른 고민은 2선이다. 어쩌면 행복한 고민이 될 수 있다. 욘 구리디와 함께 코네츠니, 스토이치코프, 로메로가 포진해 있다. 합류한 선수들 모두 2선 전지역을 소화할 수 있기 때문에 상황에 따라 골라서 기용할 수 있게 됐다. 최전방에는 이적생 비야리브레가 첫 번째 옵션이며, 키케 가르시아가 조커 역할을 맡는다. 카를로스 마르틴, 토니 마르티네스도 선택지 중 하나다. 미드필더는 가르시아 감독이 가장 믿는 구석이다. 안토니오 블랑코, 하비 게라, 카를로스 베나비데스 3인방이 이번 시즌에도 굳건히 지킬 예정이다.

최우선 과제는 잔류

루이스 가르시아 감독 체제에서 알라베스는 또 한 번의 라리가 잔류에 도전한다. 알라베스는 2000년대 들어서며 계속해서 2부 리그에 머무는 시간이 더 많았다. 2005년 잠시 라리가 승격했지만 곧바로 추락했다. 2016년 승격 후 6시즌 연속 잔류에 성공하며 입지를 다지는 듯했지만 2022년 다시 강등됐다.

이후 2022/23 시즌을 앞두고 가르시아 감독을 선임한 것이 한 수가 됐다. 강등 첫 시즌 만에 곧바로 라리가에 복귀했다. 당시 라리가가 2에서 4위를 기록했으나 승격 플레이오프를 통해 레반테를 꺾고 마지막 승격 티켓을 거머쥐었다.

지난 시즌에는 강등 후보로 평가받았다. 승격팀인 만큼 다시 흔들릴 것으로 예상됐지만, 시즌 중반부터 반등을 이루며 순위를 끌어올렸다. 특히 2024년 1월 한 달 동안 3승 1무를 달리며 반등했고, 시즌 막판에도 승점을 획득하며 최종 10위로 시즌을 마감했다.

이번 시즌의 최우선 과제는 에이스 루이스 리오하의 공백을 메우는 것이다. 새로 합류한 토마스 코네츠니, 스토이치코프, 루카 로메로 등의 활약이 중요해졌다. 더불어 리그에서는 더 높은 순위를 바라보며 잔류를 넘어 안정권에 진입하고자 한다.

IN & OUT

주요 영입	주요 방출
토마스 코네츠니, 우고 노보아, 스토이치코프, 아시에르 비야리브레, 무사 디아라, 파쿤도 가르세스, 마누 산체스, 루카 로메로, 토니 마르티네스, 산티아고 무리뇨, 카를로스 마르틴, 주안 조르단	하비 로페스, 루벤 두아르테, 안도니 고로사벨, 세베르 알카인, 사무 오모로디온, 줄리아노 시메오네, 라파 마린, 이아니스 하지, 미겔 데 라 푸엔테, 루이스 리오하

TEAM FORMATION

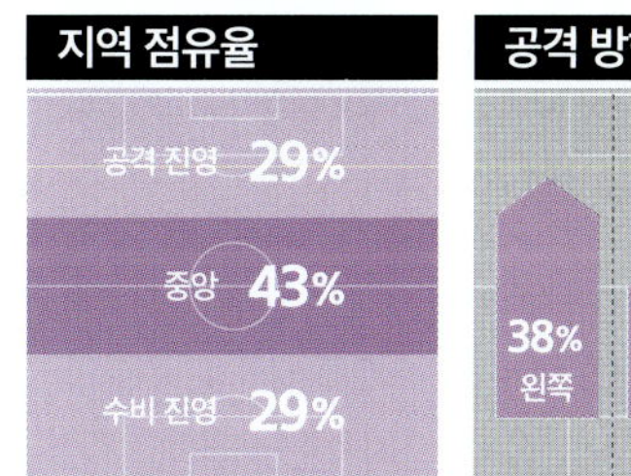
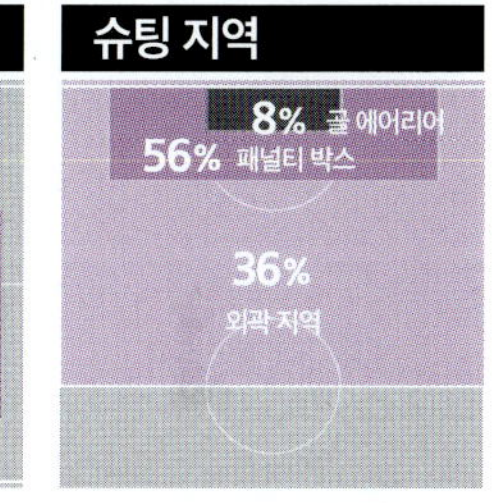

TEAM RATINGS

슈팅 **7** · 패스 **8** · 수비력 **7** · 선수층 **8** · 감독 **7** · 조직력 **7**

44

2023/24 프로필

팀 득점	36
평균 볼 점유율	40.70%
패스 정확도	73.90%
평균 슈팅 수	12.2
경고	84
퇴장	1

골 타입 (단위 %)

오픈 플레이	47
세트 피스	22
카운터 어택	14
패널티 킥	8
자책골	8

패스 타입 (단위 %)

쇼트 패스	76
롱 패스	18
크로스 패스	6
스루 패스	0

지역 점유율

공격 진영	29%
중앙	43%
수비 진영	29%

공격 방향

| 왼쪽 38% | 중앙 24% | 오른쪽 38% |

슈팅 지역

골 에어리어	8%
패널티 박스	56%
외곽지역	36%

상대팀 최근 6경기 전적

구분	승	무	패
레알 마드리드	1		5
바르셀로나		2	4
지로나	1	3	2
아틀레티코 마드리드	2		4
아틀레틱 빌바오		2	4
레알 소시에다드		3	3
레알 베티스	1	2	3
비야레알	2	2	2
발렌시아	3	2	1
데포르티보 알라베스			
오사수나		1	5
헤타페	1	4	1
셀타 비고	1	1	4
세비야	2	2	2
마요르카	1	2	3
라스 팔마스	2	3	1
라요 바예카노	3		3
레가네스	2	3	1
레알 바야돌리드	4	1	1
에스파뇰	2	1	3

SQUAD

포지션	등번호	이름		생년월일	키(cm)	체중(kg)	국적
GK	1	안토니오 시베라	Antonio Sivera	1996.08.11	185	75	스페인
	13	헤수스 우오노	Jesús Owono	2001.03.01	182	81	적도기니
	31	아드리안 로드리게스	Adrián Rodriguez	2000.12.12	195	–	아르헨티나
DF	3	마누 산체스	Manu Sanchez	2000.08.24	171	70	스페인
	4	알렉산다르 세들라르	Aleksandar Sedlar	1991.12.13	180	79	세르비아
	5	압델 아브카르	Abdel Abqar	1999.03.10	188	80	모로코
	12	산티아고 모리뇨	Santiago Mouriño	2002.02.13	186	76	우루과이
	14	나후엘 테나글리아	Nahuel Tenaglia	1996.02.21	181	73	아르헨티나
	16	우고 노보아	Hugo Novoa	2003.01.24	182	69	스페인
	22	무사 디아라	Moussa Diarra	2000.11.10	185	73	말리
MF	6	안데르 게바라	Ander Guevara	1997.07.07	180	73	스페인
	8	안토니오 블랑코	Antonio Blanco	2000.07.23	176	71	스페인
	18	욘 구리디	Jon Guridi	1995.02.28	170	64	스페인
	20	루카 로메로	Luka Romero	2004.11.18	169	64	아르헨티나
	23	카를로스 베나비데스	Carlos Protesoni	1998.03.30	185	76	우루과이
	24	호안 호르단	Joan Jordán	1994.07.06	185	74	스페인
FW	7	카를로스 비센테	Carlos Vicente	1999.04.23	179	74	스페인
	9	아시에르 비야리브레	Asier Villalibre	1997.09.30	182	87	스페인
	10	토마스 코네츠니	Tomas Conechny	1998.03.30	176	65	아르헨티나
	11	토니 마르티네즈	Toni Martínez	1997.06.30	187	81	스페인
	15	카를로스 마르틴	Carlos Martín	2002.04.22	180	75	스페인
	17	키케 가르시아	Kike García	1989.11.25	186	79	스페인
	19	스토이치코프	Stoichkov	1993.11.05	178	71	스페인
	21	압데 레바시	Abde Rebbach	1998.08.11	176	71	알제리아

COACH

엘체, 레반테, 헤타페를 이끌었으며 바니야스(UAE), 베이징 런허(중국)에서 아시아 무대도 경험했다. 2020년에는 마요르카에 부임해 2부 리그에서 1부 리그 승격을 일궜다. 2021년에는 구보 다케후사, 이강인을 영입해 준수한 모습을 보였지만, 막판 부진으로 경질됐다. 이후 2022년 데포르티보 알라베스 지휘봉을 잡았다. 공격형 미드필더를 앞세운 4-2-3-1 포메이션을 바탕으로 2022/23 시즌에 라리가 승격을 이뤘고, 지난 시즌에는 10위를 기록하는 저력을 보이며 잔류에 성공했다.

루이스 가르시아 플라사
Luis Garcia Plaza
1972년 12월 1일생 스페인

PLAYERS

MF 18 욘 구리디 *Jon Guridi* — KEY PLAYER

국적: 스페인

레알 소시에다드 유스에서 성장해 B팀을 거쳐 2017년 라리가 1군 프로 무대에 데뷔했다. 미란데스에서 경험을 쌓은 뒤 소시에다드로 복귀했지만 주전 경쟁에서 밀려났다. 2022년 2부로 강등된 데포르티보 알라베스에 4년 계약으로 이적했고 팀의 주축으로 활약하며 승격에 큰 힘을 보탰다. 뛰어난 왼발 패스 능력과 공격적인 재능을 통해 기회를 만드는 미드필더다. 소시에다드 시절에 2선에서 주로 뛰었다면 알라베스에서는 중앙 미드필더를 맡고 있다. 3선에서 활약 중인 블랑코, 게바라와는 달리 앞쪽에서 공격을 조율하면서 공수 연결고리 역할까지 맡고 있다. 지난 시즌 36경기 3골 4도움을 기록했다. 많은 공격포인트를 기록하지 않으나 알라베스엔 사령탑과 같은 존재다.

출전경기	경기시간(분)	골	어시스트	경고	퇴장
36	2,697	3	4	2	–

GK 1 안토니오 시베라 *Antonio Sivera*

국적: 스페인

발렌시아 유스 메스타야에서 성장해 2017년 알라베스에 합류했다. 줄곧 백업 골키퍼 자리를 유지하다 2020년 알메리아 임대를 떠났지만 큰 소득 없이 돌아왔다. 2022/23 시즌, 팀의 강등 후 주전으로 도약했다. 당시 41경기에 출전해 팀의 승격을 이끌었고, 지난 시즌 라리가에서 안정된 활약을 펼치며 34경기에 클린 시트 10회를 기록했다. 뛰어난 반사 신경을 앞세운 선방 능력이 빛나는 골키퍼.

출전경기	경기시간(분)	실점	무실점(경기)	경고	퇴장
34	3,060	38	10	3	–

DF 4 알렉산다르 세들라르 *Aleksandar Sedlar*

국적: 세르비아

세르비아 출신의 중앙 수비수. 자국 리그에서 활약하다 2019년 마요르카로 이적하며 빅리그에 입성했다. 주로 로테이션 멤버로 활약하다 2022년 알라베스에 합류했다. 당시 2부 리그였던 알라베스의 승격 주역 중 한 명이다. 왕성한 활동량을 바탕으로 팀 수비에 헌신한다. 발밑 능력이 좋아 빌드업에 강점이 있다. 지난 시즌 중반, 십자인대 부상을 당하며 이탈한 가운데 2025년까지 재계약을 체결했다.

출전경기	경기시간(분)	골	어시스트	경고	퇴장
11	949	1	–	2	–

DF 5 압델 아브카르 *Abdel Abqar*

국적: 모로코

성장이 기대되는 중앙 수비수. 188㎝의 큰 신장과 탄탄한 피지컬을 보유했다. 공중볼 경합 상황에 강점을 갖고 있으며 발밑이 좋아 안정된 패스를 통해 빌드업 상황에서도 침착함을 보여준다. 말라가 유스팀에서 성장해 2021년 알라베스에 합류했다. 2022/23 시즌 주전으로 활약하며 팀의 승격을 이끈 주역이다. 지난 시즌에는 경기당 평균 볼 리커버리 4회, 걷어내기 4.1회로 라리가에서도 좋은 활약을 펼쳤다.

출전경기	경기시간(분)	골	어시스트	경고	퇴장
27	2,315	–	–	9	–

DF 14 나후엘 테나글리아 *Nahuel Tenaglia*

국적: 아르헨티나

자국 아르헨티나에서 성장하다 2022년에 알라베스로 임대 영입되면서 유럽 무대를 밟았다. 2022/23 시즌에 알라베스의 라리가 승격에 힘을 보태며 완전이적을 확정했다. 공격과 수비 능력을 고루 갖춘 수비수이다. 왕성한 활동량과 뛰어난 체력을 앞세워 상대 공격수를 끈질기게 따라붙는다. 대인 수비에 강해 중앙 수비수로도 될 수 있다. 지난 시즌 스리백의 스토퍼 역할도 수행한 바 있다.

출전경기	경기시간(분)	골	어시스트	경고	퇴장
25	1,131	1	–	5	–

DF 16 우고 노보아 *Hugo Novoa*

국적: 스페인

데포르티보 라 코루냐에서 성장해 2019년 라이프치히 유스팀으로 이적했다. 2021년에 1군 데뷔 후 바젤, 위트레흐트 임대를 통해 경험을 쌓았다. 당시 측면 공격수로 활약했으나 위트레흐트 시절 우측 수비수로 전향했다. 지난 시즌, 비아레알 B팀에서 백업으로 활약하며 11경기 580분을 소화했다. 빠른 속도를 통한 돌파를 즐기는 공격적인 수비수. 지난여름에 알라베스와 5년 계약을 맺었다.

출전경기	경기시간(분)	골	어시스트	경고	퇴장
11	580	–	–	2	–

DF 22 무사 디아라 *Moussa Diarra*

국적: 말리

툴루즈에서 성장해 2019년 1군 무대를 밟았다. 2020/21 시즌, 팀의 강등 속 백업으로 활약하며 리그앙 승격에 일조했다. 2021/22 시즌에 주전 자리를 꿰차며 어린 나이부터 잠재력을 보여줬다. 185㎝의 신장과 탁월한 운동 신경을 바탕으로 탄탄한 수비를 펼친다. 왼발잡이 수비수로 전진성까지 갖춰 좌측 수비수로도 나서 공격력을 보여준다. 지난여름 자유계약(FA)으로 알라베스에 합류했다.

출전경기	경기시간(분)	골	어시스트	경고	퇴장
22	1,395	1	2	5	–

MF 6 안데르 게바라
Ander Guevara

국적: 스페인

레알 소시에다드에서 성장해 2019년 1군 무대를 밟았다. 안정된 볼 관리와, 배급 능력을 갖춘 수비형 미드필더다. 공격적인 재능이 도드라지지는 않았지만, 3선에서 준수한 수비력과 함께 침착한 모습으로 공격과 수비의 연결고리 역할을 충실히 해낸다. 2020/21 시즌, 소시에다드의 주축으로 활약했지만 점차 입지가 좁아져 지난 시즌 알라베스에 합류했다. 알라베스에서는 곧바로 주전으로 제 몫을 다했다.

출전경기	경기시간(분)	골	어시스트	경고	퇴장
37	2,937	1	-	7	-

MF 8 안토니오 블랑코
Antonio Blanco

국적: 스페인

레알 마드리드 유스팀에서 성장해 2021년 1군 무대를 밟았다. 2022년 카디스로 임대를 떠났지만 반년 만에 복귀, 2023년 곧바로 알라베스에 다시 임대되며 중용받았다. 당시 알라베스의 승격에 힘을 보태며 지난 시즌을 앞두고 완전이적했다. 촉망받는 수비형 미드필더로 지난 시즌 게바라와 함께 3선을 지켰다. 작은 체구에도 적극적으로 경합을 펼치며 정교한 패스를 통해 빌드업을 주도한다.

출전경기	경기시간(분)	골	어시스트	경고	퇴장
33	2,437	-	1	5	1

MF 23 카를로스 베나비데스
Carlos Benavidez

국적: 우루과이

우루과이 리그의 데펜소르 스포르팅, 아르헨티나 리그의 인데펜디엔테를 거쳐 2022년 알라베스로 이적하며 유럽 무대에 진출했다. 팀 승격에 중추적인 역할을 맡았던 선수 중 한 명. 게바라, 블랑코에 비해 패스 능력이 부족하지만 뛰어난 수비 능력을 통해 포백을 보호하는 역할을 맡고 있다. 득점력 또한 갖추고 있어 때때로 한 방을 보여준다. 지난 시즌에는 주로 교체로 출전해 3골 1도움을 기록했다.

출전경기	경기시간(분)	골	어시스트	경고	퇴장
29	1,122	3	1	5	-

FW 7 카를로스 비센테
Carlos Vicente

국적: 스페인

레알 사라고사 유스팀에서 성장했다. 하부 리그 칼라호라에서 프로 무대를 밟았다. 2022년에는 라싱 데 페롤에서 역량을 발휘해 팀의 주전 자리를 꿰찼다. 당시 38경기에 8골 12도움을 올렸다. 좌우 측면 모두 소화할 수 있는 윙어다. 적극적으로 돌파를 시도한 후 측면에서 크로스를 통해 팀 공격에 힘을 보탠다. 지난 시즌에는 18경기에 2골 4도움을 기록했다. 이번 시즌 리오하의 빈자리를 채워야 한다.

출전경기	경기시간(분)	골	어시스트	경고	퇴장
18	1,121	2	4	1	-

FW 9 아시에르 비야리브레
Asier Villalibre

국적: 스페인

스페인 바스크 지방 출신이다. 아틀레틱 빌바오 유스팀에서 성장해 2016년 1군 무대를 밟았다. 누만시아, 레알 바야돌리드, 로르카 등 임대를 통해 경험을 쌓았다. 184㎝의 신장과 거구의 피지컬을 앞세워 공중볼 경합에 특화된 공격수. 2022년 알라베스로 임대 이적해 승격에 일조했다. 빌바오에서는 주로 백업으로 활약했다. 지난여름, 알라베스와 4년 계약을 맺으며 2년 만에 복귀했다.

출전경기	경기시간(분)	골	어시스트	경고	퇴장
18	856	2	1		

FW 10 토마스 코네츠니
Tomas Conechny

국적: 아르헨티나

아르헨티나 산 로렌소에서 프로 데뷔 후 대체로 아메리카 대륙에서 활약하다 지난여름에 알라베스와 4년 계약을 체결했다. 아르헨티나 17세, 20세 이하 대표팀에서 활약했을 만큼 두각을 나타냈다. 빠른 속도를 통한 드리블로 득점부터 도움까지 기록할 수 있는 크랙 유형. 공격 전 포지션을 소화할 수 있는 유틸리티 자원이다. 지난 두 시즌 동안 고도이크루스에서 61경기 14골 10도움을 기록했다.

출전경기	경기시간(분)	골	어시스트	경고	퇴장
3	214				-

FW 17 키케 가르시아
Kike Garcia

국적: 스페인

1989년생 베테랑 공격수. 레알 무르시아에서 2009년 1군 무대를 밟았다. 2014년 잉글랜드 미들즈브러에서 활약한 후 2016년 에이바르로 이적해 줄곧 라리가에서 뛰었다 오사수나를 거쳐 지난 시즌 알라베스 유니폼을 입었다. 2선 미드필더들과 연계 플레이를 자주 선보이는 팀 플레이어다. 지난 시즌, 주로 백업 공격수로 활약했지만 33경기(1420분 출전) 3골 2도움으로 준수한 모습이었다.

출전경기	경기시간(분)	골	어시스트	경고	퇴장
33	1,420	3	2	3	-

FW 19 스토이치코프
Stoichkov

국적: 스페인

본명은 후안 디에고 몰리나 마르티네스다. 1990년대 바르셀로나에서 활약했던 크리스토 스토이치코프의 이름을 따왔다. 부친이 어느 술집에서 스토이치코프를 만나 같은 이름으로 지으려고 했지만, 모친이 거부했다는 것이 정설. 주로 2부에서 활약하며 뛰어난 득점력을 선보였다. 마요르카, 알코르콘, 사바델을 거쳐 2021년 에이바르로 이적했다. 2019/20 시즌부터 매 시즌 두 자릿수 득점포를 기록 중이다.

출전경기	경기시간(분)	골	어시스트	경고	퇴장
39	2,988	12	7	6	-

FW 20 루카 로메로
Luka Romero

국적: 아르헨티나

마요르카에서 2020년 15세 나이에 라리가 최연소 데뷔 기록을 세웠다. 165㎝의 축구선수로는 작은 체구지만 민첩한 몸놀림과 밸런스 잡힌 드리블 능력을 보여주며 '제2의 메시'로 불리기도 했다. 주로 백업으로 활약했지만 일찌감치 잠재력을 인정받으며 라치오를 거쳐 2023년 AC밀란 유니폼을 입게 됐다. 지난 시즌에는 알메리아로 임대되어 13경기 3골로 준수한 모습을 보였다. 2024년에 알라베스로 임대됐다.

출전경기	경기시간(분)	골	어시스트	경고	퇴장
13	434	3		2	-

C.A. 오사수나
C.A. Osasuna

TEAM PROFILE

창 립	1920년
구 단 주	루이스 사발자(스페인)
감 독	빈센테 모레노(스페인)
연 고 지	나바라 팜플로나
홈 구 장	에스타디오 엘 사다르(2만 3,576명)
라 이 벌	레알 소시에다드
홈페이지	www.osasuna.es

최근 5시즌 성적

시즌	순위	승점
2019-2020	10위	52점(13승13무12패, 46득점 54실점)
2020-2021	11위	44점(11승11무16패, 37득점 48실점)
2021-2022	10위	47점(12승11무15패, 37득점 51실점)
2022-2023	7위	53점(15승8무15패, 37득점 42실점)
2023-2024	11위	45점(12승9무17패, 45득점 56실점)

LA LIGA

통 산	없음
23-24 시즌	11위(12승9무17패, 승점 45점)

COPA DEL REY

통 산	없음
23-24 시즌	16강

UEFA

통 산	없음
23-24 시즌	없음

경기 일정

라운드	날짜	장소	상대팀
1	2024.08.18	홈	CD 레가네스
2	2024.08.25	홈	RCD 마요르카
3	2024.08.30	원정	지로나
4	2024.09.02	홈	RC 셀타 데 비고
5	2024.09.17	원정	라요 바예카노
6	2024.09.21	홈	UD 라스팔마스
7	2024.09.25	원정	발렌시아 CF
8	2024.09.29	홈	FC 바르셀로나
9	2024.10.07	원정	헤타페 CF
10	2024.10.21	홈	레알 베티스 발롬피에
11	2024.10.28	원정	레알 소시에다드
12	2024.11.04	홈	레알 바야돌리드 CF
13	2024.11.11	원정	레알 마드리드
14	2024.11.25	홈	비야레알 CF
15	2024.12.02	원정	세비야
16	2024.12.09	홈	데포르티보 알라베스
17	2024.12.16	원정	RCD 에스파뇰
18	2024.12.23	홈	아틀레틱 빌바오
19	2025.01.12	원정	아틀레티코 마드리드
20	2025.01.20	홈	라요 바예카노
21	2025.01.27	원정	UD 라스팔마스
22	2025.02.03	홈	레알 소시에다드
23	2025.02.10	원정	RCD 마요르카
24	2025.02.17	홈	레알 마드리드
25	2025.02.24	원정	RC 셀타 데 비고
26	2025.03.03	홈	발렌시아 CF
27	2025.03.10	원정	FC 바르셀로나
28	2025.03.17	홈	헤타페 CF
29	2025.03.31	원정	아틀레틱 빌바오
30	2025.04.07	원정	CD 레가네스
31	2025.04.14	홈	지로나
32	2025.04.21	원정	레알 바야돌리드 CF
33	2025.04.24	홈	세비야
34	2025.05.05	원정	비야레알 CF
35	2025.05.12	원정	레알 베티스 발롬피에
36	2025.05.15	홈	아틀레티코 마드리드
37	2025.05.19	홈	RCD 에스파뇰
38	2025.05.26	원정	데포르티보 알라베스

시즌 프리뷰 6년 동행 끝, 모레노 체제 오사수나 어떨까?

오사수나의 가장 큰 변화는 리더십이다. 2018년부터 오사수나를 이끌었던 야고바 아라사테 감독이 지난 시즌을 끝으로 계약이 만료됐다. 재계약을 체결하지 않고 이번 시즌에 마요르카로 향했다. 아라사테 감독 체제에서 오사수나는 첫 시즌 1부 리그 승격을 일궜고, 5시즌 연속 라리가 잔류에 성공했다. 더불어 2022/23 시즌에는 코파 델 레이 결승전까지 올랐고, 지난 시즌에는 유로파 컨퍼런스리그도 경험했다. 좋은 추억을 쌓은 아라사테와는 이제 결별이다. 그리고 과거 마요르카, 에스파뇰, 알메리아를 이끌었던 비센테 모레노 감독과 손을 잡았다. 이적시장에서는 주축 수비수 다비드 가르시아가 떠났다. 그리고 바이에른 뮌헨에서 자리 잡지 못한 브라이언 사라고사를 임대하고, 아벨 프레톤스를 영입했다.

COACH

비센테 모레노 *Vicente Moreno*
1974년 10월 26일생 스페인

2011년 헤레스 코치를 시작으로 감독으로 팀을 이끌다가 2013년 짐나스틱 데 타라고나에 부임해 3부 리그 우승을 기록했다. 2017년 마요르카에 부임해서도 2부 리그 우승으로 승격을 일구기도 했다. 지난해 알메리아 지휘봉을 잡았지만 1년 만에 팀을 떠나게 됐다. 이제 오사수나를 이끈다.

TEAM RATINGS

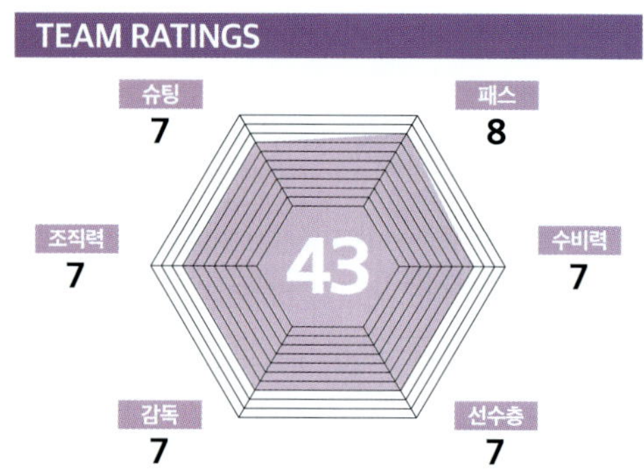

2023/24 프로필

팀 득점	45
평균 볼 점유율	47.30%
패스 정확도	77.00%
평균 슈팅 수	11.2
경고	76
퇴장	5

골 타입

		단위 (%)
오픈 플레이	58	
세트 피스	31	
카운터 어택	2	
패널티 킥	9	
자책골	0	

패스 타입

		단위 (%)
쇼트 패스	79	
롱 패스	15	
크로스 패스	5	
스루 패스	0	

SQUAD

포지션	등번호	이름		생년월일	키(cm)	체중(kg)	국적
GK	1	세르지오 헤레라	Sergio Herrera	1993.06.05	192	82	스페인
	13	아이토르 페르난데스	Aitor Fernández	1991.05.03	182	78	스페인
DF	2	나초 비달	Nacho Vidal	1995.01.24	180	75	스페인
	3	후안 크루스	Juan Cruz	1992.07.28	182	79	스페인
	4	우나이 가르시아	Unai García	1992.02.03	186	81	스페인
	5	호르헤 에란도	Jorge Herrando	2001.02.28	192	86	스페인
	12	헤수스 아레소	Jesús Areso	1999.07.02	182	81	스페인
	15	루벤 페냐	Rubén Peña	1991.07.18	170	65	스페인
	22	엔조 보요모	Enzo Boyomo	2001.10.07	184	–	카메룬
	23	아벨 브레토네스	Abel Bretones	2000.08.21	188	–	스페인
	24	알레한드로 카테나	Alejandro Catena	1994.10.28	194	82	스페인
MF	6	루카스 토로	Lucas Torró	1994.07.19	190	77	스페인
	7	혼 몬카욜라	Jon Moncayola	1998.05.13	182	73	스페인
	8	파블로 이바녜스	Pablo Ibáñez	1998.09.20	179	80	스페인
	10	아이마르 오로스	Aimar Oroz	2001.11.27	177	72	스페인
	11	키케 바르하	Kike Barja	1997.04.01	179	70	스페인
	14	루벤 가르시아	Rubén García	1993.07.14	172	72	스페인
	16	모이 고메스	Moi Gómez	1994.06.23	176	73	스페인
	18	이케르 무뇨스	Iker Muñoz	2002.09.05	180	74	스페인
	21	하비 마르티네스	Javi Martínez	1999.12.22	181	81	스페인
FW	9	라울 가르시아	Raúl García	2000.11.03	192	67	스페인
	17	안테 부디미르	Ante Budimir	1991.07.22	190	75	크로아티아
	19	브라이언 사라고사	Bryan Zaragoza	2001.09.09	164	60	스페인
	20	호세 아르나이즈	José Manuel Arnáiz	1995.04.15	173	70	스페인
	27	이케르 베니토	Iker Benito	2002.08.10	176	–	스페인

IN & OUT

주요 영입	주요 방출
아벨 브레톤스, 브라이언 사라고사, 엔소 보요모	다비드 가르시아, 안데르 욜디

TEAM FORMATION

FW B⁻
MF C
DF C
GK C⁺

17 부디미르 (가르시아)

19 사라고사 (고메스)
16 고메스 (마르티네스)
10 오로스 (몬카욜라)
7 몬카욜라 (가르시아)

18 무뇨스 (토로)

3 크루스 (브레톤스)
23 브레톤스 (헤란도)
24 카테나 (가르시아)
15 페냐 (아레소)

1 에레라 (페르난데스)

PLAN **4-1-4-1**

지역 점유율

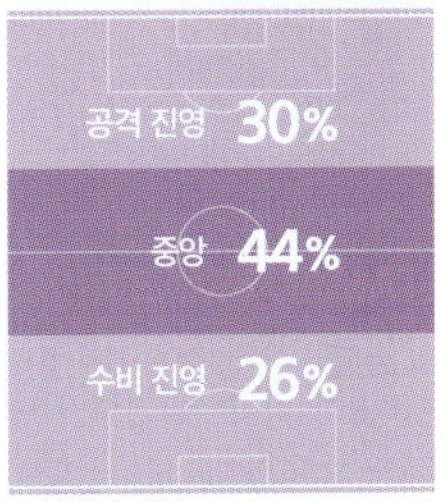

공격 진영	30%
중앙	44%
수비 진영	26%

공격 방향

38% 왼쪽	24% 중앙	38% 오른쪽

슈팅 지역

6%	골 에어리어
59%	페널티 박스
35%	외곽 지역

상대팀 최근 6경기 전적

구분	승	무	패	구분	승	무	패
레알 마드리드		1	5	오사수나			
바르셀로나			6	헤타페	1	1	4
지로나	2	1	3	셀타 비고	2	2	2
아틀레티코 마드리드	1		5	세비야	3	3	
아틀레틱 빌바오	2	3	1	마요르카	2	2	2
레알 소시에다드	1	1	4	라스 팔마스	1	3	2
레알 베티스	2		4	라요 바예카노	4		2
비야레알	2	1	3	레가네스	4		2
발렌시아	2		4	레알 바야돌리드	1	4	1
데포르티보 알라베스	5	1		에스파뇰	3	3	

PLAYERS

FW 17 안테 부디미르 — Ante Budmir

국적: 크로아티아

190㎝ 키의 장신 공격수로 공중볼 경합 능력이 뛰어나며 키에 비해 빠른 주력도 갖고 있다. 기술적으로 다소 투박한 면이 있지만 침착한 결정력이 강점이다. 자국 크로아티아에서 성장해 삼프도리아, 마요르카 등 다수의 팀을 거쳐 2020년 오사수나로 이적했다. 당시에는 임대였지만 두 자릿수 득점을 기록하며 2021년 완전히 이적했다. 지난 시즌에도 팀의 해결사 역할을 맡으며 17골을 터뜨렸다. 리그 득점 5위 기록이었다.

출전경기	경기시간(분)	골	어시스트	경고	퇴장
33	2,449	17	2	4	-

MF 10 아이마르 오로스 — Aimar Oroz

국적: 스페인

오사수나 유스를 거쳐 오사수나에서만 성장한 2001년생 성골 유스다. 유스 시절부터 일찌감치 두각을 보였다. 민첩한 발놀림과 테크닉을 보유하고 있다. 볼을 가지고 있을 때 자신의 장점을 더 보여줄 수 있는 미드필더이다. 공격적인 재능을 갖추고 있어 측면과 중앙 2선 모든 지역을 아우를 수 있다. 2019년 오사수나에서 1군 무대를 밟은 뒤 지난 시즌 33경기 2골 1도움을 기록했다. 2029년까지 재계약을 했다.

출전경기	경기시간(분)	골	어시스트	경고	퇴장
33	2,351	2	1	3	-

MF 18 이케르 무뇨스 — Iker Munoz

국적: 스페인

2002년생 중앙 미드필더로 오사수나 유스에서 시작하여 오사수나에서만 활약했다. 주로 수비형 미드필더로 뛰며, 안정된 패스 능력을 통한 볼 배급으로 공격과 수비의 연결고리 역할을 맡고 있다. 지난 시즌에 1군 무대를 밟으며 성장하고 있는 중이나 아직 수비적인 부분이 아쉽다. 하고바 아라사테 감독 체제에 이어 모레노 감독 체제에서 홀로 3선을 지킬 예정. 하지만 현재보다 더 안정감을 갖출 필요가 있다.

출전경기	경기시간(분)	골	어시스트	경고	퇴장
28	1855	4	-	5	-

FW 19 브라이언 사라고사 — Bryan Zaragoza

국적: 스페인

2001년생 공격수이다. 2선 전 지역을 소화할 수 있는 멀티성과 유려한 발재간을 활용한 드리블로 상대 수비에 균열을 만들어 놓는다. 그라나다 유스에서 성장해 2021년 프로 무대를 밟았다. 어린 나이부터 잠재력을 인정받아 팀의 핵심으로 자리 잡았고, 지난 시즌 바이에른 뮌헨이 영입을 확정했다. 그라나다 재임대 대신 곧바로 합류했으나, 7경기 171분 출전에 그친 뒤 지난 여름 오사수나로 임대됐다.

출전경기	경기시간(분)	골	어시스트	경고	퇴장
7	171	-	-	1	-

FW 23 라울 가르시아 — Raul Garcia

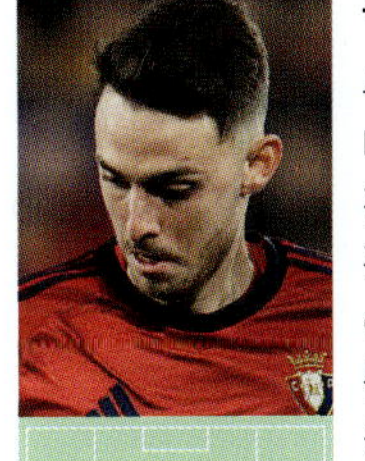

국적: 스페인

부디미르의 백업으로 주로 활약했다. 지난 시즌에 35경기(1351분 출전) 6골 1도움을 기록했다. 출전 시간 대비 준수한 활약을 펼쳤다. 192㎝의 장신 공격수로 공중볼에 강할 뿐더러 발밑도 좋아 연계 플레이에 능하다. 레알 베티스 유스에서 성장해 알메리아 B팀을 거쳐 2018년 베티에서 1군 무대를 밟았다. 2022년 미란데스 임대를 통해 19골을 터뜨린 뒤 지난 시즌 오사수나로 이적했다.

출전경기	경기시간(분)	골	어시스트	경고	퇴장
35	1,351	6	1	4	-

헤타페 CF
Getafe CF

TEAM PROFILE

창 립	1983년
구 단 주	앙헬 토레스 산체스(스페인)
감 독	호세 보르달라스(스페인)
연 고 지	마드리드 지방 헤타페 시
홈 구 장	에스타디오 콜리세움(1만 6,500명)
라 이 벌	CD 레가네스
홈페이지	www.getafecf.com

최근 5시즌 성적

시즌	순위	승점
2019-2020	8위	54점(14승12무12패, 43득점 37실점)
2020-2021	15위	38점(9승11무18패, 28득점 43실점)
2021-2022	15위	39점(8승15무15패, 33득점 41실점)
2022-2023	15위	42점(10승12무16패, 34득점 45실점)
2023-2024	12위	43점(10승13무15패, 42득점 54실점)

LA LIGA

통 산	없음
23-24 시즌	12위(10승13무15패, 승점 43점)

COPA DEL REY

통 산	없음
23-24 시즌	16강

UEFA

통 산	없음
23-24 시즌	없음

경기 일정

라운드	날짜	장소	상대팀
1	2024.08.16	원정	아틀레틱 빌바오
2	2024.08.25	홈	라요 바예카노
3	2024.09.02	홈	레알 소시에다드
4	2024.09.15	원정	세비야
5	2024.09.19	원정	레알 베티스 발롬피에
6	2024.09.22	홈	CD 레가네스
7	2024.09.26	원정	FC 바르셀로나
8	2024.09.29	홈	데포르티보 알라베스
9	2024.10.07	홈	CA 오사수나
10	2024.10.21	원정	비야레알 CF
11	2024.10.28	홈	발렌시아 CF
12	2024.11.04	원정	RC 셀타 데 비고
13	2024.11.11	홈	지로나
14	2024.11.25	홈	레알 바야돌리드 CF
15	2024.12.02	원정	레알 마드리드
16	2024.12.09	홈	RCD 에스파뇰
17	2024.12.16	원정	아틀레티코 마드리드
18	2024.12.23	홈	RCD 마요르카
19	2025.01.12	원정	UD 라스팔마스
20	2025.01.20	홈	FC 바르셀로나
21	2025.01.27	원정	레알 소시에다드
22	2025.02.03	홈	세비야
23	2025.02.10	원정	데포르티보 알라베스
24	2025.02.17	원정	지로나
25	2025.02.24	홈	레알 베티스 발롬피에
26	2025.03.03	원정	CD 레가네스
27	2025.03.10	홈	아틀레티코 마드리드
28	2025.03.17	원정	CA 오사수나
29	2025.03.31	홈	비야레알 CF
30	2025.04.07	원정	레알 바야돌리드 CF
31	2025.04.14	홈	UD 라스팔마스
32	2025.04.21	원정	RCD 에스파뇰
33	2025.04.24	홈	레알 마드리드
34	2025.05.05	원정	라요 바예카노
35	2025.05.12	원정	발렌시아 CF
36	2025.05.15	홈	아틀레틱 빌바오
37	2025.05.19	원정	RCD 마요르카
38	2025.05.26	홈	RC 셀타 데 비고

약간의 반등, 더 확고한 입지를 위해

2020년대 들어서며 위기를 맞이했던 헤타페다. 계속 강등권과 하위권을 오갔다. 2020년부터 3시즌 연속 15위를 기록했으며 강등권과 격차도 크지 않았다. 라리가에서 입지가 흔들린 가운데 지난 시즌에 과거 팀을 이끌었던 호세 보르달라스 감독이 복귀했다. 시즌 중반까지 안정된 모습을 보였다. 보르하 마요랄, 메이슨 그린우드, 자이메 마타 등의 활약을 앞세워 11위를 기록했다. 다시 한번 확고한 잔류를 노리는 헤타페 선수단에 변화가 생겼다. 에네스 위날은 본머스로 완전히 이적했고, 네마냐 막시모비치, 자이메 마타, 다리오 포베다가 자유계약으로 나갔다. 이어 그린우드 또한 원소속팀으로 돌아갔다. 새로 합류한 알바로 로드리게스, 알렉스 솔라, 카를레스 페레스, 디에고 리코에게 기대를 걸어야 한다.

COACH

호세 보르달라스 *Jose Bordalas*
1964년 3월 5일생 스페인

하부 리그에서 감독 경력을 이어오다 2016년 2부 리그의 헤타페 지휘봉을 잡고 라리가 승격을 이끌었다. 4-4-2 포메이션의 두 줄 수비를 앞세운 실리 축구를 통해 성과를 가져온다는 전략이다. 2018/19 시즌에는 리그 5위로 구단 역대 최고 성적을 만들기도 했다. 2021년 경질된 후 발렌시아를 거쳐 지난해 여름 다시 헤타페의 지휘봉을 잡았다.

TEAM RATINGS

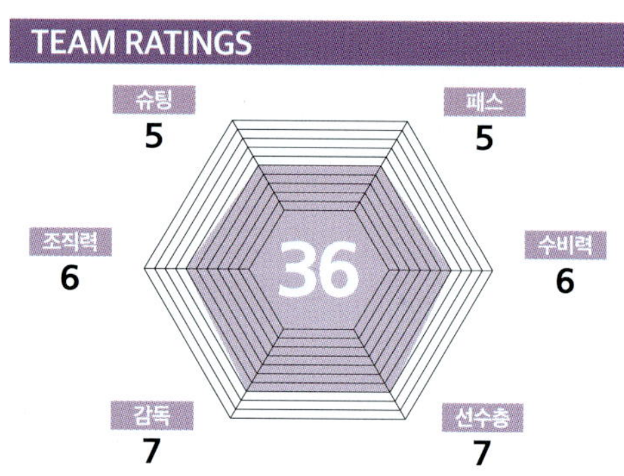

슈팅 5
패스 5
조직력 6
수비력 6
감독 7
선수층 7

36

2023/24 프로필

팀 득점	42
평균 볼 점유율	44.40%
패스 정확도	72.60%
평균 슈팅 수	11.9
경고	126
퇴장	10

골 타입

		단위 (%)
오픈 플레이	67	
세트 피스	17	
카운터 어택	2	
패널티 킥	14	
자책골	0	

패스 타입

		단위 (%)
쇼트 패스	75	
롱 패스	20	
크로스 패스	5	
스루 패스	0	

SQUAD

포지션	등번호	이름		생년월일	키(cm)	체중(kg)	국적
GK	1	이르지 레타세크	Jiri Letacek	1999.01.09	196	77	체코
	13	다비드 소리아	David Soria	1993.04.04	192	85	스페인
DF	2	제네 다코남	Djené	1991.12.31	178	71	토고
	3	파브리시오 앙힐레리	Fabrizio Angileri	1994.03.15	185	72	아르헨티나
	4	후안 베로칼	Juan Berrocal	1999.02.05	187	72	스페인
	15	오마르 알데레테	Omar Alderete	1996.12.26	188	77	파라과이
	16	다에고 리코	Diego Rico	1993.02.23	183	76	스페인
	21	후안 이글레시아스	Juan Iglesias	1998.07.03	187	76	스페인
	22	도밍고스 두아르테	Domingos Duarte	1995.03.10	192	86	포르투갈
	27	나빌 아베르딘	Nabil Aberdin	2002.08.23	192	75	모로코
MF	5	루이스 밀라	Luis Milla	1994.10.07	175	67	스페인
	6	크리스탄투스 우체	Chrisantus Uche	2003.05.19	190	84	나이지리아
	7	알렉스 솔라	Álex Sola	1999.06.09	178	75	스페인
	8	마우로 아람바리	Mauro Arambarri	1995.09.30	175	74	우루과이
	11	카를레스 알레냐	Carles Aleñá	1998.01.05	180	73	스페인
	20	예유 산티아고	Yellu Santiago	2004.05.25	192	86	스페인
FW	9	피터 곤잘레스	Peter González	2002.07.25	180	73	도미니카공화국
	10	베르투 이을드름	Bertuğ Yıldırım	2002.07.12	191	83	튀르키에
	17	카를레스 페레스	Carles Pérez	1998.02.16	173	75	스페인
	18	알바로 로드리게스	Álvaro Rodríguez	2004.07.14	193	86	우루과이
	19	보르하 마요랄	Borja Mayoral	1997.04.05	182	73	스페인

IN & OUT

주요 영입	주요 방출
피터 페데리코, 이리 레타체크, 디에고 리코, 알렉스 솔라, 크리산투스 우체, 카를로스 페레스, 후안 베로칼, 알바로 로드리게스, 베르투 이올드름	에네스 위날, 네마냐 막시모비치, 자이메 마타, 다리오 포베다, 사비트 압둘라이, 메이슨 그린우드, 일라이스 모리바, 후안미 라타사, 오스카르 로드리게스 , 게스통 알바레스, 쇼코 로사노

TEAM FORMATION

지역 점유율

공격 진영	31%
중앙	44%
수비 진영	24%

공격 방향

39% 왼쪽	27% 중앙	34% 오른쪽

슈팅 지역

7%	골 에어리어
54%	패널티 박스
39%	외곽 지역

상대팀 최근 6경기 전적

구분	승	무	패	구분	승	무	패
레알 마드리드	1		5	오사수나	4	1	1
바르셀로나		3	3	헤타페			
지로나	3	1	2	셀타 비고	3	2	1
아틀레티코 마드리드		2	4	세비야	2		4
아틀레틱 빌바오		5	1	마요르카	2	2	2
레알 소시에다드	1	3	2	라스 팔마스	3	1	2
레알 베티스	1	3	2	라요 바예카노		4	2
비야레알		3	3	레가네스	3	2	1
발렌시아	2	1	3	레알 바야돌리드	1	2	3
데포르티보 알라베스	1	4	1	에스파뇰	2	1	3

FW 19 보르하 마요랄
Borja Mayoral

국적: 스페인

레알 마드리드에서 성장, 2015년 1군 무대까지 밟았다. 그러나 많은 기대를 받지 못하면서 임대를 통해 경험을 쌓았다. 레반테에 두 시즌 가까이 머물며 경쟁력을 보여줬고, AS 로마에서는 2020/21 시즌 커리어 첫 두 자릿수 득점포를 가동하며 기대를 모았다. 하지만 쟁쟁한 선수들로 인해 기회를 얻기가 쉽지 않았고, 2022년에 완전이적했다. 지난 시즌 막판에 무릎 통증을 느끼며 이탈했지만, 이전까지 27경기 15골 1도움으로 팀 내 최다 골을 기록했다.

출전경기	경기시간(분)	골	어시스트	경고	퇴장
27	2,165	15	1	2	–

DF 2 제네 다코남
Djené Dakonam

국적: 토고

헤타페 수비의 중심이다. 178㎝의 단신에도 적극적인 수비와 거침없는 몸싸움으로 좀처럼 쉽게 밀리지 않는다. 여기에 빠른 속도와 대인 수비 능력도 뛰어나 커버 범위 또한 좁지 않다. 자국에서 축구를 시작해 스페인 하부 리그인 알코르콘, 벨기에 신트트라위던을 거쳐 2017년 헤타페 유니폼을 입었다. 줄곧 팀의 주전으로 활약했으며, 2021년부터는 주장 완장을 차고 리더십을 발휘하고 있다.

출전경기	경기시간(분)	골	어시스트	경고	퇴장
33	2,494	–	–	12	1

DF 15 오마르 알데레데
Omar Alderete

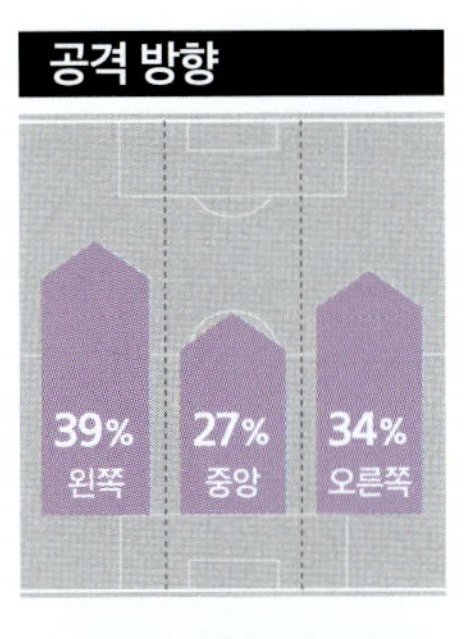

국적: 파라과이

자국 파라과이를 거쳐 아르헨티나 리그에서 활약하다 20189년 FC바젤로 이적하며 유럽 무대를 밟았다. 2020년 헤르타 베를린으로 떠나 발렌시아, 헤타페에서 경험을 쌓았다. 188㎝의 큰 신장과 탄탄한 피지컬을 자랑한다. 공격적인 수비 또한 트레이드 마크로 자리 잡았다. 발밑도 갖추고 있어 패스 또한 준수하다. 파라과이 대표팀에도 차출되며 코파 아메리카 2021과 2024에 출전한 바 있다.

출전경기	경기시간(분)	골	어시스트	경고	퇴장
31	2,193	–	1	8	1

DF 16 디에고 리코
Diego Rico

국적: 스페인

스페인의 레알 사라고사 유스에서 성장해 1군 무대를 밟은 뒤 레가네스, 본머스를 거쳤다. 이후 2021년 레알 소시에다드로 이적했다. 소시에다드에서는 두 시즌 동안 주축으로 뛰었지만 부진했다. 폭발적인 스피드를 앞세운 공격적인 풀백으로, 날카로운 크로스를 통해 공격에 힘을 더한다. 지난 시즌에 헤타페로 임대돼 32경기 7도움으로 팀 내 최다 도움을 기록했다. 그리고 2024년 여름에 완전히 이적했다.

출전경기	경기시간(분)	골	어시스트	경고	퇴장
32	2,538	–	7	10	–

MF 5 루이스 밀라
Luis Milla

국적: 스페인

라요 바예카노에서 성장해 알코르콘, 푸에라브라다, 테네리페를 거쳐 2020년 그란다로 이적했다. 왕성한 활동량을 기반으로 중원을 책임진다. 공격과 수비 능력 모두 고루 갖추고 있어 큰 부족함이 없다. 드리블, 돌파, 패스 모두 준수한 미드필더. 2022년 헤타페로 이적 후 곧바로 주전 자리를 차지하기 시작했다. 지난 시즌에는 부상으로 10경기가량을 소화하지 못했지만, 27경기에 출전하며 제 몫을 다했다.

출전경기	경기시간(분)	골	어시스트	경고	퇴장
27	2,124	–	1	6	–

셀타 비고
Celta de Vigo

TEAM PROFILE

창 립	1923년
구 단 주	마리안 무리뇨(스페인)
감 독	클라우디오 히랄데스(스페인)
연 고 지	폰테베드라 주 비고
홈 구 장	에스타디오 아방카 발라이도스 (2만 4,870명)
라 이 벌	데포르티보
홈페이지	www.rccelta.es/

최근 5시즌 성적

시즌	순위	승점
2019-2020	17위	37점(7승16무15패, 37득점 49실점)
2020-2021	8위	53점(14승11무13패, 55득점 57실점)
2021-2022	11위	46점(12승10무16패, 43득점 43실점)
2022-2023	13위	43점(11승10무17패, 43득점 53실점)
2023-2024	14위	41점(10승11무17패, 46득점 57실점)

LA LIGA

통 산	없음
23-24 시즌	14위(10승11무17패, 승점 41점)

COPA DEL REY

통 산	없음
23-24 시즌	8강

UEFA

통 산	없음
23-24 시즌	없음

경기 일정

라운드	날짜	장소	상대팀
1	2024.08.17	홈	데포르티보 알라베스
2	2024.08.24	홈	발렌시아 CF
3	2024.08.27	원정	비야레알 CF
4	2024.09.02	원정	CA 오사수나
5	2024.09.15	홈	레알 바야돌리드 CF
6	2024.09.22	원정	아틀레틱 빌바오
7	2024.09.27	홈	아틀레티코 마드리드
8	2024.09.29	홈	지로나
9	2024.10.07	원정	UD 라스팔마스
10	2024.10.21	홈	레알 마드리드
11	2024.10.28	원정	CD 레가네스
12	2024.11.04	홈	헤타페 CF
13	2024.11.11	원정	레알 베티스 발롬피에
14	2024.11.25	홈	FC 바르셀로나
15	2024.12.02	원정	RCD 에스파뇰
16	2024.12.09	홈	RCD 마요르카
17	2024.12.16	원정	세비야
18	2024.12.23	홈	레알 소시에다드
19	2025.01.12	원정	라요 바예카노
20	2025.01.20	홈	아틀레틱 빌바오
21	2025.01.27	원정	데포르티보 알라베스
22	2025.02.03	원정	발렌시아 CF
23	2025.02.10	홈	레알 베티스 발롬피에
24	2025.02.17	원정	아틀레티코 마드리드
25	2025.02.24	홈	CA 오사수나
26	2025.03.03	원정	지로나
27	2025.03.10	홈	CD 레가네스
28	2025.03.17	원정	레알 바야돌리드 CF
29	2025.03.31	홈	UD 라스팔마스
30	2025.04.07	원정	RCD 마요르카
31	2025.04.14	홈	RCD 에스파뇰
32	2025.04.21	원정	FC 바르셀로나
33	2025.04.24	홈	비야레알 CF
34	2025.05.05	원정	레알 마드리드
35	2025.05.12	홈	세비야
36	2025.05.15	원정	레알 소시에다드
37	2025.05.19	홈	라요 바예카노
38	2025.05.26	원정	헤타페 CF

시즌 프리뷰 — B팀 출신 감독의 반란! 저력 보여줄까

지난 시즌 초반부터 강등권을 달리며 흔들렸다. 발렌시아에서 라리가 우승 2회, UEFA컵 우승을 거뒀고 리버풀, 인터밀란, 첼시, 레알 마드리드 등을 이끌며 지도력을 보여준 라파엘 베니테스 감독을 선임했지만 부진을 면치 못했다. 결국 마법사라 불렸던 베니테스는 지난 3월 경질됐고, B팀 감독이었던 클라우디오 히랄데스가 지휘봉을 잡았다. 그리고 히랄데스 감독 체제에서 셀타 비고는 막판 반등을 이뤘다. 강등권에서 단숨에 순위를 치고 올라가며 최종 14위로 시즌을 마쳤다. 지난 시즌을 앞두고 가브리 베이가가 떠나며 남긴 수익으로 이적시장을 활발하게 보냈지만, 이번에는 그보다 신중하게 움직였다. 우나이 누네스를 700만 유로의 이적료에 영입하고, 보르하 이글레시아스와 이라이스 모리바를 임대 영입하며 부족한 포지션을 채웠다.

COACH

클라우디오 히랄데스 *Claudio Giraldez*
1988년 2월 24일생 스페인

팀의 주장인 이아고 아스파스(1987년생)보다 한 살 어린 젊은 감독이다. 스페인의 축구 선수 출신이나 2019년, 31세의 이른 나이에 은퇴했다. 현역 시절부터 지도자의 길을 걸은 평범하지 않은 케이스다. 2015년 포리뇨 인더스트리얼 유스팀을 이끌었다. 2016년부터는 셀타 비고 유스팀에 있었고 셀타 비고 C팀, B팀을 거쳐 지난해 1군 팀으로 승격했다.

TEAM RATINGS

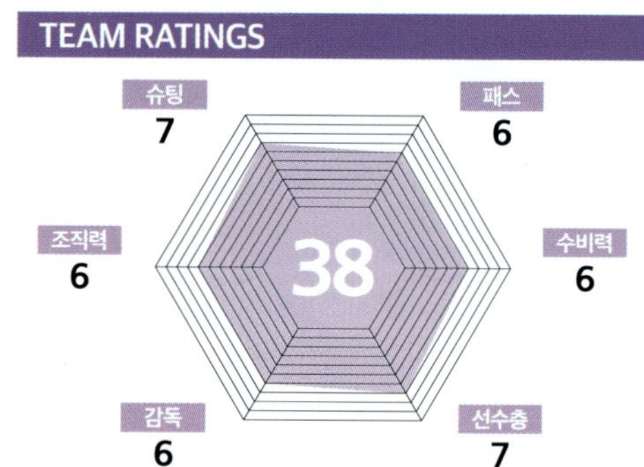

2023/24 프로필

팀 득점	46
평균 볼 점유율	45.80%
패스 정확도	80.20%
평균 슈팅 수	12.4
경고	62
퇴장	5

골 타입

오픈 플레이	61
세트 피스	15
카운터 어택	15
페널티 킥	7
자책골	2

단위 (%)

패스 타입

쇼트 패스	84
롱 패스	12
크로스 패스	4
스루 패스	0

단위 (%)

SQUAD

포지션	등번호	이름		생년월일	키(cm)	체중(kg)	국적
GK	1	이반 빌라르	Iván Villar	1997.07.09	186	76	스페인
DF	2	칼 스타르펠트	Carl Starfelt	1995.06.01	187	80	스웨덴
	3	오스카르 밍게사	Óscar Mingueza	1999.05.13	184	75	스페인
	5	세르히오 카레이라	Sergio Carreira	2000.10.13	170	65	스페인
	15	조셉 에이두	Joseph Aidoo	1995.09.29	181	80	가나
	20	마르코스 알론소	Marcos Alonso	1990.12.28	188	81	스페인
	21	미하일로 리스티치	Mihailo Ristic	1995.10.31	180	73	세르비아
	22	하비에르 만킬로	Javier Manquillo	1994.05.05	178	76	스페인
	24	카를로스 도밍게스	Carlos Domínguez	2001.02.11	187	81	스페인
MF	6	일라익스 모리바	Ilaix Moriba	2003.01.19	185	73	기니
	8	프란 벨트란	Fran Beltrán	1999.02.03	170	66	스페인
	14	루카 드 라 토레	Luca de la Torre	1998.05.23	178	63	미국
	16	자이우송	Jailson	1995.09.07	187	71	브라질
	19	윌리엇 스웨드버그	Williot Swedberg	2004.02.01	185	80	스웨덴
	28	다미안 로드리게스	Damián Rodríguez	2003.03.17	180	–	스페인
	33	우고 소텔로	Hugo Sotelo	2003.12.19	180	76	스페인
FW	7	보르하 이글레시아스	Borja Iglesias	1993.01.17	187	86	스페인
	9	아나스타시오스 두비카스	Anastasios Douvikas	1999.08.02	184	78	그리스
	10	이아고 아스파스	Iago Aspas	1987.08.01	176	67	스페인
	11	프랑코 체르비	Franco Cervi	1994.05.26	165	67	아르헨티나
	12	알폰소 곤잘레스	Alfon González	1999.05.04	172	60	스페인
	17	조나탕 밤바	Jonathan Bamba	1996.05.26	175	70	코트디부아르
	18	파블로 두란	Pablo Durán	2001.05.25	176	71	스페인
	23	타데오 아옌데	Tadeo Allende	1999.02.20	185	73	아르헨티나
	30	우고 알바레스	Hugo Álvarez	2003.07.02	176	–	스페인

IN & OUT

주요 영입	주요 방출
우나이 누네스(아틀레틱 빌바오), 보르하 이글레시아스(레알 베티스), 일라이스 모리바(라이프치히), 마로코스 알론소	요르겐 스트란 라르센(울버햄튼), 헤나투 타피아(레가네스), 홀렌 로베테(말라가), 호세 폰탄, 미겔 바에사, 마누 산체스. 카를레스 페레스, 우나이 누네스

TEAM FORMATION

PLAN 3-4-3

지역 점유율

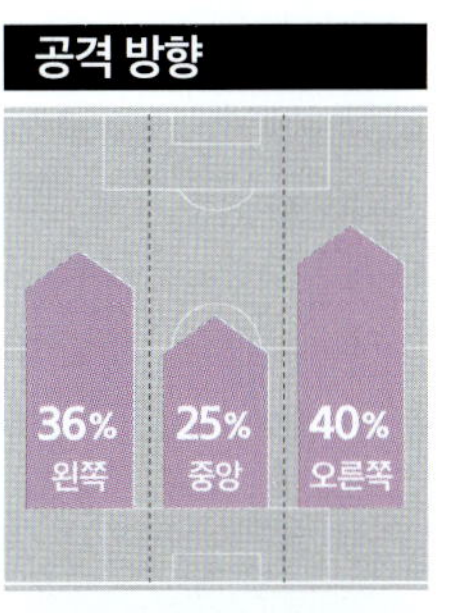

공격 진영 **27%**

중앙 **45%**

수비 진영 **28%**

공격 방향

36% 왼쪽	25% 중앙	40% 오른쪽

슈팅 지역

8% 골 에어리어
57% 패널티 박스
35% 외곽 지역

상대팀 최근 6경기 전적

구분	승	무	패	구분	승	무	패
레알 마드리드			6	오사수나	2	2	2
바르셀로나	1	1	4	헤타페	1	2	3
지로나	2	1	3	셀타 비고			
아틀레티코 마드리드			6	세비야	1	4	1
아틀레틱 빌바오	3		3	마요르카	1	2	3
레알 소시에다드		2	4	라스 팔마스	4	1	1
레알 베티스	4	1	1	라요 바예카노	2	4	
비야레알	1	2	3	레가네스	2	2	2
발렌시아	1	2	3	레알 바야돌리드	1	4	1
데포르티보 알라베스	4	1	1	에스파뇰	2	2	2

PLAYERS

FW 10 이아고 아스파스
Iago Aspas

국적: 스페인

셀타 비고의 주장. 빠른 속도를 앞세운 돌파와 부드러운 드리블 테크닉을 보유하고 있다. 마무리 능력까지 뛰어나 최전방에서도 뛸 수 있다. 구단 역대 최다 골로 팀의 살아있는 레전드. 2013년 잉글랜드 리버풀로 떠났지만 적응 문제를 겪으며 부진했다. 2014년 세비야로 돌아오며 점차 살아났다. 2015년 셀타로 돌아와서는 다시 제 기량을 보여주며 매 시즌 두 자릿수 득점에 성공했다. 지난 시즌 9골에 그쳤지만, 10도움을 기록하며 팀 내 최다 도움을 올렸다.

출전경기	경기시간(분)	골	어시스트	경고	퇴장
35	2,716	9	10	6	–

DF 3 오스카르 밍게사
Oscar Mingueza

국적: 스페인

바르셀로나 유스에서 성장했다. 2020/21 시즌 콜업돼 점차 기회를 잡기 시작했다. 중앙 수비부터 좌우 가리지 않고 모든 수비 지역을 커버할 수 있다. 안정된 발밑 능력으로 빌드업이 가능하다. 몸싸움에 다소 약점이 있었지만, 왕성한 활동량을 통해 이를 커버한다. 2022년 셀타 비고로 이적 후에는 자신의 단점을 점차 줄이며 핵심 수비수로 자리매김했다. 지난 시즌, 부상 없이 38경기 2골 1도움을 기록 중이다.

출전경기	경기시간(분)	골	어시스트	경고	퇴장
38	3,004	2	2	4	–

FW 7 보르하 이글레시아스
Borja Iglesias

국적: 스페인

187㎝의 큰 키와 탄탄한 피지컬을 앞세운 타겟형 공격수. 2014년 셀타 비고에서 라리가 무대를 밟았다. 2018년에 에스파뇰로 임대돼 17골로 자신의 기량을 만개했다. 2019년 레알 베티스로 이적해 곧바로 주전 자리를 꿰찼다. 23시즌 연속 두 자릿수 득점포를 터뜨리며 해결사 역할을 맡았지만 지난 시즌 상반기에 11경기 404분 출전에 그쳤다. 하반기에는 레버쿠젠으로 임대를 떠났지만 큰 성과를 보여주지 못했다.

출전경기	경기시간(분)	골	어시스트	경고	퇴장
7	252	–	–	–	–

FW 9 이니스타시오스 두비카스
Anastasios Douvikas

국적: 그리스

그리스 출신의 187㎝ 장신 공격수다. 아스테라스 트리폴리스에서 성장해 2017년에 1군 무대를 밟았다. 볼로스, 위트레흐트를 거쳐 2023년 셀타 비고에 합류했다 그리스 무대를 강타한 뒤, 지난 시즌에 라리가에서도 상승세를 이어갔다. 32경기 886분 출전 7골 1도움을 기록하며 순도 높은 활약을 펼쳤다. 지난여름에 팀을 떠난 라르센, 에이스 아스파스 다음으로 팀 내 최다골을 기록했다.

출전경기	경기시간(분)	골	어시스트	경고	퇴장
32	886	7	1	2	–

FW 17 조나탕 밤바
Jonathan Bamba

국적: 코트디부아르

폭발적인 스피드와 돌파 능력을 갖춘 공격수다. 날카로운 슈팅 능력도 갖추고 있어 측면에서 안쪽으로 파고들며 직접 득점을 노리는 유형이다. 샘테티엔에서 성장해 1군 무대를 밟았다. 파리FC, 신트트라위던, 앙제에서 임대 생활 후 2018년 LOSC릴로 이적했다. 팀의 주전 자리를 꿰차며 자신의 기량을 보여줬다. 릴에서 200경기 29골 34도움을 기록한 뒤 2023년 여름에 셀타 비고에 합류했다.

출전경기	경기시간(분)	골	어시스트	경고	퇴장
27	1,993	3	2	–	–

세비야 FC

Sevilla FC

TEAM PROFILE

창　　립	1890년
구 단 주	호세 마리아 델 니도 카라스코(스페인)
감　　독	가르시아 피미엔타(스페인)
연 고 지	안달루시아 세비야
홈 구 장	에스타디오 라몬 산체스 피스후안 (4만 3,883명)
라 이 벌	레알 베티스 발롬피에
홈페이지	www.sevillafc.es

최근 5시즌 성적

시즌	순위	승점
2018-2019	6위	59점(17승8무13패, 62득점 47실점)
2019-2020	4위	70점(19승13무6패, 54득점 34실점)
2020-2021	4위	77점(24승5무9패, 53득점 33실점)
2021-2022	4위	70점(18승16무4패, 53득점 30실점)
2022-2023	12위	49점(13승10무15패, 47득점 54실점)

LA LIGA

통　　산	우승 1회
23-24 시즌	13위(10승11무17패, 승점 41점)

COPA DEL REY

통　　산	우승 5회
23-24 시즌	8강

UEFA

통　　산	유로파리그 우승 7회
23-24 시즌	없음

경기 일정

라운드	날짜	장소	상대팀
1	2024.08.17	원정	UD 라스팔마스
2	2024.08.24	홈	비야레알 CF
3	2024.08.28	원정	RCD 마요르카
4	2024.09.02	홈	지로나
5	2024.09.15	홈	헤타페 CF
6	2024.09.21	원정	데포르티보 알라베스
7	2024.09.25	홈	레알 바야돌리드 CF
8	2024.09.29	원정	아틀레틱 빌바오
9	2024.10.07	홈	레알 베티스 발롬피에
10	2024.10.21	원정	FC 바르셀로나
11	2024.10.28	원정	RCD 에스파뇰
12	2024.11.04	홈	레알 소시에다드
13	2024.11.11	원정	CD 레가네스
14	2024.11.25	홈	라요 바예카노
15	2024.12.02	홈	CA 오사수나
16	2024.12.09	원정	아틀레티코 마드리드
17	2024.12.16	홈	RC 셀타 데 비고
18	2024.12.23	원정	레알 마드리드
19	2025.01.12	홈	발렌시아 CF
20	2025.01.20	원정	지로나
21	2025.01.27	홈	RCD 에스파뇰
22	2025.02.03	원정	헤타페 CF
23	2025.02.10	홈	FC 바르셀로나
24	2025.02.17	원정	레알 바야돌리드 CF
25	2025.02.24	홈	RCD 마요르카
26	2025.03.03	원정	라요 바예카노
27	2025.03.10	원정	레알 소시에다드
28	2025.03.17	홈	아틀레틱 빌바오
29	2025.03.31	원정	레알 베티스 발롬피에
30	2025.04.07	홈	아틀레티코 마드리드
31	2025.04.14	원정	발렌시아 CF
32	2025.04.21	홈	데포르티보 알라베스
33	2025.04.24	원정	CA 오사수나
34	2025.05.05	홈	CD 레가네스
35	2025.05.12	원정	RC 셀타 데 비고
36	2025.05.15	홈	UD 라스팔마스
37	2025.05.19	홈	레알 마드리드
38	2025.05.26	원정	비야레알 CF

시즌 프리뷰 — 이어지는 부진과 감독 교체, '유로파리그 제왕'의 추락

레알 마드리드와 바르셀로나의 라리가 양강 체제를 깨뜨린 아틀레티코 마드리드처럼 세비야는 상승세를 맞이하며 '4강 체제'를 구축하는 듯했다. 2019/20 시즌부터 세 시즌 연속 4위를 기록하며 챔피언스리그에서도 '복병의 팀'으로 평가받으며 경쟁력을 키워왔다. 하지만 일부 주축 선수들을 떠난 후 흔들리기 시작했다. 2022/23 시즌 12위, 지난 시즌에는 13위를 기록했다. 이 과정에서 다수의 감독이 선임됐다가 경질되기를 반복했다. 2019년부터 팀을 이끌었던 훌렌 로페테기 감독이 2022년 10월 경질된 후 2년 동안 호르헤 삼파올리, 호세 루이스 멘딜리바르, 디에고 알론소, 키케 플로레스가 세비야를 이끌었고, 지난 시즌까지 라스팔마스를 이끌었던 가르시아 피미엔타 감독이 새롭게 지휘봉을 잡았다.

COACH

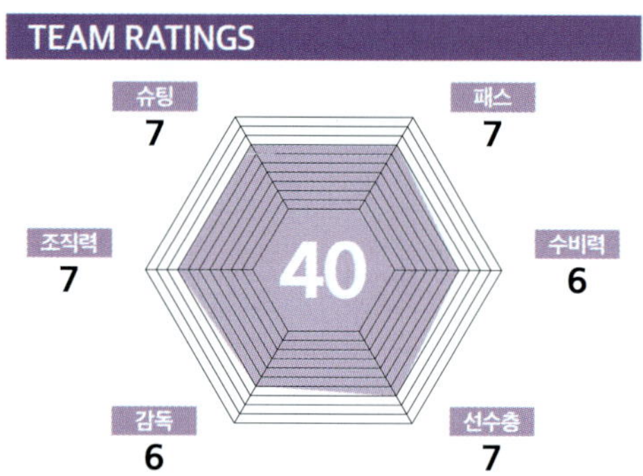

가르시아 피미엔타 *Garcia Pimienta*
1974년 8월 3일생 스페인

바르셀로나 유스팀과 B팀 감독을 맡으며 지도자의 길을 걸었다. 유망주 육성으로 명성을 높인 감독이다. 2020/21 시즌에 바르셀로나 B팀의 2부 리그 승격 플레이오프에서 패한 뒤 사임했다. 2022년 라스팔마스의 지휘봉을 잡고 1부 리그 승격을 이뤘다. 지난 시즌에도 잔류하며 목표를 이뤘다. 이번 시즌에는 세비야의 지휘봉을 잡게 됐다.

TEAM RATINGS

2023/24 프로필

팀 득점	48
평균 볼 점유율	50.00%
패스 정확도	81.50%
평균 슈팅 수	12.9
경고	108
퇴장	4

골 타입

오픈 플레이	54
세트 피스	27
카운터어택	10
페널티 킥	4
자책골	4

단위 (%)

패스 타입

쇼트 패스	82
롱 패스	13
크로스 패스	5
스루 패스	0

단위 (%)

SQUAD

포지션	등번호	이름		생년월일	키(cm)	체중(kg)	국적
GK	1	알바로 페르난데즈 요렌테	Álvaro Fernández	1998.04.13	185	75	스페인
	13	외르얀 닐란	Ørjan Nyland	1990.09.10	192	90	노르웨이
	31	알베르토 플로레스	Alberto Flores	2003.11.10	183	81	스페인
DF	3	아드리아 페드로사	Adrià Pedrosa	1998.05.13	172	69	스페인
	4	키케 살라스	Kike Salas	2002.04.23	188	–	스페인
	15	곤살로 몬티엘	Gonzalo Montiel	1997.01.01	175	68	아르헨티나
	16	헤수스 나바스	Jesús Navas	1985.11.21	172	60	스페인
	19	발렌틴 바르코	Valentín Barco	2004.07.23	170	64	아르헨티나
	22	로익 바데	Loïc Badé	2000.04.11	191	89	프랑스
	23	마르캉	Marcão	1996.06.05	185	75	브라질
	24	탕기 니앙주	Tanguy Nianzou	2002.06.07	191	85	프랑스
	26	후안루 산체스	Juanlu Sánchez	2003.08.15	186	70	스페인
	32	호세 앙헬 카르모나	José Ángel Carmona	2002.01.29	184	78	스페인
MF	6	네만야 구데이	Nemanja Gudelj	1991.11.16	187	81	세르비아
	12	알베르 삼비 로콩가	Albert Sambi Lokonga	1999.10.22	183	69	벨기에
	17	사울 니게스	Saúl Ñíguez	1994.11.21	184	77	스페인
	18	루시앙 아구메	Lucien Agoumé	2002.02.09	188	75	프랑스
	20	지브릴 소우	Djibril Sow	1997.02.06	184	77	스위스
FW	5	루카스 오캄포스	Lucas Ocampos	1994.07.11	188	84	아르헨티나
	7	이사크 로메로	Isaac Romero	2000.05.18	184	78	스페인
	9	켈레치 이헤아나초	Kelechi Iheanacho	1996.10.03	182	82	나이지리아
	10	수소	Suso	1993.11.19	177	70	스페인
	11	도디 루케바키오	Dodi Lukébakio	1997.09.24	187	77	벨기에
	14	페케 페르난데스	Peque Fernández	2002.10.04	172	–	스페인
	21	치데라 에주케	Chidera Ejuke	1998.01.02	176	72	나이지리아

IN & OUT

주요 영입	주요 방출
뤼시앵 아구메, 켈레치 이헤아나초, 알바로 페르난데스, 알베르 삼비 로콩가, 사울 니게스, 페케 페르난데스, 발렌틴 바로코	유세프 엔네시리, 루이스미 크루스, 올리베르 토레스, 루드빅 아우구스틴손, 토마스 델라이닝, 오스카르 로드리게스, 에릭 라멜라, 마르코 드미트로비치, 라파미르, 아드난 야누자이, 헤수스 나바스, 세르히오 라모스, 마리아노 디아스, 부바카리 수마레, 한니발 메지브리, 알레호 벨리스, 마르코스 아쿠냐, 주안 조르단

TEAM FORMATION

지역 점유율

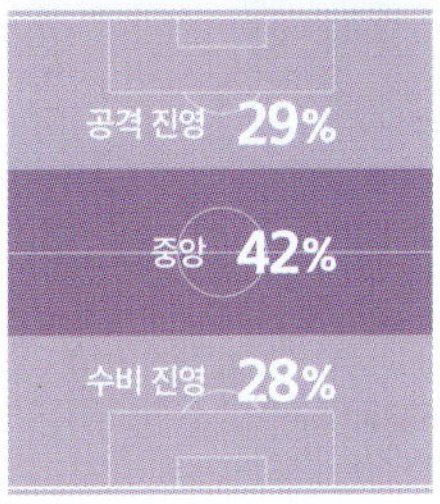

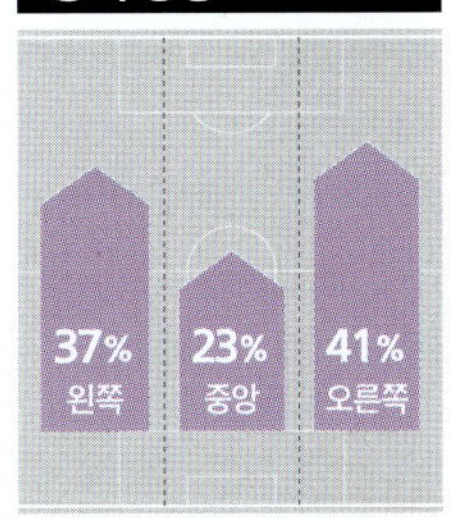

공격 진영	29%
중앙	42%
수비 진영	28%

공격 방향

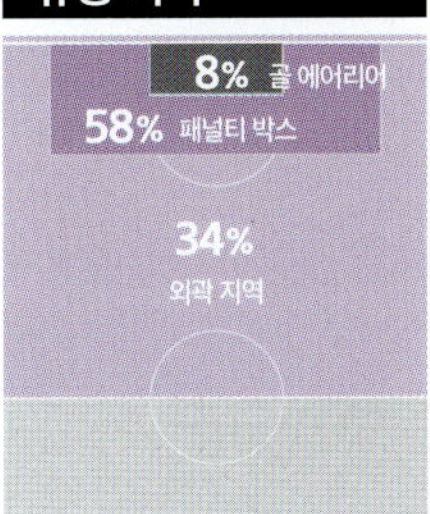

슈팅 지역

상대팀 최근 6경기 전적

구분	승	무	패	구분	승	무	패
레알 마드리드		1	5	오사수나		3	3
바르셀로나		1	5	헤타페	4		2
지로나	1		5	셀타 비고	1	4	1
아틀레티코 마드리드	1	1	4	세비야			
아틀레틱 빌바오	3	1	2	마요르카	3	2	1
레알 소시에다드	1	2	3	라스 팔마스	6		
레알 베티스	1	4	1	라요 바예카노	2	3	1
비야레알	2	3	1	레가네스	3	1	2
발렌시아	2	3	1	레알 바야돌리드	2	4	
데포르티보 알라베스	2	2	2	에스파뇰	4	2	

PLAYERS

FW 5 루카스 오캄포스 — Lucas Ocampos

국적: 아르헨티나

아르헨티나의 리버 플레이트에서 성장한 뒤 2012년부터 AS모나코, 올랭피크 드 마르세유, 제노아, AC밀란 등 빅리그에서 주로 활약했다. 187㎝의 큰 신장에도 화려한 볼 컨트롤을 보유하고 있다. 개인기로 상대 수비를 흔드는 테크니션 유형이다. 양발을 자유자재로 사용하여 2선 전 지역에서 활약한다. 활동량 또한 좋아 간혹 스리백의 윙백 역할까지 소화한다. 최근 부진했지만 이번 시즌에 다시 한번 에이스 자리를 차지하고자 한다.

출전경기	경기시간(분)	골	어시스트	경고	퇴장
35	2,887	4	3	9	-

MF 12 알베르 삼비 로콩가 — Albert Sambi-Lokonga

국적: 벨기에

안데를레흐트 유스에서 성장해 2017년 1군 무대를 밟았다. 2019년 주전으로 중용되며 잠재력을 인정받았다. 2021년 아스널로 이적하며 빅리그에 입성했다. 당시 뱅상 콤파니 감독이 추천했다는 후일담. 그러나 기복 있는 모습에 주전 경쟁에 밀려 임대를 떠나게 됐다. 크리스탈 팰리스, 루턴 타운에 이어 세 번째다. 활동량이 좋고 후방에서 공격진에게 내주는 전진 패스를 자주 즐긴다.

출전경기	경기시간(분)	골	어시스트	경고	퇴장
17	1,310	1	3	4	-

MF 17 사울 니게스 — Saul Niguez

국적: 스페인

아틀레티코 마드리드에서 성장해 1군 무대를 밟았다. 2014년 라요 바예카노로 임대 복귀 후 팀의 핵심으로 자리 잡았다. 엄청난 활동량과 기동력을 비롯해 공수 양면으로 밸런스를 갖춘 부족함 없는 미드필더. 2선 공격진부터 윙백, 중앙 수비수까지 소화했다. 하지만 2021/22 시즌부터 부진을 겪으며 오히려 무색무취한 선수로 전락했다. 아틀레티코에서 전력 외 자원으로 평가되어 세비야로 임대됐다.

출전경기	경기시간(분)	골	어시스트	경고	퇴장
34	1,365	1	5	8	1

FW 7 이사크 로메로 — Isaac Romero

국적: 스페인

세비야가 기대하는 공격수이다. 다양한 역할을 맡을 만큼 다재다능함을 보여주지는 못하나, 뒷공간을 파고들며 박스 안에서 득점을 노리는 플레이에 능하다. 안토니아노에서 성장한 뒤 2019년 세비야로 이적했다. 리저브팀에서 주로 활약했다. 2023/24 시즌 전반기 리저브 팀에서 11골 4도움을 기록한 뒤 하반기 팀에 합류해 14경기 4골 4도움을 터뜨렸다. 2024년에 1군 계약을 체결하며 4년 동안 잔류한다.

출전경기	경기시간(분)	골	어시스트	경고	퇴장
14	1,050	4	4	2	-

FW 11 도디 루케바키오 — Dodi Lukebakio

국적: 벨기에

오캄포스와 마찬가지로 187㎝의 큰 신장을 가진 윙어이다. 큰 키에도 빠른 속도와 유려한 드리블 능력을 갖추고 있다. 패스 능력 또한 준수해 중앙 공격형 미드필더 자리도 수행할 수 있다. 안데를레흐트에서 성장해 1군 무대를 밟았다. 왓포드, 헤르타 베를린을 거쳐 2023년 세비야에 합류했다. 시즌 중반에 부상으로 이탈했지만, 약 석 달 만에 복귀해 제 역할을 해주며 23경기 5골 1도움을 기록했다.

출전경기	경기시간(분)	골	어시스트	경고	퇴장
23	1,127	5	1	-	-

RCD 마요르카
RCD MALLORCA

TEAM PROFILE

창 립	1916년
구 단 주	앤디 콜버그(미국)
감 독	하고바 아라사테(스페인)
연 고 지	팔마 데 마요르카
홈 구 장	에스타디 마요르카 손 모시(2만 3,142명)
라 이 벌	-
홈페이지	www.rcdmallorca.es

최근 5시즌 성적

시즌	순위	승점
2019-2020	19위	33점(9승6무23패, 40득점 65실점)
2020-2021	없음	없음
2021-2022	16위	39점(10승9무19패, 36득점 63실점)
2022-2023	9위	50점(14승8무16패, 37득점 43실점)
2023-2024	15위	40점(8승16무14패, 33득점 44실점)

LA LIGA

통 산	없음
23-24 시즌	15위(8승16무14패, 승점 40점)

COPA DEL REY

통 산	우승 1회
23-24 시즌	준우승

UEFA

통 산	없음
23-24 시즌	없음

경기 일정

라운드	날짜	장소	상대팀
1	2024.08.19	홈	레알 마드리드
2	2024.08.25	원정	CA 오사수나
3	2024.08.28	홈	세비야
4	2024.09.01	원정	CD 레가네스
5	2024.09.14	홈	비야레알 CF
6	2024.09.18	홈	레알 소시에다드
7	2024.09.24	원정	레알 베티스 발롬피에
8	2024.09.28	원정	레알 바야돌리드 CF
9	2024.10.07	원정	RCD 에스파뇰
10	2024.10.21	홈	라요 바예카노
11	2024.10.28	홈	아틀레틱 빌바오
12	2024.11.04	원정	데포르티보 알라베스
13	2024.11.11	홈	아틀레티코 마드리드
14	2024.11.25	원정	UD 라스팔마스
15	2024.12.02	홈	발렌시아 CF
16	2024.12.09	원정	RC 셀타 데 비고
17	2024.12.16	홈	지로나 FC
18	2024.12.23	원정	헤타페 CF
19	2025.01.12	홈	FC 바르셀로나
20	2025.01.20	원정	비야레알 CF
21	2025.01.27	홈	레알 베티스 발롬피에
22	2025.02.03	원정	아틀레티코 마드리드
23	2025.02.10	홈	CA 오사수나
24	2025.02.17	홈	UD 라스팔마스
25	2025.02.24	원정	세비야
26	2025.03.03	홈	데포르티보 알라베스
27	2025.03.10	원정	아틀레틱 빌바오
28	2025.03.17	홈	RCD 에스파뇰
29	2025.03.31	원정	발렌시아 CF
30	2025.04.07	홈	RC 셀타 데 비고
31	2025.04.14	원정	레알 소시에다드
32	2025.04.21	홈	CD 레가네스
33	2025.04.24	원정	FC 바르셀로나
34	2025.05.05	원정	지로나 FC
35	2025.05.12	홈	레알 바야돌리드 CF
36	2025.05.15	원정	레알 마드리드
37	2025.05.19	홈	헤타페 CF
38	2025.05.26	원정	라요 바예카노

시즌 프리뷰

'코파 델 레이 준우승' 마요르카, 또 다른 저력 기대

이강인의 친정팀인 마요르카는 지난 3시즌 동안 만족스러운 결과를 얻었다. 2020/21 시즌에 2부 리그에서 승격 후 계속해서 잔류에 성공하면서 4시즌 연속 라리가 무대에 생존했다. 2021/22 시즌에 하비에르 아기레 감독 선임 후 극적인 잔류를 했고, 2022/23 시즌에는 이강인, 베다트 무리치를 앞세워 리그 9위라는 성과를 보였다. 이강인이 떠난 지난 시즌에는 계속 하위권에 머물렀지만, 코파 델 레이에서 놀라운 성과를 만들었다. 8강 지로나, 4강 레알 소시에다드를 꺾으며 결승까지 올랐다. 아틀레틱 빌바오에게 승부차기 패배로 준우승에 머물렀지만, 이번 시즌 수페르코파 참가를 확정했다. 마요르카는 새롭게 변화한다. 하고바 아라사테 감독이 부임했고, 일부 주축 선수들이 떠났지만, 요한 모이카, 아사노 다쿠마, 마테우 모레이가 합류했다.

COACH

하고바 아라사테 *Jagoba Arrasate*
1978년 4월 22일생 스페인

아마추어 팀들과 레알 소시에다드 유스팀을 거쳐 2013년에 소시에다드 지휘봉을 잡으며 처음으로 1군 팀을 이끌게 됐다. 2018년 오사수나에 부임한 뒤 팀의 라리가 승격을 이끌며 지도력을 인정받았다. 이후 안정된 팀 운영 속 오사수나를 라리가 중위권에 올려 놓았다. 지난 시즌을 끝으로 계약이 만료된 뒤 지난여름, 마요르카에 부임했다.

TEAM RATINGS

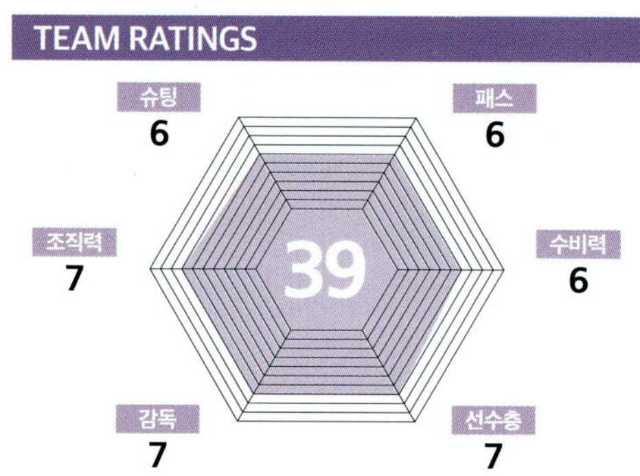

2023/24 프로필

팀 득점	33
평균 볼 점유율	44.50%
패스 정확도	75.70%
평균 슈팅 수	11
경고	101
퇴장	4

골 타입		
오픈 플레이		52
세트 피스		45
카운터 어택		0
패널티 킥		3
자책골		0

단위 (%)

패스 타입		
쇼트 패스		78
롱 패스		17
크로스 패스		5
스루 패스		0

단위 (%)

SQUAD

포지션	등번호	이름		생년월일	키(cm)	체중(kg)	국적
GK	1	도미닉 그라이프	Dominik Greif	1997.04.06	197	82	슬로바키아
	13	레오 로만	Leo Román	2000.07.06	189	83	스페인
DF	2	마테우 모레이	Mateu Morey	2000.03.02	173	67	스페인
	3	토니 라토	Toni Lato	1997.11.21	171	64	스페인
	4	시브 반 데르 헤이덴	Siebe Van der Heyden	1998.05.30	185	80	벨기에
	6	호세 코페테	José Copete	1999.0.10	190	84	스페인
	21	안토니오 라이요	Antonio Raíllo	1991.10.08	187	80	스페인
	22	요한 모이카	Johan Mojica	1992.08.21	185	73	콜롬비아
	23	파블로 마페오	Pablo Maffeo	1997.07.12	172	70	아르헨티나
	24	마르틴 발렌트	Martin Valjent	1995.12.11	187	70	슬로바키아
MF	5	오마르 마스카렐	Omar Mascarell	1993.02.02	181	74	적도기니
	8	마누 모를라네스	Manu Morlanes	1999.01.12	178	75	스페인
	10	세르지 다르데르	Sergi Darder	1993.12.22	180	71	스페인
	12	사무 코스타	Samú Costa	2000.11.27	185	78	포르투갈
	14	다니 로드리게스	Dani Rodríguez	1988.01.06	178	73	스페인
	15	발레리 페르난데스	Valery Fernández	1999.11.23	182	75	스페인
	18	안토니오 산체스	Antonio Sánchez	1997.04.22	179	78	스페인
FW	7	베다트 무리치	Vedat Muriqi	1994.04.24	194	92	코소보
	9	아브돈 프라츠	Abdón Prats	1992.12.07	181	81	스페인
	11	아사노 다쿠마	Takuma Asano	1994.11.10	173	71	일본
	17	카일 라린	Cyle Larin	1995.04.17	188	90	캐나다
	19	하비 야브레스	Javi Llabrés	2002.09.11	174	70	스페인
	20	치퀴뇨	Chiquinho	2000.02.05	179	72	포르투
	27	로베르트 나바로	Robert Navarro	2002.04.12	178	65	스페인
	33	다니엘 루나	Daniel Luna	2003.05.07	178	71	콜롬비아

IN & OUT

주요 영입	주요 방출
요한 모이카, 아사노 다쿠마, 마테우 모레이, 로베르트 나바로, 시키뉴, 발레리 페르난데스	프레드라그 라이코비치, 지오바니 곤잘레스, 아마트 은디아예, 이드리수 바바, 자우메 코스타, 마티아 나스타시치, 나초 비달, 네마냐 라도니치

TEAM FORMATION

지역 점유율

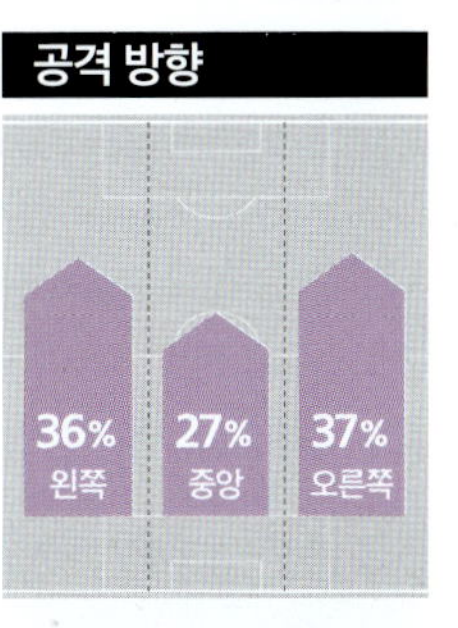

공격 진영	26%
중앙	46%
수비 진영	29%

공격 방향

왼쪽	중앙	오른쪽
36%	27%	37%

슈팅 지역

골 에어리어	8%
패널티 박스	61%
외곽 지역	31%

상대팀 최근 6경기 전적

구분	승	무	패	구분	승	무	패
레알 마드리드	1		5	오사수나	2	2	2
바르셀로나		1	5	헤타페	2	2	2
지로나	3	1	2	셀타 비고	3	2	1
아틀레티코 마드리드	3		3	세비야	1	2	3
아틀레틱 빌바오	1	3	2	마요르카			
레알 소시에다드	1	2	3	라스 팔마스	2	3	1
레알 베티스		1	5	라요 바예카노	4	1	1
비야레알	2	2	2	레가네스	3	2	1
발렌시아	2	3	1	레알 바야돌리드	1	1	4
데포르티보 알라베스	3	2	1	에스파뇰	2	1	3

PLAYERS

FW 7 — 베다트 무리치 / Vedat Muriqi

KEY PLAYER

국적: 코소보

194㎝의 압도적인 신장을 이용한 공중볼 경합 능력이 단연 최고다. 최전방에서 상대방과의 포스트플레이에도 능하며, 발밑 또한 투박하지 않다. 주로 튀르키예 무대에서 활약했다. 2019년 페네르바체로 이적하며 주목받기 시작했다. 당시 32경기 15골 6도움을 터뜨리며 빅클럽들과도 연결됐다. 2020년에 이탈리아 라치오로 이적했지만, 부진했다. 이후 2021년 마요르카로 이적해 이강인과 함께 좋은 호흡을 보여주며 15골을 터뜨렸다.

출전경기	경기시간(분)	골	어시스트	경고	퇴장
29	2,330	7	2	5	–

DF 21 — 안토니오 라이요 / Antonio Raillo

국적: 스페인

팀의 주장이다. 수비 라인을 지휘하며 리더십을 발휘하고 있다. 대인 수비에 강하며 188㎝의 큰 신장과 탄탄한 피지컬을 앞세운 경합 능력도 탁월하다. 2013년 에스파뇰 2군 팀 이적 후, 2015년 1군 팀에서 라리가 무대를 밟았다. 2016년에 마요르카로 이적한 뒤 3부 리그까지 떨어지는 상황에서도 팀을 지켰으며 두 번의 라리가 승격을 이끌었다. 지난 시즌에는 26경기 3골 2도움을 기록했다.

출전경기	경기시간(분)	골	어시스트	경고	퇴장
26	2,203	3	2	4	1

MF 10 — 세르지 다르데르 / Sergi Darder

국적: 스페인

에스파뇰에서 성장해 말라가, 올랭피크 리옹을 거쳐 2017년 에스파뇰로 돌아왔다. 뛰어난 전진성과 창의적인 패스를 통해 기회를 창출하는 미드필더다. 에스파뇰이 에이스로 자리매김했으나, 2022/23 시즌에 에스파뇰의 강등으로 2023년 여름 마요르카로 이적, 중앙 미드필더로 뛰고 있다. 지난 시즌, 이강인이 빠진 마요르카에 활기를 불어넣으며 36경기 2골 5도움으로 팀 내 최다 도움을 기록했다.

출전경기	경기시간(분)	골	어시스트	경고	퇴장
36	2,155	2	5	4	–

MF 14 — 다니 로드리게스 / Dani Rodriquez

국적: 스페인

수준급 볼 컨트롤과 날카로운 킥 능력을 바탕으로 기회를 창출하는 미드필더다. 30대 중반의 나이에도 건재함을 보여주고 있다. 데포르티보 라 코루냐 B팀을 시작으로 라싱 데 산탄데르, 알바세테 발롬피에 등을 거쳐 2018년 마요르카에 합류했다. 매 시즌 큰 부상 없이 30경기 이상을 소화했다. 2020/21 시즌에 마요르카의 승격을 이끌었으며 라리가에서도 준수한 모습을 유지하고 있다.

출전경기	경기시간(분)	골	어시스트	경고	퇴장
36	2,635	2	4	9	–

FW 11 — 아사노 다쿠마 / Asano Takuma

국적: 일본

측면과 최전방 공격수 자리를 모두 소화할 수 있다. 빠른 속도와 저돌적인 돌파 능력을 활용하여 주로 좌측면에서 안쪽으로 치고 들어오는 모습을 자주 선보인다. 크지 않은 체격으로 경합 상황에서는 약한 모습이나 한 방을 갖고 있다. 모리야스 하지메 감독의 일본 대표팀에서는 주로 조커 역할을 맡고 있다. 2016년, 유럽 무대에 진출했고 주로 독일에서 활약했다. 지난 시즌 보훔에서 6골 1도움을 기록했다.

출전경기	경기시간(분)	골	어시스트	경고	퇴장
29	2,003	6	1	2	–

UD 라스팔마스

UD Las Palmas

TEAM PROFILE

창　립	1949년
구 단 주	미겔 앙헬 라미레스(스페인)
감　독	루이스 카리온(스페인)
연 고 지	카나리아 제도 라스팔마스
홈 구 장	그란 카나리아 스타디움(3만 2,400명)
라 이 벌	CD 테네리페
홈페이지	www.udlaspalmas.es

최근 5시즌 성적

시즌	순위	승점
2019-2020	없음	없음
2020-2021	없음	없음
2021-2022	없음	없음
2022-2023	없음	없음
2023-2024	16위	40점(10승10무18패, 33득점 47실점)

LA LIGA

통　산	없음
23-24 시즌	16위(10승10무18패, 승점 40점)

COPA DEL REY

통　산	없음
23-24 시즌	16강

UEFA

통　산	없음
23-24 시즌	없음

경기 일정

라운드	날짜	장소	상대팀
1	2024.08.17	홈	세비야
2	2024.08.26	원정	CD 레가네스
3	2024.08.30	홈	레알 마드리드
4	2024.09.02	원정	데포르티보 알라베스
5	2024.09.16	홈	아틀레틱 빌바오
6	2024.09.21	원정	CA 오사수나
7	2024.09.27	홈	레알 베티스 발롬피에
8	2024.10.01	원정	비야레알 CF
9	2024.10.07	홈	RC 셀타 데 비고
10	2024.10.21	원정	발렌시아 CF
11	2024.10.28	홈	지로나
12	2024.11.04	원정	아틀레디고 마드리드
13	2024.11.11	원정	라요 바예카노
14	2024.11.25	홈	RCD 마요르카
15	2024.12.02	원정	FC 바르셀로나
16	2024.12.09	홈	레알 바야돌리드 CF
17	2024.12.16	원정	레알 소시에다드
18	2024.12.23	홈	RCD 에스파뇰
19	2025.01.12	홈	헤타페 CF
20	2025.01.20	원정	레알 마드리드
21	2025.01.27	홈	CA 오사수나
22	2025.02.03	원정	지로나
23	2025.02.10	홈	비야레알 CF
24	2025.02.17	원정	RCD 마요르카
25	2025.02.24	홈	FC 바르셀로나
26	2025.03.03	원정	레알 바야돌리드 CF
27	2025.03.10	원정	레알 베티스 발롬피에
28	2025.03.17	홈	데포르티보 알라베스
29	2025.03.31	원정	RC 셀타 데 비고
30	2025.04.07	홈	레알 소시에다드
31	2025.04.14	원정	헤타페 CF
32	2025.04.21	홈	아틀레티코 마드리드
33	2025.04.24	원정	아틀레틱 빌바오
34	2025.05.05	홈	발렌시아 CF
35	2025.05.12	홈	라요 바예카노
36	2025.05.15	원정	세비야
37	2025.05.19	홈	CD 레가네스
38	2025.05.26	원정	RCD 에스파뇰

 **시즌 프리뷰**

원정 지옥은 계속, 새바람 기대

북아프리카 인근에 위치한 카나리아 제도의 라스 팔마스는 스페인 본토에서 가장 멀리 떨어진 지역이다. 먼 거리 이동은 아무리 강팀이라 해도 체력적인 부담이 따를 수밖에 없다. 원정팀들에게는 지옥이다. 1949년 창단 후 빠르게 1부 리그까지 승격했고, 1964년부터 1983년까지 라리가에 머물며 전성기를 맞이하기도 했다. 이후 승격과 강등을 반복했다. 2015년 승격했지만 3시즌 만에 다시 강등됐다. 그리고 2022/23 시즌 다시 승격에 성공, 상승세를 맞아 8위까지 기록했지만 막판 8연패로 16위까지 추락했다. 이번 시즌에 새로운 변화를 맞는다. 피미엔타 감독이 떠나고 하부 리그에서 지도력을 다진 루이스 카리온 감독이 부임했다. 마르빈 파르크를 완전영입했고, 실레선, 맥케나, 맥버니, 마타, 실바 등을 자유계약으로 품었다.

COACH

루이스 카리온 *Luis Carrion*

1979년 2월 7일생 스페인

현역 시절 바르셀로나에서 성장. 짐나스틱, 코르도바, 멜리야, 데포르티보 알라베스에서 활약. 2011년부터 에스파뇰 여자팀에서 지도자의 길을 걸었다. 이후 하부 리그인 코르도바, 멜리야, 누만시아를 이끌었고 지난 시즌에는 2부 리그 레알 오비에도를 승격 플레이오프까지 올렸다. 점유율로 상대를 압도하는 전술을 구사한다.

TEAM RATINGS

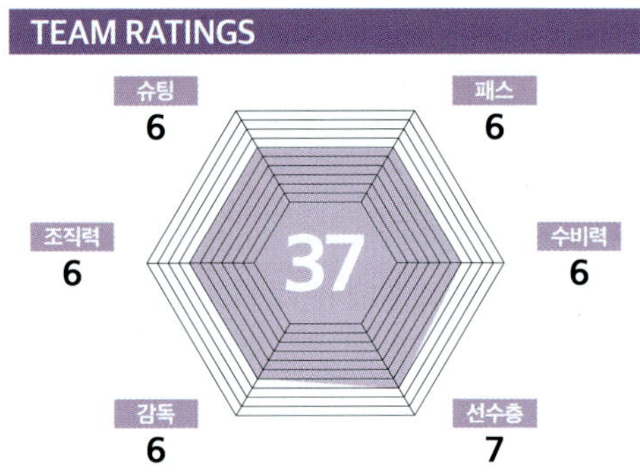

슈팅	6
패스	6
조직력	6
수비력	6
감독	6
선수층	7

37

2023/24 프로필

팀 득점	33
평균 볼 점유율	59.70%
패스 정확도	85.40%
평균 슈팅 수	10.3
경고	80
퇴장	5

골 타입

오픈 플레이	67
세트 피스	18
카운터 어택	6
패널티 킥	9
자책골	0	단위 (%)

패스 타입

쇼트 패스	89
롱 패스	8
크로스 패스	3
스루 패스	0	단위 (%)

SQUAD

포지션	등번호	이름		생년월일	키(cm)	체중(kg)	국적
GK	1	야스퍼르 실레선	Jasper Cillessen	1989.04.22	186	85	네덜란드
	13	딘코 호르카슈	Dinko Horkaš	1999.02.10	89	82	크로아티아
DF	2	마르빈 파르크	Marvin Park	2000.07.03	177	65	스페인
	3	미카 마르몰	Mika Mármol	2001.07.01	181	73	스페인
	4	알렉스 수아레스	Álex Suárez	1993.03.18	180	75	스페인
	15	스콧 맥케나	Scott McKenna	1996.11.12	189	89	스코틀랜드
	22	댈리 싱크하벤	Daley Sinkgraven	1995.07.04	178	67	네덜란드
	23	알렉스 무뇨스	Álex Muñoz	1994.07.30	187	78	스페인
	28	후안마 헤르조그	Juanma Herzog	2004.05.13	186	85	스페인
MF	5	하비 무뇨스	Javi Muñoz	1995.02.28	177	69	스페인
	6	파비오 곤살레스	Fabio González	1997.02.12	176	71	스페인
	8	호세 캄파냐	José Campaña	1993.05.31	179	80	스페인
	10	알베르토 모레이로	Alberto Moleiro	2003.09.30	171	68	스페인
	12	엔조 로이오디스	Enzo Loiodice	2000.11.27	177	71	프랑스
	14	마누 푸스터	Manuel Fuster	1997.10.22	169	70	스페인
	18	비티 로사다	Viti Rozada	1997.09.16	171	69	스페인
	20	키리안 로드리게스	Kirian Rodríguez	1996.03.05	178	75	스페인
	21	이반 길 칼로	Iván Gil Calero	2000.01.18	167	63	스페인
FW	7	페히뇨	Pejiño	1996.07.20	178	69	스페인
	9	마르크 카르도나	Marc Cardona	1995.07.08	182	76	스페인
	11	베니토 라미레즈	Benito Ramírez	1995.07.11	179	70	스페인
	16	올리버 맥버니	Oliver Robert McBurnie	1996.06.04	188	79	스코틀랜드
	17	하이메 마타	Jaime Mata	1988.10.24	186	80	스페인
	19	산드로 라미레스	Sandro Ramírez	1995.07.09	175	73	스페인
	24	아드난 야누자이	Adnan Januzaj	1995.02.05	186	90	벨기에

IN & OUT

주요 영입	주요 방출
마르빈 파르크, 마누엘 푸스터, 야스퍼르 실러선, 스콧 맥케나, 올리버 맥버니, 비티 로사르, 알렉스 무뇨스, 딘코 호르카스, 이반 힐, 자이메 마타, 이반 세드릭, 아드난 야누자이, 파비오 실바	사울 코코, 세르지 카르도나, 아론 에스켄달, 에릭 쿠벨로, 알바로 레모스, 누케 음폴루, 알레 가르시아, 무니르 엘 하다디, 크리스티안 에레라, 조엘 델 피노, 막시모 페론, 홀리안 아라우호

TEAM FORMATION

FW C
MF C
DF C
GK C

지역 점유율

공격 진영	25%
중앙	46%
수비 진영	29%

공격 방향

43% 왼쪽	25% 중앙	33% 오른쪽

슈팅 지역

6%	골 에어리어
47%	패널티 박스
47%	외곽 지역

PLAYERS

MF 20 키리안 로드리게스 / Kirian Rodriauez  KEY PLAYER

국적: 스페인

라스 팔마스의 성골 유스이자 주장이다. 2014년 입단 후 2019년 1군 무대를 밟았다. 2022/23 시즌을 앞두고는 호지킨 림프종 투병으로 8개월 동안 치료를 받은 뒤 271일 만에 그라운드에 복귀해 팀과 함께 라리가 승격의 기쁨을 누렸다. 타고난 축구 센스가 뛰어난 미드필더이다. 공격과 수비의 연결고리 역할뿐 아니라 2선에서도 활약할 만큼 공격력도 뛰어나다. 지난 시즌 37경기 6골 2도움으로 팀 내 최다 골을 기록했다.

출전경기	경기시간(분)	골	어시스트	경고	퇴장
37	3,217	6	2	7	-

GK 1 야스퍼르 실레선 / Jasper Cillessen

국적: 네덜란드

한때 네덜란드를 대표하는 골키퍼였다. 안정된 발밑과 정확한 롱킥을 통해 공격의 시발점 역할을 한다. 뛰어난 반사 신경을 앞세운 선방 능력으로 위기를 모면하기도 한다. 네덜란드 네이메헌에서 성장해 아약스, 바르셀로나, 발렌시아 등 굵직한 커리어를 자랑한다. 네덜란드 대표팀에서도 꾸준히 발탁돼 2014 브라질 월드컵 3위를 기록했다. 지난여름에 친정팀 네이메헌을 떠나 라스 팔마스로 이적했다.

출전경기	경기시간(분)	골	어시스트	경고	퇴장
30	2,641	46	6	1	-

상대팀 최근 6경기 전적

구분	승	무	패	구분	승	무	패
레알 마드리드		2	4	오사수나	2	3	1
바르셀로나		1	5	헤타페	2	1	3
지로나		2	4	셀타 비고	1	1	4
아틀레티코 마드리드	2		4	세비야			6
아틀레틱 빌바오	2	1	3	마요르카	1	3	2
레알 소시에다드		2	4	라스 팔마스			
레알 베티스	2	1	3	라요 바예카노	1	3	2
비야레알	3		3	레가네스	3	1	2
발렌시아	2	1	3	레알 바야돌리드	1	4	1
데포르티보 알라베스	1	3	2	에스파뇰	1	3	2

DF 2 마르빈 파르크 / Marvin Park

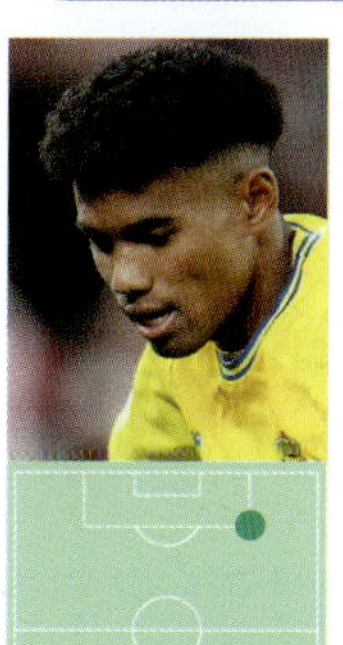

국적: 스페인

아버지가 나이지리아, 어머니가 한국 출신이다. 스페인에서 태어나고 자라 스페인, 나이지리아, 한국 삼중 국적자다. '마빈 박'으로 국내에서 주목받았다. 레알 마드리드 유스팀에서 성장했고, 2020년 1군 무대를 밟으며 잠재력을 인정받았다. 카스티야에서 활약하다 2022년 라스 팔마스에 임대돼 경험을 쌓았다. 1부 리그 승격을 함께했으며, 지난 시즌에는 핵심으로 뛰었다. 지난여름에 완전히 이적했다.

출전경기	경기시간(분)	골	어시스트	경고	퇴장
31	1,854	-	2	5	-

FW 9 마르크 카르도나 / Marc Cardona

국적: 스페인

바르셀로나 B팀 주전 공격수로 활약했을 정도로 기본기가 탄탄하다. 전방에서 부지런히 움직이며 팀 공격에 기여한다. 바르셀로나 1군 무대를 밟지 못한 채 2019년 오사수나로 이적했다. 바뇨브카와 네덜란드 고 어헤드 이글스에서 임대를 통해 경험을 쌓은 뒤 2022년 라스 팔마스에 합류했다. 2022/23 시즌 주전으로 뛰며 승격을 일궜고, 지난 시즌 백업을 활약하며 26경기 4골 1도움을 기록했다.

출전경기	경기시간(분)	골	어시스트	경고	퇴장
35	2,816	1	2	10	-

FW 24 아드난 야누자이 / Adnan Januzaj

국적: 벨기에

드리블 기술이 훌륭한 윙어. 좌우 측면 가리지 않고 소화할 수 있으며 패스 능력 또한 갖추고 있어 공격형 미드필더로도 활약할 수 있다. 186cm의 체격에도 경합 능력은 부족하다. 맨유에서 성장해 2013년 1군 무대를 밟았다. 초반 번뜩임과 달리 부진이 이어졌고, 도르트문트, 선덜랜드 임대에서도 아쉬움을 남겼다. 이후 레알 소시에다드를 거쳐 세비야로 이적, 그러나 다시 자리 잡지 못해 임대됐다.

출전경기	경기시간(분)	골	어시스트	경고	퇴장
8	187	-	-	-	-

라요바예카노

RAYO VALLECANO

창 립	1924년
구 단 주	라울 마르틴 프레사(스페인)
감 독	이니고 페레스(스페인)
연 고 지	마드리드 비야 데 바예카스 구
홈 구 장	캄포 데 풋볼 데 바예카스(1만 4,708명)
라 이 벌	레알 마드리드, 마틀레티코 마드리드
홈페이지	www.rayovallecano.es

최근 5시즌 성적

시즌	순위	승점
2019-2020	없음	없음
2020-2021	없음	없음
2021-2022	12위	42점(11승9무18패, 39득점 50실점)
2022-2023	12위	49점(13승10무15패, 45득점 53실점)
2023-2024	17위	38점(8승14무16패, 29득점 48실점)

LA LIGA

통 산	없음
23-24 시즌	17위(8승14무16패, 승점 38점)

COPA DEL REY

통 산	없음
23-24 시즌	16강

UEFA

통 산	없음
23-24 시즌	없음

경기 일정

라운드	날짜	장소	상대팀
1	2024.08.19	원정	레알 소시에다드
2	2024.08.25	원정	헤타페 CF
3	2024.08.28	홈	FC 바르셀로나
4	2024.09.01	원정	RCD 에스파뇰
5	2024.08.17	홈	CA 오사수나
6	2024.09.23	홈	아틀레티코 마드리드
7	2024.09.26	원정	지로나
8	2024.09.28	홈	CD 레가네스
9	2024.10.07	원정	레알 바야돌리드 CF
10	2024.10.21	원정	RCD 마요르카
11	2024.10.28	홈	데포르티보 알라베스
12	2024.11.04	원정	비야레알 CF
13	2024.11.11	홈	UD 라스팔마스
14	2024.11.25	원정	세비야
15	2024.12.02	홈	아틀레틱 빌바오
16	2024.12.09	원정	발렌시아 CF
17	2024.12.16	홈	레알 마드리드
18	2024.12.23	원정	레알 베티스 발롬피에
19	2025.01.12	홈	RC 셀타 데 비고
20	2025.01.20	원정	CA 오사수나
21	2025.01.27	홈	지로나
22	2025.02.03	원정	CD 레가네스
23	2025.02.10	홈	레알 바야돌리드 CF
24	2025.02.17	원정	FC 바르셀로나
25	2025.02.24	홈	비야레알 CF
26	2025.03.03	홈	세비야
27	2025.03.10	원정	레알 마드리드
28	2025.03.17	홈	레알 소시에다드
29	2025.03.31	원정	데포르티보 알라베스
30	2025.04.07	홈	RCD 에스파뇰
31	2025.04.14	원정	아틀레틱 빌바오
32	2025.04.21	홈	발렌시아 CF
33	2025.04.24	원정	아틀레티코 마드리드
34	2025.05.05	홈	헤타페 CF
35	2025.05.12	원정	UD 라스팔마스
36	2025.05.15	홈	레알 베티스 발롬피에
37	2025.05.19	원정	RC 셀타 데 비고
38	2025.05.26	홈	RCD 마요르카

시즌 프리뷰: 강등만은 피해라, 이어지는 부진

라요 바예카노는 2020/21 시즌 2부 리그에서 플레이오프 끝에 라리가에 승격했다. 지난 시즌, 잔류에 성공했지만 계속해서 순위 추락을 막지는 못했다. 초반 12경기 2패로 중상위권을 지켰으나 하락세를 막지 못하여 16위를 기록했다. 시즌 도중 프란시스코 감독은 경질됐고, 수석 코치였던 이니고 페레스가 지휘봉을 잡아 잔류에 성공했다. 핵심 선수의 이탈을 최소화했다. 주전 골키퍼 스톨 디미트리예프스키와 최전방 공격수 라다멜 팔카오가 자유계약으로 떠났지만, 이시 팔라손, 알바로 가르시아, 오스카르 발렌틴이 여전히 팀에 남아 있다. 이적시장에서 지출은 없었으나 막판 FA로 하메스 로드리게스를 품으며 최고의 보강을 이뤘다. 승격 후 네 번째 시즌의 라요는 이어지는 순위 추락을 딛고 또 한 번의 잔류가 목표다.

COACH

이니고 페레스 *Iñigo Pérez*

1988년 1월 18일생 스페인

2022년 현역 은퇴를 선언하고, 곧바로 라요 바예카노 수석 코치로 합류해 지도자의 길을 걸었다. 안도니 이라올라 감독을 보좌하며 함께 성과를 만들었다. 이라올라 감독이 본머스로 옮기는 과정에서 동행하는 듯했지만, 브렉시트 규정으로 취업 허가를 받지 못했다. 지난 시즌 도중에 프란시스코 감독 경질 후 라요의 지휘봉을 잡았다.

TEAM RATINGS

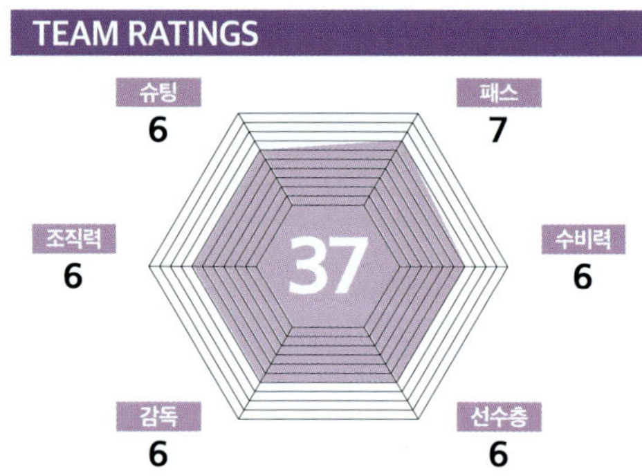

2023/24 프로필

팀 득점	29
평균 볼 점유율	49.40%
패스 정확도	78.20%
평균 슈팅 수	13
경고	101
퇴장	5

골 타 입		
오픈 플레이	48	
세트 피스	28	
카운터 어택	3	
패널티 킥	21	
자책골	0	단위 (%)

패 스 타 입		
쇼트 패스	81	
롱 패스	15	
크로스 패스	4	
스루 패스	0	단위 (%)

SQUAD

포지션	등번호	이름		생년월일	키(cm)	체중(kg)	국적
GK	1	다니엘 카르데나스	Dani Cárdenas	1997.05.28	186	80	스페인
	2	안드레이 라티우	Andrei Rațiu	1998.06.20	183	75	로마니아
DF	3	펩 차바리아	Pep Chavarría	1998.04.10	174	72	스페인
	5	아리다네 에르난데스	Aridane Hernández	1989.03.23	188	77	스페인
	16	압둘 무민	Abdul Mumin	1998.06.06	188	79	가나
	20	이반 발리우	Iván Balliu	1992.01.01	172	63	알바니아
	22	알폰소 에스피노	Alfonso Espino	1992.01.05	172	71	우루과이
	27	펠라요 페르난데스	Pelayo Fernández	2003.04.29	193	87	스페인
MF	4	페드로 디아스	Pedro Díaz	1998.06.05	180	72	스페인
	6	파테 시스	Pathé Ciss	1994.03.16	186	71	세네갈
	8	오스카 트레호	Óscar Trejo	1988.04.26	180	79	아르헨티나
	10	하메스 로드리게스	James Rodríguez	1991.07.12	180	75	콜롬비아
	15	제라르 굼바우	Gerard Gumbau	1994.12.18	188	77	스페인
	17	우나이 로페스	Unai López	1995.10.30	170	64	스페인
	23	오스카르 발렌틴	Óscar Valentín	1994.08.20	178	82	스페인
	-	세르히오 과르디올라	Sergi Guardiola	1991.05.29	183	79	스페인
	-	조니 몬티엘	Joni Montiel	1998.09.03	173	67	스페인
FW	7	이시 팔라손	Isi Palazón	1994.12.27	169	69	스페인
	11	랜디 은테카	Randy Nteka	1997.12.06	189	75	앙골라
	18	알바로 가르시아	Álvaro García	1992.10.27	167	61	스페인
	19	호르헤 데 프루토스	Jorge de Frutos	1997.02.20	173	72	스페인
	21	아드리안 엠바르바	Adrián Embarba	1992.05.07	173	68	스페인
	22	라울 데 토마스	Raúl de Tomás	1994.10.17	180	79	스페인
	34	세르히오 카메요	Sergio Camello	2001.02.10	182	69	스페인

IN & OUT

주요 영입	주요 방출
페드로 디아스, 펠라요 페르난데스, 제라르드 굼바우, 아드리안 엠바르바, 하메스 로드리게스	안드레스 마르틴, 스톨 디미트리예프스키, 라다멜 팔카오, 호세 포소, 미구엘 크레스포, 키케 페레스

TEAM FORMATION

포지션	등급
FW	C
MF	C+
DF	C-
GK	C

PLAN **4-4-2**

지역 점유율

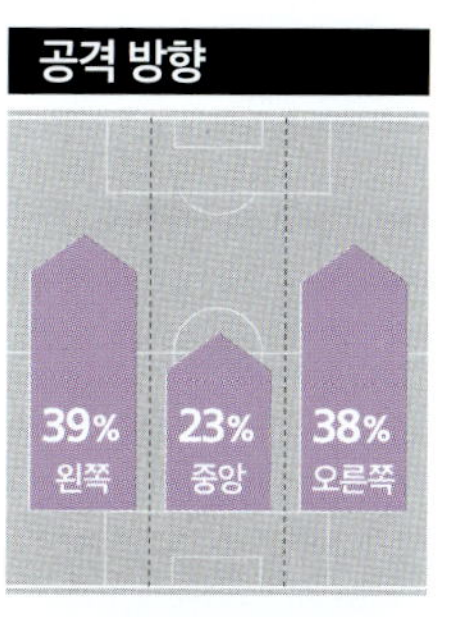

공격 진영	28%
중앙	43%
수비 진영	28%

공격 방향

39% 왼쪽	23% 중앙	38% 오른쪽

슈팅 지역

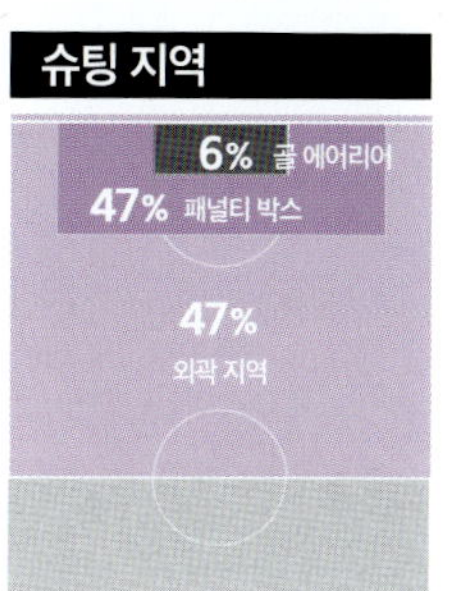

상대팀 최근 6경기 전적

구분	승	무	패	구분	승	무	패
레알 마드리드	1	2	3	오사수나	2		4
바르셀로나	3	2	1	헤타페	2	4	
지로나	1	2	3	셀타 비고		4	2
아틀레티코 마드리드		1	5	세비야	1	3	2
아틀레틱 빌바오	1	1	4	마요르카	1	1	4
레알 소시에다드		3	3	라스 팔마스	2	3	1
레알 베티스	1	1	4	라요 바예카노			
비야레알	2	1	3	레가네스	2	1	3
발렌시아	1	4	1	레알 바야돌리드	4	1	1
데포르티보 알라베스	3	3		에스파뇰	5		1

PLAYERS

FW 7 이시 팔라손
Isi Palazón

국적: 스페인

라요의 에이스다. 빠른 스피드와 화려한 발기술을 가진 윙어다. 창의적인 패스를 통해 기회를 창출하며 능력 또한 갖췄다. 주로 우측면에서 안쪽으로 파고들며 팀의 공격을 이끈다. 비야레알에서 1군 무대를 밟은 뒤 산타 클라라, 레알 무르시아, 폰페라디나 등 하부 리그에서 활약하다 2019/20 시즌 도중 라요로 이적했다. 곧바로 주전 자리를 꿰차며 핵심으로 등극, 2020/21 시즌에는 9골 4도움으로 팀 승격에 중추적인 역할을 했다.

출전경기	경기시간(분)	골	어시스트	경고	퇴장
37	2,810	4	1	8	-

MF 10 하메스 로드리게스
James Rodríguez

국적: 콜롬비아

2014 브라질 월드컵에서 활약을 보여준 미드필더. 파괴력을 갖춘 왼발을 앞세워 플레이메이킹, 찬스메이킹부터 직접 득점까지 노릴 수 있다. 남미 무대에서 활약하다 2010년 FC포르투로 이적하며 유럽 무대를 밟았다. AS모나코를 거쳐 브라질 월드컵에서의 활약에 힘입어 레알 마드리드 유니폼을 입었다. 그러나 점차 입지를 잃었고, 알 라이얀, 올림피아코스, 상파울루 등으로 떠돌다 4년 만에 라리가로 돌아왔다.

출전경기	경기시간(분)	골	어시스트	경고	퇴장
2	36	-	-	-	-

MF 23 오스카르 발렌틴
Óscar Valentín

국적: 스페인

왕성한 활동량과 뛰어난 수비력을 바탕으로 라요의 3선을 지키는 수비형 미드필더이다. 공중볼 경합에 강한 편은 아니지만 대인 수비 능력은 강하다. 지난 시즌, 경기당 평균 볼 리커버리 4.7회, 태클 3.1회, 가로채기 1회를 기록했다. 2019년에 라요 이적 후 팀의 주축으로 발돋움했다. 큰 부상 없이 매 시즌 30경기 이상 출전 중이다. 2020/21 시즌, 라요 바예카노의 라리가 승격의 핵심 멤버다.

출전경기	경기시간(분)	골	어시스트	경고	퇴장
34	2,702	1	-	5	1

FW 18 알바로 가르시아
Álvaro García

국적: 스페인

그라나다 등 2부 리그에서 주로 활약했다. 2016년 카디스 이적 후 주전으로 도약하며 잠재력을 인정받았다. 2017/18 시즌, 카디스가 2부 리그에 있던 시절 10골을 터뜨렸고, 2018년 라요로 이적해 자신의 실력을 입증했다. 우측면의 팔라손과 함께 측면을 이끄는 공격수이다. 왕성한 활동량과 폭발적인 속도, 과감한 슈팅으로 득점을 노린다. 지난 시즌 32경기 출전해 6골 1도움을 기록했다.

출전경기	경기시간(분)	골	어시스트	경고	퇴장
32	2,492	6	1	6	-

FW 22 라울 데 토마스
Raúl de Tomás

국적: 스페인

많은 빅클럽들의 관심을 받았던 공격수다. 골문 앞에서 침착한 모습으로 탁월한 득점력을 자랑한다. 레알 마드리드 유스팀에서 성장해 코르도바, 레알 바야돌리드, 라요, 벤피카, 에스파뇰 등 거치는 팀마다 해결사로 활약했다. 2022년, 감독과 불화 속에 라요로 이적했다. 하지만, 최종 협상이 선수 등록 마감 기한 이후 이뤄져 전반기에는 나설 수 없었다. 이후 경기력 회복에 전념하고 있다.

출전경기	경기시간(분)	골	어시스트	경고	퇴장
25	1,280	1	2	5	-

CD 레가네스

CD LEGANÉS

<table>
<tr><td colspan="2">**TEAM PROFILE**</td></tr>
<tr><td>창 립</td><td>1928년</td></tr>
<tr><td>구 단 주</td><td>제프 르나우(멕시코)</td></tr>
<tr><td>감 독</td><td>보르하 히메네스(스페인)</td></tr>
<tr><td>연 고 지</td><td>마드리드 레가네스</td></tr>
<tr><td>홈 구 장</td><td>에스타디오 무니시팔 데 부타르케
(1만 2,454명)</td></tr>
<tr><td>라 이 벌</td><td>헤타페 CF</td></tr>
<tr><td>홈페이지</td><td>www.cdleganes.com</td></tr>
</table>

최근 5시즌 성적

시즌	순위	승점
2019-2020	18위	36점(8승12무18패, 30득점 51실점)
2020-2021	없음	없음
2021-2022	없음	없음
2022-2023	없음	없음
2023-2024	없음	없음

LA LIGA

통 산	없음
23-24 시즌	없음

COPA DEL REY

통 산	우승 1회
23-24 시즌	없음

UEFA

통 산	없음
23-24 시즌	없음

경기 일정

라운드	날짜	장소	상대팀
1	2024.08.18	원정	CA 오사수나
2	2024.08.26	홈	UD 라스팔마스
3	2024.08.29	원정	레알 바야돌리드 CF
4	2024.09.01	홈	RCD 마요르카
5	2024.09.14	원정	레알 베티스 발롬피에
6	2024.09.20	원정	아틀레틱 빌바오
7	2024.09.22	홈	헤타페 CF
8	2024.09.28	원정	라요 바예카노
9	2024.10.07	홈	발렌시아 CF
10	2024.10.21	원정	아틀레티코 마드리드
11	2024.10.28	홈	RC 셀타 데 비고
12	2024.11.04	원정	지로나
13	2024.11.11	홈	세비야
14	2024.11.25	홈	레알 마드리드
15	2024.12.02	원정	데포르티보 알라베스
16	2024.12.09	홈	레알 소시에다드
17	2024.12.16	원정	FC 바르셀로나
18	2024.12.23	홈	비야레알 CF
19	2025.01.12	원정	RCD 에스파뇰
20	2025.01.20	홈	아틀레티코 마드리드
21	2025.01.27	원정	아틀레틱 빌바오
22	2025.02.03	홈	라요 바예카노
23	2025.02.10	원정	발렌시아 CF
24	2025.02.17	홈	데포르티보 알라베스
25	2025.02.24	원정	레알 소시에다드
26	2025.03.03	홈	헤타페 CF
27	2025.03.10	원정	RC 셀타 데 비고
28	2025.03.17	홈	레알 베티스 발롬피에
29	2025.03.31	원정	레알 마드리드
30	2025.04.07	홈	CA 오사수나
31	2025.04.14	홈	FC 바르셀로나
32	2025.04.21	원정	RCD 마요르카
33	2025.04.24	홈	지로나
34	2025.05.5	원정	세비야
35	2025.05.12	홈	RCD 에스파뇰
36	2025.05.15	원정	비야레알 CF
37	2025.05.19	원정	UD 라스팔마스
38	2025.05.26	홈	레알 바야돌리드 CF

시즌 프리뷰 — 감격스러운 우승과 4년 만의 라리가 복귀, 알찬 보강!

레가네스에게 지난 시즌은 대반전이었다. 2018/20 시즌에는 라리가에서 강등된 후 아쉬움을 남겼다. 2021/22 시즌 12위, 2022/23 시즌에는 14위로 추락했다. 그리고 지난 시즌 보르하 히메네스 감독을 선임한 것이 신의 한 수가 됐다. 많은 시간을 하부 리그에서 보냈지만, 히메네스 감독 체제에서 빠르게 안정감을 찾았고 시즌 막판까지 레알 바야돌리드와의 선두 경쟁 끝에 승점 2점 차로 우위를 점하며 우승을 차지했다. 4년 만에 라리가 복귀, 알찬 보강으로 잔류에 대한 희망을 키웠다. 승격 핵심이었던 데라푸엔테를 완전영입했고, 레알 베티스의 후안 크루스, 레반테의 엔릭 프란케사를 품었다. 이어 헤나투 타피아, 오스카르 로드리게스, 마르코 드미트로비치 등을 자유계약으로 품었고, 막판에는 세바스티앵 알레를 임대 영입했다.

COACH

보르하 히메네스 *Borja Jiménez*
1985년 1월 21일생 스페인

주로 하부 리그 팀들을 이끌었다. 2013년 레알 아빌라를 시작으로 레알 바야돌리드 B팀, 미란데스, 카르티헤나 등에서 지도력을 키워왔다. 2021년 데포르티보 라 코루냐에 부임해 초반에는 반짝였지만 결과적으로 승격에 실패하며 떠나게 됐다. 지난 시즌, 레가네스에 부임해 승격을 이루었다. 첫 라리가 무대를 누비는 커리어를 쌓게 됐다.

TEAM RATINGS

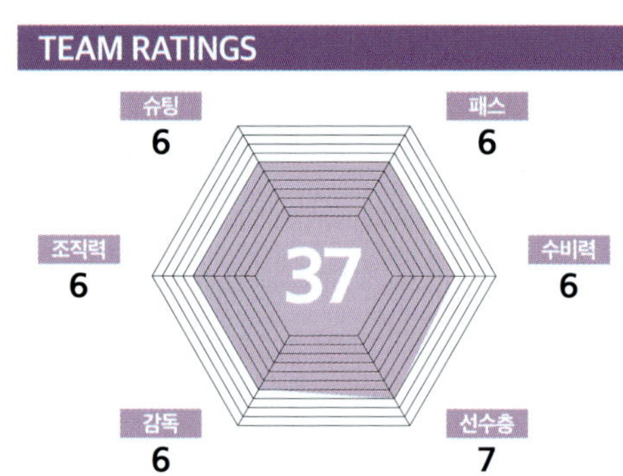

2023 /24 프로필

팀 득점	56
평균 볼 점유율	45.60%
패스 정확도	79.00%
평균 슈팅 수	10.2
경고	105
퇴장	3

골 타입

오픈 플레이	67
세트 피스	0
카운터 어택	0
페널티 킥	0
자책골	33 단위 (%)

패스 타입

쇼트 패스	79
롱 패스	17
크로스 패스	4
스루 패스	0 단위 (%)

SQUAD

포지션	등번호	이름		생년월일	키(cm)	체중(kg)	국적
GK	1	후안 소리아노	Juan Soriano	1997.08.23	185	78	스페인
	13	마르코 드미트로비치	Marko Dmitrovic	1992.01.24	189	85	세르비아
	36	알바로 아바야스	Álvaro Abajas	2003.05.12	180	75	스페인
DF	2	아드리아 알티미라	Adrià Altimira	2001.03.28	170	62	스페인
	3	호르헤 사엔스	Jorge Sáenz	1996.11.17	188	81	스페인
	4	잭슨 포로소	Jackson Porozo	2000.08.04	192	84	에콰도르
	6	세르히오 곤잘레스	Sergio González	1992.04.20	189	70	스페인
	12	발렌틴 로지에	Valentin Rosier	1996.08.19	175	70	프랑스
	15	엔리크 프란케사	Enric Franquesa	1997.02.26	174	71	스페인
	20	하비 에르난데스	Javi Hernández	1998.05.02	183	76	스페인
	22	마티야 나스타시치	Matija Nastasic	1993.03.28	188	83	세르비아
MF	5	레나토 타피아	Renato Tapia	1995.07.28	185	78	페루
	7	오스카 로드리게스	Óscar Rodríguez	1998.06.28	174	68	스페인
	8	세이도우바 시세	Seydouba Cissé	2001.02.10	178	70	기니
	10	다리 라바	Daniel Raba	1995.10.29	184	75	스페인
	11	후안 크루스	Juan Cruz	2000.04.25	177	72	스페인
	14	다르코 브라사나크	Darko Brasanac	1992.02.12	178	72	세르비아
	17	이반 네유	Yvan Neyou	1997.01.03	180	66	카메룬
	21	로베르토 로페즈	Roberto López	2000.04.24	179	70	스페인
	24	줄리안 치코	Julián Chicco	1998.01.13	185	75	아르헨티나
	27	나임 가르시아	Naim García	2002.06.11	178	75	스페인
FW	9	미겔 데 라 푸엔테	Miguel de la Fuente	1999.09.03	182	82	스페인
	18	세바스티앵 알레	Sébastien Haller	1994.06.22	190	82	코트디부아르
	19	디에고 가르시아	Diego García	2000.04.18	186	80	스페인
	23	무니르 엘 하다디	Munir El Haddadi	1995.09.01	176	69	모로코

IN & OUT

주요 영입	주요 방출
미겔 데 라 푸엔테, 후안 크루스, 엔릭 프란케사, 헤나투 타피아, 발렌틴 로시에르, 오스카르 로드리게스, 로베르토 로페스, 후안 소리아노, 마르코 드미트로비치, 세바스티앵 알레, 잭슨 포로소, 아드리아 알티마라, 마티아 나스타시치	디에고 콘데, 호르헤 미라몬, 이케르 운다바레나, 루이스 페레라, 다니 히메네스, 세르히오 나바로, 프란시스코 포르티요, 알랑 니욤, 아리츠 아람바리, 랄로 아귈라르

TEAM FORMATION

지역 점유율

공격 진영	31%
중앙	45%
수비 진영	24%

공격 방향

38% 왼쪽	22% 중앙	40% 오른쪽

슈팅 지역

PLAYERS

FW 9 미겔 데 라 푸엔테 / Miguel de la Fuente

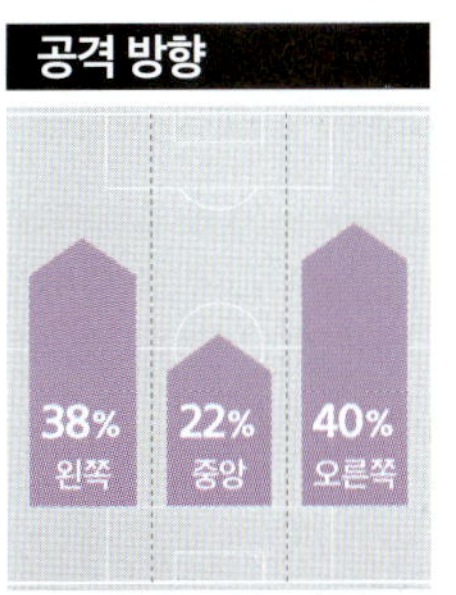
KEY PLAYER

국적: 스페인

레알 바야돌리드 유스팀에서 성장해 2018년 1군 무대를 밟았다. 2020년 레가네스 임대로 경험을 쌓았고 2022년 데포르티보 알라베스로 이적했다. 알라베스에서는 백업으로 활약하다 2부 강등 후 주전으로 도약했지만, 33경기 4골 4도움으로 다소 부진했다. 알라베스의 승격 후 지난 시즌에 레가네스로 다시 임대를 떠났고 35경기 13골을 터뜨리며 팀의 승격을 일궜다. 지난여름 200만 유로의 이적료로 레가네스로의 완전이적을 확정했다.

출전경기	경기시간(분)	골	어시스트	경고	퇴장
35	2,242	13	–	10	–

DF 6 세르히오 곤잘레스 / Sergio González

국적: 스페인

레가네스의 캡틴이자 핵심 수비수다. 2011년 라스 로자스에서 데뷔해 빌라비시오사, 알코르콘, 레이예스, 미란데스 등에서 커리어를 이어갔다. 2020년, 레가네스의 강등 후 첫 영입으로 팀에 합류했다. 안정된 빌드업 능력과 더불어 공격력까지 갖췄다. 지난 시즌, 41경기에 나서 6골 1도움을 기록하며 라리가 승격을 이끌었다. 2024년 여름에 2025년까지 재계약을 체결했다.

출전경기	경기시간(분)	골	어시스트	경고	퇴장
41	3,668	6	1	7	–

상대팀 최근 6경기 전적

구분	승	무	패	구분	승	무	패
레알 마드리드	1	2	3	오사수나	2		4
바르셀로나	1		5	헤타페	1	2	3
지로나	1	2	3	셀타 비고	2	2	2
아틀레티코 마드리드		3	3	세비야	2	1	3
아틀레틱 빌바오	2	1	3	마요르카	1	2	3
레알 소시에다드	1	2	3	라스 팔마스	2	1	3
레알 베티스	2	1	3	라요 바예카노	3	1	2
비야레알	1		5	레가네스			
발렌시아	1	3	2	레알 바야돌리드		3	3
데포르티보 알라베스	1	3	2	에스파뇰	4	1	1

MF 10 다니 라바 / Dani Raba

국적: 스페인

비야레알에서 성장해 2017년 1군 무대를 밟았다. 주전 경쟁에서 밀려 우에스카로 임대를 떠났지만 별다른 활약 없이 복귀했고, 2022년 그라나다를 거쳐 6개월 만에 레가네스로 이적했다. 빠르게 팀의 핵심으로 자리 잡았으며 지난 시즌에는 34경기 8골 7도움으로 팀 내 최다 공격포인트를 기록했다. 빠른 속도를 보유하고 있지는 않으나 유려한 발재간과 경기 조율 능력으로 기회를 창출한다.

출전경기	경기시간(분)	골	어시스트	경고	퇴장
34	2,170	8	7	9	–

FW 18 세바스티앵 알레 / Sebastien Haller

국적: 코트디부아르

프랑크푸르트 시절 안테 레비치, 루카 요비치와 삼각편대로 활약하며 2018/19 시즌 41경기 20골 12도움을 터뜨렸다. 190㎝의 큰 신장과 준족을 앞세운 공격수. 웨스트햄 유나이티드에서 적응 실패 후 2021년 아약스로 이적해 부활에 성공했다. 2022년 도르트문트로 이적했지만, 고환암 투병으로 선수 생활 위기를 맞았다. 6개월 만에 복귀해 반짝였지만 지난 시즌 부진했다. 지난여름 레가네스로 임대됐다.

출전경기	경기시간(분)	골	어시스트	경고	퇴장
14	389	–	1	2	–

FW 19 디에고 가르시아 / Diego Garcia

국적: 스페인

자국 스페인의 라요 바예카노, 레가네스 유스팀에서 성장하였다. 이후 2021년 1군 무대를 밟았다. 곧바로 주전 자리를 차지하지 못하여, 2022년 푸엔라브라다로 임대를 떠나 13골을 터뜨리며 잠재력을 입증했다. 복귀 후 지난 시즌에 42경기 12골 1도움을 기록하며 미겔 데 라 푸엔테와 함께 '원투펀치'로 활약했다. 레가네스의 라리가 승격 주역으로 활약하며 빠르게 팀의 주축으로 발돋움했다.

출전경기	경기시간(분)	골	어시스트	경고	퇴장
42	2,805	12	1	3	–

레알 바야돌리드 CF

REAL VALLADOLID CF

TEAM PROFILE

창 립	1928년
구 단 주	호나우두 나자리우(브라질)
감 독	파울로 페촐라노(아르헨티나)
연 고 지	바야돌리드
홈 구 장	에스타디오 무니시팔 호세 소리야 (2만 7,618명)
라 이 벌	UD 살라망카
홈페이지	www.realvalladolid.es

최근 5시즌 성적

시즌	순위	승점
2019-2020	13위	42점(9승15무14패, 32득점 43실점)
2020-2021	19위	31점(5승16무17패, 34득점 57실점)
2021-2022	없음	없음
2022-2023	18위	40점(11승7무20패, 33득점 63실점)
2023-2024	없음	없음

LA LIGA

통 산	없음
23-24 시즌	없음

COPA DEL REY

통 산	없음
23-24 시즌	없음

UEFA

통 산	없음
23-24 시즌	없음

경기 일정

라운드	날짜	장소	상대팀
1	2024.08.20	홈	RCD 에스파뇰
2	2024.08.26	원정	레알 마드리드
3	2024.08.29	홈	CD 레가네스
4	2024.09.01	원정	FC 바르셀로나
5	2024.09.15	원정	RC 셀타 데 비고
6	2024.09.21	홈	레알 소시에다드
7	2024.09.26	원정	세비야
8	2024.09.28	홈	RCD 마요르카
9	2024.10.07	홈	라요 바예카노
10	2024.10.21	원정	데포르티보 알라베스
11	2024.10.28	홈	비야레알 CF
12	2024.11.04	원정	CA 오사수나
13	2024.11.11	홈	아틀레틱 빌바오
14	2024.11.25	원정	헤타페 CF
15	2024.12.02	홈	아틀레티코 마드리드
16	2024.12.09	원정	UD 라스팔마스
17	2024.12.16	홈	발렌시아 CF
18	2024.12.23	원정	지로나
19	2025.01.12	홈	레알 베티스 발롬피에
20	2025.01.20	원정	RCD 에스파뇰
21	2025.01.27	홈	레알 마드리드
22	2025.02.03	원정	비야레알 CF
23	2025.02.10	원정	라요 바예카노
24	2025.02.17	홈	세비야
25	2025.02.24	원정	아틀레틱 빌바오
26	2025.03.03	홈	UD 라스팔마스
27	2025.03.10	원정	발렌시아 CF
28	2025.03.17	홈	RC 셀타 데 비고
29	2025.03.31	원정	레알 소시에다드
30	2025.04.07	홈	헤타페 CF
31	2025.04.14	원정	아틀레티코 마드리드
32	2025.04.21	홈	CA 오사수나
33	2025.04.24	원정	레알 베티스 발롬피에
34	2025.05.05	홈	FC 바르셀로나
35	2025.05.12	원정	RCD 마요르카
36	2025.05.15	홈	지로나
37	2025.05.19	원정	데포르티보 알라베스
38	2025.05.26	원정	CD 레가네스

 시즌 프리뷰

강등과 승격의 반복, 이제 그만

스페인 마드리드 서북쪽 바야돌리드를 연고로 하는 구단. 흰색과 보라색을 사용하는 팀이다. 브라질 축구 레전드 호나우두 나자리우가 구단주로 있는 팀이기도 하다. 1928년에 창단해 올해로 96주년이다. 바야돌리드는 줄곧 승격과 강등의 반복이었다. 라리가에 머물며 중위권으로서 입지를 다졌던 시간들도 있었으나, 2000년대 들어선 뒤 5번의 강등의 아픔과 5번 승격의 기쁨을 누렸다. 지난 시즌에는 2부 리그에서 레가네스와 마지막까지 우승 경쟁을 펼쳤으나 최종 승점 2점 차로 2위에 머물렀다. 준우승의 아쉬움이 있었다. 하지만 승격이라는 1차 목표에는 성공했다. 남미에서 지도력을 쌓은 파울로 페촐라노 감독 체제에서 곧바로 승격에 성공했다. 기존 선수들을 지키면서도 메세게르, 라타사, 죄메르트 등 알찬 보강을 이뤘다.

COACH

파울로 페촐라노 *Paulo Pezzolano*
1983년 4월 25일생 우루과이

우루과이의 몬테비데오 시티 토르케에서 지도자 경력을 시작했다. 줄곧 남미에서 커리어를 보냈다. 중원에 3명의 미드필더를 기반으로 강한 전방 압박과 공격적인 축구를 구사한다. 상황에 따른 대처 능력 또한 높게 평가받고 있다. 2022/23 시즌 바야돌리드 지휘봉을 잡았다. 사실상 유럽 무대 첫 시즌이었던 지난 시즌, 팀의 승격을 일구며 지도력을 인정받았다.

TEAM RATINGS

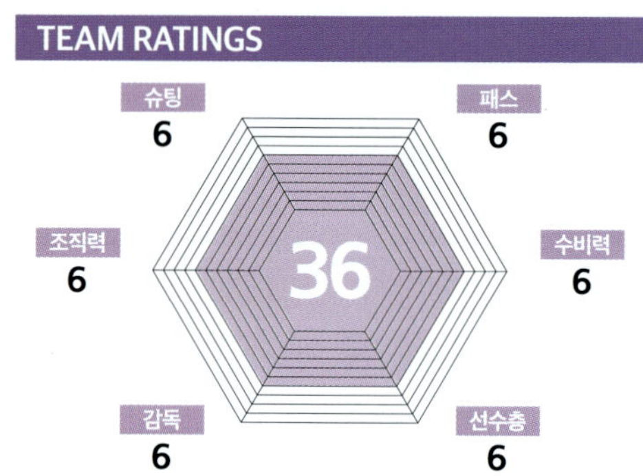

2023/24 프로필

팀 득점	51
평균 볼 점유율	56.00%
패스 정확도	81.90%
평균 슈팅 수	13.9
경고	105
퇴장	4

골 타입

오픈 플레이	100	
세트 피스	0	
카운터 어택	0	
패널티 킥	0	
자책골	0	단위 (%)

패스 타입

쇼트 패스	83	
롱 패스	12	
크로스 패스	5	
스루 패스	0	단위 (%)

SQUAD

포지션	등번호	이름		생년월일	키(cm)	체중(kg)	국적
GK	1	안드레 페레이라	André Ferreira	1996.05.29	193	76	포르투갈
	13	칼 헤인	Karl Hein	2002.04.13	193	86	에스토니아
	–	알바로 아세베스	Álvaro Aceves	2003.07026	190	–	스페인
DF	2	루이스 페레스	Luis Pérez	1995.02.04	174	71	스페인
	3	데이비드 토레스	David Torres	2003.03.05	182	–	스페인
	5	하비 산체스	Javi Sánchez	1997.03.14	189	79	스페인
	6	젠크 외즈카차르	Cenk Özkacar	2000.10.06	190	90	튀르키에
	15	에라이 쿠마르트	Eray Cömert	1998.02.04	183	80	스페인
	22	루카스 로사	Lucas Rosa	2000.04.03	177	–	브라질
MF	4	빅토르 메세게르	Víctor Meseguer	1999.06.09	184	81	스페인
	8	키케 페레스	Kike Pérez	1997.02.14	184	80	스페인
	11	라울 모로	Raúl Moro	2002.12.05	169	65	스페인
	12	마리오 마르틴	Mario Martín	2004.03.05	177	75	스페인
	16	세사르 데 라 오스	César de la Hoz	1992.03.30	179	74	스페인
	18	다윈 마치스	Darwin Machís	1993.02.07	171	68	베네수엘라
	20	스탄코 유리치	Stanko Juric	1996.08.16	188	83	크로아티아
	21	셀림 아말라	Selim Amallah	1996.11.15	185	82	모로코
	23	아누아르 투하미	Anuar	1995.01.15	173	69	모로코
	24	호베르트 케네지	Kenedy	1996.02.058	180	71	브라질
	28	이반 산 호세 칸텔레호	Chuki	2004.04.29	–	–	스페인
FW	7	마마두 실라	Mamadou Sylla	1994.03.20	180	80	세네갈
	9	마르코스 안드레	Marcos André	1996.10.20	185	78	브라질
	10	이반 산체스	Iván Sánchez	1992.09.23	169	64	스페인
	14	후안미 라타사	Juanmi Latasa	2001.03.23	192	86	스페인
	19	아마스 은디아예	Amath Ndiaye	1996.07.16	173	70	세네갈

IN & OUT

주요 영입	주요 방출
빅토르 메세게르, 후안미 라타샤, 라울 모로, 아마트 은디아예, 스탄코 유리치, 안드레 페레이라, 예라이 죄메르트, 칼 헤인, 후안미 라타샤, 젱크 외즈카차르, 마리오 마르틴	몬츄, 세르히오 에스쿠데로, 툰데 아킨솔라, 조르디 마십, 알바로 네그레도, 엔소 보요모, 스타페 뷰크

TEAM FORMATION

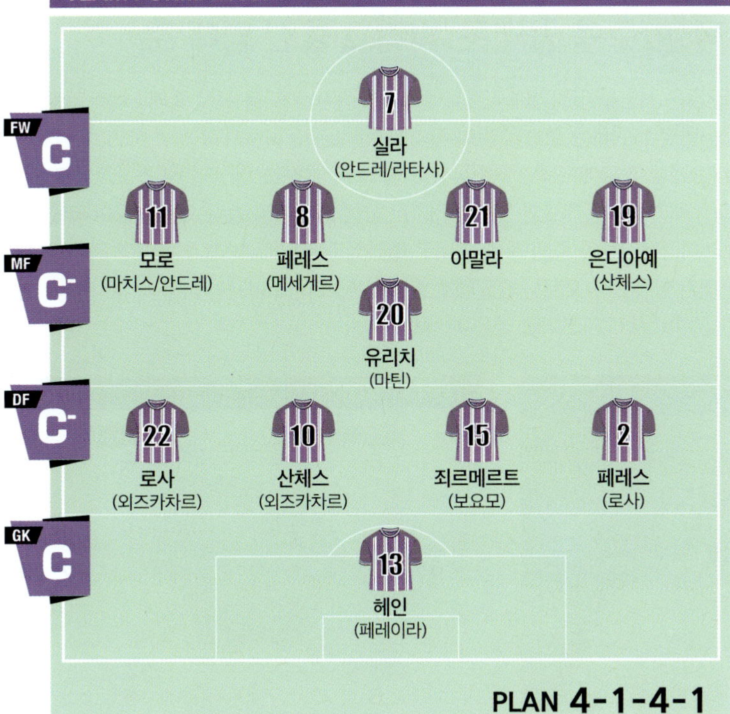

지역 점유율

공격 진영	33%
중앙	44%
수비 진영	23%

공격 방향

| 37% 왼쪽 | 24% 중앙 | 39% 오른쪽 |

슈팅 지역

| 0% 골 에어리어 |
| 72% 패널티 박스 |
| 28% 외곽 지역 |

PLAYERS

FW 7 마마두 실라
Mamadou Sylla

국적: 세네갈

빠른 속도와 돌파 능력을 겸비한 공격수. 최전방뿐만 아니라 측면에서도 활약할 수 있다. 바르셀로나, 에스파뇰 유스에서 성장해 2013년 B팀으로 승격했다. 이후 라싱 산탄데르, 에스파뇰 1군, 헨트, 신트트라위던 등 많은 팀을 거쳐 2020년에 지로나로 이적했다. 당시 2부 리그에서 9골 4도움을 기록한 뒤 2021년 데포르티보 알라베스로 이적했지만 부진했다. 지난 시즌 바야돌리드에 합류해 팀 내 최다로(8골)을 기록하며 승격을 이끌었다.

출전경기	경기시간(분)	골	어시스트	경고	퇴장
29	2,243	8	2	6	-

MF 4 빅토르 메세게르
Victor Meseguer

국적: 스페인

공격과 수비 능력을 고루 갖춘 미드필더. 6, 8, 10번 역할을 모두 소화할 수 있을 만큼 뛰어난 전술 이해도와 창의적인 패스를 통한 기회 창출에 능하다. 무르시아에서 성장해 2019년 1군 데뷔전을 치렀다. 2020년 미란데스로 이적해 핵심으로 자리 잡은 뒤 2022년 그라나다에서는 다소 아쉬운 모습을 보였다. 지난 시즌, 바야돌리드로 임대를 통해 합류해 다시 주전으로 도약, 2024년 여름 완전이적했다.

출전경기	경기시간(분)	골	어시스트	경고	퇴장
33	2,141	7	4	6	-

상대팀 최근 6경기 전적

구분	승	무	패	구분	승	무	패
레알 마드리드		1	5	오사수나	1	4	1
바르셀로나	1		5	헤타페	3	2	1
지로나	2	2	2	셀타 비고	1	4	1
아틀레티코 마드리드		1	5	세비야		4	2
아틀레틱 빌바오	1	2	3	마요르카	4	1	1
레알 소시에다드	2	2	2	라스 팔마스	1	4	1
레알 베티스	1	2	3	라요 바예카노	1	1	4
비야레알	1	1	4	레가네스	3	3	
발렌시아	1	1	4	레알 바야돌리드			
데포르티보 알라베스	1	1	4	에스파뇰	2	1	3

MF 20 스탄코 유리치
Stanko Juric

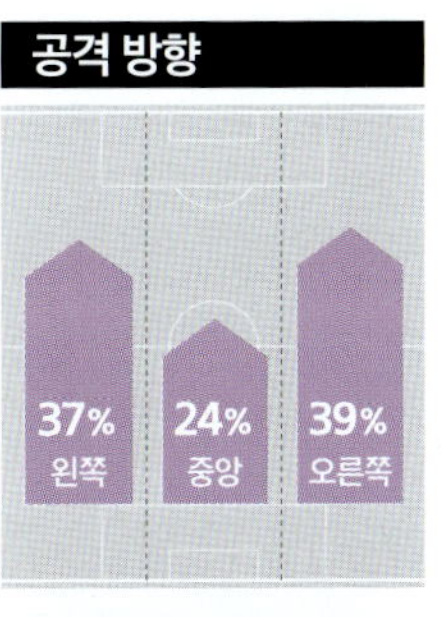

국적: 크로아티아

크로아티아 두고폴예에서 성장해 1군 무대를 밟았다. 2018년 하이두크 스플릿 이적 후 주전으로 도약하며 성장세를 보였고, 2021년 파르마로 이적했다. 당시 세리에B에서도 안정된 활약을 보여줬고, 지난 시즌 바야돌리드에 합류해서도 자신의 실력을 입증하며 승격의 주역으로 자리매김했다. 수비형 미드필더로 탄탄한 수비력과 정확한 패스 능력을 보유하고 있다. 지난 시즌 팀 내 최다 도움(5도움)을 기록했다.

출전경기	경기시간(분)	골	어시스트	경고	퇴장
38	2,310	2	5	5	-

FW 10 이반 산체스
Iván Sánchez

국적: 스페인

아틀레티코 마드리드 B팀, 알메리아 B팀을 거쳐 2014년 1군으로 승격했다. 알바세테, 엘체를 거쳐 2020년 잉글랜드 버밍엄 시티로 이적했다. 2021년 바야돌리드에 임대된 후 2022년 완전이적했다. 날카로운 왼발 킥 능력을 통해 팀의 공격을 이끈다. 돌파 후 정확한 패스로 기회를 창출하고, 세트피스 키커 역할도 맡을 수 있다. 주로 우측면에서 활약하나 공격형 미드필더도 소화할 수 있다.

출전경기	경기시간(분)	골	어시스트	경고	퇴장
38	2,443	-	6	6	-

FW 19 아마트 은디아예
Amath Ndiaye

국적: 세네갈

폭발적인 스피드를 앞세워 상대 뒷공간을 파고드는 드리블러. 아틀레티코 마드리드 유스팀에서 성장했지만 기대 만큼의 성장을 이루지 못하며 테네리페, 헤타페로 이적했다. 2020/21 시즌 2부 리그에 있던 마요르카로 임대돼 31경기 9골 1도움으로 1부 승격을 이끌었다. 그다음 시즌에 완전이적하며 라리가에서 활약을 이어갔지만, 주전 경쟁에 밀려 지난 시즌 도중 바야돌리드로 임대, 이번 시즌에 완전히 이적했다.

출전경기	경기시간(분)	골	어시스트	경고	퇴장
9	575	5	2	2	-

RCD 에스파뇰
RCD ESPANYOL

TEAM PROFILE

창 립	1900년
구 단 주	천옌성(중국)
감 독	마놀로 곤살레스(스페인)
연 고 지	바르셀로나 쿠르넬라데류브레가트
홈 구 장	스테이지 프론트 스타디움(4만 명)
라 이 벌	FC 바르셀로나
홈페이지	www.rcdespanyol.com

최근 5시즌 성적

시즌	순위	승점
2019-2020	20위	25점(5승10무23패, 27득점 58실점)
2020-2021	없음	없음
2021-2022	14위	42점(10승12무16패, 40득점 53실점)
2022-2023	19위	37점(8승13무17패, 52득점 69실점)
2023-2024	없음	없음

LA LIGA

통 산	없음
23-24 시즌	없음

COPA DEL REY

통 산	우승 4회
23-24 시즌	32강

UEFA

통 산	없음
23-24 시즌	없음

경기 일정

라운드	날짜	장소	상대팀
1	2024.08.20	원정	레알 바야돌리드 CF
2	2024.08.25	홈	레알 소시에다드
3	2024.08.29	원정	아틀레티코 마드리드
4	2024.09.01	홈	라요 바예카노
5	2024.09.14	홈	데포르티보 알라베스
6	2024.09.22	원정	레알 마드리드
7	2024.09.27	홈	비야레알 CF
8	2024.09.30	원정	레알 베티스 발롬피에
9	2024.10.07	홈	RCD 마요르카
10	2024.10.21	원정	아틀레틱 빌바오
11	2024.10.28	홈	세비야
12	2024.11.04	원정	FC 바르셀로나
13	2024.11.11	홈	발렌시아 CF
14	2024.11.25	원정	지로나
15	2024.12.02	홈	RC 셀타 데 비고
16	2024.12.09	원정	헤타페 CF
17	2024.12.16	홈	CA 오사수나
18	2024.12.23	원정	UD 라스팔마스
19	2025.01.12	원정	CD 레가네스
20	2025.01.20	홈	레알 바야돌리드 CF
21	2025.01.27	원정	세비야
22	2025.02.03	홈	레알 마드리드
23	2025.02.10	원정	레알 소시에다드
24	2025.02.17	홈	아틀레틱 빌바오
25	2025.02.24	원정	데포르티보 알라베스
26	2025.03.03	원정	비야레알 CF
27	2025.03.10	홈	지로나
28	2025.03.17	원정	RCD 마요르카
29	2025.03.31	홈	아틀레티코 마드리드
30	2025.04.07	원정	라요 바예카노
31	2025.04.14	원정	RC 셀타 데 비고
32	2025.04.21	홈	헤타페 CF
33	2025.04.24	원정	발렌시아 CF
34	2025.05.05	홈	레알 베티스 발롬피에
35	2025.05.12	원정	CD 레가네스
36	2025.05.15	홈	FC 바르셀로나
37	2025.05.19	원정	CA 오사수나
38	2025.05.26	홈	UD 라스팔마스

시즌 프리뷰 돌아온 에스파뇰, 주축 공백은 '빅리그 출신 임대'로

1928년에 창단 후 에스파뇰은 많은 시간을 라리가에서만 보냈다. 100여 년 가까운 시간 속에 6차례 강등이 있었지만, 모두 한 시즌 만에 곧바로 복귀하는 모습을 보여 줬다. 지난 시즌도 마찬가지였다. 2022/23 시즌 19위로 강등된 뒤 지난 시즌에는 2부 리그에서 4위를 기록했다. 승격 플레이오프에 진출해 스포르팅 히혼, 레알 오비에도를 꺾고 레가네스, 레알 바야돌리드와 함께 라리가로 향했다. 라리가 승격 속 핵심들이 떠났다. 라리가2의 득점왕 마르틴 브레이스웨이트와 중원의 핵심 니코 멜라메드, 케이디 바레가 계약이 만료됐다. 대체자로는 빅리그 출신들이 대거 합류했다. 토트넘의 알레호 벨리스, AS로마의 마르쉬 쿰불라, 우니온 베를린의 알렉스 크랄이 임대로 합류하며 새로운 코어를 맡을 예정이다.

COACH

마놀로 곤살레스 *Manolo Gonzalez*
1979년 2월 14일생 스페인

2012년 몬타네사를 시작으로, 바달로나, 에브로, 페냐 데포르티보를 거쳐 2023년에 에스파뇰 B팀 지휘봉을 잡았다. 그리고 지난 3월 라미스 감독이 떠난 후 1군 팀을 이끌었다. 승격 플레이오프까지 16경기 6승 9무 1패를 기록했다. 이번 시즌에 에스파뇰과 1년 계약을 연장하며 정식 감독으로 부임했다.

TEAM RATINGS

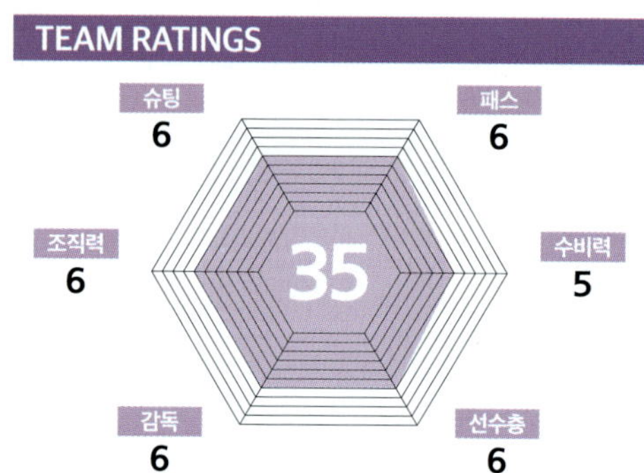

슈팅	패스	조직력	수비력	감독	선수층	종합
6	6	6	5	6	6	35

2023/24 프로필

팀 득점	59
평균 볼 점유율	51.50%
패스 정확도	81.10%
평균 슈팅 수	12
경고	113
퇴장	5

골 타입		단위 (%)
오픈 플레이	100	
세트 피스	0	
카운터 어택	0	
패널티 킥	0	
자책골	0	

패스 타입		단위 (%)
쇼트 패스	82	
롱 패스	13	
크로스 패스	4	
스루 패스	0	

SQUAD

포지션	등번호	이름		생년월일	키(cm)	체중(kg)	국적
GK	1	호안 가르시아	Joan García	2001.05.04	191	79	스페인
	13	페르난도 파체코	Fernando Pacheco	1992.05.18	187	81	스페인
	33	앙헬 포투뇨	Ángel Fortuño	2001.10.05	183	77	스페인
DF	3	세르지 고메즈	Sergi Gómez	1992.03.28	185	80	스페인
	4	마라쉬 쿰불라	Marash Kumbulla	2000.02.08	185	78	알바니아
	5	페르난도 칼레로	Fernando Calero	1995.09.14	183	71	스페인
	6	레안드로 카브레라	Leandro Cabrera	1991.06.17	190	80	우루과이
	12	알바로 테헤로	Álvaro Tejero	1996.07.20	174	69	스페인
	14	브라이언 올리반	Brian Oliván	1994.04.01	175	73	스페인
	22	카를로스 로메로	Carlos Romero	2001.10.29	180	70	스페인
	23	오마르 엘 힐랄리	Omar El Hilali	2003.09.12	183	78	모로코
	8	에두 엑스포지토	Edu Expósito	1996.08.01	178	68	스페인
MF	10	폴 로자노	Pol Lozano	1999.10.06	176	68	스페인
	15	호세 그라헤라	José Gragera	2000.05.14	186	83	스페인
	18	알바로 아구아도	Álvaro Aguado	1996.05.01	175	71	스페인
	19	살비 산체스	Salvi Sánchez	1991.03.30	175	64	스페인
	20	알렉스 크랄	Alex Král	1998.05.19	186	76	체코
	31	안토니우 로카	Antoniu Roca	2002.09.05	–	–	스페인
FW	7	하비 푸아도	Javi Puado	1998.05.25	177	69	스페인
	9	알레호 벨리스	Alejo Veliz	2003.09.19	187	77	아르헨티나
	11	페레 미야	Pere Milla	1992.09.23	184	72	스페인
	16	왈리드 체디라	Walid Cheddira	1998.01.22	187	80	모로코
	17	조프레 카레라스	Jofre Carreras	2001.06.17	175	71	스페인
	24	어빈 카르도나	Irvin Cardona	1997.08.08	185	75	프랑스
	37	나지 위뉘바르	Naci Ünüvar	2003.06.13	168	–	튀르키에

IN & OUT

주요 영입	주요 방출
이르뱅 카르도나, 알바로 테헤로, 알레호 벨리스, 알렉스 크랄, 마라쉬 쿰불라, 카를로스 로메로, 왈리드 체디라, 나지 위니바르	호셀루, 니코 멜라메드, 마르틴 브레이스웨이트, 케이디 바레, 오스카르 힐, 막스 스벤손, 루벤 산체스, 하비 에르난데스, 가스톤 바예스, 호세 카를로스 라소, 빅토르 루이스

TEAM FORMATION

	선수	평가
FW		C-
MF		C-
DF		C-
GK		C-

7 푸아도
9 벨리스 (체디라)

24 카르도나 (미야)
15 그라게라 (아구아도)
20 크랄 (엑스포시토)
17 카레라스 (로카)

22 로메로 (올리반)
6 카브레라 (쿰불라)
5 칼레로 (고메스)
12 테헤로 (엘 힐랄리)

1 가르시아 (파체코)

PLAN 4-4-2

지역 점유율

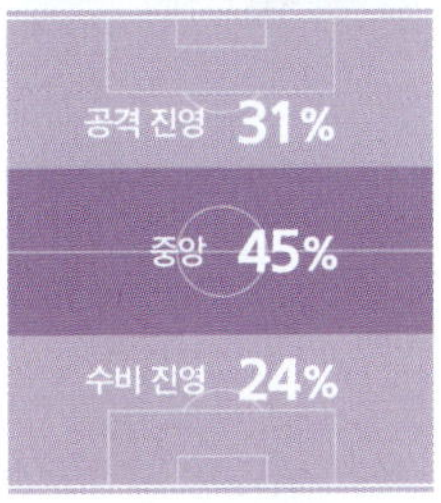

공격 진영	31%
중앙	45%
수비 진영	24%

공격 방향

37% 왼쪽	28% 중앙	35% 오른쪽

슈팅 지역

- 7% 골 에어리어
- 59% 패널티 박스
- 34% 외곽 지역

상대팀 최근 6경기 전적

구분	승	무	패	구분	승	무	패
레알 마드리드	1		5	오사수나		3	3
바르셀로나		3	3	헤타페	3	1	2
지로나	1	1	4	셀타 비고	2	2	2
아틀레티코 마드리드		3	3	세비야		2	4
아틀레틱 빌바오	1	2	3	마요르카	3	1	2
레알 소시에다드	1		5	라스 팔마스	2	3	1
레알 베티스	1	2	3	라요 바예카노	1		5
비야레알	1	1	4	레가네스	1	1	4
발렌시아	1	3	2	레알 바야돌리드	3	1	2
데포르티보 알라베스	3	1	2	에스파뇰			

FW 7 하비 푸아도
Javi Puado

국적: 스페인

에스파뇰의 에이스다. 저돌적인 돌파와 화려한 발재간을 앞세워 상대의 측면을 파괴한다. 창의적인 패스를 통해 기회를 창출하면서도 직접 득점을 노릴 수 있는 만능 공격수다. 주로 측면에서 활약하나 최전방부터 공격형 미드필더까지 소화할 수 있다. 에스파뇰에서 줄곧 성장했다. 2019/20 시즌 레알 사라고사 임대에서 자신의 잠재력을 터뜨렸고, 복귀 후 꾸준히 팀의 활력소로 공격을 이끈다. 지난 시즌, 34경기 13골 2도움을 기록했다.

출전경기	경기시간(분)	골	어시스트	경고	퇴장
34	2,805	13	2	6	-

GK 1 호안 가르시아
Joan García

국적: 스페인

2001년생 어린 골키퍼이다. 2016년 에스파뇰 입단 후 한 팀에서만 줄곧 활약했다. 2019년 B팀을 거쳐 2021년 1군 무대를 밟았다. 주로 백업으로 활약하다 지난 시즌에 곤잘레스 감독 부임 후 시즌 후반기에 팀의 주전 자리를 꿰찼다. 이후 승격 플레이오프까지 포함해 18경기에 나서 1패만 기록했다. 2024 파리 올림픽 최종 명단에도 포함됐다. 경기는 뛰지 못했지만 금메달을 목에 걸었다.

출전경기	경기시간(분)	골	어시스트	경고	퇴장
14	1,260	7	8	-	-

DF 6 레안드로 카브레라
Leandro Cabrera

국적: 우루과이

190cm의 큰 신장을 가진 왼발 수비수. 빠른 속도와 공중볼 경합이 강점이다. 좌측 수비를 소화할 수 있을 만큼 준수한 패스 능력도 갖추고 있다. 2009년 아틀레티코 마드리드로 이적했지만 자리를 잡지 못하며 임대를 떠나였다. 레알 마드리드 리저브, 레알 사라고사, 크로토네, 헤타페 등을 거치며 점차 성장해 갔다. 2020년 에스파뇰 이적 후 곧바로 핵심으로 자리 잡았고 강등에도 팀에 잔류하며 승격을 이끌었다.

출전경기	경기시간(분)	골	어시스트	경고	퇴장
37	3,098	1	1	6	-

FW 11 페레 미야
Pere Milla

국적: 스페인

헤타페를 비롯하여, 로그로녜스, 에이바르, 누만시아, 엘체를 거쳐 2023년에 250만 유로 이적료로 에스파뇰에 합류했다. 좌측 윙어로 중용받고 있지만, 최전방 혹은 공격형 미드필더 자리도 소화할 수 있다. 발재간이 좋아 드리블에 능하다. 특점력까지 갖추어 날카로운 한 방을 보여 준다. 지난 시즌, 에스파뇰로 이적한 후 곧바로 주전으로 활약했다. 38경기 4골 3도움으로 승격에 힘을 보탰다.

출전경기	경기시간(분)	골	어시스트	경고	퇴장
38	2,518	4	3	4	-

FW 17 조프레 카레라스
Jofre Carreras

국적: 스페인

빠른 스피드와 기술을 통한 드리블을 앞세워 상대 측면을 허문다. 하비 푸아도, 페레 미야와 함께 팀 공격의 주축이다. 왕성한 활동량으로 수비 가담에도 적극적인 편이라 종종 우측 수비로 나설 때도 있다. 2014년 에스파뇰 입단 후 B팀을 거쳐 2020년 1군 무대를 밟았다. 2022년 미란데스에서 임대를 통해 경험을 쌓은 뒤 지난 시즌 팀의 주전으로 발돋움해 35경기 3골 4도움을 기록했다.

출전경기	경기시간(분)	골	어시스트	경고	퇴장
35	1,832	3	4	2	-

GERMANY BUNDESLIGA
독일 분데스리가
FC Bayern München v SV Darmstadt 98 - Bundesliga
바이에른 뮌헨의 김민재가 SV 다름슈타트 98과의 경기에서
공을 향해 몸을 날리고 있다.
〈2023/10/28, Allianz Arena〉

FC BAYERN MÜNCHEN
9
KANE
HAIX
19
4
14

BUNDESLIGA

2024-2025

GERMANY
BUNDESLIGA

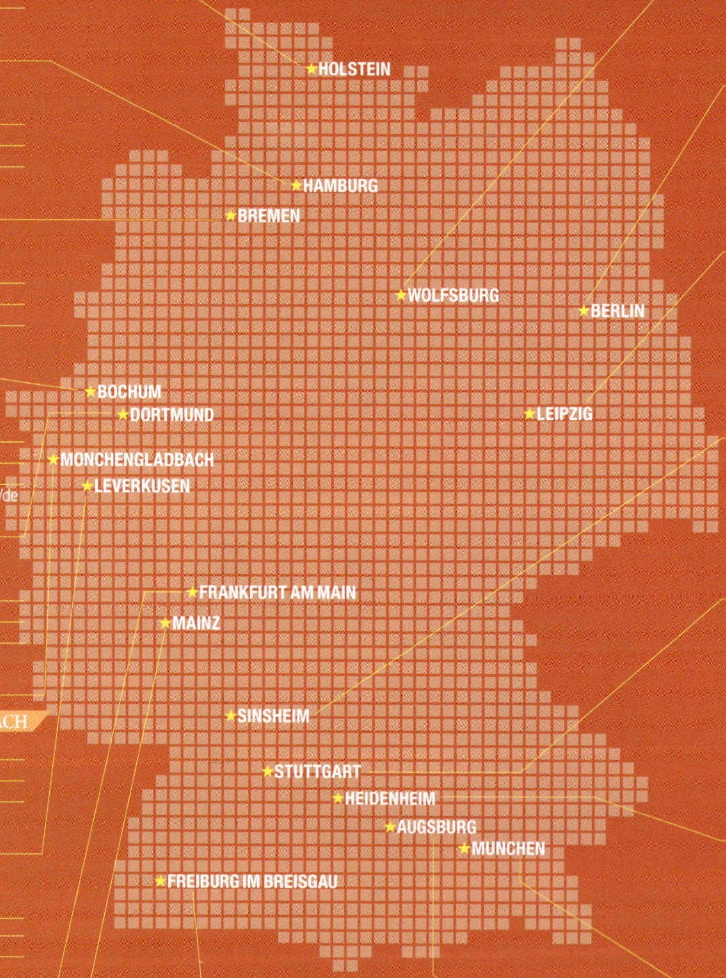

HOLSTEIN KIEL

- 팀 명 홀슈타인 킬
- 창 단 1900년
- 홈구장 홀슈타인 슈타디온
- 주 소 www.holstein-kiel.de

FC ST. PAUL

- 팀 명 FC 장크트파울리
- 창 단 1910년
- 홈구장 밀레른토어 슈타디온
- 주 소 www.fcstpauli.com

SV WERDER BREMEN

- 팀 명 베르더 브레멘
- 창 단 1899년
- 홈구장 베저슈타디온
- 주 소 www.werder.de

VFL BOCHUM

- 팀 명 VFL 보훔
- 창 단 1848년
- 홈구장 보노비아 루르슈타디온
- 주 소 https://www.vfl-bochum.de/de

BORUSSIA DORTMUND

- 팀 명 보루시아 도르트문트
- 창 단 1909년
- 홈구장 지그날 이두나 파크
- 주 소 www.bvb.de

BORUSSIA MÖNCHEN GLADBACH
- 팀 명 보루시아 묀헨글라트바흐
- 창 단 1900년
- 홈구장 보루시아 파크
- 주 소 www.borussia.de

BAYER 04 LEVERKUSEN
- 팀 명 바이엘 레버쿠젠
- 창 단 1904년
- 홈구장 바이아레나
- 주 소 www.bayer04.de

EINTRACHT FRANKFURT

- 팀 명 아인트라흐트 프랑크푸르트
- 창 단 1899년
- 홈구장 도이체 방크 파크
- 주 소 www.eintracht.de

1. FSV MAINZ 05

- 팀 명 마인츠
- 창 단 1905년
- 홈구장 메바 아레나
- 주 소 www.mainz05.de

SC FREIBURG
- 팀 명 프라이부르크
- 창 단 1904년
- 홈구장 유로파 파크 슈타디온
- 주 소 www.scfreiburg.com

VFL WOLFSBURG

- 팀 명 볼프스부르크
- 창 단 1945년
- 홈구장 폴크스바겐 아레나
- 주 소 www.vfl-wolfsburg.de

FC UNION BERLIN

- 팀 명 우니온 베를린
- 창 단 1906년
- 홈구장 슈타디온 안 데어 알텐 푀르스테라이
- 주 소 www.fc-union-berlin.de

RB LEIPZIG

- 팀 명 RB 라이프치히
- 창 단 2009년
- 홈구장 레드불 아레나
- 주 소 https://rbleipzig.com/de/

TSG 1899 HOFFENHEIM

- 팀 명 호펜하임
- 창 단 1899년
- 홈구장 프리제로아레나
- 주 소 https://www.tsg-hoffenheim.de/

VFB SUTUTTGART

- 팀 명 VFB 슈투트가르트
- 창 단 1893년
- 홈구장 MHP아레나
- 주 소 https://www.vfb.de/

FC HEIDENHEIM

- 팀 명 FC 하이덴하임
- 창 단 1946년
- 홈구장 포이트 아레나
- 주 소 www.fc-heidenheim.de

FC BAYERN MUNCHEN

- 팀 명 바이에른 뮌헨
- 창 단 1900년
- 홈구장 알리안츠 아레나
- 주 소 https://fcbayern.com/de

FC AUGSBURG

- 팀 명 아우크스부르크
- 창 단 1907년
- 홈구장 WWK 아레나
- 주 소 www.fcaugsburg.de

독주 끝났다. 군웅할거의 시대가 열릴까?

바이에른의 11년 연속 리그 우승 행진이 끝났다. 포칼에서도 조기 탈락하며 아예 무관의 쓴맛을 봤다. 바이에른 없는 2024/25 슈퍼컵이 어색하게 느껴질 정도였다. 무관도 무관이지만 리그 3위에 그쳐 자존심을 크게 구겼다. 리그 우승이 여태 한 번도 없었던 레버쿠젠, 근래 중하위권은 물론 강등도 심심치 않게 당했던 슈투트가르트가 바이에른의 위에 섰다는 것도 놀라웠다. 바이에른의 최대 경쟁자였던 라이벌 도르트문트 또한 우승은커녕 5위로 시즌을 마쳤다. 바이에른과 마찬가지 심정이다.

바이에른은 이적시장 초반에 연이은 대형 영입으로 이목을 끌었지만, 그 후로는 상황이 안 풀렸다. 노리던 선수들을 놓쳤다. 도르트문트도 슈투트가르트의 공수 기둥들을 빼 왔고, 다른 유의미한 보강도 있었으나 아직 부족하다. 두 팀 모두 추가 영입을 위해서든 주급 체계 정리를 위해서든, 잉여 자원 방출이 필요한데 그 작업이 여러 이유로 쉽지 않았다. 레버쿠젠은 요나탄 타의 바이에른 행을 비롯한 일부 주축들의 이적 이야기에도 주력 자원들을 지켰다. 그러면서 여러 보강을 단행해 올 시즌도 우승 후보로 꼽힌다. 물론 리그 무패 행진이 끝났지만, 막판 득점 같은 지난 시즌의 캐릭터가 여전하다. 슈투트가르트

는 기존 강호들에 주요 자원들을 내줬고 리그 초반 다소 주춤하지만, 대체자원 영입이 준수했다. 앞서 언급한 팀들과 달리 꾸준하게 4위권을 유지한 라이프치히는, 지난 시즌 전력을 거의 유지하며 올 시즌도 젊은 선수들의 파괴력에 기대를 건다.

바이에른은 챔피언스리그는 물론 리그에서도 아쉬웠다. 경쟁팀들이 만만찮았다. 올 시즌 보강에도 리그가 쉽지 않을 공산이 크다. 여러 팀들의 경쟁 구도가 예상된다. 바이에른과 도르트문트는 같은 위험 요소들을 안고 있다. 선수단 물갈이 미완료, 검증되지 않은 젊은 감독 선임이 그것이다. 레버쿠젠의 알론소 감독이 후자의 좋은 예이기는 하지만 모두가 그렇게 잘될 수는 없다. 현역 레전드 출신 새로운 감독들의 운명에 귀추가 주목된다. 장기판의 차포마상 다 뗀 하이덴하임의 초반 호조가 이어질 것인지, 하위권과 유럽대항전 경쟁 구도도 팬들의 흥미를 돋울 수 있겠다. 물론 한국인들에게는 코리안리거들의 활약 여부가 최우선이다. 다시 주전으로 입지를 다져가는 김민재, 다시 새로운 도전에 나선 정우영에 더해 마인츠에서 또다시 코리안 듀오의 조합이 성사됐다. 마인츠의 핵심 이재성과 기대주 홍현석이 써갈 새로운 역사를 기대해 본다.

TOP SCORER

2022/23 시즌은 16득점으로 공동 득점왕이 나왔다. 지난 시즌에는 다시 35득점으로 기준선이 높아졌다. 로베르트 레반도프스키를 잊게 해준 해리 케인이 바로 그 주인공이었다. 리그 우승은 예상과 달리 실패했지만, 득점왕은 역시 그였다. 다만 득점 2위부터는 심상찮다. 세루 기라시가 그간 못 보여줬던 모습으로 28득점 2위. 로이스 오펜다는 이적 첫 시즌에 24득점을 폭발시켜 3위를 차지했다. 브라이턴에서와는 확 달라진 데니스 운다프가 18득점 4위, 새로운 스타로 떠오른 막시밀리안 바이어가 16득점, 에르메딘 데미로비치도 예년과 다른 득점력으로 15득점 등 놀라움이 넘치는 득점 순위였다.

올 시즌도 해리 케인의 득점왕 가능성이 가장 높다. 지난 시즌 후반기부터 부상을 안고 뛰어 유로 2024까지는 아쉬운 모습이었다. 이제 정상 컨디션을 찾았고, 마이클 올리스 같은 지원군의 가세도 케인의 득점왕 재등극 전망에 힘을 실어준다. 케인이 지난 시즌 같은 득점력을 설령 못 보이더라도, 다른 선수들 역시 지난 시즌 이상을 해내기는 쉽지 않다. 고기도 먹어 본 사람이 잘 먹는다고 득점왕은 그에게 문제가 아니다. 득점왕과 첫 우승, 두 마리 토끼를 노린다.

TITLE RACE

단숨에 네버쿠젠('Never'kusen, 우승을 절대 못 한다는 뜻)에서 네버루젠(Never'lusen', 절대 지지 않는다는 뜻)으로 변모한 레버쿠젠이다. 타이틀 방어와 지난 시즌 유로파리그와 달리 더 어려운 대회인 챔피언스리그 병행 등 부담감 극복이 관건. 상대 팀들이 전보다 더 집중해서 견제할 수도 있다. 새 시즌 리그 초반의 리그 무패 행진 마감이 어쩌면 부담감을 덜어줄 수도 있겠다. 이번 시즌 참가팀과 경기 수가 늘어난 새로운 포맷의 챔피언스리그는, 리가 내 다른 경쟁 팀들에게도 물론 부담과 변수다. 그래도 대회 경험 면에서 바이에른, 도르트문트, 라이프치히가 나을 수 있다. 물론 새로운 감독들의 경험이 변수이기는 하다. 기본 전력과 보강, 경험 등에서 레버쿠젠과 바이에른의 2파전에 라이프치히, 도르트문트가 도전하는 구도를 예상해 본다.

DARK HORSE

지난 시즌 가장 놀라움을 안겨준 팀은 단연 슈투트가르트와 하이덴하임이었다. 2022/23 승강 플레이오프를 치른 슈투트가르트가 2위, 별다른 보강이 없던 승격 팀이 8위에 올랐다. 호펜하임도 오랜만에 유럽 무대에 나선다. 브레멘은 2022/23 시즌 강등을 걱정했으나 지난 시즌에는 9위로 기대 이상. 2022/23 4위 우니온 베를린, 5위 프라이부르크는 반대로 각각 15위, 10위에 그쳤다. 재정 건전성을 중시하는 리그에서 스쿼드가 두텁지 못한 팀들이 유럽 무대에 나서면 타격이 크다. 우니온은 심지어 보강도 준수했었다. 이런 맥락과 각 팀 상황을 고려하면 유럽 무대에 나서지 않는 팀 중에서 다크호스 후보가 나올 수 있다.

다만 하이덴하임이 의외로 올 시즌도 기대치를 웃돌 기미가 있다. 시즌 초반 일정이 무난했지만, 주축 선수들의 이적, 큰돈 들이지 않은 보강에도 호조를 보이고 있다. 컨퍼런스리그 본선을 병행하면서도 선전할지 귀추가 주목된다. 슈투트가르트는 유럽 무대 시작 전부터 주춤하다. 전력, 선수층은 준수하나 지난 시즌 성적 재현은 무리다. 호펜하임은 막판 보강의 뚜껑을 열어봐야 한다. 묀헨글라트바흐, 볼프스부르크는 지난 시즌보다는 나을 가능성이 있다.

VIEW POINT

바이에른과 김민재의 자존심 회복 여부가 아무래도 주된 관심사일 수밖에 없다. 바이에른도, 김민재도 기대치와 다른 시즌을 보냈다. 바이에른은 이번 시즌에도 큰 투자를 했고, 김민재는 오랜만에 프리시즌을 제대로 치르며 기대를 모은다. 여기에 더해 케인의 무관 악몽이 올 시즌에는 마침내 끝날 것인지가 맞물린다. 토트넘, 잉글랜드에서 우승 트로피를 들지 못해 리그 역대 최다 득점 기록 도전도 포기하고 바이에른에 합류한 케인이다. 공교롭게도 그가 오고 바이에른이 무관에 그쳤다. 본인이 득점왕을 해도 바이에른과 잉글랜드에서 또 우승을 못 하는 상황을 겪은 만큼 독이 올라 있다. 유로 2024 결승을 앞두고 득점왕 타이틀 등 자신이 해온 모든 것을 우승 트로피와 바꾸고 싶다고도 말한 케인이다. 이들의 동기부여에 시즌 판도가 결정된다.

이재성과 홍현석이 나란히 활약할 마인츠도 만만찮은 주시 대상이 됐다. 정우영은 공격진이 약한 우니온 베를린에서의 반등을 기대해 본다. 레버쿠젠의 알론소, 바이에른의 콤파니, 도르트문트의 샤힌 등 현역 레전드들이 빅클럽 지휘봉을 잡고 대결하는 구도도 흥미롭다. 알론소는 성공을 이어갈 수 있을지, 콤파니와 샤힌이 어떤 모습을 보이며 대항할지, 그들의 현역 시절을 지켜본 이들이라면 타이틀 경쟁을 더욱 흥미롭게 느낄 수 있다.

GERMANY BUNDESLIGA · LEAGUE INFORMATION

1 이적료: **784억원**
크리스탈 팰리스 ➡ 바이에른 뮌헨

Michael Olise
마이클 올리스 / 국적: 프랑스

2 이적료: **754억원**
풀럼 ➡ 바이에른 뮌헨

João Palhinha
주앙 팔리냐 / 국적: 포르투갈

3 이적료: **421억원**
TSG 호펜하임 ➡ 도르트문트

Maximilian Beier
막시밀리안 바이어 / 국적: 독일

4 이적료: **395억원**
브라이턴 ➡ VFB 슈투트가르트

Deniz Undav
데니스 운다프 / 국적: 독일

6 이적료: **333억원**
VFB 슈투트가르트 ➡ 도르트문트

Waldemar Anton
발데마르 안톤 / 국적: 독일

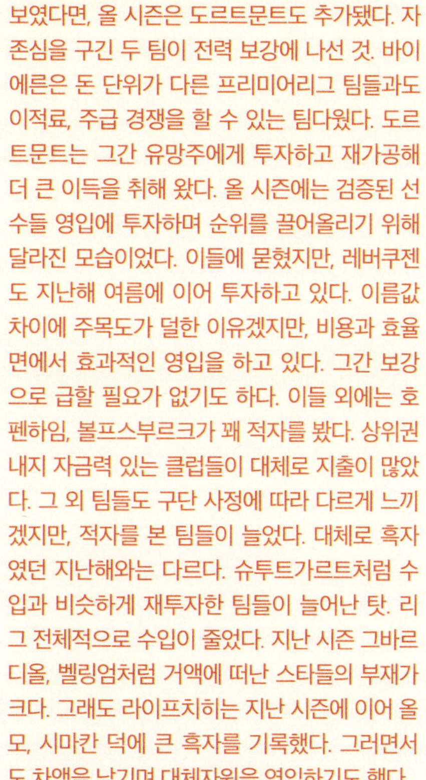

TRANSFER

지난 시즌에는 바이에른의 이적시장 행보가 돋보였다면, 올 시즌은 도르트문트도 추가됐다. 자존심을 구긴 두 팀이 전력 보강에 나선 것. 바이에른은 돈 단위가 다른 프리미어리그 팀들과도 이적료, 주급 경쟁을 할 수 있는 팀다웠다. 도르트문트는 그간 유망주에게 투자하고 재가공해 더 큰 이득을 취해 왔다. 올 시즌에는 검증된 선수들 영입에 투자하며 순위를 끌어올리기 위해 달라진 모습이었다. 이들에 묻혔지만, 레버쿠젠도 지난해 여름에 이어 투자하고 있다. 이름값 차이에 주목도가 덜한 이유겠지만, 비용과 효율 면에서 효과적인 영입을 하고 있다. 그간 보강으로 급할 필요가 없기도 하다. 이들 외에는 호펜하임, 볼프스부르크가 꽤 적자를 봤다. 상위권 내지 자금력 있는 클럽들이 대체로 지출이 많았다. 그 외 팀들도 구단 사정에 따라 다르게 느끼겠지만, 적자를 본 팀들이 늘었다. 대체로 흑자였던 지난해와는 다르다. 슈투트가르트처럼 수입과 비슷하게 재투자한 팀들이 늘어난 탓. 리그 전체적으로 수입이 줄었다. 지난 시즌 그바르디올, 벨링엄처럼 거액에 떠난 스타들의 부재가 크다. 그래도 라이프치히는 지난 시즌에 이어 올모, 시마칸 덕에 큰 흑자를 기록했다. 그러면서도 차액을 남기며 대체자원을 영입하기도 했다.

5 이적료: **347억원**
VFB 슈투트가르트 ➡ 바이에른 뮌헨

Hiroki Ito
이토 히로키 / 국적: 일본

7 이적료: **310억원**
아우크스부르크 ➡ VFB 슈투트가르트

Ermedin Demirovic
에르메딘 데미로비치 / 국적: 보스니아 헤르체고비나

7 이적료: **310억원**
클뤼프 브뤼허 ➡ RB 라이프치히

Antonio Nusa
안토니오 누사 / 국적: 노르웨이

9 이적료: **296억원**
페예노르트 ➡ RB 라이프치히

Lutsharel Geertruida
뤼츠하럴 헤이르트라위다 / 국적: 네덜란드

9 이적료: **296억원**
스타드 렌 ➡ 바이엘 레버쿠젠

Martin Terrier
마르탱 테리에 / 국적: 프랑스

REGULATION

분데스리가는 올 시즌도 18개 팀으로 구성되어 있다. 승리 3점, 무승부 1점의 승점 3점제 원칙에 승점이 동률이면 상대 전적이 아닌 골 득실, 다득점 순으로 순위를 결정한다. 각 팀별로 홈, 원정 17경기씩 총 34경기를 치른다. UEFA 리그 랭킹은 4위. 기본적으로 챔피언스리그에는 1위부터 4위까지 출전한다. 유로파리그는 5위와 DFB 포칼 우승팀이 나선다. 6위 팀이 컨퍼런스리그 티켓 획득. 다만 챔피언스리그, 유로파리그 진출 확정 팀이 포칼 우승 시 6위 팀이 유로파리그, 7위 팀이 컨퍼런스리그 진출. 이에 더해 전 시즌 유럽대항전 성적 상위 두 리그에는 챔피언스리그 추가 티켓이 한 장 부여된다. 지난 시즌 독일의 유럽대항전의 호조와 챔피언스리그 참가팀 증가 개편 덕에 8위가 컨퍼런스리그 플레이오프에 나선다. 17, 18위는 강등으로 직행. 16위는 2부 리그 3위와 홈, 원정 1, 2차전 승강 플레이오프행이다.

TITLE

마이스터샬레. 분데스리가 우승팀이 들 수 있는 우승 방패다. 1963년 분데스리가가 공식 출범하고 그 이후로 3회 이상 우승팀은 유니폼에 별 하나를 달 수 있다. 5회 이상은 2개, 10회 이상은 3개, 그 후로는 10회 간격으로 별 하나를 추가할 수 있다. 32회 우승으로 압도적 기록을 자랑하는 바이에른이 별 5개를 달고 있다. 묀헨글라트바흐, 도르트문트가 5회 우승으로 각각 별 2개. 4회 우승 브레멘, 3회 우승 함부르크와 슈투트가르트가 별 하나씩 달고 있다. 쾰른과 카이저슬라우테른은 2회 우승으로 별을 달 수 없다. 지난 시즌 레버쿠젠의 우승으로 분데스리가 우승을 경험해 본 팀은 이제 13개 팀이 됐다.

STRUCTURE

분데스리가는 '연방(Bundes)'과 '리그(Liga)'의 합성어다. 핸드볼, 농구, 하키를 비롯해 독일, 오스트리아의 각종 스포츠 리그를 통칭한다. 두 나라 모두 독일어를 쓰고 연방제 국가다. 축구 리그는 푸스발-분데스리가(Fußball-Bundesliga)라 부른다. 1963년 분데스리가로 개편 이전, 독일은 연방제 국가답게 지역별로 리그를 운영했다. 각 지역 리그 챔피언들이 토너먼트에서 만나 독일 챔피언을 정하는 방식이었다. 1950년대 후반 독일 축구의 하락세로 인해, 경쟁력 제고 방안으로 통합리그의 출범이 이루어졌다. 각 지역 대표들이 모여 1963년 분데스리가의 역사가 시작됐다. 분데스리가부터 3부 리그까지는 프로리그. 4부 리그 이하로는 세미프로 리그다. 2군 팀은 1군 팀과 같은 리그에 속할 수 없다. 더 낮은 리그에 있어야 하고 최대 3부까지 올라갈 수 있다. 슈투트가르트, 도르트문트 2군이 현재 3부 소속이다.

LEAGUE CHAMPION

시즌	팀명	시즌	팀명	시즌	팀명
1963-1964	FC 쾰른	1984-1985	바이에른 뮌헨	2005-2006	바이에른 뮌헨
1964-1965	베르더 브레멘	1985-1986	바이에른 뮌헨	2006-2007	슈투트가르트
1965-1966	1860 뮌헨	1986-1987	바이에른 뮌헨	2007-2008	바이에른 뮌헨
1966-1967	브라운슈바이크	1987-1988	베르더 브레멘	2008-2009	슈투트가르트
1967-1968	뉘른베르크	1988-1989	바이에른 뮌헨	2009-2010	바이에른 뮌헨
1968-1969	바이에른 뮌헨	1989-1990	바이에른 뮌헨	2010-2011	도르트문트
1969-1970	묀헨글라트바흐	1990-1991	카이저슬라우테른	2011-2012	도르트문트
1970-1971	묀헨글라트바흐	1991-1992	슈투트가르트	2012-2013	바이에른 뮌헨
1971-1972	바이에른 뮌헨	1992-1993	베르더 브레멘	2013-2014	바이에른 뮌헨
1972-1973	바이에른 뮌헨	1993-1994	바이에른 뮌헨	2014-2015	바이에른 뮌헨
1973-1974	바이에른 뮌헨	1994-1995	도르트문트	2015-2016	바이에른 뮌헨
1974-1975	묀헨글라트바흐	1995-1996	도르트문트	2016-2017	바이에른 뮌헨
1975-1976	묀헨글라트바흐	1996-1997	바이에른 뮌헨	2017-2018	바이에른 뮌헨
1976-1977	묀헨글라트바흐	1997-1998	카이저슬라우테른	2018-2019	바이에른 뮌헨
1977-1978	FC 쾰른	1998-1999	바이에른 뮌헨	2019-2020	바이에른 뮌헨
1978-1979	함부르크	1999-2000	바이에른 뮌헨	2020-2021	바이에른 뮌헨
1979-1980	바이에른 뮌헨	2000-2001	바이에른 뮌헨	2021-2022	바이에른 뮌헨
1980-1981	바이에른 뮌헨	2001-2002	도르트문트	2022-2023	바이에른 뮌헨
1981-1982	함부르크	2002-2003	바이에른 뮌헨	2023-2024	바이엘 레버쿠젠
1982-1983	함부르크	2003-2004	베르더 브레멘		
1983-1984	슈투트가르트	2004-2005	바이에른 뮌헨		

TITLE

	LEAGUE
BAYERN MUNICH	32
MÖNCHENGLADBACH	5
DORTMUND	5
WERDER BREMEN	4
HAMBURGER SV	3

0　5　10　15　20　25　30　35

TOP SCORER

시즌	득점	선수명
2023-2024	36	해리 케인
2022-2023	16	크리스토퍼 은쿤쿠, 니클라스 퓔크루크
2021-2022	35	로베르트 레반도프스키
2020-2021	41	로베르트 레반도프스키
2019-2020	34	로베르트 레반도프스키
2018-2019	22	로베르트 레반도프스키
2017-2018	29	로베르트 레반도프스키
2016-2017	31	피에르-에버릭 오바메양
2015-2016	30	로베르트 레반도프스키
2014-2015	19	알렉산더 마이어
2013-2014	20	로베르트 레반도프스키
2012-2013	24	슈테판 키슬링
2011-2012	29	클라스 얀 훈텔라르
2010-2011	28	마리오 고메스
2009-2010	22	에딘 제코
2008-2009	28	그라피테
2007-2008	24	루카 토니
2006-2007	20	테오파니스 게카스
2005-2006	25	미로슬라프 클로제
2004-2005	24	마렉 민탈
2003-2004	28	아일톤
2002-2003	21	토마스 크리스티안센, 지오반니 에우베르

2023-2024 시즌 분데스리가 최종 순위

순위	팀	승점	경기	승	무	패	득	실	득실차	비고
1	바이엘 레버쿠젠	90	34	28	6	0	89	24	65	챔피언스리그 진출
2	슈투트가르트	73	34	23	4	7	78	39	39	챔피언스리그 진출
3	바이에른 뮌헨	72	34	23	3	8	94	45	49	챔피언스리그 진출
4	RB 라이프치히	65	34	19	8	7	77	39	38	챔피언스리그 진출
5	보루시아 도르트문트	63	34	18	9	7	68	43	25	챔피언스리그 진출
6	아인트라흐트 프랑크푸르트	47	34	11	14	9	51	50	1	유로파리그 진출
7	호펜하임	46	34	13	7	14	66	66	0	유로파리그 진출
8	하이덴하임	42	34	10	12	12	50	55	-5	유로파 컨퍼런스리그 플레이오프
9	베르더 브레멘	42	34	11	9	14	48	54	-6	
10	프라이부르크	42	34	11	9	14	45	58	-13	
11	아우크스부르크	39	34	10	9	15	50	60	-10	
12	볼프스부르크	37	34	10	7	17	41	56	-15	
13	마인츠 05	35	34	7	14	13	39	51	-12	
14	뮌헨글라트바흐	34	34	7	13	14	56	67	-11	
15	우니온 베를린	33	34	9	6	19	33	58	-25	
16	보훔	33	34	7	12	15	42	74	-32	
17	쾰른	27	34	5	12	17	28	60	-32	2.분데스리가로 강등
18	다름슈타트 98	17	34	3	8	23	30	86	-56	2.분데스리가로 강등

2023-2024 시즌 분데스리가 득점 순위

순위	득점	이름	국적	당시 소속팀
1	36	해리 케인	잉글랜드	바이에른 뮌헨
2	28	세루 기라시	기니	슈투트가르트
3	24	로이스 오펜다	벨기에	RB 라이프치히
4	18	데니스 운다브	독일	슈투트가르트
5	16	막시밀리안 바이어	독일	호펜하임
6	15	에르메딘 데미로비치	보스니아	아우크스부르크
6	15	안드레이 크라마리치	크로아티아	호펜하임
8	14	빅터 보니페이스	나이지리아	바이어 레버쿠젠
8	14	벤야민 셰슈코	슬로베니아	라이프치히
10	13	도니엘 말런-얼로	네덜란드	도르트문트

2023-2024 시즌 분데스리가 도움 순위

순위	도움	이름	국적	당시 소속팀
1	13	알렉스 그리말도	스페인	바이엘 레버쿠젠
2	11	르로이 사네	독일	바이에른 뮌헨
2	11	율리안 브란트	독일	도르트문트
2	11	플로리안 비르츠	독일	바이엘 레버쿠젠
2	11	사비 시몬스	네덜란드	라이프치히
2	11	얀니클라스 베스테	독일	하이덴하임
7	9	토마스 뮐러	독일	바이에른 뮌헨
7	9	마르빈 두크슈	독일	베르더 브레멘
7	9	프랑크 오노라	프랑스	뮌헨글라트바흐
7	9	에르메딘 데미로비치	보스니아	아우크스부르크
7	9	케빈 슈퇴거	오스트리아	보훔
7	9	데니스 운다브	독일	슈투트가르트

2023-2024 시즌 분데스리가 2부 리그 최종 순위

순위	팀	승점	경기	승	무	패	득	실	득실차	비고
1	장크트파울리	66	33	19	9	5	60	35	25	승격
2	홀슈타인 킬	65	33	20	5	8	63	38	25	승격
3	뒤셀도르프	60	33	17	9	7	69	38	31	
4	함부르크	55	33	16	7	10	60	43	17	
5	카를스루어	52	33	14	10	9	65	48	17	
6	하노버 96	52	33	13	13	7	58	42	16	
7	파더보른	49	33	14	7	12	52	53	-1	
8	헤르타 베를린	48	33	13	9	11	68	57	11	
9	퓌르트	47	33	13	8	12	48	49	-1	
10	샬케	43	33	12	7	14	53	58	-5	
11	엘버스베르크	43	33	12	7	14	49	60	-11	
12	뉘른베르크	40	33	11	7	15	42	60	-18	
13	마그데부르크	38	33	9	11	13	44	51	-7	
14	브라운슈바이크	38	33	11	5	17	37	48	-11	
15	카이저슬라우테른	36	33	10	6	17	54	64	-10	
16	비스바덴	32	33	8	8	17	35	48	-13	강등
17	한자	31	33	9	4	20	29	55	-26	강등
18	오스나브뤼크	25	33	5	10	18	29	68	-39	강등

CHAMPION

레버쿠젠이 구단 역사상 처음 리그 우승을 해냈다. 그것도 개편 후 첫 리그 무패 우승이고, 포칼도 1992/93 시즌 이후 첫 우승이었다. 구단 역사상 두 번째 우승을 기록하며 역사적인 더블 위업을 달성했다.

LEAGUE CHAMPION

BAYER 04 LEVERKUSEN

시즌 돌입 전에는 11연패, 역대 최다 연속 우승 기록을 달성하고 김민재, 해리 케인을 영입한 바이에른에 대한 기대치가 높았다. 그러나 현실은 다르게 흘러갔다. 초반부터 부진했고 역사적 패배들이 누적됐다. 점점 심각해졌다. 반대로 레버쿠젠은 그 전 시즌부터 사비 알론소 감독의 지휘 아래 쌓아온 짜임새 있는 축구가 빛을 발하며 공수에서 탄탄함을 과시했다. 레버쿠젠이 설마 우승할까, 의문은 어느새 뒷전이 됐다. 무패로 시즌을 마칠지가 남은 관전 포인트가 될 정도로 레버쿠젠의 페이스가 좋았고, 타이틀 레이스의 양상은 싱겁게 정해졌다.

EUROPEAN CUP

CHAMPIONS LEAGUE(전신포함)		EUROPA LEAGUE(전신포함)	
BAYERN MUNCHEN	6회	EINTRACHT FRANKFURT	2회
BORUSSIA DORTMUND	1회	BORUSSIA MÖNCHENGLADBACH	2회
HAMBURGER SV	1회	BAYER 04 LEVERKUSEN	1회
		FC SCHALKE 04	1회

CUP CHAMPION

DFB POKAL

BAYER 04 LEVERKUSEN
FINAL

FINAL 1.
FC KAISERSLAUTERN 0-1
BAYER 04 LEVERKUSEN

레버쿠젠은 리그 무패 우승을 달성한 직후 유로파리그 결승에서 무너졌다. 시즌 전체 공식 경기 무패를 마감한 3일 뒤에 열린 포칼 결승. 체력, 정신적 피로도가 높은 시즌 마지막 경기에서 초반 그라니트 자카의 결승 골이 터졌다. 전반 막판 오딜론 코수누의 퇴장에도 스코어를 지켜 더블 달성에 성공.

DFL SUPERCUP

BAYER 04 LEVERKUSEN
FINAL

BAYER 04 LEVERKUSEN
2-2 VFB STUTTGART

초반부터 한 골씩 주고받더니 전반 막바지에 레버쿠젠의 신입생 마르탱 테리에의 퇴장이 나왔다. 교체로 들어온 데니스 운다프가 슈투트가르트의 역전을 이끌었으나, 레버쿠젠도 파트리크 쉬크의 막판 동점 골로 수적 열세에도 특유의 뒷심을 보였다. 승부차기까지 끌고 가서 구단 역사상 첫 슈퍼컵 우승도 따냈다.

바이엘 레버쿠젠
Bayer 04 Leverkusen

TEAM PROFILE

창　　립	1904년
C E O	페르난도 카로(스페인)
감　　독	사비 알론소(스페인)
연 고 지	쾰른현 레버쿠젠
홈 구 장	바이 아레나(3만 210명)
라 이 벌	묀헨글라트바흐, 뒤셀도르프
홈페이지	www.bayer04.de/en-us

최근 5시즌 성적

시즌	순위	승점
2019-2020	5위	63점(19승6무9패, 61득점 44실점)
2020-2021	6위	52점(14승10무10패, 53득점 39실점)
2021-2022	3위	64점(19승7무8패, 80득점, 47실점)
2022-2023	6위	50점(14승8무12패, 57득점, 49실점)
2023-2024	1위	90점(28승6무0패, 89득점, 24실점)

BUNDESLIGA (전신 포함)

통　　산	우승 1회
23-24 시즌	1위(28승6무0패, 승점 90점)

DFB POKAL

통　　산	우승 2회
23-24 시즌	우승

UEFA

통　　산	유로파리그 우승 1회
23-24 시즌	유로파리그 준우승

경기 일정

라운드	날짜	장소	상대팀
1	2024.08.24	원정	보루시아 묀헨글라트바흐
2	2024.09.01	홈	RB 라이프치히
3	2024.09.14	원정	TSG 1899 호펜하임
4	2024.09.22	홈	VfL 볼프스부르크
5	2024.09.29	원정	FC 바이에른 뮌헨
6	2024.10.05	홈	홀슈타인 킬
7	2024.10.19	홈	아인트라흐트 프랑크푸르트
8	2024.10.27	원정	SV 베르더 브레멘
9	2024.11.02	홈	VfB 슈투트가르트
10	2024.11.09	원정	VfL 보훔
11	2024.11.23	홈	FC 하이덴 하임
12	2024.11.30	원정	FC 우니온 베를린
13	2024.12.07	홈	FC 장크트파울리
14	2024.12.14	원정	아우크스부르크
15	2024.12.21	홈	SC 프라이부르크
16	2025.01.11	원정	보루시아 도르트문트
17	2025.01.15	홈	1.FSV 마인츠 05
18	2025.01.18	gha	보루시아 묀헨글라트바흐
19	2025.01.25	원정	RB 라이프치히
20	2025.02.01	홈	TSG 1899 호펜하임
21	2025.02.08	원정	VfL 볼프스부르크
22	2025.02.15	홈	FC 바이에른 뮌헨
23	2025.02.22	원정	홀슈타인 킬
24	2025.03.01	원정	아이트라흐트 프랑크푸르트
25	2025.03.08	홈	SV 베르더 브레멘
26	2025.03.15	원정	VfB 슈투트가르트
27	2025.03.29	홈	VfL 보훔
28	2025.04.05	원정	FC 하이덴하임
29	2025.04.12	홈	FC 우니온 베를린
30	2025.04.19	원정	FC 장크트파울리
31	2025.04.26	홈	아우크스부르크
32	2025.05.03	원정	SC 프라이부르크
33	2025.05.10	홈	보루시아 도르트문트
34	2025.05.17	원정	1.FSV 마인츠 05

전력분석 네버쿠젠(Neverkusen)의 악명 떨치고 우뚝 서다!

레버쿠젠은 역사에 남을 시즌을 보냈다. 숙원의 리그 우승 한을 마침내 풀었고, 포칼 우승까지 국내 2관왕을 달성했다. 유로파리그에서는 준우승을 차지했다. 이 과정에서 시즌 내내 53경기 1패(43승 9무), 공식전 51경기 연속 무패(42승 9무)의 대기록을 달성했다. 무패 미니 트레블(3관왕, 챔피언스리그 대신 유로파리그 우승) 달성은 아쉽게 실패했지만, 분데스리가 최초의 리그 무패 우승(28승 6무) 기록을 세웠다. 사비 알론소 감독과 에이스 플로리안 비르츠가 국내외 메가 클럽들의 구애에 잔류를 택한 것도 희소식이다.

지난 시즌 주축 자원들을 거의 지키면서 전력 보강을 단행했다. 요시프 스타니시치가 바이에른으로 돌아갔고 오딜롱 코수누와는 작별했다. 대신 주누엘 벨로시앙, 노르디 무키엘레, 알레시 가르시아, 마르탱 테리에 등 여러 포지션을 고르게 보강했다. 새로운 시즌을 앞두고 강화된 선수층 중심의 추진력을 기대할 수 있다. 특히 알레시 가르시아는 지난 시즌, 지로나의 라리가 돌풍 주역 중 하나였다. 플레이메이커로서 그라니트 자카의 부담을 덜어줄 수 있다. 별일이 없다면 올 시즌도 강력한 우승 후보로 기대할 수 있다. 매 시즌 차근차근 발전하는 보강과 팀으로서 성장세에 관심이 쏠린다.

전술분석 약점 감추고 시너지 극대화한 3-4-2-1

알론소 감독은 22년 10월 중도 부임 이래 꾸준히 3-4-2-1 시스템을 가동해 왔다. 올 시즌도 이 틀 안에서 시즌을 보낼 전망이다. 스쿼드 구성과 보강도 이에 맞춰져 있다. 스리백 활용은 특히 선수 구성상 매우 적합했다. 요나탄 타는 스리백 중앙에서 강점인 공중볼 장악과 최종 커버를 맡고, 좌우 스토퍼들은 빠른 발을 활용해 수비 지역을 넓게 장악한다. 스리백 구성원들 모두 큰 키와 스피드, 빌드업, 전진 능력을 갖춘 자원들이지만 안정감이 떨어진다는 공통점이 있었다. 스리백 채택으로 그런 비평은 잦아들었다.

높은 수비 라인에도 후방이 안정되는 만큼 공격도 힘을 받는다. 지난 시즌 자카와 알레한드로 그리말도의 가세는, 하드 워커들 위주로 구성된 중원의 창조성과 약했던 좌측 파괴력을 증대시켰다. 그리말도-제레미 프림퐁 좌우 윙백은 적극적 공격 가담으로 많은 공격포인트를 만들어 냈다. 스리백 좌우 스토퍼들도 이들의 자리를 잘 커버하고 공격 가담도 보여준다. 비르츠는 프리롤 에이스로서 어느 위치에서도 위협적이다. 주포 보니페이스의 지난 시즌 중반의 장기 부상에도 비르츠의 유동성이 큰 힘이 됐다.

SV Werder Bremen v Bayer 04 Leverkusen - Bundesliga
바이엘 레버쿠젠의 플로리안 비르츠와
베르더 브레멘의 옌스 스타게가 공을 다투고 있다.
<2023/11/25, Wohninvest Weserstadion>

디펜딩 챔피언의 중압감 극복이 과제

창단 이래 오랜 역사에도 리그 우승이 없었던 레버쿠젠. 국내 팬들에게는 소위 '콩라전설'로도 잘 알려진 2001/02 시즌 준우승 트레블을 비롯해, 우승 문턱에서의 좌절이 익숙한 팀이었으나 지난 시즌은 달랐다. 알론소 감독이 부임하고 계속해서 팀을 상승곡선으로 이끌기는 했으나 이런 대업을 이룰 거라 생각한 이는 많지 않았을 것이다. 그토록 원했던 위닝 멘탈리티를 얻었다. 따라서 이번 시즌에 거는 기대가 크다. 국내외 빅클럽들의 관심을 받고 있는 알론소 감독과 비르츠의 잔류 선언도 큰 힘이 된다.

그런데 올 시즌은 다른 환경이다. 디펜딩 챔피언으로서 상대 팀들의 더 많은 견제를 받을 수 있다. 여러모로 레버쿠젠을 분석하고 파훼법을 찾으려 들 것이다. 팀이 느끼는 부담감이 달라진다. 여기에 알론소 감독 하에서 첫 챔피언스리그 본선 진출 시즌이다. 감독, 선수들의 경험, 집중력, 대응 수준이 중요하게 작용하는 큰 대회다. 개편된 포맷과 늘어난 경기 수도 추가적 부담으로 작용할 수 있다. 안 그래도 유로파리그에 비하면 어려운 경기가 많아 로테이션의 여유가 줄어들 수밖에 없는 대회다. 선수층을 구비해 놓고 체력과 부상 관리에 더 많은 신경을 써야 한다. 지난 시즌처럼 보니페이스 같은 선수가 장기 부상을 당하면 곤란하다. 부상 이력이 있는 절대적 에이스 비르츠의 컨디션 관리도 더 요구된다. 공격 자원의 주전과 서브 간의 격차도 약간의 우려 점이다. 윙포워드진이 더 강하고 두터울 필요가 있다.

결국 낯설지만 반가운 칭호인, 디펜딩 챔피언이라는 호칭의 무게를 이겨내야 한다. 일단 알론소 감독이 선수로서 화려한 경력이 있고, 선수들도 기량과 경험 측면에서 성장해 왔다는 데에 기대를 건다. 알론소 감독은 지난 시즌 로테이션, 전술 변화를 유연하게 적용했다. 때로는 역습으로 효율적 경기도 했다.

TEAM FORMATION

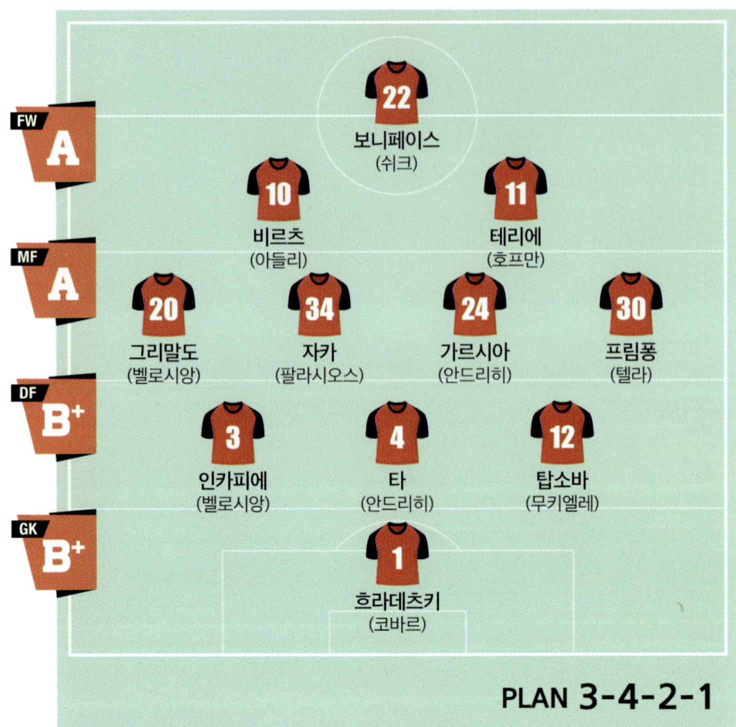

IN & OUT

주요 영입	주요 방출
마르탱 테리에, 알레시 가르시아, 주누엘 벨로시앙, 노르디 무키엘레(임대)	보르하 이글레시아스, 요시프 스타니시치(이상 임대 복귀), 이담 흘로제그, 오딜론 고수누(임대)

지역 점유율

공격 진영	34%
중앙	45%
수비 진영	21%

공격 방향

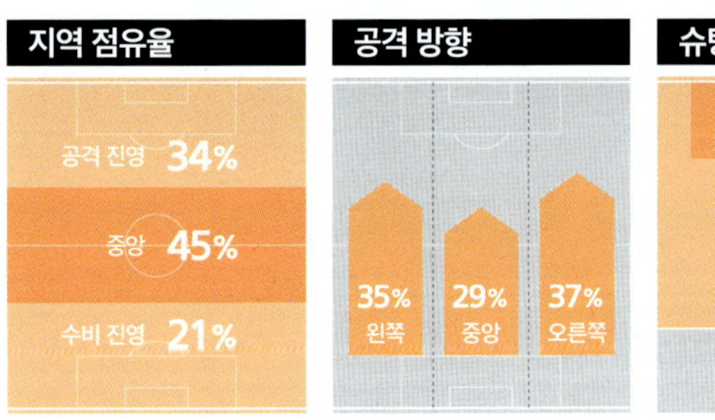

슈팅 지역

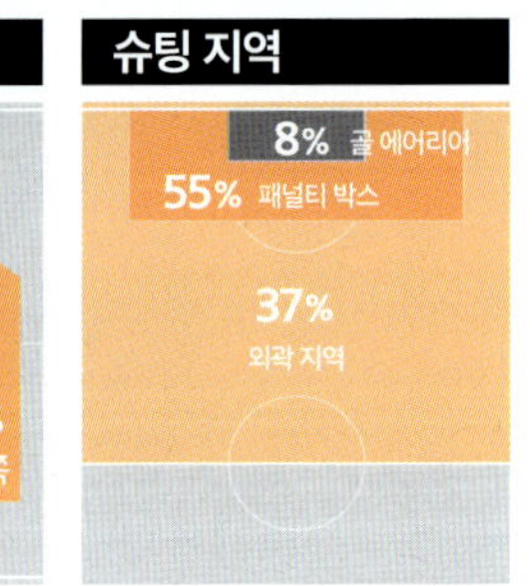

TEAM RATINGS

슈팅 10
패스 9
조직력 9
수비력 8
감독 9
선수층 8
53

2023/24 프로필

팀 득점	89
평균 볼 점유율	62.10%
패스 정확도	88.80%
평균 슈팅 수	18.2
경고	59
퇴장	0

골 타입
	단위 (%)
오픈 플레이	60
세트 피스	19
카운터 어택	10
패널티 킥	9
자책골	2

패스 타입
	단위 (%)
쇼트 패스	92
롱 패스	5
크로스 패스	2
스루 패스	0

SQUAD

포지션	등번호	이름		생년월일	키(cm)	체중(kg)	국적
GK	1	루카스 흐라데츠키	Lukas Hradecky	1989.11.24	192	85	핀란드
	17	마체이 코바르	Matej Kovar	2000.05.17	196	89	체코
	36	니클라스 롬브	Niklas Lomb	1993.07.28	186	83	독일
	43	톰 휠스만	Tom Hulsmann	2004.04.11	200	89	독일
DF	3	피에로 인카피에	Piero Hincapié	2002.01.09	184	77	에콰도르
	4	요나탄 타	Jonathan Tah	1996.02.11	195	94	독일
	12	에드몽 탑소바	Edmond Tapsoba	1999.02.02	194	84	부르키나파소
	13	아르투르	Arthur	2003.03.17	174	69	브라질
	20	알레한드로 그리말도	Alejandro Grimaldo	1995.09.20	171	63	스페인
	23	노르디 무키엘레	Nordi Mukiele	1997.11.01	187	84	프랑스
	30	제레미 프림퐁	Jeremie Frimpong	2000.12.10	172	65	네덜란드
	39	사딕 포파나	Sadik Fofana	2003.05.16	192	78	토고
MF	7	요나스 호프만	Jonas Hofmann	1992.07.14	176	72	독일
	8	로베르트 안드리히	Robert Andrich	1994.09.22	187	85	독일
	10	플로리안 비르츠	Florian Wirtz	2003.05.03	177	71	독일
	19	네이션 텔라	Nathan Tella	1999.07.05	173	68	나이지리아
	24	알레시 가르시아	Aleix García	1997.01.28	173	68	스페인
	25	에세키엘 팔라시오스	Exequiel Palacios	1998.10.05	178	69	아르헨티나
	34	그라니트 자카	Granit Xhaka	1992.07.27	186	80	스위스
	47	아이만 아우리르	Ayman Aourir	2004.10.06	172	62	모로코
	-	마티야 마르세니치	Matija Marsenic	2005.01.03	179	74	몬테네그로
FW	11	마르탱 테리에	Martin Terrier	1997.05.04	184	73	프랑스
	14	파트리크 쉬크	Patrik Schick	1996.01.24	191	87	체코
	21	아민 아들리	Amine Adli	2000.05.01	174	72	모로코
	22	빅터 보니페이스	Victor Boniface	2000.12.23	190	91	나이지리아

COACH

사비 알론소 *Xabi Alonso*

1981년 11월 25일생 스페인

현역 시절에는 레알 소시에다드, 리버풀, 레알 마드리드, 바이에른과 스페인 대표팀의 핵심으로 활약한 세계 최고의 후방 플레이메이커 중 하나였다. 이제 감독으로도 빠르게 명성을 쌓고 있다. 레알 마드리드 유스 코치, 레알 소시에다드 2군 감독 시절부터 많은 클럽의 구애를 받았다. 지난 시즌의 성과로 자신의 가치를 몸소 빠르게 증명해냈다. 현역 시절을 거친 빅클럽들의 관심에도 레버쿠젠에 남아 도전을 이어간다. 현역 시절과 차이 없는 몸 상태를 유지하며, 훈련에 직접 참여해 특유의 롱패스를 시전하기도 한다.

상대팀 최근 6경기 전적

구분	승	무	패
바이엘 레버쿠젠			
슈투트가르트	3	3	
바이에른 뮌헨	2	2	2
RB 라이프치히	4		2
보루시아 도르트문트	1	2	3
아인트라흐트 프랑크푸르트	4		2
호펜하임	4	1	1
하이덴하임	2		1
베르더 브레멘	3	3	
프라이부르크	3	1	2
아우크스부르크	4		2
볼프스부르크	3	2	1
마인츠	4		2
보루시아 묀헨글라트바흐	4	2	
우니온 베를린	3	3	
보훔	4	1	1
장크트 파울리	4	1	1
홀슈타인 킬	3		

KEY PLAYER

MF	10	플로리안 비르츠 *Florian Wirtz*

출전경기	경기시간(분)	골	어시스트	경고	퇴장
32	2,384	11	11	3	-

국적: 독일

이제 레버쿠젠을 넘어 독일의 간판이 됐다. 지난 시즌에는 처음으로 리그 두 자릿수 득점을 돌파했고, 개인 통산 가장 많은 출전 시간을 기록했다. 소속팀과 대표팀, 대회를 가리지 않고 득점과 도움 등 다방면으로 활약했다. 스탯뿐만 아니라 폭발적 스피드, 연계 능력, 돌파, 판단력 등 전체적인 퍼포먼스도 인상적이다. 그의 유무가 팀 전체의 경기력에 큰 영향을 주고 있다. 양발 사용에 능하고 프리롤로 중앙과 측면, 전방과 중원을 오가며 폭넓은 영향력을 과시한다. 다만 십자인대, 반월판 부상 이력이 있어 관리가 필요하다.

DARK HORSE

MF	34	그라니트 자카 *Granit Xhaka*

출전경기	경기시간(분)	골	어시스트	경고	퇴장
33	2,828	3	-	5	-

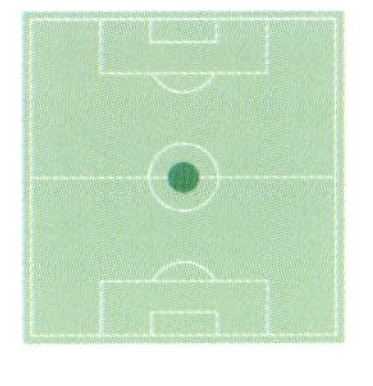

국적: 스위스

바젤, 묀헨글라트바흐를 거쳐 아스널에 입단했다. 거친 플레이로 경고와 퇴장, 주장 완장을 던져 주장직을 박탈당하는 등 아스널에서 우여곡절이 많았다. 강력한 킥 능력에 비해 느리고 거친 것이 흠이었다. 2022/23 시즌 아르테타 감독 하에서 성격, 기량이 성숙했고 원만하게 작별했다. 부상 빈도도 줄었다. 분데스리가로 돌아와 지난 시즌 레버쿠젠의 성불에 큰 역할을 담당했다. 빌드업, 중거리 슈팅, 롱패스, 후방 커버 등 본인의 장점을 살려 절정의 기량을 과시했다. 유로 2024에서도 맹활약을 이어갔다. 그야말로 중원의 코어다.

NEW ADDITION

MF	24	알레시 가르시아 *Aleix García*

출전경기	경기시간(분)	골	어시스트	경고	퇴장
37	3,201	3	6	4	1

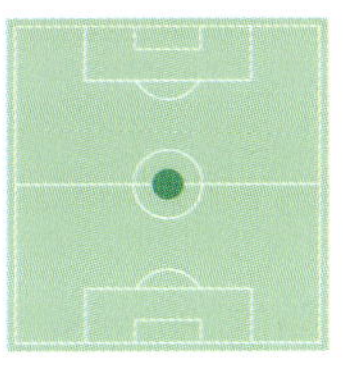

국적: 스페인

지난 시즌, 지로나의 라리가 3위 달성 주축 중 하나. 비야레알, 맨시티 등에서 선수 생활 초기에는 두각을 나타내지 못했다. 지로나에서 자리를 잡고 발전했다. 유로 2024 본선 명단에는 들지 못했으나 유로 예선, 평가전에서는 기회를 받았다. 지난 시즌 후반기에는 팀과 더불어 폼이 떨어졌다. 중원에서 패스와 킥이 좋은 플레이메이커. 세트피스 킥도 전담한다. 큰 체구는 아니지만 활동량, 수비 가담, 압박, 경합 등에서도 나름의 몫을 할 수 있다. 많은 출전 시간도 부상 없이 소화했고, 지난 시즌 라리가 올해의 팀에 선정됐다.

GK 1 루카스 흐라데츠키
Lukáš Hrádecký

국적: 핀란드

핀란드 대표팀과 레버쿠젠의 주장. 프랑크푸르트 시절부터 분데스리가 10년 차 베테랑. 주전 자리를 놓치지 않고 있다. 엄청난 반사 신경, 선방 능력이 돋보인다. 2017/18 포칼 바이에른과 결승에서 우승을 이끄는 등 큰 경기에서 강하다. 한동안 기복과 실책도 있었지만 지난 시즌에는 든든하게 최후방을 지켰다. 빌드업 능력은 다소 아쉽다. 아버지는 배구 선수, 3형제가 모두 축구를 하는 스포츠가족이다.

출전경기	경기시간(분)	실점	무실점(경기)	경고	퇴장
33	2,970	24	15	2	-

GK 17 마체이 코바르
Matěj Kovář

국적: 체코

맨유 유스 출신. 맨유가 바이백 조항도 포함해 이적시킨 선수다. 백업 자원이고 지난 시즌이 빅리그의 빅클럽 첫 시즌이었지만 포칼과 유로파리그 등 컵 대회 선발 자원으로서 준수한 활약을 했다. 빌드업, 킥 능력이 좋은 것이 주전인 흐라데츠키와의 차별점이다. 다만 그와 비교해 선방 능력이 아쉽다. 막아줘야 할 것을 못 막는 경우가 있다. 그 후 빌드업까지 흔들리며 전체적인 안정감이 아쉽다.

출전경기	경기시간(분)	실점	무실점(경기)	경고	퇴장
1	90	-	1	-	-

DF 3 피에로 인카피에
Piero Hincapie

국적: 에콰도르

에콰도르 대표팀 황금세대의 주축 중 하나다. 수비력, 스피드, 테크닉, 빌드업 등 다방면으로 뛰어나다. 본 포지션인 센터백뿐 아니라 레프트백으로서도 준수하다. 지난 시즌 초반에는 경쟁에서 밀렸지만, 동료들의 네이션스 컵 차출 공백을 잘 메워줬다. 꾸준히 빅클럽들의 관심을 받고 있기도 하다. 성격과 플레이 스타일로 인한 카드 수집, 출전정지 등에서 관리가 필요하다. 지난 시즌은 조용했다.

출전경기	경기시간(분)	골	어시스트	경고	퇴장
26	1,484	1	2	2	-

DF 4 요나탄 타
Jonathan Tah

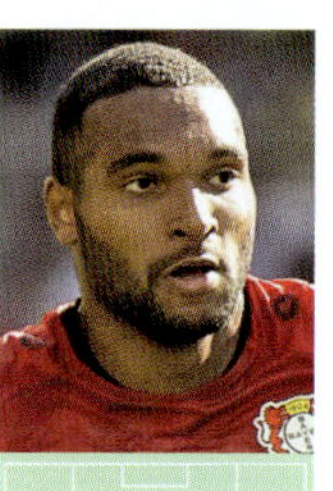

국적: 독일

팀의 부주장. 거구지만 운동능력이 좋은 선수다. 세트피스 공격 가담, 빌드업과 발기술에도 강점이 있다. 과거 임팩트 있는 실책으로 평가가 깎이기도 했으나, 근래 팀 상승세와 더불어 본인 폼도 올라온 상태. 유로 2024에서 주전으로 활약하기도 했다. 예전 대표팀에서의 부진과는 다른 모습이었다. 계약 1년 남은 상태에서 바이에른과 개인 합의를 했으나 이적이 무산된 상황이기에, 서포터들의 불만을 달랠 필요가 있다.

출전경기	경기시간(분)	골	어시스트	경고	퇴장
31	2,633	4	1	6	-

DF 12 에드몽 탑소바
Edmond Tapsoba

국적: 부르키나파소

팀을 떠난 코수누와 비슷한 유형으로 강점과 약점도 비슷하다. 192cm의 장신이면서도 스피드가 빠르다. 볼을 잘 다루는 것도 마찬가지다. 빌드업, 쇼트패스, 롱패스, 탈압박 등에서 더 나은 모습도 있다. 2021/22 시즌 큰 부상 이후 수비 안정감이 떨어졌으나 점차 회복됐다. 다만 본인의 체격조건에 비해 공중볼에 약한 모습. 간간이 나오는 거친 플레이, 안정감 문제 등은 코수누와 마찬가지로 개선해야 할 과제다.

출전경기	경기시간(분)	골	이시스드	경고	퇴장
28	2,085	-	1	4	-

DF 13 아르투르
Arthur

국적: 브라질

영입 경쟁 속에 브라질의 아메리카 FC에서 지난 시즌을 앞두고 700만 유로에 영입한 유망주. 다만 지난 시즌은 부상으로 장기 결장했다. 안 그래도 주전 경쟁이 어려울 상황이었으나, 선발 자원들의 체력 부담을 덜어주고 본인도 새로운 환경에 적응할 기회를 놓쳤다. 빠른 스피드로 왕성하게 공수를 누비는 자원이다. 브라질 20세 이하 대표팀에서의 활약으로 23년 3월 A대표에 차출되기도 했다.

출선경기	경기시간(분)	골	어시스트	경고	퇴장
4	184	0	2	-	-

DF 20 알레한드로 그리말도
Alejandro Grimaldo

국적: 스페인

바르셀로나 유스 출신으로 볼 다루는 기술이 좋고, 빌드업에 관여하는 영리함 또한 돋보인다. 공격 가담 시 파괴력도 좋다. 지난 시즌, 골대를 때린 슛도 5회로 리그 최다를 기록했다. 바르셀로나에서 기회를 못 잡고, 벤피카에 와서 공격력 좋은 레프트백으로 명성을 쌓았다. 체격, 수비력에서 이슈가 있지만 레버쿠젠 전술과는 궁합이 매우 좋다. 유로 2024 대표로 발탁됐으나 주전에서 밀리기는 했다.

출전경기	경기시간(분)	골	어시스트	경고	퇴장
33	2,787	10	13	1	-

DF 23 노르디 무키엘레
Nordi Mukiele

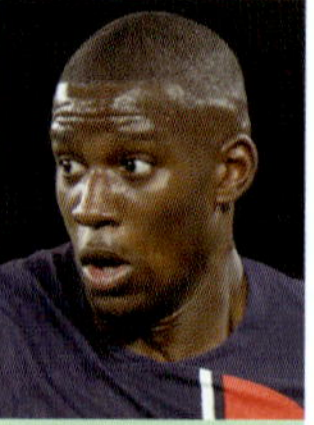

국적: 프랑스

프랑스 2부 리그의 라발에서 프로 데뷔하고, 2016/17, 2017/18 시즌 몽펠리에에서의 활약을 바탕으로 2018/19 시즌 라이프치히에 입단했다. 네 시즌 동안 주전급으로 활약한 이후 2022/23 시즌에 파리 생제르맹으로 이적했다. 두 시즌 동안 기대에 못 미치는 모습을 보이며 서브 자원이 됐다. 포백, 스리백의 라이트백, 센터백, 윙백, 스토퍼 모두 가능하다. 운동능력은 좋지만, 부상, 세밀함, 실책이 아쉽다.

출전경기	경기시간(분)	골	어시스트	경고	퇴장
16	793	-	-	2	-

DF 30 제레미 프림퐁
Jeremie Frimpong

국적: 네덜란드

강점과 약점이 분명한 공격형 라이트백. 폭발적인 스피드와 드리블 능력으로 공격 시에는 위협적 무기다. 상대 수비와 1:1을 즐긴다. 도움뿐 아니라 직접 마무리도 능하게 한다. 다만 작은 체구, 전체적인 수비력이 아쉽다. 스타일상 뒷공간을 내줄 위험도 높다. 레버쿠젠에서는 스리백 윙백이라서 약점을 커버하고 강점을 극대화했다. 네덜란드 대표팀 포백에서는 기회를 잡기가 쉽지 않아 윙포워드로 나오기도 한다.

출전경기	경기시간(분)	골	어시스트	경고	퇴장
31	2,265	9	7	6	-

DF 44 주누엘 벨로시앙
Jeanuël Belocian

국적: 프랑스

과들루프 출신 프랑스 유망주. 형 빌헴은 프랑스 육상 선수. 기본적으로 센터백이지만, 왼발잡이로 레프트백도 볼 수 있다. 유망주 산실인 렌 출신. 지난 시즌 출전 시간이 늘어나며 레버쿠젠의 눈길을 사로잡았다. 19세에게 1,500만 유로를 베팅했다. 체격도 나이 대비 준수하다. 프랑스 연령별 대표팀에 꾸준히 소집되는 기대주. 볼 다루는 기술, 롱패스가 좋은 편이나, 공중볼 등 경합은 개선이 요망된다.

출전경기	경기시간(분)	골	어시스트	경고	퇴장
23	1,450	-	1	-	-

MF 7 요나스 호프만
Jonas Hofmann

국적: 독일

도르트문트, 마인츠, 글라트바흐를 거친 베테랑. 2014/15 시즌 큰 무릎 부상을 겪었고, 이후로도 부상에 발목을 잡혔다. 그래도 2018/19 시즌부터 폼을 찾았다. 2021/22, 2022/23 시즌 글라트바흐에서 연달아 리그 12득점. 지난 시즌 레버쿠젠에서도 쏠쏠한 활약을 했다. 예전처럼 폭발력 있고 공격적인 모습은 아니라도 영리하게 팀의 밸런스를 맞추며 프림퐁의 위력을 배가시키기도 한다.

출전경기	경기시간(분)	골	어시스트	경고	퇴장
32	2,215	5	7	3	-

MF 8 로베르트 안드리히
Robert Andrich

국적: 독일

헤르타 베를린에서는 1군 데뷔 기회를 얻지 못했다. 3부, 2부 리그 팀들을 거쳐 성장했다. 2019/20 우니온 베를린 입단으로 1부 리그에 입성했다. 2시즌 간의 활약으로 레버쿠젠으로 이적. 발전을 거듭해 독일 대표팀에서도 자리를 잡고 지난 유로 2024에서도 활약했다. 다소 거칠고 투박하며 궂은일 담당이지만, 강력한 중거리 슈팅도 있다. 최근 적지 않은 나이에 2028년까지 재계약으로 인정받았다.

출전경기	경기시간(분)	골	어시스트	경고	퇴장
28	1,683	4	2	4	-

MF 19 네이선 텔라
Nathan Tella

국적: 나이지리아

유망주들을 잘 키워내는 사우샘프턴 유스 출신이다. 2022/23 시즌 챔피언십의 번리로 임대되어 17골 5도움으로 팀의 화려한 승격을 이끌며 주목받았다. 레버쿠젠에 와서는 로테이션, 조커 자원으로 기용되고 있다. 측면 공격수뿐만 아니라 프림퐁을 대신해 윙백으로 기용되고 있기도 하다. 스피드는 확실히 좋고 지난 시즌 스탯도 출전 시간 대비 나쁘지 않았다. 판단력, 세밀함 등 마무리가 관건이다.

출전경기	경기시간(분)	골	어시스트	경고	퇴장
24	811	5	2	2	-

MF 25 에세키엘 팔라시오스
Exequiel Palacios

국적: 아르헨티나

팀의 또 다른 살림꾼. 리버 플레이트에서 바로 레버쿠젠으로 이적했지만, 초기에는 부상으로 고생했다. 그래도 계속해서 출전 시간을 얻고 부상이 줄어들며 성장세다. 팀에서 공헌도가 계속 커져 왔다. 볼 탈취에 능하며 볼 키핑, 패싱 능력도 있어 중원에서 팀의 부담을 줄여준다. 나름대로 득점력도 있다. 하드 워커이면서 공수 겸장의 다재다능한 미드필더. 대표팀에도 꾸준히 차출되고 있다. 부상이 적다.

출전경기	경기시간(분)	골	어시스트	경고	퇴장
24	1,841	4	5	6	-

FW 11 마르탱 테리에
Martin Terrier

국적: 프랑스

리그1에서 잔뼈가 굵은 중앙과 좌측면을 오가는 공격수. 렌에서는 2021/22 리그 21득점 7도움으로 절정의 폼을 과시했다. 팀을 리그 4위로 이끌었다. 그 전후로는 9득점 이하. 다만 2022/23 시즌에는 중반에 십자인대 부상을 당했다. 지난 시즌에 폼을 끌어올리고 레버쿠젠에 입성. 빠른 스피드로 안쪽으로 들어와 슈팅은 물론 연계, 위치 선정 능력도 갖추고 있다. 다만 수비 기여도는 떨어진다.

출전경기	경기시간(분)	골	어시스트	경고	퇴장
24	1,533	7	3	2	1

FW 14 파트리크 쉬크
Patrik Schick

국적: 체코

득점력 좋은 장신 원톱 스트라이커. 유로 2020 득점왕이었고, 2016/17 시즌 삼프도리아에서 리그 11득점으로 주목받았다. 로마에서는 부상과 부진으로 기대에 못 미쳤다. 2019/20 라이프치히로 임대되어 리그 10득점. 레버쿠젠에서는 2021/22 리그 24득점으로 맹활약했다. 그 후로는 부상으로 폼 유지가 어려웠다. 지난 시즌에는 많지 않은 출전 시간에도 나쁘지 않은 득점력을 보였다.

출전경기	경기시간(분)	골	어시스트	경고	퇴장
20	1,065	7	-	1	-

FW 21 아민 아들리
Amine Adli

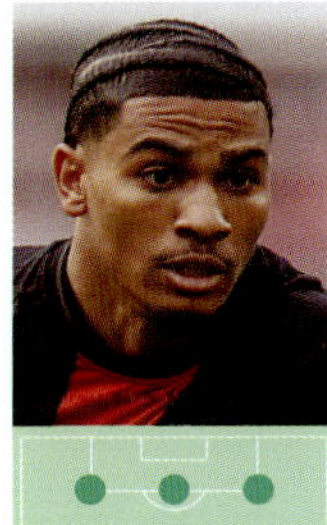

국적: 모로코

2선의 모든 포지션, 톱까지 소화할 수 있는 공격 옵션이다. 체구는 크지 않지만 빠른 스피드와 왼발 위력이 있다. 리그에서는 로테이션, 조커 자원. 지난 시즌, 포칼에서는 5골 3도움으로 우승에 일조했다. 툴루즈 유스 출신으로 2020/21 시즌 당시 2부의 툴루즈에서 리그2 올 시즌의 선수로 선정됐다. 테크닉은 좋지만, 시야와 연계가 아쉽다. 2022/23 시즌 레드카드 2회를 받는 등 거친 면도 있다.

출전경기	경기시간(분)	골	어시스트	경고	퇴장
23	892	4	4	5	-

FW 22 빅터 보니페이스
Victor Boniface

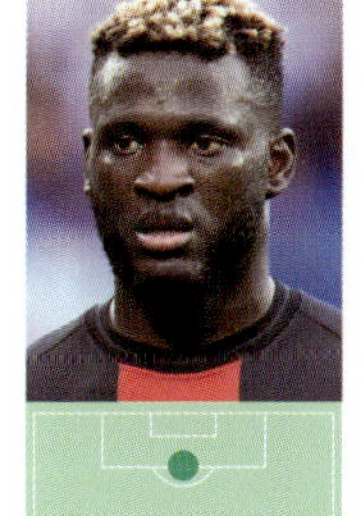

국적: 나이지리아

보디/글림트, 위니옹 생질루아즈 등 유럽대항전 다크호스 팀에서의 활약으로 레버쿠젠까지 입성했다. 첫 시즌부터 강력한 피지컬과 득점력을 과시했다. 키핑, 패스 등 보조자로서 능력도 좋다. 제공권은 물론 스피드도 있는 거구의 스트라이커. 존재 자체가 수비를 끌고 다닌다. 지난 시즌 중반, 2개월 이상 부상으로 결장했는데도 비르츠와 리그 공격 포인트 동률이었다. 복귀 후 재시동이 늦게 걸리기는 했다.

출전경기	경기시간(분)	골	어시스트	경고	퇴장
23	1,554	14	8	2	-

VfB 슈투트가르트
VfB Sututtgart

TEAM PROFILE	
창　　립	1893년
회　　장	클라우스 포크트(독일)
감　　독	제바스티안 회네스(독일)
연 고 지	바덴뷔르템베르크 주 슈투트가르트
홈 구 장	MHP 아레나(6만 449명)
라 이 벌	슈투트가르트 키커스, 바이에른 뮌헨
홈페이지	www.vfb.de

최근 5시즌 성적

시즌	순위	승점
2019-2020	없음	없음
2020-2021	9위	45점(12승9무13패, 56득점 55실점)
2021-2022	15위	33점(7승12무15패, 41득점 59실점)
2022-2023	16위	33점(7승12무15패, 45득점 57실점)
2023-2024	2위	73점(23승4무7패, 78득점 39실점)

BUNDESLIGA (전신 포함)

통　　산	3회 우승
23-24 시즌	2위(23승4무7패, 승점 73점)

DFB POKAL

통　　산	3회 우승
23-24 시즌	8강

UEFA

통　　산	없음
23-24 시즌	없음

경기 일정

라운드	날짜	장소	상대팀
1	2024.08.24	원정	SC 프라이부르크
2	2024.08.31	홈	1.FSV 마인츠 05
3	2024.09.14	원정	보루시아 묀헨글라트바흐
4	2024.09.23	홈	보루시아 도르트문트
5	2024.09.28	원정	VfL 볼프스부르크
6	2024.10.07	홈	TSG 1899 호펜하임
7	2024.10.20	원정	FC 바이에른 뮌헨
8	2024.10.26	홈	홀슈타인 킬
9	2024.11.02	원정	바이엘 04 레버쿠젠
10	2024.11.09	홈	아인트라흐트 프랑크푸르트
11	2024.11.23	홈	VfL 보훔
12	2024.11.30	원정	SV 베르더 브레멘
13	2024.12.07	홈	FC 우니온 베를린
14	2024.12.14	원정	FC 하이덴하임
15	2024.12.21	홈	FC 장크트파울리
16	2025.01.11	원정	아우크스부르크
17	2025.01.15	홈	RB 라이프치히
18	2025.01.18	홈	SC 프라이부르크
19	2025.01.25	원정	1.FSV 마인츠 05
20	2025.02.01	홈	보루시아 묀헨글라트바흐
21	2025.02.08	원정	보루시아 도르트문트
22	2025.02.15	홈	VfL 볼프스부르크
23	2025.02.22	원정	TSG 1899 호펜하임
24	2025.03.01	홈	FC 바이에른 뮌헨
25	2025.03.08	원정	홀슈타인 킬
26	2025.03.15	홈	바이엘 04 레버쿠젠
27	2025.03.29	원정	아인트라흐트 프랑크푸르트
28	2025.04.05	원정	VfL 보훔
29	2025.04.12	홈	SV 베르더 브레멘
30	2025.04.19	원정	FC 우이온 베를린
31	2025.04.26	홈	FC 하이덴하임
32	2025.05.03	원정	FC 장크트파울리
33	2025.05.10	홈	아우크스부르크
34	2025.05.17	원정	RB 라이프치히

[전력분석] 올 시즌도 핵심들 이탈, 그러나~

지난 시즌, 슈투트가르트는 영입생들의 대폭발과 감독 지도력이 맞물리며 2위에 올랐다. 물론 바이에른, 도르트문트가 부진했던 덕도 있지만 2002/03 마가트 유치원의 준우승, 2006/07 2기 유지원의 우승 이후 최고의 시즌이었다. 지지난 시즌, 부진에 시달리며 16위, 승강 플레이오프 끝에 잔류하고 주축 자원들도 잃으며 우려했던 것과는 정반대의 결과가 나왔다. 30대 선수가 없는 젊은 스쿼드로 기대 이상의 성과를 얻은 만큼 계속해서 기세를 탈 수 있다.

지난 시즌 리그 28득점을 올린 주포 기라시가 떠난 것은 물론 간과할 수 없는 공백이다. 수비의 주축들이었던 안톤과 이토도 떠났다. 이들의 공백을 메우는 것이 주요 과제다. 그래도 데미로비치 영입, 운다프 완전 영입 성사로 최전방에 대한 고민을 덜었다. 수비진은 기존 자원들과 크지 않은 금액에 영입한 기대주들이다. 약간 불안하긴 하지만 잠재력이 있는 선수들이다. 지난 시즌 드러난 구단의 선수 보는 안목, 회네스 감독의 육성 능력에 재차 기대를 건다. 슈퍼컵을 통해 드러난 바로는 수비진도 양적, 질적으로 기대를 할 수 있다. 그 외 주축들은 모두 잔류한 데다 추가적 보강도 있던 만큼 새 시즌 운영에 무리는 없어 보인다.

[전술분석] 다채로운 선택지 활용이 강점

슈투트가르트의 메인 전술은 올 시즌도 일단 4-2-3-1로 볼 수 있다. 감독의 선호, 지난 시즌부터의 스쿼드 구성으로도 그렇다. 슈퍼컵에서도 시작은 4-2-3-1. 다만 지난 시즌에도 그랬듯 4-4-2로 더 적극적인 공격을 시도할 수 있다. 얼마든지 두 전형을 오갈 수 있는 선수 구성이다. 지난 시즌 기라시-운다프 투톱이 가동되기도 했었고 레벨링 등 다른 자원들도 다양한 투톱 조합에 쓰였다. 올 시즌은 데미로비치-운다프 투톱은 물론이고 2선 자원들도 포함해 더 다양한 공격 조합으로 상대에게 혼선을 줄 수 있다.

전체적으로 젊고 스피드와 활동량을 갖춘 스쿼드다. 멀티 플레이어들도 많다. 그만큼 전술 이해도가 높고 팀 컬러 유지가 용이하다. 이러한 선수들을 충분하게 구비해 적재적소에 활용하는 회네스 감독의 전술 변화와 용인술이 올 시즌에도 유효할 전망이다. 최전방 자원들부터 공격적으로 압박하고, 이를 유지해 줄 교체 자원들도 대기 중이다. 골키퍼도 전진해 빌드업에 참여하고, 풀백들도 적극적으로 전진하거나, 인버티드 풀백으로 중원에 숫자를 늘려준다. 2선 자원들도 측면, 중앙을 오가며 유기적으로 수비를 끌어낸다.

과거의 안 좋은 기억과의 이별

앞서 언급했듯이 2000년대 슈투트가르트도 좋았던 시절이 있었다. 다만 그 기세를 유지하는 것이 쉽지 않았다. 주요 선수들의 이적, 유럽대항전 병행의 부담 극복 실패, 부상, 부진 등이 겹쳐 내리막에 접어들었다. 당시에도 젊은 선수들로 구성된 팀이었는데, 한번 사기가 꺾이자 수습이 어려웠고 구단 운영도 안 풀리는 악순환에 빠져들었다. 현 상황도 비슷한 잠재적 우려가 있기는 하다. 가까이는 지난 시즌의 우니온 베를린에서 보듯, 유럽축구에서 흔한 일이다. 젊은 감독, 선수들이 새로운 상황에서 흔들리지 않는 것이 주요 과제다.

또 번 돈을 안팎에서 검증된 자원들에게 투자하고 선수층도 늘린 이적시장은 준수했다. 다만 떠난 자원들의 공백을 확실하게 메워 줄지는 미지수다. 리그 초반 다소 흔들리고 있는 와중에 챔피언스리그도 시작하면 고심이 깊어질 수 있다. 선수층은 두텁지만, 확실한 자원을 발굴하고 최적의 조합을 찾아내야 한다. 특히 수비조합이 문제다. 공격도 기라시 만한 스피드, 결정력을 모두 갖춰 상대 전진을 눌러줄 정도의 자원들은 아니다. 지지난 시즌 강등 위기는 부상 탓이 컸다. 수비 자원들의 부상 이력도 걸린다.

TEAM RATINGS

46

슈팅	8
패스	8
수비력	7
선수층	8
감독	8
조직력	7

2023/24 프로필

팀 득점	78
평균 볼 점유율	60.40%
패스 정확도	86.90%
평균 슈팅 수	15.8
경고	54
퇴장	1

골 타입		단위 (%)
오픈 플레이	81	
세트 피스	8	
카운터 어택	5	
패널티 킥	6	
자책골	0	

패스 타입		단위 (%)
쇼트 패스	89	
롱 패스	8	
크로스 패스	2	
스루 패스	0	

IN & OUT

주요 영입	주요 방출
엘 빌랄 투레, 파비안 리더, 프란스 크레치히(이상 임대), 에르메딘 데미로비치, 닉 볼테마데, 유스틴 딜, 야니크 카이텔, 라몬 헨드릭스, 율리안 차보트, 아민 알다힐	정우영, 실라스(이상 임대), 세루 기라시, 이토 히로키, 발데마르 안톤

TEAM FORMATION

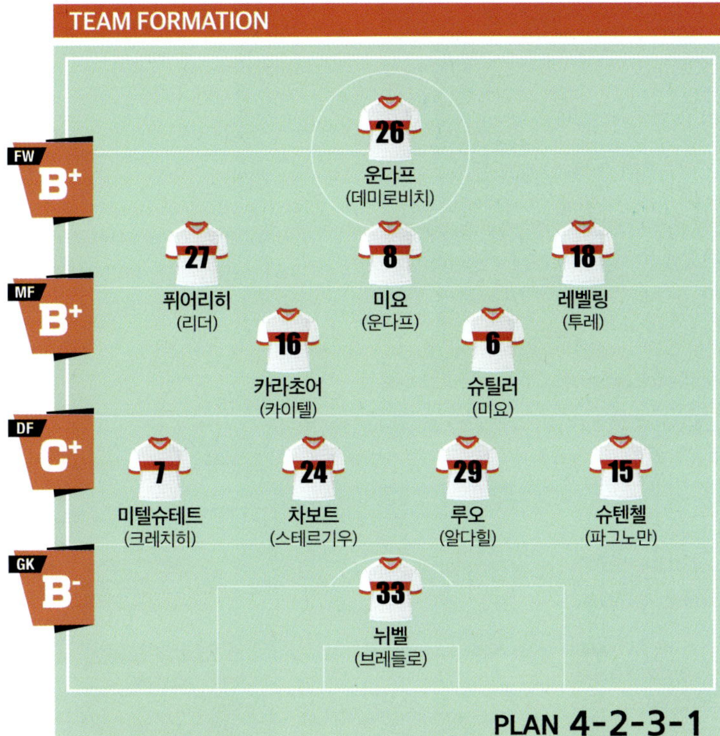

지역 점유율

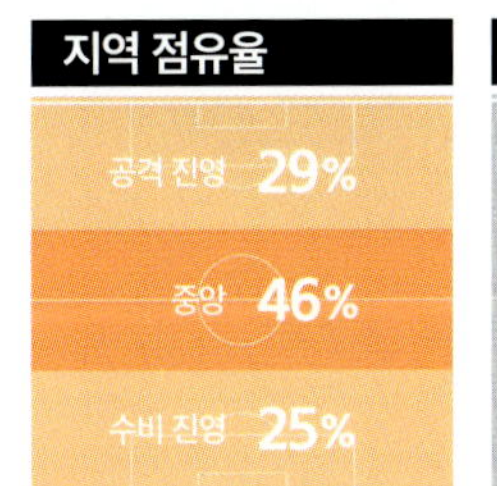

공격 방향

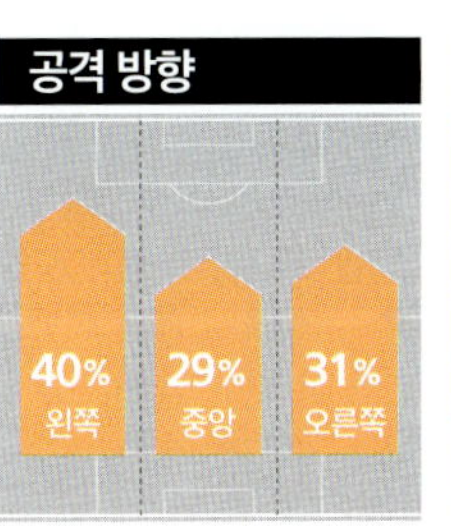

슈팅 지역

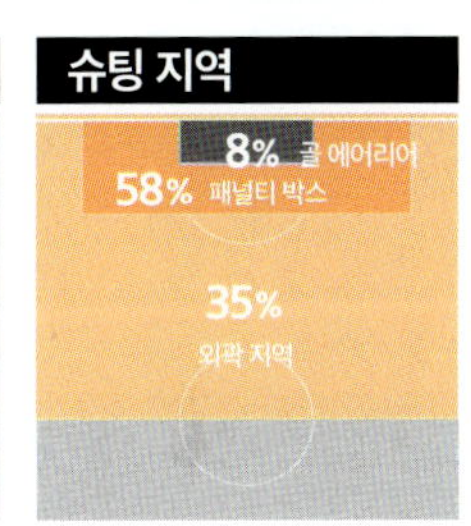

상대팀 최근 6경기 전적

구분	승	무	패
바이엘 레버쿠젠		3	3
슈투트가르트			
바이에른 뮌헨	1	2	3
RB 라이프치히	1	1	4
보루시아 도르트문트	3	1	2
아인트라흐트 프랑크푸르트	2	1	3
호펜하임	2	2	2
하이덴하임	2	2	2
베르더 브레멘	3	1	2
프라이부르크	2		4
아우크스부르크	4	1	1
볼프스부르크	3	1	2
마인츠	4	2	
보루시아 묀헨글라트바흐	3	1	2
우니온 베를린	3	1	2
보훔	3	2	1
장크트 파울리	5	1	
홀슈타인 킬	1		3

SQUAD

포지션	등번호	이름		생년월일	키(cm)	체중(kg)	국적
GK	33	알렉산더 뉘벨	Alexander Nübel	1996.03.30	193	86	독일
	41	데니스 자이멘	Dennis Seimen	2005.12.01	190	89	독일
DF	2	아민 알다힐	Ameen Al Dakhil	2002.03.06	187	70	벨기에
	7	막시밀리안 미텔슈테트	Maximilian Mittelstädt	1997.03.18	180	71	독일
	13	프란스 크레치히	Frans Krätzig	2003.01.14	177	70	독일
	15	파스칼 슈텐첼	Pascal Stenzel	1996.03.20	183	75	독일
	23	단-악셀 자가두	Dan-Axel Zagadou	1999.06.03	196	90	프랑스
	24	율리안 차보트	Jeff Chabot	1998.02.12	195	95	독일
	29	앙토니 루오	Anthony Rouault	2001.05.29	186	77	프랑스
MF	5	야니크 카이텔	Yannik Keitel	2000.02.15	186	85	독일
	6	앙겔로 슈틸러	Angelo Stiller	2001.04.04	183	77	독일
	8	엔조 미요	Enzo Millot	2002.07.17	174	66	프랑스
	16	아타칸 카라초어	Atakan Karazor	1996.10.13	191	76	독일
	20	니클라스 나르테위	Nikolas Nartey	2000.02.22	186	82	덴마크
	32	파비안 리더	Fabian Rieder	2002.02.16	179	74	스위스
	40	루카 라이문트	Luca Raimund	2005.04.09	188	76	독일
FW	9	에르메딘 데미로비치	Ermedin Demirovic	1998.03.25	185	84	보스니아 헤르체코비나
	10	엘 빌랄 투레	El Bilal Touré	2001.10.03	185	77	말리
	11	닉 볼테마데	Nick Woltemade	2002.02.14	198	90	독일
	18	제이미 레벨링	Jamie Leweling	2001.02.26	185	86	독일
	19	와히드 파기르	Wahidullah Faghir	2003.07.29	186	83	덴마크
	22	토마스 카스타나라스	Thomas Kastanaras	2003.01.09	186	83	독일
	26	데니스 운다프	Deniz Undav	1996.07.19	179	86	독일
	27	크리스 퓌어리히	Chris Führich	1998.01.09	181	70	독일

회네스 하면, 바이에른에서 선수, 단장, 회장으로 모두 성공한 울리 회네스와 슈투트가르트, 바이에른의 전설적 공격수 디터 회네스를 떠올린다. 그들의 조카이고 아들인 제바스티안은 선수로서는 실패했으나 감독으로서 두각을 보이고 있다. 이른 나이에 지도자 경력을 시작해 바이에른 2군으로 3부 리그 우승을 달성. 호펜하임에서도 바이에른에 4-1 승리 등 능력을 보였으나 결국 2시즌 만에 상호 계약 해지했다. 2023년 4월 슈투트가르트에 부임해 극적 잔류, 그다음 시즌 2위로 반등해 강렬한 인상을 남기고 있다.

제바스티안 회네스 *Sebastian Hoeneß*
1982년 5월 12일생 독일

FW 27 크리스 퓌어리히 *Chris Führich*

국적: 독일

샬케, 도르트문트, 보훔 등 여러 유스팀을 거쳤다. 쾰른에서는 프로 데뷔는 했지만, 기회를 더 얻지 못했다. 2군 생활을 하다가 도르트문트로 갔으나 마찬가지로 2군으로 활동했다. 다만 2020/21 2부 리그의 파더보른에 임대로 가서 13골 7도움을 기록하며 각성하였고, 이후 슈투트가르트의 부름을 받았다. 매 시즌 출전 시간과 공격 포인트를 늘렸고, 지난 시즌에는 팀 내 공격 포인트 3위에 올랐다. 왼쪽과 중앙을 오가며 보여주는 킥력과 패스로 공격 포인트를 생산해내는 능력이 뛰어나다. 스피드를 살려 간결한 돌파력이나 키핑력도 준수하다. 출전 시간은 적었지만 유로2024 독일 대표팀에도 발탁됐다. 다만 수비 공헌도는 떨어지는 편이다.

출전경기	경기시간(분)	골	어시스트	경고	퇴장
34	2,595	8	7	2	–

GK 33 알렉산더 뉘벨 *Alexander Nübel*

국적: 독일

파더보른에서 14세 이하 팀까지는 필드플레이어였다. 샬케에서 노이어의 후계자로 기대를 모았고, 2018/19 시즌부터 당시 주장 페어만의 부상 공백을 메웠다. 주전, 주장 자리까지 꿰찼으나 자유계약으로 바이에른에 합류. 노이어에 밀려 두 시즌 동안 모나코로 임대됐다가 결국 슈투트가르트에 임대. 롱패스, 스위퍼 키퍼 플레이는 노이어를 연상케 한다. 다만 선방 능력, 실책 등 안정감은 다소 아쉽다.

출전경기	경기시간(분)	실점	무실점(경기)	경고	퇴장
30	2,700	36	11	1	–

DF 7 막시밀리안 미텔슈테트 *Maximilian Mittelstädt*

국적: 독일

프로 데뷔는 헤르타에서 했다. 개인 폼이나 주전 경쟁, 팀 성적 등 여러모로 순탄치만은 않았다. 2022/23 시즌 친정팀을 떠나 슈투트가르트에 와서는 본인의 장점인 공격력을 십분 발휘하며 맹활약했다. 힘 있는 오버래핑과 날카로운 왼발 킥이 주 무기다. 수비력을 약점으로 지적받았으나 경합이나 태클 등 수비에서도 발전을 이뤄 독일 대표팀에서도 주력 자원으로 자리잡았다. 왕성한 활동량, 기동력에 더해 중원에서 빌드업 도움도 줄 수 있다.

출전경기	경기시간(분)	골	어시스트	경고	퇴장
31	2,106	2	4	5	–

DF 13 프란스 크레치히 *Frans Krätzig*

국적: 독일

뉘른베르크, 바이에른 유스 팀 출신. 왼쪽 미드필더에서 풀백으로 포지션 변경한 케이스다. 2군에서의 활약을 바탕으로 지난 시즌 전반기에 바이에른 성인팀에서 약간의 기회를 얻었다. 후반기에는 FK 아우스트리아 빈으로 임대되어 활약했다. 이번 시즌 슈투트가르트로 임대, 슈퍼컵에서 교체 출전해 도움을 기록했다 날카로운 왼발로 공격 포인트를 기대할 수 있는 자원. 다만 수비력에서는 개선이 필요하다.

출전경기	경기시간(분)	골	어시스트	경고	퇴장
14	1,205	1	3	5	–

DF 15 파스칼 슈텐첼 *Pascal Stenzel*

국적: 독일

도르트문트 유스 출신. 2015/16 당시 2부에 있던 프라이부르크에서 프로 데뷔했다. 임대 신분으로 바로 승격에 함께하고 완전히 이적했으나, 세 시즌 동안 눈에 띄는 활약은 못 했다. 2019/20 시즌에 2부에 있던 슈투트가르트로 이적해 또 바로 승격했다. 다시 입지가 좁아졌으나 그래도 지난 시즌에는 출전 시간이 늘었고 백업으로 나름 역할을 했다. 롱패스 등으로 기회 창출, 공격 가담 위력이 좋아졌다.

출전경기	경기시간(분)	골	어시스트	경고	퇴장
23	1,092	–	5	1	1

DF 23 단-악셀 자가두 *Dan-Axel Zagadou*

국적: 프랑스

파리 생제르맹 유스 출신이다. 2017/18 도르트문트에서 그를 데려오고 큰 기대를 걸었으나 잦은 부상, 부진, 실책 등이 이어졌다. 결국 2021/22 시즌이 끝나 계약 만료됐고, 2022/23 시즌에 슈투트가르트와 계약했다. 지난 두 시즌 동안, 도르트문트 시절보다는 좋아진 모습이었다. 키 196cm, 90kg, 왼발, 테크닉 등 좋은 조건이 많지만 불행히도 지난 시즌 중인 1월 십자인대 부상을 당했다.

출전경기	경기시간(분)	골	어시스트	경고	퇴장
19	1,453	1		1	–

DF 24 율리안 차보트 *Julian Chabot*

국적: 독일

프랑크푸르트, 뉘른베르크, 라이프치히 유스 팀, 라이프치히 2군을 거쳐 스파르타 로테르담에서 본격적으로 프로 생활을 시작했다. 이후 로도 흐로닝언, 삼프도리아, 스페치아에서 뛰다가 2021/22 시즌에 쾰른에 입단. 점차 출전 시간을 늘려 지난 시즌에는 확고한 주전 등극. 다만 팀의 강등을 막지는 못했다. 195cm의 장신으로 제공권 장악에 능하다. 몸을 이용해 적극적 경합을 시도하나 카드 관리가 관건이다.

출전경기	경기시간(분)	골	어시스트	경고	퇴장
32	2,708			7	1

DF 29 앙토니 루오
Anthony Rouault

국적: 프랑스

툴루즈 유스 출신. 2020/21 당시 2부에 있던 툴루즈에서 프로 데뷔했다. 출전 시간을 늘리며 입지를 공고히 했다. 2022/23 시즌에 승격, 쿠프 드 프랑스 우승도 함께하고 슈투트가르트로 임대됐다. 지난 시즌에는 점차 자리를 잡아가는 과정이었으나 부상으로 결장 기간이 꽤 길었다. 전체적으로 무난한 기량을 갖추고 있다. 다만 지상과 공중 경합에서 아쉽다. 다소 마른 편이다. 올 시즌 완전이적.

출전경기	경기시간(분)	골	어시스트	경고	퇴장
22	1,009	–	2	3	–

MF 6 앙겔로 슈틸러
Angelo Stiller

국적: 독일

바이에른 유스 출신. 바이에른 1군에서 리가 경기는 못 나왔지만, 포칼, UCL 출전. 정우영과 함께 바이에른 19세 이하 팀, 2군 팀에서 회네스 감독의 제자였다. 계약 만료 후 호펜하임으로 이적해 회네스 감독과 재회했다. 호펜하임에서는 만족스럽지 못했으나 지난 시즌 슈투트가르트에서 핵심으로 활약했다. 안정적 테크닉과 패스로 볼 소유권 관리에 공헌이 크다. 기회 창출도 해내고 수비도 발전했다.

출전경기	경기시간(분)	골	어시스트	경고	퇴장
31	2,697	1	5	5	–

MF 8 엔조 미요
Enzo Millot

국적: 프랑스

모나코 유스 출신. 프로 데뷔도 모나코에서 했다. 출전 시간은 매우 적었고 슈투트가르트에 와서도 다르지 않았다. 2022/23 시즌부터 출전 시간이 유의미하게 늘었고 지난 시즌에는 주역으로 활약했다. 회네스 감독 아래에서 기회를 얻고 성장해 파리 올림픽 프랑스 대표로 활약하기도 했다. 왼발잡이 테크니션으로 중앙과 측면 공격형 미드필더다. 패스가 장점. 수비는 적극적이나 지표가 좋지는 않다.

출전경기	경기시간(분)	골	어시스트	경고	퇴장
31	2,256	5	4	5	–

MF 16 아타칸 카라초어
Atakan Karazor

국적: 독일

팀의 주장이다. 보훔 유스, 도르트문트 2군을 거쳐 당시 2부였던 리그 홀슈타인 킬에서 프로 데뷔했다. 2019/20 시즌에 슈투트가르트로 이적해 승격을 함께했다. 지난 세 시즌 동안 경고 숫자가 8-10-9개. 2021/22 경고 누적 퇴장 외에는 퇴장은 없다. 궂은일을 하지만 선을 잘 타는 장신 수비형 미드필더. 슈틸러의 보디가드이다. 지난 시즌 리그 활동량 7위. 예년보다 공격 포인트도 증가했다.

출전경기	경기시간(분)	골	어시스트	경고	퇴장
33	2,630	–	4	9	–

MF 32 파비안 리더
Fabian Rieder

국적: 스위스

영보이스 유스 출신으로 2020/21 시즌 프로 데뷔. 계속해서 출전 시간이 늘며 2022/23 시즌에는 리그 7득점 4도움을 기록했다. 지난 시즌에는 유망주 발굴에 능한 렌에 포착되어 1,500만 유로라는 적지 않은 금액에 이적. 그러나 경쟁에서 밀렸고 부상도 있었다. 올 시즌은 슈투트가르트로 임대됐다. 스위스 연령별 대표를 거쳐 유로 2024에도 참가. 왼발 킥 능력은 확실하나 그 외에는 성장이 필요하다.

출전경기	경기시간(분)	골	어시스트	경고	퇴장
15	356	1	–	–	–

FW 9 에르메딘 데미로비치
Ermedin Demirovic

국적: 보스니아 헤르체고비나

스위스의 장크트갈렌에서 활약했다. 그 덕에 프라이부르크로 이적했으나 득점력이 좋지 못해 아우크스부르크로 옮겼다. 2022/23 시즌 8득점에 그쳤으나, 지난 시즌 15득점으로 2배 가까운 골을 기록했다. 득점은 물론 도움 기록도 좋다. 기라시의 자리를 메워야 하는 중책을 맡았다. 활동량이나 스프린트 수치에서 리그 상위권에 꼽히기도. 그만큼 전방에서 열심히 수비에 가담하고 기여도 높다. 경고도 공격수치고는 많다.

출전경기	경기시간(분)	골	어시스트	경고	퇴장
33	2,881	15	9	7	–

FW 10 엘 빌랄 투레
El Bilal Touré

국적: 말리

코트디부아르 태생이지만 말리 연령별 대표에 이어 성인대표팀을 택했다. 말리에서 유스 시절을 보내고 2020년 1월, 랭스에 입단해 프로 데뷔했다. 2022/23 시즌 알메리아로 이적해 리그 7득점을 기록하며 주목받았다. 지난 시즌 아탈란타로 이적했으나 부상 이후 경쟁에서 밀렸다. 기본적으로 스트라이커지만 우측면도 가능하다. 체격이 준수하고 스피드, 기술도 있다. 결정력 기복과 근래 부상 기록이 아쉽다.

출전경기	경기시간(분)	골	어시스트	경고	퇴장
11	387	2	1	2	–

FW 18 제이미 레벨링
Jamie Leweling

국적: 독일

그로이터 퓌르트 유스 출신. 퓌르트와 함께 1부 승격했다. 승격해서 주전급으로 도약했고, 5득점으로 팀의 처참한 성적 강등에도 두각을 보였다. 우니온 베를린으로 이적해 1부에 남았으나 교체로 짧은 시간만 출전. 지난 시즌에는 슈투트가르트에 임대 이적, 기대 이상의 출전 시간과 공격 포인트로 완전이적이 성사됐다. 여러 포지션을 소화하며 보조자 역할을 하는데 드리블 실력에 비해 마무리가 아쉽다.

출전경기	경기시간(분)	골	어시스트	경고	퇴장
34	1,523	4	4	3	–

FW 26 데니스 운다프
Deniz Undav

국적: 독일

독일 4부, 3부 리그 활약으로 벨기에 무대를 거쳐 브라이튼에 입단했다. 브라이튼에서는 투박한 터치와 좋지 못한 마무리로 고전했다. 지난 시즌, 슈투트가르트로 임대 와서 대폭발했다. 기라시와 짝을 이루든 아니든 어떤 조합에서도 제 역할을 했다. 유로 2024 독일 대표팀에도 승선했으나 출전은 거의 못 했다. 브라이튼과 이적료 협상이 길었지만, 슈투트가르트로 복귀했다. 키에 비해 좋은 체구, 강력한 슈팅이 강점.

출전경기	경기시간(분)	골	어시스트	경고	퇴장
30	2,100	18	9	5	–

바이에른 뮌헨
Bayern München

TEAM PROFILE

창 립	1900년
회 장	헤르베르트 하이너(독일)
감 독	뱅상 콤파니(벨기에)
연 고 지	바이에른 주 뮌헨
홈 구 장	알리안츠 아레나(7만 5,024명)
라 이 벌	1860뮌헨, 뉘른베르크, VfB 슈투트가르트
홈페이지	www.fcbayern.com/de

최근 5시즌 성적

시즌	순위	승점
2019-2020	1위	82점(26승4무4패, 100득점 32실점)
2020-2021	1위	78점(24승6무4패, 99득점 44실점)
2021-2022	1위	77점(24승5무5패, 97득점 37실점)
2022-2023	1위	71점(21승8무5패, 92득점 38실점)
2023-2024	3위	72점(23승3무8패, 94득점 45실점)

BUNDESLIGA (전신 포함)

통 산	우승 32회
23-24 시즌	3위(23승3무8패, 승점 72점)

DFB POKAL

통 산	우승 20회
23-24 시즌	32강

UEFA

통 산	챔피언스리그 우승 6회
23-24 시즌	챔피언스리그 4강

경기 일정

라운드	날짜	장소	상대팀
1	2024.08.25	원정	VfL 볼프스부르크
2	2024.09.02	홈	SC 프라이부르크
3	2024.09.15	원정	홀슈타인 킬
4	2024.09.21	원정	SV 베르더 브레멘
5	2024.09.29	홈	바이엘 04 레버쿠젠
6	2024.10.07	원정	아인트라흐트 프랑크푸르트
7	2024.10.20	홈	VfB 슈투트가르트
8	2024.10.27	원정	VfL 보훔
9	2024.11.02	홈	FC 우니온 베를린
10	2024.11.09	원정	FC 장크트파울리
11	2024.11.23	홈	아우크스부르크
12	2024.11.30	원정	보루시아 도르트문트
13	2024.12.07	홈	FC 하이덴하임
14	2024.12.14	원정	1.FSV 마인츠 05
15	2024.12.21	홈	RB 라이프치히
16	2025.01.11	원정	보루시아 묀헨글라트바흐
17	2025.01.15	홈	TSG 1899 호펜하임
18	2025.01.18	홈	VfL 볼프스부르크
19	2025.01.25	원정	SC 프라이부르크
20	2025.02.01	홈	홀슈타인 킬
21	2025.02.08	홈	SV 베르더 브레멘
22	2025.02.15	원정	바이엘 04 레버쿠젠
23	2025.02.22	홈	아인트라흐트 프랑크푸르트
24	2025.03.01	원정	VfB 슈투트가르트
25	2025.03.08	홈	VfL 보훔
26	2025.03.15	원정	FC 우니온 베를린
27	2025.03.29	험	FC 장크트파울리
28	2025.04.05	원정	아우크스부르크
29	2025.04.12	홈	보루시아 도르트문트
30	2025.04.19	원정	FC 하이덴하임
31	2025.04.26	홈	1.FSV 마인츠 05
32	2025.05.03	원정	RB 라이프치히
33	2025.05.10	홈	보루시아 묀헨글라트바흐
34	2025.05.17	원정	TSG 1899 호펜하임

전력분석 | 재차 약점 보완, 분노의 영입?

바이에른은 지난 시즌 리그 3위에 그쳤다. 포칼, 챔피언스리그에서는 각각 32강, 4강 탈락. 리그 11시즌 연속 우승 실패에 더해 무관의 충격에 휩싸였다. 2011년 이후 처음으로 새 시즌에 슈퍼컵도 못 나간다. 김민재, 해리 케인 등 대형 영입에도 실망스러운 결과를 냈다. 갈 때까지도 서로 매끄럽지 않게 토마스 투헬 감독이 떠나고, 여러 이름이 오르내린 끝에 경력이 짧은 뱅상 콤파니 감독이 선택됐다. 전임자들의 강한 캐릭터로 인한 수뇌부들과의 마찰이 계속됐던 만큼, 로베르토 데 제르비를 비롯한 기성 감독들보다는 무난하리라는 판단이다. 물론 콤파니 감독 선임의 이유는 그뿐만은 아니다. 충분한 지원 없이 챔피언십에서의 공격적 스타일을 유지했다가 실패했으나, 바이에른의 선수 구성으로는 다를 수 있다는 일종의 베팅이었다. 아스널의 미켈 아르테타, 레버쿠젠의 사비 알론소 같은 선택이 그것이다. 이를 뒷받침하기 위해 지난 시즌에 이어 이토 히로키, 주앙 팔리냐, 마이클 올리스 영입에 거금을 투입했다. 지난 시즌보다는 낫지만, 여전히 스쿼드의 양과 질에 확신을 주기 어렵다. 과거 실패한 시즌 이후 '분노의 영입'으로 유명했던 팀이지만, 분노의 영입이라 부르기에는 다소 애매하다.

전술분석 | 선발 라인업으로 긍정적 효과 기대

바이에른은 율리안 나겔스만 감독도 기대 이하의 성적에 더해, 성격 등 경기 외적 이슈로 떠나보내더니 그를 대신해 데려온 투헬 감독과도 안 좋게 끝났다. 바이에른 스쿼드가 이름값에 비해 부족한 면도 있었지만, 감독들도 해법을 못 찾거나 고집을 부렸다. 일단 지난 시즌보다는 좋은 선발 라인업을 구성할 수 있다. 4-2-3-1의 기본 틀은 유사하지만, 더 좋은 선수 구성과 더불어 더 공격적인 스타일을 선보이고 있는 것은 긍정적이다. 전체적으로 더 강한 압박과 전방 압박을 구사하면서 역동적인 공격, 좌우 전환이 돋보인다.

번리 시절 콤파니 감독의 공격 전술은 찬사를 받았다. 후방에서 빌드업도 다채롭고 체계적이었다. 현재 자원들로는 변형 스리백 같은 방식도 더 다양하고 수준 높게 구사할 수 있다. 다만 수비 전술에서는 많은 실점에도 고집을 꺾지 않았었다. 전력 수준이 다른 팀이라도 강팀들 상대로는 공략당할 우려가 있다. 수비 전술에서의 발전, 유연성 등 개선이 필요하다. 또 많은 활동량과 스프린트를 요구하는 전술이라 체력, 부상 관리가 관건이다. 콤파니 감독이 유럽대항전 병행을 어떻게 잘 해내느냐에 달렸다.

FC Bayern München v RB Leipzig – Bundesliga
바이에른 뮌헨의 해리 케인과 라이프치히의 벤야민 헨리히스가
공을 차지하기 위해 경합을 벌이고 있다.
<2024/02/24, Allianz Arena>

시즌 프리뷰 올 시즌도 기대감 반, 불안감 반

지난 시즌에는 케인 영입으로 로베르트 레반도프스키가 떠난 이후 갈망하던 대형 스트라이커 영입에 성공했다. 김민재 영입으로 빠른 중앙 수비수도 추가 보강. 다만 그 외 약점은 떠난 선수들 공백을 양적, 질적으로 충분히 커버하지 못했다는 점이다. 부상, 부진, 기복을 이어가는 윙포워드 진과 요슈아 키미히와 짝을 맞출 중원 파트너, 수적으로 부족했던 수비진 등 겉보기와 달리 여러 고민이 있었다. 이토, 팔리냐, 올리스 영입에 더해 성장해서 돌아온 요시프 스타니시치의 가세가 눈에 띄는 여름이었다. 물론 여전히 과거 부진한 시즌 이후 분노의 영입을 연상키에는 부족한 스쿼드다. 적어도 센터백 보강은 필요하고 기존 자원들이 부상, 부진에서 벗어나야 한다. 근래 필드에서의 완만한 하락세가 영입 등 경기장 밖에서도 이어지니 다소 과한 우려가 들기도 한다.

요나탄 타, 사비 시몬스, 데지레 두에 영입 실패가 잠재적 불안 요소가 될 수 있다. 수비진의 방출, 부상 이력 등과 더불어 윙 포워드들의 폼과 건강도 장담하기 어렵다. 마테이스 데 리흐트, 누사이르 마즈라위가 떠나 수비진이 다소 얇아져 있다. 중앙과 좌측을 오갈 수 있는 이토는 오자마자 3개월 부상. 멀티 요원 스타니시치도 있기는 하나, 한편으로 김민재가 시즌 초반 실책으로 다시 우려를 사고 있다. 윙 포워드 진은 일단 올리스가 기대되고, 그나브리가 살아났다. 다만 부상, 꾸준함 등에서 확신은 안 선다. 그나마 키미히의 부활 가능성이 위안이다. 지난 시즌, 키미히의 부진은 감독의 선호나 스타일 문제도 있었으나 본인의 폼과도 연관이 있었다. 키미히를 좀 더 올린 8번 미드필더로 쓰려다가, 팔리냐 영입 실패로 6번에 그대로 기용했으나 팀의 부진, 개인의 운동 능력 저하가 맞물리며 비판을 받았다. 감독이 바뀌고 키미히 활용도 좋아졌으며 본인 폼, 파트너 상황도 개선됐다는 데에 기대를 건다.

IN & OUT

주요 영입	주요 방출
요시프 스타니시치(임대복귀), 이토 히로키, 주앙 팔리냐, 마이클 올리스	마테이스 데 리흐트, 누사이르 마즈라위, 브리얀 사라고사(임대)

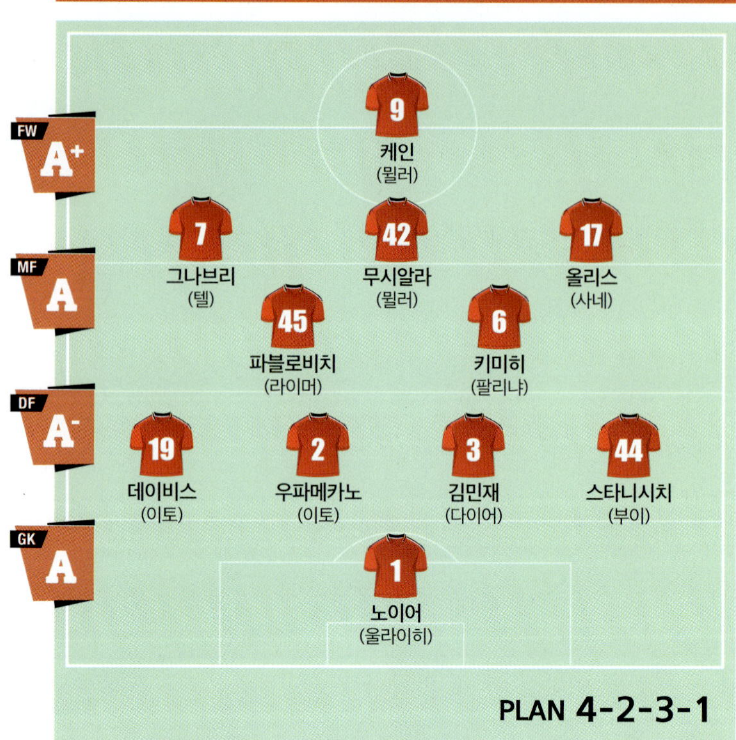

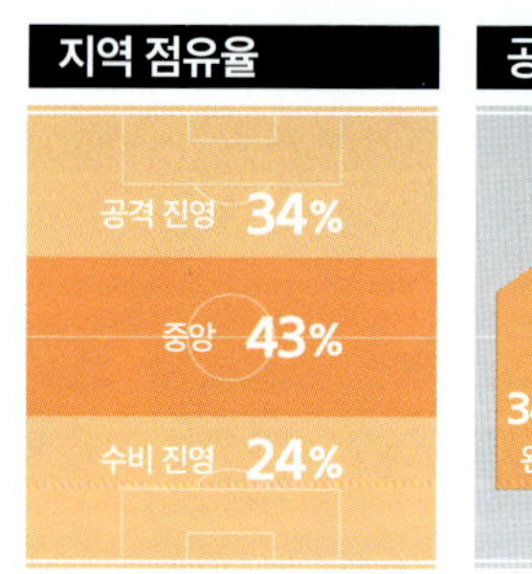

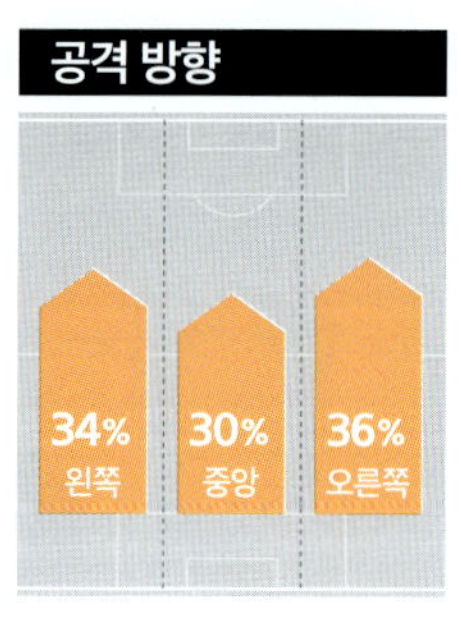

TEAM RATINGS

슈팅	10
패스	10
조직력	8
수비력	9
감독	7
선수층	8
종합	52

2023/24 프로필

팀 득점	94
평균 볼 점유율	61.30%
패스 정확도	88.90%
평균 슈팅 수	18.8
경고	45
퇴장	2

골 타입 (단위 %)

오픈 플레이	67
세트 피스	18
카운터 어택	9
패널티 킥	5
자책골	1

패스 타입 (단위 %)

쇼트 패스	91
롱 패스	6
크로스 패스	3
스루 패스	0

SQUAD

포지션	등번호	이름		생년월일	키(cm)	체중(kg)	국적
GK	1	마누엘 노이어	Manuel Neuer	1986.03.27	193	93	독일
	18	다니엘 페레츠	Daniel Peretz	2000.07.10	190	89	이스라엘
DF	2	다요 우파메카노	Dayot Upamecano	1998.10.27	186	90	프랑스
	3	김민재	Min-jae Kim	1996.11.15	190	81	대한민국
	15	에릭 다이어	Eric Dier	1994.01.15	191	91	잉글랜드
	19	알폰소 데이비스	Alphonso Davies	2000.11.02	183	75	캐나다
	21	이토 히로키	Hiroki Ito	1999.05.12	188	80	일본
	22	하파엘 게레이루	Raphaël Guerreiro	1993.12.22	170	71	포르투갈
	23	사샤 보이	Sacha Boey	2000.09.13	178	76	프랑스
	28	타렉 부흐만	Tarek Buchmann	2005.02.28	188	86	독일
	44	요시프 스타니시치	Josip Stanisic	2000.04.02	186	77	독일
MF	6	요슈아 키미히	Joshua Kimmich	1995.02.08	177	75	독일
	8	레온 고레츠카	Leon Goretzka	1995.02.06	189	82	독일
	16	주앙 팔리냐	João Palhinha	1995.07.09	190	85	포르투갈
	20	아리욘 이브라히모비치	Arijon Ibrahimović	2005.12.11	176	69	독일
	27	콘라트 라이머	Konrad Laimer	1997.05.27	180	72	오스트리아
	45	알렉산다르 파블로비치	Aleksandar Pavlovic	2004.05.03	188	75	독일
FW	7	세르주 그나브리	Serge Gnabry	1995.07.14	176	77	독일
	9	해리 케인	Harry Kane	1993.07.28	188	86	잉글랜드
	10	르로이 사네	Leroy Sané	1996.01.11	183	80	독일
	11	킹슬리 코망	Kingsley Coman	1996.06.13	181	76	프랑스
	17	마이클 올리스	Michael Olise	2001.12.12	184	73	프랑스
	25	토마스 뮐러	Thomas Müller	1989.09.13	185	76	독일
	39	마티스 텔	Mathys Tel	2005.04.27	183	77	프랑스
	42	자말 무시알라	Jamal Musiala	2003.02.26	184	72	독일

COACH

뱅상 콤파니 *Vincent Kompany*
1986년 4월 10일생 벨기에

벨기에와 맨시티의 전설적 주장. 현역 시절 다소 부상은 있었으나 어려서부터 대형 유망주로 꼽힌 다재다능한 톱클래스 센터백이었다. 감독으로 서는 펩 과르디올라 감독의 영향을 많이 받았다. 친 정팀 안더레흐트에서 선수 겸 감독을 잠시 맡다 가, 현역 은퇴 발표 날 전임 감독을 맡으며 감독 생활을 시작. 2022/23 시즌, 번리에서 기록적인 승점으로 챔피언십 우승을 차지했다. 그러나 승격 시즌에 바로 강등됐다. 그럼에도 메가 클럽에 입 성하는 기회를 얻었다. 전술과 카리스마 모두 갖 춘 차세대 명감독 후보에 오를지 기로에 서 있다.

상대팀 최근 6경기 전적

구분	승	무	패
바이엘 레버쿠젠	2	2	2
슈투트가르트	3	2	1
바이에른 뮌헨			
RB 라이프치히	2	2	2
보루시아 도르트문트	4	1	1
아인트라흐트 프랑크푸르트	3	1	2
호펜하임	3	2	1
하이덴하임	2		1
베르더 브레멘	4	1	1
프라이부르크	4	1	1
아우크스부르크	5		1
볼프스부르크	5	1	
마인츠	4		2
보루시아 묀헨글라트바흐	2	1	3
우니온 베를린	5		1
보훔	4		2
장크트 파울리	5		1
홀슈타인 킬	1		

KEY PLAYER

FW	42	자말 무시알라
		Jamal Musiala

출전경기	경기시간(분)	골	어시스트	경고	퇴장
24	1,767	10	6	2	–

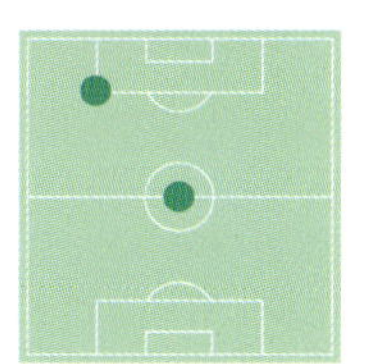

국적: 독일

이미 바이에른의 2선 핵심이다. 2022/23 시즌, 약관의 나이에 12득점 13도움으로 바이에른 올해의 선수에 선정된 바 있다. 팀의 각종 최연소 기록 보유자이기도. 지 난 시즌에는 햄스트링과 무릎 부상이 이어지며 출전 시간이 다소 줄었다. 그럼에도, 준수한 스탯을 기록했다. 국가대표팀에서도 입지를 한층 공고히 했다. 자국에서 열 린 유로 2024에서 8강 달성에 일조했다. 빠른 스피드와 발재간으로 볼을 몰고 전진할 수 있을뿐 아니라, 전방에서의 영리하고 세밀한 플레이도 좋다. 올 시즌 그의 몸 상태도 팀 성적의 중요한 변수다.

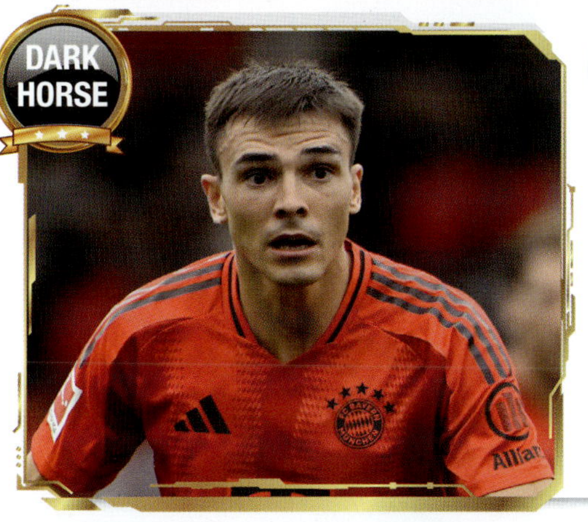

DARK HORSE

MF	16	주앙 팔리냐
		João Palhinha

출전경기	경기시간(분)	골	어시스트	경고	퇴장
33	2,711	4	1	13	–

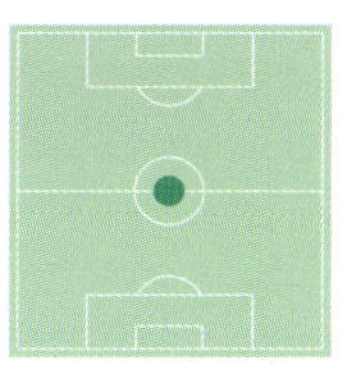

국적: 포르투갈

지난해 여름 이적시장 막바지, 전형적인 6번 수비형 미드필더를 찾던 투헬 감독의 요청으로 팔리냐의 바이에른 이적이 성사되는 듯했다. 하지만 시간 부족으로 메디 컬 테스트까지 마친 이적이 결국 무산됐다. 이제 투헬 감독은 없다. 콤파니 감독이 부임하고 중원에서의 빌드업, 탈압박을 더 우선시한다. 그래도 힘과 높이, 포백 보 호, 태클 등 차별화된 무기에 기대를 건다. 세트피스, 중거리 슈팅 등 한 방도 있다. 퇴장 안 당하게 선을 잘 타지만, 지난 두 시즌 간 휘슬 덜 부는 PL에서도 경고 14, 13회를 기록했다. 카드 관리가 과제다.

NEW ADDITION

FW	17	마이클 올리스
		Michael Olise

출전경기	경기시간(분)	골	어시스트	경고	퇴장
19	1,277	10	6	–	–

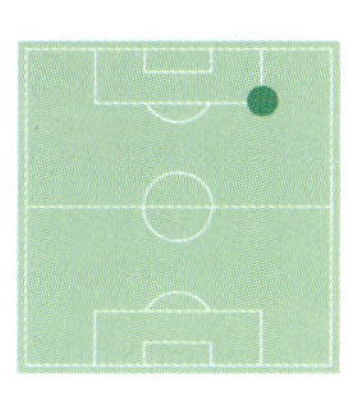

국적: 프랑스

크리스털 팰리스의 공격력을 좌지우지한 핵심 중 하나였다. 지난 시즌에는 부상이 길어져 출전 시간은 많지 않았으나 출전 때의 파괴력은 상당했다. 왼발잡이 오른쪽 윙으로서 넓게 윙플레이를 하든, 안쪽으로 들어와 연계하든, 폭발적 스피드와 드리 블 능력 그리고 왼발 킥으로 상대를 파괴하는 자원이다. 과거 아스널, 첼시, 맨시티, 레딩 유스를 거쳤고, 팰리스로 이적하기 전에도 빅클럽들의 많은 관심을 받은 바 있다. 이번에도 마찬가 지였지만 바이에른을 택했다. 몸이 튼튼한 선수는 아니라도 지난 시즌 부상은 조기 복귀 탓도 있었다.

GK 1 마누엘 노이어
Manuel Neuer

국적: 독일

샬케 유스로 프로 데뷔하면서부터 강렬한 현대적 골키퍼 모델 그 자체다. 선방 능력, 공중볼 등 박스 장악은 물론이고, 스위퍼 키퍼로서 골문을 비우고 뛰쳐나오는 볼 처리에 빌드업, 발기술, 킥 능력까지 뛰어나다. 오랜 시간, 바이에른과 독일 대표팀의 넘버원 자리를 차지하고 있다. 지난 시즌 챔피언스리그 4강에서는 의외의 실책도 있었으나 유로 2024에서는 이름값을 했다. 올해 8월부로 대표팀에서는 은퇴를 선언했다.

출전경기	경기시간(분)	실점	무실점(경기)	경고	퇴장
23	2,054	33	7	1	-

DF 2 다요 우파메카노
Dayot Upamecano

국적: 프랑스

잘츠부르크, 라이프치히를 거쳤다. 센터백이 넘치는 프랑스에서도 주전급 자원이었다. 거구에도 빠른 스피드와 민첩성, 반응 속도 등 많은 장점을 갖고 있다. 대인 방어와 뒷공간 커버는 물론이고 패스, 빌드업에도 강하다. 김민재와 비슷한 장점을 공유하고 있고 그와 더불어 올 시즌 입지가 다시 좋아질 전망이다. 다만 잦은 부상과 집중력 저하, 큰 경기에서의 실책 등 평가를 저하시키는 요인은 개선될 필요가 있다.

출전경기	경기시간(분)	골	어시스트	경고	퇴장
25	1,765	1	-	1	1

DF 3 김민재
Min-jae Kim

국적: 대한민국

나폴리의 철 기둥, 코리안 몬스터의 바이에른 첫 시즌은 쉽지 않았다. 전반기에는 혹사 논란이 일 정도로 많은 경기를 소화했다. 후반기 들어서는 감독의 선호와 맞지 않는 플레이, 실책 등으로 벤치 자원이 됐다. 레알 마드리드와의 챔피언스리그 경기는 악몽이 됐다. 수비 라인을 올리고 적극적 전진 수비를 선호하는 콤파니 감독 부임은 호재. 지난 시즌에는 훈련소 입소로 프리시즌에 온전히 집중하기 힘들었다.

출전경기	경기시간(분)	골	어시스트	경고	퇴장
25	1,971	1	1	3	-

DF 15 에릭 다이어
Eric Dier

국적: 잉글랜드

지난 겨울, 토트넘에서 밀려 바이에른으로 올 당시만 해도 케인의 추천과 센터백 숫자 보강일 뿐이라는 평이 지배적이었다. 그러나 수비진 전력 누수가 큰 상황에서 기대 이상의 활약으로 완전이적 옵션을 발동시켰다. 물론 백업으로서 그렇다. 투헬 감독의 선호 등 상황도 맞았다. 콤파니 감독 아래 올린 수비 라인에서는 민첩성, 안정감 등 약점이 다시 드러날 전망이다. 롱패스나 내려앉는 수비는 준수하다.

출전경기	경기시간(분)	골	어시스트	경고	퇴장
15	1,167	-	-	1	-

DF 19 알폰소 데이비스
Alphonso Davies

국적: 캐나다

캐나다 최연소 A매치 출전, 득점 기록 보유자. 당시 MLS 이적료 기록을 세우며 바이에른 직행으로 화제를 모았다. 공격수부터 풀백까지 좌측면 모두 소화할 수 있는 선수. 바이에른에서는 레프트백으로 폭발적 공격력을 보였고, 캐나다에서는 전진 배치되는 편. 다만 운동능력에 비해 수비력, 수비 의식, 세밀함, 부상 등에서는 아쉬움을 보이고 있다. 계약 기간이 1년 남았고, 레알과의 링크도 지속 중이다.

출전경기	경기시간(분)	골	어시스트	경고	퇴장
29	2,067	2	5	-	-

DF 21 이토 히로키
Hiroki Ito

국적: 일본

지난 세 시즌 동안 슈투트가르트에서 활약에 힘입어, 바이에른에 입성한 후방 멀티 요원. 기본적으로는 센터백인데 수비형 미드필더도 소화한다. 레프트백으로서 자리잡고 킥 능력, 테크닉 등 강점이 십분 발휘됐다. 일단 수비진 구성, 데이비스의 이적 가능성 등에서 레프트백으로 분류된다. 다만 프리시즌에 중족골 부상으로 3개월 이탈했다. 오른쪽 눈썹의 백반증과 낙태 종용 등 경기 외적으로도 이슈가 있는 선수.

출전경기	경기시간(분)	골	어시스트	경고	퇴장
26	2,232	-	2	1	-

DF 22 하파엘 게레이루
Raphaël Guerreiro

국적: 포르투갈

도르트문트에서 넘어온 유틸리티 요원. 포르투갈 대표팀과 도르트문트에서도 멀티플레이어로 활약했다. 기본적으로 레프트백이지만 중앙 미드필더는 물론 측면 공격수로 전진 배치도 가능하다. 지난 시즌, 챔피언스리그 4강에서 레알 마드리드 상대로 팀이 선전할 때도 측면 공격수로 활약했다. 영리하고 기술적이며 킥이 좋은 선수다. 다만 부상이 잦은 것이 흠이다. 수비수로서는 수비력이 다소 아쉽다.

출전경기	경기시간(분)	골	어시스트	경고	퇴장
20	1,194	3	-	2	-

DF 44 요시프 스타니시치
Josip Stanišić

국적: 크로아티아

지난 시즌에는 레버쿠젠 임대를 다녀왔다. 시즌 중반 수비진의 대표 차출, 부상으로 겨울에 복귀 요청했으나 레버쿠젠 측이 거부했다. 바이에른 상대로 득점도 기록했다. 지난 시즌 전반기에는 출전 기회를 못 잡았으나 후반기 들어서 주전급으로 도약했다. 포백 모든 포지션을 소화할 수 있는 선수. 센터백, 풀백으로서 고른 기량과 영리함이 장점이다. 팀 사정, 개인 특기 등을 고려할 때, 라이트백 우선 기용이 예상된다.

출전경기	경기시간(분)	골	어시스트	경고	퇴장
20	1,257	3	1	3	-

MF 6 요슈아 키미히
Joshua Kimmich

국적: 독일

지난 시즌 키미히는 개인 폼도 온전치 않았으나, 6번 역할 미드필더로 다른 스타일을 선호하는 투헬 감독과의 문제도 있었다. 시즌 중후반기에는 라이트백이 없어 경력 초기처럼 라이트백으로 갔다. 유로 2024도 라이트백으로 소화. 이제 다시 미드필더가 됐다. 영리함, 활동량, 킥 능력 등 강점은 확실하다. 본인의 컨디션과 파트너 상황도 좋아졌다. 현재 에이전트가 없고 2025년 계약 만료를 앞두고 있다.

출전경기	경기시간(분)	골	어시스트	경고	퇴장
28	2,186	1	6	1	1

MF 8 레온 고레츠카
Leon Goretzka

국적: 독일

보훔, 샬케를 거쳐 바이에른 입단. 체격과 공격적 재능, 벌크업의 조화로 키미히와 함께 중원을 장악하던 시절이 무색하다. 부상, 부진이 이어지며 하락세. 위력적이던 슈팅도 전 같지 않다. 프리시즌 훈련 중 콤파니 감독에게 지적당하더니, 시즌 첫 공식 경기인 포칼 명단에서 제외되기도 했다. 본인은 남아서 경쟁하고자 하나 구단은 이적 압력을 넣고 있다. 폼, 주급 등을 고려하면 이적도 쉽지 않다.

출전경기	경기시간(분)	골	어시스트	경고	퇴장
30	2,243	6	7	3	-

MF 27 콘라트 라이머
Konrad Leimer

국적: 오스트리아

리퍼링, 잘츠부르크, 라이프치히. 레드불 산하 구단을 차례로 거친 하드워킹 미드필더. 레드불 구단 계열 출신 오스트리아 미드필더답게 왕성한 활동량과 체력, 성실성, 멀티 포지션 소화 능력을 자랑한다. 다만 그 이상을 기대하기는 쉽지 않다. 기술적인 면이나 세밀함과는 거리가 있다. 로테이션, 백업 자원이지만 부상이나 경고 수집 등의 리스크도 있다. 그래도 지난 시즌에는 양호했던 편이다.

출전경기	경기시간(분)	골	어시스트	경고	퇴장
29	1,770	-	3	3	-

MF 45 알렉산다르 파블로비치
Aleksandar Pavlović

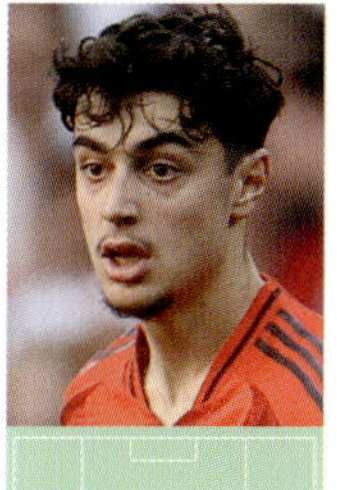

국적: 독일

7세부터 바이에른 유스 소속. 지난 시즌, 선수가 부족한 상황에서 2군에서 올라와 기대 이상의 활약을 펼친 자원. 코너킥 등 세트피스 상황에서의 킥 능력뿐만 아니라 볼 운반, 탈압박 등의 능력도 같은 나이대에 비해 수준급이다. 큰 키와 활동량, 양발 사용 능력 등 다재다능하고, 어린 나이에도 빌드업 능력이 있다. 초기부터 주목받던 유망주는 아니었으나, 성장을 거듭하며 독일 성인대표팀에 차출되기도 했다.

출전경기	경기시간(분)	골	어시스트	경고	퇴장
19	1,231	2	2	4	-

FW 7 세르주 그나브리
Serge Gnabry

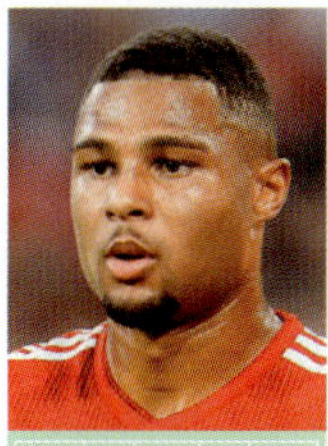

국적: 독일

시간이 지날수록 경기력과 스탯 모두 떨어지며 우려를 샀다. 지난 시즌 전까지는 폼과 별개로 팀 전력을 등에 업고 킥 능력, 마무리로 스탯은 쌓았다. 지난 시즌에는 부상과 부진, 체중 관리 문제 등 여러모로 최악의 시즌을 보냈다. 리그 7시즌 연속 두 자릿수 득점 실패. 출전 시간도 팀에 공헌도가 없다시피 했다. 그래도 이번 프리시즌과 본 시즌 초반에는 몸이 가벼워져 약간의 향상이 기대된다.

출전경기	경기시간(분)	골	어시스트	경고	퇴장
10	433	3	1	-	-

FW 9 해리 케인
Harry Kane

국적: 잉글랜드

프리미어리그 최다 득점 도전을 뒤로 하고 트로피를 찾아 바이에른에 입성한 잉글랜드의 간판스타. 공교롭게도 그가 오고 본인도 무관, 바이에른도 무관에 그친 시즌이 됐다. 레반도프스키를 잊게 해준 톱클래스 컴플리트 스트라이커. 리가, 챔피언스리그, 유로 득점왕은 달성했지만, 유로는 지난 대회에 이어 또 준우승에 그쳤다. 지난 시즌 전반기에 비해 후반기 폼이 아쉽기도 했다. 올 시즌 동기부여에 기대.

출전경기	경기시간(분)	골	어시스트	경고	퇴장
32	2,844	36	8	2	-

FW 10 르로이 사네
Leroy Sané

국적: 독일

샬케에서 촉망받던 유망주로서 스피드, 드리블, 킥력, 득점력 등 화려한 플레이로 많은 기대를 받고 맨시티로 이적했다. 좋았던 시절도 있었으나 장기 부상, 부진 끝에 바이에른으로 이적. 지난 네 시즌 간 스탯은 나쁘지 않았다. 부상과 경기의 기복이 문제. 단기적 기복도 있었지만, 지난 시즌의 경우 11월 이후 리그 골이 없었다. 되는 날과 안 되는 날의 차이가 크고, 시야나 연계 문제 등을 아직도 지적받고 있다.

출전경기	경기시간(분)	골	어시스트	경고	퇴장
27	2,142	8	11	4	-

FW 11 킹슬리 코망
Kingsley Coman

국적: 프랑스

2012/13 시즌 16세에 프로 데뷔하고 파리 생제르맹, 유벤투스, 바이에른을 거치며 매 시즌 리그 우승을 차지했다. 그러나 지난 시즌에는 무관에 그쳤다. 본인의 출전 시간, 득점도 2015/16 입단 이래 최악의 시즌 중 하나가 됐다. 기본적으로 부상이 잦다. 리그 1800분 출전을 넘긴 시즌이 없다. 그만큼 폼을 올리고 유지하기도 어렵다. 돌파력에 비해 킥이나 마무리가 아쉬운 것도 고질적이다.

출전경기	경기시간(분)	골	어시스트	경고	퇴장
17	1,123	3	3	1	-

FW 25 토마스 뮐러
Thomas Müller

국적: 독일

바이에른 원클럽맨. 공간 해석자, 라움도이터의 대명사 그 자체. 나이가 들고 경기 내 영향력과 운동능력, 출전 시간 등이 줄기는 했다. 그래도 플레이 스타일에서 노화에 비교적 구애받지 않는 영리함이 있다. 연계와 위치 선정으로 도우미 역할을 톡톡히 하고 있다. 2016/17 이후, 리그 두 자릿수 득점은 2020/21 시즌뿐, 득점력이 하락세다. 그래도 지난 시즌에는 리그 9도움, 팀 내 2위를 기록했다.

출전경기	경기시간(분)	골	어시스트	경고	퇴장
31	1,660	5	9	-	-

FW 39 마티스 텔
Mathys Tel

국적: 프랑스

유망주 산실인 프랑스의 스타드 렌 유스 출신. 1군에서 리그 50분도 안 뛴 선수를 2,000만 유로에 영입해 화제를 모은 바 있는 선수. 지난 두 시즌 동안 출전 시간을 늘렸고 득점도 늘었다. 아직 마무리 측면에서 유망주 티를 벗지 못하고 있다고 하지만, 사실 스무 살도 안 된 선수다. 기본적으로 체격, 스피드, 기술 등에서 잠재력은 충분하다. 다만 현 시점에서는 스트라이커로도, 윙으로도 애매한 상태다.

출전경기	경기시간(분)	골	어시스트	경고	퇴장
30	1,031	7	5	2	-

RB 라이프치히
RB Leipzig

TEAM PROFILE	
창 립	2009년
구 단 주	마크 마테시츠(오스트리아)
감 독	마르코 로제(독일)
연 고 지	작센주 라이프치히
홈 구 장	레드불 아레나(4만 7,069명)
라 이 벌	로코모티베 라이프치히
홈페이지	https://rbleipzig.com/de/

최근 5시즌 성적

시즌	순위	승점
2019-2020	3위	66점(18승12무4패, 81득점 37실점)
2020-2021	2위	65점(19승8무7패, 60득점 32실점)
2021-2022	4위	58점(17승7무10패, 72득점, 37실점)
2022-2023	3위	66점(20승6무8패, 64득점, 41실점)
2023-2024	4위	65점(19승8무7패, 77득점, 39실점)

BUNDESLIGA (전신 포함)

통 산	없음
23-24 시즌	4위(19승8무7패, 승점 65점)

DFB POKAL

통 산	2회
23-24 시즌	32강

UEFA

통 산	없음
23-24 시즌	챔피언스리그 16강

경기 일정

라운드	날짜	장소	상대팀
1	2024.08.24	홈	VfL 보훔
2	2024.09.01	원정	바이엘 04 레버쿠젠
3	2024.09.14	홈	FC 우니온 베를린
4	2024.09.23	원정	FC 장크트파울리
5	2024.09.28	홈	아우크스부르크
6	2024.10.06	원정	FC 하이덴하임
7	2024.10.19	원정	1.FSV 마인츠 05
8	2024.10.26	홈	SC 프라이부르크
9	2024.11.03	원정	보루시아 도르트문트
10	2024.11.10	홈	보루시아 묀헨글라트바흐
11	2024.11.23	원정	TSG 1899 호펜하임
12	2024.11.30	홈	VfL 볼프스부르크
13	2024.12.07	원정	홀슈타인 킬
14	2024.12.14	홈	아인트라흐트 프랑크푸르트
15	2024.12.21	원정	FC 바이에른 뮌헨
16	2025.01.11	홈	SV 베르더 브레멘
17	2025.01.15	원정	VfB 슈투트가르트
18	2025.01.18	원정	VfL 보훔
19	2025.01.25	홈	바이엘 04 레버쿠젠
20	2025.02.01	원정	FC 우니온 베를린
21	2025.02.08	홈	FC 장크트파울리
22	2025.02.15	원정	아우크스부르크
23	2025.02.22	홈	FC 하이덴하임
24	2025.03.01	홈	1.FSV 마인츠 05
25	2025.03.08	원정	SC 프라이부르크
26	2025.03.15	홈	보루시아 도르트문트
27	2025.03.29	원정	보루시아 묀헨글라트바흐
28	2025.04.05	홈	TSG 1899 호펜하임
29	2025.04.12	원정	VfL 볼프스부르크
30	2025.04.19	홈	홀슈타인 킬
31	2025.04.26	원정	아인트라흐트 프랑크푸르트
32	2025.05.03	홈	FC 바이에른 뮌헨
33	2025.05.10	원정	SV 베르더 브레멘
34	2025.05.17	홈	VfB 슈투트가르트

전력 분석 · 거의 온전하게 전력을 보존했다

지난 시즌 라이프치히는 리그 4위, 포칼 32강 탈락, 챔피언스리그 16강 탈락으로 다소 아쉬운 시즌을 보냈다. 슈퍼컵에서 바이에른에 0-3 완승으로 초반 분위기는 좋았으나 시즌 중에 부침을 보였다. 그나마 챔피언스리그에서 레알 마드리드 상대로는 선전했다. 지난 시즌과 전력은 대동소이하다. 다니 올모가 유로에서 활약 이후 바르셀로나로 떠나기는 했다. 라이프치히에서 개인 능력은 좋았지만, 부상으로 기여도가 기량만큼 높지는 않았던 선수다. 물론 그의 창조성은 아쉬울 수 있다. 그래도 지난 시즌 핵심 자원들은 남아있는 만큼 더 좋은 조직력을 기대해 볼 수도 있다. 지난 시즌, '따로 또 같이' 파괴력을 선보인 로이스 오펜다–벤야민 셰슈코 듀오의 존재가 올 시즌에도 주요 무기가 될 전망이다. 라이프치히로 넘어올 때도 그랬지만 지난여름에도 많은 해외 빅클럽들의 관심을 받은 셰슈코가 한 시즌 더 남기로 한 것은 큰 이득이다. 이들을 지원하던 사비 시몬스도 다시 임대로 라이프치히를 선택했다. 미드필더 유망주 아산 웨드라오고도 다른 팀들과의 영입 경쟁에서 승리. 윙포워드 기대주 안토니오 누사도 스타일은 다르지만, 올모를 대신할 자원으로 영입해 전력 보존과 유망주 영입 두 마리 토끼를 모두 잡았다.

전술 분석 · 기본과 철학에 바탕을 둔 다양한 변주

잘츠부르크의 성공을 함께한 감독답게 같은 레드불 사단의 철학을 공유하고 있다. 기본 포진은 역시 레드불 사단 특유의 4-2-2-2. 일단 투톱과 중앙, 측면을 오가는 2선 자원들로 공격을 풀어간다. 풀백들이 적극적으로 전진해 공격을 지원하고 팀 전체 라인은 높게 형성한다. 발 빠르고 빌드업에 능한 센터백들과 하드워커 중앙 미드필더들이 이를 뒷받침하는 구조. 팀 전원이 빠르게 압박, 전방 압박, 재압박하며 공수 전환도 빠르게 가져가고, 최대한 높은 위치에서 최단 거리, 최단 시간의 득점 루트를 노린다.

젊고 성공에 굶주린 유망주들, 빠르고 많이 뛰는 자원들과 멀티플레이어들까지, 이런 유형의 선수들을 잘 모아 놓은 팀이다. 앞서 언급한 레드불 사단 팀을 경유하며 위와 같은 특성, 철학을 체화한 선수들이 많다. 감독, 선수들이 공유하는 철학 덕에 선수 교체, 포메이션 변화에도 기본이 흔들리지 않는다. 투톱 중 하나가 측면으로 빠지고 2선 자원들이나 풀백들도 침투하고, 하드워커 미드필더의 측면 배치로 중원 싸움을 하면서 공격자원들의 수비 부담을 덜어주는 등 다양한 구조와 선수 특성 활용이 있다.

RB Leipzig v FC Bayern München - Bundesliga
라이프치히의 로이스 오펜다가 바이에른 뮌헨의 김민재에게
태클을 받고 있다. <2023/09/30, Red Bull Arena>

꾸준함이 과제

전술 철학은 확립되어 있고 선수층도 이를 뒷받침하고 있다. 다만 지난 시즌에 받아 든 과제들이 있다. 이겼어야 하는 경기에서 주도권과 많은 기회를 잡고도 무승부에 그친 경기들이 꽤 있었다. 또한 리그 내 라이벌들과의 경기에서 수비 집중력, 뒷심이 아쉽기도 했다. 시즌 중에 여러 양상의 경기가 펼쳐지기 마련이지만 다소 눈에 띄게 빈발했다. 잘 나가다가 흐름이 끊기고 회복하는 데에 시간이 걸리는 경우도 몇 차례 있었다. 젊은 선수들 위주의 팀이고 공격적 스타일에 따른 반대급부지만, 발전이 없다면 올 시즌도 우승 경쟁이 아닌 챔피언스리그 티켓 경쟁으로 만족해야 한다. 지난 시즌 5위 도르트문트와의 승점 차가 2점에 불과했다. 부진했던 3위 바이에른과도 승점 7점 차였다.

올모가 떠난 것이 아쉬운 지점은 그의 창조성과 킥 한 방이다. 현재 팀 내에 있는 자원들 중에서 그 정도 수준에 이른 이는 없다. 누사, 베르미렌, 웨드라오고는 잠재성이 충분하나 다른 유형이고, 빅리그에서의 경쟁력을 이제 입증해야 한다. 다른 영입 자원은 유망한 골키퍼 마르텐 반데부르트다. 반사 신경과 장신 등 좋은 조건을 갖췄으나 페테르 굴라치가 아직 건재하다. 부상 중이거나 부상 이력이 있는 자원들의 관리도 변수다. 백업 공격수들도 아쉽다. 유수프 폴센은 보조자로서는 좋지만 득점력이 떨어진다. 안드레 실바는 골 감각이 살아날 수 있을지 의문이다. 전체적으로 전력 유지는 했으나 업그레이드는 미지수라 볼 수 있다. 그래도 긍정적 요인들은 충분하다. 세슈코가 지난 시즌 전반기는 좋지 못했으나, 후반기부터 득점력을 보이며 적응하는 모습이었으니, 올 시즌은 초반부터 기대해 볼 수 있다. 누사는 리그 첫 경기에서 결승골을 기록해 빠르게 적응할 가능성이 있다. 포칼부터 2경기 연속 득점이다. 시몬스도 좋은 폼을 이어가고 있다. 재기발랄한 공격자원들에 기대를 건다.

IN & OUT

주요 영입	주요 방출
안드레 실바(임대복귀), 아르투르 베르미렌(임대), 아산 웨드라오고, 안토니오 누사, 마르텐 반데부르트, 뤼츠하럴 헤이르트라위다	야니스 블라스비히(임대), 다니 올모, 모하메드 시마칸

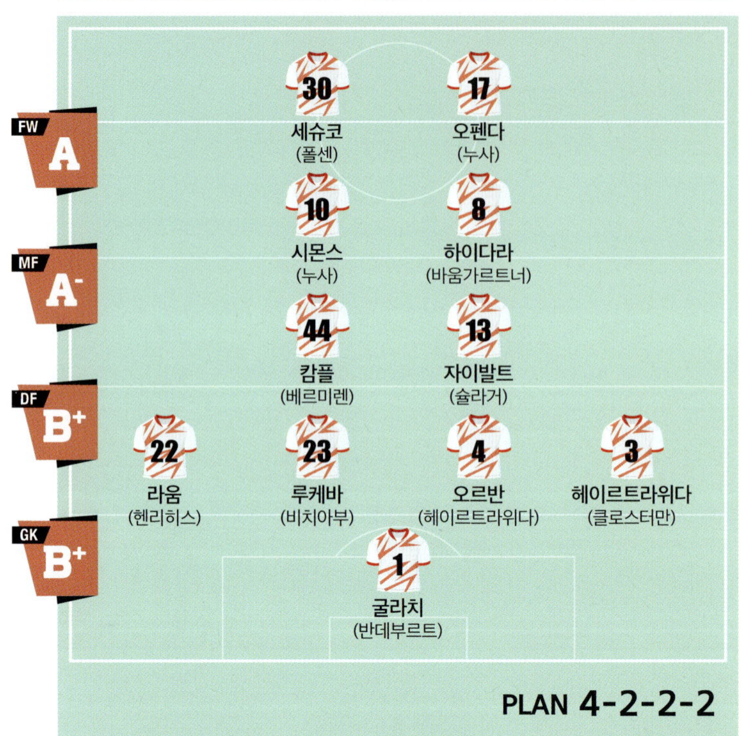

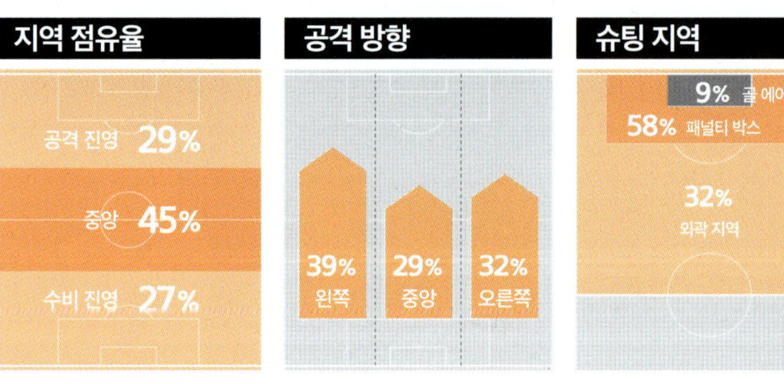

TEAM RATINGS

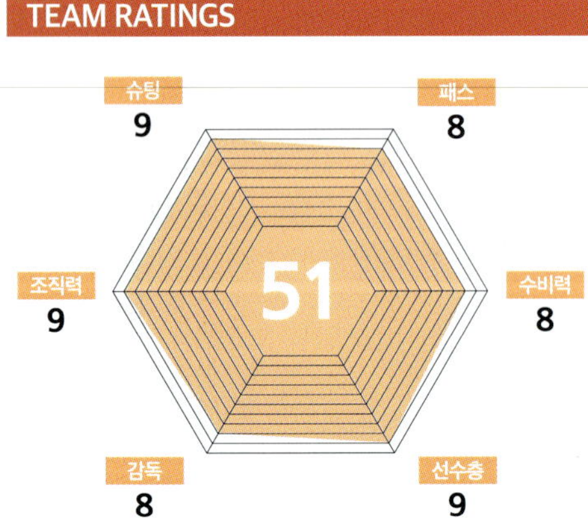

2023/24 프로필

팀 득점	77
평균 볼 점유율	55.40%
패스 정확도	84.80%
평균 슈팅 수	15.7
경고	59
퇴장	1

골 타입

오픈 플레이	61	
세트 피스	17	
카운터 어택	13	
패널티 킥	5	
자책골	4	단위 (%)

패스 타입

쇼트 패스	88	
롱 패스	8	
크로스 패스	3	
스루 패스	0	단위 (%)

SQUAD

포지션	등번호	이름		생년월일	키(cm)	체중(kg)	국적
GK	1	페테르 굴라치	Péter Gulácsi	1990.05.06	191	86	헝가리
	25	레오폴트 칭게를레	Leopold Zingerle	1994.04.10	185	78	독일
	26	마르텐 반데부르트	Maarten Vandevoordt	2002.02.26	192	80	벨기에
DF	3	뤼츠하럴 헤이르트라위다	Lutsharel Geertruida	2000.07.18	184	76	네덜란드
	4	빌리 오르반	Willi Orbán	1992.11.03	186	87	헝가리
	5	엘 샤데유 비치아부	El Chadaille Bitshiabu	2005.05.16	196	95	프랑스
	16	루카스 클로스터만	Lukas Klostermann	1996.06.03	187	88	독일
	22	다비트 라움	David Raum	1998.04.22	180	75	독일
	39	벤야민 헨리히스	Benjamin Henrichs	1997.02.23	183	79	독일
MF	6	엘리프 엘마스	Eljif Elmas	1999.09.24	184	78	북 마케도니아
	8	아마두 하이다라	Amadou Haidara	1998.01.31	175	72	말리
	10	사비 시몬스	Xavi Simons	2003.04.21	179	58	네덜란드
	13	니콜라스 자이발트	Nicolas Seiwald	2001.05.04	179	79	오스트리아
	14	크리스토프 바움가르트너	Christoph Baumgartner	1999.08.01	180	73	오스트리아
	18	아르투르 베르미렌	Arthur Vermeeren	2005.02.07	180	76	벨기에
	20	아산 웨드라오고	Assan Ouédraogo	2006.05.09	191	84	독일
	24	크사버 슐라거	Xaver Schlager	1997.09.28	174	76	오스트리아
	44	케빈 캄플	Kevin Kampl	1990.10.09	178	66	슬로베니아
FW	7	안토니오 누사	Antonio Nusa	2005.04.17	180	73	노르웨이
	9	유수프 포울센	Yussuf Poulsen	1994.06.15	192	84	덴마크
	11	로이스 오펜다	Loïs Openda	2000.02.16	177	75	벨기에
	19	안드레 실바	André Silva	1995.11.06	185	84	포르투갈
	30	벤야민 세슈코	Benjamin Sesko	2003.05.31	195	85	슬로베니아

COACH

마르코 로제 *Marco Rose*
1976년 9월 11일생 독일

라이프치히에서 태어나 현역 시절에는 수비수로서 VfB 라이프치히, 하노버, 마인츠 등에서 뛰었다. 클롭, 투헬 감독의 밑에서 선수 생활을 했고, 마인츠 2군에서 선수 겸 수석 코치를 지냈다. 로코모티브 라이프치히에서의 한 시즌 이후 잘츠부르크 16세 이하 팀부터 레드불과 연을 맺었다. 잘츠부르크 성인팀 감독으로 승격돼 성공으로 이끌고 뮌헨글라트바흐로 떠났다. 준수한 성적을 거뒀으나 템퍼링, 태업 의혹 속에 도르트문트로 향했다. 하지만 다소 아쉬운 성적을 거두고 경질됐다. 현재까지 라이프치히에서는 순탄하다.

상대팀 최근 6경기 전적

구분	승	무	패
바이엘 레버쿠젠	2		4
슈투트가르트	4	1	1
바이에른 뮌헨	2	2	2
RB 라이프치히			
보루시아 도르트문트	5		1
아인트라흐트 프랑크푸르트	2	2	2
호펜하임	5	1	
하이덴하임	3	2	1
베르더 브레멘	4	2	
프라이부르크	6		
아우크스부르크	4	2	
볼프스부르크	4		2
마인츠	1	2	3
보루시아 뮌헨글라트바흐	4		2
우니온 베를린	3		3
보훔	4	1	1
장크트 파울리	1		3
홀슈타인 킬	4		2

KEY PLAYER

FW 17 로이스 오펜다
Lois Openda

출전경기	경기시간(분)	골	어시스트	경고	퇴장
34	2,716	24	7	4	-

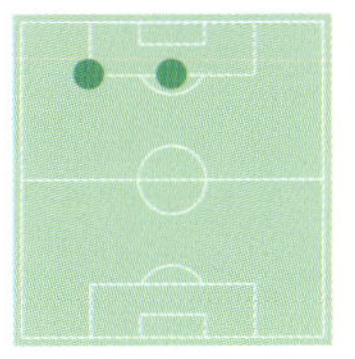

국적: 벨기에

벨기에, 네덜란드, 프랑스, 독일. 지난 네 시즌 동안 계속해서 큰 무대로 옮기면서 득점 숫자도 더 커지고 있다. 팀 전력이 가는 곳마다 좋아지기도 하지만 리그 수준도 올라가고 있다. 고무적이다. 빠른 스피드와 탄력으로 최전방에서 상대를 다양하게 괴롭힌다. 측면으로 빠지며 투톱에서의 움직임도 좋다. 양발, 머리 등 득점 방식도 변화롭다. 다만 본능적 움직임, 마무리에 비해 공을 잡고 처리하는 패스와 테크닉의 세밀함은 아쉽다. 오프사이드에 자주 걸리기도. 장단점이 확실하고 국가대표팀에서의 활약은 아직 미진하다.

DARK HORSE

MF 10 사비 시몬스
Xavi Simons

출전경기	경기시간(분)	골	어시스트	경고	퇴장
32	2,675	8	11	9	1

국적: 네덜란드

바르셀로나, 파리 생제르맹에서 유스 시절을 보냈으나 1군에서 충분한 기회를 받지 못하고 PSV로 이적했다. 천재성에 더해 피지컬이 올라가고 22골 12도움으로 득점왕에 오르며 다시 PSG의 부름을 받았다. 지난 시즌, 라이프치히로 임대되어서도 맹활약을 이어갔다. 유로 2024에서도 나쁘지 않은 모습이었다. PSG에서 다시 임대를 보내기로 했고, 바이에른이 경쟁에 나섰으나 재차 라이프치히를 택했다. 지난 시즌에는 7g번을, 잠시 헤어졌다가 돌아와서는 10번을 달았다. 그만큼 지난 시즌의 활약이 인정받을 만했다는 의미다.

NEW ADDITION

FW 7 안토니오 누사
Antonio Nusa

출전경기	경기시간(분)	골	어시스트	경고	퇴장
27	1,269	3	3	-	-

국적: 노르웨이

노르웨이의 네이마르로 불리는 기대주. 올모가 떠나고 7번을 물려받았다. 라이프치히가 2,100만 유로를 투자했다. 그만큼 팀에서도 많은 기대를 하고 있다. 노르웨이의 스타베크 유스 출신으로 2021시즌 프로 데뷔. 데뷔 3개월 만에 2021/22 시즌 여름 이적시장을 통해 이적한다. 클루프 브뤼허에서 리그, 유럽대항전을 소화하며 뛰어난 스피드와 발재간을 선보여 많은 클럽의 관심을 받았다. 노르웨이 황금세대의 한 축으로 기대되는 자원. 새 시즌 초반, 연속 득점으로 출발이 좋다. 2선 어디서나 뛸 수 있지만 왼쪽이 베스트다.

GK 1 페테르 굴라치
Péter Gulácsi

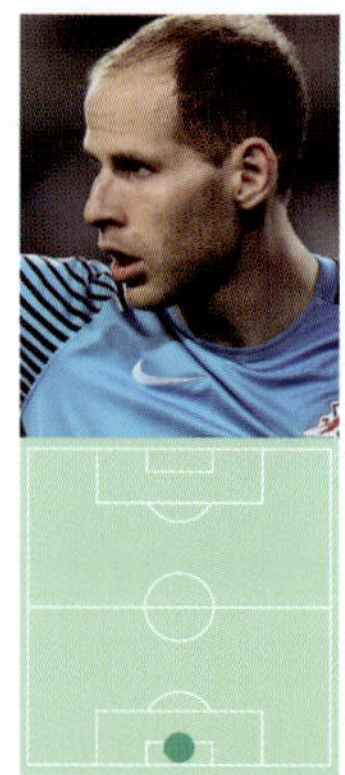

국적: 헝가리

헝가리와 라이프치히 부동의 넘버원 골키퍼. 리버풀에서는 임대만 다녔다. 잘츠부르크에서의 활약으로 2015/16 라이프치히 이적. 2016/17부터 주전으로 자리 잡았다. 2022/23 시즌 초반 십자인대 부상을 당했다. 지난 시즌에 복귀, 다시 주전 자리를 찾았다. 반사 신경과 안정감 모두 갖춘 베테랑. 다만 근래 자잘한 부상이 늘어 주장 자리를 대표팀 동료 오르반에게 넘겼다. 현재 부주장이다.

출전경기	경기시간(분)	실점	무실점(경기)	경고	퇴장
13	1,170	9	5	-	-

DF 3 뤼츠하럴 헤이르트라위다
Lutsharel Geertruida

국적: 네덜란드

로테르담 태생으로 연고지역 팀인 페예노르트에서 유스부터 시작해 프로 데뷔는 물론 국가대표까지 입성했다. 센터백, 라이트백, 스리백 스토퍼는 물론 수비형 미드필더로도 뛸 수 있는 후방 멀티자원이다. 후방 여러 위치에서 빌드업에 도움을 주면서 공격 가담도 위협적이다. 그만큼 체격, 운동능력, 기술을 고르게 갖추고 있다. 2023/24시즌에도 라이프치히와 연결됐다. 시마칸이 떠나고 대체자로 영입됐다.

출전경기	경기시간(분)	골	어시스트	경고	퇴장
34	3,041	8	5	2	-

DF 4 빌리 오르반
Willi Orbán

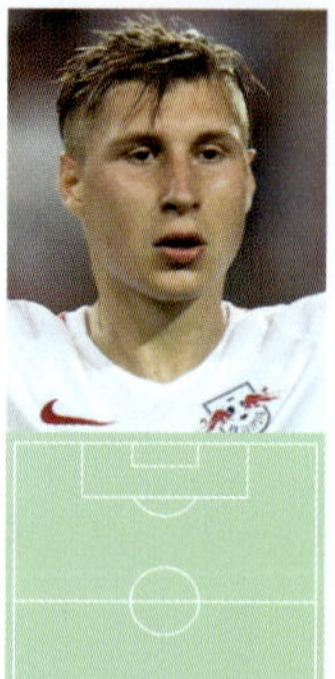

국적: 헝가리

독일 태생이고 21세 이하 대표였지만 헝가리 대표를 택했다. 카이저슬라우테른 태생으로 유스 출신. 1군 주전으로 자리매김한 후, 2부 강등된 팀에서 주전으로 분투하다가 당시 2부였던 라이프치히로 이적했다. 그때부터 현재까지 주전급 자원으로 활약 중이다. 팀내 몇 안 되는 베테랑이기도 하다. 2019/20 시즌 무릎 부상과 지난 시즌 초반의 무릎 부상 외에는 선발로 나와 안정적으로 수비를 리드하고 있다.

출전경기	경기시간(분)	골	어시스트	경고	퇴장
19	1,583	-	-	2	-

DF 16 루카스 클로스터만
Lukas Klostermann

국적: 독일

보훔 유스 출신. 14년 3월, 2부에 있던 보훔에서 데뷔하고 바로 같이 2부에 있던 라이프치히로 이적했다. 그때부터 팀 내에서 유용한 자원으로 상승세를 함께했다. 장신에 빠른 스피드도 있어 수비 라인에서 만능 요원으로 주전과 준 주전을 오간다. 다만 근래 몇 시즌은 부상으로 일정 시간 이상을 소화하지 못한 것이 흠. 어느 포지션이든 무난하게 소화하나 특별한 장점은 눈에 띄지 않는 편이다.

출전경기	경기시간(분)	골	어시스트	경고	퇴장
25	1432	1	-	3	-

DF 22 다비트 라움
David Raum

국적: 독일

그로이터 퓌르트 유스 출신으로 2부에서 프로 데뷔했다. 2020/21 시즌 13도움으로 2부 도움왕에 등극했다. 호펜하임으로 이적해 2021/22 시즌 3득점 11도움으로 기대에 부응했다. 바로 라이프치히로 이적. 2022/23 시즌에는 부진했지만, 지난 시즌에 살아나며 유로 2024에도 출전했다. 날카로운 왼발 킥이 주 무기다. 수비력에 대한 의문이 있고, 경고도 두 시즌 간 5, 6회씩 기록.

출전경기	경기시간(분)	골	어시스트	경고	퇴장
31	2,745	2	8	6	-

DF 23 카스텔로 루케바
Castello Lukeba

국적: 프랑스

리옹 유스 출신으로 팀에서 주전으로 자리 잡고, 지난 여름 라이프치히에 3,000만 유로로 이적. 왼발잡이 센터백이고 정확한 패스와 빌드업 기여도로 높은 평가를 받고 있다. 직접적으로 전방에 기회를 만들어주기도 하고 발기술, 침착함도 돋보인다. 다만 184cm로 센터백으로서는 크지 않은 키로 인해 공중볼 경합에서는 아쉽다. 지상 경합은 준수하나 전체적으로 깔끔한 수비에 비해 터프함이 부족하다.

출전경기	경기시간(분)	골	어시스트	경고	퇴장
32	2,186	1	-	3	-

DF 39 벤야민 헨리히스
Benjamin Henrichs

국적: 독일

레버쿠젠 유스 출신. 주전으로 활약하며 좋은 시기도 있었지만 부진 끝에 모나코로 떠났다. 2020/21 라이프치히에 영입됐고 매 시즌 출전 시간을 늘리고 있다. 미드필더로 시작했으나 풀백으로 내려온 케이스. 미드필드 아래부터 어느 포지션이든 소화할 수 있고 그만큼 빌드업에 도움을 주며 패스와 킥에도 능하다. 볼을 잘 따내면서 발기술도 있다. 유로 2024 본선에도 발탁됐으나 출전 시간은 거의 없었다.

출전경기	경기시간(분)	골	어시스트	경고	퇴장
33	2,532	1	5	5	-

MF 6 엘리프 엘마스
Eljif Elmas

국적: 북마케도니아

자국의 라보트니치키에서 활약하다가 페네르바체에 입단했다. 2시즌 만에 나폴리로 이적. 주로 서브 자원으로 활약했다. 우승한 팀과 함께 스탯, 폼이 좋아졌다가, 지난 시즌에는 부진했고 출전 시간도 적었다. 후반기에 라이프치히로 이적. 나폴리로 이적 당시 1,600만 유로, 라이프치히로는 2,300만 유로로 이적했다. 그만큼 드리블과 볼 다루는 능력이 돋보인다. 다만 포지션마다 애매함이 문제다.

출전경기	경기시간(분)	골	어시스트	경고	퇴장
14	257	-	-	-	-

MF 8 아마두 하이다라
Amadou Haidara

국적: 말리

리퍼링, 잘츠부르크, 라이프치히를 거친 레드불 시스템의 적자라 할 수 있다. 2020/21부터 출전 시간이 늘어나며 팀에 영향력을 미치고 있다. 다만 잦은 부상으로 인해 일정 출전 시간을 소화하기가 쉽지 않다. 지난 두 시즌 간 리그 경고도 7, 5개로 경고 누적 출전 정지도 있다. 그럼에도 출전 시에는 왕성한 활동량과 다재다능함으로 공수에서 기여한다. 발기술, 세밀함, 경합은 상대적으로 아쉽다.

출전경기	경기시간(분)	골	어시스트	경고	퇴장
21	1,537	2	1	5	-

MF 13 니콜라스 자이발트
Nicolas Seiwald

국적: 오스트리아

리퍼링, 잘츠부르크를 거쳐 지난 시즌 라이프치히에 입성했다. 오스트리아 국적, 체구까지 여러모로 바이에른으로 떠난 라이머, 현 동료인 슐라거와 비슷하다. 활동량이 좋은 박스 투 박스 미드필더다. 경합, 태클, 패스 등도 준수하다. 그러나 지난 시즌, 주전 경쟁에서는 밀렸고 좋은 폼을 보여주지 못했다. 그래도 유로 예선, 유로 본선에서는 주력으로 활약하며 자신감을 얻었다. 슐라거를 대신해야 한다.

출전경기	경기시간(분)	골	어시스트	경고	퇴장
21	708	-	2	1	-

MF 14 크리스토프 바움가르트너
Christoph Baumgartner

국적: 오스트리아

호펜하임 유스 출신. 2019/20 시즌부터 주전으로 활약했다. 지난 시즌 라이프치히에 입단. 5시즌 간 일정한 득점력을 보였다. 라이프치히로 와서는 주로 교체 자원이었으나 줄어든 출전 시간에도 득점력을 이어갔다. 공격형 미드필더를 비롯해 여러 미드필더 포지션을 소화할 수 있다. 영리한 움직임과 다양한 한 방이 있다. 지난 시즌, 박스 안에서 3득점, 밖에서 2득점을 냈다. 카드 수집은 흠이다.

출전경기	경기시간(분)	골	어시스트	경고	퇴장
32	1152	5	1	3	-

MF 18 아르투르 베르미렌
Arthur Vermeeren

국적: 벨기에

앤트워프 유스 출신으로 2022/23 시즌부터 주전 자원으로 활약했다. 지난 시즌 도중인 1월 이적시장을 통해 2200만 유로에 아틀레티코 마드리드로 이적했지만 기회를 거의 얻지 못했다. 이번 시즌 라이프치히로 임대됐다. 어린 나이에 이미 벨기에 A대표 출전도 했다. 유로 2024 명단에도 들었다. 수비형 미드필더, 중앙 미드필더로서 패스, 테크닉이 좋다. 다만 경합은 피지컬이 아직 완성되지 않아 아쉽다.

출전경기	경기시간(분)	골	어시스트	경고	퇴장
5	160	-	-	2	-

MF 20 아산 웨드라오고
Assan Ouédraogo

국적: 독일

샬케 유스 출신의 중앙미드필더. 지난 시즌 샬케에서 프로 데뷔했다. 잦은 부상으로 2부 리그에서 많은 시간 출전을 한 것은 아니지만, 많은 1부 클럽들의 관심을 받았다. 바이에른의 관심도 있었으나 라이프치히로 이적. 키 191cm에 몸무게 84kg으로 18세에 벌써 피지컬이 완성됐다. 왕성한 활동량에 볼을 다루는 재능도 수준급. 플레이 메이킹, 킥, 여러 포지션 소화 등 다재다능하다. 다만 부상 관리가 필요하다

출전경기	경기시간(분)	골	어시스트	경고	퇴장
17	827	3	2	2	-

MF 24 크사버 슐라거
Xaver Schlager

국적: 오스트리아

리퍼링, 잘츠부르크, 볼프스부르크에서 활약으로 2022/23 라이프치히에 입단했다. 지난 시즌에는 더 많은 시간을 소화하며 팀에 공헌했다. 큰 체구는 아니지만 궂은일을 도맡아가며 팀의 공수 밸런스를 잡아준다. 활동량, 패스, 태클 등 공수의 기량이 고르다. 첫 시즌과 달리 부상이 없다가 지난 시즌 막바지 십자인대 파열. 대표팀과 소속팀 모두에게 타격이다. 경기 스타일상 경고와 부상이 문제.

출전경기	경기시간(분)	골	어시스트	경고	퇴장
29	2,482	-	5	7	-

MF 44 케빈 캄플
Kevin Kampl

국적: 슬로베니아

레버쿠젠 유스 출신. 1군에서 자리를 못 잡고 하부 리그에서 뛰다가 잘츠부르크에서 활약. 도르트문트 시절은 좋지 못했고 레버쿠젠으로 이적. 돌아온 친정팀에서 살아나 라이프치히에 입단했다. 2선 자원으로 볼을 끄는 단점이 있었으나 레버쿠젠에서부터는 중원, 3선으로 내려와 소유권 관리, 탈압박에서의 장점으로 승화했다. 원래도 중앙과 측면을 오갔던 만큼 멀티성도 있고 활동량도 늘어 쏠쏠한 자원이다.

출전경기	경기시간(분)	골	어시스트	경고	퇴장
26	1,361	1	-	3	-

FW 9 유수프 포울센
Yussuf Poulsen

국적: 덴마크

라이프치히가 3부 리그에 있던 시절인 2013/14 시즌부터 함께해 왔다. 꾸준한 출전 시간으로 팀에 공헌했으나, 득점력이 좋은 편은 아니었다. 하부 리그에서도 리그 시즌 10골 안팎, 1부에서는 2018/19 15득점 외에는 5득점 전후였다. 192cm 장신이지만 측면으로 빠지거나 득점원의 보조 역할을 하는 스타일이다. 파괴력은 떨어져도 조커, 로테이션 자원으로 유용하다. 압박과 활동량이 좋다.

출전경기	경기시간(분)	골	어시스트	경고	퇴장
28	1,213	5	2	-	-

FW 19 안드레 실바
André Silva

국적: 포르투갈

포르투 유스 출신으로 2016/17 시즌 리그 16득점, 챔피언스리그 5득점으로 인상적인 시즌을 보내고 3,800만 유로에 AC밀란으로 이적했다. 밀란에서의 부진으로 한 시즌 만에 세비야로 임대된다. 프랑크푸르트로 이적해 2시즌 동안 리그 40득점으로 라이프치히에 영입됐다. 그러나 갈수록 실망스러웠다. 소시에다드로 임대됐던 지난 시즌도 마찬가지. 부상, 부진이 이어져 부활할 수 있을지 의문이다.

출전경기	경기시간(분)	골	어시스트	경고	퇴장
19	728	3	-	1	-

FW 30 벤야민 세슈코
Benjamin Sesko

국적: 슬로베니아

리퍼링, 잘츠부르크에서 라이프치히로 넘어온 또 다른 레드불의 작품. 2022/23 시즌의 활약으로 라이프치히로 이적. 지난 시즌의 리그 후반기에 11득점을 기록했다. 몰아넣기 없이 한 골씩이었고, 막판에는 7경기 연속 득점. 195cm의 장신이지만 최고 속도 시속 35.47km를 기록할 정도로 빠르다. 부드러운 퍼스트 터치와 테크닉에 양발과 머리 모두로 마무리가 가능하다. 연계 플레이도 준수하다.

출전경기	경기시간(분)	골	어시스트	경고	퇴장
31	1,532	14	2	-	-

Borussia Dortmund

TEAM PROFILE

창 립	1909년
회 장	라인홀트 루노(독일)
감 독	누리 샤힌(튀르키예)
연 고 지	노르트라인베스트팔렌 주 도르트문트
홈 구 장	지그날 이두나 파크(8만 1,365명)
라 이 벌	샬케 04, FC 바이에른 뮌헨
홈페이지	www.bvb.de

최근 5시즌 성적

시즌	순위	승점
2019-2020	2위	69점(21승6무7패, 84득점 41실점)
2020-2021	3위	64점(20승4무10패, 75득점 46실점)
2021-2022	2위	69점(22승3무9패, 85득점 52실점)
2022-2023	2위	71점(22승5무7패, 83득점 44실점)
2023-2024	5위	63점(18승9무7패, 68득점 43실점)

BUNDESLIGA (전신 포함)

통 산	우승 5회
23-24 시즌	5위(18승9무7, 승점 63점)

DFB POKAL

통 산	우승 5회
23-24 시즌	16강

UEFA

통 산	챔피언스리그 우승 1회
23-24 시즌	챔피언스리그 준우승

경기 일정

라운드	날짜	장소	상대팀
1	2024.08.25	홈	아인트라흐트 프랑크푸르트
2	2024.08.31	원정	SV 베르더 브레멘
3	2024.09.14	홈	FC 하이덴하임
4	2024.09.23	원정	VfB 슈투트가르트
5	2024.09.28	홈	VfL 보훔
6	2024.10.05	원정	FC 우니온 베를린
7	2024.10.19	홈	FC 장크트파울리
8	2024.10.26	원정	아우크스부르크
9	2024.11.03	홈	RB 라이프치히
10	2024.11.09	원정	1.FSV 마인츠 05
11	2024.11.23	홈	SC 프라이부르크
12	2024.12.01	홈	FC 바이에른 뮌헨
13	2024.12.07	원정	보루시아 묀헨글라트바흐
14	2024.12.14	홈	TSG 1899 호펜하임
15	2024.12.21	원정	VfL 볼프스부르크
16	2025.01.11	홈	바이엘 04 레버쿠젠
17	2025.01.15	원정	홀슈타인 킬
18	2025.01.18	원정	아인트라흐트 프랑크푸르트
19	2025.01.25	홈	SV 베르더 브레멘
20	2025.02.01	원정	FC 하이덴하임
21	2025.02.08	홈	VfB 슈투트가르트
22	2025.02.15	원정	VfL 보훔
23	2025.02.22	홈	FC 우니온 베를린
24	2025.03.01	원정	FC 장크트파울리
25	2025.03.08	홈	아우크스부르크
26	2025.03.15	원정	RB 라이프치히
27	2025.03.29	홈	1.FSV 마인츠 05
28	2025.04.05	원정	SC 프라이부르크
29	2025.04.12	원정	FC 바이에른 뮌헨
30	2025.04.19	홈	보루시아 묀헨글라트바흐
31	2025.04.26	원정	TSG 1899 호펜하임
32	2025.05.03	홈	VfL 볼프스부르크
33	2025.05.10	원정	바이엘 04 레버쿠젠
34	2025.05.17	홈	홀슈타인 킬

전력분석 | 실망과 희망의 교차 속에 새 출발

도르트문트는 지난 시즌 리그 5위에 그쳤다. 독일 팀들이 유럽대항전 포인트를 잘 쌓고, 잉글랜드 팀들이 무너지고, 새로운 포맷의 챔피언스리그가 포인트 상위 두 리그에 다섯 장의 티켓을 배분한 넉에 챔피언스리그 출전은 이어갔다. 물론 그 포인트 축적에 크게 일조한 팀이 도르트문트이기는 했다. 리그에서는 실망이 컸지만, 챔피언스리그에서는 죽음의 조를 예전 사례들처럼 1위로 돌파하고 결승까지 질주했다. 2013년 웸블리에서 바이에른과 챔피언스리그 결승 대결 이후로 첫 결승이었다. 마츠 훔멜스, 마르코 로이스 두 노장은 다시 준우승에 그쳤고 팀을 떠났다. 실력으로나 정신적으로나 팀을 지탱해 온 노장들이 떠나면서 선수단의 개편이 시작됐다. 물론 로이스는 출전 시간과 영향력이 떨어졌고, 훔멜스는 마지막 불꽃을 태웠으나 경기 외적인 마무리가 안 좋기는 했다. 어쨌든 훔멜스 후계자로 발데마르 안톤이 가세했고, 공격진에는 세루 기라시와 막시밀리안 바이어라는 리그 내에서 검증된 핫한 공격 자원들이 영입됐다. 지로나의 돌풍 주역 중 하나인 얀 코투가 영입돼 풀백 고민도 덜게 됐다. 브라이튼의 만능 미드필더 파스칼 그로스도 가세해 중원의 퀄리티 역시 올라갔다. 여기에 지난 시즌 수석코치였던 누리 샤힌이 감독으로 승격해 이들을 이끈다.

전술분석 | 신임감독이 보여줄 다양한 가능성과 우려

소방수로서 어느 정도 성적을 내 주던 에딘 테르지치 감독의 부진에, 지난 시즌 도중 샤힌과 스벤 벤더가 수석코치로 투입되고 후반기엔 반등이 있었다. 보드진에 반발한 테르지치 감독의 사임으로 샤힌이 감독 기회를 얻게 됐다. 벤더가 나가고 우카시 피슈첵이 수석 코치로 왔다. 언급된 세 사람 모두 현역 시절 이 팀에서 클롭의 제자들이다. 테르지치 감독의 실리적인, 혹은 경직되고 답답한 운영과 세부 전술 부재에 비해 새로운 시도가 눈에 띈다. 다만 그 효용에 대해서는 의문이다. 프리시즌부터 보인 실험이 시즌 초반 실전에서도 이어지고 있다. 특히 스리백 내지 변형 스리백(포백)으로 니코 슐로터베크가 왼쪽 스토퍼 내지 수비적인 왼쪽 풀백을 맡은 것이 눈에 띈다. 윙포워드로 기용되던 아데예미의 톱 기용도 기라시의 부상 탓도 있으나 이어졌다. 얀 코투의 부상도 있어 윙백 자원으로 풀백, 윙들이 기용됐다. 율리안 브란트와 마르셀 자비처가 전진 배치된 3-4-2-1에서, 포백 변화 가운데 윙포워드들을 투입하는 변주를 보여주고 있으나 아직 만족스럽지 않다. 일단 스피드가 아쉽던 훔멜스가 떠난 만큼 수비 라인은 올라갔다.

남아있는 불안 요소

지난 시즌과 비교하면 마트센, 산초가 떠난 것이 눈에 띈다. 기복이 있었던 산초에 비하면 마트센을 놓친 것은 아쉽게 됐다. 좌우 풀백들의 공격력 부족이 지난 시즌의 문제이기도 했다. 일단 얀 코투가 워낙 공격적이라 왼쪽 풀백을 수비적으로 기용할 수도 있기는 하다. 위에 언급한 실험이나 벤세바이니의 존재가 이와 궤를 같이 한다. 그로스의 가세로 중원 빌드업 퀄리티 상승은 가장 긍정적인 요인. 최전방에 빠른 기라시와 바이어가 추가되어 전방 압박, 상대 전진 억제 등에서도 이점이 생겼다. 필크루크가 포스트 플레이, 결정력으로 분전했으나 느린 그는 해줄 수 없었던 일이다. 한 시즌 만에 떠났지만, 이윤을 꽤나 남기기도 했다. 문제는 여전히 선수단의 양과 질이다. 홀란드, 벨링엄을 키워 보내고 그만한 선수가 없다. 지난 시즌보다는 좋은 선수단이고 좋은 영입을 했으나 여전히 부족하다. 잉여 자원들 처분도 매각이 아닌 임대다. 전문 왼쪽 풀백, 센터백과 중원 자원 부족이 문제다. 특히 스리백, 변형 스리백을 쓰는데 전문 센터백이 셋뿐이다. 바이어, 기라시 모두 측면과 중앙을 오갈 수 있지만 동선이 겹치는 타입이기도 하다. 전술 적응, 수정도 과제다.

TEAM RATINGS

구분	점수
슈팅	9
패스	8
조직력	7
수비력	9
감독	7
선수층	7
종합	47

2023/24 프로필

팀 득점	68
평균 볼 점유율	58.10%
패스 정확도	85.50%
평균 슈팅 수	15.1
경고	55
퇴장	4

골 타입	값
오픈 플레이	59
세트 피스	21
카운터 어택	12
패널티 킥	9
자책골	0

단위 (%)

패스 타입	값
쇼트 패스	88
롱 패스	9
크로스 패스	3
스루 패스	0

단위 (%)

IN & OUT

주요 영입	주요 방출
지오바니 레이나(임대 복귀), 발데마르 안톤, 얀 코투, 파스칼 그로스, 막시밀리안 바이어, 세루 기라시	제이든 산초, 이안 마트센(이상 임대 복귀), 니클라스 필크루크, 톰 로테, 마리우스 볼프(계약만료), 살리흐 외즈찬, 유수파 무코코, 세바스티앙 알레(이상 임대)

TEAM FORMATION

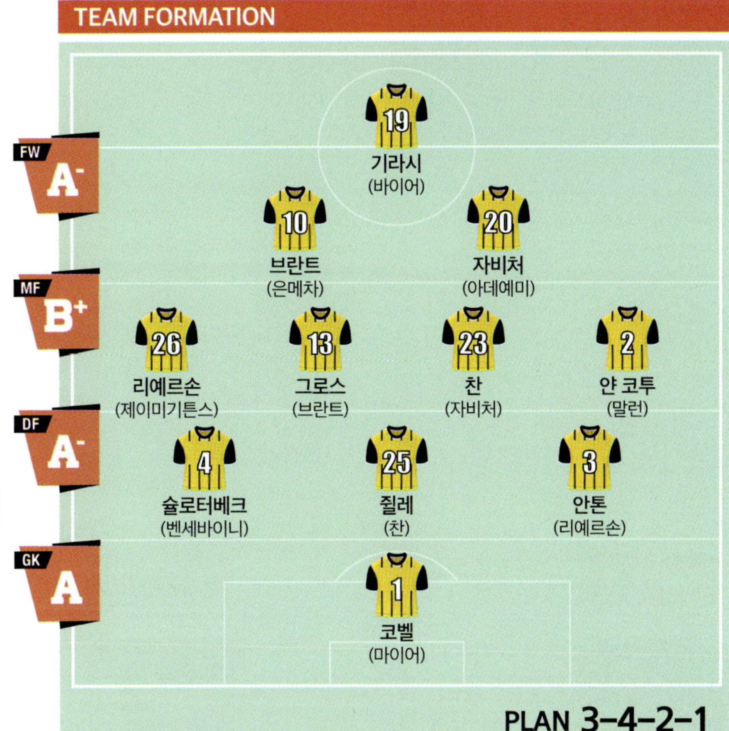

지역 점유율

공격 방향

슈팅 지역

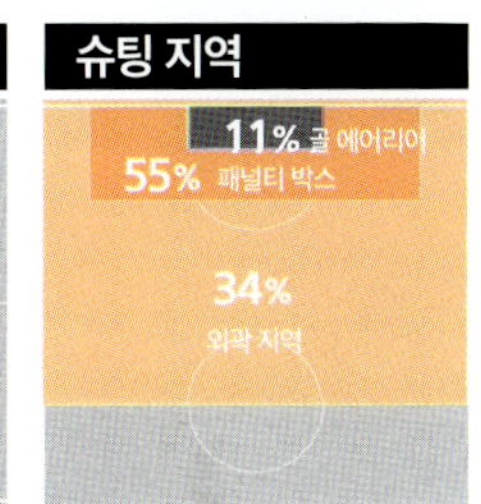

상대팀 최근 6경기 전적

구분	승	무	패
바이엘 레버쿠젠	3	2	1
슈투트가르트	2	1	3
바이에른 뮌헨	1	1	4
RB 라이프치히	1		5
보루시아 도르트문트			
아인트라흐트 프랑크푸르트	5	1	
호펜하임	5		1
하이덴하임		2	
베르더 브레멘	5		1
프라이부르크	5		1
아우크스부르크	4	2	
볼프스부르크	4	1	1
마인츠	3	2	1
보루시아 묀헨글라트바흐	4		2
우니온 베를린	5		1
보훔	3	2	1
장크트 파울리	4	1	1
홀슈타인 킬	2		

SQUAD

포지션	등번호	이름		생년월일	키(cm)	체중(kg)	국적
GK	1	그레고르 코벨	Gregor Kobel	1997.12.06	196	88	스위스
	33	알렉산더 마이어	Alexander Meyer	1991.04.13	195	90	독일
	35	마르셀 로트카	Marcel Lotka	2001.05.25	190	87	독일
DF	2	얀 코투	Yan Couto	2002.06.03	168	60	브라질
	3	발데마르 안톤	Waldemar Anton	1996.07.20	189	75	독일
	4	니코 슐로터베크	Nico Schlotterbeck	1999.12.01	191	86	독일
	5	라미 벤세바이니	Ramy Bensebaini	1995.04.16	187	80	알제리
	25	니클라스 쥘레	Niklas Süle	1995.09.03	195	99	독일
	26	율리안 리예르손	Julian Ryerson	1997.11.17	183	86	노르웨이
	42	알무게라 카바르	Almugera Kabar	2006.06.06	186	–	독일
MF	7	지오바니 레이나	Giovanni Reyna	2002.11.13	185	79	미국
	8	펠릭스 은메차	Felix Nmecha	2000.10.10	190	73	독일
	10	율리안 브란트	Julian Brandt	1996.05.02	185	83	독일
	13	파스칼 그로스	Pascal Groß	1991.06.15	181	78	독일
	20	마르첼 지비치	Marcel Sabitzer	1994.03.17	178	76	오스트리아
	23	엠레 찬	Emre Can	1994.01.12	186	86	독일
	37	콜 캠벨	Cole Campbell	2006.02.20	–	–	미국
	38	키엘 바티엔	Kjell Wätjen	2006.02.15	184	72	독일
FW	9	세루 기라시	Serhou Guirassy	1996.03.12	187	82	기니
	14	막시밀리안 바이어	Maximilian Beier	2002.10.17	185	72	독일
	16	쥘리앙 뒤랑빌	Julien Duranville	2006.05.05	170	59	벨기에
	21	도니얼 말런	Donyell Malen	1999.01.19	176	68	네덜란드
	27	카림 아데예미	Karim Adeyemi	2002.01.18	180	75	독일
	43	제이미 기튼스	Jamie Gittens	2004.08.08	175	70	잉글랜드

COACH

누리 샤힌 *Nuri Şahin*
1988년 9월 5일생 튀르키예

도르트문트 유스 출신. 뛰어난 재능을 가진 미드필더로 명성을 떨쳤다. 레알, 리버풀을 거쳤지만, 부상으로 폼을 오래 유지하지는 못했다. 선수 말년을 보낸 안탈리아스포르에서 2년 간 감독 경험을 쌓았다. 당시 성적은 좋지도 나쁘지도 않았다. 팀의 레전드랄 수 있는 베테랑들이 떠났으며 새로운 선수들도 들어와 팀 장악은 수월해졌다. 전술적 유연성도 가능성을 보였다. 출발도 좋다. 또 다른 현역 레전드 출신인 빅클럽의 초보 감독이다. 아르테타, 알론소의 길을 갈 수 있을지 귀추가 주목된다.

PLAYERS

MF 10 율리안 브란트 *Julian Brandt* 
KEY PLAYER

국적: 독일

볼프스부르크 유스 출신. 어려서부터 천재적 재능의 소유자로 빅클럽들의 이목을 끌었다. 2014년, 유망주들에게 주는 상인 프리츠 발터 메달 18세 이하 부문 금메달을 받은 바 있다. 독일 연령별 대표팀에도 꾸준하게 발탁됐다. 2013/14 시즌 레버쿠젠으로 이적해 분데스리가에 데뷔했다. 레버쿠젠에서 주전으로 성장하며 도르트문트로 이적했으나 처음 두 시즌은 기대에 못 미쳤다. 본인의 재능을 꾸준히 보이지 못했다. 그 후로는 자신의 재능을 펼쳐 중원의 핵심이 됐다. 킥, 패스, 중거리 슈팅 등으로 공격 포인트를 잘 올리면서 테크닉도 좋아 경기에서 많은 영향력을 행사한다. 중원과 2선에서 여러 포지션을 경험해 경기 이해도도 높고 여러 포지션을 소화할 수 있다.

출전경기	경기시간(분)	골	어시스트	경고	퇴장
32	2,232	7	11	2	–

GK 1 그레고르 코벨 *Gregor Kobel*

국적: 스위스

호펜하임 유스 출신. 아우크스부르크 임대로 두각을 나타냈고 슈투트가르트로 이적해 승격의 주역이 됐다. 넘버원 골키퍼 부재로 고민하던 도르트문트로 이적해 그간 주전 자리를 지켜 왔다. 엄청난 반사 신경으로 꾸준히 인상적인 선방을 해 낸다. 지난 시즌 팀 성적도 그의 뒷받침이 컸다. 빌드업 능력도 갖추고 있어 후방이 든든하다. PK 선방 능력에 더해 1대1 상황에서도 강하다. 커버 범위도 넓다.

출전경기	경기시간(분)	실점	무실점(경기)	경고	퇴장
27	2,366	34	7	1	–

DF 2 얀 코투 *Yan Couto*

국적: 브라질

코리치바 FC 유스 출신. 프로 데뷔도 같은 팀에서 했다. 바르셀로나의 관심에도 맨시티로 이적, 맨시티의 자매 구단이자 바르셀로나와 가까운 지로나로 임대됐다. 2부에서 인상적인 활약을 펼치고 그다음 시즌에는 브라가로 임대. 그 후 2시즌 동안 지로나에서 임대로 또 활약했고 지난 시즌엔 지로나의 3위 등극에 일조했다. 성인 내쵸팀에도 선발. 다재다능하고 폭발적인 공격력이 있지만 체구, 수비는 의문이다.

출전경기	경기시간(분)	골	어시스트	경고	퇴장
34	2,246	1	8	8	–

DF 3 발데마르 안톤 *Waldemar Anton*

국적: 독일

하노버 유스 출신. 프로 데뷔 시즌에는 많이 뛰지 못했고 강등되기도 했다. 2부에서 주전으로 활약하며 팀의 빠른 승격을 이끌었다. 22세에 주장 완장을 차기도 했다. 이후 하노버에서 계속 뛰다가 2019/20 시즌에 강등되고도 한 시즌을 2부에서 함께 했다. 지난 4시즌 동안, 슈투트가르트의 주전으로 활약하며 주장 완장을 차기도 했고 이제 훔멜스를 대체하게 됐다. 빌드업과 직접 볼 운반에도 능하다.

출전경기	경기시간(분)	골	어시스트	경고	퇴장
33	2,888	–	3	7	–

DF 4 니코 슐로터베크 *Nico Schlotterbeck*

국적: 독일

친형 케벤과 더불어 프라이부르크 유스 출신인 왼발잡이 장신 센터백. 장신이면서도 빠르고 발기술도 좋다. 후방 빌드업의 주축이며 롱패스는 물론 직접 전진 능력도 갖추고 있는 만능 수비수다. 날카로운 태클도 인상적이다. 지난 시즌, 훔멜스와 더불어 영혼의 수비와 공격 재능을 선보이며 챔피언스리그 결승행을 견인했다. 연령별 대표를 거쳐 A대표에서도 주력 자원으로 자리 잡았다. 팀의 세 번째 주장.

출전경기	경기시간(분)	골	어시스트	경고	퇴장
33	2,861	2	1	4	–

DF 25 니클라스 쥘레 *Niklas Süle*

국적: 독일

호펜하임 유스 출신. 바이에른으로 이적했으나 꾸준히 좋은 모습은 아니었다. 도르트문트에서도 마찬가지다. 키 195cm, 99kg으로 거구임에도 최고 속도가 상당하다. 킥과 발기술도 준수해 유사시에 라이트백으로 투입되기도 한다. 다만 이러한 스타일을 몸이 버티지 못해 두 번의 십자인대 부상에 갖가지 잔 부상도 잦다. 체구로 인해 민첩성, 방향 전환에 약점이 있고 가속과 제공권이 상대적으로 아쉽다.

출전경기	경기시간(분)	골	어시스트	경고	퇴장
23	1,510	1	–	–	–

DF 26 율리안 리예르손 *Julian Ryerson*

국적: 노르웨이

노르웨이의 비킹 유스 출신으로 프로 데뷔. 2부에 있던 우니온 베를린에 이적해 승격과 성장을 함께 했다. 우니온에서 확실한 주전은 아니었다. 도르트문트에서도 로테이션, 멀티 백업 자원. 기본적으로 오른쪽 풀백이지만 왼쪽 풀백을 비롯해 중앙 수비와 수비형 미드필더도 가능하다. 그만큼 전체적인 능력이 고르고 왼발도 잘 쓰지만, 스탯 생산력이나 특기라 할 장점은 아쉽다. 부상 이력도 여럿 있다.

출전경기	경기시간(분)	골	어시스트	경고	퇴장
21	1,772	4	1	3	–

MF 8 펠릭스 은메차
Felix Nmecha

국적: 독일

함부르크 태생. 맨시티 유스에서 성장해 볼프스부르크에 입단했다. 친형 루카도 같은 코스를 밟았다. 첫 시즌에는 적은 시간 교체 투입. 두 번째 시즌에는 주전급으로 도약하며 리그 3골 6도움을 기록했다. 벨링엄이 거액에 떠나고 3,000만 유로를 투자해 영입했으나 아직 기대에는 못 미친다. 좋은 체격과 테크닉은 있지만 그 이상의 공수 기량, 생산성이 아직 미흡하다. 부상도 꽤 있었다.

출전경기	경기시간(분)	골	어시스트	경고	퇴장
20	1,016	1	2	3	-

MF 13 파스칼 그로스
Pascal Groß

국적: 독일

호펜하임 유스 출신. 프로 데뷔는 했으나 카를스루어를 거쳐 잉골슈타트에서 기량이 만개했다. 2부와 1부에서의 쏠쏠한 활약으로 브라이튼으로 이적. 공격형 미드필더, 중앙 미드필더, 윙, 풀백 등 멀티플레이어였다. 나이가 들고 중원에 안착했다. 양발 킥력, 빌드업, 연계, 활동량, 테크닉, 기회 창출 등 다방면에서 뛰어나다. 브라이튼의 프리미어리그 최다 득점, 도움 기록 보유자. 늦깎이 A대표도 됐다.

출전경기	경기시간(분)	골	어시스트	경고	퇴장
36	3,114	4	10	7	-

MF 20 마르첼 자비처
Marcel Sabitzer

국적: 오스트리아

아드미라 유스 출신. 프로 데뷔 후 라피드 빈, 잘츠부르크에서의 활약으로 라이프치히 입성. 강력한 킥력으로 많은 골과 도움을 기록해 주목받았다. 바이에른에서는 주역이 아니었고, 세밀함 부족이 드러났다. 맨유 임대에서도 좋지 못했다. 그래도 지난 시즌 도르트문트로 이적해서는 활동량과 킥력으로 중원에서 높아진 공헌도를 선보였다. 중앙, 공격형 미드필더와 측면 미드필더를 볼 수 있고 왼발도 좋다.

출전경기	경기시간(분)	골	어시스트	경고	퇴장
25	1,966	4	3	3	1

MF 23 엠레 찬
Emre Can

국적: 독일

바이에른 유스 출신. 레버쿠젠에서의 활약부터 궤도에 올라 리버풀, 유벤투스를 거쳐 도르트문트에 입단했다. 좋은 체격과 스피드, 활동량에 나름 테크닉도 있다. 중앙 미드필더, 수비형 미드필더는 물론 풀백, 센터백을 보기도. 중거리 슈팅 능력도 있다. 다만 피지컬에 비해 영리한 플레이를 하지만 빌드업과는 다소 거리가 있다. 한동안 지키는 수비를 하더니 리셋됐다. 세밀함이 떨어지고 기복, 안정감도 문제.

출전경기	경기시간(분)	골	어시스트	경고	퇴장
25	1,956	2	2	5	-

FW 9 세루 기라시
Serhou Guirassy

국적: 기니

라발에서 프로 데뷔하고, 릴을 거쳐 2부의 오세르에서 리그 8득점을 올리며 주목받았다. 쾰른에 입단했으나 활약이 충분치 못했다. 프랑스로 돌아와 아미앵, 렌에서 준수한 활약으로 슈투트가르트로 임대. 첫 시즌 11득점을 올리고, 지난 시즌에 완전 이적하고 대폭발. 방출 조항으로 저렴하게 도르트문트에 입단. 체격과 스피드에 볼 결정력도 붙었다. 스트라이커로서 다양한 역할에 측면 플레이도 가능. 부상 관리가 관건이다.

출전경기	경기시간(분)	골	어시스트	경고	퇴장
28	2,214	28	2	-	-

FW 14 막시밀리안 바이어
Maximilian Beier

국적: 독일

호펜하임 유스 출신. 연령별 팀에서 득점력으로 프로 데뷔도 했으나 자리를 잡은 것은 지난 시즌의 일이다. 그 전 2시즌 간 하노버 임대로 많은 출전 기회를 얻고 득점력이 점차 올라왔다. 지지난 시즌 2부에서 7득점. 지난 시즌에는 1부에서 핫한 매물로 떠올랐다. 올해 3월부터 A대표팀에 차출되기도 했다. 폭발적 스피드와 마무리 능력이 강점이다. 측면에서도 뛸 수 있으나 발기술이 뛰어나지는 않다.

출전경기	경기시간(분)	골	어시스트	경고	퇴장
33	2,434	16	1	4	-

FW 21 도니엘 말런
Donyell Malen

국적: 네덜란드

아약스, 아스널 유스였으나 PSV에서 프로로 데뷔했다. PSV에서의 맹활약 덕에 도르트문트로 이적했다. 첫 시즌은 리그 5득점 등 부진했다. 그래도 점차 발전하며 지난 시즌에는 좋은 성적을 올렸다. 공격 전 포지션을 소화할 수 있고, 예전에는 왼쪽에서 위력을 발휘했으나 근래 들어 우측 윙포워드 자리에서 가장 편한 모습이다. 스피드는 확실하나 세밀한 기술, 움직임, 마무리는 다소 아쉽다.

출전경기	경기시간(분)	골	어시스트	경고	퇴장
27	1,786	13	1	5	-

FW 27 카림 아데예미
Karim Adeyemi

국적: 독일

리퍼링, 잘츠부르크 출신. 2021/22 시즌 활약으로 주목받고 도르트문트에 영입됐다. 잘츠부르크에서는 투톱의 일원이었다. 도르트문트 전술과는 맞지 않았다. 지난 2시즌 동안 결정력 부족으로 비판받았다. 지난 시즌, 챔피언스리그 결승에서도 큰 기회를 놓쳤다. 스피드, 수비 가담은 뛰어나지만, 결정력, 세밀한 플레이에서 부족하다. 역습 시 질주, 볼 운반 정도 외에는 윙 포워드로서는 한계가 있다.

출전경기	경기시간(분)	골	어시스트	경고	퇴장
21	911	3	1	4	1

FW 43 제이미 기튼스
Jamie Gittens

국적: 잉글랜드

레딩, 맨시티 유스를 거쳐 도르트문트에 입단했다. 유스에서 올라와 2021/22 시즌에 프로로 데뷔, 매 시즌 출전 시간을 늘리고 있다. 그동안 커리어나 좌우 윙이라는 포지션, 국적 등에서 제이든 산초와 비견된다. 산초에 비하면 스피드와 킥력에서 더 강점이 있다. 양발 사용 면에서도 그렇다. 다만 그에 비해 연계 플레이나 판단력 등은 아쉽다. 볼을 끄는 경향이 있다. 개막전 2득점으로 출발은 좋았다.

출전경기	경기시간(분)	골	어시스트	경고	퇴장
25	1,061	1	4	1	-

아인트라흐트 프랑크푸르트

Eintracht Frankfurt

TEAM PROFILE

창 립	1899년
회 장	마티아스 베크(독일)
감 독	디노 토프묄러(독일)
연 고 지	헤센주 프랑크푸르트암마인
홈 구 장	도이체 방크 파르크(5만 8,000명)
라 이 벌	SV 다름슈타트, 키커스 오펜바흐
홈페이지	www.eintracht.de

최근 5시즌 성적

시즌	순위	승점
2019-2020	9위	45점(13승6무15패, 59득점 60실점)
2020-2021	5위	60점(16승12무6패, 69득점 53실점)
2021-2022	11위	42점(10승12무12패, 45득점 49실점)
2022-2023	7위	50점(13승11무10패, 58득점 52실점)
2023-2024	6위	47점(11승14무9패, 51득점 50실점)

BUNDESLIGA (전신 포함)

통 산	우승 1회
23-24 시즌	6위(11승14무9패, 승점 47점)

DFB POKAL

통 산	우승 5회
23-24 시즌	16강

UEFA

통 산	유로파 리그 2회 우승
23-24 시즌	챔피언스리그 16강

경기 일정

라운드	날짜	장소	상대팀
1	2024.08.25	원정	보루시아 도르트문트
2	2024.08.31	홈	TSG 1899 호펜하임
3	2024.09.14	원정	VfL 볼프스부르크
4	2024.09.22	홈	보루시아 묀헨글라트바흐
5	2024.09.29	원정	홀슈타인 킬
6	2024.10.07	홈	FC 바이에른 뮌헨
7	2024.10.19	원정	바이엘 04 레버쿠젠
8	2024.10.28	원정	FC 우니온 베를린
9	2024.11.02	홈	VfL 보훔
10	2024.11.11	원정	VfB 슈투트가르트
11	2024.11.24	홈	SV 베르더 브레멘
12	2024.12.02	원정	FC 하이덴하임
13	2024.12.07	홈	아우크스부르크
14	2024.12.14	원정	RB 라이프치히
15	2024.12.21	홈	1.FSV 마인츠 05
16	2025.01.11	원정	FC 장크트파울리
17	2025.01.15	홈	SC 프라이부르크
18	2025.01.18	홈	보루시아 도르트문트
19	2025.01.25	원정	TSG 1899 호펜하임
20	2025.02.01	홈	VfL 볼프스부르크
21	2025.02.08	원정	보루시아 묀헨그라트바흐
22	2025.02.15	홈	홀슈타인 킬
23	2025.02.22	원정	FC 바이에른 뮌헨
24	2025.03.01	홈	바이엘 04 레버쿠젠
25	2025.03.08	홈	FC 우니온 베를린
26	2025.03.15	원정	VfL 보훔
27	2025.03.29	홈	VfB 슈투트가르트
28	2025.04.05	원정	SV 베르더 브레멘
29	2025.04.12	홈	FC 하이덴하임
30	2025.04.19	원정	아우크스부르크
31	2025.04.26	홈	RB 라이프치히
32	2025.05.03	원정	1.FSV 마인츠 05
33	2025.05.10	홈	FC 장크트파울리
34	2025.05.17	원정	SC 프라이부르크

전력분석 순위에 가려진 실상

지난 시즌에는 리그 6위, 유로파 컨퍼런스리그 플레이오프 탈락, 포칼 16킹 딜락으로 전체적으로 좋시 못했다. 리그 6위도 운이 따랐다. 5위 도르트문트와 승점 차가 16점이나 났다. 7위 호펜하임과는 승점 1점 차. 골득실은 +1에 그쳤다. 득점 8위, 최소 실점 6위. 시즌 전체적에서 기회에 비해 결정력이 문제였다. 좋은 쪽으로든 나쁜 쪽으로든 기복도 있었고, 수비가 붕괴된 경기와, 안 좋은 흐름이 길게 이어지는 시기도 있었다. 지지난 시즌에는 7위. 그전에 챔피언스리그도 나간 것에 비하면 전력, 성적 면에서 다소 격세지감이다. 최근 몇 시즌을 돌아보면 그래도 주력 자원들의 유출이 적었던 여름이다. 물론 윌리엄 파초가 한 시즌 만에 거액을 안겨주고 떠나기는 했다. 하세베 마코토, 제바스티안 로데 등 출전 시간은 적었지만, 정신적 지주 역할을 하던 노장들이 은퇴하기도. 일단 파초의 공백은 아르투르 테아테 영입으로 메웠다. 비슷한 프로필인 데다 비교적 큰 지출도 아니었다. 필립 막스가 떠났으나, 닐스 은쿤쿠 등 다른 자원들이 있는 포지션이다. 임대로 와서 검증된 자원들인 로빈 코흐, 우고 에키티케는 완전영입. 코흐의 경우는 자유계약이라 이적료도 안 들었다. 어쨌든 전 시즌과 비슷한 전력. 현상 유지는 했으나 괜찮을까?

전술분석 벗어날 수 없는 굴레?

지난 시즌 토프묄러 감독은 일단 기존 스쿼드 구성을 고려해 3-4-2-1로 시즌을 치렀다. 수년 동안 전임자들을 거치며 만들어 놓은 스쿼드에 최적화된 전술이라 어쩔 수 없었다. 코바치 감독이 시작했고 이후 휘터, 글라스너 감독도 포백 등 다른 선호하는 포메이션을 시도했으나 돌아오고 말았다. 토프묄러 감독도 포백을 시도해봤으나 결과가 좋지 못했다. 많은 윙백 자원들을 동시 기용해도 효과가 없었다. 새 시즌 초반에는 포백을 가동했다. 포칼에서는 좋은 결과를 얻었으나 리그 도르트문트 원정에서는 패배. 다음 경기인 호펜하임에 3-4-2-1을 가동하고 이겼다. 왼쪽에는 은쿤쿠를 배치해 공격력을 중시한다. 다만 오른쪽에는 라스무스 크리스텐센을 기용해 수비를 우선하기도. 테아테는 포백의 왼쪽 풀백, 혹은 변형 스리백의 왼쪽 스토퍼를 맡는다. 이들을 중심으로 백스리, 백포가 결정된다. 일단 스쿼드에 많은 윙백 자원들, 늘어난 스트라이커 자원 등을 고려하면 더 다양한 조합이 가능하다. 윙백들이 전진 배치되고 투톱 변화도 기대할 수 있다. 이미 지난 시즌에도 보여준 모습이다. 개선된 모습도 기대할 수 있다.

그래도 긍정적인 면을 찾아보자면

지난 시즌에 이어 임대로 써본 선수들을 검증하고 완전영입하는 방식을 취하고 있다. 리스크를 줄이는 한편, 전 소속팀에서 입지가 애매한 선수들이라 큰 지출이 필요하지도 않다. 효율적이기는 하지만 성적 상승을 기대하기는 쉽지 않다. 주요 선수들이 여럿 나갈 일이 없다고 하지만, 바꿔 말하면 다른 팀에서 탐낼 선수가 적다는 뜻이기도 하다. 새로 영입한 유망주들과 임대 복귀한 유망주들 그리고 기존 자원들의 각성과 감독의 한 시즌 경험에 기대를 걸고 있다. 이것이 여의치 않으면, 전 시즌 성적 유지가 목표가 될 전망이다. 굳이 긍정적인 면을 찾아보자면 조직력 측면에서는 부담이 적다. 지난여름에는 막판 이적, 영입도 많았고 질적인 타격도 컸다. 급박한 상황에서 대체자원 영입도 에케티케의 경우처럼 겨울로 미뤄지기도 했다. 핵심 공격수 콜로 무아니를 보내고, 데려오려고 했던 에키티케가 여름에는 잔류 선언을 하고 겨울에 온 것이다. 그래도 시즌 막바지에 그가 살아나며 가능성을 봤다. 전력 상승에 조직력이 더 강해질 수 있다. 공격 쪽 기대주들의 잠재력도 긍정적 변수가 될 가능성이 있다. 전 시즌과 달리 더 많은 득점원이 얼마나 더 결정짓는가에 달렸다.

TEAM RATINGS

- 슈팅 **7**
- 패스 **8**
- 수비력 **7**
- 선수층 **8**
- 감독 **7**
- 조직력 **7**

44

2023/24 프로필

팀 득점	51
평균 볼 점유율	51.90%
패스 정확도	81.30%
평균 슈팅 수	11.9
경고	62
퇴장	5

골 타입		단위 (%)
오픈 플레이	67	
세트 피스	8	
카운터 어택	16	
패널티 킥	4	
자책골	6	

패스 타입		단위 (%)
쇼트 패스	86	
롱 패스	10	
크로스 패스	3	
스루 패스	0	

IN & OUT

주요 영입	주요 방출
이고르 마타노비치, 나다니엘 브라운(임대복귀), 라스무스 크리스텐센(임대), 크리스티안 리스테시, 오스카 호일룬, 찬 우준, 아르투르 테아테, 마흐무드 다후드	사샤 칼라이지치, 도니 반 더 벡(이상 임대복귀), 하세베 마코토, 제바스티안 로데(이상 은퇴), 아우렐리우 부타(임대), 윌리안 파초, 필립 막스

TEAM FORMATION

FW B-
MF B
DF B
GK B+

- **11** 에키티케 (마타노비치)
- **7** 마르무시 (차이비)
- **27** 괴체 (우준)
- **29** 은쿤쿠 (크나우프)
- **16** 라르손 (호일룬)
- **15** 스키리 (디나 에빔베)
- **13** 크리스텐센 (디나 에빔베)
- **3** 테아테 (아멘다)
- **4** 코흐 (온게네)
- **35** 투타 (콜린스)
- **1** 트라프 (산투스)

PLAN 3-4-2-1

지역 점유율

- 공격 진영 **29%**
- 중앙 **45%**
- 수비 진영 **27%**

공격 방향

- **35%** 왼쪽
- **25%** 중앙
- **41%** 오른쪽

슈팅 지역

- **7%** 골 에어리어
- **66%** 패널티 박스
- **28%** 외곽 지역

상대팀 최근 6경기 전적

구분	승	무	패
바이엘 레버쿠젠	2		4
슈투트가르트	3	1	2
바이에른 뮌헨	2	1	3
RB 라이프치히	2	2	2
보루시아 도르트문트		1	5
아인트라흐트 프랑크푸르트			
호펜하임	3	1	2
하이덴하임	3		
베르더 브레멘	2	3	1
프라이부르크	2	3	1
아우크스부르크	2	3	1
볼프스부르크		3	3
마인츠	3	3	
보루시아 묀헨글라트바흐	3	3	
우니온 베를린	3	1	2
보훔	1	3	2
장크트 파울리	3	2	1
홀슈타인 킬	3		1

SQUAD

포지션	등번호	이름		생년월일	키(cm)	체중(kg)	국적
GK	1	케빈 트라프	Kevin Trapp	1990.07.08	189	88	독일
DF	3	아르투르 테아테	Arthur Theate	2000.05.25	185	78	벨기에
	4	로빈 코흐	Robin Koch	1996.07.17	191	85	독일
	5	오렐 아멘다	Aurèle Amenda	2003.07.31	197	90	스위스
	13	라스무스 크리스텐센	Rasmus Kristensen	1997.07.11	187	83	덴마크
	29	닐스 은쿤쿠	Niels Nkounkou	2000.11.01	180	78	프랑스
	34	은남디 콜린스	Nnamdi Collins	2004.01.10	191	81	독일
	35	투타	Tuta	1999.07.04	185	81	브라질
	41	제롬 온게네	Jérôme Onguéné	1997.12.22	186	78	카메룬
MF	6	오스카 호일룬	Oscar Højlund	2005.01.04	187	78	덴마크
	8	파레스 차이비	Farès Chaïbi	2002.11.28	183	79	알제리
	15	엘리에스 스키리	Ellyes Skhiri	1995.05.10	185	73	튀니지
	16	우고 리르손	Hugo Larsson	2004.06.27	187	63	스웨덴
	18	마흐무드 다후드	Mahmoud Dahoud	1996.01.01	178	68	시리아
	20	찬 우준	Can Uzun	2005.11.11	186	75	튀르키예
	22	티모시 챈들러	Timothy Chandler	1990.03.29	187	83	미국
	23	크리스티안 리스테시	Krisztián Lisztes	2005.05.06	183	72	헝가리
	26	주니오르 디나 에빔베	Junior Dina Ebimbe	2000.11.21	184	76	프랑스
	27	마리오 괴체	Mario Götze	1992.06.03	176	75	독일
FW	7	오마르 마르무시	Omar Marmoush	1999.02.07	183	81	이집트
	9	이고르 마타노비치	Igor Matanovic	2003.03.31	194	90	크로아티아
	11	위고 에키티케	Hugo Ekitiké	2002.06.20	189	75	프랑스
	19	장 마테오 바호야	Jean-Mattéo Bahoya	2005.05.07	180	75	프랑스
	36	안스가르 크나우프	Ansgar Knauff	2002.01.10	180	73	독일

COACH

디노 토프묄러 Dino Toppmöller
1980년 11월 23일생 독일

현역 시절에는 여러 팀을 옮겨 다녀 눈에 띄지 않았다. 룩셈부르크에서도 뛰었고 훗날 룩셈부르크 리그 뒤들랑주의 감독이 되기도 했다. 2018/19 시즌 유로파리그 조별리그 진출로 룩셈부르크 클럽의 첫 유럽대항전 본선행을 달성했다. 이후 나겔스만 사단에 합류해 수석 코치가 된다. 라이프치히, 바이에른에서 함께 했고, 바이에른에서는 나겔스만이 코로나에 감염됐을 때 활약한 바도 있다. 그의 아버지 클라우스는 레버쿠젠의 2위 트레블 감독. 이름 디노는 명 골키퍼 디노 조프에서 따왔다.

PLAYERS

FW 7 오마르 마르무시 Omar Marmoush
KEY PLAYER

국적: 이집트

자국 리그의 와디 데글라에서 프로로 데뷔하고 볼프스부르크로 이적했다. 2군 위주로 뛰다가 2020/21 2부의 장크트파울리에서 7득점을 올렸다. 2021/22 시즌에는 슈투트가르트로 임대, 3득점 기록. 2022/23 시즌, 임대 복귀해 볼프스부르크에서 리그 5득점을 올린다. 잠재력이 점점 발휘되더니 지난 시즌 프랑크푸르트로 자유계약으로 이적, 팀 내 리그 최다 득점, 최다 도움으로 최다 공격 포인트를 올렸다. 오른발잡이 왼쪽 윙 포워드로 안으로 치고 들어오는 드리블과 마무리가 위협적이다. 스피드를 살려 압박도 수행한다. 준수한 체격으로 스트라이커로도 뛸 수 있다. 다이빙으로 경고 수집, 볼 터치의 세밀함 문제, 결정력 등에서의 개선이 과제다.

출전경기	경기시간(분)	골	어시스트	경고	퇴장
29	2,311	12	6	7	–

GK 1 케빈 트라프 Kevin Trapp

국적: 독일

카이저슬라우테른에서 성장해 2012/13 시즌부터 세 시즌 동안 프랑크푸르트의 주전으로 자리매김했다. 이후 파리 생제르맹에 입단했지만, 시간이 갈수록 입지가 줄어들었다. 결국 프랑크푸르트에 복귀해서 다시 주전으로 자리잡고, 현재까지 넘버원 자리를 놓치지 않고 있다. 2021/22 유로파리그 우승 주역 중 한 명이고 독일 대표급 자원이기도 하다. 선방 능력은 좋지만, 빌드업, 킥 등은 아쉬운 편.

출전경기	경기시간(분)	실점	무실점(경기)	경고	퇴장
32	2,880	48	7	2	–

DF 3 아르투르 테아테 Arthur Theate

국적: 벨기에

벨기에 강호들의 유스팀을 거쳐 KV 오스텐데에서 프로 데뷔. 첫 시즌부터 주전이었고 이듬해 볼로냐로 이적했다. 그리고 한 시즌 만에 렌으로 이적했다. 벨기에 대표팀에도 발탁. 2022 월드컵에서는 0분. 유로 2024에서는 주전으로 활약했다. 포백 센터백, 레프트백과 스리백 왼쪽 스토퍼. 왼발잡이로 정확한 패스, 전진성이 좋다. 득점력도 있다. 다만 적극적 스타일로 카드 수집은 단점. 키가 큰 편은 아니다.

출전경기	경기시간(분)	골	어시스트	경고	퇴장
28	2,299	2	–	4	–

DF 4 로빈 코흐 Robin Koch

국적: 독일

아버지 해리의 족적을 따라 카이저슬라우테른, 아인트라흐트 트리어에서 유스 생활을 하고 프로 데뷔했다. 아버지처럼 센터백. 프라이부르크에서 점차 주전으로 입지를 다졌고, 리즈 유나이티드에서도 점점 출전 시간을 늘렸다. 강등 이후 프랑크푸르트로 임대. 지난여름 자유계약으로 합류. 장신이고 빌드업 능력이 좋다. 수비형 미드필더도 볼 수 있다. 다만 민첩성이나 수비 안정감에 기복이 있는 것이 문제이다.

출전경기	경기시간(분)	골	어시스트	경고	퇴장
31	2,740	2	–	10	–

DF 13 라스무스 크리스텐센 Rasmus Kristensen

국적: 덴마크

자국의 미틸란드 유스 출신으로 세 시즌 동안 1군에서 활약하고 2017/18 시즌에 아약스로 이적했다. 그러나 충분한 출전 시간을 얻지 못하자 잘츠부르크로 떠났다. 3시즌을 보내고 2022/23 시즌에 리즈로 입단. 팀이 강등되자, 지난 시즌은 로마에서 임대로 뛰었다. 기본적으로 라이트백이지만 윙백은 물론 센터백도 볼 수 있다. 그만큼 체격 조건도 좋다. 반대 발인 왼발도 준수하다. 공격력, 세밀함은 아쉽다.

출전경기	경기시간(분)	골	어시스트	경고	퇴장
29	1745	1	1	5	–

DF 29 닐스 은쿤쿠 Niels Nkoukou

국적: 프랑스

브레스투, 마르세유 유스 출신. 마르세유 2군에서의 활약으로 에버턴에 입단했으나 리그 2경기 81분 출전에 그쳤다. 이후 리예주, 카디프, 생테티엔으로 임대 가서 충분한 기회를 얻었다. 2022/23 시즌에 2부인 생테티엔에서 20경기 6골 8도움 작성. 공격적인 윙백으로 스피드, 드리블이 좋아 안쪽까지 파고들기도 한다. 풀백을 담당할 정도의 수비력은 아니라도 태클, 수비 가담이 나쁘지는 않다. 그래도 수비 개선이 필요하다.

출전경기	경기시간(분)	골	어시스트	경고	퇴장
29	1,304	3	2	3	1

DF 35 투타 Tuta

국적: 브라질

상파울루 유스로 B팀에 있을 때 프랑크푸르트가 일찌감치 데려온 자원이다. 2019/20 벨기에의 코르트리크에서 임대 생활을 하며 프로 경력을 쌓았다. 이때 충분한 기회를 얻고 돌아와 바로 팀에서 자리를 잡았다. 주전으로서는 3시즌째 활약 중이다. 발기술이 좋고 득점을 비롯해 공격 가담에도 소질이 있다. 다만 키가 큰 편이 아니고 카드 수집과 퇴장, 실책, 공중볼 경합, 몸싸움 등에서 불안 요소가 있다.

출전경기	경기시간(분)	골	어시스트	경고	퇴장
30	2,608	1	2	1	2

MF 15 엘리에스 스키리
Ellyes Skhiri

국적: 튀니지

프랑스 태생이지만 튀니지 국적을 택했다. 몽펠리에 유스 2군을 거쳐 1군에서 3시즌 간 주전으로 활약. 쾰른에서의 4시즌 동안에도 견고함을 보였다. 강등 이후 지난 시즌 프랑크푸르트에 입단했다. 부상이 없는 한, 매 시즌 많은 출전 시간을 소화하면서도 활동량과 수비진 보호 등 강점을 유지한다. 수비 선수로 정평이 났으나, 쾰른에서는 의외의 득점력을 보이기도 했다. 다재다능하고 투지도 있다.

출전경기	경기시간(분)	골	어시스트	경고	퇴장
27	2,170	2	1	1	-

MF 16 우고 라르손
Hugo Larsson

국적: 스웨덴

말뫼 유스로 프로 데뷔하고, 곧장 많은 기회를 얻으며 성장했다. 지난 시즌, 프랑크푸르트에서도 상당한 출전 시간을 받으며 가능성을 보여줬다. 스웨덴 리그 역대 최고 이적료인 900만 유로를 들인 가치를 하고 있다. 18세에 이미 A대표 2경기를 소화하기도 했다. 2024 골든보이 후보 23위에 올랐다. 중앙미드필더로서 활동량, 볼배급, 킥, 패스, 인터셉트 등 다방면에서 기대해볼 만한 선수다.

출전경기	경기시간(분)	골	어시스트	경고	퇴장
29	1,886	2	1	1	-

MF 20 찬 우준
Can Uzun

국적: 튀르키예

잉골슈타트, 뉘른베르크 유스를 거쳐 뉘른베르크에서 프로로 데뷔했다. 뉘른베르크 연령별 팀에서 강력한 득점력을 선보이며 월반. 2022/23 시즌 프로 데뷔에 이어 지난 시즌에는 2부 리그에서 16골 2도움을 기록했다. 2부 리그라도 이제 만 18살. 키도 186cm다. 1,100만 유로를 들여 영입했다. 드리블, 슈팅력, 테크닉, 마무리 등 타고난 재능의 기대주이다. 독일 대신 튀르키예 대표를 택했다.

출전경기	경기시간(분)	골	어시스트	경고	퇴장
30	2,000	16	2	5	-

MF 26 주니오르 디나 에빔베
Junior Dina Ebimbe

국적: 프랑스

파리 생제르맹 유스 출신. 르아브르와 디종에서 임대로 경험을 쌓았다. 그래도 파리에서는 기회를 얻기 어려워 2022/23 시즌에 프랑크푸르트로의 임대를 선택했다. 준수한 활약으로 지난 시즌을 앞두고 완전이적. 출전 시간과 득점도 늘며 기대에 부응하고 있다. 수비 공헌, 공중볼 경합, 스피드, 테크닉 등 장점이 많은 미드필더로 윙백으로도 활약하고 있다. 다만 2시즌 간 경고 9장을 받았다.

출전경기	경기시간(분)	골	어시스트	경고	퇴장
31	1,972	5	3	5	-

MF 27 마리오 괴체
Mario Götze

국적: 독일

도르트문트 출신 천재 미드필더. 어려서부터 많은 주목과 찬사를 받았다. 과거에는 공격형 미드필더나 제로톱까지도 보는 등 공격 자원으로 분류됐으나, 이제는 나이가 들어 센스를 살리는 3선으로 내려왔다. 챔피언스리그 결승 앞두고 라이벌 바이에른으로의 이적 발표, 월드컵 결승 골 부진, 대사장애, 도르트문트로의 복귀, PSV에서 부활 등 다양한 스토리의 주인공이다. 지난 2시즌 동안은 준수하게 활약해 왔다.

출전경기	경기시간(분)	골	어시스트	경고	퇴장
30	2,077	3	2	3	1

FW 8 파레스 차이비
Farès Chaïbi

국적: 알제리

툴루즈 유스 출신. 2022/23 시즌 1부에서 툴루즈 소속으로 리그 5골 5도움을 기록했고, 이 시즌 쿠프 드 프랑스에서는 3골 2도움으로 우승에 높은 공헌을 했다. 1,000만 유로에 프랑크푸르트에 합류했다. 스트라이커, 좌우윙, 공격형 미드필더 등 공격의 모든 포지션을 소화할 수 있다. 기회 창출도 하고, 플레이 메이킹, 볼키핑 등에서 재능을 보여 공격 포인트 생산성을 늘릴 가능성이 있다.

출전경기	경기시간(분)	골	어시스트	경고	퇴장
28	1,924	2	4	2	-

FW 9 이고르 마타노비치
Igor Matanovic

국적: 크로아티아

장크트파울리 유스 출신. 연령별 팀에서 점점 올라갈수록 기대에는 못 미쳤다. 그럼에도 프로 데뷔는 했고, 프랑크푸르트가 가능성을 보고 저렴하게 영입해 다시 장크트파울리로 임대 보냈다. 지난 시즌에 2부의 카를스루어에서 리그 14득점 5도움으로 맹활약하고 임대 복귀했다. 194cm에 90kg의 체구로 공중볼에 강하다. 키에 비해 테크닉도 있다. 위치 선정도 좋다. 1부에서도 통할지가 관건이다.

출전경기	경기시간(분)	골	어시스트	경고	퇴장
32	2,330	14	7	1	-

FW 11 위고 에키티케
Hugo Ekitiké

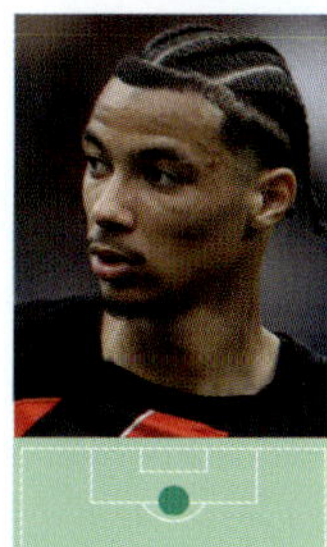

국적: 프랑스

랭스 유스 출신으로 프로 데뷔도 같은 팀에서 했으나 거의 출전하지 못했다. 덴마크의 베일레로 임대를 갔다가, 기회를 얻어 복귀했다. 이후 랭스에서의 활약으로 파리 생제르맹으로 이적했으나, 부진 끝에 지난 겨울 프랑크푸르트로 임대 왔다. 시즌 막바지에 살아나며 4득점, 완전 영입이 성사됐다. 득점은 물론, 2선 자원들을 살려주며 기회 창출도 할 수 있는 자원이다. 지난 시즌 대비 팀 득점력 향상을 기대할 수 있다.

출전경기	경기시간(분)	골	어시스트	경고	퇴장
14	719	4	2	3	-

FW 36 안스가르 크나우프
Ansgar Knauff

국적: 독일

하노버, 도르트문트 유스 출신. 도르트문트 1군에서 기회는 매우 적었다. 2021/22 시즌 중반 프랑크푸르트에 임대되면서 재능을 보이기 시작했다. 이후 완전히 이적했고, 출전 시간과 득점수도 늘었다. 지난 시즌에는 주전으로서 팀 내 득점 2위. 폭발적인 스피드를 자랑했다. 좌우 측면 공격수와 윙백 역할을 모두 수행할 수 있다. 스피드에 비해 세밀함은 떨어진다. 윙백으로 깊숙하게 전방에 가담할 때가 최적.

출전경기	경기시간(분)	골	어시스트	경고	퇴장
31	2,122	7	2	5	1

TSG 호펜하임

TSG 1899 Hoffenheim

TEAM PROFILE	
창 립	1899년
대 주 주	디트마르 호프(독일)
감 독	펠레그리노 마타라초(미국)
연 고 지	바덴뷔르템베르크 주 진스하임
홈 구 장	프리제로 아레나(3만 150명)
라 이 벌	–
홈페이지	www.tsg-hoffenheim.de

최근 5시즌 성적

시즌	순위	승점
2019-2020	6위	52점(15승7무12패, 53득점 53실점)
2020-2021	11위	43점(11승10무13패, 52득점 54실점)
2021-2022	9위	46점(13승7무14패, 58득점 60실점)
2022-2023	12위	36점(10승6무18패, 48득점 57실점)
2023-2024	7위	46점(13승7무14패, 66득점 66실점)

BUNDESLIGA (전신 포함)

통 산	없음
23-24 시즌	7위(13승7무14패, 승점 46점)

DFB POKAL

통 산	없음
23-24 시즌	32강

UEFA

통 산	없음
23-24 시즌	없음

경기 일정

라운드	날짜	장소	상대팀
1	2024.08.24	홈	홀슈타인 킬
2	2024.08.31	원정	아인트라흐트 프랑크푸르트
3	2024.09.14	홈	바이엘 04 레버쿠젠
4	2024.09.21	원정	FC 우니온 베를린
5	2024.09.30	홈	SV 베르더 브레멘
6	2024.10.07	원정	VfB 슈투트가르트
7	2024.10.19	홈	VfL 보훔
8	2024.10.28	원정	FC 하이덴하임
9	2024.11.02	홈	FC 장크트파울리
10	2024.11.09	원정	아우크스부르크
11	2024.11.23	홈	RB 라이프치히
12	2024.12.01	원정	1.FSV 마인츠 05
13	2024.12.07	홈	SC 프라이부르크
14	2024.12.14	원정	보루시아 도르트문트
15	2024.12.21	홈	보루시아 묀헨글라트바흐
16	2025.01.11	홈	VfL 볼프스부르크
17	2025.01.15	원정	FC 바이에른 뮌헨
18	2025.01.18	원정	홀슈타인 킬
19	2025.01.25	홈	아인트라흐트 프랑크푸르트
20	2025.02.01	원정	바이엘 04 레버쿠젠
21	2025.02.08	홈	FC 우니온 베를린
22	2025.02.15	원정	SV 베르더 브레멘
23	2025.02.22	홈	VfB 슈투트가르트
24	2025.03.01	원정	VfL 보훔
25	2025.03.08	홈	FC 하이덴하임
26	2025.03.15	원정	FC 장크트파울리
27	2025.03.29	홈	아우크스부르크
28	2025.04.05	원정	RB 라이프치히
29	2025.04.12	홈	1.FSV 마인츠 05
30	2025.04.19	원정	SC 프라이부르크
31	2025.04.26	홈	보루시아 도르트문트
32	2025.05.03	원정	보루시아 묀헨글라트바흐
33	2025.05.10	원정	VfL 볼프스부르크
34	2025.05.17	홈	FC 바이에른 뮌헨

전력분석 | 약점과 보강 포인트가 확실하다

호펜하임은 2022/23 시즌 12위에 그쳤으나 지난 시즌 7위에 올랐다. 6위 프랑크푸르트와 승점 차도 1점에 불과했다. 66득점, 66실점으로 득실 0이기는 했다. 그래도 기대 이상의 호성적을 거뒀다. 득점 6위, 최다 실점 4위로 수비 개선이 과제다. 한편으로는 공격 자원들의 이탈을 메워야 한다. 각각 리그 7득점, 16득점을 올린 바웃 베호르스트, 막시밀리안 바이어가 팀을 떠났다. 야콥 브룬 라르센, 아담 흘로제크 등의 역할이 필요하다. 그래도 기존 주포인 안드레이 크라마리치가 남아있고, 그와 다른 공격수들의 조합, 파트너십이 공격의 중심이다. 수비 보강은 난항 끝에 이적시장 마지막 날에 연이어 성사됐다. 잘츠부르크의 거구 센터백 우마르 솔레, 사우샘프턴 센터백 아르멜 벨라 코찹이 연이어 메디컬 테스트에서 탈락, 다른 자원들을 영입했다. 발랑탱 장드레, 로빈 흐라나치, 아르투르 차베스 영입으로 센터백, 우측면 수비진을 강화했다. 준수한 자원들이다. 새로운 리그에서 적응이 필요하겠지만, 유럽대항전 병행을 앞두고 약점 보강 자체가 의미 있다. 리그만 치르기에도 애매한 스쿼드에서 유럽대항전 병행하기에 무리가 없는 스쿼드가 됐다. 감독이나 선수들 대다수가 유럽대항전 경험과는 거리가 있는 팀이기는 하다. 그래도 약점을 덜었다.

전술분석 | 대체 자원 폼에 달렸다

지난 시즌, 마타라초 감독은 3-4-1-2 내지 3-4-3 전형을 취했다. 1은 역시 크라마리치였다. 빠르고 강한 선수들이 상대 수비의 전진을 막으며 누르거나 끌고 다녀주면, 크라마리치가 골이든 도움이든 해결하는 방식이었다. 크라마리치를 견제하면 다른 공격수들이 자유로워져서, 나름 골 맛을 꽤 봤다. 잠재력이 터진 바이어는 크라마리치보다도 더 득점했다. 크라마리치도 투톱 아래만이 아니라 스리톱에서 자유롭게 움직였다. 이제 그 한 축이었던 바이어 없는 시즌을 보내야 한다. 더 빡빡한 일정에서 크라마리치 대체 방안이 과제다. 이번 시즌 초반 세 경기 모두 3-4-1-2를 가동했다. 이 과정에서 크라마리치는 리그 2경기 4득점을 기록했다. 승격팀 홀슈타인 킬에는 홈에서 해트트릭 기록. 다만 포칼에서는 4부 리그 팀 원정에서 2-2 이후 승부차기로 이겼다. 킬에도 2실점. 프랑크푸르트 원정도 3실점하고 졌다. 새로운 수비진이 빨리 자리를 잡을 필요가 있다. 왼쪽 윙백 프라스는 공격력이 좋지만, 수비가 아쉽다. 공격뿐 아니라 수비도 다양한 선택지가 생겼다. 그간 없었던 안정감을 찾는 것이 과제다.

이제 한숨 돌렸다

기존 호펜하임 센터백들은 피지컬은 좋지만 불안했다. 볼 처리나 집중력, 카드 관리, 부상 등에서 불안 요소가 상존했다. 지난 시즌, 한동안 안 좋은 흐름이 이어질 때도 결국 수비 불안이 컸다. 막판 보강을 통해 센터백 자원들의 양적, 질적 향상을 기대할 수 있게 됐다. 프라스, 장드레 영입으로 좌우 윙백도 공격, 수비 성향을 상황에 따라 더 다양하게 활용할 수 있게 됐다. 약점이었던 뒤가 든든해지면 공격도 그만큼 힘을 얻을 수 있다. 바이어가 나가고 그 자리를 메우기 쉽지 않은 상황인데 위안을 준다. 마타라초 감독이 전임들에 비해 나름 장기적으로 분위기를 끌어오고 있기도 하다. 유럽대항전 병행은 선수들의 체력 관리도 어렵게 하지만 전술적 대비의 시간도 줄인다. 유럽 무대를 통해 더 많은 전술 정보가 노출될 수 있다. 여러모로 유럽대항전 초보 감독, 선수들에게는 어려운 상황이다. 그만큼 막판 보강에 의미를 둘 수 있다. 구단 수뇌부에서 여러 명이 해고되거나 떠나는 등 어수선한 분위기도 있던 차에 들려온 희소식이다. 지난 시즌 이적시장 막바지처럼, 이제 막판에 영입된 여러 선수들이 전력의 양적, 질적 향상에 보탬이 되기만을 바라면 되겠다.

TEAM RATINGS

슈팅	8
패스	8
조직력	7
수비력	7
감독	8
선수층	8

46

2023/24 프로필

팀 득점	66
평균 볼 점유율	49.50%
패스 정확도	80.90%
평균 슈팅 수	13.6
경고	78
퇴장	5

골 타입		
오픈 플레이	64	
세트 피스	15	
카운터 어택	11	
패널티 킥	9	
자책골	2	단위 (%)

패스 타입		
쇼트 패스	84	
롱 패스	12	
크로스 패스	4	
스루 패스	0	단위 (%)

IN & OUT

주요 영입	주요 방출
야콥 브룬 라르센, 아틸라 살라이(이상 임대복귀), 아담 흘로제크, 하리스 타바코비치, 알렉산더 프라스, 발랑탱 장드레, 로빈 흐라냐치, 아르투르 차베스	보우트 베호르스트(임대복귀), 막시밀리안 바이어, 존 브룩스

TEAM FORMATION

지역 점유율

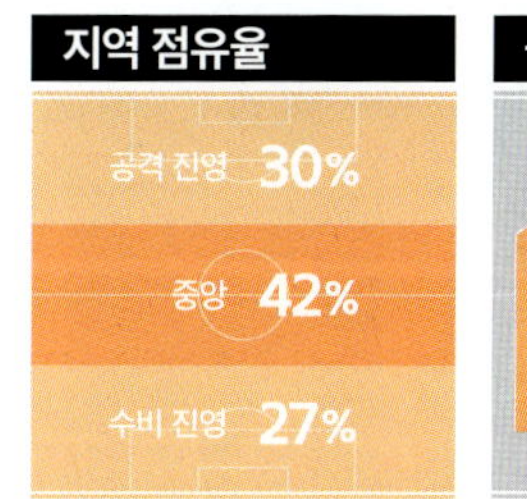

공격 방향

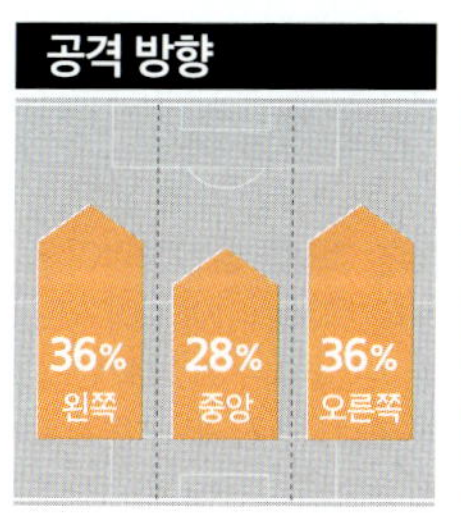

슈팅 지역

상대팀 최근 6경기 전적

구분	승	무	패
바이엘 레버쿠젠	1	1	4
슈투트가르트	2	2	2
바이에른 뮌헨	1	2	3
RB 라이프치히		1	5
보루시아 도르트문트	1		5
아인트라흐트 프랑크푸르트	2	1	3
호펜하임			
하이덴하임	1	1	
베르더 브레멘	4	1	
프라이부르크		1	5
아우크스부르크	4	1	
볼프스부르크	3	1	2
마인츠	1	1	4
보루시아 묀헨글라트바흐	1	1	4
우니온 베를린	2	1	3
보훔	2		4
장크트 파울리	1	2	1
홀슈타인 킬	1		

SQUAD

포지션	등번호	이름		생년월일	키(cm)	체중(kg)	국적
GK	1	올리버 바우만	Oliver Baumann	1990.06.02	187	82	독일
DF	2	로빈 흐라냐치	Robin Hranac	2000.01.29	190	84	체코
	3	파벨 카데르자베크	Pavel Kaderabek	1992.04.25	182	81	체코
	4	팀 드렉슬러	Tim Drexler	2005.03.06	186	80	독일
	5	오잔 카바크	Özan Kabak	2000.03.25	187	86	튀르키예
	15	발랑탱 장드레	Valentin Gendrey	2000.06.21	179	75	프랑스
	19	다비드 유라섹	David Jurásek	2000.08.07	183	77	체코
	25	케빈 아크포구마	Kevin Akpoguma	1995.04.19	192	85	나이지리아
	34	스탠리 은소키	Stanley Nsoki	1999.04.09	184	83	프랑스
	41	어틸러 설러이	Attila Szalai	1998.01.20	192	83	헝가리
MF	6	그리샤 프뢰멜	Grischa Prömel	1995.01.09	183	78	독일
	7	톰 비쇼프	Tom Bischof	2005.06.28	176	66	독일
	8	데니스 가이거	Dennis Geiger	1998.06.10	172	65	독일
	11	플로리안 그릴리치	Florian Grillitsch	1995.08.07	187	77	오스트리아
	16	안톤 슈타흐	Anton Stach	1998.11.15	194	86	독일
	17	우무트 토움주	Umut Tohumcu	2004.08.11	175	71	독일
	18	디아디에 사마세쿠	Diadié Samassékou	1996.01.11	177	68	말리
	22	알렉산더 프라스	Alexander Prass	2001.05.26	180	78	오스트리아
FW	9	일라스 베부	Ihlas Bebou	1994.04.23	183	77	토고
	10	메르김 베리샤	Mergim Berisha	1998.05.11	188	85	독일
	21	마리우스 뷜터	Marius Bülter	1993.03.29	188	85	독일
	23	아담 흘로제크	Adam Hlozek	2002.07.25	188	83	체코
	26	하리스 타바코비치	Haris Tabakovic	1994.06.20	194	90	보스니아 헤르체코비나
	27	안드레이 크라마리치	Andrej Kramaric	1991.06.19	177	73	크로아티아
	29	야콥 브룬 라르센	Jacob Bruun Larsen	1998.09.19	181	75	덴마크

이탈리아계 미국인. 2000년부터 독일에서 거주하고 있다. 프로선수로 먼저 이탈리아의 문을 두드렸으나 독일 4부에서 시작했다. 말년에 뉘른베르크 2군으로 와서 선수 겸 수석 코치, 유스 코치를 지냈다. 지도자 자격증 과정에서 나겔스만과 만났다. 2017년, 나겔스만 사단에 들어가 호펜하임 유스 코치가 된다. 2018년에는 나겔스만의 수석 코치. 2019년 12월, 슈투트가르트 감독으로 부임하여 승격을 이뤘다. 이후 부진으로 22년 10월에 경질, 23년 2월 호펜하임 감독에 부임했다.

펠레그리노 마타라초 *Pellegrino Matarazzo*
1977년 11월 28일생 미국

FW	27	안드레이 크라마리치

Andrej Kramarić **KEY PLAYER**

국적: 크로아티아

디나모 자그레브 유스 출신. 프로 데뷔도 했으나 유망주들과 부당한 계약을 맺던 즈다르코 마미치 회장에 대항하여 자국의 로코모티바 자그레브로 임대된다. 이후 리예카로 이적해서 맹활약했다. 크로아티아에서의 활약 덕분에 레스터 시티에 입단했으나, 아쉬운 폼과 출전 시간만 보여주고 호펜하임으로 이적했다. 첫 시즌도 나쁘지는 않았으나, 이후 8시즌 중 7시즌에 리그 두 자릿수 득점했다. 득점뿐 아니라 도움 숫자도 상당하다. 공격 전 포지션을 소화할 수 있고 다재다능하다. 역습 상황에서 기점이 되고 왼발과 머리로도 골을 넣을 수 있다. 페널티킥 처리도 능하다. 다만 공격수로서는 체격 조건이 아쉬운 편. 이를 보완해 줄 파트너가 있을 때 힘을 발휘한다.

출전경기	경기시간(분)	골	어시스트	경고	퇴장
30	2,207	15	6	4	–

GK	1	올리버 바우만

Oliver Baumann

국적: 독일

2022/23 시즌부터 팀의 주장. 프라이부르크 유스 출신. 2009/10 시즌 1군 데뷔하고, 그다음 시즌부터 4시즌 동안 주전 자리를 차지했다. 그 후로는 호펜하임의 넘버원을 지키고 있다. 지난 시즌, 리그 선방 157개로 1위. 2위와 무려 27개 차이였다. 물론 그만큼 호펜하임이 많은 슛을 허용했다는 이야기이기도 하다. 유로 2024 명단에 발탁됐다. 현재까지 A매치 소집과 별개로 출전은 없음.

출전경기	경기시간(분)	실점	무실점 (경기)	경고	퇴장
34	3,060	66	2	1	

DF	2	로빈 흐라나치

Robin Hranáč

국적: 체코

플젠 태생으로 연고지 클럽 빅토리아 플젠 유스 출신이다. 국내외 세 차례 임대를 통해 성장했고 지난 시즌 주전으로 자리 잡았다. 키 190cm에 85kg의 거구 센터백. 지난 시즌에는 득점력도 장착했고, 패스 정확도도 준수하다. 유럽대항전 경험도 있고, 체코 21세 이하 팀에 이어 올해부터 A 대표로 발탁됐다. 유로 2024에서도 주전으로 나섰다. 유로에서는 다소 불운했다. 공중볼 경합이 체격만큼은 아니다.

출전경기	경기시간(분)	골	어시스트	경고	퇴장
32	2776	3	2	4	–

DF	3	파벨 카데르자베크

Pavel Kadeřábek

국적: 체코

스파르타 프라하 유스 출신으로 프로 데뷔. 2015/16 시즌 호펜하임에 입단해 꾸준히 팀에 공헌하고 있다. 다만 카드 수집과 부상이 걱정이다. 공격과 수비에서 모두 일정한 공헌을 하는 편이다. 풀백으로는 키가 꽤 큰 편이라 공중볼 경합이 준수하다. 공격에 가담해서 좋은 킥을 제공한다. 직접 득점도 가능하다. 필요시 좌측에서도 플레이를 할 수 있다. 다만 모험적 패스를 지향해 패스 성공률이 떨어진다.

출전경기	경기시간(분)	골	어시스트	경고	퇴장
29	2,421	3	4	7	–

DF	5	오잔 카바크

Ozan Kabak

국적: 튀르키예

갈라타사라이 유스 출신으로 프로 데뷔하며 기대주로 관심을 모았다. 슈투트가르트, 샬케를 거쳐 리버풀에까지 당도했으나 부상과 부진이 이어졌다. 샬케에서 리버풀 임대 종료 이후, 다시 노리치로 임대됐지만, 상황은 달라지지 않았다. 이후 호펜하임에 와서 주력 자원으로 활약 중이다. 좋은 피지컬과 적극성을 갖고 있으나 카드 수집과 부상으로 이어진다. 호펜하임에 와서 부상은 줄고 퇴장과 경고가 늘었다.

출전경기	경기시간(분)	골	어시스트	경고	퇴장
30	2,395	2	2	8	2

DF	15	발랑탱 장드레

Valentin Gendrey

국적: 프랑스

아미앵 유스 출신으로 2020/21 시즌 2부 리그에서 주전급으로 활약했다. 다음 시즌 세리에 B에 있던 레체로 이적. 그 시즌 승격을 포함, 3시즌 동안 레체에서 주전으로 자리 잡았다. 기본적으로 라이트백이지만 센터백도 볼 수 있다. 물론 좋은 체구는 아니지만 운동능력이 좋다. 프랑스 연령별 대표 출신. 프랑스 대표 출신 미드필더였던 올리비에 다쿠르와는 먼 친척이다. 마무리의 세밀함은 아쉽다.

출전경기	경기시간(분)	골	어시스트	경고	퇴장
37	3,052	2	3	5	–

DF	25	케빈 아크포구마

Kevin Akpoguma

국적: 나이지리아

독일 태생으로 독일 연령별 대표도 지냈으나 나이지리아 성인 대표팀을 택했다. 카를스루어 유스 출신. 2013/14 시즌부터 계속 호펜하임 소속이다. 192cm에 85kg의 체격을 자랑한다. 다만 부상, 경고가 잦다. 지난 두 시즌 동안 경고만 18개다. 그에 비해 퇴장은 적다. 태클과 경합에서의 강점은 분명하다. 기본적으로 중앙 수비수지만 측면 배치도 가능하다. 패스나 공격력 등은 기대하기 어렵다.

출전경기	경기시간(분)	골	어시스트	경고	퇴장
17	1,097	–	–	7	–

MF 6 그리샤 프뢰멜
Grischa Prömel

국적: 독일

슈투트가르트 키커스, 호펜하임 유스 출신. 호펜하임에서는 1군 데뷔를 못하고 2부 리그의 카를스루어로 이적. 두 시즌 동안의 활약으로 같은 2부의 우니온 베를린에 입단, 리그 7득점으로 승격으로 이끌었다. 우니온과 1부에서 세 시즌 함께하고 자유계약으로 호펜하임에 돌아왔다. 첫 시즌은 주전으로 나오다가 장기 부상 상태. 지난 시즌에는 출전 시간과 골, 도움 모두 만족스러웠다. 다만 카드 관리가 아쉬웠다.

출전경기	경기시간(분)	골	어시스트	경고	퇴장
28	2,149	4	5	8	1

MF 11 플로리안 그릴리치
Florian Grillitsch

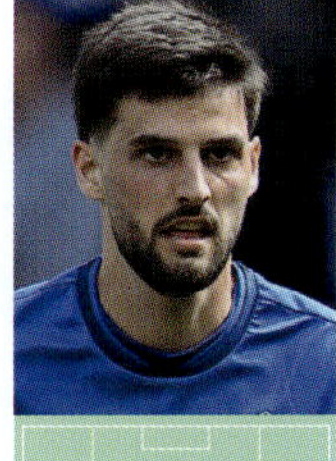

국적: 오스트리아

브레멘 유스 출신. 1군에서 준수한 두 시즌을 보내고 호펜하임으로 이적. 5시즌 동안 여러 포지션을 소화하면서 보인 폼에 해외 여러 클럽들의 관심을 받았다. 계약 만료도 되고 새로운 도전을 천명했으나 무적 신세가 됐다. 결국, 이적시장 막바지에 아약스와 계약했지만 실패한 이적이 됐고, 지난 시즌 호펜하임으로 복귀. 센터백, 수비형 미드필더로서 필요한 킥, 패스, 테크닉, 위치 선정, 수비력을 갖추고 있다.

출전경기	경기시간(분)	골	어시스트	경고	퇴장
30	2,297	1	6	8	-

MF 16 안톤 슈타흐
Anton Stach

국적: 독일

볼프스부르크 2군에서 활약한 뒤 2부의 그로이터 퓌르트에서 프로 1군 무대에 데뷔했다. 주요 자원으로서 팀 승격에 공헌했다. 이후 마인츠에서 2시즌 주전급으로 뛰고 지난 시즌 호펜하임에 입단, 계속해서 좋은 폼을 이어가고 있다. 6번 미드필더로서 안정감 있는 플레이가 강점이다. 좋은 체격과 활동량으로 수비진 보호도 한다. 빅클럽들이 관심을 두고 있고, 21세 이하 대표팀, A대표팀에도 발탁됐다.

출전경기	경기시간(분)	골	어시스트	경고	퇴장
33	2,497	2	3	4	-

MF 22 알렉산더 프라스
Alexander Prass

국적: 오스트리아

레드불 아카데미, 리퍼링을 거쳐 슈투름 그라츠에서 3시즌 동안 활약했다. 왼발잡이 좌측면 멀티 요원. 왼쪽 미드필더, 중앙 미드필더, 레프트백, 레프트윙백 등 다양한 포지션을 소화한다. 파괴력 있는 왼발이 주 무기다. 오스트리아 연령별 대표팀을 거쳐 A대표로도 발탁. 유로 2024에서도 뛰었다. 폴란드 전에 교체로 들어와 도움을 기록하며 승리에 일조. 수비는 아쉽지만 윙백을 쓰는 팀에 온 것이 다행이다.

출전경기	경기시간(분)	골	어시스트	경고	퇴장
30	2,559	7	4	7	-

FW 7 메르김 베리샤
Mergim Berisha

국적: 독일

리퍼링에서 잘츠부르크로 올라왔으나 기회를 못 받고 다른 오스트리아 팀들로 임대됐다. 임대될 때마다 가능성을 보였다. 잘츠부르크에 돌아와 활약하다가 페네르바체로 이적했지만, 부진에 시달렸다. 2022/23 시즌에 아우크스부르크로 임대돼 부활했다. 호펜하임이 큰 맘 먹고 영입했다. 그러나 11월에 십자인대 부상을 입어 그렇게 지난 시즌을 마감했다. 번뜩이는 한 방이 있으나 안정감이 문제이다.

출전경기	경기시간(분)	골	어시스트	경고	퇴장
8	263	-	-	-	-

FW 9 일라스 베부
Ihlas Bebou

국적: 토고

뒤셀도르프 유스 출신. 당시 2부였던 팀에서 프로 데뷔했다. 2017/18 시즌 하노버 이적으로 1부에 입성, 2019/20 시즌부터는 호펜하임 소속이다. 커리어 통산 한 시즌에 리그 10골 이상 기록한 시즌이 없다. 2020/21 시즌에 9골이 그나마 근접. 그 시즌에 구단 올해의 선수였다. 결정력이 아쉽지만 드리블, 수비 가담이 좋다. 필요할 때 윙백도 가능하다. 볼 터치와 소유권 관리가 아쉽기는 하다.

출전경기	경기시간(분)	골	어시스트	경고	퇴장
32	1,631	7	5	3	-

FW 21 마리우스 뷜터
Marius Bülter

국적: 독일

5부 리그에서 선수 생활을 시작. 2부 리그 마그데부르크, 2019/20 시즌 우니온 베를린을 거쳤다. 2021/22 시즌 2부의 샬케에서 10득점을 올려 승격에 일조했다. 2022/23 시즌에 샬케는 강등됐지만, 30세에 처음 분데스리가 두 자릿수 득점을 기록했다. 호펜하임 첫 시즌은 아쉬웠다. 제공권, 체격, 수비 가담 등은 좋지만 투박하고 마무리가 좋지 않다. 팀 전술 특성상 윙백으로 기용되기도 한다.

출전경기	경기시간(분)	골	어시스트	경고	퇴장
30	1,350	1	4	1	1

FW 23 아담 흘로제크
Adam Hložek

국적: 체코

스파르타 프라하 유스 출신으로 프로 데뷔 첫 시즌부터 꽤 많은 기회를 얻었다. 네 시즌 동안 나름의 득점력을 보여준 후 레버쿠젠으로 이적했다. 첫 시즌부터 쉽지 않았으나 지난 시즌에는 주전 경쟁에서 더 밀리며 이번에 이적을 선택했다. 공격 어느 포지션이든 소화할 수 있지만 요즘의 폼으로는 어디서도 쉽지 않다. 적극적으로 슛을 하고 양발 사용이 가능하다. 190cm에 가까운 장신이지만 발이 빠른 편이다.

출전경기	경기시간(분)	골	어시스트	경고	퇴장
23	451	2	3	1	-

FW 29 야콥 브룬 라르센
Jacob Bruun Larsen

국적: 덴마크

덴마크의 륑비, 도르트문트 유스를 거쳐 2017/18 시즌 1군에 잠깐 모습을 보였다. 슈투트가르트로의 임대 이후, 2018/19 시즌 도르트문트에서 출전 시간을 얻었지만 결국 다음 시즌에 호펜하임으로 이적했다. 호펜하임에서도 2020/21 시즌 안더레흐트로 임대 보냈으나 좋지 못했다. 그래도 지난 시즌의 번리 임대에서는 팀 내 리그 최다 득점자였다. 세밀함은 다소 떨어지지만 볼 받는 움직임이 좋다.

출전경기	경기시간(분)	골	어시스트	경고	퇴장
32	1,252	6	-	1	-

FC 하이덴하임

FC Heidenheim

TEAM PROFILE

창　립	1946년
회　장	홀거 잔발트(독일)
감　독	프랑크 슈미트(독일)
연 고 지	바덴뷔르템베르크 주 하이덴하임
홈 구 장	포이트 아레나(1만 5000명)
라 이 벌	VfR 알렌
홈페이지	www.fc-heidenheim.de

최근 5시즌 성적

시즌	순위	승점
2019-2020	없음	없음
2020-2021	없음	없음
2021-2022	없음	없음
2022-2023	없음	없음
2023-2024	8위	42점(10승12무12패, 50득점 55실점)

BUNDESLIGA (전신 포함)

통　산	없음
23-24 시즌	8위(10승12무12패, 승점 42점)

DFB POKAL

통　산	없음
23-24 시즌	32강

UEFA

통　산	없음
23-24 시즌	없음

경기 일정

라운드	날짜	장소	상대팀
1	2024.08.26	원정	FC 장크트파울리
2	2024.09.01	홈	아우크스부르크
3	2024.09.14	원정	보루시아 도르트문트
4	2024.09.21	홈	SC 프라이부르크
5	2024.09.28	원정	1.FSV 마인츠 05
6	2024.10.06	홈	RB 라이프치히
7	2024.10.19	원정	보루시아 묀헨글라트바흐
8	2024.10.26	홈	TSG 1899 호펜하임
9	2024.11.02	원정	홀슈타인 킬
10	2024.11.11	홈	VfL 볼프스부르크
11	2024.11.23	원정	바이엘 04 레버쿠젠
12	2024.12.02	홈	아인트라흐트 프랑크푸르트
13	2024.12.07	원정	FC 바이에른 뮌헨
14	2024.12.14	홈	VfB 슈투트가르트
15	2024.12.21	원정	VfL 보훔
16	2025.01.11	홈	FC 우니온 베를린
17	2025.01.15	원정	SV 베르더 브레멘
18	2025.01.18	홈	FC 장크트파울리
19	2025.01.25	원정	아우크스부르크
20	2025.02.01	홈	보루시아 도르트문트
21	2025.02.08	원정	SC 프라이부르크
22	2025.02.15	홈	1.FSV 마인츠 05
23	2025.02.22	원정	RB 라이프치히
24	2025.03.01	홈	보루시아 묀헨글라트바흐
25	2025.03.08	원정	TSG 1899 호펜하임
26	2025.03.15	홈	홀슈타인 킬
27	2025.03.29	원정	VfL 볼프스부르크
28	2025.04.05	홈	바이엘 04 레버쿠젠
29	2025.04.12	원정	아인트라흐트 프랑크푸르트
30	2025.04.19	홈	FC 바이에른 뮌헨
31	2025.04.26	원정	VfB 슈투트가르트
32	2025.05.03	홈	VfL 보훔
33	2025.05.10	원정	FC 우니온 베를린
34	2025.05.17	홈	SV 베르더 브레멘

🔍 전력분석　기둥뿌리 뽑혔는데??

지난 시즌 구단 역사상 처음으로 1부 무대를 밟은 하이덴하임. 전력 보강도 크지 않았으나 리그 8위로 마치는 기염을 토했다. 여기에 유럽 무대 개편 덕도 있지만 컨퍼런스리그 플레이오프 티켓도 얻었다. 연이은 겹경사를 누리고 있다. 다만 열악한 승격 팀이 기대 이상 선전하는 경우, 그 중심 선수들이 다른 팀의 타겟이 된다. 유럽축구에서는 흔한 일이다. 하이덴하임도 그러한 상황을 피할 수 없었다. 주축 선수들을 여럿 잃었다. 지난 시즌 주포이자 전방에서 압박도 하고 볼도 따내 주고 키핑과 연계도 그야말로 찰떡 같이 해준 공격수 팀 클라인딘스트가 떠났다. 그의 득점력을 지원해준 날카로운 킥력의 메인 파트너 얀 니클라스 베스테도 벤피카로 갔다. 이들과 더불어 빠른 발과 득점력을 자랑한 공격수 에렌 딩치는 원 소속팀 브레멘에 복귀한 뒤 프라이부르크로 이적했다. 또 다른 기대주 케빈 세사는 자유계약으로 팀을 떠났다. 여러모로 허탈하고 불안한 여름을 보냈다. 일단 저렴하게 하부 리그 자원들과 유망주들을 영입하거나 임대해 왔다. 그럼에도 시즌 초반 공식전 멀티득점 5전 전승 중이다. 일정이 무난했다지만 기대 이상이다. 새로운 선수들이 빠르게 팀에 녹아들었다. 초반의 무난한 일정이 자신감을 불어넣어 줬다. 이러한 기세를 잇는다면 올 시즌도 혹시 모른다.

🔍 전술분석　일관성은 있다

지난 시즌, 슈미트 감독은 4-2-3-1, 4-5-1, 4-4-2, 4-1-3-2 등 다양한 시도를 했다. 초반에는 수비 불안이 아쉬웠다. 그래도 점차 공수 밸런스를 잡아나갔다. 클라인딘스트, 베스테, 딩치는 시즌 초반부터 장점을 발휘했다. 그에 비해 세사는 다소 늦게 올라왔다. 결국 이 네 명을 활용한 전방 압박, 역습 전술이 완성됐고 시즌 중반부터 탄력을 받았다. 포메이션은 유동적이라도 결국 이 넷을 중심으로 활용했다. 그러한 전방의 주요 자원들 넷이 나갔는데 새로운 공격진 구성이 기대 이상이다. 스쿼드 구성상 피지컬이 우선이다. 체격, 스피드, 활동량 좋은 선수들 위주로 구성되어 있다. 그만큼 강한 전방 압박과 공수 전환, 역습 등을 중시하는 팀이다. 이러한 전술을 수행하면서 공격 포인트도 잘 올린 선수들을 대체하기는 쉽지 않다. 그럼에도 초반이지만 기세가 좋다. 기존 선수들과 프로필을 맞췄다지만 역량, 호흡이 만족스럽다. 전력, 조직력 약화는 현재로서는 기우다. 레오 시엔자, 파울 바너의 창조성, 생산성이 돋보인다. 슈미트 감독은 포칼, 컨퍼런스리그 플레이오프에서의 백업들을 활용해 4-4-2를 가동하기도 한다.

초반 기세 이어질까!

초반 기세가 좋지만, 시즌이 진행되고 어려운 팀을 만나고, 유럽대항전도 병행하면 페이스가 떨어질 수 있다. 1부 리그와 유럽대항전이 익숙하지 않은 새 얼굴들과 기존 선수들, 감독임을 간과할 수 없다. 믿을 것은 슈미트 감독이다. 오랜 기간 증명해 왔고 다양한 전술, 유연한 선수 구성을 보여줬다. 구단도 프로필에 맞는 선수들을 찾아 효율적으로 영입을 해 왔다. 공격진 조직력, 페이스가 떨어지더라도 2부에서부터 함께한 중원과 수비진은 그대로이기도 하다. 지난 시즌에는 2부에서 그대로 올라온 라인업으로 공수 모두 전력, 조직력이 기대 이상이었다. 이미 검증된 수비진은 올 시즌의 버팀목이 될 전망이다. 전방 자원들도 나름 다양한 스타일로 팀에 공헌하고 있다. 멀티 플레이어도 많다.

물론 올 시즌은 이전과 다른 환경이다. 상대 팀들도 더 경계할 것이다. 초반 상대 팀들의 전력을 고려하면 현재 팀의 개인, 조직의 힘을 확신하기에 이르다. 구단 역사상 처음으로 유럽무대 병행도 해야 한다. 선수층 장담도 안 된다. 전에 없던 상황이 밀려 들어오고 있다. 많은 팀들이 비슷한 상황에서 무너졌었다. 열악한 상황에서 어떤 운영을 보여줄지 기대 반, 걱정 반이다.

IN & OUT

주요 영입	주요 방출
파울 바너(임대), 미켈 카우프만, 막시밀리안 브로이닉, 레오 시엔자, 설로드 콘테, 마티아스 혼자크, 율리안 니에후에스, 루카 케르버, 니클라스 도르슈	에렌 딩치(임대복귀), 팀 클라인딘스트, 케빈 세사(계약만료), 얀 니클라스 베스테

TEAM FORMATION

TEAM RATINGS

슈팅	패스
8	7

조직력	수비력
9	8

47

감독	선수층
8	7

2023/24 프로필

팀 득점	50
평균 볼 점유율	41.80%
패스 정확도	73.50%
평균 슈팅 수	11.6
경고	54
퇴장	1

골 타입		
오픈 플레이	42	
세트 피스	28	
카운터 어택	18	
패널티 킥	4	
자책골	8	단위 (%)

패스 타입		
쇼트 패스	79	
롱 패스	16	
크로스 패스	5	
스루 패스	0	단위 (%)

지역 점유율

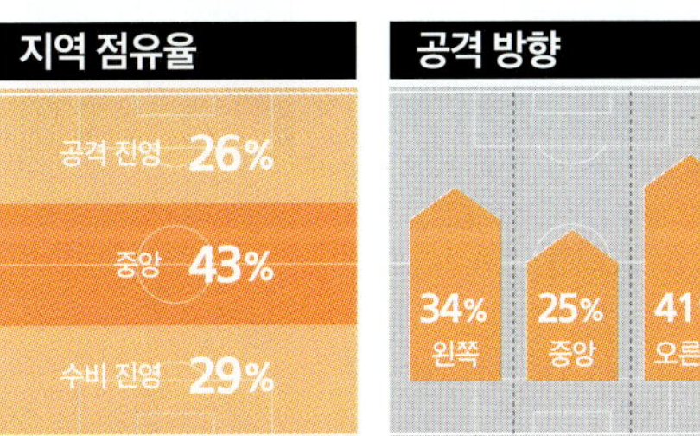

공격 방향

슈팅 지역

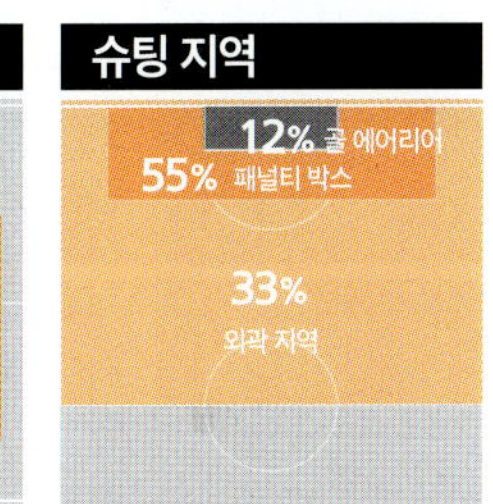

상대팀 최근 6경기 전적

구분	승	무	패
바이엘 레버쿠젠	1		2
슈투트가르트	2	2	2
바이에른 뮌헨	1		2
RB 라이프치히	1	2	3
보루시아 도르트문트		2	
아인트라흐트 프랑크푸르트			3
호펜하임		1	1
하이덴하임			
베르더 브레멘	3	2	1
프라이부르크	1	1	2
아우크스부르크			2
볼프스부르크		1	4
마인츠	1	1	
보루시아 묀헨글라트바흐		1	3
우니온 베를린	2	3	1
보훔		2	4
장크트 파울리		1	5
홀슈타인 킬	3	2	1

SQUAD

포지션	등번호	이름		생년월일	키(cm)	체중(kg)	국적
GK	1	케빈 뮐러	Kevin Müller	191.03.15	190	94	독일
DF	2	마르논 부슈	Marnon Busch	1994.12.08	182	79	독일
	4	팀 시르슬레벤	Tim Siersleben	2000.03.09	187	84	독일
	5	베네딕트 김버	Benedikt Gimber	1997.02.19	187	84	독일
	6	파트리크 마인카	Patrick Mainka	1994.11.06	193	88	독일
	19	요나스 푀렌바흐	Jonas Föhrenbach	1996.01.26	184	82	독일
	23	오마르 트라오레	Omar Traoré	1998.02.04	187	80	독일
	27	토마스 켈러	Thomas Keller	1999.08.05	186	82	독일
	30	노르만 토이어카우프	Norman Theuerkauf	1987.01.24	183	80	독일
MF	3	얀 쇠프너	Jan Schöppner	1999.06.12	190	78	독일
	10	파울 바너	Paul Wanner	2005.12.23	185	75	독일
	16	율리안 니에후에스	Julian Niehues	2001.04.17	195	88	독일
	20	루카 케르버	Luca Kerber	2002.03.10	183	82	독일
	21	아드리안 벡	Adrian Beck	1997.06.09	185	81	독일
	25	크리스토퍼 네겔레	Christopher Negele	2005.04.11	172	69	독일
	31	지를로트 콘테	Sirlord Conteh	1996.07.09	179	78	독일
	33	레너드 멀로니	Lennard Maloney	1999.10.08	187	88	미국
	36	루카 야네스	Luka Janes	2004.01.19	183	75	독일
FW	8	레오 시엔자	Léo Scienza	1998.09.13	173	69	브라질
	11	데니스 토말라	Denis Thomalla	1992.08.16	186	75	독일
	14	막시밀리안 브로이닉	Maximilian Breunig	2000.08.14	194	85	독일
	17	마티아스 혼자크	Mathias Honsak	1996.12.20	188	83	오스트리아
	18	마빈 피에링거	Marvin Pieringer	1999.10.04	191	82	독일
	29	미켈 카우프만	Mikkel Kaufmann	2001.01.03	190	90	덴마크
	31	설로드 콘테	Sirlord Conteh	1996.07.09	179	78	독일

현역 시절에는, 수비수로서 여러 팀을 거쳤다. 마무리는 하이덴하임에서 했다. 본인의 고향이기도 하다. 2007년 현역 은퇴 이후, 9월부터 하이덴하임의 감독직을 수행하고 있다. 4부 리그부터 차근차근 승격했다. 2014/15 시즌부터는 2부였다. 2019/20 시즌 3위에 올라 승강 플레이오프를 치렀다. 브레멘을 만나 원정 다득점으로 승격에는 실패. 결국 구단의 첫 1부 승격과 유럽대항전 진출을 이뤘다. 한편 독일 축구 역사상 한 팀에서 가장 오래 지휘봉을 잡은 기록도 현재 진행형이다.

프랑크 슈미트 *Frank Schmidt*
1974년 1월 3일생 독일

DF 6 파트리크 마인카 / *Patrick Maink*

국적: 독일

빌레펠트 유스 출신으로 프로 데뷔도 했으나 이후 기회가 마땅찮았다. 브레멘, 도르트문트 2군 팀에서 성장하여 2018/19 시즌 하이덴하임에 입단했다. 첫 시즌부터 계속해서 주전으로 활약하고 있는 팀 수비의 핵이다. 2021/22 시즌부터는 주장 완장도 달고 있다. 키 194cm에 몸무게 86kg으로 좋은 체격에 거의 매 시즌 득점도 꾸준히 기록하고 있다. 팀 내 패스 정확도, 롱패스 정확도, 태클 성공, 가로채기, 걷어내기, 차단 등에서 1위 혹은 상위권을 차지하고 있다. 그만큼 수비력도 우수하고, 후방에서의 볼 전개에도 큰 영향을 미치고 있는 핵심 자원이다. 올 시즌 전력 약화가 우려되지만 그를 중심으로 한 수비에 기대를 건다. 지난 시즌 리그에서 교체 없이 풀타임을 소화할 정도로 내구성이 좋다.

출전경기	경기시간(분)	골	어시스트	경고	퇴장
34	3,060	2	–	1	–

GK 1 케빈 뮐러 / *Kevin Müller*

국적: 독일

한자 로스토크 유스 출신. 3부에서 데뷔 후 2부, 3부를 오가며 주전으로 활약했다. 2013/14 시즌 슈투트가르트로 이적하였으나 2군에서만 출전하다가 3부 리그의 에네르기 코트부스로 임대. 2015/16 하이덴하임으로 이적해 두 번째 시즌부터 주전으로 활약 중이다. 독일 20세 이하 대표 출신. 지난 시즌에는 리그 선방 횟수 2위. 롱패스, PK선방, 반사 신경, 집중력 등 다방면에서 준수하다.

출전경기	경기시간(분)	실점	무실점(경기)	경고	퇴장
34	3,060	55	6	1	–

DF 5 베네딕트 김버 / *Benedikt Gimber*

국적: 독일

호펜하임 유스 출신. 2부 리그 팀들로 임대를 전전했다. 2017/18 시즌 안 레겐스부르크 임대를 통해 충분한 1군 무대를 경험. 이후 잉골슈타트로 이적했으나, 강등 이후 안 레겐스부르크로 복귀했다. 4시즌 동안 주전으로 활약하고 지난 시즌에 하이덴하임에 입단했다. 센터백과 수비형 미드필더를 볼 수 있다. 연령별 대표 출신. 공중과 지상 경합, 태클에 드리블도 준수하다. 다만 카드 수집이 잦다.

출전경기	경기시간(분)	골	어시스트	경고	퇴장
24	2,027	1	1	9	–

DF 19 요나스 푀렌바흐 / *Jonas Föhrenbach*

국적: 독일

프라이부르크 유스 출신. 2015/16 시즌 2부 시절에 데뷔했고, 이후 약간의 1부 경험도 쌓았다. 이후 3부의 카를스루어, 2부의 안 레겐스부르크를 거쳐 2019/20 하이덴하임 입단했다. 왼발잡이 레프트백으로 유망주 시절 프리츠 발터 메달을 받기노 했나. 센터백노 소화하고, 연령별 대표 이력도 있다. 큰 키는 아니지만 공중볼 경합에 강점이 있다. 볼 간수도 되는 편. 킥력도 있으나 태클은 약점이다.

출전경기	경기시간(분)	골	어시스트	경고	퇴장
33	2,790	–	–	2	–

DF 23 오마르 트라오레 / *Omar Traoré*

국적: 독일

VfL 오스나브뤼크, 아인트라흐트 브라운슈바이크 유스 출신. 레기오날리가의 뢰딩하우젠에서 3시즌을 보내고, 3부 리그의 KFC 위어딩겐, 오스나뷔르크를 거쳐 지난 시즌 하이덴하임에 영입됐다. 2부 경험도 없이 1부에서 첫 시즌 주전으로 활약하며 좋은 적응력을 보였다. 아프리카 토고계로 형제가 다 축구 선수다. 우측면에서 활발한 움직임으로 공수에 가담. 가로채기, 태클 등이 좋다. 공격력은 아쉽다.

출전경기	경기시간(분)	골	어시스트	경고	퇴장
31	2,478	–	2	5	–

MF 3 얀 쇠프너 / *Jan Schöppner*

국적: 독일

SC 베를 유스 출신. 레기오날리가에서 뛰다가 2020/21 하이덴하임에 입단. 2부에서부터 꾸준히 팀에 공헌하고 있다. 190cm의 장신 중앙 미드필더 혹은 수비형 미드필더로 공중볼 경합이 좋다. 지난 시즌, 리그 2득점 모두 머리로 넣기도 했다. 위치 선정도 준수하다. 많이 뛰어다니면서 수비 공헌도가 높다. 다만 패스 정확도가 떨어지는 편. 전개나 슈팅 등과는 거리가 있는 타입이기도 하다.

출전경기	경기시간(분)	골	어시스트	경고	퇴장
26	2,002	2	2	3	–

MF 10 파울 바너 / *Paul Wanner*

국적: 독일

바이에른 유스 출신. 2021/22 시즌 1군 무대를 밟기도 했다. 05년생으로 구단 역사상 가장 어린 나이에 데뷔. 리그 역사상 2위다. 그 이상은 기대하기 어려워 지난 시즌, 2부의 엘버스베르크로의 임대를 택했다. 거기서 좋은 활약을 보여 이번에는 하이덴하임으로 임대됐다. 독일 연령별 대표 출신. 바이에른이 기대하는 왼발 공격형 미드필더. 체격도 준수. 드리블, 테크닉, 스피드 등을 갖추고 있다.

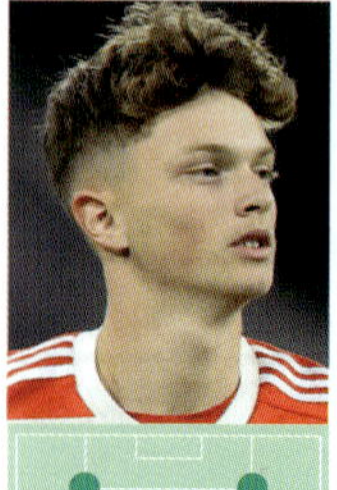

출전경기	경기시간(분)	골	어시스트	경고	퇴장
28	1,701	6	3	2	–

MF 21 아드리안 벡
Adrian Beck

국적: 독일

호펜하임 유스 출신이다. 호펜하임 2군에서 뛰다가 레기오날리가의 울름, 당시 벨기에 2부였던 위니옹 생질루아, 스코틀랜드의 해밀턴을 전전했다. 자리를 못 잡다가 다시 울름에 와서 주전으로 활약, 이후 하이덴하임에 영입됐다. 주력 자원은 아니지만 팀에 유용한 자원이다. 공격형 미드필더지만 수비 공헌도가 높다. 공중볼 경합도 준수하다. 테크닉, 슈팅력도 있다. 중앙 미드필더로도 쓰인다.

출전경기	경기시간(분)	골	어시스트	경고	퇴장
23	975	1	1	1	-

MF 33 레너드 멀로니
Lennard Maloney

국적: 미국

우니온 베를린 유스 출신. 2부 시절 프로 데뷔도 했으나 이후 3부의 켐니처로 임대. 도르트문트 2군에서 활동하다가 2022/23 시즌 하이덴하임에 입단했다. 승격에 공헌하고, 지난 시즌도 주전으로 활약했다. 독일 연령별 대표로 뛰다가 미국 A대표를 선택. 구단의 첫 국가대표 선수다. 센터백으로도 뛸 수 있다. 왕성한 활동량과 태클이 돋보인다. 체격도 좋다. 위치 선정, 공중볼 경합에도 능하다. 단 파울이 잦다.

출전경기	경기시간(분)	골	어시스트	경고	퇴장
29	2,294	1	1	1	-

FW 8 레오 시엔자
Léo Scienza

국적: 브라질

스웨덴 5부 리그에서 시작해 독일 4부의 샬케 2군에 입단했다. 공격력을 보여줘 2부의 마그데부르크에 입단했으나 아쉬운 모습이었다. 지난 시즌, 3부 울름에서의 활약으로 하이덴하임으로 이적했다. 지난 시즌에 10득점을 기록하고 떠난 딩치의 등번호를 물려받았다. 윙어, 공격형 미드필더로 주로 왼쪽에서 뛴다. 양발잡이이기도 하다. 연계와 테크닉이 좋은 자원이다. 골과 도움 모두 기대해볼 수 있는 스타일.

출전경기	경기시간(분)	골	어시스트	경고	퇴장
34	2,631	12	15	3	-

FW 11 데니스 토말라
Denis Thomalla

국적: 독일

카를스루어 유스 출신. 호펜하임 2군에서 주로 활동했다. 1군 데뷔도 했으나 의미는 없었다. 2013/14 시즌 3부의 라이프치히로 가서 승격도 했으나 입지는 좋지 못했다. 2014/15 오스트리아 1부의 리드에서 리그 10득점. 2015/16 시즌 레흐 포즈난에서는 좋지 못해 겨울에 하이덴하임으로 왔다. 입지나 폼이 꾸준히 좋지는 않지만, 골 감각이 좋은 시즌이 있다. 공중볼 경합, 롱패스는 준수하다.

출전경기	경기시간(분)	골	어시스트	경고	퇴장
21	435	-	-	-	-

FW 14 막시밀리안 브로이닉
Maximilian Breunig

국적: 독일

뷔르츠부르크 키커스 유스 출신. 3부에서 잠깐 뛰며 데뷔했다. 2020/21 오스트리아의 1부 아드미라로 임대되어 리그 5득점. 다시 돌아와 한 시즌 뛰고 프라이부르크 2군으로 갔다. 1군에서 리그 7분 출전했다. 하이덴하임이 이번 시즌 자유계약으로 영입, 시즌 첫 경기 포칼에서 레기오날리가 팀 상대이기는 했지만, 해트트릭을 기록했다. 195cm 장신에 연계, 공중볼, 수비 가담이 좋다. 기술적으로는 아쉽다.

출전경기	경기시간(분)	골	어시스트	경고	퇴장
2	7	-	-	-	-

FW 17 마티아스 혼자크
Mathias Honsak

국적: 오스트리아

오스트리아 빈, 스타들라우 유스 팀 출신. 잘츠부르크 2군인 리퍼링에서 뛰다가 임대되어 1부 경험을 쌓았다. 2018/19 홀슈타인 킬, 2019/20 다름슈타트로 임대. 다름슈타트 소속으로 네 시즌을 더 뛰고 자유계약으로 이번 시즌 하이덴하임에 합류했다. 왼발잡이 왼쪽 미드필더 혹은 윙이다. 188cm 장신. 공중볼 경합, 수비 공헌도가 높다. 역습 자원이기도 하다. 전체적으로 세밀함이 아쉽다.

출전경기	경기시간(분)	골	어시스트	경고	퇴장
23	1,019	1	1	1	-

FW 18 마르빈 피에링거
Marvin Pierlinger

국적: 독일

SSV 로이틀링겐 유스 출신. 프라이부르크 2군에서 뷔르츠부르거 키커스, 샬케로 임대되었다. 샬케로 완전이적 후 파더보른에 임대되어, 2022/23 시즌 2부 리그 10득점을 기록한 후 , 지난 시즌 하이덴하임에 입단했다. 191cm의 키, 공중볼과 수비 공헌이 좋다. 기술, 패스, 위치 선정, 기회 창출 등도 준수하다. 클라인딘스트가 떠난 후인 지금, 그와 같은 생산성을 낼 수 있느냐가 관건이다.

출전경기	경기시간(분)	골	어시스트	경고	퇴장
31	1,523	3	3	5	-

FW 29 미켈 카우프만
Mikkel Kaufmann

국적: 덴마크

올보르BK 유스 출신. 강호 코펜하겐으로 이적했지만, 썩 좋지 못했다. 함부르크에 임대돼서도 마찬가지였다. 2022/23 시즌 카를스루어로의 임대에서는 리그 10득점 8도움으로 성공적이었다. 이어 우니온 베를린에 입단했으나 그리 좋지 못한 시즌을 보내고 이번에 하이덴하임에 왔다. 덴마크 연령별 대표 코스를 쭉 밟아왔다. 190cm 장신, 공중볼, 슈팅, 마무리는 강점이다. 압박도 준수하다. 연계, 키핑은 발전이 필요하다.

출전경기	경기시간(분)	골	어시스트	경고	퇴장
18	467	1	-	-	-

FW 31 설로드 콘테
Sirlord Conteh

국적: 독일

VfB뤼벡 유스 출신. 장크트파울리 2군, 3부 리그의 마그데부르크, 2부의 파더보른을 거쳤다. 나름 꾸준한 득점력을 보이며 스텝업하고 있다. 빠른 발을 자랑한다. 최고 속도 시속 36.67km로 현재 이 부문 리그 1위를 기록 중이다. 키에 비해 공중볼 경합도 준수하다. 기회 창출 또한 나쁘지 않다. 다만 테크닉이 좋은 편은 아니다. 기회 대비 마무리 능력이 아쉽기도 하다. 전 소속팀에서도 조커 자원으로 쓰였다.

출전경기	경기시간(분)	골	어시스트	경고	퇴장
34	1,103	3	3	2	-

GERMANY BUNDESLIGA / FC HEIDENHEIM

SV 베르더 브레멘
SV Werder Bremen

TEAM PROFILE

창 립	1899년
회 장	후베르투스 헤스그루네발트(독일)
감 독	올레 베르너(독일)
연 고 지	브레멘
홈 구 장	베저슈타디온(4만 2,100명)
라 이 벌	함부르크 SV
홈페이지	www.werder.de

최근 5시즌 성적

시즌	순위	승점
2019-2020	16위	31점(8승7무19패, 42득점 69실점)
2020-2021	17위	31점(7승10무17패, 36득점 57실점)
2021-2022	없음	없음
2022-2023	13위	36점(10승6무18패, 51득점 64실점)
2023-2024	9위	42점(11승9무14패, 48득점 54실점)

BUNDESLIGA (전신 포함)

통 산	우승 4회
23-24 시즌	9위(11승9무14패, 승점 42점)

DFB POKAL

통 산	우승 6회
23-24 시즌	없음

UEFA

통 산	없음
23-24 시즌	없음

경기 일정

라운드	날짜	장소	상대팀
1	2024.08.24	원정	아우크스부르크
2	2024.08.31	홈	보루시아 도르트문트
3	2024.09.16	원정	1.FSV 마인츠 05
4	2024.09.21	홈	FC 바이에른 뮌헨
5	2024.09.30	원정	TSG 1899 호펜하임
6	2024.10.05	홈	SC 프라이부르크
7	2024.10.21	원정	VfL 볼프스부르크
8	2024.10.27	홈	바이엘 04 레버쿠젠
9	2024.11.04	원정	보루시아 묀헨글라트바흐
10	2024.11.09	홈	홀슈타인 킬
11	2024.11.24	원정	아인트라흐트 프랑크푸르트
12	2024.11.30	홈	VfB 슈투트가르트
13	2024.12.07	원정	VfL 보훔
14	2024.12.14	원정	FC 장크트파울리
15	2024.12.21	홈	FC 우니온 베를린
16	2025.01.11	원정	RB 라이프치히
17	2025.01.15	홈	FC 하이덴하임
18	2025.01.18	홈	아우크스부르크
19	2025.01.25	원정	보루시아 도르트문트
20	2025.02.01	홈	1.FSV 마인츠 05
21	2025.02.08	원정	FC 바이에른 뮌헨
22	2025.02.15	홈	TSG 1899 호펜하임
23	2025.02.22	원정	SC 프라이부르크
24	2025.03.01	홈	VfL 볼프스부르크
25	2025.03.08	원정	바이엘 04 레버쿠젠
26	2025.03.15	홈	보루시아 묀헨글라트바흐
27	2025.03.29	원정	홀슈타인 킬
28	2025.04.05	홈	아인트라흐트 프랑크푸르트
29	2025.04.12	원정	VfB 슈투트가르트
30	2025.04.19	홈	VfL 보훔
31	2025.04.26	홈	FC 장크트파울리
32	2025.05.03	원정	FC 우니온 베를린
33	2025.05.10	홈	RB 라이프치히
34	2025.05.17	원정	FC 하이덴하임

시즌 프리뷰 — 불안감과 아쉬움이!

지난 시즌 브레멘은 리그 9위로 기대 이상의 성적을 거뒀다. 8위 하이덴하임과 승점은 동률이었다. 득실 1차이로 유럽대항전 티켓을 놓쳤다. 그래도 그 전 시즌 13위에 이어 성적은 상승곡선을 그리고 있다. 지난 시즌 주요 자원 중 유출도 없다. 주요 선수들이 안 나간 마지막 시즌은 잘 나가던 2006/07 시즌이었다. 물론 전력 보강도 크지는 않았다. 프리들, 바이저 같은 선수들은 선수 영입을 요구하기도 했다. 지난 시즌은 운영의 묘와 운이 따랐다. 멀티 플레이어들로 버텼다. 이번 시즌은 지난 시즌 성적 재현을 장담할 만한 스쿼드는 아니다. 양과 질 모두 고민이다. 닉 볼테마데, 에렌 딩치 등 유스 출신 공격수들을 놔줘야 했던 것도 뒷맛이 씁쓸하다. 저스틴 은진마는 빠르지만, 결정력이 아쉽다. 수비진 안정성은 꾸준한 고민이다.

COACH

올레 베르너 *Ole Werner*
1988년 5월 4일생 독일

홀슈타인 킬 유스 출신이다. 같은 팀에서 유스 코치부터 시작, 두 번의 임시 감독 이후 정식 감독이 됐다. 2020/21 시즌에 포칼, 바이에른을 잡고 4강 진출. 이 시즌 리그 3위를 기록했다, 플레이오프에서 승격 좌절. 21년 9월 부진으로 사임했다. 그해 11월, 브레멘 감독으로 부임해 당시 10위였던 팀을 2위로 승격시켰다.

TEAM RATINGS

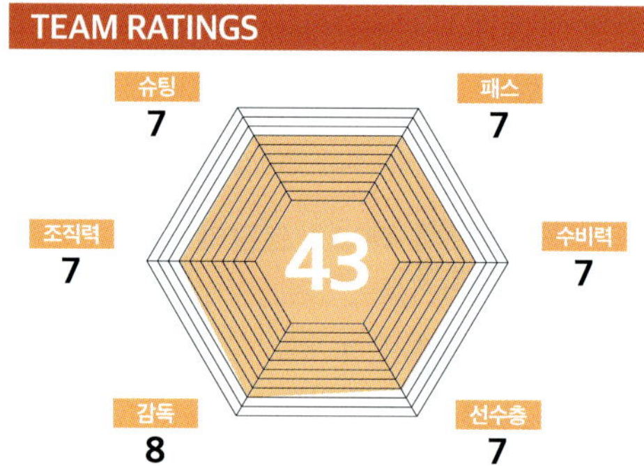

2023/24 프로필

팀 득점	48
평균 볼 점유율	46.80%
패스 정확도	79.70%
평균 슈팅 수	12.1
경고	73
퇴장	2

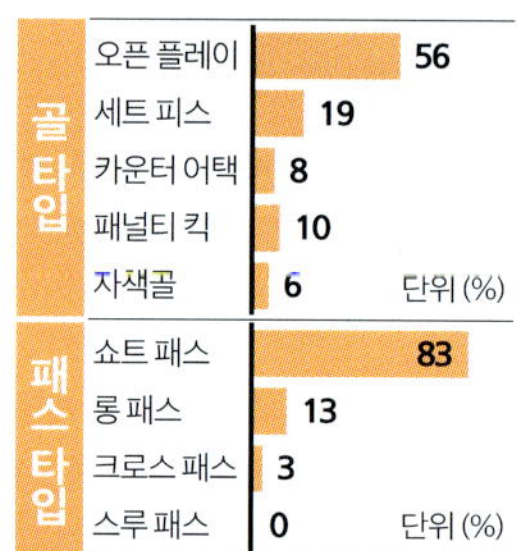

SQUAD

포지션	등번호	이름		생년월일	키(cm)	체중(kg)	국적
GK	1	미하엘 체테러	Michael Zetterer	1995.07.12	187	79	독일
	25	마르쿠스 콜케	Markus Kolke	1990.08.18	187	90	독일
DF	2	올리비에 드망	Olivier Deman	2000.04.06	181	67	벨기에
	3	안토니 융	Anthony Jung	1991.11.02	175	85	독일
	4	니클라스 슈타르크	Niklas Stark	1995.04.14	190	88	독일
	5	아모스 피퍼	Amos Pieper	1998.01.17	192	86	독일
	8	미첼 바이저	Mitchell Weiser	1994.04.21	177	70	독일
	13	밀로스 벨코비치	Milos Veljkovic	1995.09.26	184	77	세르비아
	22	훌리안 말라티니	Julián Malatini	2001.05.31	191	84	아르헨티나
	27	펠릭스 아구	Felix Agu	1999.09.27	180	67	독일
	32	마르코 프리들	Marco Friedl	1998.03.16	187	82	오스트리아
MF	6	옌스 스타게	Jens Stage	1996.11.08	187	81	덴마크
	10	레오나르도 비텐쿠르	Leonardo Bittencourt	1993.12.19	171	63	독일
	14	센느 리넨	Senne Lynen	1999.02.19	185	86	벨기에
	18	나비 케이타	Naby Keïta	1995.02.10	172	64	기니
	20	로마노 슈미트	Romano Schmid	2000.01.27	168	63	오스트리아
	21	이삭 한센아로엔	Isak Hansen-Aarøen	2004.08.22	173	67	노르웨이
	28	스켈리 알베로	Skelly Alvero	2002.05.04	202	93	프랑스
	35	레온 오피츠	Leon Opitz	2005.04.11	183	79	독일
FW	7	마르빈 두크슈	Marvin Ducksch	1994.03.07	188	79	독일
	11	저스틴 은진마	Justin Njinmah	2000.11.15	182	77	독일
	15	올리버 버크	Oliver Burke	1997.04.07	188	74	스코틀랜드
	17	마르코 그륄	Marco Grüll	1998.07.06	182	74	오스트리아
	33	압데네고 난키시	Abdenego Nankishi	2002.07.06	178	76	독일
	42	케케 토프	Keke Topp	2004.03.25	192	94	독일

IN & OUT

주요 영입	주요 방출
미오 바크하우스, 올리버 버크(이상 임대복귀), 마르쿠스 콜케, 마르코 그륄, 케케 토프, 데릭 쾬(임대)	닉 볼테마데(계약만료), 다비드 코브나츠키(임대)

TEAM FORMATION

FW	B-
MF	B-
DF	C
GK	C+

7 두크슈 (토프)
17 은진마 (그륄)

27 아구 (드망)
20 슈미트 (비텐쿠르)
8 바이저 (아구)

6 스타게 (드망)
14 리넨 (알베로)

13 벨코비치 (융)
32 프리들 (피퍼)
4 슈타르크 (말라티니)

1 체터러 (바크하우스)

PLAN **3-5-2**

지역 점유율

공격 진영	24%
중앙	45%
수비 진영	31%

공격 방향

30% 왼쪽	30% 중앙	40% 오른쪽

슈팅 지역

6%	골 에어리어
62%	패널티 박스
32%	외곽 지역

상대팀 최근 6경기 전적

구분	승	무	패	구분	승	무	패
바이엘 레버쿠젠		3	3	프라이부르크	1	2	3
슈투트가르트	2	1	3	아우크스부르크	3		3
바이에른 뮌헨	1	1	4	볼프스부르크	1	2	3
RB 라이프치히		2	4	마인츠	3	1	2
보루시아 도르트문트	1		5	보루시아 묀헨글라트바흐	1	3	2
아인트라흐트 프랑크푸르트	1	3	2	우니온 베를린	1		5
호펜하임	1	1	4	보훔	5	1	
하이덴하임	1	2	3	장크트 파울리	3	2	1
베르더 브레멘				홀슈타인 킬	3	1	2

PLAYERS

FW 7 마르빈 두크슈

Marvin Ducksch

KEY PLAYER

국적: 독일

도르트문트 유스 출신. 2013/14 시즌 1군 데뷔는 했으나 이후 여러 하부 리그 팀을 전전했다. 2부에서 활약으로 2021/22 시즌 브레멘에 입단, 20골로 1부 승격을 이끌었다. 최근 2시즌 연속 리그 12득점 기록. 1부에서는 통하지 않는다는 평가를 마침내 씻어냈다. 장신 공격수면서 스피드, 킥, 패스, 키핑 등 다재다능하다. 퓔크루크와 파트너로 뛰었지만, 그가 떠나고도 주포 역할을 해주고 있다. 보조자와 주포 모두 가능하다.

출전경기	경기시간(분)	골	어시스트	경고	퇴장
33	2,713	12	9	9	–

GK 1 미하엘 체터러

Michael Zetterer

국적: 독일

운터하힝 유스 출신으로 3부 리그에서 프로 데뷔, 주전 차지 이후 브레멘으로 넘어왔다. 2군에서만 활동하다가 오스트리아 2부, 에레디비지 임대 등을 거치며 성장했다. 브레멘에서는 2021/22 시즌부터 1군 입지가 생겼다. 지난 시즌에는 주전으로 활약했다. 파블렌카의 백업이었고, 그의 몸 상태에 따라 출전 여부가 갈렸으나 결국 그를 밀어냈다. 선방, 빌드업, 롱패스 등 다양한 장점이 있지만 간혹 실책도 있다.

출전경기	경기시간(분)	실점	무실점(경기)	경고	퇴장
27	2,430	37	6	2	–

DF 8 미첼 바이저

Mitchell Weiser

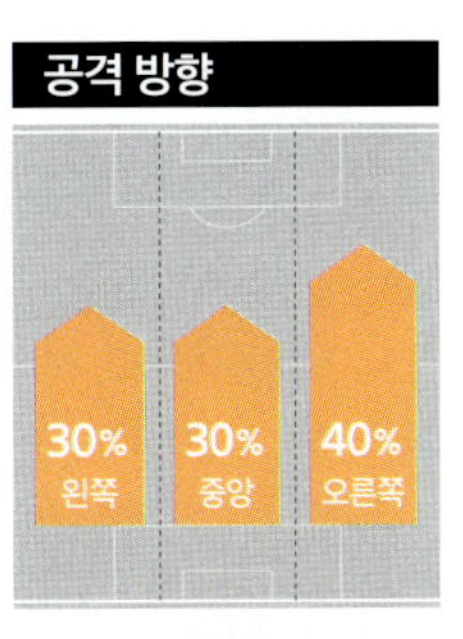

국적: 독일

쾰른의 전설적 레프트백인 아버지의 발자취를 따라 쾰른 유스에 입단, 프로 데뷔도 했다. 좋은 평가를 받고 바이에른으로 이적하나 경쟁이 쉽지 않았다. 헤르타 베를린에 자리 잡으면서 활약을 펼쳐 레버쿠젠에 입단했다. 그러나 갈수록 부상이 잦아지고 약점인 수비 불안으로 경쟁에서 밀렸다. 2부에 있던 브레멘에 임대되어 그는 살아났고 완전이적했다. 오른쪽에서 활발하게 활동하며 다양한 방식의 공격력을 보여준다.

출전경기	경기시간(분)	골	어시스트	경고	퇴장
30	2,639	3	7	5	–

MF 20 로마노 슈미트

Romano Schmid

국적: 오스트리아

슈투름 그라츠 유스 출신. 2019/20 시즌 볼프스베르거에서 활약하기 전까지는 1부, 1군 무대에서 기회를 잡기 어려웠다. 브레멘이 2018/19 시즌 도중 그를 영입해서 다시 오스트리아로 한 시즌 반 임대를 보낸 것이 컸다. 2020/21 시즌, 브레멘에서 점차 주축으로 성장했다. 2021/22 시즌의 승격에도 공헌했다. 연령별 대표를 거쳐 A대표에도 발탁. 체구가 작고 수비는 아쉽지만, 기회 창출 능력은 확실하다.

출전경기	경기시간(분)	골	어시스트	경고	퇴장
33	2,617	4	6	5	–

FW 11 저스틴 은진마

Justin Njinmah

국적: 독일

홀슈타인 킬 유스 출신. 22년 1월 브레멘과 프로 계약을 맺고 바로 도르트문트 2군으로 임대됐다. 2022/23 시즌 3부 리그 도르트문트 2군에서 리그 13득점을 기록했다. 지난 시즌을 앞두고 임대 복귀. 빠른 발과 침투 능력이 좋다. 드리블도 준수하다. 슈팅력도 있다. 공격수로서 좋은 조건들을 갖췄으나, 결정력이 떨어지는 모습이다. 드리블, 골 욕심으로 시야가 좁아지기도. 수비 가담, 공중볼 경합도 아쉽다.

출전경기	경기시간(분)	골	어시스트	경고	퇴장
24	1,013	6	2	1	–

SC 프라이부르크

SC Freiburg

TEAM PROFILE

창 립	1904년
회 장	에버하르트 푸크만(독일)
감 독	율리안 슈스터(독일)
연 고 지	프라이부르크 임 브라이스가우
홈 구 장	유로파 파크 슈타디온(3만 4,700명)
라 이 벌	VfB 슈투트가르트
홈페이지	www.scfreiburg.com

GERMANY BUNDESLIGA

SC FREIBURG

최근 5시즌 성적

시즌	순위	승점
2019-2020	8위	48점(13승9무12패, 48득점 47실점)
2020-2021	10위	45점(12승9무13패, 52득점 52실점)
2021-2022	6위	55점(15승10무9패, 58득점 46실점)
2022-2023	5위	59점(17승8무9패, 51득점 44실점)
2023-2024	10위	42점(11승9무14패, 45득점 58실점)

BUNDESLIGA (전신 포함)

통 산	없음
23-24 시즌	10위(11승9무14패, 승점 42점)

DFB POKAL

통 산	없음
23-24 시즌	32강

UEFA

통 산	없음
23-24 시즌	유로파리그 16강

경기 일정

라운드	날짜	장소	상대팀
1	2024.08.24	홈	VfB 슈투트가르트
2	2024.09.02	원정	FC 바이에른 뮌헨
3	2024.09.14	홈	VfL 보훔
4	2024.09.21	원정	FC 하이덴하임
5	2024.09.28	홈	FC 징크드파울리
6	2024.10.05	원정	SV 베르더 브레멘
7	2024.10.19	홈	아우크스부르크
8	2024.10.26	원정	RB 라이프치히
9	2024.11.03	홈	1.FSV 마인츠 05
10	2024.11.09	원정	FC 우니온 베를린
11	2024.11.23	원정	보루시아 도르트문트
12	2024.11.30	홈	보루시아 묀헨글라트바흐
13	2024.12.07	원정	TSG 1899 호펜하임
14	2024.12.14	홈	VfL 볼프스부르크
15	2024.12.21	원정	바이엘 04 레버쿠젠
16	2025.01.11	홈	홀슈타인 킬
17	2025.01.15	원정	아인트라흐트 프랑크푸르트
18	2025.01.18	원정	VfB 슈투트가르트
19	2025.01.25	홈	FC 바이에른 뮌헨
20	2025.02.01	원정	VfL 보훔
21	2025.02.08	홈	FC 하이덴하임
22	2025.02.15	원정	FC 장크트파울리
23	2025.02.22	홈	SV 베르더 브레멘
24	2025.03.01	원정	아우크스부르크
25	2025.03.08	홈	RB 라이프치히
26	2025.03.15	원정	1.FSV 마인츠 05
27	2025.03.29	홈	FC 우니온 베를린
28	2025.04.05	홈	보루시아 도르트문트
29	2025.04.12	원정	보루시아 묀헨글라트바흐
30	2025.04.19	홈	TSG 1899 호펜하임
31	2025.04.26	원정	VfL 볼프스부르크
32	2025.05.03	홈	바이엘 04 레버쿠젠
33	2025.05.10	원정	홀슈타인 킬
34	2025.05.17	홈	아인트라흐트 프랑크푸르트

새로운 체제, 산적한 과제

지난 시즌 프라이부르크는 리그 10위, 포칼 32강 탈락, 유로파리그 16강 탈락 등 전체적으로 아쉬웠다. 선수와 감독으로 33년 동안 함께한 슈트라이히 감독은 2011부터 잡은 지휘봉을 스스로 내려놓았다. 대체자로 슈스터 감독이 선택됐다. 역시 프라이부르크 선수 출신이고 슈트라이히 감독 아래 주장이기도 했다. 어느 정도 안정성, 연속성을 고려한 선택이기는 하지만, 감독으로서 검증된 바가 전혀 없는 만큼 앞으로의 행보를 가늠하기가 쉽지 않다. 슈트라이히 감독이 꾸준히 일정한 성적을 오랜 기간 내었던 것과는 다를 수 있다. 주축들도 나이가 들어가고, 선수층 문제와 확실한 공격수의 필요성 등 눈앞에 놓인 난관도 많다. 조금 더 공격적이고 볼 소유를 우선하려는 변화는 보인다. 딩치 영입은 전방에 활력이 될 수 있다.

COACH

율리안 슈스터 *Julian Schuster*
1985년 4월 15일생 독일

슈투트가르트 유스 출신. 1군에서 기회 부족으로 프라이부르크 이적을 택했다. 체격 좋은 수비형 미드필더, 수비수로서 팀의 승격에 공헌하고 주장도 역임했다. 팀 내에서 보조 코치 등의 역할을 하다가 22년 10월, 슈트라이히 감독이 코로나 양성 판정을 받자 유로파리그 낭트 전을 대신 공동 지휘한 바 있다.

TEAM RATINGS

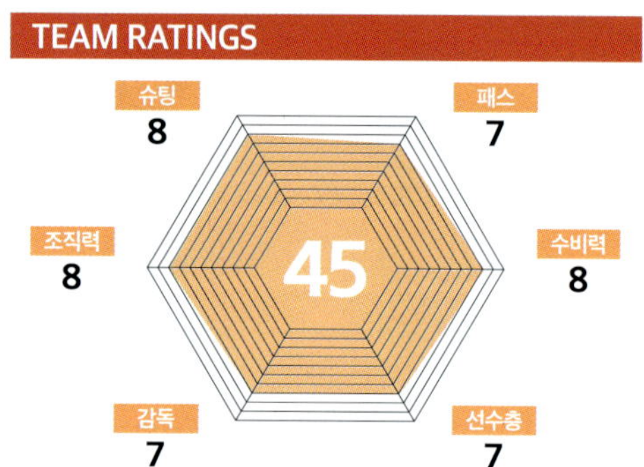

2023/24 프로필

팀 득점	45
평균 볼 점유율	46.20%
패스 정확도	79.10%
평균 슈팅 수	11.8
경고	62
퇴장	4

골 타입

		단위 (%)
오픈 플레이	60	
세트 피스	20	
카운터 어택	0	
패널티 킥	16	
자책골	4	

패스 타입

		단위 (%)
쇼트 패스	83	
롱 패스	13	
크로스 패스	4	
스루 패스	0	

SQUAD

포지션	등번호	이름		생년월일	키(cm)	체중(kg)	국적
GK	1	노아 아투볼루	Noah Atubolu	2002.05.25	190	99	독일
	3	필리프 린하르트	Philipp Lienhart	1996.07.11	189	85	오스트리아
DF	4	케네스 슈미트	Kenneth Schmidt	2002.06.03	187	81	독일
	5	마누엘 굴데	Manuel Gulde	1991.02.12	184	82	독일
	17	루카스 퀴블러	Lukas Kübler	1992.08.30	182	77	독
	25	킬리안 실딜리아	Kiliann Sildillia	2002.05.16	186	84	프랑스
	28	마티아스 긴터	Matthias Ginter	1994.01.19	191	87	독일
	30	크리스티안 귄터	Christian Günter	1993.02.28	184	83	독일
	33	조르디 마켕고	Jordy Makengo	2001.08.03	191	79	프랑스
	37	막스 로젠펠더	Max Rosenfelder	2003.02.10	186	76	독일
MF	6	파트리크 오스테르하게	Patrick Osterhage	2000.02.01	186	75	독일
	7	노아 바이스하우프트	Noah Weißhaupt	2001.09.20	181	76	독일
	8	막시밀리안 에게슈타인	Maximilian Eggestein	1996.12.08	181	82	독일
	11	다니엘코피 체레	Daniel-Kofi Kyereh	1996.03.08	179	79	가나
	22	롤란드 살라이	Roland Sallai	1997.05.22	183	79	헝가리
	23	플로렌트 무슬리야	Florent Muslija	1998.07.06	172	65	코소보
	27	니콜라스 호플러	Nicolas Höfler	1990.03.09	181	80	독일
	32	빈첸초 그리포	Vincenzo Grifo	1993.04.07	180	80	이탈리아
	34	메를린 룈	Merlin Röhl	2002.07.05	192	79	독일
FW	9	루카스 휠러	Lucas Höler	1994.07.10	184	83	독일
	18	에렌 딩치	Eren Dinkçi	2001.12.13	188	77	튀르키
	20	주니오르 아다무	Junior Adamu	2001.06.06	183	81	오스트리아
	26	막시밀리안 필립	Maximilian Philipp	1994.03.01	183	79	독일
	38	미카엘 그레고리슈	Michael Gregoritsch	1994.04.18	193	91	오스트리아
	42	도안 리츠	Ritsu Doan	1998.06.16	172	74	일본

IN & OUT

	주요 영입	주요 방출
	야니크 후트, 파트리크 오스테르하게, 에렌 딩치	아틸라 살라이(임대복귀), 야니크 카이텔(계약만료)

TEAM FORMATION

FW B

MF B

DF B

GK C⁺

38 그레고리치 (아다무)

32 그리포 (살라이)　34 뮐러 (횔러)　42 도안 (딩치)

6 오스테르하게 (횔러)　8 에게슈타인 (회플러)

30 귄터 (마켄고)　3 린하르트 (굴데)　37 로젠펠더 (긴터)　25 실딜리아 (퀴블러)

1 아투볼루 (뮐러)

PLAN 4-2-3-1

상대팀 최근 6경기 전적

구분	승	무	패	구분	승	무	패
바이엘 레버쿠젠	2	1	3	프라이부르크			
슈투트가르트	4		2	아우크스부르크	5		1
바이에른 뮌헨	1	1	4	볼프스부르크	4		2
RB 라이프치히			6	마인츠	2	4	
보루시아 도르트문트	1		5	보루시아 묀헨글라트바흐	2	4	
아인트라흐트 프랑크푸르트	1	3	2	우니온 베를린	1	2	3
호펜하임	5	1		보훔	6		
하이덴하임	2	1	1	장크트 파울리	3	1	2
베르더 브레멘	3	2	1	홀슈타인 킬			1

지역 점유율

공격 진영 **28%**

중앙 **44%**

수비 진영 **29%**

공격 방향

31% 왼쪽　**30%** 중앙　**38%** 오른쪽

슈팅 지역

10% 골 에어리어

62% 패널티 박스

28% 외곽 지역

PLAYERS

MF 32 빈첸초 그리포
Vincenzo Grifo

국적: 이탈리아

강력한 킥력으로 2선 측면과 중앙을 누비며 공격 포인트를 양산하는 핵심 자원이다. 지난 시즌에는 <키커>지 선정 올해의 팀에 뽑힌 2022/23 시즌에 비해 스탯이 떨어지기는 했다. 이는 팀의 부진과도 연관이 있다. 세트피스, 페널티킥도 전담한다. 단순히 득점, 도움만 직접적으로 노리지 않고 많이 뛰면서 압박하고 경기를 풀어주는 역할도 한다. 왼쪽에서 중앙으로 들어오기도 하지만 아래로 내려와 패스, 킥으로 전개에도 능하다.

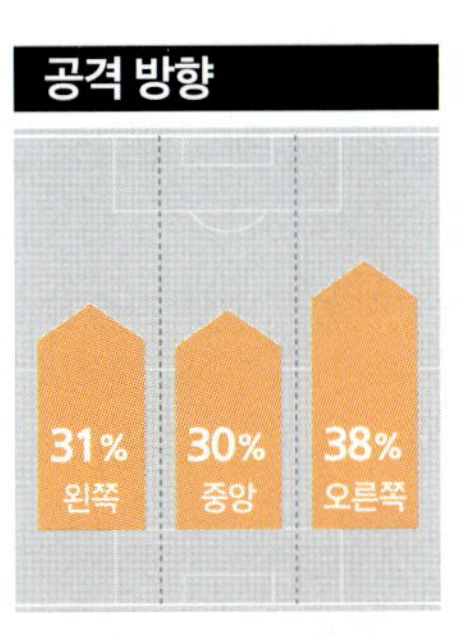

출전경기	경기시간(분)	골	어시스트	경고	퇴장
32	2,347	8	8	3	–

DF 3 필리프 린하르트
Philipp Lienhart

국적: 오스트리아

라피트 빈, 레알 마드리드 유스 출신. 2017/18 시즌 프라이부르크에 와서 성장, 주전으로 자리 잡았다. 2020/21, 2021/22 시즌에는 각각 4, 5득점을 했다. 세트피스 상황에서 득점력을 보여주기도 했다. 안정적인 수비 능력을 갖추고 있다. 최후방에서 뒷공간을 커버하는 스타일. 지난 시즌 긴터와 더불어 후반기에 부상으로 오래 결장한 것이 프라이부르크의 성적 하락에 큰 요인으로 작용했다.

출전경기	경기시간(분)	골	어시스트	경고	퇴장
15	1,265	1	–	3	–

MF 8 막시밀리안 에게슈타인
Maximilian Eggestein

국적: 독일

브레멘 유스 출신으로 같은 팀에서 프로 데뷔도 했다. 공격형 미드필더에서 수비형 미드필더로 포지션을 변경하며 2017/18 시즌부터 주전으로 자리매김했다. 2018/19 시즌에는 리그 5득점 4도움으로 공격 포인트까지 많이 올렸다. 프라이부르크 입단 이후로는 그러한 모습과는 거리가 있다. 지난 시즌 리그에서 가장 많은 거리를 커버한 선수. 중원 활동량이 돋보인다. 장크트파울리의 공격수 요하네스와 형제이다.

출전경기	경기시간(분)	골	어시스트	경고	퇴장
33	2,919	1	1	6	–

FW 18 에렌 딩치
Eren Dinkçi

국적: 독일

브레멘 유스 출신. 2020/21 시즌 중반, 경기 막판 교체 투입되어 결승골을 기록하는 화려한 프로 데뷔전을 치렀다. 그 후로는 팀도 강등되고 본인도 별다른 이상을 남기지 못했다. 그러다 지난 시즌 하이덴하임으로 임대되어 리그 10득점을 폭발시키며 주목받았다. 지난 시즌 리그 최고 속도 부문 2위를 차지하기도 했다. 중앙과 측면에서의 스피드와 킥력이 위협적이다. 볼 다루는 안정감이 아쉽다.

출전경기	경기시간(분)	골	어시스트	경고	퇴장
33	2,677	10	4	8	–

FW 42 도안 리츠
Ritsu Dōan

국적: 일본

감바 오사카 유스로 16세에 아시아 챔피언스리그 FC 서울 상대로 프로 데뷔했다. 2017년부터 자리를 잡던 중에 흐로닝언으로 이적, 첫 시즌부터 리그 9득점. 2시즌 가 활약으로 PSV에 이적했으나, 잘 안 풀렸다. 2020/21, 빌레펠트로 임대되어 리그 5득점, 2021/22 PSV로 돌아가서는 리그 8득점했다. 이후 프라이부르크에 입단. 민첩한 돌파와 날카로운 왼발 킥이 장점이다. 윙백도 소화한다.

출전경기	경기시간(분)	골	어시스트	경고	퇴장
30	2,255	7	2	2	–

FC 아우크스부르크

FC Augsburg

TEAM PROFILE

창 립	1907년
회 장	마르쿠스 크라프(독일)
감 독	예스 토루프(덴마크)
연 고 지	바이에른 주 아우크스부르크
홈 구 장	WWK 아레나(3만 660명)
라 이 벌	TSV 1860 뮌헨
홈페이지	www.fcaugsburg.de

최근 5시즌 성적

시즌	순위	승점
2019-2020	15위	36점(9승 9무 16패, 45득점 63실점)
2020-2021	13위	36점(10승6무18패, 36득점 54실점)
2021-2022	14위	38점(10승8무16패, 39득점 56실점)
2022-2023	15위	34점(9승7무18패, 42득점 63실점)
2023-2024	11위	39점(10승9무15패, 50득점 60실점)

BUNDESLIGA (전신 포함)

통 산	없음
23-24 시즌	11위(10승9무15패, 승점 39점)

DFB POKAL

통 산	없음
23-24 시즌	없음

UEFA

통 산	없음
23-24 시즌	없음

경기 일정

라운드	날짜	장소	상대팀
1	2024.08.24	홈	SV 베르더 브레멘
2	2024.09.01	원정	FC 하이덴하임
3	2024.09.15	홈	FC 장크트파울리
4	2024.09.21	홈	1.FSV 마인츠 05
5	2024.09.28	원정	RB 라이프치히
6	2024.10.05	홈	보루시아 뮌헨글라트바흐
7	2024.10.19	원정	SC 프라이부르크
8	2024.10.26	홈	보루시아 도르트문트
9	2024.11.02	원정	VfL 볼프스부르크
10	2024.11.10	홈	TSG 1899 호펜하임
11	2024.11.23	원정	FC 바이에른 뮌헨
12	2024.11.30	홈	VfL 보훔
13	2024.12.07	원정	아인트라흐트 프랑크푸르트
14	2024.12.14	홈	바이엘 04 레버쿠젠
15	2024.12.21	원정	홀슈타인 킬
16	2025.01.11	홈	VfB 슈투트가르트
17	2025.01.15	원정	FC 우니온 베를린
18	2025.01.18	원정	SV 베르더 브레멘
19	2025.01.25	홈	FC 하이덴하임
20	2025.02.01	원정	FC 장크트파울리
21	2025.02.08	원정	1.FSV 마인츠 05
22	2025.02.15	홈	RB 라이프치히
23	2025.02.22	원정	보루시아 뮌헨글라트바흐
24	2025.03.01	홈	SC 프라이부르크
25	2025.03.08	원정	보루시아 도르트문트
26	2025.03.15	홈	VfL 볼프스부르크
27	2025.03.29	원정	TSG 1899 호펜하임
28	2025.04.05	홈	FC 바이에른 뮌헨
29	2025.04.12	원정	VfL 보훔
30	2025.04.19	홈	아인트라흐트 프랑크푸르트
31	2025.04.26	원정	바이엘 04 레버쿠젠
32	2025.05.03	홈	홀슈타인 킬
33	2025.05.10	원정	VfB 슈투트가르트
34	2025.05.17	홈	FC 우니온 베를린

주포 공백 메울 수 있을까?

아우크스부르크는 지난 시즌 롤러코스터 행보를 보였다. 초반 부진 이후 냉탕과 온탕을 오갔다. 4연승으로 유럽대항전 진출권에 다가섰다가 결국 막판에는 5연패. 물론 매 시즌 잔류가 우선인 팀인 만큼 기대 이상의 성과이긴 했다. 부상도 있었지만 기복을 줄인다면 더 좋은 성적을 기대할 수도 있다. 일단 지난해 10월, 토루프 감독 부임 이후 침체가 아닌 기복이었다는 점은 긍정적이다. 다만 감독들이 길게 가기보다 교체되며 분위기 전환의 제물이 되는 경우가 잦다. 리그 15득점으로 폭발한 주포 데미로비치가 팀을 떠나기도 했다. 여러 준수한 공격수와 수비수 영입을 했으나, 주포 공백을 메울 수 있을지는 의문. 득점과 역할 분담이 과제다. 볼프의 경우 윙백 자원이지만, 팀 전술상 맞지 않는 옷인 풀백으로 쓰여야 하기도.

COACH

예스 토루프 *Jess Thorup*

1970년 2월 21일생 덴마크

현역 시절 공격수로 덴마크, 독일 2부, 오스트리아 등에서 활동했다. 현역 마지막 팀인 에스비에르에서 수석 코치와 임시 감독, 감독 등 거치며 지도자 생활을 시작했다. 덴마크 21세 이하 팀, 미틸란드, 헨트, 헹크, 코펜하겐 등에서도 감독을 역임. 지난 시즌 실패에도 한동안 스리백을 고수하는 등 전술 고집이 있다.

TEAM RATINGS

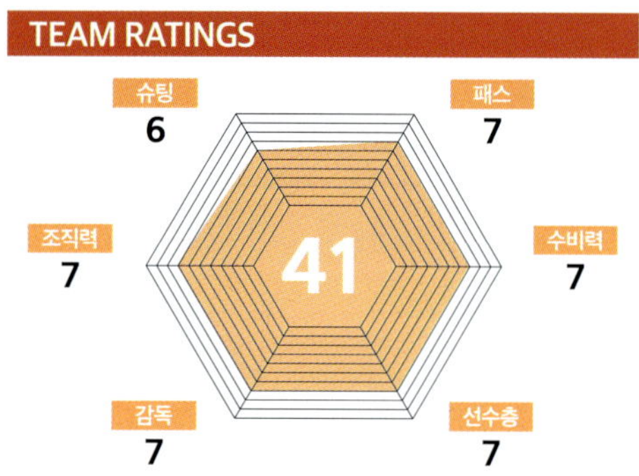

슈팅	6
패스	7
수비력	7
선수층	7
감독	7
조직력	7

41

2023/24 프로필

팀 득점	50
평균 볼 점유율	43.00%
패스 정확도	77.00%
평균 슈팅 수	12.8
경고	69
퇴장	3

골 타입

오픈 플레이	54
세트 피스	20
카운터 어택	14
패널티 킥	10
자책골	2

단위 (%)

패스 타입

쇼트 패스	81
롱 패스	14
크로스 패스	5
스루 패스	0

단위 (%)

SQUAD

포지션	등번호	이름		생년월일	키(cm)	체중(kg)	국적
GK	22	네딜코 라브로비치	Nediljko Labrović	1999.10.10	196	88	크로아티
	25	대니얼 클라인	Daniel Klein	2001.03.13	193	87	독일
DF	2	로베르트 굼니	Robert Gumny	1998.06.04	182	71	폴란드
	3	매즈 페데르센	Mads Pedersen	1996.09.01	174	72	덴마크
	4	리스 옥스포드	Reece Oxford	1998.12.16	193	86	잉글랜드
	5	크리슬랭 마치마	Chrislain Matsima	2002.05.15	193	81	프랑스
	6	제프리 하우레우	Jeffrey Gouweleeuw	1991.07.10	188	83	네덜란드
	13	디미트리스 안눌리스	Dimitrios Giannoulis	1995.10.17	175	62	그리스
	23	막시밀리안 바우어	Maximilian Bauer	2000.02.09	189	84	독일
	31	케벤 슐로테베크	Keven Schlotterbeck	1997.04.28	189	84	독일
MF	8	엘비스 레즈베차이	Elvis Rexhbecaj	1997.11.01	182	78	독일
	10	아르네 마이어	Arne Maier	1999.01.08	187	84	독일
	11	마리우스 볼프	Marius Wolf	1995.05.27	188	81	독
	14	오쿠가와 마사야	Masaya Okugawa	1996.04.14	177	68	일본
	17	크리스티안 야키치	Kristijan Jakić	1997.05.14	184	78	크로아티아
	18	팀 브라이트하웁트	Tim Breithaupt	2002.02.07	186	70	독일
	19	프랭크 오니에카	Frank Onyeka	1998.01.01	183	70	나이지리아
	24	프레드릭 옌센	Fredrik Jensen	1997.09.09	183	78	핀란드
	36	메르트 쾨뮈르	Mert Kömür	2005.07.17	183	77	독일
FW	7	유수프 카바다이	Yusuf Kabadayi	2004.02.02	186	75	독일
	9	사뮈엘 에센데	Samuel Essende	1998.01.23	192	88	콩고
	15	스티브 무니에	Steve Mounié	1994.09.29	190	83	베냉
	16	루벤 바르가스	Ruben Vargas	1998.08.05	177	70	스위
	20	알렉시스 클로드 모리스	Alexis Claude-Maurice	1998.06.06	174	62	프랑스
	21	필리프 티츠	Phillip Tietz	1997.07.09	190	90	독일

IN & OUT

주요 영입	주요 방출
마사야 오쿠가와, 헨리 쿠도수(이상 임대복귀), 프랭크 오네카, 크리슬랑 마치마(이상 임대), 알렉시 클로드모리스, 사무엘 에센데, 스티브 무니에, 유수프 카바다이, 케벤 슐로터베크, 디미트리스 지안눌리스, 마리우스 볼프, 네딜코 라브로비치	케빈 음바부(임대복귀), 이아고(계약만료), 펠릭스 우두오카이(임대), 에르메딘 데미로비치, 니클라스 도르슈, 아르네 엥겔스

TEAM FORMATION

지역 점유율

공격 진영	30%
중앙	42%
수비 진영	28%

공격 방향

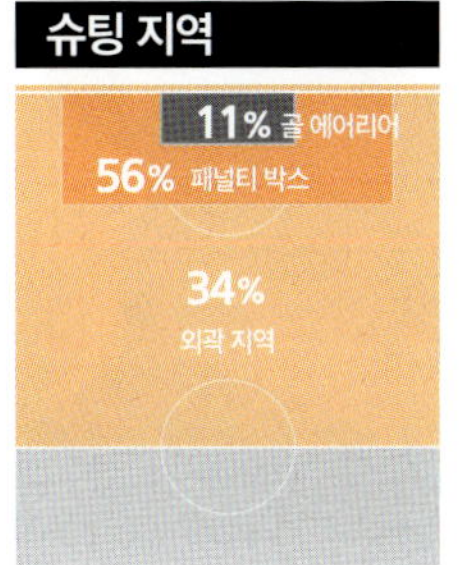

슈팅 지역

11%	골 에어리어
56%	패널티 박스
34%	외곽 지역

상대팀 최근 6경기 전적

구분	승	무	패	구분	승	무	패
바이엘 레버쿠젠	2		4	프라이부르크	1		5
슈투트가르트	1	1	4	아우크스부르크			
바이에른 뮌헨	1		5	볼프스부르크	3	2	1
RB 라이프치히		2	4	마인츠	2		4
보루시아 도르트문트		2	4	보루시아 묀헨글라트바흐	3	1	2
아인트라흐트 프랑크푸르트	1	3	2	우니온 베를린	3	3	
호펜하임	1	1	4	보훔	1	2	3
하이덴하임	2			장크트 파울리	3	1	2
베르더 브레멘	3		3	홀슈타인 킬	1		

PLAYERS

FW 21 필리프 티츠
Phillip Tietz — KEY PLAYER

국적: 독일

브라운슈바이크 유스 출신으로 2부와 3부 리그 등 다양한 팀들을 오가다가 2021/22 시즌 2부 리그의 다름슈타트에서 활약하며 만개했다. 2021/22 시즌 15득점, 2022/23 시즌 12득점했다. 데미로비치에 가려지기는 했지만, 아우크스부르크 첫 시즌도 기대 이상이었다. 이제 새로운 파트너들과 함께하는데 지난 시즌보다 어깨가 무겁다. 190cm, 86kg의 체구에 양발이 능숙하다. 압박도 적극적. 다만 세밀한 플레이에는 약하다.

출전경기	경기시간(분)	골	어시스트	경고	퇴장
34	2,407	8	4	1	–

GK 22 네딜리코 라브로비치
Nediljko Labrović

국적: 크로아티아

자국의 여러 유스팀을 거쳐 NK 유낙에서 2016/17 시즌 프로로 데뷔했다. 2시즌 동안 주전으로 활약하고 2부 리그의 HNK 시베니크로 이적했다. 첫 시즌부터 주전으로 활약했고 3시즌 간 몸담으며 팀의 승격을 이끌기도 했다. 지난 3시즌 동안은 강호 리예카의 주전이었다. 키 196cm에 91kg으로 기존 넘버원 다흐멘에 비해 체격 조건이 더 좋다. 연령별 대표를 거쳐 지난 3월 A대표로 데뷔하기도 했다.

출전경기	경기시간(분)	실점	무실점(경기)	경고	퇴장
35	3,150	30	18	2	–

DF 31 케벤 슐로터베크
Keven Schlotterbeck

국적: 독일

도르트문트의 니코와 형제지간이다. 그와 마찬가지로 프라이부르크 유스 출신. 왼발 센터백인 것도 같다. 동생과 체격도 거의 비슷하나 2cm 작다. 2018/19 시즌 1군에서 나름 입지가 생겼고, 2019/20 시즌 우니온 베를린에 임대돼 주전급으로 활약. 2021/22 시즌에 복귀해서는 좋았지만, 그 후로 부상, 부진이 아쉬웠는데 지난 한 시즌 반 동안의 보훔 임대로 살아났다. 카드 수집은 아쉽다.

출전경기	경기시간(분)	골	어시스트	경고	퇴장
27	2,184	5	1	9	–

MF 10 아르네 마이어
Arne Maier

국적: 독일

헤르타 베를린 유스 출신. 2017/18 시즌부터 1군 주요 자원으로 기용됐다. 다만 2019년부터 이런저런 부상이 계속됐다. 출전 시간과 폼이 떨어졌고, 빌레펠트, 아우크스부르크로 임대됐다. 2022/23 시즌 아우크스부르크로 완전이적. 이적 첫 시즌에 분데스리가에서 자신의 첫 득점을 기록했다. 2022/23 시즌에는 5득점 1도움. 지난 시즌 팀 내 도움 공동 2위였다. 킥과 수비 공헌이 준수하다.

출전경기	경기시간(분)	골	어시스트	경고	퇴장
22	1,000	2	4	–	–

FW 16 루벤 바르가스
Ruben Vargas

국적: 스위스

루체른 유스 출신이다. 2018/19 시즌 리그 8득점 기록하고, 다음 시즌 아우크스부르크로 이적했다. 2시즌 연속 리그 6득점으로 기대에 부응했다. 2020/21 시즌의 부진 이후로는 나쁘지 않은 모습이다. 다만 2020/21 시즌부터 부상이 늘기는 했다. 다소 기복도 있다. 되는 날에 몰아서 공격 포인트를 올리는 경향도 있다. 그래도 돌파와 슈팅 등 가진 무기가 확실하고 대표팀에서의 입지도 좋다.

출전경기	경기시간(분)	골	어시스트	경고	퇴장
31	1,977	4	4	3	–

VfL 볼프스부르크
Vfl Wolfsburg

최근 5시즌 성적

시즌	순위	승점
2019-2020	7위	49점(13승10무11패, 48득점 46실점)
2020-2021	4위	61점(17승10무7패, 61득점 37실점)
2021-2022	12위	42점(12승6무16패, 43득점 54실점)
2022-2023	8위	49점(13승10무11패, 57득점 48실점)
2023-2024	12위	37점(10승7무17패, 41득점 56실점)

BUNDESLIGA (전신 포함)

통 산	우승 1회
23-24 시즌	12위(10승7무17패, 승점 37점)

DFB POKAL

통 산	우승 1회
23-24 시즌	16강

UEFA

통 산	없음
23-24 시즌	없음

경기 일정

라운드	날짜	장소	상대팀
1	2024.08.25	홈	FC 바이에른 뮌헨
2	2024.08.31	원정	홀슈타인 킬
3	2024.09.14	홈	아인트라흐트 프랑크푸르트
4	2024.09.22	원정	바이엘 04 레버쿠젠
5	2024.09.28	홈	VfB 슈투트가르트
6	2024.10.05	원정	VfL 보훔
7	2024.10.21	홈	SV 베르더 브레멘
8	2024.10.26	원정	FC 장크트파울리
9	2024.11.02	홈	아우크스부르크
10	2024.11.11	원정	FC 하이덴하임
11	2024.11.23	홈	FC 우니온 베를린
12	2024.11.30	원정	RB 라이프치히
13	2024.12.07	홈	1.FSV 마인츠 05
14	2024.12.14	원정	SC 프라이부르크
15	2024.12.21	홈	보루시아 도르트문트
16	2025.01.11	원정	TSG 1899 호펜하임
17	2025.01.15	홈	보루시아 묀헨글라트바흐
18	2025.01.18	원정	FC 바이에른 뮌헨
19	2025.01.25	홈	홀슈타인 킬
20	2025.02.01	원정	아인트라흐트 프랑크푸르트
21	2025.02.08	홈	바이엘 04 레버쿠젠
22	2025.02.15	원정	VfB 슈투트가르트
23	2025.02.22	홈	VfL 보훔
24	2025.03.01	원정	SV 베르더 브레멘
25	2025.03.08	홈	FC 장크트파울리
26	2025.03.15	원정	아우크스부르크
27	2025.03.29	홈	FC 하이덴하임
28	2025.04.05	원정	FC 우니온 베를린
29	2025.04.12	홈	RB 라이프치히
30	2025.04.19	원정	1.FSV 마인츠 05
31	2025.04.26	홈	SC 프라이부르크
32	2025.05.03	원정	보루시아 도르트문트
33	2025.05.10	홈	TSG 1899 호펜하임
34	2025.05.17	원정	보루시아 묀헨글라트바흐

긍정과 부정이 교차하다

시즌 프리뷰

리그 12위에 포칼 16강 탈락 등 긍정적인 면을 찾기 어려운 지난 시즌이었다. 일단 2024년 3월부로 하젠휘틀 감독이 코바치 감독을 대신하면서 시즌 두 번째 연승, 첫 3연승을 기록하는 등 일말의 가능성은 봤다. 선수단이 양적, 질적으로 순위만큼 나쁜 팀은 아니다. 하젠휘틀 감독은 전임과 달리 스타일이 명확하다. 그 스타일이 양날의 검이 될 수도 있지만, 잘 풀릴 때는 기대 이상이다. 젊고 많이 뛰는 레드불 스타일이 긍정적으로 작용할 수 있다. 다만 비용에 비해 효율이 아쉬운 선수들이 아직 남아 있다. 긴 시간 동안 골문을 든든하게 지켜온 카스텔스가 사우디로 떠나기도 했다. 새로운 키퍼가 2명 영입됐다. 지난 시즌, 빈 외에 두 자릿수 득점자가 없었던 것과 선수층에 비해 확실하지 않은 베스트 라인업 등이 해결할 과제다.

COACH

랄프 하젠휘틀 *Ralph Hasenhüttl*
1967년 8월 9일생 오스트리아

현역 시절 공격수로 국가대표를 지내기도 했다. 잉골슈타트 감독직을 맡으며 감독으로서 이름을 알렸다. 라이프치히 감독으로 부임해 2016/17 1부 첫 시즌 준우승. 이후로는 다소 아쉬웠고 2017/18 시즌 후 경질됐다. 이후 사우샘프턴에서도 본인 스타일에 더해 현실과 타협하는 등 다양한 전술을 보여줬으나 마무리는 아쉬웠다.

TEAM RATINGS

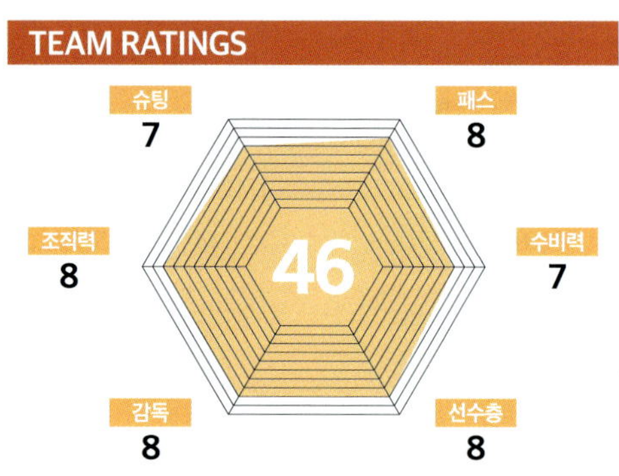

2023/24 프로필

팀 득점	41
평균 볼 점유율	47.70%
패스 정확도	80.50%
평균 슈팅 수	12.2
경고	82
퇴장	5

골 타입

오픈 플레이	68
세트 피스	24
카운터 어택	2
패널티 킥	5
자책골	0 (단위 %)

패스 타입

쇼트 패스	84
롱 패스	12
크로스 패스	4
스루 패스	0 (단위 %)

SQUAD

포지션	등번호	이름		생년월일	키(cm)	체중(kg)	국적
GK	12	파바오 페르반	Pavao Pervan	1987.11.13	194	88	오스트리아
	29	마리우스 뮐러	Marius Müller	1993.07.12	192	93	독일
DF	2	킬리안 피셔	Kilian Fischer	2000.10.12	182	77	독일
	3	세바스티안 보르나우	Sebastiaan Bornauw	1999.03.22	191	81	벨기에
	4	콘스탄티노스 쿨리에라키스	Konstantinos Koulierakis	2003.11.28	188	83	그리스
	5	세드리크 체지거	Cédric Zesiger	1998.06.24	194	92	스위스
	13	호제리우	Rogério	1998.01.13	178	70	브라질
	18	데니스 바브로	Denis Vavro	1996.04.10	189	81	슬로바키아
	21	요아힘 멜레	Joakim Maehle	1997.05.20	185	76	덴마크
	22	마티스 앙젤리	Mathys Angély	2007.04.21	190	84	프랑스
MF	8	살리 외즈칸	Salih Özcan	1998.01.11	180	74	튀르키예
	16	야쿠프 카민스키	Jakub Kaminski	2002.06.05	179	64	폴란드
	19	로브로 마예르	Lovro Majer	1998.01.17	178	75	크로아티아
	20	리들 바쿠	Ridle Baku	1998.04.08	176	72	독일
	24	벤스 다르더이	Bence Dárdai	2006.01.24	188	71	독일
	27	막시밀리안 아르놀트	Maximilian Arnold	1994.05.27	184	74	독일
	31	야니크 게르하르트	Yannick Gerhardt	1994.03.13	184	81	독일
	32	마티아스 스반베리	Mattias Svanberg	1999.01.05	185	77	스웨덴
	38	베니트 브뢰거	Bennit Bröger	2006.07.01	181	71	독일
FW	9	모하메드 아무라	Mohamed Amoura	2000.05.09	170	61	알제리아
	10	루카스 은메차	Lukas Nmecha	1998.12.14	185	80	독일
	11	티아구 토마스	Tiago Tomás	2002.06.16	180	72	포르투갈
	14	바르토스 비알렉	Bartosz Bialek	2001.11.11	191	84	폴란드
	17	케빈 베렌스	Kevin Behrens	1991.02.03	185	85	독일
	23	요나스 빈	Jonas Wind	1999.02.07	190	82	덴마크

IN & OUT

주요 영입	주요 방출
바르토시 비아웨크(임대복귀), 모하메드 아무라, 살리흐 외즈찬, 데니스 바브로(이상 임대), 마리우스 뮐러, 카밀 그라바라, 벤스 다르다이, 콘스탄티노스 쿨리에라키스	바츨라프 체르니, 모리츠 옌츠(이상 임대), 코엔 카스텔스, 막상스 라크루아

TEAM FORMATION

지역 점유율

공격 진영	27%
중앙	43%
수비 진영	29%

공격 방향

36% 왼쪽	24% 중앙	39% 오른쪽

슈팅 지역

10%	골 에어리어
53%	패널티 박스
37%	외곽 지역

상대팀 최근 6경기 전적

구분	승	무	패	구분	승	무	패
바이엘 레버쿠젠	1	2	3	프라이부르크	2		4
슈투트가르트	2	1	3	아우크스부르크	1	2	3
바이에른 뮌헨		1	5	볼프스부르크			
RB 라이프치히	2		4	마인츠	3	1	2
보루시아 도르트문트	1	1	4	보루시아 묀헨글라트바흐		2	4
아인트라흐트 프랑크푸르트	3	3		우니온 베를린	2	1	3
호펜하임	2	1	3	보훔	4		2
하이덴하임	4	1		장크트 파울리		5	1
베르더 브레멘	3	2	1	홀슈타인 킬	5		1

PLAYERS

MF 27 막시밀리안 아르놀트 *Maximilian Arnold* KEY PLAYER

국적: 독일

볼프스부르크 유스 출신 원클럽맨. 2011/12 시즌 구단의 분데스리가 최연소 출전을 기록, 2012/13 시즌 최연소 득점 기록도 갈아치웠다. 2013/14 시즌부터 주전으로 도약했다. 구단 역대 최다 리그 출전과 공식 경기 출전을 기록. 최다 도움 기록도 보유. 2022/23 시즌부터 주장 완장도 찼다. 왼발 킥 능력이 뛰어나 세트피스 전담 키커다. 플레이메이킹을 담당하면서 활동량, 수비진 보호도 좋다. 구단의 살아있는 전설 그 자체이다.

출전경기	경기시간(분)	골	어시스트	경고	퇴장
30	2,504	2	1	9	-

DF 4 콘스탄티노스 쿨리에라키스 *Konstantinos Koulierakis*

국적: 그리스

PAOK 유스 출신이다. 2군을 거쳐 2022/23 시즌부터 주전 자원으로 자리매김했다. 그리스 연령별 대표를 거쳐 2022년부터는 성인대표팀의 일원이다. 아직 스무 살이지만 188cm에 83kg으로 좋은 체격과 준수한 운동 능력, 적극성을 갖추고 있는 왼발 센터백이다. 공격 가담도 위협적. 이적시장 막바지에 팀을 떠난 라크루아의 등번호를 그대로 물려받았다. 그에 대한 팀의 기대를 알 수 있는 대목이다.

출전경기	경기시간(분)	골	어시스트	경고	퇴장
22	1,847	1	1	6	-

DF 21 요아킴 멜레 *Joakim Maehle*

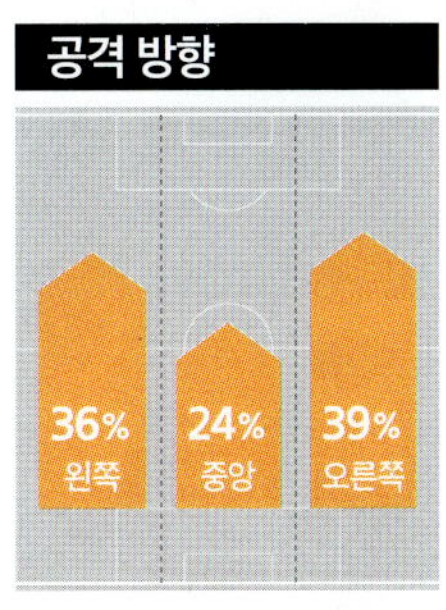

국적: 덴마크

올보르 유스 출신으로 2016/17 시즌 데뷔부터 주전으로 뛰었다. 다음 시즌 헹크 이적 후 유로 2020에서의 활약으로 2020/21 시즌에 아탈란타로 이적했다. 로테이션 자원으로 시작해 주전급으로 도약했다. 지난 시즌, 볼프스부르크로 이적했다. 풀백으로서 좋은 체구를 갖고 있으면서 좌우 모두 소화할 수 있다. 공수에서 모두 활발하나 지난 2시즌 동안 리그에서 경고를 5개씩 받은 것은 다소 아쉽다.

출전경기	경기시간(분)	골	어시스트	경고	퇴장
30	2,455	2	3	5	-

MF 19 로브로 마예르 *Lovro Majer*

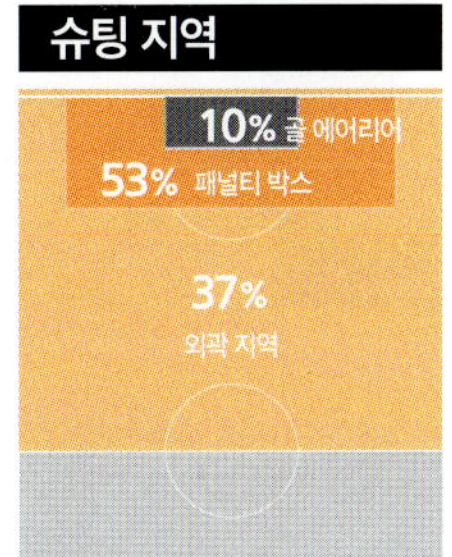

국적: 크로아티아

로코모티바 자그레브 유스 출신으로 프로 데뷔. 디나모 자그레브로 이적해 이름을 알렸고, 렌에서 두 시즌 뛰고 볼프스부르크에 입단했다. 국적이나 예전 소속 팀 등에서 모드리치의 후계자로 불리는 선수다. 세트피스 키커로 나설 정도로 왼발 킥 능력도 있다. 찔러 넣는 패스, 테크닉, 압박 및 수비 가담 등도 준수하다. 다만, 모드리치에 견주기에는 활동 반경, 탈압박 능력에서 차이는 있다.

출전경기	경기시간(분)	골	어시스트	경고	퇴장
32	2,121	5	5	5	-

FW 23 요나스 빈 *Jonas Wind*

국적: 덴마크

코펜하겐 유스 출신으로 2017/18 시즌에 프로 데뷔. 2020/21 시즌 리그 15득점, 2021/22 시즌 전반기 6득점 기록하고 시즌 도중 볼프스부르크로 이적했다. 반시즌 동안 5득점으로 빅리그에서의 출발이 좋았다. 2022/23 시즌은 아쉬웠으나 지난 시즌은 준수했다. 190cm의 장신이면서 스피드도 좋다. 측면 등 다른 포지션도 소화할 수 있다. 덴마크 대표팀에서도 입지를 늘려가고 있다.

출전경기	경기시간(분)	골	어시스트	경고	퇴장
34	2,662	11	7	3	-

FSV 마인츠

1. FSV Mainz 05

TEAM PROFILE

창 립	1905년
회 장	슈테판 호프만(독일)
감 독	보 헨릭센(덴마크)
연 고 지	라인란트팔츠주 마인츠
홈 구 장	메바 아레나(3만 3,305명)
라 이 벌	카이저슬라우테른, 프랑크푸르트
홈페이지	www.mainz05.de

최근 5시즌 성적

시즌	순위	승점
2019-2020	13위	37점(11승4무19패, 44득점 65실점)
2020-2021	12위	39점(10승9무15패, 39득점 56실점)
2021-2022	8위	46점(13승7무14패, 50득점 45실점)
2022-2023	9위	46점(12승10무12패, 54득점 55실점)
2023-2024	13위	35점(7승14무13패, 39득점 51실점)

BUNDESLIGA (전신 포함)

통 산	없음
23-24 시즌	13위(7승14무13패, 승점 35점)

DFB POKAL

통 산	없음
23-24 시즌	32강

UEFA

통 산	없음
23-24 시즌	없음

경기 일정

라운드	날짜	장소	상대팀
1	2024.08.24	홈	FC 우니온 베를린
2	2024.08.31	원정	VfB 슈투트가르트
3	2024.09.16	홈	SV 베르더 브레멘
4	2024.09.21	원정	아우크스부르크
5	2024.09.28	홈	FC 하이덴하임
6	2024.10.06	원정	FC 장크트파울리
7	2024.10.19	홈	RB 라이프치히
8	2024.10.26	홈	보루시아 묀헨글라트바흐
9	2024.11.03	원정	SC 프라이부르크
10	2024.11.09	홈	보루시아 도르트문트
11	2024.11.24	원정	홀슈타인 킬
12	2024.12.01	홈	TSG 1899 호펜하임
13	2024.12.07	원정	VfL 볼프스부르크
14	2024.12.14	홈	FC 바이에른 뮌헨
15	2024.12.21	원정	아인트라흐트 프랑크푸르트
16	2025.01.11	홈	VfL 보훔
17	2025.01.15	원정	바이엘 04 레버쿠젠
18	2025.01.18	원정	FC 우니온 베를린
19	2025.01.25	홈	VfB 슈투트가르트
20	2025.02.01	원정	SV 베르더 브레멘
21	2025.02.08	홈	아우크스부르크
22	2025.02.15	원정	FC 하이덴하임
23	2025.02.22	홈	FC 장크트파울리
24	2025.03.01	원정	RB 라이프치히
25	2025.03.08	원정	보루시아 묀헨글라트바흐
26	2025.03.15	홈	SC 프라이부르크
27	2025.03.29	원정	보루시아 도르트문트
28	2025.04.05	홈	홀슈타인 킬
29	2025.04.12	원정	TSG 1899 호펜하임
30	2025.04.19	홈	VfL 볼프스부르크
31	2025.04.26	원정	FC 바이에른 뮌헨
32	2025.05.03	홈	아인트라흐트 프랑크푸르트
33	2025.05.10	원정	VfL 보훔
34	2025.05.17	홈	바이엘 04 레버쿠젠

⚡ 전력분석 우울한 여름이 될 뻔했다

지난 시즌 마인츠는 거의 강등될 뻔했다. 22라운드에서야 리그 두 번째 승리를 따냈다. 보 헨릭센 감독의 부임 첫 경기였다. 그 후 분전하며 그 어려운 상황에서 기적적으로 살아남았다. 13위였지만 16위로 승강 플레이오프를 치른 보훔과 승점 2점 차에 불과했다. 바이에른 원정에서는 8-1 기록적 참패를 당했으나, 그 후 리그 5승 4무 무패, 막판 2연승을 기록했다. 터지는 날의 득점력이 상당했다. 같은 기간 멀티실점도 없었다. 예전 안 좋던 때보다 더 대단한 생존왕의 본능이었다. 가능성을 봤으나 멤버 변화가 문제다. 안 그래도 시즌 중 팀 폼이 일정치 않아 막판에 유럽대항전 티켓을 놓치거나, 강등 위기에서 막판 분전으로 살아남는 모습을 자주 보여주는 팀이다. 전력, 선수층 부상, 퇴장 등의 영향도 클 수밖에 없다. 그럼에도 지난 시즌 리버풀에서 임대로 덕을 본 센터백 세프 판 덴 베르흐는 이적료를 맞춰주지 못했다. 팀의 희망으로 떠오른 유스 출신 공격수 브라얀 그루다도 거액에 이적시켰다. 레안드루 바레이루의 이적은 그래도 사노 카이슈로 커버했다. 임대 복귀, 혹은 임대로 데려온 유망주들에게 기대를 걸어야 했던 상황. 이적시장 막판에 극적인 홍현석 영입이 분위기를 반전시켰다.

⚡ 전술분석 같은 전술, 다소 약화된 전력

지난 시즌 보 스벤손 감독은 3-4-2-1 시스템을 유지했다. 부진, 전력 누수로 전 시즌처럼 통하지는 않았다. 그를 대신한 시버트 감독 대행은 포백도, 3-5-2도 가동해 봤으나 안 좋은 흐름을 거스르지 못했다. 헨릭센 감독은 3-4-2-1을 재가동했다. 장기 부상에서 복귀한 요나탄 부르카르트를 측면이 아닌 톱으로 배치했다. 이재성과 그루다가 그를 보조하게 했다. 마침 이들의 동시에 좋았던 폼이 맞물려 막판 극적 잔류에 성공했다. 불안하던 수비진도 도미니크 코어가 스리백으로 내려서는 조합이 안정을 찾으며 나아졌다. 베스트 조합을 찾았는데 시즌이 끝났고, 새 시즌에는 그 조합의 주축 중 셋이 없는 상태. 바이에른에서 임대해 온 아르민도 지브, 가브리엘 비도비치가 측면 공격에서 그루다를 대체할 수 있을지가 관건이다. 물론 이 자리에는 이재성, 홍현석, 네벨 등이 공격형 미드필더로 활동할 수 있다. 판 덴 베르흐 공백을 옌츠가 커버할 수 있느냐도 관건이다. 일단 기존 자원들로는 힘들다는 것이 확인됐다. 비교적 유사한 프로필로 대체했지만, 조직력, 클래스, 폼 등에서 의문이 남는 상황. 새 시즌의 불안 요소다.

1.FSV 마인츠 05의 이재성과 VfL 보훔의 케벤 슐로터베크가
경합을 위해 몸을 날리고 있다. <2024/03/16, MEWA Arena>

코리안 듀오, 할 일이 많다

지난 시즌 후반기 호조는 감독 교체 효과, 생존본능, 절박함, 때맞춰 폼이 함께 올라왔던 선수들 덕 등 운과 상황이 맞아서였다. 평시에는 그럴 수 없는데 겨우 맞춰본 주력 자원들이 나가버렸다. 전임 스벤손 감독도 그랬지만, 남이 만들어 놓은 위기는 객관적으로 보고 수습할 수 있다. 반대로 본인이 맡고 있는 중에 생긴 위기는 대응하기 어렵다. 초반에 흔들리면 지난 시즌의 재탕이 될 수도 있다. 그만큼 시즌 초반 이재성의 어깨가 무거운 상황이었다. 팀에서 한 시즌 동안 꾸준한 편인 선수가 적고, 그루다의 확실한 대체자원이 당장은 없는 상황. 이재성이 더 해주는 수밖에 없었다. 팀은 경기 외적으로도 지난 시즌 영입했다가 팔레스타인 지지 표명으로 쫓아내 제대로 써보지도 못한 엘가지와의 부당 해고 소송에서 패소하고 말았다. 없는 살림에 100만 유로를 물어줬다.

이럴 때 마침 대표팀 후배가 짐을 들어주러 왔다. 공격형 미드필더와 중앙 미드필더로서 모두 활약할 수 있는 홍현석의 존재는 이재성과 마인츠에 큰 도움이 될 전망이다. 확실한 선발 자원은 물론이고 교체 자원도 부족한 포지션에 단비 같은 존재가 될 수 있다. 테크닉과 킥, 활동량 등에서 당장 보탬이 되는 선수다. 이적 직후 슈투트가르트 원정에서 바로 선발 출전해 3-3 무승부에 공헌하기도 했다. 팀의 기대가 그만큼 컸는데 빠르게 부응하는 모습이다. 임대로 온 측면 공격 자원들이 제힘을 발휘하기 전까지 여유도 확보하게 됐다. 팀 안팎의 사기를 끌어 올릴 영입이 될 전망이다. 공격은 어느 정도 문제 해결의 실마리가 있다.

중앙 수비진은 양적, 질적으로 모두 아쉬운 상태다. 수비가 불안하거나 부상이 잦거나, 노쇠화가 온 선수들로 인해 지난 시즌부터 이미 선수단 활용에 제약이 있었다. 그로 인해 멀티 자원들이 스리백 자리를 커버해 왔다. 또 주축 자원들의 컨디션에 운이 따라야 하는 시즌이다.

IN & OUT

주요 영입	주요 방출
아이멘 바르코크, 파울 네벨(이상 임대복귀), 아르민도 지브, 가브리엘 비도비치, 모리츠 옌츠(이상 임대), 니콜라스 베라트슈니그, 사노 카이슈, 홍현석	세프 판 덴 베르흐(임대복귀), 레안드루 바레이루(계약만료), 루도빅 아조르크, 마르코 리히터, 톰 크라우스, 에드밀손 페르난데스(이상 임대), 브라얀 그루다

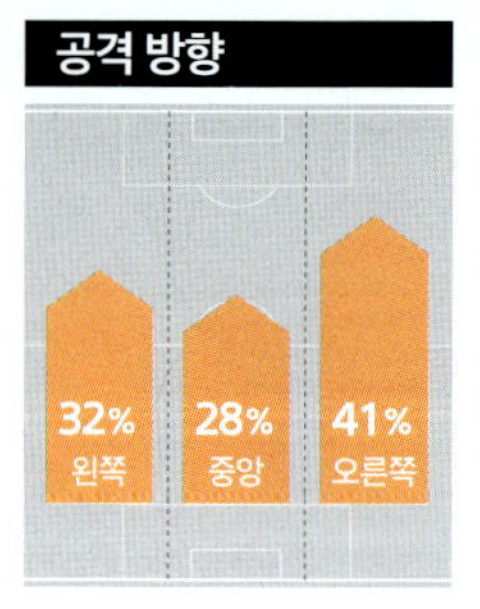

TEAM RATINGS

슈팅 7 · 패스 7 · 수비력 7 · 선수층 7 · 감독 7 · 조직력 8

43

2023/24 프로필

팀 득점	39
평균 볼 점유율	45.60%
패스 정확도	74.90%
평균 슈팅 수	14.1
경고	97
퇴장	3

골 타입 (단위 %)

오픈 플레이	49
세트 피스	33
카운터 어택	13
패널티 킥	3
자책골	3

패스 타입 (단위 %)

쇼트 패스	80
롱 패스	15
크로스 패스	4
스루 패스	0

SQUAD

포지션	등번호	이름		생년월일	키(cm)	체중(kg)	국적
GK	1	라세 리스	Lasse Rieß	2001.07.27	191	88	독일
	27	로빈 첸트너	Robin Zentner	1994.10.28	194	96	독일
	33	다니엘 바츠	Daniel Batz	1991.01.12	191	87	독일
DF	2	필리프 음베네	Phillipp Mwene	1994.01.29	170	66	오스트리아
	3	모리츠 옌츠	Moritz Jenz	1999.04.30	190	86	독일
	5	막심 라이치	Maxim Leitsch	1998.05.18	188	75	독일
	16	슈테판 벨	Stefan Bell	1991.08.24	192	88	독일
	19	앙토니 카시	Anthony Caci	1997.07.01	186	74	프랑스
	21	다니 다 코스타	Danny da Costa	1993.07.13	185	85	독일
	25	안드레아스 한케-올센	Andreas Hanche-Olsen	1997.01.17	185	79	노르웨이
	30	실반 비드머	Silvan Widmer	1993.03.05	183	79	스위
	47	막심 보라 달	Maxim Dal	2006.01.26	188	82	독일
MF	4	아이멘 마르코크	Aymen Barkok	1998.05.21	189	82	모로코
	6	사노 카이슈	Kaishu Sano	2000.12.30	176	67	일본
	7	이재성	Jae-sung Lee	1992.08.10	180	70	대한민국
	8	파울 네벨	Paul Nebel	2002.10.10	169	66	독
	14	홍현석	Hyun-seok Hong	1999.06.16	177	68	대한민국
	17	가브리엘 비도비치	Gabriel Vidovic	2003.12.01	180	71	크로아티아
	18	나디엠 아미리	Nadiem Amiri	1996.10.27	180	77	독일
	22	니콜라스 베라치니히	Nikolas Veratschnig	2003.01.24	180	73	오스트리아
	31	도미니크 코어	Dominik Kohr	1994.01.31	183	77	독일
FW	9	카림 오니시보	Karim Onisiwo	1992.03.17	188	85	오스트리아
	11	아르민도 지브	Armindo Sieb	2003.02.17	180	85	독일
	29	요나란 부르카르트	Jonathan Burkardt	2000.07.11	181	76	독일
	44	넬슨 바이퍼	Nelson Weiper	2005.03.17	192	82	독일

COACH

보 헨릭센 *Bo Henriksen*
1975년 2월 7일생 덴마크

선수 경력은 인상적이지 않았으나, 감독으로서는 나쁘지 않다. 자국 3부 리그의 브론쇼이에서 현역 생활을 마무리하고 감독직을 맡아 팀을 덴마크 2부로 승격시켰고 안정적으로 유지했다. 이후 2부의 호르센스에서 6년을 보냈다. 강호 미틸란드에서는 승점 3점 차 리그 준우승, 덴마크 컵 우승 등 준수한 성적을 거뒀으나 해임됐다. 2022년 10월, FC 취리히 감독으로 부임해 최하위에 있던 팀을 8위로 끌어올렸다. 지난 2월, 상호합의하에 계약 해지하고 마인츠로 와 강등 위기의 팀을 구해냈다.

상대팀 최근 6경기 전적

구분	승	무	패
바이엘 레버쿠젠	2		4
슈투트가르트		2	4
바이에른 뮌헨	2		4
RB 라이프치히	3	2	1
보루시아 도르트문트	1	2	3
아인트라흐트 프랑크푸르트		3	3
호펜하임	4	1	1
하이덴하임		1	1
베르더 브레멘	2	1	3
프라이부르크		4	2
아우크스부르크	4		2
볼프스부르크	2	1	3
마인츠			
보루시아 묀헨글라트바흐	2	4	
우니온 베를린		2	4
보훔	4	1	1
장크트 파울리	3	1	2
홀슈타인 킬	1		1

KEY PLAYER

MF 7 이재성 *Jae-sung Lee*

출전경기	경기시간(분)	골	어시스트	경고	퇴장
29	2,128	6	3	6	–

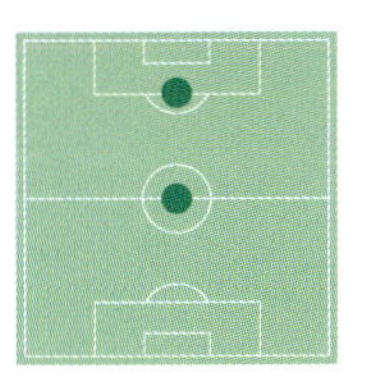

국적: 대한민국

2015년 K리그 영 플레이어상, 2017년 K리그 MVP 수상자. 2018/19 시즌 당시 2부 리그에 있던 홀슈타인 킬을 통해 독일 무대에 입성했다. 마인츠에서도 변함없는 에이스 역할을 하고 있다. 2선 좌우, 중앙은 물론 최전방에도 포진해 전방위 활동과 압박으로 상대를 괴롭힌다. 그러면서도 공격 전개, 연계의 중심으로서 활약한다. 기술과 체력, 근성 모두 고르게 갖췄다. 독일 무대에 적응하면서 전방 침투, 몸싸움, 머리로 마무리하는 클러치 능력까지 장착했다. 간결하고 영리한 플레이처럼 블로그에 올리는 글도 깔끔하다.

DARK HORSE

FW 29 요나탄 부르카르트 *Jonathan Burkardt*

출전경기	경기시간(분)	골	어시스트	경고	퇴장
21	1,542	8	2	2	–

국적: 독일

마인츠 유스 출신. 2018/19 시즌 성인팀에 데뷔했다. 다음 시즌 출전 시간은 늘지 않았으나 리그 첫 득점 등 꾸준히 성장했다. 2020/21 시즌부터 1군 자원으로 자리 잡았다. 2021/22 시즌에는 리그 11득점 기록으로 맹활약. 2022/23 시즌에는 1득점에 그쳤으나 부상으로 장기 결장했다. 지난 시즌 11월, 1년여 만에 복귀해 2월부터 8득점을 올려, 강등 위기의 팀을 구해 냈다. 발 빠르고 움직임 좋고 결정력도 있다. 측면 공격수도 소화 가능. 득점 패턴도 다양하다. 부상이 문제. 장신은 아니라 제공권은 아쉽다.

NEW ADDITION

MF 14 홍현석 *Hyun-Seok Hong*

출전경기	경기시간(분)	골	어시스트	경고	퇴장
30	2,351	5	6	1	–

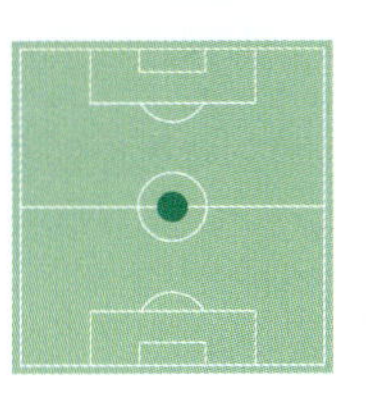

국적: 대한민국

울산 유스 출신으로 독일 3부 운터하힝과 오스트리아 2부 유니오즈 임대를 거쳐 오스트리아 분데스리가 LASK 린츠로 완전이적한 그는 성공적인 데뷔 시즌을 치르고 2022년 여름, 벨기에 1부 리그 헨트로 이적했다. 이후 헨트에서 2시즌 동안 맹활약하며 팀의 에이스로 군림한 후 지난여름 마인츠로 이적하기에 이르렀다. 정교한 왼발을 자랑하고, 왕성한 활동량을 바탕으로 공수 전반에 걸쳐 높은 영향력을 행사한다. 미드필더 전 지역을 모두 소화한다. 2022년 항저우 아시안게임 금메달리스트로, 성인대표팀에서도 입지를 넓히고 있다.

GK 27 로빈 첸트너 *Robin Zentner*

국적: 독일

마인츠 유스 출신. 2015/16, 2016/17 두 시즌 동안, 당시 3부의 홀슈타인 킬 임대 외에는 마인츠에서만 뛰고 있다. 임대에서 복귀한 이후부터 기회를 얻었고, 지난 4시즌은 주전으로 입지를 굳혔다. 이전까지는 실책, 큰 부상도 겹치며 겨우 잡은 기회를 놓치기도 했다. 근래에는 성장세이다. 균형감과 안정감이 크게 발전했다. 팀의 부주장이 되기도 했다. 194cm에 96kg으로 공중볼 처리에 강하다.

출전경기	경기시간(분)	실점	무실점(경기)	경고	퇴장
30	2,700	48	7	3	-

DF 2 필리프 음베네 *Phillipp Mwene*

국적: 오스트리아

슈투트가르트 유스, 2군을 거쳐 2부 리그의 카이저슬라우테른에서 1군 데뷔했다. 데뷔 시즌부터 주전으로 활약. 마인츠에 입단하고 처음 두 시즌은 출전이 어려웠다. 2020/21 시즌에는 입지가 좋아졌으나 부상이 아쉬웠다. PSV로 떠나 두 시즌 동안 로테이션 멤버로 기용됐다가 다시 마인츠로 지난 시즌에 돌아왔다. 좌우 풀백 모두 가능하고 전반적인 공격 능력을 갖추고 있으나 체격이 아쉽다.

출전경기	경기시간(분)	골	어시스트	경고	퇴장
23	2,004	1	2	4	1

DF 3 모리츠 옌츠 *Moritz Jenz*

국적: 독일

나이지리아계 독일인. 베를린 태생이지만 풀럼 유스 출신이다. 풀럼 연령별 팀에서 뛰면서 1군 데뷔는 못했다. 스위스의 로잔 스포르로 이적해 바로 주전으로 활약했다. 다음 시즌 프랑스의 로리앙으로 이적. 이후 셀틱, 샬케 임대를 거쳐 지난 시즌 볼프스부르크에 입단했다. 나쁘지 않은 출전 시간이었으나 주전 자리를 찾아 마인츠로 왔다. 190cm에 86kg, 좋은 체구와 집중력이 있으나 파울, 경고 관리에 신경써야.

출전경기	경기시간(분)	골	어시스트	경고	퇴장
22	1,745	-	1	5	1

DF 5 막심 라이치 *Maxim Leitsch*

국적: 독일

보훔 유스 출신이다. 당시 2부였던 보훔에서 2016/17 시즌 데뷔. 점차 주전으로 자리 잡았고 승격에도 크게 기여했다. 2021/22 시즌 팀이 강등되고 2022/23 시즌 마인츠에 입단했다. 주로 백업 자원으로 활용되고 있다. 190cm에 가까운 왼발 센터백. 레프트백도 기능히디. 독일 연령별 대표를 지낸 바 있다. 전반적으로 경합과 인터셉트 능력은 준수하나 패스 정확도와 집중력 등에서 불안하다.

출전경기	경기시간(분)	골	어시스트	경고	퇴장
7	377	-	-	-	-

DF 16 슈테판 벨 *Stefan Bell*

국적: 독일

마인츠 유스 출신. 당시 2부의 1860 뮌헨, 프랑크푸르트 임대 시절 외에는 마인츠에서만 뛰었다. 2012/13 시즌부터 1군에서 모습을 드러냈고 그다음 시즌부터 주전으로 활약했다. 2017/18 시즌부터는 주장으로 임명됐다. 2019/20 시즌 개막을 앞두고 부상으로 시즌 아웃. 주장직도 내려놓았다. 좋은 체구와 수비력이 있지만, 지난 시즌부터는 노쇠화로 주전 자리에서 밀려났다. 연령별 대표를 지냈다.

출전경기	경기시간(분)	골	어시스트	경고	퇴장
10	669	-	-	3	-

DF 19 앙토니 카시 *Anthony Caci*

국적: 프랑스

스트라스부르 유스 출신으로 2016/17 시즌에 잠깐 출전해 프로로 데뷔했다. 그 후 기회가 없다가 2018/19 시즌부터 주전 자리를 꿰찼다. 지난 두 시즌 동안 마인츠에서도 주력 자원으로 활약 중이다. 수비 전 포지션을 커버할 수 있다. 태클, 경합, 위치 선정, 인터셉트 등 선제석인 수비력이 좋은 한편, 공격력도 개선 중이다. 2022/23 시즌에 비해 경고 기록이 두 배 늘어난 것은 유의해야 한다.

출전경기	경기시간(분)	골	어시스트	경고	퇴장
31	2,493	2	3	8	-

DF 21 다니 다 코스타 *Danny da Costa*

국적: 독일

앙골라계 독일인. 레버쿠젠 유스 출신이다. 2011/12 시즌 프로 데뷔도 했다. 다음 시즌 2부의 잉골슈타트로 임대. 완전이적도 하며 네 시즌 동안 활약하며 승격에도 함께했다. 2016/17 시즌 레버쿠젠으로 이적하나 기회를 얻지 못해 한 시즌 만에 프랑크푸르트로 이적. 2020/21 시즌 겨울에 마인츠에 반시즌 임대 후 22년 여름에 자유계약으로 입단했다. 좋은 체격과 운동 능력이 있지만 그 이상은 미흡하다.

출전경기	경기시간(분)	골	어시스트	경고	퇴장
19	826	-	1	1	-

DF 25 안드레아스 한케-올센 *Andreas Hanche-Olsen*

국적: 노르웨이

스타베크 유스 출신으로 프로 데뷔, 2020/21 헨트에 입단했다. 두 시즌 동안 주전으로 활약하고 2022/23 시즌 중간에 마인츠에 입단했다. 첫 시즌의 준수한 모습에 비해 지난 시즌은 발목, 햄스트링 부상이 이어져 고전했다. 두 시즌 연속 경고 누적으로 결장도 발생했다. 185cm로 장신은 아니지만 운동 능력이 좋아 지상, 공중 경합과 태클 등 좋은 수비력을 보여준다. 또 측면 수비도 가능하다.

출전경기	경기시간(분)	골	어시스트	경고	퇴장
15	996	1	-	5	-

DF 30 실반 비드머 *Silvan Widmer*

국적: 스위스

스위스 아라우 태생. 2부였던 고향 팀에서 데뷔해 주전으로 활약하다 우디네세에 입단했다. 다섯 시즌 동안 거의 주전급으로 뛰고 자국 강호 바젤로 이적. 2021/22 시즌 마인츠에 영입되어서도 좋은 모습을 이어 갔다. 다만 매 시즌 부상으로 출전 시간이 줄고 스탯도 떨어졌다. 기본적으로 킥 능력이 좋아 공격 지원으로 스탯을 잘 올리며 멀티 수비 요원 역할도 한다. 2022/23 시즌부터 주장 완장을 찼다.

출전경기	경기시간(분)	골	어시스트	경고	퇴장
20	1,246	1	3	4	-

MF 4 아이멘 바르코크
Aymen Barkok

국적: 모로코

프랑크푸르트 태생으로 연고지 유스팀에 입단했다. 2016/17 시즌에 기회도 받으며 프로 데뷔 시즌을 보냈다. 2018/19 시즌에는 두 시즌 동안 뒤셀도르프로 임대. 출전 시간은 많지 않았다. 2020/21 시즌에 복귀해서 사정이 나아지긴 해도 그 정도였다. 22년 여름 마인츠 입단하고도 마찬가지였고, 지난 시즌 2부의 헤르타 베를린에서도 그랬다. 나름대로 기술, 패싱력, 투쟁심이 있으나 주전으로는 어렵다.

출전경기	경기시간(분)	골	어시스트	경고	퇴장
12	846	1	-	2	-

MF 6 사노 카이슈
Kaishu Sano

국적: 일본

고교 졸업 후 당시 2부였던 마치다 젤비아에 입단, 빠르게 입지를 다져갔다. 2023년 가시마에 입단했고, 2024년 여름 마인츠 이적이 확정됐다. 다만 그 후 집단성폭행 혐의로 구속됐다가 불기소로 풀려나 마인츠 구단과 팬들을 당황케 했다. 체구는 크지 않지만, 활동량과 스피드가 좋아 그라운드를 폭넓게 누비면서 볼을 따낸다. 패스, 연계도 준수하다. 캉테처럼 다방면에서 활약할 수 있는 타입.

출전경기	경기시간(분)	골	어시스트	경고	퇴장
20	1,795	-	2	-	-

MF 8 파울 네벨
Paul Nebel

국적: 독일

마인츠 유스 출신으로 2020/21 시즌 1군 리그 데뷔. 2군에서 뛰다가 지난 두 시즌 동안 2부의 카를스루어 임대를 다녀왔다. 지난 시즌, 팀 내 최다 도움을 기록했다. 공격 포인트로는 팀 내 3위. 잘게 썰어 들어가는 패스 연결과 키핑이 좋은 것은 물론 수비도 열심히 한다. 다만 체구가 작아 공중볼 등 경합이 어렵고 그로 인해 무리한 수비로 경고가 많은 편이다. 연령별 대표팀을 꾸준히 거쳐 왔다.

출전경기	경기시간(분)	골	어시스트	경고	퇴장
33	2,787	5	8	6	-

MF 17 가브리엘 비도비치
Gabriel Vidovic

국적: 크로아티아

아우크스부르크, 바이에른 유스 출신으로 독일계 크로아티아인이다. 바이에른 연령별 팀, 2군에서의 활약으로 2021/22 시즌 미약하지만 1군 출전 시간을 얻었다. 2022/23 시즌 네덜란드의 비테세로 임대되어 4득점을 올렸다. 지난 시즌에는 디나모 자그레브로 임대. 이제 독일 1부에서 통하는지 시험대에 올랐다. 주목받는 기대주로서 테크닉, 터치, 킥, 드리블, 패스, 마무리 등 다양한 재능이 있다.

출전경기	경기시간(분)	골	어시스트	경고	퇴장
27	1,412	7	3	3	-

MF 18 나디엠 아미리
Nadiem Amiri

국적: 독일

호펜하임 유스 출신. 2014/15 시즌 1군 리그 데뷔전을 치르고 꾸준히 성장했다. 2019/20 시즌 레버쿠젠으로 이적. 나쁘지 않았으나 2021/22 시즌 도중에 제노아로 임대됐다. 돌아와서도 입지는 좋지 못했고 지난 시즌 마인츠로 이적했다. 미드필드 중앙과 측면 여러 포지션을 소화할 수 있는 자원이다. 활동량이 좋고 킥, 패스, 드리블 등 다재다능한 유형이다. 지난 시즌 팀 내 최다 도움을 기록.

출전경기	경기시간(분)	골	어시스트	경고	퇴장
23	1,402	1	4	5	-

MF 31 도미니크 코어
Dominik Kohr

국적: 독일

레버쿠젠 유스 출신. 아우크스부르크로 임대 이후 입지를 굳히고 완전 이적도 했다. 2017/18 시즌 레버쿠젠에 복귀. 2019/20 시즌에는 프랑크푸르트에 입단했다가, 2020/21 시즌 겨울에 마인츠로 임대됐다. 2022/23 시즌에 완전히 영입됐다. 지난 시즌, 리그 최다 경고와 카드를 수집한 선수. 그나마 파울은 9위였다. 그만큼 궂은일을 도맡아 하고 있다. A대표 경력은 없으나 연령별 대표는 꾸준히 했다.

출전경기	경기시간(분)	골	어시스트	경고	퇴장
31	2,190	1	-	13	1

FW 9 카림 오니시보
Karim Onisiwo

국적: 오스트리아

자국 하부 리그에서 활약하다 2부의 마테르스부르크를 승격시켰다. 이후 2015/16 시즌 겨울에 마인츠로 이적. 초기에는 득점도, 출전 시간도 적었다. 부상, 부진이 컸다. 그러다가 2018/19 시즌부터 자리를 잡았다. 좋은 체구에 발도 빠르고 공격의 여러 포지션을 소화하지만 결정력 문제가 있다. 2022/23 시즌에는 10득점을 기록했다. 이적 이후 첫 두 자릿수 리그 득점이었다. 하지만 지난 시즌은 심각했다.

출전경기	경기시간(분)	골	어시스트	경고	퇴장
24	1,498	1	3	1	-

FW 11 아르민도 지브
Armindo Sieb

국적: 독일

호펜하임 유스, 바이에른 유스와 2군을 거쳐 지난 두 시즌 동안 2부 리그의 그로이터 퓌르트로 이적해서 활약했다. 2022/23 시즌, 리그 4골 1도움에 비해 지난 시즌은 상당한 발전을 이뤘다. 바이에른이 바이백으로 재영입해서 마인츠에 2년 임대를 보냈다. 연령별 대표에도 꾸준히 발탁된다. 중앙과 측면을 오가며 드리블을 즐기는 타입. 수비 가담이나 정교함 등 아직 다듬을 구석이 있지만 잠재력이 기대된다.

출전경기	경기시간(분)	골	어시스트	경고	퇴장
33	2,213	12	3	3	-

FW 44 넬슨 바이퍼
Nelson Weiper

국적: 독일

마인츠 유스 출신으로 연령별 팀을 거쳐 2022/23 시즌 1군 무대에 데뷔했다. 적은 출전 시간에도 리그 2득점을 기록했다. 지난 시즌에는 출전 시간이 미미하게 늘었으나 무득점에 그쳤다. 192cm의 장신 스트라이커. 몸무게도 82kg으로 준수하다. 다만 아직 어리고 피지컬과 기량이 완성되지 않은 선수라서 백업 이상을 기대하기 어렵다. 그래도 독일 연령별 대표에서의 활약으로 기대를 받고 있다.

출전경기	경기시간(분)	골	어시스트	경고	퇴장
5	121	-	-	-	-

보루시아 묀헨글라트바흐

Borussia Mönchengladbach

TEAM PROFILE	
창 립	1900년
회 장	슈테판 시퍼스(독일)
감 독	헤라르도 세오아네(스위스)
연 고 지	노르트라인베스트팔렌 주 묀헨글라트바흐
홈 구 장	보루시아 파크(5만 4,042명)
라 이 벌	FC쾰른, 바이어 04 레버쿠젠
홈페이지	www.borussia.de

최근 5시즌 성적

시즌	순위	승점
2019-2020	4위	65점(20승5무9패, 66득점 40실점)
2020-2021	8위	49점(13승10무11패, 64득점 56실점)
2021-2022	10위	45점(12승9무13패, 54득점 61실점)
2022-2023	10위	43점(11승10무13패, 52득점 55실점)
2023-2024	14위	34점(7승13무14패, 56득점 67실점)

BUNDESLIGA (전신 포함)

통 산	우승 5회
23-24 시즌	14위(7승13무14패, 승점 34점)

DFB POKAL

통 산	우승 3회
23-24 시즌	8강

UEFA

통 산	유로파리그 우승2회
23-24 시즌	없음

경기 일정

라운드	날짜	장소	상대팀
1	2024.08.24	홈	바이엘 04 레버쿠젠
2	2024.08.31	원정	VfL 보훔
3	2024.09.14	홈	VfB 슈투트가르트
4	2024.09.22	원정	아인트라흐트 프랑크푸르트
5	2024.09.28	홈	FC 우니온 베를린
6	2024.10.05	원정	아우크스부르크
7	2024.10.19	홈	FC 하이덴하임
8	2024.10.26	원정	1.FSV 마인츠 05
9	2024.11.04	홈	SV 베르더 브레멘
10	2024.11.10	원정	RB 라이프치히
11	2024.11.25	홈	FC 장크트파울리
12	2024.11.30	원정	SC 프라이부르크
13	2024.12.07	홈	보루시아 도르트문트
14	2024.12.14	홈	홀슈타인 킬
15	2024.12.21	원정	TSG 1899 호펜하임
16	2025.01.11	홈	FC 바이에른 뮌헨
17	2025.01.15	원정	VfL 볼프스부르크
18	2025.01.18	원정	바이엘 04 레버쿠젠
19	2025.01.25	홈	VfL 보훔
20	2025.02.01	원정	VfB 슈투트가르트
21	2025.02.08	홈	아인트라흐트 프랑크푸르트
22	2025.02.15	원정	FC 우니온 베를린
23	2025.02.22	홈	아우크스부르크
24	2025.03.01	원정	FC 하이덴하임
25	2025.03.08	홈	1.FSV 마인츠 05
26	2025.03.15	원정	SV 베르더 브레멘
27	2025.03.29	홈	RB 라이프치히
28	2025.04.05	원정	FC 장크트파울리
29	2025.04.12	홈	SC 프라이부르크
30	2025.04.19	원정	보루시아 도르트문트
31	2025.04.26	원정	홀슈타인 킬
32	2025.05.03	홈	TSG 1899 호펜하임
33	2025.05.10	원정	FC 바이에른 뮌헨
34	2025.05.17	홈	VfL 볼프스부르크

 시즌 프리뷰 — 드러난 약점은 놔두고 영입마저 공격적으로?

2022/23 시즌 10위. 지난 시즌에는 14위로 순위가 더 떨어졌다. 유럽대항전 티켓을 놓고 경쟁하던 시절이 무색하다. 지난 시즌에 부임한 세오아네 감독이 일단 이번 시즌도 팀을 지휘하게 됐다. 지난여름보다 영입생들의 면면도 기대가 된다. 하이덴하임의 돌풍 주역 클라인딘스트와 보훔의 잔류에 에이스 역할을 한 슈퇴거, 홀슈타인 킬 중원의 핵 잔더가 가세했다. 다만 수비 보강이 이뤄지지 않고 있다. 지난 시즌 리그 득점은 7위. 실점은 3위였다. 득점력도 물론 두 자릿수 득점자가 하크 한 명뿐이었던 만큼 부족한 부분이 있기는 했다. 그래도 세오아네 감독 특유의 과한 공격 성향, 3선과 기존 수비진의 수비력 문제는 이미 검증이 된 상태다. 뵈버도 돌려보내고 기존 자원으로 버티려 한다. 재정난에 발목이 잡혔다.

COACH

헤라르도 세오아네 *Gerardo Seoane*

1978년 10월 30일생 스위스

루체른에서의 호성적으로 강호 영보이스를 이끌었다. 2018/19 시즌부터 3시즌 연속으로 리그 우승을 차지해 명성을 떨쳤다. 상대의 전력, 소위 체급에 상관없이 다소 과할 정도로 공격적인 축구를 구사한다. 2021/22 시즌 레버쿠젠에서는 3위. 2022/23 시즌 초반에는 성적 부진으로 경질됐다. 개성이 분명한 스타일이다.

TEAM RATINGS

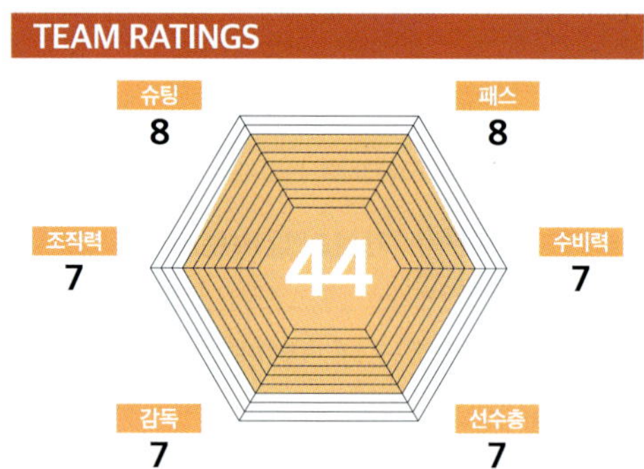

- 슈팅 8
- 패스 8
- 조직력 7
- 수비력 7
- 감독 7
- 선수층 7
- **44**

2023/24 프로필

팀 득점	56
평균 볼 점유율	46.30%
패스 정확도	81.60%
평균 슈팅 수	13.4
경고	64
퇴장	2

골 타입

오픈 플레이	52
세트 피스	25
카운터 어택	13
패널티 킥	9
자책골	2

단위 (%)

패스 타입

쇼트 패스	86
롱 패스	10
크로스 패스	4
스루 패스	0

단위 (%)

SQUAD

포지션	등번호	이름		생년월일	키(cm)	체중(kg)	국적
GK	1	요나스 오믈린	Jonas Omlin	1994.01.10	182	67	스위스
	21	토비아스 지펠	Tobias Sippel	1988.03.22	183	78	독일
	33	모리츠 니콜라스	Moritz Nicolas	1997.10.21	193	89	독일
DF	2	파비오 키아로디아	Fabio Chiarodia	2005.06.05	186	78	이탈리아
	3	이타쿠라 코	Ko Itakura	1997.01.27	188	74	일본
	5	마빈 프리드리히	Marvin Friedrich	1995.12.13	193	84	독일
	20	루카 네츠	Luca Netz	2003.05.15	184	83	독일
	22	스테판 라이너	Stefan Lainer	1992.08.27	175	73	오스트리아
	26	루카스 울리히	Lukas Ullrich	2004.03.16	180	73	독일
	29	조 스컬리	Joe Scally	2002.12.31	184	80	미국
	30	니코 엘베디	Nico Elvedi	1996.09.30	189	78	스위스
MF	7	케빈 슈퇴거	Kevin Stöger	1993.08.27	175	74	오스트리아
	8	율리안 바이글	Julian Weigl	1995.09.08	186	80	독일
	10	플로리안 노이하우스	Florian Neuhaus	1997.03.16	185	77	독일
	16	필립 잔더	Philipp Sander	1998.02.21	186	80	독일
	19	네이선 은구무	Nathan Ngoumou	2000.03.14	183	74	프랑스
	25	로빈 하크	Robin Hack	1998.08.27	178	69	독일
	27	로코 라이츠	Rocco Reitz	2002.05.29	176	72	독일
	38	이반드로 보르게스 산체스	Yvandro Borges Sanches	2004.05.24	175	67	룩셈부르크
FW	9	프랑크 오노라	Franck Honorat	1996.08.11	180	70	프랑스
	11	팀 클라인딘스트	Tim Kleindienst	1995.08.31	194	86	독일
	13	후쿠다 시오	Shio Fukuda	2004.04.08	178	70	일본
	14	알라산 플레	Alassane Plea	1993.03.10	181	79	프랑스
	28	그란트레온 라노스	Grant-Leon Ranos	2003.07.20	180	73	아르메니아
	31	토마시 츠반차라	Tomas Cvancara	2000.08.13	190	79	체코

IN & OUT

주요 영입	주요 방출
팀 클라인딘스트, 케빈 슈퇴거, 필립 잔더	조르당 시바체우, 막시밀리안 뵈버(이상 임대 복귀), 마누 코네(임대)

TEAM FORMATION

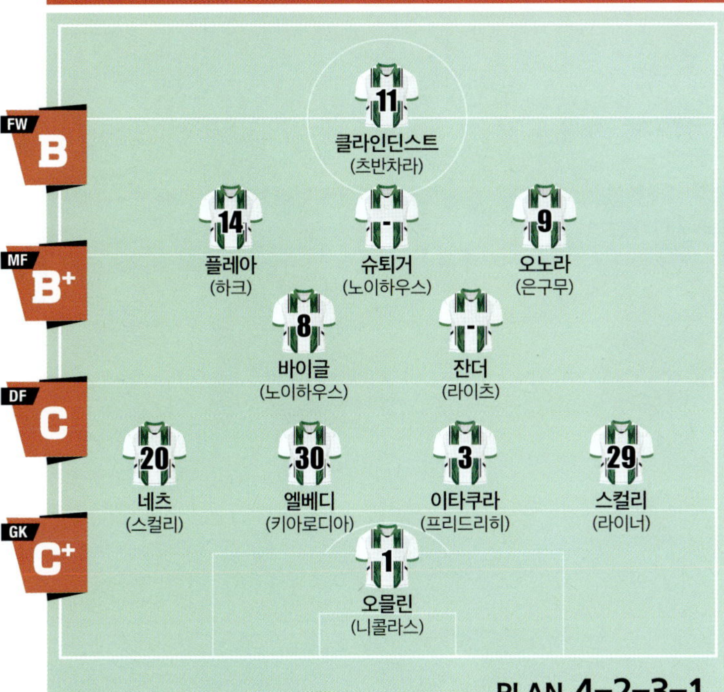

B
B+
C
C+

FW B
MF B+
DF C
GK C+

지역 점유율

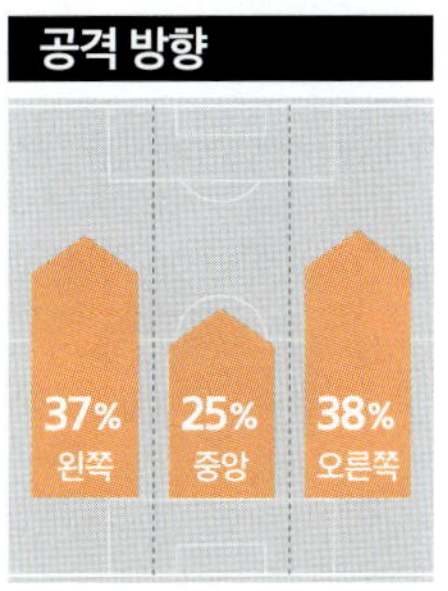

공격 방향

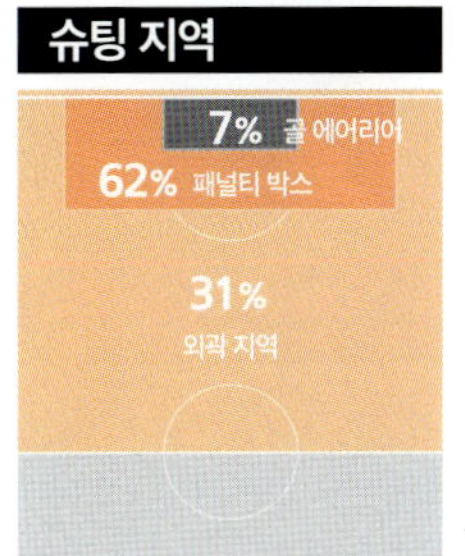

슈팅 지역

PLAYERS

MF 8 율리안 바이글
Julian Weigl

국적: 독일

1860뮌헨 유스 출신. 18세에 구단 역사상 최연소 주장으로 임명돼 도르트문트로 이적해 활약하다가 부상, 부진으로 벤피카에 가게 됐다. 부활에 성공해 2022/23 시즌 뮌헨글라트바흐에 입단. 팀의 중추 역할을 이어가고 있다. 볼을 잘 다루고 볼 배급에 능해 팀의 볼 흐름에 중요한 역할을 담당한다. 위치 선정도 좋고, 지난 시즌 커버 범위까지 리그 2위였다. 활동량도 좋다. 경합 등 수비도 적극적인데 두 시즌 동안 경고 16장을 받았다.

출전경기	경기시간(분)	골	어시스트	경고	퇴장
31	2,766	2	3	10	–

GK 1 요나스 오믈린
Jonas Omlin

국적: 스위스

루체른 유스 출신으로 2014/15 시즌에 프로 데뷔. 한 시즌 동안 2부 임대로 경험을 쌓고 돌아와 출전 시간을 늘렸다. 바젤로 이적해 두 시즌 동안 활약하고, 몽펠리에를 거쳐 2022/23 시즌 겨울 이적시장을 통해 글라트바흐에 입단했다. 바이에른으로 떠난 스위스 선배 얀 조머를 대체했다. 지난 시즌부터는 주장을 맡고 있다. 다양한 능력이 있는 현대적 골키퍼지만, 이런저런 부상이 있는 편이다.

출전경기	경기시간(분)	실점	무실점(경기)	경고	퇴장
7	630	18	1	–	–

상대팀 최근 6경기 전적

구분	승	무	패	구분	승	무	패
바이엘 레버쿠젠		2	4	프라이부르크		4	2
슈투트가르트	2	1	3	아우크스부르크	2	1	3
바이에른 뮌헨	3	1	2	볼프스부르크	4	2	
RB 라이프치히	2		4	마인츠		4	2
보루시아 도르트문트	2		4	보루시아 묀헨글라트바흐			
아인트라흐트 프랑크푸르트		3	3	우니온 베를린		1	5
호펜하임	4	1	1	보훔	5		1
하이덴하임	3	1		장크트 파울리	3	1	2
베르더 브레멘	2	3	1	홀슈타인 킬	1		1

DF 30 니코 엘베디
Nico Elvedi

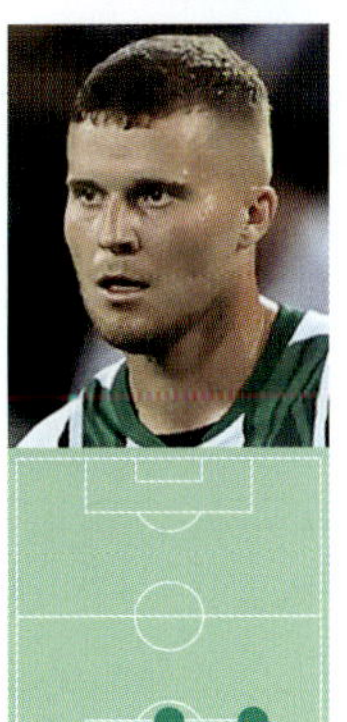

국적: 스위스

FC 취리히 유스 출신. 프로 데뷔 두 시즌 만에 묀헨글라트바흐에 영입됐다. 지난 9시즌 동안 주전 수비수로 활약했다. 스위스 대표팀에도 꾸준히 발탁된다. 189cm의 장신 수비수. 경합에 능하고 패스에도 강점이 있다. 스피드도 빠른 편이라 측면에 기용되기도 한다. 다만 크고 작은 부상과 집중력이 아쉽다. 그럼에도 팀에서는 가장 준수한 수비수다. 팀의 재정난으로 인해 매각 대상으로 꼽히기도 했다.

출전경기	경기시간(분)	골	어시스트	경고	퇴장
30	2,485	2	1	5	–

FW 9 프랑크 오노라
Franck Honorat

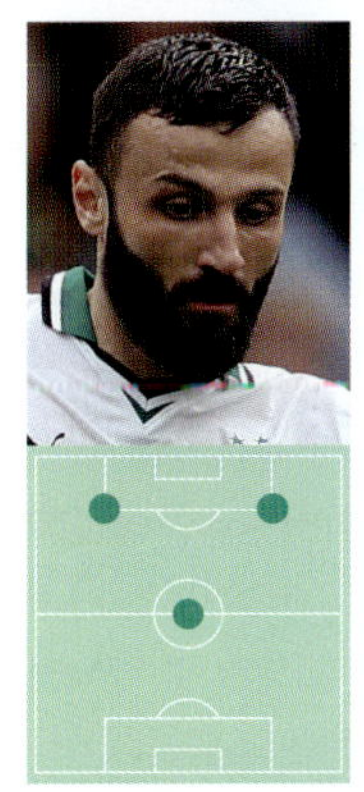

국적: 프랑스

지난 시즌 영입생 중 로빈 하크와 더불어 건져낸 자원. 하크는 10골 2도움, 오노라는 3골 9도움 기록했지만, 경기에 미치는 영향력은 더 컸다. 양발로 정확한 킥을 할 수 있어 공격 포인트 생산성이 좋다. 세트피스 키커. 2020/21 시즌, 브레스투에서는 11득점 6도움을 기록했고, 윙, 윙백 등 여러 포지션도 소화할 수 있다. 다만 측면 자원치고 빠르지 않고 수비 가담과 수비 지표에 빈틈이 있다.

출전경기	경기시간(분)	골	어시스트	경고	퇴장
32	2,359	3	9	1	–

FW 11 팀 클라인딘스트
Tim Kleindienst

국적: 독일

194cm에 85kg. 지난 시즌 승격팀 하이덴하임에서 리그 12득점을 올렸다. 그뿐 아니라 전력 질주, 고강도 질주, 파울 수, 공중볼 경합에서 리그 1위를 차지했다. 경합 승리도 3위였다. 뛴 거리는 5위. 거구의 몸으로 저런 플레이를 하면서 리그 33경기를 소화할 정도로 내구성도 좋다. 전방에서부터 수비를 적극적으로 잘 해줄 뿐 아니라, 상대 수비라인을 못 올라오게 하는 존재감의 소유자다.

출전경기	경기시간(분)	골	어시스트	경고	퇴장
33	2,877	12	3	6	–

FC Union Berlin

TEAM PROFILE

창 립	1906년
회 장	더크 칭글러(독일)
감 독	보 스벤손(덴마크)
연 고 지	베를린 트렙토 쾨페니크쿠 쾨페니크
홈 구 장	슈타디온 안 데어 알텐 푀르스테라이 (2만 2,012명)
라 이 벌	헤르타 BSC, BFC 디나모
홈페이지	www.fc-union-berlin.de

최근 5시즌 성적

시즌	순위	승점
2019-2020	6위	52점(15승7무12패, 53득점 53실점)
2020-2021	11위	43점(11승10무13패, 52득점 54실점)
2021-2022	9위	46점(13승7무14패, 58득점 60실점)
2022-2023	12위	36점(10승6무18패, 48득점 57실점)
2023-2024	7위	46점(13승7무14패, 66득점 66실점)

BUNDESLIGA (전신 포함)

통 산	없음
23-24 시즌	7위(13승7무14패, 승점 46점)

DFB POKAL

통 산	없음
23-24 시즌	32강

UEFA

통 산	없음
23-24 시즌	없음

경기 일정

라운드	날짜	장소	상대팀
1	2024.08.24	원정	1.FSV 마인츠 05
2	2024.08.31	홈	FC 장크트파울리
3	2024.09.14	원정	RB 라이프치히
4	2024.09.21	홈	TSG 1899 호펜하임
5	2024.09.28	원정	보루시아 묀헨글라드바흐
6	2024.10.05	홈	보루시아 도르트문트
7	2024.10.20	원정	홀슈타인 킬
8	2024.10.28	홈	아인트라흐트 프랑크푸르트
9	2024.11.02	원정	FC 바이에른 뮌헨
10	2024.11.09	홈	SC 프라이부르크
11	2024.11.23	원정	VfL 볼프스부르크
12	2024.11.30	홈	바이엘 04 레버쿠젠
13	2024.12.07	원정	VfB 슈투트가르트
14	2024.12.14	홈	VfL 보훔
15	2024.12.21	원정	SV 베르더 브레멘
16	2025.01.11	원정	FC 하이덴하임
17	2025.01.15	홈	아우크스부르크
18	2025.01.18	홈	1.FSV 마인츠 05
19	2025.01.25	원정	FC 장크트파울리
20	2025.02.01	홈	RB 라이프치히
21	2025.02.08	원정	TSG 1899 호펜하임
22	2025.02.15	홈	보루시아 묀헨글라트바흐
23	2025.02.22	원정	보루시아 도르트문트
24	2025.03.01	홈	홀슈타인 킬
25	2025.03.08	원정	아인트라흐트 프랑크푸르트
26	2025.03.15	홈	FC 바이에른 뮌헨
27	2025.03.29	원정	SC 프라이부르크
28	2025.04.05	홈	VfL 볼프스부르크
29	2025.04.12	원정	바이엘 04 레버쿠젠
30	2025.04.19	홈	VfB 슈투트가르트
31	2025.04.26	원정	VfL 보훔
32	2025.05.03	홈	SV 베르더 브레멘
33	2025.05.10	홈	FC 하이덴하임
34	2025.05.17	원정	아우크스부르크

전력분석 — 방점을 찍어줄 사람 없나

매 시즌 수완을 발휘해 리그에서 성장세를 보이고, 유럽 무대도 나가 마침내 처음으로 챔피언스리그까지 진출했던 지난 시즌. 여러 보강도 단행했지만 챔피언스리그에서 승점 2점 4위, 조별리그 탈락에 그쳤다. 포칼도 32강 탈락에 리그에서는 강등될 뻔했다. 그간 찬사를 받으며 팀의 상승곡선에 함께 한 피셔 감독이 물러나기도 했다. 중도 부임한 비엘리차 감독도 시즌 끝까지 못 갔다. 득실 차로 승강 플레이오프를 피한 15위. 처참한 실패 이후 마인츠 감독을 지낸 바 있는 보 스벤손 감독이 부임했다.

기대에 찼던 시즌이 처참하게 끝난 만큼 그 뒤처리도 쉽지 않다. 어디부터 손을 봐야 할 지도 쉽게 정할 수 없는 지경이다. 이적시장 상황도 원래 일부 선수들이 떠나기는 했어도 기존 자원들이나 영입 자원들로 어느 정도 이상 메울 수 있는 정도였다. 이적시장 막판에 지난 시즌 윙백임에도 최다 공격 포인트를 올린 고젠스가 갑작스럽게 떠나 추가적인 타격도 입었다. 영입 자원들이 크게 인상적인 수준은 아니다. 게다가 원래 조직력, 선수층으로 승부하던 팀이기는 하나 구심점이 될 만한 선수 자체가 마땅찮아 고민이 크다. 그나마 수비진은 기존 자원, 영입 자원들로 나쁘지 않은 모습이다. 공격은 확실하게 기대를 걸 수 있는 자원이 마땅찮다.

전술분석 — 노력은 하고 있다

기본 포메이션은 스벤손 감독 포함, 근래 분데스리가에서 많이 사용하는 3-4-2-1이다. 간혹 경기 중 4백으로 변화를 주기도 한다. 수비진 구성은 초반이지만 거의 고정되어 있다. 그 위로는 다양하게 선수들을 활용하고 있다. 3-4-2-1의 특성상 4의 중앙 미드필더들, 2의 공격형 미드필더들이 자리를 바꾸기도 한다. 상대나 상황에 따라 수비 쪽에 더 강점이 있는 투자르가 전진 배치되거나, 공격력과 득점력이 좋은 베네시가 2선이나 중앙에 포진한다. 무난한 일정에서는 윙포워드 둘이 2자리에 배치되기도 한다. 다양한 2선 자원 활용 자체는 좋지만 역시 생산성이 문제다. 여러 선수를 써 봐도 만들어가는 플레이가 개선되지 않고 있다. 득점 루트가 안 보인다. 톱 자원이 마땅찮아 2선 자원들 활용의 어려움이 더 크다. 시바체우가 체격을 활용해 포스트 플레이를 하거나, 머리로 득점을 노릴 수는 있지만 그뿐이다. 그 이상을 기대하기 어렵고, 그 루트가 크게 위협적이지도 못하다. 다른 장신 공격수들이 둘 있지만 검증이 안 되기도 했다. 공격에서 최적의 조합을 찾거나, 누군가 각성해줘야 하는 상황이다. 그나마 수비진이 버텨주고 있다.

처음부터 다시 쌓아 올린다!

그동안 차근차근 팀 성적, 위상을 끌어올린 유니온. 이제 처음부터 다시 시작이다. 필드 밖에서도 그러한 바람이 불고 있다. 수뇌부도 역할 조정, 새로운 인물로 분위기를 일신했다. 필드에서는 수비진이 위안이자 버팀목이다. 수비진의 역량이 상대적으로 낫고, 그간 호흡을 맞춰온 만큼 조직력도 있다. 역시 그 이상이 문제다. 시즌이 시작했지만, 유니폼 메인 스폰서도 못 구한 상황이다. 검증된 공격수 영입 실패도 시즌 내내 문제가 될 수 있다. 지난 시즌 리그 5득점 이상 기록한 선수가 둘 뿐. 여러 포지션에 저렴한 기대주들을 영입했으나 활약 여부는 미지수다. 재정 상황도 장담이 안 된다. 공격에서 최적의 조합을 찾지 못한다면, 앞으로도 골키퍼 포함 수비진의 고생이 이어질 전망이다.

이런 팀 상황이 정우영에게 득이 될 수도, 독이 될 수도 있다. 슈투트가르트와 비교하면 경쟁 자원들의 퀄리티 차이는 분명하다. 본인만의 특색 있는 무기도 있다. 기회를 잡기에 충분하다. 다만 예전 팀들에서처럼 공격 포인트가 따라주지 않으면 곤란하다. 경쟁 자원 숫자는 분명 많다. 경기력과 별개로 한 방이 있는 자원들도 있다. 임대 신분이라는 것도 다소 불리하다.

TEAM RATINGS

슈팅	7
패스	7
조직력	7
수비력	7
감독	7
선수층	7

42

2023/24 프로필

팀 득점	33
평균 볼 점유율	42.20%
패스 정확도	76.50%
평균 슈팅 수	12
경고	61
퇴장	7

골 타입		
오픈 플레이	48	
세트 피스	30	
카운터 어택	12	
패널티 킥	9	
자책골	0	단위 (%)

패스 타입		
쇼트 패스	80	
롱 패스	15	
크로스 패스	5	
스루 패스	0	단위 (%)

IN & OUT

주요 영입	주요 방출
조르당 시바체우, 팀 스카르케(이상 임대복귀), 안드레이 일리치, 정우영(이상 임대), 이반 프르타인, 라슬로 베네시, 레오폴트 크버펠트, 톰 로테, 카를 클라우스	브랜던 애런슨(임대복귀), 알렉스 크랄, 로빈 고젠스(이상 임대), 로빈 크노헤(계약만료), 아이사 라이두니, 미켈 카우프만

TEAM FORMATION

지역 점유율

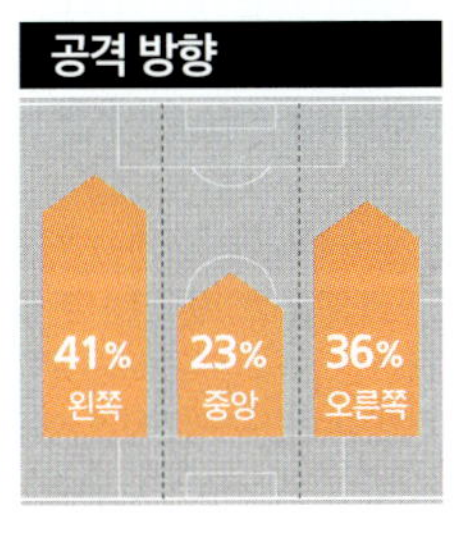

공격 방향

슈팅 지역

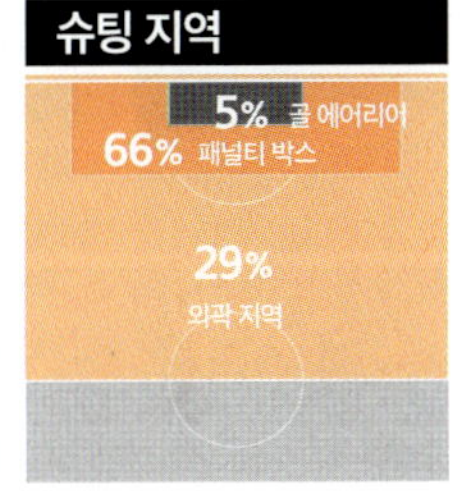

상대팀 최근 6경기 전적

구분	승	무	패
바이엘 레버쿠젠		3	3
슈투트가르트	2	1	3
바이에른 뮌헨		1	5
RB 라이프치히	3		3
보루시아 도르트문트	1		5
아인트라흐트 프랑크푸르트	2	1	3
호펜하임	3	1	2
하이덴하임	1	3	2
베르더 브레멘	5		1
프라이부르그	3	2	1
아우크스부르크		3	3
볼프스부르크	3	1	2
마인츠	4	2	
보루시아 묀헨글라트바흐	5	1	
우니온 베를린			
보훔	2	1	3
장크트 파울리	5		1
홀슈타인 킬	4	1	1

SQUAD

포지션	등번호	이름		생년월일	키(cm)	체중(kg)	국적
GK	1	프레데리크 뢰노우	Frederik Rönnow	1992.08.04	188	81	덴마크
	25	카를 클라우스	Carl Klaus	1994.01.16	189	79	독일
DF	2	케빈 폭트	Kevin Vogt	19991.09.23	194	85	독일
	4	디오구 레이트	Diogo Leite	1999.01.23	190	82	포르투갈
	5	다닐료 두키	Danilho Doekhi	1998.06.30	190	86	네딜란드
	14	레오폴트 크버펠트	Leopold Querfeld	2003.12.20	190	83	오스트리아
	15	톰 로테	Tom Rothe	2004.10.29	193	88	독일
	18	요시프 유라노비치	Josip Juranovic	1995.08.16	173	68	크로아티
	26	제롬 루시용	Jérôme Roussillon	1993.01.06	175	80	프랑스
	28	크리스토퍼 트리멜	Christopher Trimmel	1987.02.24	188	85	오스트리아
MF	8	라니 케디라	Rani Khedira	1994.01.27	189	88	독일
	11	정우영	Woo-yeong Jeong	1999.09.20	180	70	대한민국
	13	언드라시 셰퍼	András Schäfer	1999.04.13	178	72	헝가리
	19	야닉 하버러	Janik Haberer	1994.04.02	187	77	독일
	20	라슬로 베네시	László Bénes	1997.09.09	181	72	슬로바키아
	24	로버트 스코프	Robert Skov	1996.05.20	185	81	덴마크
	29	뤼카 투자르	Lucas Tousart	1997.04.29	184	91	프랑스
	36	알료샤 켐라인	Aljoscha Kemlein	2004.08.02	185	78	독일
FW	7	요르버 페르테선	Yorbe Vertessen	2001.01.08	174	74	벨기에
	9	이반 프르타인	Ivan Prtajin	1996.05.14	189	89	크로아티아
	10	케빈 폴란트	Kevin Volland	1992.07.30	179	85	독일
	16	베네딕트 홀러바흐	Benedict Hollerbach	2001.05.17	180	83	독일
	17	조르당 시바체우	Jordan	1996.04.26	191	86	미국
	21	팀 스카르케	Tim Skarke	1996.09.07	180	79	독일
	23	안드레이 일리치	Andrej Ilic	2000.04.03	189	-	세르비아

COACH

현역 시절에는 코펜하겐, 묀헨글라트바흐, 마인츠에서 뛴 센터백이었다. 국가대표 선수 경력도 있다. 마인츠에서 클롭, 투헬 등 명장들의 지도를 받아 수석 코치, 유스팀 감독 등을 맡다가 잘츠부르크 산하의 리퍼링 감독으로 떠났다. 21년 1월, 최하위로 강등 위기에 빠진 친정팀을 구하기 위해 마인츠 감독으로 부임했다. 짧은 기간 무려 승점 32점을 획득하며 강등 위기의 팀을 구해 냈다. 두 시즌은 안정적으로 팀을 이끌었으나, 지난해 11월에 성적 부진으로 사임, 우니온 베를린을 맡았다.

보 스벤손 *Bo Svensson*
1979년 8월 4일생 덴마크

PLAYERS

GK · 1 · 프레데리크 뢰노우 · Frederik Rønnow — KEY PLAYER

국적: 덴마크

자국의 호르센스 유스 출신으로 같은 팀에서 프로 데뷔. 에스비에르에 임대되기도 했다. 꾸준한 출전 시간으로 성장해 덴마크 강호 브뢴비에 입단한다. 3시즌 동안 주전으로 활약하고 프랑크푸르트로 이적했지만 주전 경쟁에서 밀렸다. 2020/21 시즌 샬케 임대로 폼을 찾고 그 후 우니온으로 이적했다. 첫 시즌은 백업이었지만 지난 2시즌 동안은 주전으로 활약했다. 한동안 부상이 잦았지만 근래에는 큰 문제는 없는 모습이다. 덴마크 대표팀에도 꾸준히 발탁 중. 다만 백업 자원이다. 지난 시즌 팀이 부진한 가운데에 분전한 얼마 안 되는 선수 중 하나다. 올 시즌 팀 전력도 큰 기대가 안 된다. 공격력이 답답한 팀에서 시즌 초반부터 뢰노우의 선방이 크다.

출전경기	경기시간(분)	실점	무실점(경기)	경고	퇴장
33	2,970	56	7	2	–

DF · 2 · 케빈 폭트 · Kevin Vogt

국적: 독일

보훔 유스 출신. 2008/09 시즌 리그에서 프로 데뷔전을 치렀다. 2010/11 시즌부터 2부에서 자리를 잡아, 2012/13 시즌 아우크스부르크, 2014/15 시즌 쾰른으로 이적했다. 2016/17 시즌 호펜하임으로 이적해 전성기를 보냈다. 수비형 미드필더에서 센터백으로 포지션 변경도 이때 이뤄졌다. 2019/20 시즌 중간에는 브레멘 임대. 지난 시즌 우니온에 입단했다. 체구는 좋지만 스피드가 떨어진다.

출전경기	경기시간(분)	골	어시스트	경고	퇴장
32	2,645	–	–	7	–

DF · 4 · 디오구 레이트 · Diogo Leite

국적: 포르투갈

포르투 유스 출신. 2018/19 시즌에 리그 데뷔. 2020/21 시즌에는 기회를 꽤 받았다. 2021/22 시즌 브라가로 이적해서 주전으로 활약. 지난 2시즌 동안 우니온에서도 주축 수비수로 자리 잡았다. 장신의 왼발잡이 센터백. 발기술에 자신이 있다. 직접 볼을 몰고 올라갈 수 있다. 패스나 킥도 적극적으로 전진을 시도, 하지만 정확도가 높은 편은 아니다. 파울도 잦고 리스크가 있는 스타일이어서 불안하기도.

출전경기	경기시간(분)	골	어시스트	경고	퇴장
32	2,708	–	–	6	–

DF · 5 · 다닐료 두키 · Danilho Doekhi

국적: 네덜란드

엑셀시오르 유스 출신. 아약스 2군, 비테세를 거쳐 우니온으로 이적했다. 지난 2시즌 동안 주전으로 활약을 이어갔다. 190cm에 83kg으로 좋은 체격을 자랑한다. 그에 맞게 경합에서 강한 모습. 그러면서 카드를 잘 받지 않는 편이다. 지난 두 시즌 동안 리그 7골로 득점 옵션이기도 하다. 다만 패스가 부정확한 편이다. 은근히 부상이 잦아 우니온에서 리그 25경기를 넘긴 시즌이 없을 정도였다.

출전경기	경기시간(분)	골	어시스트	경고	퇴장
24	2,160	2	–	2	–

DF · 15 · 톰 로테 · Tom Rothe

국적: 독일

장크트파울리, 도르트문트 유스를 거쳐 2021/22 시즌 프로 데뷔. 1군 출전 기회를 잘 얻지 못하다가 지난 시즌 홀슈타인 킬로 임대돼 주전으로 맹활약했다. 레프트백이면서 193cm에 88kg의 체구를 자랑한다. 거구에도 주력이 준수하고 킥 능력이 있다. 세트피스 공격과 수비에서 높이 활용도 좋다. 물론 체격으로 인해 민첩함, 방향 전환이 아쉽기는 하다. 화려하게 볼을 다룰 수는 없으나 단단한 타입이다.

출전경기	경기시간(분)	골	어시스트	경고	퇴장
33	2,680	4	10	8	–

DF · 28 · 크리스토퍼 트리멜 · Christopher Trimmel

국적: 오스트리아

37세 백전노장이자 팀의 주장. 2007년 SK 호리트슌에서 프로 데뷔하고 이듬해 강호 라피트 빈으로 이적했다. 점차 핵심 선수로 자리 잡고, 2014/15 시즌 2부에 있던 우니온에 입단한다. 그때부터 주력 자원으로 활약했으나, 출전 시간이 점차 줄고 있고, 스피드도 떨어졌다. 그러나 여전히 왕성한 운동량과 킥력으로 팀에 공헌하고 있다. 세트피스, 크로스가 위협적이다. 체격이 좋아 풀백, 스토퍼도 가능.

출전경기	경기시간(분)	골	어시스트	경고	퇴장
26	1,653	–	2	2	1

MF · 8 · 라니 케디라 · Rani Khedira

국적: 독일

팀의 부주장. 형은 독일 레전드인 사미. 형은 박스 투 박스 미드필더였다. 라니는 공격 가담보다는 수비에 치중하는 타입. 형처럼 좋은 체격을 갖고 있고, 수비에서 다양한 방식으로 기여한다. 센터백도 볼 수 있다. 다만 패스 등 공격 능력이나 잦은 파울, 경고 획득은 단점이다. 형과 마찬가지로 슈투트가르트 유스 출신. 라이프치히를 거쳐 아우크스부르크에서 두각을 드러냈다. 2022/23 시즌에 우니온에 입단.

출전경기	경기시간(분)	골	어시스트	경고	퇴장
20	1,350	–	–	5	1

MF 11 정우영
Woo-yeong Jeong

국적: 대한민국

대건고 출신. 바이에른 2군에서 활약으로 프라이부르크에 입단했으나 입지가 좁아져 슈투트가르트로 떠난다. 은사 회네스 감독과 재회했다. 지난 시즌 초반에는 기회가 충분했으나, 아시안게임 차출 이후 상황이 어려워졌다. 스피드, 활동량, 체력, 압박은 분명한 장점이다. 측면이든 중앙이든 세밀한 돌파나 마무리 등 파괴력, 공격 포인트 생산력 개선이 과제다. 이번 임대로 돌파구를 마련해야 한다.

출전경기	경기시간(분)	골	어시스트	경고	퇴장
26	621	2	3	1	-

MF 13 언드라시 셰퍼
András Schäfer

국적: 헝가리

자국의 MTK 부다페스트 유스 출신으로 2016/17 시즌 프로로 데뷔. 2018/19 시즌 중간에 제노아로 이적하고 다음 시즌에 세리에B의 키에보로 임대되었지만, 리그 출전 시간은 0분이었다. 슬로바키아의 두나이스카에서 자리 잡았고, 2021/22 시즌 겨울부터 우니온과 함께하고 있다. 부상으로 출전 시간이 많지는 않고, 공격 포인트 생산성도 떨어지지만 볼 운반과 수비 기여도가 준수한 편이다.

출전경기	경기시간(분)	골	어시스트	경고	퇴장
20	1,219	1	2	1	1

MF 20 라슬로 베네시
László Bénes

국적: 슬로바키아

헝가리의 죄르 유스 출신. 자국 강호 질리나로 이적해 두각을 보였고 2016/17 시즌 묀헨글라트바흐로 이적했다. 그러나 1군에서 충분한 기회를 얻기는 쉽지 않았다. 2018/19 시즌 2부의 홀슈타인 킬, 2020/21 시즌 아우크스부르크 임대도 그랬다. 그래도 지난 2시즌 동안 2부의 함부르크에서의 활약으로 우니온에 입단했다. 부상도 줄었고 테크닉, 패스, 킥, 득점력에 기대를 건다. 수비력은 전반적으로 아쉽다.

출전경기	경기시간(분)	골	어시스트	경고	퇴장
27	2,307	13	11	4	1

MF 29 뤼카 투자르
Lucas Tousart

국적: 프랑스

발랑시엔 유스 출신으로 2부에서 프로 데뷔. 2015/16 시즌 리옹으로 이적했다. 아우아르, 은돔벨레 등이 올라오던 차에 헤르타 베를린으로 2,300만 유로에 이적했다. 2022/23 시즌 강등되고 라이벌 우니온에 입단한다. 우니온에서는 아직 리그 득점이 없다. 헤르타에서는 3시즌 간 8득점. 준수한 체력, 활동량과 수비력, 킥력 등이 있는 자원. 다만 패스 정확도와 거친 수비, 카드 수집이 단점이다.

출전경기	경기시간(분)	골	어시스트	경고	퇴장
23	1,578	-	-	5	-

FW 7 요르버 페르테선
Yorbe Vertessen

국적: 벨기에

자국의 KVC 베스테를로 유스팀에서 PSV 유스팀으로 이적, 연령별 팀과 2군에서 경험을 쌓았다. 1군에서는 만족스러운 출전 시간을 얻지 못했다. 2021/22 시즌에는 나름 리그 6득점 기록. 2022/23 시즌에는 반 시즌 동안 우니옹 생질루아즈 임대를 다녀왔다. 지난 시즌 우니온에 입단. 출전 시간은 적었으나 나름 공격 포인트를 잘 쌓았다. 체구나 볼 간수는 아쉽지만, 마무리 슈팅, 패스 능력이 있다.

출전경기	경기시간(분)	골	어시스트	경고	퇴장
13	595	3	2	1	-

FW 10 케빈 폴란트
Kevin Volland

국적: 독일

1860 뮌헨 유스 출신. 2010년대 호펜하임과 레버쿠젠에서 득점력을 과시한 바 있다. 리그 두 자릿수 득점 시즌이 네 시즌이다. 2020/21 시즌 모나코로 이적했다. 처음 2시즌은 좋았지만 2022/23 시즌부터 하락세가 완연했다. 부상도 잦았고 나이도 들며 폼이 떨어졌다. 중앙, 측면, 2선을 오가며 돌파하고, 왼발뿐 아니라 오른발로도 위협적인 마무리를 하던 모습을 보기는 힘들어졌다.

출전경기	경기시간(분)	골	어시스트	경고	퇴장
26	1,354	3	4	1	2

FW 16 베네딕트 흘러바흐
Benedict Hollerbach

국적: 독일

바이에른, 슈투트가르트 유스 출신. 프로 1군 데뷔는 2020/21 시즌 3부 리그의 베헨 비스바덴에서 했다. 2022/23 시즌에는 리그 14득점으로 승격을 이끌었다. 지난 시즌 입단해 팀의 부진, 본인도 선발과 벤치를 오가는 상황에서 나름대로 분전했다. 중앙과 측면, 2선과 전방을 오갈 수 있는 자원. 활동량, 수비 가담도 좋다. 양발을 사용하며 박스 안팎에서 득점도 가능. 세밀함이 부족한게 흠이다.

출전경기	경기시간(분)	골	어시스트	경고	퇴장
28	1,283	5	-	2	-

FW 17 조르당 시바체우
Jordan Siebatcheu

국적: 미국

랭스 유스 출신. 2014/15 시즌 프로 데뷔에도 기회를 충분히 얻지 못했다. 2016/17 시즌 3부 리그 10득점으로 감을 잡았다. 랭스로 돌아와 2부에서 리그 17득점 기록. 렌으로 이적하지만 안 풀리고, 스위스의 영 보이스로 이적해 맹활약하고 있다. 2022/23 시즌 우니온 입단. 지난 시즌에는 묀헨글라트바흐로 임대됐다. 체구는 좋지만 단조롭고 투박하다. 스피드, 활동량도 아쉽다. 헤더 능력은 좋은 편이다.

출전경기	경기시간(분)	골	어시스트	경고	퇴장
25	1,441	5	3	2	-

FW 21 팀 스카르케
Tim Skarke

국적: 독일

하이덴하임 유스 출신. 2015/16 시즌 2부에서 데뷔하고, 2019/20 시즌 다름슈타트로 이적했다. 2022/23 시즌에는 우니온 입단. 그 시즌 바로 샬케로 임대된다. 지난 시즌에는 다름슈타트로 임대돼 주전으로 자리 잡고 리그 8득점을 기록했다. 다름슈타트가 승점 17점 최하위로 2부 강등된 것을 감안하면 고무적인 스탯이다. 올 시즌 공격진도 의문이 있는 가운데에 그의 역할이 클 수 있다.

출전경기	경기시간(분)	골	어시스트	경고	퇴장
30	2418	8		7	-

VFL 보훔

VFL BOCHUM

TEAM PROFILE

창 립	1848년
회 장	한스페터 필리스(독일)
감 독	피터 차이들러(독일)
연 고 지	노르트라인베스트팔렌 주 보훔
홈 구 장	보노비아 루르슈타디온(2만 6,000명)
라 이 벌	SG 바텐샤이트 09
홈페이지	https://www.vfl-bochum.de/de

최근 5시즌 성적

시즌	순위	승점
2019-2020	없음	없음
2020-2021	없음	없음
2021-2022	13위	42점(12승6무16패, 38득점 52실점)
2022-2023	14위	35점(10승5무19패, 40득점 72실점)
2023-2024	16위	33점(7승12무15패, 42득점 74실점)

BUNDESLIGA (전신 포함)

통 산	없음
23-24 시즌	16위(7승12무15패, 승점 33점)

DFB POKAL

통 산	없음
23-24 시즌	없음

UEFA

통 산	없음
23-24 시즌	없음

경기 일정

라운드	날짜	장소	상대팀
1	2024.08.24	원정	RB 라이프치히
2	2024.08.31	홈	보루시아 묀헨글라트바흐
3	2024.09.14	원정	SC 프라이부르크
4	2024.09.21	홈	홀슈타인 킬
5	2024.09.28	원정	보루시아 도르트문트
6	2024.10.05	홈	VfL 볼프스부르크
7	2024.10.19	원정	TSG 1899 호펜하임
8	2024.10.27	홈	FC 바이에른 뮌헨
9	2024.11.02	원정	아인트라흐트 프랑크푸르트
10	2024.11.09	홈	바이엘 04 레버쿠젠
11	2024.11.23	원정	VfB 슈투트가르트
12	2024.11.30	원정	아우크스부르크
13	2024.12.07	홈	SV 베르더 브레멘
14	2024.12.14	원정	FC 우니온 베를린
15	2024.12.21	홈	FC 하이덴하임
16	2025.01.11	원정	1.FSV 마인츠 05
17	2025.01.15	홈	FC 장크트파울리
18	2025.01.18	홈	RB 라이프치히
19	2025.01.25	원정	보루시아 묀헨글라트바흐
20	2025.02.01	홈	SC 프라이부르크
21	2025.02.08	원정	홀슈타인 킬
22	2025.02.15	홈	보루시아 도르트문트
23	2025.02.22	원정	VfL 볼프스부르크
24	2025.03.01	홈	TSG 1899 호펜하임
25	2025.03.08	원정	FC 바이에른 뮌헨
26	2025.03.15	홈	아인트라흐트 프랑크푸르트
27	2025.03.29	원정	바이엘 04 레버쿠젠
28	2025.04.05	홈	VfB 슈투트가르트
29	2025.04.12	홈	아우크스부르크
30	2025.04.19	원정	SV 베르더 브레멘
31	2025.04.26	홈	FC 우니온 베를린
32	2025.05.03	원정	FC 하이덴하임
33	2025.05.10	홈	1.FSV 마인츠 05
34	2025.05.17	원정	FC 장크트파울리

시즌 프리뷰 — 또 고생길이 보인다

보훔은 지난 시즌, 극적으로 잔류에 성공했다. 정규 리그에서는 득실 차로 16위. 막판 2연승으로 희망을 얻었다가 2연패로 마치고 승강 플레이오프라는 어려운 길을 걸었다. 1차전 홈에서 뒤셀도르프에 0-3으로 패했으나 원정은 0-3으로 동률을 만들고, 승부차기에서 이겨 겨우 살아남았다. 2022/23 시즌 14위로 이끈 레취 감독은 내내 하위권에 머물다가 4월에 물러났고, 임시감독 아래 겨우 잔류한 뒤 새로운 감독을 선임했다. 여기에 주요 선수들도 거의 자유계약으로 떠났지만, 대체 자원들을 효율적으로 잘 영입했다. 다만 새 공격 자원들은 아직 검증이 덜 된 선수들. 전체적인 스쿼드의 깊이와 더불어 불안 요소다. 포칼 첫 경기부터 탈락하는 쓴맛을 보며 시즌을 시작하기도 했다. 또 다시 시간이 필요하고 고전할 수 있다.

COACH

피터 자이들러 *Peter Zeidler*
1962년 8월 8일생 독일

뉘른베르크 2군, 슈투트가르트 키커스 등을 거쳐 레드불 사단의 시조인 랄프 랑닉의 수석 코치로 호펜하임에서 3년을 보냈다. 2011년, 프랑스 리그2의 투르 감독으로 부임했다. 2012년에는 잘츠부르크 2군인 리퍼링행. 이후 잘츠부르크, 시온, 소쇼, 생갈랑 감독을 역임했다. 생갈랑에서는 6년을 지냈다.

TEAM RATINGS

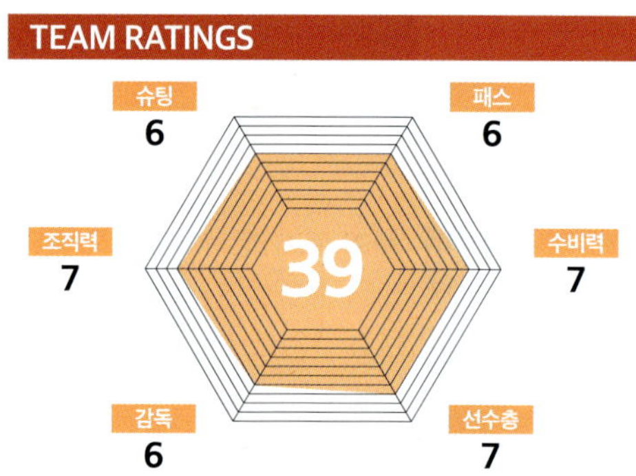

2023/24 프로필

팀 득점	42
평균 볼 점유율	45.80%
패스 정확도	70.60%
평균 슈팅 수	15.5
경고	97
퇴장	2

골 타입 (단위 %)

오픈 플레이	52
세트 피스	33
카운터 어택	2
패널티 킥	10
자책골	2

패스 타입 (단위 %)

쇼트 패스	77
롱 패스	18
크로스 패스	5
스루 패스	0

SQUAD

포지션	등번호	이름		생년월일	키(cm)	체중(kg)	국적
GK	27	패트릭 드레베스	Patrick Drewes	1993.02.04	194	87	독일
DF	2	크리스티안 감보아	Cristian Gamboa	1989.10.24	175	67	코스타리
DF	4	에르한 마쇼비치	Erhan Masovic	1998.11.22	189	82	세르비아
DF	5	베르나르두	Bernardo	1995.05.14	186	76	브라질
DF	13	야코프 메디치	Jakov Medic	1998.09.07	193	91	크로아티아
DF	15	펠릭스 파슬라크	Felix Passlack	1998.05.29	170	74	독일
DF	20	이반 오르데츠	Ivan Ordets	1992.07.08	195	88	우크라이
DF	25	모하메드 톨바	Mohammed Tolba	2004.07.19	185	76	독일
DF	32	막시밀리안 비테크	Maximilian Wittek	1995.08.21	173	70	독일
DF	41	노아 루슬리	Noah Loosli	1997.01.23	186	75	스위스
MF	6	이브라히마 시소코	Ibrahima Sissoko	1997.10.27	193	88	말리
MF	7	루카스 다슈너	Lukas Daschner	1998.10.01	185	79	독일
MF	8	앙토니 로시야	Anthony Losilla	1986.03.10	185	80	프랑스
MF	10	다니 더 비트	Dani de Wit	1998.01.28	184	76	네덜란드
MF	11	모리츠브로니 크바르텡	Moritz-Broni Kwarteng	1998.04.28	175	70	독일
MF	16	니클라스 얀	Niklas Jahn	2004.07.26	172	–	독일
MF	17	아곤 엘레지	Agon Elezi	2001.03.01	181	71	북 마케도니아
MF	19	마투스 베로	Matus Bero	1995.09.06	181	75	슬로바키아
MF	24	마츠 판네비히	Mats Pannewig	2004.10.28	195	92	독일
FW	9	마이론 보아두	Myron Boadu	2001.01.14	181	75	네덜란드
FW	18	사무엘 밤바	Samuel Bamba	2004.02.13	179	70	독일
FW	21	게리트 홀트만	Gerrit Holtmann	1995.03.25	185	77	필리핀
FW	22	알리우 발데	Aliou Baldé	2002.12.12	170	60	기니
FW	29	모리츠 브로신스키	Moritz Broschinski	2000.09.23	190	80	독일
FW	33	필리프 호프만	Philipp Hofmann	1993.03.30	195	89	독일

IN & OUT

주요 영입	주요 방출
게리트 홀트만(임대복귀), 마이론 보아두, 알리우 발데, 야코프 메디치(이상 임대), 티모 호른, 파트릭 드레베스, 이브라히마 시소코, 사무엘 밤바, 다니 더 비트, 미요시 코지	곤살로 파시엔샤(임대복귀), 타쿠마 아사노, 케빈 슈퇴거, 다닐루 소아레스(이상 계약만료), 파트릭 오스테르하게, 크리스토퍼 안트위아제이

TEAM FORMATION

지역 점유율

- 공격 진영 **31%**
- 중앙 **41%**
- 수비 진영 **27%**

공격 방향

46% 왼쪽	27% 중앙	27% 오른쪽

슈팅 지역

- **7%** 골 에어리어
- **55%** 패널티 박스
- **37%** 외곽 지역

상대팀 최근 6경기 전적

구분	승	무	패	구분	승	무	패
바이엘 레버쿠젠	1	1	4	프라이부르크			6
슈투트가르트	1	2	3	아우크스부르크	3	2	1
바이에른 뮌헨	2		4	볼프스부르크	2		4
RB 라이프치히	1	1	4	마인츠	1	1	4
보루시아 도르트문트	1	2	3	보루시아 묀헨글라트바흐	1		5
아인트라흐트 프랑크푸르트	2	3	1	우니온 베를린	3	1	2
호펜하임	4		2	보훔			
하이덴하임	4	2		장크트 파울리	2	3	1
베르더 브레멘		1	5	홀슈타인 킬	2	1	3

PLAYERS

MF 10 다니 더 비트 — Dani de Wit `KEY PLAYER`

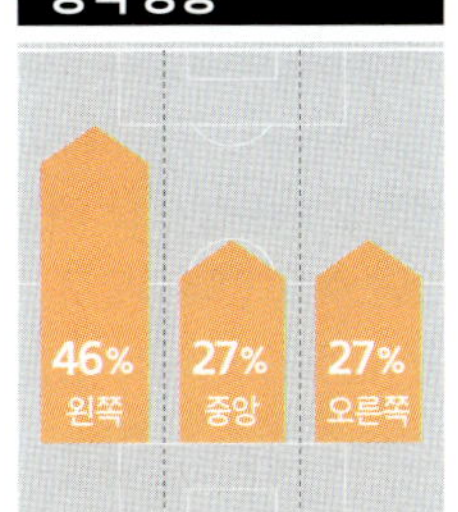

국적: 네덜란드

지난 시즌 이 팀에서 7골 9도움을 기록하고 떠난 에이스 슈퇴거의 자리를 채워 줘야 할 영입 자원이다. 지난 시즌의 알크마르에서는 등번호 10번을 달고 리그 10골 3도움을 기록했다. 아약스 유스 출신. 1군에서는 기회를 거의 얻지 못했다. 알크마르에서 자리를 잡고 리그와 유럽 대항전을 누볐다. 유로파리그에서 나폴리 상대로 결승 골을 넣기도. A대표 경력은 없지만, 연령별 대표는 모두 거쳤다. 언더독 팀은 처음이어서 적응이 변수.

출전경기	경기시간(분)	골	어시스트	경고	퇴장
32	2,520	10	3	7	1

DF 5 베르나르두 — Bernardo

국적: 브라질

레드불 브라질 출신. 잘츠부르크와 라이프치히를 거쳤다. 라이프치히에서 출전 시간을 얻고 브라이튼으로 떠났으나 잘 안 풀려 잘츠부르크로 복귀. 지난 시즌, 보훔에 입단해 부동의 주전으로 활약했다. 경고 누적으로 1경기 결장 외에 리그 전 경기에 출전했다. 지난 시즌, 리그 경합 승리 수치에서 압도적 1위를 차지하기도 했다. 공중볼 경합 승리도 3위. 그만큼 몸 던져 수비했지만, 몸이 버텨냈다.

출전경기	경기시간(분)	골	어시스트	경고	퇴장
33	2,926	1	–	9	–

DF 32 막시밀리안 비테크 — Maximilian Wittek

국적: 독일

1860뮌헨 유스 출신으로 같은 팀에서 프로 데뷔했다. 1860뮌헨, 그로이터 퓌르트 등 2부 팀에서 주전으로 활약하다가 비테세로 이적했다. 2022/23 시즌 리그 3골 7도움을 기록. 지난 시즌, 보훔에 입단해서는 초기 적응이 쉽지 않아 부침이 있었다. 그래도 막바지에 살아나며 공격 포인트를 쌓고 팀에 소중한 승점을 안겨 잔류의 발판을 마련했다. 수비력은 아쉽지만, 역동적인 공격력이 있다.

출전경기	경기시간(분)	골	어시스트	경고	퇴장
21	1,070	3	1	4	–

MF 6 이브라히마 시소코 — Ibrahima Sissoko

국적: 말리

프랑스 리그2 스타드 브레스투아에서 경험을 쌓고, 2018/19 시즌 스트라스부르에 영입됐다. 지난 6시즌 동안 주전급으로 활약했다. 그중 4시즌은 리그 무득점이었다 경고 수집도 많았다. 193cm에 90kg의 거구. 세밀한 플레이는 아쉽지만, 피지컬을 활용해 지상, 공중 경합과 태클에서 강점을 보인다. 활동량도 많다. 프랑스 연령별 대표를 거쳤으나 A대표에는 뽑히지 않아, 말리 대표팀을 선택했다.

출전경기	경기시간(분)	골	어시스트	경고	퇴장
27	1,641	–	1	7	–

MF 8 앙토니 로시야 — Anthony Losilla

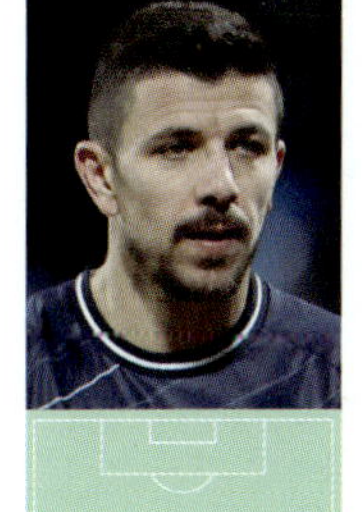

국적: 프랑스

주장이자 팀 레전드. 38세 수비형 미드필더. 그럼에도 예년과 별 차이 없는 출전 시간을 자랑하는 강골이다. 매 시즌 리그 경고 5장은 기본. 간간이 퇴장도 있다. 생테티엔 유스 출신. 프랑스 하부 리그 팀들과 독일 2부 디나모 드레스덴을 거쳐 2014/15 시즌 보훔으로 이적했다. 2부에서부터 지금까지 주전 자리를 지키고 있다. 내년까지 재계약도 맺은 상태다. 패스는 아쉽지만, 수비는 확실하다.

출전경기	경기시간(분)	골	어시스트	경고	퇴장
31	2,588	1	2	10	–

FC 장크트파울리

FC ST. PAULI

TEAM PROFILE

창 립	1910년
회 장	오케 괴들리히(독일)
감 독	알렉산더 블레신(독일)
연 고 지	함부르크 장크트파울리
홈 구 장	밀레른토어 슈타디온(2만 9,546명)
라 이 벌	함부르크 SV, 로스토크, VfB 뤼베르
홈페이지	www.fcstpauli.com

최근 5시즌 성적

시즌	순위	승점
2019-2020	없음	없음
2020-2021	없음	없음
2021-2022	없음	없음
2022-2023	없음	없음
2023-2024	없음	없음

BUNDESLIGA (전신 포함)

통 산	없음
23-24 시즌	없음

DFB POKAL

통 산	없음
23-24 시즌	8강

UEFA

통 산	없음
23-24 시즌	없음

경기 일정

라운드	날짜	장소	상대팀
1	2024.08.26	홈	FC 하이덴하임
2	2024.08.31	원정	FC 우니온 베를린
3	2024.09.15	원정	아우크스부르크
4	2024.09.23	홈	RB 라이프치히
5	2024.09.28	원정	SC 프라이부르크
6	2024.10.06	홈	1.FSV 마인츠 05
7	2024.10.19	원정	보루시아 도르트문트
8	2024.10.26	홈	VfL 볼프스부르크
9	2024.11.02	원정	TSG 1899 호펜하임
10	2024.11.09	홈	FC 바이에른 뮌헨
11	2024.11.25	원정	보루시아 묀헨글라트바흐
12	2024.11.30	홈	홀슈타인 킬
13	2024.12.07	원정	바이엘 04 레버쿠젠
14	2024.12.14	홈	SV 베르더 브레멘
15	2024.12.21	원정	VfB 슈투트가르트
16	2025.01.11	홈	아인트라흐트 프랑크푸르트
17	2025.01.15	원정	VfL 보훔
18	2025.01.18	원정	FC 하이덴하임
19	2025.01.25	홈	FC 우니온 베를린
20	2025.02.01	홈	아우크스부르크
21	2025.02.08	원정	RB 라이프치히
22	2025.02.15	홈	SC 프라이부르크
23	2025.02.22	원정	1.FSV 마인츠 05
24	2025.03.01	홈	보루시아 도르트문트
25	2025.03.08	원정	VfL 볼프스부르크
26	2025.03.15	홈	TSG 1899 호펜하임
27	2025.03.29	원정	FC 바이에른 뮌헨
28	2025.04.05	홈	보루시아 묀헨글라트바흐
29	2025.04.12	원정	홀슈타인 킬
30	2025.04.19	홈	바이엘 04 레버쿠젠
31	2025.04.26	원정	SV 베르더 브레멘
32	2025.05.03	홈	VfB 슈투트가르트
33	2025.05.10	원정	아인트라흐트 프랑크푸르트
34	2025.05.17	원정	VfL 보훔

시즌 프리뷰 — 분위기 좋다가 연이어 찬물 맞았다

쇠락, 재정난, 강등, 이념 지향성, 컬트적 인기의 구단 장크트파울리는 지난 시즌 2. 분데스리가에서 우승을 차지했다. 2010/11 시즌 최하위로 강등된 이후 마침내 돌아왔다. 다만 지난 시즌 에이스 하르텔이 이적료 없이 미국으로 떠났다. 31세 미국인 감독 휘르첼러가 브라이튼으로 가기도 했다. 심지어 기대하던 유스 모레이라도 떠났다. 일단 그 외 주력 자원들은 남았고, 새로 유망주들이 들어오기는 했지만, 불확실성이 커졌다. 재정적으로는 그 어느 때보다 건전하지만 이 전력으로 잔류할 수 있을지 의문이다. 2부에서도 빠른 전환에 약했던 수비, 언더독으로 바뀐 입장에 따른 스타일 변화가 고민이다. 새 감독의 3-5-2시스템에서 설 자리 잃은 윙어들도 고민이다. 다만 후반에 윙 자원들이 투입되지만 큰 효과는 없다.

COACH

알렉산더 블레신 *Alexander Blessin*
1973년 5월 28일생 독일

선수에서 은퇴한 2012년부터 라이프치히의 연령별 팀을 맡았다. 2020년 벨기에의 KV 오스텐더에서 감독직을 맡아 '올해의 감독상'을 수상하기도 했다. 셰필드 유나이티드, 셀틱 등의 관심을 받았다. 제노아에는 강등 위기에 부임해 강등되고, 2부에서도 부진해 경질됐다. 지난 시즌, 생질루아에서 리그 2위, 벨기에컵에서는 우승했다.

TEAM RATINGS

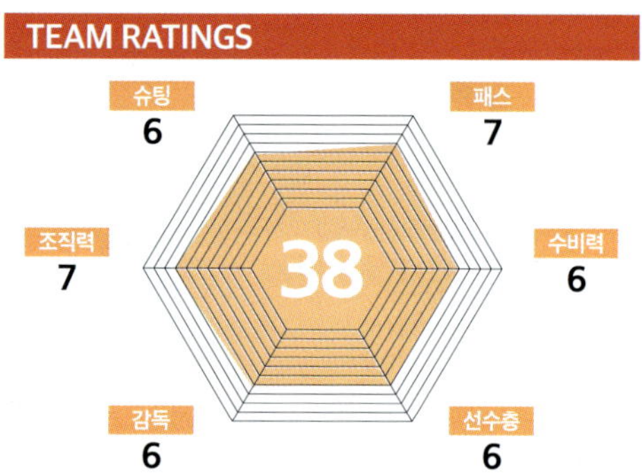

슈팅	6
패스	7
조직력	7
수비력	6
감독	6
선수층	6

38

2023/24 프로필

팀 득점	62
평균 볼 점유율	57.20%
패스 정확도	85.40%
평균 슈팅 수	16.1
경고	57
퇴장	4

골 타입		
오픈 플레이	69	
세트 피스	23	
카운터 어택	2	
패널티 킥	5	
자책골	2	단위 (%)

패스 타입		
쇼트 패스	88	
롱 패스	9	
크로스 패스	4	
스루 패스	0	단위 (%)

SQUAD

포지션	등번호	이름		생년월일	키(cm)	체중(kg)	국적
GK	22	니콜라 바실리	Nikola Vasilj	1995.12.02	193	85	보스니아 헤르체코비나
DF	2	마놀리스 살리아카스	Manolis Saliakas	1996.09.12	177	68	그리스
	3	카롤 메츠	Karol Mets	1993.05.16	191	83	에스토니아
	4	데이비드 네메스	David Nemeth	2001.03.18	191	87	오스트리아
	5	하우케 발	Hauke Wahl	1994.04.15	189	85	독일
	8	에리크 스미스	Eric Smith	1997.01.08	191	81	스웨덴
	14	핀 스티븐스	Fin Stevens	2003.04.10	179	74	웨일즈
	21	라스 리츠카	Lars Ritzka	1998.05.07	185	78	독일
	23	필리프 트레우	Philipp Treu	2000.12.03	173	69	독일
	25	아담 주비가와	Adam Dzwigala	1995.09.25	185	80	폴란드
	34	무하마드 다하바	Muhammad Dahaba	2005.05.07	194	88	독일
MF	7	잭슨 어바인	Jackson Irvine	1993.03.07	189	76	호주
	16	카를로 부칼파	Carlo Boukhalfa	1999.05.03	186	79	독일
	20	에리크 알스트란드	Erik Ahlstrand	2001.10.14	184	77	스웨덴
	24	코너 맷칼프	Connor Metcalfe	1999.11.05	183	70	호주
	39	로베르트 바그너	Robert Wagner	2003.07.14	181	80	독일
FW	10	다넬 시나니	Danel Sinani	1997.04.05	185	70	룩셈부르크
	11	요하네스 에게슈타인	Johannes Eggestein	1998.05.08	183	75	독일
	17	올라다포 아폴라얀	Oladapo Afolayan	1997.09.11	180	75	잉글랜드
	18	스콧 뱅크스	Scott Banks	2001.09.26	183	78	스코틀랜드
	19	안드레아스 알베르스	Andreas Albers	1990.03.23	193	88	덴마크
	26	엘리아스 사드	Elias Saad	1999.12.27	185	79	튀니지
	27	지몬 촐러	Simon Zoller	1991.06.26	179	70	독일
	29	모건 길라보기	Morgan Guilavogui	1998.03.10	189	82	기니
	33	모리데스	Maurides	1994.03.10	189	80	브라질

IN & OUT

주요 영입	주요 방출
모르강 길라보기, 로베르트 바그너(이상 임대), 벤 폴, 핀 스티븐스	알료샤 켐라인(임대복귀), 마르셀 하르텔(계약 만료)

TEAM FORMATION

FW D-

MF D

MF D

DF D

GK D

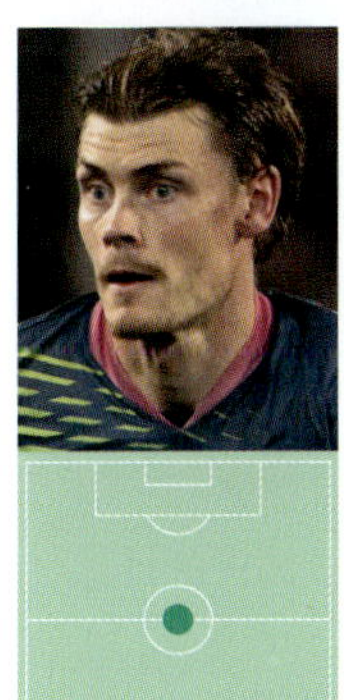

29 길라보기 (아폴라얀)
11 에게슈타인 (알베르스)

21 리츠카 (트레우)
24 멧칼프 (부칼파)
7 어바인 (스미스)
39 바그너 (사드)
23 트레우 (살리아카스)

3 메츠 (주비가와)
8 스미스 (주비가와)
5 발 (네메스)

1 바실리 (폴)

PLAN 3-5-2

지역 점유율

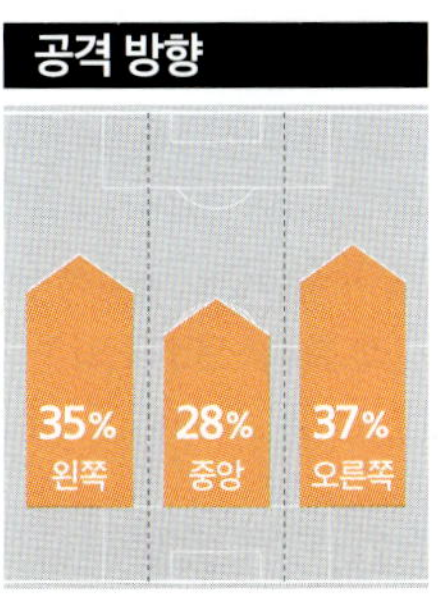

공격 방향

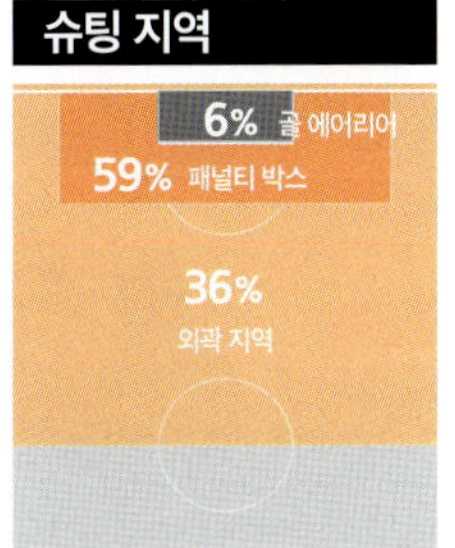

슈팅 지역

상대팀 최근 6경기 전적

구분	승	무	패	구분	승	무	패
바이엘 레버쿠젠	1	1	4	프라이부르크	2	1	3
슈투트가르트		1	5	아우크스부르크	2	1	3
바이에른 뮌헨	1		5	볼프스부르크	1	5	
RB 라이프치히	3		1	마인츠	2	1	3
보루시아 도르트문트	1	1	4	보루시아 묀헨글라트바흐	2	1	3
아인트라흐트 프랑크푸르트	1	2	3	우니온 베를린	1		5
호펜하임	1	2	1	보훔	1	3	2
하이덴하임	5	1		장크트 파울리			
베르더 브레멘	1	2	3	홀슈타인 킬	4	1	1

PLAYERS

MF 7 잭슨 어바인
Jackson Irvine

국적: 호주

팀의 주장이다. 189cm 장신에 모든 미드필더 포지션을 소화할 수 있다. 기본적으로 중앙 미드필더다. 멜버른에서 셀틱으로 넘어와 1군에도 데뷔했다. 이후 SPL, 챔피언십 팀들을 거쳐 장크트파울리에 입단했다. 활동량과 골 감각, 중거리 슈팅, 강인한 체격을 활용한 지상과 공중 경합 등 다방면에 재능이 있다. 잘게 썰어 들어가는 연계를 즐기기도 한다. 다만 기동력이나 세밀함에서는 아쉬움이 있다. 호주 대표팀에서도 주장을 맡고 있다.

출전경기	경기시간(분)	골	어시스트	경고	퇴장
27	2,359	6	9	8	-

DF 2 마놀리스 살리아카스
Manolis Saliakas

국적: 그리스

올림피아코스 유스 출신. 같은 팀에서 프로 데뷔는 했지만, 기회를 못 받아 임대를 전전하다가 계약 만료됐다. 라미아, 지아니나 등 다른 그리스팀에서 발전하여 장크트파울리에 왔다. 지난 두 시즌 동안 주전 라이트백, 윙백으로 뛰고 있다. 전진 배치도 가능하다. 전체적으로 공격력이 좋은 타입이다. 크로스는 물론 패스, 키핑도 좋다. 측면 플레이메이커 유형. 태클도 적극적이지만 경고를 많이 받는 것은 흠이다.

출전경기	경기시간(분)	골	어시스트	경고	퇴장
31	2,673	2	2	5	1

DF 8 에리크 스미스
Eric Smith

국적: 스웨덴

할름스타드 유스 출신으로 같은 팀에서 프로 데뷔. 노르셰핑을 거쳐 헨트로 이적했으나 자리를 못 잡고 트롬쇠, 노르셰핑으로 임대됐다. 이후 2020/21 시즌 도중, 장크트파울리로 임대 왔다. 그 후 여름에 완전 영입이 되고 주전 자리를 차지했다. 192cm 장신에 센터백, 수비형 미드필더, 중앙 미드필더를 볼 수 있다. 경합만 하는 선수가 아니라 패스나 킥에도 장점이 있다. 다만 경고를 자주 받는 편이다.

출전경기	경기시간(분)	골	어시스트	경고	퇴장
26	2241	1	3	7	-

FW 11 요하네스 에게슈타인
Johannes Eggestein

국적: 독일

프라이부르크 미드필더 막시밀리안의 동생이다. 형처럼 브레멘 유스에서 시작했다. 프로 데뷔도 했지만 2018/19 시즌, 리그 4득점 이후로는 경쟁에서 밀렸다. LASK 린츠로 임대돼 리그 12득점 이후 앤트워프에 입단했다. 결과는 좋지 못했다. 헤더로 득점할 뿐 아니라, 패스로 기회를 만드는 역할도 준수하다. 압박, 키핑으로 파트너를 잘 살려주기도 한다. 지난 시즌 팀 내 공격포인트 3위. 공격 조합의 중심이다.

출전경기	경기시간(분)	골	어시스트	경고	퇴장
29	2,241	9	4	1	-

FW 17 올라다포 아폴라얀
Oladapo Afolayan

국적: 잉글랜드

첼시, 토론토 FC, 바넷 등 여러 유스 팀을 거쳤다. 토목공학 공부를 위해 대학 진학도 했다. 2018년 2월, 웨스트햄과 계약하고 4부 리그 팀으로 임대를 다니다가, 볼턴으로 완전 이적. 승격도 하고 2021/22 시즌 클럽 내 올해의 선수상도 받았다. 그러나, 이후 입지가 좁아져 장크트파울리에 입단했다. 빠르고 기술 좋은 윙포워드다. 지난 시즌에는 3-4-3의 주전이었으나 올 시즌 초반에는 교체로 나서고 있다.

출전경기	경기시간(분)	골	어시스트	경고	퇴장
31	2,220	9	3	4	-

HOLSTEIN KIEL

TEAM PROFILE

창 립	1900년
회 장	슈테펜 슈네크로트(독일)
감 독	마르셀 라프(독일)
연 고 지	슐레스비히톨슈타인 주 킬
홈 구 장	홀슈타인 슈타디온(1만 5,034명)
라 이 벌	VfB 뤼베크, 함부르크SV, FC 장크트파울리
홈페이지	www.holstein-kiel.de

최근 5시즌 성적

시즌	순위	승점
2019-2020	없음	없음
2020-2021	없음	없음
2021-2022	없음	없음
2022-2023	없음	없음
2023-2024	없음	없음

BUNDESLIGA (전신 포함)

통 산	없음
23-24 시즌	없음

DFB POKAL

통 산	없음
23-24 시즌	32강

UEFA

통 산	없음
23-24 시즌	없음

경기 일정

라운드	날짜	장소	상대팀
1	2024.08.24	원정	TSG 1899 호펜하임
2	2024.08.31	홈	VfL 볼프스부르크
3	2024.09.15	홈	FC 바이에른 뮌헨
4	2024.09.21	원정	VfL 보훔
5	2024.09.29	홈	아인트라흐트 프랑크푸르트
6	2024.10.05	원정	바이엘 04 레버쿠젠
7	2024.10.20	홈	FC 우니온 베를린
8	2024.10.26	원정	VfB 슈투트가르트
9	2024.11.02	홈	FC 하이덴하임
10	2024.11.09	원정	SV 베르더 브레멘
11	2024.11.24	홈	1.FSV 마인츠 05
12	2024.11.30	원정	FC 장크트파울리
13	2024.12.07	홈	RB 라이프치히
14	2024.12.14	원정	보루시아 묀헨글라트바흐
15	2024.12.21	홈	아우크스부르크
16	2025.01.11	원정	SC 프라이부르크
17	2025.01.15	홈	보루시아 도르트문트
18	2025.01.18	홈	TSG 1899 호펜하임
19	2025.01.25	원정	VfL 볼프스부르크
20	2025.02.01	원정	FC 바이에른 뮌헨
21	2025.02.08	홈	VfL 보훔
22	2025.02.15	원정	아인트라흐트 프랑크푸르트
23	2025.02.22	홈	바이엘 04 레버쿠젠
24	2025.03.01	원정	FC 우니온 베를린
25	2025.03.08	홈	VfB 슈투트가르트
26	2025.03.15	원정	FC 하이덴하임
27	2025.03.29	홈	SV 베르더 브레멘
28	2025.04.05	원정	1.FSV 마인츠 05
29	2025.04.12	홈	FC 장크트파울리
30	2025.04.19	원정	RB 라이프치히
31	2025.04.26	홈	보루시아 묀헨글라트바흐
32	2025.05.03	원정	아우크스부르크
33	2025.05.10	홈	SC 프라이부르크
34	2025.05.17	원정	보루시아 도르트문트

시즌 프리뷰 — 럭키비'킬'? 기대치가 없다

한국인들에게는 이재성의 첫 해외 진출 팀으로 유명한 홀슈타인 킬이 창단 123년 만에 처음으로 분데스리가로 승격했다. 다만 현실은 녹록지 않다. 핵심 미드필더 잔더가 떠나고, 주전 수비수 로테는 임대를 마치고 돌아가 다른 팀으로 이적했다. 재정난 속에 여러 선수들을 영입했지만, 빅리그에서 검증이 안 됐다. 분데스리가 1부 경험이 10경기 이상 있는 선수가 1군 전체에서 5명뿐. 감독도 성인팀 지휘 경력이 이 팀뿐이다. 전력, 경험, 재정 지원 등 여러 면에서 어렵다. 프리시즌 경기는 6경기 중 1승, 4경기 무득점에 그쳤다. 홀슈타인 킬은 원래 특정 스타에 의존하기보다 팀으로서 기능하는 스쿼드고, 축구가 메인 스포츠도 아니고 기대치도 없는 연고지라 큰 부담이 없다는 것이 그나마 다행(?)이긴 하다.

COACH

마르셀 라프 *Marcel Rapp*

1979년 4월 16일생 독일

카를스루어 유스 출신. 1군 데뷔는 했지만, 레귤러와는 거리가 있었고 여러 팀을 전전했다. 현역 마지막 팀인 뇌팅겐에서 수석 코치로 코치직을 시작. 2013년 호펜하임으로 건너가 연령별 팀들 감독을 경험했다. 성인 1군 공동 임시 감독을 맡기도 했다. 이후 2021년 10월부터 홀슈타인 킬의 지휘봉을 잡았다.

TEAM RATINGS

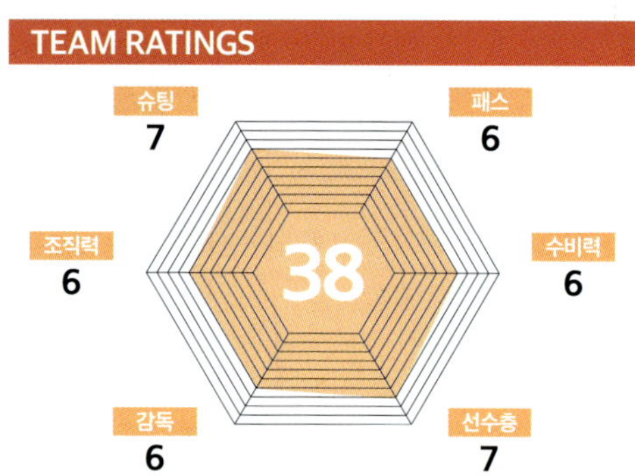

2023/24 프로필

팀 득점	65
평균 볼 점유율	52.80%
패스 정확도	81.80%
평균 슈팅 수	14.8
경고	68
퇴장	3

골 타입

	단위 (%)
오픈 플레이	54
세트 피스	28
카운터 어택	11
패널티 킥	8
자책골	0

패스 타입

	단위 (%)
쇼트 패스	84
롱 패스	13
크로스 패스	4
스루 패스	0

SQUAD

포지션	등번호	이름		생년월일	키(cm)	체중(kg)	국적
GK	1	티몬 바이너	Timon Weiner	1999.01.18	190	85	독일
	3	마르코 코멘다	Marco Komenda	1996.11.26	183	82	독일
DF	4	파트리크 에라스	Patrick Erras	1995.01.21	196	92	독일
	5	칼 요한슨	Carl Johansson	1994.05.23	189	82	스웨덴
	14	막스 게슈빌	Max Geschwill	2001.07.07	185	78	독일
	17	티모 베커	Timo Becker	1997.03.25	190	88	독일
	23	라세 로젠붐	Lasse Rosenboom	2002.01.19	190	83	독일
	27	티모테우시 푸하치	Tymoteusz Puchacz	1999.01.23	180	74	폴란드
	33	도미니크 자보르체크	Dominik Javorcek	2002.11.02	183	75	슬로바키아
	34	콜린 클라이네베켈	Colin Kleine-Bekel	2003.01.24	192	85	독일
MF	6	마르코 이베지치	Marko Ivezic	2001.12.02	191	81	세르비아
	8	핀 포라스	Finn Porath	1997.02.23	180	75	독일
	10	루이스 홀트비	Lewis Holtby	1990.09.18	175	76	독일
	15	마빈 슐츠	Marvin Schulz	1995.01.15	182	83	독일
	16	안두 요벨 켈라티	Andu Kelati	2002.08.13	181	71	독일
	22	니콜라이 렘버그	Nicolai Remberg	2000.06.19	187	88	독일
	24	망누스 크누센	Magnus Knudsen	2001.06.15	186	76	노르웨이
	28	아우렐 바그베	Aurel Wagbe	2004.02.04	191	88	독일
	37	아르민 기고비치	Armin Gigovic	2002.04.06	187	77	보스니아 헤르체코비나
FW	7	스티븐 스크르지브스키	Steven Skrzybski	1992.11.18	174	71	독일
	9	베네딕트 피클러	Benedikt Pichler	1997.07.20	188	90	오스트리아
	11	알렉산더 베른하르트손	Alexander Bernhardsson	1998.09.08	185	71	스웨덴
	18	마치노 슈토	Shuto Machino	1999.09.30	185	81	일본
	19	필 하레스	Phil Harres	2002.03.25	193	90	독일
	20	얀-피에테 아르프	Fiete Arp	2000.01.08	187	83	독일

IN & OUT

주요 영입	주요 방출
막스 게슈월, 마그누스 크누트센, 아르민 기고비치, 티모테우시 푸하치, 도미니크 야보르체크(임대)	톰 로테(임대복귀), 필립 잔더

TEAM FORMATION

지역 점유율

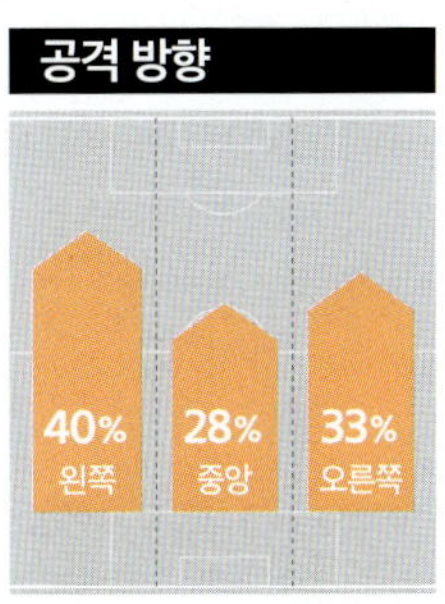

공격 방향

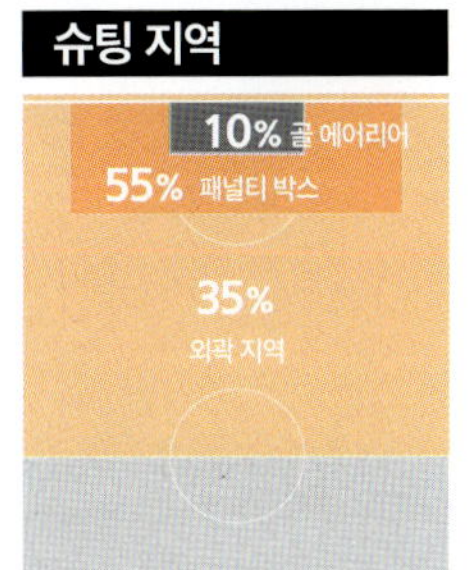

슈팅 지역

PLAYERS

 루이스 홀트비 
Lewis Holtby

KEY PLAYER

국적: 독일

2부의 알레마니아 아헨에서 프로 데뷔해 첫 시즌부터 주전 자원으로 활약했다. 그 후 샬케로 이적했다. 보훔, 마인츠에서 한 시즌씩 임대 이후 샬케에서 두 시즌 동안 좋은 모습을 보여 토트넘으로 이적했으나, 풀럼 임대 시절을 포함해 잉글랜드에서의 생활은 쉽지 않았다. 함부르크로 이적해 폼을 찾았다. 함부르크, 블랙번을 거쳐 홀슈타인 킬의 주축 자원, 주장이 됐다. 게임을 풀어주는 능력이나 경험 등에서 비중이 클 수밖에 없는 선수다.

출전경기	경기시간(분)	골	어시스트	경고	퇴장
31	2,259	5	10	7	1

 티몬 바이너
Timon Weiner

국적: 독일

샬케 유스 출신이지만 1군 데뷔를 못하고, 홀슈타인 킬로 이적했다. 지난 시즌 주전이 되기 전까지는 2군 출전 혹은 임대였다. 임대 시절도 순탄치 않았다. 2018/19 시즌에 입단해 2022/23 시즌 최종전에서야 이 팀에서 첫 리그 경기에 출전했다. 지난 시즌도 기존 넘버원의 실책, 부상으로 주전 자리를 잡았다. 독일 연령별 대표팀에는 꾸준히 차출됐었다. 뒤늦게 만개한 타입. 롱패스 처리는 아쉽다.

출전경기	경기시간(분)	실점	무실점(경기)	경고	퇴장
30	2,700	33	14	1	–

상대팀 최근 6경기 전적

구분	승	무	패	구분	승	무	패
바이엘 레버쿠젠			3	프라이부르크	1		
슈투트가르트	3		1	아우크스부르크			1
바이에른 뮌헨			1	볼프스부르크		1	5
RB 라이프치히	2		4	마인츠	1		1
보루시아 도르트문트			2	보루시아 묀헨글라트바흐	1		1
아인트라흐트 프랑크푸르트	1		3	우니온 베를린	1	1	4
호펜하임			1	보훔	3	1	2
하이덴하임	1	2	3	장크트 파울리	1	1	4
베르더 브레멘	2	1	3	홀슈타인 킬			

 티보 베커
Timo Becker

국적: 독일

2019/20 시즌 샬케에서 프로 1군 데뷔. 2020/21 시즌에는 상당한 기회를 잡고 성장했다. 강등된 후 다음 시즌 겨울에 같은 팀의 2부 한자 로스토크에 임대됐다. 그 이후 지난 두 시즌 동안 이 팀에서 주전으로 자리 잡았다. 같은 기간에 리그 10득점. 경고 기록도 반으로 줄었다. 190cm 센터백이었으나, 오른쪽 풀백, 윙백으로 옮기고 공격력이 발휘되고 있다. 마무리 패스보다는 슈팅에 더 강하다.

출전경기	경기시간(분)	골	어시스트	경고	퇴장
28	2,279	7	3	3	–

 스티븐 스크르지브스키
Steven Skrzybski

국적: 독일

2선 위로 모든 공격 포지션을 소화한다. 지난 시즌 팀 내 리그 최다 득점, 최다 공격 포인트 기록자다. 우니온 베를린 유스 출신. 2017/18 시즌, 7부에서 리그 14득점을 올려 승격에 일조했으나 1부에서 함께하지는 못했다. 샬케, 뒤셀도르프에서 출전 시간은 적었지만 1부 경험을 쌓았다. 지난 3시즌 동안 이 팀에서 리그 29득점을 했다. 체구는 다소 작지만 다양한 공격 재능뿐만 아니라 수비 공헌도도 강점이다.

출전경기	경기시간(분)	골	어시스트	경고	퇴장
26	1,734	10	4	2	–

 마치노 슈토
Shuto Machino

국적: 일본

요코하마 F. 마리노스에 고교 졸업 후 입단했지만, 기회를 얻지 못해 기타큐슈로 임대됐다. 팀의 2부 승격을 이끌었다. 2021년, J1의 쇼난 벨마레로 이적했다. 2022시즌에 리그 13득점, 2023시즌에 반시즌 동안 리그 9골을 기록하고 그해 여름에 홀슈타인 킬로 이적, 승격에 일조했다. 준수한 체격과 테크닉, 볼 간수, 패스로 동료들을 살려주는 공격수다. 롱스로인 능력도 좋다. 슈팅 마무리가 오히려 아쉽다.

출전경기	경기시간(분)	골	어시스트	경고	퇴장
31	2,072	5	6	3	–

ITALY SERIE A
이탈리아 세리에A

AC Milan v AS Roma: Quarter-Final First Leg - UEFA Europa League 2023/24
스타디오 주세페 메아차에서 열린 UEFA 유로파리그 경기 중
AC 밀란의 하파엘 레앙이 바이시클 킥을 시도하고 있다.
〈2024/04/11, Stadio Giuseppe Meazza〉

2024-2025
ITALY SERIE A

AC MONZA
팀 명 AC 몬차
창 단 1912년
홈구장 스타디오 브리안테오
주 소 www.acmonza.com

COMO 1907
팀 명 코모 1907
창 단 1907년
홈구장 스타디오 주세페 시니갈리아
주 소 www.comofootball.com

ATALANTA BC
팀 명 아탈란타
창 단 1907년
홈구장 아틀레티 아주리 디탈리아
주 소 www.atalanta.it

JUVENTUS FC
팀 명 유벤투스
창 단 1897년
홈구장 유벤투스 스타디움
주 소 www.juventus.com

TORINO FC
팀 명 토리노
창 단 1906년
홈구장 올림피코 그란데 토리노
주 소 www.torinofc.it

GENOA CFC
팀 명 제노아 CFC
창 단 1893년
홈구장 스타디오 루이지 페라리스
주 소 www.genoacfc.it

AC MILAN
팀 명 AC 밀란
창 단 1899년
홈구장 산 시로
주 소 www.acmilan.com

INTER NAZIONALE
팀 명 인테르나치오날레
창 단 1908년
홈구장 산 시로
주 소 www.inter.it

PARMA CALCIO 1913
팀 명 파르마 칼초 1913
창 단 1913년
홈구장 스타디오 엔니오 타르디니
주 소 www.parmacalcio1913.com

HELLAS VERONA FC
팀 명 엘라스 베로나 FC
창 단 1903년
홈구장 마르칸토니오 벤테고디
주 소 www.hellasverona.it

UDINESE CALCIO
팀 명 우디네세
창 단 1896년
홈구장 스타디오 프리울리
주 소 www.udinese.it

VENEZIA FC
팀 명 베네치아 FC
창 단 1907년
홈구장 스타디오 피에르 루이지 펜초
주 소 www.veneziafc.it/en

BOLOGNA FC
팀 명 볼로냐
창 단 1909년
홈구장 레나토 달라라
주 소 www.bolognafc.it

ACF FIORENTINA
팀 명 피오렌티나
창 단 1926년
홈구장 아르테미오 프란키
주 소 www.violachannel.tv

SSC NAPOLI
팀 명 나폴리
창 단 1926년
홈구장 스타디오 디에고 아르만도 마라도나
주 소 www.sscnapoli.it

AS ROMA
팀 명 AS 로마
창 단 1927년
홈구장 스타디오 올림피코
주 소 www.asroma.it

SS LAZIO
팀 명 라치오
창 단 1900년
홈구장 스타디오 올림피코
주 소 www.sslazio.it

CAGLIARI CALCIO
팀 명 칼리아리 칼초
창 단 1920년
홈구장 우니폴 도무스
주 소 www.cagliaricalcio.com

EMPOLI FC
팀 명 엠폴리
창 단 1920년
홈구장 스타디오 카를로 카스텔라니
주 소 empolifc.com

US LECCE
팀 명 US 레체
창 단 1908년
홈구장 스타디오 비아 델 마레
주 소 www.uslecce.it

우리가 돈이 없지, 재미가 없냐

투자에 비해 기이할 정도로 대외경쟁력이 좋은 리그인 세리에A의 특징은 계속됐다. 최근 3시즌 동안 3대 유럽대항전 결승전을 살펴보면, 이탈리아 팀들이 무려 절반인 6회나 결승에 올랐고, 그중 2회 우승을 차지했다. 우승보다 준우승이 많다는 게 아쉽긴 하지만, 다른 리그와 맞붙었을 때 더 강해지는 특유의 저력을 확인할 수 있다. 특히 지난 5월 유로파리그 결승전에서 아탈란타가 유럽 최강인 줄 알았던 바이엘 04 레버쿠젠을 3-0으로 완파하고 정상에 오른 건 특유의 우승 본능이 아직 죽지 않았다는 걸 보여주는 사건이었다.

하지만 재정적으로 4대 빅 리그 중 가장 힘들다는 사실도 여전하다. 중동에서 온 구단주 같은 건 모두 다른 나라 이야기다. 오히려 인테르 밀란의 소유주였던 중국 기업 쑤닝 그룹이 빚을 갚지 못해 투자회사 오크트리 캐피털로 인테르를 넘겨야 했다. AC밀란이 2018년 엘리엇 매니지먼트의 소유가 됐던 전례와 비슷하다. 세리에A 구단에 투자하는 외국 자본은 주로 피오렌티나와 AS로마를 경영하는 미국계 기업들인데, 이들은 꾸준히 자금을 투입해 주고 있긴 하지만 한계가 명확하다. 외부 투자라는 측면에서 이번 시즌 주목할 만한 팀은 코모다. 승격팀 코모는 인도네시아 기업 자룸 그룹이 운영하고 있다. 그렇다 해도 승격팀치고 좋은 선수를 사 주는 정도지, 맨체스터 시티나 파리 생제르맹 같은 투자를 기대힐 수는 없다. 이젠 규정 때문에 눈먼 돈 투입은 불가능하다. 결국 이번 시즌에도 이탈리아 축구의 오랜 저력에 기대야 한다. 위에서 본 유럽대항전 전적에서 보듯, 비싼 선수 없이 최대한의 성과를 내는 게 세리에A 팀들의 특기다. 한때 전술적으로 뒤지는 듯 보였지만 이 위기도 극복했다.

요즘에는 이탈리아 전통과 세계적으로 가장 진보된 전술을 잘 섞는 전술가들이 나오고 있다. 볼로냐 돌풍을 거쳐 유벤투스의 지휘봉을 잡은 티아고 모타가 대표적이나. 이번 시즌, 세리에A는 전술 보는 맛이 더 쏠쏠할 것이다. 아울러 이탈리아 대표팀의 차세대 스타가 등장할지 기대해 보는 것도 이번 시즌을 즐기는 방법이다. 이탈리아는 월드컵에 이어 지난여름의 유로 2024까지 완전히 망했다. 이는 국가대표 선수의 세대교체 시기에 잘 대처하지 못했기 때문이었다. 게다가 20대 중반의 간판스타 페데리코 키에사, 잔루카 스카마카는 순차적으로 겪은 부상 때문에 고생하고 있다. 이탈리아를 장기적으로 책임질 뜻밖의 유망주가 등장해 준다면 전국적인 주목을 받으며 리그의 재미를 끌어올릴 것이다.

TOP SCORER

라우타로 마르티네스에게 지난 시즌 득점왕은 유독 큰 의미가 있었다. 골만 많이 넣은 게 아니라 결정력을 크게 향상시켰다. 그 결정력을 아르헨티나 대표팀에서도 발휘했다. 월드컵 무득점 공격수라는 불명예는 2024년 여름 코파 아메리카 우승의 주역으로 맹활약하면서 씻어냈다. 그는 분명 현시점 세리에A 최고 공격수다. 득점왕과 나머지 선수들의 격차는 컸다. 두샨 블라호비치는 득점 2위였는데도 경기력과 득점력이 아쉽다는 평가를 받았다. 득점 3위 올리비에 지루, 4위 빅터 오시멘처럼 익숙한 이름도 있지만 새로운 스타도 등장했다. 득점 5위 알베르트 그뷔드뮌손, 공동 6위 마르퀴스 튀람이 그들이다.

이번 시즌을 앞두고 득점왕 경쟁 구도에서 가장 궁금한 건 스페인 라리가에서 건너온 두 골잡이의 성적이다. 피치치(라리가 득점왕) 아르템 도우비크가 AS로마로 이적해 왔다. 스페인의 유로 2024 우승 주역인 알바로 모라타가 AC밀란에 합류했다. 이번 시즌 유력한 득점왕 후보였던 잔루카 스카마카이 장기 부상이 안타깝지만, 그 자리를 메우기 위해 영입된 마테오 레테기가 얼마나 성장할지는 궁금하다. 환경을 바꾼 블라호비치, 로멜루 루카쿠의 득점력도 변수이다.

TITLE RACE

안정적인 챔피언, 그 아성에 도전하기 위해 각자 쇄신을 단행한 도전자들의 구도다. 지난 시즌의 우승팀 인테르 밀란은 이적시장에서 엄청난 보강을 한 건 아니지만, 전력을 대부분 보존했다는 점만으로도 여전히 우승 후보 0순위다. 지난 시즌 2위와 승점차가 무려 19점이었다는 걸 감안하면 인테르의 연속 우승이 꽤 유력해 보인다. 그 뒤를 쫓는 AC밀란은 파울루 폰세카 감독을 선임했고, 유벤투스는 티아고 모타 감독을 새 사령탑으로 맞이했다. 여기에 AS로마가 지난 시즌 도중 다니엘레 데로시 감독에게 지휘봉을 준 뒤 상승세를 탄 점, 나폴리가 안토니오 콘테 감독과 함께 야심을 보인다는 점까지 고려한다면 도전자 중 가장 성공적으로 새 판을 짠 팀이 인테르를 위협할 수 있을 것이다. 자금력은 다들 한정돼 있다. 우승에 필요한 건 전략이다.

DARK HORSE

우승을 조심스럽게 바라보는 중상위권 팀 중에서도 이번 시즌 유독 기대할 만한 단 하나를 골라야 한다면, AS로마에 걸고 싶다. 로마는 여름 이적시장에서 돈도 나름대로 쓴 편이고 영입에 꽤 공을 들였다. 스페인 라리가 득점왕을 로마가 영입할 수 있으리라고 누가 상상했을까. 수년간 좋은 선수들을 모은 결과 현재 로마에는 공격진의 도우비크, 마티아스 소울레, 파울로 디발라 등 스타 선수들의 라인업이 완성됐다. 잔루카 만치니에 에방 은디카와 앙헬리뇨를 더한 수비진, 로렌초 펠레그리니를 보좌할 엔조 르페가 영입된 중원도 기대할 만하다. 여기에 유망주들의 성공 가능성도 보인다. 가장 큰 변수는 다니엘레 데로시 감독의 지도력이다.

하위권에서 인상적인 팀은 단연 코모다. 지난 시즌 제노아에 이어 야심을 보여주는 승격팀이다. 슈퍼스타급 센터백 라파엘 바란을 비롯해 에밀 라우데로, 페페 레이나, 안드레아 벨로티 등 유명한 선수들을 대거 수급했다. 1부에서 경쟁할 만한 선수단을 위해 알베르토 도세나, 알베르토 모레노, 야니크 엥겔하르트 등 나름대로 준척급 선수들도 요소마다 배치시켰다. 이 팀도 가장 큰 변수는 감독. 초보 지도자인 세스크 파브레가스가 잘 해줘야 한다.

VIEW POINT

스타들의 세대교체에 주목해 보자. 특히 세리에A를 주름잡던 스트라이커들이 떠나거나 슬럼프를 겪는 가운데 새로운 스타 공격수들이 합류했다. 올리비에 지루는 35세에 AC밀란으로 합류, 3시즌 내내 리그 10골 이상을 기록한 뒤 아름다운 기억만 남기고 유럽 무대를 떠나갔다. 반면 빅터 오시멘은 김민재처럼 바이아웃 조항을 마련해 두지 못한 탓에 나폴리를 떠나지 못하고 본인 의사보다 오래 머무르다가 구단과 분쟁까지 겪었다. 이들 대신 라리가 득점왕 아르템 도우비크, 스페인 대표팀 주전 공격수 알바로 모라타 등 화려한 골잡이들이 이탈리아로 건너왔다. 자금력만 놓고 볼 때 영입하기 힘들어 보였지만, 각 구단의 이적시장 전략이 좋았다.

이적을 계기로 도약을 준비하는 선수들이 있다. 유벤투스의 새로운 중원을 구축할 도글라스 루이스와 케프렌 튀람은 왕년의 에드 하르 다비츠나 에메르손을 연상시키는 강력한 조합이다. 밀란의 기대주 센터백 스트라히냐 파블로비치도 주목할 만하다.

지난 시즌 크리스천 풀리식처럼, 이탈리아행을 통해 경기력을 회복하고 한층 발전하는 선수는 언제든 나올 수 있다. 리그 안에서 더 강하고 공격적인 팀으로 이적하면서 본격적인 비상을 준비하는 AS로마의 마티아스 소울레, 아탈란타의 마테오 레테기도 기대할 만하다.

ITALY SERIE A　LEAGUE INFORMATION

1 · 이적료: **809**억원 · 아탈란타 ➡ 유벤투스

Teun Koopmeiners
틴 쾨프메이너르스 / 국적: 네덜란드

2 · 이적료: **762**억원 · 애스턴빌라 ➡ SSC 나폴리

Douglas Luiz
더글라스 루이스 / 국적: 브라질

3 · 이적료: **518**억원 · 토리노 ➡ SSC나폴리

Alessandro Buongiorno
알렉산드로 부온조르노 / 국적: 이탈리아

4 · 이적료: **451**억원 · 지로나 ➡ AS 로마

Artem Dovbyk
아르템 도브비크 / 국적: 우크라이나

TRANSFER

거액을 쏟아부을 수는 없다. 하지만 적당한 이적료와 좋은 협상전략을 조화시킬 수는 있다. 새 시즌을 앞둔 세리에A 상위권 구단들이 눈에 띄는 이적을 여러 건 성사시킨 비결이다. 특히 외부에서 수혈해 온 준척급 선수들이 눈에 띈다. 유벤투스의 새 미드필더 듀오 도글라스 루이스와 케프렌 튀람을 주목할 만하다. 루이스의 경우 선수 두 명을 낀 트레이드 형식을 취했으며 애스턴 빌라가 선수 방출을 꼭 해야 하는 상황임을 파고들었다.

AS로마가 영입한 아르템 도우비크도 빈틈을 포착한 것이 영입 성사로 이어졌다. 라리가 득점왕임에도 불구하고 아틀레티코 마드리드가 미적거리는 상황을 AS로마가 재빨리 알아챘기 때문이다. 스타 공격수 알바로 모라타와 메흐디 타레미, 베테랑 라파엘 바란, 부활을 노리는 이탈리아 대표 니콜로 차니올로도 리그에 합류했다.

리그 내 이적도 활발했다. 쇄신을 선언한 나폴리가 수비수 알레산드로 부온조르노를 시작으로 활발한 영입을 진행했다. 아탈란타는 잔루카 스카마카의 장기 부상 직후 재빠르게 마테오 레테기를 영입했다. 마티아스 소울레, 피오트르 지엘린스키, 틴 쾨프메이너르스 등 미드필더들의 이동도 잦았다.

4 · 이적료: **451**억원 · 맨체스터 유나이티드 ➡ SSC나폴리

Scott McTominay
스콧 맥토미니 / 국적 : 스코틀랜드

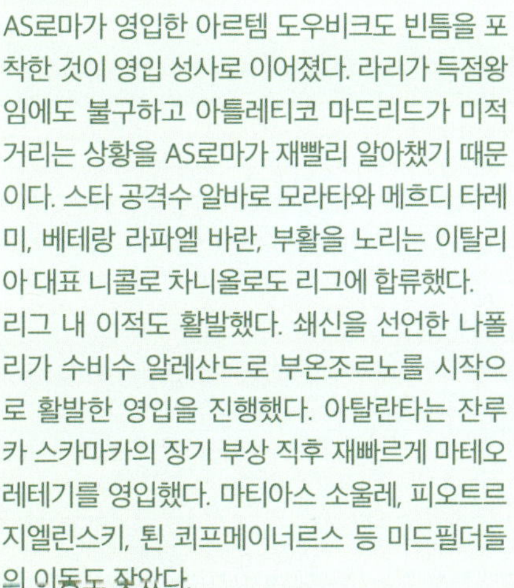

6 · 이적료: **444**억원 · 첼시 ➡ SSC 나폴리

Romelu Lukaku
로멜루 루카쿠 / 국적: 벨기에

7 · 이적료: **429**억원 · 사수올로 칼초 ➡ 인테르치오날레

Davide Frattesi
다비데 프라테시 / 국적: 이탈리아

8 · 이적료: **414**억원 · SL 벤피카 ➡ SSC나폴리

David Neres
다비드 네레스 / 국적: 브라질

9 · 이적료: **378**억원 · 유벤투스 ➡ AS 로마

Matías Soulé
마티아스 소울레 / 국적: 아르헨티나

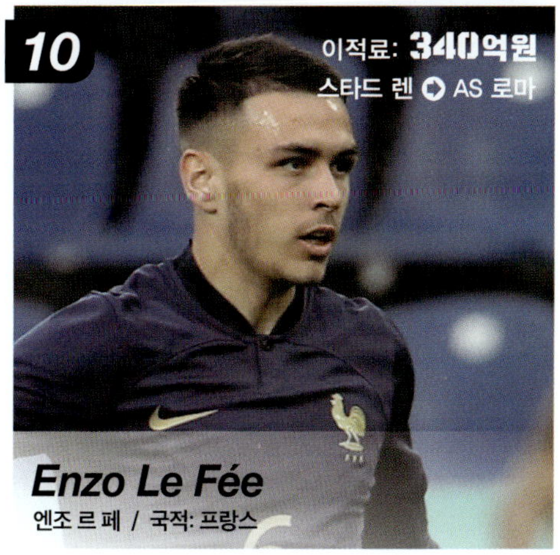

10 · 이적료: **340**억원 · 스타드 렌 ➡ AS 로마

Enzo Le Fée
엔조 르 페 / 국적: 프랑스

ITALY SERIE A

LEAGUE INFORMATION

REGULATION

대부분의 리그가 그렇듯이 20팀이 팀당 38경기씩 치러 승점으로 우승팀을 가린다. 최종 승점 동점이 발생하면 상대 전적, 상대 골 득실, 전체 골 득실, 다득점, 추첨 순서로 순위를 정한다. 2022/23 시즌에 추가된 룰은 우승팀 및 강등팀을 가려야 하는 상황에 한하여 승점 동률 팀끼리 벌이는 단판 플레이오프, 즉 타이브레이커다. 과거에 존재했던 대회 방식을 부활시킨 것인데 그 첫해에 공동 17위가 나오면서 단판 승부로 강등팀을 정했다. 원래 유럽대항전 진출팀은 총 7팀이었지만 이번 시즌부터 UEFA 챔피언스리그 본선 규모가 확대되면서 세리에A에 추가 참가팀이 생겼다. 지난 시즌에 1위부터 5위까지 챔피언스리그 본선 직행, 6위와 7위가 유로파리그 본선 직행, 8위가 유로파 컨퍼런스리그 플레이오프에 진출했다. 강등은 최하위 3팀이다. 승격은 세리에B 1위와 2위, 그리고 3위부터 8위까지 치르는 플레이오프의 승자에게 주어진다.

TITLE

세리에A 우승과 동의어처럼 쓰이는 스쿠데토(Scudetto)는 사실 우승팀에게 주어지는 패치를 뜻하는 말이다. 모양 그대로 작은 방패라는 뜻의 이탈리아어다. 축구뿐 아니라 럭비에서도 챔피언의 패치로 쓰이는 등 이탈리아에서는 용도가 다양하다. 코파이탈리아 우승팀 역시 패치를 달 수 있는데, 삼색 장미라는 뜻의 코카르다 트리콜레(Coccarda Tricolore)다. 동심원으로 장미를 형상화했다. 2020/21 시즌부터는 개인상 수상자 6명은 황금색 개인 패치를 달고 뛴다. 지난 시즌에 득점왕과 MVP를 석권한 라우타로 마르티네스, 최우수 골키퍼 미켈레 디그레고리오 등이 달게 된다.

STRUCTURE

이탈리아 축구 리그는 1부부터 3부까지 프로, 4부부터 9부까지 아마추어로 이뤄져 있다. 단 하나의 전국 리그로 구성된 건 1부인 세리에A와 2부인 세리에B 뿐이다. 세리에A는 20팀이고, 세리에B는 한동안 22팀으로 구성됐지만 2018/19 시즌의 무더기 징계로 파행 운영된 뒤 20팀으로 축소됐다. 세리에A와 세리에B는 이탈리아축구협회가 아니라 한국의 한국프로축구연맹에 해당하는 '레가 칼초'가 주관하다가 2010년부터 리그별 운영 주체로 분리됐다. 3부 리그인 세리에C는 이탈리아를 3개 권역으로 나눠 총 60팀이 참가한다. 4부 리그는 세리에D라는 이름을 쓴다. 5~9부 리그는 각각 에첼렌차, 프로모치오네, 프리마 카테고리아, 세콘다 카테고리아, 테르차 카테고리아로 불린다. 재정이 불안한 이탈리아 사정상 파산한 구단이 2, 3단계 강등돼 새 이름으로 재창단하는 일이 흔하다. 그런 까닭에 낯선 하부 리그 이름을 자주 접하게 된다.

ITALY SERIE A

LEAGUE INFORMATION

LEAGUE CHAMPION

시즌	팀명	시즌	팀명	시즌	팀명
1903	제노아	1944	스페치아	1984-1985	헬라스 베로나
1904	제노아	1945-1946	토리노	1985-1986	유벤투스
1905	유벤투스	1946-1947	토리노	1986-1987	나폴리
1906	AC 밀란	1947-1948	토리노	1987-1988	AC 밀란
1907	AC 밀란	1948-1949	토리노	1988-1989	인테르나치오날레
1908	프로 베르첼리	1949-1950	유벤투스	1989-1990	나폴리
1909	프로 베르첼리	1950-1951	AC 밀란	1990-1991	삼프도리아
1909-1910	인테르나치오날레	1951-1952	유벤투스	1991-1992	AC 밀란
1910-1911	프로 베르첼리	1952-1954	인테르나치오날레	1992-1993	AC 밀란
1911-1912	프로 베르첼리	1954-1955	AC 밀란	1993-1994	AC 밀란
1912-1913	프로 베르첼리	1955-1956	피오렌티나	1994-1995	유벤투스
1913-1914	AS 카살레	1956-1957	AC 밀란	1995-1996	AC 밀란
1914-1915	제노아	1957-1958	유벤투스	1996-1997	유벤투스
1915-1916	AC 밀란	1958-1959	AC 밀란	1997-1998	유벤투스
1916-1919	중단(1차 세계 대전)	1959-1960	유벤투스	1998-1999	AC 밀란
1919-1920	인테르나치오날레	1960-1961	유벤투스	1999-2000	라치오
1920-1922	프로 베르첼리	1961-1962	AC 밀란	2000-2001	AS 로마
1922-1923	제노아	1962-1963	인테르나치오날레	2001-2002	유벤투스
1923-1924	제노아	1963-1964	볼로냐	2002-2003	유벤투스
1924-1925	볼로냐	1964-1966	인테르나치오날레	2003-2004	AC 밀란
1925-1926	유벤투스	1966-1967	유벤투스	2004-2005	유벤투스(취소)
1926-1927	토리노(취소)	1967-1968	AC 밀란	2005-2010	인테르나치오날레
1927-1928	토리노	1968-1969	피오렌티나	2010-2011	AC 밀란
1928-1929	볼로냐	1969-1970	칼리아리	2011-2012	유벤투스
1929-1930	암브로시아나(인테르)	1970-1971	인테르나치오날레	2012-2013	유벤투스
1930-1931	유벤투스	1971-1972	유벤투스	2013-2014	유벤투스
1931-1932	유벤투스	1972-1973	유벤투스	2014-2015	유벤투스
1932-1933	유벤투스	1973-1974	라치오	2015-2016	유벤투스
1933-1934	유벤투스	1974-1975	유벤투스	2016-2017	유벤투스
1934-1935	유벤투스	1975-1976	토리노	2017-2018	유벤투스
1935-1936	볼로냐	1976-1977	유벤투스	2018-2019	유벤투스
1936-1937	볼로냐	1977-1978	유벤투스	2019-2020	유벤투스
1937-1938	암브로시아나(인테르)	1978-1979	AC 밀란	2020-2021	유벤투스
1938-1939	볼로냐	1979-1980	인테르나치오날레	2021-2022	AC 밀란
1939-1940	암브로시아나(인테르)	1980-1981	유벤투스	2022-2023	나폴리
1940-1941	볼로냐	1981-1982	유벤투스	2023-2024	인테르나치오날레
1941-1942	AS 로마	1982-1983	AS 로마		
1942-1943	토리노	1983-1984	유벤투스		

TITLE

	LEAGUE
JUVENTUS	36
INTERNAZILNALE	20
AC MILAN	19
GENOA	9
TORINO	7

0　5　10　15　20　25　30　35

TOP SCORER

시즌	득점	선수명
2023-2024	24	라우타로 마르티네스
2022-2023	32	빅터 오시멘
2021-2022	27	치로 임모빌레
2020-2021	29	크리스티아누 호날두
2019-2020	36	치로 임모빌레
2018-2019	26	파비오 콸리아렐라
2017-2018	29	치로 임모빌레 / 마우로 이카르디
2016-2017	29	에딘 제코
2015-2016	36	곤살로 이과인
2014-2015	22	마우로 이카르디
2013-2014	22	치로 임모빌레
2012-2013	29	에딘손 카바니
2011-2012	28	즐라탄 이브라히모비치
2010-2011	28	안토니오 디 나탈레
2009-2010	29	안토니오 디 나탈레
2008-2009	25	즐라탄 이브라히모비치
2007-2008	21	알레산드로 델 피에로
2006-2007	26	프란체스코 토티
2005~2006	31	루카 토니
2004-2005	24	크리스티아노 루카렐리
2003~2004	24	안드리 셉첸코
2002~2003	24	크리스티안 비에리

2023-2024 시즌 세리에A 최종 순위

순위	팀	승점	경기	승	무	패	득	실	득실차	비고
1	인테르나치오날레	94	38	29	7	2	89	22	67	챔피언스리그 진출
2	AC 밀란	75	38	22	9	7	76	49	27	챔피언스리그 진출
3	유벤투스	71	38	19	14	5	54	31	23	챔피언스리그 진출
4	아탈란타	69	38	21	6	11	72	42	30	챔피언스리그 진출
5	볼로냐	68	38	18	14	6	54	32	22	챔피언스리그 진출
6	AS 로마	63	38	18	9	11	65	46	19	
7	라치오	61	38	18	7	13	49	39	10	
8	피오렌티나	60	38	17	9	12	61	46	15	
9	토리노	53	38	13	14	11	36	36	0	
10	나폴리	53	38	13	14	11	55	48	7	
11	제노아	49	38	12	13	13	45	45	0	
12	몬차	45	38	11	12	15	39	51	-12	
13	베로나	38	38	9	11	18	38	51	-13	
14	레체	38	38	8	14	16	32	54	-22	
15	우디네세	37	38	6	19	13	37	53	-16	
16	칼리아리	36	38	8	12	18	42	68	-26	
17	엠폴리	36	38	9	11	20	29	54	-25	
18	프로시노네	35	38	8	11	19	44	69	-25	세리에B로 강등
19	사수올로	30	38	7	9	22	43	75	-32	세리에B로 강등
20	살레르니타나	17	38	2	11	25	32	81	-49	세리에B로 강등

2023-2024 시즌 세리에A 득점 순위

순위	득점	이름	국적	당시 소속팀
1	24	라우타로 마르티네스	아르헨티나	인테르나치오날레
2	16	두샨 블라호비치	세르비아	유벤투스
4	15	올리비에 지루	프랑스	AC 밀란
4	15	빅터 오시멘	나이지리아	나폴리
5	14	알베르트 그뷔드뮌손	아이슬란드	제노아
6	13	하칸 찰하노을루	튀르키예	인테르나치오날레
6	13	파울로 디발라	아르헨티나	로마
6	13	로멜루 루카쿠	벨기에	로마
6	13	마르퀴스 튀람	프랑스	인테르나치오날레
6	13	두반 사파타	콜롬비아	아탈란타 / 토리노

2023-2024 시즌 세리에A 도움 순위

순위	도움	이름	국적	당시 소속팀
1	9	파울로 디발라	아르헨티나	로마
1	9	하파엘 레앙	포르투갈	AC 밀란
3	8	올리비에 지루	프랑스	AC 밀란
3	8	헨리흐 므히타랸	아르메니아	인테르나치오날레
3	8	크리스천 풀리식	미국	AC 밀란
3	8	샤를 드 케텔라에	벨기에	아탈란타
7	7	아데몰라 루크먼	나이지리아	아탈란타
7	7	루이스 알베르토	스페인	라치오
7	7	웨스턴 매케니	미국	유벤투스
7	7	마르퀴스 튀람	프랑스	인테르나치오날레
7	7	라울 벨라노바	이탈리아	토리노
7	7	마테오 폴리타노	이탈리아	나폴리

2023-2024 시즌 세리에B 최종 순위

순위	팀	승점	경기	승	무	패	득	실	득실차	비고
1	파르마	76	38	21	13	4	66	35	31	승격
2	코모	73	38	21	10	7	58	40	18	승격
3	베네치아	70	38	21	7	10	69	46	23	승격
4	크레모네	67	38	19	10	9	50	32	18	
5	카탄자로	60	38	17	9	12	59	50	9	
6	팔레르모	56	38	15	11	12	62	53	9	
7	삼프도리아	55	38	16	9	13	53	50	3	
8	브레시아	51	38	12	15	11	44	40	4	
9	누오바 코센차	47	38	11	14	13	47	42	5	
10	모데나	47	38	10	17	11	41	47	-6	
11	레사나	47	38	10	17	11	38	45	-7	
12	수드티롤	47	38	12	11	15	46	48	-2	
13	피사	46	38	11	13	14	51		-3	
14	시타델라	46	38	11	13	14	40	47	-7	
15	스페치아	44	38	9	17	12	36	49	-13	
16	데르나나	43	38	11	10	17	43	50	-7	
17	바리	41	38	8	17	13	38	49	-11	
18	아스콜리	41	38	9	14	15	38	42	-4	강등
19	페라피살로	33	38	8	9	21	44	65	-21	강등
20	레꼬	26	38	6	8	24	35	74	-39	강등

CHAMPION

유벤투스의 9년 독재가 끝난 뒤, 최근 4시즌 동안 세리에A 우승팀은 매번 바뀌었다. 인테르 밀란, AC 밀란, 나폴리를 거쳐 지난 시즌에는 다시 인테르가 차지했다. 압도적인 저력을 갖춘 인테르가 이번 시즌에도 정상을 노린다.

LEAGUE CHAMPION

INTERNAZIONALE

2022/23 시즌에도 인테르는 이미 최강에 근접해 있었다. 세리에A는 3위였지만 코파 이탈리아, 수페르코파 이탈리아나를 석권했고 UEFA 챔피언스리그에서 준우승했다. 그 저력을 지난 시즌에도 그대로 이어갔다. 컵 대회들에서는 조기 탈락했지만, 대신 세리에A에 집중하면서 압도적인 승점으로 우승할 수 있었다. 시모네 인차기 감독의 공격적이고 짜임새 좋은 축구가 완성됐다. 유려한 공의 흐름, 상대 선수를 끌어내고 공간을 만든 뒤 득점까지 이어가는 공격 전술, 빈틈이 좀처럼 없는 수비 전술까지 갖췄다. 늘 눈이 즐거운 축구였다.

EUROPEAN CUP

CHAMPIONS LEAGUE(전신포함)		EUROPA LEAGUE(전신포함)	
AC MILAN	7회	INTERNAZIONALE	3회
INTERNAZIONALE	3회	JUVENTUS	3회
JUVENTUS	2회	PARMA	2회
-		ATALANTA	2회

CUP CHAMPION

JUVENTUS

FINAL

JUVENTUS 1-0 ATALANTA

한때 유벤투스의 영광을 이끌었던 마시밀리아노 알레그리 감독은 두 번째로 부임해 혹평만 받다 떠났다. 그가 남긴 마지막 선물이 코파 우승이다. 경기력 이상으로 끈끈한 알레그리 스타일 그대로였다. 4강 라치오전에서 2차전 막판 결승 골로 간신히 승리했다. 결승전에서는 두샨 블라호비치의 선제 결승 골을 끝까지 지켰다.

INNERNAZIONALE

FINAL

INTERNAZIONALE 1-0 NAPOLI

2년 연속 사우디아라비아에서 열렸고, 다시 4강 규모로 확대된 수페르코파. 인테르는 라치오와 나폴리를 상대로 무실점 연승을 거두면서 정상에 올랐다. 나폴리를 상대한 결승전은 정규시간이 다 끝날 때까지 한 팀도 골을 넣지 못한 치열한 승부였는데 추가 시간에 라우타로 마르티네스가 극적인 결승 골을 터뜨렸다.

FC Internazionale

TEAM PROFILE	
창 립	1908년
구 단 주	오크트리 캐피탈(미국)
감 독	시모네 인자기(이탈리아)
연 고 지	롬바르디아 주 밀라노
홈 구 장	스타디오 주세페 메아차(7만5,817명)
라 이 벌	AC 밀란, FC유벤투스
홈페이지	www.inter.it

최근 5시즌 성적

시즌	순위	승점
2019-2020	2위	82점(24승10무4패, 81득점 36실점)
2020-2021	1위	91점(28승7무3패, 89득점 35실점)
2021-2022	2위	84점(25승9무4패, 84득점 32실점)
2022-2023	3위	72점(23승3무12패, 71득점 42실점)
2023-2024	1위	94점(29승7무2패, 89득점 22실점)

SERIE A (전신 포함)

통 산	우승 20회
23-24 시즌	1위(29승7무2패, 승점 94점)

COPPA ITALIA

통 산	우승 9회
23-24 시즌	16강

UEFA

통 산	챔피언스리그 우승 3회 유로파리그 우승 3회
23-24 시즌	챔피언스리그 16강

경기 일정

라운드	날짜	장소	상대팀
1	2024.08.18	원정	제노아 CFC
2	2024.08.25	홈	US 레체
3	2024.08.31	원정	아탈란타 BC
4	2024.09.16	원정	AC 몬차
5	2024.09.23	홈	AC 밀란
6	2024.09.28	원정	우디네세 칼초
7	2024.10.06	홈	토리노
8	2024.10.21	원정	AS 로마
9	2024.10.28	홈	유벤투스
10	2024.10.31	원정	엠폴리
11	2024.11.04	홈	베네치아
12	2024.11.11	홈	SSC 나폴리
13	2024.11.23	원정	엘라스 베로나
14	2024.12.01	원정	ACF 피오렌티나
15	2024.12.08	홈	파르마 칼초 1913
16	2024.12.15	원정	SS 라치오
17	2024.12.22	홈	코모 1907
18	2024.12.29	원정	칼리아리 칼초
19	2025.01.05	홈	볼로냐
20	2025.01.12	원정	베네치아
21	2025.01.19	홈	엠폴리
22	2025.01.26	원정	US 레체
23	2025.02.02	원정	AC 밀란
24	2025.02.09	홈	ACF 피오렌티나
25	2025.02.16	원정	유벤투스
26	2025.02.23	홈	제노아 CFC
27	2025.03.02	원정	SSC 나폴리
28	2025.03.09	홈	AC 몬차
29	2025.03.16	원정	아탈란타 BC
30	2025.03.30	홈	우디네세 칼초
31	2025.04.06	원정	파르마 칼초 1913
32	2025.04.13	홈	칼리아리 칼초
33	2025.04.20	원정	볼로냐
34	2025.04.27	홈	AS 로마
35	2025.05.04	원정	엘라스 베로나
36	2025.05.11	원정	토리노
37	2025.05.18	홈	SS 라치오
38	2025.05.25	원정	코모 1907

전력분석 현상 유지만 해도 1등인 스쿼드

이미 정상에 선 자라 다행이다. 소폭의 보강으로 세리에A 최강 전력을 유지할 수 있다. 게다가 베페 마로타 회장은 선수 수급의 신이다. 몸값이 저렴하거나 아예 0인 선수 중에서 준척급을 골라 잘만 데려온다. 그래서 공격의 메흐디 타레미, 미드필더 피오트르 지엘린스키, 골키퍼 주젭 마르티네스 등을 영입할 수 있었다. 먼저 여유 있는 포지션을 보면 공격진은 여전히 강력하다. 리그 최고 공격수 라우타로 마르티네스와 지난 시즌 확보한 최고의 파트너 마르쿠스 튀람이 건재하다. 후보 공격수로 영입한 타레미는 기존의 알렉시스 산체스보다 업그레이드다. 미드필더들은 조금씩 나이 들어가는 게 아쉽긴 하지만, 쓸만한 기량의 스쿼드 멤버 지엘린스키가 더해졌다. 크리스티안 아슬라니에게 오랜 시간 경험치를 먹였으니 이번 시즌이야말로 기대에 부응해 줄지 궁금해진다. 좌우 윙백은 리그 최강 진용이 그대로 유지됐다. 단순한 후보 이상의 기량을 지닌 골키퍼 주젭 마르티네스의 영입도 플러스 요인. 유일하게 아쉬운 포지션이 센터백이다. 기존 선수들의 기량은 출중하지만 프란체스코 아체르비는 나이가 많고, 스테판 더프라이는 경쟁력이 떨어질 듯해 우려가 있다. 물론 다른 팀에 비하면 구멍 같지도 않은 사소한 빈틈일 뿐이다.

전술분석 현란한 포지션 체인지, 가장 진보된 3-5-2

모든 선수들이 상황에 따라 유연하게 위치를 바꾸면서도 매 순간 동료들과의 대형을 유지하는 포지셔널 플레이가 현대축구의 핵심이다. 이 플레이를 3-5-2 포메이션 기반으로 구현하는 팀은 드문데, 시모네 인차기 감독의 인테르는 그 대표적인 사례이자 가장 진보된 형태다. 보통 3-5-2는 유연한 포지션 변화에 적합한 포메이션은 아닌 듯 보이지만, 인테르는 몇 가지 패턴으로 상대의 혼을 빼놓는다. 가장 핵심적인 건 레지스타(후방 플레이메이커) 하칸 찰하노을루가 공격형 미드필더 출신이라는 점이다. 찰하노을루가 상황에 따라 앞으로도 전진하고 옆으로도 빠져 위력적인 크로스를 올릴 수 있기 때문에 동료 미드필더들의 유기적인 움직임과 센터백이 전진해 커버하는 움직임을 통해 시너지 효과를 낸다. 공격력을 갖춘 좌우 스토퍼는 상대 진영까지 전진하는 게 허락되며, 윙백도 아예 윙어처럼 뛰는 경우가 있다. 공격진 숫자 부족은 투톱이 좌우 측면으로 빠지는 유연한 움직임으로 보완하는데 이때 측면자원 출신의 장신 공격수라는 튀람의 특이한 경력이 많은 도움을 준다. 단단한 동시에 부드러운 팀이다.

FC Internazionale v SS Lazio - Serie A TIM
인테르나치오날레의 라우타로 마르티네스가 공을 향해 몸을 날리고 있다.
〈2024/05/19, Stadio Giuseppe Meazza〉

모기업에 돈이 없다고요? 원래 그랬는데요

인테르의 모기업은 이번 시즌 오크트리 캐피털로 바뀌었다. 오크트리는 주식 투자에 대해 많은 책을 쓴 스타 투자자, 하워드 막스의 회사다. 이게 무슨 이야기냐면 기존 모기업 쑤닝 그룹이 오크트리에 진 빚을 갚지 못해 인테르를 저당 잡혔다가 그대로 넘겼다는 이야기다. 이웃 AC밀란이 중국계 구단주 리용홍의 소유였다가 엘리엇 매니지먼트에 빚 대신 넘어간 것과 비슷한 꼴이다. 전 모기업 쑤닝이 일찍 도산 위기에 빠지면서 구단을 제대로 지원하진 못했지만 그래도 장캉양 회장이 마로타 CEO를 존중하면서 최선의 운영을 시도해 왔기 때문에 작별 인사도 제대로 못 하고 떠나버린 게 허무하기도 하다. 오크트리는 구단에 돈을 주지 않는 대신 경영에 간섭하지도 않겠다는 입장이다. 마로타 CEO가 회장으로 승진한 것도 이 때문이다. 다행이면서도 씁쓸한 건 기존 구단주보다 나빠질 건 없다는 점이다.

인테르 팬들이 걱정할 건 없다. 구단이 현 운영 규모만 유지할 수 있다면, 이적료 순 지출을 최소화하면서 전력을 유지하거나 오히려 강화시키는 마로타 회장의 마법은 여전히 유효하다. 오히려 쑤닝 시절 2년에 한 번씩 스타 선수를 팔아 운영비를 충당해야 했던 것에 비하면 거의 방출 없이 소폭의 보강을 해낸 올해가 낫다.

인차기 감독의 전술 완성도와 시즌 운영에는 딱히 흠잡을 데가 없다. 세리에A 최강으로 널리 인정받는 경기력도 좋고, 최근 3시즌 동안 트로피 6개를 따내고 UEFA 챔피언스리그 결승에도 한번 진출하여 트로피로 방점을 찍는 능력 역시 겸비했다.

지금 인테르가 경계해야 하는 건 정체와 견제다. 아무리 강력한 팀이라도 한번 전술이 고착되면 고인 물처럼 썩어버리는 게 축구팀의 생리다. 소폭의 변화를 끝없이 추구해야 한다. 또한 국내외에서 인테르를 분석한 팀들이 파훼법을 들고 나올 수 있다. 그럴 때 상대의 예상을 깨버릴 수 있는 '변속 기어'가 필요하다.

IN & OUT

주요 영입	주요 방출
피오트르 지엘린스키, 주젭 마르티네스, 메흐디 디레미	알렉시스 산체스, 다비 클라선, 후안 콰드라도

TEAM FORMATION

지역 점유율

공격 진영 **28%**
중앙 **44%**
수비 진영 **28%**

공격 방향

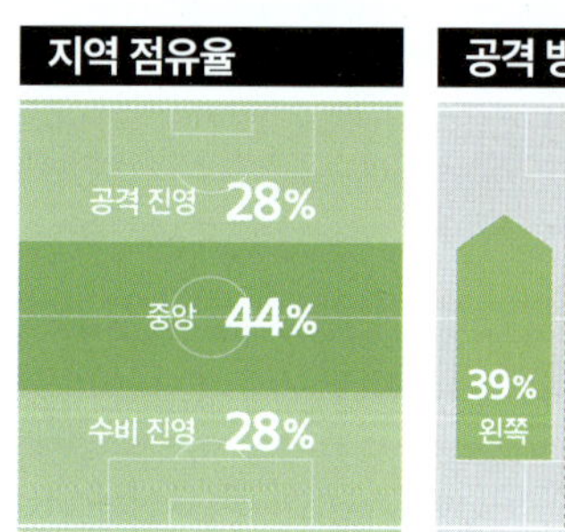

슈팅 지역

TEAM RATINGS

슈팅 8
패스 10
수비력 9
선수층 10
감독 9
조직력 10

56

2023/24 프로필

팀 득점	89
평균 볼 점유율	57.30%
패스 정확도	87.80%
평균 슈팅 수	15.6
경고	46
퇴장	1

골 타입

		단위 (%)
오픈 플레이	56	
세트 피스	16	
카운터 어택	11	
패널티 킥	15	
자책골	2	

패스 타입

		단위 (%)
쇼트 패스	88	
롱 패스	8	
크로스 패스	4	
스루 패스	0	

SQUAD

포지션	등번호	이름		생년월일	키(cm)	체중(kg)	국적
GK	1	얀 좀머	Yann Sommer	1988.12.17	183	79	스위스
	13	주젭 마르티네스	Josep Martínez	1998.05.27	191	78	스페인
DF	2	덴절 뒴프리스	Denzel Dumfries	1996.04.18	188	80	네덜란드
	6	스테판 더프라이	Stefan de Vrij	1992.02.05	189	78	네덜란드
	15	프란체스코 아체르비	Francesco Acerbi	1988.02.10	192	88	이탈리아
	28	뱅자맹 파바르	Benjamin Pavard	1996.03.28	186	81	프랑스
	30	카를로스 아우구스투	Carlos Augusto	1999.01.07	184	78	브라질
	31	얀 비세크	Yann Bisseck	2000.11.29	196	87	독일
	32	페데리코 디마르코	Federico Dimarco	1997.11.10	175	75	이탈리아
	36	마테오 다르미안	Matteo Darmian	1989.12.02	183	70	이탈리아
	42	토마스 팔라시오스	Tomás Palacios	2003.04.28	196	–	아르헨티나
	95	알레산드로 바스토니	Alessandro Bastoni	1999.04.13	190	75	이탈리아
MF	7	피오트르 지엘린스키	Piotr Zieliński	1994.05.20	180	75	폴란드
	16	다비데 프라테시	Davide Frattesi	1999.09.22	178	74	이탈리아
	20	하칸 찰하노을루	Hakan Çalhanoğlu	1994.02.08	178	73	튀르키에
	21	크리스티안 아슬라니	Kristjan Asllani	2002.03.09	175	70	알바니아
	22	헨리크 미키타리안	Henrikh Mkhitaryan	1989.01.21	177	75	아르메니아
	23	니콜로 바렐라	Nicolò Barella	1997.02.07	175	68	이탈리아
	30	카를로스 아우구스투	Carlos Augusto	1999.01.07	184	78	브라질
FW	8	마르코 아르나우토비치	Marko Arnautovic	1989.04.19	190	83	오스트리아
	9	마르쿠스 튀람	Marcus Thuram	1997.08.06	192	87	프랑스
	10	라우타로 마르티네스	Lautaro Martinez	1997.08.22	174	79	아르헨티나
	11	호아킨 코레아	Joaquín Correa	1994.08.13	188	78	아르헨티나
	24	에디 살세도	Eddie Salcedo	2001.10.01	178	74	이탈리아
	99	메흐디 타레미	Mehdi Taremi	1992.07.18	185	80	이란

COACH

시모네 인차기 *Simone Inzaghi*
1976년 4월 5일생 이탈리아

갈수록 평가가 더 높아지는 감독. 전통적으로 많은 전술가를 배출해 온 이탈리아가 현시점 가장 자신 있게 내놓을 만한 현재진행형 명장이다. 친정팀 라치오 유소년팀 감독으로 시작해 1군을 5년 지휘했고, 인테르로 이직해 4년차다. 3-5-2 포메이션이라는 틀을 유지하면서 세부 사항을 계속 발전시켜 나간다. 선수 시절에는 형 필리포에 비해 약간 떨어지는 공격수였지만, 스타 군단 라치오의 슈퍼서브로 뛰면서 UEFA 챔피언스리그 한 경기 4골(당시 신기록) 기록을 세우기도 한 수준급 선수였다.

상대팀 최근 6경기 전적

구분	승	무	패
인테르			
AC 밀란	6		
유벤투스	2	2	2
아탈란타	5	1	
볼로냐	2	1	3
로마	5		1
라치오	4	1	1
피오렌티나	4	1	1
토리노	5	1	
나폴리	3	2	1
제노아	4	2	
몬차	4	1	1
엘라스 베로나	5	1	
레체	5	1	
우디네세	5		1
칼리아리	5	1	
엠폴리	5		1
파르마	4	2	
코모	5	1	
베네치아	4	1	1

KEY PLAYER

FW | 10 — 라우타로 마르티네스
Lautaro Martinez

출전경기	경기시간(분)	골	어시스트	경고	퇴장
33	2668	24	3	5	–

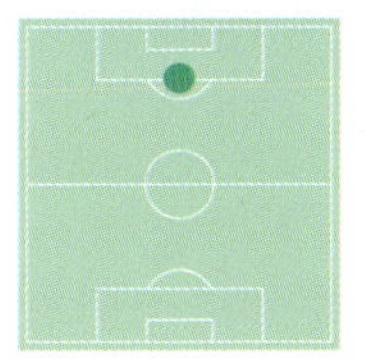

국적: 아르헨티나

2018년부터 인테르 생활을 시작해, 지난 시즌 마침내 득점왕에 오르며 한 단계 더 성장한 세리에A 간판 골잡이. 오랫동안 마르티네스는 성실한 움직임과 투쟁심 때문에 다른 스트라이커의 보조로 쓰였다. 하지만 지난 시즌에는 튀람이 오히려 마르티네스를 보조해 주는 관계로 바뀌면서 득점에 집중할 수 있게 됐고, 그의 골 결정력은 수직 상승했다. 기대 득점(xG) 대비 실제 득점이 +5.22로 전 유럽 최고였다. 이 결정력을 코파 아메리카에서도 그대로 이어가면서 '새가슴'이라는 꼬리표를 뗐다. 이제 증명해야 하는 무대는 유럽대항전뿐.

DARK HORSE

FW | 99 — 메흐디 타레미
Mehdi Taremi

출전경기	경기시간(분)	골	어시스트	경고	퇴장
23	1,483	6	4	3	–

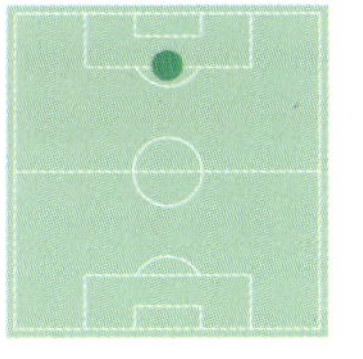

국적: 이란

30대에 마침내 빅 리그 진출이라는 꿈을 이뤘다. 아시아 최고 스트라이커라는 칭호를 놓고 경쟁하던 선수들이 각각 다른 이유로 몰락하는 가운데, 현재 이 칭호의 주인은 타레미라는 데 이론의 여지가 없다. 유럽 진출 후 포르투갈 리그에서 5년간 뛰면서 히우아브와 포르투의 공격을 이끌었고, 특히 포르투 스트라이커로서 UEFA 챔피언스리그에서 보여준 활약과 이란 대표로서 월드컵에서 보여준 골들은 큰 무대 검증이 필요 없음을 증명했다. 2선 플레이와 문전 침투를 포괄하는 영리한 움직임에 결정력까지 겸비했다.

NEW ADDITION

MF | 7 — 피오트르 지엘린스키
Piotr Zielinski

출전경기	경기시간(분)	골	어시스트	경고	퇴장
28	1939	3	2	1	–

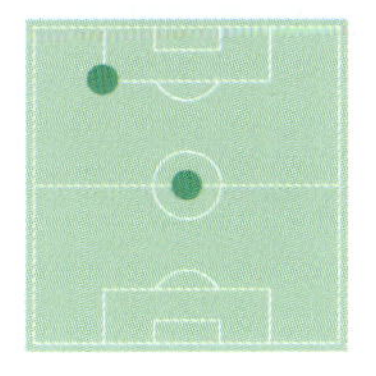

국적: 폴란드

인테르의 많지 않은 영입 선수 중 가장 빅 리그에서 검증된 자원이다. 김민재와 더불어 나폴리의 세리에A 우승을 이끌어 한국 축구 팬들에게도 친숙하다. 강력한 오른발 킥과 이에 못지않은 왼발까지 겸비한 미드필더로서, 어려서는 윙어로 많이 뛰었으나 점차 원래 포지션인 중앙 미드필더로서의 영향력을 키워갔다. 공격력에 비해 수비력이 부족하다는 단점은 동료들이 메워주면 된다. 다만 뛰어난 기량에 비해 묘하게 영향력이 떨어지는 경기들이 있다. 90분 내내 집중력과 투쟁심을 유지하는 게 가장 큰 숙제다.

GK 1 얀 좀머
Yann Sommer

국적: 스위스

지난 시즌에 뛰어난 활약을 펼치며 인테르 골문의 주인이 된 노장 골키퍼. 스위스 대표팀과 독일 분데스리가 무대에서 보여준 활약은 오랫동안 인정받았지만 트로피가 없었다. 그런데, 2023년 바이에른 뮌헨에서 반 시즌 뛴 뒤 인테르에 입단하면서 연달아 빅클럽 유니폼을 입었고, 트로피도 쓸어 담았다. 비교적 단신이지만 이를 가릴 만한 경험을 축적했다. 뛰어난 선방 능력과 빌드업 능력을 고루 갖추고 있다.

출전경기	경기시간(분)	실점	무실점(경기)	경고	퇴장
34	3,060	19	19	1	-

GK 13 주젭 마르티네스
Josep Martinez

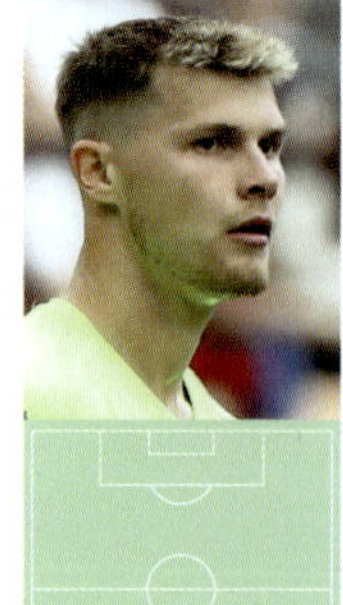

국적: 스페인

단순한 후보를 넘어 좀머의 경쟁자 겸 후계자로 영입된 선수다. 지난 시즌 제노아 후방을 든든하게 책임지면서 강등 위기는커녕 중위권에 안착하는 데 큰 도움을 줬다. 원래 바르셀로나 유소년팀 출신답게 발을 잘 쓰는 골키퍼로 높은 평가를 받았고, 이후 유망주 보는 눈이 좋은 구단 RB 라이프치히에도 몸담았다. 제노아 임대를 통해 처음 1군 주전이 됐고, 이를 계기로 이탈리아 무대에 정착했다.

출전경기	경기시간(분)	실점	무실점(경기)	경고	퇴장
36	3,240	43	8	2	1

DF 2 덴절 뒴프리스
Denzel Dumfries

국적: 네덜란드

때론 윙백이 아니라 윙어처럼, 심지어 최전방 공격수처럼 뛸 때도 있는 공격형 윙백이다. 190cm에 가까운 큰 키로 측면에서 성큼성큼 올라가 적극적으로 상대 수비를 타격한다. 기술이 세련되지는 못하지만, 힘, 속도, 지구력을 겸비한 축복받은 신체를 무기 삼아 오버래핑하는 선수다. 이런 플레이를 상대가 막지 못하는 날에는 경기의 주인공이 되지만, 일단 막히면 무기력해진다는 단점을 보인다.

출전경기	경기시간(분)	골	어시스트	경고	퇴장
31	1,643	4	4	2	1

DF 6 스테판 더프레이
Stefan De Vrij

국적: 네덜란드

힘이나 기술보다 지능이 돋보이는 센터백. 한동안 완만한 하락세였다. 후보 신세로 전락하지 않으려면 이제 경기력을 회복해야 한다. 원래 네덜란드에서 애매한 평가를 받던 선수지만 라치오로 이적한 뒤 꾸준히 기량이 올라갔고, 특히 스리백의 중앙에서 침착하게 빈틈을 메우는 플레이가 높은 평가를 받곤 했다. 화려하진 않지만 안정적인 패스로 지난 시즌 패스 성공률 4위(92.4%)를 기록했다.

출전경기	경기시간(분)	골	어시스트	경고	퇴장
25	1,578	1	-	-	-

DF 15 프란체스코 아체르비
Francesco Acerbi

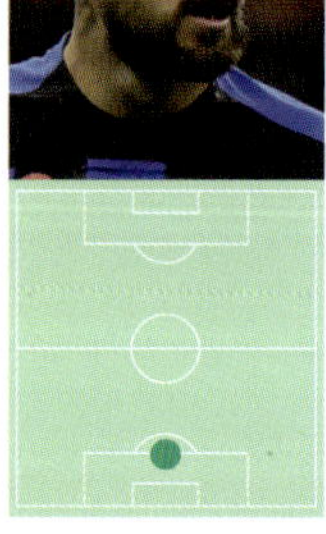

국적: 이탈리아

나이 어린 동생들을 벤치로 밀어내고 주전 자리를 차지했다. 게다가 이탈리아 대표팀에서도 30대 중반 나이에 주전으로 올라서면서 노익장이 뭔지 제대로 보여줬다. 20대에 고환암 진단까지 받았지만, 항암 치료를 이겨내고 돌아온 인간 승리의 주인공이기도 하다. 큰 신장을 잘 활용하는 수비. 상대에게 빈틈이 보이면 느린 발로도 성큼성큼 전진해 패스를 찌르는 빌드업, 세트피스 공격력까지 갖췄다.

출전경기	경기시간(분)	골	어시스트	경고	퇴장
29	2387	3	1	1	-

DF 28 뱅자맹 파바르
Benjamin Pavard

국적: 프랑스

지난해에 바이에른을 떠나려 하자 인테르가 냉큼 영입한 스타급 수비수. 센터백이라고 보기에는 풀백 같고, 라이트백이라고 보기에는 센터백 같은 애매한 캐릭터 때문에 바이에른 포백의 로테이션 멤버로 취급되던 선수다. 하지만 스리백의 오른쪽 스토퍼를 맡는다면 이 애매함은 다재다능함으로 바뀐다. 넓은 수비 범위에 공격 가담까지 능숙하게 소화하는 수비수. 프로 의식과 팬 서비스도 호평을 받는다.

출전경기	경기시간(분)	골	어시스트	경고	퇴장
23	1679	-	2	6	-

DF 31 얀 아우렐 비세크
Yann Aurel Bisseck

국적: 독일

시간은 비세크의 편이다. 서서히 고령화되고 있는 인테르 센터백 중 유일한 20대 초반이다. 에너지를 더할 수 있고, 성장 가능성도 아직 남아있는 선수다. 카메룬계 독일인인 비세크는 한때 독일 무대에서 높은 평가를 받지 못해 네덜란드, 포르투갈, 덴마크 리그를 떠돌았다. 하지만 신체 능력과 잠재력을 높게 본 인테르가 지난해 여름 영입했다. 기라성 같은 선배들을 멘토 삼아 경험을 쌓아가고 있다.

출전경기	경기시간(분)	골	어시스트	경고	퇴장
16	899	2	-	-	-

DF 32 페데리코 디마르코
Federico Dimarco

국적: 이탈리아

전 세계 측면 수비수 중 최고 수준의 공격력을 지녔다고 해도 과언이 아닌, 날카로운 오버래핑을 보여주는 선수다. 원래 왼발 킥을 제외한 능력이 다 애매해 반쪽짜리 유망주 평가를 받았지만, 팀 전술이 한결 공격적으로 바뀐 뒤 디마르코는 동료들을 활용해 상대 진영까지 침투하는 플레이에 눈을 떴다. 지난 시즌 리그 키 패스 3위(경기당 2.0회)였고, 그중 크로스는 1위(경기당 1.9회)였다.

출전경기	경기시간(분)	골	어시스트	경고	퇴장
30	2,105	5	6	-	-

DF 36 마테오 다르미안
Matteo Darmian

국적: 이탈리아

어느덧 30대 중반으로 접어든 베테랑 측면 수비수. 오랫동안 쌓인 경험을 바탕으로 윙백뿐 아니라 스토퍼까지 소화할 수 있게 됐다. 밀라노 인근에서 태어나 어린 시절에는 AC밀란 유소년팀에 있었고, 토리노에서 맹활약해 화제를 모았다. 한때 맨체스터 유나이티드에 진출하는 등 다양한 경력을 쌓았다. 비싼 선수를 영입하기 어려운 인테르 사정상 다르미안 같은 다용도 백업 요원의 가치는 크다.

출전경기	경기시간(분)	골	어시스트	경고	퇴장
33	2417	2	1	2	-

DF 95 알레산드로 바스토니
Alessandro Bastoni

국적: 이탈리아

명실상부 인테르와 이탈리아의 간판 센터백. 스리백의 왼쪽 스토퍼를 특히 잘 소화하는 왼발잡이 수비수다. 지난 시즌, 경기당 롱 패스 성공 횟수가 필드 플레이어 중 2위(5.0회)였을 정도로 왼발 킥의 정확도가 높다. 여기에 인차기 감독의 유연한 전술에 따라 바스토니가 직접 올라가 상대를 공략하는 상황이 더 많아졌다. 바스토니의 스루패스나 크로스로 마무리되는 공격을 자주 볼 수 있을 정도이다.

출전경기	경기시간(분)	골	어시스트	경고	퇴장
28	2,283	1	3	5	-

MF 16 다비데 프라테시
Davide Frattesi

국적: 이탈리아

상대 골문을 직접 두들기는 능력이 탁월한 미드필더. 인테르 같은 빅클럽에서 주전을 차지하기에는 아직 경기 운영이 미숙하지만, 조커로 투입됐을 경우 순간적으로 골키퍼 코앞까지 파고들며 공격의 위력을 높여 준다. 지난 시즌 90분당 기대 득점(xG)이 리그 3위(0.73)였을 정도로 득점 기회 창출 능력이 뛰어났다. 다만 xG 대비 실제 득점은 -1.57에 그쳤다. 결정력만 보완한다면 훨씬 무서워질 거라는 뜻.

출전경기	경기시간(분)	골	어시스트	경고	퇴장
32	935	6	3	1	-

MF 20 하칸 찰하노을루
Hakan Calhanoglu

국적: 튀르키예

손흥민의 레버쿠젠 절친으로 우리에게 익숙한 선수다. 레버쿠젠 시절에는 킥력만 믿고 천방지축 날뛰는 선수였지만, 이탈리아 무대에서 꾸준하게 경기지능을 높인 끝에 지금은 후방 플레이메이커로서 세계적인 수준에 올랐다. 페널티킥 키커로서 많은 공격포인트를 올릴 뿐 아니라 패스 성공률 리그 3위(92.4%), 경기당 패스 횟수 4위(67.2회), 크로스 성공 횟수 4위(1.7회) 등 패스 능력 관련 지표가 두루 좋다.

출전경기	경기시간(분)	골	어시스트	경고	퇴장
32	2,576	13	3	5	-

MF 21 크리스티안 아슬라니
Kristjan Asllani

국적: 알바니아

많은 이적 제안을 물리치고 인테르에 남아 자신을 시험해 보기로 한 유망주 미드필더. 많은 활동량에 바탕을 둔 레지스타라는 점에서, 2년 전 영입될 때도 마르첼로 브로조비치의 후계자로 적합하다는 평가를 받았다. 첫 시즌에 비하면 두 번째 시즌에 출장 시간을 소폭 늘렸으며 데뷔골과 첫 도움을 기록하는 등 팀에 적응해 갔다. 패스 성공률 역시 향상됐다. 아슬라니가 성장해 줘야 중원 운용이 원활해진다.

출전경기	경기시간(분)	골	어시스트	경고	퇴장
23	773	1	2	1	-

MF 22 헨리크 미키타리안
Henrikh Mkhitaryan

국적: 아르메니아

축구 약소국 아르메니아가 낳은 희대의 천재 미드필더. 지난 시즌 리그 도움 공동 3위에 오르면서 여전한 찬스 메이킹 능력을 증명했다. 한때 공격력만 있는 선수처럼 인식되기도 했지만 인테르에서는 아예 중앙 미드필더처럼 뛰는데, 30대 중반임에도 수비 가담에 별 문제가 없다. 중앙과 측면, 전방과 후방을 자유롭게 오갈 수 있는 미키타리안의 능력은 인테르의 유동적인 축구에 큰 보탬이 된다.

출전경기	경기시간(분)	골	어시스트	경고	퇴장
36	2,804		8	4	-

MF 23 니콜로 바렐라
Nicolo Barella

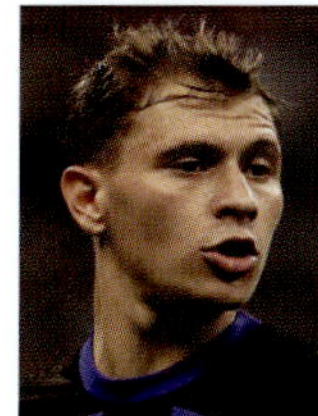

국적: 이탈리아

팀에 영웅이 필요하면 기꺼이 전면에 나서고, 조연이 필요하면 배후에서 동료를 도울 줄 아는 다재다능한 미드필더. 지난 시즌부터 정립된 인테르의 플레이 스타일에서는 조연인 경기가 더 많다. 기술, 지능, 활동량 등을 고루 겸비해 공수 양면에서 팀에 큰 보탬이 된다. 단신이라 툭 밀면 넘어질 것 같지만, 사실 무게 중심이 낮고 악바리 같은 성격이 있어 오히려 상대를 거세게 압박하기도 한다.

출전경기	경기시간(분)	골	어시스트	경고	퇴장
37	2860	2	3	7	-

MF 30 카를로스 아우구스투
Carlos Augusto

국적: 브라질

빠른 발과 날카로운 킥을 겸비해 측면에서 상대를 위협할 수 있는 브라질 출신 윙백이다. 몬차를 세리에A로 승격시키고 또 잔류시키는 데 큰 공을 세우면서 리그에서도 돋보이는 윙백으로 인정받았다. 지난해 인테르로 이적한 뒤에도 꾸준한 활약 중이다. 디마르코와 아우구스투를 동시에 가졌다는 건 상당한 호사다. 그래서 아우구스투가 공격적인 스토퍼 역할을 맡아 디마르코와 동시에 뛰는 날도 잦다.

출전경기	경기시간(분)	골	어시스트	경고	퇴장
37	1,705		3	1	-

FW 8 마르코 아르나우토비치
Marko Arnautovic

국적: 오스트리아

한때 '제2의 즐라탄' 중 한 명이었던 장신 테크니션 공격수. 큰 기대 속에 인테르로 왔지만 지난 1년간 아쉬운 모습을 반복했다. 지난 시즌 아르나우토비치의 기록 중 눈에 띄는 건 슛당 기대 득점(xG)이 리그 1위인 0.29였다는 점이다. 득점 기회의 질이 리그에서 가장 높았다는 뜻이고, 그만큼 '발만 대면 들어가는' 득점 기회를 잘 포착했다는 뜻이다. 그래서 슛이 빗나갈 때마다 욕을 더 먹었다.

출전경기	경기시간(분)	골	어시스트	경고	퇴장
27	785	5	3	-	-

FW 9 마르쿠스 튀람
Marcus Thuram

국적: 프랑스

이론적으로도, 실제로도 마르티네스의 완벽한 파트너다. 190cm가 넘는 장신임에도 윙어로서 먼저 두각을 나타낸 특이한 선수다. 즉 측면 돌파와 전방에서의 공중볼 경합을 모두 해낼 수 있는 데나 기능력도 좋다. 팀 공격 전개에서 워낙 많은 역할을 맡고 있는 만큼 결정력이 좀 부족한 건 넘어가 주도록 하자. 지난 시즌 득점 6위, 도움 7위로 두 분야에서 가장 고르게 활약한 선수였다.

출전경기	경기시간(분)	골	어시스트	경고	퇴장
35	2,707	13	7	3	-

AC 밀란
AC Milan

창 립	1899년
구 단 주	레드버드 캐피탈 파트너스(미국)
감 독	파울루 폰세카(포르투갈)
연 고 지	롬바르디아 주 밀라노
홈 구 장	스타디오 산 시로(8만 18명)
라 이 벌	인테르, 유벤투스
홈페이지	www.acmilan.com

최근 5시즌 성적

시즌	순위	승점
2019-2020	6위	66점(19승9무10패, 63득점 46실점)
2020-2021	2위	79점(24승7무7패, 74득점 41실점)
2021-2022	1위	86점(26승8무4패, 69득점 31실점)
2022-2023	4위	70점(20승10무8패, 64득점 43실점)
2023-2024	2위	75점(22승9무7패, 76득점 49실점)

SERIE A (전신 포함)

통 산	우승 19회
23-24 시즌	2위(27승9무7패, 승점 75점)

COPPA ITALIA

통 산	우승 5회
23-24 시즌	8강

UEFA

통 산	챔피언스리그 우승 7회
23-24 시즌	챔피언스리그 조별리그 진출

경기 일정

라운드	날짜	장소	상대팀
1	2024.08.18	홈	토리노
2	2024.08.25	원정	파르마 칼초 1913
3	2024.09.01	원정	SS 라치오
4	2024.09.15	홈	베네치아
5	2024.09.23	원정	인테르나치오날레
6	2024.09.28	홈	US 레체
7	2024.10.07	원정	ACF 피오렌티나
8	2024.10.20	홈	우디네세 칼초
9	2024.10.27	원정	볼로냐
10	2024.10.30	홈	SSC SSC 나폴리
11	2024.11.03	원정	AC 몬차
12	2024.11.10	원정	칼리아리 칼초
13	2024.11.23	홈	유벤투스
14	2024.12.01	홈	엠폴리
15	2024.12.08	원정	아탈란타 BC
16	2024.12.15	홈	제노아 CFC
17	2024.12.22	원정	엘라스 베로나
18	2024.12.29	홈	AS 로마
19	2025.01.05	원정	코모 1907
20	2025.01.12	홈	칼리아리 칼초
21	2025.01.19	원정	유벤투스
22	2025.01.26	홈	파르마 칼초 1913
23	2025.02.02	홈	인테르나치오날레
24	2025.02.09	원정	엠폴리
25	2025.02.16	홈	엘라스 베로나
26	2025.02.23	원정	토리노
27	2025.03.02	홈	SS 라치오
28	2025.03.09	원정	US 레체
29	2025.03.16	홈	코모 1907
30	2025.03.30	원정	SSC 나폴리
31	2025.04.06	홈	ACF 피오렌티나
32	2025.04.13	원정	우디네세 칼초
33	2025.04.20	홈	아탈란타 BC
34	2025.04.27	원정	베네치아
35	2025.05.04	원정	제노아 CFC
36	2025.05.11	홈	볼로냐
37	2025.05.18	원정	AS 로마
38	2025.05.25	홈	AC 몬차

최전방과 최후방의 후계자를 찾았다

올리비에 지루와 시몬 키에르, 두 노장 선수가 떠난 자리를 제외하고는 전력손실이 거의 없었다. 이 두 명의 자리를 대체한 이후 영입은 모두 전력 보강인 셈. 공백을 메우는 작업은 만족스럽다. 지루 대신 알바로 모라타를 적절한 가격에 영입하면서 앞으로 몇 년 정도는 최전방을 맡길 수 있게 됐다. 32세라는 많은 나이가 걸리지만, 오히려 20대의 미완성 모라타보다 30대의 원숙한 모라타가 미더워 보이기도 한다. 센터백의 경우 키에르 이후를 장기적으로 책임져 줄 스트라히냐 파블로비치가 영입됐는데 탄력 좋은 센터백을 많이 보유한 구단에 동유럽의 왼발잡이 센터백이 추가됐으니 조합 면에서도 좋다. 라이트백 에메르송 로얄의 경우 토트넘에서 보여준 애매한 경기력을 기억하는 사람들은 불안해하지만, 잉글랜드를 떠나 이탈리아로 왔을 때 환경 변화를 통해 경기력을 향상시킨 선례가 이미 많다. 심지어 팀 동료 중에서도 많으니, 기대를 걸어볼 만하다. 주전급 미드필더 유수프 포파나, 주전 자리를 노릴 만한 스트라이커 태미 에이브러햄도 영입했다. 아울러 방출 작업도 9월까지 계속 진행될 것이다. 디보크 오리기 등 고연봉 선수들이 2군에 있는 점은 재정 형편이 넉넉하지 못한 밀란에 두고두고 아쉬운 점이기 때문이다.

폰세카, 얼마나 성장했을까?

포르투갈 출신 전술가 파울루 폰세카는 이미 AS로마를 이끌며 세리에A에서 2년을 보낸 바 있다. 당시 폰세카 감독은 전술적인 아이디어가 있고 이를 실제로 구현할 수 있는 조련 능력도 보여줬다. 단점도 있었는데, 유연성 부족이었다. 전술에 꼭 필요한 주전 선수들을 지나치게 혹사시키다가 시즌 막판에 경기력이 하락하기도 했으며 맞춤전술이 필요한 강팀을 만날 때 약해지는 모습도 있었다. 프랑스의 릴에서 두 시즌을 보내고 온 폰세카 감독이 한층 성장했다는 평가를 받고 있어, 밀란의 전술 완성도에 따라 시즌 성적이 크게 바뀔 것으로 보인다. 일단 큰 얼개는 스테파노 피올리 감독 시절의 4-2-3-1 포진을 유지한다. 하지만 공수가 멀찍이 유리되는 경향이 있었던 피올리 감독 시절과 달리, 폰세카 감독은 좀 더 체계적인 빌드업과 약속된 플레이에 따른 공수 전환으로 경기력을 개선하려 한다. 좌우 윙어의 위치는 다소 경직될 것으로 예상되지만 이는 오히려 현대축구의 추세와 맞는 방향이고, 그들이 상대 수비를 분산시켰을 때 미드필더와 공격진이 공간을 활용하며 상대를 잘 공략할 수 있어야 한다.

AC Milan v Atalanta BC: Quarter Final - Coppa Italia
AC 밀란의 하파엘 레앙과 아탈란타 BC의 에밀 홀름이
공을 차지하기 위해 경합을 벌이고 있다.
〈2024/01/10, Stadio Giuseppe Meazza〉

시즌 프리뷰 현재를 잘 유지하고, '푸투로'를 바라본다

전임 스테파노 피올리 감독은 분명 밀란을 부활시킨 공신이다. 리그 우승을 한 번 차지했으며, 최근 4시즌 연속으로 UEFA 챔피언스리그 진출권을 따냈다. 앞서 무려 7시즌 동안이나 챔피언스리그에 나가지 못했던 밀란은 피올리 감독 덕분에 안정적인 경기 수입을 추가할 수 있었다. 하지만 피올리 체제가 한계에 부딪혔다는 게 명백해졌기 때문에 이번 시즌은 감독을 교체해야만 했다. 사실 밀란 형편상 매 시즌 우승할 수는 없는 노릇이다. 그렇다면 피올리 감독 시절처럼 안정적으로 4강에 들면서 몇 년에 한 번은 스쿠데토를 따내는 팀이 되어야 한다. 즉, 밀란의 리그 성적은 현상 유지만 해도 충분하다. 오히려 현상 유지라는 말이 무색할 정도로 최근 성적이 좋았다.

밀란은 중국의 사기꾼 구단주 리용홍에게 된통 당한 뒤 엘리엇 매니지먼트를 거쳐 지난 시즌부터 레드버드 캐피털이라는 새 모기업을 맞았다. 레드버드는 최소한의 투자로 4강의 지위를 유지하는 동시에, 이탈리아 팀들이 등한시했던 미래 먹거리 산업에 눈을 돌렸다. 유벤투스에 이어 본격적인 2군 팀 밀란 푸투로(futuro, 미래)를 창단한 것이다. 밀란 푸투로는 이번 시즌부터 세리에C에 참가한다. 특이한 건 유벤투스 넥스트젠이 U23 팀의 성격을 띠는 것보다도 밀란 푸투로가 더 급진적인 방향을 잡고 아예 U21에 가까운 선수들을 세리에C에 참가시킨다는 것. 그 전신인 밀란 프리마베라가 지난 시즌 UEFA 유스리그에서 준우승하는 등 U19 연령대의 선수들이 충분한 잠재력을 갖췄다고 자부하는 것이다. 그중에서도 프란체스코 카마르다는 지난 시즌 구단 역사상 최연소인 15세 나이로 1군 경기를 뛰면서, 이렇게 어린 소년이 프로 경기에 나와도 되는지 법적 검토까지 거쳐 화제가 됐다. 이번 시즌도 카마르다를 비롯한 밀란 푸투로 선수들이 시즌 도중 콜업될 수 있다.

TEAM FORMATION

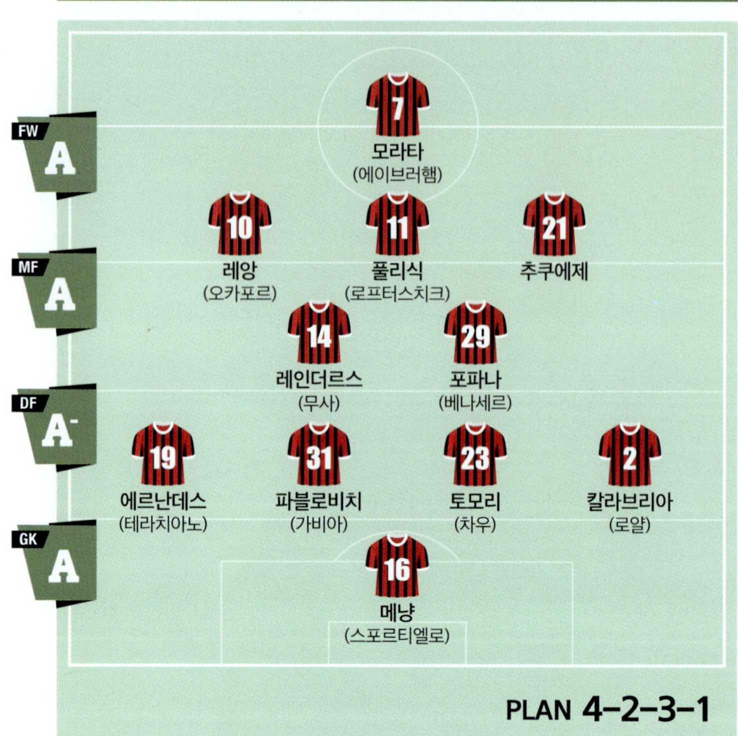

지역 점유율

공격 진영	28%
중앙	45%
수비 진영	27%

공격 방향

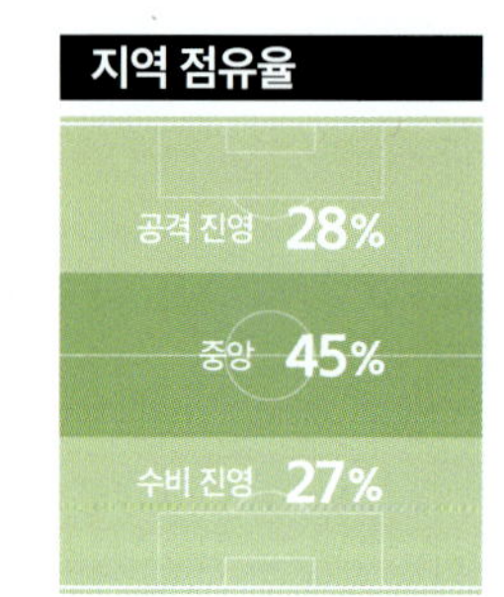

슈팅 지역

IN & OUT

주요 영입	주요 방출
스트라히냐 파블로비치, 에메르송 로얄, 알바로 모라타, 알렉스 히메네스, 유수프 포파나, 태미 에이브러햄	올리비에 지루, 시몬 키예르, 마티아 칼다라, 피에르 칼불루, 야신 아들리, 알렉시스 살레바키우르스, 톰마소 포베가

TEAM RATINGS

2023/24 프로필

팀 득점	76	
평균 볼 점유율	57.90%	
패스 정확도	87.00%	
평균 슈팅 수	14.8	
경고	78	
퇴장	8	

골 타입		
오픈 플레이	67	
세트 피스	20	
카운터 어택	5	
패널티 킥	8	
자책골	0	단위 (%)

패스 타입		
쇼트 패스	89	
롱 패스	8	
크로스 패스	3	
스루 패스	0	단위 (%)

SQUAD

포지션	등번호	이름		생년월일	키(cm)	체중(kg)	국적
GK	16	마이크 메냥	Mike Maignan	1995.07.03	191	89	프랑스
	57	마르코 스포르티엘로	Marco Sportiello	1992.05.10	192	87	이탈리아
DF	2	다비데 칼라브리아	Davide Calabria	1996.12.06	177	70	이탈리아
	19	테오 에르난데스	Theo Hernández	1997.10.06	184	81	프랑스
	20	알렉스 히메네스	Alejandro Sánchez	2005.05.08	177	65	스페인
	22	에메르송 로얄	Emerson Royal	1999.01.14	181	78	브라질
	23	피카요 토모리	Fikayo Tomori	1997.12.19	185	79	잉글랜드
	24	알레산드로 플로렌치	Alessandro Florenzi	1991.03.11	173	66	이탈리아
	28	말릭 차우	Malick Thiaw	2001.08.08	194	89	독일
	31	스트라히냐 파블로비치	Strahinja Pavlović	2001.05.24	194	85	세르비아
	42	필리포 테라치아노	Filippo Terracciano	2003.02.08	186	68	이탈리아
	46	마테오 가비아	Matteo Gabbia	1999.10.21	185	78	이탈리아
MF	4	이스마일 베나세르	Ismaël Bennacer	1997.12.01	175	70	알제리
	8	루벤 로프터스치크	Ruben Loftus-Cheek	1996.01.23	191	88	잉글랜드
	10	하파엘 레앙	Rafael Leão	1999.06.10	188	81	포르투갈
	11	크리스천 풀리식	Christian Pulisic	1998.09.18	178	73	미국
	14	티자니 레인더르스	Tijjani Reijnders	1998.07.29	185	73	네덜란드
	18	케빈 제롤리	Kevin Zeroli	2005.01.11	187	84	이탈리아
	21	사무엘 추쿠에제	Samuel Chukwueze	1999.05.22	172	70	나이지리아
	29	유수프 포파나	Youssouf Fofana	1999.01.10	181	75	프랑스
	80	유누스 무사	Yunus Musah	2002.11.29	178	71	미국
FW	7	알바로 모라타	Álvaro Morata	1992.10.23	190	84	스페인
	9	루카 요비치	Luka Jović	1997.12.23	181	85	세르비아
	17	노아 오카포르	Noah Okafor	2000.05.24	185	85	스위스
	90	태미 에이브러햄	Tammy Abraham	1997.10.02	194	82	잉글랜드

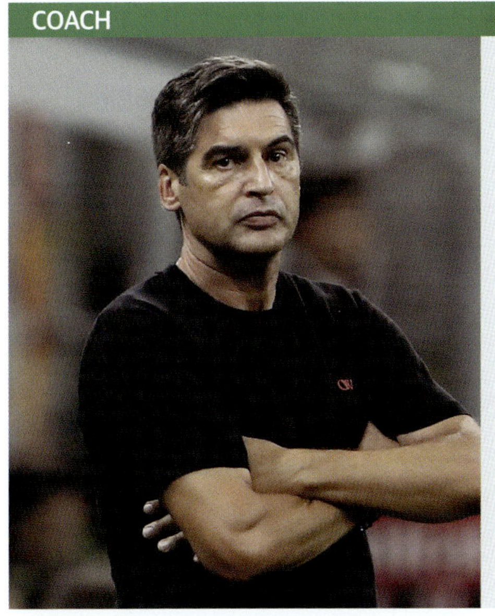

파울루 폰세카 *Paulo Fonseca*
1973년 3월 5일생 포르투갈

32세 나이에 일찌감치 지도자 생활을 시작, 지도자 8년 차에 자국 명문 포르투 지휘봉을 잡으며 본격적으로 인정받기 시작했다. 우크라이나의 샤흐타르도네츠크에서 전술가로 화제를 모은 뒤 빅 리그의 러브콜이 이어졌다. 로마, 릴, 밀란 등 명문 구단에서 경험을 쌓으며 지도력을 키워가고 있다. 우크라이나에서 일하던 시절 만난 현지 여성과 결혼해 아들을 얻었는데, 이들이 수도 키이우에 머무르고 있다가 러시아의 침공 당시 뒤늦게 피신하며 세계적인 걱정과 우려를 받기도 했다.

상대팀 최근 6경기 전적

구분	승	무	패
인테르			6
AC 밀란			
유벤투스	2	3	1
아탈란타	2	2	2
볼로냐	3	3	
로마	2	2	2
라치오	5		1
피오렌티나	4		2
토리노	2	1	3
나폴리	3	2	1
제노아	4	1	1
몬차	1		5
엘라스 베로나	6		
레체	3	3	
우디네세	2	2	2
칼리아리	5	1	
엠폴리	5	1	
파르마	4	2	
코모	4	2	
베네치아	4	1	1

KEY PLAYER

MF 10 하파엘 레앙
Rafael Leao

출전경기	경기시간(분)	골	어시스트	경고	퇴장
34	2,524	9	9	5	-

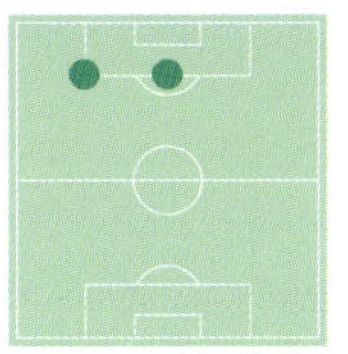

국적: 포르투갈

세리에A 우승 당시 리그 MVP를 수상하며 1등 공신임을 인정받았다. 이론의 여지 없는 밀란 공격의 핵심이다. 청소년 대표 시절에는 최전방 공격수로 육성되기도 했지만, 2019년 밀란 이적 즈음부터 왼쪽 윙어로 정체성을 굳혔다. 독특한 리듬으로 휘적휘적 들어가는 측면돌파에 이어 득점이나 도움으로 마무리하는 포인트 생산력이 탁월하다. 지난 시즌 리그 9골에 그친 듯 보였지만, 대신 9도움으로 리그 최다 도움을 기록했으며 컵대회 포함 득점은 예년 못지않은 15골이었다. K리그 FC서울 공격수 호날두와 친구 사이다.

DARK HORSE

DF 46 마테오 가비아
Matteo Gabbia

출전경기	경기시간(분)	골	어시스트	경고	퇴장
18	1,276	2	1	5	-

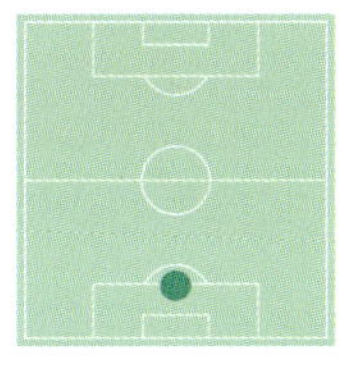

국적: 이탈리아

'밀라노 로컬 보이지만 기대만큼 성장하지 못한 만년 유망주.' 혹시 가비아를 이렇게만 기억하고 있다면, 지난 시즌 밀란 소식을 놓친 사람이다. 밀란은 지난 시즌 가비아를 비야레알로 임대 보냈지만 센터백 줄부상 때문에 긴급 복귀시켰다. 이때 가비아가 갑자기 일취월장한 기량을 선보이며 어엿한 1군 선수로 자리매김했다. 미드필더 출신답게 공 다루는 재주와 패스 능력은 원래 좋았으나, 여기에 투쟁심과 수비력을 발전시키면서 주전급으로 활약. 리그 데뷔골, 유럽대항전 데뷔골을 모두 달성했다.

NEW ADDITION

DF 31 스트라히냐 파블로비치
Strahinja Pavlovic

출전경기	경기시간(분)	골	어시스트	경고	퇴장
26	2,288	3	3	10	1

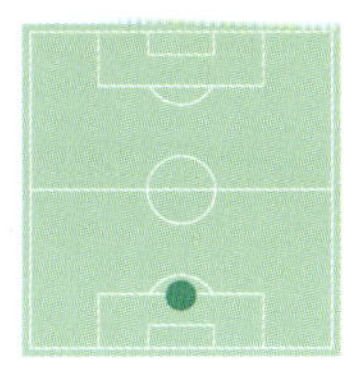

국적: 세르비아

밀란 부활의 한 축이었던 키예르가 35세 나이로 팀을 떠나자, 23세 유망주 파블로비치가 영입돼 그 뒤를 이었다. 유망주의 산실 AS모나코와 레드불 잘츠부르크를 차례로 거치며 어려서부터 잠재력을 인정받았다. 장신에 투쟁심을 갖춘 동유럽 센터백으로 스피드도 준수한 편이다. 유로 2024에서 주전급으로 뛰며 국제무대도 경험했다. 빌드업을 주도할 정도의 발재간은 없지만 기본적으로 왼발잡이라는 점에서 센터백 조합에 큰 도움이 될 것으로 기대된다. 어려서 네마냐 비디치를 우상으로 삼고 성장했다고 한다.

GK 16 마이크 메냥
Mike Maignan

국적: 프랑스

기량만 놓고 보면 틀림없는 월드클래스. 세리에A 우승 당시 리그 최우수 골키퍼로 선정됐으며, 아예 메냥에게 MVP를 줬어야 한다는 여론이 있을 정도였다. 위고 요리스의 뒤를 이어 프랑스 주전 골키퍼 자리도 차지했다. 선방, 수비 리딩, 빌드업 등 골키퍼에게 필요한 모든 능력을 갖추고 있다. 다만 골키퍼 치고는 이례적으로 부상이 잦다는 것과 복귀 직후 컨디션 난조를 겪는다는 점이 아쉽다.

출전경기	경기시간(분)	실점	무실점(경기)	경고	퇴장
29	2,610	34	11	1	1

GK 57 마르코 스포르티엘로
Marco Stortiello

국적: 이탈리아

메냥의 잦은 부상을 의식한 밀란 경영진이 지난해 수급한 주전급 벤치 자원. 스포르티엘로는 아탈란타, 피오렌티나, 프로시노네 세 팀에서 주전으로 뛰어 봤으며 지난 시즌 밀란으로 합류한 뒤에도 메냥이 없을 때를 잘 책임져줬다. 아쉬운 건 스포르티엘로 역시 부상이 있었다는 사실. 밀란 예산으로 볼 때 메냥이 고액 연봉을 요구할 경우, 팔아야 할 수도 있어, 스포르티엘로는 호시탐탐 주전 기회를 엿보고 있다.

출전경기	경기시간(분)	실점	무실점(경기)	경고	퇴장
7	630	11	2	-	-

DF 2 다비데 칼라브리아
Davide Calabria

국적: 이탈리아

유소년팀 출신으로 충성심과 경기력을 모두 갖춘 든든한 주전이던 시절이 있었다. 문제는 부상이다. 특출한 능력이 있다기보다 풀백의 여러 기본기를 수준급으로 갖췄고 판단력도 좋다는 게 칼라브리아의 장점이었다. 그런데 잔 부상이 잦아지면서 기량까지 저하될 기미가 보인다는 게 아쉽다. 지난 시즌, 경고는 고작 3회 받았는데 퇴장을 리그 최다인 2회나 당한 점은 분명 개선이 필요하다.

출전경기	경기시간(분)	골	어시스트	경고	퇴장
29	2196	1	3	3	2

DF 19 테오 에르난데스
Theo Hernandez

국적: 프랑스

폭발적인 오버래핑이라는 차원에서 현재 세계 최고로 꼽히는 엘리트 레프트백이다. 스피드가 빠를 뿐 아니라 막으러 오는 상대 선수를 밀어버릴 수 있는 묵직함도 있어서 상대 문전까지 한번에 돌진한다. 만약 슛이 가능한 위치까지 진입한다면 그대로 왼발 킥을 꽂아버린다. 여기에 지난 시즌 바뀐 전술에 따라 인버티드 풀백도 소화했고, 중앙수비가 전멸했을 때는 센터백도 보는 등 멀티 능력을 키우는 중.

출전경기	경기시간(분)	골	어시스트	경고	퇴장
32	2,795	5	4	11	1

DF 22 에메르송 로얄
Emerson Royal

국적: 브라질

토트넘에서는 대체로 답답한 선수였지만 앞서 레알 베티스에서는 스페인 라리가 정상급 레프트백으로 활약한 적도 있는 선수이다. 잉글랜드를 떠나 이탈리아로 왔을 때 한결 경기력이 향상되는 선수는 최근 꾸준히 나타나고 있으며 밀란만 봐도 지루, 토모리, 풀리식 등의 선례가 있다. 에메르송의 기량 회복도 충분히 기대할 만하다. 브라질 선수치고 테크닉은 아쉽지만, 신체 조건이 좋은 선수다.

출전경기	경기시간(분)	골	어시스트	경고	퇴장
22	1,155	1	-	4	-

DF 23 피카요 토모리
Fikayo Tomori

국적: 잉글랜드

센터백 최상위권의 빠른 스피드를 지녔고, 여기서 비롯되는 넓은 커버 범위를 자랑한다. 소속팀이 수비 라인을 올리고 경기할수록 기량이 살아나고, 후퇴해 지키는 경기를 하면 오히려 실수가 잦아지는 경향이 있다. 지난 시즌 경기당 패스 횟수 리그 5위(64.4회)를 기록했는데, 비록 장거리 패스나 효율적인 전진패스는 서툴지만 쇼트패스를 안정적으로 돌리면서 팀 빌드업에 기여하려는 의욕은 있다.

출전경기	경기시간(분)	골	어시스트	경고	퇴장
26	2,125	4	-	6	1

DF 28 말릭 차우
Malick Thiaw

국적: 독일

밀란 스카우팅의 성공작이다. 재정난을 겪던 독일 명문 샬케04의 간판 유망주였는데 밀란이 저렴하게 영입한 뒤 기량을 한층 끌어올렸다. 그 결과 독일 대표 선수로 성장했다. 발 빠른 흑인 센터백이 많던 밀란에서도 스피드와 힘을 겸비한 선수는 차우뿐이었고, 여기에 공 다루는 재주도 좋다. 기술적으로는 다양한 재능을 다 갖추고 있다. 경험을 좀 더 쌓는다면 세리에A 최고 센터백이 될 수 있는 재목.

출전경기	경기시간(분)	골	어시스트	경고	퇴장
21	1,620	-	1	5	1

DF 42 필리포 테라치아노
Filippo Terracciano

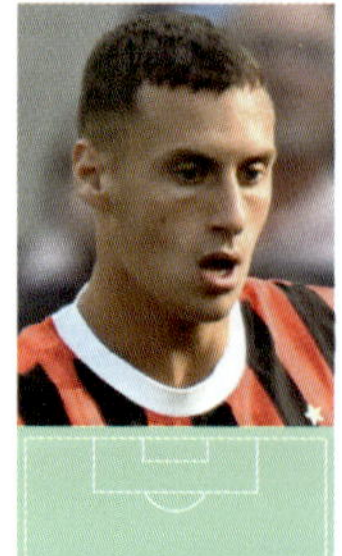

국적: 이탈리아

이탈리아 연령별 대표를 두루 거친 엘리트. 베로나에서 주요 로테이션 멤버로 두 시즌 활약한 뒤 20세 나이에 밀란 유니폼을 입었다. 체격이 탄탄하고 다재다능한 라이트백인데 전술 소화 능력이 좋아 레프트백, 센터백, 미드필더 등 다양한 임무를 수행할 수 있다. 다만 지난 시즌은 출장 기회를 잡기 힘들었고, 가끔 뛸 때도 경기력이 만족스럽지 못했다. 에메르송이 영입되면서 경쟁은 더 힘들어졌다.

출전경기	경기시간(분)	골	어시스트	경고	퇴장
21	1,371	-	1	2	-

MF 4 이스마일 베나세르
Ismael Bennacer

국적: 알제리

키가 작지만, 북아프리카 특유의 끈끈하고 터프한 면모를 갖춰 중원 싸움에 강하다. 뛰어난 발재간을 지녔기 때문에 직접 공을 몰고 상대 진영으로 올라가 패스를 전개할 수 있다. 본업은 수비형 미드필더지만 피올리 감독 시절 공격형 미드필더나 측면 미드필더로 배치됐을 때도 전술적인 요구 사항을 잘 수행했다. 문제는 부상인데, 한번 다치면 몇 달씩 길게 결장하는 편이다. 지난 시즌도 절반 가까이 걸렀다.

출전경기	경기시간(분)	골	어시스트	경고	퇴장
20	1,151	2	2	2	-

MF 8 루벤 로프터스치크
Ruben Loftus-Cheek

국적: 잉글랜드

지난 시즌 리그 6골, 컵대회 포함 10골을 넣으며 쏠쏠한 득점력을 보여 줬다. 하지만 그 밖의 팀 기여도에서는 의문이 남았다. 첼시 시절에도 드리블 전진 능력은 일품이지만 미드필더의 본업인 패스 전개와 공을 받으러 가는 움직임이 아쉬웠는데, 밀란에서는 장점의 폭이 더욱 축소됐다. 폰세카 감독의 조련을 받으며 경기력을 발전시키지 못한다면 새 시즌에는 조커로나 쓰일 가능성이 높다.

출전경기	경기시간(분)	골	어시스트	경고	퇴장
29	2,081	6	1	5	-

MF 11 크리스천 풀리식
Christian Pulisic

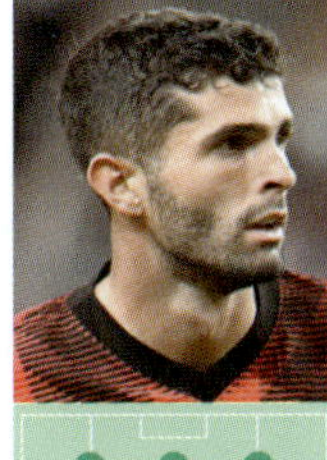

국적: 미국

첼시 출신 콤비 중에서 로프터스치크는 영 아쉬웠지만, 풀리식은 확실한 성공 사례다. 첼시에서 '미국 아자르'가 되어야 한다는 압박감에 무리한 드리블과 부상을 반복하던 풀리식은 이제 없다. 도르트문트 시절의 지능적이고 여유 넘치는 플레이를 하던 '캡틴 아메리카'로 돌아왔다. 지난 시즌 득점 10위, 도움 3위에 올랐다. 기대 득점(xG) 대비 3.58골이나 더 넣으며 탁월한 결정력을 발휘했다.

출전경기	경기시간(분)	골	어시스트	경고	퇴장
36	2,621	12	8	2	-

MF 14 티자니 레인더르스
Tijjani Reijnders

국적: 네덜란드

레인더르스가 얼마나 좋은 미드필더인지 한때 세리에A를 보는 사람만 알았다. 유로 2024에서 네덜란드 주전 미드필더로서 뛰어난 장악력을 증명하면서 이젠 전 세계가 그의 능력을 알게 됐다. 화려한 플레이는 거의 시도하지 않지만, 공을 받으러 가는 움직임과 상대 진영으로 질주하며 패스 코스를 열어주는 등 동료들을 편하게 만들어 주는 소금 같은 선수. 네덜란드에 흔한 인도네시아계 선수 중 한 명이다.

출전경기	경기시간(분)	골	어시스트	경고	퇴장
36	2,830	3	3	8	-

MF 21 사무엘 추쿠에제
Samuel Chukwueze

국적: 나이지리아

나이지리아 전통을 이어받은 드리블러. 비야레알 시절에는 라리가에서 가장 돌파력이 좋은 선수로 꼽혔다. 엄청난 기대를 받으며 밀란으로 이적했지만, 첫 시즌 경기력은 기대 이하였다. 폰세카 감독 아래서는 한층 좋은 활약을 기대할 만하다. 그를 밀어냈던 풀리식이 중앙 공격형 미드필더로 이동하고, 오른쪽 윙어 추쿠에제가 반대쪽의 레앙과 번갈아 가며 상대 측면을 공략할 것으로 기대된다.

출전경기	경기시간(분)	골	어시스트	경고	퇴장
24	1,015	1	3	1	-

MF 29 유수프 포파나
Youssouf Fofana

국적: 프랑스

밀란이 마침내 영입한 전문 수비형 미드필더. 프랑스 대표팀의 붙박이 주전은 아니었지만, 5군까지 만들 수 있다는 프랑스의 경쟁을 뚫고 카타르 월드컵 6경기에 출장했다는 점에서 이미 검증이 끝난 셈이다. 그동안 공격력이 더 좋은 미드필더들을 억지로 후방에 쓰느라 기량을 다 끌어내지 못했지만, 이제 포파나가 그들의 배후를 지켜줄 수 있다. 수비력, 기동력, 패스 전개 능력을 두루 겸비했다.

출전경기	경기시간(분)	골	어시스트	경고	퇴장
32	2,703	4	4	3	-

MF 80 유누스 무사
Yunus Musah

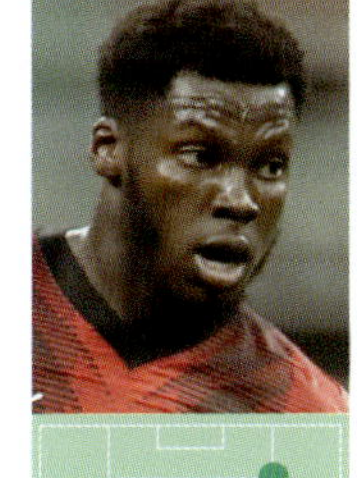

국적: 미국

발렌시아 시절 이강인과 함께 1군으로 올라갔던 또래 유망주였다. 기본적으로 지능보다는 에너지가, 기술보다는 신체 능력이 돋보이는 선수다. 중원에서 좌충우돌하며 공수 양면에서 영향력을 발휘하는 걸 좋아하기 때문에 중앙 미드필더가 3명일 때 더 빛이 난다. 지난 시즌 수비형 미드필더로서 보인 경기력은 다소 아쉬웠다. 이제 폰세카 감독의 조련을 받고 나아질 수 있을지 궁금한 선수이다.

출전경기	경기시간(분)	골	어시스트	경고	퇴장
30	1468	2	2	5	-

FW 7 알바로 모라타
Alvaro Morata

국적: 스페인

스페인의 주장으로서 당당하게 유로 2024 우승을 차지한 뒤 밀란으로 이적했다. 처음 주전 선수로 자리 잡은 곳이 유벤투스였기 때문에 이탈리아 북부는 친숙하다. 한때는 이도 저도 아닌 선수로 평가절하됐지만, 기량이 원숙한 지금은 자신이 장점을 잘 활용할 줄 아는 공격수로 발전했다. 적당한 장신, 적당한 스피드, 적당한 침투 능력, 적당한 마무리 능력을 겸비했다. 아들리의 양보 덕분에 7번을 달고 뛴다.

출전경기	경기시간(분)	골	어시스트	경고	퇴장
32	1,912	15	3	2	1

FW 9 루카 요비치
Luka Jovic

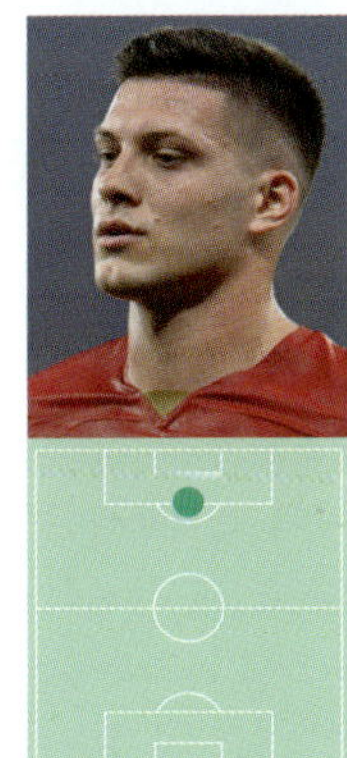

국적: 세르비아

슬슬 부활 기미를 보여주고 있는 왕년의 사고뭉치. 프랑크푸르트 시절 보여준 천재적인 골 감각으로 레알 마드리드 유니폼을 입었지만, 불륜녀를 만나려고 코로나19 관련 행동지침을 어기는 등 말썽을 부려 제대로 뛸 기회를 잡지 못했다. 이후 피오렌티나에서도 애매한 모습으로 일관하다 밀란에 넘어왔는데, 팀플레이는 젬병이지만 결정력 하나는 탁월한 덕분에 슈퍼서브로 쏠쏠한 활약을 해 줬다.

출전경기	경기시간(분)	골	어시스트	경고	퇴장
23	872	6	1	2	1

FW 17 노아 오카포르
Noah Okafor

국적: 스위스

스스로를 돌아볼 필요가 있는 공격수다. 자신의 재능을 어떻게 경기력으로 환원하는지 잘 모른다. 괜찮은 체격과 빠른 발, 공 다루는 기술과 킥 등 공격에 필요한 다양한 장점을 겸비하고 있다. 하지만 즉흥적인 플레이로 환상적인 장면을 만들 수는 있어도 팀을 위해 안정적으로 공을 지키고 또 마무리하는 능력이 부족하다. 밀란 첫 시즌 잔부상에 시달린 점도 아쉽다. 그래도 득점의 순도는 높은 편이었다.

출전경기	경기시간(분)	골	어시스트	경고	퇴장
28	872	6	2	1	-

유벤투스 FC
Juventus FC

TEAM PROFILE

창 립	1897년
구 단 주	아넬리 가문(이탈리아)
감 독	티아고 모타(이탈리아)
연 고 지	피에몬테 주 토리노
홈 구 장	알리안츠 스타디움(4만 1,507명)
라 이 벌	FC 인테르나치오날레 밀라노, 토리노FC
홈페이지	www.juventus.com

최근 5시즌 성적

시즌	순위	승점
2019-2020	1위	83점(26승5무7패, 76득점 43실점)
2020-2021	4위	78점(23승9무6패, 77득점 38실점)
2021-2022	4위	70점(20승10무8패, 57득점 37실점)
2022-2023	7위	62점(22승6무10패, 56득점 33실점)
2023-2024	3위	71점(19승14무5패, 54득점 31실점)

SERIE A (전신 포함)

통 산	우승 36회
23-24 시즌	3위(19승14무5패, 승점 71점)

COPPA ITALIA

통 산	우승 15회
23-24 시즌	우승

UEFA

통 산	챔피언스리그 우승 2회 유로파리그 우승 3회
23-24 시즌	없음

경기 일정

라운드	날짜	장소	상대팀
1	2024.08.20	홈	코모 1907
2	2024.08.27	원정	엘라스 베로나
3	2024.09.02	홈	AS 로마
4	2024.09.15	원정	엠폴리
5	2024.09.22	홈	SSC 나폴리
6	2024.09.29	원정	제노아 CFC
7	2024.10.06	홈	칼리아리 칼초
8	2024.10.20	홈	SS 라치오
9	2024.10.28	원정	인테르나치오날레
10	2024.10.31	홈	파르마 칼초 1913
11	2024.11.03	원정	우디네세 칼초
12	2024.11.10	홈	토리노
13	2024.11.23	원정	AC 밀란
14	2024.12.01	원정	US 레체
15	2024.12.08	홈	볼로냐
16	2024.12.15	홈	베네치아
17	2024.12.22	원정	AC 몬차
18	2024.12.29	홈	ACF 피오렌티나
19	2025.01.05	원정	아탈란타 BC
20	2025.01.12	원정	토리노
21	2025.01.19	홈	AC 밀란
22	2025.01.26	원정	SSC 나폴리
23	2025.02.02	홈	엠폴리
24	2025.02.09	원정	코모 1907
25	2025.02.16	홈	인테르나치오날레
26	2025.02.23	원정	칼리아리 칼초
27	2025.03.02	홈	엘라스 베로나
28	2025.03.09	홈	아탈란타
29	2025.03.16	원정	ACF 피오렌티나
30	2025.03.30	홈	제노아 CFC
31	2025.04.06	원정	AS 로마
32	2025.04.13	홈	US 레체
33	2025.04.20	원정	파르마 칼초 1913
34	2025.04.27	홈	AC 몬차
35	2025.05.04	원정	볼로냐
36	2025.05.11	원정	SS 라치오
37	2025.05.18	홈	우디네세 칼초
38	2025.05.25	원정	베네치아

전력분석 · 1년 만에 애물단지가 된 스타의 대체자들

유벤투스는 앞선 2년 동안 파울로 디발라, 앙헬 디마리아, 마티아스 소울레 등 뛰어난 2선 자원들과 연달아 결별했다. 그때 팀의 방향성은 확고해 보였다. 최전방 스트라이커 두샨 블라호비치, 오랫동안 이탈리아 공격 에이스로 활약할 페데리코 키에사 두 명에게 팀의 운명을 맡긴다는 방향성이었다. 그런데 둘 중 키에사가 뜻밖의 방출 대상으로 분류돼 있다가 헐값에 리버풀로 팔렸다. 그뿐 아니라 아드리앙 라비오, 알렉스 산드루, 보이치에흐 슈쳉스니는 수입 없이 결별했고 다니엘레 루가니, 마티아 데실리오, 파비오 미레티는 완전 이적을 목표로 임대를 보냈다. 대신 많은 선수를 영입했다. 경기력이 많이 떨어진 블라호비치는 파괴력 넘치는 특급 유망주 케난 일디즈가 받치며, 그 좌우의 측면자원으로 니콜라스 곤살레스, 프란시스쿠 콘세이상이 영입됐다. 새로운 중원은 퇸 쾨프메이너르스, 도글라스 루이스, 케프렌 튀람을 영입한 데다 기존의 준수한 자원들까지 있어 리그 정상급 경쟁력을 갖췄다. 수비는 비교적 아쉽지만 글레이송 브레메르를 중심으로 페데리코 가티, 안드레아 캄비아소 등이 가능성을 보여준 데다 피에르 칼룰루도 영입했다. 슈쳉스니의 뒤를 이을 새 주전급 골키퍼 미켈레 디그레고리오도 영입됐다. 리빌딩은 순조롭게 진행됐다.

전술분석 · 가장 주목받는 전술가, 모타의 축구를!

지난 시즌에 볼로냐 돌풍을 이끌며 감독계 유망주로 급부상한 모타 감독. 지도자 연수 당시 내놓은 2-7-2 포메이션이라는 파격 구상이 화제를 모았던 것처럼 급진적인 아이디어로 가득한 인물이다. 감독으로서 시행착오를 거쳤지만, 지난 시즌, 마침내 현실과 이상을 조화시킬 수 있게 됐다. 지난 시즌에 볼로냐는 리그 점유율 2위(58.2%)와 공중볼 획득 횟수가 꼴찌에서 2위(경기당 11.4회)로 뛰어오른 기록에서 보듯 철저하게 기술적인 팀이었고, 롱볼을 꺼리는 팀이었다. 체계적인 빌드업으로 상대를 공략해 나가며 이때 센터백의 공격 가담, 스트라이커의 2선 지원 등 위치를 가리지 않는 멀티 성향으로 공격 효율을 극대화했다. 한동안 마시밀리아노 알레그리 감독의 보수적이고 답답한 축구를 따라야만 했던 유벤투스 선수들에게는 이번 시즌은 매 경기가 청량감을 줄 것이다. 물론 유벤투스에는 빌드업이 탁월한 수비수 리카르도 칼라피오리도, 다재다능한 스트라이커 조슈아 지르크제이도 없긴 하다. 대신 선수단 전체의 기량과 경험은 당연히 한 수 위다. 더 뛰어난 개인 능력의 총합이 모타의 전술과 만났을 때 어떤 화학작용을 일으킬지 기대된다.

Juventus FC v US Salernitana - Coppa Italia
유벤투스 FC의 케난 일디즈와 US 살레르니타나의 마테오 로바토가
공을 다투고 있다. 〈2024/01/04, Allianz Stadium〉

몇 년 외면했던 리빌딩, 이번 시즌에는 필수

세리에A 9연속 우승이 끊긴 뒤, 유벤투스는 거짓말처럼 추락했다. 이후 리그 순위는 4위, 4위, 7위, 3위였다. 특히 7위로 떨어졌던 2022/23 시즌에는 전임 경영진의 분식회계 문제가 터지며 승점 삭감 징계까지 받았다. 그 여파로 지난 시즌은 유럽대항전에 아예 불참해야 했고, 그만큼 수입이 줄어들었다. 알레그리 감독과 폴 포그바를 컴백시키며 과거의 영광을 불러오려 했지만, 알레그리 감독은 구시대적 전술로, 포그바는 도핑 징계로 모두 패착이 됐다. 안 그래도 재정난에 시달리느라 슈퍼리그 출범을 주도하기까지 했던 유벤투스 수뇌부는 허리띠를 더 졸라맬 수밖에 없었다. 난관이 계속되는 가운데 체질 개선을 위해서 나폴리 우승의 숨은 주역 크리스티아노 지운톨리 단장부터 영입했다.

유벤투스가 남들보다 앞서간 것도 있다. 유소년팀을 본격적인 2군으로 대우하며 유벤투스 넥스트젠이라 이름 붙였고, 여기에 세계 유망주들을 긁어모았다. 넥스트젠 덕분에 지난여름 숨통이 트였다. 케넌 일디즈는 1군 핵심 자원으로 자리 잡을 가능성이 높다. 마티아스 소울레, 딘 후이센, 사무엘 일링주니어, 엔소 바레네체아, 코니 더빈터르, 카이우 조르지 등은 팀의 이적료 수입이 되었다. 유망주들을 잠재성에 비해 너무 싸게, 그것도 무더기로 팔았다는 게 아쉽긴 하지만, 전혀 주목받지 못했던 사뮈엘 음방굴라, 니콜로 사보나 등이 1군으로 승격했다.

유벤투스는 이번 시즌 본격적인 리빌딩을 진행한다. 모타 감독의 입맛에 맞지 않고 연봉만 비싼 선수들을 대거 내보내기 위해 프리시즌에 투명 인간 취급을 하기도 했다. 다만 데려갈 팀이 없는 스타급 선수들을 대거 쫓아내는 건 어렵기 때문에, 결국 그들 중 상당수는 1군에 불러들여 전력으로 활용해야만 한다. 뒤에 소개할 유벤투스의 베테랑 스타 중 상당수가 일단 구단으로부터 방출 통보를 받았다. 시즌을 진행하다 보면 한 명씩 사라질 수도 있다.

TEAM FORMATION

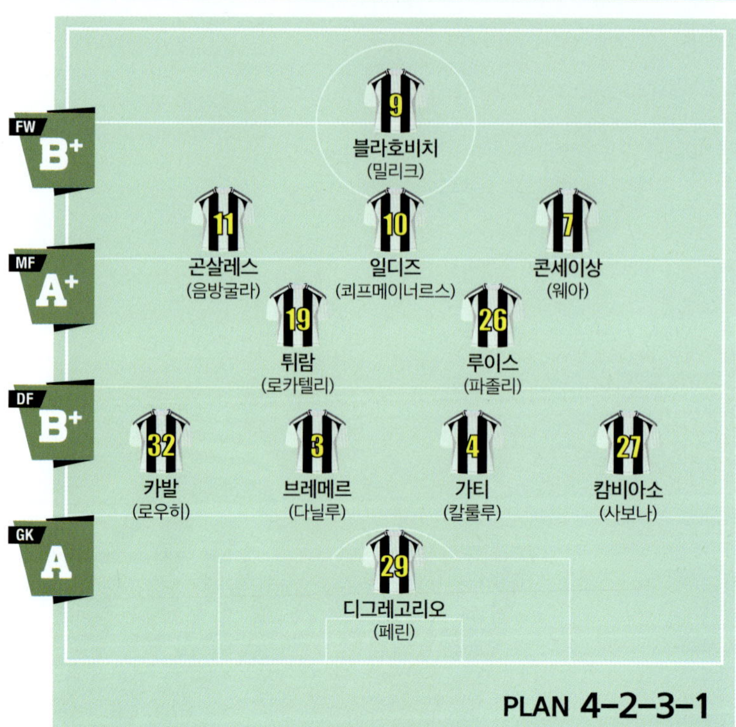

IN & OUT

주요 영입	주요 방출
도글라스 루이스, 케프란 튀람, 후안 카발, 미켈레 디그레고리오, 튄 쾨프메이너르스, 니콜라스 곤살레스, 프란시스쿠 곤세이상, 피에르 칼룰루	사무엘 일링주니어, 모이스 킨, 페데리코 키에사, 알렉스 산드루, 파비오 미레티, 다니엘레 루가니, 마티아 데실리오, 아드리앙 라비오, 보이치에흐 슈첸스니

지역 점유율

공격 진영	28%
중앙	45%
수비 진영	27%

공격 방향

슈팅 지역

TEAM RATINGS

2023/24 프로필

팀 득점	54
평균 볼 점유율	47.90%
패스 정확도	83.90%
평균 슈팅 수	14.1
경고	85
퇴장	2

골 타입

오픈 플레이	57
세트 피스	30
카운터 어택	4
패널티 킥	6
자책골	4

단위 (%)

패스 타입

쇼트 패스	85
롱 패스	11
크로스 패스	4
스루 패스	0

단위 (%)

SQUAD

포지션	등번호	이름		생년월일	키(cm)	체중(kg)	국적
GK	1	마티아 페린	Mattia Perin	1992.11.10	188	85	이탈리아
	23	카를로 핀소글리오	Carlo Pinsoglio	1990.03.16	194	85	이탈리아
	29	미켈레 디그레고리오	Michele Di Gregorio	1997.07.27	187	81	이탈리아
DF	3	글레이송 브레메르	Bremer	1997.03.18	188	82	브라질
	4	페데리코 가티	Federico Gatti	1998.06.24	190	84	이탈리아
	6	다닐루	Danilo	1991.07.15	184	75	브라질
	15	피에르 칼루루	Pierre Kalulu	2000.06.05	182	80	프랑스
	27	안드레아 캄비아소	Andrea Cambiaso	2000.02.20	182	77	이탈리아
	32	후안 카발	Juan Cabal	2001.01.08	186	77	콜롬비아
	37	니콜로 사보나	Nicolò Savona	2003.03.19	192	75	이탈리아
MF	5	마누엘 로카텔리	Manuel Locatelli	1998.01.08	185	75	이탈리아
	8	튄 쾨프메이너르스	Teun Koopmeiners	1998.02.28	184	77	네덜란드
	11	니콜라스 곤살레스	Nico González	1998.04.06	180	67	아르헨티나
	16	웨스턴 맥케니	Weston McKennie	1998.08.28	185	84	미국
	17	바실리예 아지치	Vasilije Adžić	2006.05.12	185	79	몬테네그로
	18	아르투르 멜루	Arthur Melo	1996.08.12	171	73	브라닐
	19	케프렌 튀람	Khéphren Thuram	2001.03.26	192	81	프랑스
	21	니콜로 파졸리	Nicolò Fagioli	2001.02.12	178	70	이탈리아
	26	도글라스 루이스	Douglas Luiz	1998.05.09	177	66	브라질
FW	7	프란시스쿠 콘세이상	Francisco Conceição	2002.12.14	170	64	포르투갈
	9	두산 블라호비치	Dušan Vlahović	2000.01.28	190	78	세르비아
	10	케넌 일디즈	Kenan Yıldız	2005.05.04	187	79	튀르키에
	14	아르카디우스 밀리크	Arkadiusz Milik	1994.02.28	186	80	폴란드
	22	티모시 웨아	Timothy Weah	2000.02.22	183	66	미국
	51	사무엘 음방굴라	Samuel Mbangula	2004.01.16	179	76	벨기에

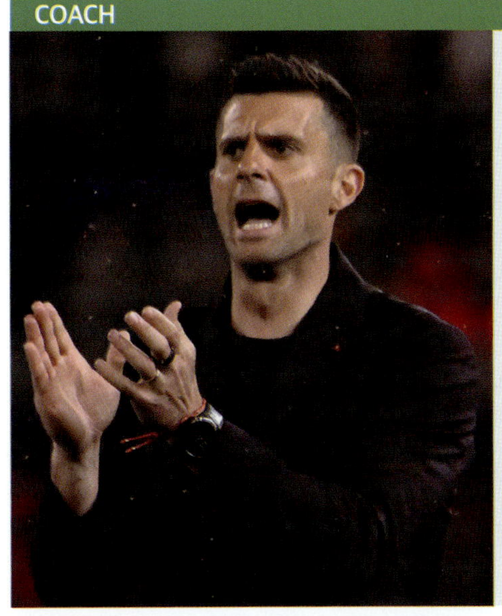

티아고 모타 *Thiago Motta*

1982년 8월 28일생 이탈리아

브라질에서 태어났고 바르셀로나 2군에서 실력을 키웠다. 인테르 밀란을 거쳐 파리 생제르맹(PSG)에서 뛰며 PSG가 지금의 위상을 갖추는 데 큰 공을 세운 개국공신이다. 큰 체격, 훌륭한 기본기, 여기에 전술 소화 능력까지 겸비했기 때문에 수비형부터 공격형 미드필더까지 두루 소화할 수 있었다. 원래 브라질 대표였다가 이탈리아 대표팀에 합류한 뒤 유로 2012 준우승 멤버로 활약했다. 감독으로서 제노아에서 시행착오를 겪었고, 스페치아부터 가능성을 보이기 시작해 지난 시즌 볼로냐에서 만개했다.

상대팀 최근 6경기 전적

구분	승	무	패
인테르	2	2	2
AC 밀란	1	3	2
유벤투스			
아탈란타	2	4	
볼로냐	2	4	
로마	3	2	1
라치오	3		3
피오렌티나	4	1	1
토리노	4	2	
나폴리	1	1	4
제노아	3	2	1
몬차	4		2
엘라스 베로나	4	1	1
레체	5	1	
우디네세	4	1	1
칼리아리	5	1	
엠폴리	3	1	2
파르마	5	1	
코모	2	4	
베네치아	5	1	

KEY PLAYER

FW 9 두산 블라호비치 *Dusan Vlahovic*

출전경기	경기시간(분)	골	어시스트	경고	퇴장
33	2,318	16	4	6	1

국적: 세르비아

'먹튀'가 될 위기에 처한 스트라이커. 피오렌티나 시절에는 동갑내기 엘링 홀란과 더불어 세계 최고 스트라이커 유망주였다. 하지만 유벤투스 이적 후 바뀐 전술에 적응하지 못하고 위력이 급감하더니, 지금은 잦은 부상의 여파로 실력 자체가 감퇴했다는 혹평을 받는다. 원래 골문과 먼 곳에서 공을 잡았을 때도 장신 공격수답지 않은 드리블과 왼발 킥으로 파괴력을 낼 수 있는 선수였으나 지금은 문전에서 받아먹기만 하는 선수로 역량이 쪼그라든 듯 보인다. 바뀐 선수 스타일에 맞는 전술적 배려가 필요한 시즌이다.

DARK HORSE

FW 10 케난 일디즈 *Kenan Yildiz*

출전경기	경기시간(분)	골	어시스트	경고	퇴장
27	946	2	–	3	–

국적: 튀르키예

유벤투스의 수많은 유망주 중에서 유일하게 1군에 자리 잡은 점만 봐도 얼마나 큰 기대를 받는지 알 수 있다. 왼쪽부터 중앙으로 파고드는 엄청난 기세의 드리블과 마무리 슛의 파괴력을 겸비했다. 팀원들의 지원을 받지 않아도 혼자 힘으로 골을 만들 수 있다는 걸 이미 여러 차례 증명했다. 데뷔 당시 긴 머리를 만지작거리는 모습을 감독에게 지적받자, 나흘날 바로 짧게 잘라버리며 각오를 다진 바 있다. 유로 2024에서도 레알마드리드의 아르다 귈레르와 좌우 측면을 맡아 좋은 활약을 했다.

NEW ADDITION

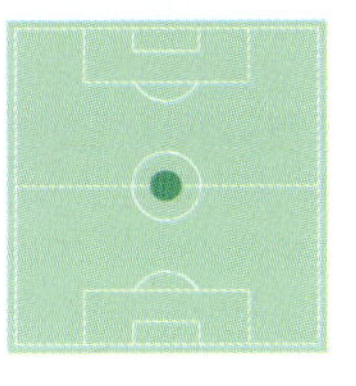

MF 19 케프렌 튀람 *Khephren Thuram*

출전경기	경기시간(분)	골	어시스트	경고	퇴장
27	2,114	1	1	7	–

국적: 프랑스

도글라스 루이스와 더불어 유벤투스의 중원을 책임지게 된 새로운 엔진. 유벤투스의 전설적 수비수 릴리앙 튀람의 차남이다. 형 마르쿠스가 라이벌인 인테르에서 뛰고 있기 때문에 형제 더비를 볼 수 있게 됐다. 형의 뒤를 이어 지난해 프랑스 대표로 데뷔하며 잠재력을 공인받았다. 아버지의 뛰어난 신체 능력을 물려받은 건 형과 마찬가지인데 수비수였던 아버지, 공격수인 형과 달리 케프렌은 중앙 미드필더다. 긴 다리로 공을 빼내고, 유연한 드리블로 전진하며, 정확한 패스까지 내줄 수 있는 다재다능함을 갖췄다.

ITALY SERIE A   JUVENTUS FC

GK 1 마티아 페린
Mattia Perin

국적: 이탈리아

6시즌 동안 주전이었던 보이치에흐 슈쳉스니를 방출하고 디그레고리오를 영입한 유벤투스. 하지만 디그레고리오가 잘 적응하지 못한다면? 그럴 때 페린이 출격한다. 어엿한 이탈리아 대표급 실력자지만 잔루이지 부폰, 잔루이지 돈나룸마의 '독과점'에 밀려 A매치 출장 경험은 2경기에 그쳤다. 프리시즌 내내 팀과 동행하며 '전력외 통보'를 받은 다른 베테랑들과 달리 새 시즌 스쿼드의 일원임을 확인시켰다.

출전경기	경기시간(분)	실점	무실점(경기)	경고	퇴장
3	225	1	2	-	-

GK 29 미켈레 디그레고리오
Michele Di Gregorio

국적: 이탈리아

지난 시즌 세리에A 최우수 골키퍼. 한때 인테르의 재능으로서 청소년 대표로 차출됐지만, 하부 리그에서 5시즌을 보낸 뒤에야 몬차의 승격을 직접 이끌어 간신히 세리에A로 돌아올 수 있었다. 그리고 지난 시즌, 환상적인 선방으로 리그 최고 골키퍼 반열에 들었다. 지난 시즌에 경기당 롱패스 5위(7.4회)를 기록하며 킥 위주로 공을 배급했지만, 모타 감독의 지시에 따라 짧은 패스 배급을 집중 수련 중이다.

출전경기	경기시간(분)	실점	무실점(경기)	경고	퇴장
33	2,874	35	14	-	-

DF 3 글레이송 브레메르
Gleison Bremer

국적: 브라질

유벤투스의 유일한 스타급 수비수다. 김민재 바로 전인 2021/22 시즌 최우수 수비수상을 수상하기도 했다. 이때부터 3년 연속으로 연간 베스트 팀에 이름을 올리면서 리그 정상급 선수임은 확실히 공인받았다. 처음 스타덤에 올랐던 토리노 시절에는 스리백 전문 선수 같았으나 유벤투스에서 경기를 소화하며 포백에 성공적으로 적응했다. 대인 마크, 공중볼 경합, 드리블 전진 등의 덕목을 겸비했다.

출전경기	경기시간(분)	골	어시스트	경고	퇴장
36	3,234	3	-	9	-

DF 4 페데리코 가티
Federico Gatti

국적: 이탈리아

10대 시절 공사장 일꾼으로 일하며 가족을 부양하고, 저녁에 축구팀에 나가 꿈을 키우던 헝그리 정신의 화신이다. 5부 리그에서 시작해 서서히 뛰는 수준을 높이더니 지난 2022년 유벤투스로 이적하며 인간 극장 에피소드를 뚝딱 완성했다. 하부 리그에서는 발재간도 좋은 편이었지만 유벤투스에서는 장신 파이터형 센터백으로 분류된다. 지난 시즌에는 자책골을 2개나 넣는 불운한 기록을 남겼다.

출전경기	경기시간(분)	골	어시스트	경고	퇴장
32	2,641	4	-	7	-

DF 6 다닐루
Danilo

국적: 브라질

레알 마드리드, 맨체스터 시티, 유벤투스, 브라질을 경력 사항에 기재할 수 있는 축구계 이력서 끝판왕. 앞선 두 빅클럽에서는 축구 지능이 부족하다는 평가를 받았는데, 유벤투스에서는 거꾸로 포지션 소화 능력이 최고 장점인 멀티 플레이어로 거듭났다. 게다가 유벤투스 6년 차를 맞아 주장 완장을 차는 리더십까지! 풀백, 센터백, 미드필더를 모두 소화할 수 있는 다닐루가 새 시즌에도 든든하다.

출전경기	경기시간(분)	골	어시스트	경고	퇴장
29	2,451	1	1	7	-

DF 15 피에르 칼룰루
Pierre Kalulu

국적: 프랑스

운동능력이 뛰어나 센터백과 라이트백을 모두 소화할 수 있는 수비수다. 밀란에서 맹활약했을 때는 프랑스 대선배 릴리앙 튀람과 비교될 정도로 좋은 활약이었고, 현역 선수 중에는 쥘 쿤데와 비슷하다. 수비 기술과 공 다루는 능력이 준수한 반면, 제공권은 약점이나. 뉴방주 위주로 재편되고 있는 유벤투스 수비진의 선수층이 다소 부족하므로 이를 보완하는 멀티 플레이어가 될 것으로 보인다.

출전경기	경기시간(분)	골	어시스트	경고	퇴장
9	371	-	-	-	-

DF 27 안드레아 캄비아소
Andrea Cambiaso

국적: 이탈리아

모타 감독의 페르소나가 될 자질을 갖춘 다재다능한 풀백. 총알 같은 스피드나 면도날 크로스 같은 풀백들의 필살기가 없어 평범한 선수로 보일 수도 있다. 대신 캄비아소는 양발을 다 잘 쓰고, 좌우 측면을 가리지 않고 뛸 수 있으며, 오버래핑뿐 아니라 인버티드 풀백 역할이나 변형 스리백 전환 등 다양한 임무를 능숙하게 소화한다. 한국 대표팀의 설영우와 비슷한 이 장점으로 모타볼을 잘 수행할 거라 기대된다.

출전경기	경기시간(분)	골	어시스트	경고	퇴장
34	2,389	2	3	10	-

DF 32 후안 카발
Juan Cabal

국적: 콜롬비아

베로나에서 괜찮은 활약을 한 뒤 유벤투스뿐 아니라 인테르 등 여러 빅클럽의 관심을 받았다. 젊은 풀백이 더 절실했던 유벤투스가 적극적으로 접근해 영입에 성공했다. 세대 교체 중인 모타 감독의 팀에서 꽤 많은 기회를 부여받을 것으로 기대된다. 유럽 진출 첫 시즌은 스리백의 스토퍼로 활용됐을 정도로 신체 조건이 좋은데, 풀백 자리에 센터백 겸용 선수를 배치하는 요즘 추세에 잘 맞는 인재다.

출전경기	경기시간(분)	골	어시스트	경고	퇴장
22	1,497	-	-	6	-

MF 5 마누엘 로카텔리
Manuel Locatelli

국적: 이탈리아

퇴보와 반등의 기로에 선 이탈리아 대표 미드필더. 원래 준수한 킥력, 느리지만 성실하게 그라운드 곳곳을 돌아다닐 수 있는 활동범위, 경합 능력 등을 두루 갖춘 좋은 선수였다. 공을 몰고 전진하는 능력이 부족하고 약간 둔하다는 단점은 장점으로 충분히 덮었다. 하지만 지난 시즌 유벤투스에서 후방 플레이메이커 역할을 억지로 맡다가 무색무취한 플레이만 반복하고 말았다. 감독의 전술이 중요한 스타일.

출전경기	경기시간(분)	골	어시스트	경고	퇴장
36	3011	1	4	6	-

MF 8 튄 쾨프메이너르스
Teun Koopmeiners

국적: 네덜란드

지난 시즌 전 세계 미드필더를 통틀어도 가장 파괴력 넘쳤던 선수다. 강력한 왼발 킥을 중심으로 공격 포인트를 직접 올릴 수 있으며 경기 운영 능력도 갖췄다. 원래는 공격형 미드필더치고 굼뜬 대신 수비력이 좋고, 수비형 미드필더라기에는 수비 범위가 좁은 대신 결정력(xG 대비 득점 +4.68)이 좋아 애매한 선수였다. 하지만 아탈란타에서 한층 성장한 지금은 두 역할 모두 100점 만점으로 소화 가능하다.

출전경기	경기시간(분)	골	어시스트	경고	퇴장
34	2,633	12	5	5	-

MF 11 니콜라스 곤살레스
Nicolas Gonzalez

국적: 아르헨티나

아르헨티나 대표팀에서 메시의 '호위무사' 중 하나로 맹활약했던 윙어. 공격력과 팀플레이 능력을 겸비했다. 피오렌티나에서 꾸준한 활약을 통해 세리에 A 최고 윙어로 자리매김한 뒤 유벤투스의 러브콜을 받았다. 좌우를 가리지 않으며 전술 이행이 뛰어나다. 공격포인트 생산 능력은 갈수록 향상됐지만, 아쉬운 점이 있다면 수년간 잔 부상을 반복하면서 수비 가담과 활동량은 감퇴한 듯한 느낌이다.

출전경기	경기시간(분)	골	어시스트	경고	퇴장
29	1,914	12	2	1	-

MF 16 웨스턴 맥케니
Weston Mckennie

국적: 미국

마법 지팡이 골 세리머니로 유명한 '해리 포터' 미드필더. 대대로 미국 축구계가 배출해 온 섬세한 기술보다는 운동능력으로 승부하는 미드필더 계보 위에 있다. 그중에서도 맥케니는 골키퍼 제외 전 포지션을 소화할 수 있을 정도로 멀티 성향이 탁월하며 도움 7위에서 보듯 공격력이 좋다는 자신만의 특징을 갖췄다. 연봉 문제로 구단과 갈등을 겪은 게 변수지만 이론상 모타 감독의 축구에 잘 맞을 선수다.

출전경기	경기시간(분)	골	어시스트	경고	퇴장
34	2,602	-	7	6	-

MF 20 필립 코스티치
Filip Kostic

국적: 세르비아

측면을 빠르게 질주한 뒤 왼발로 크로스를 올리는 패턴 딱 하나 밖에 없다. 팀 전술에 이 패턴이 어울린다면 에이스급 활약을 할 수 있지만 그렇지 못한 전술에서는 계륵으로 전락한다. 스타일이 이렇다 보니 윙어나 풀백에서는 위력이 반감되며 스리백의 왼쪽 윙백으로 배치해야만 기량이 살아난다. 모타 감독과는 맞지 않는다는 뜻. 설상가상 시즌 개막 즈음 부상을 안고 있어 이적조차 어려운 상태다.

출전경기	경기시간(분)	골	어시스트	경고	퇴장
29	1,834	-	4	2	-

MF 21 니콜로 파졸리
Nicolo Fagioli

국적: 이탈리아

이미 세리에A 영플레이어상까지 수상한, 1군 안착 미드필더 1호. 하지만 지난 시즌은 도박중독 문제 때문에 장기간 출장정지 징계를 받았다. 오래 축구를 쉬었음에도 유로 2024 최종 명단에 깜짝 발탁될 정도로 재능은 확실하다. 어려서는 공격형 미드필더처럼 보였지만, 성인 무대에서는 패스에 확실한 장점을 보여주면서 레지스타(후방 플레이메이커)로 플레이 스타일을 정립해가고 있다.

출전경기	경기시간(분)	골	어시스트	경고	퇴장
8	440	-	2	1	-

MF 26 도글라스 루이스
Douglas Luiz

국적: 브라질

조금 과장하면 유벤투스의 한 시즌 명운이 이 선수 어깨에 걸려 있다. 그만큼 많은 돈을 투자해 데려온 선수다. 애스턴 빌라가 우나이 에메리 감독 아래서 급성장할 때 중원에서 중심을 잡았고, 지난 시즌 컵대회 포함 10골 10도움을 기록했다. 기본적으로 많이 뛰면서 팀에 영향력을 행사하는 선수로, 공수를 가리지 않고 공 근처에 접근해 빼앗거나 패스를 받거나 한다. 브라질 선수다운 테크닉과 킥도 갖췄다.

출전경기	경기시간(분)	골	어시스트	경고	퇴장
35	3,003	9	5	12	-

FW 7 프란시스쿠 콘세이상
Francisco Conceicao

국적: 포르투갈

한일 월드컵 당시 루이스 피구의 반대쪽 측면에서 활약했던 포르투갈 대표 윙어. 세르지우 콘세이상(전 포르투 감독)의 아들로, 아버지의 뒤를 이어 축구에 도전한 5형제 중 가장 성공한 선수다. 명문 포르투와 아약스를 오가면서 좀 애매한 경기력을 보이고 있었는데 지난 시즌 일취월장했고, 유로 2024에도 깜짝 발탁돼 골까지 터뜨렸다. 화려한 드리블로 오른쪽에서 중앙으로 파고드는 걸 즐기는 왼발잡이 윙어다.

출전경기	경기시간(분)	골	어시스트	경고	퇴장
27	1,894	5	4	9	1

FW 14 아르카디우스 밀리크
Arkadiusz Milik

국적: 폴란드

레반도프스키도 호날두도 되지 못한 남자. 레반도프스키의 뒤를 잇는 폴란드 특급 스트라이커 재능으로 큰 기대를 받던 시절이 있었지만, 문전의 좁은 공간을 활용할 줄 모르고 마치 호날두처럼 속공 상황에서만 위력이 있다는 게 문제였다. 게다가 잦은 부상으로 발전할 시기를 여러 번 놓쳤다. 그래도 이젠 경험이 쌓였다. 지난 두 시즌 동안 컵대회 포함 9골, 8골을 기록했다. 로테이션 멤버로서는 준수했다.

출전경기	경기시간(분)	골	어시스트	경고	퇴장
32	902	4	1	2	1

FW 22 티모시 웨아
Timothy Weah

국적: 미국

아프리카의 유일한 발롱도르 수상자인 조지 웨아의 아들이다. 다만 아버지와 달리 미국 국적을 선택했다. 뛰어난 운동능력으로 상대 측면을 공략할 수 있는 선수지만 좁은 공간에서의 플레이가 서툴러 지난 시즌은 스리백 대형의 윙백으로 포지션을 바꿨다. 하지만 프리시즌을 통해 모타 감독의 지시를 잘 이행하는 전술 소화 능력을 인정받았고, 다시 공격자원으로 돌아갈 채비를 마쳤다.

출전경기	경기시간(분)	골	어시스트	경고	퇴장
30	1,249	-	1	5	-

아탈란타 BC

Atalanta BC

TEAM PROFILE

창 립	1907년
구 단 주	안토니오 페르카시(이탈리아) & 스티븐 팔리우카(미국)
감 독	지안 피에로 가스페리니(이탈리아)
연 고 지	롬바르디아주 베르가모
홈 구 장	게비스 스타디움(2만 1,300명)
라 이 벌	브레시아 칼초
홈페이지	www.atalanta.it

최근 5시즌 성적

시즌	순위	승점
2019-2020	3위	78점(23승9무6패, 98득점 48실점)
2020-2021	3위	78점(23승9무6패, 90득점 47실점)
2021-2022	8위	59점(16승11무11패, 65득점 48실점)
2022-2023	5위	64점(19승7무12패, 66득점 48실점)
2023-2024	4위	69점(21승6무11패, 72득점 42실점)

SERIE A (전신 포함)

통 산	없음
23-24 시즌	4위(21승6무11패, 승점 69점)

COPPA ITALIA

통 산	우승 1회
23-24 시즌	준우승

UEFA

통 산	유로파리그 1회
23-24 시즌	유로파리그 우승

경기 일정

라운드	날짜	장소	상대팀
1	2024.08.20	원정	US 레체
2	2024.08.26	원정	토리노
3	2024.08.31	원정	인테르나치오날레
4	2024.09.15	홈	ACF 피오렌티나
5	2024.09.24	홈	코모 1907
6	2024.09.29	원정	볼로냐
7	2024.10.06	홈	제노아 CFC
8	2024.10.20	원정	베네치아
9	2024.10.27	홈	엘라스 베로나
10	2024.10.31	홈	AC 몬차
11	2024.11.03	원정	SSC 나폴리
12	2024.11.10	홈	우디네세 칼초
13	2024.11.24	원정	파르마 칼초 1913
14	2024.12.01	원정	AS 로마
15	2024.12.08	홈	AC 밀란
16	2024.12.15	원정	칼리아리 칼초
17	2024.12.22	홈	엠폴리
18	2024.12.29	원정	SS 라치오
19	2025.01.05	홈	유벤투스
20	2025.01.12	원정	우디네세 칼초
21	2025.01.19	홈	SSC 나폴리
22	2025.01.26	원정	코모 1907
23	2025.02.02	홈	토리노
24	2025.02.09	원정	엘라스 베로나
25	2025.02.16	홈	칼리아리 칼초
26	2025.02.23	원정	엠폴리
27	2025.03.02	홈	베네치아
28	2025.03.09	원정	유벤투스
29	2025.03.16	홈	인테르나치오날레
30	2025.03.30	원정	ACF 피오렌티나
31	2025.04.06	홈	SS 라치오
32	2025.04.13	홈	볼로냐
33	2025.04.20	원정	AC 밀란
34	2025.04.27	홈	US 레체
35	2025.05.04	원정	AC 몬차
36	205.05.11	홈	AS 로마
37	2025.05.18	원정	제노아 CFC
38	205.05.25	홈	파르마 칼초 1913

유로파리그 우승팀, 활발한 영입으로 선수단 물갈이

전력분석

지난 시즌 유로파리그 우승을, 그것도 세계 최강 경기력인 레버쿠젠을 3-0으로 빅실을 내면서 차지했나. 유럽 어느 팀에도 뒤처지지 않는 경쟁력을 증명한 순간이었다. 여름 이적시장 초반 핵심 선수의 이탈은 없었고 오히려 수비수 벤 고드프리, 미드필더 이브라힘 슐레마나, 공격자원 니콜로 차니올로 등 기대를 걸어볼 만한 선수들이 영입됐다. 여기까지는 좋았다. 문제는 프리시즌 막판, 주전 공격수 잔루카 스카마카가 부상을 당하면서 전방에 심각한 공백이 생겼다는 점. 이를 보완하기 위해 허겁지겁 데려온 마테오 레테기가 이탈리아 대표 스트라이커다운 기량을 보여주느냐에 따라 팀의 전력이 크게 요동칠 전망이다. 이후 중원의 핵심인 틴 쿼프메이너르스가 유벤투스로 떠난 걸 비롯해 주요 선수들이 떠나고 대체자들이 합류하는 작업이 활발하게 진행됐다. 그나마 아데몰라 루크먼이 더 돈 많은 팀의 러브콜에도 불구하고 잔류하면서 지나친 혼란은 막았다. 전문 공격자원이 줄어든 대신 미드필드에서 득점을 지원할 수 있는 라자르 사마르지치, 마르코 브레시아니니가 2선과 3선에서 다양한 활약을 해줄 것으로 기대된다. 지난 시즌 유럽 최고 센터백 중 하나였던 오딜롱 코소누를 영입하면서 이적시장의 마지막을 화려하게 장식했다.

가스페리니 감독의 의도된 혼돈

전술분석

흔히 전술가 감독들은 경기를 온전히 통제하고 변수를 차단하려 든다. 하지만 가스페리니 감독의 접근법은 좀 다르다. 경기장 곳곳에 정돈되지 않은 상황이 어지럽게 펼쳐지더라도 큰 틀에서는 우리 팀이 이득을 볼 수 있는 판을 짠다. 의도된 혼돈으로 상대를 몰고 가 준비한 계획이 헝클어지게 만들고, 아군은 이 혼돈에 대비하고 있다가 공을 빼앗고 속공에 나선다. 한때 가스페리니 감독 특유의 축구를 실행하는 선수는 파푸 고메스 등 일부 플레이메이커였다. 하지만 그만한 테크니션을 매번 구하기 어려울 뿐더러, 특정 선수의 비중이 너무 커진다는 단점이 있었다. 지금 아탈란타는 멤버 대부분이 팀의 콘셉트와 그날 역할을 잘 이해하고 특정 플레이메이커 없이 계획을 수행한다. 이처럼 팀의 전반적인 전략이 진일보하면서 트로피를 따낼 수 있었다. 누군가 빛나는 것 같다가도 다음 경기에는 벤치에 가 있고, 후보인 줄 알았던 선수가 빅매치에서 갑자기 선발로 뛸 수 있는 게 아탈란타의 장점이다. 지난 시즌 10골 이상 넣은 선수가 4명이나 되는 팀은 아탈란타뿐이다. 어느 전문가도 아탈란타의 오늘 라인업은 확실히 모른다.

Atalanta BC v Bayer 04 Leverkusen – UEFA Europa League Final 2023/24
아탈란타 BC의 아데몰라 루크먼이 바이엘 04 레버쿠젠의 에드몽 탑소바에게
태클을 당하고 있다. 〈2024/05/22, Dublin Arena〉

시즌 프리뷰 아탈란타가 하는 일에는 토를 달지 마세요

맞아본 팀들은 그 무서움을 알지만, 아무도 따라 할 엄두를 내지 못하는 게 아탈란타의 축구다. 지난 시즌, 그들의 개성이 잘 발휘됐기에 리그 4강과 더불어 유럽대항전 우승을 차지할 수 있었다. 아탈란타는 골 득실 부문 2위로 공수 양면에서 모두 탄탄했다. 강팀은 흔히 공중볼 획득 지표가 낮지만, 아탈란타는 약팀들 사이에서 3위(경기당 16.7회)를 기록했다. 최다 가로채기(경기당 8.9회)도 강팀답지 않은 특이한 기록이었다. 정평이 난 공격력을 반영하는 지표도 있다. 총 xG(기대 득점)도 리그 4위(67.48)로 높은 편이었는데 xG 대비 득점 부문에서 4.52골을 더 득점하며 리그 3위에 올랐다. 좋은 공격 전술로 팀 전체의 결정력을 높여주는 아탈란타 스타일이 수치에도 반영돼 있다. 이번 시즌에도 전술적 색채와 운영 방향성은 그대로다.

어느덧 10위 이내 순위를 8시즌째 유지했고, 그중 6시즌을 유럽대항전에 참가했다. 유로파리그 우승은 구단 역사를 통틀어 고작 두 번째 주요 대회 우승이었다. 정상과는 거리가 멀었던 팀이 어느덧 어엿한 강호로 자리매김했다. 이젠 팀 체급을 한 단계 올릴 때도 됐다. 경기장이 너무 작아 유럽대항전 홈 경기를 위해 이웃 밀라노 구장을 빌려야 했던 처지에서 벗어나기 위해 여러 차례 리모델링을 진행했다. 2024 여름 마무리되는 최신 리모델링까지 끝나면 수용인원이 2만 5천 명으로 늘어난다. 물론 5만 명 이상 수용하는 구장들에 비하면 여전히 턱없이 부족하긴 하다.

상식적으로 이해가 안 되는 조치들도 있다. 이미 망한 선수처럼 보였던 차니올로를 왜 영입한 건지 아리송하고, 레테기는 같은 이탈리아 대표라도 스카마카의 공백을 메우기엔 역부족인 것처럼 보인다. 하지만 아탈란타니까 이해할 수 있을 것 같다. 가스페리니 감독이 활용법을 갖고 있으니까 영입했겠지. 수많은 선수를 재기시킨 전례를 돌아보면 막연한 신뢰가 생긴다.

IN & OUT

주요 영입	주요 방출
마테오 레테기, 벤 고드프리, 이브라힘 술레마나, 니콜로 차니올로, 후이 파트리시우, 오딜롱 코소누, 라사르 사마르지치, 라울 벨라노바	한스 하테부어, 호세 루이스 팔로미노, 후안 무소, 미첼 미기, 틴 괴프메이니르스, 엘 빌릴 두레

TEAM FORMATION

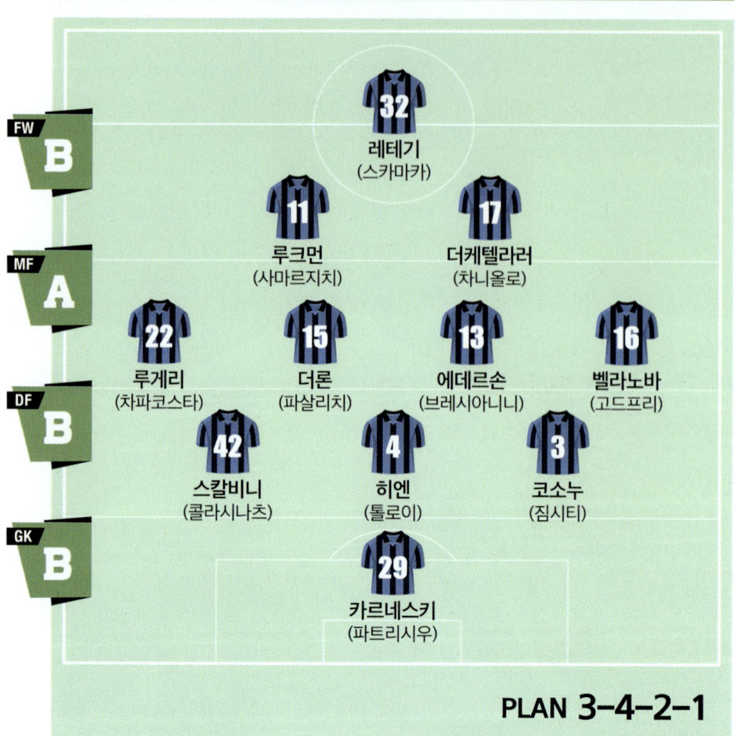

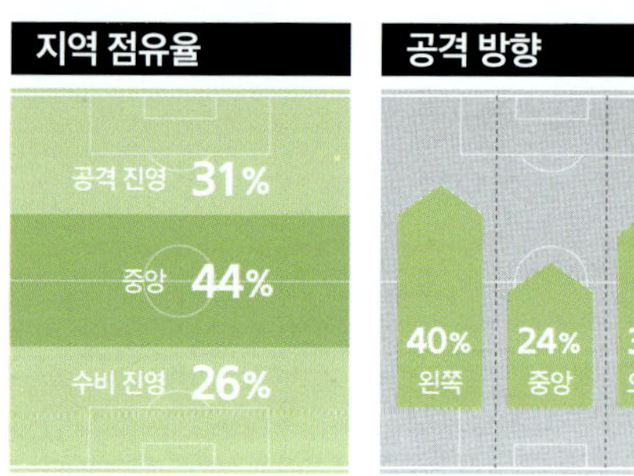

TEAM RATINGS

슈팅	7
패스	8
조직력	8
수비력	8
감독	10
선수층	10
종합	51

2023/24 프로필

팀 득점	72
평균 볼 점유율	51.10%
패스 정확도	82.10%
평균 슈팅 수	14.3
경고	73
퇴장	1

골 타입 (단위 %)

오픈 플레이	67
세트 피스	18
카운터 어택	8
패널티 킥	7
자책골	0

패스 타입 (단위 %)

쇼트 패스	86
롱 패스	10
크로스 패스	4
스루 패스	0

SQUAD

포지션	등번호	이름		생년월일	키(cm)	체중(kg)	국적
GK	28	후이 파트리시우	Rui Patrício	1988.02.15	190	84	포르투갈
GK	29	마르코 카르네세키	Marco Carnesecchi	2000.07.01	191	83	이탈리아
GK	31	프란체스코 로시	Francesco Rossi	1991.04.27	193	83	이탈리아
DF	2	하파엘 톨로이	Rafael Tolói	1990.10.10	185	75	브라질
DF	3	오딜롱 코소누	Odilon Kossounou	2001.01.04	191	82	코트디부아르
DF	4	이삭 히엔	Isak Hien	1999.01.13	191	88	스웨덴
DF	5	벤 고드프리	Ben Godfrey	1998.01.15	184	78	잉글랜드
DF	19	베라트 짐시티	Berat Djimsiti	1993.02.19	190	83	스위스
DF	23	세아드 콜라시나츠	Sead Kolasinac	1993.06.20	183	82	독일
DF	42	조르조 스칼비니	Giorgio Scalvini	2003.12.11	194	87	이탈리아
DF	-	브랜든 소피	Brandon Soppy	2002.02.21	181	82	프랑스
MF	6	이브라힘 술레마나	Ibrahim Sulemana	2003.05.22	180	78	가나
MF	7	후안 콰드라도	Juan Cuadrado	1988.05.26	176	72	콜롬비아
MF	8	마리오 파살리치	Mario Pasalic	1995.02.09	188	82	크로아티아
MF	10	니콜로 차니올로	Nicolò Zaniolo	1999.07.02	190	79	이탈리아
MF	13	에데르손	Éderson	1999.07.07	183	86	브라질
MF	15	마르턴 더론	Marten de Roon	1991.03.29	185	76	네덜란드
MF	16	라울 벨라노바	Raoul Bellanova	2000.05.17	188	82	이탈리아
MF	17	샤를 더케텔라러	Charles De Ketelaere	2001.03.10	192	79	벨기에
MF	22	마테오 루게리	Matteo Ruggeri	2002.07.11	187	79	콜롬비아
MF	24	라자르 사마르지치	Lazar Samardžić	2002.02.24	184	79	세르비아
MF	77	다비데 차파코스타	Davide Zappacosta	1992.06.11	182	74	이탈리아
FW	9	잔루카 스카마카	Gianluca Scamacca	1999.01.01	195	85	이탈리아
FW	11	아데몰라 루크먼	Ademola Lookman	1997.10.20	174	71	나이지리아
FW	32	마테오 레테기	Mateo Retegui	1999.04.29	186	81	이탈리아

잔피에로 가스페리니 *Gian Piero Gasperini*
1958년 1월 26일생 이탈리아

인테르에서 실패를 겪은 뒤 이탈리아에 흔한 '일용직 감독'으로 여생을 보낼 줄 알았는데, 2016년 아탈란타에 부임하면서 예상치 못한 지도력을 장착했고 지금까지 장수하고 있다. 연봉 규모에 비해 탁월한 성적, 화끈하고 매력적인 경기 방식, 선수들의 재능을 끌어내 비싼 값에 파는 능력까지 겸비했다. 괴팍한 성질머리 때문에 단장과도 싸우고 선수와도 싸운다는 점이 유일한 문제다. 그때마다 아탈란타의 '본체' 가스페리니 감독이 승리하고, 싸운 사람이 팀을 떠나는 일이 반복돼 왔다.

상대팀 최근 6경기 전적

구분	승	무	패
인테르		1	5
AC 밀란	2	2	2
유벤투스		4	2
아탈란타			
볼로냐	2	1	3
로마	3	1	2
라치오	2	2	2
피오렌티나	2	1	3
토리노	4	1	1
나폴리	2		4
제노아	3	3	
몬차	5		1
엘라스 베로나	4	1	1
레체	4		2
우디네세	2	4	
칼리아리	4		2
엠폴리	4	1	1
파르마	6		
코모	4	2	
베네치아	3	1	2

FW 11 아데몰라 루크먼 *Ademola Lookman*

출전경기	경기시간(분)	골	어시스트	경고	퇴장
31	1,903	11	7	4	–

국적: 나이지리아

지난 시즌 두 자릿수 득점과 더불어 도움 7위에 오르면서 리그에서도 파괴력을 입증했고, 무엇보다 유로파리그 결승전에서 역사적인 해트트릭을 달성하면서 팀 역사에 영원히 남을 하이라이트 필름을 찍었다. 나이지리아 대표답게 탄력 넘치는 드리블과 강력한 슛으로 변수를 창출할 수 있는 선수다. 윙어 출신이지만 처진 공격수도 무리 없이 소화할 수 있기 때문에, 아탈란타의 전문 윙어 없는 전술에서는 공격의 폭을 벌여주는 중요한 역할도 한다. 스카마카가 대부분 결장할 이번 시즌, 그의 어깨가 한층 더 무겁다.

DF 3 오딜롱 코수누 *Odilon Kossounou*

출전경기	경기시간(분)	골	어시스트	경고	퇴장
22	1,813	1	–	3	–

국적: 코트디부아르

지난 시즌 엄청난 경기력을 보여줬던 코수누를 다크호스로 지목하기엔 약간 어색할 수도 있겠다. 하지만 당시 레버쿠젠의 완성도는 선수 한두 명이 아닌 팀 전체의 것이었기에 코수누를 주목하는 사람은 적었다. 넓은 공간이 주어졌을 때 특히 빛이 나는 센터백이다. 전진수비와 동료의 뒤를 봐주는 커버 모두 뛰어나다. 단점이 있다면 정식한 봄싸움과 세공권 경합 등 문진에서의 정적인 수비에는 비교적 약한 편. 하지만 전 소속팀처럼 스리백을 쓰는 아탈란타에서는 장점만 보일 가능성이 높다.

MF 10 니콜로 차니올로 *Nicolo Zaniolo*

출전경기	경기시간(분)	골	어시스트	경고	퇴장
25	831	2	–	7	–

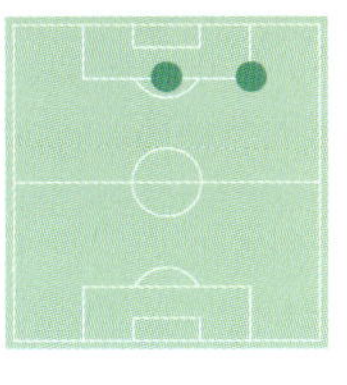

국적: 이탈리아

갈수록 선수들의 자기관리가 철저해지는 요즘, 차니올로는 얼마 남지 않은 '저주받은 천재' 유형의 선수다. 복잡한 사생활과 제멋대로인 계약 행태 등 마치 록스타처럼 군다. 가는 팀마다 문제를 일으키다가 지난여름에 아탈란타로 합류해 새 도전을 이어간다. 좋은 체격과 그만의 번뜩이는 타이밍에서 나오는 돌파, 왼발 마무리 등 멋진 플레이를 할 줄 아는 2선 자원이지만 경기를 읽는 눈은 영 부족하다. 가스페리니의 전술 속에서 한층 발전할 수 있다면 마침내 방황을 끝내고 베르가모에 정착할지도 모른다.

GK 28 후이 파트리시우
Rui Patricio

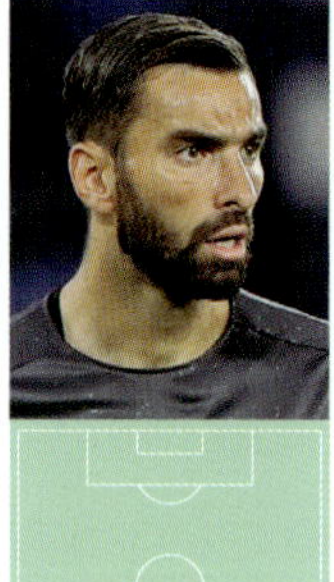

국적: 포르투갈

포르투갈 대표팀에서 센트리 클럽에 가입한 베테랑 골키퍼. 스포르팅, 울버햄튼을 거쳐 지난 2021년 주제 무리뉴 감독 시절의 AS로마로 왔다. 지난 시즌 로마의 주전 경쟁에서 밀려난 뒤, 아탈란타에서 절치부심 새로운 도전에 나선다. 골키퍼의 빌드업과 적극적인 전진수비를 요구하는 현대축구와는 잘 어울리지 않지만, 고전적인 방어 스타일을 고수하는 한 늘 수준급의 경기력을 보였던 선수다.

출전경기	경기시간(분)	실점	무실점(경기)	경고	퇴장
23	2,070	27	6	1	-

GK 29 마르코 카르네세키
Marco Carnesecchi

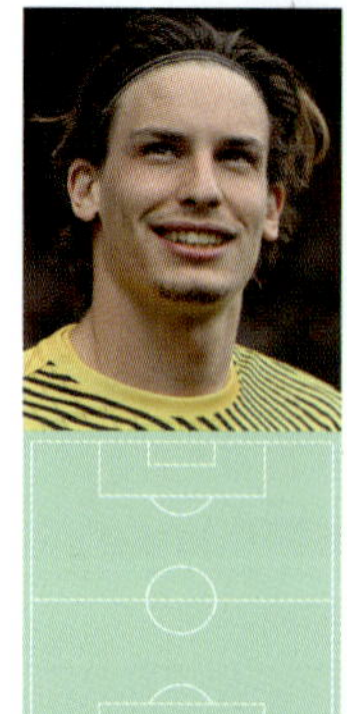

국적: 이탈리아

팀을 떠난 무소의 뒤를 이어 주전 자리를 차지한 골키퍼. 아탈란타 유소년팀 출신으로서 4시즌이나 임대를 다녔는데, 특히 크레모네세에서 3시즌 뛰며 자기 손으로 승격에 기여하고 세리에A 경험까지 쌓았다. 어엿한 1부 수준급 골키퍼가 된 뒤 원대복귀, 아탈란타 골문을 지켰다. 아직 국가대표 발탁 경험만 있고 출장하지 못했는데, 잔루이지 돈나룸마보다 어린 만큼 앞으로 기회가 많다.

출전경기	경기시간(분)	실점	무실점(경기)	경고	퇴장
27	2,426	30	9	-	-

DF 2 하파엘 톨로이
Rafael Toloi

국적: 이탈리아

2015년부터 아탈란타에서 뛰고 있는 팀 내 최고참 중 하나로, 주장 완장도 차고 있다. 제공권은 약간 아쉬운 대신 기동력과 커버 범위가 좋으며 가스페리니 감독의 전술을 잘 이해하고 있어 특유의 스리백이 작동하는 데 큰 도움을 주는 스토퍼. 다만 새 시즌 시작부터 부상을 안고 있는 상태라 경기력 회복이 관건. 브라질 청소년 대표 출신이지만 이탈리아 대표로 발탁돼 유로 2020 우승에 기여한 바가 있다.

출전경기	경기시간(분)	골	어시스트	경고	퇴장
18	962	-	-	4	1

DF 4 이삭 히엔
Isak Hien

국적: 스웨덴

부르키나파소계 아버지, 스웨덴 어머니 사이에서 태어난 혼혈 센터백. 190cm가 넘는 장신에 근육질이고, 풀백급 스피드를 겸비했다. 이런 신체 능력을 활용해 상대 선수에게 저돌적으로 접근한 뒤 공을 따내는 수비가 장점이다. 공수 전환 속도를 높여줄 수 있다는 점에서 팀 전술에 잘 맞는 선수다. 물론 실수와 낮은 패스 성공률이라는 단점도 있지만, 완벽한 선수였다면 아탈란타가 살 수 없었을 것이다.

출전경기	경기시간(분)	골	어시스트	경고	퇴장
26	1,794	-	1	4	1

DF 5 벤 고드프리
Ben Godfrey

국적: 잉글랜드

히엔과 더불어, 풀백급의 스피드를 겸비한 저돌적 센터백이라는 공통점이 있다. 아탈란타가 기존의 30대 주축선수들 대신 운동능력이 좋은 20대 선수들로 새 스리백을 꾸리는 기조를 알 수 있는 부분. 에버턴 첫 시즌이었던 2020/21 시즌 탁월한 에너지와 멀티 능력을 인정받아 잉글랜드 대표팀에까지 들었다. 이후 딱히 성장하진 못했지만, 아탈란타의 전술과 잘 맞을 거라는 기대가 크다.

출전경기	경기시간(분)	골	어시스트	경고	퇴장
15	1,123	-	2	-	-

DF 19 베라트 짐시티
Berat Djimsiti

국적: 알바니아

아탈란타 주전급으로 올라선 지 어느덧 7번째 시즌에 접어들었다. 알바니아 선수들이 흔히 그렇듯 스위스 출신이고, 취리히에서 뛰어난 선수로 인정받은 뒤 이탈리아 무대로 건너왔다. 첫인상은 둔해 보이는 거구의 수비수고 실제로 스피드도 빠르지 않지만, 필요할 때는 민첩한 움직임으로 루즈 볼을 주워 상대의 2차 기회를 차단한다. 지난 시즌, 유로파리그 우승 당시 대회 베스트 일레븐에 선정됐다.

출전경기	경기시간(분)	골	어시스트	경고	퇴장
37	2,832	-	1	4	-

DF 23 세아드 콜라시나츠
Sead Kolasinac

국적: 보스니아 헤르체고비나

강호 샬케 04와 아스널에서 뛴 적 있고, 풀백 계의 헐크라고 불릴 정도로 강한 신체 능력을 장점 삼아 상대 측면으로 돌진하던 선수다. 센터백의 체격과 풀백의 스피드를 겸비한 만큼 이론상 가장 어울리는 위치는 스리백의 왼쪽 스토퍼였지만 그를 이 역할로 잘 활용한 팀은 아탈란타가 처음이다. 아스널 시절 메수트 외질과 함께 차를 타고 가다가 무장 강도를 만났는데 맨손으로 물리친 무용담이 있다.

출전경기	경기시간(분)	골	어시스트	경고	퇴장
30	2,183	1	-	4	-

DF 42 조르조 스칼비니
Giorgio Scalvini

국적: 이탈리아

18세부터 주전 수비수로 뛰었고, 프로 경험을 꽤 쌓은 지금도 나이가 21세에 불과하다. 신체 능력과 기술을 겸비한 재목으로 높은 평가를 받아왔다. 전반적으로 가로채기 수치가 높게 나오는 아탈란타 수비진 중에서도 2위인 경기당 1.8회를 기록했다. 그만큼 지능적인 수비로 상대 공격을 끊고, 공격으로 전환할 줄 안다는 뜻. 지난 시즌에 당한 십자인대 부상 때문에 이번 시즌 후반기에나 복귀할 전망이다.

출전경기	경기시간(분)	골	어시스트	경고	퇴장
33	2,556	1	3	3	-

MF 8 마리오 파살리치
Mario Pasalic

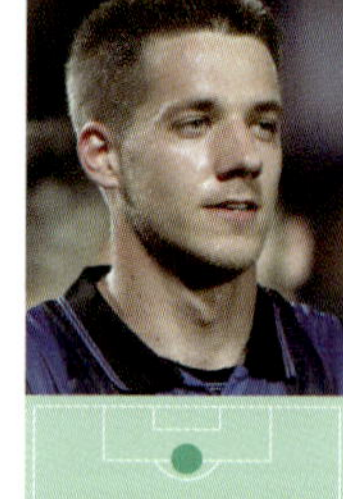

국적: 크로아티아

아탈란타식으로 육성한 선수의 대표적 사례. 첼시 유망주 시절에는 장신 미드필더이면서 득점력도 겸비했지만 정작 미드필더 본연의 임무인 경기 운영과 중원 장악에 문제가 있었다. 아탈란타 이적 후 공중볼 경합과 같은 간단한 임무부터 시작해 서서히 자신감을 붙여 나갔고, 지금은 수비형 미드필더로 뛰어도 전혀 손색이 없을 정도로 범용성이 높아졌다. 세대교체 중인 크로아티아 대표팀에도 중요한 선수.

출전경기	경기시간(분)	골	어시스트	경고	퇴장
34	2,051	6	6	3	-

MF 13 에데르손
Éderson

국적: 브라질

아탈란타 중원에서 가장 듬직한 엔진이다. 브라질 명문 크루제이루와 코린치안스에서 뛰던 에데르손을 2022년 1월 살레르니타나가 긴급 영입했고, 에데르손은 맹활약으로 팀을 잔류시켜 준 뒤 아탈란타의 러브콜을 이끌어 냈다. 90분 내내 왕성한 활동량을 유지할 수 있으며, 이를 활용해 공수 양면에서 큰 기여를 한다. 지난 시즌 유로파리그 우승 후 많은 빅클럽의 쇼핑 리스트에 등록됐다.

출전경기	경기시간(분)	골	어시스트	경고	퇴장
36	2,875	6	1	8	-

MF 15 마르턴 더론
Marten De Roon

국적: 네덜란드

약간 투박하다는 단점은 있지만 대신 활동량과 투쟁심 측면에서 더 큰 장점을 지녀 아탈란타에 딱 맞는다. 경고도 많이 받는 편이지만, 기본적으로 반칙 없이 공을 빼내는 태클에 일가견이 있다. 지난 시즌 경기당 태클 성공 리그 2위(2.7위)였다. 또한 개그에 관심이 많다. 아탈란타 공식 스토어에서 팬들을 상대로 몰래카메라를 한 뒤 소셜미디어에 올리는 걸 보면 코미디언 유튜브가 따로 없을 정도다.

출전경기	경기시간(분)	골	어시스트	경고	퇴장
30	2,599	-	5	10	-

MF 16 라울 벨라노바
Raoul Bellanova

국적: 이탈리아

한때 빅 클럽 인테르에 도전장을 냈으나 정착하지 못했고, 지난해 토리노에서는 어시스트 공동 7위에 오르며 프로 데뷔 후 최고의 시즌을 보냈다. 토리노처럼 공격이 빈약한 팀에서 공격 포인트 8개를 올린 윙백의 성과는 보기보다 엄청난 것이다. 직접 공을 끌고 올라가는 드리블과 공격 시 위치 선정에서 강점을 보인다. 유로 2024에도 참가했다. 아탈란타 이적을 통해 더 큰 무대에 다시 도전한다.

출전경기	경기시간(분)	골	어시스트	경고	퇴장
37	3,065	1	7	5	-

MF 17 샤를 더케텔라러
Charles De Ketelaere

국적: 벨기에

밀라노에서 망가졌던 건 베르가모에서 더 성장하기 위한 성장통이었다. 장신에 발재간도 좋은 공격형 미드필더라는 희귀한 재능이지만, 밀란 시절에는 플레이에 지나치게 생각이 많고 몸싸움을 꺼린다는 이유로 계속 취급을 받았다. 아탈란타에서 자신감을 되찾아 전에 없던 적극성이 생기더니, 스트라이커와 공격형 미드필더를 가리지 않고 맹활약하는 선수가 됐다. 지난 시즌 도움 공동 3위.

출전경기	경기시간(분)	골	어시스트	경고	퇴장
35	2,045	10	8	1	-

MF 22 마테오 루게리
Matteo Ruggeri

국적: 이탈리아

아직 22세에 불과해 더 성장할 수 있는 레프트백 기대주. 아탈란타 유소년팀의 작품이다. 좋은 체격과 스피드를 겸비했기 때문에 기세 좋게 측면으로 밀고 들어간 뒤 크로스를 배달하는 플레이가 특기다. 한때는 너무 측면 공략에 집착하나 싶었지만, 갈수록 아탈란타 윙백의 필수요소인 상대 문전 공략도 시도해 가고 있다. 특히 유로파리그 토너먼트에서 중요한 2골을 넣으며 우승에 상당한 기여를 했다.

출전경기	경기시간(분)	골	어시스트	경고	퇴장
34	2,470	-	4	3	-

MF 24 라자르 사마르지치
Lazar Samardzic

국적: 세르비아

지난 3시즌 동안 우디네세 공격 전개 및 중거리 슛을 담당하며 세리에 A를 대표하는 공격형 미드필더로 자리매김했다. 탈압박과 강력한 왼발을 갖췄다. 더 지능적인 플레이를 익힐 필요가 있긴 하지만, 공격형 미드필더와 중앙 미드필더 위치에서 모두 뛸 수 있고 활동량도 충분해 이미 팀 기여도가 괜찮다. 매년 여름 이적시장에서 인테르, 나폴리, 유벤투스 등 여러 팀과 꾸준히 이적설을 뿌릴 정도로 인기가 많은 선수다.

출전경기	경기시간(분)	골	어시스트	경고	퇴장
34	2,381	6	2	3	-

MF 77 다비데 차파코스타
Davide Zappacosta

국적: 이탈리아

한때 첼시 팬들을 답답하게 했던 그 윙백이 맞다. 19세 때, 22세 때, 그리고 산전수전 다 겪은 뒤인 29세에 세 번이나 아탈란타로 이적했다. 마지막 합류 이후 잘 정착해 본업인 오른쪽뿐만 아니라 왼쪽까지 커버하며 활약 중이다. 아탈란타 복귀 후, 마치 일부러 맞춘 듯 매 시즌 공격 포인트를 6~7개씩 기록했다. 유로파리그 우승 과정에서 리버풀, 레버쿠젠을 상대로 중요한 도움을 올리기도 했다.

출전경기	경기시간(분)	골	어시스트	경고	퇴장
31	1,878	2	1	5	-

FW 9 잔루카 스카마카
Gianluca Scamacca

국적: 이탈리아

지난 시즌 아탈란타로 이적했다. 서먹서먹해 보인 전반기와 달리 후반기에 일단 흐름을 타자 엄청난 폭발력을 보여준 바 있다. 특히 리버풀 원정에서 3-0 승리를 거둘 때 2골을 몰아친 것이 하이라이트였다. 탄탄한 체격으로 상대 문전을 공략하고, 강력한 슛의 파워와 자세를 가리지 않는 아크로바틱 슛 기술을 지녀 보는 맛이 있다. 다만 심각한 무릎 부상으로 이번 시즌 대부분 결장해야 한다.

출전경기	경기시간(분)	골	어시스트	경고	퇴장
29	1,459	12	6	1	-

FW 32 마테오 레테기
Mateo Retegui

국적: 이탈리아

이탈리아의 대표 스카마카가 쓰러지자, 재빨리 또 한 명의 이탈리아 대표 레테기를 영입해 그 자리를 메웠다. 아르헨티나에서 태어나 쭉 살았는데, 스트라이커 기근에 시달리던 이탈리아 축구협회가 그에게 집촉해 대표팀 합류를 권했던 특이한 사례다. 그래서 이탈리아 대표팀 합류가 먼저였고, 이때 보여 준 경기력을 바탕으로 유럽 진출을 이뤘다. 다만 지난 시즌 제노아에서의 결정력은 그저 그랬다.

출전경기	경기시간(분)	골	어시스트	경고	퇴장
29	2,226	7	2	5	-

Bologna FC

TEAM PROFILE	
창 립	1909년
구 단 주	조이 사푸토(캐나다)
감 독	빈첸초 이탈리아노(이탈리아)
연 고 지	로마냐주 볼로냐
홈 구 장	스타디오 레나토 달라라(3만 8,279명)
라 이 벌	파르마 칼초, ACF 피오렌티나
홈페이지	www.bolognafc.it

최근 5시즌 성적

시즌	순위	승점
2019-2020	12위	47점(12승11무15패, 52득점 65실점)
2020-2021	12위	41점(10승11무17패, 51득점 65실점)
2021-2022	13위	46점(12승10무16패, 44득점 55실점)
2022-2023	9위	54점(14승12무12패, 53득점 49실점)
2023-2024	5위	68점(18승14무6패, 54득점 32실점)

SERIE A (전신 포함)

통 산	우승 7회
23-24 시즌	5위(18승14무6패, 승점 68점)

COPPA ITALIA

통 산	우승 1회
23-24 시즌	8강

UEFA

통 산	없음
23-24 시즌	없음

경기 일정

라운드	날짜	장소	상대팀
1	2024.08.19	홈	우디네세 칼초
2	2024.08.26	원정	SSC 나폴리
3	2024.09.01	홈	엠폴리
4	2024.09.14	원정	코모 1907
5	2024.09.22	원정	AC 몬차
6	2024.09.29	홈	아탈란타BC
7	2024.10.06	홈	파르마 칼초 1913
8	2024.10.19	원정	제노아 CFC
9	2024.10.27	홈	AC 밀란
10	2024.10.30	원정	칼리아리 칼초
11	2024.11.02	홈	US 레체
12	2024.11.10	원정	AS 로마
13	2024.11.25	원정	SS 라치오
14	2024.12.01	홈	베네치아
15	2024.12.08	원정	유벤투스
16	2024.12.15	홈	ACF 피오렌티나
17	2024.12.22	원정	토리노
18	2024.12.29	홈	엘라스 베로나
19	2025.01.05	원정	인테르나치오날레
20	2025.01.12	홈	AS 로마
21	2025.01.19	홈	AC 몬차
22	2025.01.26	원정	엠폴리
23	2025.02.02	홈	코모 1907
24	2025.02.09	원정	US 레체
25	2025.02.16	홈	토리노
26	2025.02.23	원정	파르마 칼초 1913
27	2025.03.02	홈	칼리아리 칼초
28	2025.03.09	원정	엘라스 베로나
29	2025.03.16	홈	SS 라치오
30	2025.03.30	원정	베네치아
31	2025.04.06	홈	SSC 나폴리
32	2025.04.13	원정	아탈란타
33	2025.04.20	홈	인테르나치오날레
34	2025.04.27	원정	우디네세 칼초
35	2025.05.04	홈	유벤투스
36	2025.05.11	원정	AC 밀란
37	2025.05.18	원정	ACF 피오렌티나
38	2025.05.25	홈	제노아 CFC

전력분석 단장님! 저 챔피언스리그 나가야 하는데요

60년 만에 UEFA 챔피언스리그에 참가한다. 구단에서 '옳다, 기분이냐!' 하며 선수 보강을 해주는 팀도 있지만, 볼로냐는 아쉽게도 반대의 경우다. 설상가상으로 감독과 선수를 가리지 않고 다른 팀에서 쏙쏙 빼가는 여름을 마주했다. 티아고 모타 감독, 스트라이커 조슈아 지르크제이, 센터백 리카르도 칼라피오리 등 돌풍의 3대 주역이 모두 이탈했다. 볼로냐로 올 때부터 바이백 조항을 잔뜩 달고 있던 선수들이라 이적료를 많이 안 남겨준 것도 아쉽다. 그래서 전력 하락에 비해 확실한 대체자를 영입하진 못했다. 애초에 조반니 사르토리 단장의 선수 수급 방식이 그랬다. 키에보와 아탈란타에서도 돌풍의 선수단을 만들어 냈던 인물이지만, 원석 한두 명을 잘 찾아내는 게 아니라 준수한 선수를 값싸게 박박 긁어 모으는 편이었다. 감독 입장에서는 옵션이 많으니 입맛에 맞는 팀을 구성하기 편해진다. 이런 전례를 감안하면 지난여름도 준척급 선수가 오지 않았다 해서 좌절할 필요는 없다. 10명 가까이 영입한 새 자원들과 2군에서 끌어올린 유망주들을 빈첸초 이탈리아노 감독이 잘 활용한다면 새로운 스타가 탄생할지 모른다.

전술분석 이탈리아의 포스테코글루

빈첸초 이탈리아노 감독은 큰 틀에서 토트넘의 포스테코글루 감독과 비슷한 성향이라 보면 된다. 피오렌티나 시절을 기준으로 보면, 리그 내 빅클럽들 바로 아래 위상의 구단과 선수단이 그랬고, 공격적인 철학이 확실한 전술 운용 방식과 뚝심으로 좋은 흐름은 타지만 승부처에 약해 결국 4강에는 들지 못하는 행보가 그랬다. 볼로냐로 왔다고 해서 갑자기 다른 사람이 될 리는 없다. 볼로냐도 공격적인 축구를 잘 소화할 만한 선수들은 구비되어 있어 이탈리아노 감독에게는 그럭저럭 편한 환경일 것이다. 선호해 온 포메이션은 모타 감독과 비슷한 4-2-3-1이다. 체계적인 후방 빌드업을 구축할 줄 알고, 공을 빼앗겼을 경우 무턱대고 물러나는 게 아니라 카운터프레싱을 시작하며, 이 단계에서 실패할 경우에도 압박의 라인을 내리지 않고 높게 구축하려는 경향이 있다. 다만 공격의 마무리 국면에서는 창의적이고 파괴력 있는 선수들에게 다소 의존하는 게 단점이다. 지공으로 전환되면 중앙을 공략하지 못하고 윙어와 풀백의 측면 콤비네이션만 반복하기도 했다. 리그뿐 아니라 더 강한 상대가 득실거리는 챔피언스리그에서 전술적 뚝심을 유지할지 궁금한 팀이다.

유럽대회 병행이라는 달콤한 독

돌풍을 일으킨 팀이 다음 시즌 곧바로 몰락한 사례는 수없이 많다. 특히 UEFA 챔피언스리그 진출권을 따내면, 두 대회를 병행하느라 역량이 분산되고 체력이 고갈되면서 동시에 망하곤 한다. 최근 사례를 보면 잉글랜드 프리미어리그 우승 바로 다음 시즌에 레스터시티가 챔피언스리그를 병행하느라 리그 12위까지 추락한 바 있다. 바로 지난 시즌의 우니온 베를린의 경우 엄청나게 체계적인 팀 운영으로 5시즌 연속 팀 순위를 끌어올리면서 2부에서 챔피언스리그 진출까지 달성했지만, 유럽 무대를 병행하느라 무리한 운영전략을 세웠다가 까딱하면 강등될 뻔했다. 세리에A에서는 유럽대항전을 병행할 깜냥이 안 된다고 자기 객관화를 확실히 한 후 일찌감치 포기한 사례가 우디네세 등 여러 번 있을 정도였다.

이런 전례를 감안하면 볼로냐의 이번 시즌은 기대보다 걱정이 앞선다. 그래도 희망적인 이유는 있다. 사르토리 단장의 영입 방식에 따라 확실한 선수 한두 명이 아니라 쓸만한 선수 십여 명을 무더기로 영입해 왔다는 점이다. 돌풍을 일으킨 팀으로서는 드물게, 로테이션 시스템을 가동할 만한 가용자원의 숫자는 확보돼 있다.

TEAM RATINGS

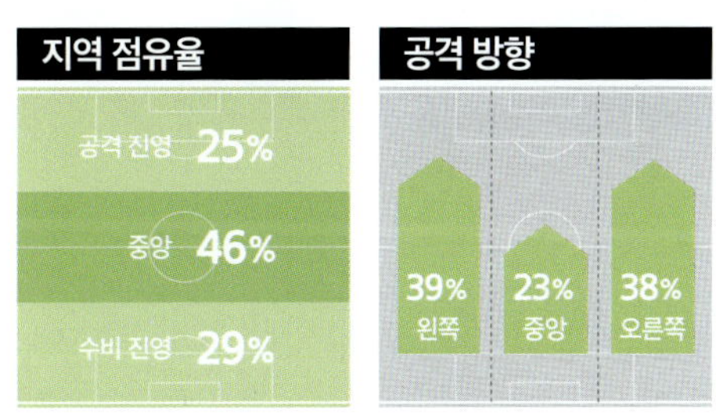

슈팅	패스
6	7

조직력	**43**	수비력
7		7

감독	선수층
8	8

2023/24 프로필

팀 득점	54
평균 볼 점유율	58.20%
패스 정확도	86.50%
평균 슈팅 수	12.6
경고	83
퇴장	2

골 타입		단위 (%)
오픈 플레이	65	
세트 피스	19	
카운터 어택	6	
패널티 킥	7	
자책골	4	

패스 타입		단위 (%)
쇼트 패스	89	
롱 패스	8	
크로스 패스	2	
스루 패스	0	

IN & OUT

주요 영입	주요 방출
테이스 달링가, 니콜라스 캄비아기, 에밀 홀름, 마르틴 에를리치, 후안 미란다, 니콜로 카살레, 사무엘 일링주니어	리카르도 칼라피오리, 조슈아 지르크제이

TEAM FORMATION

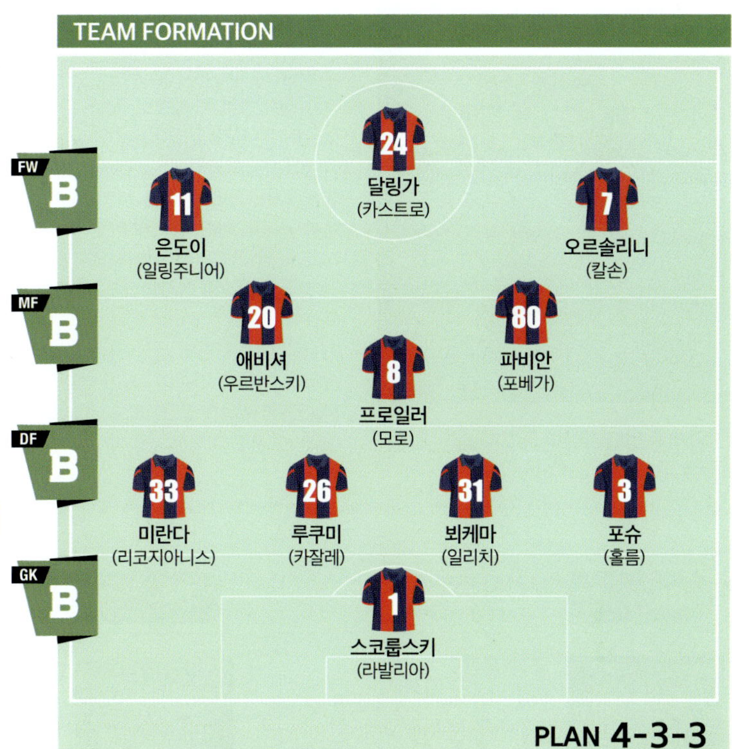

지역 점유율

공격 진영	25%
중앙	46%
수비 진영	29%

공격 방향

39% 왼쪽	23% 중앙	38% 오른쪽

슈팅 지역

6% 골 에어리어	
57% 패널티 박스	
37% 외곽 지역	

상대팀 최근 6경기 전적

구분	승	무	패
인테르	3	1	2
AC 밀란		3	3
유벤투스		4	2
아탈란타	3	1	2
볼로냐			
로마	3	2	1
라치오	2	1	3
피오렌티나	3		3
토리노	2	2	2
나폴리	1	2	3
제노아	1	2	3
몬차	2	3	1
엘라스 베로나	2	2	2
레체	5	1	
우디네세	2	3	1
칼리아리	3		3
엠폴리	2	1	3
파르마	3	3	
코모	2		4
베네치아	1	2	3

SQUAD

포지션	등번호	이름		생년월일	키(cm)	체중(kg)	국적
GK	28	우카시 스코룹스키	Łukasz Skorupski	1991.05.05	187	84	폴란드
DF	2	에밀 홀름	Emil Holm	2000.05.13	191	83	스웨덴
	3	슈테판 포슈	Stefan Posch	1997.05.14	190	82	오스트리아
	4	미하일로 일리치	Mihajlo Ilic	2003.06.04	192	85	세르비아
	16	톰마소 코라자	Tommaso Corazza	2004.06.29	174	69	이탈리아
	22	사라람보스 리코지아니스	Charalampos Lykogiannis	1993.10.22	186	78	그리스
	26	혼 루쿠미	Jhon Lucumi	1998.06.26	187	86	콜롬비아
	31	샘 뵈케마	Sam Beukema	1998.11.17	188	81	네덜란드
	33	후안 미란다	Juan Miranda	2000.01.19	185	76	스페인
MF	6	니콜라 모로	Nikola Moro	1998.03.12	184	77	크로아티아
	8	레모 프로일러	Remo Freuler	1992.04.15	180	80	스위스
	17	오사마 엘 아조우지	Oussama El Azzouzi	2001.05.29	189	78	네덜란드
	18	톰마소 포베가	Tommaso Pobega	1999.07.15	188	75	이탈리아
	19	루이스 퍼거슨	Lewis Ferguson	1999.08.24	181	83	스코틀랜드
	20	미셸 애비셔	Michel Aebischer	1997.01.06	183	78	스위스
	80	지오바니 파비안	Giovanni Fabbian	2003.01.14	186	83	이탈리아
	82	카츠페르 우르반스키	Kacper Urbanski	2004.09.07	183	74	폴란드
FW	7	리카르도 오르솔리니	Riccardo Orsolini	1997.01.24	183	83	이탈리아
	9	산티아고 카스트로	Santiago Castro	2004.09.18	179	76	아르헨티나
	10	예스페르 칼손	Jesper Karlsson	1998.07.23	179	70	스웨덴
	11	단 은도이	Dan Ndoye	2000.10.25	184	79	스위스
	21	옌스 오드가르드	Jens Odgaard	1999.03.31	188	80	덴마크
	24	테이스 달링가	Thijs Dallinga	2000.08.03	190	77	네덜란드
	28	니콜로 캄비아기	Nicolò Cambiaghi	2000.12.28	173	68	이탈리아
	30	벤자민 도밍게스	Benjamin Dominguez	2003.09.19	172	68	아르헨티나

성은 '이탈리아인'이라는 의미지만 태어난 곳은 독일 카를스루에. 축구 경력을 위해 부모의 나라로 이주했다. 현역 시절, 베로나에서 오래 뛰다가 라이벌인 키에보로 이적하며 배신자가 되어버린 전력이 있다. 세리에A 선수 출신임에도 프로 경력을 1부에서 곧바로 시작하는 게 아니라 하부 리그부터 서서히 경력을 쌓았는데, 이 점이 오히려 내공을 키우는 데 도움이 됐다. 스페치아의 사상 첫 승격과 잔류를 이끌어 내며 전술가로 주목받았고, 피오렌티나에서도 대체로 호평이었다.

빈첸초 이탈리아노 *Vincenzo Italiano*
1977년 12월 10일생 이탈리아

FW 11 단은도이
Dan Ndoye

KEY PLAYER

국적: 스위스

모타 감독이 팀 내 비중을 높이며 기량을 급성장시킨 윙어. 원래 운동능력 좋고 성실한 대신 세밀함이 부족한 선수라 윙어보다는 윙백으로 주목받았다. 2022/23 유로파 컨퍼런스 리그 베스트 라이트백으로 선정됐을 정도. 지난 시즌에 볼로냐에 영입되면서 풀백이 아닌 윙어로 정체성을 굳혔다. 지난 1년간 드러난 새로운 장점은 전술 소화 능력이다. 감독의 지시에 따라 다양한 위치를 잡아야 하는 포지셔널 플레이를 능숙하게 해내면서 모타 감독의 축구에서 빠놓을 수 없는 자원이 됐다. 아쉬운 건 마무리다. 좋은 움직임으로 기회를 잡아놓고, 기대 득점(xG) 대비 -4.62골에 불과한 낮은 결정력으로 많이 날려 먹었다. 이 점만 개선한다면 더 무서운 윙어가 될 재목.

출전경기	경기시간(분)	골	어시스트	경고	퇴장
32	1,776	1	1	4	-

GK 1 우카시 스코룹스키
Lukasz Skorupski

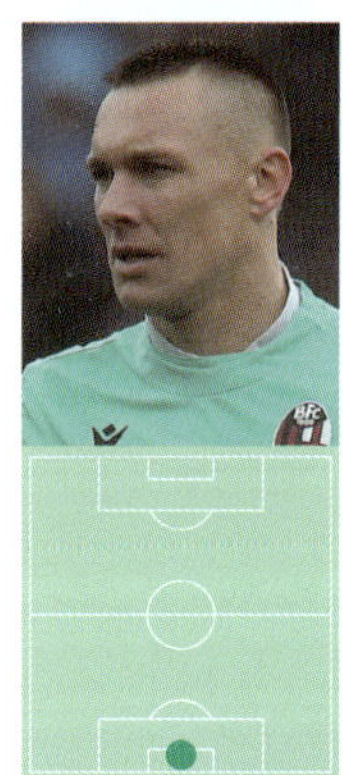

국적: 폴란드

21세기 골키퍼의 강국 폴란드가 배출한 수준급 수문장. 같은 세대인 슈첸스니, 후배 드롱고프스키 등에 치여 A매치 경력은 별로 없었으나 유로 2024 조별리그 최종전에서 메이저 대회 본선 데뷔, 프랑스의 소나기 슛을 막아내며 무승부의 주역이 됐다. 진작 대표팀에서 기회를 줬으면 어땠을까 싶을 정도의 존재감이었다. AS로마, 엠폴리를 거쳐 2018년 볼로냐로 이적한 뒤 주전으로 맹활약 중이다.

출전경기	경기시간(분)	실점	무실점(경기)	경고	퇴장
32	2,880	29	13	2	-

DF 2 에밀 홀름
Emil Holm

국적: 스웨덴

지난 시즌 아탈란타 유로파리그 우승의 당당한 주전 멤버였던 라이트백. 아탈란타에서는 스리백 옆에 배치되는 오른쪽 윙백으로 뛰었다. 190cm가 넘는 큰 키와 덩치에서 나오는 운동에너지를 활용해 상대를 거칠게 몰아붙이고, 이를 바탕으로 측면 주도권을 가져오는 선수였나. 포백을 선호하는 이탈리아노 감독 아래서는 한결 차분한 플레이가 필요하기 때문에 새 시즌의 경기력이 궁금해진다.

출전경기	경기시간(분)	골	어시스트	경고	퇴장
22	949	1	3	5	-

DF 3 슈테판 포슈
Stefan Posch

국적: 오스트리아

센터백까지 소화할 수 있는 장신 라이트백. 2022/23 시즌은 6골 2도움이나 기록하면서 득점 부문에 큰 기여를 했고, 지난 시즌은 좀 더 수비적인 임무에 충실하며 경기당 태클 성공은 리그 4위(2.5회)를 기록했다. 단순히 신체 조건과 포지션만 보면 신입생 홀름과 겹치지만, 장신 풀백과 일명 '포터백'을 선호하는 요즘 유럽축구 추세를 감안하면 한 명이 레프트백으로 옮길 가능성도 존재한다.

출전경기	경기시간(분)	골	어시스트	경고	퇴장
31	2,420	1	2	7	-

DF 4 미하일로 일리치
Mihajlo Ilic

국적: 세르비아

볼로냐 수비에 젊은 에너지를 불어넣어 줄 21세 유망주 센터백이다. 전 소속팀인 파르티잔에서는 고작 반 시즌만 주전으로 뛰었는데, 그의 잠재성을 높게 본 볼로냐가 겨울 이적시장에서 영입했다. 지난 시즌 후반기에는 벤치에만 머물러 있었다. 경기 부담이 늘어나는 이번 시즌에는 얼마나 출장 기회를 잡을지 궁금해지는 선수. 큰 덩치 때문에 동작이 민첩하진 못하지만, 위치 선정에 바탕을 둔 배후 커버 능력을 갖췄다.

출전경기	경기시간(분)	골	어시스트	경고	퇴장
18	1620	1	1	4	-

DF 26 혼 루쿠미
Jhon Lucumi

국적: 콜롬비아

콜롬비아 대표 센터백. 지난 시즌 모타 감독의 축구를 잘 소화하면서 리그 전체 패스 성공률 1위(93.6%)를 기록했다. 빌드업 능력이 뛰어난 왼발잡이 센터백으로, 공을 몰고 전진하는 공격 가담과 롱 패스 모두 수준급이다. 특히 빠른 발을 활용해 동료 풀백의 배후를 커버하고 공간이 나면 아예 오버래핑해서 크로스까지 날릴 수 있다. 지난 시즌 칼라피오리와 왼발+왼발 조합으로 뛰기도 했다.

출전경기	경기시간(분)	골	어시스트	경고	퇴장
29	2,214	-		2	-

DF 31 샘 뵈케마
Sam Beukema

국적: 네덜란드

빌드업을 중시하는 팀이라면 한 명쯤 보유하기 마련인 네덜란드 출신 센터백이다. 모국의 고어헤드이글스, AZ알크마르에서 두각을 나타내자 지난해 볼로냐가 영입했다. 루쿠미, 칼라피오리와 번갈아 뛰면서 볼로냐 돌풍을 뒤에서 지탱했다. 공 다루는 기술과 패스 능력이 장점이다. 경기당 패스 횟수가 리그 3위(67.7회)였을 정도로 자주 패스를 돌려야 했지만, 상대가 압박할 때도 안정적이었다.

출전경기	경기시간(분)	골	어시스트	경고	퇴장
30	2,550	1	1	4	1

DF 33 후안 미란다
Juan Miranda

국적: 스페인

빌드업을 중시하는 팀이라면 스페인 선수, 특히 라마시아(바르셀로나 유소년팀) 출신 역시 보유하기 마련이다. 다만 미란다는 라마시아 출신이긴 해도 패스와 빌드업보다는 측면을 쉴 새 없이 오르내리는 기동력에서 더 돋보이는 선수다. 레알 베티스에서 4시즌을 소화한 뒤 볼로냐로 건너왔는데, 합류 당시의 큰 기대에 비해 딱히 성장하진 못했다. 특히 공을 가졌을 때 판단을 개선할 필요가 있다.

출전경기	경기시간(분)	골	어시스트	경고	퇴장
25	1,860	1	1	8	-

MF 8 레모 프로일러
Remo Freuler

국적: 스위스

한때 아탈란타에서 활약했던 '돌쇠' 스타일의 미드필더. 공을 다루는 기술을 보면 그저 그런 선수처럼 보이지만, 정확한 판단으로 패스를 잘 순환시키는 능력이 있다. 약간 엉성해 보이는 동작으로도 상대 문전에 파고들어 중요한 득점을 올린다. 지난 시즌 경기당 태클 횟수가 리그 5위(2.4회)일 정도로 수비적인 기여도 출중했다. 그리고 소박한 플레이 스타일에 외모가 묻혔는데, 상당히 잘 생겼다.

출전경기	경기시간(분)	골	어시스트	경고	퇴장
32	2,632	1	1	9	-

MF 19 루이스 퍼거슨
Lewis Ferguson

국적: 스코틀랜드

개인의 창의성보다 정확한 팀플레이로 공격을 만들었던 지난 시즌의 볼로냐에서는 핵심 선수 중 하나였다. 영국에서 온 선수답게 많은 활동량, 투쟁심, 중거리 슛 등이 장점인 중앙 미드필더. 특히 중거리 슛은 볼로냐 공격의 중요한 무기이다. 동료들과 체계적으로 공을 주고받다가 공간이 나면 냅킹 골문 구석에 공을 꽂곤 한다. 지난 시즌 경기당 파울 유도 3위(2.3회), 태클 성공 5위(1.7회)였다.

출전경기	경기시간(분)	골	어시스트	경고	퇴장
31	2,718	6	3	8	-

MF 20 미셸 애비셔
Michel Aebischer

국적: 스위스

자국 리그를 평정하고 볼로냐로 이적, 3년 차를 맞는 미드필더. 전술 소화 능력이 좋다. 중원 장악을 우선시하는 경기에서는 측면에서도 준수한 활약을 해줄 수 있다. 특히 유로 2024 스위스 대표팀에서는 왼쪽 윙백으로 깜짝 배치돼 마치 제3의 미드필더 같은 역할을 환상적으로 소화하며 A매치 데뷔골까지 넣은 바 있다. 이런 멀티 성향은 경기 중 전술 변화를 유연하게 해주는 큰 장점이다.

출전경기	경기시간(분)	골	어시스트	경고	퇴장
36	2,234	-	1	8	-

MF 80 지오반니 파비안
Giovanni Fabbian

국적: 이탈리아

2시즌 동안 꾸준히 발전한 이탈리아 유망주다. 지난 시즌, 확고한 주전은 아니었지만 1,054분 동안 뛰면서 공격포인트 7개를 생산했다. 페널티 지역 안으로 뛰어 들어갈 때 특히 강하다는 걸 보여줬다. 어려서는 인테르 유소년팀과 이탈리아 청소년대표팀의 촉망받는 인재였지만 출장 기회를 위해 2부 레지나로 떠났다. 그리고 2022/23 세리에B 올해의 선수로 선정된 뒤 볼로냐에 합류했다.

출전경기	경기시간(분)	골	어시스트	경고	퇴장
27	1,054	5	2	4	-

MF 82 카츠페르 우르반스키
Kacper Urbanski

국적: 폴란드

폴란드 유스 레벨에서 탁월했던 그의 잠재력을 높이 산 볼로냐가 17세에 영입했다. 볼로냐 2군에서 2년 반 동안 기량을 닦은 뒤 지난 시즌에 본격적인 1군 멤버가 됐는데, 활약상이 나쁘지 않았다. 공격포인트는 1도움에 불과했지만 주로 왼쪽에서 활약하는 2선 자원으로서 활발한 움직임을 보여줬다. 유로 2024에서 폴란드의 주전급 멤버로 뛴 경험을 바탕 삼아, 20세가 된 이번 시즌에 본격적인 활약을 준비하고 있다.

출전경기	경기시간(분)	골	어시스트	경고	퇴장
22	923	-	1	3	-

FW 7 리카르도 오르솔리니
Riccardo Orsolini

국적: 이탈리아

알고도 못 막는 선수라 할 수 있다. 오른쪽 측면에서 중앙으로 파고들다가 왼발 킥으로 마무리한다는, 왼발잡이들의 흔한 패턴 그대로 플레이한다. 하지만 이 무기 하나를 경력 내내 갈고 닦았기 때문에 왼발 킥의 타이밍과 구질 등 다양한 변화를 주는 선수이다. 왼발을 쓰는 척하다가 오른발로 마무리하기도 하여 예측하기 까다롭다. 최근 2시즌 연속 10골 이상 넣으며 득점력이 궤도에 올랐다.

출전경기	경기시간(분)	골	어시스트	경고	퇴장
33	1,795	10	2	2	-

FW 10 예스페르 칼손
Jesper Karlsson

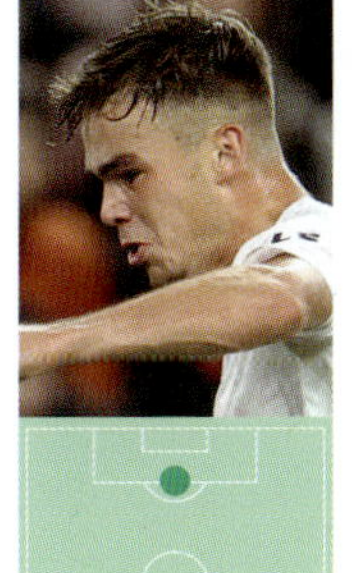

국적: 스웨덴

에이스의 상징인 10번을 달고 있지만, 번호 값을 하려면 더 분발해야 한다. 지난 시즌에 영입됐는데 벤치에 머무른 경기가 너무 많았고 공격포인트가 전무했다. 앞선 소속팀 AZ 알크마르에서 3시즌 동안 리그 35골을 넣었다는 걸 감안하면 볼로냐에서도 득점을 더 해줘야 한다. 플레이가 너무 즉흥적이긴 하지만 그만큼 창의적이라는 의미도 되니, 특유의 과감한 슈팅을 마음껏 보여줄 필요가 있다.

출전경기	경기시간(분)	골	어시스트	경고	퇴장
7	344	-	-	-	-

FW 24 테이스 달링가
Thijs Dallinga

국적: 네덜란드

볼로냐는 주전 스트라이커 지르크제이와 후보였던 시드니 판호이동크를 모두 팔았다. 이제 새로 영입한 전문 스트라이커 달링가에게 팀 성적이 달렸다 해도 과언이 아니다. 지난 시즌, 툴루즈에서 리그 14골 2도움, 유로파리그에서 4골 2도움으로 맹활약했다. 특히 리버풀 상대의 2경기에서 모두 득점했다는 건 이번 시즌 챔피언스리그에서도 빅클럽 상대 경쟁력을 보여줄 거라는 희망을 품게 한다.

출전경기	경기시간(분)	골	어시스트	경고	퇴장
33	2,518	14	2	6	-

AS 로마

AS Roma

TEAM PROFILE

창 립	1927년
구 단 주	댄 프리드킨(미국)
감 독	다니엘레 데 로시(이탈리아)
연 고 지	라치오 주 로마
홈 구 장	스타디오 올림피코(7만 2,698명)
라 이 벌	SS라치오, SSC나폴리
홈페이지	www.asroma.com

최근 5시즌 성적

시즌	순위	승점
2019-2020	5위	70점(21승7무10패, 77득점 51실점)
2020-2021	7위	62점(18승8무12패, 68득점 58실점)
2021-2022	6위	63점(18승9무11패, 59득점 43실점)
2022-2023	6위	63점(18승9무11패, 50득점 38실점)
2023-2024	6위	63점(18승9무11패, 65득점 46실점)

SERIE A (전신 포함)

통 산	우승 3회
23-24 시즌	6위(18승9무11패, 승점 63점)

COPPA ITALIA

통 산	우승 9회
23-24 시즌	8강

UEFA

통 산	없음
23-24 시즌	유로파 리그 4강

경기 일정

라운드	날짜	장소	상대팀
1	2024.08.19	원정	칼리아리 칼초
2	2024.08.26	홈	엠폴리
3	2024.09.02	원정	유벤투스
4	2024.09.15	원정	제노아 CFC
5	2024.09.23	홈	우디네세 칼초
6	2024.09.29	홈	베네치아
7	2024.10.07	원정	AC 몬차
8	2024.10.21	홈	인테르나치오날레
9	2024.10.28	원정	ACF 피오렌티나
10	2024.10.31	홈	토리노
11	2024.11.04	원정	엘라스 베로나
12	2024.11.10	홈	볼로냐
13	2024.11.25	원정	SSC 나폴리
14	2024.12.01	홈	아탈란타 BC
15	2024.12.08	홈	US 레체
16	2024.12.15	원정	코모 1907
17	2024.12.22	홈	파르마 칼초 1913
18	2024.12.29	원정	AC 밀란
19	2025.01.05	홈	SS 라치오
20	2025.01.12	원정	볼로냐
21	2025.01.19	홈	제노아 CFC
22	2025.01.26	원정	우디네세 칼초
23	2025.02.02	홈	SSC 나폴리
24	2025.02.09	원정	베네치아
25	2025.02.16	원정	파르마 칼초 1913
26	2025.02.23	홈	AC 몬차
27	2025.03.02	홈	코모 1907
28	2025.03.09	원정	엠폴리
29	2025.03.16	홈	칼리아리 칼초
30	2025.03.30	원정	US 레체
31	2025.04.06	홈	유벤투스
32	2025.04.13	원정	SS 라치오
33	2025.04.20	홈	엘라스 베로나
34	2025.04.27	원정	인테르나치오날레
35	2025.05.04	홈	ACF 피오렌티나
36	2025.05.11	원정	아탈란타 BC
37	2025.05.18	홈	AC 밀란
38	2025.05.25	원정	토리노

젊은 인재들을 포지션마다 확실히 보강

여름 이적시장에서 데려온 선수들의 기치와 '가성비'를 아울러 고려할 때 유럽 선체를 통틀어도 최상위권에 꼽힐 만한 팀이 AS 로마다. 먼저 공격진에는 스페인 라리가의 득점왕 아르템 도우비크를 영입, 기존의 비싸면서 '연비'가 떨어졌던 공격수 태미 에이브러햄을 제대로 대체했다. 2선은 파울로 디발라 중심이던 체제를 뒤집을 수도 있는 특급 유망주 마티아스 소울레가 합류했으며, 노장 스테판 엘샤라위도 오히려 어느 때보다 컨디션이 좋다. 중원에 주전급 미드필더 엔조 르페가와 마누 코네가 합류해 로렌초 펠레그리니, 레안드로 파레데스와 어떤 조화를 이룰지 기대된다. 다만, 주제 무리뉴 감독 시절 가파른 상승세를 타며 한때 주전 자리를 차지했던 니콜라 잘레프스키 등 유망주들의 입지를 어떻게 찾아줄지는 숙제다. 수비진에는 지난 시즌 임대한 윙백 앙헬리뇨를 완전히 영입했다. 골키퍼 매튜 라이언은 기존의 밀레 스빌라르와 주전 경쟁을 벌일 만한 호사스러운 백업 요원이다. 고액 연봉자들을 내보낸 자리에 젊은 선수들을 채워 넣으며 전력을 강화시킨 만큼, 다니엘레 데 로시 감독의 진정한 역량이 시험대에 오를 것으로 보인다.

가능성은 보여줬다, 이젠 완성도가 필요하다

지난 시즌, 데로시 감독이 지휘봉을 잡은 뒤 로마는 전술적으로나 분위기 측면에서나 크게 발전했다. 하지만 그 상승세가 이번 시즌까지 이어진다는 보장은 없다. 전임 무리뉴 감독의 전술은 지나치게 보수적이었기 때문에 선수들은 좀이 쑤시던 상황이었다. 데로시 감독이 공격적인 판을 깔아준 것만으로도 팀 분위기를 일신할 수 있었다. 하지만 공격의 디테일 부족, 경기 중 상대 감독에 대한 대응 능력 부족이 보인 날도 있었기 때문에 이번 시즌에도 같은 콘셉트가 통할지는 알 수 없다. 성공 가능성을 높이기 위한 첫 단계는 일단 주된 전술을 확립해서 구조를 만드는 일이다. 지난 시즌에는 4-3-3에 가까운 포진을 주로 썼지만, 스리백인 날도 있고, 4-2-3-1에 가까운 날도 있는 등 변화가 잦았다. 새 시즌에는 새 멤버들의 역량을 살릴 수 있는 포진으로 오래 합을 맞추며 완성도를 끌어올려야 한다. 일단 프리시즌에 보여준 얼개는 4-2-3-1이다. 단신 미드필더 르페를 후방 플레이메이커처럼 수비형 미드필더로 기용하고 그 앞에 펠레그리니를 배치하는 식이다. 풍부한 미드필더 자원을 조화시키기에 가장 수월한 포진으로 보인다.

6년째 놓친 챔피언스리그, 더 늦기 전에

이번 시즌까지 포함해 6시즌 동안이나 UEFA 챔피언스리그에 나가지 못했다. 이 기간 동안 전 유럽을 통틀어 가장 아깝게 챔피언스리그 티켓을 놓친 팀이었다. 리그에서 딱 1위만 더 올렸으면 진출이 가능했던 경우가 지난 시즌 포함해 두 번이었다. 2022/23 시즌은 유로파리그 우승을 통해 챔피언스리그에 나갈 수 있었는데, 결승전 패배로 준우승에 머물렀다. 팀의 체급을 한 단계 끌어올리려면 가장 많은 추가 수익을 주는 이 대회 참가가 필수다. 댄 프리드킨 로마 회장은 투자 의지와 구단에 대한 애정이 모두 충분하다. 하지만 축구 자체로 수익을 내지 못하면 구단주가 지갑을 열 수 없다는 게 유럽축구계의 룰이다.

로마는 매 시즌 최대한 강한 선수단을 구축하기 위해 연봉 상한선을 아슬아슬하게 지켜 왔고, 재정적 페어플레이(FFP) 규정에 따라 처벌받을 위기를 여러 차례 넘겼다. 그간 꽤 썼는데도 4위 이내에 들지 못했으니 전력 보강이 잘 된 올해마저 놓친다면 성장동력을 잃을 수도 있다. 초보지만 희망을 보여준 데로시 감독이 로마를 리그 4강에 올려 레전드의 이름값을 하고, 다음 시즌은 더욱 강해지는 것. 이것이 희망 시나리오다.

IN & OUT

주요 영입	주요 방출
아르템 도우비크, 마티아스 소울레, 엔조 르페, 사무엘 달, 매튜 라이언, 마누 코네, 알렉시스 살레마키어스, 크리스 스몰링	우셈 아우아르, 레오나르도 스피나촐라, 후이 파트리시우, 릭 카르스도르프, 에도아르도 보베

TEAM FORMATION

TEAM RATINGS

48

슈팅	9
패스	9
수비력	8
선수층	8
감독	7
조직력	7

2023/24 프로필

팀 득점	65
평균 볼 점유율	54.80%
패스 정확도	85.10%
평균 슈팅 수	12.5
경고	93
퇴장	3

골 타입

오픈 플레이	54
세트 피스	22
카운터 어택	6
페널티 킥	17
자책골	2

단위 (%)

패스 타입

쇼트 패스	87
롱 패스	9
크로스 패스	3
스루 패스	0

단위 (%)

지역 점유율

공격 진영	26%
중앙	45%
수비 진영	29%

공격 방향

33% 왼쪽	30% 중앙	36% 오른쪽

슈팅 지역

8% 골 에어리어
57% 패널티 박스
35% 외곽 지역

상대팀 최근 6경기 전적

구분	승	무	패
인테르	1		5
AC 밀란	2	2	2
유벤투스	1	2	3
아탈란타	2	1	3
볼로냐	1	2	3
로마			
라치오	2	1	3
피오렌티나	2	2	2
토리노	4	2	
나폴리	1	3	2
제노아	4	1	1
몬차	4	1	1
엘라스 베로나	3	1	2
레체	4	2	
우디네세	4	1	1
칼리아리	5		1
엠폴리	5		1
파르마	4		2
코모	5		1
베네치아	3	2	1

SQUAD

포지션	등번호	이름		생년월일	키(cm)	체중(kg)	국적
GK	89	레나토 마린	Renato Marin	2006.07.10	193	–	이탈리아
	99	밀레 스빌라르	Mile Svilar	1999.08.27	189	81	세르비아
DF	3	앙헬리뇨	Angeliño	1997.01.04	171	69	스페인
	5	에방 은디카	Evan Ndicka	1999.08.20	192	82	코트디부아르
	12	사우드 압둘하미드	Saud Abdulhamid	1999.07.18	175	71	사우디아라비아
	15	마츠 훔멜스	Mats Hummels	1988.12.16	191	94	독일
	19	제키 첼리크	Zeki Çelik	1997.02.17	180	78	튀르키예
	22	마리오 에르모소	Mario Hermoso	1995.06.18	184	75	스페인
	23	잔루카 만치니	Gianluca Mancini	1996.04.17	190	77	이탈리아
	26	사무엘 달	Samuel Dahl	2003.03.04	174	76	스웨덴
	66	부바 상가레	Buba Sangaré	2007.08.06	183	–	스페인
MF	4	브라이안 크리스탄테	Bryan Cristante	1995.03.03	186	78	이탈리아
	7	로렌초 펠레그리니	Lorenzo Pellegrini	1998.01.19	186	77	이탈리아
	16	레안드로 파레데스	Leandro Paredes	1994.01.29	180	75	아르헨티나
	17	마누 코네	Manu Koné	2001.05.17	185	80	프랑스
	21	파울로 디발라	Paulo Dybala	1993.11.15	177	75	아르헨티나
	28	엔조 르페	Enzo Le Fée	2000.02.03	173	69	프랑스
	35	톰마소 발단치	Tommaso Baldanzi	2003.03.23	170	–	이탈리아
	56	알렉시스 살레마키어스	Alexis Saelemaekers	1999.01.27	180	72	독일
	59	니콜라 잘레프스키	Nicola Zalewski	2002.01.23	175	69	폴란드
	61	니콜로 피실리	Niccolò Pisilli	2004.09.23	180	75	이탈리아
FW	11	아르템 도우비크	Artem Dovbyk	1997.06.21	189	76	우크라이나
	14	엘도르 쇼무로도프	Eldor Shomurodov	1995.06.29	190	75	우즈베키스탄
	18	마티아스 소울레	Matías Soulé	2003.04.15	182	77	아르헨티나
	92	스테판 엘 샤라위	Stephan El Shaarawy	1992.10.27	178	72	이탈리아

프란체스코 토티에 이어 로마 역사상 최다 출장 2위에 오른 영원한 레전드. 지난 시즌 무리뉴 감독이 떠나면서 백의종군 수준의 연봉만 받으며 수습만 해줄 감독으로 부임했다. 그런데 기대 이상의 지도력으로 리그에서 부활했고, 유로파리그에서 브라이턴과의 지략 싸움에서 승리하고 밀란을 잡아낸 끝에 4강 성과를 냈다. 구단에서 당연하다는 듯한 수순으로 장기계약을 제시했다. 데로시의 광팬이었던 로마 유소년 출신이 즐비한 팀에서 그의 카리스마는 절대적이다.

다니엘레 데로시 *Daniele De Rossi*
1983년 7월 24일 이탈리아

FW	11	아르템 도우비크
		Artem Dovbyk

KEY PLAYER

국적: 우크라이나

지난 시즌 라리가 득점왕이 로마 공격수로 영입됐다. 이 한마디만으로도 지난 시즌의 로멜루 루카쿠를 대체하긴 충분했다. 루카쿠가 어차피 단기간 머물렀다가 떠날 고액 연봉자였다면, 도우비크는 27세 전성기 나이에 장기계약을 맺었고 연봉도 적당하다. 유일한 문제는 지난 시즌 기록한 라리가 24골이 전술 덕분일 경우이다. 라리가 돌풍의 팀이었던 지로나는 공격 전술이 세련됐으면서도 과감한 것으로 정평이 난 팀이었다. 도우비크가 개인 기량으로 골을 넣기보다는 동료들이 올려주는 공을 장신과 좋은 운동 능력으로 마무리하는 선수라는 점도 전술을 많이 탈 거라는 우려로 이어진다. 과연 이 선수가 '로마의 엘링 홀란'이 될 수 있을지 궁금해진다.

출전경기	경기시간(분)	골	어시스트	경고	퇴장
36	2,606	24	8	2	-

GK	99	밀레 스빌라르
		Mile Svilar

국적: 세르비아

세르비아의 떠오르는 골키퍼. 각국 명문인 안데를러흐트, 벤피카를 거쳐 로마로 이적했지만, 앞선 소속팀에서 주전으로 뛴 적은 없었다. 2022년 합류한 로마에서도 처음에는 단순한 유망주 백업 요원이었으나 지난 시즌 유로파리그 담당으로서 기대 이상의 경기력을 보여줬고, 나중엔 후이 파트리시우를 밀어내기에 이르렀다. 유로파리그 베스트 일레븐에 선정된 뒤 연봉 인상까지 받았다.

출전경기	경기시간(분)	실점	무실점(경기)	경고	퇴장
15	1,350	19	5	1	-

DF	3	앙헬리뇨
		Angelino

국적: 스페인

라이프치히가 율리안 나겔스만 감독 아래서 신선한 전술을 쓸 때, 그 핵심이면서 최대 수혜자였다. 레프트백이지만 슬금슬금 상대 문전으로 들어가다가 오른쪽에서 날아오는 롱 패스를 받아 단번에 공격 포인트를 만들어 내는 패턴이 대표적이었다. 한동안 침체를 겪다가 지난 시즌 후반기 로마로 임대돼 괜찮은 모습을 보였다. 이를 통해 완전이적을 달성, 본격적인 이탈리아 생활을 시작한다.

출전경기	경기시간(분)	골	어시스트	경고	퇴장
16	1,148	-	1	2	-

DF	5	에방 은디카
		Evan Ndicka

국적: 프랑스

프랑크푸르트의 유로파리그 우승 멤버였고 그해 분데스리가 베스트팀에도 선정됐다. 하지만 1년 뒤인 2023년, FA였음에도 뜻밖에 인기가 없었다. 결국 로마가 재빨리 움직여 이적료 없이 데려갔다. 활동반경이 넓고 왼발잡이라는 희소성이 있시만 빌드업 능력은 더 발전해야 한다. 지난 시즌 경기 도중 가슴을 붙잡고 쓰러져 보는 이들까지 철렁하게 만들었다. 하지만, 다행히 별 탈 없이 회복했다.

출전경기	경기시간(분)	골	어시스트	경고	퇴장
25	2,171	-	3	6	-

DF	19	제키 첼리크
		Zeki Celik

국적: 튀르키예

지구력과 활동량을 무기 삼아 상대 선수를 90분 내내 귀찮게 할 수 있는 라이트백이다. 프랑스의 릴에서 높은 평가를 받으며 여러 빅클럽의 영입 대상으로 거론되다가, 지난 2022년 로마 유니폼을 입은 뒤 주전급 출장 시간을 꾸준히 유지해 왔다. 기본적으로 포백을 쓰고 전술 소화능력을 중시하는 데로시 감독 역시 첼리크를 선발 멤버로 간주하고 있다. 튀르키예 대표팀에서는 붙박이 주전이다.

출전경기	경기시간(분)	골	어시스트	경고	퇴장
17	667	-	-	1	-

DF	22	마리오 에르모소
		Mario Hermoso

국적: 스페인

뛰어난 왼발 빌드업 능력으로 정평이 난 미남 센터백이다. 레프트백과 센터백을 모두 소화할 수 있으며, 가장 잘 어울리는 역할은 스리백의 왼쪽 스토퍼다. 특히 아틀레티코 시절 에르모소가 측면이나 중앙으로 전진하면서 공을 순환시키고 동료들이 공격에 가담하도록 뒤를 받쳐주는 움직임은 팀 전체 전술의 핵심적인 부분이었다. 다만 데로시 감독이 포백을 쓴다면 잘 적응할지는 미지수.

출전경기	경기시간(분)	골	어시스트	경고	퇴장
31	2,556	-	1	9	-

DF	23	잔루카 만치니
		Gianluca Mancini

국적: 이탈리아

공은 잘 차지만 너무 비리비리한 센터백이 넘쳐나는 시대에 만치니는 최후의 터프가이다. 큰 체격에 늘 짧게 깎은 머리를 유지하면서 상대에게 위압감을, 동료들에게 투지를 불어넣는다. 공격을 저지하기 위해 거친 플레이도 불사하는데, 경고를 14장 받은 시즌이 두 번이나 되고 지난 시즌도 9장이었다. 이런 투지가 끈질긴 문전 경합으로 이어지기 때문에 세트 피스에서 골도 곧잘 넣는 편이다.

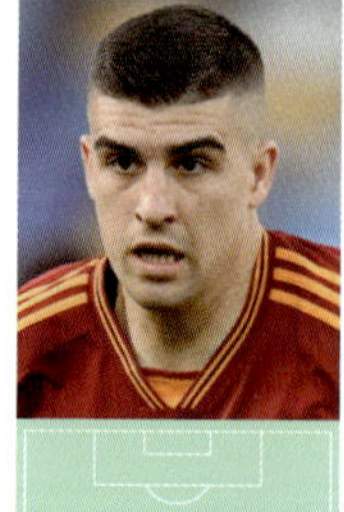

출전경기	경기시간(분)	골	어시스트	경고	퇴장
36	2,874	4	1	9	-

ITALY SERIE A

AS ROMA

DF 26 사무엘 달
Samuel Dahl

국적: 스웨덴

2003년생. 일찌감치 스웨덴 대표로 데뷔하면서 상승세를 타고 있는 레프트백이다. 스웨덴 하면 떠오르는 이미지가 금발 장신이지만, 달은 오히려 갈색 머리에 174cm의 단신 선수다. 왼쪽 측면에서 낮은 무게중심과 재빠른 스텝으로 공을 빼앗으며, 빠르게 공간으로 파고들어 동료들에게 크로스를 제공하는 역할을 맡아 왔다. 크로스뿐 아니라 전방으로 단번에 연결하는 롱 패스의 정확도 역시 수준급이다.

출전경기	경기시간(분)	골	어시스트	경고	퇴장
15	1,350	-	2	1	-

MF 4 브라이안 크리스탄테
Bryan Cristante

국적: 이탈리아

헌신적으로 뛰어왔음에도 불구하고 본인의 한계와 팀의 변화 속에서 위기에 봉착한 미드필더. 원래 AC밀란의 실패한 유망주로서 떠돌이 생활을 하다가 '재활 공장' 아탈란타에서 기량을 회복한 뒤 2018년 로마로 이적했다. 한때는 큰 덩치와 기술을 겸비했다는 평가를 받았지만, 지금은 수비력만 남은 상태. 지난 시즌 경기당 태클 2위(2.1회)로 수비 기여도는 확실히 보여줬다. 문제는 빌드업이다.

출전경기	경기시간(분)	골	어시스트	경고	퇴장
37	3,292	3	4	8	-

MF 7 로렌초 펠레그리니
Lorenzo Pellegrini

국적: 이탈리아

로마에서 가장 믿음직한 공격형 미드필더. 지능적이면서 오른발 킥력이 탁월해 골문과의 거리를 가리지 않고 득점 기회를 만들 수 있다. 지난 시즌 리그와 유로파리그 합쳐서 10골 4도움을 올렸고, 리그 베스트팀에도 선정됐다. 비록 사수올로에서 뛴 시기가 있지만 어느 '성골 유스'보다 팀에 대한 애정이 강해서 팬들의 사랑을 받는다. 잦은 부상, 그리고 기복이 문제일 뿐, 고점은 확실하다.

출전경기	경기시간(분)	골	어시스트	경고	퇴장
29	1,867	8	3	7	-

MF 16 레안드로 파레데스
Leandro Paredes

국적: 아르헨티나

월드컵 우승자로서 다시 돌아온 미드필더. 파리 생제르맹 등 오랜 유럽 생활에도 기량이 늘지 않았기에 지난해 여름 로마로 컴백했을 때 별 기대가 없었다. 하지만 데로시 감독의 좀 더 분업화된 축구에서는 킥력 좋은 후방 플레이메이커 파레데스의 입지가 급상승했고, 데뷔 후 한 시즌 최다인 49경기 출장을 기록했다. 부족한 수비력은 지난 시즌 최다 경고(15개)를 받을 정도로 거친 수비를 통해 겨우 메웠다.

출전경기	경기시간(분)	골	어시스트	경고	퇴장
34	2,646	3	5	15	1

MF 17 마누 코네
Manu Kone

국적: 프랑스

로마 이적이 발표된 직후, 프랑스 국가대표팀 발탁도 처음으로 이뤄졌다. 그만큼 기대가 크다를 모으는 선수이다. 원래 빅클럽들의 관심을 받던 기대주였지만 작년 여름에 장기 부상을 입으면서 독일의 보루시아 묀헨글라트바흐에 잔류했고, 1년 만에 로마 유니폼을 입었다. 중원에서의 안정적인 플레이보다는 좌충우돌하는 에너지로 직접 공을 운반하고, 상대 공을 빼앗아 오는 플레이가 강점이다.

출전경기	경기시간(분)	골	어시스트	경고	퇴장
22	1,567	1	-	4	1

MF 21 파울로 디발라
Paulo Dybala

국적: 아르헨티나

세리에A MVP 수상자. 탁월한 왼발을 믿고 그만의 타이밍에 예측불허 슈팅을 날려댄다. 현세대 선수들 중 가장 판타지 스타에 가깝다. 지난 시즌 역시 부상으로 종종 결장했음에도 득점 공동 6위, 도움 1위를 기록하면서 파괴력을 입증했다. 이달의 선수를 무려 3회 수상했고 시즌 베스트일레븐에 오르는 등 환상적인 시즌을 보냈다. 검투사 세리머니가 홈 구장인 올림피코만큼 잘 어울리는 곳은 없다.

출전경기	경기시간(분)	골	어시스트	경고	퇴장
28	1,977	13	9	3	-

MF 28 엔조 르페
Enzo Le Fee

국적: 프랑스

170cm의 단신 테크니션 미드필더. 다양한 볼 키핑 기술을 구사하며 직접 공을 전진시키는 게 특기다. 오른발은 프리킥 전담 키커를 맡을 정도로 강력하고, 상대가 오른발만 견제할 때는 왼발로도 강슛을 날려 득점할 수 있다. 그렇다고 해서 강력한 압박 속에 방치되기에는 체격의 한계가 있다. 때문에, 2선보다는 3선에서 공을 운반하고 중원을 장악하는 역할이 잘 어울릴 것으로 보이는 선수다.

출전경기	경기시간(분)	골	어시스트	경고	퇴장
25	1537	-	1	3	-

MF 56 알렉시스 살레마키어스
Alexis Saelemaekers

국적: 벨기에

벨기에의 박지성로 불리곤 했던 성실함의 화신이다. 벨기에에서 그리 주목받지 못한 선수였는데 밀란 이적 후 성실한 압박과 전방 침투 등 팀플레이 능력으로 큰 주목을 받으며 한때 주전 자리를 차지했다. 밀란에서 한계를 드러낸 듯 보였을 때 볼로냐로 임대됐고, 티아고 모타 감독의 전술 지시도 잘 이행하면서 다시 가치를 입증했다. 측면공격뿐 아니라 유사시 측면수비도 소화할 수 있다.

출전경기	경기시간(분)	골	어시스트	경고	퇴장
30	1,893	4	2	5	1

FW 18 마티아스 소울레
Matias Soule

국적: 아르헨티나

프로시노네에서 지난 시즌 중반까지 키 패스와 드리블 성공 모두 리그 1위를 달리다가 최종적으로는 모두 2위로 마무리한 찬스 메이킹의 달인. 11골 3도움으로 득점력도 훌륭했다. 디발리기 제2의 메시리면, 소울레는 제2의 디마리아에 가깝기 때문에, 이론상 두 선수의 공존도 충분히 가능하다. 디발라에 이어 유벤투스가 포기한 선수를 로마가 냉큼 주워와서 신뢰를 보냈다는 것 역시 공통점이다.

출전경기	경기시간(분)	골	어시스트	경고	퇴장
36	3,141	11	3	4	-

SS 라치오
SS Lazio

TEAM PROFILE

창 립	1900년
구 단 주	클라우디오 로티토(이탈리아)
감 독	마르코 바로니(이탈리아)
연 고 지	라치오 주 로마
홈 구 장	스타디오 올림피코(7만 3000명)
라 이 벌	AS로마
홈페이지	www.sslazio.it

최근 5시즌 성적

시즌	순위	승점
2019-2020	4위	78점(24승6무8패, 79득점 42실점)
2020-2021	6위	68점(21승5무12패, 61득점 55실점)
2021-2022	5위	64점(18승10무10패, 77득점 58실점)
2022-2023	2위	74점(22승8무8패, 60득점 30실점)
2023-2024	7위	61점(18승7무13패, 49득점 39실점)

SERIE A (전신 포함)

통 산	우승 2회
23-24 시즌	7위(18승7무13패, 승점 61점)

COPPA ITALIA

통 산	우승 7회
23-24 시즌	4강

UEFA

통 산	없음
23-24 시즌	챔피언스리그 16강

경기 일정

라운드	날짜	장소	상대팀
1	2024.08.19	홈	베네치아
2	2024.08.25	원정	우디네세 칼초
3	2024.09.01	홈	AC 밀란
4	2024.09.19	홈	엘라스 베로나
5	2024.09.22	원정	ACF 피오렌티나
6	2024.09.29	원징	토리노
7	2024.10.06	홈	엠폴리
8	2024.10.20	원정	유벤투스
9	2024.10.27	홈	제노아 CFC
10	2024.11.01	원정	코모 1907
11	2024.11.05	홈	칼리아리 칼초
12	2024.11.11	원정	AC 몬차
13	2024.11.25	홈	볼로냐
14	2024.12.01	원정	파르마 칼초 1913
15	2024.12.08	원정	SSC 나폴리
16	2024.12.15	홈	인테르나치오날레
17	2024.12.22	원정	US 레체
18	2024.12.29	홈	아탈란타 BC
19	2025.01.05	원정	AS 로마
20	2025.01.12	홈	코모 1907
21	2025.01.19	원정	엘라스 베로나
22	2025.01.26	홈	ACF 피오렌티나
23	2025.02.02	원정	칼리아리 칼초
24	2025.02.09	홈	AC 몬차
25	2025.02.16	홈	SSC 나폴리
26	2025.02.23	원정	베네치아
27	2025.03.02	원정	AC 밀란
28	2025.03.09	홈	우디네세 칼초
29	2025.03.16	원정	볼로냐
30	2025.03.30	홈	토리노
31	2025.04.06	원정	아탈란타 BC
32	2025.04.13	홈	AS 로마
33	2025.04.20	원정	제노아 CFC
34	2025.04.27	홈	파르마 칼초 1913
35	2025.05.04	원정	엠폴리
36	2025.05.11	홈	유벤투스
37	2025.05.18	원정	인테르나치오날레
38	2025.05.25	홈	US 레체

전력분석 | 미지수 투성이 팀

체질 개선을 위해 여러 포지션을 갈아엎으면서, 얼마나 경쟁력이 있을지 쉽게 예상하기 힘들어졌다. 일단, 치로 임모빌레가 떠난 최전방은 발렌틴 카스테야노스가 맡는다. 비록 라치오에서 보낸 1년은 부진했지만, 라리가 시절에는 뛰어난 공격수였으니 부활 가능성을 믿어봐야 한다. 보험으로 불라이 디아도 영입해 뒀다. 2선은 더 큰 변화가 일어났는데, 마티아 자카니를 제외하면 기존 선수들이 싹 이탈할 것으로 보인다. 가장 믿음직한 윙어 자카니를 중심으로 어떤 조합을 짜는 게 최선인지 시즌 초반에는 실험이 거듭될 수 있다. 수비형 미드필더는 지난 시즌 핵심으로 올라선 마테오 겐두지를 중심으로 삼는다. 왕년의 유망주 가에타노 카스트로빌리의 부활 여부가 궁금하다. 그리고 포백부터 이반 프로베델 골키퍼까지는 비교적 기존 멤버가 유지되고 있다. 관건은 겐두지의 파트너부터 최전방까지 이어지는 3선, 2선, 1선이다. 이 포지션에 부활 여부를 예상하기 힘들거나 아예 빅리그가 처음인 선수들이 대거 등장했다. 단장이 감독 전술에 맞는 선수를 잘 사 주고, 명성에 비해 좋은 활약을 해주길 기대해야 한다.

전술분석 | 투도르보다는 사리와 비슷하게, 포백 기반으로

이탈리아 무대에서 잔뼈가 굵은 마르코 바로니 감독은 주로 하부 리그나 세리에A 하위권 팀을 맡다가 라치오 지휘봉을 잡으면서 큰 도전에 나선다. 과거의 잔류용 전술과 라치오의 4강 진입용 전술은 달라야 한다. 부임 당시 천명한 건 포백 수비두 명의 윙어 기용이다. 이는 스트라이커가 원톱이라는 점도 암시한다. 사리 감독이 시작한 라치오의 포백 도입과 측면 공격 강화 사업을 이어받겠다는 것이고, 잠깐 지휘했던 이고르 투도르 감독의 3-4-2-1 대형은 쓰지 않겠다는 선언이다. 그 안에서 4-2-3-1과 4-3-3 중 변화를 줄 수 있다고 말했는데, 현지에서는 4-3-3이 더 유력하다고 전망하고 있다. 기본적으로 포백을 기반으로 4열 포메이션을 써서 선수들을 조직적으로 배치하며, 경기 주도권에서 밀리지 않는 축구를 시도할 것으로 보인다.

이를 위해 젊은 선수들이 대거 영입됐다. 개인 파괴력은 검증이 더 필요한 대신 체력이 충분하고 감독의 지시를 잘 따르는 선수를 많이 기용하면서 장악력을 유지하려는 경향이다. 일단 프리시즌 무패로 기대는 높였다. 더 강한 팀을 상대하는 실전에서 공격의 파괴력까지 낼 수 있는지 검증이 필요하다.

잘 가요 레전드들, 젊은 팀으로 다시!

명성을 기준으로 한다면 나간 선수들과 영입된 선수들의 격차가 어마어마하다. 떠난 선수로는 구단 역사상 최다골의 주인공 치로 임모빌레, 중원의 핵심 테크니션 루이스 알베르토 등 전설의 반열에 오른 선수들이 있다. 여기에 가마다 다이치, 펠리페 안데르손 등 스타급 2선 자원들이 추가로 이탈했다. 이때 대응이 과거의 라치오와는 달랐다. 예전에는 이적료가 낮은 유명 선수를 잘 찾아서 저렴한 몸값으로 데려오는 수완이 남다른 팀이었다. 미로슬라프 클로제가 현역 생활의 말년을 불태웠던 게 대표적이다. 팀이 늙고 느리더라도 클래스 높은 선수들을 기용하는 경우가 많았다.

이런 체질을 마우리치오 사리 감독 시절 개선해보려 했지만 잘되지 않았는데, 비록 감독은 실패했으나 개혁의 방향성은 유지했다. 룸 차우나, 티자니 노슬린, 불라이 디아 등 젊고 빠른 선수 위주로 팀을 개편하는 작업이 적극 진행 중이다. 늙고 노련한 선수를 중용하는 게 이탈리아 전통이라지만, 그런 축구로는 현대축구를 잘 구현할 수 없기에, 젊은 명장을 선임해도 의미가 없어진다. 이 사실을 깨달은 클라우디오 로티토 회장이 큰맘 먹고 체질 개선에 나선 시즌이다.

IN & OUT

주요 영입	주요 방출
룸 차우나, 티자니 노슬린, 피사요 델레바시루, 가에타노 카스트로빌리, 누누 타바레스, 불라이 디아, 사뮈엘 지고	루이스 알베르토, 가마다 다이치, 펠리페 안데르손, 치로 임모빌레, 니콜로 카잘레

TEAM FORMATION

TEAM RATINGS

슈팅 6
패스 7
조직력 7
수비력 7
감독 7
선수층 7

41

2023/24 프로필

팀 득점	49
평균 볼 점유율	53.20%
패스 정확도	85.00%
평균 슈팅 수	11.6
경고	97
퇴장	5

골 타입		
오픈 플레이	67	
세트 피스	14	
카운터 어택	4	
패널티 킥	8	
자책골	6	단위 (%)

패스 타입		
쇼트 패스	88	
롱 패스	9	
크로스 패스	3	
스루 패스	0	단위 (%)

지역 점유율

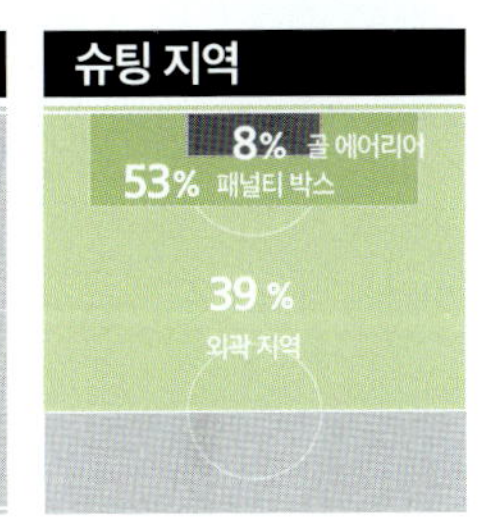

공격 방향

슈팅 지역

상대팀 최근 6경기 전적

구분	승	무	패
인테르	1	1	4
AC 밀란	1		5
유벤투스	3		3
아탈란타	2	2	2
볼로냐	3	1	2
로마	3	1	2
라치오			
피오렌티나	4	1	1
토리노	2	3	1
나폴리	2	1	3
제노아	5		1
몬차	3	2	1
엘라스 베로나	2	3	1
레체	2	1	3
우디네세	3	2	1
칼리아리	5	1	
엠폴리	4	2	
파르마	6		
코모	3	1	2
베네치아	4	2	

SQUAD

포지션	등번호	이름		생년월일	키(cm)	체중(kg)	국적
GK	35	크리스토스 만다스	Christos Mandas	2001.09.17	189	75	그리스
	94	이반 프로베델	Ivan Provedel	1994.03.17	194	84	이탈리아
DF	2	사뮈엘 지고	Samuel Gigot	1993.10.12	187	83	프랑스
	3	루카 펠레그리니	Luca Pellegrini	1999.03.07	178	72	이탈리아
	4	페드릭	Patric	1993.04.1	184	74	스페인
	13	알레시오 로마뇰리	Alessio Romagnoli	1995.01.12	188	78	이탈리아
	23	엘세이드 히사이	Elseid Hysaj	1994.02.02	182	70	알바니아
	30	누누 타바레스	Nuno Tavares	2000.01.26	183	75	포르투갈
	34	마리오 힐라	Mario Gila	2000.08.29	185	74	스페인
	77	아담 마루시치	Adam Marusic	1992.10.17	185	85	몬테네그로
MF	5	마티아스 베시노	Matías Vecino	1991.08.24	187	80	우루과이
	6	니콜로 로벨라	Nicolò Rovella	2001.12.04	179	66	이탈리아
	7	피사요 델레-바시루	Fisayo Dele-Bashiru	2001.02.06	186	68	나이지리아
	8	마테오 겐두지	Mattéo Guendouzi	1999.04.14	184	80	프랑스
	10	마치니아 차카니	Mattia Zaccagni	1995.06.16	177	63	이탈리아
	22	카에타노 카스트로빌리	Gaetano Castrovilli	1997.02.17	179	72	이탈리아
	26	토마 바시치	Toma Bašić	1996.11.25	190	82	크로아티아
	29	마누엘 라차리	Manuel Lazzari	1993.11.29	174	67	이탈리아
FW	9	페드로	Pedro	1987.07.28	169	65	스페인
	11	발렌틴 카스테야노스	Taty Castellanos	1998.10.03	178	69.8	아르헨티나
	14	티자니 노슬린	Tijjani Noslin	1999.07.07	178	68	네덜란드
	18	구스타프 이삭센	Gustav Isaksen	2001.04.19	178	65	덴마크
	19	불라예 디아	Boulaye Dia	1996.11.18	180	75	세네갈
	20	룸 차오우나	Loum Tchaouna	2003.09.08	180	68	프랑스
	22	디에고 곤살레스	Diego González	2003.01.07	177	67	파라과이

선수로서나 감독으로서나 저니맨이다. 선수 시절 이적을 11번 했고, 감독으로 2000년 데뷔한 뒤 라치오까지 이직을 16번 했다. 감독으로서 거둔 가장 큰 성공은 레체를 2021/22 시즌 세리에B 우승 및 승격으로 이끌고, 그다음 시즌 잔류까지 달성한 것. 이후 베로나가 바로니 감독을 영입해 갔고, 지난 시즌 베로나를 13위로 인도했다. 지난 시즌 도중 영입은 하나도 안 되고 선수가 떠나기만 했다는 사정을 감안하면, 13위라는 성과는 좀 더 높은 평가를 받아도 된다.

마르코 바로니 *Marco Baroni*
1963년 9월 11일생 이탈리아

MF 10 마티아 차카니 *Mattia Zaccagni*

KEY PLAYER

국적: 이탈리아

라치오에서 가장 무서운 선수이자, 유일하게 남아 있는 이탈리아 대표 선수다. 단 4번째 시즌이지만 등번호 10번과 주장 완장까지 물려받으면서 명실상부한 간판스타로 인정받았다. 아주 섬세한 테크니션은 아니지만, 왼쪽 측면에서 중앙으로 파고드는 돌파와 측면 공략이 모두 가능하며, 수비 한 명 정도는 제칠 수 있는 돌파와 이어지는 패스 및 슛의 선택지 모두 좋은 평가를 받는다. 중앙 미드필더까지 소화할 수 있는 팀플레이 능력을 겸비했기 때문에 감독이 수비 가담을 많이 지시해도 군말 없이 소화한다. 지난 시즌, 경기당 드리블 성공 리그 1위(1.9회), 파울 유도 역시 1위(2.8회)로 공 잡았을 때 가장 껄끄러워하는 선수라는 걸 입증했다.

출전경기	경기시간(분)	골	어시스트	경고	퇴장
28	1,974	6	1	8	-

GK 94 이반 프로베델 *Ivan Provedel*

국적: 이탈리아

자카니가 라치오에서 유일한 아주리인 건, 프로베델이 억울하게도 대표팀에 발탁되지 못해서다. 세리에A 최우수 골키퍼상을 수상할 정도로 뛰어난 기량이 공인된 선수지만 대표팀과는 묘하게 인연이 없었다. 원래 후보로 영입된 선수였지만, 2022/23 시즌 큰 기대 속에 영입된 루이스 막시미아누를 후보로 밀어내며 오로지 실력만으로 주전 자리를 꿰찼다. 선방뿐 아니라 빌드업도 능숙하다.

출전경기	경기시간(분)	실점	무실점(경기)	경고	퇴장
30	2,700	33	9	-	-

DF 2 사뮈엘 지고 *Samuel Gigot*

국적: 프랑스

벨기에, 러시아 등 외국을 돌며 실력을 인정받았다. 특히 러시아에서는 대표팀으로 귀화시키려 한다는 보도까지 있었다. 국제적인 위상이 많이 오른 상태에서 2022년 마르세유로 금의환향했다. 하지만 지난 두 시즌 동안 붙박이 주전은 되지 못했고, 마르세유가 새판을 짜면서 지고도 떠나게 됐다. 그는 이탈리아라는 새 무대를 택했다. 몸으로 덤비는 수비와 슬라이딩 태클 모두 뛰어난 파이터형 센터백이다.

출전경기	경기시간(분)	골	어시스트	경고	퇴장
21	1,729	3	-	7	1

DF 3 루카 펠레그리니 *Luca Pellegrini*

국적: 이탈리아

자리잡는 데 정말 오래 걸렸지만, 지난 시즌 리그 데뷔골을 넣은 데 이어 이번 시즌은 주전으로 출장할 가능성이 높다. 어렸을 때부터 로마의 유망주였던 펠레그리니가 한참 헤맨 건 구단의 장부 사정 때문에 유벤투스로 이적 '당하면서' 경력이 꼬였기 때문이다. 지난 시즌, 라치오 2년 임대에 완전이적 조건까지 포함되면서 안정을 찾았다. 공수 양면에서 풀백의 정석적인 재능을 갖춘 선수다.

출전경기	경기시간(분)	골	어시스트	경고	퇴장
19	782	-	-	5	-

DF 13 알레시오 로마뇰리 *Alessio Romagnoli*

국적: 이탈리아

이탈리아 대표급 센터백이다. 프로 생활은 로마에서 시작했지만 사실 어려서부터 라치오 서포터였다. 그래서 밀란을 떠나 FA가 됐을 때 더 부유한 팀들을 노리지 않고 라치오로 이적했다. 요즘 유행하는 전투적인 센터백과는 거리가 멀고, 지능적으로 공간을 점유해 수비한 뒤 침착한 왼발 패스로 빌드업하는 성향이다. 참고로 이름은 '로마 사람'이 아니라 북부 지방 '로마냐 사람'이라는 뜻이다.

출전경기	경기시간(분)	골	어시스트	경고	퇴장
29	2,410	-	-	9	-

DF 30 누누 타바레스 *Nuno Tavares*

국적: 포르투갈

한때 아스널에서 뛰며 이름을 알린 공격형 레프트백. 프리미어리그에 진출하자마자 탁월한 운동능력으로 화제를 모았다. 하지만 지능적인 측면에서 약점을 드러냈고, 이후 임대를 전전하면서도 큰 발전은 이루지 못했다. 라치오가 세 번째 임대 팀. 좌충우돌하는 경기방식과 달리 꽤 교양 있는 취미가 있는데, 첼로 연주가 수준급이다. 어렸을 때는 첼로 전공도 생각했을 정도의 실력이라고 한다.

출전경기	경기시간(분)	골	어시스트	경고	퇴장
8	455	-	-	2	-

DF 34 마리오 힐라 *Mario Gila*

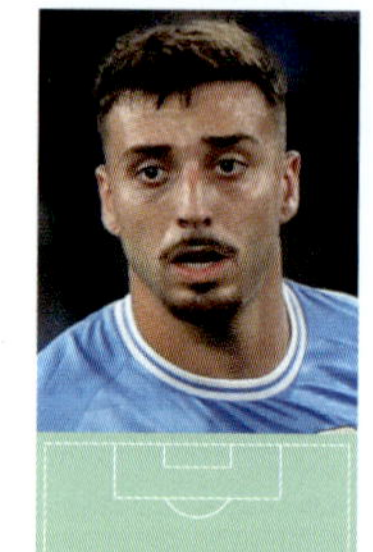

국적: 스페인

레알 마드리드 B팀에서 뛰다가 라치오로 이적한 '믿고 쓰는 레알산'이다. 라치오 첫 시즌이었던 2022/23 시즌은 후보에 가까웠지만, 지난 시즌은 리그 21경기와 챔피언스리그 4경기에 모두 선발 출장하면서 주전으로 올라섰다. 빌드업 기여도가 높은 편인데 공을 돌리는 데 급급한 게 아니라, 어떤 패스가 팀에 최선인지 판단하는 모습이 보인다. 183cm로 크지 않은 키지만, 수비에 약점을 보이지도 않는다.

출전경기	경기시간(분)	골	어시스트	경고	퇴장
21	1,814	-	-	2	1

DF 77 아담 마루시치
Adam Marusic

국적: 몬테네그로

윙어 출신 레프트백으로, 폭발적인 운동능력을 갖췄다. 풀백치고 큰 덩치를 살려 멧돼지처럼 파고드는 돌파가 특기. 마무리에 약점을 드러내면서 높은 평가를 받진 못한 세월이 길었다. 하지만 다른 풀백들이 부상을 당할 때 건강하게 매 시즌 40경기 넘게 뛸 수 있는 것도 분명한 장점이다. 어느덧 라치오에서 8번째 시즌을 맞이할 정도로 경험이 쌓이면서 어느 정도는 플레이가 가다듬어졌다.

출전경기	경기시간(분)	골	어시스트	경고	퇴장
37	3,108	1	–	3	1

MF 5 마티아스 베시노
Matias Vecino

국적: 우루과이

살아남는 자가 강한 자다. 매 시즌 플레이에 한계가 있다는 단점을 지적받으면서도 결국 라치오 주전으로 꾸준히 뛰는 건 베시노다. 기술과 공 잡았을 때의 시야는 아쉽지만, 187cm의 강인한 신체 조건과 성실한 전술 수행으로 감독이 시키는 역할을 잘 수행하는 선수다. 그리고 종종 터지는 한 방, '클러치 능력'을 갖췄다. "베시노가 가져갑니다"라는 캐치프레이즈가 그를 응원하는 문구로 쓰인다.

출전경기	경기시간(분)	골	어시스트	경고	퇴장
31	1,136	6	1	8	–

MF 6 니콜로 로벨라
Nicolo Rovella

국적: 이탈리아

유벤투스가 최근 무더기로 배출하기 시작한 유망주 중에서 대표적인 레지스타(후방 플레이메이커)였다. 어려서 성장한 제노아에서도, 유벤투스 이적 후 임대됐던 몬차에서도 탁월한 활약을 보였다. 그러나 유벤투스 1군에 마땅한 레지스타가 없는데도 불구하고 구단과 선수 모두 이적을 택하면서, 지난 시즌 라치오로 왔다. 부상만 없다면 팀플레이를 한결 세련되게 다듬어 주는 훌륭한 조정자다.

출전경기	경기시간(분)	골	어시스트	경고	퇴장
23	1,324	–	2	6	1

MF 8 마테오 겐두지
Matteo Guendouzi

국적: 프랑스

신체와 기술적인 재능을 모두 겸비한 미드필더로 큰 주목을 받았다. 대표팀 선배 폴 포그바, 아드리앙 라비오와 큰 틀에서 비슷한 부류이고, 어렸을 때 별명도 '로리앙의 라비오'였다. 하지만 아스널에서는 플레이도 제멋대로, 경기 중 감정 기복도 제멋대로인 아쉬운 모습만 보였다. 모국 프랑스의 마르세유에서 한 단계 발전한 뒤, 지난 시즌부터 라치오에서 팀을 이끌만한 모습을 보여주고 있다.

출전경기	경기시간(분)	골	어시스트	경고	퇴장
33	2,371	2	3	3	1

MF 22 가에타노 카스트로빌리
Gaetano Castrovilli

국적: 이탈리아

피오렌티나 팬들의 아픈 손가락이 결국 라치오로 팀을 옮겼다. 지난 2019/20 시즌, 피오렌티나 첫 시즌에 놀라운 볼 키핑과 드리블 전진 능력을 보여주면서 화제를 모았고, 이탈리아 대표팀에도 데뷔했다. 공을 몰고 올라가는 능력 하나만 보면 안드레스 이니에스타와 꼭 닮았을 정도로 탁월했다. 하지만 좋은 활약은 두 시즌에 그쳤고, 이후 잦은 부상과 더불어 기량이 퇴보했다는 게 아쉽다.

출전경기	경기시간(분)	골	어시스트	경고	퇴장
6	370	–	2	–	–

MF 29 마누엘 라차리
Manuel Lazzari

국적: 이탈리아

4부에서 1부까지 차근차근 사다리를 타고 올라 이탈리아 대표로 까지 발탁된 인간 승리의 주인공이다. 헝그리 정신을 경기력으로 잘 치환해 낸 사례. 라치오가 스리백을 쓰던 시절에는 경기장을 가로질러 전력 질주할 수 있는 엄청난 스태미너로 공수 양면에서 압도적인 존재감을 보여줬다. 이후 포백에도 성공적으로 적응했고, 전만큼 돋보이진 않지만 무난한 플레이와 괜찮은 크로스를 보여준다.

출전경기	경기시간(분)	골	어시스트	경고	퇴장
24	1,676	–	2	4	1

FW 9 페드로 로드리게스
Pedro Rodriguez

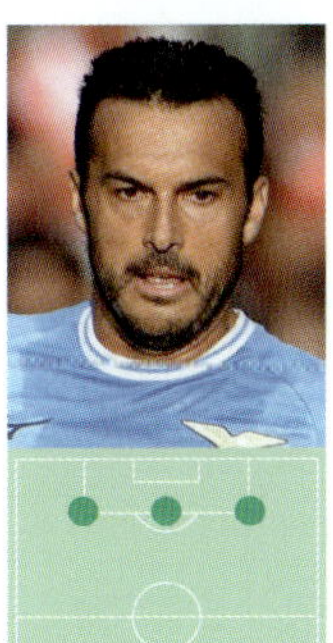

국적: 스페인

이번 시즌 주전 윙어로는 구스타프 이삭센, 룸 차우나 등 더 어린 선수들이 뛸 것으로 보인다. 하지만 페드로는 앞선 시즌에도 마냥 후보로 밀릴 거라는 예상을 뒤집고 로테이션 멤버 정도의 비중을 늘 차지했다. 이번 시즌도 선발과 교체를 오가며 뛸 것으로 보인다. 한때 리오넬 메시, 다비드 비야와 바르셀로나 'MVP' 라인을 이뤘던 전설적 윙어로서 팀플레이와 결정력이 장점이다. 단 10분을 뛰어도 '한 방'이 기대되는 선수.

출전경기	경기시간(분)	골	어시스트	경고	퇴장
33	801	1	1	4	–

FW 11 발렌틴 카스테야노스
Valentin Castellanos

국적: 아르헨티나

실망뿐이었던 첫 시즌을 이겨내고, 이번 시즌은 주전 자리를 차지할 가능성이 높은 수준급 스트라이커. 미국의 뉴욕 시티에서 리그 득점왕에 올랐고, 2022/23 시즌 지로나 소속으로 레알 마드리드전 4골을 몰아쳐 큰 화제를 모은 바 있다. 연계 플레이와 간결한 마무리 감각을 지닌 스트라이커로 상대 문전에서 골 냄새를 잘 맡는다. 이름 발렌틴보다는 별명이자 등록명인 타티로 잘 알려져 있다.

출전경기	경기시간(분)	골	어시스트	경고	퇴장
35	1,676	4	3	2	–

FW 14 티자니 노슬린
Tijjani Noslin

국적: 네덜란드

라치오가 새로 영입한 젊고 운동능력이 좋은 공격자원 중 대표격인 선수로 윙어이다. 모국 네덜란드 리그에서조차 특급 재능은 아니었지만, 지난 시즌 후반기 베로나에서 뛰면서 빈 시즌 만에 5골 4도움을 몰아치는 맹활약을 보였다. 세련된 플레이를 하는 것도 아니고 돌파력도 별로 없는데, 상대 진영에서 공을 잡으면 패스와 슛 하나하나가 위력적인 선수다. 심지어 헤딩 패스도 날카롭다.

출전경기	경기시간(분)	골	어시스트	경고	퇴장
17	1,347	5	4	2	–

ACF 피오렌티나

ACF Fiorentina

최근 5시즌 성적

시즌	순위	승점
2019-2020	10위	49점(12승13무13패, 51득점 48실점)
2020-2021	14위	40점(9승13무16패, 47득점 59실점)
2021-2022	7위	62점(19승5무14패, 59득점 51실점)
2022-2023	8위	56점(15승11무12패, 53득점 43실점)
2023-2024	8위	60점(17승9무12패, 61득점 46실점)

SERIE A (전신 포함)

통 산	우승 2회
23-24 시즌	8위(17승9무12패, 승점 60점)

COPPA ITALIA

통 산	우승 6회
23-24 시즌	4강

UEFA

통 산	없음
23-24 시즌	없음

경기 일정

라운드	날짜	장소	상대팀
1	2024.08.18	원정	파르마 칼초 1913
2	2204.08.26	홈	베네치아
3	2024.09.02	홈	AC 몬차
4	2024.09.15	원정	아탈란타 BC
5	2024.09.22	홈	SS 라치오
6	2024.09.30	원성	엠폴리
7	2024.10.07	홈	AC 밀란
8	2024.10.20	원정	US 레체
9	2024.10.28	홈	AS 로마
10	2024.11.01	원정	제노아 CFC
11	2024.11.03	원정	토리노
12	2024.11.10	홈	엘라스 베로나
13	2024.11.24	원정	코모 1907
14	2024.12.01	홈	인테르나치오날레
15	2024.12.08	홈	칼리아리 칼초
16	2024.12.15	원정	볼로냐
17	2024.12.22	홈	우디네세 칼초
18	2024.12.29	원정	유벤투스
19	2025.01.05	홈	SSC 나폴리
20	2025.01.12	원정	AC 몬차
21	2025.01.19	홈	토리노
22	2025.01.26	원정	SS 라치오
23	2025.02.02	홈	제노아 CFC
24	2025.02.09	원정	인테르나치오날레
25	2025.02.16	홈	코모 1907
26	2025.02.23	원정	엘라스 베로나
27	2025.03.02	홈	US 레체
28	2025.03.09	원정	SSC 나폴리
29	2025.03.16	홈	유벤투스
30	2025.03.30	홈	아탈란타 BC
31	2025.04.06	원정	AC 밀란
32	2025.04.13	홈	파르마 칼초 1913
33	2025.04.20	원정	칼리아리 칼초
34	2025.04.27	홈	엠폴리
35	2025.05.04	원정	AS 로마
36	2025.05.11	원정	베네치아
37	2025.05.18	홈	볼로냐
38	2025.05.25	원정	우디네세 칼초

전력 분석 | 상승세인 동시에 전성기인 선수들로 물갈이 중

매 시즌 최선의 영입을 통해 스쿼드를 강화하려는 노력을 끊이지 않는 피오렌티니. 이번 시즌도 노신은 그대로다. 레체에서 뛰던 수비수 마린 폰그라치치, 몬차 미드필더였던 안드레아 콜파니, 제노아 공격의 중심이었던 알베르트 그뷔드뮌손이 영입됐다. 이들의 공통점은 중하위권 팀에서 두각을 나타내 적당한 몸값으로 영입할 수 있으면서, 유망주라기보다는 20대 중반의 완성된 선수라는 점이다. 장기적인 육성 전략보다 당장 팀을 강화하고 싶은 피오렌티나 구단의 방향성이 느껴진다. 동시에 빅클럽에서 한 번 고배를 마셨지만, 아직 잘해 줄 여지가 있는 선수들도 합류했다. 이탈리아 대표급 공격수이면서도 시즌별 기복이 극심한 모이스 킨, 그리고 맨유의 주전 수문장이었다가 지난 1년간 실직 상태였던 골키퍼 다비드 데 헤아가 이 범주에 들어간다. 새로 합류한 선수들은 니콜라 밀렌코비치, 자코모 보나벤투라 등으로 이들은 지난 시즌 주축이었던 선수들을 대체하게 된다. 여기에 22세 유망주 미드필더인 아미르 리샤르송도 영입하면서 미래도 고려했다. 다른 포지션은 충분히 전력 유지나 강화가 가능할 듯한데 공격진은 약간 불안해 보인다.

전술 분석 | 스리백으로 전환

피오렌티나는 최근 빈첸초 이탈리아노 감독을 비롯, 주로 포백에 기반한 감독이 지휘하곤 했다. 반면 새로 부임한 라파엘레 팔라디노는 몬차에서 쓰던 스리백을 피오렌티나에 이식했다. 상당히 큰 변화다. 이를 위해 몬차 시절부터 전술적 페르소나였던 콜파니를 영입했다. 4-2-3-1이 3-4-2-1 포메이션으로 바뀌면, 2선 자원이 3명에서 2명으로 줄어들고 동선은 더 유연해지는 효과가 있다. 이는 구단이 이적시장에서 2선 자원의 풀을 축소시킨 작업과도 밀접한 연관이 있어 보인다. 대신 그동안 이탈리아노의 전술을 소화하기 힘들었던 선수들이 새 포메이션에서 만개하는 효과도 기대할 수 있다. 특히 피오렌티나가 야심차게 영입해 놓고 잘 활용하지 못했던 조나단 이코네, 루카스 벨트란, 크리스티앙 쿠아메 중 한 명 정도는 상승세를 타지 않을까 기대된다. 몬차 시절 팔라디노는 굉장히 균형 잡힌 선수 활용으로 경기장 전역을 활용하는 게 특징이었다. 좌우의 비중, 측면과 중앙의 비중을 기계적일 정도로 잘 맞추는 경기가 자주 보였다. 선수들은 한 가지 역할이 아니라 상황에 맞는 유연한 역할을 바꿔가며 소화할 수 있어야 한다.

아무것도 남기지 못한 한 세대를 보내며

지난여름 피오렌티나의 이적시장은 상징적이었다. 한때 유명세를 탔던 페데리코 베르나르데스키, 페데리코 키에사, 두샨 블라호비치와 더불어 대표 유망주였던 수비수 니콜라 밀렌코비치를 떠나보냈다. 뒤이어 주목받았던 미드필더 가에타노 카스트로빌리와도 결별했다. 여기에 이탈리아노 감독까지 떠나면서 한 세대의 종언을 알렸다. 특급 유망주들의 등장부터 이탈리아노의 부임으로 이어지던 시기, 피오렌티나는 야심을 품을 자격이 충분했다. 그러나 그 결과는 최근 3시즌 동안 7위, 8위, 8위라는 애매한 순위와 더불어, 코파 이탈리아 준우승 1회, 무엇보다 유로파 컨퍼런스리그 2년 연속 준우승이라는 기막힌 결과였다. 딱 1경기만 더 이기면 2001년 코파 이후 첫 트로피를 따낼 수 있었는데도 번번이 정상 직전에 미끄러졌다. 하지만 구단의 가능성을 본 로코 코미소 회장은 투자를 멈추지 않았다. 지난 시즌에는 대규모 클럽하우스 비올라 파크를 건설하여 구단에 선물했다. 무조건 화려한 선수만 추가하는 게 아니라 구단의 현재와 미래를 동시에 바라보는 투자다. 구단은 새로운 시대에 들어섰다. 그리고 여전한 끈기와 인내심으로 언젠가 찾아올 결실을 기다릴 것이다.

IN & OUT

주요 영입	주요 방출
마린 폰그라치치, 모이스 킨, 아미르 리샤르송, 안드레아 콜파니, 알베르 그뷔드뮌손, 다비드 데헤아, 에도아르도 보베	니콜라 밀렌코비치, 알프레드 던칸, 자코모 보나벤투라, 가에타노 카스트로빌리, 음발라 은졸라, 니콜라스 곤잘레스

TEAM FORMATION

PLAN 3-4-2-1

TEAM RATINGS

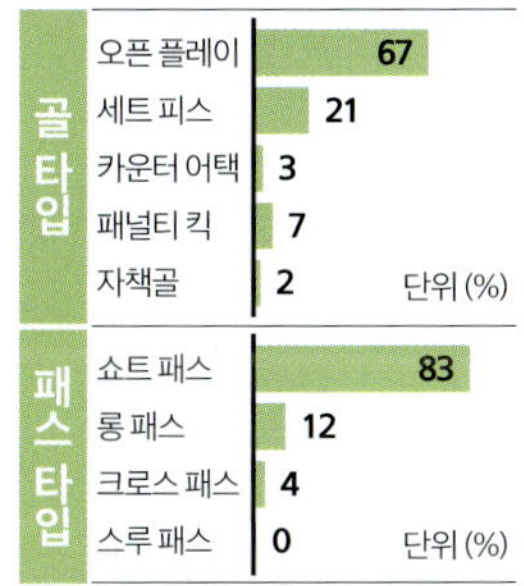

2023/24 프로필

팀 득점	61
평균 볼 점유율	57.40%
패스 정확도	83.40%
평균 슈팅 수	13.8
경고	80
퇴장	0

골 타입		
오픈 플레이	67	
세트 피스	21	
카운터 어택	3	
패널티 킥	7	
자책골	2	단위 (%)

패스 타입		
쇼트 패스	83	
롱 패스	12	
크로스 패스	4	
스루 패스	0	단위 (%)

지역 점유율

공격 방향

슈팅 지역

상대팀 최근 6경기 전적

구분	승	무	패
인테르	1	1	4
AC 밀란	2		4
유벤투스	1	1	4
아탈란타	3	1	2
볼로냐	3		3
로마	2	2	2
라치오	1	1	4
피오렌티나			
토리노	2	2	2
나폴리	2	2	2
제노아	3	3	
몬차	3	2	1
엘라스 베로나	3	2	1
레체	2	2	2
우디네세	3	1	2
칼리아리	4	2	
엠폴리	1	3	2
파르마	2	3	1
코모	4		2
베네치아	3	1	2

SQUAD

포지션	등번호	이름		생년월일	키(cm)	체중(kg)	국적
GK	1	피에트로 테라지아노	Pietro Terracciano	1990.03.08	193	85	이탈리아
	30	톰마소 마르티넬리	Tommaso Martinelli	2006.01.06	194	90	이탈리아
	43	다비드 데 헤아	David de Gea	1990.11.07	192	71	스페인
DF	2	두두	Dodô	1998.11.17	166	68	브라질
	3	크리스디이노 비리기	Cristiano Biraghi	1992.09.01	185	78	이탈리아
	5	마린 폰크라치치	Marin Pongračić	1997.09.11	193	95	크로아티아
	6	루카 라니에리	Luca Ranieri	1999.04.23	187	74	이탈리아
	15	피에트로 코무초	Pietro Comuzzo	2005.02.20	185	79	이탈리아
	22	마티아스 모레노	Matías Moreno	2003.09.24	193	–	아르헨티나
	28	루카스 마르티네스 콰르타	Lucas Martínez Quarta	1996.03.10	183	78	아르헨티나
	33	마이클 카요데	Michael Kayode	2004.07.10	179	69	이탈리아
MF	4	에도아르도 보베	Edoardo Bove	2002.05.16	181	61	이탈리아
	7	라카르도 소틸	Riccardo Sottil	1999.06.03	180	–	이탈리아
	8	롤란도 만드라고라	Rolando Mandragora	1997.06.29	183	75	이탈리아
	19	지노 인판티노	Gino Infantino	2003.05.19	178	–	아르헨티나
	21	로빈 고젠스	Robin Gosens	1994.07.05	183	76	독일
	23	안드레아 콜파니	Andrea Colpani	1999.05.11	184	79	이탈리아
	27	압델하미드 사비리	Abdelhamid Sabiri	1996.11.28	183	80	모로코
	29	야신 아들리	Yacine Adli	2000.07.29	186	78	프랑스
	72	안토닌 바라크	Antonín Barák	1994.12.03	190	88	체코
FW	9	루카스 벨트란	Lucas Beltrán	2001.03.29	176	77	아르헨티나
	10	알베르트 그뷔드뮌손	Albert Gudmundsson	1997.06.15	177	80	아이슬란드
	11	조나단 이코네	Jonathan Ikoné	1998.05.02	175	73	프랑스
	20	모이스킨	Moise Kean	2000.02.28	183	67	이탈리아
	99	크리스티앙 쿠아메	Christian Kouamé	1997.12.06	185	70	코트디부아르

이탈리아의 대표적인 젊은 피 감독. 선수 시절 유벤투스에서는 자리 잡지 못했지만, 중하위권의 여러 구단에서 뛰었고 잠시나마 이탈리아 대표팀에도 발을 담가본 공격수였다. 2019년 몬차에서 은퇴한 뒤 유소년팀부터 천천히 내공을 쌓던 팔라디노는 내부 평가가 좋은 상태에서 2022년 9월 1군 감독으로 승격됐다. 구단 역사상 첫 세리에A 시즌을 감독 초보가 맡은 것이다. 팔라디노는 지난 두 시즌 연속으로 몬차를 중위권에 올려놓으면서 지도력을 입증했다.

라파엘레 팔라디노 *Raffaele Palladino*
1984년 4월 17일생 이탈리아

FW 10 알베르트 그뷔드뮌손 *Albert Gudmundsson* 

국적: 아이슬란드

네덜란드 리그 시절에는 화려하지만, 마무리 능력이 아쉽다는 평가를 받았는데, 지난 시즌 제노아에서는 공격포인트 생산 능력이 탁월한 효율왕 공격수로 다시 태어났다. 득점 5위에 올랐을 뿐 아니라 경기당 키 패스 1위(2.3회)를 기록했다. 경기당 크로스가 3위(1.8회)였다는 건 날카로운 킥으로 공격수에게 기회를 만들어 주는 능력이 좋았다는 뜻. 또한 기대 득점(xG)에 비해 3.82골을 더 넣었다는 기록은 그의 결정력 향상을 빅데이터가 확인해 준 셈이다. 다만 과거에 경기장을 넓게 쓰는 선수였다면 제노아에서는 역습의 첨병처럼 뛰었기 때문에 가능했던 측면도 있다. 피오렌티나 몬차에서 부여할 역할이 중요하다. 약간의 불안 요소는 지난해 성범죄 혐의로 기소된 상태라는 것.

출전경기	경기시간(분)	골	어시스트	경고	퇴장
35	3,024	14	4	4	-

GK 1 피에트로 테라치아노 *Pietro Terracciano*

국적: 이탈리아

오랫동안 중하위권에서 뛰다가 28세에 피오렌티나로 이적했고, 후보로 3시즌을 보낸 뒤 30대에 마침내 주전 자리를 차지한 대기만성형 골키퍼. 선방 능력과 뛰쳐나가 상대 침투를 저지하는 능력이 모두 준수하다. 빌드업도 괜찮은데 특히 킥의 정확도가 높은 평가를 받으며, 지난 시즌 경기당 롱패스 횟수도 5위(7.1회)였다. 이제 평생 엘리트 코스를 밟아 온 동갑내기 골키퍼와 새 경쟁에 나선다.

출전경기	경기시간(분)	실점	무실점(경기)	경고	퇴장
33	2,970	35	8	3	-

GK 43 다비드 데 헤아 *David De Gea*

국적: 스페인

맨유 역사상 최다 무실점 경기 기록과 맨유 외국인 선수 중 최다 출장 기록(영연방 및 아일랜드 선수 제외)을 보유한 '레전드'급 선수였음에도 어째 돌아보면 칭찬보다는 혹평이 더 기억나는 문제적 스타. 맨유가 지나친 고연봉과 시대착오적 스타일을 문제 삼으며 작년에 방출했는데, 새 팀을 찾지 못하고 1년이나 쉬었다. 중동행 대신 연봉을 대폭 삭감하고 빅리그 도전을 이어가기로 했다.

출전경기	경기시간(분)	실점	무실점(경기)	경고	퇴장
-	-	-	-	-	-

DF 2 두두 *Dodo*

국적: 브라질

체구는 작지만, 겁이 없는 동물 울버린처럼 공수 양면에서 저돌적이고 돌파력이 좋은 윙백. 마무리 단계에서의 판단이 아쉽다는 단점을 지적받아 왔다. 스리백 도입의 수혜를 입어 한결 발전할 수 있을 것이라 기대되는 선수 중 하나다. 지난 시즌은 십사인대 부상으로 절반가량을 날려버렸지만, 후반기에 복귀하더니 유로파 컨퍼런스리그 결승행에 크게 기여해, 결국 대회 베스트 팀에 포함됐다.

출전경기	경기시간(분)	골	어시스트	경고	퇴장
9	523	-	-	-	-

DF 3 크리스티아노 비라기 *Cristiano Biraghi*

국적: 이탈리아

오버래핑 후 날카로운 크로스가 눈에 띄는 윙백이다. 지난 시즌 경기당 크로스 성공 횟수가 리그 2위(1.9회)였을 정도. 2016년 이후 리그 공격포인트 5개 미만인 적이 한 번도 없었다. 하지만 킥 하나에만 의존하는 선수는 아니다. 인버티드 윙백처럼 안쪽으로 이동하며 빌드업에 가담할 줄도 알고, 센터백 수준의 신체 조건을 활용해 좋은 수비력을 보여 준다. 근속 연수가 쌓여 주장 완장도 받았다.

출전경기	경기시간(분)	골	어시스트	경고	퇴장
29	2,359	2	5	8	-

DF 5 마린 폰그라치치 *Marin Pongracic*

국적: 크로아티아

이름에서 느껴지듯 크로아티아 대표지만, 나고 자란 곳은 독일이다. 무려 바이에른 뮌헨 유소년팀, 잘츠부르크, 도르트문트 등에서 뛰며 특급 재능임은 인정받았다. 그러나 결국 전반적인 기량 향상을 이루지 못했는데, 2022년 레체로 이적하면서 이탈리아 무대를 터전으로 생애 첫 풀 타임 주전 시즌을 소화했다. 장신, 빠른 발, 빌드업 능력 등을 두루 갖추긴 했다. 이를 잘 활용하는지가 관건.

출전경기	경기시간(분)	골	어시스트	경고	퇴장
36	3,220	-	-	8	1

DF 28 루카스 마르티네스 콰르타 *Lucas Martinez Quarta*

국적: 아르헨티나

지난 시즌, 경기당 태클 리그 3위(2.6회)라는 기록에서 보듯, 적극적인 성향의 센터백이다. 덩치는 크지 않지만 끈질기게 상대 공격수를 압박하는 아르헨티나 전통의 계승자로서 크리스티안 로메로와 비슷하다. 비록 카타르 월드컵 우승 멤버는 되지 못했지만, 2021년과 올해 코파 아메리카에는 선발돼 백업 센터백으로서 우승에 기여했다. 지난 시즌에 센터백의 상식을 뛰어넘어 8득점을 기록했다.

출전경기	경기시간(분)	골	어시스트	경고	퇴장
29	2,292	5	1	9	-

DF 33 마이클 카요데
Michael Kayode

국적: 이탈리아

왼쪽의 데스티니 우도기에 이어 등장한 아프리카계 이탈리아 풀백. 나이지리아 요루바족 혈통이다. 2020/21 시즌 4부 구단 곤차노로 임대를 다녀온 뒤 줄곧 유소년팀에서 기량을 연마하다가, 지난 시즌에 두두가 장기 부상을 당하자 빈자리를 훌륭하게 메워 줬다. 운동능력이 좋으면서도 전술을 잘 소화하는 모습에 아스널 등 많은 빅클럽이 관심을 가졌다고 알려져 있다. 스리백에서의 활약도 기대된다.

출전경기	경기시간(분)	골	어시스트	경고	퇴장
26	2,064	1	1	2	-

MF 7 리카르도 소틸
Riccardo Sottil

국적: 이탈리아

2선 전 포지션을 소화할 수 있는 공격자원이다. 피오렌티나 유소년팀이 배출한 선수라 큰 기대를 받았지만, 아직까지 로테이션 멤버를 뛰어넘는 입지를 구축하진 못했다. 그래도 지난 시즌은 컵대회 포함 35경기에서 5골을 넣으며, 선발로 뛰든 교체로 나가든 출장한 경기가 더 많았다. 윙어로도, 공격수로도 좀 애매했던 소틸은 이번 시즌 전술 변화를 기회로 삼아 한결 나은 경기력을 보여야 한다.

출전경기	경기시간(분)	골	어시스트	경고	퇴장
22	1,110	2	3	1	-

MF 8 롤란도 만드라고라
Rolando Mandragora

국적: 이탈리아

판타지 소설에서 본 것 같은 특이한 성씨의 선수지만, 플레이 스타일은 그리 특이하지 않고 공수를 겸비한 중앙 미드필더의 정석에 가깝다. 어렸을 때부터 이탈리아 유망주 중에서 눈에 띄는 탄탄한 몸, 그리고 훌륭한 패스 실력을 겸비한 특급 유망주였다. 비록 초반의 기대처럼 빅클럽의 주전 미드필더로 성장하진 못했지만, 피오렌티나의 중원을 든든하게 책임지기에는 손색없는 실력을 갖췄다.

출전경기	경기시간(분)	골	어시스트	경고	퇴장
33	1,586	3	3	5	-

MF 23 안드레아 콜파니
Andrea Colpani

국적: 이탈리아

팔라디노 감독과 함께 영입된 만큼 전술을 빠르게 퍼뜨리는 '슈퍼 전파자' 역할을 해줘야 하는 선수. 오른쪽 하프스페이스 활용에 특화됐다. 이 위치에서 공을 잡은 뒤 안으로 파고들며 왼발로 마무리하거나, 주위 동료와의 간결한 연계 플레이를 이끌어 내는 능력이 좋다. 화려한 발재간은 없지만 짧은 공 소유 시간으로 득점 기회를 창출하며 핵심을 찌른다. 유망주 명가인 아탈란타 출신이다.

출전경기	경기시간(분)	골	어시스트	경고	퇴장
38	2,685	8	4	1	-

MF 24 아미르 리샤르송
Amir Richardson

국적: 모로코

NBA 올스타에 4회 선정된 농구선수 마이클 레이 리처드슨의 아들. 아버지는 마약 문제로 NBA에서 추방된 뒤 유럽에서 선수 생활을 했는데 마지막으로 프랑스 팀에서 뛸 때 아들을 낳았다. 리샤르송은 어머니에게 물려받은 모로코 국적을 택해 국가대표로 뛰고 있다. 농구선수의 아들답게 195cm나 되는 신장이 눈에 띄며, 깡마른 몸으로 유연하게 압박과 탈압박을 해내는 듬직한 미드필더다.

출전경기	경기시간(분)	골	어시스트	경고	퇴장
21	802	2	3	2	-

FW 9 루카스 벨트란
Lucas Beltran

국적: 아르헨티나

피오렌티나가 지난해 여러 빅리그 팀과 경쟁을 벌인 끝에 획득해 낸 스트라이커 기대주. '제2의 훌리안 알바레스'를 찾던 많은 유럽 팀이 아르헨티나 리그를 주목하던 시기의 영입이다. 지난 시즌의 경기력이나 역할도 알바레스와 비슷했는데, 다른 스트라이커와 번갈아 전방을 맡거나 공격형 미드필더로 배치되기도 했다. 리그는 6골 2도움에 그쳤지만, 유로파 컨퍼런스리그에서 4골을 더 넣었다.

출전경기	경기시간(분)	골	어시스트	경고	퇴장
32	1,696	6	2	6	-

FW 11 조니단 이코네
Jonathan Ikone

국적: 프랑스

PSG 유소년 출신이며, 릴에서 두각을 나타내 21세에 프랑스 국가대표로 발탁된 뛰어난 2선 자원. 킬리안 음바페와 오랜 친구로도 유명한데, 음바페의 아버지에게 축구를 배우기도 했다. 2022년 1월 블라호비치가 유벤투스로 떠나면서 남긴 이적료로 일시에 영입된 대체자 중 하나이다. 다만 피오렌티나에서는 뛰어난 돌파력을 효율적으로 활용하지 못하는 날도 잦았다. 경기 운영을 익혀야 한다.

출전경기	경기시간(분)	골	어시스트	경고	퇴장
28	1,687	3	1	5	-

FW 20 모이스 킨
Moise Kean

국적: 이탈리아

한때 이승우와 함께 베로나에서 뛰었던, 축복받은 신체 조건의 스트라이커. 힘과 스피드를 겸비했다. 하지만 정작 경기를 읽는 눈과 스스로 해결하는 능력이 부족하다는 평가를 받고 있다. 개인 최고 성적을 냈던 건 PSG에서 스타 선수들의 보조 자원으로 뛰었을 때인데 이때는 리그 13골이나 기록했다. 킨을 잘 활용하려면 너무 부담을 지우지 말고, 상황별로 해야 하는 플레이가 전술에 잘 정해져 있어야 한다.

출전경기	경기시간(분)	골	어시스트	경고	퇴장
19	650	-	-	2	-

FW 99 크리스티앙 쿠아메
Christian Kouame

국적: 코트디부아르

최전방과 측면에서 막대한 에너지로 상대 수비를 밀어붙일 수 있는 공격자원. 2020년의 십자인대 파열 부상을 딛고 경기력을 회복했다. 코트디부아르 아비장에서 태어난 쿠아메는 16세 때 축구선수가 되기 위해 이탈리아로 건너왔으며, 대부분 실패하는 그 어려운 길을 헤쳐서 여기까지 왔다. 힘들었던 시절에 잘 돌봐준 이탈리아인 위탁 가정과는 지금도 친밀한 사이를 유지하고 있다고 한다.

출전경기	경기시간(분)	골	어시스트	경고	퇴장
23	1,084	2	1	-	-

ITALY SERIE A / ACF FIORENTINA

토리노 FC

Torino FC

TEAM PROFILE

창 립	1906년
구 단 주	우르바노 카이로(이탈리아)
감 독	파올로 바놀리(이탈리아)
연 고 지	피에몬테 주 토리노
홈 구 장	스타디오 올림피코 그란데 토리노 (2만8,177명)
라 이 벌	유벤투스 FC
홈페이지	www.torinofc.it

최근 5시즌 성적

시즌	순위	승점
2019-2020	16위	40점(11승7무20패, 46득점 68실점)
2020-2021	17위	37점(7승16무15패, 50득점 69실점)
2021-2022	10위	50점(13승11무14패, 46득점 41실점)
2022-2023	10위	53점(14승11무13패, 42득점 41실점)
2023-2024	9위	53점(13승14무11패, 36득점 36실점)

SERIE A (전신 포함)

통 산	우승 7회
23-24 시즌	9위(13승14무11패, 승점 53점)

COPPA ITALIA

통 산	우승 5회
23-24 시즌	없음

UEFA

통 산	없음
23-24 시즌	없음

경기 일정

라운드	날짜	장소	상대팀
1	2024.08.18	원정	AC 밀란
2	2024.08.26	홈	아탈란타 BC
3	2024.08.31	원정	베네치아
4	2024.09.15	홈	US 레체
5	2024.09.21	원정	엘라스 베로나
6	2024.09.29	홈	SS 라치오
7	2024.10.06	원정	인테르나치오날레
8	2024.10.21	원정	칼리아리 칼초
9	2024.10.26	홈	코모 1907
10	2024.11.01	원정	AS 로마
11	2024.11.03	홈	ACF 피오렌티나
12	2024.11.10	원정	유벤투스
13	2024.11.24	홈	AC 몬차
14	2024.12.01	홈	SSC 나폴리
15	2024.12.08	원정	제노아 CFC
16	2024.12.15	원정	엠폴리
17	2024.12.22	홈	볼로냐
18	2024.12.29	원정	우디네세 칼초
19	2025.01.05	홈	파르마 칼초 1913
20	2025.01.12	홈	유벤투스
21	2025.01.19	원정	ACF 피오렌티나
22	2025.01.26	홈	칼리아리 칼초
23	2025.02.02	원정	아탈란타 BC
24	2025.02.09	홈	제노아 CFC
25	2025.02.16	원정	볼로냐
26	2025.02.23	홈	AC 밀란
27	2025.03.02	원정	AC 몬차
28	2025.03.09	원정	파르마 칼초 1913
29	2025.03.16	홈	엠폴리
30	2025.03.30	원정	SS 라치오
31	2025.04.06	홈	엘라스 베로나
32	2025.04.13	원정	코모 1907
33	2025.04.20	홈	우디네세 칼초
34	2025.04.27	원정	SSC 나폴리
35	2025.05.04	홈	베네치아
36	2025.05.11	홈	인테르나치오날레
37	2025.05.18	원정	US 레체
38	2025.05.25	홈	AS 로마

전력분석 | 공격 옵션 추가, 빌드업 옵션은 부족

'큰 틀에서는 유지되지만, 수비진에 결원이 생겼다'라고 요약할 수 있는 이적시장이었다. 공격진으로는 지난 시즌에 주전으로 맹활약해 준 임대생 두반 사파타가 토리노에 정착했고, 그 파트너로 안토니오 사나브리아와 경쟁할 만한 체 애덤스도 영입됐다. 다양성이 아쉽지만 일단 투톱을 구성할 자원은 구비했다. 중원에서는 이탈리아 대표 사무엘레 리치, 세르비아 대표 이반 일리치가 각각 빌드업과 압박의 중추 역할을 하고, 여기에 세 번째 미드필더를 조합하는 식으로 단단한 조합을 짰다.

좌우 윙백에 활용할 만한 발렌티노 라자로, 라울 벨라노바, 여기에 최근 하향세를 겪었지만 부활을 기대할 만한 모르나 소사가 새로 합류했다. 아쉬운 건 수비. 수비의 중심이었던 이탈리아 대표 알레산드로 부온조르노를 나폴리로 팔았고 왼쪽 센터백으로서 빌드업에 도움을 주던 리카르도 로드리게스도 이탈했다. 새로 영입된 선수는 적도기니 대표 센터백 사울 코코 등인데 성공적으로 대체할 수 있을지는 미지수. 특히 최고 몸값의 센터백 페르 스휘르스가 지난 시즌 부상이 덧나면서 장기간 결장할 예정이라, 신입 센터백들의 활약이 절실하다.

전술분석 | 끈끈했던 지난 시즌, 전술에 칼을 댈 필요는 없다

영입에 소극적인 구단 성향을 감안하면, 새 감독이 부임했다고 해서 맞춤 선수단을 구비해줄 리 없다. 신임 감독 바놀리가 자기 철학을 구현한다는 원대한 꿈을 꾸기보다, 이반 유리치 감독 시절의 얼개를 유지하는 게 최선이다. 마침 '콘테 사단'의 바놀리 감독이 코치로서 많이 경험해 본 3-5-2 포메이션 그대로라 익숙한 전형이기도 하다. 토리노 축구는 사실 별로 재미가 없다. 경기를 끈질기고 느리게 운영하면서, 우리 축구가 마음대로 안 되는 만큼 상대도 못하게 만드는 데 중점을 둔다. 그래서 빅클럽 상대로 유독 강한 것이다. 지난 시즌 최다득점 부문에서 리그 17위(36골)로 강등권 수준이었음에도 중위권 성적을 낸 건 기적적인 승점 관리 능력 덕분이었다. 심지어 경기당 슛 횟수 17위(11.4회), 유효 슛 횟수는 18위(3.2회)였으니 결정력 문제가 아닌, 그냥 경기력 문제였다. 태클 성공 횟수가 리그 최소(경기당 12.4회)였던 것도 공을 빼앗기보다 물러나 지키려고 하는 토리노의 성향을 잘 보여준다. 토리노의 점유율은 그리 낮지 않다. 이는 공을 오래 소유해서가 아니라, 상대도 소유하지 못하게 하기 때문. 생존을 위한 전략이다.

이적료 수입은 올렸지만, 재투자에는 인색

유벤투스의 대항마를 자처하며 참 많은 인터뷰를 하는 우르바노 카이로 회장. 그러나 구단 살림은 옹색하기 그지없다. 2022년 당시 감독과 단장이 선수 영입이 안 된다는 이유로 싸우는 영상이 유출됐을 정도다. 대체로 2년 연속 순 지출은 눈 뜨고 볼 수 없다는 듯, 돈을 좀 쓴 이듬해는 철저히 판매 위주로 여름을 보낸다. 아쉽게도 지난여름은 '판매 턴'이었다. 부온조르노를 꽤 비싼 값에 팔았고, 로드리게스와 결별하면서 수비진 보강이 필수로 떠오른 상황. 하지만 돈을 좀 쓴 센터백 영입은 코코뿐이다. 지난 시즌에 임대한 핵심 공격수 사파타를 완전히 영입하며 약간의 돈을 썼고, 공짜 공격수 애덤스와 윙백 소사 등을 영입했을 뿐이다. 지난 두 시즌 동안 '마른걸레 쥐어짜기'의 대가 유리치 감독이 안정적인 중위권을 유지해 왔지만, 빈궁함에 진절머리를 내며 떠났고 파올로 바놀리 감독이 새로 부임했다. 지난여름에는 변수가 더 많았다.

물론 새 감독이 잘해줄 가능성도 있긴 하지만 기대보다 불안이 큰 건 사실이다. 이번 시즌에 성공하려면 애덤스와 소사처럼 기대만큼 성장하지 못한 영입생들이 토리노에서 알을 깨 줘야 할 것이다. 토리노, 괜찮을까?

IN & OUT

주요 영입	주요 방출
사울 코코, 안토니오 돈나룸마, 체 애덤스, 보르나 소사, 기예르모 마리판, 마르쿠스 페데르센	알레산드로 부온조르노, 리카르도 로드리게스, 사바 사조노프, 라울 벨라노바, 피에트로 펠레그리

TEAM FORMATION

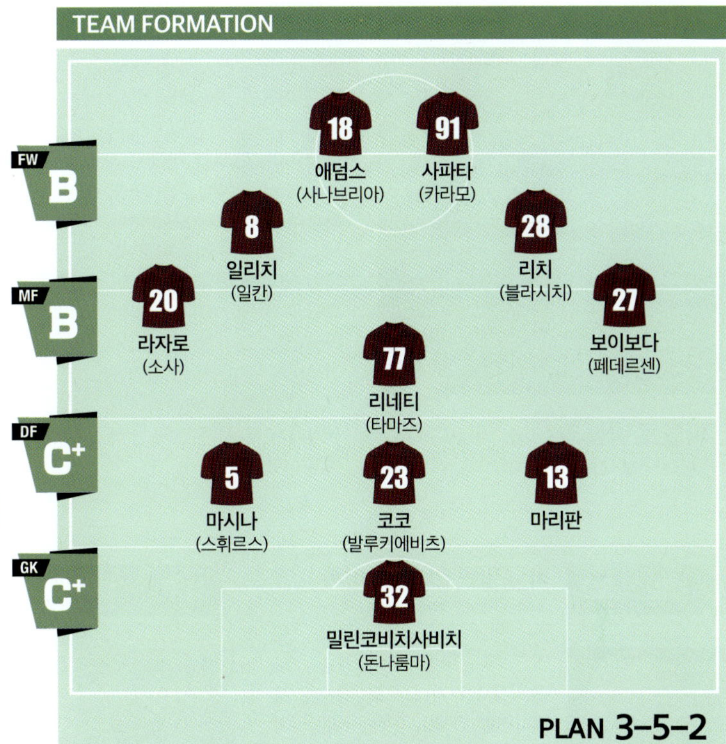

TEAM RATINGS

슈팅	패스
6	6

조직력	수비력
8	8

41

감독	선수층
7	6

2023/24 프로필

팀 득점	36
평균 볼 점유율	51.60%
패스 정확도	82.40%
평균 슈팅 수	11.4
경고	73
퇴장	2

골 타입		
오픈 플레이	69	
세트 피스	19	
카운터 어택	3	
패널티 킥	6	
자책골	3	단위 (%)

패스 타입		
쇼트 패스	84	
롱 패스	11	
크로스 패스	4	
스루 패스	0	단위 (%)

지역 점유율

공격 방향

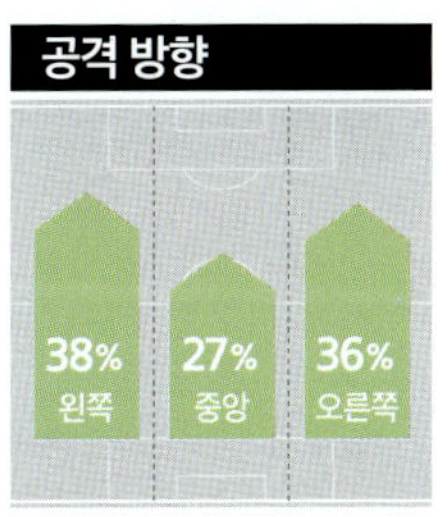

슈팅 지역

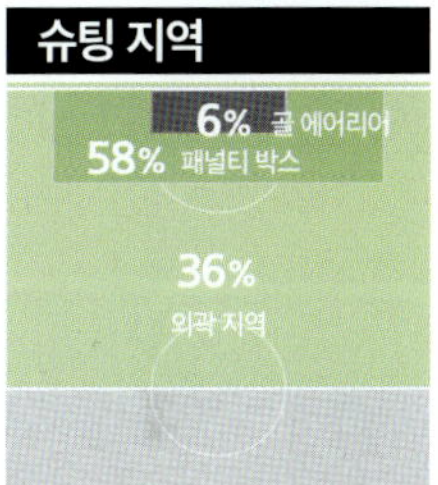

상대팀 최근 6경기 전적

구분	승	무	패
인테르		1	5
AC 밀란	3	1	2
유벤투스		2	4
아탈란타	1	1	4
볼로냐	2	2	2
로마		2	4
라치오	1	3	2
피오렌티나	2	2	2
토리노			
나폴리	1	1	4
제노아	3	2	1
몬차	4	2	
엘라스 베로나	4	2	
레체	5		1
우디네세	4	1	1
칼리아리	2	2	2
엠폴리	2	3	1
파르마	2	2	2
코모	3	1	2
베네치아	1	3	2

SQUAD

포지션	등번호	이름		생년월일	키(cm)	체중(kg)	국적
GK	1	알베르토 팔레아리	Alberto Paleari	1992.08.29	193	88	이탈리아
	32	바냐 밀린코비치사비치	Vanja Milinković-Savić	1997.02.20	202	92	세르비아
DF	2	브리앙 바예예	Brian Bayeye	2000.06.30	182	–	콩고민주공화국
	3	페르 스휘르스	Perr Schuurs	1999.11.26	191	79	네덜란드
	4	세바스티안 발루키에비지	Sebastian Walukiewicz	2000.04.05	1888	85	폴란드
	5	아담 마시나	Adam Masina	1994.01.02	191	87	모로코
	13	기예르모 마리판	Guillermo Maripán	1994.05.16	193	83	칠레
	16	마르쿠스 페데르센	Marcus Pedersen	2000.07.16	184	76	노르웨이
	21	알리 뎀벨	Ali Dembélé	2004.01.05	184	–	프랑스
	23	사울 코코	Saúl Coco	1999.02.09	187	81	적도기니
	24	보르나 소사	Borna Sosa	1998.01.21	186	77	크로아티아
	27	머르김 보이보다	Mërgim Vojvoda	1995.02.01	187	74	코소보
MF	8	이반 일리치	Ivan Ilić	2001.03.17	186	78	세르비아
	10	니콜라 블라시치	Nikola Vlašić	1997.10.04	170	79	크로아티아
	20	발렌티노 라자로	"Valentino Lazaro	1996.03.24	180	75	오스트리아
	26	에미르한 일칸	Emirhan İlkhan	2004.06.01	175	68	튀르키에
	28	사무엘레 리치	Samuele Ricci	2001.08.21	181	72	이탈리아
	61	아드리엥 타마즈	Adrien Tamèze	1994.02.04	180	78	프랑스
	66	그비다스 기네이티스	Gvidas Gineitis	2004.04.15	191	–	리투아니아
	77	카롤 리네티	Karol Linetty	1995.02.02	175	73	폴란드
FW	7	얀 카라모	Yann Karamoh	1998.07.08	185	77	프랑스
	9	안토니오 사나브리아	Antonio Sanabria	1996.03.04	181	74	파라과이
	18	체 애덤스	Ché Adams	1996.07.13	175	70	스코틀랜드
	79	자노스 사바	Zanos Savva	2005.11.26	191	–	시프러스
	91	두반 사파타	Duván Zapata	1991.04.01	189	88	콜롬비아

선수 시절에는 득점력을 갖춘 윙백이었다. 파르마와 피오렌티나에서 컵대회 우승을 4회 달성했는데, 그중 3개 대회 결승전에서 골을 넣은 진기록의 소유자다. 이탈리아 축구협회 전임지도자 출신이며, 첼시와 인테르에서 안토니오 콘테 감독을 보좌하며 '콘테 사단'으로 분류됐다가 토트넘 감독으로 부임할 때부터 함께 가지 않고 독립을 택했다. 이후 스파르타크 모스크바를 맡았다가 전쟁통에 단 4개월만 지휘했고, 2022년 2부 베네치아에 부임해서 두 시즌 만에 승격을 달성했다.

파올로 바놀리 *Paolo Vanoli*
1972년 8월 12일생 이탈리아

MF	28	사무엘레 리치
		Samuele Ricci

KEY PLAYER

국적: 이탈리아

토리노가 유리치 감독 시절부터 고수해 온 경기 방식은 상대보다 더 지능적이고 끈질긴 운영을 전제로 하는데, 리치가 그라운드 위의 지휘자로서 팀의 방향을 설정하고 동료들을 이끈다. 20세 나이에 엠폴리의 세리에B 우승을 이끌며 리그 MVP까지 수상했고, 반년 뒤 토리노로 이적해 꾸준한 활약을 이어가고 있다. 준수한 기술과 경기를 읽는 지능, 정확한 패스를 겸비했다. 오랫동안 안드레아 피를로의 후계자로 인정받을 만했다. 프로 경력을 많이 쌓았지만, 아직도 23세에 불과하기 때문에 계기만 생긴다면 빅클럽으로 이적할 수 있는 선수다. 지난여름에도 국내외 여러 구단에서 러브콜이 있었다고 알려졌다. 스탯만 조금 늘리면 이적료가 폭등할 듯.

출전경기	경기시간(분)	골	어시스트	경고	퇴장
32	2,407	1	2	6	1

GK	32	바냐 밀린코비치사비치
		Vanja Milinkovic-Savic

국적: 세르비아

형 세르게이가 사우디아라비아로 떠나버린 뒤에도, 여전히 이탈리아 무대를 지키고 있는 밀린코비치사비치 형제 중 동생. 형은 콧수염, 동생은 더 텁수룩한 턱수염을 길러서 영 닮지 않은 듯 보이지만 형제 맞다. 토리노 이적 3년 차에 주전으로 올라서기 시작해 지난 3시즌을 든든하게 지켜줬다. 안전 제일주의인 팀 성향에 맞게 공을 뻥뻥 차서, 지난 시즌 경기당 롱패스 3위(8.1회)를 기록했다.

출전경기	경기시간(분)	실점	무실점(경기)	경고	퇴장
36	3,240	31	18	2	-

DF	3	페르 스휘르스
		Perr Schuurs

국적: 네덜란드

센터백 명가 아약스에서는 주전 자리를 찾기 힘들어 저렴한 이적료로 토리노로 왔는데, 오히려 빅리그 진출 후 자신의 가치를 증명해 냈다. 2022/23 시즌 주전 센터백으로 맹활약하며 한때 토트넘의 유력한 영입 목표로 거론됐던 선수다. 유일한 문제는 실력이 아닌 몸 상태다. 지난 시즌 도중 무릎 부상을 입어 시즌 대부분을 걸렀는데, 이번 개막을 앞두고 관절경 수술을 받아 복귀 시점이 더 늦어졌다는 점이 걸린다.

출전경기	경기시간(분)	골	어시스트	경고	퇴장
9	771	1	-	2	-

DF	5	아담 마시나
		Adam Masina

국적: 모로코

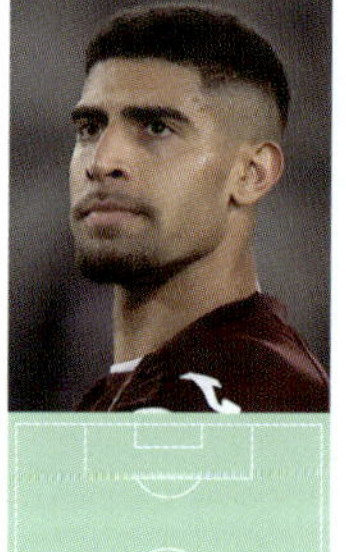

190cm 장신의 왼발잡이 풀백이며 수비보다는 공격에 더 신경 쓰는 스타일이다. 상대 문전까지 많이 올라가는 모습과 왼발 킥 페인팅을 보면, 비슷한 신체 조건의 선수 중에는 크리스티아노 비라기보다 마르코스 알론소에 가깝다. 모로코에서 태어나자마자 어머니를 여의고 남은 가족들과 이탈리아로 이주해 자랐으며, 어려서 이탈리아 U21 대표팀에서도 뛰었지만, A대표는 모로코를 택해 활약 중이다.

출전경기	경기시간(분)	골	어시스트	경고	퇴장
20	1,084	-	-	2	-

DF	13	기예르모 마리판
		Guillermo Maripan

국적: 칠레

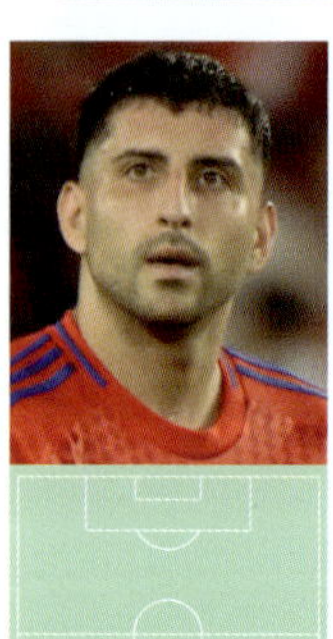

칠레 출신 중에는 흔치 않은 장신 선수다. 키가 큰 대신 기동력이 좀 떨어지기 때문에 자기 주위의 공중볼을 확실히 장악하고 동료들의 뒤를 커버하는 스위퍼 역할에 잘 맞는다. 23세에 유럽으로 진출한 뒤 스페인, 프랑스 무대에서 경쟁력을 키워 왔으며 국가대표팀에서도 꾸준히 활약했다. 부온조르노의 대체자라는 막중한 임무를 띠고 영입됐기 때문에 이번 시즌 핵심 선수 중 하나다.

출전경기	경기시간(분)	골	어시스트	경고	퇴장
23	1,769	1	-	-	1

DF	16	마르쿠스 페데르센
		Marcus Pedersen

국적: 노르웨이

지난 시즌에 사수올로에서 뛰며 세리에 A 적응을 마친 풀백이다. 가장 큰 장점은 스피드다. 상대 윙어가 노마크 상태인 줄 알고 천천히 전진할 때, 페데르센이 뒤에서 순식간에 접근해 몸싸움이나 태클을 거는 모습이 자주 보인다. 공격할 때도 주로 스피드를 살리는 편이다. 그래서 페데르센을 향한 전진 패스는 아예 밖으로 나갈 듯 길게 줘야 상대 선수를 떨쳐내고 스피드를 살려 받을 수 있다.

출전경기	경기시간(분)	골	어시스트	경고	퇴장
28	1,606	-	2	4	-

DF	23	사울 코코
		Saul Coco

국적: 적도 기니

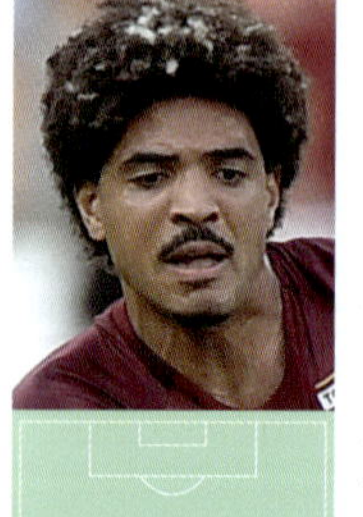

하부 리그에서 뛰다 라리가에서 고작 한 시즌 활약했기 때문에 잘 알려져 있지는 않지만, 라리가 하위권 센터백 중에서는 눈에 띄는 다재다능함을 갖추고 있다. 중거리 슛뿐 아니라 프리킥 전담 키커를 해도 될 정도의 오른발을 갖고 있으며 이를 활용한 득점이 지난 시즌 라리가 10월의 골로 선정되기도 했다. 공격은 부업일 뿐이고 수비 리딩, 제공권 등 수비수 본연의 임무도 충실히 소화한다. 지난여름에 토리노에 입단했다.

출전경기	경기시간(분)	골	어시스트	경고	퇴장
30	2,295	1	-	6	1

DF 27 머르김 보이보다
Mergim Vojvoda

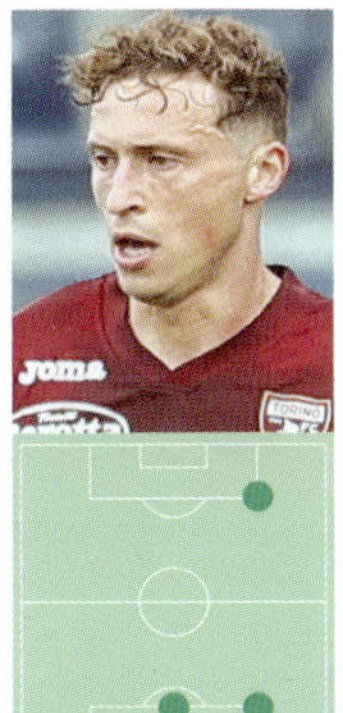

국적: 코소보

양쪽 윙백과 센터백까지 수비 전 지역에서 활약할 수 있는 멀티 수비 자원. 유리치 감독 시절에는 윙백으로 많이 기용됐지만, 바뇰리 감독은 스리백의 스토퍼로 활용할 생각도 있는 것으로 보인다. 풀백 출신 스토퍼로서 빌드업의 기점 역할을 했던 리카르도 로드리게스의 공백을 또 한 명의 풀백 출신 스토퍼로 메운다는 발상. 보기보다는 센터백급 장신이라 신체 능력 면에서는 부족함이 없다.

출전경기	경기시간(분)	골	어시스트	경고	퇴장
28	1,372	-	3	3	-

MF 8 이반 일리치
Ivan Ilic

국적: 세르비아

잠재력을 인정받아 맨체스터시티로 이적했지만, 이후 임대를 전전한 끝에 이탈리아에 정착했다. 베로나 시절에는 패스 성공률이 낮았지만, 유리치 감독을 따라 토리노로 온 뒤에는 좀 더 안전한 플레이에 치중하면서 확률 높은 쇼트 패스 위주로 공을 돌린다. 중원을 쉼 없이 돌아다니며 상대를 압박하고 공을 빼앗아오는 게 주된 임무. 20대 중반이 되어가면서 서서히 공격력도 향상시키는 중이다.

출전경기	경기시간(분)	골	어시스트	경고	퇴장
31	2,103	3	2	3	-

MF 10 니콜라 블라시치
Nikola Vlasic

국적: 크로아티아

한때 크로아티아 최고 유망주로 평가받으면서 에버턴과 웨스트햄으로 프리미어리그 도전을 감행했지만 모두 실패로 끝났다. 토리노로 온 뒤 확실히 경기력이 상승했고, 첫 시즌이었던 2022/23 시즌에는 리그 5골 6도움으로 공격을 이끌었다. 그런데 어째 시즌을 거듭할수록 존재감이 줄어들고 있긴 하지만 토리노에서 가장 재간이 있고 창의성을 갖춘 선수임은 분명하다. 선발이 아니라면 교체로도 쓸모가 있다.

출전경기	경기시간(분)	골	어시스트	경고	퇴장
33	2,615	3	2	3	-

MF 20 발렌티노 라자로
Valentino Lazaro

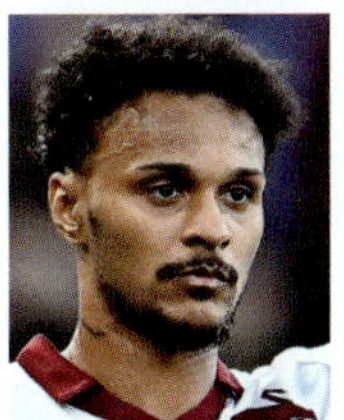

국적: 오스트리아

유망주의 산실 잘츠부르크를 거쳤고, 한때 인테르가 영입할 정도로 큰 기대를 모았다. 한동안 기대에 부응하진 못하다가 지난 두 시즌 토리노 윙백으로서 준수한 모습을 보여줬다. 드리블 전진과 크로스 능력이 있으며 오른발잡이지만 좌우를 가리지 않고 뛴다. 토리노에서는 주로 왼쪽 윙백이다. 여전히 플레이의 효율에는 문제가 있지만, 토리노 입장에서는 공의 운반만으로도 가치가 있다.

출전경기	경기시간(분)	골	어시스트	경고	퇴장
35	1,988	-	4	3	-

MF 61 아드리앵 타메즈
Adrien Tameze

국적: 프랑스

상대를 숨 막히게 하는 토리노 중원의 한 축이다. 리치가 배급을, 일리치가 공 탈취를 담당한다면, 타메즈는 가로채기이다. 지난 시즌 경기당 가로채기 리그 4위(1.6회) 기록을 보유하고 있다. 가로채기는 곧장 속공으로 이어질 수 있어서, 역습 위주로 공격하는 팀에서는 한 명쯤 맡아줘야 하는 중요한 역할이다. 프랑스 청소년 대표 출신으로서 카메룬 대표를 택했지만, 아직 A매치는 뛰지 않았다.

출전경기	경기시간(분)	골	어시스트	경고	퇴장
29	2,155	-	2	6	1

MF 77 카롤 리네티
Karol Linetty

국적: 폴란드

지난 시즌에 경고를 12장이나 받으며 최다 경고 부문 12위였다. 전체 경기의 절반만 선발 출장했다는 점을 감안한다면, 얼마나 거친 플레이를 했는지 알 수 있다. 경고만 수집한 건 아니고 반칙 없이 공을 빼낸 적도 많아서, 경기당 공 탈취 기록은 리그 3위(1.8회)였다. 폴란드 국가대표였고 최고 유망주상 출신으로서 간간이 골이나 도움도 기록하던 선수지만, 지난 시즌에는 공격포인트가 하나도 없었다.

출전경기	경기시간(분)	골	어시스트	경고	퇴장
28	1,860	-	-	12	-

FW 9 안토니오 사나브리아
Antonio Sanabria

국적: 파라과이

바르셀로나 유소년팀 출신으로 큰 기대를 받았던 공격수. 국가대표로도 뛰었다. 하지만 그런 과거가 무색할 정도로 투박하고, 공을 오래 잡길 싫어힌다. 전방에 머무르다가 수비를 속이고 득점하는 게 유일한 관심사. 다만 2022/23 시즌의 12골 4도움에 비해 지난 시즌은 고작 5골로 득점이 급락했다. 기대 득점(xG) 대비 득점 기록이 리그 꼴찌에서 두 번째인 -4.85일 정도로 결정력 난조가 심각했다. 골과 팀 기여도가 문제다.

출전경기	경기시간(분)	골	어시스트	경고	퇴장
35	2,134	5	-	2	-

FW 18 체 애덤스
Che Adams

국적: 스코틀랜드

프리미어리그 주전급 2선 자원이었지만 지난 시즌은 소속팀 사우샘프턴의 강등으로 챔피언십(2부)에서 보냈고, 계약 만료 후 토리노의 재빠른 러브콜을 받아들여 이탈리아로 건너왔다. 23세 때 버밍엄 소속으로 챔피언십 22골 4도움을 몰아쳤고, 프리미어리그에서도 한창 기세가 좋을 때는 시즌 9골 5도움을 기록한 바 있다. 투톱 중 한 자리에서 넓은 활동반경을 확보했을 때 맹활약이 기대된다.

출전경기	경기시간(분)	골	어시스트	경고	퇴장
40	2,297	16	4	5	-

FW 91 두반 사파타
Duvan Zapata

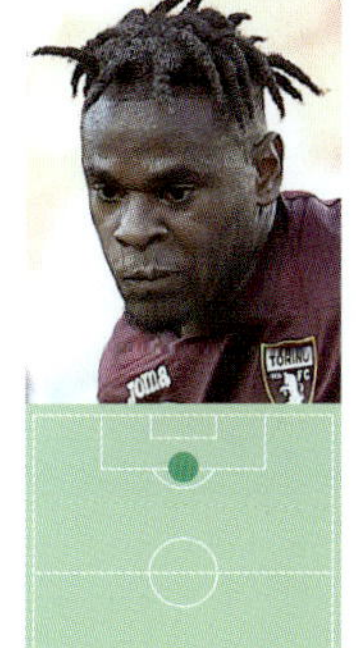

국적: 콜롬비아

30대에 아탈란타를 떠나면서 이젠 잊히나 싶었는데, 지난 시즌 토리노에서 훌륭한 득점력을 회복하면서 아직 팔팔하다는 걸 보여줬다. 득점뿐만 아니라 특기인 공중볼 획득 부문에서도 리그 2위(3.7회)를 기록하면서 팀 기여도가 높았다. 원래는 상대 진영을 성큼성큼 헤집는 드리블과 발을 쑥 넣는 역동적인 마무리도 일품이었다. 하지만 나이가 들면서 속도보다 힘을 활용하는 쪽으로 바뀌고 있다.

출전경기	경기시간(분)	골	어시스트	경고	퇴장
37	3,007	13	4	2	-

SSC 나폴리

SSC Napoli

TEAM PROFILE	
창 립	1926년
구 단 주	아우렐리오 데 라우렌티스(이탈리아)
감 독	안토니오 콘테(이탈리아)
연 고 지	캄파니아 주 나폴리
홈 구 장	스타디오 디에고 아르만도 마라도나 (5만 4,726명)
라 이 벌	AS 로마, 팔레르모, 살레르니타나
홈페이지	www.sscnapoli.it

최근 5시즌 성적

시즌	순위	승점
2019-2020	7위	62점(18승8무12패, 61득점 50실점)
2020-2021	5위	77점(24승5무9패, 86득점 41실점)
2021-2022	3위	79점(24승7무7패, 74득점, 31실점)
2022-2023	1위	90점(28승6무4패, 77득점, 28실점)
2023-2024	10위	53점(13승14무11패, 55득점, 48실점)

SERIE A (전신 포함)

통 산	우승 3회
23-24 시즌	10위(13승14무11패, 승점 53점)

COPPA ITALIA

통 산	우승 6회
23-24 시즌	없음

UEFA

통 산	유로파리그 우승 1회
23-24 시즌	챔피언스리그 16강

경기 일정

라운드	날짜	장소	상대팀
1	2024.08.19	원정	엘라스 베로나
2	2024.08.26	홈	볼로냐
3	2024.09.01	홈	파르마 칼초 1913
4	2024.09.16	원정	칼리아리 칼초
5	2024.09.22	원정	유벤투스
6	2024.09.30	홈	AC 몬차
7	2024.10.05	홈	코모 1907
8	2024.10.20	원정	엠폴리
9	2024.10.26	홈	US 레체
10	2024.10.30	원정	AC 밀란
11	2024.11.03	홈	아탈란타 BC
12	2024.11.11	원정	인테르나치오날레
13	2024.11.25	홈	AS 로마
14	2024.12.01	원정	토리노
15	2024.12.08	홈	SS 라치오
16	2024.12.15	원정	우디네세 칼초
17	2024.12.22	원정	제노아 CFC
18	2024.12.29	홈	베네치아
19	2025.01.05	원정	ACF 피오렌티나
20	2025.01.12	홈	엘라스 베로나
21	2025.01.19	원정	아탈란타 BC
22	2025.01.26	홈	유벤투스
23	2025.02.02	원정	AS 로마
24	2025.02.09	홈	우디네세 칼초
25	2025.02.16	원정	SS 라치오
26	2025.02.23	원정	코모 1907
27	2025.03.02	홈	인테르나치오날레
28	2025.03.09	홈	ACF 피오렌티나
29	2025.03.16	원정	베네치아
30	2025.03.30	홈	AC 밀란
31	2025.04.06	원정	SSC 나폴리
32	2025.04.13	홈	엠폴리
33	2025.04.20	원정	AC 몬차
34	2025.04.27	홈	토리노
35	2025.05.04	원정	US 레체
36	2025.05.11	홈	제노아 CFC
37	2025.05.18	원정	파르마 칼초 1913
38	2025.05.25	홈	칼리아리 칼초

[전력분석] 우승 멤버의 태반은 잔류, 전술과 조합이 문제일뿐

나폴리이 지난 시즌은 감독의 중요성을 만천하에 알려준 사례였다. 2022/23 시즌 우승 멤버가 김민재 빼고는 고스란히 남았는데 순위가 9계단 추락했다. 이는 김민재 한 명의 공백이라기보다는 팀의 방향성과 전술 문제로 봐야 할 것이다. 지난여름 우승 멤버 상당수가 떠나긴 했지만, 여전히 잔류하는 주전 선수가 더 많다. 전술과 동기부여만 똑바로 제공하면 상위권이라는 뜻이다.

공격을 이끄는 선수는 우승 당시 MVP였던 흐비차 크바라츠헬리아이다. '크바라도나' 옆에는 최전방의 로멜루 루카쿠, 오른쪽 윙어 다비드 네레스를 영입해 새로운 스리톱 조합을 완성했다. 중원 역시 후방 플레이메이커 스타니슬라프 로보트카, 장악력이 좋은 장신 미드필더 앙드레프랑크 잠보 앙기사가 유지된 상태라 다른 선수들의 조합이야 어찌 되든 강한 편이다. 중앙수비는 유일하게 확실한 보강을 이룬 포지션. 콘테식 스리백을 도입하기 위해 세리에A 최고 센터백 중 한 명인 알레산드로 부온조르노, 레알 마드리드 2군 유망주였던 라파 마린이 합류했다. 시즌 개막 후에도, 겨울 이적시장에도 계속 개조가 이어질 선수단이지만 여전히 큰 틀은 강하다.

[전술분석] 삼척동자도 예상하는 콘테의 스리백

콘테 감독도 유연하다는 소리를 듣던 시절이 있었다. 정확히는 유벤투스부터 첼시까지다. 당시 공격적인 4-2-4 포메이션을 도입하려고 했다가 영 마음대로 되지 않자 재빨리 전술을 변경한 결과 우승을 차지했다. 다만 변화를 준 뒤의 해답이 번번이 스리백이었기 때문에 인테르부터는 아예 스리백 전문 감독이 되었고, 토트넘에서도 마찬가지였다. 그러므로 나폴리에서 콘테 감독이 어떤 포진을 쓸지는 세리에A를 본 적 없는 영국인들조차 정확히 예측할 수 있다. 3-5-2 아니면 3-4-3인데, 뛰어난 윙어 크바라츠헬리아를 보유한 팀이므로 3-4-3밖에 없다.

전술적으로는 경직돼 있지만 그 단순한 전술의 수행 능력을 극한으로 끌어올려 성적을 내는 게 콘테 감독의 재주다. 재미있는 건 이런 노선이 우승 당시 루치아노 스팔레티 감독과는 완전히 반대라는 점이다. 이 점에서 불협화음이 날 수도 있다. 크바라츠헬리아 입장에서는 편하겠지만, 후방 플레이메이커 로보트카가 중앙 미드필더 2명인 전술을 잘 소화할지는 해 봐야 안다.

ADL과 콘테, '자강두독' 벌어질 것 같은데

콘테 감독 선임은 수년 전 젠나로 가투소 감독 선임과 비슷해 보인다. 당시 마우리치오 사리 감독의 '사리볼'로 스타일과 성적을 모두 잡았던 나폴리는 후임 카를로 안첼로티 감독이 실패를 겪자 소방수 삼아 가투소 감독을 선임했고, 전술은 별것 없지만 선수들의 투지를 되살리는 조치 덕분에 몰락을 막을 수 있었다. 이번에도 비슷한 3단계 과정이다. 스팔레티 감독의 스타일리시한 축구로 우승까지 차지했지만, 후임 뤼디 가르시아 감독이 실패를 겪자, 새 시즌에는 투지를 되살리는 데 특화된 콘테 감독을 데려온 것이다.

이처럼 정신적인 측면과 흐름을 본다면 콘테 감독 선임을 이해할 수 있다. 전술적인 면을 중시하는 사람들은 나폴리에 자리 잡은 포백 기반 공격축구를 버리고 콘테 감독의 스리백 기반 축구를 도입하느라 지나친 비용이 든다고 걱정하지만, 아우렐리오 데라우렌티스 회장의 관점은 다른 듯하다. 하지만 회장의 진단이 옳다 하더라도 불안 요소는 남아 있다. 선수 의사를 무시하는 구단과 고집 강한 감독이 만난 결과는 빅터 오시멘 판매에 실패하자 2군에 보내버리는 초강수를 두었다. 그 엄청난 재정적 손해를 훗날 감당할 수 있을까.

주요 영입	주요 방출
알레산드로 부온조르노, 라파 마린, 레오나르도 스피나촐라, 스콧 맥토미니, 다비드 네레스, 빌리 길모어, 로멜루 루카쿠	레오 외스티고르, 피오트르 지엘린스키, 디에고 뎀메, 나탕, 옌스 카쥐스트, 빅터 오시멘

TEAM FORMATION

TEAM RATINGS

```
        슈팅        패스
         9           7

조직력                    수비력
  8          47            8

        감독        선수층
         8           7
```

2023/24 프로필

팀 득점	55
평균 볼 점유율	61.20%
패스 정확도	87.00%
평균 슈팅 수	17.1
경고	71
퇴장	5

골 타입

오픈 플레이	60
세트 피스	16
카운터 어택	11
패널티 킥	11
자책골	2

단위 (%)

패스 타입

쇼트 패스	88
롱 패스	9
크로스 패스	3
스루 패스	0

단위 (%)

지역 점유율

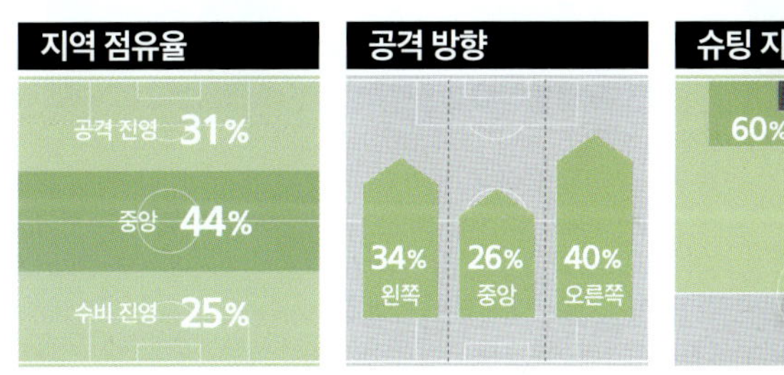

공격 진영	31%
중앙	44%
수비 진영	25%

공격 방향

왼쪽	중앙	오른쪽
34%	26%	40%

슈팅 지역

골 에어리어	5%
패널티 박스	60%
외곽 지역	34%

상대팀 최근 6경기 전적

구분	승	무	패
인테르	1	2	3
AC 밀란	1	2	3
유벤투스	4	1	1
아탈란타	4		2
볼로냐	3	2	1
로마	2	3	1
라치오	3	1	2
피오렌티나	2	2	2
토리노	4	1	1
나폴리			
제노아	3	2	1
몬차	2	3	1
엘라스 베로나	4	2	
레체	3	2	1
우디네세	4	2	
칼리아리	3	3	
엠폴리	2		4
파르마	4		2
코모	2	1	3
베네치아	2	3	1

SQUAD

포지션	등번호	이름		생년월일	키(cm)	체중(kg)	국적
GK	1	알렉스 메레토	Alex Meret	1997.03.22	190	82	이탈리아
	14	니키타 콘티니	Nikita Contini	1996.05.21	190	82	이탈리아
	25	엘리아 카프릴레	Elia Caprile	2001.08.25	191	85	이탈리아
DF	4	알레산드로 부온조르노	Alessandro Buongiorno	1999.06.06	190	82	이탈리아
	5	주앙 제주스	Juan Jésus	1991.06.10	185	83	브라질
	13	아미르 라흐마니	Amir Rrahmani	1994.02.24	192	83	코소보
	16	라파 마린	Rafa Marín	2002.05.19	191	76	스페인
	17	마티아스 올리베라	Mathías Olivera	1997.10.31	185	78	우루과이
	22	조반니 디로렌초	Giovanni Di Lorenzo	1993.08.04	183	83	이탈리아
	30	파스콸레 마초키	Pasquale Mazzocchi	1995.07.27	183	78	이탈리아
	37	레오나르도 스피나촐라	Leonardo Spinazzola	1993.03.25	186	75	이탈리아
	-	마리우 후이	Mário Rui	1991.05.27	168	67	포르투갈
MF	6	빌리 길모어	Billy Gilmour	2001.06.11	170	65	스코틀랜드
	8	스콧 맥토미니	Scott Mc Iominay	1996.12.08	191	80	스코틀랜드
	68	스타니슬라프 로보트카	Stanislav Lobotka	1994.11.25	170	64	슬로바키아
	90	마이클 폴로룬쇼	Michael Folorunsho	1998.02.07	185	75	이탈리아
	99	앙드레프랑크 잠보 앙기사	Frank Anguissa	1995.11.16	184	78	카메룬
FW	7	다비드 네레스	David Neres	1997.03.03	175	66	브라질
	11	로멜루 쿠라쿠	Romelu Lukaku	1993.05.13	191	93	벨기에
	18	지오바니 시메오네	Giovanni Simeone	1995.07.05	181	81	아르헨티나
	21	마테오 폴리타노	Matteo Politano	1993.08.03	171	68	이탈리아
	23	알레시오 제르빈	Alessio Zerbin	1999.03.03	182	80	이탈리아
	26	시릴 논지	Cyril Ngonge	2000.05.26	179	76	벨기에
	77	흐비차 크바라츠헬리아	Khvicha Kvaratskhelia	2001.02.12	183	76	조지아
	81	자코모 라스파도리	Giacomo Raspadori	2000.02.18	172	69	이탈리아

안토니오 콘테 *Antonio Conte*
1969년 7월 31일생 이탈리아

여러모로 밉상이긴 하지만, 최근 맡은 4개 구단 중 토트넘만 빼고 모든 팀에서 트로피를 들어 올린 '우승 청부사'임은 분명하다. 선수단의 체력 훈련을 혹독하게 시키며, 몸뿐 아니라 정신자세에도 근육을 키우려 한다. 경기 중 조금이라도 느슨해지는 선수가 있다면 곧바로 사자후를 날린다. 감독 경력을 이어갈수록 오히려 전술이 단순해지고 구단 및 언론과 충돌이 심해지면서 리더십의 유통기한이 짧아진다는 불안 요소는 있지만, 맡은 직후 살려내지 못한 팀은 하나도 없었다.

FW	77	호비차 크바라츠헬리아
		Khvicha Kvaratskhelia

국적: 조지아

세리에A MVP를 수상하고 바로 다음 시즌에 존재감이 완전히 떨어졌다. 하지만 나폴리가 자꾸 지니까 크바라츠헬리아도 주목받기 힘들었을 뿐, 개인적인 파괴력은 우승 시즌보다 크게 떨어지지 않았다. 골과 도움 기록이 일단 준수하거니와 경기당 드리블 성공률도 리그 1위(3.0회), 파울 유도 2위(2.4회)로 여전히 리그 최강 드리블러임을 확인시켰다. 다만 경기당 슛 횟수도 1위(3.8회)였는데, 이에 비하면 결정력이 좀 낮아 보인다. 물론 개인의 책임이라기보다는 수많은 드리블을 성공시킨 뒤 팀 전술이 망가져 줄 곳이 없어지다 보니 무리한 슛으로 마무리하게 되면서 생긴 현상이다. 에덴 아자르, 손흥민에 이어 콘테 감독 아래서 정점을 찍을 수 있을지 주목된다.

출전경기	경기시간(분)	골	어시스트	경고	퇴장
34	2,752	11	6	8	-

GK	1	알렉스 메레트
		Alex Meret

국적: 이탈리아

힘겨운 주전 경쟁을 오랫동안 이어 왔고 한 번도 강팀의 붙박이 수문장이 되지 못했던 선수다. 그런데 2022/23 시즌 스팔레티 감독이 전적인 신임을 보내 주면서, 메레트의 안정감은 크게 향상됐고 결국 리그 우승의 주역으로 남았다. 그럼에도 불구하고 기본 실력에 대한 의구심은 남은 듯하다. 지난여름에도 콘테 감독이 새 골키퍼를 원한다는 보도가 있었다. 메레트는 더욱 분발해야 한다.

출전경기	경기시간(분)	실점	무실점(경기)	경고	퇴장
31	2,774	40	6	-	-

DF	4	알레산드로 부온조르노
		Alessandro Buongiorno

국적: 이탈리아

김민재 대체자를 구하지 못해 지난 시즌을 말아먹은 나폴리가 1년 늦게 산 리그 최고급 센터백. 이탈리아 대표팀에서도 활약 중이다. 다만 김민재의 공격성과는 달리, 부온조르노는 차분하게 수비하는 구식 센터백에 가깝다. 지난 시즌 기록을 봐도 경기당 가로채기 리그 1위를 비롯해 태클 6위, 걷어내기 5위 등 중위권 토리노 센터백다운 수비 관련 지표만 높았다. 이제 강팀에 왔으니 적극성과 빌드업 능력도 보여줘야 한다.

출전경기	경기시간(분)	골	어시스트	경고	퇴장
29	2,530	3	-	7	-

DF	13	아미르 라흐마니
		Amir Rrahmani

국적: 코소보

김민재와 알콩달콩 좋은 짝을 이뤘던 장신 수비수. 수비 성향은 덤비기보다는 차분하게 기다리고 뒤를 커버하는 쪽이다. 세리에 A의 모든 수비수 중에서도 가장 뒤에 있길 좋아한다는 건 오프사이드 유도가 리그 2위(경기당 0.7회)라는 기록에서 노 드러난다. 빌드업은 패스와 드리블 전진 가리지 않고 적극 개입하는 편이다. 경기당 패스 횟수, 필드플레이어 롱패스 횟수에서 모두 리그 1위를 찍었다.

출전경기	경기시간(분)	골	어시스트	경고	퇴장
30	2,603	3	-	5	-

DF	16	라파 마린
		Rafa Marin

국적: 스페인

'믿고 쓰는 레알산' 곤살로 이과인과 호세 카예혼 등 좋은 기억이 많은 나폴리가 레알 2군 출신 센터백을 영입했다. 물론 만년 2군 멤버는 아니고, 지난 시즌 승격팀 알라베스로 임대돼 주전으로 활약하면서 리그 10위라는 훌륭한 성적으로 잔류하는 데 기여했다. 제공권과 안정감에서 호평을 받으며 프로팀들의 러브콜을 이끌어 낸 끝에 나폴리에 왔다. 라치오와의 경기에서 두 살 터울 레알 2군 선배 마리오 힐라와의 재회가 기대된다.

출전경기	경기시간(분)	골	어시스트	경고	퇴장
33	2,441	-	-	6	-

DF	17	마티아스 올리베라
		Mathias Olivera

국적: 우루과이

김민재와 함께 뛰던 시절에는 후보 레프트백이었지만, 스리백이 도입되면서 운동능력이 좋고 전진성을 갖춘 올리베라가 입지를 넓힐 수 있다. 올리베라는 플레이 패턴이 좀 뻔하긴 하지만 공을 몰고 전진하는 플레이를 즐겨 하며 또 충분히 파괴력이 있다. 측면만 파고드는 게 아니라 상대 페널티 지역 안까지 드리블로 진입하는 게 특기. 여기에 마무리 패스의 위력만 높인다면 엘리트 윙백이 될 수 있다.

출전경기	경기시간(분)	골	어시스트	경고	퇴장
24	1,574	1	1	3	-

DF	22	조반니 디로렌초
		Giovanni Di Lorenzo

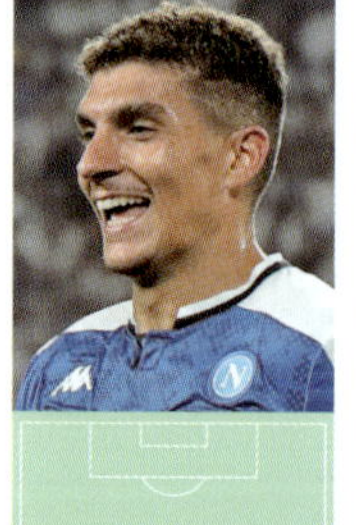

국적: 이탈리아

김민재가 나폴리에서 가장 본받아야 하는 선수로 꼽았던 프로 정신의 대명사. 아무리 많은 경기에 나가도 불평 한마디 없고, 감독이 어느 위치에 기용해도 최소한 한 명 몫은 해낸다. 센터백까지 볼 수 있는 수비형 라이트백으로 알려져 있다. 공격 가담을 했을 때 화려한 발재간은 없는 대신 정확한 판단으로 가장 위협적인 플레이를 해낸다. 스리백의 윙백과 스토퍼 역할 모두 준비되어 있는 선수다.

출전경기	경기시간(분)	골	어시스트	경고	퇴장
36	3,235	1	6	6	-

DF 37 레오나르도 스피나촐라
Leonardo Spinazzola

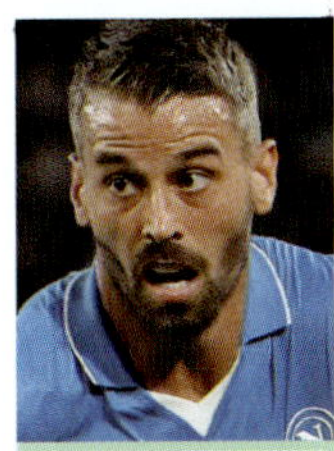

국적: 이탈리아

유로 2020 초반 이탈리아 대표팀에서 가장 빛나는 선수였다. 하지만 대회 도중 큰 부상으로 쓰러지며 우승 순간에는 목발을 짚고 있었던 선수. 기량이 정점에 달했을 때 당한 장기 부상이 발목을 잡아 기량이 감퇴하고 말았다. 그래도 지난 두 시즌은 로마의 로테이션 멤버로 뛰면서 어느 정도 기량을 회복했다. 오른발잡이 레프트백으로, 마치 윙어처럼 상대 측면을 녹여버리는 드리블이 일품이다.

출전경기	경기시간(분)	골	어시스트	경고	퇴장
24	1,313	1	2	-	-

MF 6 빌리 길모어
Billy Gilmour

국적: 스코틀랜드

첼시에 정착하지 못했지만 어렸을 때도 경기 운영 능력은 정평이 났던, 영국 토박이 중 눈에 띄는 플레이메이커형 미드필더였다. 어려서부터 경기를 읽는 해석 능력, 오른발 킥의 정확함, 훌륭한 탈압박 능력 등 테크니션의 조건을 두루 갖췄다는 평가를 받았다. 브라이턴에서 한결 어울리는 전술을 소화하고 본인 기량도 발전하면서 눈에 띄게 발전했다. 다만 신체 능력을 강조하는 콘테 축구에 맞을지는 의문.

출전경기	경기시간(분)	골	어시스트	경고	퇴장
30	2,126	-	1	8	1

MF 8 스콧 맥토미니
Scott Mctominay

국적: 스코틀랜드

함께 영입된 길모어가 영국 선수 같지 않은 재능이라면, 맥토미니는 그야말로 영국 선수다운 재능이다. 맨유의 유망주로서 어렸을 때부터 탁월한 수비 가담과 투쟁심으로 제 몫을 했다. 무리뉴처럼 활동량과 수비를 중시하는 감독이 유독 좋아한 만큼 콘테의 취향에도 딱 맞을 것으로 기대된다. 여기에 지난해부터 발견한 새 재능은 득점력. 과감한 문전 침투에 이은 마무리 능력으로 스코틀랜드 대표팀 주포로 자리 잡았다.

출전경기	경기시간(분)	골	어시스트	경고	퇴장
32	1,893	7	1	2	-

MF 68 스타니슬라프 로보트카
Stanislav Lobotka

국적: 슬로바키아

마렉 함식의 뒤를 잇는 슬로바키아 출신 미드필더. 우승 당시 리그 최고 레지스타(후방 플레이메이커)로서 맹활약했던 선수다. 유로 2024에서도 슬로바키아 대표팀 중원을 지휘하며 벨기에전 승리를 이끌고 MVP까지 받았다. 키가 작아서 공을 빼앗는 수비에는 한계가 있지만 대신 좋은 위치 선정을 바탕으로 수비 조직에 기여하고, 공격 시 뛰어난 패스와 적절한 탈압박으로 공을 순환시킨다.

출전경기	경기시간(분)	골	어시스트	경고	퇴장
38	3,295	-	1	4	-

MF 99 앙드레프랑크 잠보 앙기사
Andre-Frank Zambo Anguissa

국적: 카메룬

기술적으로는 흠잡을 데가 없다. 유일한 문제는 집중력. 한 경기 중에도 100% 집중해서 뛸 때와 설렁설렁 뛸 때의 경기력 격차가 크다. 정신 똑바로 차린 앙기사는 야야 투레를 연상시킬 정도의 드리블 전진 능력과 중원 장악 능력, 정확한 패스를 겸비한 선수다. 우승 당시 어지간하면 선발 출장해야 하는 선수였고 공격포인트를 8개나 기록했다. 하지만 지난 시즌의 공격포인트는 2개로 급감했다.

출전경기	경기시간(분)	골	어시스트	경고	퇴장
34	2,792	-	2	2	-

FW 11 로멜루 루카쿠
Romelu Lukaku

국적: 벨기에

여러모로 덩칫값 못하던 공격수였다. 거친 인상과 달리 생떼를 쓰며 구단과 자주 반목하는 성격뿐 아니라, 경기장에서도 자기 덩치를 활용할 줄 모르고 마치 단신 테크니션처럼 뛰던 시절이 있었다. 그런 루카쿠에게 큰 덩치를 어떻게 활용하는지 가르치고, 또 그라운드에서 온전히 집중하도록 정신력을 불어넣었던 감독이 콘테. 둘이 재회했으니 오시멘 이상의 맹활약을 기대해도 될 것이다.

출전경기	경기시간(분)	골	어시스트	경고	퇴장
32	2,648	13	3	5	1

FW 18 지오바니 시메오네
Giovanni Simeone

국적: 아르헨티나

디에고 시메오네 아틀레티코 감독의 아들로 더 친숙한 공격수. 선수 시절의 아버지가 터프하고 끈질긴 선수였는데, 지오바니도 그 공격수 버전이다. 능력은 평범하지만 다른 공격수들보다 훨씬 집요하게 십중력을 발휘해 공을 욱여넣을 수 있다. 2021/22 시즌 베로나 주전일 때는 무려 17골을 넣었는데, 지난 시즌 나폴리 후보 공격수로서는 고작 1골에 그쳤다. 본인 컨디션부터 끌어올려야 한다.

출전경기	경기시간(분)	골	어시스트	경고	퇴장
28	792	1	-	3	-

FW 21 마테오 폴리타노
Matteo Politano

국적: 이탈리아

우승 당시 나폴리 스리톱 중 가장 못 미더운 선수로 꼽혔다. 왼발잡이 오른쪽 윙어들의 전형적인 패턴대로 안으로 파고들며 플레이하는데, 그러기에는 돌파력과 왼발 킥 모두 시원찮다. 하지만 남다른 집중력과 전술 소화 능력을 갖췄기 때문에 엉성한 자세와 달리 효율은 높다. 지난 시즌 공격 포인트 15개, 경기당 키패스 5위(1.9회)로 찬스메이킹 능력을 보여줬다. 새로 영입된 네레스에게 밀리지 않으려면 분발이 필요하다.

출전경기	경기시간(분)	골	어시스트	경고	퇴장
37	2,387	8	7	2	1

FW 81 자코모 라스파도리
Giacomo Raspadori

국적: 이탈리아

이것저것 다 잘하다가 애매해져 버린 대표적 사례의 선수. 작은 체구에 비해 좋은 기술과 지능을 가졌고, 이를 활용하기에 가장 좋은 포지션은 섀도 스트라이커. 그런데 이 포지션이 없는 ㅣ 나폴리에서 최전방과 측면을 오가며 나름대로 최선을 다하여 봤으나 한계가 분명했다. 그래도 후반에 공격 숫자를 늘리려 할 때는 조커로서 큰 가치가 있는 선수. 지난 시즌, 적은 출장 시간에 비해 공격포인트도 준수했다.

출전경기	경기시간(분)	골	어시스트	경고	퇴장
37	1,571	5	3	-	-

ITALY SERIE A

SSC NAPOLI

제노아 CFC

Genoa CFC

TEAM PROFILE

창 립	1893년
구 단 주	777파트너스(미국)
감 독	알베르토 질라르디노(이탈리아)
연 고 지	리구리아 주 제노바
홈 구 장	스타디오 루이지 페라리스(3만 6,599명)
라 이 벌	UC 삼프도리아
홈페이지	genoacfc.it

최근 5시즌 성적

시즌	순위	승점
2019-2020	17위	39점(10승9무19패, 47득점 73실점)
2020-2021	11위	42점(10승12무16패, 47득점 58실점)
2021-2022	19위	28점(4승16무18패, 27득점 60실점)
2022-2023	없음	없음
2023-2024	11위	49점(12승13무13패, 45득점 45실점)

SERIE A (전신 포함)

통 산	우승 9회
23-24 시즌	11위(12승13무13패, 승점 49점)

COPPA ITALIA

통 산	우승 1회
23-24 시즌	없음

UEFA

통 산	없음
23-24 시즌	없음

경기 일정

라운드	날짜	장소	상대팀
1	2024.08.18	홈	인테르나치오날레
2	2024.08.25	원정	AC 몬차
3	2024.09.02	홈	엘라스 베로나
4	2024.09.15	홈	AS 로마
5	2024.09.21	원정	베네치아
6	2024.09.29	홈	유벤투스
7	2024.10.06	원정	아탈란타 BC
8	2024.10.19	홈	볼로냐
9	2024.10.27	원정	SS 라치오
10	2024.11.01	홈	ACF 피오렌티나
11	2024.11.05	원정	파르마 칼초 1913
12	2024.11.08	홈	코모 1907
13	2024.11.24	홈	칼리아리 칼초
14	2024.12.01	원정	우디네세 칼초
15	2024.12.08	홈	토리노
16	2024.12.15	원정	AC 밀란
17	2024.12.22	홈	SSC 나폴리
18	2024.12.29	원정	엠폴리
19	2025.01.05	원정	US 레체
20	2025.01.12	홈	파르마 칼초 1913
21	2025.01.19	원정	AS 로마
22	2025.01.26	홈	AC 몬차
23	2025.02.02	원정	ACF 피오렌티나
24	2025.02.09	원정	토리노
25	2025.02.16	홈	베네치아
26	2025.02.23	원정	인테르나치오날레
27	2025.03.02	홈	엠폴리
28	2025.03.09	원정	칼리아리 칼초
29	2025.03.16	홈	US 레체
30	2025.03.30	원정	유벤투스
31	2025.04.06	원정	우디네세 칼초
32	2025.04.13	원정	엘라스 베로나
33	2025.04.20	홈	SS 라치오
34	2025.04.27	원정	코모 1907
35	2025.05.04	홈	AC 밀란
36	2025.05.11	원정	SSC 나폴리
37	2025.05.18	홈	아탈란타 BC
38	2025.05.25	원정	볼로냐

시즌 프리뷰: 공격수 두 자리 모두 교체됐다

지난 시즌의 기대 득점(xG)은 리그 18위. 경기당 슛 횟수가 리그 19위였음에도 불구하고 실제 득점은 10위였고 순위는 11위였다. 득점 기회를 많이 만들지 못해도 높은 확률로 마무리하는 고효율 축구가 승격팀 제노아의 안정적인 잔류 비결이었다. 이는 태클과 가로채기 수치가 매우 좋았던 점에서 보듯, 역습 기회를 스스로 창출할 줄 알았고, 알베르트 그뷔드뮌손으로 대표되는 공격자원들이 결정력을 발휘해 줬기 때문에 가능했다. 지난 시즌에 주전 투톱이었던 그뷔드뮌손과 마테오 레테기가 모두 떠났다는 게 심각한 전력 손실이다. 레테기의 자리는 안드레아 피나몬티와 비티냐가 오히려 업그레이드할 수도 있지만, 그뷔드뮌손의 자리를 메우는 건 쉽지 않을 것이다. 주니오르 메시아스가 왕년의 실력을 되찾아줘야 공격이 제대로 돌아갈 수 있다.

COACH

알베르토 질라르디노 *Alberto Gilardino*

1982년 7월 5일생 이탈리아

바이올린 세리머니로 유명한 월드컵 우승팀의 공격수였다. 세리에A 대표적인 골잡이였던 질라르디노는 2019년에 지도자로 데뷔해 2022년부터 제노아를 맡았다. 제노아의 승격과 잔류를 훌륭하게 달성하면서 지도 역량이 호평받았다. 팀의 장점을 잘 살리는 선수 배치, 실리적인 경기 콘셉트를 그라운드 위에서 잘 구현한다.

TEAM RATINGS

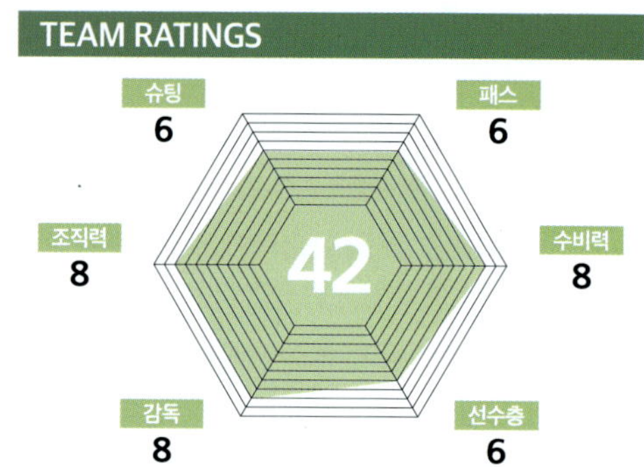

슈팅	6
패스	6
수비력	8
선수층	6
감독	8
조직력	8
종합	**42**

2023/24 프로필

팀 득점	45
평균 볼 점유율	43.80%
패스 정확도	78.30%
평균 슈팅 수	10.6
경고	73
퇴장	3

골 타입 (단위 %)

오픈 플레이	60
세트 피스	22
카운터 어택	2
패널티 킥	11
자책골	4

패스 타입 (단위 %)

쇼트 패스	82
롱 패스	14
크로스 패스	4
스루 패스	0

SQUAD

포지션	등번호	이름		생년월일	키(cm)	체중(kg)	국적
GK	1	니콜라 레알리	Nicola Leali	1993.02.17	193	90	이탈리아
	39	다니엘레 소마리바	Daniele Sommariva	1997.07.18	185	76	이탈리아
	99	프란츠 스톨츠	Franz Stolz	2001.02.14	193	87	오스트리아
DF	3	아론 마르틴	Aarón Martín	1997.04.22	180	72	스페인
	4	코니 드빈터르	Koni De Winter	2002.06.17	191	85	벨기에
	13	마티아 바니	Mattia Bani	1993.12.10	188	81	이탈리아
	14	알레산드로 볼리아코	Alessandro Vogliacco	1998.09.14	186	83	이탈리아
	15	브룩 노턴 커피	Brooke Norton-Cuffy	2004.01.12	181	–	잉글랜드
	20	스테파노 사벨리	Stefano Sabelli	1993.01.13	180	74	이탈리아
	22	요한 바스케스	Johan Vásquez	1998.10.22	185	72	멕시코
	27	알레산드로 마르칸달리	Alessandro Marcandalli	2002.10.25	190	–	이탈리아
MF	2	모르텐 토르스뷔	Morten Thorsby	1996.05.05	189	79	노르웨이
	8	에밀 보히넨	Emil Bohinen	1999.03.12	189	78	노르웨이
	17	루슬란 말리노우스키	Ruslan Malinovskyi	1993.05.04	181	79	우크라이나
	23	파비오 미레티	Fabio Miretti	2003.08.03	180	71	이탈리아
	32	모르텐 프렌드럽	Morten Frendrup	2001.04.07	178	70	덴마크
	47	밀란 바델리	Milan Badelj	1989.02.25	186	80	크로아티아
	53	리오르 카사	Lior Kasa	2005.09.27	185	–	이스라엘
	73	파트리지오 마시니	Patrizio Masini	2001.01.27	182	70	이탈리아
FW	9	비티냐	Vitinha	2000.03.15	178	74	포르투갈
	10	주니오르 메시아스	Junior Messias	1991.05.13	174	68	브라질
	18	칼레브 에쿠반	Caleb Ekuban	1994.03.23	182	80	가나
	19	안드레아 피나몬티	Andrea Pinamonti	1999.05.19	185	72	이탈리아
	21	제프 에카토르	Jeff Ekhator	2006.11.11	–	–	이탈리아
	30	데이비드 아크판 안케예	David Ankeye	2002.05.22	191	85	나이지리아

IN & OUT

주요 영입	주요 방출
피에를루이지 골리니, 알레산드로 차놀리, 안드레아 피나몬티, 파비오 미레티	마테오 레테기, 알베르트 그뷔드뮌손, 주젭 마르티네스

TEAM FORMATION

FW **C+**
MF **C**
DF **C+**
GK **C+**

지역 점유율

공격 진영	26%
중앙	44%
수비 진영	30%

공격 방향

36% 왼쪽	25% 중앙	40% 오른쪽

슈팅 지역

7%	골 에어리어
59%	패널티 박스
34%	외곽 지역

상대팀 최근 6경기 전적

구분	승	무	패	구분	승	무	패
인테르		2	4	제노아			
AC 밀란	1	1	4	몬차	2	1	3
유벤투스	1	2	3	엘라스 베로나	2	3	1
아탈란타		3	3	레체	4	1	1
볼로냐	3	2	1	우디네세	1	4	1
로마	1	1	4	칼리아리	3	2	1
라치오	1		5	엠폴리	2	4	
피오렌티나		3	3	파르마	1	1	4
토리노	1	2	3	코모	2	2	2
나폴리	1	2	3	베네치아	4	2	

PLAYERS

FW 19 — 안드레아 피나몬티
Andrea Pinamonti

KEY PLAYER

국적: 이탈리아

한층 성장해 돌아온 대표급 공격수. 원래 인테르 유망주였고, 5년 전에 제노아로 임대된 적이 있다. 이후 엠폴리와 사수올로에서 시즌 10골 이상을 두 차례 기록하면서 괜찮은 골잡이로 성장했다. 사수올로의 강등과 제노아의 레테기 이탈이 겹치면서 제노아로 다시 돌아왔다. 리그에서 보여준 실적만 따지면 레테기보다 나은 공격수로 대체한 셈. 큰 덩치에 스피드와 기술 등 다양한 장점을 타고났으며 프로 경력과 함께 결정력도 향상시키는 중이다.

출전경기	경기시간(분)	골	어시스트	경고	퇴장
38	3,100	11	1	4	-

DF 4 — 코니 드빈터르
Koni De Winter

국적: 벨기에

세리에A 주전급 선수로 자리매김하면서, 올해 초 벨기에 대표 데뷔로 성장세를 인정받은 센터백이다. 본 업인 센터백뿐 아니라 유사시 라이트백과 수비형 미드필더도 소화할 수 있는 운동능력을 갖췄다. 스리백을 쓰는 제노아에서는 좌우 스토퍼가 잘 어울린다. 콩고 혼혈 벨기에인으로, 16세 때 유벤투스 유소년팀에 합류했으며 이후 엠폴리와 제노아 임대를 거쳤다. 제노아가 올해 완전 이적 옵션을 발동했다.

출전경기	경기시간(분)	골	어시스트	경고	퇴장
29	2,382	-	1	6	1

MF 2 — 모르텐 토르스뷔
Morten Thorsby

국적: 노르웨이

북유럽 출신 장신 미드필더로 몸놀림은 약간 둔한 대신 큰 체격으로 수비 앞을 보호할 수 있다. 테크닉이 좋은 것도 아니고, 후방에서 빌드업 기점이 되기에는 패스에 큰 장점은 없다. 대신 지구력과 활동량을 무기 삼아 경기장 곳곳을 누빌 때 더 장점이 나온다. 공격포인트도 많진 않으나 꽤 쏠쏠하다. 지난 시즌의 로마전, 삼프도리아 시절 아탈란타전 등 강팀 상대로 이변을 일으킬 때 골을 넣곤 했다.

출전경기	경기시간(분)	골	어시스트	경고	퇴장
24	1,145	2	2	2	-

MF 17 — 루슬란 말리노우스키
Ruslan Malinovskyi

국적: 우크라이나

중거리 슛의 달인이다. 잘 쓰는 발이 왼발이라는 차이는 있지만 흐린 눈을 하고 보면 프랭크 램파드처럼 보인다. 슛뿐만 아니라 왼발 패스와 크로스로 도움도 올릴 줄 알고, 측면에서 중앙으로 파고드는 느리블도 가능하다. 경기 운영이 좀 서툴기 때문에 팀에서 편한 환경을 세팅해줘야 위력이 발휘된다는 한계는 있지만, 아탈란타 시절인 2020/21 시즌에는 리그 8골 12도움을 쏟아내기도 했다.

출전경기	경기시간(분)	골	어시스트	경고	퇴장
28	1,550	4	1	7	-

FW 9 — 비티냐
Vitinha

국적: 포르투갈

신체 모든 부위와 모든 자세를 가리지 않고 득점할 수 있는 스트라이커. 아직까지 보여준 모습은 실망스럽지만, 많은 구단이 기대를 거두지 않는다. 브라가에서 가능성을 보인 뒤 미르세유기 구단 이적료 기록을 깨 가며 영입했다. 마르세유에서의 1년 반 동안 리그 5골 2도움에 그쳤으며, 지난 시즌 후반기에 임대된 제노아에서는 반 시즌에 2골이 전부였다. 그런데도 제노아가 완전영입 옵션을 발동시켰다.

출전경기	경기시간(분)	골	어시스트	경고	퇴장
9	281	2	-	2	-

AC Monza

TEAM PROFILE

창 립	1912년
구 단 주	에반겔로스 마리나키스(그리스)
감 독	알레산드로 네스타(이탈리아)
연 고 지	롬바르디아주 몬차
홈 구 장	스타디오 브리안테오(1만 8,568명)
라 이 벌	-
홈페이지	www.acmonza.com

최근 5시즌 성적

시즌	순위	승점
2019-2020	없음	없음
2020-2021	없음	없음
2021-2022	없음	없음
2022-2023	11위	52점(14승10무14패, 48득점 52실점)
2023-2024	12위	45점(11승12무15패, 39득점 51실점)

SERIE A (전신 포함)

통 산	없음
23-24 시즌	12위(11승12무15패패, 승점 45점)

COPPA ITALIA

통 산	없음
23-24 시즌	없음

UEFA

통 산	없음
23-24 시즌	없음

경기 일정

라운드	날짜	장소	상대팀
1	2024.08.18	원정	엠폴리
2	2024.08.25	홈	제노아 CFC
3	2024.09.02	원정	ACF 피오렌티나
4	2024.09.16	홈	인테르나치오날레
5	2024.09.22	홈	볼로냐
6	2024.09.30	원정	SSC 나폴리
7	2024.10.17	홈	AS 로마
8	2024.10.22	원정	엘라스 베로나
9	2024.10.27	홈	베네치아
10	2024.10.31	원정	아탈란타 BC
11	2024.11.03	홈	AC 밀란
12	2024.11.11	홈	SS 라치오
13	2024.11.24	원정	토리노
14	2024.12.01	원정	코모 1907
15	2024.12.08	홈	우디네세 칼초
16	2024.12.15	원정	US 레체
17	2024.12.22	홈	유벤투스
18	2024.12.29	원정	파르마 칼초 1913
19	2025.01.05	홈	칼리아리 칼초
20	2025.01.12	원정	ACF 피오렌티나
21	2025.01.19	원정	볼로냐
22	2025.01.26	원정	제노아 CFC
23	2025.02.02	홈	엘라스 베로나
24	2025.02.09	원정	SS 라치오
25	2025.02.16	홈	US 레체
26	2025.02.23	원정	AS 로마
27	2025.03.02	홈	토리노
28	2025.03.09	원정	인테르나치오날레
29	2025.03.16	홈	파르마 칼초 1913
30	2025.03.30	원정	칼리아리 칼초
31	2025.04.06	홈	코모 1907
32	2025.04.13	원정	베네치아
33	2025.04.20	홈	SSC 나폴리
34	2025.04.27	원정	유벤투스
35	2025.05.04	홈	아탈란타 BC
36	2025.05.11	원정	우디네세 칼초
37	2025.05.18	홈	엠폴리
38	2025.05.25	원정	AC 밀란

시즌 프리뷰 — 네스타한테 이럴 건가?

새 시즌 감독으로 알레산드로 네스타를 선임한 구 밀란 경영진. 몬차는 밀란 구단주로 유명한 정치인 실비오 베를루스코니가 사망하기 직전까지 경영했던 마지막 팀이다. 그의 심복이었던 아드리아노 갈리아니 CEO가 선수단을 운영하고, 고인의 유지를 이은 가족이 여전히 명예회장직을 유지하고 있지만, 소유권은 노팅엄포레스트 구단주로 알려진 에반겔로스 마리나키스에게 넘어가 있다. 그런 팀이 밀란 레전드였던 네스타 감독을 선임하여 익숙한 조합을 다시 꾸렸다. 다만 네스타에게 세리에A 감독 기회를 줄 거면 지원도 좀 하면 좋을 텐데, 승격 후 2년 연속으로 수천만 유로를 투자했던 것과 달리 지난여름은 돈을 풀지 않았다. 케일러 나바스 골키퍼도 영입 직전까지 갔다가 무산되는 해프닝을 겪었다. 추가 전력 보강이 없다면 강등 후보이다.

COACH

알레산드로 네스타 *Alessandro Nesta*
1976년 3월 19일생 이탈리아

선수 시절에 이탈리아를 넘어 세계 최고의 센터백으로 명성을 떨쳤다. 전성기에는 두말할 나위 없이 완벽한 수비수였다. 35세의 나이에 24세의 리오넬 메시에게 완벽한 태클을 해 땅을 치게 만들었던 명장면으로도 유명하다. 선수로서 세리에B에서 가능성은 보여줬지만, 매번 승격에 실패하다, 이제 세리에A에 도전한다.

TEAM RATINGS

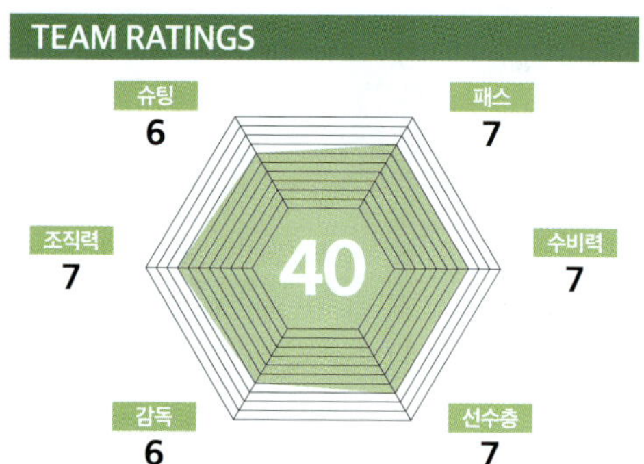

2023/24 프로필

팀 득점	39
평균 볼 점유율	53.70%
패스 정확도	85.70%
평균 슈팅 수	12
경고	80
퇴장	5

골 타입 (단위 %)

오픈 플레이	64
세트 피스	13
카운터어택	10
패널티 킥	10
자책골	3

패스 타입 (단위 %)

쇼트 패스	86
롱 패스	11
크로스 패스	3
스루 패스	0

SQUAD

포지션	등번호	이름		생년월일	키(cm)	체중(kg)	국적
GK	1	알레시오 크라뇨	Alessio Cragno	1994.06.28	184	78	이탈리아
	21	세무엘 피치그나코	Semuel Pizzignacco	2001.09.01	188	82	이탈리아
	30	스테파노 투라티	Stefano Turati	2001.09.05	186	75	이탈리아
DF	4	아르만도 이쵸	Armando Izzo	1992.03.02	183	78	이탈리아
	5	루카 칼디롤라	Luca Caldirola	1991.02.01	186	79	이탈리아
	13	페드루 페레이라	Pedro Pereira	1998.01.22	185	77	포르투갈
	19	사무엘레 비린델리	Samuele Birindelli	1999.07.19	175	68	이탈리아
	22	파블로 마리	Pablo Marí	1993.08.31	193	87	스페인
	33	다닐로 담브로시오	Danilo D'Ambrosio	1899.09.09	180	75	이탈리아
	44	안드레아 카보니	Andrea Carboni	2001.02.04	187	70	이탈리아
MF	6	로베르토 갈리아르디니	Roberto Gagliardini	1994.04.07	190	77	이탈리아
	12	스테파노 센시	Stefano Sensi	1995.08.05	168	62	이탈리아
	14	다니엘 말디니	Daniel Maldini	2001.10.11	188	78	이탈리아
	27	마티아 발로티	Mattia Valoti	1993.09.06	187	73	이탈리아
	32	마테오 페시나	Matteo Pessina	1997.04.21	187	77	이탈리아
	38	웨렌 봉도	Warren Bondo	2003.09.15	177	63	프랑스
	42	알레산드로 비안코	Alessandro Bianco	2002.10.01	173	–	이탈리아
	77	조르고스 키리아코풀로스	Georgios Kyriakopoulos	1996.02.05	178	74	그리스
	80	사무엘레 비냐토	Samuele Vignato	2004.02.24	172	62	이탈리아
FW	10	잔루카 카프라리	Gianluca Caprari	1993.07.30	176	72	이탈리아
	11	밀란 주리치	Milan Djuric	1990.05.22	198	94	보스니아헤르체코비나
	17	다비데 디아우	Davide Diaw	1992.01.06	191	78	이탈리아
	20	오마리 포슨	Omari Forson	2004.07.20	179	–	잉글랜드
	24	미르코 마리치	Mirko Maric	1995.05.16	188	80	크로아티아
	47	다니 모타	Dany Mota	1998.05.02	180	74	포르투갈

IN & OUT

주요 영입	주요 방출
오마리 포스, 세무엘 피치냐코, 스테파노 투라티, 스테파노 센시	미켈레 디그레고리오, 안드레아 콜파니

TEAM FORMATION

FW **C**	37 페타냐 (듀리치)
MF **C+**	14 말디니 (카프라리) · 47 모타 (포손)
DF **C+**	77 키리아코풀로스 (카르보니) · 38 봉도 (센시) · 32 페시나 (발로티) · 19 비린델리 (치우리아)
	5 칼디롤라 (라니에리) · 22 마리 · 4 이초 (담브로시오)
GK **C**	1 크라뇨 (피치냐코)

PLAN 3-4-2-1

상대팀 최근 6경기 전적

구분	승	무	패	구분	승	무	패
인테르	1	1	4	제노아	3	1	2
AC 밀란	5		1	몬차			
유벤투스	2		4	엘라스 베로나	2	2	2
아탈란타	1		5	레체		3	3
볼로냐	1	3	2	우디네세	1	4	1
로마	1	1	4	칼리아리	2	3	1
라치오	1	2	3	엠폴리	2	2	2
피오렌티나	1	2	3	파르마	1	5	
토리노		2	4	코모	3	2	1
나폴리	1	3	2	베네치아	2	1	3

지역 점유율

공격 진영	24%
중앙	45%
수비 진영	31%

공격 방향

37% 왼쪽	26% 중앙	37% 오른쪽

슈팅 지역

6% 골 에어리어
56% 패널티 박스
38% 외곽 지역

PLAYERS

MF 32 · 마테오 페시나 / Matteo Pessina

KEY PLAYER

국적: 이탈리아

선수의 역할을 찾아주는 팀인 아탈란타에서 이탈리아 대표로 성장했던 선수인데, 2022년에 뜻밖에 승격팀 몬차로 이적했다. 몬차의 '로컬 보이'였던 페시나는 고향 팀으로 돌아와 주장 완장을 맡아달라는 요청에 매력을 느꼈다고 한다. 즉, 그는 몬차의 최고 실력자일 뿐 아니라, '근본'까지 책임지는 선수다. 지난 시즌, 리그 6골 3도움으로 개인 최다 공격포인트를 올렸다. 안드레아 콜파니가 떠난 이번 시즌에는 더 많은 역할을 맡아줘야 한다.

출전경기	경기시간(분)	골	어시스트	경고	퇴장
37	3,228	6	3	3	1

DF 22 · 파블로 마리 / Pablo Mari

국적: 스페인

어려서부터 재능을 인정받아 맨체스터 시티로 이적했다가 임대를 전전했고, 아스널에서도 잠깐 1군에서 활약했지만, 결국 자리를 잡지 못했다. 하지만 2022년 이적한 몬차에서 안정적으로 경기력을 끌어올렸고, 괴한의 습격으로 칼에 찔리는 불운을 겪었지만 잘 극복했다. 스피드는 느려도 빌드업 능력을 갖춘 왼발잡이 센터백. 몬차 센터백이 스위퍼 자리에서 동료들을 지휘할 때 확실히 빛나는 선수다.

출전경기	경기시간(분)	골	어시스트	경고	퇴장
34	2,618	–	–	7	–

MF 14 · 다니엘 말디니 / Daniel Maldini

국적: 이탈리아

감독도 밀란에서 뛴 네스타인데, 선수도 밀란의 파올로 말디니의 아들이다. 이쯤 되면 밀란의 올드팬들이 몬차로 갈아타도 탓하기 힘들듯. 센터백 아버지와 달리 공격형 미드필더인 말디니는 2021/22 시즌 리그 데뷔골에 이어 다음 시즌 2골, 그다음 시즌은 4골로 파괴력을 높였다. 지난 시즌 몬차에서 단 328분 뛰고 공격포인트 5개를 올렸다. 이번 시즌 주전으로서 콜파니의 빈자리를 메워줘야 한다.

출전경기	경기시간(분)	골	어시스트	경고	퇴장
18	588	4	1	1	–

MF 38 · 웨렌 봉도 / Warren Bondo

국적: 프랑스

지난 시즌, 몬차 중원에 에너지를 더해 준 젊은 미드필더. 프랑스 2부 낭시에서 두각을 나타내자마자 몬차가 영입, 레지나로 임대를 보내며 1년간 육성한 결과 지난 시즌 주전이 됐다. 드리블 전진 능력을 갖췄으며, 거칠지만 의욕적인 수비와 높은 패스 성공률이 특징이다. 프랑스 청소년 대표로 훗날 A대표를 노릴 만한 인재이며 아버지는 콩고민주공화국(DR콩고), 어머니는 엄연히 다른 나라인 콩고 출신이다.

출전경기	경기시간(분)	골	어시스트	경고	퇴장
25	1,474	1	1	9	–

FW 47 · 다니 모타 / Dany Mota

국적: 포르투갈

키가 큰 편이지만 2선에서 문전으로 파고들며 득점하는 모습을 자주 보여주면서 '이탈리아 하부 리그의 호날두'로 불리기도 했던 포르투갈 출신 공격수. 승격 후 두 시즌 합쳐 공격포인트기 13개로 그리 만족스럽지 않다. 하지만 최전방이 유독 약한 몬차는 다른 공격수들의 실적도 비슷한 수준이다. 새로 합류한 오마리 포슨이 맨유 시절보다 급성장하지 못한다면 여전히 모타가 갖는 비중이 클 것이다.

출전경기	경기시간(분)	골	어시스트	경고	퇴장
34	2,060	4	3	3	–

엘라스 베로나 FC

Hellas Verona FC

TEAM PROFILE

창 립	1903년
구 단 주	마우리치오 세티(이탈리아)
감 독	파올로 자네티(이탈리아)
연 고 지	베네토 주 베로나
홈 구 장	스타디오 마르칸토니오 벤테고디 (3만9,211명)
라 이 벌	AC 키에보베로나
홈페이지	www.hellasverona.it

최근 5시즌 성적

시즌	순위	승점
2019-2020	9위	49점(12승13무13패, 47득점 51실점)
2020-2021	10위	45점(11승12무15패, 46득점 48실점)
2021-2022	9위	53점(14승11무13패, 65득점 59실점)
2022-2023	18위	31점(7승10무21패, 31득점 59실점)
2023-2024	13위	38점(9승11무18패, 38득점 51실점)

SERIE A (전신 포함)

통 산	우승 1회
23-24 시즌	13위(9승11무18패, 승점 38점)

COPPA ITALIA

통 산	없음
23-24 시즌	32강

UEFA

통 산	없음
23-24 시즌	없음

경기 일정

라운드	날짜	장소	상대팀
1	2024.08.19	홈	SSC 나폴리
2	2024.08.27	홈	유벤투스
3	2024.09.02	원정	제노아 CFC
4	2024.09.17	원정	SS 라치오
5	2024.09.21	홈	토리노
6	2024.09.29	원정	코모 1907
7	2024.10.05	홈	베네치아
8	2024.10.22	홈	AC 몬차
9	2024.10.27	원정	아탈란타 BC
10	2024.10.30	원정	US 레체
11	2024.11.04	홈	AS 로마
12	2024.11.10	홈	ACF 피오렌티나
13	2024.11.23	홈	인테르나치오날레
14	2024.12.01	원정	칼리아리 칼초
15	2024.12.08	홈	엠폴리
16	2024.12.15	원정	파르마 칼초 1913
17	2024.12.22	홈	AC 밀란
18	2024.12.29	원정	볼로냐
19	2025.01.05	홈	우디네세 칼초
20	2025.01.12	원정	SSC 나폴리
21	2025.01.19	홈	SS 라치오
22	2025.01.26	원정	베네치아
23	2025.02.02	원정	AC 몬차
24	2025.02.09	홈	아탈란타 BC
25	2025.02.16	원정	AC 밀란
26	2025.02.23	홈	ACF 피오렌티나
27	2025.03.02	원정	유벤투스
28	2025.03.09	홈	볼로냐
29	2025.03.16	원정	우디네세 칼초
30	2025.03.30	홈	파르마 칼초 1913
31	2025.04.06	원정	토리노
32	2025.04.13	홈	제노아 CFC
33	2025.04.20	원정	AS 로마
34	2025.04.27	홈	칼리아리 칼초
35	2025.05.04	원정	SSC 나폴리
36	2025.05.11	홈	US 레체
37	2025.05.18	홈	코모 1907
38	2025.05.25	원정	엠폴리

시즌 프리뷰

여러 장 산 복권, 지금 열심히 긁는 중

전력만 보면 꽤 약해진 듯 보이는 시즌. 새 감독 파올로 자네티의 지도력은 전임 마르코 바로니보다 더 낮은 평가를 받아왔고, 지난 시즌의 주전 선수들은 임대 복귀나 강팀의 러브콜로 많이 떠났다. 비싸게 사 온 확실한 에이스는 없는 상황. 성공 가능성이 있는 미지의 선수들이 급성장해 주길 바라야 한다. 주전 공격수로 영입된 카스페르 텡스테트가 대표적인 예. '거상' 벤피카의 공격수인데도 베로나가 살 수 있었던 건, 벤피카에서 망한 선수였기 때문이다. 하지만 포르투갈로 가기 전에는 노르웨이 리그를 정복했던 선수다. 콜롬비아에서만 뛰다가 처음으로 유럽에 진출한 다니엘 모스케라 역시 아무도 예상치 못한 대박이 기대되는 선수이다. 이런 복권 같은 선수를 긁었을 때 1등이 당첨된다면 기대 이상의 성적이 날 것이다.

COACH

파올로 자네티 *Paolo Zanetti*
1982년 12월 16일생 이탈리아

유통기한이 길지는 않지만, 첫 시즌은 괜찮은 감독. 베네치아의 승격을 이끈 뒤 세리에A에서는 조기 경질됐다. 엠폴리도 한 시즌 중위권으로 인도했다가 다음 시즌 초에 급속도로 무너지며 또 경질됐다. 이번 시즌 초반에는 2부 체세나에 패했지만, 다음 경기였던 나폴리를 3-0으로 박살 내는 등 도깨비팀의 모습으로 시작했다.

TEAM RATINGS

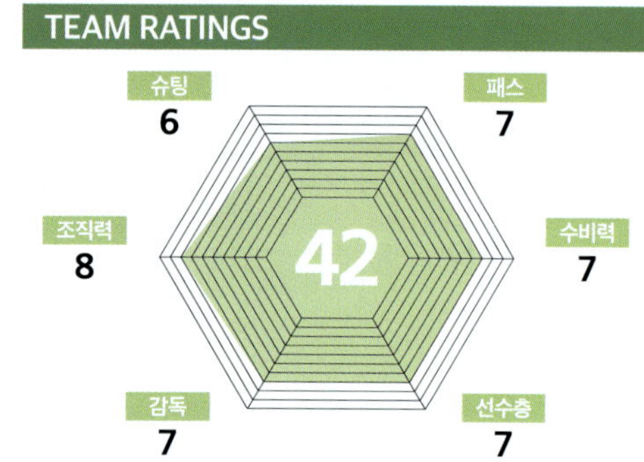

2023/24 프로필

팀 득점	38
평균 볼 점유율	44.20%
패스 정확도	74.30%
평균 슈팅 수	11.6
경고	85
퇴장	6

골 타입

오픈 플레이		58
세트 피스		16
카운터 어택		18
패널티 킥		8
자책골	0	단위 (%)

패스 타입

쇼트 패스		0
롱 패스		0
크로스 패스		0
스루 패스	0	단위 (%)

SQUAD

포지션	등번호	이름		생년월일	키(cm)	체중(kg)	국적
GK	1	로렌초 몬티포	Lorenzo Montipò	1996.02.20	191	82	이탈리아
	22	알레산드로 베라르디	Alessandro Berardi	1991.01.16	185	78	이탈리아
DF	4	플라비우스 다닐리우크	Flavius Daniliuc	2001.04.27	188	80	오스트리아
	5	다비데 파라오니	Davide Faraoni	1991.06.01	180	71	프랑스
	12	도마고이 브라다리치	Domagoj Bradarić	1999.12.10	178	69	크로아티아
	27	파벨 다비도비치	Paweł Dawidowicz	1995.05.20	189	80	폴란드
	38	잭슨 차추아	Jackson Tchatchoua	2001.09.14	180	79	카메룬
	42	디에고 코폴라	Diego Coppola	2003.12.28	192	85	이탈리아
	82	크리스찬 코라디	Christian Corradi	2005.02.21	191	85	이탈리아
MF	3	마르틴 프레세	Martin Frese	1998.01.04	179	75	덴마크
	6	레다 벨라하인	Reda Belahyane	2004.06.01	173	59	프랑스
	17	아얀다 시슈바	Ayanda Sishuba	2005.02.02	169	61	벨기에
	18	압두 하로위	Abdou Harroui	1998.01.13	182	77	모로코
	21	다니 실바	Dani Silva	2000.04.11	180	75	포르투갈
	25	수아트 세르다르	Suat Serdar	1997.04.11	184	75	독일
	31	토마스 수술로프	Tomas Suslov	2002.06.07	174	65	슬로바키아
	33	온드레이 두다	Ondrej Duda	1994.12.05	181	75	슬로바키아
	80	알파조 시세	Alphadjo Cissè	2006.10.22	178	68	이탈리아
FW	7	마티스 람보드	Mathis Lambourde	2006.01.09	179	76	프랑스
	9	아민 사르	Amin Sarr	2001.03.11	188	83	스웨덴
	11	카스페르 텡스테트	Casper Tengstedt	2000.06.01	184	79	덴마크
	13	후안 마누엘 크루즈	Juan Manuel Cruz	1999.07.19	184	71	아르헨티나
	14	다일론 리브라멘토	Dailon Rocha Livramento	2001.05.04	185	80	카보베르데
	29	파리데 알리두	Faride Alidou	2001.07.18	186	84	독일
	35	다니엘 모스케라	Daniel Mosquera	1999.02.12	180	65	콜롬비아

IN & OUT

주요 영입	주요 방출
압두 하루이, 다니엘 모스케라, 카스페르 텡스테트, 그리고리스 카스타노스, 플라비우스 다닐리우크, 도마고이 브라다리치	후안 카발, 티자니 노슬린

TEAM FORMATION

FW **C**

MF **C+**

DF **C**

GK **C+**

11 텡스테트 (모스케라)

31 수슬로프 (하루이)　**14** 리브라멘토 (카스타노스)

8 라조비치 (브라다리치)　**25** 세르다르 (실바)　**33** 두다 (호셀리토)　**38** 차추아 (파라오니)

3 프레즈 (코라디)　**42** 코폴라 (마냐니)　**27** 다비도비츠 (다닐리우크)

1 몬티포

PLAN **3-4-3**

지역 점유율

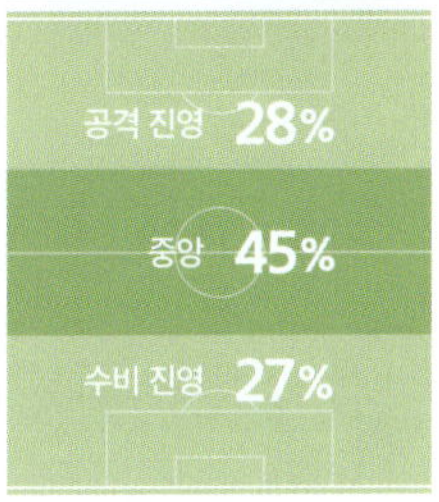

공격 진영	28%
중앙	45%
수비 진영	27%

공격 방향

37% 왼쪽	26% 중앙	38% 오른쪽

슈팅 지역

7% 골 에어리어
50% 패널티 박스
43% 외곽 지역

상대팀 최근 6경기 전적

구분	승	무	패	구분	승	무	패
인테르		1	5	제노아	1	3	2
AC 밀란			6	몬차	2	2	2
유벤투스	1	1	4	엘라스 베로나			
아탈란타	1	1	4	레체	5	1	
볼로냐	2	2	2	우디네세	2	3	1
로마	2	1	3	칼리아리	3	3	
라치오	1	3	2	엠폴리	2	3	1
피오렌티나	1	2	3	파르마	4	1	1
토리노		2	4	코모	3	2	1
나폴리		2	4	베네치아	4	2	

PLAYERS

MF 31　토마스 수슬로프
Tomas Suslov

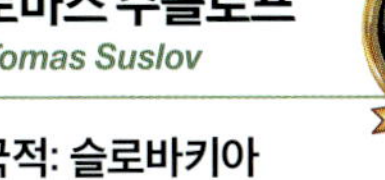
KEY PLAYER

국적: 슬로바키아

베로나에서 가장 기술이 좋고, 팀 공격을 지휘해 주는 선수다. 오른쪽에 조금 치우친 위치에서 안쪽으로 드리블하며 왼발 패스를 뿌린다. 공을 오래 끌면서 키핑하기보다는 동료를 이용해 간결하게 탈압박하는 능력이 있다. 수비 가담도 준수하다. 지난 시즌, 빅리그가 처음인 데다 동료들의 결정력이 영 떨어지는데도 불구하고 괜찮은 플레이를 해준 만큼 새 시즌에는 더 늘어난 실적이 기대된다. 슬로바키아 대표팀에서도 비중이 높아지고 있다.

출전경기	경기시간(분)	골	어시스트	경고	퇴장
32	2,099	3	5	7	-

GK 1　로렌초 몬티포
Lorenzo Montipò

국적: 이탈리아

선방 능력이 좋고, 특히 페널티킥을 잘 막는다. 빌드업할 때는 롱킥에 의존하는 게 특징인데 경기당 롱패스 횟수에서 두 시즌 연속 독보적인 1위를 기록했다. 노바라를 거쳐 베네벤토의 승격을 이끌면서 세리에A에서도 통하는 기량을 증명했고, 한 시즌 뒤인 2021년부터 베로나에 자리를 잡고 3시즌째 활약 중이다. 몬티포 영입 시점과 베로나의 중위권 안착 시기가 일치한다는 건 우연이 아닐 것이다.

출전경기	경기시간(분)	실점	무실점(경기)	경고	퇴장
37	3,330	49	8	-	-

DF 42　디에고 코폴라
Diego Coppola

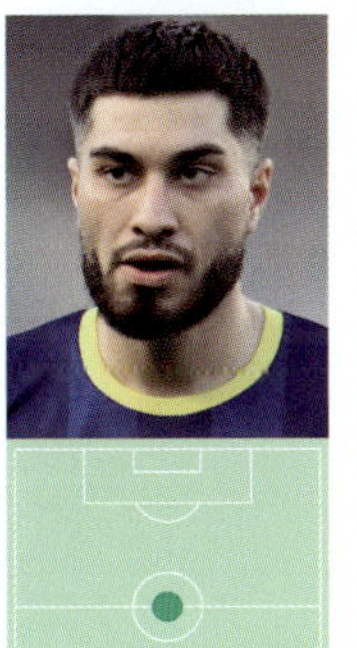

국적: 이탈리아

이탈리아 연령별 대표를 두루 거친 21세 센터백 유망주. 최근 베로나 유소년팀이 배출한 가장 큰 재능 중 하나다. 프로 데뷔 이후 3시즌 동안 꾸준히 출장 시간을 늘렸고, 지난 시즌은 주전급으로 자리 잡았다. 장신, 준수한 운동능력, 공을 다루는 기술까지 겸비한 현대적인 수비수다. 베로나에서는 주로 스리백의 중앙에 서서 공중볼을 따내고, 앞에서 흘러나오는 공을 가로채는 고전적인 스위퍼의 역할을 수행한다.

출전경기	경기시간(분)	골	어시스트	경고	퇴장
24	1636	2	-	9	-

MF 25　수아트 세르다르
Suat Serdar

국적: 독일

베로나에서 가장 화려한 경력을 자랑하는 선수 중 하나다. 2019/20 시즌 샬케04 소속으로 리그 7골을 넣었고, 이 즈음 독일 대표팀에서도 활약했다. 이후 헤르타BSC에서도 활약이 좋았다. 지난해 베로나로 임대된 뒤 공격포인트는 줄었지만 전반적인 플레이에서 높은 평가를 받으면서 일찌감치 완전이적이 성사됐다. 활동량이 많으며 드리블과 침투 등 공격적인 능력이 돋보이는 박스 투 박스 미드필더다.

출전경기	경기시간(분)	골	어시스트	경고	퇴장
25	1,665	-	2	7	-

MF 33　온드레이 두다
Ondrej Duda

국적: 슬로바키아

세르다르와 더불어 헤르타 출신 콤비. 2018/19 시즌 11골 5도움을 올아치면서 페널티 박스 진입과 문전 마무리 능력을 보여줬을 때는 '함식의 후계자'로 큰 기대를 받았다. 수비에 치중해야 히는 베로나에서 새 역할을 열심히 수행하고 있는데 지난 시즌 경기당 태클 4위(1.7회)인 건 좋았지만, 경고가 10회, 퇴장은 2회로 최다였다. 호리호리한 체격으로 상대 미드필더를 제압하려다 무리수를 둔다는 것이다.

출전경기	경기시간(분)	골	어시스트	경고	퇴장
32	2,465	1	4	10	2

US 레체

US Lecce

최근 5시즌 성적

시즌	순위	승점
2019-2020	18위	35점(9승8무21패, 52득점 85실점)
2020-2021	없음	없음
2021-2022	없음	없음
2022-2023	16위	36점(8승12무18패, 33득점 46실점)
2023-2024	14위	38점(8승14무16패, 32득점 54실점)

SERIE A (전신 포함)

통 산	없음
23-24 시즌	14위(8승14무16패, 승점 38점)

COPPA ITALIA

통 산	없음
23-24 시즌	32강

UEFA

통 산	없음
23-24 시즌	없음

경기 일정

라운드	날짜	장소	상대팀
1	2024.08.20	홈	아탈란타 BC
2	2024.08.25	원정	인테르나치오날레
3	2024.09.01	홈	칼리아리 칼초
4	2024.09.15	원정	토리노
5	2024.09.22	홈	파르마 칼초 1913
6	2024.09.28	원정	AC 밀란
7	2024.10.05	원정	우디네세 칼초
8	2024.10.20	홈	ACF 피오렌티나
9	2024.10.26	원정	SSC 나폴리
10	2024.10.30	홈	엘라스 베로나
11	2024.11.02	원정	볼로냐
12	2024.11.09	홈	엠폴리
13	2024.11.26	원정	베네치아
14	2024.12.01	홈	유벤투스
15	2024.12.08	원정	AS 로마
16	2024.12.15	홈	AC 몬차
17	2024.12.22	홈	SS 라치오
18	2024.12.29	원정	코모 1907
19	2025.01.05	홈	제노아 CFC
20	2025.01.12	원정	엠폴리
21	2025.01.19	원정	칼리아리 칼초
22	2025.01.26	홈	인테르나치오날레
23	2025.02.02	원정	파르마 칼초 1913
24	2025.02.09	홈	볼로냐
25	2025.02.16	원정	AC 몬차
26	2025.02.23	홈	우디네세 칼초
27	2025.03.02	홈	ACF 피오렌티나
28	2025.03.09	홈	AC 밀란
29	2025.03.16	원정	제노아 CFC
30	2025.03.30	홈	AS 로마
31	2025.04.06	홈	베네치아
32	2025.04.13	원정	유벤투스
33	2025.04.20	홈	코모 1907
34	2025.04.27	원정	아탈란타 BC
35	2025.05.04	홈	SSC SSC 나폴리
36	2025.05.11	원정	엘라스 베로나
37	2025.05.18	홈	토리노
38	2025.05.25	원정	SS 라치오

시즌 프리뷰 — 강등 후보 전력으로 공격축구는 무리

지난 시즌, 로베르토 다베르사 감독의 레체는 최악의 결정력(xG 대비 실제 득점 -17.29 최하위)으로 인해 득점력 18위에 그쳤다. 하지만 비교적 나은 수비와 최다 반칙 3위의 거친 플레이도 불사하는 끈끈함으로, 시즌 막판까지 아슬아슬한 생존 순위를 지켰다. 다베르사 감독이 시즌 막판에 쫓겨난 건 성적 때문이 아니라, 상대 선수를 머리로 받는 기행 때문이었다. 그 뒤를 이은 루카 고티 감독은 더 나은 승점 획득 능력으로 잔류를 달성하면서 이번 시즌까지 지휘하게 됐다. 그런데 시즌을 앞두고 보강보다는 선수 이탈이 더 눈에 띄었다. 안 그래도 하위권이었던 전력이 더 약해졌으니 생존을 자신하긴 어렵다. 프리시즌에는 공격 중심의 축구를 시도했지만, 고티 감독은 실전에서는 수비에 신경 쓸 거라고 예고한 바 있다.

COACH

루카 고티 *Luca Gotti*

1967년 9월 13일생 이탈리아

선수 시절 무명이었던 고티는 32세에 일찍 지도자 인생을 시작했다. 하부 리그 감독 경력이 11년째 풀리지 않자, 로베르토 도나도니와 마우리치오 사리, 이고르 투도르 등 유명 감독의 코치로 공부를 더 한 뒤 세리에 A 감독으로 변신했다. 이후 우디네세, 스페치아를 거쳐 지난 시즌 말, 레체에 합류했다.

TEAM RATINGS

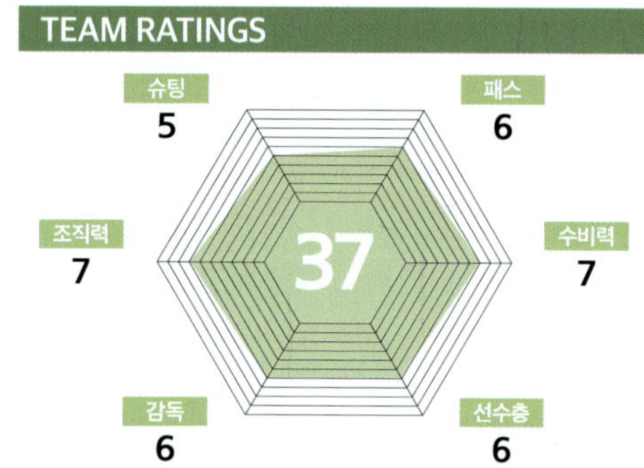

슈팅	5
패스	6
조직력	7
수비력	7
감독	6
선수층	6
종합	37

2023/24 프로필

팀 득점	32
평균 볼 점유율	44.20%
패스 정확도	78.40%
평균 슈팅 수	13.4
경고	85
퇴장	5

골 타입 (단위 %)

오픈 플레이	53
세트 피스	22
카운터 어택	9
패널티 킥	9
자책골	6

패스 타입 (단위 %)

쇼트 패스	81
롱 패스	14
크로스 패스	4
스루 패스	0

SQUAD

포지션	등번호	이름		생년월일	키(cm)	체중(kg)	국적
GK	1	크리스티안 프뤼히틀	Christian Früchtl	2000.01.28	193	84	독일
GK	30	블라디미로 팔코네	Wladimiro Falcone	1995.04.12	195	85	이탈리아
DF	2	앤디 펠마르드	Andy Pelmard	2000.03.12	180	69	프랑스
DF	4	키알론다 가스파르	Kialonda Gaspar	1997.09.27	193	90	앙골라
DF	6	페데리코 바스키로토	Federico Baschirotto	1996.09.20	187	79	이탈리아
DF	12	프레데릭 길베르	Frédéric Guilbert	1994.12.24	178	74	프랑스
DF	13	파트리크 도르구	Patrick Dorgu	2004.10.26	185	80	덴마크
DF	19	개비 진	Gaby Jean	2000.02.19	191	75	프랑스
DF	21	케빈 보니파지	Kevin Bonifazi	1996.05.19	187	70	이탈리아
DF	25	안토니오 갈로	Antonino Gallo	2000.01.05	183	78	이탈리아
MF	5	메돈 베리샤	Medon Berisha	2003.10.21	186	80	알바니아
MF	8	함자 라피아	Hamza Rafia	1999.04.02	178	75	튀니지
MF	10	레미 오딘	Rémi Oudin	1996.11.18	186	81	프랑스
MF	14	토리르 요한 헬가손	Thórir Jóhann Helgason	2000.09.28	187	66	아이슬란드
MF	20	일베르 라마다니	Ylber Ramadani	1996.04.12	185	80	알바니아
MF	27	에드워드 맥자넷	Ed McJannet	2004.01.25	183	77	아일랜드
MF	29	라사나 쿨리발리	Lassana Coulibaly	1996.04.10	183	77	말리
MF	36	필립 마르호빈스키	Filip Marchwinski	2002.01.10	185	72	폴란드
FW	3	안테 레비치	Ante Rebić	1993.09.21	185	78	크로아티아
FW	7	테테 모렌테	Tete Morente	1996.12.04	180	76	스페인
FW	9	니콜라 크르스토비치	Nikola Krstovic	2000.04.05	185	80	몬테네그로
FW	11	니콜라 산소네	Nicola Sansone	1991.09.10	173	63	이탈리아
FW	22	라멕 반다	Lameck Banda	2001.01.29	169	68	잠비아
FW	23	라레스 부르네테	Rareş Burnete	2004.01.31	185	80	루마니아
FW	34	다리오 다카	Dario Daka	2004.01.24	173	–	알바니아

IN & OUT

주요 영입	주요 방출
필립 마르흐빈스키, 키알론다 가스파르, 라자냐 쿨리발리, 프레데릭 길베르	마린 폰그라치치, 알렉시스 블린, 발랑탱 장드레

TEAM FORMATION

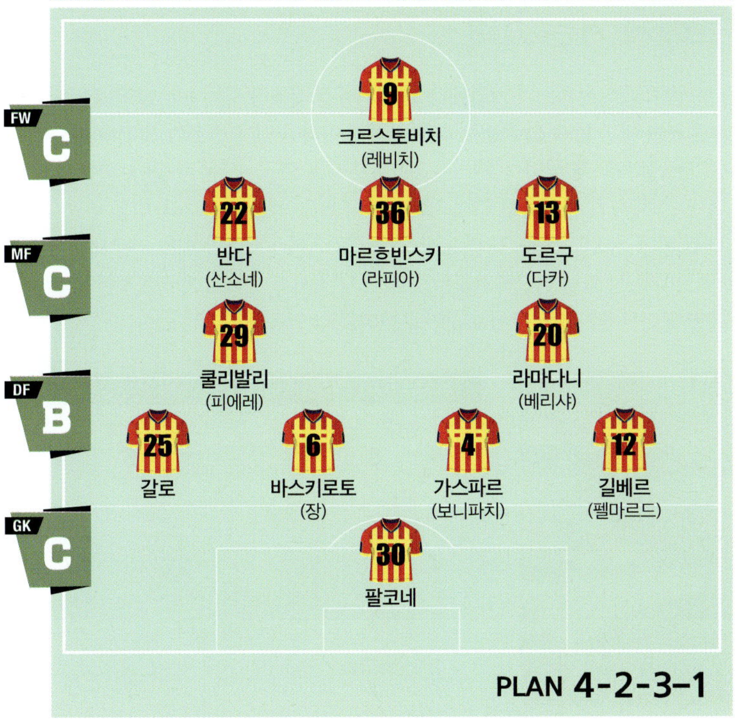

FW C
9 크르스토비치 (레비치)

MF C
22 반다 (산소네)　36 마르흐빈스키 (라피아)　13 도르구 (다카)

DF B
29 쿨리발리 (피에레)　20 라마다니 (베리샤)
25 갈로　6 바스키로토 (장)　4 가스파르 (보니파치)　12 길베르 (펠마르드)

GK C
30 팔코네

PLAN **4-2-3-1**

지역 점유율

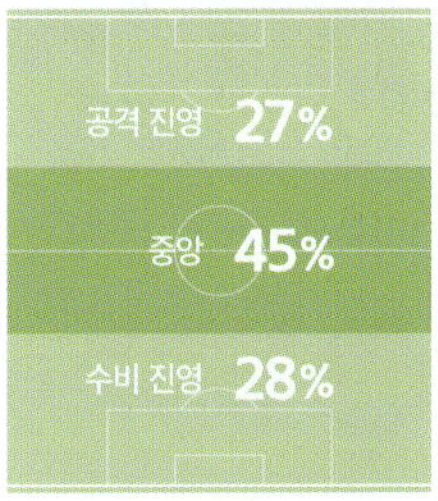

공격 진영	27%
중앙	45%
수비 진영	28%

공격 방향

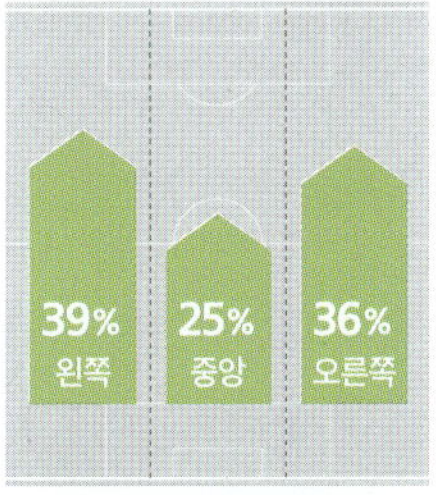

39% 왼쪽	25% 중앙	36% 오른쪽

슈팅 지역

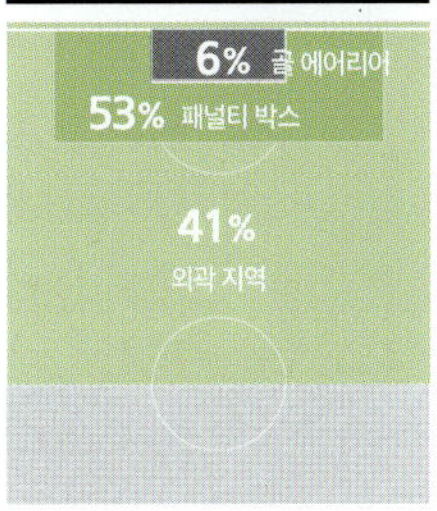

- 6% 골 에어리어
- 53% 패널티 박스
- 41% 외곽 지역

상대팀 최근 6경기 전적

구분	승	무	패	구분	승	무	패
인테르		1	5	제노아	1	1	4
AC 밀란		3	3	몬차	3	3	
유벤투스		1	5	엘라스 베로나		1	5
아탈란타	2		4	레체			
볼로냐		1	5	우디네세	2	2	2
로마		2	4	칼리아리	1	4	1
라치오	3	1	2	엠폴리	1	3	2
피오렌티나	2	2	2	파르마	2	1	3
토리노	1		5	코모	3	3	
나폴리	1	2	3	베네치아	2	3	1

PLAYERS

DF 6 페데리코 바스키로토
Federico Baschirotto **KEY PLAYER**

국적: 이탈리아

하부 리그를 오랫동안 전전하다가 26세에 세리에A로 처음 입성했고, 좋은 수비를 보여 주면서 이탈리아 대표로 발탁되기까지 했다. 당시 우승팀 수비수 김민재 바로 아래로 평가받을 정도였다. 근육질의 단단한 육체로 아군 골문 앞을 잘 지키며, 걷어내기를 많이 기록하는 전형적 약팀 센터백의 플레이스타일을 갖고 있다. 그래도 승격 첫 시즌보다 두 번째 시즌에 패스 성공률을 10% 높이고, 수비 지표는 조금 줄이면서 한결 지능적으로 변했다.

출전경기	경기시간(분)	골	어시스트	경고	퇴장
37	3,295	–	1	3	1

DF 12 프레데릭 길베르
Frédéric Guilbert

국적: 프랑스

애스턴 빌라에서 2019/20 시즌 1년은 주전으로 뛰었지만 이후 경쟁에 실패해 프랑스로 돌아갔던 선수. 스트라스부르에서 꾸준히 뛰며 프랑스 리그앙에서는 충분히 통하는 기량을 재확인했다. 이번에 두 번째 해외 진출을 감행한다. 공격력보다 수비력으로 정평이 난 풀백이며 한때 그 능력으로 프랑스 청소년대표팀까지 갔을 정도였다. 생존이 우선인 레체 입장에서는 좋은 영입이 될 만하다.

출전경기	경기시간(분)	골	어시스트	경고	퇴장
32	2,495	–	–	3	–

DF 13 파트리크 도르구
Patrick Dorgu

국적: 덴마크

돈을 안 쓰고 팀을 강화할 가장 좋은 방법이 유망주 육성이다. 레체는 나이지리아계 덴마크인 도르구를 18세 때 유소년팀으로 영입, 이듬해 개막전부터 바로 주전으로 활용했다. 네 번째 시즌부터 뛰어난 운동능력으로 팀에 큰 보탬이 됐다. 프로 2년차인 이번 시즌에 더 무르익은 경기력이 기대된다. 수많은 빅 클럽이 관심을 가진다는 소식이 있어 내년 여름에는 다른 팀으로 갈지 모른다. 본업은 레프트백이지만 윙어도 맡는다.

출전경기	경기시간(분)	골	어시스트	경고	퇴장
32	1,567	2	–	6	–

MF 36 필립 마르흐빈스키
Filip Marchwinski

국적: 폴란드

폴란드 자국 리그 최고 유망주로 21세에 대표팀에 발탁된 공격형 미드필더. 동작이 엉성하고 플레이도 그리 유려하지 못해 테크니션이라는 인상을 주진 못한다. 대신 상대 문진에 흐르는 공을 익히듯이 따라가 터닝숏을 넣는다든지, 전력을 다한 점프로 헤딩을 따낸다든지 하는, 끈질긴 플레이로 득점 기회를 만든다. 상대 수비 사이의 빈틈을 집요하게 찾아다니는 집중력과 패스 시야도 장점이다.

출전경기	경기시간(분)	골	어시스트	경고	퇴장
28	2,098	8	5	4	1

FW 9 니콜라 크르스토비치
Nikola Krstovic

국적: 몬테네그로

지난 시즌 팀 내 최다 골을 넣은 공격수. 별다른 골잡이가 영입되지 않았으므로 이번 시즌에도 역시 어깨가 무겁다. 문제는 그 최다 골이 고작 7골이었다는 것. 더 큰 문제는 기대 득점(xG) 대비 실제 득점을 분석해 보면 리그 전체에서 최악인 -5.17골이었다는 사실이다. 결정력이 나빠도 너무 심각하게 나빴다. 대신 고립된 상황에서도 드리블로 공을 지키는 등 팀에 기여하는 능력은 어느 정도 갖추고 있다.

출전경기	경기시간(분)	골	어시스트	경고	퇴장
35	2,391	7	1	4	1

우디네세 칼초
Udinese Calcio

TEAM PROFILE

창 립	1896년
구 단 주	지암파올로 포초(이탈리아)
감 독	코스타 루냐이치(독일)
연 고 지	프리울리베네치아줄리아 주 우디네
홈 구 장	스타디오 프리울리(2만5,000명)
라 이 벌	-
홈페이지	www.udinese.it

최근 5시즌 성적

시즌	순위	승점
2019-2020	13위	45점(12승9무17패, 37득점 51실점)
2020-2021	13위	40점(10승10무18패, 42득점 58실점)
2021-2022	12위	47점(11승14무13패, 61득점 58실점)
2022-2023	12위	46점(11승13무14패, 47득점 48실점)
2023-2024	15위	37점(6승19무13패, 37득점 53실점)

SERIE A (전신 포함)

통 산	없음
23-24 시즌	15위(6승19무13패, 승점 37점)

COPPA ITALIA

통 산	없음
23-24 시즌	32강

UEFA

통 산	없음
23-24 시즌	없음

경기 일정

라운드	날짜	장소	상대팀
1	2024.08.19	원정	볼로냐
2	2024.08.25	홈	SS 라치오
3	2024.09.02	홈	코모 1907
4	2024.09.17	원정	파르마 칼초 1913
5	2024.09.23	원정	AS 로마
6	2024.09.28	홈	인테르나치오날레
7	2024.10.05	홈	US 레체
8	2024.10.20	원정	AC 밀란
9	2024.10.26	홈	칼리아리 칼초
10	2024.10.31	원정	베네치아
11	2024.11.03	홈	유벤투스
12	2024.11.10	원정	아탈란타 BC
13	2024.11.26	원정	엠폴리
14	2024.12.01	홈	제노아 CFC
15	2024.12.08	원정	AC 몬차
16	2024.12.15	홈	SSC 나폴리
17	2024.12.22	원정	ACF 피오렌티나
18	2024.12.29	홈	토리노
19	2025.01.05	원정	엘라스 베로나
20	2025.01.12	홈	아탈란타 BC
21	2025.01.19	원정	코모 1907
22	2025.01.26	홈	AS 로마
23	2025.02.02	홈	베네치아
24	2025.02.09	원정	SSC 나폴리
25	2025.02.16	험	엠폴리
26	2025.02.23	원정	US 레체
27	2025.03.02	홈	파르마 칼초 1913
28	2025.03.09	원정	SS 라치오
29	2025.03.16	홈	엘라스 베로나
30	2025.03.30	원정	인테르나치오날레
31	2025.04.06	원정	제노아 CFC
32	2025.04.13	홈	AC 밀란
33	2025.04.20	원정	토리노
34	2025.04.27	홈	볼로냐
35	2025.05.04	원정	칼리아리 칼초
36	2025.05.11	홈	AC 몬차
37	2025.05.19	원정	유벤투스
38	2025.05.25	홈	ACF 피오렌티나

돌아온 레전드에게 거는 기대

팬들이 가장 두근거릴만한 선수, 알렉시스 산체스가 영입됐다. 21세기 우디네세의 모든 선수를 통틀어 안토니오 디나탈레 다음으로 빛났던 인물이다. 동료 선수였던 괴칸 인러가 이미 구단 프런트가 되어 함께 찍은 입단 사진은 세월이 많이 흘렀다는 걸 느끼게 한다. 산체스는 2010/11 시즌 12골 6도움을 몰아치면서 우디네세를 세리에A 4위에 올렸고, 앞선 월드컵 활약까지 더해 세계적인 주목을 받았던 선수다. 이를 바탕으로 바르셀로나, 아스널, 맨유, 인테르 등을 거쳤다. 지금 36세 노장이지만 2022/23 시즌만 해도 마르세유 소속으로 14골 3도움을 기록한 바 있으니 아직 퇴물 취급하기에는 이르다. 지난 시즌, 인테르에서도 적은 출장 시간에 4골 5도움을 기록했다. 과연 돌아온 우디네세에서 노련미를 보여줄 수 있을까?

COACH

코스타 루냐이치 *Kosta Runjaic*
1971년 6월 4일생 오스트리아

오스트리아 지도자들이 흔히 그렇듯 독일을 무대로 활동했다. 그러다 2017년부터 폴란드에서 꾸준히 활약하며 리그 최고 감독으로 인정받았고, 그 자산을 바탕으로 이번 시즌에 다시 빅리그에 도전한다. 소극적이고 너무 이탈리아스러운 전술에 젖어 있던 우디네세를 한결 세련된 팀으로 바꿔 달라는 주문을 받았다.

TEAM RATINGS

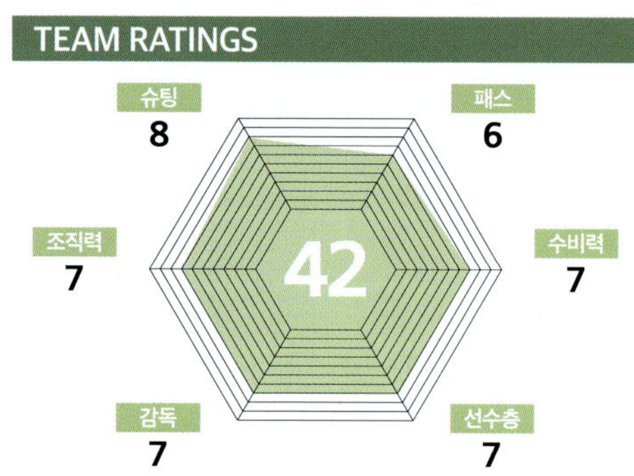

2023/24 프로필

팀 득점	37
평균 볼 점유율	38.80%
패스 정확도	77.30%
평균 슈팅 수	12.1
경고	88
퇴장	5

골 타입

오픈 플레이	73	
세트 피스	14	
카운터 어택	3	
패널티 킥	8	
자책골	3	단위 (%)

패스 타입

쇼트 패스	81	
롱 패스	14	
크로스 패스	4	
스루 패스	0	단위 (%)

SQUAD

포지션	등번호	이름		생년월일	키(cm)	체중(kg)	국적
GK	40	마두카 오코예	Maduka Okoye	1999.08.28	197	92	나이지리아
GK	90	라즈반 사바	Razvan Sava	2002.06.21	194	79	이탈리아
DF	4	제임스 아방카	James Abankwah	2004.01.16	182	–	아일랜드
DF	11	하사네 카마라	Hassane Kamara	1994.03.05	170	67	코트디부아르
DF	16	마테오 팔마	Matteo Palma	2008.03.13	194	85	독일
DF	19	킹슬리 에지부에	Kingsley Ehizibue	1995.05.25	189	78	네덜란드
DF	23	엔조 예보세	Enzo Ebosse	1999.03.11	185	74	카메룬
DF	27	크리스티안 카바셀레	Christian Kabasele	1991.02.24	187	86	벨기에
DF	29	야카 비욜	Jaka Bijol	1999.02.05	190	85	슬로베니아
DF	31	토마스 크리스텐센	Thomas Kristensen	2002.01.17	198	85	덴마크
DF	33	조던 제무라	Jordan Zemura	1999.11.14	173	68	짐바브웨
DF	95	이삭 투레	Isaak Touré	2003.03.28	206	98	프랑스
MF	5	마르틴 파예로	Martín Payero	1998.09.11	182	80	아르헨티나
MF	6	오이에르 자라가	Oier Zarraga	1999.01.04	175	75	스페인
MF	8	샌디 로브리치	Sandi Lovrić	1998.03.28	180	70	슬로베니아
MF	14	아르튀르 아타	Arthur Atta	2003.01.14	189	77	프랑스
MF	25	제스퍼 칼스트룀	Jesper Karlström	1995.06.21	185	72	스웨덴
MF	32	위르헌 에켈렌캄프	Jurgen Ekkelenkamp	2000.06.14	188	83	네덜란드
MF	77	루이 모데스토	Rui Modesto	1999.10.07	181	79	앙골라
FW	7	알렉시스 산체스	Alexis Sánchez	1988.12.19	169	62	칠레
FW	9	케이넌 데이비스	Keinan Davis	1998.02.13	189	68	잉글랜드
FW	10	플로리안 토뱅	Florian Thauvin	1993.01.26	179	70	프랑스
FW	17	로렌초 루카	Lorenzo Lucca	2000.09.10	201	80	이탈리아
FW	21	이케르 브라보	Iker Bravo	2005.01.13	182	79	스페인
FW	99	다미안 피사로	Damián Pizarro	2005.03.28	187	75	칠레

IN & OUT

주요 영입	주요 방출
알렉시스 산체스, 다미안 피사로, 예스페르 칼스트롬, 이삭 투레, 위르헌 에켈렌캄프	왈라스, 라자르 사마르지치, 네우엔 페레스

TEAM FORMATION

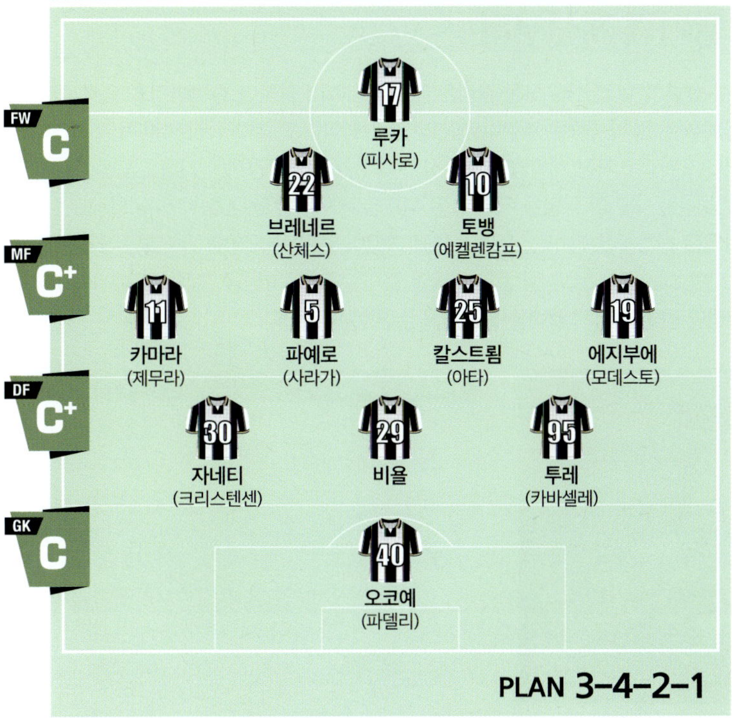

<table>
<tr><td>FW</td><td>C</td></tr>
<tr><td>MF</td><td>C+</td></tr>
<tr><td>DF</td><td>C+</td></tr>
<tr><td>GK</td><td>C</td></tr>
</table>

17 루카 (피사로)

22 브레네르 (산체스) 10 토뱅 (에켈렌캄프)

11 카마라 (제무라) 5 파예로 (사라가) 25 칼스트룀 (아타) 19 에지부에 (모데스토)

30 자네티 (크리스텐센) 29 비율 95 투레 (카바셀레)

40 오코예 (파델리)

PLAN 3-4-2-1

지역 점유율

공격 진영	25%
중앙	44%
수비 진영	31%

공격 방향

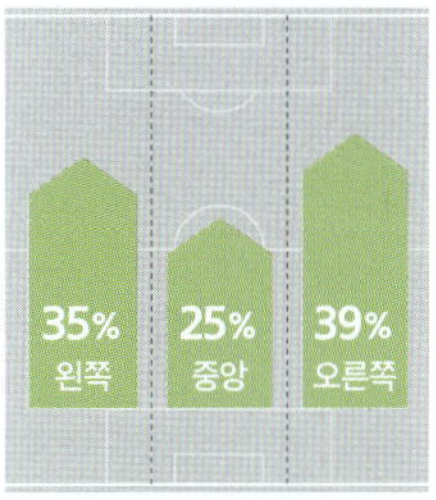

35% 왼쪽	25% 중앙	39% 오른쪽

슈팅 지역

8%	골 에어리어
49%	패널티 박스
43%	외곽 지역

상대팀 최근 6경기 전적

구분	승	무	패	구분	승	무	패
인테르	1		5	제노아	1	4	1
AC 밀란	2	2	2	몬차	1	4	1
유벤투스	1	1	4	엘라스 베로나	1	3	2
아탈란타		4	2	레체	2	2	2
볼로냐	1	3	2	우디네세			
로마	1	1	4	칼리아리	2	2	2
라치오	1	2	3	엠폴리	2	3	1
피오렌티나	2	1	3	파르마	1	2	3
토리노	1	1	4	코모	3	2	1
나폴리		2	4	베네치아	5		1

PLAYERS

MF	32	위르헌 에켈렌캄프
		Jurgen Ekkelenkamp

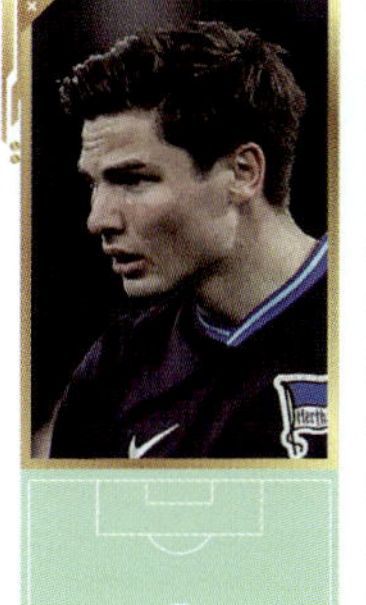

국적: 네덜란드

플로리앙 토뱅, 브레네르, 산체스 등 기라성 같은 선배들이 먼저 출장 기회를 잡을 것으로 보이지만, 에켈렌캄프의 경우 새로 합류했고 성장 가능성도 있기 때문에 공격형 미드필더 중 대표 격으로 꼽힌다. 아약스에서 비록 1군에 자리 잡진 못했지만 뛰어난 유망주로 인정받았던 선수다. 창의성, 의외성, 왼발 득점력을 갖추고 있다. 지난 2년 동안 벨기에 무대에서 수준급 2선 자원의 능력을 증명했고, 우디네세가 사마르지치의 대체자로 영입했다.

출전경기	경기시간(분)	골	어시스트	경고	퇴장
39	2,768	5	1	5	-

DF	29	야카 비율
		Jaka Bijol

국적: 슬로베니아

페레스에 비하면 느린 대신 제공권이 훨씬 좋고, 빌드업 능력도 갖췄다. 국가대표팀 부동의 주전으로서 빠르게 경기 기록을 쌓아가는 중. CSKA모스크바, 하노버96을 거쳐 2022년 우디네세로 이적 즉시 주전 자리를 차지할 수 있었다. 지난 시즌에 한창 활약할 때는 인테르의 관심이 보도되기도 했다. 최근 유로 2024에서도 맹활약했다. 지난 시즌 경기당 공중볼 획득 리그 3위(3.6회), 걷어내기는 1위(5.7회)였다.

출전경기	경기시간(분)	골	어시스트	경고	퇴장
24	2,083	-	-	4	-

DF	95	이삭 투레
		Isaak Toure

국적: 프랑스

무려 206cm의 장신 센터백이다. 엄청난 신체 조건 때문에 16세부터 프랑스 청소년 대표를 두루 거치며 기대를 모았다. 지난 시즌 프랑스 로리앙에서 주전으로 뛰면서 본격적인 프로 커리어를 쌓기 시작했고, 장신을 활용하는 요령도 갈수록 익혀가고 있다. 인상적인 건 키에 비해 기동력이 좋다는 점고, 몸싸움보다는 엄청난 다리 길이를 활용한 슬라이딩 태클을 선호한다. 패스 성공률도 높은 편.

출전경기	경기시간(분)	골	어시스트	경고	퇴장
24	2,053	1	1	6	-

FW	17	로렌초 루카
		Lorenzo Lucca

국적: 이탈리아

지난 시즌에 처음으로 세리에A 주전 공격수가 됐고, 공격포인트 12개라는 꽤 준수한 기록을 남겼다. 루카를 보면 가장 먼저 눈에 띄는 건 압도적인 신장이다. 키가 201cm로 어지간한 골키퍼들보다 크지만, 피터 크라우치처럼 휘청거리지 않고 몸의 중심이 잘 잡혀 있어 몸싸움 와중에도 확실하게 공을 따낼 수 있다. 공 없을 때 공간을 찾아 들어가는 움직임도 덩치에 비해 상당히 민첩하며 슈팅력도 갖췄다.

출전경기	경기시간(분)	골	어시스트	경고	퇴장
37	2,602	8	4	6	-

FW	99	다미안 피사로
		Damian Pizarro

국적: 칠레

유럽에는 이번에 처음 도전하는 산체스의 까마득한 후배. 코로나19가 창궐하던 시기, 칠레의 강호 콜로콜로의 주전급 선수들이 무더기로 확진되자 대신 뛸 선수가 필요했는데, 이때 2군 멤버였던 16세 피사로에게 기회가 왔다. 이때 보인 활약으로 칠레 언론이 가장 주목하는 유망주가 됐다. 장신 스트라이커의 기술을 다양하게 갖추고 있으면서 상대 수비와 몸싸움하는 와중에도 슛 날리기, 터닝슛 등이 가능한 선수다.

출전경기	경기시간(분)	골	어시스트	경고	퇴장
13	596	5	1	-	-

Cagliari Calcio

TEAM PROFILE	
창 립	1920년
구 단 주	톰마소 줄리니(이탈리아)
감 독	다비데 니콜라(이탈리아)
연 고 지	사르데냐 섬 칼리아리
홈 구 장	우니폴 도무스(1만 6,416명)
라 이 벌	–
홈페이지	www.cagliaricalcio.com

최근 5시즌 성적

시즌	순위	승점
2019-2020	14위	45점(11승12무15패, 52득점 56실점)
2020-2021	16위	37점(9승10무19패, 43득점 59실점)
2021-2022	18위	30점(6승12무20패, 34득점 68실점)
2022-2023	없음	없음
2023-2024	16위	36점(8승12무18패, 42득점 68실점)

SERIE A (전신 포함)

통 산	1회
23-24 시즌	16위(8승12무18패, 승점 36점)

COPPA ITALIA

통 산	없음
23-24 시즌	16강

UEFA

통 산	없음
23-24 시즌	없음

경기 일정

라운드	날짜	장소	상대팀
1	2024.08.19	홈	AS 로마
2	2024.08.27	홈	코모 1907
3	2024.09.01	원정	US 레체
4	2024.09.16	홈	SSC 나폴리
5	2024.09.21	홈	엠폴리
6	2024.10.01	원정	파르마 칼초 1913
7	2024.10.06	원정	유벤투스
8	2024.10.21	홈	토리노
9	2024.10.26	원정	우디네세 칼초
10	2024.10.30	홈	볼로냐
11	2024.11.05	원정	SS 라치오
12	2024.11.10	홈	AC 밀란
13	2024.11.24	원정	제노아 CFC
14	2024.12.01	홈	엘라스 베로나
15	2024.12.08	원정	ACF 피오렌티나
16	2024.12.15	홈	아탈란타 BC
17	2024.12.22	원정	베네치아
18	2024.12.29	홈	인테르나치오날레
19	2025.01.05	원정	AC 몬차
20	2025.01.12	원정	AC 밀란
21	2025.01.19	홈	US 레체
22	2025.01.26	원정	토리노
23	2025.02.02	홈	SS 라치오
24	2025.02.09	홈	파르마 칼초 1913
25	2025.02.16	원정	아탈란타 BC
26	2025.02.23	홈	유벤투스
27	2025.03.02	원정	볼로냐
28	2025.03.09	홈	제노아 CFC
29	2025.03.16	원정	AS 로마
30	2025.03.30	홈	AC 몬차
31	2025.04.06	원정	엠폴리
32	2025.04.13	원정	인테르나치오날레
33	2025.04.20	홈	ACF 피오렌티나
34	2025.04.27	원정	엘라스 베로나
35	2025.05.04	홈	우디네세 칼초
36	2025.05.11	원정	코모 1907
37	2025.05.18	홈	베네치아
38	2025.05.25	원정	SSC 나폴리

 시즌 프리뷰 — 잔류하려면 경기력 개선부터

지난 시즌 그야말로 가까스로 잔류한 칼리아리. 노장 클라우디오 라니에리 감독이 칼리아리를 승격시키고 한 시즌 잔류까지 이끈 뒤 은퇴하는 건 아름다운 과정이었다. 다만 기적적인 잔류의 뒤에는 골 득실 리그 18위, 점유율 및 패스 성공률 리그 19위 등 가장 재미없고 보수적인 축구였다는 부정적인 지표도 있다. 그래서인지 지난여름 칼리아리의 변화 폭은 꽤 컸다. 팀을 지탱해 온 미드필더 나히탄 난데스, 수비수 알베르토 도세나 등이 떠나갔다. 새로 합류한 선수들은 딱히 전술적 쇄신을 이끌어 줄 인재라기보다는 그냥 세리에A에서 잔뼈가 굵은 베테랑 정도지만, 다소 경직됐던 팀 문화를 바꿀 준비는 됐다. 약팀을 잔류시키는 데 일가견이 있고 또 정력적인 감독 다비데 니콜라 역시 활력을 불어넣을 수 있는 인물이다.

COACH

다비데 니콜라 *Davide Nicola*

1973년 3월 5일생 이탈리아

잔류 전문 왕. 2016/17 시즌 역대 최약체 수준의 크로토네를 후반기에 엄청난 상승세로 잔류시킨 뒤 자전거 전국 종주라는 공약을 지켜 화제를 모았다. 이후 강등 위기의 토리노, 살레르니타나, 엠폴리를 맡아 그때마다 모두 막판 승점 사냥을 통한 생존을 달성했다. 강등당하기 싫은 팀의 마지막 등불과도 같은 인물이다.

TEAM RATINGS

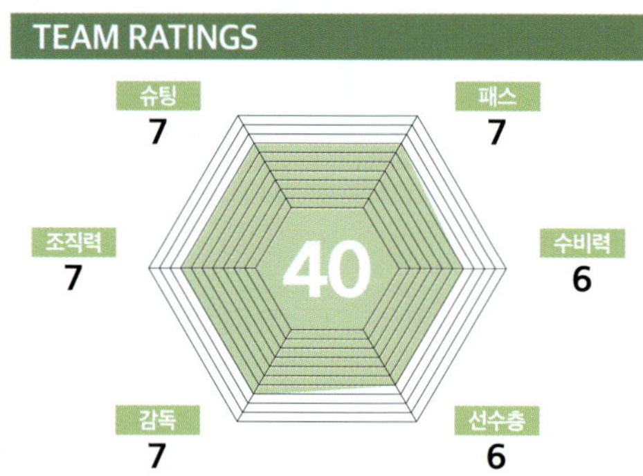

2023/24 프로필

팀 득점	42
평균 볼 점유율	41.20%
패스 정확도	75.70%
평균 슈팅 수	11.8
경고	72
퇴장	5

골 타입

오픈 플레이	64
세트 피스	19
카운터 어택	5
패널티 킥	10
자책골	2

단위 (%)

패스 타입

쇼트 패스	77
롱 패스	16
크로스 패스	6
스루 패스	0

단위 (%)

SQUAD

포지션	등번호	이름		생년월일	키(cm)	체중(kg)	국적
GK	1	주세페 시오치	Giuseppe Ciocci	2002.01.24	193	90	이탈리아
	22	시모네 스쿠페트	Simone Scuffet	1996.05.31	193	85	이탈리아
	71	알렌 셰리	Alen Sherri	1997.12.15	197	90	알바니아
DF	3	토마소 아우젤로	Tommaso Augello	1994.08.30	180	70	이탈리아
	6	세바스티아노 루페르토	Sebastiano Luperto	1996.09.06	191	75	이탈리아
	23	마테우시 비에테스카	Mateusz Wieteska	1997.02.11	187	77	폴란드
	24	호세 루이스 팔로미노	José Luis Palomino	1990.01.05	188	87	아르헨티나
	26	예리 미나	Yerry Mina	1994.09.23	195	95	콜롬비아
	28	가브리엘레 자파	Gabriele Zappa	1999.12.22	187	81	이탈리아
	33	아담 오베르트	Adam Obert	2002.08.23	188	82	슬로바키아
MF	8	미셸 아도포	Michel Adopo	2000.07.19	187	76	프랑스
	10	니콜라스 비올라	Nicolas Viola	1989.10.12	180	76	이탈리아
	14	알레산드로 데이올라	Alessandro Deiola	1995.08.01	189	85	이탈리아
	16	마테오 프라티	Matteo Prati	2003.12.28	185	78	이탈리아
	18	라즈반 마린	Răzvan Marin	1996.05.23	174	69	루마니아
	19	나디르 조르테아	Nadir Zortea	1999.06.19	175	68	이탈리아
	21	야쿱 얀토	Jakub Jankto	1996.01319	184	74	체코
	29	앙투안 마쿰부	Antoine Makoumbou	1998.07.18	187	81	콩고
FW	9	잔루카 라파둘라	Gianluca Lapadula	1990.02.07	178	68	페루
	30	레오나르도 파볼레티	Leonardo Pavoletti	1988.11.26	188	85	이탈리아
	37	파울로 아지	Paulo Azzi	1994.07.15	188	82	브라질
	77	지토 루붐보	Zito Luvumbo	2002.03.09	171		앙골라
	80	킹스턴 무탄드와	Kingstone Mutandwa	2003.01.05	180	75	잠비아
	91	로베르토 피콜리	Roberto Piccoli	2001.01.27	190	80	이탈리아
	97	마티아 펠리치	Mattia Felici	2001.04.17	182	71	이탈리아

IN & OUT

주요 영입	주요 방출
나디르 조르테아, 세바스티아노 루베르토, 마티아 펠리치, 로베르토 피콜리, 호세 루이스 팔로미노	알베르토 도세나, 이브라힘 술래마나, 나히탄 난데스

TEAM FORMATION

FW **C+**
MF **C**
DF **C+**
GK **C+**

PLAN 3-5-2

지역 점유율

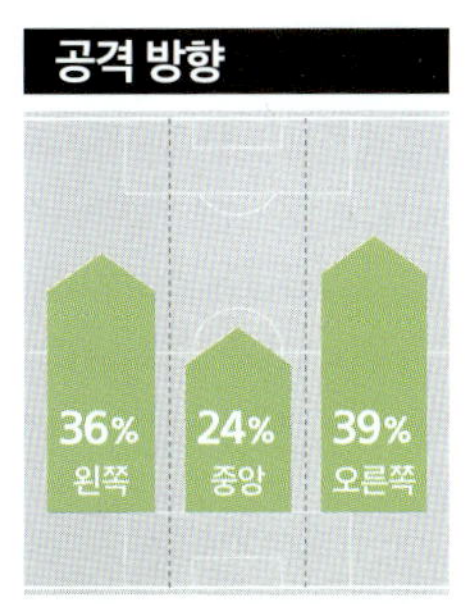

공격 방향

슈팅 지역

상대팀 최근 6경기 전적

구분	승	무	패	구분	승	무	패
인테르		1	5	제노아	1	2	3
AC 밀란		1	5	몬차	1	3	2
유벤투스		1	5	엘라스 베로나		3	3
아탈란타	2		4	레체	1	4	1
볼로냐	3		3	우디네세	2	2	2
로마	1		5	칼리아리			
라치오		1	5	엠폴리	1	3	2
피오렌티나		2	4	파르마	2	3	1
토리노	2	2	2	코모		3	3
나폴리		3	3	베네치아	2	3	1

PLAYERS

GK 22 시모네 스쿠페트
Simone Scuffet — KEY PLAYER

국적: 이탈리아

잔루이지 돈나룸마보다 조금 앞선 시기에 이탈리아 최고 유망주 골키퍼로 큰 기대를 받았던 선수다. 하지만 18세에 혜성처럼 데뷔한 것과 달리, 이후 우디네세 주전을 차지하지 못하고 임대를 전전하다가 나중에는 키프로스와 루마니아 리그로 건너갔다. 2022/23 루마니아 구단 클루이의 최우수 선수로 선정되며 기량을 회복한 뒤 지난 시즌 이탈리아로 컴백, 칼리아리 골문을 시즌 내내 책임지며 마침내 세리에A 주전 골키퍼로 자리를 잡았다.

출전경기	경기시간(분)	실점	무실점(경기)	경고	퇴장
31	2,790	55	3	3	–

MF 10 니콜라스 비올라
Nicolas Viola

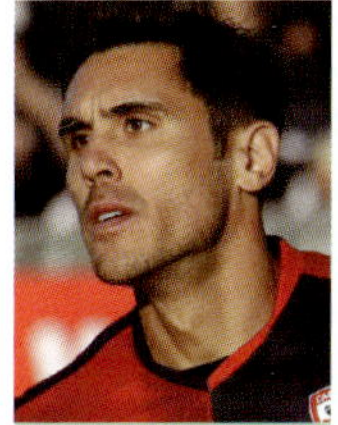

국적: 이탈리아

세리에A와 세리에B를 오가며 잔뼈가 굵은 공격형 미드필더. 강등권 팀에서 공격을 다 풀어줘야 하는 중책을 맡을 때마다 공격포인트를 7~8개 올려 줬고, 지난 시즌에 칼리아리에서도 5골 2도움으로 가장 기록이 좋은 선수 중 하나였다. 동료의 지원이 충분하지 않은 팀에서도 문전 침투와 중거리 슛으로 어떻게든 공격을 마무리한다. 두 손으로 가면 모양을 만드는 '배트맨' 골세리머니가 트레이드마크.

출전경기	경기시간(분)	골	어시스트	경고	퇴장
26	1,203	5	2	3	–

MF 16 마테오 프라티
Matteo Prati

국적: 이탈리아

2022/23 시즌 세리에 B의 SPAL에서 좋은 활약을 했다. 팀은 3부로 강등됐지만 그는 승격팀 칼리아리의 러브콜을 이끌어 낼 수 있었다. 이탈리이 3부 시상 최고 이적료를 기록한 것으로 알려져 있다. 이때가 고작 20세였다. 세리에A에서도 주전급 수비형 미드필더로 뛰면서 재능을 보여줬다. 좋은 체격과 많은 활동량으로 상대 미드필더와 힘 싸움을 벌이면서, 공격진을 지원해 줄 수 있는 오른발 킥도 갖추고 있다.

출전경기	경기시간(분)	골	어시스트	경고	퇴장
26	1,973	1	1	4	–

MF 29 앙투안 마쿰부
Antoine Makoumbou

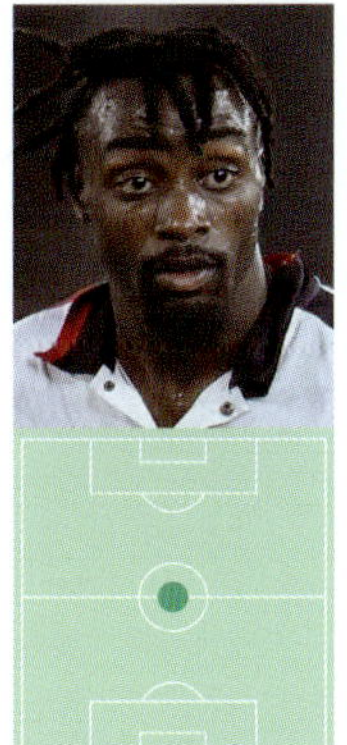

국적: 콩고

긴 다리를 활용한 공 탈취와 볼 키핑, 전진 드리블 능력을 겸비한 '가난한 자들의 포그바'다. 기량은 좋은 미드필더인데 지난 시즌의 문제는 카드 관리였다. 경고는 고작 5장 받았는데 그중 2장이 한 경기에서 나왔고, 즉결 퇴장도 한 번 당하면서 퇴장 횟수는 전체 최다인 2회였다. 그가 퇴장당할 때마다 팀은 패배했다. 상대의 역습 기회 때 유니폼을 노골적으로 잡는 등 영리하지 못한 반칙을 줄여야 한다.

출전경기	경기시간(분)	골	어시스트	경고	퇴장
32	2,709	1	–	3	2

FW 77 지토 루봄보
Zito Luvumbo

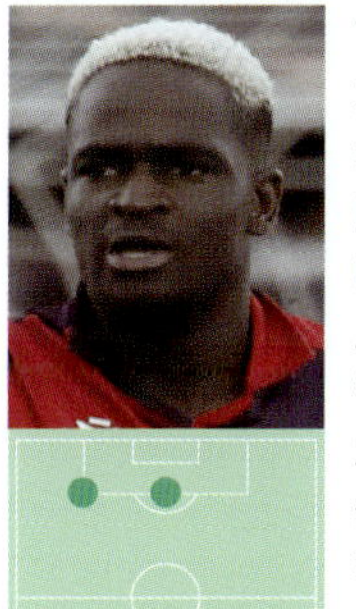

국적: 앙골라

지난 시즌의 4골은 주전 스트라이커치고 전혀 만족스러운 수치가 아니었지만, 그나마 칼리아리에서는 나은 편이었다. 이번 시즌도 주전으로서 시즌을 시작할 것으로 보인다. 앙골라 출신 공격수로 경쾌한 스텝으로 돌파한 뒤, 왼발 킥으로 공격을 마무리하는 편이다. 지난 시즌에 경기당 파울 유도가 리그 4위(2.2회)였다는 건 루봄보가 고립된 상황에서도 어떻게든 공격권을 지키기 위해 고군분투한 흔적이다.

출전경기	경기시간(분)	골	어시스트	경고	퇴장
30	1,947	4	5	5	–

EMPOLI FC

TEAM PROFILE	
창 립	1920년
구 단 주	파브리치오 코르시(이탈리아)
감 독	로베르토 다베르사(이탈리아)
연 고 지	토스카나 주 엠폴리
홈 구 장	스타디오 카를로 카스텔라니 (1만 6,800명)
라 이 벌	-
홈페이지	https://empolifc.com/

최근 5시즌 성적

시즌	순위	승점
2019-2020	없음	없음
2020-2021	없음	없음
2021-2022	14위	41점(10승11무17패, 50득점 70실점)
2022-2023	14위	43점(10승13무15패, 37득점 49실점)
2023-2024	17위	36점(9승9무20패, 29득점 54실점)

SERIE A (전신 포함)

통 산	없음
23-24 시즌	17위(9승9무20패, 승점 36점)

COPPA ITALIA

통 산	없음
23-24 시즌	없음

UEFA

통 산	없음
23-24 시즌	없음

경기 일정

라운드	날짜	장소	상대팀
1	2024.08.18	홈	AC 몬차
2	2024.08.26	원정	AS 로마
3	2024.09.01	원정	볼로냐
4	2024.09.15	홈	유벤투스
5	2024.09.21	원정	칼리아리 칼초
6	2024.09.30	원정	ACF 피오렌티나
7	2024.10.06	원정	SS 라치오
8	2024.10.20	홈	SSC 나폴리
9	2024.10.27	원정	파르마 칼초 1913
10	2024.10.31	홈	인테르나치오날레
11	2024.11.05	홈	코모 1907
12	2024.11.09	원정	US 레체
13	2024.11.26	홈	우디네세 칼초
14	2024.12.01	원정	AC 밀란
15	2024.12.08	원정	엘라스 베로나
16	2024.12.15	홈	토리노
17	2024.12.22	원정	아탈란타 BC
18	2024.12.29	홈	제노아 CFC
19	2025.01.05	원정	베네치아
20	2025.01.12	홈	US 레체
21	2025.01.19	원정	인테르나치오날레
22	2025.01.26	홈	볼로냐
23	2025.02.02	원정	유벤투스
24	2025.02.09	홈	AC 밀란
25	2025.02.16	원정	우디네세 칼초
26	2025.02.23	홈	아탈란타 BC
27	2025.03.02	원정	제노아 CFC
28	2025.03.09	홈	AS 로마
29	2025.03.16	원정	토리노
30	2025.03.30	원정	코모 1907
31	2025.04.06	홈	칼리아리 칼초
32	2025.04.13	원정	SSC 나폴리
33	2025.04.20	홈	베네치아
34	2025.04.27	원정	ACF 피오렌티나
35	2025.05.04	홈	SS 라치오
36	2025.05.11	홈	파르마 칼초 1913
37	2025.05.18	원정	AC 몬차
38	2025.05.25	홈	엘라스 베로나

시즌 프리뷰: 다 팔았는데 어떻게 잔류? 지난여름은 그래도 보강

작년 여름 굴리엘모 비카리오, 파비아노 파리시, 그리고 시즌 도중 톰마소 발단치까지 팔아버리는 엠폴리의 모습을 보며 강등되고 싶어서 용을 쓰나 싶었다. 38경기에서 고작 29골로 최소득점을 기록했으며 공수 양면에서 다 최하위권이었다. 살아남은 게 기적으로 보일 정도. 잔류의 주역은 음바예 니앙이었다. 니앙은 지난 시즌 하반기에 급히 합류해 딱 709분 뛰면서 6골 1도움을 기록했고, 특히 막판 2경기에서 팀이 넣은 3골을 모두 득점했다. 그런데 니앙조차 엠폴리에 남지 않고 홀연히 떠나버렸다. 엠폴리는 20대 초반 유망주가 많아서 미래가 밝은 팀이지만 최소한 1부 잔류는 해야 한다. 구단도 너무 팔았다 싶었는지, 그래도 지난여름에는 영입을 좀 했다. 최전방과 최후방을 모두 보강하면서 생존할 힘을 갖췄다.

COACH

로베르토 다베르사 *Roberto D'Aversa*
1975년 8월 12일생 이탈리아

감독 데뷔 초, 파르마의 승격과 안정적인 잔류를 이끌면서 주목받았다. 지난 시즌의 개막 직후, 강등권 전력인 레체를 3승 2무 무패행신으로 이끌면서 8월의 감독상을 수상했다. 하지만 후반기에는 전력의 한계를 느끼며 추락하다가, 베로나와의 경기 중에 토마 앙리를 머리로 받는 기행을 벌인 뒤 경질당했다.

TEAM RATINGS

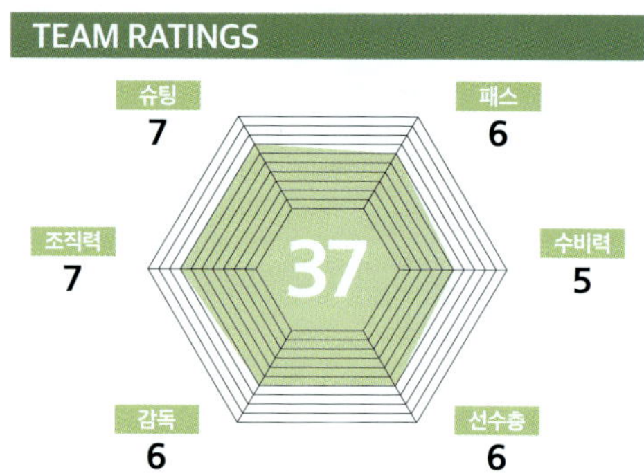

2023/24 프로필

팀 득점	29
평균 볼 점유율	43.40%
패스 정확도	77.80%
평균 슈팅 수	11
경고	87
퇴장	1

골 타입		단위 (%)
오픈 플레이	55	
세트 피스	7	
카운터 어택	10	
패널티 킥	17	
자책골	10	

패스 타입		단위 (%)
쇼트 패스	81	
롱 패스	14	
크로스 패스	5	
스루 패스	0	

SQUAD

포지션	등번호	이름		생년월일	키(cm)	체중(kg)	국적
GK	1	사무엘레 페리산	Samuele Perisan	1997.08.21	191	84	이탈리아
	2	사바 고글리치제	Saba Goglichidze	2004.06.25	193	86	조지아
DF	3	쥐세페 페젤라	Giuseppe Pezzella	1997.11.29	187	85	이탈리아
	7	주니오 삼비아	Junior Sambia	1996.09.07	185	73	프랑스
	13	리베라토 카카체	Liberato Cacace	2000.09.27	183	72	뉴질랜드
	15	사바 사조노프	Saba Sazonov	2002.02.01	194	86	조지아
	21	마티아 비티	Mattia Viti	2002.01.24	190	84	이탈리아
	22	마티아 데 실리오	Mattia De Sciglio	1992.10.20	183	74	이탈리아
	24	티오네 에부에히	Tyronne Ebuehi	1995.12.16	187	74	나이지리아
	34	아르디안 이스마일리	Ardian Ismajli	1996.09.30	187	76	알바니아
	35	루카 마리아누치	Luca Marianucci	2004.07.23	181	70	이탈리아
MF	5	알베르토 그라시	Alberto Grassi	1995.03.07	183	75	이탈리아
	6	리암 헨더슨	Liam Henderson	1996.04.25	183	80	스코틀랜드
	8	파우스티노 안조린	Tino Anjorin	2001.11.23	185	81	잉글랜드
	10	자코포 파치니	Jacopo Fazzini	2003.03.16	178	73	이탈리아
	16	루카 벨라디넬리	Luca Belardinelli	2001.03.14	190	84	이탈리아
	27	시몬 주르코프스키	Szymon Żurkowski	1997.09.25	185	77	폴란드
	32	니콜라스 하스	Nicolas Haas	1996.11.23	181	74	잉글랜드
	93	유세프 말레	Youssef Maleh	1998.08.22	179	70	모로코
FW	9	피에트로 페예그리	Pietro Pellegri	2001.03.17	189	80	이탈리아
	11	엠마누엘 기아시	Emmanuel Gyasi	1994.01.11	181	70	가나
	17	올라 솔바켄	Ola Solbakken	1998.09.07	186	77	노르웨이
	19	엠마누엘 에콩	Emmanuel Ekong	2002.06.25	183	74	스웨덴
	29	로렌초 콜롬보	Lorenzo Colombo	2002.03.08	183	74	이탈리아
	99	세바스티아노 에스포시토	Sebastiano Esposito	2002.07.02	186	75	이탈리아

IN & OUT

주요 영입	주요 방출
페데리코 브란콜리니, 세바스티아노 에스포시토, 데비스 바스케스, 로렌초 콜롬보, 올라 솔바켄, 마티아 비티, 사바 사조노프	세바스티아노 루베르토, 음바예 니앙

TEAM FORMATION

지역 점유율

공격 방향

41% 왼쪽	24% 중앙	36% 오른쪽

슈팅 지역

PLAYERS

FW 29 로렌초 콜롬보 / Lorenzo Colombo

국적: 이탈리아

한때 명문 밀란의 간판 유망주로 큰 기대를 모았지만 영 성장이 더뎠고, 지난 두 시즌 레체와 몬차에서 각각 주전 공격수로 뛰었으나 득점은 2년 동안 9골에 그쳤다. 삼세판에 해당하는 엠폴리 임대에서는 한결 성장한 모습을 보여야 잔류에 기여할 수 있다. 키가 크진 않지만 뛰어난 몸싸움 능력이 있고, 유소년팀 시절 보여준 득점 감각도 탁월했다. 이번 임대는 완전이적 옵션이 달려 있어, 잘만 하면 엠폴리의 간판스타로 자리 잡을 가능성이 있다.

출전경기	경기시간(분)	골	어시스트	경고	퇴장
25	1,367	4	1	3	–

DF 21 마티아 비티 / Mattia Viti

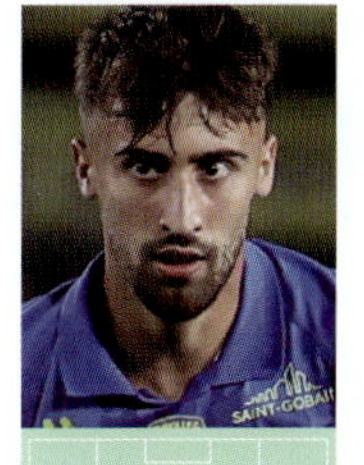

국적: 이탈리아

2021/22 시즌 19세 나이에 엠폴리 수비를 지탱하면서 대형 유망주로 떠올랐다. 장신의 왼발 센터백이면서 빌드업 능력도 있어 당시에는 알레산드로 바스토니와 비견될 정도로 기대가 컸다. 구단에 이적료 수익을 안겨주고 니스로 이적했지만, 프랑스에 잘 적응하지 못하고 사수올로 임대에 이어 이번엔 친정팀으로 재임대됐다. 아직도 22세에 불과한 어린 나이라 성장 가능성이 무궁무진하게 남아 있다.

출전경기	경기시간(분)	골	어시스트	경고	퇴장
15	984	1	–	–	–

상대팀 최근 6경기 전적

구분	승	무	패	구분	승	무	패
인테르	1		5	제노아		4	2
AC 밀란		1	5	몬차	2	2	2
유벤투스	2	1	3	엘라스 베로나	1	3	2
아탈란타	1	1	4	레체	2	3	1
볼로냐	3	1	2	우디네세	1	3	2
로마	1		5	칼리아리	2	3	1
라치오		2	4	엠폴리			
피오렌티나	2	3	1	파르마	3	2	1
토리노	1	3	2	코모	3	1	2
나폴리	4		2	베네치아	1	3	2

DF 34 아르디안 이스마일리 / Ardian Ismajli

국적: 알바니아

엠폴리의 잔류를 3년 연속 달성하고 4년 차에 접어드는 주전 센터백. 지난 시즌 경기당 걷어내기 4위(4.6회)에서 보듯, 상대 공격을 일단 저지하고 공을 차내야 하는 하위권 센터백의 숙명을 잘 이해하고 있다. 이번 시즌, 스리백에서 왼쪽의 마티아 비티가 좀 더 적극적인 역할을 맡고 이스마일리가 뒤를 지킨다면 시너지 효과를 낼 것으로 기대된다. 지난 2022년 A매치에서 이탈리아를 상대로 득점한 적이 있다.

출전경기	경기시간(분)	골	어시스트	경고	퇴장
26	2046	–	–	2	–

MF 10 자코포 파치니 / Jacopo Fazzini

국적: 이탈리아

유망주를 다수 보유한 엠폴리에서 가장 꾸준하게 성장 중인 미드필더. 체구가 작고 드리블 능력이 좋은 공격형 미드필더지만 엠폴리 사정상 수비 가담을 우선시하라는 명령에도 군말 없이 살 따른다. 이번 시즌, 리그 개막을 앞두고 치른 코파 이탈리아 경기에서 세리에 B 구단 카탄차로를 상대로 프로 첫 멀티 골을 넣으면서 기분 좋게 시즌을 시작했다. 파치니가 공격력을 높여준다면 엠폴리에는 큰 힘이 된다.

출전경기	경기시간(분)	골	어시스트	경고	퇴장
31	1,228	1	1	6	–

FW 99 세바스티아노 에스포시토 / Sebastiano Esposito

국적: 이탈리아

인테르의 유망주 공격수. 이번이 벌써 7번째 임대지만, 나이는 22세에 불과하니 더 성장할 가능성은 있다. 다만 지난 시즌에 세리에 B의 삼프도리아에서도 간신히 6골에 그치는 등, 밀란 유망주 콜롬보보디 현재 시점에서는 기대치가 더 떨어진다. 장점은 신인의 패기가 느껴지는 활동량과 유소년 시절부터 좋은 평가를 받았던 킥이다. 하지만 급박한 프로 경기 중에 슛을 날리는 능력은 떨어진다.

출전경기	경기시간(분)	골	어시스트	경고	퇴장
22	1577	6	6	5	–

PARMA CALCIO 1913

파르마 칼초 1913

TEAM PROFILE

창 립	1913년
구 단 주	크라우스 홀딩스(미국)
감 독	파비오 페키아(이탈리아)
연 고 지	에밀리아로마냐 주 파르마
홈 구 장	스타디오 엔니오 타르디니(2만2,352명)
라 이 벌	볼로냐 FC
홈페이지	www.sassuolocalcio.it

최근 5시즌 성적

시즌	순위	승점
2019-2020	없음	없음
2020-2021	20위	20점(3승11무24패, 39득점 83실점)
2021-2022	14위	41점(10승11무17패, 50득점 70실점)
2022-2023	14위	43점(10승13무15패, 37득점 49실점)
2023-2024	17위	36점(9승9무20패, 29득점 54실점)

SERIE A (전신 포함)

통 산	없음
22-23 시즌	없음

COPPA ITALIA

통 산	3회
22-23 시즌	16강

UEFA

통 산	유로파리그 우승 2회
22-23 시즌	없음

경기 일정

라운드	날짜	장소	상대팀
1	2024.08.18	홈	ACF 피오렌티나
2	2024.08.25	홈	AC 밀란
3	2024.09.01	원정	SSC 나폴리
4	2024.09.17	홈	우디네세 칼초
5	2045.09.22	원정	US 레체
6	2024.10.01	홈	칼리아리 칼초
7	2024.10.06	원정	볼로냐
8	2024.10.19	원정	코모 1907
9	2024.10.27	홈	엠폴리
10	2024.10.31	원정	유벤투스
11	2024.11.05	홈	제노아 CFC
12	2024.11.09	원정	베네치아
13	2024.11.24	홈	아탈란타 BC
14	2024.12.01	홈	SS 라치오
15	2024.12.08	원정	인테르나치오날레
16	2024.12.15	홈	엘라스 베로나
17	2024.12.22	원정	AS 로마
18	2024.12.29	홈	AC 몬차
19	2025.01.05	원정	토리노
20	2025.01.12	원정	제노아 CFC
21	2025.01.19	홈	베네치아
22	2025.01.26	원정	AC 밀란
23	2025.02.02	홈	US 레체
24	2025.02.09	원정	칼리아리 칼초
25	2025.02.16	홈	AS 로마
26	2025.02.23	홈	볼로냐
27	2025.03.02	원정	우디네세 칼초
28	2025.03.09	홈	토리노
29	2025.03.16	원정	AC 몬차
30	2025.03.20	원정	엘라스 베로나
31	2025.04.06	홈	인테르나치오날레
32	2025.04.13	원정	ACF 피오렌티나
33	2025.04.20	홈	유벤투스
34	2025.04.27	원정	SS 라치오
35	2025.05.04	홈	코모 1907
36	2025.05.11	원정	엠폴리
37	2025.05.18	홈	SSC 나폴리
38	2025.05.25	원정	아탈란타 BC

시즌 프리뷰 1부에 걸맞은 선수단 만들기도 힘들다

최소한 세리에B 수준의 스쿼드가 아니라, 세리에A 강등권 수준의 스쿼드라도 만들어야 잔류 경쟁을 할 수 있다. 파르마는 그 이상의 꿈을 꾸기 힘든 형편이다. 공격진에 새로 합류한 마테오 칸첼리에리, 폰투스 알름크비스트 모두 강등권 팀에서 그저 그런 실적을 낸 선수들이다. 하지만 세리에B에서도 한 명의 강력한 선수가 아닌 집단 공격 체제로 승격한 파르마로서는 1부 수준의 선수들을 수급하는 것만 해도 쉽지 않다. 궁금해지는 건 구단 형편에 비해 지나친 몸값을 치른 골키퍼 스즈키 자이언이다. 몸값이야 일본계 후원 기업도 있으니 그렇다 치더라도, 기량 자체에 의문이 간다. 골키퍼 포지션의 특성상 대박일 수도 쪽박일 수도 있는 스즈키를 비롯, 새로 합류한 선수들의 빅리그 경쟁력에서 시즌 성패가 갈릴 것으로 보인다.

COACH

파비오 페키아 *Fabio Pecchia*
1973년 8월 24일생 이탈리아

라파 베니테스 감독의 코치로서 나폴리, 레알, 뉴캐슬 등 다양한 환경을 경험했고, 유벤투스 U23 감독 시절 유소년 육성도 해봤다. 이런 경험을 축적하고 감독으로 돌아온 페키아는 지난 시즌 파르마를 세리에 B 우승으로 이끌며 지도자로서 첫 성과를 냈다. 베니테스에게 배운 듯한 4-2-3-1 포메이션을 선호한다.

TEAM RATINGS

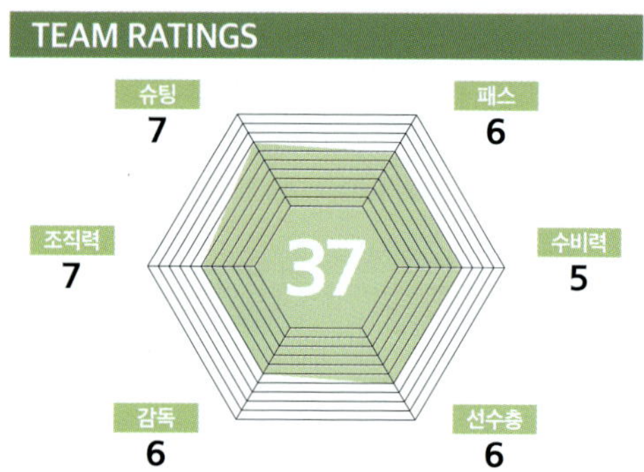

2023/24 프로필	
팀 득점	66
평균 볼 점유율	50.40%
패스 정확도	82.20%
평균 슈팅 수	14.6
경고	80
퇴장	6

골타입		패스타입	
오픈 플레이		쇼트 패스	
세트 피스		롱 패스	
카운터 어택	NO DATA	크로스 패스	NO DATA
페널티 킥		스루 패스	
자책골	단위 (%)		단위 (%)

SQUAD

포지션	등번호	이름		생년월일	키(cm)	체중(kg)	국적
GK	1	레안드로 치치졸라	Leandro Chichizola	1990.03.27	185	80	아르헨티나
	31	스즈키 자이언	Zion Suzuki	2002.08.21	190	98	일본
DF	3	요르단 오소리오	Yordan Osorio	1994.05.10	189	78	베네수엘라
	4	보톤드 발로그	Botond Balogh	2002.06.06	189	76	헝가리
	5	라우타로 발렌티	Lautaro Valenti	1999.01.14	188	80	아르헨티나
	14	에마누엘레 발레리	Emanuele Valeri	1998.12.07	180	75	이탈리아
	15	엔리코 델 프라토	Enrico Delprato	1999.11.10	183	74	이탈리아
	26	워요 쿨리발리	Woyo Coulibaly	1999.05.26	188	–	프랑스
	39	알레산드로 체르카티	Alessandro Circati	2003.10.10	190	85	호주
MF	8	나우엘 에스테베즈	Nahuel Estévez	1995.11.14	181	75	아르헨티나
	10	아드리안 베르나베	Adrián Bernabé	2001.05.26	170	66	스페인
	16	만델라 케이타	Mandela Keita	2002.05.10	180	75	벨기에
	19	시몬 솜	Simon Sohm	2001.04.11	188	85	스위스
	20	앙투안 하이노	Antoine Hainaut	2002.02.18	187	–	프랑스
	23	드리사 카마라	Drissa Camara	2002.02.18	179	69	코트디부아르
	25	윌랑 시프리앙	Wylan Cyprien	1995.013.28	181	78	프랑스
	27	헤르나니 주니오르	Hernani	1994.03.27	188	77	브라질
FW	7	아드리안 베네디차크	Adrian Benedyczak	2000.11.24	190	63	폴란드
	9	가브리엘 샤르팡티에	Gabriel Charpentier	1999.05.17	188	76	콩고
	11	폰투스 아름비스트	Pontus Almqvist	1999.07.10	177	69	스웨덴
	13	앙게 요안 보니	Ange-Yoan Bonny	2003.10.25	189	–	프랑스
	22	마테오 칸셀리에리	Matteo Cancellieri	2002.02.12	180	75	이탈리아
	28	발렌틴 미하일라	Valentin Mihăilă	2000.02.02	177	60	루마니아
	61	아나스 하지 모하메드	Anas Haj Mohamed	2005.03.26	174	–	튀니지
	98	데니스 만	Dennis Man	1998.08.26	183	82	루마니아

IN & OUT

주요 영입	주요 방출
스즈키 자이언, 마테오 칸첼리에리, 에마누엘레 발레리, 폰투스 알름크비스트, 만델라 케이타, 조반니 레오니	크리스티안 안살디

TEAM FORMATION

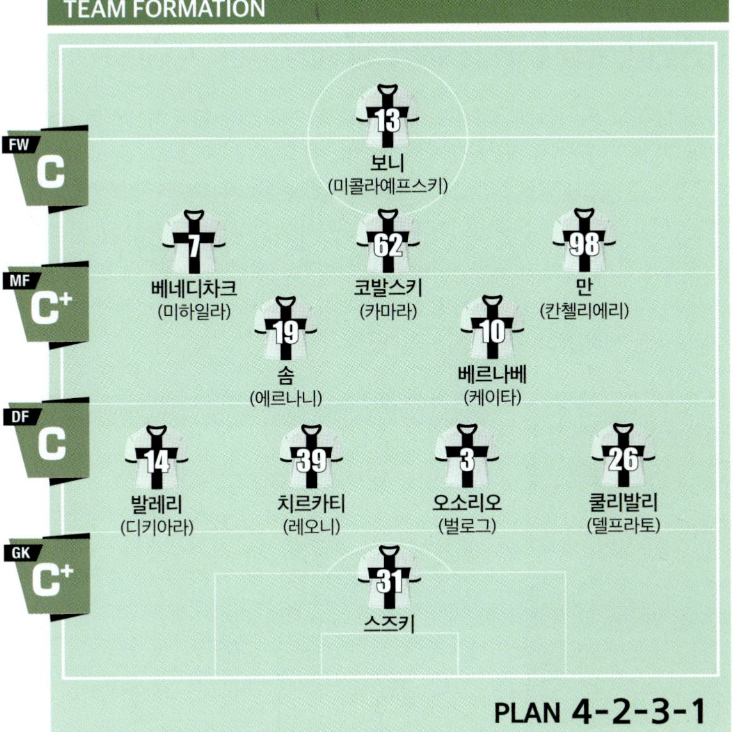

FW C
MF C+
DF C
GK C+

- 13 보니 (미콜라예프스키)
- 7 베네디차크 (미하일라)
- 62 코발스키 (카마라)
- 98 만 (칸첼리에리)
- 19 솜 (에르나니)
- 10 베르나베 (케이타)
- 14 발레리 (디카아라)
- 39 치르카티 (레오니)
- 3 오소리오 (벌로그)
- 26 쿨리발리 (델프라토)
- 31 스즈키

PLAN **4-2-3-1**

지역 점유율

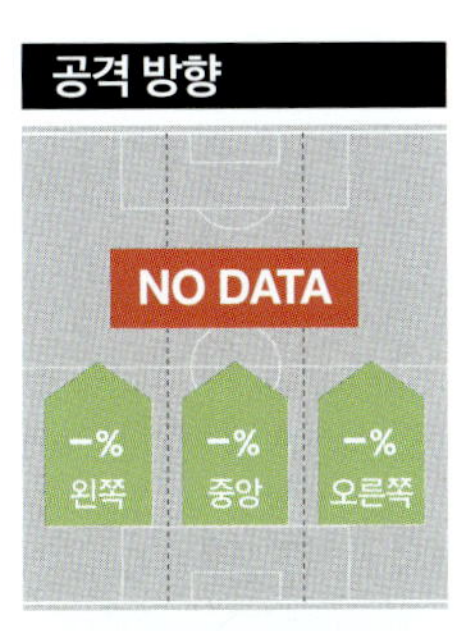

공격 방향

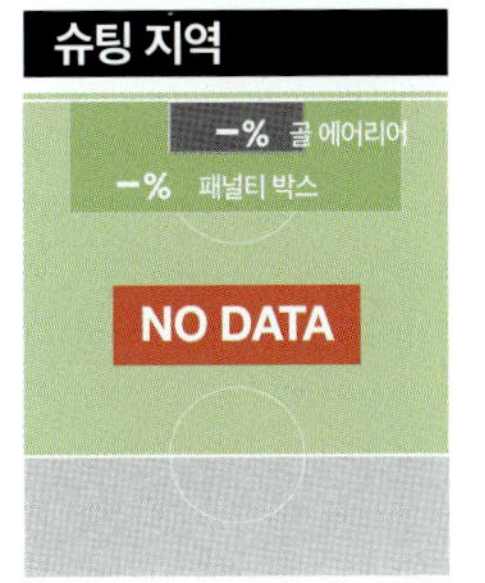

슈팅 지역

상대팀 최근 6경기 전적

구분	승	무	패	구분	승	무	패
인테르		2	4	제노아	4	1	1
AC 밀란		2	4	몬차		5	1
유벤투스		1	5	엘라스 베로나	1	1	4
아탈란타			6	레체	3	1	2
볼로냐		3	3	우디네세	3	2	1
로마	2		4	칼리아리	1	3	2
라치오			6	엠폴리	1	2	3
피오렌티나	1	3	2	파르마			
토리노	2	2	2	코모	3	2	1
나폴리	2		4	베네치아	3	2	1

GK 31 스즈키 자이언
Suzuki Zion

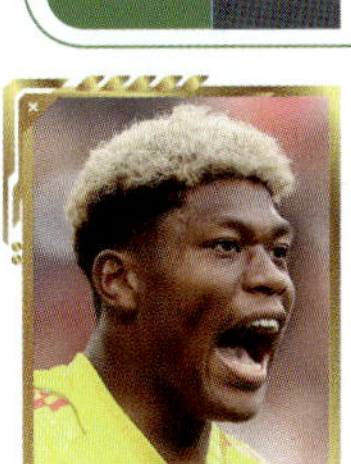

국적: 일본

한국인들에게는 '세상에서 가장 불안한 골키퍼'로 잘 알려져 있는 일본 대표다. 올해 초 아시안컵에서, 매 경기 실점으로 직결되는 실수를 연발하며 안 좋은 쪽으로 화제를 모았다. 그럼에도 벨기에 무대에서 꾸준히 경험을 쌓더니, 맨유 이적설에 거론되기도 하고, 결국 파르마의 러브콜을 받으며 뜻밖에 빅리그 진출을 달성했다. 수비 안정감이 너무 떨어지긴 하지만 커버 범위가 넓고 빌드업할 때 짧은 패스와 장거리 킥에 모두 자신감을 보인다.

출전경기	경기시간(분)	실점	무실점(경기)	경고	퇴장
32	2780	50	6	–	–

DF 14 에마누엘레 발레리
Emanuele Valeri

국적: 이탈리아

10대 시절 하부 리그에서 선수 경력을 시작해 22세에 2부 크레모네세로 이적했고, 팀 승격에 기여하면서 세리에A 선수가 됐다. 이후 소속팀이 강등당할 때마다 프로시노네, 파르마로 옮겨가면서 세리에A 경력을 이어가고 있다. 파르마에서 기본적으로 포백의 레프트백을 맡지만 다른 전술에서는 더 공격적인 왼쪽 미드필더나 윙백도 소화할 수 있는 선수다. 공격 가담 후 날리는 크로스가 나쁘지 않다.

출전경기	경기시간(분)	골	어시스트	경고	퇴장
16	1,178	–	1	3	–

MF 10 아드리안 베르나베
Adrian Bernabe

국적: 스페인

바르셀로나와 맨체스터시티 유소년 팀을 거친 스페인 유망주다. 맨시티에서도 가끔 경기에 출장하긴 했지만 진정한 천재들이나 올라갈 수 있는 1군이 너무 멀었다. 지난 2021년 파르마로 이적한 뒤 승격의 핵심으로 활약했다. 특히 파리 올림픽 남자 축구 결승전에서 연장 승부 끝에 터진 결승 골을 스루패스로 어시스트하며 금메달리스트가 됐다. 볼 키핑과 전진 능력, 왼발 킥을 갖춘 테크니션이다.

출전경기	경기시간(분)	골	어시스트	경고	퇴장
35	2,599	8	4	6	–

FW 7 아드리안 베네디차크
Adrian Benedyczak

국적: 폴란드

폴란드 청소년 대표 출신 공격수. A 대표팀에도 소집되고 있지만 아직 출장 경험은 없다. 파르마에서 지난 3시즌 동안 세리에B를 경험하면서 갈수록 득점을 늘렸고, 지난 시즌에는 리그 10골을 기록했다. 기동력을 갖춘 장신 공격수로서 상대 수비를 몸으로 밀어내고 마무리하는 게 특기다. 왼발과 오른발로 모두 골을 터뜨릴 수 있다. 전방 압박에 성실하게 가담하고 측면으로 빠지는 등 전술적 움직임도 갖췄다.

출전경기	경기시간(분)	골	어시스트	경고	퇴장
31	1840	10	3	4	–

FW 98 데니스 만
Dennis Man

국적: 루마니아

득점의 숫자는 많지 않지만, 파르마가 세리에B에서 공격적인 축구로 잘 나갈 때 핵심 역할을 한 공격수다. 단순한 스트라이커가 아니라 윙어 성향이 있는 드리블러로서 상대 수비를 직접 교란하고 동료들에게 득점 기회를 만들어 준다. 모국 루마니아 리그를 20대 초반에 정복한 뒤 23세에 파르마로 이적, 꾸준히 기량을 향상시켰다. 유로 2024에서는 루마니아 대표팀 주전 윙어로 활약했다.

출전경기	경기시간(분)	골	어시스트	경고	퇴장
32	2353	11	6	2	–

COMO 1907

코모 1907

TEAM PROFILE

창　립	1907년
구 단 주	자럼 그룹(인도네시아)
감　독	세스크 파브레가스(스페인)
연 고 지	롬바르디아주 코모
홈 구 장	스타디오 주세페 시니갈리아(1만3,600명)
라 이 벌	베네치아
홈페이지	https://comofootball.com/

최근 5시즌 성적

시즌	순위	승점
2019-2020	없음	없음
2020-2021	없음	없음
2021-2022	없음	없음
2022-2023	없음	없음
2023-2024	없음	없음

SERIE A (전신 포함)

통　산	없음
23-24 시즌	없음

COPPA ITALIA

통　산	없음
23-24 시즌	없음

UEFA

통　산	없음
23-24 시즌	없음

경기 일정

라운드	날짜	장소	상대팀
1	2024.08.20	원정	유벤투스
2	2024.08.27	원정	칼리아리 칼초
3	2024.09.02	원정	우디네세 칼초
4	2024.09.14	홈	볼로냐
5	2024.09.24	원정	아탈란타 BC
6	2024.09.29	홈	엘라스 베로나
7	2024.10.05	원정	SSC 나폴리
8	2024.10.19	홈	파르마 칼초 1913
9	2024.10.26	원정	토리노
10	2024.11.01	홈	SS 라치오
11	2024.11.05	원정	엠폴리
12	2024.11.08	원정	제노아 CFC
13	2024.11.24	홈	ACF 피오렌티나
14	2024.12.01	홈	AC 몬차
15	2024.12.08	원정	베네치아
16	2024.12.15	홈	AS 로마
17	2024.12.22	원정	인테르나치오날레
18	2024.12.29	홈	US 레체
19	2025.01.05	홈	AC 밀란
20	2025.01.12	원정	SS 라치오
21	2025.01.19	홈	우디네세 칼초
22	2025.01.26	홈	아탈란타 BC
23	2025.02.02	원정	볼로냐
24	2025.02.09	홈	유벤투스
25	2025.02.16	원정	ACF 피오렌티나
26	2025.02.23	홈	SSC 나폴리
27	2025.03.02	원정	AS 로마
28	2025.03.09	홈	베네치아
29	2025.03.16	원정	AC 밀란
30	2025.03.30	홈	엠폴리
31	2025.04.06	원정	AC 몬차
32	2025.04.13	홈	토리노
33	2025.04.20	원정	US 레체
34	2025.04.27	홈	제노아 CFC
35	2025.05.04	원정	파르마 칼초 1913
36	2025.05.11	홈	칼리아리 칼초
37	2025.05.18	원정	엘라스 베로나
38	2025.05.25	홈	인테르나치오날레

 ## 나락에서 돌아왔다, 부자 구단주와 함께!

이탈리아 북부의 아름다운 호반 도시 코모. 축구팀 코모의 홈 구장도 호수를 끼고 있다. 한때 파산으로 4부까지 떨어졌던 코모는 2019년에 새 구단주가 오면서 새로운 운명을 맞았다. 한국 최대 부자보다 재산이 몇 배 많다는 인도네시아 최고 부호 하르토노 형제가 팀을 인수했다. 이후 투자를 받으면서 마침내 세리에A로 돌아왔고, 구단주는 규정이 허락하는 한 최대한의 선수를 영입하며 팀을 지원하고 있다. 첫 이적시장이 열리자마자 안드레아 벨로티, 라파엘 바란, 에밀 아우데로, 페페 레이나 등 이탈리아 승격팀이 상상하기 힘든 선수들을 대거 데려왔다. 이번 시즌에 살아남기만 하면 선수단은 점점 화려해질 것이다. 세스크 파브레가스 감독도 '올해만 넘기면 앞으로 탄탄대로'라는 생각을 하고 있을 듯하다.

COACH

세스크 파브레가스 *Cesc Fabregas*
1987년 5월 4일생 스페인

설명이 필요 없는 레전드 선수 출신의 젊은 감독. 메시는 아직도 현역이지만 동갑내기 친구 세스크는 감독이 됐다. 마지막으로 뛴 팀 고모에서 일단 감독내행으로, 코치 신분에서 실질적인 감독 노릇을 하며 승격으로 이끄는 지도력을 보여줬다. 그리고 이번 시즌을 앞두고 자격증을 취득하며 정식 감독으로 첫발을 뗐다.

TEAM RATINGS

2023/24 프로필

팀 득점	58
평균 볼 점유율	50.80%
패스 정확도	79.70%
평균 슈팅 수	13.9
경고	80
퇴장	6

골 타입

오픈 플레이	
세트 피스	
카운터 어택	NO DATA
패널티 킥	
사책골	단위 (%)

패스 타입

쇼트 패스	
롱 패스	NO DATA
크로스 패스	
스루 패스	단위 (%)

SQUAD

포지션	등번호	이름		생년월일	키(cm)	체중(kg)	국적
GK	1	에밀 아우데로	Emil Audero	1997.01.18	192	83	이탈리아
DF	2	마크 올리버 켐프	Marc Oliver Kempf	1995.01.28	186	87	독일
	3	마르코 사라	Marco Sala	1999.06.04	182	68	이탈리아
	5	에도아르도 골다니가	Edoardo Goldaniga	1993.11.02	193	82	이탈리아
	13	알베르토 도세나	Alberto Dossena	1998.10.13	195	89	이탈리아
	15	필리페 자키	Fellipe Jack	2006.01.12	187	–	브라질
	18	알베르토 모레노	Alberto Moreno	1992.07.05	171	65	스페인
	19	라파엘 바란	Raphaël Varane	1993.04.25	191	81	프랑스
	77	이그나스 반 데르 브렘트	Ignace Van der Brempt	2002.04.01	187	81	벨기에
MF	4	벤 라시네 코네	Ben Lhassine Kone	2000.03.14	172	67	코트디부아르
	8	다니엘레 바젤리	Daniele Baselli	1992.03.12	182	70	이탈리아
	20	세르지 로베르토	Sergi Roberto	1992.02.07	178	68	스페인
	23	막시모 페로네	Máximo Perrone	2003.01.07	177	64	아르헨티나
	26	야닉 엥겔하르트	Yannik Engelhardt	2001.02.07	184	74	독일
	27	마티아스 브라우뇌더	Matthias Braunöder	2002.03.27	173	67	오스트리아
	36	루카 마찌텔리	Luca Mazzitelli	1995.11.15	184	76	이탈리아
	79	니코 파스	Nico Paz	2004.09.08	186	71	아르헨티나
FW	7	가브리엘 스트레페자	Gabriel Strefezza	1997.04.18	168	64	브라질
	9	알레산드로 가브리엘로니	Alessandro Gabrielloni	1994.07.10	178	79	이탈리아
	10	패트릭 쿠트론	Patrick Cutrone	1998.01.03	183	75	이탈리아
	11	안드레아 벨로티	Andrea Belotti	1993.12.20	181	72	이탈리아
	14	알리 자심	Ali Jasim	2004.01.20	178	72	이라크
	16	알리외 파데라	Alieu Fadera	2001.11.03	185	78	잠비아
	17	알베르토 세리	Alberto Cerri	1996.04.16	190	82	이탈리아
	33	뤼카 다쿠냐	Lucas Da Cunha	2001.06.09	176	69	프랑스

IN & OUT

주요 영입	주요 방출
알베르토 도세나, 야니크 엥겔하르트, 에밀 아우데로, 안드레아 벨로티, 라파엘 바란, 알베르토 모레노, 페페 레이나, 니코 파스, 막시모 페로네	아드리안 셈페르, 카스 오덴탈, 아드리안 셈페르

TEAM FORMATION

PLAN **4-4-2**

지역 점유율

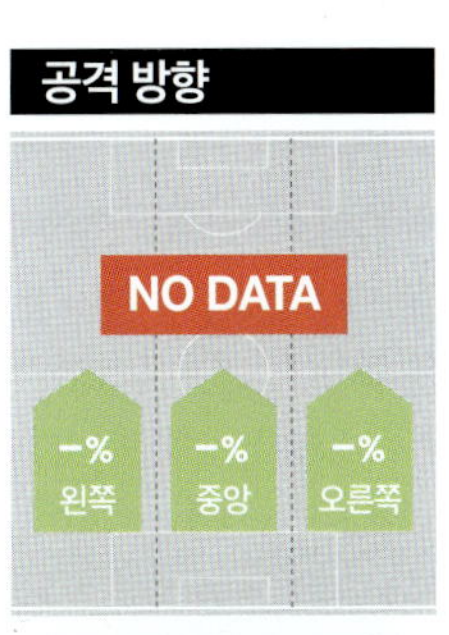

공격 진영 **–%**

NO DATA

수비 진영 **–%**

공격 방향

NO DATA

–%	–%	–%
왼쪽	중앙	오른쪽

슈팅 지역

–% 골 에어리어
–% 패널티 박스

NO DATA

상대팀 최근 6경기 전적

구분	승	무	패	구분	승	무	패
인테르		1	5	제노아	2	2	2
AC 밀란		2	4	몬차	1	2	3
유벤투스		4	2	엘라스 베로나	1	2	3
아탈란타		2	4	레체		3	3
볼로냐	4		2	우디네세	1	2	3
로마	1		5	칼리아리		3	3
라치오	2	1	3	엠폴리	2	1	3
피오렌티나	2		4	파르마	1	2	3
토리노	2	1	3	코모			
나폴리	3	1	2	베네치아	2	1	3

DF 13 알베르토 도세나
Alberto Dossena

국적: 이탈리아

세리에A 하위권 팀에 잘 맞는 센터백. 주로 하부 리그에서 활약하다가 칼리아리의 승격에 일조하면서 지난 시즌 처음으로 세리에A를 경험했다. 수비의 중심에서 맹활약하며 경기당 공중볼 획득 4위(3.5회), 걷어내기 2위(4.8회) 등 하위권 수비수의 기본자세인 '일단 막고 보자'를 잘 실천했다. 자책골을 2골 넣어 이 부문도 1위였지만 실력 부족보다는 불운 때문이었다. 코모에서는 주전 경쟁이 다시 시작된다.

출전경기	경기시간(분)	골	어시스트	경고	퇴장
35	2,979	2	4	5	–

FW 11 안드레아 벨로티
Andrea Bolotti

국적: 이탈리아

다른 능력은 이탈리아 대표급으로 다 유지하고 있는데, 골 감각에 심각한 문제가 생긴 스트라이커. 2016/17 시즌 토리노에서 무려 26골을 몰아친 바 있고 그 뒤로도 시즌 10골 이상을 4회 달성했다. 하지만 2021/22 시즌부터는 반대로 10골을 넘긴 적이 없으며 강팀 로마로 이적한 뒤 골이 더 줄었다. 끈질기게 상대 수비와 싸워주고 성실하게 팀 플레이에 가담하는 능력은 여전하다. 골만 다시 넣으면 된다.

출전경기	경기시간(분)	골	어시스트	경고	퇴장
29	1,626	6	2	1	–

DF 19 라파엘 바란
Rafael Varane

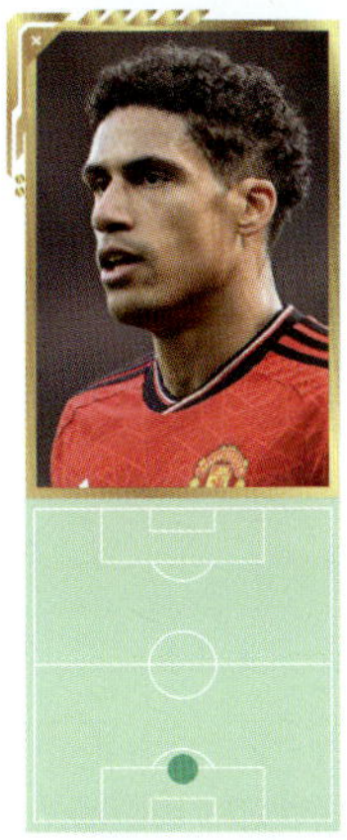

국적: 프랑스

레알 마드리드와 프랑스의 가장 빛나는 영광을 뒷받침한 월드클래스 수비수. 코모에 왔지만 퇴물은 아니다. 아직 31세에 불과하다. 맨유에서 잦은 부상과 고연봉 때문에 계약을 해지했는데, 중동으로 갈 줄 알았던 바란이 세스크의 무엇에 홀렸는지 연봉을 깎고 코모에 합류했다. 다만 코모에서도 합류 직후 부상을 당해 한동안 결장하는 게 문제. 건강하기만 하다면 스피드, 수비 기술, 제공권 등 수비수에게 필요한 다양한 능력을 다 갖추고 있다.

출전경기	경기시간(분)	골	어시스트	경고	퇴장
22	1,374	1	–	2	–

GK 1 에밀 아우데로
Emil Audero

국적: 이탈리아

삼프도리아 주전이었으며 유벤투스, 인테르 등을 거친 세리에A 주전급 골키퍼. 인도네시아 혈통이며 이탈리아 청소년 대표 경력만 있을 뿐 A대표에서 뛴 적이 없기 때문에, 혼혈 선수들을 적극 끌어들이고 있는 인도네시아 축구협회의 '마지막 로망'으로 자주 거론된다. 이탈리아 축구계와도 연이 있는 에릭 토히르 인도네시아 축구협회장이 설득할 수 있다면 신태용 감독에게 가장 큰 선물이 될 것이다.

출전경기	경기시간(분)	실점	무실점(경기)	경고	퇴장
4	338	3	2	–	–

FW 33 뤼카 다쿠냐
Lucas Da Cunha

국적: 프랑스

스타 선수 위주로 영입하느라 평균 연령이 높아지는 코모에서, 지난 시즌 확고한 주전으로 활약해 준 23세 유망주 다쿠냐의 존재는 귀하다. 측면 공격을 맡아주는 선수로, 드리블이 유려하진 않지만, 스피드와 저돌성으로 돌파를 성공시킨다. 왼발 킥은 크로스와 중거리 슛에 활용할 수 있을 뿐 아니라 직접 프리킥 전담 키커를 할 수 있을 정도의 정교함이 있다. 프랑스 연령별 대표를 두루 거쳤다.

출전경기	경기시간(분)	골	어시스트	경고	퇴장
35	2,627	7	6	7	–

베네치아 FC
VENEZIA FC

TEAM PROFILE

창 립	1907년
구 단 주	던컨 니더라우어(미국)
감 독	에우세비오 디프란체스코(이탈리아)
연 고 지	베네토 주 베네치아
홈 구 장	스타디오 피에르 루이지 펜초(1만1,150명)
라 이 벌	우디네세 칼초, 엘라스 베로나FC
홈페이지	www.veneziafc.it

최근 5시즌 성적

시즌	순위	승점
2019-2020	없음	없음
2020-2021	없음	없음
2021-2022	없음	없음
2022-2023	없음	없음
2023-2024	없음	없음

SERIE A (전신 포함)

통 산	없음
23-24 시즌	없음

COPPA ITALIA

통 산	우승 1회
23-24 시즌	없음

UEFA

통 산	없음
23-24 시즌	없음

경기 일정

라운드	날짜	장소	상대팀
1	2024.08.19	원정	SS 라치오
2	2024.08.26	원정	ACF 피오렌티나
3	2024.08.31	홈	토리노
4	2024.09.15	원정	AC 밀란
5	2024.09.21	홈	제노아 CFC
6	2024.09.29	원정	AS 로마
7	2024.10.05	원정	엘라스 베로나
8	2024.10.20	홈	아탈란타 BC
9	2024.10.27	원정	AC 몬차
10	2024.10.31	홈	우디네세 칼초
11	2024.11.04	원정	인테르나치오날레
12	2024.11.09	홈	파르마 칼초 1913
13	2024.11.26	홈	US 레체
14	2024.12.01	원정	볼로냐
15	2024.12.08	홈	코모 1907
16	2024.12.15	원정	유벤투스
17	2024.12.22	홈	칼리아리 칼초
18	2024.12.29	원정	SSC 나폴리
19	2025.01.05	홈	엠폴리
20	2025.01.12	홈	인테르나치오날레
21	2025.01.19	원정	파르마 칼초 1913
22	2025.01.26	홈	엘라스 베로나
23	2025.02.02	원정	우디네세 칼초
24	2025.02.09	홈	AS 로마
25	2025.02.16	원정	제노아 CFC
26	2025.02.23	홈	SS 라치오
27	2025.03.02	원정	아탈란타 BC
28	2025.03.09	원정	코모 1907
29	2025.03.16	홈	SSC 나폴리
30	2025.03.30	홈	볼로냐
31	2025.04.06	원정	US 레체
32	2025.04.13	홈	AC 몬차
33	2025.04.20	원정	엠폴리
34	2025.04.27	홈	AC 밀란
35	2025.05.04	원정	토리노
36	2025.05.11	홈	ACF 피오렌티나
37	2025.05.18	원정	칼리아리 칼초
38	2025.05.25	홈	유벤투스

시즌 프리뷰 — 디자인 말고 축구도 신경 쓰는 거 맞지?

축구팀인 동시에 세련된 패션 브랜드처럼 인식되고 있는 베네치아. 다양한 컬래버레이션을 찾다가 한국의 소규모 스트릿 브랜드와 협업하기도 하고, 지난해 재정난에서 벗어나는 과정에서 래퍼 드레이크의 투자를 받더니 그의 고가 브랜드 녹타가 유니폼 스폰서를 맡기도 했다. 하지만 베네치아 팬들은 '우리 구단은 지들이 패션 브랜드인 줄 아네'라는 말을 자조적으로 한다. 본업인 축구팀 운영이 조금 아쉽기 때문이다. 지난 2021/22 시즌에 19년 만의 1부 승격을 했을 때, 미국계 구단주들의 입김인지 미국 메이저 리그 사커 선수들을 여럿 영입했다가 돈만 허투루 쓰고 강등당했다. 지난여름 이적시장은 좀 더 현명하게 보냈다. 하지만 이번엔 아예 돈이 없다. 그리고 에우세비오 디프란체스코 감독 선임이 너무나 불안하다.

COACH

에우세비오 디프란체스코 *Eusebio Di Francesco*
1969년 9월 8일생 이탈리아

선수 시절에 로마의 주전 미드필더였고, 감독으로서도 사수올로와 로마에서 좋은 모습을 보였다. 하지만 거기까지다. 최근 삼프도리아, 칼리아리, 베로나 3개 직장에서 연달아 경질당한 뒤, 지난 시즌 지도한 프로시노네조차 아깝게 강등당하면서 실패만 반복 중이다. 베네치아에서 4전 5기가 가능할지 염려된다.

TEAM RATINGS

슈팅	패스	조직력	수비력	감독	선수층	종합
6	7	6	5	5	6	35

2023/24 프로필

팀 득점	69
평균 볼 점유율	52.90%
패스 정확도	81.70%
평균 슈팅 수	13.8
경고	65
퇴장	5

골 타입	오픈 플레이 / 세트 피스 / 카운터 어택 / 페널티 킥 / 자책골	NO DATA 단위 (%)
패스 타입	쇼트 패스 / 롱 패스 / 크로스 패스 / 스루 패스	NO DATA 단위 (%)

SQUAD

포지션	등번호	이름		생년월일	키(cm)	체중(kg)	국적
GK	1	제스 요로넨	Jesse Joronen	1993.03.21	197	89	핀란드
DF	4	제이 이제스	Jay Idzes	2000.06.02	190	82	인도네시아
	5	리게시아노 합스	Ridgeciano Haps	1993.06.12	175	66	수리남
	7	프란세스코 잠파노	Francesco Zampano	1993.09.30	177	68	이탈리아
	8	조르지오 알타레	Giorgio Altare	1998.08.09	190	75	이탈리아
	21	리치 사그라도	Richie Sagrado	2004.01.30	182	74	벨기에
	25	조엘 싱티엔	Joël Schingtienne	2002.08.14	188	–	벨기에
	27	안토니오 칸델라	Antonio Candela	2000.04.27	185	77	이탈리아
	30	마이클 스보보다	Michael Svoboda	1998.10.15	195	86	오스트리아
	33	마린 스베르코	Marin Šverko	1998.06.12	187	81	수리남
MF	6	잔루카 부시오	Gianluca Busio	2002.05.28	172	61	미국
	10	존 예보아	John Yeboah	2000.06.23	170	66	에콰도르
	11	가에타노 오리스타니오	Gaetano Oristanio	2002.09.28	174	70	이탈리아
	14	한스 니콜루시 카빌리아	Hans Nicolussi Caviglia	2000.06.18	184	78	이탈리아
	16	루카 피오르딜리노	Luca Fiordilino	1996.07.25	178	68	이탈리아
	22	도멘 크르니고이	Domen Crnigoj	1995.11.18	185	67	슬로베니아
	32	알프레드 던칸	Alfred Duncan	1993.03.10	178	78	가나
	38	마그누스 안데르센	Magnus Kofod Andersen	1999.05.10	170	71	덴마크
	80	사드 엘 하다드	Saad El Haddad	2005.07.24	175	–	모로코
	97	이사둠비아	Issa Doumbia	2003.10.16	187	80	이탈리아
FW	9	크리스 갸르	Christian Gytkjaer	1990.05.06	185	77	덴마크
	19	비아르키 스타인 비아르카손	Bjarki Bjarkason	2000.05.11	180	70	아이슬란드
	20	요엘 포얀팔로	Joel Pohjanpalo	1994.09.13	186	83	핀란드
	45	안토니오 라이몬도	Antonio Raimondo	2004.03.18	185	75	이탈리아
	77	미카엘 엘레르트손	Mikael Egill Ellertsson	2002.03.11	182	74	아이슬란드

IN & OUT

주요 영입	주요 방출
가에타노 오리스타니오, 리치 사그라도, 이사 둠비아, 알프레드 던칸, 필립 스탄코비치, 한스 니콜루시 카빌리아	태너 테스만

TEAM FORMATION

FW **C**
MF **C+**
DF **C**
GK **C**

지역 점유율

공격 방향

슈팅 지역

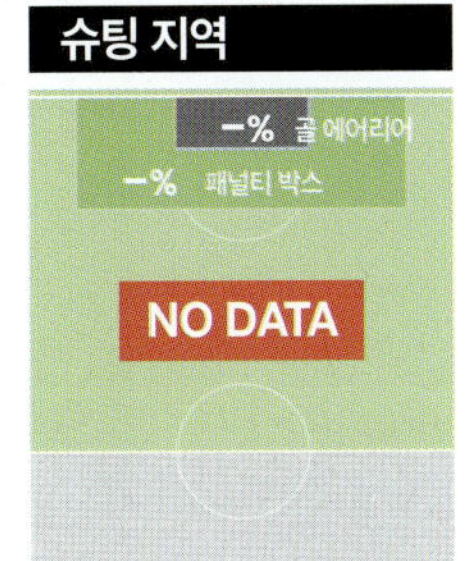

PLAYERS

FW 20 요엘 포안팔로
Joel Pohjanpalo

KEY PLAYER

국적: 핀란드

현재 핀란드 대표팀 필드 플레이어 중 유일한 빅리그 선수. 유로 2020에서 핀란드의 메이저 대회 유일한 득점 및 유일한 승리를 이끈 바 있다. 피지컬 코칭 회사를 직접 차려 운영할 정도로 몸 관리에 관심이 많다. 레버쿠젠 등 독일 팀에 있을 때는 기량을 보여주지 못했지만 튀르키예에서 한층 성장했고, 지난 두 시즌 동안 베네치아의 주포로 맹활약했다. 특히 지난 시즌은 세리에B 득점왕을 차지했다. 이제 빅리그에서 증명할 차례다.

출전경기	경기시간(분)	골	어시스트	경고	퇴장
33	2720	22	4	2	–

MF 6 잔루카 부시오
Gianluca Busio

국적: 미국

2021년 승격 당시 베네치아가 성장 가능성을 보고 영입했던 선수. 이탈리아계 혼혈 미국인이라는 점에서 베네치아 구단과 여러모로 잘 어울린다. 기량에 비해 너무 비싸게 산 것 아닌가 싶었지만, 유럽에서 3년을 보낸 지금은 다르다. 지난 시즌 세리에B에서 7골을 넣으며 득점력을 끌어올렸고, 미국 대표팀에도 자리를 잡았다. 많은 활동량으로 빌드업과 수비 커버 등 다방면으로 팀에 기여하는 박스 투 박스 미드필더다.

출전경기	경기시간(분)	골	어시스트	경고	퇴장
37	2959	7	4	3	–

상대팀 최근 6경기 전적

구분	승	무	패	구분	승	무	패
인테르	1	1	4	제노아		2	4
AC 밀란	1	1	4	몬차	3	1	2
유벤투스		1	5	엘라스 베로나		2	4
아탈란타	2	1	3	레체	1	3	2
볼로냐	3	2	1	우디네세	1		5
로마	1	2	3	칼리아리	1	3	2
라치오		2	4	엠폴리	2	3	1
피오렌티나	2	1	3	파르마	1	2	3
토리노	2	3	1	코모	3	1	2
나폴리	1	3	2	베네치아			

MF 11 가에타노 오리스타니오
Gaetano Oristanio

국적: 이탈리아

성장 가능성에 기대를 걸어보는 22세 유망주 2선 자원. 인테르 밀란이 유소년팀에서 성장시키다가 네덜란드로 2년간 임대 보냈는데, 2부 폴렌담의 승격을 직접 이끈 뒤 2년 차에는 네덜란드 1부에서도 경쟁력을 확인했다. 지난 시즌에는 칼리아리에서 세리에A의 맛도 봤다. 드리블 전진, 측면으로 빠지는 플레이, 문전 침투를 통한 득점 가담 등 다양한 플레이가 가능하긴 한데, 달리 말하면 애매한 스타일이다.

출전경기	경기시간(분)	골	어시스트	경고	퇴장
25	1105	2	1	1	–

MF 14 한스 니콜루시 카빌리아
Hans Nicolussi Caviglia

국적: 이탈리아

부시오와 더불어 '미국파'였던 주전 미드필더 테스만이 베네치아를 떠났다. 그 자리를 유벤투스에서 데려온 유망주 카빌리아로 메운다. 지난 시즌 유벤투스의 로테이션 멤버로 뛰면서 꽤 좋은 모습을 보였으니 뛰어난 미드필더가 대거 영입되자 경험을 쌓기 위해 베네치아로 임대됐다. 지난 2022년 이탈리아 대표팀 훈련에 소집되는 등 재능을 인정받은 후방 플레이메이커 성향의 중앙 미드필더다.

출전경기	경기시간(분)	골	어시스트	경고	퇴장
8	266	–	1	1	–

MF 32 알프레드 던칸
Alfred Duncan

국적: 가나

베네치아에서 가장 세리에A를 많이 경험 해 본 수비형 미드필더이다. 많은 활동량으로 중원에 힘을 불어넣는 편이고, 공을 뿌리는 것보다 직접 몰고 올라가거나 전방으로 침투하여 받으려는 움직임을 많이 보여준다. 리보르노, 삼프도리아, 사수올로, 피오렌티나에서 주전급으로 활약했다. 지난 시즌, 출장 시간이 짧았음에도 2골 5도움으로 많은 공격 포인트를 올렸다. 1부 경험이 부족한 동료들을 잘 이끌어줘야 한다.

출전경기	경기시간(분)	골	어시스트	경고	퇴장
30	1,899	2	5	2	–

FRANCE LIGUE 1

2024-2025

LIGUE 1

LOSC LILLE
팀 명 릴 OSC
창 단 1944년
홈구장 스타드 피에르 모루아
주 소 www.losc.fr

LE HAVRE AC
팀 명 르아브르 AC
창 단 1872년
홈구장 스타드 오세안
주 소 www.hac-foot.com/

STADE BRESTOIS 29
팀 명 스타드 브레스투아 29
창 단 1950년
홈구장 스타드 프랑시스 르 블레
주 소 www.sb29.bzh

STADE RENNAIS FC
팀 명 스타드 렌 FC
창 단 1901년
홈구장 로아존 파르크
주 소 www.staderennais.com

FC NANTES
팀 명 FC 낭트
창 단 1943년
홈구장 스타드 드 라 보주아르
주 소 www.fcnantes.com

ANGERS SCO
팀 명 앙제 SCO
창 단 1919년
홈구장 스타드 레몽 코파
주 소 www.angers-sco.fr

PARIS SAINT-GERMAIN FC
팀 명 파리 생제르맹 FC
창 단 1970년
홈구장 파르크 데 프랑스
주 소 www.toulousefc.com

AJ AUXERRE
팀 명 AJ 오세르
창 단 1905년
홈구장 스타드 드 라베 데샹
주 소 www.aja.fr

MONTPELLIER HSC
팀 명 몽펠리에 에로 SC
창 단 1974년
홈구장 스타드 드 라 모송
주 소 www.mhscfoot.com

TOULOUSE FC
팀 명 툴루즈 FC
창 단 1970년
홈구장 스타디옴 드 툴루즈
주 소 www.toulousefc.com

RC LENS
팀 명 RC 랑스
창 단 1906년
홈구장 스타드 볼라르트 들렐리스
주 소 www.rclens.fr

STADE DE REIMS
팀 명 스타드 랭스
창 단 1931년
홈구장 스타드 오귀스트 드로네
주 소 www.stade-de-reims.com

RC STRASBOURG ALSACE
팀 명 RC 스트라스부르 알자스
창 단 1906년
홈구장 스타드 드 라 메노
주 소 www.rcstrasbourgalsace.fr

OLYMPIQUE LYONNAIS
팀 명 올랭피크 리옹
창 단 1950년
홈구장 그루파마 스타디움
주 소 www.ol.fr

AS SAINT-ÉTIENNE
팀 명 AS 생테티엔
창 단 1933년
홈구장 스타드 조프루아 기샤르
주 소 www.asse.fr

AS MONACO FC
팀 명 AS 모나코 FC
창 단 1924년
홈구장 스타드 루이 2세
주 소 www.asmonaco.com

OGC NICE
팀 명 OGC 니스
창 단 1904년
홈구장 알리안츠 리비에라
주 소 www.ogcnice.com

OLYMPIQUE DE MARSEILLE
팀 명 올랭피크 드 마르세유
창 단 1899년
홈구장 오렌지 벨로드롬
주 소 www.om.fr

프랑스 구단들, 음바페 없는 PSG 아성에 도전장!

리그1은 최근 10년 넘게 파리 생제르맹(PSG)의 독주 속에 이루어지고 있다. 실제 PSG는 카타르 스포츠 인베스트먼트가 구단을 인수한 이래로 2012/13 시즌을 시작으로 지난 시즌(2023/24)까지 총 12시즌 중 10시즌 우승을 차지했다. 모나코(2016/17)와 릴(2020/21)이 각각 한 차례씩 우승을 기록할 뿐이었다. 가장 최근만 놓고 보면 리그1의 3연패를 이어오고 있는 PSG이다. 그나마 이번 시즌 변수라면 오랜 기간(7년) 팀의 에이스 역할을 담당하던 킬리안 음바페가 레알 마드리드로 떠난 것이다.

이를 의식해서인지 PSG 전통의 라이벌 올랭피크 마르세유가 브라이턴 호브 & 알비온을 성공적으로 이끌었던 로베르토 데 체르비를 새 감독으로 임명하고, 메이슨 그린우드와 엘리예 와히, 피에르-에밀 호이비에르 등을 영입하면서 전력 보강에 박차를 가했다.

2000년대 초반 리그1을 지배했던 올랭피크 리옹(2001/02 시즌부터 2007/08 시즌까지 리그1 역대 최다인 7연패 달성) 역시 PSG보다 더 많은 1억 유로 이상의 이적료 순 지출을 기록하면서 윌프리드 자하를 비롯해 무사 니아카테와 조르지 미카우타제, 아브네르 등을 대거 영입하는 강수를 던졌다. 이

번이 우승에 도전할 적기라고 판단한 듯하다. 실제 마르세유는 첫 3경기에서 2승 1무로 무패를 이어오면서 PSG를 쫓고 있다. 마르세유의 경우 지난 시즌 8위에 그치면서 유럽 대항전 진출권을 확보하는 데 실패했기에 자국 리그에만 집중해도 된다는 이점이 있다. 지난 시즌 PSG와 승점 9점 차 2위를 차지한 모나코도 우승 경쟁자로 꼽히고 있다.

그럼에도 이번 시즌 역시 리그 1 우승 후보 1순위는 PSG이다. PSG는 시즌 첫 3경기에서 모두 승리했고, 13득점(경기당 4.3골) 2실점(0.7골)을 기록하며 1위를 달리고 있다. 심지어 지난 시즌 5위에 올랐던 릴과의 원정 경기에서도 3-1 승리를 거두었다. 음바페의 부재가 적어도 자국 리그에서만큼은 그리 크게 작용하지 않을 것으로 보인다.

문제는 바로 챔피언스 리그에 있다. 강호들이 대거 참가하는 챔피언스 리그에서도 음바페 없이 우승에 도전할 수 있을지는 미지수다. 팽팽한 접전이 이루어질수록 해결사의 존재는 필수적이다. 과연 PSG가 리오넬 메시-네이마르-음바페가 있었던 시기에도 달성하지 못한 챔피언스 리그 우승이라는 숙원을 달성할 수 있을지가 가장 큰 관심사이다.

Paris Saint-Germain FC

TEAM PROFILE

창 립	1970년
구 단 주	타밈 빈 하마드 알사니(카타르)
감 독	루이스 엔리케(스페인)
연 고 지	일드프랑스 레지옹 파리
홈 구 장	파르크 데 프랭스(4만 8,583명)
라 이 벌	올랭피크 드 마르세유
홈페이지	https://en.psg.fr/

최근 5시즌 성적

시즌	순위	승점
2019-2020	1위	68점(22승2무3패, 75득점 24실점)
2020-2021	2위	82점(26승4무8패, 86득점 28실점)
2021-2022	1위	86점(26승8무4패, 90득점 36실점)
2022-2023	1위	85점(27승4무7패, 89득점 40실점)
2023-2024	1위	76점(22승10무2패, 81득점 33실점)

LIGUE 1 (전신 포함)

통 산	우승 12회
23-24 시즌	1위(22승10무2패, 승점 76점)

COUPE DE FRANCE

통 산	우승 15회
23-24 시즌	우승

UEFA

통 산	없음
23-24 시즌	챔피언스리그 4강

경기 일정

라운드	날짜	장소	상대팀
1	2024.08.17	원정	르아브르
2	2024.08.26	홈	몽펠리에
3	2024.09.02	원정	릴
4	2024.09.15	홈	브레스투아
5	2024.09.22	원정	스타드 랭스
6	2024.09.28	홈	렌
7	2024.10.07	원정	니스
8	2024.10.21	홈	스트라스부르
9	2024.10.28	원정	마르세유
10	2024.11.04	홈	RC 랑스
11	2024.11.11	원정	앙제 SCO
12	2024.11.25	홈	툴루즈
13	2024.12.02	홈	FC 낭트
14	2024.12.09	원정	AJ 오세르
15	2024.12.16	홈	리옹
16	2025.01.06	원정	모나코
17	2025.01.13	홈	AS 생테티엔
18	2025.01.20	원정	RC 랑스
19	2025.01.27	홈	스타드 랭스
20	2025.02.03	원정	브레스투아
21	2025.02.10	홈	모나코
22	2025.02.17	원정	툴루즈
23	2025.02.24	원정	리옹
24	2025.03.03	홈	릴
25	2025.03.10	원정	렌
26	2025.03.17	홈	마르세유
27	2025.03.31	원정	AS 생테티엔
28	2025.04.07	홈	앙제 SCO
29	2025.04.14	원정	FC 낭트
30	2025.04.21	홈	르아브르
31	2025.04.28	홈	니스
32	2025.05.05	원정	스트라스부르
33	2025.05.12	원정	몽펠리에
34	2025.05.19	홈	AJ 오세르

전력분석 음바페 나가고 수비-미들 보강 나서다

리오넬 메시와 네이마르, 마르코 베라티, 세르히오 라모스 등이 팀을 떠나면서 챔피언스 리그 우승이라는 거대 프로젝트가 실패로 돌아간 PSG는 지난 시즌, 엔리케 신임 김독 체제에서 젊고 굶주린 팀으로 개편에 나섰다. 이 과정에서 대대적인 선수 판매 및 무려 14명의 선수 영입으로 인해 큰 폭의 선수단 변화가 발생하면서 시즌 내내 경기력에서 기복이 심한 모습을 보이긴 했다. 그러나 결과적으로 리그와 FA컵(쿠프 드 프랑스), 슈퍼컵(트로페 데 샹피옹)까지 3관왕을 달성했고, 챔피언스 리그에서도 준결승까지 진출하면서 나름 성공적인 시즌을 보내는 데 성공했다.

2024/25 시즌을 앞두고 에이스 음바페가 계약 만료와 함께 레알 마드리드로 떠난 가운데 PSG는 공격수 두에와 미드필더 네베스, 수비수 파초, 그리고 골키퍼 사포노프를 영입하면서 공격-미들-수비에 키 플레이어 하나씩을 추가했다. 이에 더해 우가르테와 무키엘레, 솔레르를 비롯해 전력 외 자원들을 대거 정리하는 데 성공했다. 비록 팀 내 주포가 떠나긴 했으나 전반적으로 주전과 비주전의 격차가 이전보다 더 줄어들었고, 포지션별 약점을 찾기 힘들 정도로 탄탄한 전력을 구축한 PSG이다. 선수단 평균 연령 역시 23.6세로 한층 더 젊어졌다.

전술분석 4-3-3에 기반한 패스 플레이 강화

지난 시즌 PSG는 엔리케 부임도 7월로 다소 늦었던 데다가 감독 선임 이전에 먼저 영입된 선수들이 있다 보니 우가르테와 슈크리니아르 같은 감독 전술에 맞지 않는 선수들이 있었다. 게다가 원래는 네이마르를 남기고 음바페를 판매하려고 했으나 뒤늦게 계획이 바뀌면서 이적시장 막판에 뎀벨레-무아니-바르콜라를 영입하는 일도 있었다. 결국 잦은 선수 변동에 따른 기본 전술 구축에 실패하면서 4-3-3을 필두로 4-3-1-2와 4-4-2, 4-2-3-1, 3-4-2-1, 3-5-2에 이르기까지 다양한 포메이션을 활용해야 했다. 이 과정에서 음바페의 위치도 왼쪽 측면 공격수에서 최전방 공격수로 이동했고, 이강인은 좌우 측면과 최전방 공격수에 더해 공격형 미드필더와 중앙 미드필더, 스리백의 왼쪽 윙백에 이르기까지 다양한 역할을 소화해야 했다.

이번 시즌은 다르다. 엔리케 감독 성향에 맞는 선수들을 계획적으로 데려온 데다가 영입 숫자도 지난 시즌 14명에서 이번 시즌 4명으로 대폭 줄이면서 시즌 시작부터 안정적인 전술 구사가 가능해졌다. 이와 함께 엔리케 감독이 선호하는 4-3-3에 기반한 패스 축구가 강화됐다.

Real Sociedad v Paris Saint-Germain:
Round of 16 Second Leg – UEFA Champions League 2023/24
파리 생제르맹의 이강인과 레알 소시에다드의 미켈 메리노가
공을 차지하기 위해 경합을 벌이고 있다.
<2024/03/05, Reale Arena>

음바페 없는 PSG, 챔피언스 리그에서도 통할까?

지난 시즌 PSG의 실질적인 목표는 음바페와의 재계약과 함께 음바페 중심의 팀을 구축하는 데에 있었다. 이것이 이적시장 데드라인에 음바페와 어려서부터 친했던 무아니와 뎀벨레를 영입한 주된 이유였다(이들은 모두 같은 나이대로 어려서부터 함께 축구를 즐겼다. 특히 무아니는 음바페와 같은 프랑스 파리 봉디 출생으로 동네 친구다). 당연히 지난 시즌 PSG는 음바페의, 음바페에 의한, 음바페를 위한 전술을 구사했다. 자연스럽게 팀 득점은 음바페 위주로 형성됐다. 실제 공식 대회에서 음바페 홀로 44골을 넣었고, 하무스가 14골로 그 뒤를 이었다. 이 둘 외에 두 자릿수 골을 넣은 선수조차 없었다. 물론 음바페는 중요 순간마다 귀중한 골을 넣으며 팀의 챔피언스 리그 준결승 진출에 있어 큰 기여도를 보였으나, 음바페 중심의 전술로 인해 지나치게 공격 패턴이 단조로워졌던 것도 부인할 수 없는 사실이다.

이번 시즌 초반, PSG는 2경기에서 10골을 넣고 있다(르 아브르전 4-1, 몽펠리에전 6-0 승). 골을 넣은 선수도 7명으로 다양하게 포진해 있다. 특정 선수 한 명에게 의존하기보단 다양한 선수들이 팀 공격에 참여하면서 한층 더 안정적인 경기력을 구사하고 있는 PSG이다. 교체 선수들도 쏠쏠한 활약을 펼치면서 장기 레이스를 운영하는 데에 있어 큰 힘을 실어줄 것으로 기대를 모으고 있다.

다만 PSG의 목표는 리그와 자국 컵 대회 우승이 아닌 챔피언스 리그에 있다. 유럽의 강호들이 모인 챔피언스 리그에선 매 경기 팽팽한 접전이 이루어질 수밖에 없다. 이러한 성격의 경기에선 한 방을 가진 에이스의 존재가 필요하다. 엎친 데 덮친 격으로 리그 개막전서부터 팀의 새로운 주포 역할을 담당해 줘야 하는 하무스가 발목 골절상을 당하면서 전반기 출전이 어려운 상태다. 중요 순간 해결사 역할을 담당할 수 있는 새로운 에이스의 등장이 필요하다.

TEAM FORMATION

지역 점유율

공격 진영	30%
중앙	45%
수비 진영	25%

공격 방향

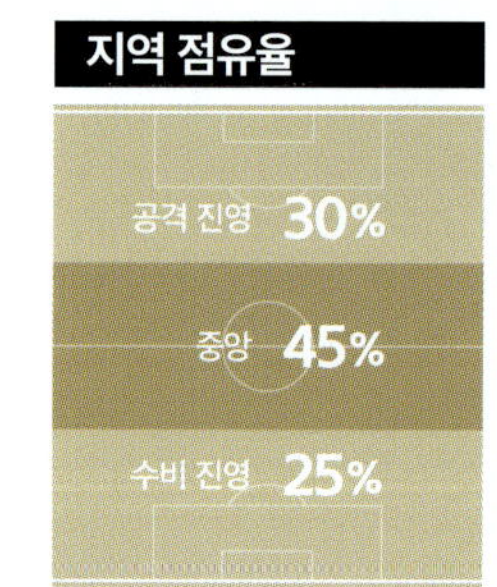

슈팅 지역

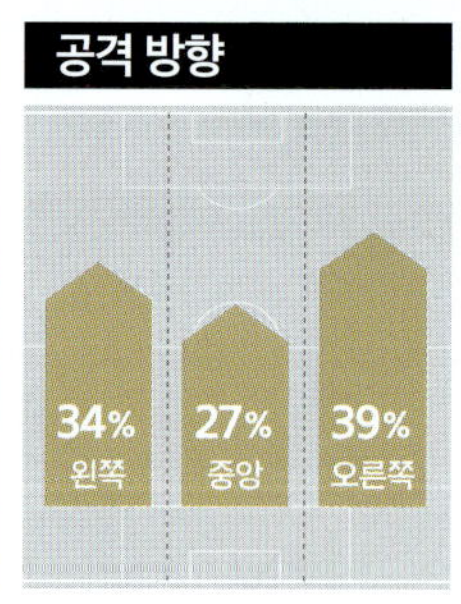

IN & OUT

주요 영입	주요 방출
주앙 네베스, 데지레 두에, 윌리안 파초, 마트베이 사파노프, 아이만 카리 (임대복귀)	킬리앙 음바페, 마누엘 우가르테, 다닐루 페레이라, 레뱅 퀴르자와, 케일러 나바스, 세르히오 리코, 알렉상드르 르텔리에, 위고 에키티케(완전이적), 카를로스 솔레르(임대), 노르디 무키엘레(임대)

TEAM RATINGS

2023/24 프로필

팀 득점	81
평균 볼 점유율	65.70%
패스 정확도	89.70%
평균 슈팅 수	15.1
경고	49
퇴장	3

골 타입

오픈 플레이	67
세트 피스	11
카운터 어택	10
패널티 킥	9
자책골	4

단위 (%)

패스 타입

쇼트 패스	92
롱 패스	6
크로스 패스	2
스루 패스	0

단위 (%)

SQUAD

포지션	등번호	이름		생년월일	키(cm)	체중(kg)	국적
GK	1	잔루이지 돈나룸마	Gianluigi Donnarumma	1999.02.25	196	90	이탈리아
	39	마트베이 사포노프	Matvey Safonov	1999.02.25	192	82	러시아
DF	2	아슈라프 하키미	Achraf Hakimi	1998.11.04	181	73	모로코
	3	프레스넬 킴펨베	Presnel Kimpembe	1995.08.13	183	79	프랑스
	5	마르키뉴스	Marquinhos	1994.05.14	183	75	브라질
	21	뤼카 에르난데스	Lucas Hernández	1996.02.14	184	79	프랑스
	25	누누 멘데스	Nuno Mendes	2002.01.19	183	70	포르투갈
	35	루카스 베랄두	Lucas Beraldo	2003.11.24	182	78	브라질
	37	밀란 슈크리니아르	Milan Skriniar	1995.02.11	188	83	슬로바키아
	42	요람 자그	Yoram Zague	2006.05.15	168	64	프랑스
	51	윌리안 파초	Willian Pacho	2001.10.16	188	81	에콰도르
MF	8	파비안 루이스	Fabián Ruiz	1996.04.03	189	70	스페인
	17	비티냐	Vitinha	2000.02.13	172	64	포르투갈
	19	이강인	Kang-in Lee	2001.02.19	173	66	대한민국
	24	세니 마윌루	Senny Mayulu	2006.05.17	183	78	프랑스
	33	워렌 자이르-에메리	Warren Zaïre-Emery	2006.03.08	178	68	프랑스
	44	아이만 카리	Ayman Kari	2004.11.19	176	73	프랑스
	87	주앙 네베스	João Neves	2004.09.27	174	66	포르투갈
FW	9	곤살루 하무스	Gonçalo Ramos	2001.06.20	185	79	포르투갈
	10	우스망 뎀벨레	Ousmane Dembélé	1997.03.15	178	67	프랑스
	11	마르코 아센시오	Marco Asensio	1998.01.21	182	76	스페인
	14	데지레 두에	Désiré Doué	2005.06.03	181	77	프랑스
	23	랑달 콜로 무아니	Randal Kolo Muani	1998.12.05	187	73	프랑스
	29	브래들리 바르콜라	Bradley Barcola	2002.09.02	182	73	프랑스
	49	이브라힘 음바예	Ibrahim Mbaye	2008.01.24	–	–	프랑스

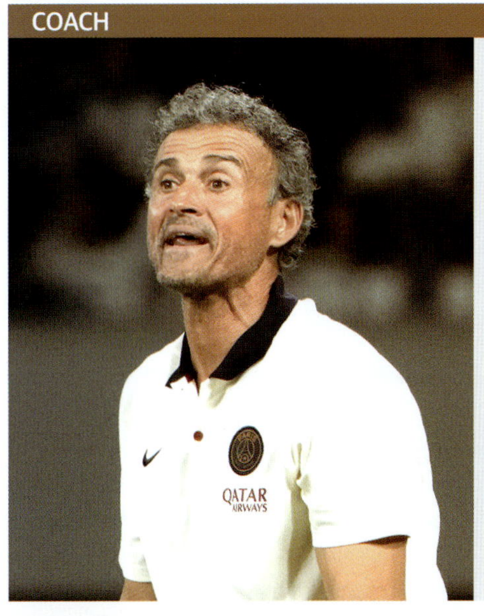

루이스 엔리케 *Luis Enrique*
1970년 5월 8일생 스페인

선수 시절 바르셀로나와 레알 마드리드 양 팀에서 모두 뛴 역대 4명 중 하나로 유명한 인물. 은퇴 후 바르셀로나 B팀을 거쳐 2011년 로마 감독에 부임했으나 성적 부진을 이유로 1시즌 만에 자진 사임한 그는 2013/14 시즌 셀타 비고에서 재기에 성공했고, 곧이어 바르셀로나 1군을 이끌면서 2014/15 시즌 트레블 영광을 달성했다. 이후 2018년에 스페인 대표팀 지휘봉을 잡은 그는 유로 2020 4강에 진출했으나 2022년 월드컵에서 16강 탈락의 실패를 맛봤고, 지난 시즌 PSG 감독직에 올랐다.

상대팀 최근 6경기 전적

구분	승	무	패
모나코	2	2	2
브레스트	5	1	
릴	5	1	
니스	4		2
리옹	4	1	1
랑스	3	2	1
마르세유	5		
스타드 랭스	3	3	
렌	3	1	2
툴루즈	4	1	1
몽펠리에	6		
스트라스부르	4	2	
낭트	5		1
르 아브르	5	1	
오세르	4	1	1
앙제	6		
생테티엔	5	1	
메스	6		

MF	**17**	비티냐 *Vitinha*

출전경기	경기시간(분)	골	어시스트	경고	퇴장
28	2,130	7	4	-	-

국적: 포르투갈

포르투 유스 출신으로 2020/21 시즌 울버햄튼에서 임대로 뛰었고 복귀 후 곧바로 포르투 중원의 핵심으로 자리 잡았다. 2022년 여름에 4,000만 유로의 이적료로 파리로 팀을 옮겼다. 파리 데뷔 시즌엔 기대치 대비 다소 평범한 경기력을 보였으나 지난 시즌엔 절정에 오른 기량을 과시하면서 리그 최고의 중앙 미드필더로 우뚝 섰다. 볼 다루는 기술이 상당히 뛰어나고 플레이메이커답게 패스에 강점이 있다. 지난 시즌 7골을 넣을 정도로 득점력도 있다. 다만 172cm의 단신에 호리호리해서 몸싸움에 약점이 있다.

MF	**19**	이강인 *Kang-in Lee*

출전경기	경기시간(분)	골	어시스트	경고	퇴장
23	1,472	3	4	2	-

국적: 대한민국

어려서부터 축구 신동으로 불렸다. 9살에 스페인 발렌시아로 넘어가, 한국 선수로는 역대 최연소 유럽 리그 출전 기록을 수립했다. 2019년 20세 이하 월드컵에서 대한민국의 준우승을 이끌며 대회 MVP를 수상했다. 이후 마요르카로 이적하면서 팀의 에이스로 성장했고, 지난 시즌엔 PSG로 팀을 옮겼다. 뛰어난 기술과 창의적인 패스에 더해 정교한 왼발로 많은 공격포인트를 양산한다. 다만 윙으로 뛰기엔 스피드가 다소 떨어지고, 중앙 미들로 뛰기엔 수비력이 살짝 부족하기에 PSG에선 멀티 플레이어로 요긴하게 활용되고 있다.

MF	**87**	주앙 네베스 *João Neves*

출전경기	경기시간(분)	골	어시스트	경고	퇴장
33	2,314	3	2	3	-

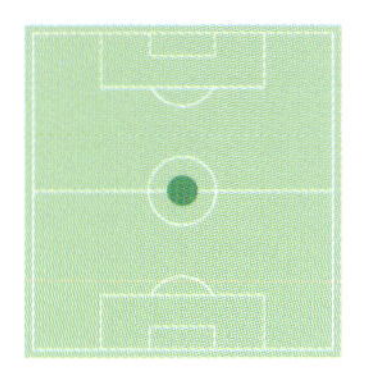

국적: 포르투갈

고향인 지역팀 벤피카 타비라 유스 출신이다. 2023년 1월에 프로로 데뷔한 그는 4월 말부터 주전으로 자리 잡기 시작했고, 지난 시즌엔 포르투갈 리그를 대표하는 미드필더로 떠올랐다. 이에 힘입어 지난여름, 6,000만 유로라는 거액의 이적료에 PSG로 왔다. 벤피카에선 주로 수비형 미드필더로 주목받았으나, PSG에선 조금 더 공격적으로 뛰면서 리그1, 2경기 최다 도움(4도움)으로 역대 신기록을 수립했다. 양질의 패스를 공급할 수 있는 능력에 더해 전진성을 갖추었고, 영리한 축구 지능을 바탕으로 수비력도 탄탄하다.

FRANCE LIGUE 1

PARIS SAINT-GERMAIN FC

FRANCE LIGUE 1

PARIS SAINT-GERMAIN FC

GK 1 잔루이지 돈나룸마
Gianluigi Donnarumma

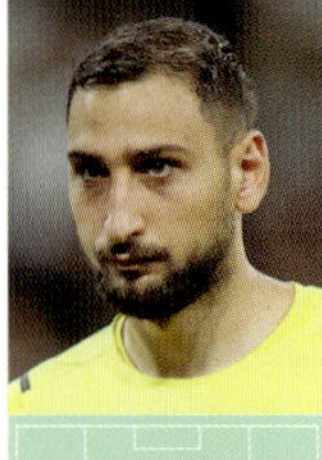

국적: 이탈리아

16살에 명문 AC 밀란에서 프로 데뷔했고, 17살에 이탈리아 대표팀에 합류하면서 골키퍼로는 유래를 찾을 수 없을 정도로 빠른 성장세를 보인 선수. 좋은 위치 선정과 뛰어난 반사신경에 더해 큰 키와 긴 팔을 활용한 선방 능력 및 공중 장악력만큼은 타의 추종을 불허한다. 다만 발밑이 좋지 못하고 패스 정확도가 떨어지기에 골키퍼를 필드 플레이어처럼 활용하는 최근 전술 트렌드와는 다소 거리가 있다.

출전경기	경기시간(분)	실점	무실점(경기)	경고	퇴장
25	2,170	20	11	3	1

GK 39 마트베이 사포노프
Matvey Safonov

국적: 러시아

크라스노다르 유스 출신으로 18살에 프로 데뷔. 2019/20 시즌부터 팀의 주전 골키퍼로 활약하며 러시아 리그 올해의 영플레이어상 수상에 이어 지난 시즌 올해의 골키퍼로 당당히 이름을 올렸다. 지난여름, 2,000만 유로의 이적료로 PSG에 입단했다. 현 러시아 대표팀 주전 골키퍼로 A매치 14경기를 소화했다. 기이하게도 주전 골키퍼 돈나룸마와 생년월일(1999년 2월 25일)이 모두 똑같다.

출전경기	경기시간(분)	실점	무실점(경기)	경고	퇴장
30	2,655	27	11	-	-

DF 2 아슈라프 하키미
Achraf Hakimi

국적: 모로코

레알 마드리드 유스 출신으로 2017년 프로 데뷔한 그는 2018년에 도르트문트 2년 임대를 통해 본격적으로 두각을 나타내기 시작했다. 2020/21 시즌 인테르를 거쳐 2021/22 시즌부터 PSG에서 뛰고 있다. 공격적인 풀백으로 빠른 스피드와 강한 킥을 자랑하지만, 수비력은 다소 떨어지는 편에 속한다. 스페인에서 출생했으나 모로코 대표팀을 선택했고, 파리 올림픽에도 참가해 동메달을 획득했다.

출전경기	경기시간(분)	골	어시스트	경고	퇴장
25	1,931	4	5	3	-

DF 5 마르키뉴스
Marquinhos

국적: 브라질

코린치안스와 로마를 거쳐 2013년부터 PSG에서 뛰면서 10년 넘게 팀 수비의 중심을 지키고 있는 선수이다. 2020/21 시즌부터는 주장직을 수행하고 있다. 빠른 스피드를 바탕으로 단단한 대인 수비를 자랑하고, 수비진 조율에도 능하다. 183cm로 센터백치고는 크지 않은 편인데도 탁월한 위치 선정으로 준수한 제공권을 자랑하고 있다. 이에 더해 볼 다루는 기술이 좋고, 패스도 정확하다.

출전경기	경기시간(분)	골	어시스트	경고	퇴장
21	1,540	-	1	1	-

DF 21 뤼카 에르난데스
Lucas Hernández

국적: 프랑스

부친은 스페인계 프랑스 축구 선수 장-프랑수아고, 동생은 AC 밀란 왼쪽 풀백 테오로 형제 모두 프랑스 대표팀에서 뛰고 있다. 어릴 적에 아버지가 가족을 떠나면서 어머니와 생활했다. 아틀레티코 마드리드 유스 출신으로 프로 데뷔했고, 바이에른을 거쳐 시난 시즌 PSG에 입단했다. 센터백과 왼쪽 풀백을 모두 소화하는 선수. 빠른 발과 정교한 태클을 바탕으로 뛰어난 수비력을 자랑하지만, 부상이 잦다.

출전경기	경기시간(분)	골	어시스트	경고	퇴장
27	1,917	1	1	6	-

DF 25 누누 멘데스
Nuno Mendes

국적: 포르투갈

앙골라계 포르투갈인. 스포르팅 유스를 거쳐 2020년에 프로 데뷔했고, 2020/21 시즌에 주전으로 활약하다 2021년 여름, PSG에 입단했다. 데뷔 시즌 포함 2시즌 연속 리그1 올해의 팀에 뽑히면서 리그 정상급 왼쪽 풀백으로 떠올랐다. 그러나 2022/23 시즌 막판에 입은 큰 부상으로 인해 지난 시즌에는 리그 6경기 출전에 그쳤다. 선수 경력 초기엔 공격 특화 풀백이었으나 이후 수비력을 장착했다.

출전경기	경기시간(분)	골	어시스트	경고	퇴장
6	266	1	1	3	-

DF 35 루카스 베랄두
Lucas Beraldo

국적: 브라질

상파울루 유스 출신으로 올해 1월, PSG가 영입한 수비수. 포지션 대비 어린 나이(20살)에도 유려한 발밑과 정교한 왼발 킥을 바탕으로 볼배급에 강점을 지녔다. 팀에 입단하자마자 센터백과 왼쪽 풀백을 오가며 주전급 출전 시간을 부여받았다. 다만 경험 부족으로 인해 실점으로 이어지는 실수를 범하는 경우가 있다. 같은 왼발잡이 센터백 파초가 팀에 새로 가세한 만큼 실수를 줄여야 경쟁에서 살아남을 수 있다.

출전경기	경기시간(분)	골	어시스트	경고	퇴장
13	1011	1	-	4	1

DF 37 밀란 슈크리니아르
Milan Skriniar

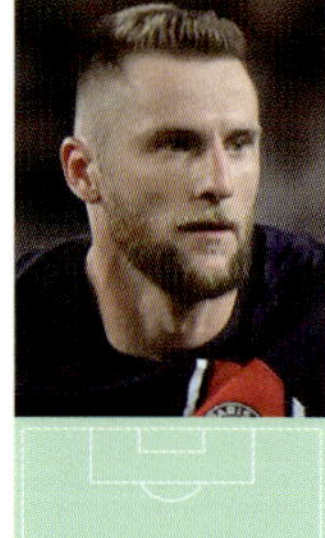

국적: 슬로바키아

질리나 유스 출신으로 17살에 프로 데뷔한 그는 2015년 삼프도리아를 거쳐 2017년 인테르에 입단해 8시즌 동안 세리에A에서 뛰면서 명성을 떨쳤다. 특히 대인 수비에 강점을 보이면서 세계 최정상급 타겟형 스트라이커들을 꽁꽁 묶는 괴력을 과시했다. 다만 순발력이 부족하여 발 빠른 공격수에 약하고, 무엇보다도 발밑 기술 및 패스 정확도가 떨어져 엔리케 감독 밑에서 서러움을 삼키고 있다.

출전경기	경기시간(분)	골	어시스트	경고	퇴장
24	1,625	-	-	1	-

DF 42 요람 자그
Yoram Zague

국적: 프랑스

코트디부아르계 프랑스 태생으로 PSG 유스를 거쳐 지난 시즌 프로 데뷔전을 치르면서 리그1 5경기에 출전해 1골을 기록했다. 오른발잡이로 주로 뛰는 포지션은 오른쪽 측면 수비수지만 팀 사정에 따라 왼쪽 측면 수비수도 소화할 수 있고(이번 시즌 개막전에 왼쪽 풀백으로 선발 출전했다), 공격력이 좋기에 측면 공격수로도 나설 수 있다. 다만 아직 어리고 경험이 부족하기에 수비 안정성이 떨어진다는 단점이 있다.

출전경기	경기시간(분)	골	어시스트	경고	퇴장
5	372	1	-	1	-

DF 51 윌리안 파초
Willian Pacho

국적: 에콰도르

에콰도르 황금 세대의 중추 중 한 명. 인디펜디엔테 델 바예 유스 출신으로 프로 데뷔했고, 로열 앤트워프를 거쳐 지난 시즌 아인트라흐트 프랑크푸르트에 입단하자마자 핵심 수비수로 활약하며 팀 내 최다 출전시간(2970분)을 자랑했다. 이에 힘입어 이적 1년 만에 다시 4,000만 유로의 이적료와 함께 PSG로 팀을 옮겼다. 빠른 스피드와 강력한 대인 수비에 더해 빌드업 플레이에도 능숙하다.

출전경기	경기시간(분)	골	어시스트	경고	퇴장
33	2970	–	2	7	–

MF 8 파비안 루이스
Fabián Ruiz

국적: 스페인

베티스 유스 출신으로 엘체 임대를 통해 경험을 쌓았다. 복귀 후 1시즌 좋은 모습을 보인 그는 2018년에 곧바로 나폴리로 이적해 준수한 활약을 펼치며 세리에 정상급 미드필더로 군림했다. 2022년 여름, PSG로 팀을 옮긴 후 지난 시즌 전반기까지 다소 주춤했으나 후반기에 살아나 스페인의 유로 2024 우승에 크게 기여했다. 강력하고도 정확한 왼발 킥을 자랑하지만, 볼 다루는 기술은 다소 투박하다.

출전경기	경기시간(분)	골	어시스트	경고	퇴장
21	1,195	1	3	3	–

MF 33 워렌 자이르-에메리
Warren Zaïre-Emery

국적: 스페인

PSG가 애지중지 키우는 선수. 구단 역대 최연소인 16살에 프로 데뷔했고, 곧바로 중용되기 시작하면서 PSG를 넘어 프랑스 전역의 기대를 모았다. 특히 지난 시즌에는 12라운드까지 2골 3도움을 올렸고, 17살 나이에 A매치 데뷔전에서 골을 넣으며 스타 탄생을 알렸다. 하지만 이 경기에서 발목 부상을 당한 그는 이후 성장세가 다소 주춤한 상태다. 왕성한 활동량과 공수 모두에 능한 팔방미인형 선수다.

출전경기	경기시간(분)	골	어시스트	경고	퇴장
26	1,963	2	3	4	–

FW 9 곤살루 하무스
Gonçalo Ramos

국적: 포르투갈

벤피카 유스 출신으로 2020년에 프로 데뷔, 2022년부터 주전으로 나서면서 2022/23 시즌 리그 19골을 기록했다. 이에 힘입어 천문학적인 이적료(8,000만 유로)로 PSG에 합류. 전반기에는 부진했으나 후반기에 8골을 넣으며 리그 11골로 시즌을 마감했다. 정교한 킥과 좋은 위치 선정에 더해 저돌적인 침투로 많은 골을 양산하지만, 기술이 좋은 편은 아니기에 경기 전반에 끼치는 영향력은 떨어진다.

출전경기	경기시간(분)	골	어시스트	경고	퇴장
29	1,422	11	1	1	–

FW 10 우스망 뎀벨레
Ousmane Dembélé

국적: 프랑스

스타드 렌에서 17살에 데뷔하면서부터 리그 1 올해의 영 플레이어(12골 5도움)에 올랐고, 도르트문트에서 6골 13도움을 기록했다. 이에 힘입어 역대 3위의 이적료로 바르셀로나에 입단. 그러나 잦은 부상과 프로 의식 부재로 팬들의 분노를 자아냈다. 지난 시즌에 PSG 유니폼을 입은 그는 부상 없는 시즌을 보내며 준수한 활약을 펼쳤다. 양발잡이에 스피드를 겸비해, 컨디션 좋은 날의 그는 막기 어렵다.

출전경기	경기시간(분)	골	어시스트	경고	퇴장
26	1,510	3	8	–	–

FW 11 마르코 아센시오
Marco Asensio

국적: 스페인

마요르카 유스 출신으로 프로 데뷔. 2015/16 시즌에 레알 마드리드 이적과 동시에 에스파뇰에서 1시즌 임대로 뛰면서 깊은 인상(4골 13도움)을 남겼다. 이후 레알로 돌아와 성장세를 이어갔으나 2019/20 시즌을 앞두고 십자인대가 파열되는 큰 부상을 입었다. 이후 운동 능력 저하와 함께 기대만큼 발전하지 못했다. 지난 시즌, PSG에 입단한 그는 주로 교체 선수로 뛰면서 4골 5도움을 올렸다.

출전경기	경기시간(분)	골	어시스트	경고	퇴장
20	1,114	4	5	–	–

FW 14 데지레 두에
Désiré Doué

국적: 프랑스

2005년생. 스타드 렌 유스 출신으로 17살에 스타드 렌에서 프로 데뷔. 프랑스 선수로는 역대 최연소 유럽 대항전(유로파 리그) 득점을 기록했다. 지난 시즌엔 4골 5도움을 올리며 한 단계 더 발전한 모습을 보였다. 이에 PSG가 바이에른과의 경쟁 끝에 6,000만 유로로 그를 영입했다. 뛰어난 기술을 바탕으로 드리블에 능하며, 강력한 양발 킥을 갖췄으나 아직 경험이 부족해 마무리의 세밀함은 다소 떨어진다.

출전경기	경기시간(분)	골	어시스트	경고	퇴장
31	1,626	4	4	3	–

FW 23 랑달 콜로 무아니
Randal Kolo Muani

국적: 프랑스

낭트 유스 출신으로 2018년 낭트에서 프로 데뷔. 2021/22 시즌 12골에 이어 프랑크푸르트로 이적한 2022/23 시즌에 15골 11도움을 올리며 해당 시즌 분데스리가 최다 공격포인트를 기록했다. 이에 힘입어 지난 시즌, 9,000만 유로의 거액에 PSG로 옮겼으나, 9골 6도움에 그치며 아쉬움을 남겼다. 빠른 속도를 살린 득점에 강점이 있지만, 터치 기복이 있어 쉽게 소유권을 내주는 단점이 있다.

출전경기	경기시간(분)	골	어시스트	경고	퇴장
26	1,265	6	5	1	–

FW 29 브래들리 바르콜라
Bradley Barcola

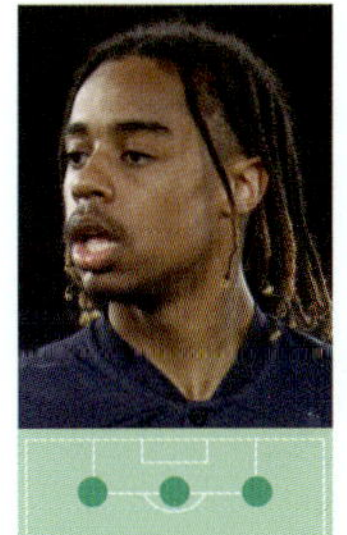

국적: 프랑스

리옹 유스 출신으로 2021년에 프로 데뷔한 그는 2022/23 시즌에 5골 9도움을 기록하며 스타덤에 올랐다. 이에 PSG가 지난 시즌 4,500만 유로에 영입했다. 시즌 초반만 하더라도 기복이 심한 모습을 보였으나, 12월부터 경기력을 끌어올리기 시작하면서 준수한 데뷔 시즌(4골 7도움)을 보냈다. 킥이 다소 부정확해서 마무리에 아쉬움이 있으나, 빠른 속도를 살린 돌파가 강점이다. 프랑스 축구 국가대표로 뛰고 있다.

출전경기	경기시간(분)	골	어시스트	경고	퇴장
28	1,651	4	7	2	1

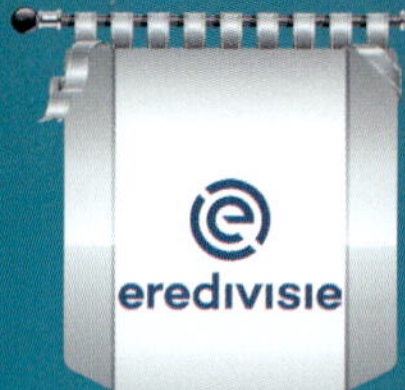

2024-2025

NEDERLANDS EREDIVISIE

PEC ZWOLLE
팀 명 PEC 즈볼러
창 단 1910년
홈구장 MAC3PARK 스타디온
주 소 peczwolle.nl

ALKMAAR ZAANSTREEK
팀 명 알크마르 잔스트레이크
창 단 1967년
홈구장 AFAS 스타디온
주 소 www.az.nl

AFC AJAX
팀 명 AFC 아약스
창 단 1900년
홈구장 요한 크루이프 아레나
주 소 www.ajax.nl

FC UTRECHT

팀 명 FC 위트레흐트
창 단 1970년
홈구장 스타디온 할헨바르트
주 소 www.fcutrecht.nl

FEYENOORD ROTTERDAM
팀 명 페예노르트 로테르담
창 단 1908년
홈구장 스타디온 페예노르트
주 소 www.feyenoord.com

SPARTA ROTTERDAM
팀 명 스파르타 로테르담
창 단 1888년
홈구장 헷 카스테일
주 소 www.sparta-rotterdam.nl

SC HEERENVEEN
팀 명 SC 헤이렌베인
창 단 1920년
홈구장 아버 렌스트라 스타디온
주 소

FORTUNA SITTARD
팀 명 포르튀나 시타르트
창 단 1968년
홈구장 포르튀나 시타르트
주 소 fortunasittard.nl

NAC BREDA
팀 명 NAC 브레다
창 단 1912년
홈구장 랏 페를레흐 스타디온
주 소 www.nac.nl

WILLEM II
팀 명 빌럼 II
창 단 1896년
홈구장 코닝 빌럼II 스타디온
주 소 www.willem-ii.nl

FC GRONINGEN
팀 명 FC 흐로닝언
창 단 1971년
홈구장 외로보르흐
주 소 www.fcgroningen.nl

GO AHEAD EAGLES
팀 명 고 어헤드 이글스
창 단 1902년
홈구장 아델라르스호르스트
주 소 www.ga-eagles.nl

HERACLES ALMELO
팀 명 헤라클레스 알멜로
창 단 1903년
홈구장 폴만 스타디온
주 소 www.heracles.nl

FC TWENTE
팀 명 FC 트벤터
창 단 1965년
홈구장 더 흐롤스 베스터
주 소 fctwente.nl

NEC NIJMEGEN
팀 명 NEC 네이메헌
창 단 1900년
홈구장 호퍼르트 스타디온
주 소 www.nec-nijmegen.nl

RKC WAALWIJK
팀 명 RKC 발베이크
창 단 1940년
홈구장 만데마커르스 스타디온
주 소 www.rkcwaalwijk.nl

PSV EINDHOVEN
팀 명 PSV 에인트호번
창 단 1913년
홈구장 필립스 스타디온
주 소 www.psv.nl

ALMERE CITY FC
팀 명 알메러 시티 FC
창 단 2001년
홈구장 얀마르 스타디움
주 소 almerecity.nl

3시즌 연속 챔피언 바뀐 에레디비시, 이번엔 누가 왕좌에?

에레디비시는 아약스(에릭 텐 하흐 감독 시절)의 리그 3연패를 끝으로 2022/23 시즌 페예노르트와 2023/24 시즌 PSV 에인트호번이 차례대로 우승하면서 춘추 전국 시대에 접어들었다. 이 과성에서 네널란드 죄고 명분 아약스는 지난 시즌 PSV와 페예노르트는 물론 트벤터와 AZ 알크마르에도 밀리면서 5위로 시즌을 마무리하는 수모를 겪어야 했다. 이에 아약스는 지난 시즌 니스를 최소 실점팀으로 이끌면서 5위(이전 시즌 9위)로 성적을 끌어올린 프란체스코 파리올리를 새 감독으로 임명했고, 페예노르트는 아르네 슬롯 감독이 리버풀로 떠나면서 덴마크 감독 브리안 프리스케에게 지휘봉을 맡겼다. 네딜란드 전통의 3강 중 우승팀 PSV를 제외한 나머지 두 팀이 각자의 이유로 감독 교체를 단행하면서 또 다른 변화의 시기에 직면한 에레디비시이다.

시즌 첫 4라운드까지의 결과만 놓고 보면 감독 교체 효과는 없어 보인다. 아약스는 첫 2경기(유로파 리그 예선 때문에 2경기 연기)에서 1승 1패를 기록했고, 페예노르트는 3경기(아약스와의 4라운드 경기가 연기)에서 1승 2무에 그치고 있다. 반면 감독 교체 없이 시즌을 맞이한 PSV는 4전 전승을 달리고 있고, 알크마르 역시 3승 1무로 순항하고 있다(감독 교체 없는 팀 중 트벤터만 1

승 1무 1패로 고전 중이다).

에레디비시 우승 경쟁에 있어서 또 다른 변수는 바로 유럽 대항전에 있다. PSV는 챔피언스 리그에서 리버풀(홈)-파리 생제르맹(원정)-샤흐타르 도네츠크(홈)-유벤투스(원정)-스포르팅 리스본(홈)-츠르베나 즈베즈다(원정)-지로나(홈)-브레스트(원정)를 만나는 데 반해 페예노르트는 바이에른 뮌헨(홈)-맨체스터 시티(원정)-바이엘 레버쿠젠(홈)-벤피카(원정)-레드 불 잘츠부르크(홈)-릴(원정)-스파르타 프라하(홈)-지로나(원정)와 격돌한다. PSV도 쉽지 않은 대진이지만, 페예노르트의 상대 팀 면면이 훨씬 더 어렵다고 볼 수 있다. 즉 페예노르트의 경우 챔피언스 리그 조기 탈락 가능성이 크고, 이는 역설적으로 후반기 에레디비시 일정 운영에 있어 도움이 될 것으로 보인다.

한편, 유로파 리그에 참가하는 아약스와 알크마르의 상대 팀 면면은 다소 수월한 편에 속한다(그나마 트벤터가 라치오-맨체스터 유나이티드 등을 만나면서 다소 까다로운 대진이 잡혔으나, 챔피언스 리그 진출팀들의 대진과 비교할 급은 아니다). 페예노르트가 전반기 내내 우승 경쟁을 이어간다면 후반기엔 분명 역전 우승을 노려볼 수 있을 것으로 보인다.

페예노르트 로테르담

Feyenoord Rotterdam

TEAM PROFILE

창 립	1908년
구 단 주	딕 판 벨(네덜란드)
감 독	브리안 프리스케(덴마크)
연 고 지	로테르담
홈 구 장	스타디온 페예노르트(5만 1,177명)
라 이 벌	AFC 아약스, PSV 에인트호번, 스파르타 로테르담
홈페이지	www.feyenoord.com/nl

최근 5시즌 성적

시즌	순위	승점
2019-2020	3위	50점(14승8무3패, 50득점 35실점)
2020-2021	5위	59점(16승11무7패, 64득점 36실점)
2021-2022	3위	71점(22승5무7패, 76득점 34실점)
2022-2023	1위	82점(25승7무2패, 81득점 30실점)
2023-2024	2위	84점(26승6무2패, 92득점 82실점)

TEAM RATINGS

- 슈팅 8
- 패스 7
- 조직력 6
- 수비력 6
- 감독 6
- 선수층 6

39

2023/24 프로필

팀 득점	92
평균 볼 점유율	62.20%
패스 정확도	85.20%
평균 슈팅 수	20.6
경고	35
퇴장	1

골 타입

오픈 플레이	71
세트 피스	18
카운터 어택	5
패널티 킥	4
자책골	2

단위 (%)

패스 타입

쇼트 패스	89
롱 패스	8
크로스 패스	3
스루 패스	0

단위 (%)

COACH

브리안 프리스케 *Brian Priske*
1977년 5월 17일생 덴마크

시즌 프리뷰

슬롯 시대 끝난 페예노르트, 새 감독 밑에선 어떨까?

아약스, PSV와 함께 네덜란드를 대표하는 3대 명문 페예노르트는 아르네 슬롯 감독 체제에서 2021/22 시즌 컨퍼런스리그 준우승과 2022/23 시즌 에레디비지리그 우승에 이어 2023/24 시즌 FA컵 우승을 차지하며 성공적인 3년을 보냈다. 이에 슬롯은 리버풀로 떠났고, 후임 감독으로 미트윌란과 스파르타 프라하에서 성과를 올린(리그 우승 3회, FA컵 우승 1회) 프리스케를 후임으로 데려왔다. 프리스케는 시즌 초, 본인이 선호하는 3-4-2-1 포메이션을 가동했으나 개막전부터 빌렘을 상대로 무승부에 그치자, 슬롯이 활용하던 4-2-3-1로 전환하고 있다. 이에 맞춰 이적시장 데드라인에 황인범과 로통바를 영입했다. 다만 비퍼와 헤이르트라위다, 민테 같은 주축 선수들의 이탈은 큰 공백으로 작용할 전망이다.

IN & OUT

주요 영입	주요 방출
황인범, 조르당 로통바, 헤이스 스말, 아니스 하지무사, 헤일란드 미첼, 플라멘 안드레프, 크리스-케빈 나드제, 훌리안 카란사, 우고 부에노(임대), 이브라힘 오스만(임대), 파쿤도 곤살레스(임대)	마츠 비퍼, 뤼츠하럴 헤이르트라위다, 알리레자 자한바크시, 라몬 헨드릭스, 레나르트 하르티예스, 티스 옌센, 얀쿠바 민테(임대복귀), 레오 사우어(임대), 마르코스 로페스(임대), 토마스 판 덴 벨트(임대), 온드레이 린그르

TEAM FORMATION

지역 점유율

공격 진영	37%
중앙	41%
수비 진영	22%

공격 방향

왼쪽	중앙	오른쪽
35%	32%	33%

슈팅 지역

12% 골 에어리어	
56% 패널티 박스	
32% 외곽 지역	

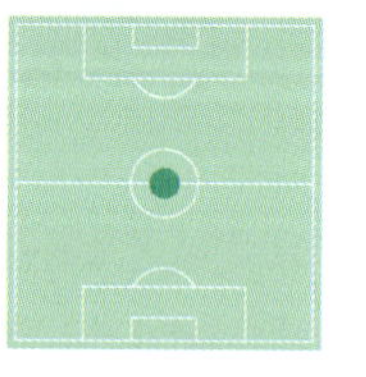

MF 6 황인범
In-beom Hwang

출전경기	경기시간(분)	골	어시스트	경고	퇴장
27	1,899	5	5	2	-

국적: 대한민국

대전 시티즌에서 프로 데뷔해 벤쿠버 화이트캡스를 거쳐 루빈 카잔으로 이적하면서 유럽에 진출한 그는 러시아-우크라이나 전쟁으로 인해 FC 서울에서 3개월 임대로 뛰다 올림피아코스로 이적해 맹활약을 펼치며 팬 선정 '그리스 리그 올해의 선수'로 등극했다. 이후 유럽 5대 리그 이적 기간이 끝나 뒤늦게 즈베즈다로 이적했다. 세르비아 리그 올해의 선수에 올랐고, 이번 시즌에 페예노르트로 이적하기에 이르렀다. 정교한 킥과 성실한 움직임에 더해 뛰어난 축구 지능을 바탕으로 공격형 미드필더와 수비형 미드필더를 동시에 수행할 수 있다.

RB Leipzig v FK Crvena zvezda:
Group G – UEFA Champions League 2023/24
라이프치히의 크사버 슐라거가 츠르베나 즈베즈다의 황인범에게
압박을 받고 있다. <2023/10/25, Red Bull Arena>

2024-2025

SERBIA
SUPER LIGA SRBIJE

FK SPARTAK SUBOTICA
팀 명 Sp. 수보티차
창 단 1945년
홈구장 그라드스키 스타디온
주 소 fkspartak.com

FK TSC BAČKA TOPOLA
팀 명 TSC 바츠카 토폴라
창 단 1913년
홈구장 TSC 아레나
주 소 www.fktsc.com

FK TEKSTILAC ODŽACI
팀 명 FK 텍스틸락 오드자치
창 단 1919년
홈구장 슬라프코 말레틴 바바 스타디움
주 소

FK VOJVODINA
팀 명 FK 보이보디나
창 단 1914년
홈구장 스타디온 카라조르제
주 소 www.fkvojvodina.rs

FK CUKARICKI
팀 명 FK 추카리치키
창 단 1926년
홈구장 추카리츠키 스타디움
주 소 fkcukaricki.co.rs

JEDINSTVO UB
팀 명 예딘스트보 U.
창 단 1920년
홈구장 드래곤 자이치 스타디움
주 소 www.fkjedinstvoub.com

FK MLADOST LUCANI
팀 명 FK 믈라도스트 루차니
창 단 1952년
홈구장 스타디온 FK 믈라도스트
주 소 fkmladostlucani.com

FK NOVI PAZAR
팀 명 FK 노비 파자르
창 단 1928년
홈구장 노비 파자르 시티 스타디움
주 소 fknovipazar.rs

FK ZELEZNICAR PANCEVO
팀 명 FK 젤레즈니차르 판체보
창 단 1947년
홈구장 SC 클라도스트
주 소 www.fkzeleznicar.rs

RED STAR BELGRADE
팀 명 FK 츠르베나 즈베즈다
창 단 1945년
홈구장 스타디온 라이코 미티치
주 소 www.crvenazvezdafk.com

FK PARTIZAN
팀 명 FK 파르티잔
창 단 1945년
홈구장 스타디온 파르티자나
주 소 aabsport.dk

OFK BEOGRAD
팀 명 OFK 베오그라드
창 단 1911년
홈구장 올라리스키 스타디움
주 소 www.ofkbeograd.co.rs

FK IMT
팀 명 FK IMT
창 단 1953년
홈구장 스타디온 FK IMT
주 소

FK RADNIČKI 1923
팀 명 FK 라드니치키 1923
창 단 1923년
홈구장 치카 다차 스타디움
주 소 www.fkradnicki.com

FK RADNICKI NIS
팀 명 FK 라드니치키 니스
창 단 1923년
홈구장 체이르 스타디움
주 소 fkradnickinis.rs

FK NAPREDAK KRUSEVAC
팀 명 FK 나프레다크 크루셰바츠
창 단 1946년
홈구장 믈라도스트 스타디움
주 소 fknapredak.rs

SERBIA SUPER LIGA SRBJE   LEAGUE INFORMATION

코리안리거들의 기회의 땅 '세르비아'

세르비아 수페르리가는 16개 팀으로 구성된 가운데 홈 & 어웨이 형식으로 30라운드 풀리그를 진행한다. 이후 상위 8개 팀은 챔피언십 라운드로, 하위 8개 팀은 강등권 라운드로 나뉘어 7경기를 추가로 치른 끝에 최종 성적으로 순위를 결정짓는다. 하위 2팀(15위, 16위)은 자동으로 강등되고, 13위와 14위 팀은 각각 프르바리가(2부) 팀(13위가 프르바리가 4위, 14위가 프르바리가 3위 팀과 붙는다)과 홈 & 어웨이 형태의 플레이오프를 통해 잔류 혹은 승격이 정해진다.

세르비아 리그 역시 스코틀랜드 리그와 마찬가지로 양강 구도를 형성하고 있다. 세르비아가 분리 독립된 2006/07 시즌 이래로 설영우의 소속팀 츠르베나 즈베즈다가 10회 우승으로 최다를 기록하고 있고, 고영준의 소속팀 파르티잔이 8회로 그 뒤를 따르고 있다. 이 두 팀 외에 우승한 팀은 전무하다. 심지어 유고슬라비아 1부 리그 시절이었던 1946년까지 거슬러 올라가더라도 츠르베나가 35회, 파르티잔이 27회로 대부분의 우승을 독식하고 있다. 그 외 우승한 팀은 보이보디나(1966년과 1989년, 2회)와 오빌리치(1998년, 1회) 밖에 없다. 설영우의 소속팀 즈베즈다는 2017/18 시즌을 시작으로 지난 시즌까지 수페

르리가 7연패를 이어오고 있다. 이번 시즌 역시 7라운드가 진행된 가운데 5승 1무 무패(1경기는 챔피언스 리그 플레이오프로 인해 연기됐다.) 승점 16점으로 1위를 달리고 있다. 파르티잔은 2경기가 연기되는 바람에 3승 2무 무패 승점 11점으로 6위에 있다. 다만 파르티잔은 챔피언스 리그 2차 예선과 유로파 리그 3차 예선에서 차례대로 탈락했고, 마지막으로 헨트와의 컨퍼런스 리그 플레이오프에서마저 탈락하면서 이제 자국 리그에만 집중할 수 있게 됐다. 반면 즈베즈다는 챔피언스 리그에서 바르셀로나(홈)-인테르(원정)-벤피카(홈)-AC 밀란(원정)-PSV 에인트호번(홈)-영 보이스 베른(원정)-슈투트가르트(홈)-모나코(원정)로 이어지는 죽음의 대진을 소화해야 한다.

비록 팀 에이스 황인범이 이적시장 막판에 떠났으나 급하게 대체자로 라데 크루니치를 영입했고, 챔피언스 리그 플레이오프에서 아쉬움을 드러냈던 공격 강화를 위해 실라스와 네마냐 라도니치도 추가했다. 이를 통해 자국 리그를 넘어 챔피언스 리그에서도 경쟁력을 보이겠다는 야심을 드러낸 셈이다. 설영우와 고영준 외에도 조진호 역시 라드니츠키 니스에서 뛰고 있기에 국내 축구 팬들은 세르비아 리그를 주목해 볼 필요가 있다.

FK 츠르베나 즈베즈다
FK Crvena Zvezda

최근 5시즌 성적

시즌	순위	승점
2019-2020	1위	78점(25승3무2패,68득점18실점)
2020-2021	1위	108점(35승3무0패,114득20실점)
2021-2022	1위	81점(26승3무1패,79득점17실점)
2022-2023	1위	82점(26승4무0패,81득점14실점)
2023-2024	1위	7점(25승2무3패,77득점22실점)

TEAM RATINGS

슈팅	6
패스	5
조직력	5
수비력	6
감독	5
선수층	8

33

2023/24 프로필

팀 득점	94
평균 볼 점유율	63.20%
패스 정확도	85.40%
평균 슈팅 수	20.6
경고	48
퇴장	0

골타입
오픈 플레이 / 세트 피스 / 카운터 어택 / 패널티 킥 / 자책골 — **NO DATA** 단위 (%)

패스타입
쇼트 패스 / 롱 패스 / 크로스 패스 / 스루 패스 — **NO DATA** 단위 (%)

COACH

블라단 밀로예비치 *Vladan Milojevic*
1970년 3월 9일생 세르비아

시즌 프리뷰
막판 폭풍 영입으로 황인범 공백 메울까?

자국 리그와 FA컵 최다 우승을 비롯해 1990/91 시즌엔 챔피언스리그 전신 유러피언컵 우승까지 달성한 세르비아 최고 명문 즈베즈다는 지난 시즌 역시 라이벌 파르티잔에 승점 7점 앞서며 7시즌 연속 리그 우승을 달성했다. FA컵 결승전에서도 보이보디나를 상대로 2-1로 승리하며 4시즌 연속 우승을 차지한 즈베즈다이다. 시즌이 끝나고 팀 공격의 핵심인 부카리와 크라소가 동시에 팀을 떠나자, 즈베즈다는 밀손과 두아르테, 로드리게스를 동시에 영입하며 공백 메우기에 나섰다. 이에 더해 지난 시즌, 황인범 효과를 톡톡히 본 즈베즈다는 팀의 약점인 측면 수비를 메우기 위해 설영우를 영입했다. 비록 이적시장 막판에 황인범이 떠났으나 크루니치를 영입해 공백 메우기에 나섰고, 실라스와 라도니치를 추가하면서 공격을 강화했다.

IN & OUT

주요 영입	주요 방출
펠리시우 밀손, 브루누 두아르테, 호세 루이스 로드리게스, 티미 엘시니크, 설영우, 네마냐 라도니치, 라데 크루니치, 라자르 요바노비치, 루카 일리치, 달myr우, 마르코 일리치, 나세르 지가(완전영입), 실라스(임대), 바냐 드르쿠시치(임대), 스테판 레코비치(임대복귀), 에고르 프루트세프(임대복귀), 안드레이 주리치(임대복귀)	황인범, 오스만 부카리, 마르코 스타메니치, 장-필리프 크라소, 스르잔 미야일로비치, 킹스 캉가, 페이버 이니예카 오그부, 알렉산다르 드라고비치, 나자르 니콜리치, 네마냐 밀루노비치, 조란 포포비치, 코스타 네델코비치(임대복귀), 요반 미툴리키치(임대), 니콜라 미툴리키치(임대)

TEAM FORMATION

지역 점유율

공격 진영 —%
NO DATA
수비 진영 —%

공격 방향

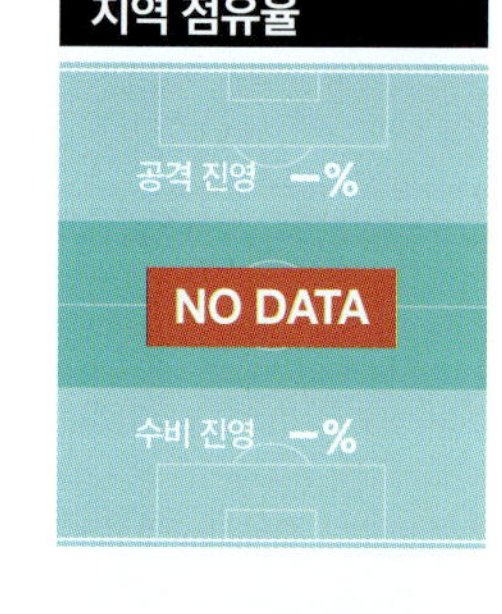

NO DATA

—% 왼쪽 —% 중앙 —% 오른쪽

슈팅 지역

—% 골 에어리어
—% 패널티 박스
NO DATA

	DF 66	설영우 *Young-woo Seol*	출전경기	경기시간(분)	골	어시스트	경고	퇴장
			9	720	-	1	1	-

국적: 대한민국

어린 시절 측면 공격수로 명성을 떨친 그는 고 유상철 감독의 권유로 대학 1학년 때 풀백으로 보직을 변경했다. 2020년, 울산 현대에 입단하여 팀의 황금기를 견인하면서 2021년 KFA 올해의 영플레이어상 수상에 더해 2023년 K리그 베스트 일레븐에 뽑혔다. 항저우 아시안게임 금메달리스트. 성인 대표로도 자리를 잡으면서 대한민국의 미래를 책임질 풀백으로 급부상했다. 지난여름, 즈베즈다에 입단했고, 2번째 경기에서 데뷔골을 넣었다. 좌우 풀백은 물론 스리백의 스토퍼에 윙까지 소화할 정도로 축구 지능이 좋고 기본기가 탄탄하다.

UEFA 유로파 컨퍼런스리그에서 츠르베나 즈베즈다의 설영우가
FK 보되/글림트의 하콘 에브옌과 볼 다툼을 벌이고 있다.
<2024/08/28, stadium Rajko Mitic>

2024-2025

SCOTLAND
SCOTTISH PREMIERSHIP

ROSS COUNTY FC
팀 명　로스 카운티 FC
창 단　1929년
홈구장　글로벌 에너지 스타디움
주 소　www.rosscountyfootballclub.co.uk

ST. JOHNSTONE FC
팀 명　세인트 존스톤 FC
창 단　1884년
홈구장　맥더미드 파크
주 소　www.perthstjohnstonefc.co.uk

ST. MIRREN
팀 명　세인트 미렌 FC
창 단　1877년
홈구장　세인트 미렌 파크
주 소　www.stmirren.com

CELTIC FOOTBALL CLUB
팀 명　셀틱 FC
창 단　1887년
홈구장　셀틱파크
주 소　www.celticfc.com

RANGERS FC
팀 명　레인저스 FC
창 단　1872년
홈구장　아이브록스 스타디움
주 소　www.rangers.co.uk

KILMARNOCK FC
팀 명　킬마녹 FC
창 단　1869년
홈구장　럭비 파크
주 소　kilmarnockfc.co.uk

MOTHERWELL FC
팀 명　머더웰 FC
창 단　1886년
홈구장　퍼 파크
주 소　www.motherwellfc.co.uk/

ABERDEEN FC
팀 명　애버딘FC
창 단　1903년
홈구장　피토드리 스타디움
주 소　www.afc.co.uk

DUNDEE FC
팀 명　던디 FC
창 단　1893년
홈구장　덴스 파크
주 소　dundeefc.co.uk

DUNDEE UNITED FC
팀 명　던디 유나이티드 FC
창 단　1909년
홈구장　태너다이스 파크
주 소　www.dundeeunitedfc.co.uk

HEART OF MIDLOTHIAN FC
팀 명　하트 오브 미들로디언 FC
창 단　1874년
홈구장　타인캐슬 파크
주 소　www.heartsfc.co.uk

HIBERNIAN FC
팀 명　히버니언 FC
창 단　1875년
홈구장　이스터 로드
주 소　www.hibernianfc.co.uk

스코틀랜드 절대 강자 셀틱, 리그 4연패 나선다

스코티시 프리미어십은 12개 팀으로 리그가 구성된 가운데 K리그1과 동일한 스플릿 세노로 시즌이 진행된다. 그도 그럴 것이 K리그기 스플릿 제도를 도입할 당시 스코티시 프리미어십 방식을 적극 참고했다. 먼저 12개 팀이 풀리그 형태로 3경기씩 총 33라운드를 진행해 상위 6개 팀이 챔피언십 라운드로, 하위 6개 팀이 강등 라운드로 나뉜다. 이 과정에서 33라운드까지 쌓은 승점은 그대로 승계된다. 이후 6개 팀이 또 한 번 리그 형태로 1경기씩 5라운드를 치러서 최종 순위가 결정된다.

프리미어십은 역사적으로 가장 양강 구도가 두드러진 리그로 불린다. 글래스고를 연고로 하는 두 팀 셀틱과 레인저스가 그 주인공으로, 지난 시즌까지 총 128시즌이 진행된 가운데 레인저스가 55회 우승을 차지했고, 셀틱이 54회로 그 뒤를 쫓고 있다. 나머지 팀들의 우승 총횟수는 19회가 전부이다. 즉 레인저스와 셀틱이 전체 시즌 중 85.4%의 확률로 우승을 차지한 셈이다. 당연히 셀틱과 레인저스는 스코틀랜드 최고 명문을 놓고 치열하게 경쟁할 뿐 아니라 종교적인 이유(셀틱 가톨릭, 레인저스 개신교)와 인종적인 이유(아일랜드 이주민 중심의 셀틱과 스코틀랜드 본토 중심의 레인저스)로 충돌하면서 단순 더

비(지역 라이벌)를 넘어 '올드 펌'이라는 명칭으로 불릴 정도로 치열한 라이벌전을 형성하고 있다

다만 최근 13시즌만 놓고 보면 상황이 다소 달라진 부분이 있다. 2011년, 레인저스가 파산해 4부 리그로 강등되면서(이후 레인저스는 2016/17 시즌에 다시 프리미어십으로 돌아오기에 이르렀다) 셀틱은 2011/12 시즌을 시작으로 지난 시즌까지 2020/21 단 한 시즌(공교롭게도 당시엔 레인저스가 무패 우승을 차지했다)을 제외하고 12번의 리그 우승을 독식했다.

이번 시즌 역시 셀틱의 우승이 유력해 보인다. 시즌 초반 4라운드가 진행된 가운데 셀틱은 4전 전승을 달리고 있다. 무엇보다도 최근 4라운드에서 레인저스 상대로 3-0 대승을 기록했다. 그나마 셀틱의 아성에 도전할 수 있는 유일한 팀이 레인저스다. 실제 지난 시즌 승점만 놓고 보더라도 셀틱이 93점으로 2위 레인저스(85점)에 승점 8점 차 우위를 점했고, 3위 하츠(68점)에 승점 25점 차로 큰 격차를 벌린 바 있다. 이런 점을 고려하면 이번 시즌, 셀틱은 2021/22 시즌을 시작으로 리그 4연패는 물론 통산 리그 우승 횟수에서도 55회로 레인저스와 동률을 이룰 가능성이 상당히 크다.

셀틱 FC
Celtic FC

최근 5시즌 성적

시즌	순위	승점
2019-2020	1위	80점(26승2무2패,89득점19실점)
2020-2021	2위	69점(20승9무4패,66득점24실점)
2021-2022	1위	82점(26승4무3패,78득점19실점)
2022-2023	1위	92점(30승2무1패,103득점25실점)
2023-2024	1위	78점(24승6무3패,80득점26실점)

TEAM RATINGS

- 슈팅 7
- 패스 6
- 조직력 7
- 수비력 6
- 감독 6
- 선수층 6

38

2023/24 프로필

팀 득점	95
평균 볼 점유율	69.20%
패스 정확도	85.30%
평균 슈팅 수	19.9
경고	47
퇴장	2

골 타입

		단위 (%)
오픈 플레이	74	
세트 피스	9	
카운터 어택	4	
패널티 킥	11	
자책골	2	

패스 타입

		단위 (%)
쇼트 패스	89	
롱 패스	7	
크로스 패스	4	
스루 패스	0	

COACH

브렌던 로저스 *Brendan Rodgers*
1973년 1월 26일생 잉글랜드

스코틀랜드 최강 셀틱, 안방 호랑이 벗어날 기회 노려

셀틱은 2011/12 시즌을 시작으로 리그 9연패를 달렸고, 2020/21 시즌 레인저스에게 우승을 내준 이후 다시 3연패를 기록했다. 최근 13시즌 중 12시즌 리그 우승을 차지한 셀틱이다. 게다가 FA컵에서도 최근 8시즌 중 6시즌 우승을 달성했다. 스코틀랜드의 지배자인 셈. 다만 유럽대항전에선 얘기가 달라진다. 16강 토너먼트에 올라간 건 2012/13 시즌이 마지막이다. 안방 호랑이라는 오명이 생겨도 이상하지 않은 일이다. 지난여름 셀틱은 은퇴한 하트의 대체자로 슈마이켈을 영입한 걸 제외하면 조용한 여름을 보내고 있었으나 이적시장 막판에 핵심 미드필더 오라일리가 구단 역대 최고 이적료로 떠나자 급하게 대체자로 엥헐스와 맥코완을 영입했고, 수비수 트러스티와 바르셀로나 유망주 바예를 팀에 추가하며 전력 강화에 나섰다.

IN & OUT

주요 영입	주요 방출
아르네 엥헐스, 빌라미 시니살로, 카스페르 슈마이켈, 오스턴 트러스티, 루크 맥코완, 아담 이다(완전영입), 파울루 베르나르두(완전영입), 알렉스 바예(임대)	맷 오라일리, 오현규, 이와타 토모키, 세아드 하크샤바노비치, 벤야민 지그리스트, 코바야시 유키, 마이키 존스톤(완전 이적), 구스타프 라게르비엘케(임대), 조 하트(은퇴)

TEAM FORMATION

후루하시 (이다) 24

팔마 (마에다) 18
퀸 (양현준) 7

엥헐스 (베르나르두) 18
하타테 (홀름) 18

맥그리거 (쇼) 24

테일러 (바예) 15
스케일스 (트러스티) 32
카터-비커스 (나브로츠키) 28
존스턴 (랄스턴) 19

슈마이켈 (시니살로) 1

FW **C**
MF **C**
DF **C-**
GK **C-**

PLAN 4-3-3

지역 점유율

공격 진영	37%
중앙	39%
수비 진영	24%

공격 방향

37% 왼쪽	28% 중앙	36% 오른쪽

슈팅 지역

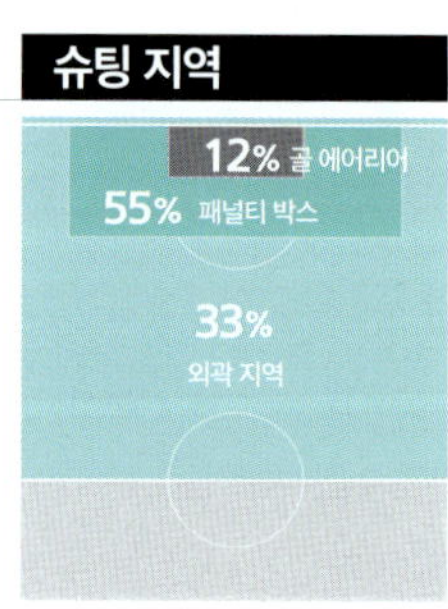

12%	골 에어리어
55%	패널티 박스
33%	외곽 지역

KEY PLAYER

FW 13	양현준 *Hyun-jun Yang*

출전경기	경기시간(분)	골	어시스트	경고	퇴장
24	955	1	3	1	1

국적: 대한민국

강원 FC에서 프로 데뷔한 그는 어린 나이에도 빠르게 두각을 드러냈다. K리그 이달의 영플레이어상 최다 수상(4회, 강원 후배 양민혁과 공동 1위)의 영예를 얻었다. 이에 힘입어 2022년 KFA 올해의 영플레이어에 뽑힌 그는 2023년 여름, 셀틱으로 이적하는 데 성공했다. 뛰어난 드리블 능력을 바탕으로 지난 시즌 초반엔 로저스 감독의 신뢰 속에서 출전 기회를 얻었다. 그러나 킥력이 떨어지는 문제에서 파생한 득점 생산성 부족 문제로 인해 시간이 흐를수록 출전 시간이 줄어들기 시작했다. 치열한 경쟁에서 버티기 위해선 득점력 개선이 필요하다.

Celtic FC v Dundee FC - Cinch Scottish Premiership
셀틱 파크 스타디움에서 열린 경기에서 셀틱의 양현준과
던디의 오언 벡이 경합을 위해 몸을 날리고 있다.
<2024/02/28, Celtic Park Stadium>

2024-2025

DENMARK
3F SUPERLIGA

VIBORG FF

팀 명 비보르 FF
창 단 1896년
홈구장 비보르 스타디움
주 소 www.vff.dk

FC MIDTJYLLAND

팀 명 FC 미트윌란
창 단 1999년
홈구장 MCH 아레나
주 소 www.fcm.dk

AALBORG BK
팀 명 올보르 BK
창 단 1885년
홈구장 올보르 스타디움
주 소 aabsport.dk

RANDERS FC
팀 명 라네르스 FC
창 단 2003년
홈구장 세페우스 파크 라네르스
주 소 www.randersfc.dk

AARHUS GF
팀 명 오르후스 GF
창 단 1880년
홈구장 세레스 파르크
주 소 www.agf.dk

FC NORDSJÆLLAND

팀 명 FC 노르셸란
창 단 1991년
홈구장 라이트 투 드림 파크
주 소 fcn.dk

SILKEBORG IF

팀 명 실케보르 IF
창 단 1917년
홈구장 JYSK 스타디움
주 소 www.silkeborgif.com

VEJLE BOLDKLUB
팀 명 바일레 BK
창 단 1891년
홈구장 바일레 스타디움
주 소 vejle-boldklub.dk

SØNDERJYSKE FODBOLD

팀 명 쇠네르위스케 엘리테스포르트
창 단 2004년
홈구장 하데르슬레우 풋볼 스타디움
주 소 soenderjyske.dk

LYNGBY BOLDKLUB

팀 명 륑뷔 BK
창 단 1921년
홈구장 륑뷔 스타디움
주 소 lyngby-boldklub.dk

BRØNDBY IF

팀 명 브뢴뷔 IF
창 단 1964년
홈구장 브뢴뷔 스타디움
주 소 brondby.com

FC KØBENHAVN

팀 명 FC 코펜하겐
창 단 1992년
홈구장 파르켄 스타디움
주 소 www.fck.dk

치열한 3강 경쟁, 마지막에 웃을 팀은?

덴마크 수페르리가는 12개 팀으로 구성되어 있으며 K리그와 같은 형태의 스플릿 시스템으로 시즌이 진행된다. 홈 원정 형태로 22라운드까지 치른 후 상위 6개 팀이 챔피언십 라운드로, 하위 6개 팀이 강등 라운드로 나뉘고, 홈과 원정 형태로 10라운드를 추가해 우승팀을 가린다. 2014/15 시즌부터 지난 시즌까지 최근 10시즌 동안 코펜하겐(5회 우승)과, 미트윌란(4회), 그리고 브뢴뷔(1회)가 우승을 나눠 가졌다. 최근 10년 사이에 3연패를 달성한 팀은 단 한 팀도 없다. 지난 시즌 역시 미트윌란이 1위, 브뢴뷔가 2위, 그리고 코펜하겐이 3위를 사이좋게 차지했다. 다만 우승 경쟁은 유래를 찾기 힘들 정도로 치열했다. 31라운드까지만 하더라도 브뢴뷔와 미트윌란이 승점 62점으로 동률인 가운데 골 득실에서 브뢴뷔(+26골)가 미트윌란(+19골)에 7골 차로 앞서 있었다. 이런 가운데 미트윌란은 챔피언십 라운드 최하위 실케보르(6위)와 홈 경기를 앞두고 있었고, 브뢴뷔는 5위 아르후스를 홈에서 만났다. 이 시점만 하더라도 브뢴뷔의 우승이 예상됐다. 최종전에서 미트윌란은 실케보르 상대로 3-3 무승부에 그쳤다. 하지만 브뢴뷔가 아르후스에게 2-3으로 패하면서 승점 1점 차, 극적인 역전 우승에 성공했다.

이번 시즌 초반은 다소 흐름이 다르게 흘러가고 있다. 미트윌란이 5승 2무 무패로 1위를 달리고 있는 가운데 코펜하겐은 4승 2무 1패 승점 14점으로 4위에 위치하고 있고, 브뢴뷔는 3승 2무 2패 승점 11점으로 5위까지 떨어졌다. 반면 지난 시즌 챔피언십 라운드 하위 두 팀이었던 아르후스와 실케보르가 2, 3위에 올라 있다. 미트윌란 입장에선 구단 역사상 첫 리그 2연패에 도전할 적기인 셈이다. 이런 점을 의식해서인지 미트윌란은 이적시장 막바지에 분데스리가와 프리미어리그 같은 빅리그 경험이 풍부한 오른쪽 측면 수비수 케빈 음바부와 체코 리그 득점왕 출신의 공격수 얀 쿠흐타를 영입하며 전력 강화에 박차를 가했다. 다만 변수는 유로파 리그 병행에 있다.

미트윌란은 지난 시즌, UEFA 컨퍼런스 리그 플레이오프 단계에서 일찌감치 탈락했다. 이 덕에 리그에만 집중할 수 있었다. 반면 이번 시즌엔 유로파 리그를 치러야 한다. 그나마 코펜하겐은 (유로파 리그보다는 덜 부담스럽다고 하더라도) 컨퍼런스 리그를 병행해야 하지만, 브뢴뷔는 컨퍼런스 리그 예선에서 조기 탈락하면서 이제 리그에만 집중할 수 있게 됐다. 장기 부상으로 이탈한 조규성이 후반기 팀에 힘을 실어줄 필요가 있다.

FC 미트윌란
FC Midtjylland

TEAM PROFILE
창 립	1999년
구 단 주	매튜 벤엄(잉글랜드) & 아네르스 홀크 포울센(덴마크)
감 독	토마스 토마스베르(덴마크)
연 고 지	윌란반도, 헤르닝
홈 구 장	MCH 아레나(1만2,148명)
라 이 벌	비보르 FF
홈페이지	www.fcm.dk

최근 5시즌 성적

시즌	순위	승점
2019-2020	6위	47점(12승11무10패,51득점47실점)
2020-2021	3위	55점(16승7무10패,61득점38실점)
2021-2022	1위	71점(22승5무6패,64득점34실점)
2022-2023	3위	59점(17승8무8패,57득점33실점)
2023-2024	1위	48점(15승3무4패,43득점23실점)

COACH

토마스 토마스베르
Thomas Thomasberg
1974년 10월 15일생 덴마크

PLAYERS

FW	10	조규성

Gue-sung Cho

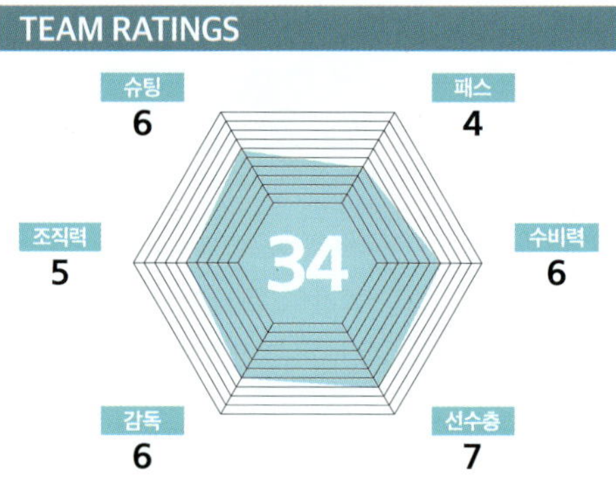

국적: 대한민국

센터백과 수비형 미드필더를 거쳐 광주대학교 시절 스트라이커로 보직 변경에 성공. 2019년 안양 FC에서 데뷔해 K리그2 베스트 일레븐에 선정. 전북 현대를 거쳐 김천 상무에 입단, 2022년 17골로 K리그 득점왕과 베스트 일레븐을 수상. 미트윌란으로 이적한 2023/24 시즌에 12골로 팀 내 득점 1위에 올랐다. 강력한 피지컬로 압박과 제공권에 강점. 카타르 월드컵에서 헤더로 2골을 넣었다.

출전경기	경기시간(분)	골	어시스트	경고	퇴장
30	2,446	12	4	4	–

DF	3	이한범

Han-beom Lee

국적: 대한민국

어린 시절부터 엘리트 코스를 밟은 센터백. 2019년, 대한민국 17세 이하 대표팀을 10년 만에 8강으로 견인, 2022년 항저우 아시안게임에선 금메달 획득에 크게 기여했다. 높은 제공력과 몸싸움 능력에 더해 볼 다루는 기술과 빌드업 능력도 갖췄다. 다만 미트윌란에서 주전 경쟁에서 밀려 4경기 출전에 그치고 있다. 나올 때마다 준수한 활약을 펼친다는 점을 고려하면 안타까운 일이 아닐 수 없다.

출전경기	경기시간(분)	실점	무실점(경기)	경고	퇴장
3	98	1	2	–	–

미트윌란, 덴마크 리그 2연패 도전한다

미트윌란은 덴마크에서 그리 강한 팀이 아니었다. 하지만 브렌트포드 구단주 매튜 벤엄이 구단을 인수한 2014/15 시즌에 구단 역사상 첫 덴마크 리그 우승을 시작으로 2017/18 시즌부터 2021/22 시즌까지 2회 우승(2014/15 시즌까지 더하면 3회) 포함 줄곧 2위 이내에 이름을 올리면서 신흥 강호로 군림했다. 2022/23 시즌, 리그 7위에 그치는 수모를 겪은 미트윌란은 조규성을 포함해 많은 선수 보강에 나섰고, 극적인 역전 우승을 차지하는 데 성공했다(최종 라운드 직전 2위였으나 최종전에 비기고도 1위 팀이 패해 우승). 미트윌란은 간판 공격수 조규성이 장기 부상으로 이탈하자 북사를 영입했고, 어린 재능들을 추가하는 가운데 이적시장 막판 쿠흐타와 음바부를 영입하며 구단 역사상 첫 리그 2연패에 나선다.

TEAM RATINGS

- 슈팅 6
- 패스 4
- 조직력 5
- 수비력 6
- 감독 6
- 선수층 7
- **34**

2023/24 프로필

팀 득점	62
평균 볼 점유율	46.90%
패스 정확도	77.30%
평균 슈팅 수	14.8
경고	67
퇴장	4

골타입		
오픈 플레이		
세트 피스		NO DATA
카운터 어택		
패널티 킥		
자책골		단위 (%)

패스타입		
쇼트 패스		
롱 패스		NO DATA
크로스 패스		
스루 패스		단위 (%)

IN & OUT

주요 영입	주요 방출
아담 북사, 다닐 카스티요, 우스망 디아오, 얀 쿠흐타, 페드로 브라보, 크리스티안 쇠렌센, 케빈 음바부, 크리스토페르 이실센, 오니에 에제헤리, 에드워드 칠루쁘야(임대복귀), 빅토르 린드(임대복귀), 엘리아스 라픈 올라프손(임대복귀), 프레데리크 하이젤베르(임대복귀)	스베리르 잉기 잉가손, 샤를리스, 스테판 가르텐만, 아우구스트 프리스케, 안드레 로마, 헨리카 달스고르, 마르틴 프라이슬, 아르민 기고비치(임대복귀), 올라 브륀힐센(임대)

지역 점유율

공격 진영 —%

NO DATA

수비 진영 —%

TEAM FORMATION

공격 방향

NO DATA

—% 왼쪽 —% 중앙 —% 오른쪽

슈팅 지역

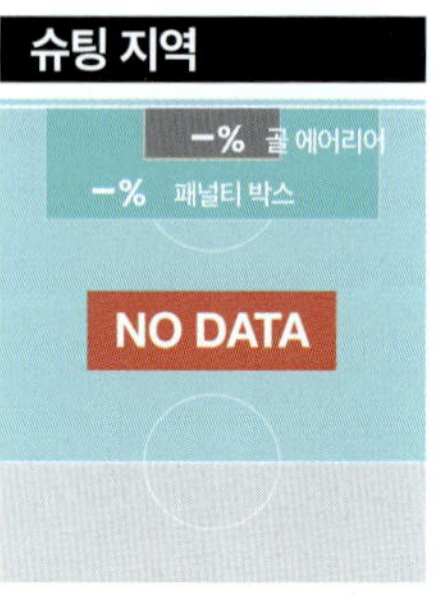

—% 골 에어리어
—% 패널티 박스

NO DATA

Legia Warsaw v FC Midtjylland - UEFA Europa Conference
LeagueUEFA 유로파 컨퍼런스리그 경기에서
FC 미트윌란의 조규성이 드리블로 득점을 노리고 있다.
<2023/08/31, MCH Arena>

2024-2025

ENGLAND EFL CHAMPIONSHIP

BURNLEY FC
팀 명   번리 FC
창 단   1882년
홈구장   터프 무어
주 소   www.burnleyfootballclub.com

BLACKBURN ROVERS FC
팀 명   블랙번 로버스 FC
창 단   1875년
홈구장   이우드 파크
주 소   www.rovers.co.uk

PRESTON NORTH END FC
팀 명   프레스턴 노스 엔드 FC
창 단   1880년
홈구장   딥데일
주 소   www.pnefc.net

STOKE CITY FC
팀 명   스토크 시티 FC
창 단   1863년
홈구장   bet365 스타디움
주 소   www.stokecityfc.com

DERBY COUNTY FC
팀 명   더비 카운티 FC
창 단   1884년
홈구장   프라이드 파크 스타디움
주 소   www.dcfc.co.uk

WEST BROMWICH ALBION FC
팀 명   웨스트 브롬위치 알비온 FC
창 단   1878년
홈구장   더 호손스
주 소   www.wba.co.uk

COVENTRY CITY FC
팀 명   코번트리 시티 FC
창 단   1883년
홈구장   코번트리 빌딩 소사이어티 아레나
주 소   www.ccfc.co.uk

SWANSEA CITY AFC
팀 명   스완지 시티 AFC
창 단   1912년
홈구장   스완지닷컴 스타디움
주 소   www.swanseacity.com

CARDIFF CITY FC
팀 명   카디프 시티 FC
창 단   1899년
홈구장   카디프 시티 스타디움
주 소   www.cardiffcityfc.co.uk

PLYMOUTH ARGYLE FC
팀 명   플리머스 아가일 FC
창 단   1886년
홈구장   홈 파크
주 소   www.pafc.co.uk

MIDDLESBROUGH FC
팀 명   미들즈브러 FC
창 단   1876년
홈구장   리버사이드 스타디움
주 소   www.mfc.co.uk

SUNDERLAND AFC
팀 명   선덜랜드 AFC
창 단   1879년
홈구장   스타디움 오브 라이트
주 소   www.safc.com

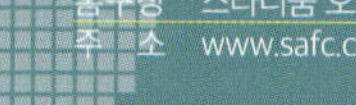

PORTSMOUTH FC
팀 명   포츠머스 FC
창 단   1898년
홈구장   프래턴 파크
주 소   www.portsmouthfc.co.uk

BRISTOL CITY FC
팀 명   브리스톨 시티 FC
창 단   1894년
홈구장   애쉬튼 게이트 스타디움
주 소   www.bcfc.co.uk

LEEDS UNITED FC
팀 명   리즈 유나이티드 FC
창 단   1919년
홈구장   엘런드 로드
주 소   www.leedsunited.com

SHEFFIELD UNITED FC
팀 명   셰필드 유나이티드 FC
창 단   1889년
홈구장   브라몰 레인
주 소   www.sufc.co.uk

SHEFFIELD WEDNESDAY FC
팀 명   셰필드 웬즈데이 FC
창 단   1867년
홈구장   힐스버러 스타디움
주 소   www.swfc.co.uk

HULL CITY AFC
팀 명   헐 시티 AFC
창 단   1904년
홈구장   MKM 스타디움
주 소   www.wearehullcity.co.uk

OXFORD UNITED FC
팀 명   옥스퍼드 유나이티드 FC
창 단   1893년
홈구장   카삼 스타디움
주 소   www.oufc.co.uk

NORWICH CITY FC
팀 명   노리치 시티 FC
창 단   1902년
홈구장   캐로우 로드
주 소   www.canaries.co.uk

LUTON TOWN FC
팀 명   루턴 타운 FC
창 단   1885년
홈구장   케닐워스 로드
주 소   www.lutontown.co.uk

WATFORD FC
팀 명   왓포드 FC
창 단   1881년
홈구장   비커리지 로드
주 소   www.watfordfc.com

MILLWALL FC
팀 명   밀월 FC
창 단   1885년
홈구장   더 덴
주 소   www.millwallfc.co.uk

QUEEN'S PARK RANGERS FC
팀 명   퀸즈 파크 레인저스 FC
창 단   1882년
홈구장   로프터스 로드 스타디움
주 소   www.qpr.co.uk

오리무중 챔피언십, 배준호와 엄지성의 팀은 승격할까?

잉글랜드 챔피언십(2부)은 프리미어 리그(1부) 승격과 리그1(3부) 강등이 있고, 당연히 하위 3개 팀(22, 23, 24위)은 사동 강등된다. 다민 승격의 경우 1, 2위 팀이 자동 승격하는 가운데 남은 한 장의 승격은 3위부터 6위까지 4개 팀이 플레이오프를 통해 최종적으로 정해진다. 3위와 6위, 4위와 5위가 홈 & 어웨이 방식으로 2경기를 치르고, 도합 성적에서 앞서는 팀이 결승에 진출한다. 1, 2차전 도합 스코어에서 동률일 경우 연장전으로 경기가 이어지고, 여전히 동률일 시 승부차기에서 승자가 가려진다. 반면 플레이오프 결승은 웸블리 스타디움에서 단판으로 치러진다. 게다가 챔피언십은 24개 팀 46라운드로 구성되어 있기에 플레이오프 진출팀의 경우, 자국 리그만 최대 49경기를 치러야 한다. 따라서 대부분의 프리미어 리그 팀들보다도 더 빡빡한 일정을 소화해야 한다.

지난 시즌은 프리미어 리그에서 강등된 3팀 중 리즈 유나이티드를 제외한 2팀 레스터 시티와 사우샘프턴이 곧바로 승격에 성공했다. 그마저도 리즈조차 플레이오프 결승전에서 사우샘프턴에게 0-1로 석패했다. 아무래도 프리미어 리그에서 강등된 팀들이 2부 리그에선 전력적인 면에서 우위를 점하기에 곧

바로 승격하는 경우가 잦다고 할 수 있다. 다만 지난 시즌엔 프리미어 리그에서 잔뼈가 굵은 구단들(프리미어 리그 3년 역사 동안 레스터는 18시즌, 사우샘프턴이 25시즌, 그리고 리즈가 15시즌)이 강등됐었기에 빠른 승격이 가능했다. 반면 이번 시즌 챔피언십으로 강등된 번리와 셰필드 유나이티드는 프리미어 리그 경험이 많지 않고(번리 9시즌, 셰필드 유나이티드 6시즌), 루턴 타운은 지난 시즌이 구단 역사상 첫 프리미어 리그였다. 이런 영향 때문인지 현재 챔피언십 4라운드가 진행된 가운데 셰필드 유나이티드가 2승 2무 승점 8점으로 6위에 있고, 번리가 7위(2승 1무 1패 승점 7점)로 그 뒤를 따르고 있으며, 루턴은 1무 3패 승점 1점으로 강등권인 23위까지 내려간 상태다. 즉 지난 시즌처럼 강등팀이 곧바로 승격하기는 쉽지 않을 전망이기에 승격 경쟁이 그 어느 때보다도 치열할 것으로 보인다.

배준호의 팀인 스토크 시티는 2승 2패 승점 6점으로 중위권(11위)에 있고, 엄지성이 가세한 스완지 시티는 1승 1무 2패 승점 4점으로 16위에 머물러 있다. 이 두 팀은 득점력(스토크 3골, 스완지 4골)이 떨어진다는 공통점이 있다. 이들이 승격하기 위해선 배준호와 엄지성의 역할이 중요하다.

스토크 시티 FC

Stoke City FC

TEAM PROFILE

창 립	1863년
구 단 주	피터 코즈(잉글랜드)
감 독	스티븐 슈마허(잉글랜드)
연 고 지	웨스트 미들랜즈 스태포드 셔, 스토크온트렌트
홈 구 장	bet365스타디움(3만 89명)
라 이 벌	포트베일 FC, 웨스트 브롬위치 알비온 FC
홈페이지	www.stokecityfc.com

최근 5시즌 성적

시즌	순위	승점
2019-2020	15위	56점(16승8무22패,62득점68실점)
2020-2021	14위	60점(15승15무16패,50득점52실점)
2021-2022	14위	62점(17승11무18패,57득점52실점)
2022-2023	16위	53점(14승11무21패,55득점54실점)
2023-2024	17위	56점(15승11무20패,49득점60실점)

TEAM RATINGS

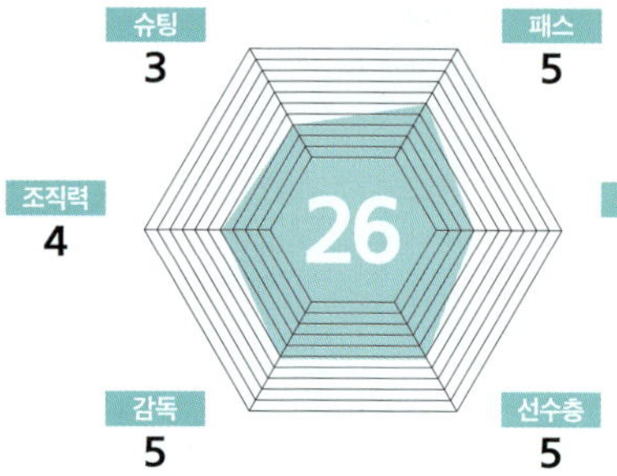

슈팅 3 / 패스 5 / 수비력 3 / 선수층 5 / 감독 5 / 조직력 4

26

2023/24 프로필

팀 득점	49
평균 볼 점유율	50.40%
패스 정확도	77.00%
평균 슈팅 수	12.7
경고	108
퇴장	3

골타입		단위 (%)
오픈 플레이	61	
세트 피스	27	
카운터 어택	4	
패널티 킥	2	
자책골	6	

패스타입		단위 (%)
쇼트 패스	81	
롱 패스	15	
크로스 패스	4	
스루 패스	0	

COACH

스티븐 슈마허 *Steven Schumacher*
1984년 4월 30일생 잉글랜드

스토크, 강등 위기 탈출이 과제

2022/23 시즌, 16위로 간신히 챔피언십 잔류에 성공한 스토크는 지난 시즌 역시 37라운드까지 강등권을 전전하다가 시즌 마지막 3경기를 모두 승리하면서 17위로 어렵게 잔류에 성공했다. 스토크의 가장 큰 문제점은 바로 득점에 있었다. 슈팅 숫자 자체는 경기당 12.7회로 공동 12위였음에도 정작 팀 득점이 49골로 19위에 불과했다. 이에 스토크는 지난여름, 블랙번 공격수 갤러거를 일찌감치 영입했으나 별 효력이 없자 급하게 리버풀 2군 유망주이자 멀티 공격수 쿠마스를 필두로 브라이턴의 공격형 미드필더 모란에 더해 이적시장 데드라인에 레스터 공격수 캐넌과 일본 국적 미드필더 타츠키를 영입하면서 공격 강화에 주력했다. 게다가 시즌 첫 3경기에서 2패를 당하자, 토트넘 유망주 센터백 필립스까지 영입하며 수비를 보강했다.

IN & OUT

주요 영입	주요 방출
보선 라왈, 샘 갤러거, 에릭 보켓, 빅토르 요한손, 벤 깁슨, 세코 타츠키, 빅토르 그로메크, 루이스 쿠마스(임대), 애쉴리 필립스(임대), 톰 캐넌(임대), 앤드류 모런(임대)	메흐디 레리스, 조쉬 로렌트, 타이리스 캠벨, 웨슬리 모라에스, 시어런 클락, 다니엘 존슨, 라이언 음마에(임대)

TEAM FORMATION

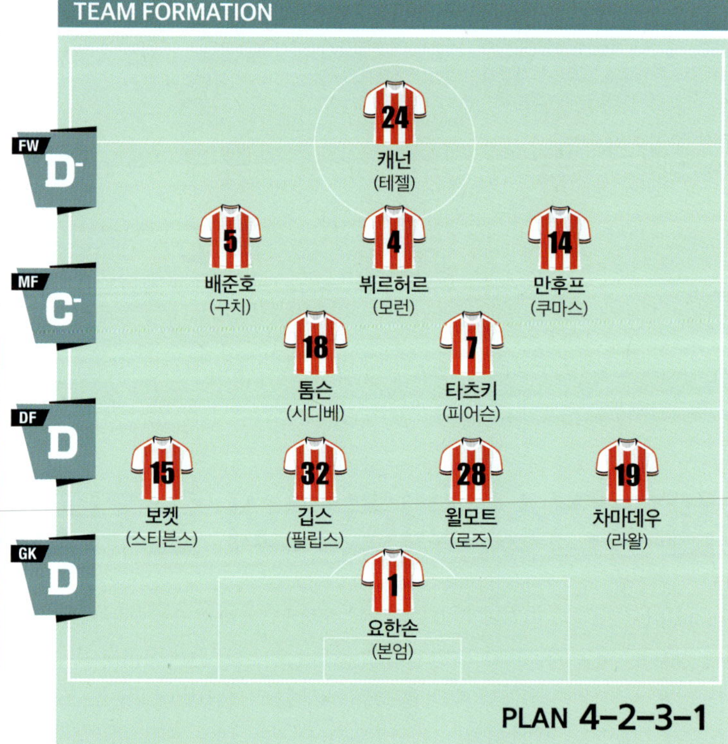

지역 점유율

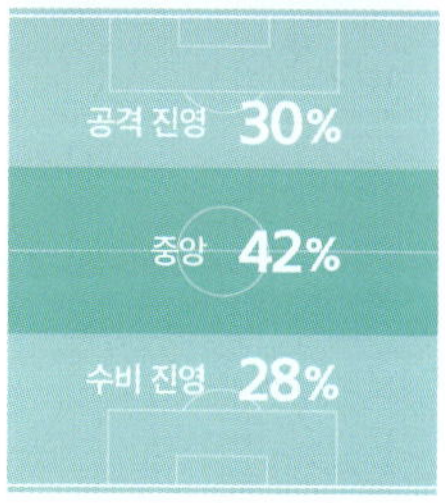

공격 진영	30%
중앙	42%
수비 진영	28%

공격 방향

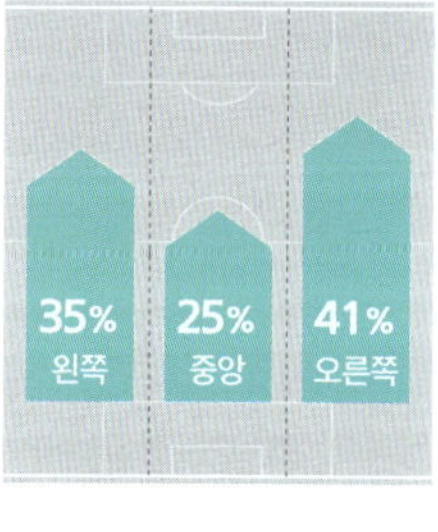

왼쪽	중앙	오른쪽
35%	25%	41%

슈팅 지역

골 에어리어	8%
패널티 박스	59%
외곽 지역	33%

MF 10	배준호 *Jun-ho Bae*

출전경기	경기시간(분)	골	어시스트	경고	퇴장
38	2,396	2	5	2	–

국적: 대한민국

대한민국의 미래를 책임질 것으로 기대를 모으는 선수. 중앙 공격형 미드필더는 물론 좌우 윙까지 소화할 수 있다. 2023년, 20세 이하 월드컵에서 1골 3도움을 올리며 대한민국의 준결승 진출을 견인했다. 이어 2024년 6월, 성인 대표팀 데뷔전에서도 골을 넣으며 화려한 출발을 알렸다. 대전에서 프로 데뷔해 2부 리그에 있었던 팀을 승격시켰고, K리그에서도 인상적인 활약을 펼친 그는 지난해 여름, 스토크로 이적해 2골 5도움을 올리며 구단 선정 올해의 선수에 당당히 뽑혔다. 이에 스토크 팬들은 그를 '코리안 킹'이라는 애칭으로 부른다.

스완지 시티 AFC

Swansea City AFC

TEAM PROFILE

창 립	1912년
구 단 주	제이슨 레비엔 & 스티브 카플란(미국)
감 독	루크 윌리엄스(잉글랜드)
연 고 지	웨일스 웨스트 글러모건, 스완지
홈 구 장	스완지닷컴 스타디움(2만 1,088명)
라 이 벌	카디프 시티 FC
홈페이지	www.swanseacity.com

최근 5시즌 성적

시즌	순위	승점
2019-2020	6위	70점(18승16무12패,62득점53실점)
2020-2021	4위	80점(23승11무12패,56득점39실점)
2021-2022	15위	61점(16승13무17패,58득점68실점)
2022-2023	10위	66점(18승12무16패,68득점64실점)
2023-2024	14위	57점(15승12무19패,59득점65실점)

TEAM RATINGS

- 슈팅 3
- 패스 6
- 조직력 5
- 수비력 3
- 감독 4
- 선수층 5
- 종합 26

2023/24 프로필

팀 득점	59
평균 볼 점유율	54.60%
패스 정확도	82.20%
평균 슈팅 수	11.7
경고	90
퇴장	4

골 타입 (단위 %)

오픈 플레이	61
세트 피스	22
카운터 어택	7
패널티 킥	7
자책골	3

패스 타입 (단위 %)

쇼트 패스	85
롱 패스	11
크로스 패스	4
스루 패스	0

COACH

루크 윌리엄스 *Luke Williams*
1981년 5월 1일생 잉글랜드

'스완셀로나'는 부활을 꿈꾼다

2017/18 시즌을 마지막으로 챔피언십으로 강등된 스완지는 첫 3시즌 동안 나름 준수한 성적을 올렸으나 2021/22 시즌을 기점으로 지난 시즌까지 중하위권을 전전하며 아쉬움을 남겼다. 그럼에도 스완지는 여전히 '스완셀로나(스완지+바르셀로나 합성어로 하부 리그 팀임에도 공격적인 패스 축구를 구사하는 걸 의미함)'라는 애칭에 걸맞는 모습을 보여주고 있다. 실제 스완지는 지난 시즌 팀 성적 15위에도 불구하고 점유율은 54.6%로 6위를 기록했다. 지난여름 이적시장에서 스완지는 엄지성을 필두로 비포트니크, 퍼트-해리스에 더해 비안키니를 영입하며 공격 강화에 주력했다. 또한 포르투갈 리그 미드필더 프랑쿠를 영입해 중원에 무게감을 더했다. 이에 더해 주전 골키퍼 피셔가 부상으로 이탈하자 비구루스와 맥러플린을 급하게 영입했다.

IN & OUT

주요 영입	주요 방출
곤살루 프랑코, 엄지성, 잔 비포트니크, 존 맥러플린, 플로리안 비안키니, 로렌스 비구루스, 마일스 퍼트-해리스(임대), 넬슨 애비(임대), 네이선 쵸-어-온(임대복귀)	네이선 우드, 프르체미슬라프 플라체타, 제이미 패터슨, 리엄 월시, 제리 예이츠(임대), 미콜라 쿠하레비치(임대)

TEAM FORMATION

FW D+

24 컬렌 (비포트니크)

MF C

5 로날드 (압둘라이)　**4** 쿠퍼 (퍼트-해리스)　**14** 엄지성 (비안키니)

18 그라임스 (풀턴)　**7** 프랑코 (앨런)

DF D

15 타이먼 (쵸-어-온)　**32** 달링 (페데르센)　**28** 카방고 (애비)　**19** 케이 (노턴)

GK D

1 비구루 (맥러플린)

PLAN **4-2-3-1**

지역 점유율

공격 진영	26%
중앙	45%
수비 진영	29%

공격 방향

38% 왼쪽	22% 중앙	40% 오른쪽

슈팅 지역

- 9% 골 에어리어
- 59% 패널티 박스
- 33% 외곽 지역

KEY PLAYER

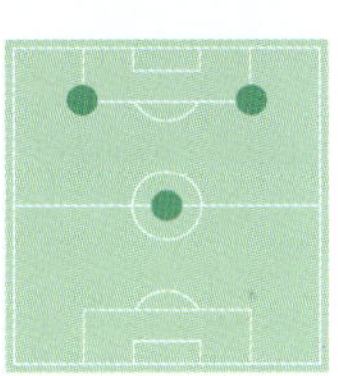

FW 10 **엄지성**
Ji-sung Eom

출전경기	경기시간(분)	골	어시스트	경고	퇴장
15	1,143	2	4	1	–

국적: 대한민국

지성이라는 이름은 그의 부모가 2002년 한일 월드컵 당시 활약한 박지성에서 따온 것. 마치 박지성을 연상시키듯 많은 활동량과 지능적인 플레이에 강점이 있고, 빠른 스피드를 바탕으로 좌우 측면은 물론 중앙 공격형 미드필더까지 소화한다. K리그에 신설된 이달의 영플레이어 초대 수상자(2021년 8월)이고, 2022년 K리그2 베스트일레븐에 당당히 이름을 올리면서 광주의 승격을 견인했다. 2023년엔 승격팀 돌풍을 이끌었다. 이러한 활약에 힘입어 지난여름, 스완지로의 이적에 성공했다. 비록 A매치 출전은 한 경기지만, 해당 경기에서 골을 넣었다.

Manchester City v RB Leipzig: Group G – UEFA Champions League
UEFA 챔피언스리그 경기에서 맨체스터 시티의 엘링 홀란이
헤딩슛을 날리고 있다. <2023/11/28, Etihad Stadium>

마음 근육을 튼튼히!
교과연계 어린이 코칭 동화
마음의 힘을 키워요!

〈마음의 힘〉 시리즈 세트(전 6권)

'자존감' '사회성' '사고력' '마음 챙김' '감정' '괴롭힘 예방'

자존감을 잃지 않도록 도와주는 책

올바른 **사회성**을 알려 주는 책

생각의 근육을 키워 주는 책

유쾌한 **마음 정리**를 위한 책

나의 **감정**을 알게 하는 책

괴롭힘을 이겨낼 용기를 주는 책

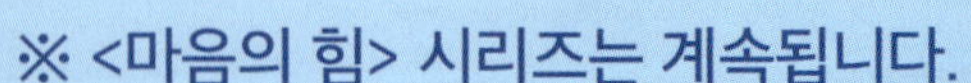

마음과 생각, 감정을 다스릴 줄 아는 사람이 다른 사람도 사랑하고 존중할 수 있어요.

어린이를 위한 마음 지침서,
교과서 연계 인성 동화는 학교 생활에 꼭 필요해요.

※ 〈마음의 힘〉 시리즈는 계속됩니다.